民族文字出版专项资金资助项目

ཕོ་བྲང་པོ་ཏ་ལར་བཞུགས་པའི་དགེ་ལུགས་པའི་དཔེ་དཀོན་ཕྱོགས་བསྒྲིགས་འདོན་ཐེངས་དང་པོ།

༼༥༽

མངོན་པ་མཛོད་ཀྱི་སྐོར།

༄། །མངོན་པ་མཛོད་ཀྱི་ཊཱི་ཀཱ་དང་། ཕུང་པོ་ལྔའི་རྣམ་གཞག ། བཤེས་སྤྲིངས་ཀྱི་མཆན་འགྲེལ།

རྩོམ་པ་པོ། ཚེ་ནེ་གྲགས་པ་བཤད་སྒྲུབ།

སྨོན་བཟང་དཔེ་རྙིང་འཚོལ་བསྡུ་ཁང་།
སེར་གཙུག་ནང་བསྟན་དཔེ་རྙིང་འཚོལ་བསྡུ་ཕྱོགས་སྒྲིག་ཁང་།
བོད་ལྗོངས་བོད་ཡིག་དཔེ་རྙིང་དཔེ་སྐྲུན་ཁང་།

图书在版编目（C I P）数据

布达拉宫馆藏格鲁派典籍汇编. 第一辑. 第五卷 : 藏文 / (清) 卓尼 · 扎巴谢珠著. -- 拉萨 : 西藏藏文古籍出版社, 2024.3
ISBN 978-7-5700-0940-4

Ⅰ. ①布… Ⅱ. ①卓… Ⅲ. ①格鲁派—古籍—汇编—藏语 Ⅳ. ①B946.6

中国国家版本馆CIP数据核字(2024)第067291号

布达拉宫馆藏格鲁派典籍汇编·第一辑·第五卷

作　者	卓尼 · 扎巴谢珠
责任编辑	雄努洛桑
终　审	益西朗桑
封面设计	格次
排　版	美桑古籍整理室 色昭古籍办公室
出版发行	西藏藏文古籍出版社
印　刷	成都新凯江印务有限公司
开　本	787×1092　1/16
印　张	38.25
字　数	546千
印　数	01－2,000
版　次	2024年10月第1版
印　次	2024年10月第1次印刷
书　号	ISBN　978-7-5700-0940-4
定　价	87.00元

དཀར་ཆག །

དཀར་ཆག །

༄༅། །ཆོས་མངོན་མཛོད་ཀྱི་ཊཱི་ཀཱ་རྒྱལ་བ་སྲས་བཅས་འཕགས་ཚོགས་ཐམས་ཅད་ཀྱི་དགོངས་དོན་གསལ་བར་བྱེད་པའི་ཉི་མ་ཞེས་བྱ་བ་བཞུགས་སོ། །

མཆོད་བརྗོད་དང་རྩོམ་པར་དམ་བཅའ་བ།

༄༅། །ན་མོ་གུ་རུ་བུདྡྷ་བོ་དྷི་སཏྭ་བྷྱཿ གྲངས་མེད་གསུམ་གྱི་ཚོགས་གཉིས་ཡོངས་རྫོགས་སྐུ་གསུམ་གོ་འཕང་མཆོག་བརྙེས་ཏེ། །རིགས་ཅན་གསུམ་གྱི་གདུལ་བྱའི་ཚོགས་ལ་རྣམ་གསུམ་འཁོར་ལོ་རབ་བསྐོར་ནས། །ཐེག་པ་གསུམ་གྱི་བྱང་ཆུབ་ལམ་བཀོད་ཁམས་གསུམ་འགྲོ་བའི་གཉེན་གཅིག་པུ། །སྲིད་པ་གསུམ་གྱི་སྟོན་པ་མཆོག་དེར་སྒོ་གསུམ་གུས་པས་ཕྱག་འཚལ་ལོ། །དྲི་མེད་ཡེ་ཤེས་སྤྱན་བཟང་གཅིག་གིས་ཀྱང་། །མ་ལུས་ཆོས་ཀྱི་རང་སྤྱིའི་མཚན་ཉིད་ཀུན། །ཇི་བཞིན་མ་འདྲེས་གསལ་བར་མངོན་གཟིགས་པ། །སྨྲ་བའི་དབང་ཕྱུག་འཇམ་པའི་དབྱངས་ལ་འདུད། །རྒྱལ་བའི་དམ་ཆོས་མ་ལུས་ཀུན་འཛིན་པར། །རྒྱལ་བ་ཉིད་ཀྱིས་ལུང་བསྟན་བརྙེས་གྱུར་པ། །རྒྱལ་སྲས་ཐོགས་མེད་སྐུ་མཆེད་རྗེས་འབྲང་བཅས། །རྒྱལ་བའི་གདུང་འཚོབ་དགེ་བའི་བཤེས་སུ་ངེས། །བསྟན་པའི་འཁོར་ལོ་རྗེ་བཙུན་ཙོང་ཁ་པ། །པད་དཀར་འཛིན་པ་བློ་བཟང་རྒྱ་མཚོའི་སྡེ། །ཡོངས་འཛིན་མཁས་པ་ངག་དབང་བརྩོན་འགྲུས་སོགས། །དངོས་བརྒྱུད་བླ་མ་རྣམས་ལ་ཕྱག་འཚལ་ལོ། །ཆོས་མངོན་རྒྱ་མཚོར་རང་དབང་འཇུག་དཀའ་ཡང་། །བཤེས་གཉེན་མཁས་པའི་དྲིན་དཔོན་ལ་བརྟེན་ནས། །དགོངས་དོན་སྙིང་པོ་བསྡུས་པའི་ཡིད་བཞིན་ནོར། །ལེགས་བཤད་རྒྱལ་མཚན་རྩེ་མོར་མཆོད་པར་བྱ། །(༢ན)དེ་ལ་འདིར་མཁས་མཆོག་དབྱིག་གཉེན་ཞབས་ཀྱིས་མཛད་པའི་མངོན་པ་མཛོད་ཀྱི་དགོངས་དོན་འཆད་པ་ལ་འཇུག་པར་བྱ་སྟེ།

དེ་ཡང་རྩ་བའི་ཚིག་དོན་ལ་ངེས་པ་རྙེད་པའི་ཆེད་དུ་རང་རང་གི་སྐབས་ཀྱི་རྩ་ཚིག་བཀོད་ནས་དེའི་དོན་རྣམས་རིམ་པ་བཞིན་དུ་འཆད་པར་བྱའོ། །

དང་པོ། སྤྱད་ཀྱི་དོན།

ཀ༡ མཚན་གྱི་དོན་བཤད་པ།

ཁ༡ བསྟན་བཅོས་འདིའི་རྒྱ་སྐད་ཀྱི་མཚན་བཤད་པ།

འདི་ལ་གསུམ། སྤྱད་ཀྱི་དོན་དང་། གཞུང་གི་དོན་དང་། མཇུག་གི་དོན་བཤད་པའོ། །དང་པོ་ལ། མཚན་གྱི་དོན་དང་། འགྱུར་གྱི་ཕྱག་བཤད་པ་གཉིས། དང་པོ་ལ། བསྟན་བཅོས་འདིའི་རྒྱ་སྐད་ཀྱི་མཚན་དང་། དེ་བོད་ཀྱི་སྐད་དུ་བསྒྱུར་བ་གཉིས། དང་པོ་ནི། རྒྱ་གར་སྐད་དུ། ཨ་བྷི་དྷརྨ་ཀོ་ཥ་ཀཱ་རི་ཀ་ཞེས་བྱ་ལ།

ཁ༢ དེ་བོད་ཀྱི་སྐད་དུ་བསྒྱུར་བ།

གཉིས་པ་ནི། ཤེས་བྱ་ཆོས་ཅན། བསྟན་བཅོས་འདིའི་མཚན་བོད་ཀྱི་སྐད་དུ་བསྒྱུར་ཚུལ་ཡོད་དེ། ཨ་བྷི་ནི་མངོན་པ། དྷརྨ་ནི་ཆོས། ཀོ་ཥ་ནི་མཛོད། ཀཱ་རི་ཀ་ནི་ཚིག་ལེའུར་བྱས་པ་ཞེས་བྱ་བར་འགྱུར་བའི་ཕྱིར། སྐད་ཤན་སྦྱར་བ་ལ་དགོས་པ་ཡོད་དེ། བསྟན་བཅོས་འདི་འཕགས་ཡུལ་གྱི་མཁས་པའི་གསུང་ཡིན་པར་ཤེས་པ་དང་། ལེགས་སྦྱར་གྱི་སྐད་ལ་བག་ཆགས་འཇོག་པའི་ཆེད་ཡིན་པའི་ཕྱིར་རོ། །

ཀ༢ འགྱུར་གྱི་ཕྱག་བཤད་པ།

ཁ༡ གཞུང་དགོད་པ།

གཉིས་པ་འགྱུར་གྱི་ཕྱག་ལ། གཞུང་དགོད་པ་དང་། དོན་བཤད་པ་གཉིས། དང་པོ་ནི། འཇམ་དཔལ་གཞོན་ནུར་གྱུར་པ་ལ་ཕྱག་འཚལ་ལོ་ཞེས་བྱུང་།

ཁ༢ དོན་བཤད་པ།

གཉིས་པ་ནི། ཤེས་བྱ་ཆོས་ཅན། ཡུལ་གང་ལ་ཕྱག་འཚལ་(༢བ)བ་ལ་དགོས་པ་ཡོད་དེ། སྒྲིབ་གཉིས་ཀྱི་རྒྱབ་རིག་དང་བྲལ་བས་ན་འཇམ། ཚོགས་གཉིས་ཀྱི་དཔལ་དང་ལྡན་པས་ན་དཔལ། ན་ཚོད་ལོ་བཅུ་དྲུག་ལོན་པའི་ཉམས་ཅན་ཡིན་པས་ན་གཞོན་ནུར་གྱུར་པ་སྟེ། དེ་ལ་ཕྱག་འཚལ་བ་ཡིན་པའི་ཕྱིར། དེ་ལྟར་ཕྱག་འཚལ་བ་ལ་དགོས་པ་ཡོད་དེ། བསྟན་བཅོས་འདི་སྟོན་གྱི་བཀས་བཅད་ལྟར་མངོན་པའི་སྡེ་སྣོད་ཀྱི་ཁོངས་སུ་གཏོགས་པར་ཤེས་པའི་ཆེད་ཡིན་པའི་ཕྱིར།

གཉིས་པ། གཞུང་གི་དོན་བཤད་པ།

ཀ༡ བསྟན་བཅོས་ལ་འཇུག་པའི་ཡན་ལག།

ཁ༡ མཆོད་པར་བརྗོད་པ།

ག༡ གཞུང་དགོད་པ།

གཉིས་པ་ལ། བསྟན་བཅོས་ལ་འཇུག་པའི་ཡན་ལག་དང་། གཞུང་གི་དོན་དངོས་དང་། བཤད་པ་མཐར་ཕྱིན་པའི་ཚུལ་གསུམ། དང་པོ་ལ། མཆོད་པར་བརྗོད་པ། བརྩམ་པར་དམ་བཅའ་བ། མངོན་པའི་མཚན་དོན། བརྩམས་པའི་དགོས་པ་བཤད་པ་བཞི། དང་པོ་ལ་གཞུང་དགོད་པ་དང་། དེའི་དོན་བཤད་པ་གཉིས། དང་པོ་ནི། གང་ཞིག་ཀུན་ལ་མུན་པ་གཏན་བཅོམ་ཞིང་། །འཁོར་བའི་འདམ་ལས་འགྲོ་བ་དྲངས་མཛད་པ། །དོན་བཞིན་སྟོན་པ་དེ་ལ་ཕྱག་འཚལ་ཞེས་བྱང་། །

ཀ༢ དེའི་དོན་བཤད་པ།

ང༡ ཚིག་དོན་བཤད་པ།

གཉིས་པ་ལ་ཚིག་དོན་དང་། མཐའ་དཔྱད་པ་གཉིས། དང་པོ་ནི། སློབ་དཔོན་དབྱིག་གཉེན་ཆོས་ཅན། ཁྱོད་ཀྱིས་བསྟན་བཅོས་འདི་རྩོམ་པའི་ཐོག་མར་སྟོན་པ་སངས་རྒྱས་གང་ཞིག་ལ་ཕྱག་འཚལ་བའི་རྒྱུ་མཚན་ཡོད་དེ། རང་ཉིད་དམ་པའི་སྤྱོད་པ་དང་མཐུན་པ་དང་། བསོད་ནམས་འཕེལ་བ་དང་། བསྟན་བཅོས་རྩོམ་པའི་བར་ཆད་ཞི་བ་སོགས་ཀྱི་ཆེད་ཡིན་པའི་ཕྱིར། སངས་རྒྱས་དེ་ཆོས་ཅན། ཕུན་སུམ་ཚོགས་པ་གསུམ་མངའ་སྟེ། ཤེས་བྱ་ཀུན་ལ་རྨོངས་པའི་ཉོན་མོངས་དང་ཉོན་མོངས་ཅན་མ་ཡིན་པའི་སྒྲིབ་པའི་མུན་པ་ས་བོན་དང་བཅས་པ་གཏན་ནས་བཅོམ་ཞིང་སྤངས་པའི་སྤངས་པ་ཕུན་ཚོགས་དང་། དེའི་ཤུགས་ཀྱིས་འཕངས་པའི་ཤེས་བྱ་ཐམས་ཅད་རྟོགས་པའི་རྟོགས་པ་ཕུན་ཚོགས་གཉིས་དང་ལྡན་ཞིང་། བརྩེ་བའི་ཐུགས་ཀྱིས་འགྲོ་བ་རྣམས་ལ་ཕན་པའི་དོན་སྐལ་བ་ཇི་ལྟ་བ་བཞིན་དུ་ཆོས་སྟོན་པའི་སྒོ་ནས་བརྒྱལ་བར་དཀའ་བའི་འཁོར་བའི་འདམ་ལས་དྲང་བར་མཛད་པའི་འཕྲིན་ལས་ཕུན་སུམ་(༣༤)ཚོགས་པ་གསུམ་དང་ལྡན་པའི་ཕྱིར།

ང༢ མཐའ་དཔྱད་པ།

གཉིས་པ་མཐའ་དཔྱད་པ་ལ། ཁ་ཅིག །ཉོན་མོངས་ཅན་དང་ཉོན་མོངས་ཅན་མ་ཡིན་པའི་མུན་པ་སྤངས་པའི་སྤངས་པ་ཡིན་ན། འདིའི་དངོས་བསྟན་གྱི་སྤངས་པ་ཡིན་པས་ཁྱབ་ཟེར་ན། ཉན་རང་དགྲ་བཅོམ་པའི་རྒྱུད་ཀྱི་སྤངས་པ་ཆོས་ཅན། དེར་ཐལ། དེའི་ཕྱིར། དེར་ཐལ། ཉན་རང་དགྲ་བཅོམ་པས་དེ་གཉིས་སྤངས་པའི་ཕྱིར། དེར་ཐལ། དེས་ཉོན་མོངས་ཅན་གྱི་མུན་པ་སྤངས་པ་གང་ཞིག །དེ་མ་ཡིན་

པའི་མྱུན་པ་སྤངས་པའི་ཕྱིར། དང་པོ་དེར་ཐལ། དགྲ་བཅོམ་པ་ཡིན་པའི་ཕྱིར། གཉིས་པ་དེར་ཐལ། དེས་དེ་འདུན་པའི་འདོད་ཆགས་དང་བྲལ་བའི་ཚུལ་གྱིས་སྤངས་ཀྱང་། གཏན་ནས་བཅོམ་པ་མ་ཡིན་པའི་ཁྱད་པར་འཐད་པའི་ཕྱིར། དེར་ཐལ། རང་འགྲེལ་ལས། ཀུན་ལ་མྱུན་པ་བཅོམ་པར་ནི་འདོད་མོད་ཀྱི། གཏན་ནས་ནི་མ་ཡིན་ཏེ། ཞེས་གསུངས་པའི་ཕྱིར། རྩ་བར་འདོད་ན། མི་འཐད་པར་ཐལ། དེ་སྤངས་པ་ཕུན་ཚོགས་མ་ཡིན་པའི་ཕྱིར། དེར་ཐལ། དེ་སངས་རྒྱས་ཀྱི་རྒྱུད་ཀྱི་སྤངས་པ་མ་ཡིན་པའི་ཕྱིར། ཁྱབ་སྟེ། འདིའི་དངོས་བསྟན་གྱི་སྤངས་པ་དེ་ལ། སྐྱེ་མཆེད་བཅུ་གཉིས་ཀྱི་ཆོས་ཀུན་ལ་སྒྲིབ་པའི་མྱུན་པ་གཏན་ནས་བཅོམ་པ་ཞིག་དགོས་པའི་ཕྱིར། དེར་ཐལ། ཀུན་ལ་མྱུན་པ་གཏན་བཅོམ་ཞིང་། །ཞེས་གསུངས་པའི་ཕྱིར། ཁ་ཅིག །འདིའི་དངོས་བསྟན་གྱི་མྱུན་པ་ཡིན་ན། མྱུན་པ་ཡིན་པས་ཁྱབ་ཟེར་ན། དེ་མི་འཐད་པར་ཐལ། དེ་ཡིན་ན། མྱུན་པ་མ་ཡིན་པས་ཁྱབ་པའི་ཕྱིར། དེ་ཡིན་ན། སྒྲིབ་པ་ཡིན་དགོས་པའི་ཕྱིར། ཁྱབ་སྟེ། ཕྱིར་མྱུན་པ་ལ། ཕྱིའི་གཟུགས་ཀྱིས་ཁྱབ་པའི་ཕྱིར། གཞན་ཡང་། དེ་མི་འཐད་པར་ཐལ། འདིར་སྒྲིབ་པ་གཉིས་པོ་དེ་ལ་མྱུན་པ་དང་ཆོས་མཐུན་ཡོད་པའི་སྒོ་ནས་དེའི་མིང་གིས་བཏགས་པ་ཙམ་ཡིན་པའི་ཕྱིར། དེར་ཐལ། མྱུན་པ་དེས་ཕྱིའི་གཟུགས་གསལ་བར་མཐོང་བ་ལ་སྒྲིབ་པར་བྱེད་པ་བཞིན་དུ། སྒྲིབ་པ་གཉིས་པོ་དེས་ནང་ཆོས་རྣམས་ཀྱི་རང་སྤྱིའི་མཚན་ཉིད་(༣བ) མངོན་སུམ་དུ་མཐོང་བ་ལ་སྒྲིབ་པར་བྱེད་པས་ན་དེ་ལྟར་བཏགས་པའི་ཕྱིར། གཞན་ཡང་། སྐབས་འདིར་དེ་གཉིས་གང་རུང་སྤངས་ན། གཏན་ནས་སྤངས་མི་དགོས་ཏེ། དེ་གང་རུང་སྤངས་ན་སླར་མི་སྐྱེ་བའི་ཆོས་ཅན་དུ་བྱས་ནས་སྤངས་མི་དགོས་པའི་ཕྱིར། དེར་ཐལ། ཉམས་པའི་ཆོས་ཅན་གྱི་དགྲ་བཅོམ་པ་ཡོད་པའི་ཕྱིར། དེར་ཐལ། དགྲ་བཅོམ་པ་རང་གི་འབྲས་བུ་ལས་ཉམས་པ་ཡོད་པའི་ཕྱིར། དེར་ཐལ། དགྲ་བཅོམ་དགུ་ལས་ཉམས་པའི་ཆོས་ཅན་སོགས་ལྔ་རང་གི་འབྲས་བུ་ལས་ཉམས་པར་

འགྱུར་བ་དང་། དགྲ་བཅོམ་བར་པ་བཞི་ནི་རང་གི་རིགས་ལས་ཉམས་པར་འགྱུར་བ་ཡོད་ཅིང་། དང་པོ་རྒྱུན་ཞུགས་རང་གི་འབྲས་བུ་ལས་མི་ཉམས་པའི་ཁྱད་པར་འཐད་པའི་ཕྱིར། དེར་ཐལ། རྩ་བར། བཞི་ནི་རིགས་ལས་ལྷ་འབྲས་ལས། །ཉམས་འགྱུར་དང་པོ་ལས་མ་ཡིན། །ཞེས་གསུངས་པའི་ཕྱིར། ཁ་ཅིག །སྐབས་འདིར་ཤེས་སྒྲིབ་སྤངས་པའི་སྤངས་པ་དེ། སྤངས་པ་ཕུན་ཚོགས་སུ་འདོད་པར་ཐལ། འདིར་ཤེས་བྱའི་གནས་ཚུལ་ལེགས་པར་མཐོང་བ་ལ་སྒྲིབ་པའི་སྒྲིབ་པ་ཁས་ལེན་པའི་ཕྱིར། ཟེར་ན་མ་ཁྱབ། འདོད་མི་ནུས་ཏེ། དེས་སྒྲིབ་པ་ལ་ཤེས་སྒྲིབ་ཀྱི་ཐ་སྙད་མི་བྱེད་པའི་ཕྱིར། ཁ་ཅིག །ཡོན་ཏན་དེ་ལས་ཉམས་པར་འགྱུར་ན། དེ་ཐོབ་པ་ལས་ཉམས་པས་ཁྱབ་ཟེར་ན། དེ་མི་འཐད་པར་ཐལ། འདིར་ཉམས་ཚུལ་ལ། ཡོན་ཏན་དེ་ཐོབ་པ་དང་། མ་ཐོབ་པ་དང་། ཐོབ་ཀྱང་མངོན་དུ་མི་བྱེད་པའི་ཉེར་སྤྱོད་ལས་ཉམས་པ་གསུམ་ཡོད་པའི་ཕྱིར། དེར་ཐལ། གནས་དྲུག་པ་ལས། ཐོབ་དང་མ་ཐོབ་ཉེར་སྤྱོད་ལས། །ཡོངས་ཉམས་རྣམ་པ་གསུམ་ཞེས་བྱ། །ཞེས་གསུངས་པའི་ཕྱིར། གསུམ་གྱི་ཁྱད་པར་ཡོད་དེ། དེ་གསུམ་གྱི་དང་པོ་སྔར་ལྟར་ཡིན་ལ། ཡོན་ཏན་དེ་མ་ཐོབ་ན་མ་ཐོབ་པ་ལས་ཉམས་པ་དང་། ཐོབ་ཀྱང་མངོན་དུ་མི་བྱེད་ན་ཉེར་སྤྱོད་ལས་ཉམས་པར་འཇོག་པའི་ཕྱིར། ཕྱི་མ་དེར་ཐལ། སྟོན་པ་ལ་འགོག་སྙོམས་ཐོབ་ཀྱང་དེ་མངོན་དུ་མ་བྱས་པའི་ཕྱིར། དེར་ཐལ། དེ་སྒོ་ལྔའི་དབང་ཤེས་དང་ཚོར་འདུ་རགས་པ་རྒྱུད་ལྡན་གྱི་གང་ཟག་ཡིན་པའི་ཕྱིར། འོན་ཀྱང་ཡོན་(ཡན)ཏན་དེ་མ་ཐོབ་ན། དེ་ལས་ཉམས་པར་མ་ངེས་ཏེ། ཐོབ་མ་ཐོབ་པ་རྩེ་བའི་གཞི་ཐོབ་མཁན་ནི་གང་ཟག་གཞིར་བྱེད་པ་ཡིན་པའི་ཕྱིར་རོ། །ཁ་ཅིག །མི་ཤེས་པའི་ཆོས་བཞི་པོ་སྒྲིབ་པ་ཡིན་པར་ཐལ། རྒྱུ་བཞིས་ཡུལ་བཞི་མཐོང་བ་ལ་སྒྲིབ་པར་བྱེད་པའི་ཕྱིར་ཟེར་ན་མ་ཁྱབ། མ་གྲུབ་ན། དེར་ཐལ། ཡུལ་རིང་བའི་ཁམས་དང་འགྲོ་བ་དང་སྐྱེ་གནས་དང་རྗོགས་དཀའ་བ་ལ་སྒྲིབ་པར་བྱེད་ཅིང་། དེ་བཞིན་དུ་འཇིག་རྟེན་གྱི་ཁམས་

འབུམ་སོགས་ཀྱིས་བར་དུ་ཆོད་པ་ལྟ་བུའི་ཡུལ་དང་། བསྐལ་པ་བརྒྱ་སྟོང་སོགས་
ཀྱིས་བར་དུ་ཆོད་པའི་དུས་རིང་བ་དང་། ཤེས་བྱའི་དབྱེ་བ་མཐོང་བ་ལ་སྒྲིབ་པར་
བྱེད་པའི་ཕྱིར། རྩ་བར་འདོད་མི་ནུས་ཏེ། སངས་རྒྱས་ཀྱི་ཟག་མེད་ཀྱི་ཕུང་པོ་ལྔའི་
ཁྱད་པར་ཕྲ་མོ་རྣམས་སྒྲིབ་པ་མ་ཡིན་པའི་ཕྱིར། ཁ་ཅིག །འདིའི་དངོས་བསྟན་གྱི་
དྲང་འོས་ཀྱི་གདུལ་བྱ་ལ་ལམ་མ་ཞུགས་ཡོད་པར་ཐལ། སྐལ་ལྡན་གྱི་ལམ་མ་ཞུགས་
ཡོད་པའི་ཕྱིར། ཟེར་ན་མ་ཁྱབ་རྟགས་དེར་ཐལ། ལམ་དུ་འཇུག་ཁ་མ་ཡིན་ན། སྐལ་
ལྡན་ཡིན་དགོས་པའི་ཕྱིར། འདོད་ན། མི་འཐད་པར་ཐལ། འདིའི་དངོས་བསྟན་
གྱི་སྐལ་ལྡན་ལ་ཐར་པ་ཆ་མཐུན་རྒྱུད་ལ་སྐྱེས་པ་ཞིག་དགོས་པའི་ཕྱིར། དེར་ཐལ།
གང་སྤེལ་ལས། སྐལ་བ་དང་ལྡན་པ་གང་ཞིག་ཅེ་ན། ཐར་པའི་ཆ་དང་མཐུན་པའི་
དགེ་བའི་རྩ་བ་ཡོངས་སུ་སྨིན་པའོ། །ཞེས་གསུངས་པའི་ཕྱིར། ཁ་ཅིག །སངས་རྒྱས་
ཀྱི་རྫུ་འཕྲུལ་གྱིས་གདུལ་བྱ་འཁོར་བ་དང་ཉོན་མོངས་ལས་དྲངས་པ་མེད་པར་ཐལ།
དེས་དེ་དག་ལས་ཆོས་བསྟན་ནས་འདྲེན་དགོས་པའི་ཕྱིར། དེར་ཐལ། ཐུབ་རྣམས་
སྡིག་པ་ཆུ་ཡིས་མི་འཁྲུ་ཞིང་། །ཞེས་པ་ནས། ཆོས་ཉིད་བདེན་པ་བསྟན་པས་གྲོལ་
བར་འགྱུར། །ཞེས་གསུངས་པའི་ཕྱིར་ན་སྔ་མར་མ་ཁྱབ། འདོད་ན། མི་འཐད་པར་
ཐལ། དེས་རྫུ་འཕྲུལ་བསྟན་ནས་དད་དེ་ཉོན་མོངས་ལས་ཐར་བར་བྱས་རྗེས་འཁོར་
བ་ལས་གྲོལ་བ་ཡོད་པའི་ཕྱིར། དེར་ཐལ། དེས་རྫུ་འཕྲུལ་ལ་བརྟེན་ནས་འཁོར་
བ་དང་ཉོན་མོངས་ལས་ཐར་བར་མཛད་ན། དེ་ཙམ་གྱི་དབང་གིས་(༨བ)གྲོལ་བར་
འདོད་མི་དགོས་པའི་ཕྱིར། དེར་ཐལ། རང་རྒྱལ་གྱིས་སྒྲ་མེད་ལུས་ཀྱི་རྣམ་འགྱུར་
གྱི་སྒོ་ནས་གདུལ་བྱ་སྨིན་པར་བྱེད་ན། སངས་རྒྱས་ཀྱིས་ལྟ་སྨོས་ཀྱང་ཅི་དགོས་པའི་
ཕྱིར། དེར་ཐལ། སྒྲ་མེད་ཀྱང་དེ་དེ་ལྟར་སྣང་། །ཞེས་གསུངས་པའི་ཕྱིར། དེས་
ན་ཆོས་སྟོན་ན་ངག་གིས་སྟོན་པས་མ་ཁྱབ་བོ། །ཁ་ཅིག །འདིའི་དངོས་བསྟན་གྱི་
གདུལ་བྱ་སྐལ་ལྡན་ཡིན་ན། འཁོར་བ་ལས་ཐར་ཟིན་པས་ཁྱབ་པར་ཐལ། དེ་ཡིན་

ན། འཁོར་བ་ལས་དྲངས་ཟིན་པས་ཁྱབ་པའི་ཕྱིར། དེར་ཐལ། དེ་ཡིན་ན། དེ་ལས་དྲངས་པས་ཁྱབ་པའི་ཕྱིར། དེར་ཐལ། རང་འགྲེལ་ལས། སྐལ་བ་ཇི་ལྟ་བ་བཞིན་དུ་དྲངས་སོ། །ཞེས་གསུངས་པའི་ཕྱིར་ཟེར་ན། མ་ཁྱབ་སྟེ། དེ་ནི་འཁོར་བའི་རྒྱུད་པ་ཅི་རིགས་ལས་དྲངས་པའི་དོན་ཡིན་པའི་ཕྱིར། དེར་ཐལ། ཇི་སྐད་དུ། ཁྱོད་ཀྱིས་གང་ལས་འགྲོ་བ་དག །མ་དྲངས་རྒྱུད་པ་གང་མ་མཆིས། །ཞེས་གསུངས་པ་ལྟ་བུ་ཡིན་པའི་ཕྱིར། ཁ་ཅིག །འདིའི་དངོས་བསྟན་གྱི་དེ་ཡིན་ན། འཁོར་བ་ལས་དྲང་བས་ཁྱབ་པར་ཐལ། རྩ་བར། འཁོར་བའི་འདམ་ལས་འགྲོ་བ་དྲངས་མཛད་པ། །ཞེས་གསུངས་པའི་ཕྱིར་ན། རེ་ཞིག་འདོད་ཀྱང་རུང་སྟེ། འདིར་དྲང་ཞེས་པ་དྲངས་ཟིན་ཁོ་ནའི་དོན་མ་ཡིན་པའི་ཕྱིར། དེར་ཐལ། དེ་ནི་བྱ་བྱེད་གཉིས་ཀ་ལ་སྦྱོར་རིགས་པའི་ཕྱིར། དེར་ཐལ། བྱེད་པ་ལ་སྦྱར་བའི་ཚེ་དྲང་བར་མཛད་པ་སྟེ་འདྲེན་པའི་སྐབས་ལ་སྦྱོར་རུང་ཞིང་། བྱ་བ་ལ་སྦྱོར་བའི་ཚེ་དྲངས་ཟིན་པ་ལ་སྦྱོར་རིགས་པའི་ཕྱིར། ཁ་ཅིག་སྟོན་པས་སྐལ་བ་དང་མི་ལྡན་པའི་གདུལ་བྱ་མི་འདྲེན་པར་ཐལ། ཉི་མ་ཤར་བའི་ཚེ་ཡོངས་སུ་སྨིན་པའི་པདྨོ་ཁ་འབྱེད་ནུས་ཤིང་། མ་སྨིན་པའི་པདྨོ་ཁ་མི་འབྱེད་པ་ལྟར། སངས་རྒྱས་འཇིག་རྟེན་དུ་བྱོན་ཡང་གདུལ་བྱ་སྨིན་མ་སྨིན་པའི་དོན་བྱེད་མི་བྱེད་དེ་དང་འདྲ་བའི་ཕྱིར། དེར་ཐལ། ཇི་སྐད་དུ། ཇི་ལྟར་ཉི་མ་ཤར་བ་ན། །ཡོངས་སྨིན་པདྨ་ཁ་འབྱེད་ལྟར། །ཞེས་སོགས་གསུངས་པའི་ཕྱིར་ན། མ་ཁྱབ། འདོད་མི་ནུས་ཏེ། སངས་རྒྱས་ཀྱིས་དོན་མི་བྱེད་པར་ཡལ་བར་དོར་བའི་སེམས་ཅན་མེད་པའི་ཕྱིར། འོན་ཀྱང་(༥ན)སྐལ་བ་དང་ལྡན་པའི་གདུལ་བྱ་འདྲེན་པར་དངོས་སུ་བསྟན་པའི་ཤུགས་ལ། སྐལ་བ་དང་མི་ལྡན་པ་རྣམས་དངོས་སུ་སྨིན་པར་མི་མཛད་པར་བསྟན་ཏེ། ཇི་སྐད་དུ། སངས་རྒྱས་རྣམས་ནི་བྱུང་གྱུར་ཀྱང་། །སྐལ་བ་མེད་པས་བཟང་མི་མྱོང་། །ཞེས་པ་ལྟ་བུ་ཡིན་པའི་ཕྱིར།

ཁ༢ བརྩམ་པར་དམ་བཅའ་བ།

གཉིས་པ་ནི། ནས། ཆོས་མངོན་མཛོད་ཀྱི་བསྟན་བཅོས་རབ་བཤད་བྱ། །ཞེས་བྱུང་། སློབ་དཔོན་ཆོས་ཅན། ཁྱོད་ཀྱིས་སྟོན་པ་ལ་མཆོད་བརྗོད་མཛད་ནས། བྱ་བ་གང་ལ་འཇུག་པ་ཡོད་དེ། ཆོས་མངོན་པ་སྡེ་བདུན་གྱི་བརྗོད་བྱའི་དོན་ཐམས་ཅད་འདུས་པའི་རྒྱལ་པོའི་བང་མཛོད་ལྟ་བུའི་བསྟན་བཅོས་འདི་རབ་ཏུ་བཤད་པར་བྱ་བར་བཞེད་པའི་ཕྱིར།

ཁ༣ མངོན་པའི་མཚན་དོན།

ག༡ དོན་དམ་པའི་ཆོས་མངོན་པའི་དོན།

ང༡ ཚིག་དོན་བཤད་པ།

གསུམ་པ་ལ། དོན་དམ་པའི་ཆོས་མངོན་པའི་དོན་དང་། བརྡར་བཏགས་པའི་ཆོས་མངོན་པའི་དོན་དང་། མཛོད་ཀྱི་མཚན་དོན་བཤད་པ་གསུམ། དང་པོ་ནི། ཆོས་མངོན་ཤེས་རབ་དྲི་མེད་རྗེས་འབྲང་བཅས། །ཞེས་འབྱུང་། འདི་ལ་ཚིག་དོན་དང་། མཐའ་དཔྱད་པ་གཉིས། དང་པོ་ནི། མཐོང་སྒོམ་མི་སློབ་ལམ་དྲི་མེད་རྗེས་འབྲང་དང་བཅས་པ་ཆོས་ཅན། དོན་དམ་པའི་ཆོས་མངོན་པ་ཡིན་ཏེ། དོན་དམ་པ་ཡིན་པའམ། དེ་ལས་བྱུང་ཞིང་ཆོས་འགོག་ལམ་ལ་མངོན་དུ་ཕྱོགས་པའམ་མངོན་སུམ་དུ་རྟོགས་པས་ན་དོན་དམ་པ་དང་མངོན་པ་ཞེས་བརྗོད་པའི་ཕྱིར། དོན་དམ་པའི་ཆོས་མངོན་པ་ཆོས་ཅན། ཕུང་པོ་ལྔ་པ་ཅན་ཡིན་ཏེ། ཟག་མེད་ཀྱི་ཤེས་རབ་རྗེས་འབྲང་སྐྱེ་འཁོར་དུ་བྱས་པའི་ཚོར་བ་འདུ་ཤེས་འདུ་བྱེད་རྣམ་ཤེས་དང་བཅས་པའི་ལྔ་པ་ཅན་ཡིན་པའི་ཕྱིར།

༢༧ མཐའ་དཔྱད་པ།

གཉིས་པ་མཐའ་དཔྱད་པ་ལ། ཁ་ཅིག །ཟག་མེད་ཀྱི་ཆོས་ཡིན་ན། དོན་དམ་པའི་ཆོས་མངོན་པ་ཡིན་པས་ཁྱབ་ཟེར་ན། ནམ་མཁའ་ཆོས་ཅན། དེར་ཐལ། དེའི་ཕྱིར། དེར་ཐལ། འདུས་མ་བྱས་གསུམ་པོ་གང་རུང་ཡིན་པའི་ཕྱིར། དེར་ཐལ། ཆོས་ཅན་དེ་ཡིན་པའི་ཕྱིར། འདོད་མི་ནུས་ཏེ། ལམ་བདེན་མ་ཡིན་པའི་ཕྱིར། ཁ་ཅིག །འདིར་ཆོས་མངོན་པ་ལ་ཤེས་རབ་(ཕབ)གཙོ་བོར་གྱུར་པ་མི་འཐད་པར་ཐལ། རྣམ་ཤེས་གཙོ་བོ་དང་ཤེས་རབ་དེའི་འཁོར་དུ་འབྱུང་བའི་ཕྱིར་ཟེར་ན། མ་ཁྱབ། ཁ་ཅིག །ཆོས་མངོན་པ་ཡིན་ན། ཤེས་པ་ཡིན་པས་ཁྱབ་ཟེར་ན། འཕགས་རྒྱུད་ཀྱི་ཟག་མེད་ཀྱི་སྡོམ་པ་ཆོས་ཅན། དེར་ཐལ། དེའི་ཕྱིར། དེར་ཐལ། ཟག་མེད་ཀྱི་ཕུང་པོ་ལྔ་པོ་གང་རུང་ཡིན་པའི་ཕྱིར། དེར་ཐལ། ཆོས་ཅན་དེ་ཡིན་པའི་ཕྱིར། འདོད་ན། མི་འཐད་པར་ཐལ། གཟུགས་ཕུང་ཡིན་པའི་ཕྱིར། ཁ་ཅིག །གཟུགས་མེད་ཁམས་ན་ཟག་མེད་ཀྱི་སྡོམ་པ་མེད་ཟེར་ན། རེ་ཞིག་དེ་མི་འཐད་པར་ཐལ། གནས་བཞི་པ་ལས། ཟག་མེད་ནི། བསམ་གཏན་ཁྱད་པར་འདུ་ཤེས་མེད། །སེམས་ཅན་མ་གཏོགས་གཟུགས་མེད་ནའང་། །ཞེས་ཁྱད་པར་ཕྱེ་ནས་བཤད་པའི་ཕྱིར་དང་། རང་འགྲེལ་ལས་ཀྱང་། ཟག་པ་མེད་པའི་སྡོམ་པ་ནི་ཞེས་པ་ནས་གཟུགས་མེད་པའི་ཁམས་སུ་སྐྱེས་པ་རྣམས་ལ་ཡང་ཡོད་དོ། །ཞེས་གསུངས་པའི་ཕྱིར། ཁ་ཅིག །ཟག་མེད་ཀྱི་སྡོམ་པ་ཡིན་ན། གཟུགས་ཅན་མ་ཡིན་པས་ཁྱབ་པར་ཐལ། གཟུགས་མེད་ཁམས་ན་དེ་ཡོད་པའི་ཕྱིར། དེར་ཐལ། གཟུགས་མེད་ཁམས་པའི་འཕགས་པ་ལ་དེ་ཡོད་པའི་ཕྱིར། ཁ་ཅིག་མ་ཁྱབ་ཟེར། རྟགས་དེར་ཐལ། ཟག་མེད་འཕགས་པའི་སེམས་ཅན་རྣམས། །ཞེས་གསུངས་པའི་ཕྱིར། ཁ་ཅིག །གཟུགས་མེད་ཀྱི་སས་བསྡུས་ཀྱི་ཟག་མེད་ཀྱི་སྡོམ་པ་ཡོད་པར་ཐལ། གཟུགས་མེད་ན་དེ་ཡོད་པའི་ཕྱིར་ན་མ་

ཁྱབ། ཁྱབ་སྟེ། ཟག་མེད་གང་དུ་སྐྱེས་པའི་ཡིན། །ཞེས་གསུངས་པའི་ཕྱིར་ན་ཡང་མ་ཁྱབ་སྟེ། ཕྱིར་བསྟན་པ་ཙམ་ཡིན་པའི་ཕྱིར། ཡང་ན་གཟུགས་མེད་ཁམས་པའི་རྒྱུད་ལ་ཟག་མེད་ཀྱི་སྡོམ་པ་མེད་པར་ཐལ། གཟུགས་མེད་ཁམས་ན་གཟུགས་ཅན་གྱི་སྡོམ་པ་མེད་པའི་ཕྱིར། དེར་ཐལ། དེ་ན་གཟུགས་མེད་པའི་ཕྱིར་ན་སྔ་མ་ལ་མ་ཁྱབ་པའམ་གང་བདེའོ། །ཁ་ཅིག །སོ་ཐར་དང་ཟག་མེད་ཀྱི་སྡོམ་པའི་གཞི་མཐུན་ཡོད་པར་ཐལ། སྡོང་སྡོམ་དང་དེའི་གཞི་མཐུན་ཡོད་པའི་ཕྱིར་ན་མ་ཁྱབ། (༥ན)
འདོད་མི་ནུས་ཏེ། བསམ་གཏན་དང་ཟག་མེད་ཀྱི་སྡོམ་པ་གཉིས་སེམས་ཀྱི་རྗེས་འབྲང་ཞེས་བྱ་ལ། སོ་ཐར་ནི་ལུས་ངག་གི་རྗེས་འབྲང་གཙོ་ཆེ་བའི་ཕྱིར།

ག༢ བརྡར་བཏགས་པའི་ཆོས་མངོན་པའི་དོན།

ང༡ ཚིག་དོན་བཤད་པ།

གཉིས་པ་བརྡར་བཏགས་པའི་ཆོས་མངོན་པ་ནི། དེ་ཐོབ་བྱ་ཕྱིར་གང་དང་བསྟན་བཅོས་གང་། །ཞེས་བྱུང་། འདི་ལ་ཚིག་དོན་དང་། མཐའ་དཔྱད་པ་གཉིས། དང་པོ་ནི། བརྡར་བཏགས་པའི་ཆོས་མངོན་པ་ཆོས་ཅན། ཁྱོད་ཀྱི་ངོ་བོའི་ཁྱད་པར་ཡོད་དེ། འབྲས་བུའི་མངོན་པ་དེ་ཐོབ་པར་བྱ་བའི་ཕྱིར་དུ་ཞུགས་པའི་ལམ་གང་ཡིན་པ་དང་། དེ་དག་བརྗོད་བྱར་བྱེད་པའི་བསྟན་བཅོས་ཏེ་གཞུང་མངོན་པ་གང་ཡིན་པ་གཉིས་སུ་ཡོད་པའི་ཕྱིར། དེ་གཉིས་ཀྱི་ཁྱད་པར་ཡོད་དེ། ཐོས་བསམ་སྒོམ་གསུམ་གང་རུང་གིས་བསྡུས་པའི་ཟག་བཅས་ཀྱི་མངོན་པ་དེ་ལམ་མངོན་པ་དང་། གཞུང་མངོན་པ་ནི་བཤད་པ་ལྟར་བཀའ་བསྟན་བཅོས་གང་རུང་གིས་བསྡུས་པ་ཞིག་ལ་བྱེད་པའི་ཕྱིར།

ང༢ མཐའ་དཔྱད་པ།

གཉིས་པ་ལ། ཁ་ཅིག །དོན་དམ་པའི་ཆོས་མངོན་པ་ཐོབ་བྱེད་ཀྱི་ཐབས་ཡིན་ན། བརྟར་བཏགས་པའི་ཆོས་མངོན་པ་ཡིན་པས་ཁྱབ་ཟེར་ན། དེ་མི་འཐད་པར་ཐལ། ཉན་ཐོས་འཕགས་པའི་རྒྱུད་ཀྱི་ཐོས་བསམ་སྒོམ་གསུམ་གང་རུང་གིས་བསྡུས་པའི་དོན་དམ་པའི་ཆོས་མངོན་པ་ཐོབ་བྱེད་ཀྱི་ཐབས་སུ་གྱུར་པའི་ལམ་ཡོད་ཅིང་། དེ་བརྟར་བཏགས་པའི་ཆོས་མངོན་པ་མ་ཡིན་པའི་ཕྱིར། དེར་ཐལ། དོན་དམ་པའི་ཆོས་མངོན་པ་ཡིན་པའི་ཕྱིར། ཁ་ཅིག །ཚོགས་སྦྱོར་གང་རུང་ཡིན་ན། བརྟར་བཏགས་པའི་ཆོས་མངོན་པ་ཡིན་པས་ཁྱབ་པར་ཐལ། དམ་བཅའ་འཐད་པའི་ཕྱིར། འདོད་ན། མ་ཡིན་པར་ཐལ། ཉན་ཐོས་དགྲ་བཅོམ་པའི་རྟོགས་པ་སྔོན་དུ་སོང་བའི་བྱང་སེམས་ཚོགས་ལམ་པ་ཡོད་པའི་ཕྱིར། དེར་ཐལ། ཉན་ཐོས་འཕགས་པའི་རྟོགས་པ་སྔོན་དུ་སོང་བའི་དེ་ཡོད་པའི་ཕྱིར། དེར་ཐལ། ཉན་ཐོས་སྦྱོར་ལམ་ནས་རིགས་བཟློག་ནས་བྱང་སེམས་ལམ་དུ་འཇུག་པ་ཡོད་པའི་ཕྱིར་ན་མ་ཁྱབ། དེར་ཐལ། གཉིས་སློབ་(༨བ)རིགས་ལས་ལོག་ནས་ནི། །སངས་རྒྱས་སུ་འགྱུར་ཞེས་ཉན་ཐོས་ཀྱི་སྦྱོར་ལམ་དྲོད་རྩེ་ནས་དེ་ལྟར་དུ་འགྱུར་བ་ཡོད་པའི་ཕྱིར། ཁ་ཅིག །འདོད་ཁམས་སུ་ལམ་མངོན་པར་གྱུར་པའི་བསྒོམས་བྱུང་མེད་པར་ཐལ། འདོད་པའི་སས་བསྡུས་ཀྱི་བསྒོམས་བྱུང་མེད་པའི་ཕྱིར་ན་མ་ཁྱབ། མ་གྲུབ་ན། དེར་ཐལ། འདོད་པའི་སས་བསྡུས་ཀྱི་ཐོས་བསམ་གྱི་ཤེས་རབ་ཡོད་ཀྱང་བསྒོམས་བྱུང་གི་ཤེས་རབ་མེད། གཟུགས་མེད་ན་ཐོས་བྱུང་དང་བསམ་བྱུང་མེད་ལ་བསྒོམས་བྱུང་ཡོད། གཟུགས་ཁམས་ཀྱི་སས་བསྡུས་པའི་ཐོས་བསམ་གཉིས་མེད་ཀྱང་བསྒོམས་བྱུང་གི་ཤེས་རབ་ཡོད་པའི་ཕྱིར་དང་། གཟུགས་ན་ཐོས་བསམ་ཡོད་ཀྱང་དེའི་སས་བསྡུས་སུ་མི་འཇོག་པའི་ཕྱིར། རྩ་བར་འདོད་མི་ནུས་ཏེ། འདོད་ཁམས་ན་སྦྱོར་ལམ་ཡོད་

པའི་ཕྱིར། ཁ་ཅིག །གཞུང་མངོན་པ་ཆོས་མངོན་པ་ཡིན་པར་ཐལ། ལམ་འབྲས་ཀྱི་མངོན་པ་ཆོས་མངོན་པ་ཡིན་པའི་ཕྱིར་ན་མ་ཁྱབ། ཁ་ཅིག །ལུང་མངོན་པ་ཆོས་མངོན་པ་ཡིན་པར་ཐལ། ལུང་གི་ཆོས་མངོན་པ་མེར་བསྒྲིགས་པའི་ཆོས་སྡོང་གི་ལས་འབྱུང་བའི་ཕྱིར་ན་མ་ཁྱབ་བོ། །

ག༣ མཛོད་ཀྱི་མཚན་དོན་བཤད་པ།

ང༡ ཚིག་དོན་བཤད་པ།

གསུམ་པ་ནི། འདིར་དེ་དོན་དུ་ཡང་དག་ཆུད་ཕྱིར་རམ། །འདི་ཡི་གནས་དེ་ཡིན་པས་ཆོས་མངོན་མཛོད། །ཅེས་བྱུང་། འདི་ལ་ཚིག་དོན་དང་། མཐའ་དཔྱད་པ་གཉིས། དང་པོ་ནི། བསྟན་བཅོས་འདི་ཆོས་ཅན། ཁྱོད་ལ་ཆོས་མངོན་པའི་མཛོད་ཅེས་བྱ་སྟེ། མངོན་པ་སྡེ་བདུན་གྱི་བརྗོད་བྱ་མངོན་པ་གསུམ་པོ་དེ་འདིར་བརྗོད་བྱའི་དོན་དུ་ཡང་དག་པར་ཆུད་པའི་ཕྱིར་རམ། བསྟན་བཅོས་འདི་ཡི་འབྱུང་བའི་གནས་ཀྱང་སྡེ་བདུན་པོ་དེ་ཡིན་པའི་རྒྱུ་མཚན་གྱིས་དེ་ལྟར་བརྗོད་པའི་ཕྱིར།

ང༢ མཐའ་དཔྱད་པ།

གཉིས་པ་མཐའ་དཔྱད་པ་ལ། ཁ་ཅིག །བསྟན་བཅོས་འདིར་སྡེ་བདུན་གྱི་ཚིག་ཐམས་ཅད་ཆུད་པར་ཐལ། དེ་བདུན་གྱི་ཚིག་དོན་གཅེས་པ་རྣམས་ཆུད་པའི་ཕྱིར་ན་མ་ཁྱབ། འདོད་ན། མི་འཐད་པར་ཐལ། དེ་བདུན་གྱི་ཚིག་ཚོགས་ཀྱི་སྦྱོར་པ་རྣམས་འདིར་མ་འདུས་པའི་ཕྱིར། དེར་ཐལ། རྒྱལ་སྲས་མ་ལས། ཚིག་གི་སྒོ་ནས་མ་ཡིན་ཏེ། དེ་ནི་དོན་གྱི་སྒོ་ནས་ཆུད་ཀྱི་(༧ན)ཐམས་ཅད་ནི་མ་ཡིན་ནོ། །ཞེས་གསུངས་པའི་ཕྱིར། ཁ་ཅིག །འདིའི་དངོས་བསྟན་གྱི་མངོན་པ་མཛོད་ཡིན་ན། སློབ་དཔོན་གྱི་བསྟན་བཅོས་འདི་ཡིན་པས་ཁྱབ་ཟེར་ན། མི་འཐད་པར་ཐལ། འདིའི་དངོས་

བསྟན་གྱི་དེ་ལ་བསྟན་བཅོས་འདི་གང་ལས་འབྱུང་བའི་གནས་ཀྱི་མཛོད་ཡོད་པའི་ཕྱིར། དེར་ཐལ། མཛོད་ཀྱི་དོན་ལ་སྒྲར་བཤད་པ་ལྟར་གཉིས་ཡོད་པའི་ཕྱིར། དེར་ཐལ། དཔེར་ན། ནོར་བུ་འཛོག་པའི་གནས་ལ་མཛོད་ཅེས་བཏགས་པ་ལྟར་མཛོད་ཅེས་བརྗོད་པ་དང་། ནོར་བུ་གང་ནས་འབྱུང་བའི་གནས་ལ་མཛོད་ཅེས་བརྗོད་པ་ལྟ་བུ་གཉིས་ཡོད་པའི་ཕྱིར།

ཁ༤ བརྩམས་པའི་དགོས་པ་བཤད་པ།

བཞི་པ་མངོན་པ་གསུངས་པའི་དགོས་པ་ནི། ཆོས་རྣམས་རབ་ཏུ་རྣམ་འབྱེད་མེད་པར་ཉོན་མོངས་རྣམས། །གང་ཕྱིར་ཉེ་བར་ཞི་བར་བྱ་བའི་ཐབས་མེད་ལ། །ཉོན་མོངས་པས་ཀྱང་འཇིག་རྟེན་སྲིད་མཚོ་འདིར་འཁྱམས་ཏེ། །དེ་བས་དེ་ཕྱིར་འདི་ནི་སྟོན་པས་གསུངས་སོ་ལོ། །ཞེས་འབྱུང་།

ག༡ ཚིག་དོན་བཤད་པ།

འདི་ལ་ཚིག་དོན་དང་། མཐའ་དཔྱད་པ་གཉིས། དང་པོ་ནི། སློབ་དཔོན་ཆོས་ཅན། མངོན་པའི་བསྟན་བཅོས་འདི་རྩོམ་པར་སྤྲོ་བའི་རྒྱུ་མཚན་ཡོད་དེ། རྒྱུ་མཚན་གང་གི་ཕྱིར་ན། ཆོས་རྣམས་རབ་ཏུ་རྣམ་པར་འབྱེད་པའི་ཤེས་རབ་མེད་པར་ཉོན་མོངས་པ་རྣམས་ཉེ་བར་ཞི་བར་བྱེད་པའི་ཐབས་ཀྱི་གཙོ་བོ་མེད་ལ། ཉོན་མོངས་པའི་དབང་གིས་ཀྱང་འཇིག་རྟེན་འདི་སྐྱེ་རྒུ་རྣམས་སྲིད་པའི་རྒྱ་མཚོ་ཆེན་པོ་འདིར་རབ་ཏུ་འཁྱམས་ཏེ་ཐར་པ་ཐོབ་པར་མི་འགྱུར་བའི་རྒྱུ་མཚན་དེའི་ཕྱིར། དེ་བས་ན་སྟོན་པས་དང་པོར་མངོན་པའི་ཚིག་དོན་ཐོར་བུར་གསུངས་པ་ཕྱོགས་གཅིག་ཏུ་མངོན་པ་སྡེ་བདུན་པོ་འདིར། དགྲ་བཅོམ་པ་བདུན་གྱིས་བསྡུས་པར་བྱེ་བྲག་སྨྲ་བ་ལ་གྲགས་སོ། །ལོ་ཞེས་སྨོས་པའི་རྒྱུ་མཚན་ཡོད་དེ། སློབ་དཔོན་གྱིས་སྡེ་བདུན

པོ་འདི་དགྲ་བཅོམ་པའི་མིང་ཅན་བདུན་གྱིས་བརྩམ་པར་བཞེད་པས། བྱེ་བྲག་སྨྲ་བས་སྡེ་བདུན་བཀའ་ཡིན་ཡང་དགྲ་བཅོམ་པ་བདུན་གྱིས་བསྡུས་པར་འདོད་པ་ལ་མ་རངས་པའི་དགག་ཚིག་སྟོན་པའི་ཕྱིར། དགྲ་བཅོམ་དེ་དག་གིས་(༧བ)བསྡུས་པའི་བསྟན་བཅོས་བདུན་ཡོད་དེ། ཇི་སྐད་དུ་སྡོམ་ལས། ཡེ་ཤེས་ལ་འཇུག་ཀཱ་ཏྱཱའི་བུས། །རབ་ཏུ་བྱེད་པ་དབྱིག་བཤེས་ཀྱིས། །རྣམ་ཤེས་ཚོགས་ནི་ལྷ་སྐྱིད་ཀྱིས། །ཆོས་ཀྱི་ཕུང་པོ་ཤཱ་རིའི་བུས། །གདགས་པའི་བསྟན་བཅོས་མཽའུ་འགལ་བུས། །འགྲོ་བའི་རྣམ་གྲངས་གསུས་པོ་ཆེས། །ཁམས་ཀྱི་ཚོགས་ནི་གང་པོས་བྱས། །ཞེས་འབྱུང་བ་ལྟར་ཡིན་པའི་ཕྱིར།

ག༢ མཐའ་དཔྱད་པ།

གཉིས་པ་མཐའ་དཔྱད་པ་ལ། ཁ་ཅིག །སློབ་དཔོན་གྱིས་མངོན་པ་སྡེ་བདུན་གྱི་ཚིག་དོན་ལ་མ་རངས་པའི་དགག་པ་མཛད་པར་ཐལ། པོ་ཞེས་གསུངས་པ་ནི་མ་རངས་པའི་དགག་ཚིག་ཡིན་པའི་ཕྱིར་ན་མ་ཁྱབ་སྟེ། དེ་ནི་བྱེ་བྲག་སྨྲ་བས་སྡེ་བདུན་བཀར་འདོད་པ་ལ་མ་རངས་པའི་དགག་པ་ཡིན་གྱི། སྡེ་བདུན་གྱི་ཚིག་དོན་ལ་མ་རངས་པ་མ་ཡིན་པའི་ཕྱིར། འདོད་མི་ནུས་ཏེ། སློབ་དཔོན་གྱིས་སྡེ་བདུན་གྱི་དགོངས་པ་འགྲེལ་བ་ལ་འཇུག་པའི་ཕྱིར། ཁ་ཅིག །སྐབས་འདིར་སློབ་དཔོན་ཉིད་མདོ་སྡེ་པ་ཡིན་པར་ཐལ། རྒྱལ་སྲས་མ་ལས། མདོ་སྡེ་པ་ཁོ་བོ་ཅག་གི། ཞེས་གསུངས་པའི་ཕྱིར་ན་མ་ཁྱབ་སྟེ། དེ་ནི་སྡེ་བདུན་བཀའ་མ་ཡིན་པར་འདོད་པ་ལ་མདོ་སྡེ་པ་ནང་མཚུངས་ཞེས་པའི་དོན་ཡིན་གྱི། སློབ་དཔོན་ཉིད་མདོ་སྡེ་པ་ཡིན་ཞེས་པའི་དོན་མ་ཡིན་པའི་ཕྱིར། དེར་ཐལ། བྱེ་སྨྲའི་ལུགས་གཞིར་བྱེད་པའི་ཚེ་སློབ་དཔོན་བྱེ་བྲག་ཏུ་སྨྲ་བར་འདོད་དགོས་པའི་ཕྱིར། དེར་ཐལ། དེ་གཞིར་འཛུག་པའི་ཚེ་སྟོན་པ་ཉིད་ཀྱང་བྱེ་བྲག་ཏུ་སྨྲ་བར་འདོད་དགོས་པའི་ཕྱིར། ཁ་

ཅིག །ཡོ་ཞེས་པ་མ་རངས་པའི་ཚིག་མ་ཡིན་པར་ཐལ། དེ་བཤད་པའི་རྒྱུན་ཡིན་པའི་ཕྱིར། དེར་ཐལ། ཡོ་གྲགས་ཟེར་གསུམ་བཤད་པའི་རྒྱུན་ཡིན་པའི་ཕྱིར། དེར་ཐལ། སློབ་དཔོན་རང་གི་བླ་མ་ཁ་ཆེ་འདུས་བཟང་དེ་ལྟར་བཞེད་པའི་ཕྱིར་ན་མ་ཁྱབ། ཁ་ཅིག །སློབ་དཔོན་གྱིས་སྡེ་བདུན་གྱི་ཚིག་དོན་ཐམས་ཅད་འཁྲུལ་མེད་དུ་བཞེད་པར་ཐལ། དེས་སྡེ་བདུན་གྱི་དགོངས་པ་ཐམས་ཅད་འཁྲུལ་མེད་དུ་འགྲེལ་བའི་ཕྱིར་ན་མ་ཁྱབ། འདོད་ན། མི་འཐད་པར་ཐལ། སྡེ་བདུན་གྱི་གཞུང་ལ་ལས་འདུས་མ་བྱས་རྫས་(ནི)གྲུབ་ཏུ་སྟོན་པས་དེ་རྫས་གྲུབ་ཏུ་སློབ་དཔོན་མི་བཞེད་པའི་ཕྱིར། ཁ་ཅིག །སློབ་དཔོན་གྱིས་སྡེ་བདུན་སྟུད་པ་པོ་རྣམས་དགྲ་བཅོམ་པ་མ་ཡིན་པར་བཞེད་པར་ཐལ། མདོ་སྡེ་པས་དེ་ལྟར་འདོད་པའི་ཕྱིར་ན། རེ་ཞིག་མ་ཁྱབ། རྟགས་དེར་ཐལ། དེས་དེ་རྣམས་འཕགས་པ་མིན་པར་འདོད་པའི་ཕྱིར། དེར་ཐལ། གྲུབ་བསྟན་གྱི་དོར་ལས། དེའི་ཕྱིར་མདོ་སྡེ་པས་ཀྱང་མངོན་པ་སྡེ་བདུན་ལ་སོགས་པ་རྩོམ་པ་པོ་རྣམས་འཕགས་པ་མིན་པར་སྨྲོ། །ཞེས་གསུངས་པའི་ཕྱིར།

ཀ༢ གཞུང་དོན་དངོས་བཤད་པ།

ཁ༡ ལུས་ཀྱི་སྒོ་ནས་མདོར་བསྟན་པ།

ག༡ བརྗོད་བྱའི་དོན་བསྡུས་ཏེ་བསྟན་པ།

གཉིས་པ་གཞུང་དོན་དངོས་ལ། ལུས་ཀྱི་སྒོ་ནས་མདོར་བསྟན་པ་དང་། ཡན་ལག་གི་སྒོ་ནས་རྒྱས་པར་བཤད་པ་གཉིས། དང་པོ་ལ་གཉིས། བརྗོད་བྱའི་དོན་བསྡུས་ཏེ་བསྟན་པ་དང་། ཚུང་ཟད་ཕྱི་སྐད་བཤད་པ་གཉིས། དང་པོ་ནི། ཟག་བཅས་ཟག་པ་མེད་ཆོས་རྣམས། །ཞེས་བྱུང་།

༢༡ ཚིག་དོན་བཤད་པ།

འདི་ལ་ཚིག་དོན་དང་། མཐའ་དཔྱོད་པ་གཉིས། དང་པོ་ནི། བསྟན་བཅོས་འདི་ཆོས་ཅན། ཁྱོད་ཀྱི་བརྗོད་བྱ་ཡོད་དེ། ཟག་བཅས་དང་ཟག་པ་མེད་པའི་ཆོས་རྣམས་ནི་ཁྱོད་ཀྱི་བརྗོད་བྱ་ཡིན་པའི་ཕྱིར། དགོས་པ་ཡོད་དེ། ཆོས་ཐམས་ཅད་དེ་གཉིས་སུ་བསྡུས་ནས་སྟོན་པར་བཞེད་པའི་ཆེད་ཡིན་པའི་ཕྱིར། ཟག་བཅས་དང་པོར་འབྱུང་བའི་རྒྱུ་མཚན་ཡོད་དེ། ཀུན་ནས་ཉོན་མོངས་པ་སྔོན་དང་རྣམ་པར་བྱང་བ་རྗེས་སུ་འབྱུང་བའི་གོ་རིམ་དང་མཐུན་པར་བརྗོད་པ་ཡིན་པའི་ཕྱིར། བསྟན་བཅོས་འདི་ཆོས་ཅན། ཁྱོད་ཀྱི་དགོས་སོགས་ཆོས་བཞིའི་ཁྱད་པར་ཡོད་དེ། ཟག་བཅས་ཟག་མེད་ཀྱི་ཆོས་རྣམས་ཁྱོད་ཀྱི་བརྗོད་བྱ། ཁྱོད་ལ་བརྟེན་ནས་དེ་རྣམས་ལེགས་པར་རྟོགས་པ་དེ་ཁྱོད་ཀྱི་དགོས་པ། རྟོགས་ནས་ཉམས་སུ་བླངས་ནས་ཐོབ་པར་འགྱུར་བའི་མྱང་འདས་གཉིས་ཉིང་དགོས། ཆོས་གསུམ་ཕྱི་མ་སྔ་མ་ལ་འབྲེལ་བ་དེ་འབྲེལ་བ་ཡིན་པའི་ཕྱིར།

༢༢ མཐའ་དཔྱོད་པ།

གཉིས་པ་མཐའ་དཔྱོད་པ་ལ། ཁ་ཅིག །(༤བ)ཟག་བཅས་ཡིན་ན། དམིགས་པ་དང་མཚུངས་ལྡན་གཉིས་ཀྱི་སྒོ་ནས་ཟག་པ་རྒྱས་འགྱུར་ཡིན་པས་ཁྱབ་ཟེར་ན། ཉན་ཐོས་དགྲ་བཅོམ་པའི་མིག་དབང་ཆོས་ཅན། དེར་ཐལ། དེའི་ཕྱིར། དེར་ཐལ། ལམ་བདེན་དུ་མ་གཏོགས་པའི་འདུས་བྱས་ཡིན་པའི་ཕྱིར། ཁྱབ་སྟེ། རྩ་བར། ལམ་མ་གཏོགས་པའི་འདུས་བྱས་རྣམས། །ཟག་བཅས་ཞེས་གསུངས་པའི་ཕྱིར། འདོད་ན། མི་འཐད་པར་ཐལ། མཚུངས་ལྡན་གྱི་སྒོ་ནས་ཟག་པ་རྒྱས་འགྱུར་མ་ཡིན་པའི་ཕྱིར། དེར་ཐལ། དགྲ་བཅོམ་པའི་དབང་པོ་ཡིན་པའི་ཕྱིར། དེར་ཐལ། ཆོས་ཅན་དེ་ཡིན་

པའི་ཕྱིར། གཞན་ཡང་། དེ་མི་འཐད་པར་ཐལ། དེ་དང་མཚུངས་ལྡན་མེད་པའི་ཕྱིར། དེར་ཐལ། དེ་གཟུགས་ཅན་ཡིན་པའི་ཕྱིར། ཁ་ཅིག །ཉན་ཐོས་དགྲ་བཅོམ་པའི་མིག་དབང་དེ་ཟག་བཅས་ཡིན་ཀྱང་སྒོམ་སྤང་མ་ཡིན་ཟེར་ན། དེ་ཆོས་ཅན། སྒོམ་སྤང་ཡིན་པར་ཐལ། གཟུགས་ཅན་གྱི་ཁམས་བཅུ་པོ་གང་རུང་ཡིན་པའི་ཕྱིར། ཁྱབ་སྟེ། དེ་བཅུ་དང་མིག་སོགས་ཀྱི་རྣམ་ཤེས་ཀྱི་ཁམས་ལྔ་ལ་སྒོམ་སྤང་གིས་ཁྱབ་པའི་ཕྱིར། དེར་ཐལ། རྩ་བར། བཅུ་ནི་སྒོམ་པའི་སྤང་བྱ་ཡིན། །ལྔ་ཡང་། ཞེས་གསུངས་པའི་ཕྱིར། ཁ་ཅིག །དེ་སྤང་བྱ་ཡིན་པར་ཐལ། སྒོམ་སྤང་ཡིན་པའི་ཕྱིར་ན་མ་ཁྱབ་བོ། །ཁ་ཅིག །འདིར་གང་ལ་དམིགས་ནས་ཟག་པ་སྐྱེ་རུང་དེ་ཟག་བཅས་ཀྱི་དོན་ཡིན་ཟེར་ན། འགོག་ལམ་གཉིས་ཆོས་ཅན། ཟག་བཅས་ཡིན་པར་ཐལ། ཁྱོད་ལ་དམིགས་ནས་ཟག་པ་སྐྱེ་རུང་བའི་ཕྱིར། དེར་ཐལ། འགོག་པ་ལ་དམིགས་པ་དང་ལམ་ལ་དམིགས་པའི་འགོག་པ་དང་ལམ་མཐོང་སྤང་ཡོད་པའི་ཕྱིར། དེར་ཐལ། རྩ་བ། འགོག་དང་ལམ་མཐོང་སྤང་བྱ་བ། །ཞེས་སོགས་གསུངས་པའི་ཕྱིར། འདོད་ན། དེ་གཉིས་ཆོས་ཅན། ཁྱོད་ལ་དམིགས་ནས་ཟག་པ་རྒྱས་པར་འགྱུར་བར་ཐལ། ཟག་བཅས་ཡིན་པའི་ཕྱིར། འདོད་མི་ནུས་ཏེ། རང་འགྲེལ་ལས། དེ་གཉིས་ལ་རྒྱས་པར་མི་འགྱུར་བས་དེ་གཉིས་ཟག་པ་དང་བཅས་པ་ཉིད་དུ་ཐལ་(༩ན) བ་མེད་དོ། །ཞེས་གསུངས་པའི་ཕྱིར། རང་ལུགས་ནི། དམིགས་པ་དང་མཚུངས་ལྡན་གང་རུང་གི་སྒོ་ནས་ཟག་པའམ་ཉོན་མོངས་རྒྱས་འགྱུར་དེ་ཟག་བཅས་ཀྱི་དོན་ཡིན་ཏེ། འདིར། ཟག་བཅས་གང་ཕྱིར་དེ་དག་ལ། །ཟག་རྣམས་ཀུན་ཏུ་རྒྱས་འགྱུར་ཕྱིར། །ཞེས་གསུངས་པའི་ཕྱིར། དམིགས་པ་དང་མཚུངས་ལྡན་གྱི་སྒོ་ནས་བཞག་པའི་མཚན་གཞི་ཡོད་དེ། གཟུགས་ཅན་བཅུ་ལྟ་བུ་དང་པོ་དང་། ཕྲ་རྒྱས་རྣམས་གཉིས་པ་ཡིན་པའི་ཕྱིར། དམིགས་མཚུངས་གང་རུང་གི་སྒོ་ནས་ཟག་པ་རྒྱས་པར་མི་འགྱུར་བའི་ཆོས་དེ་ཟག་མེད་ཀྱི་དོན་ཡིན་ལ། མཚན་གཞི་ཡོད་དེ། ལམ་བདེན་

དང་འདུས་མ་བྱས་གསུམ་ལྟ་བུ་ཡིན་པའི་ཕྱིར།

ག༢ ཟུང་ཟད་ཕྱི་སྟེ་བཤད་པ།

ང༡ ཚིག་དོན།

གཉིས་པ་ནི། ལམ་མ་གཏོགས་པའི་འདུས་བྱས་རྣམས། །ཟག་བཅས་གང་ཕྱིར་དེ་དག་ལ། །ཟག་རྣམས་ཀུན་ཏུ་རྒྱས་པར་འགྱུར། །ཟག་མེད་ལམ་གྱི་བདེན་པ་དང་། །འདུས་མ་བྱས་རྣམས་གསུམ་ཡང་སྟེ། །ནམ་མཁའ་དང་ནི་འགོག་པ་གཉིས། །དེ་ལ་ནམ་མཁའ་མི་སྒྲིབ་པའོ། །སོ་སོར་བརྟགས་པས་འགོག་པ་གང་། །བྲལ་བའོ་སོ་སོ་སོ་སོ་ཡིན། །སྐྱེ་ལ་གཏན་དུ་གེགས་བྱེད་པ། །འགོག་གཞན་སོ་སོར་བརྟགས་མིན་པས། །ཞེས་འབྱུང་། འདི་ལ་ཚིག་དོན་དང་། མཐའ་དཔྱད་པ་གཉིས། དང་པོ་ནི། ལམ་བདེན་དུ་མ་གཏོགས་པའི་འདུས་བྱས་རྣམས་ཆོས་ཅན། ཟག་བཅས་ཡིན་ཏེ། རྒྱུ་མཚན་གང་གི་ཕྱིར་ན་དེ་དག་ལ་དམིགས་པ་དང་མཚུངས་ལྡན་གང་རུང་གི་སྒོ་ནས་ཟག་པ་རྣམས་ཀུན་ཏུ་རྒྱས་པར་འགྱུར་བའི་ཕྱིར། ལམ་གྱི་བདེན་པ་དང་། འདུས་མ་བྱས་རྣམ་པ་གསུམ་ཡང་ཆོས་ཅན། ཟག་མེད་ཡིན་ཏེ། སྔར་ལྟར་ཟག་པ་རྒྱས་པར་མི་འགྱུར་བའི་ཕྱིར། ནམ་མཁའ་དང་ནི་འགོག་པ་རྣམ་པ་གཉིས་ཆོས་ཅན། ཟག་མེད་ཡིན་ཏེ། རྟགས་དེའི་ཕྱིར། དེ་ལ་འདུས་མ་བྱས་ཀྱི་ནམ་མཁའ་ཆོས་ཅན། མི་སྒྲིབ་པའི་རང་བཞིན་ཅན་ཡིན་ཏེ། གཟུགས་ཅན་གཞན་ལ་ཕར་མི་སྒྲིབ་ཅིང་ཚུར་ཡང་མི་སྒྲིབ་པ་ཞིག་ལ་བྱེད་པའི་ཕྱིར། དགྲ་བཅོམ་པའི་རྒྱུད་ཀྱི་འགོག་པ་གང་ཆོས་ཅན། སོ་སོར་(༤བ)བརྟགས་པས་འགོག་པ་དང་བྲལ་བ་ཞེས་བྱ་སྟེ། བདེན་བཞི་ལ་སོ་སོར་བརྟགས་པའི་བར་ཆད་མེད་ལམ་གྱི་སྟོབས་ཀྱིས་ཐོབ་པའི་འགོག་བདེན་ཡིན་པའི་ཕྱིར། སྡུག་བསྔལ་མཐོང་སྤང་སོགས་བཞི་སྤངས་པའི་སོ་སོར་བརྟགས་འགོག་ཆོས་ཅན། རྫས་སོ་སོ་བ་ཡིན་ཏེ། ལྡན་བྱེད་ཀྱི་

རྫས་སོ་སོ་བ་ཡིན་པའི་ཕྱིར། འགོག་པ་གཞན་སོ་སོར་བརྟགས་འགོག་མིན་པ་ཆོས་ཅན། ངོ་བོ་ཡོད་དེ། རང་གི་དགག་བྱའི་ཆོས་མ་འོངས་པ་སྐྱེ་བ་ལ་གེགས་བྱེད་པའི་བྲལ་བ་ལས་གཞན་པའི་བྲལ་བ་ཡིན་པའི་ཕྱིར། དེར་ཐལ། བར་ཆད་མེད་ལམ་གྱི་སྟོབས་ཀྱིས་ཐོབ་པ་མ་ཡིན་པར་རང་གི་སྤྱང་བྱ་རེ་ཞིག་རྐྱེན་མ་ཚང་བས་མ་སྐྱེས་པའི་འགོག་པ་ཡིན་པའི་ཕྱིར།

ང༢ མཐའ་དཔྱད་པ།

གཉིས་པ་མཐའ་དཔྱད་པ་ལ། ཁ་ཅིག །འདུས་མ་བྱས་རྣམས་གསུམ་ཡང་སྟེ་ཞེས་པའི་ཡང་སྒྲ་དོན་མེད་པར་ཐལ། དེས་བསྡུ་རྒྱུ་མེད་པའི་ཕྱིར་ན་མ་གྲུབ་སྟེ། གནས་མ་བུ་པ་དང་། བྱེ་བྲག་པ་སོགས་ཀྱིས་འདོད་པའི་ནམ་མཁའ་དགག་པའི་ཆེད་དང་། ཟག་མེད་ལམ་བདེན་དུ་མ་ཟད་པར་བསྟན་པའི་ཆེད་ཡིན་པའི་ཕྱིར། ཁ་ཅིག །རྐྱེན་མ་ཚང་བའི་འགོག་པ་ཡིན་ན། སོ་སོར་བརྟགས་མིན་གྱི་འགོག་པ་ཡིན་པས་ཁྱབ་ཟེར་ན། དེ་མི་འཐད་པར་ཐལ། མི་རྟག་པའི་འགོག་པ་དང་སྙོམས་འཇུག་གི་འགོག་པ་དང་སྐྱེ་བའི་བསམ་གཏན་གྱི་འགོག་པ་ལྟ་བུ་འགོག་པ་གཉིས་པོ་གང་རུང་མ་ཡིན་པའི་ཕྱིར།

ཁ༢ ཡན་ལག་གི་སྒོ་ནས་རྒྱས་པར་བཤད་པ།

ག༡ གང་ལ་མཁས་པར་བྱ་དགོས་པའི་གནས་ངོས་བཟུང་བ།

ང༡ མཁས་བྱའི་གནས།

གཉིས་པ་ཡན་ལག་གི་སྒོ་ནས་རྒྱས་པར་བཤད་པ་ལ། གང་ལ་མཁས་པར་བྱ་དགོས་པའི་གནས་ངོས་བཟུང་བ་དང་། དེ་ལྟར་མཁས་པར་བྱས་པའི་ཡོན་ཏན་བསྟན་པ་གཉིས། དང་པོ་ལ། མཁས་བྱའི་གནས་དང་། དེ་ཉིད་ངེས་པར་བྱེད་པའི་ཚུལ་གཉིས། དང་པོ་ལ། ཡུལ་ཕུང་ཁམས་སྐྱེ་མཆེད་ཀྱི་རྣམ་གཞག་དང་། ཡུལ་

ཅན་དབང་པོའི་རབ་དབྱེ་བཤད་པ་གཉིས།

ཅ༧ ཕུལ་ཕྱུང་ཁམས་སྐྱེ་མཆེད་ཀྱི་རྣམ་གཞག །

ཆ༧ འདུས་བྱས་སྤྱིའི་མཚན་ཉིད།

ཇ༧ མཚན་ཉིད་ཀྱི་སྒོ་ནས་དབྱེ་བ།

དང་པོ་ལ། འདུས་བྱས་སྤྱིའི་མཚན་ཉིད་དང་། ཆོས་གསུམ་གྱི་རྣམ་གཞག་དང་། ཁམས་ཀྱི་རྣམ་པའི་རབ་དབྱེ་དང་གསུམ། དང་པོ་ལ། མཚན་ཉིད་ཀྱི་སྒོ་ནས་དབྱེ་བ་དང་། རྣམ་གྲངས་ཀྱི་དབྱེ་བ་གཉིས། དང་པོ་ནི། འདུས་བྱས་ཆོས་རྣམས་དེ་དག་ཀྱང་། །(༧༠ན)གཟུགས་ལ་སོགས་པའི་ཕུང་པོ་ལྔ། །ཞེས་བྱུང་།

ཉ༧ ཚིག་དོན་བཤད་པ།

འདི་ལ་ཚིག་དོན་དང་། མཐའ་དཔྱད་པ་གཉིས། དང་པོ་ནི། འདུས་བྱས་ཀྱི་ཆོས་རྣམས་དེ་དག་ཀྱང་ཆོས་ཅན། དབྱེ་བ་ཡང་ལས་འདིར་བསྡུ་ན་ལྔ་ཡིན་ཏེ། གཟུགས་ལ་སོགས་པ་སྟེ་གཟུགས་ཀྱི་ཕུང་པོ། ཚོར་བའི་ཕུང་པོ། འདུ་ཤེས་ཀྱི་ཕུང་པོ། འདུ་བྱེད་ཀྱི་ཕུང་པོ། རྣམ་ཤེས་ཀྱི་ཕུང་པོ་དང་ལྔ་པོ་སྟེར་འདུས་བྱས་རྣམས་ཞེས་བཤད་པ་ལྟར་ཡོད་པའི་ཕྱིར། དེ་ལྔ་ཆོས་ཅན། འདུས་བྱས་ཡིན་ཏེ། རང་གི་རྒྱུ་རྐྱེན་ལས་སྐྱེས་པས་རབ་ཏུ་ཕྱེ་བ་དེ་ཡིན་པའི་ཕྱིར། དེ་ལྔའི་ངོ་བོ་ཡོད་དེ། གཟུགས་ཅན་ཡིན་པ་གཟུགས་ཀྱི་ཕུང་པོ། གཙོ་སེམས་རྣམས་རྣམ་ཤེས་ཀྱི་ཕུང་པོ། སེམ་གདུང་བར་མ་ཚོར་བའི་སེམས་བྱུང་རྣམས་ཚོར་བའི་ཕུང་པོ། མཐོང་ཐོས་སོགས་བྱེ་བྲག་འབྱེད་པའི་སེམས་བྱུང་རྣམས་འདུ་ཤེས་ཀྱི་ཕུང་པོ། དེ་ལས་གཞན་པའི་སེམས་བྱུང་དང་ལྡན་མིན་འདུ་བྱེད་རྣམས་འདུ་བྱེད་ཀྱི་ཕུང་པོ་ཡིན་པའི་ཕྱིར།

༡༢ མཐའ་དཔྱད་པ།

གཉིས་པ་མཐའ་དཔྱད་པ་ལ། ཁ་ཅིག །གཟུགས་ཅན་གྱི་ཁམས་ཡིན་ན། གཟུགས་ཀྱི་ཁམས་ཡིན་པས་ཁྱབ་ཟེར་ན། སྣའི་ཁམས་ཆོས་ཅན། དེར་ཐལ། དེའི་ཕྱིར། དེར་ཐལ། གཟུགས་ཕུང་ཡིན་པའི་ཕྱིར། དེར་ཐལ། དབང་པོ་ལྔ་དང་དོན་ལྔ་པོ་གང་རུང་ཡིན་པའི་ཕྱིར། དེར་ཐལ། གཟུགས་ཅན་གྱི་ཁམས་བཅུ་ཡོད་པའི་ཕྱིར། འདོད་མི་ནུས་ཏེ། བསྟན་ཡོད་ཀྱི་གཟུགས་མ་ཡིན་པའི་ཕྱིར་ཏེ། ཆོས་ཅན་དེ་ཡིན་པའི་ཕྱིར། ཁྱབ་སྟེ། གཟུགས་ཅན་བཅུའི་དང་པོ་གཟུགས་ཁམས་གཅིག་པུ་བསྟན་ཡོད་ཀྱི་གཟུགས་ཡིན་ཞིང་། གཞན་དགུ་པོ་བསྟན་མེད་ཡིན་པའི་ཕྱིར། དེར་ཐལ། རྩ་བར། བསྟན་ཡོད་འདིར་ནི་གཟུགས་གཅིག་པུ། །ཞེས་གསུངས་པའི་ཕྱིར། ཁ་ཅིག །གཟུགས་ཅན་གྱི་ཁམས་ཡིན་ན། གཟུགས་ཅན་གྱི་ཁམས་བཅུ་པོ་གང་རུང་ཡིན་པས་ཁྱབ་ཟེར་ན། རྣམ་པར་རིག་བྱེད་མ་ཡིན་པའི་གཟུགས་ཆོས་ཅན། དེར་ཐལ། དེའི་ཕྱིར། དེར་ཐལ། གཟུགས་ཅན་ཡིན་པའི་ཕྱིར། འདོད་ན། དབང་(༡༠བ)པོ་ལྔ་དང་དོན་ལྔ་པོ་གང་རུང་ཡིན་པར་ཐལ། འདོད་པའི་ཕྱིར། ཁྱབ་སྟེ། རྩ་བར། དབང་དོན་དེ་དག་ཁོ་ན་ལ། །སྐྱེ་མཆེད་དང་ནི་ཁམས་བཅུར་འདོད། །ཅེས་གསུངས་པའི་ཕྱིར། འདོད་མི་ནུས་ཏེ། ཆོས་ཅན་དེ་ཡིན་པའི་ཕྱིར། ཁ་ཅིག །ཡིད་དང་རྣམ་ཤེས་ཀྱི་ཕུང་པོ་འགལ་བར་ཐལ། ཁམས་བཅོ་བརྒྱད་པོ་ནང་ཕན་ཚུན་འགལ་བའི་ཕྱིར་ན། མ་ཁྱབ། འདོད་ན། མི་འཐད་པར་ཐལ། རྣམ་ཤེས་ཀྱི་ཁམས་དྲུག་པོ་གང་རུང་ལ་ཡིད་ཁམས་ཀྱིས་ཁྱབ་པའི་ཕྱིར། ཁ་ཅིག །བར་དོ་བའི་རྒྱུད་ལ་མིག་སོགས་དབང་པོ་ལྔ་ཡོད་པར་ཐལ། ལྷ་མིའི་བར་དོ་བ་རྣམས་དབང་པོ་ཀུན་ཚང་བའི་ཕྱིར། འདོད་ན། འདོད་གཟུགས་ཀྱི་ལྷའི་བར་དོ་བའི་རྒྱུད་ལ་དེ་ལྔ་ཡོད་པར་ཐལ། འདོད་པའི་ཕྱིར། འདོད་ན། དེ་གཉིས་ཀྱི་བར་དོ་བ་ལ་མིག་

གི་རྣམ་ཤེས་སོགས་ལྔ་པོ་ཡོད་པར་ཐལ། འདོད་པའི་ཕྱིར་ན་མ་ཁྱབ། འདོད་ན། མི་འཐད་པར་ཐལ། གཟུགས་ཁམས་པའི་བར་སྲིད་པ་ལ་སྣ་ལྕེའི་རྣམ་ཤེས་གཉིས་དང་དྲི་རོ་གཉིས་ཏེ་བཞི་མི་ལྡན་པའི་ཕྱིར། དེར་ཐལ། འདོད་པའི་སས་བསྡུས་པའི་ཁམས་བཅོ་བརྒྱད་དང་། གཟུགས་ཀྱི་སས་བསྡུས་པའི་དེ་བཞི་མེད་ཅིང་ལྷག་མ་བཅུ་བཞི་ཡོད་པའི་ཕྱིར། དེར་ཐལ། རྩ་བར། འདོད་ཁམས་གཏོགས་པ་ཐམས་ཅད་དོ། །གཟུགས་ཀྱི་ཁམས་ན་བཅུ་བཞིའོ། །དྲི་དང་རོ་དང་སྣ་དང་ནི། །ལྕེ་ཡི་རྣམ་ཤེས་ཁམས་མ་གཏོགས། །ཞེས་གསུངས་པའི་ཕྱིར། ཁ་ཅིག །གཟུགས་མེད་ཁམས་ན་གཟུགས་ཅན་གྱི་ཁམས་ཡོད་ཟེར་ན། དེ་མེད་པར་ཐལ། དེ་ན་གཟུགས་མེད་པས་དེ་དག་མེད་ཅིང་། ཡིད་དང་ཆོས་དང་རྣམ་ཤེས་ཀྱི་ཁམས་རྣམས་ཡོད་པའི་ཕྱིར། དེར་ཐལ། རྩ་བར། གཟུགས་མེད་གཏོགས་པ་ཡིད་དང་ནི། །ཆོས་དང་ཡིད་ཀྱི་རྣམ་ཤེས་ཁམས། །ཞེས་གསུངས་པའི་ཕྱིར། ཁ་ཅིག །ཟིན་པའི་འབྱུང་བ་ལས་གྱུར་པའི་ཁམས་ཡིན་ན། ཟིན་པའི་ཁམས་ཡིན་པས་ཁྱབ་ཟེར་ན། ལག་པ་བརྡབ་པའི་སྒྲ་ཆོས་ཅན། དེར་ཐལ། དེའི་ཕྱིར། དེར་ཐལ། ཆོས་ཅན་དེ་ཡིན་པའི་ཕྱིར། འདོད་མི་ནུས་ཏེ། སྒྲ་ཡིན་ན། མ་ཟིན་པའི་ཁམས་(༧༧ན)ཡིན་དགོས་པའི་ཕྱིར། དེར་ཐལ། འདིའི་སྐབས་ཀྱི་ཟིན་མ་ཟིན་གྱི་དོན་དབང་པོས་ཟིན་མ་ཟིན་ལ་བྱེད་པའི་རྒྱུ་མཚན་གྱིས། སེམས་ཀྱི་ཁམས་བདུན། ཆོས་ཁམས་ཀྱི་ཕྱེད་དང་སེམས་བྱུང་དང་བརྒྱད། སྒྲ་དང་དགུ་པོ་དེ་མ་ཟིན་པར་འཇོག །གཟུགས་ཅན་གཞན་དགུ་ལ་ཟིན་མ་ཟིན་གྱི་ཆ་གཉིས་ཡོད་པའི་ཕྱིར། དེར་ཐལ། རྩ་བར། མ་ཟིན་དགུ། བརྒྱད་པོ་དེ་དག་རྣམས་དང་སྒྲ། །དགུ་པོ་གཞན་ནི་རྣམ་པ་གཉིས། །ཞེས་གསུངས་པའི་ཕྱིར། ཁ་ཅིག །གཟུགས་ཡིན་ན། ཆོས་ཁམས་མ་ཡིན་པས་ཁྱབ་ཟེར་ན། མི་འཐད་པར་ཐལ། རྣམ་པར་རིག་བྱེད་མ་ཡིན་པའི་གཟུགས་ལ་ཆོས་ཁམས་ཀྱིས་ཁྱབ་པའི་ཕྱིར། ཁ་ཅིག །སོ་ཐར་གྱི་སྡོམ་པ་ལ། རྣམ་པར་རིག་བྱེད་མ་ཡིན་པའི་གཟུགས་ཀྱིས་ཁྱབ་

ཟེར་ན། མི་འཐད་པར་ཐལ། དེར་རྣམ་པར་རིག་བྱེད་ཡིན་མིན་གཉིས་ཡོད་པའི་ཕྱིར། དེར་ཐལ། རྩ་བར། དང་པོའི་རྣམ་རིག་རྣམ་རིག་མིན། །ཞེས་གསུངས་པའི་ཕྱིར། ཁ་ཅིག །རྣམ་རིག་མ་ཡིན་པའི་གཟུགས་ལ་སྡོམ་པས་ཁྱབ་ཟེར་ན། དེ་ཡང་མི་འཐད་པར་ཐལ། དེར་སྡོམ་པ་སྡོམ་མིན་བར་མ་གསུམ་ཡོད་པའི་ཕྱིར། དེར་ཐལ། རྩ་བར། རྣམ་རིག་མིན་རྣམ་གསུམ་ཤེས་བྱ། །སྡོམ་དང་སྡོམ་པ་མིན་དང་གཞན། །ཞེས་གསུངས་པའི་ཕྱིར། ཁ་ཅིག །སོ་ཐར་གྱི་སྡོམ་པ་དེ་རྣམ་པར་རིག་བྱེད་མ་ཡིན་པའི་གཟུགས་ཡིན་ཟེར་ན། དེ་མི་འཐད་པར་ཐལ། དེ་ནི་ཐོས་སྦྱི་མ་ཆོད་པའི་སྐྱོན་དུ་འགྱུར་བའི་ཕྱིར། དེར་ཐལ། དེ་ལ་རིག་བྱེད་ཡིན་མིན་གཉིས་ཡོད་པའི་ཕྱིར། ཁ་ཅིག །ཆོས་དང་ཁམས་ཀྱི་གཞི་མཐུན་ཡིན་ན། ཆོས་ཁམས་ཡིན་པས་ཁྱབ་ཟེར་ན། གཟུགས་ཀྱི་ཁམས་ཆོས་ཅན། དེར་ཐལ། དེའི་ཕྱིར། དེར་ཐལ། ཆོས་གང་ཞིག །ཁམས་ཡིན་པའི་ཕྱིར། དང་པོ་དེར་ཐལ། གཞི་གྲུབ་པའི་ཕྱིར། འདོད་མི་ནུས་ཏེ། ཕུང་པོ་དང་པོ་ཉིད་ཆོས་ཁམས་མ་ཡིན་ཞིང་། ཕུང་པོ་བར་པ་གསུམ་དང་། རྣམ་པར་རིག་བྱེད་མ་ཡིན་(༡༡བ)པའི་གཟུགས། འདུས་མ་བྱས་ཀྱི་ཆོས་གསུམ་ནི་ཆོས་ཀྱི་སྐྱེ་མཆེད་དང་ཆོས་ཀྱི་ཁམས་སུ་འཇོག་པའི་ཕྱིར། དེར་ཐལ། རྩ་བར། དེ་གསུམ་རྣམ་རིག་བྱེད་མིན་དང་། །འདུས་མ་བྱས་རྣམས་བཅས་པ་ན། །ཆོས་ཀྱི་སྐྱེ་མཆེད་ཁམས་ཞེས་བྱ། །ཞེས་གསུངས་པའི་ཕྱིར།

ཇ༢ རྣམ་གྲངས་ཀྱི་དབྱེ་བ།

ཀ༡ འདུས་བྱས་སྤྱིའི་མིང་གི་རྣམ་གྲངས།

གཉིས་པ་ལ། འདུས་བྱས་སྤྱིའི་མིང་གི་རྣམ་གྲངས་དང་། ཟག་བཅས་ཀྱི་མིང་གི་རྣམ་གྲངས་གཉིས། དང་པོ་ནི། དེ་དག་ཉིད་དུས་གཏམ་གཞི་དང་། །ངེས་པར་འབྱུང་བཅས་གཞི་དང་བཅས། །ཞེས་འབྱུང་།

༥༡ ཚིག་དོན་བཤད་པ།

འདི་ལ་ཚིག་དོན་དང་། མཐའ་དཔྱད་པ་གཉིས། དང་པོ་ནི། འདུས་བྱས་དེ་དག་ཉིད་ཆོས་ཅན། ཁྱོད་ལ་དུས་ཞེས་བྱ་སྟེ། དུས་གསུམ་དུ་འཛོག་པའི་གཞི་ཡིན་པའི་ཕྱིར། དེ་ཆོས་ཅན། གཏམ་གྱི་གཞི་ཞེས་བྱ་སྟེ། རྗོད་བྱེད་ཀྱི་གཏམ་ནི་ངག་ཚིག་དུ་མ་འདུས་པ་ཡིན་ཞིང་། དེ་འབྱུང་བའི་གཞི་ཡིན་པའི་ཕྱིར། དེ་ཆོས་ཅན། ངེས་པར་འབྱུང་བཅས་ཞེས་བྱ་སྟེ། ལྷག་མེད་མྱང་འདས་ལ་བལྟོས་ནས་ལམ་བདེན་དང་བཅས་པའི་འདུས་བྱས་རྣམས་ཀྱང་མྱ་ངན་ཡིན་ལ། མྱང་འདས་དེ་མངོན་དུ་བྱེད་པའི་ཚེ་འདུས་བྱས་རྣམས་དོར་ནས་གདོན་མི་ཟ་བར་ངེས་པར་འབྱུང་བར་བྱེད་དགོས་པའི་ཕྱིར། དེ་ཆོས་ཅན། གཞི་དང་བཅས་པ་ཞེས་བྱ་སྟེ། གཞི་སྐྱེད་བྱེད་ཀྱི་རྒྱུ་དུ་མ་དང་བཅས་པའི་ཕྱིར།

༥༢ མཐའ་དཔྱད་པ།

གཉིས་པ་ལ། ཁ་ཅིག །གཏམ་གྱི་གཞི་ཡིན་ན། འདུས་བྱས་ཡིན་པས་ཁྱབ་ཟེར་ན། ནམ་མཁའ་ཆོས་ཅན། དེར་ཐལ། དེའི་ཕྱིར། དེར་ཐལ། འཇིག་རྟེན་ན་ནམ་མཁའ་ཞེས་གཏམ་སྣ་ཚོགས་ཀྱིས་བརྗོད་པའི་ཕྱིར། ཁ་ཅིག་ནམ་མཁའ་གཏམ་གྱི་གཞིར་མི་རུང་བར་ཐལ། འདུས་མ་བྱས་རྣམས་གཏམ་གྱི་གཞི་མ་ཡིན་པའི་ཕྱིར། དེར་ཐལ། རྒྱལ་སྲས་མ་ལས། འདུས་མ་བྱས་ནི་གཏམ་རྒྱུ་དང་རྐྱེན་མིན་པས་གཏམ་གྱི་གཞི་མ་ཡིན་ནོ། །ཞེས་གསུངས་པའི་ཕྱིར་ན། སྐྱོན་མེད་དེ། འདིའི་དངོས་བསྟན་ལ་དགོངས་པའི་ཕྱིར། ཁ་ཅིག །ལམ་བདེན་འདོར་བྱར་བྱེད་རུང་བར་ཐལ། ལྷག་མེད་མྱང་འདས་མངོན་དུ་བྱེད་པའི་སྐབས་ལ་ལྟོས་ནས་འདོར་བྱར་རུང་བའི་ཕྱིར་ན་མ་ཁྱབ། མ་གྲུབ་ན། དེར་ཐལ། ལྷག་མེད་(༡༢ན)མྱང་འདས་ཀྱི་ཚེ་འདུས་བྱས་

ཀྱི་རྒྱུ་བ་ཟློག་དགོས་པས་ལམ་བདེན་ཡང་འདོར་བའི་ཕྱིར། དེར་ཐལ། རྒྱལ་སྲས་མ་ལས། ཆོས་ཀྱི་རྣམ་གྲངས་འདི་གཟིངས་ལྟ་བུར་ཤེས་པ་རྣམས་ཀྱིས་ཆོས་རྣམས་ཀྱང་སྤང་བར་བྱ་ན་ཞེས་པའི་ཁུངས་དྲངས་ནས་བསྒྲུབས་པའི་ཕྱིར།

༡༢ ཟག་བཅས་ཀྱི་མིང་གི་རྣམ་གྲངས།

༥༡ ཚིག་དོན་བཤད་པ།

གཉིས་པ་ནི། གང་དག་ཟག་བཅས་ཉེར་ལེན་པའི། །ཕུང་པོའང་དེ་དག་འཐབ་བཅས་ཀྱང་། །སྡུག་བསྔལ་ཀུན་འབྱུང་འཇིག་རྟེན་དང་། །ལྟ་གནས་སྲིད་པའང་དེ་དག་ཡིན། །ཞེས་གསུང་། འདི་ལ་གཉིས། ཚིག་དོན་དང་། མཐའ་དཔྱད་པ་གཉིས། དང་པོ་ནི། ཟག་བཅས་ཀྱི་ཕུང་པོ་ལྔ་པོ་གང་དག་བཤད་པ་དེ་དག་ཆོས་ཅན། ཉེ་བར་ལེན་པའི་ཕུང་པོ་ཞེས་བྱ་སྟེ། འདིར་ཉེར་ལེན་ནི་ཉོན་མོངས་ཡིན་ལ། དེ་ལས་ཁྱོད་བྱུང་ཞིང་ཁྱོད་ལས་དེ་རྣམས་འབྱུང་བའི་ཕྱིར་ཏེ། དཔེར་ན། རྩྭ་ལས་བྱུང་བའི་མེ་ལ་རྩྭའི་མེ་ཞེས་པ་ལྟར་རྒྱུའི་སྒོ་ནས་དང་། རྒྱལ་པོ་ལ་རག་ལས་པའི་མི་བཞིན་རག་ལས་ཀྱི་སྒོ་ནས་དང་། མེ་ཏོག་གི་ཤིང་བཞིན་འབྲས་བུའི་སྒོ་ནས་བཏགས་པའི་ཕྱིར། ཟག་བཅས་ཀྱི་ཕུང་པོ་དེ་དག་ཆོས་ཅན། འཐབ་བཅས་ཞེས་ཀྱང་བརྗོད་དེ། ཉོན་མོངས་ནི་རང་གཞན་ལ་གནོད་པས་འཐབ་པ་ཡིན་ལ། ཁྱོད་དེ་དང་བཅས་ཤིང་། ཁྱོད་ལ་བརྟེན་ནས་ལུས་ངག་གི་འཐབ་མོ་སྐྱེད་པའི་ཕྱིར། དེ་ཆོས་ཅན། སྡུག་བསྔལ་ཞེས་བྱ་སྟེ། སྡུག་བསྔལ་གསུམ་པོ་གང་རུང་དང་བཅས་པའི་ཕྱིར། དེ་ཆོས་ཅན། ཀུན་འབྱུང་ཞེས་བྱ་སྟེ། ཁྱོད་ལས་སྡུག་བསྔལ་ཀུན་འབྱུང་བའི་ཕྱིར། དེ་ཆོས་ཅན། འཇིག་རྟེན་ཞེས་བྱ་སྟེ། སྐད་ཅིག་རེ་རེ་ནས་སྐྱེ་འཇིག་བྱེད་པའི་ཕྱིར། དེ་ཆོས་ཅན། ལྟ་གནས་ཞེས་བྱ་སྟེ། ཁྱོད་ལ་བརྟེན་ནས་ལྟ་བ་ངན་པ་རྣམས་སྐྱེ་བའི་ཕྱིར། དེ་ཆོས་ཅན། སྲིད་པ་ཞེས་བྱ་སྟེ། སྡུག་ཀུན་གཉིས་བརྒྱུད

མར་འབྱུང་བའི་སྲིད་པ་འགྲུབ་པའི་རྒྱུ་ཡིན་པའི་ཕྱིར།

ང༢ མཐའ་དཔྱད་པ།

གཉིས་པ་ལ། ཁ་ཅིག །ཉེར་ལེན་དང་ཕུང་པོའི་གཞི་མཐུན་ཡིན་ན། ཉེར་ལེན་གྱི་ཕུང་པོ་ཡིན་པས་ཁྱབ་ཟེར་ན། དགྲ་བཅོམ་པའི་རྣམ་ཤེས་ཀྱི་(༡༢བ)ཕུང་པོ་ཆོས་ཅན། དེར་ཐལ། དེའི་ཕྱིར། དེར་ཐལ། ཉེར་ལེན་གང་ཞིག །ཕུང་པོ་ཡིན་པའི་ཕྱིར། དང་པོ་དེར་ཐལ། རང་གི་ཉེར་འབྲས་སྐྱེད་བྱེད་ཡིན་པའི་ཕྱིར། འདོད་མི་ནུས་སོ། །ཁ་ཅིག །རང་རྒྱུ་ཉོན་མོངས་ལས་བྱུང་བའི་ཕུང་པོ་ཡིན་ན། ཉེར་ལེན་གྱི་ཕུང་པོ་ཡིན་དགོས་པར་ཐལ། རྒྱུ་མཚན་འཐད་པའི་ཕྱིར་ན་མ་ཁྱབ། འདོད་ན། རང་རྒྱུ་མ་རིག་པ་ལས་བྱུང་བའི་དགྲ་བཅོམ་པའི་ཕུང་པོ་ཡོད་པའི་ཕྱིར། དེར་ཐལ། སོ་སྐྱེའི་རྟེན་ལ་དགྲ་བཅོམ་པའི་གོ་འཕང་མངོན་དུ་བྱེད་པ་ཡོད་པའི་ཕྱིར།

ཆ༢ ཚོས་གསུམ་གྱི་རྣམ་གཞག །

ཇ༡ ཚོས་གསུམ་སོ་སོའི་རང་བཞིན།

ཀ༡ གཟུགས་ཀྱིས་བསྡུས་པའི་ཚོས་གསུམ།

ང༡ གཟུགས་ཕུང་གི་རང་བཞིན།

ཐ༡ མདོར་བསྟན་པ།

གཉིས་པ་ཚོས་གསུམ་གྱི་རྣམ་གཞག་ལ། ཚོས་གསུམ་སོ་སོའི་རང་བཞིན། ཚོས་གསུམ་གྱི་ཁྱད་ཚོས། ཚོས་གསུམ་གྱིས་ཚོས་གཞན་བསྡུས་ཚུལ་གསུམ། དང་པོ་ལ། གཟུགས་ཀྱིས་བསྡུས་པའི་ཚོས་གསུམ། གཟུགས་སེམས་ལས་གཞན་པས་བསྡུས་པའི་ཚོས་གསུམ། སེམས་ཀྱིས་བསྡུས་པའི་ཚོས་གསུམ་དང་གསུམ། དང་པོ་ལ། གཟུགས་ཕུང་གི་རང་བཞིན་དང་། དེ་ལས་ཕྱུང་སྟེ་ཕུང་ཁམས་སྐྱེ་མཆེད་

འཇོག་ཚུལ་གཉིས། དང་པོ་ལ། མདོར་བསྟན་པ་དང་། རྒྱས་པར་བཤད་པ་གཉིས། དང་པོ་ནི། གཟུགས་ནི་དབང་པོ་ལྔ་དང་དོན། །ལྔ་དང་རྣམ་རིག་བྱེད་མིན་ཉིད། །ཅེས་གསུང་།

༢༡ ཚིག་དོན་བཤད་པ།

འདི་ལ་ཚིག་དོན་དང་། མཐའ་དཔྱད་པ་གཉིས། དང་པོ་ནི། མིག་རྣ་བ་སྣ་ལྕེ་ལུས་ཀྱི་དབང་པོ་སྟེ་ལྔ་དང་། གཟུགས་སྒྲ་དྲི་རོ་རེག་བྱ་སྟེ་དོན་ལྔ་དང་། རྣམ་པར་རིག་བྱེད་མ་ཡིན་པའི་གཟུགས་དང་བཅུ་གཅིག་པོ་ཆོས་ཅན། གཟུགས་ཀྱི་ཕུང་པོ་ཡིན་ཏེ། བློའི་ཡུལ་དུ་དུ་མ་སྤུངས་པ་ལྟར་སྣང་བའི་གཟུགས་ཡིན་པའི་ཕྱིར། དེས་ན་གཟུགས་སུ་རུང་བ་དེ་གཟུགས་ཕུང་གི་མཚན་ཉིད་ཡིན་ཏེ། མདོ་ལས། དགེ་སློང་དག་གཟུགས་སུ་ཡོད་ཅིང་། གཟུགས་སུ་རུང་བས་ནི་དེའི་ཕྱིར་གཟུགས་ཉེ་བར་ལེན་པའི་ཕུང་པོ་ཞེས་བྱའོ། །ཞེས་གསུངས་པའི་ཕྱིར།

༢༢ མཐའ་དཔྱད་པ།

གཉིས་པ་ལ། ཁ་ཅིག །གཟུགས་རུང་གཟུགས་ཕུང་གི་མཚན་ཉིད་མ་ཡིན་པར་ཐལ། དེ་གཟུགས་ཀྱི་མཚན་ཉིད་དུ་གྲགས་པའི་ཕྱིར་ན། སྐྱོན་མེད་དེ། གང་བྱས་ཀྱང་མི་འགལ་བའི་ཕྱིར། (༡༣ན)ཁ་ཅིག །དེ་མི་འཐད་པར་ཐལ། ཕུང་པོའི་དོན་ནི་སྤུངས་པའི་དོན་ཡིན་པས་གཟུགས་སུ་རུང་བ་ཙམ་ལ་ནི་ཕུང་པོའི་དོན་མ་ཚང་བའི་ཕྱིར་ཟེར་ན་མ་ཁྱབ། ཁ་ཅིག །དེ་གཟུགས་ཀྱི་མཚན་ཉིད་དུ་མི་འཐད་པར་ཐལ། གཟུགས་སུ་རུང་བར་ངེས་ན་གཟུགས་ཀྱང་ངེས་དགོས་པའི་ཕྱིར་ཟེར་རོ། །

ཐ༢ རྒྱས་པར་བཤད་པ།

ད༡ དབང་པོ་ལྔ་བཤད་པ།

ན༡ ཚིག་དོན་བཤད་པ།

གཉིས་པ་ལ། དབང་པོ་ལྔ། དོན་ལྔ། རྣམ་རིག་མ་ཡིན་པའི་གཟུགས་བཤད་པ་གསུམ། དང་པོ་ནི། དེ་དག་རྣམས་ཀྱི་རྣམ་ཤེས་རྟེན། །མིག་ལ་སོགས་གཟུགས་དང་བ་རྣམས། །ཞེས་འབྱུང་། འདི་ལ་ཚིག་དོན་དང་། མཐའ་དཔྱད་པ་གཉིས། དང་པོ་ནི། མིག་ལ་སོགས་པ་དེ་དག་རྣམས་ཀྱི་རྣམ་པར་ཤེས་པའི་རྟེན་ཆོས་ཅན། ཁྱོད་འཇོག་ཚུལ་ཡོད་དེ། མིག་དབང་ལ་སོགས་པ་རང་རང་གི་འབྲས་བུ་རྣམ་ཤེས་སོ་སོའི་ཐུན་མོང་མིན་པའི་བདག་རྐྱེན་བྱེད་པའི་རིགས་སུ་གནས་པའི་ནང་གི་གཟུགས་ཅན་དང་བ་རྣམས་རང་དབང་པོ་གཟུགས་ཅན་པ་ཡིན་པའི་ངོ་བོའམ་མཚན་ཉིད་ཡིན་པའི་ཕྱིར་ཏེ། མདོ་ལས། དགེ་སློང་དག་མིག་ནི་ནང་གི་སྐྱེ་མཆེད་འབྱུང་བ་ཆེན་པོ་བཞི་རྒྱུར་བྱས་པ་གཟུགས་དང་བའོ། །ཞེས་གསུངས་པའི་ཕྱིར། རིགས་གནས་སྨོས་པའི་རྒྱུ་མཚན་ཡོད་དེ། དེ་མཚུངས་ཀྱི་དབང་པོ་སྡུད་པའི་ཆེད་ཡིན་པའི་ཕྱིར། ལ་སོགས་སྨོས་པ་ལ་དགོས་པ་ཡོད་དེ། རྣ་བ་སྣ་ལྕེ་ལུས་ཀྱི་དབང་པོ་བཞི་སྡུད་པའི་ཆེད་ཡིན་པའི་ཕྱིར། མདོར་བསྡུས་པའི་མཚན་ཉིད་ཡོད་དེ། མིག་གི་རྣམ་ཤེས་ཀྱི་རྟེན་ནང་གི་གཟུགས་ཅན་དང་བ་དེ། མིག་དབང་གི་མཚན་ཉིད་ཡིན་པ་ནས་ལུས་ཀྱི་རྣམ་ཤེས་ཀྱི་རྟེན་ནང་གི་གཟུགས་ཅན་དང་བ་དེ། ལུས་ཀྱི་དབང་པོའི་མཚན་ཉིད་དུ་རིགས་པའི་ཕྱིར། དབྱེ་ན་གཉིས་ཡོད་དེ། དེ་མཚུངས་དང་རྟེན་བཅས་ཀྱི་དབང་པོ་གཉིས་གཉིས་ཡོད་པའི་ཕྱིར། དེ་གཉིས་སོ་སོའི་ཁྱད་པར་ཡོད་དེ། དང་པོ་ནི་གཉིད་དུས་ཀྱི་དབང་པོ་ལྟ་བུ་དང་། གཉིས་པ་ནི་གཟུགས་སོགས་ལ་ལྟ་བའི་སྐབས་ཀྱི་དབང་པོ་ལ་བྱེད་པའི་ཕྱིར།

ན༢ མཐའ་དཔྱད་པ།

གཉིས་པ་ལ་ཁ་ཅིག །མིག་(༡༣བ)དབང་སོགས་བསྟན་མེད་ཀྱི་གཟུགས་མ་ཡིན་པར་ཐལ། བསྟན་ཡོད་ཀྱི་གཟུགས་ཡིན་པའི་ཕྱིར། དེར་ཐལ། མིག་གི་དབང་པོ་ནི་ཟར་མའི་མེ་ཏོག་ལྟ་བུ། རྣ་བའི་དབང་པོ་ནི་གྲོ་ག་གཙུས་ནས་བཅད་པ་ལྟ་བུ། སྣའི་དབང་པོ་ནི་རྒྱ་ཁབ་བཤིབས་པ་ལྟ་བུ། ལྕེའི་དབང་པོ་ནི་ཟླ་བ་ཕྱེད་པ་ལྟ་བུ། ལུས་ཀྱི་དབང་པོ་ནི་ལུས་ཀྱི་ཆ་ལ་ཁྱབ་པའི་ཁྱད་པར་ཞིག་ལ་བྱེད་པ་གང་ཞིག །དེ་ལྟར་ན་བསྟན་ཡོད་དུ་རིགས་པའི་ཕྱིར། དང་པོ་དེར་ཐལ། བྱེ་བྲག་སྨྲ་བས་དེ་ལྟར་འདོད་པའི་ཕྱིར། ཁ་ཅིག་མ་ཁྱབ་ཟེར། ཕྱི་མ་དེར་ཐལ། མིག་གི་དབུས་ན་མཐོང་བྱེད་ཟར་མའི་མེ་ཏོག་ལྟ་བུ་ཡོད་པ་དེ་མིག་གི་ཡུལ་དུ་བསྟན་དུ་ཡོད་པའི་ཕྱིར། ཁ་ཅིག་མ་ཁྱབ་གསུངས་ཏེ་དཔྱད་པར་བྱའོ། །རྩ་བར་འདོད་མི་ནུས་ཏེ། སློབ་དཔོན་སྐུ་མཆེད་ཀྱི་གཞུང་དུ་དབང་པོ་ལྔ་ནང་གི་གཟུགས་ཅན་དང་བ་བསྟན་མེད་དུ་བཤད་པའི་ཕྱིར།

ད༢ དོན་ལྔ་བཤད་པ།

ན༡ ཚིག་དོན་བཤད་པ།

གཉིས་པ་ནི། གཟུགས་རྣམ་གཉིས་དང་རྣམ་ཉི་ཤུ། །སྒྲ་ནི་རྣམ་པ་བརྒྱད་ཡོད་དེ། །རོ་ནི་རྣམ་དྲུག་དྲི་རྣམ་བཞི། །རེག་བྱ་བཅུ་གཅིག་བདག་ཉིད་དོ། །ཞེས་བྱུང་། འདི་ལ་ཚིག་དོན་དང་། མཐའ་དཔྱད་པ་གཉིས། དང་པོ་ནི། གཟུགས་ཀྱི་སྐྱེ་མཆེད་ཆོས་ཅན། ཁྱོད་ཀྱི་མཚན་ཉིད་ཡོད་དེ། མིག་ཤེས་ཀྱི་གཟུང་བྱ་དེ་དེ་ཡིན་པའི་ཕྱིར། གཟུགས་ཀྱི་སྐྱེ་མཆེད་དེ་ཆོས་ཅན། ཁྱོད་ལ་རྩ་བའི་སྒོ་ནས་དབྱེ་ན་རྣམ་པ་གཉིས་སུ་ཡོད་དེ། རང་ཡིན་པའི་ཁ་དོག་དང་དབྱིབས་གཟུགས་

གཉིས་ཡོད་པའི་ཕྱིར། དེ་ཆོས་ཅན། ཁྱོད་ལ་ཡན་ལག་གི་སྒོ་ནས་དབྱེ་ན་རྣམ་པ་ཉི་ཤུ་ཡོད་དེ། ཁ་དོག་བཅུ་གཉིས་དང་། དབྱིབས་གཟུགས་བརྒྱད་ཡོད་པའི་ཕྱིར། དང་པོ་གྲུབ་སྟེ། རྩ་བའི་ཁ་དོག་བཞི་དང་། ཡན་ལག་གི་ཁ་དོག་བརྒྱད་ཡོད་པའི་ཕྱིར། དང་པོ་གྲུབ་སྟེ། སྔོ་སེར་དཀར་དམར་བཞི་ཡོད་པའི་ཕྱིར། གཉིས་པ་གྲུབ་སྟེ། སྤྲིན་དང་དུ་བ་དང་རྡུལ་དང་ཁུག་སྣ་དང་གྲིབ་མ་དང་ཉི་འོད་དང་སྣང་བ་དང་མུན་པ་རྣམས་སུ་ཡོད་པའི་ཕྱིར། རྩ་རྟགས་གཉིས་པ་གྲུབ་སྟེ། རིང་པོ་ཐུང་ངུ་ལྷམ་པ་ཟླུམ་པོ་མཐོ་བ་དམའ་བ་ཕྱལ་ལེ་བ་ཕྱལ་ལེ་བ་མ་ཡིན་(༧༨ན)པ་རྣམས་སུ་ཡོད་པའི་ཕྱིར། སྣང་བའི་ཁྱད་པར་ཡོད་དེ། ཟླ་བ་དང་སྐར་མ་དང་མེ་འོད་ལྟ་བུ་ལ་བྱེད་པའི་ཕྱིར། ལྷམ་པ་ཡོད་དེ། གྲུ་བཞི་ལ་བྱེད་པའི་ཕྱིར། ཟླུམ་པོ་ཡོད་དེ། རིལ་རིལ་ལྟ་བུ་ལ་བྱེད་པའི་ཕྱིར། གཞན་སླ་ཞིང་ཕྱལ་ལེ་བ་ཡིན་མིན་གྱི་ཁྱད་པར་ཡོད་དེ། མཉམ་མི་མཉམ་དང་ལེབ་ལེབ་ཡིན་མིན་ལྟ་བུ་ལ་བྱེད་པའི་ཕྱིར། ཁ་དོག་དང་དབྱིབས་ཡིན་མིན་ལ་མུ་བཞི་ཡོད་དེ། སྔོ་སེར་དཀར་དམར་བཞི་གྲིབ་མ་ཉི་འོད་མུན་པ་རྣམས་གཟུགས་ཀྱི་སྐྱེ་མཆེད་དང་ཁ་དོག་ཏུ་ཡོད་ཀྱང་དབྱིབས་སུ་མེད། རིང་པོ་དང་ཐུང་ངུ་དང་ལྷམ་པ་དང་ཟླུམ་པ་དང་མཐོ་དམའ་དང་ཕྱལ་ལེ་ཡིན་མིན་རྣམས་ནི་དབྱིབས་སུ་ཡོད་ཅིང་ཁ་དོག་ཏུ་མེད། སྤྲིན་དང་དུ་བ་དང་ཁུག་སྣ་རྣམས་ནི་དབྱིབས་དང་ཁ་དོག་གཉིས་ཀར་ཡོད་པར་རང་འགྲེལ་སོགས་ལས་བཤད་པའི་ཕྱིར། སྒྲའི་སྐྱེ་མཆེད་ཆོས་ཅན། ཁྱོད་ཀྱི་མཚན་ཉིད་ཡོད་དེ། རྣ་ཤེས་ཀྱི་གཟུང་བྱ་དེ་དེ་ཡིན་པའི་ཕྱིར། སྒྲ་ཆོས་ཅན། ཁྱོད་ལ་རྩ་བའི་སྒོ་ནས་གཉིས་ཡོད་དེ། ཟིན་མ་ཟིན་གྱི་སྒྲ་གཉིས་ཡོད་པའི་ཕྱིར། ཡན་ལག་གི་སྒོ་ནས་རྣམ་པ་བརྒྱད་ཡོད་དེ། དེ་གཉིས་རེ་རེ་ལའང་བཞི་བཞི་ཡོད་པའི་ཕྱིར། ཟིན་མ་ཟིན་གྱི་དོན་ཡོད་དེ། དབང་པོས་ཟིན་མ་ཟིན་ལ་བྱེད་པའི་ཕྱིར། དེ་ཡང་ཡིན་ཏེ། ལག་པ་བརྡབ་པའི་སྒྲ་ལྟ་བུ་ཟིན་པ་དང་། ནགས་ཚལ་ཆུ་སྒྲ་ལྟ་བུ་མ་ཟིན་པའི་སྒྲ་ཡིན་པའི་ཕྱིར། ཟིན་

མ་ཟིན་གྱི་སྒྲ་ལ་བཞི་བཞིར་འབྱེད་ཚུལ་ཡོད་དེ། སེམས་ཅན་དུ་སྟོན་པ་གཉིས་དང་མི་སྟོན་པ་གཉིས་རེར་འབྱེད་པའི་ཕྱིར། སེམས་ཅན་དུ་སྟོན་མི་སྟོན་གྱི་ཁྱད་པར་ཡོད་དེ། འདིར་སེམས་ཅན་དུ་སྟོན་པའི་སྒྲ་ནི་རྣམ་པར་རིག་བྱེད་དང་། མི་སྟོན་པ་ནི་རིག་བྱེད་མ་ཡིན་པའི་སྒྲར་འཇོག་པའི་ཕྱིར། དེ་ཡང་ཡིན་ཏེ། རང་འགྲེལ་ལས། སེམས་ཅན་དུ་སྟོན་པ་ནི་ངག་གི་རྣམ་པར་རིག་བྱེད་ཀྱི་སྒྲའོ། །གཞན་ནི་སེམས་ཅན་དུ་སྟོན་པ་མིན་པའོ། །ཞེས་གསུངས་པའི་ཕྱིར། སེམས་ཅན་དུ་སྟོན་མི་སྟོན་ལ་དབྱེ་ན་བརྒྱད་ཡོད་དེ། ཟིན་པ་སེམས་ཅན་དུ་སྟོན་པ་སྙན་མི་སྙན་གཉིས་དང་། ཟིན་པ་སེམས་ཅན་དུ་མི་(༧༤བ)སྟོན་པ་སྙན་མི་སྙན་གཉིས་ཏེ་བཞི་དང་། མ་ཟིན་པ་སེམས་ཅན་དུ་སྟོན་པ་སྙན་མི་སྙན་གཉིས་དང་། དེ་སེམས་ཅན་དུ་མི་སྟོན་པ་སྙན་མི་སྙན་གཉིས་ཏེ་བཞི་ཡོད་པའི་ཕྱིར། དང་པོ་གྲུབ་སྟེ། སྐྱེས་བུས་གླུ་ལེན་པ་དེས་ཚིག་རྩུབ་སྨྲ་བ་དང་། སྐྱེས་བུས་གླིང་བུ་འབུད་པ་དེས་ཁྲོ་ཚུར་རྡེག་པའི་སྒྲ་ལྟ་བུ་ལ་བྱེད་པའི་ཕྱིར། གཉིས་པ་གྲུབ་སྟེ། སྤྲུལ་པས་ཆོས་བསྟན་པ་དེས་ཚིག་རྩུབ་སྨྲ་བ་དང་རྔ་སྒྲ་དང་ཆུ་སྒྲ་དྲག་པོ་ལྟ་བུ་ལ་བྱེད་པའི་ཕྱིར། དྲིའི་སྐྱེ་མཆེད་ཀྱི་མཚན་ཉིད་ཡོད་དེ། སྣ་ཤེས་ཀྱི་གཟུང་བྱ་དེ་དེ་ཡིན་པའི་ཕྱིར། དྲི་ཆོས་ཅན། རྩ་བའི་སྒོ་ནས་གཉིས་ཡོད་དེ། དྲི་ཞིམ་མི་ཞིམ་གཉིས་ཡོད་པའི་ཕྱིར། ཡན་ལག་གི་སྒོ་ནས་རྣམ་པ་བཞི་ཡོད་དེ། ཞིམ་པ་ལ་མཉམ་མི་མཉམ་གཉིས་དང་། མི་ཞིམ་པ་ལའང་དེ་གཉིས་ཡོད་པའི་ཕྱིར། མཉམ་མི་མཉམ་པའི་དོན་ཡོད་དེ། ཤས་མི་ཆེ་བ་ནི་མཉམ་པ་དང་། ཤས་ཆེ་བའི་དྲི་ནི་མི་མཉམ་པ་ཡིན་པའི་ཕྱིར། དེ་ཡང་དྲི་གང་ལ་སྦྱོར་བ་ཡོད་དེ། གཙོ་བོར་སྦྱར་བའི་དྲིའི་དབང་དུ་མཛད་པའི་ཕྱིར། རོའི་སྐྱེ་མཆེད་ཀྱི་མཚན་ཉིད་ཡོད་དེ། ལྕེ་ཤེས་ཀྱི་གཟུང་བྱ་དེ་དེ་ཡིན་པའི་ཕྱིར། རོ་ཆོས་ཅན། ཁྱོད་ལ་རྩ་བའི་སྒོ་ནས་དབྱེ་ན་རྣམ་པ་དྲུག་ཡོད་དེ། མངར་བ། སྐྱུར་བ། ཁ་བ། བསྐ་བ། ཚ་བ། ལན་ཚྭ་བ་དང་དྲུག་ཡོད་པའི་ཕྱིར། དེ་ཆོས་ཅན། ཁྱོད་ལ་

ཡན་ལག་གི་སྒོ་ནས་མང་སྟེ། མངར་བའི་མངར་བ་སོགས་དྲུག་ཏུ་ཕྱེ་བའི་སོ་དྲུག་དང་། དེ་རེ་རེ་ལ་ལྔེ་ཤེས་ལ་ཕན་འདོགས་པ། ལུས་ཤེས་ལ་ཕན་འདོགས་པ། ལུས་སེམས་ལ་ཕན་འདོགས་པའི་རོ་བརྒྱ་དང་བརྒྱད་ཡོད་པའི་ཕྱིར། རེག་བྱའི་སྐྱེ་མཆེད་ཀྱི་མཚན་ཉིད་ཡོད་དེ། ལུས་ཤེས་ཀྱི་གཟུང་བྱ་དེ་དེ་ཡིན་པའི་ཕྱིར། དབང་པོ་ལྔའི་གཟུང་བྱ་དང་དེའི་གཟུང་དོན་གཉིས་དོན་གཅིག་སྟེ། ཀུན་བཏུས་ལས། མིག་གི་དབང་པོའི་སྤྱོད་ཡུལ་གྱི་དོན་གང་ཡིན་པ་སྟེ། ཞེས་པ་ནས། ལུས་ཀྱིས་གཟུང་བའི་དོན་གང་ཡིན་པ་སྟེ། ཞེས་གསུངས་པའི་ཕྱིར། རེག་བྱ་ཆོས་ཅན། ཁྱོད་ལ་དབྱེ་ན་བཅུ་གཅིག་ཡོད་དེ། འབྱུང་བ་ཆེན་པོ་བཞི་དང་འབྱུང་འགྱུར་གྱི་རེག་བྱ་བདུན་ཏེ་བཅུ་གཅིག་གི་བདག་ཉིད་དུ་ཡོད་པའི་ཕྱིར། འབྱུང་འགྱུར་(75ན)ལ་བདུན་ཡོད་དེ། འཇམ་རྩུབ། ལྕི་ཡང་། བཀྲེས་སྐོམ། གྲང་བའི་རེག་བྱ་དང་བདུན་ཡོད་པའི་ཕྱིར། ལྕི་ཡང་གི་དོན་ཡོད་དེ། ཞོ་སྲང་སོགས་ལ་གཞལ་རྒྱུ་ཡོད་པ་ལྕི་བ་དང་། དེ་མེད་པ་ཡང་བར་འཇོག་པའི་ཕྱིར།

ན༢ མཐའ་དཔྱད་པ།

གཉིས་པ་མཐའ་དཔྱད་པ་ལ། ཁ་ཅིག །ཁ་དོག་ཡིན་ན། གཟུགས་ཡིན་དགོས་པར་ཐལ། དམ་བཅའ་འཐད་པའི་ཕྱིར། འདོད་ན། རྟ་དཀར་པོ་ཆོས་ཅན། དེར་ཐལ། དེའི་ཕྱིར། དེར་ཐལ། དཀར་པོ་ཡིན་པའི་ཕྱིར། དེ་དེར་ཐལ། རྟ་དཀར་པོ་ཡིན་པའི་ཕྱིར་ན་མ་ཁྱབ། ཁ་ཅིག །ས་དཀར་པོ་ཆོས་ཅན། ཁ་དོག་ཡིན་པར་ཐལ། དཀར་པོ་ཡིན་པའི་ཕྱིར། དེར་ཐལ། ས་དཀར་པོ་ཡིན་པའི་ཕྱིར་ན་མ་ཁྱབ། འདོད་ན། གཟུགས་ཀྱི་སྐྱེ་མཆེད་ཡིན་པར་ཐལ། འདོད་པའི་ཕྱིར། འདོད་མི་ནུས་ཏེ། དེ་རེག་བྱའི་སྐྱེ་མཆེད་ཡིན་པའི་ཕྱིར། ཁ་ཅིག །དབྱིབས་ལ་གཟུགས་ཀྱིས་ཁྱབ་པར་ཐལ། གཟུགས་ལ་དབྱེ་ན་ཁ་དོག་དང་དབྱིབས་གཉིས་ཀྱི་དབྱེ་བ་འཐད་པའི་

ཕྱིར། འདོད་ན། མི་བོང་ཚོད་རིང་པོ་ཆོས་ཅན། དེར་ཐལ། དེའི་ཕྱིར། དེར་ཐལ། རིང་ཐུང་གང་རུང་ཡིན་པའི་ཕྱིར། དེར་ཐལ། རིང་པོ་ཡིན་པའི་ཕྱིར། དེ་དེར་ཐལ། མི་རིང་པོ་ཡིན་པའི་ཕྱིར་ན་མ་ཁྱབ། ཁ་ཅིག །ས་གྲུ་བཞི་ཆོས་ཅན། དབྱིབས་གཟུགས་སུ་ཐལ། གྲུ་བཞི་ཡིན་པའི་ཕྱིར། དེ་དེར་ཐལ། ས་གྲུ་བཞི་ཡིན་པའི་ཕྱིར་ན་མ་ཁྱབ། འདོད་མི་ནུས་ཏེ། གཟུགས་ཀྱི་སྐྱེ་མཆེད་མ་ཡིན་པའི་ཕྱིར། དེར་ཐལ། རེག་བྱའི་སྐྱེ་མཆེད་ཡིན་པའི་ཕྱིར། དེར་ཐལ། འབྱུང་བཞི་གང་རུང་ཡིན་པའི་ཕྱིར། ཁ་ཅིག །སྤྲིན་དཀར་པོའི་ཁ་དོག་ཆོས་ཅན། ཡན་ལག་གི་ཁ་དོག་ཡིན་པར་ཐལ། སྤྲིན་གྱི་ཁ་དོག་ཡིན་པའི་ཕྱིར། འདོད་མི་ནུས་ཏེ། རྩ་བའི་ཁ་དོག་ཡིན་པའི་ཕྱིར། དེར་ཐལ། དཀར་པོ་ཡིན་པའི་ཕྱིར་ཟེར་ཏེ་དཔྱད་དོ། །ཁ་ཅིག །ཉི་མ་ཁ་དོག་ཡིན་པར་ཐལ། དེ་ཡན་ལག་གི་ཁ་དོག་ཡིན་པའི་ཕྱིར། དེར་ཐལ། རྒྱ་གཞུང་དུ་མར་ཉི་མའི་འོད་ཀྱི་ཐ་སྙད་མེད་པར་ཉི་མ་ཡན་ལག་གི་ཁ་དོག་ཏུ་དྲངས་པའི་ཕྱིར་ན། སྐྱོན་མེད་དེ། དོན་ནི་དེའི་(༧༥བ)འོད་ཀྱི་ཁ་དོག་ལ་དགོངས་ཀྱི་ཉི་མ་ཁ་དོག་ཏུ་འདོད་ན་རིགས་པ་དང་འགལ་བའི་ཕྱིར་རོ། །ཁ་ཅིག །རིང་ཐུང་གཉིས་མི་འགལ་བར་ཐལ། ཁྲུ་གང་ནི་མཐོ་གང་ལས་རིང་། འདོམ་གང་ལས་ཐུང་བའི་ཕྱིར་ཟེར་བ་དང་། ཡང་ཆེ་ཆུང་གཉིས་ཀྱང་མི་འགལ་བར་ཐལ། ནས་ཀྱི་ཚད་ཙམ་དེ་ཉུངས་ལས་སོགས་ལས་ཆེ། སྲན་མ་སོགས་ལས་ཆུང་བའི་ཕྱིར་ཟེར་བ་དང་། མཐོ་དམན་གཉིས་ཀྱང་མི་འགལ་བར་ཐལ། རི་ཕྲན་རྣམས་རི་རབ་ལས་དམའ། གཞན་དུ་མ་ལས་མཐོ་བའི་ཕྱིར་ཟེར་ན། འདི་ལྟ་བུ་ནི་བལྟོས་ནས་འཇོག་དགོས་པས་མཐའ་གཅིག་ཏུ་མ་ངེས་སོ། །

ད༣ རྣམ་རིག་མ་ཡིན་པའི་གཟུགས་བཤད་པ།

ན༡ རིག་བྱེད་མ་ཡིན་པའི་གཟུགས་དངོས།

པ༡ ཚིག་དོན་བཤད་པ།

གསུམ་པ་རྣམ་པར་རིག་བྱེད་མ་ཡིན་པའི་གཟུགས་ལ་དངོས་དང་། ཞར་བྱུང་གཉིས། དང་པོ་ནི། གཡེངས་དང་སེམས་མེད་པ་ཡི་ཡང་། །དགེ་དང་མི་དགེ་རྗེས་འབྲེལ་གང་། །འབྱུང་བ་ཆེ་རྣམས་རྒྱུར་བྱས་པ། །དེ་ནི་རྣམ་རྟོག་བྱེད་མིན་བརྗོད། །ཅེས་གསུངས། འདི་ལ་ཚིག་དོན་དང་། མཐའ་དཔྱད་པ་གཉིས། དང་པོ་ནི། རྣམ་པར་རིག་བྱེད་མིན་པའི་གཟུགས་དེ་ནི་ཆོས་ཅན། ཁྱོད་འཛོག་ཚུལ་ཡོད་དེ། ཁྱད་ཆོས་བཞི་ལྡན་གྱི་བསྟན་མེད་ཐོགས་མེད་ཀྱི་གཟུགས་ཤིག་ལ་བརྗོད་པའི་ཕྱིར། དེ་ཆོས་ཅན། ཁྱད་ཆོས་བཞི་དང་ལྡན་པར་བརྗོད་དེ། གནས་སྐབས་ངོ་བོ་རྒྱུན་རྒྱུ་བཞི་དང་ལྡན་པའི་ཕྱིར། དང་པོ་གྲུབ་སྟེ། སེམས་མ་གཡེངས་པའི་སྐབས་སུ་མ་ཟད། སེམས་གཡེངས་པ་དང་སེམས་མངོན་འགྱུར་བ་མེད་པའི་སྐབས་སུ་འབྱུང་བའི་ཕྱིར། གཉིས་པ་གྲུབ་སྟེ། དགེ་དང་མི་དགེ་གང་རུང་གིས་བསྡུས་པ་ཞིག་ཡིན་པའི་ཕྱིར། གསུམ་པ་གྲུབ་སྟེ། སྔ་མ་ལས་ཕྱི་མ་རྗེས་སུ་འབྲེལ་བའི་རྒྱུན་གང་ཡིན་པ་དང་བཅས་པའི་ཕྱིར། བཞི་པ་གྲུབ་སྟེ། ས་ལ་སོགས་པའི་འབྱུང་བ་ཆེན་པོ་རྣམས་རྒྱུར་བྱས་པ་ལས་བྱུང་བའི་འབྲས་གཟུགས་ཡིན་པའི་ཕྱིར།

པ༢ མཐའ་དཔྱད་པ།

གཉིས་པ་ལ། ཁ་ཅིག །གྲུབ་མཐའ་སྨྲ་བ་བཞི་པོས་རྣམ་པར་རིག་བྱེད་མ་ཡིན་པའི་གཟུགས་དེ་གཟུགས་མཚན་ཉིད་པར་བཞེད་པར་ཐལ། བྱེ་སྨྲ་དང་ཐལ་འགྱུར་བ་རྣམ་པ་གཉིས་ཀྱིས་དེ་གཟུགས་མཚན་ཉིད་པར་བཞེད་པའི་ཕྱིར་ན་མ་

ཁྱབ། འདོད་ན། མི་(༡༨ན)འཐད་པར་ཐལ། མདོ་སེམས་རང་རྒྱུད་པ་གསུམ་གྱིས་དེ་གཟུགས་དངོས་མིན་པར་འདོད་པའི་ཕྱིར། དེར་ཐལ། དེ་གསུམ་གྱིས་དེ་ཀུན་བཏགས་ཀྱི་གཟུགས་ཙམ་དུ་འདོད་པར་བཤད་པའི་ཕྱིར། ཁ་ཅིག །རྣམ་པར་རིག་བྱེད་མ་ཡིན་པའི་གཟུགས་དེ་སེམས་མེད་ཀྱི་སྐབས་སུ་མི་འཇུག་པར་ཐལ། རྣམ་པར་རིག་བྱེད་ཀྱི་གཟུགས་དེའི་སྐབས་སུ་མི་འཇུག་པའི་ཕྱིར་ན་མ་ཁྱབ། རྟགས་དེར་ཐལ། དེ་སེམས་བཅས་ཁོ་ནའི་གནས་སྐབས་སུ་འཇུག་པའི་ཕྱིར། སྐབས་འདིར་འདུས་བཟང་གིས་སྐྱོན་བརྗོད་ཚུལ་མང་ཡང་མ་སྤྲོས་སོ། །རྣམ་པར་རིག་བྱེད་མིན་པ་ཞེས་བརྗོད་པའི་རྒྱུ་མཚན་ཡོད་དེ། རང་ཀུན་ནས་སློང་བའི་སེམས་གཞན་གྱིས་རིག་པར་མི་བྱེད་པས་དེ་ལྟར་དུ་བརྗོད་པའི་ཕྱིར་རོ། །

ན༢ ཞར་བྱུང་འབྱུང་བ་བཤད་པ།

པ༡ འབྱུང་བའི་དབྱེ་བ།

གཉིས་པ་ཞར་བྱུང་ལ། འབྱུང་བའི་དབྱེ་བ། བྱེད་ལས། ངོ་བོ། འཕྲོས་དོན་དང་བཞི། དང་པོ་ནི། འབྱུང་བ་དག་ནི་ས་ཁམས་དང་། །ཆུ་དང་མེ་དང་རླུང་ཁམས་རྣམས། །ཞེས་འབྱུང་། འབྱུང་བ་དག་ནི་ཆོས་ཅན། ཁྱོད་ལ་དབྱེ་ན་བཞི་ཡོད་དེ། ས་ཁམས་དང་། ཆུ་དང་། མེ་དང་། རླུང་གི་ཁམས་རྣམས་སུ་ཡོད་པའི་ཕྱིར། འབྱུང་བ་ཞེས་བརྗོད་པའི་རྒྱུ་མཚན་ཡོད་དེ། གཟུགས་སྣ་ཚོགས་འགྲུབ་པ་ནི་འབྱུང་བ་དེ་དག་གི་རྣམ་པར་འབྱུང་བས་ན་དེ་ལྟར་བརྗོད་པའི་ཕྱིར།

པ༢ འབྱུང་བའི་བྱེད་ལས།

གཉིས་པ་ནི། འཛིན་པ་ལ་སོགས་ལས་སུ་གྲུབ། །ཅེས་འབྱུང་། དེ་བཞི་ཆོས་ཅན། བྱེད་ལས་ཡོད་དེ། སས་འཛིན་པ་དང་ལ་སོགས་ཏེ་ཆུས་སྡུད། མེས་སྨིན།

རླུང་གིས་རྒྱས་པར་བྱེད་པའི་ལས་རྣམས་སུ་གྲུབ་པའི་ཕྱིར།

པ༣ འབྱུང་བའི་ངོ་བོ།

གསུམ་པ་ནི། སྲ་གཤེར་དྲོ་འདི་གཡོ་རྣམས་ཏེ། །ཞེས་འབྱུང་། འབྱུང་བཞི་སོ་སོའི་མཚན་ཉིད་ཡོད་དེ། སྲ་བའི་འབྱུང་བ་དེ་ས་དང་། གཤེར་བའི་འབྱུང་བ་དེ་ཆུ་དང་། དྲོ་བའི་འབྱུང་བ་དེ་མེ་དང་། གཡོ་བའི་འབྱུང་བ་དེ་རླུང་གི་མཚན་ཉིད་ཡིན་པའི་ཕྱིར། ཁམས་ཞེས་བརྗོད་པའི་རྒྱུ་མཚན་ཡོད་དེ། རང་གི་མཚན་ཉིད་འཛིན་པས་ན་དེ་སྐད་དུ་བརྗོད་པའི་ཕྱིར།

པ༤ འཕྲོས་དོན།

ཕ༡ ཚིག་དོན་བཤད་པ།

བཞི་པ་ནི། འཇིག་རྟེན་གྱི་ནི་ཐ་སྙད་དུ། །ཁ་དོག་དབྱིབས་ལ་ས་ཞེས་བརྗོད། །ཆུ་མེ་ཡང་དེ་རླུང་ཁམས་རྣམས། །ཉིད་ཡིན་དེ་དང་འདྲ་བའང་ཡིན། །ཞེས་འབྱུང་། འདི་ལ་གཉིས། ཚིག་(༡༨བ)དོན་དང་། མཐའ་དཔྱད་པ་གཉིས། དང་པོ་ནི། ས་སོགས་དང་དེའི་ཁ་དོག་གི་ཁྱད་པར་ཡོད་དེ། འཇིག་རྟེན་གྱི་ཐ་སྙད་དུ་འབྱུང་བཞིའི་ཁ་དོག་དང་དབྱིབས་ལ་ས་ཞེས་སོགས་ཀྱི་ཐ་སྙད་བརྗོད་པའི་ཕྱིར་ཏེ། ས་སེར་པོ་དང་གྲུ་བཞི། ཆུ་དཀར་པོ་དང་ཟླུམ་པོ། མེ་དམར་པོ་དང་གྲུ་གསུམ་ཞེས་བརྗོད་ཅིང་། རླུང་གི་ཚོགས་ཛེ་སྙེད་པ་ནི་རླུང་གི་ཁམས་རྣམས་ཉིད་ཡིན་ཡང་ཐ་སྙད་ནི་སྔ་མ་དེ་དང་འདྲ་བར་སྔོན་པོ་དང་ཟླ་གམ་ཞེས་སུའང་བརྗོད་པ་ཡིན་པའི་ཕྱིར། འབྱུང་བཞིའི་ཁ་དོག་སོགས་འབྱུང་བཞི་དེ་དག་མིན་ཀྱང་དེ་མཐོང་བས་ས་སོགས་མཐོང་བར་འཇོག་པ་མི་འགལ་ཏེ། མིའི་གཟུགས་མི་མ་ཡིན་ཡང་དེ་མཐོང་བས་མི་མཐོང་བར་འཇོག་པ་མི་འགལ་བ་ལྟ་བུ་ཡིན་པའི་ཕྱིར།

ཕ༢ མཐའ་དཔྱད་པ།

གཉིས་པ་ལ། ཁ་ཅིག །ས་སེར་པོ་ས་མ་ཡིན་པར་ཐལ། སའི་ཁ་དོག་ས་མ་ཡིན་པའི་ཕྱིར་ན་མ་ཁྱབ། འདོད་ན། དེ་དེ་ཡིན་པར་ཐལ། ཧ་དཀར་པོ་ཧ་ཡིན་པའི་ཕྱིར། ཁ་ཅིག །སའི་སྐྱེ་མཆེད་མིག་ཤེས་ཀྱི་གཟུང་བྱ་ཡིན་པར་ཐལ། ས་སེར་པོ་དེའི་གཟུང་བྱ་ཡིན་པའི་ཕྱིར། དེར་ཐལ། སའི་སེར་པོ་དེའི་གཟུང་བྱ་ཡིན་པའི་ཕྱིར་ན་མ་ཁྱབ། རྟགས་དེར་ཐལ། སའི་ཁ་དོག་དེའི་གཟུང་བྱ་ཡིན་པའི་ཕྱིར། དེར་ཐལ། འཇིག་རྟེན་པས་སའི་ཁ་དོག་དང་དབྱིབས་མཐོང་བས་ས་ཞེས་ཐ་སྙད་བྱེད་པའི་ཕྱིར། ཁོང་དུ་འདོད་ན་མི་འཐད་པར་ཐལ། འབྱུང་བའི་ས་ཡིན་ན། རེག་བྱའི་སྐྱེ་མཆེད་ཡིན་དགོས་པའི་ཕྱིར། ཁ་ཅིག །ཤིང་དང་རྡོ་ལྷུགས་སོགས་ཀྱི་སྲ་བ་སའི་ཁམས་ཡིན་པར་ཐལ། དམ་བཅའ་འཐད་པའི་ཕྱིར། འདོད་ན། ཤིང་དང་རྡོ་ལྷུགས་ཀྱང་སའི་ཁམས་ཡིན་པར་ཐལ། འདོད་པའི་ཕྱིར། འདོད་ན། དེ་དག་ས་ཡིན་པར་ཐལ། འདོད་པའི་ཕྱིར་ན་དཔྱད་དོ། །

ང༢ དེ་ལས་ཕྱུང་སྟེ་ཕྱུང་ཁམས་སྐྱེ་མཆེད་འཇོག་ཚུལ།

ཐ༡ ཚིག་དོན་བཤད་པ།

གཉིས་པ་དེ་ལས་ཕྱུང་སྟེ་ཁམས་དང་སྐྱེ་མཆེད་དུ་འཇོག་པ་ནི། དབང་དོན་དེ་དག་ཁོ་ན་ལ། སྐྱེ་མཆེད་དང་ནི་ཁམས་བཅུར་འདོད། །ཅེས་བྱུང་། འདི་ལ་ཚིག་དོན་དང་། མཐའ་དཔྱད་པ་གཉིས། དང་པོ་ནི། དབང་པོ་ལྔ་དང་དོན་ལྔ་སྟེ་བཅུ་པོ་དེ་དག་ཁོ་ན་ཆོས་ཅན། ཁྱོད་ལ་སྐྱེ་མཆེད་དུ་འཇོག་ཚུལ་ཡོད་དེ། གཟུགས་ཅན་གྱི་སྐྱེ་མཆེད་བཅུར་འཇོག་པའི་ཕྱིར་ཏེ། མིག་གི་སྐྱེ་མཆེད་(༡༧ན)སོགས་ལྔ་དང་དེ་དག་གི་ཡུལ་གྱི་སྐྱེ་མཆེད་ལྔ་སྟེ་བཅུར་འཇོག་པའི་ཕྱིར། ཁམས་བཅུར་འཇོག་ཚུལ་

ཡོད་དེ། མིག་གི་ཁམས་སོགས་ལྔ་དང་གཟུང་དོན་ཡུལ་གྱི་ཁམས་ལྔ་སྟེ་བཅུར་འཇོག་པར་འདོད་པའི་ཕྱིར།

ཐ༢ མཐའ་དཔྱད་པ།

གཉིས་པ་ནི། ཁ་ཅིག །འདིར་མིག་དང་མིག་གི་ཁམས་གཉིས་དོན་གཅིག་ཏུ་འདོད་ཟེར་ན། དགྲ་བཅོམ་པའི་མིག་ཐ་མ་ཆོས་ཅན། མིག་གི་ཁམས་ཡིན་པར་ཐལ། མིག་ཡིན་པའི་ཕྱིར། འདོད་ན། ཁྱོད་ཀྱི་རིགས་འདྲའི་ཕྱི་རྒྱུན་ཡོད་པར་ཐལ། འདོད་པའི་ཕྱིར། ཁ་ཅིག་མ་ཁྱབ་ཟེར། འདོད་མི་ནུས་ཏེ། རྒྱུན་ཆད་ཁ་མ་ཡིན་པའི་ཕྱིར། དེར་ཐལ། ཆོས་ཅན་དེ་ཡིན་པའི་ཕྱིར། གཞན་ཡང་དེ་དེ་མ་ཡིན་པར་ཐལ། ཀུན་བཏུས་ལས། མིག་ཡིན་ལ་མིག་གི་ཁམས་མ་ཡིན་པ་ཡང་ཡོད་དེ། དགྲ་བཅོམ་པའི་ཐ་མའི་མིག་གོ། །ཞེས་གསུངས་པའི་ཕྱིར། གཞན་ཡང་། སྒོ་ངའི་ནང་གི་མིག་གི་ཁམས་ཆོས་ཅན། མིག་ཡིན་པར་ཐལ། མིག་གི་ཁམས་ཡིན་པའི་ཕྱིར། དེ་དེར་ཐལ། དེ་ཡོད་པའི་ཕྱིར། འདོད་ན་མ་ཡིན་པར་ཐལ། ཀུན་བཏུས་ལས། མིག་གི་ཁམས་ཡིན་ལ་མིག་མ་ཡིན་པ་ཡང་ཡོད་དེ། སྒོ་ངའི་ནང་ན་འདུག་པ་དང་། ཞེས་སོགས་གསུངས་ཤིང་། རྣ་བ་སོགས་ལའང་དེ་བཞིན་དུ་སྦྱོར་བར་བཤད་པའི་ཕྱིར་རོ། །

ཀ༢ གཟུགས་སེམས་ལས་གཞན་པས་བསྡུས་པའི་ཆོས་གསུམ།

ཁ༡ ཆོས་གསུམ་གྱི་ངོ་བོ།

ཐ༡ ཚིག་དོན་བཤད་པ།

གཉིས་པ་གཟུགས་སེམས་གཉིས་ལས་གཞན་པའི་ཆོས་ལ། ངོ་བོ་དང་། དེ་ལས་ཁམས་དང་སྐྱེ་མཆེད་འཇོག་ཚུལ་གཉིས། དང་པོ་ནི། ཚོར་བ་སྡོང་བའོ་འདུ་

ཤེས་ནི། །མཚན་མར་འཛིན་པའི་བདག་ཉིད་དོ། །འདུ་བྱེད་ཕུང་པོ་བཞི་ལས་གཞན། །ཞེས་བྱུང་། འདི་ལ་ཚིག་དོན་དང་། མཐའ་དཔྱད་པ་གཉིས། དང་པོ་ནི། སྤྱིར་སིམ་གདུང་བར་མ་གསུམ་ཅི་རིགས་ཉམས་སུ་མྱོང་བའི་སྒོ་ནས་བཞག་པའི་སེམས་བྱུང་དེ་ཚོར་བའི་མཚན་ཉིད་ཡིན་པས། འདིར་ཚོར་བ་ཆོས་ཅན། ཁྱོད་ཀྱི་མཚན་ཉིད་ཡོད་དེ་ཞེས་སོགས་འགོད་པའམ། ཚོར་བའི་ཕུང་པོའི་མཚན་ཉིད་ཡོད་དེ། སིམ་གདུང་བར་མ་ཅི་རིགས་ཉམས་སུ་མྱོང་བའི་སེམས་བྱུང་གི་ཕུང་པོ་དེ་དེ་ཡིན་པའི་ཕྱིར། ཚོར་བ་ཆོས་ཅན། ཁྱོད་ལ་ངོ་(༡༧བ)བོའི་སྒོ་ནས་གསུམ་ཡོད་དེ། ཡུལ་བདེ་སྡུག་བཏང་སྙོམས་ཀྱི་དབྱེ་བས་གསུམ་ཡོད་པའི་ཕྱིར། བདག་རྐྱེན་གྱི་སྒོ་ནས་དྲུག་ཡོད་དེ། མིག་གི་འདུས་ཏེ་རེག་པ་ལས་བྱུང་བའི་ཚོར་བ་ནས་ཡིད་ཀྱི་འདུས་ཏེ་རེག་པ་ལས་བྱུང་བའི་ཚོར་བའི་བར་དྲུག་ཡོད་པའི་ཕྱིར། དྲུག་པོ་རེ་རེ་ལ་གསུམ་གསུམ་དུ་ཕྱེ་བས་བཅོ་བརྒྱད་ཡོད་དེ། རྩ་བར། ཚོར་བ་དག་ནི་ཡང་བཅོ་བརྒྱད། །ཅེས་གསུངས་པའི་ཕྱིར། བསྡུ་ན་ལུས་ཚོར་དང་སེམས་ཚོར་གཉིས་སུ་འདུ་སྟེ། རྩ་བར། ལྔ་ནི་ལུས་ཀྱིའོ་སེམས་ཀྱི་གཞན། །ཞེས་གསུངས་པའི་ཕྱིར། དབང་ཤེས་སུ་གྱུར་པའི་ཚོར་བ་དང་ལུས་ཚོར་དོན་གཅིག །ཡིད་ཤེས་སུ་གྱུར་པའི་ཚོར་བ་དང་སེམས་ཚོར་གཅིག་སྟེ་མིང་གི་རྣམ་གྲངས་ཀྱིས་ཕྱེ་བ་ཙམ་ཡིན་པའི་ཕྱིར། མྱོང་བའི་དོན་ལ་གསུམ་ཡོད་དེ། གང་མྱོང་བ་དང་། གང་གིས་མྱོང་བ་དང་། ཇི་ལྟར་མྱོང་བ་གསུམ་ཡོད་པའི་ཕྱིར་ཏེ། དང་པོ་ནི་མྱོང་བྱ་དང་། གཉིས་པ་ནི་མྱོང་བྱེད་དང་། གསུམ་པ་ནི་མྱོང་ཚུལ་ཡིན་པའི་ཕྱིར། ཉམས་སུ་ཞེས་པའི་དོན་ཡོད་དེ། རེག་པས་བཅད་པ་ལྟར་མྱོང་བའི་དོན་ཡིན་པའི་ཕྱིར། འདིར། ཁ་ཅིག །མྱོང་བའི་དོན་ལ་གསུམ་དུ་ཕྱེ་བ་མི་འཐད་དེ། མྱོང་བ་ནི་ཇི་ལྟར་མྱོང་བའི་ཚུལ་གཅིག་ཏུ་ངེས་པའི་ཕྱིར། དེར་ཐལ། མྱོང་བ་ནི་བདེ་སྡུག་བར་མ་གསུམ་པོ་གང་རུང་ཞིག་ཏུ་ངེས་པའི་ཕྱིར་ན་མ་ཁྱབ། ཡང་ན། མ་ངེས་ཏེ། དེ་གསུམ་པོ་གང་རུང་མ་ཡིན་

པའི་ཚོར་བ་ཡོད་པའི་ཕྱིར། དེར་ཐལ། ཚོར་བ་སྤྱི་དང་ཚོར་བ་གསུམ་པོ་དེ་དེ་ལྟར་ཡིན་པའི་ཕྱིར། འདུ་ཤེས་ཀྱི་མཚན་ཉིད་ཡོད་དེ། རང་ཡུལ་གྱི་ཐུན་མོང་མ་ཡིན་པའི་མཚན་མའམ་སྤྱི་རིས་མ་འདྲེས་པར་འཛིན་པའི་བདག་ཉིད་ཀྱི་སེམས་བྱུང་དེ་དེ་ཡིན་པའི་ཕྱིར། དབྱེ་བ་ཡོད་དེ། མིག་གི་འདུས་ཏེ་རེག་པ་ལས་བྱུང་བའི་འདུ་ཤེས་སོགས་དྲུག་དང་། ངོ་བོའི་སྒོ་ནས་རྟོག་མེད་དང་རྟོག་བཅས་ཀྱི་འདུ་ཤེས་གཉིས་ཡོད་པའི་ཕྱིར། ཕྱི་མ་གཉིས་ཀྱི་ཁྱད་པར་ཡོད་དེ། སྒོ་ལྔའི་དབང་པོའི་འདུ་ཤེས་དང་པོ་དང་། ཡིད་ཀྱི་འདུ་ཤེས་གཉིས་པ་ཡིན་པའི་ཕྱིར། འདུ་བྱེད་ཀྱི་མཚན་ཉིད་ཡོད་དེ། གཟུགས་ཚོར་འདུ་ཤེས་རྣམ་ཤེས་ཀྱི་ཕུང་པོ་བཞི་པོ་གང་རུང་(༧༤ན)ལས་དོན་གཞན་པའི་འདུས་བྱས་དེ་དེ་ཡིན་པའི་ཕྱིར། དབྱེ་ན། གཉིས་ཡོད་དེ། མཚུངས་ལྡན་འདུ་བྱེད་དང་། ལྡན་མིན་འདུ་བྱེད་གཉིས་ཡོད་པའི་ཕྱིར། དེ་གཉིས་ཀྱི་ཁྱད་པར་ཡོད་དེ། དང་པོ་ནི། ཤེས་པ་ཡིན་པའི་འདུ་བྱེད་དང་། གཉིས་པ་ནི་ཤེས་པ་མ་ཡིན་པའི་འདུ་བྱེད་ཡིན་པའི་ཕྱིར། དང་པོ་ལ་དུ་མ་ཡོད་དེ། ཚོར་འདུ་གཉིས་མ་ཡིན་པའི་སེམས་བྱུང་ཞེ་དགུ་ཡོད་པའི་ཕྱིར། གཉིས་པ་ལ་དུ་མ་ཡོད་དེ། ཀུན་བཏུས་ལྟར་ན་ཉེར་གཉིས་དང་། འདི་ལྟར་ན་འཆད་པ་ལྟར་བཅུ་བཞི་ཡོད་པའི་ཕྱིར་རོ། །

ཐ༢ མཐའ་དཔྱད་པ།

གཉིས་པ་མཐའ་དཔྱད་པ་ལ། ཁ་ཅིག །ཡན་ལག་གཉིས་པ་འདུ་བྱེད་ཀྱི་ལས་བཤད་པ་མི་འཐད་པར་ཐལ། ལས་འདུ་བྱེད་དུ་ཁྱོད་ཀྱིས་མ་བཤད་པའི་ཕྱིར་ཟེར་ན། མ་གྲུབ་སྟེ། མཚུངས་ལྡན་འདུ་བྱེད་ཀྱི་ནང་དུ་བསྡུས་ནས་བསྟན་པའི་ཕྱིར། དེར་ཐལ། ནང་གི་འདུ་བྱེད་ལ་ལས་གཙོ་ཆེ་བའི་ཕྱིར། དེར་ཐལ། སེམས་བྱུང་ལས་ནི་མཚུངས་ལྡན་འདུ་བྱེད་ཀྱི་གཙོ་བོ་ཡིན་པའི་ཕྱིར། ཁ་ཅིག །ཚོར་འདུ་གཉིས་ལས་འདུ་བྱེད་ཀྱི་མཚན་གཞི་མང་བར་ཐལ། སེམས་བྱུང་ལྷག་མ་ཞེ་དགུ་པོ་ཐམས་ཅད་

འདུ་བྱེད་དུ་འཇོག་པའི་ཕྱིར། འདོད་ན། མི་འཐད་པར་ཐལ། གང་ཟག་གཅིག་ལ་འང་ཚོར་བ་དང་འདུ་ཤེས་ཀྱི་རྣམ་རྟོག་གྲངས་ཀྱིས་མི་ཆོད་པ་ལྟ་བུ་སྐྱེ་བའི་ཕྱིར་ན་མ་ཁྱབ་པོ། །

༥༢ དེ་ལས་ཁམས་དང་སྐྱེ་མཆེད་འཇོག་ཚུལ།

གཉིས་པ་ནི། དེ་གསུམ་རྣམ་རིག་བྱེད་མིན་དང་། །འདུས་མ་བྱས་རྣམས་བཅས་པ་ནི། །ཆོས་ཀྱི་སྐྱེ་མཆེད་ཁམས་ཞེས་བྱ། །ཞེས་བྱུང་། ཚོར་འདུ་འདུ་བྱེད་ཀྱི་ཕུང་པོ་དེ་གསུམ་དང་རྣམ་པར་རིག་བྱེད་མ་ཡིན་པའི་གཟུགས་དང་བཞི་འདུས་མ་བྱས་གསུམ་རྣམས་དང་བཅས་པ་བདུན་པོ་འདི་ནི་ཆོས་ཅན། ཁམས་ནང་སྐྱེ་མཆེད་གང་དུ་འཇོག་ཚུལ་ཡོད་དེ། ཆོས་ཀྱི་སྐྱེ་མཆེད་དང་ཆོས་ཀྱི་ཁམས་ཞེས་བྱ་བར་འཇོག་པའི་ཕྱིར་རོ། །

༦༣ སེམས་ཀྱིས་བསྡུས་པའི་ཆོས་གསུམ།

༥༧ ཆོས་གསུམ་གྱི་རང་བཞིན།

གསུམ་པ་སེམས་ཀྱིས་བསྡུས་པའི་ཆོས་གསུམ་ལ། ཆོས་གསུམ་གྱི་རང་བཞིན། ཆོས་གསུམ་གྱི་གཙོ་བོ་ངོས་བཟུང་བ། ཞར་ལ་ཁམས་ཀྱི་གྲངས་ངེས་ལ་རྩོད་པ་སྤང་བ་གསུམ། དང་པོ་ནི། (༧༨བ)རྣམ་ཤེས་སོ་སོ་རྣམ་རིག་པ། །ཡིད་ཀྱི་སྐྱེ་མཆེད་ཀྱང་དེ་ཡིན། །ཁམས་བདུན་དག་ཏུའང་འདོད་པ་སྟེ། །རྣམ་པར་ཤེས་པ་དྲུག་དང་ཡིད། །དྲུག་པོ་འདས་མ་ཐག་པ་ཡི། །རྣམ་ཤེས་གང་ཡིན་དེ་ཡིད་དོ། །དྲུག་པའི་རྟེན་ནི་རབ་བསྒྲུབ་ཕྱིར། །ཁམས་ནི་བཅོ་བརྒྱད་དག་ཏུ་འདོད། །ཅེས་བྱུང་།

༤༧ ཚིག་དོན་བཤད་པ།

འདི་ལ། ཚིག་དོན་དང་། མཐའ་དཔྱད་པ་གཉིས། དང་པོ་ནི། རྣམ་པར་ཤེས་པའི་ཚོགས་དྲུག་ཆོས་ཅན། རྣམ་ཤེས་ཀྱི་ཕུང་པོ་ཞེས་བྱ་སྟེ། བློའི་ཡུལ་དུ་དུ་མ་སྤྱུངས་པ་ལྷར་སྣང་ཞིང་རང་སྟོབས་ཀྱིས་ཡུལ་གྱི་ངོ་བོ་སོ་སོར་རྣམ་པར་རིག་པའི་གཙོ་སེམས་ཡིན་པའི་ཕྱིར། ཡིན་ཏེ། མིག་གི་རྣམ་ཤེས་ཀྱིས་གཟུགས་རང་སྟོབས་ཀྱིས་རིག་པ་ནས་ཡིད་ཀྱི་རྣམ་ཤེས་ཀྱིས་ཆོས་རང་སྟོབས་ཀྱིས་རིག་པའི་ཕྱིར། ཡིད་ཀྱི་སྐྱེ་མཆེད་ཀྱང་ཆོས་ཅན། བཞག་ཏུ་ཡོད་དེ། རྣམ་ཤེས་དྲུག་པོ་དེ་ཉིད་ལ་བྱེད་པ་ཡིན་པའི་ཕྱིར། ཁམས་དྲུག་ཏུ་མ་ཟད། བདུན་དག་ཏུའང་འདོད་པ་སྟེ་རྣམ་པར་ཤེས་པའི་ཁམས་དྲུག་སོ་སོ་དང་ཡིད་ཀྱི་ཁམས་ཏེ་བདུན་དུ་འདོད་པའི་ཕྱིར། རྣམ་ཤེས་ཚོགས་དྲུག་ཏུ་མ་འདུས་པའི་རྣམ་ཤེས་མེད་ཀྱང་རྣམ་ཤེས་ཀྱི་ཁམས་བདུན་དུ་འཇོག་པ་མི་འགལ་ཏེ། རྣམ་ཤེས་ཚོགས་དྲུག་པོ་གང་གི་སྔོན་དུ་འདས་མ་ཐག་པ་སྟེ་འགགས་མ་ཐག་པའི་རྣམ་ཤེས་དྲུག་པོ་གང་ཡིན་པ་དེ་ནི་ཡིད་ཀྱི་ཁམས་སུའང་འཇོག་པའི་ཕྱིར། དགོས་པ་ཡོད་དེ། རྣམ་ཤེས་དང་པོ་ལྔ་ལ་རྟེན་མིག་ནས་ལུས་ཀྱི་བར་ཡོད་ལ། དྲུག་པ་ཡིད་ཀྱི་རྣམ་པར་ཤེས་པའི་རྟེན་ལ་གཞན་མེད་པས་སྔ་རོལ་དེ་མ་ཐག་འགགས་པའི་རྣམ་ཤེས་དྲུག་པོ་གང་རུང་གིས་དེའི་རྟེན་བྱེད་པར་བསྒྲུབ་པའི་ཆེད་ཡིན་པའི་ཕྱིར། ཁམས་ཆོས་ཅན། ཁྱོད་ལ་རྒྱས་པར་ཕྱེ་ན་བཅོ་བརྒྱད་དག་ཏུ་འདོད་པ་ཡིན་ཏེ། རྟེན་དབང་པོའི་ཁམས་དྲུག །བརྟེན་པ་རྣམ་ཤེས་ཀྱི་ཁམས་དྲུག །དམིགས་པ་ཡུལ་གྱི་ཁམས་དྲུག་སྟེ་བཅོ་བརྒྱད་ཡོད་པའི་ཕྱིར་ཏེ། མིག་སོགས་དབང་པོ་དྲུག་དང་། མིག་གི་རྣམ་ཤེས་སོགས་དྲུག་དང་། གཟུགས་སོགས་ཡུལ་དྲུག་སྟེ་བཅོ་བརྒྱད་ཡོད་པའི་ཕྱིར།

ཐ༢ མཐའ་དཔྱད་པ།

གཉིས་པ་ལ། ཁ་ཅིག །(༧)(ན)རྣམ་ཤེས་ཚོགས་དྲུག་ཙམ་དུ་མི་རིགས་པར་ཐལ། ཀུན་གཞིའི་རྣམ་ཤེས་ཡོད་པའི་ཕྱིར། དེར་ཐལ། རྣམ་ཤེས་ཕྱི་མ་དྲུག་གི་གཞི་བྱེད་པའི་རྣམ་ཤེས་ཤིག་ཡོད་པའི་ཕྱིར་ན་མ་ཁྱབ། ཁ་ཅིག །རྣམ་ཤེས་ཆོས་ཅན། དུ་མར་སྣང་བས་པར་ཐལ། བློའི་ཡུལ་དུ་དུ་མར་སྣང་བས་པའི་ཕྱིར། དེར་ཐལ། བློའི་ཡུལ་དུ་དུ་མ་སྣང་བས་པ་ལྟར་སྣང་བའི་ཕྱིར་ན་མ་ཁྱབ། ཁ་ཅིག །རྣམ་ཤེས་སྔ་མ་དྲུག་འགགས་མ་ཐག་པ་དེ་རྣམ་ཤེས་ཡིན་པར་ཐལ། དེ་དྲུག་འགགས་མ་ཐག་པའི་རྣམ་ཤེས་དེ་རྣམ་ཤེས་ཀྱི་ཁམས་ཡིན་པའི་ཕྱིར་ན་རེ་ཞིག་མ་ཁྱབ། རྟགས་དེར་ཐལ། རྣམ་ཤེས་ཕྱི་མ་དྲུག་སྐྱེས་པའི་ཚེ་སྔ་མ་དྲུག་འགགས་ལ། འགག་ཁ་མའི་རྣམ་ཤེས་དྲུག་པོ་དེ་རྣམ་ཤེས་ཀྱི་ཁམས་ཡིན་པའི་ཕྱིར་ན་མ་ཁྱབ། གོང་དུ་འདོད་ན། མི་འཐད་པར་ཐལ། འདུས་མ་བྱས་ཡིན་པའི་ཕྱིར། དེར་ཐལ། དེ་འགགས་པ་འདུས་མ་བྱས་ཡིན་པའི་ཕྱིར་རོ། །

ཏ༢ ཆོས་གསུམ་གྱི་གཙོ་བོ་ངོས་བཟུང་བ།

གཉིས་པ་ཆོས་གསུམ་གྱི་གཙོ་བོ་ངོས་བཟུང་བ་ནི། ཕུང་པོ་དང་ནི་སྐྱེ་མཆེད་དང་། །ཁམས་གཅིག་གིས་ནི་ཐམས་ཅད་བསྡུས། །རང་གི་ངོ་བོ་ཉིད་ཀྱིས་ཏེ། །གཞན་གྱི་དངོས་དང་མི་ལྡན་ཕྱིར། །ཞེས་བྱུང་། གཟུགས་ཀྱི་ཕུང་པོ་དང་ཡིད་ཀྱི་སྐྱེ་མཆེད་དང་ཆོས་ཁམས་གཅིག་ཕུ་སྟེ་གསུམ་པོ་ཆོས་ཅན། ཆོས་གསུམ་གྱི་གཙོ་བོ་བསྡུ་བྱ་མང་བ་ཅན་ཡིན་ཏེ། ཆོས་ཐམས་ཅད་བསྡུས་པའི་ཕྱིར་ཏེ། གཟུགས་ཀྱིས་རང་དུ་གཏོགས་པ་ཐམས་ཅད་དང་། ཡིད་ཀྱིས་ཡིད་ཁམས་བདུན་དང་། ཚོར་འདུ་འདུ་བྱེད་འདུས་མ་བྱས་རྣམས་དང་རྣམ་རིག་མིན་པ་ནི་ཆོས་ཁམས་ཀྱིས་བསྡུས་

པའི་ཕྱིར། བསྡུས་ཚུལ་དེ་ཆོས་ཅན། བསྡུ་ཚུལ་གཞན་གྱི་དབང་དུ་བྱས་པ་ཡིན་ཏེ། རང་གི་ངོ་བོ་ཉིད་ཡིན་པའི་བསྡུ་ཚུལ་ཡིན་པའི་ཕྱིར་ཏེ། འདིར་བསྡུ་བྱ་སྡུད་བྱེད་ནི་རང་མ་ཡིན་པ་གཞན་གྱི་དངོས་པོ་དང་མི་ལྡན་པའི་ཕྱིར་རོ། །

༦༣ ཞར་ལ་ཁམས་ཀྱི་གྲངས་ངེས་ལ་རྩོད་པ་སྤང་བ།

གསུམ་པ་ཁམས་ཀྱི་གྲངས་ངེས་ལ་རྩོད་པ་སྤང་བ་ནི། མིག་ལ་སོགས་པ་གཉིས་མོད་ཀྱི། །རིགས་དང་སྤྱོད་ཡུལ་རྣམ་པར་ཤེས། །འདྲ་བའི་ཕྱིར་ན་ཁམས་གཅིག་ཉིད། །མཛེས་བྱའི་ཕྱིར་ན་གཉིས་བྱུང་ངོ་། །(༡(ཁ)ཞེས་བྱུང་། འདིར་ཁོ་ན་རེ། ཁམས་བཅོ་བརྒྱད་དུ་གྲངས་མ་ངེས་པར་ཐལ། མིག་སོགས་གཉིས་གཉིས་ཡོད་པའི་ཕྱིར་ཟེར་ན། ཤེས་བྱ་ཆོས་ཅན། མིག་རྣ་ལ་སོགས་པ་གཡས་གཡོན་གཉིས་གཉིས་ཡོད་མོད་ཀྱི། དེས་ཁམས་ཀྱི་གྲངས་ངེས་འཇིག་པའི་སྐྱོན་མེད་པར་ཐལ། མིག་གཡས་གཡོན་ལྟ་བུ་མིག་ཏུ་རིགས་གཅིག་པ་དང་། སྤྱོད་ཡུལ་གཟུགས་ལ་དམིགས་པར་མཚུངས་པ་དང་། འབྲས་བུ་མིག་གི་རྣམ་པར་ཤེས་པ་སྐྱེད་པ་འདྲ་བས། ཁམས་གཅིག་ཏུ་བཞག་པའི་ཕྱིར། རྣ་བ་ལའང་དེ་ལྟར་རོ། །མིག་རེ་རེ་དང་གསུམ་སོགས་ཀྱིས་ཀྱང་བྱ་བ་བྱེད་ནུས་ཀྱང་གཉིས་གཉིས་བྱུང་བའི་རྒྱུ་མཚན་ཡོད་དེ། རྟེན་མཛེས་པར་བྱ་བའི་ཆེད་དུ་ཡིན་པའི་ཕྱིར་རོ། །སྣའི་གོང་བུ་གཅིག་ཡིན་ཀྱང་སྣ་གཉིས་སུ་བཞེད་པའང་མི་འགལ་ཏེ། སྣ་བུག་གཉིས་རེ་ཡོད་ཅིང་སོ་སོ་ནས་དྲི་ཚོར་བའི་ཕྱིར་རོ། །

ཛ༢ ཆོས་གསུམ་གྱི་ཁྱད་ཆོས།

ཉ༡ ཆོས་གསུམ་གྱི་སྒྲ་དོན།

གཉིས་པ་ཆོས་གསུམ་གྱི་ཁྱད་ཆོས་ལ། ཆོས་གསུམ་གྱི་སྒྲ་དོན། ཆོས་གསུམ་གསུངས་པའི་དགོས་པ། ཆོས་གསུམ་གྱི་གོ་རིམ་གསུམ། དང་པོ་ནི། སྤུངས་དང་སྐྱེ་སྒོ་རིགས་ཀྱི་དོན། །ཕུང་པོ་སྐྱེ་མཆེད་ཁམས་རྣམས་ཡིན། །ཞེས་བྱུང་།

ཏ༡ ཚིག་དོན་བཤད་པ།

འདི་ལ་ཚིག་དོན་དང་། མཐའ་དཔྱད་པ་གཉིས། དང་པོ་ནི། ཕུང་པོ་ལྔ་ཆོས་ཅན། ཁྱོད་ལ་ཕུང་པོ་ཞེས་བརྗོད་པའི་རྒྱུ་མཚན་ཡོད་དེ། རྒྱུ་རྐྱེན་དུ་མ་སྤུངས་པའམ་ཚོགས་པས་ན་དེ་ལྟར་བརྗོད་པའི་ཕྱིར་ཏེ། རང་འགྲེལ་ལས། སྤུངས་པའི་དོན་ནི་ཕུང་པོའི་དོན་ཏོ། །ཞེས་གསུངས་པའི་ཕྱིར། སྐྱེ་མཆེད་བཅུ་གཉིས་ཆོས་ཅན། སྐྱེ་མཆེད་ཅེས་བརྗོད་པའི་སྒྲ་དོན་ཡོད་དེ། སེམས་སེམས་བྱུང་རྣམས་སྐྱེ་ཞིང་མཆེད་པ་སྟེ་རྒྱས་པའི་སྒོར་གྱུར་པས་ན་དེ་ལྟར་བརྗོད་པའི་ཕྱིར་རོ། །གཟུགས་སྒྲ་དྲི་རོ་སོགས་ཁམས་བཅོ་བརྒྱད་ཆོས་ཅན། ཁམས་ཞེས་བྱ་སྟེ། འབྲས་བུ་འབྱུང་བའི་རྒྱུའམ་རིགས་ཏེ་ས་བོན་ལྟ་བུ་ཡིན་པས་ན་དེ་སྐད་བརྗོད་པའི་ཕྱིར་ཏེ། རང་འགྲེལ་ལས། རིགས་ཀྱི་དོན་ནི་ཁམས་ཀྱི་དོན་ཏེ། ཞེས་གསུངས་པའི་ཕྱིར།

ཏ༢ མཐའ་དཔྱད་པ།

གཉིས་པ་ལ། ཁ་ཅིག །གཟུགས་ཡིན་ན། གཟུགས་ཀྱི་ཕུང་པོ་ཡིན་པས་ཁྱབ་པར་ཐལ། ཕྱིའི་གཟུགས་ལ་(༢༠ན)དེའི་ཕྱིར་ན་མ་ཁྱབ། རྟགས་དེར་ཐལ། འདིར་རྡུལ་ཕྲ་རབ་ཀྱང་གཟུགས་ཀྱི་ཕུང་པོ་ཡིན་པའི་ཕྱིར། དེར་ཐལ། དེ་རྒྱུ་རྐྱེན་དུ་མ

འདུས་པ་ཡིན་པའི་ཕྱིར། མ་གྲུབ་ན། རྒྱུ་རྐྱེན་གྱིས་མ་སྐྱེད་པར་ཐལ། མ་གྲུབ་པ་དེའི་ཕྱིར། འདོད་ན། འདུས་བྱས་མ་ཡིན་པར་ཐལ་ལོ། །འདོད་ན། རྣམ་རིག་མིན་པའི་གཟུགས་ཆོས་ཅན། དེར་ཐལ། དེའི་ཕྱིར། འདོད་ན། དེ་དེ་མ་ཡིན་པར་ཐལ། དེ་ཆོས་ཀྱི་ཁམས་དང་དེའི་སྐྱེ་མཆེད་ཡིན་པའི་ཕྱིར། གཞན་ཡང་། བྱེ་སྨྲའི་ལུགས་འདིར་རྟུལ་ཕྲ་རབ་ལ་ཕུང་པོའི་དོན་ཚང་བར་ཐལ། གང་སྨྲོལ་ལས། རྟུལ་ཕྲ་རབ་གཅིག་པུ་ཡང་ཕུང་པོར་བརྗོད་དེ། ཞེས་གསུངས་པའི་ཕྱིར། གཞན་ཡང་། དེ་དེ་ཡིན་པར་ཐལ། བྱེ་སྨྲས་དེ་ཕུང་པོའི་དོན་ཚང་བར་འདོད་པ་ལ། མདོ་སྡེ་པས་དེ་ལ་སྤྱངས་པའི་དོན་མ་ཚང་བའི་སྐྱོན་བརྗོད་པའི་ཕྱིར། ཁ་ཅིག །ཕུང་པོ་རྫས་ཡོད་ཡིན་པར་ཐལ། ཕུང་པོ་རེ་རེ་ནས་རྫས་ཡོད་ཡིན་པའི་ཕྱིར། དེར་ཐལ། ཕུང་པོ་རེ་རེ་ནས་རྫས་ཡོད་དུ་སློབ་དཔོན་ཡང་བཞེད་པའི་ཕྱིར། འདོད་ན། མ་ཡིན་པར་ཐལ། བཏགས་ཡོད་ཡིན་པའི་ཕྱིར། དེར་ཐལ། བྱེ་སྨྲས་རྫས་ཡོད་དང་། སློབ་དཔོན་དང་མདོ་སྡེ་པས་ཕུང་པོ་སྤྱི་ཙམ་པ་དེ་བཏགས་ཡོད་དུ་བཞེད་པའི་ཕྱིར།

༦༢ ཆོས་གསུམ་གསུངས་པའི་དགོས་པ།

༥༡ ཆོས་གསུམ་བསྟན་པའི་དགོས་པ།

གཉིས་པ་ལ། ཆོས་གསུམ་བསྟན་པའི་དགོས་པ་དང་། དོགས་གཅོད་གཉིས། དང་པོ་ནི། རྨོངས་དབང་འདོད་རྣམ་གསུམ་གྱི་ཕྱིར། །ཕུང་པོ་ལ་སོགས་གསུམ་བསྟན་ཏོ། །ཞེས་བྱུང་། ཕུང་པོ་ལ་སོགས་ཏེ་སྐྱེ་མཆེད་དང་ཁམས་ཏེ་ཆོས་གསུམ་བསྟན་པ་ལ་ཆོས་ཅན། དགོས་པ་ཡོད་དེ། རྨོངས་པ་གསུམ་བཟློག་པ་དང་། དད་སོགས་ཀྱི་དབང་པོ་རྣོ་འབྲིང་རྟུལ་གསུམ་རྗེས་སུ་འཛིན་པ་དང་། ཚིག་གི་སྤྲོས་པ་རྒྱས་འབྲིང་བསྡུས་གསུམ་འདོད་པ་རྣམ་པ་གསུམ་གྱི་ཆེད་དུ་ཡིན་པའི་ཕྱིར། དང་པོ་གྲུབ་སྟེ། སེམས་བྱུང་རྣམས་ལ་རིལ་པོའམ་གཅིག་ཏུ་འཛིན་པའི་རྨོངས་པ་བཟློག

པའི་ཆེད་དུ་ཕུང་པོ་ལྔ་བསྟན། གཟུགས་ལ་རིལ་འཛིན་གྱི་རྫོངས་པ་བཟློག་པའི་(༢༠བ) ཆེད་དུ་སྐྱེ་མཆེད་བཅུ་གཉིས་བསྟན། གཟུགས་སེམས་གཉིས་ཀ་ལ་རིལ་འཛིན་གྱི་རྫོངས་པ་བཟློག་པའི་ཆེད་དུ་ཁམས་བཅོ་བརྒྱད་བསྟན་པའི་ཕྱིར། དེ་ལྟར་བསྟན་པས་རྫོངས་པ་གསུམ་བཟློག་ནུས་ཏེ། ཕུང་པོ་ལྔའི་སྐབས་སུ་སེམས་བྱུང་གི་ཕུང་པོ་གསུམ་དུ་ཕྱེ། སྐྱེ་མཆེད་བཅུ་གཉིས་ཀྱི་སྐབས་སུ་གཟུགས་ཅན་བཅུར་ཕྱེ། ཁམས་བཅོ་བརྒྱད་ཀྱི་སྐབས་སུ་གཟུགས་ཅན་བཅུ་དང་རྣམ་ཤེས་ཀྱི་ཁམས་བདུན་དུ་བཤད་པས་རྫོངས་པ་དེ་རྣམས་བཟློག་ནུས་པའི་ཕྱིར། རྩ་རྟགས་ཕྱི་མ་གཉིས་གྲུབ་སྟེ། དབང་རྣོན་འགོ་སློས་པས་གོ་བ་ལ་ཚིག་བསྡུས་ཏེ་ཕུང་པོ་ལྔ་བསྟན། ཅུང་ཟད་སྤྲོས་ནས་གོ་བ་དབང་འབྲིང་ལ་ཚིག་རྒྱས་བསྡུས་མཚམས་སྐྱེ་མཆེད་བཅུ་གཉིས་བསྟན། དབང་རྟུལ་ཚིག་དོན་གཉིས་ཀ་རྒྱས་པར་འདོད་པ་ལ་ཁམས་བཅོ་བརྒྱད་བསྟན་ནས་འདོད་པ་རྣམ་པ་གསུམ་དང་ལྡན་པའི་གདུལ་བྱ་རྗེས་སུ་འཛིན་པའི་ཆེད་ཡིན་པའི་ཕྱིར།

ང༢ རྟོགས་གཅོད།

གཉིས་པ་ནི། རྩོད་པའི་རྩ་བར་གྱུར་པ་དང་། །འཁོར་བའི་རྒྱུ་དང་རིམ་རྒྱུའི་ཕྱིར། །སེམས་བྱུང་རྣམས་ལས་ཚོར་བ་དང་། །འདུ་ཤེས་ལོགས་ཤིག་ཕུང་པོར་བཞག །ཕུང་པོ་དག་ཏུ་འདུས་མ་བྱས། །དོན་དུ་མི་རུང་ཕྱིར་མ་བཤད། །ཅེས་བྱུང་། ཤེས་བྱ་ཆོས་ཅན། སེམས་བྱུང་རྣམས་ལས་ཚོར་བ་དང་འདུ་ཤེས་ལོགས་ཤིག་ཏུ་ཕུང་པོར་བཞག་པའི་རྒྱུ་མཚན་ཡོད་དེ། ཟག་བཅས་ཀྱི་ཚོར་འདུ་གཉིས་རྩོད་པའི་རྩ་བར་གྱུར་པ་དང་། འཁོར་བར་འཁོར་བྱེད་ཀྱི་རྒྱུ་དང་། ཉོན་མོངས་གཞན་ལས་རགས་ཤིང་དེ་རྣམས་ཀྱི་གོ་རིམ་གྱི་རྒྱུ་བྱེད་པའི་ཕྱིར། འདུས་མ་བྱས་ཆོས་ཅན། ཕུང་པོ་དག་ཏུ་མ་བཤད་དེ། རྒྱུ་རྐྱེན་དུ་མ་སྤུངས་པའི་དོན་དུ་མི་རུང་བའི་ཕྱིར། མ་བཤད་ཅེས་པ་ནི་སྟོན་པས་མ་བཤད་ཅེས་པ་ཡིན་གྱི། སློབ་དཔོན་རང་ཉིད་ཀྱིས

མ་བཤད་ཅེས་པ་ཙམ་གྱི་དོན་མིན་ཏེ། འདིར་སངས་རྒྱས་ཀྱིས་གསུངས་པའི་མདོན་པའི་གཞུང་གིས་བསྟན་ཚུལ་དང་དགོས་པ་སོགས་འཆད་པར་མཛད་པའི་ཕྱིར་རོ། །

༡༣ ཆོས་གསུམ་གྱི་གོ་རིམ།

༡༧ ཕུང་པོའི་གོ་རིམ།

གསུམ་པ་གོ་རིམ་ལ། ཕུང་པོའི་གོ་རིམ། ཁམས་དང་སྐྱེ་མཆེད་ཀྱི་གོ་རིམ། ཞར་(༡༧ན)བྱུང་དང་གསུམ། དང་པོ་ནི། རིམ་ནི་རགས་དང་ཀུན་ཉོན་མོངས། །སྣོད་སོགས་དོན་ཁམས་ཇི་བཞིན་ནོ། །ཞེས་བྱུང་། ཤེས་བྱ་ཆོས་ཅན། ཕུང་པོ་ལྔའི་གོ་རིམ་ནི་རགས་པ་དང་པོར་བསྟན་ནས་ཕྲ་བ་རྗེས་སུ་བསྟན་པ་ཡིན་ཏེ། གཟུགས་སོགས་ལྔ་སྔ་མ་སྔ་མ་རགས་ཤིང་། ཕྱི་མ་ཕྱི་མ་ཕྲ་བའི་ཕྱིར། དེ་འདྲ་བའི་གོ་རིམ་བྱས་པ་ལ་ཆོས་ཅན། རྒྱུ་མཚན་ཡོད་དེ། དང་པོར་གཟུགས་མཐོང་སྟེ་ཉོན་མོངས་སྐྱེ། དེ་ནས་ཚོར་བ་སྐྱེ་ཞིང་བདེ་བ་འདོད། དེ་ནས་འདུ་ཤེས་ཕྱིན་ཅི་ལོག་སྐྱེ། དེ་ལས་འདུ་བྱེད་ཀྱི་ལས་གསོག །དེའི་དབང་གིས་རྣམ་པར་ཤེས་པ་ཀུན་ནས་ཉོན་མོངས་ཅན་དུ་འགྱུར་བའི་གོ་རིམ་ལྟར་ཡིན་པའི་ཕྱིར། དགོས་པ་ཡོད་དེ། གཟུགས་སྣོད་ལྟ་བུ། ཚོར་བ་ཟས་ལྟ་བུ། འདུ་ཤེས་བྱན་ལྟ་བུ། འདུ་བྱེད་བྱན་པ་ལྟ་བུ། རྣམ་ཤེས་ལོངས་སྤྱོད་པ་པོ་ལྟ་བུར་ཤེས་པའི་དགོས་པ་ཡོད་པའི་ཕྱིར། དེ་ཡང་ཡིན་ཏེ། ཕྱིའི་སྣོད་ལ་སོགས་པའི་དཔེས་ནང་གི་དོན་ཁམས་ཇི་ལྟ་བ་བཞིན་དུ་ངེས་པའི་ཕྱིར། དེར་ཐལ། སྣོད་ཀྱིས་ཟས་རྟེན་པ་ལྟར་གཟུགས་ཀྱིས་ཚོར་བའི་རྟེན་བྱེད། ཟས་ལོངས་སྤྱད་བྱ་ཡིན་པ་ལྟར་ཚོར་བ་རྣམ་ཤེས་ཀྱིས་སྤྱད་བྱ། བྱན་ཏེ་ཚོད་མས་ཟས་ཞིམ་པར་བྱེད་པ་ལྟར་འདུ་ཤེས་ཀྱིས་བདེ་སྡུག་གི་ཐ་སྙད་ཤེས་བྱན་པོ་ལག་བདེས་ཟས་འདྲེན་པ་ལྟར་འདུ་བྱེད་ཀྱིས་རྣམ་ཤེས་ལ་བདེ་སྡུག་སྐྱེད་པར་བྱེད། སྐྱེས་བུས་ཟས་ལ་ལོངས་སྤྱད་པ་ལྟར་རྣམ་ཤེས་ཀྱིས་བདེ་སྡུག་ལ་ལོངས་སྤྱོད་པར་བྱེད་པའི་

ཕྱིར། དགོས་པ་གཞན་ཡོད་དེ། འདོད་ཁམས་ནི་གཟུགས་ཅན་གྱི་འདོད་ཡོན་ལྔ་ལ་ལོངས་སྤྱོད་པས་ཕྱི། བསམ་གཏན་བཞི་ཚོར་བ་ལ་ལོངས་སྤྱོད་པས་གཟུགས་ཁམས་ཚོར་བས་ཕྱི། གཟུགས་མེད་དང་པོ་གསུམ་འདུ་ཤེས་ཀྱིས་ཕྱེ། སྲིད་རྩེ་འདུ་བྱེད་ཀྱིས་ཕྱེ། རྣམ་ཤེས་ནི་ཀུན་ལ་ཁྱབ་པས་དེ་དག་དང་འདྲ་བར་ཤེས་པའི་དགོས་པ་ཡོད་པའི་ཕྱིར།

༥༢ ཁམས་དང་སྐྱེ་མཆེད་ཀྱི་གོ་རིམ།

གཉིས་པ་ནི། ད་ལྟའི་དོན་ཕྱིར་དབང་པོ་ལྔ། འབྱུང་བ་ལས་གྱུར་དོན་ཕྱིར་(༢༧བ)བཞི། །གཞན་ནི་ཆེས་རིང་མྱུར་འཇུག་ཕྱིར། །ཡང་ན་ཇི་ལྟར་གནས་རིམ་བཞིན། །ཞེས་བྱུང་། དབང་པོ་ལྔ་དང་པོར་བསྟན་ནས་ཡིད་རྗེས་སུ་བཤད་པ་ལ་དགོས་པ་ཡོད་དེ། དང་པོ་དབང་པོ་ལྔ་ཡུལ་ད་ལྟ་བ་ཁོ་ནའི་དོན་གྱི་ཕྱིར་འཇུག །ཡིད་ནི་དུས་གསུམ་ག་ལ་འཇུག་པར་འགྱུར་བའི་ཕྱིར། དབང་པོ་ལྔའི་ནང་ནས་ལས་དབང་རྗེས་སུ་བཤད་པ་ལ་དགོས་པ་ཡོད་དེ། དབང་པོ་སྔ་མ་བཞི་ནི་འབྱུང་བ་ལས་གྱུར་པའི་དོན་ཁོ་ནའི་ཡུལ་ཅན་ཡིན་པའི་ཕྱིར་དང་། ལུས་དབང་ནི་འབྱུང་བ་དང་འབྱུང་འགྱུར་གཉིས་ཀའི་ཡུལ་ལ་འཇུག་པའི་ཕྱིར། མིག་རྣ་གཉིས་ལས་མིག་དང་པོར་བཤད་པའི་རྒྱུ་མཚན་ཡོད་དེ། མིག་དབང་གཞན་ནི་ཆེས་རིང་བའི་ཡུལ་ལ་མྱུར་དུ་འཇུག་ལ། རྣ་བས་དེ་ཙམ་གྱི་སྒྲ་མི་ཐོས་པའི་ཕྱིར། སྣ་ལྕེ་གཉིས་ལས་སྣ་དང་པོར་བཤད་པའི་རྒྱུ་མཚན་ཡོད་དེ། ལྕེས་རོ་མ་མྱོང་གོང་དུ་སྣ་ཡུལ་དྲི་ལ་མྱུར་དུ་འཇུག་པའི་ཕྱིར། གོ་རིམ་དེར་མ་ཟད་རྒྱུ་མཚན་ནམ་དགོས་པ་གཞན་ཡོད་དེ། ཡང་ན་དབང་རྟེན་ལུས་ལ་ཇི་ལྟར་གནས་པ་བཞིན་གྱི་རིམ་པ་ཡང་ཡིན་པའི་ཕྱིར།

༤༽ ཞར་བྱུང་།

གསུམ་པ་ནི། བྱེ་བྲག་དོན་དང་གཙོ་བོའི་ཕྱིར། །ཆོས་མང་པ་དང་མཆོག་བསྡུས་ཕྱིར། །གཅིག་ནི་གཟུགས་ཀྱི་སྐྱེ་མཆེད་དང་། །གཅིག་གི་ཆོས་ཞེས་བྱ་བར་བརྗོད། །ཅེས་བྱུང་། མིག་གི་ཡུལ་དུ་གཟུགས་ཀྱི་སྐྱེ་མཆེད་སྨོས་སུ་བཞག་པའི་རྒྱུ་མཚན་ཅི་ཞེ་ན། སྐྱེ་མཆེད་དང་པོ་གཅིག་ནི་གཟུགས་ཀྱི་སྐྱེ་མཆེད་དུ་བཞག་པའི་རྒྱུ་མཚན་ཡོད་དེ། སྤྱིར་གཟུགས་ཅན་བཅུ་གཟུགས་ཡིན་ཡང་འདིར་སྤྱི་མིང་བྱེ་བྲག་ལ་བཏགས་པའི་དོན་ཡིན་པའི་ཕྱིར། དེ་ལྟར་བཏགས་པ་ལ་ཆོས་ཅན། དགོས་པ་ཡོད་དེ། དེ་གཟུགས་ཀྱི་སྐྱེ་མཆེད་ཀྱི་གཙོ་བོ་ཡིན་པའི་ཕྱིར། ཡིད་ཤེས་ཀྱི་ཡུལ་གྱི་སྐྱེ་མཆེད་གཅིག་པོ་ནི་ཆོས་ཅན། ཆོས་ཀྱི་ཁམས་ཞེས་བྱ་བར་བརྗོད་དེ། སྤྱིར་སྐྱེ་མཆེད་ཐམས་ཅད་ཆོས་ཡིན་ཡང་ཆོས་ཀྱི་སྐྱེ་མཆེད་ཀྱིས་ཆོས་མང་པོ་དང་ཆོས་ཀྱི་མཆོག་མྱང་འདས་བསྡུས་ཀྱི། གཞན་དག་གིས་མ་བསྡུས་པའི་ཕྱིར་རོ། །

ཚ༽ ཆོས་གསུམ་གྱིས་ཆོས་གཞན་བསྡུས་ཚུལ།

༡༽ ཆོས་ཕུང་གིས་བསྡུས་ཚུལ།

༡༽ བསྡུས་ཚུལ་དངོས།

གསུམ་པ་ཆོས་གསུམ་གྱིས་གཞན་བསྡུས་ཚུལ་ལ། ཆོས་ཕུང་གིས་བསྡུས་ཚུལ་དང་། ཕུང་ཁམས་(༡༡ན)གཞན་བསྡུས་ཚུལ་གཉིས། དང་པོ་ལ། དངོས་དང་། ཞར་བྱུང་གཉིས། དང་པོ་ནི། ཆོས་ཀྱི་ཕུང་པོ་བརྒྱད་ཁྲི་དག །གང་རྣམས་ཐུབ་པས་གསུངས་དེ་དག །ཚིག་གམ་མིང་ཡིན་དེ་དག་ནི། །གཟུགས་དང་འདུ་བྱེད་དག་ཏུ་འདུས། །ཞེས་བྱུང་། ཆོས་ཕུང་གང་རྣམས་ཐུབ་པའི་དབང་པོས་དུག་གསུམ་རེ་རེ་དང་ཆ་མཉམ་པའི་གཉེན་པོར་ཉི་ཁྲི་རེ་གསུངས་པའི་ཆོས་ཀྱི་ཕུང་པོ་བརྒྱད་

ཁྲི་པོ་དེ་དག་ཆོས་ཅན། འདིར་བཤད་པའི་ཕུང་པོར་འདུས་པ་ཡིན་ཏེ། མདོ་སྡེ་པ་ལྟར་ན་ཚོག་གི་རང་བཞིན་ཡིན་པས་གཟུགས་ཕུང་གིས་བསྡུས་ལ། བྱེ་བྲག་སྨྲ་བ་ལྟར་ན་མིང་ཚོག་ཚོགས་པའི་རང་བཞིན་ཡིན་པས་ལྡན་མིན་འདུ་བྱེད་དག་ཏུ་འདུས་པར་འདོད་པའི་ཕྱིར།

༦༢ ཞར་བྱུང་།

གཉིས་པ་ནི། ཁ་ཅིག་བསྟན་བཅོས་ཚད་ཅེས་ཟེར། །ཕུང་པོ་ལ་སོགས་གཏམ་རེ་ཡིན། །སྤྱོད་པ་རྣམས་ཀྱི་གཉེན་པོར་ནི། །ཆོས་ཀྱི་ཕུང་པོ་མཐུན་པར་གསུངས། །ཞེས་བྱུང་། ཤེས་བྱ་ཆོས་ཅན། ཆོས་ཕུང་གི་ཚད་ལ་འདོད་ཚུལ་མི་འདྲ་བ་ཡོད་དེ། ཁ་ཅིག་ཤཱ་རིའི་བུས་མཛད་པའི་ཆོས་ཀྱི་ཕུང་པོ་ཞེས་པའི་བསྟན་བཅོས་དེར་ཤློ་ཀ་དྲུག་སྟོང་ཡོད་པ་དེའི་ཚད་ཟེར་ལ། གཞན་དག་ཕུང་པོ་ལ་སོགས་ཏེ་ཁམས་དང་སྐྱེ་མཆེད་རྣམས་ཀྱི་དོན་ཚན་རེ་རེ་ཇོགས་པར་སྟོན་པའི་གཏམ་རེ་ཡིན་ཞེས་འདོད་པ་སོགས་ཡོད་པའི་ཕྱིར། སློབ་དཔོན་རང་གི་བཞེད་པ་ཡོད་དེ། ཉོན་མོངས་པ་སྣ་རེའི་གཉེན་པོ་ཇོགས་པར་སྟོན་པའི་གསུང་རབ་རེ་ལ་བྱེད་པའི་ཕྱིར། དེར་ཐལ། ཉོན་མོངས་པ་བརྒྱད་ཁྲི་ལ་སྤྱོད་པ་རྣམས་ཀྱི་གཉེན་པོར་ནི་ཆོས་ཀྱི་ཕུང་པོ་བརྒྱད་ཁྲིའི་གྲངས་མཐུན་པར་གསུངས་པའི་ཕྱིར། གལ་ཏེ་ཆོས་ཀྱི་ཕུང་པོ་བརྒྱད་ཁྲི་བཞི་སྟོང་ཞེས་བརྗོད་པ་མ་ཡིན་ནམ་ཞེ་ན། སྐྱོན་མེད་དེ། འདི་བྱེ་བྲག་སྨྲ་བའི་ལུགས་གཙོ་བོར་མཛད་པ་ཡིན་པའི་ཕྱིར།

༧༢ ཕུང་ཁམས་གཞན་བསྡུས་ཚུལ།

གཉིས་པ་ཁམས་དང་སྐྱེ་མཆེད་གཞན་གྱིས་བསྡུས་ཚུལ་ནི། དེ་བཞིན་གཞན་ཡང་ཅི་རིགས་པར། །ཕུང་པོ་སྐྱེ་མཆེད་ཁམས་རྣམས་ནི། །རང་གི་མཚན་ཉིད

ལེགས་དཔྱད་དེ། །ཇི་སྐད་བཤད་པར་བསྡུ་བར་བྱ། །བུ་ག་ནམ་མཁའི་ཁམས་ཞེས་བྱ། །(༢༢བ)སྣང་དང་མུན་པ་དག་ཡིན་ནོ། །ཟག་དང་བཅས་པའི་རྣམ་ཤེས་ནི། །རྣམ་ཤེས་ཁམས་ཡིན་སྐྱེ་བའི་རྟེན། །ཞེས་བྱུང་། ཤེས་བྱ་ཆོས་ཅན། ཆོས་ཕུང་ཆོས་གསུམ་གྱིས་བསྡུས་པ་དེ་བཞིན་དུ་གཞན་ཡང་མདོ་ལས་ཅི་རིགས་པར་གསུངས་པའི་ཕུང་པོ་དང་སྐྱེ་མཆེད་ཁམས་རྣམས་ནི། རང་གི་མཚན་ཉིད་ཇི་ལྟར་ཡིན་པ་ལ་ལེགས་པར་དཔྱད་དེ་འདིར་ཇི་སྐད་བཤད་པའི་ཆོས་གསུམ་དུ་བསྡུ་བར་བྱ་སྟེ། ཟག་མེད་ཀྱི་ཚུལ་ཁྲིམས་ཏིང་ངེ་འཛིན་ཤེས་རབ་རྣམ་པར་གྲོལ་བ་དེའི་ཡེ་ཤེས་གཟིགས་པའི་ཕུང་པོ་རྣམས་ལས་དང་པོ་གཟུགས་ཀྱི་ཕུང་པོ་དང་། ལྷག་མ་རྣམས་འདུ་བྱེད་ཀྱི་ཕུང་པོར་བསྡུ་ཞིང་། དེ་ལྟ་བུ་གཞན་དག་ཀྱང་བསྡུ་ཚུལ་ཤེས་པར་བྱ་བ་ཡིན་པའི་ཕྱིར། སྣང་དང་སྐར་ཁུང་ལ་སོགས་པའི་བུ་ག་ནི་ནམ་མཁའ་དངོས་མིན་ཀྱང་བུ་ག་ནམ་མཁའི་ཁམས་ཞེས་བྱ་སྟེ། དེར་ཉིན་མོར་སྣང་བ་དང་མཚན་མོ་མུན་པའི་རང་བཞིན་དག་ཡིན་པའི་ཕྱིར། ཡོ་ཞེས་སྨྲོས་པའི་རྒྱུ་མཚན་ཡོད་དེ། སྣང་མུན་དེ་གཉིས་ནམ་མཁའ་དངོས་གནས་པར་འདོད་པའི་ལུགས་དགག་པའི་ཆེད་ཡིན་པའི་ཕྱིར། ཟག་པ་དང་བཅས་པའི་རྣམ་ཤེས་ཆོས་ཅན། ཁམས་དྲུག་ཏུ་ཕྱེ་བའི་རྣམ་ཤེས་ཀྱི་ཁམས་ཡིན་ཏེ། ཡང་སྲིད་དུ་སྐྱེ་བའི་རྟེན་བྱེད་པའི་རྣམ་ཤེས་ཡིན་པའི་ཕྱིར། ཁྱབ་སྟེ། ཟག་མེད་ཀྱི་རྣམ་ཤེས་ཀྱིས་དེའི་རྟེན་མི་བྱེད་པའི་ཕྱིར།

ཆ༣ ཁམས་ཀྱི་རྣམ་པའི་རབ་དབྱེ།

ཇ༡ མཚན་ཉིད་ཀྱི་སྒོ་ནས་བཤད་པ།

གསུམ་པ་ཁམས་ཀྱི་རྣམ་པའི་རབ་དབྱེ་བཤད་པ་ལ། མཚན་ཉིད་ཀྱི་སྒོ་ནས་བཤད་པ། སྣུམ་ཚན་གྱི་སྒོ་ནས། བཅས་མ་བཅས་ཀྱི་སྒོ་ནས། གྲུབ་པ་སོགས་ཀྱི་སྒོ་ནས། བྱུང་སོགས་ཀྱི་སྒོ་ནས། ལྟ་སོགས་ཀྱི་དབྱེ་བ་དྲུག །དང་པོ་ནི། བསྟན་

ཡོད་འདིར་ནི་གཟུགས་གཅིག་པུ། །ཐོགས་དང་བཅས་པ་གཟུགས་ཅན་བཅུ། །ཞེས་བྱུང་། གཟུགས་ཀྱི་སྐྱེ་མཆེད་གཅིག་པུ་ཆོས་ཅན། འདིར་ནི་བསྟན་ཡོད་ཡིན་ཏེ། མིག་གི་དབང་པོའི་ཡུལ་དུ་བསྟན་དུ་ཡོད་པའི་གཟུགས་ཡིན་པའི་ཕྱིར། དབང་པོ་ལྔ་དོན་ལྔ་སྟེ་གཟུགས་ཅན་བཅུ་པོ་ཆོས་ཅན། ཐོགས་དང་བཅས་པ་ཞེས་བྱ་སྟེ། གཟུགས་ཅན་གཞན་རང་ལ་ཐོགས་པ་དང་། རང་གཟུགས་(༢༣ན)ཅན་གཞན་ལ་ཕར་ཐོགས་པ་གང་རུང་ཡིན་པའི་ཕྱིར། དང་པོ་གྲུབ་སྟེ། གཟུགས་ཀྱི་སྐྱེ་མཆེད་ཡིན་པའི་ཕྱིར། གཉིས་པ་གྲུབ་སྟེ། སྣང་བ་དེ་དེ་ཡིན་པའི་ཕྱིར། དེར་ཐལ། རྡིག་པ་ལ་ཐོགས་པའི་ཕྱིར། ཐོགས་ཚུལ་དེ་ལ་གསུམ་ཡོད་དེ། ཡུལ་དང་དམིགས་པ་དང་སྒྲིབ་པ་གསུམ་ལ་ཐོགས་པའི་ཕྱིར། དང་པོ་གྲུབ་སྟེ། ཡུལ་ཅན་ཡུལ་ལ་ཐོགས་པའི་ཕྱིར། དེར་ཐལ། གཟུགས་ཅན་གྱི་ཐོགས་པ་ནི་ཕན་ཚུན་གོ་ས་འགོག་པའི་ཐོགས་པ་ཡིན་ལ། མིག་དབང་སོགས་ཡུལ་ཅན་རྣམས་ཡུལ་ལ་ཐོགས་པ་ནི་རང་རང་གི་ཡུལ་དང་འཕྲད་ནས་དེ་འཛིན་གྱི། གཞན་མི་འཛིན་པའི་དོན་ཡིན་པའི་ཕྱིར། མིག་དབང་ཡུལ་ལ་ཐོགས་མི་ཐོགས་ཀྱི་ཁྱད་པར་དུ་མ་ཡོད་དེ། ཆུ་ལ་ཐོགས་ཤིང་སྐམ་ལ་མི་ཐོགས་པ། དེ་ལས་བཟློག་པ། ཆུ་དང་སྐམ་གཉིས་ཀར་ཐོགས་པ། གཉིས་ཀར་མི་ཐོགས་པ། མཚན་མོ་ཐོགས་ལ་ཉིན་མོ་མི་ཐོགས་པ། དེ་ལས་བཟློག་པ། གཉིས་ཀར་ཐོགས་པ། གཉིས་ཀར་མི་ཐོགས་པའི་མུ་བརྒྱད་ཡོད་པའི་ཕྱིར། དང་པོ་གྲུབ་སྟེ། ཉའི་མིག་རྣམས་དེ་ཡིན་པའི་ཕྱིར། དེར་ཐལ། དེས་ཆུར་མཐོང་ཞིང་སྐམ་སར་མི་མཐོང་བའི་ཕྱིར། གཉིས་པ་གྲུབ་སྟེ། མི་ཕལ་ཆེར་གྱིས་སྐམ་སར་མཐོང་ལ་ཆུར་མི་མཐོང་བའི་ཕྱིར། གསུམ་པ་གྲུབ་སྟེ། སྦལ་པ་སོགས་ཀྱིས་གཉིས་ཀར་མཐོང་བའི་ཕྱིར། བཞི་པ་གྲུབ་སྟེ། གཉིད་དུས་དང་མངལ་གྱི་མིག་ལྟ་བུ་ཡིན་པའི་ཕྱིར། ལྔ་པ་གྲུབ་སྟེ། མི་ཕལ་ཆེར་གྱི་མིག་དེ་དེ་ཡིན་པའི་ཕྱིར། དྲུག་པ་གྲུབ་སྟེ། འུག་པའི་མིག་གིས་མཚན་མོ་མཐོང་ཞིང་ཉིན་མོ་མི་མཐོང་བའི་ཕྱིར། བདུན་པ་གྲུབ་སྟེ། ཀུང་

བྱེའི་མིག་གིས་ཉིན་མཚན་གཉིས་ཀར་མཐོང་བའི་ཕྱིར། བརྒྱད་པ་གྲུབ་སྟེ། འགོག་པ་ལ་སྙོམས་པར་ཞུགས་པའི་མིག་ལྟ་བུ་དེ་ཡིན་པའི་ཕྱིར། གཉིས་པ་དམིགས་པ་ལ་ཐོགས་པ་ཡོད་དེ། ཟླ་བ་གཉིས་སྣང་གི་དབང་ཤེས་ལྟ་བུ་དེ་ཡིན་པའི་ཕྱིར། གསུམ་པ་ཡོད་དེ། གཟུགས་ཅན་ཕན་ཚུན་གཅིག་ཡོད་པའི་གོ་སར་གཞན་འབྱུང་བ་འགོག་ཅིང་(༢༣བ)སྒྲིབ་པར་བྱེད་པའི་ཕྱིར་རོ། །

ཟ༢ ལུས་ཅན་གྱི་སྒོ་ནས་དབྱེ་བ་གཉིས།

ཀ༡ དགེ་སོགས་གསུམ་དུ་དབྱེ་བ།

གཉིས་པ་ལ། དགེ་སོགས་གསུམ་དུ་དབྱེ་བ། ཁམས་གསུམ་གྱི་སྒོ་ནས་དབྱེ་བ་གཉིས། དང་པོ་ནི། ལུང་མ་བསྟན་བརྒྱད་དེ་དག་ཉིད། །གཟུགས་སྒྲ་མ་གཏོགས་གཞན་རྣམ་གསུམ། །ཞེས་བྱུང་། གཟུགས་ཅན་བཅུ་ལས་གཟུགས་སྒྲ་མ་གཏོགས་པའི་གཟུགས་ཅན་བརྒྱད་པོ་དེ་དག་ཉིད་ཆོས་ཅན། མཐའ་གཅིག་ཏུ་ལུང་མ་བསྟན་ཡིན་ཏེ། དགེ་མི་དགེ་གཉིས་ཁྱོད་ལ་བཞག་ཏུ་མི་རུང་བའི་ཕྱིར། དེ་དག་ལས་གཞན་གཟུགས་སྒྲ་གཉིས་དང་རྣམ་ཤེས་ཀྱི་ཁམས་བདུན་དང་ཆོས་ཀྱི་ཁམས་དང་བཅུ་ཆོས་ཅན། ཁྱོད་ལ་དགེ་སོགས་རྣམ་པ་གསུམ་ཡོད་དེ། ཁྱོད་ལ་སྡོམ་པ་ལྟ་བུ་དགེ་བའི་གཟུགས་དང་། རྫུན་ལྟ་བུ་མི་དགེ་བའི་སྒྲ་དང་། དེ་ལས་གཞན་པ་རྣམས་སུ་ཡོད་པའི་ཕྱིར། ཕྱི་མ་དེར་ཐལ། ཁ་དོག་དང་དབྱིབས་ལྟ་བུ་གཟུགས་ལུང་མ་བསྟན། ཆུ་སྒྲ་ལྟ་བུ་སྒྲ་ལུང་མ་བསྟན། རྣམ་ཤེས་ཀྱི་ཁམས་བདུན་དང་། ཆོས་ཁམས་ལ་དགེ་མི་དགེ་ལུང་མ་བསྟན་གསུམ་སྐབས་སྟོབས་ཀྱིས་འབྱུང་བའི་ཕྱིར། ཕྱི་མ་དེར་ཐལ། མིག་སོགས་ཀྱིས་གཟུགས་སྒྲ་སོགས་ལ་ལྟ་བའི་ཚེ་དེ་གསུམ་སྐྱེ་བ་ཡོད་པའི་ཕྱིར། དེར་ཐལ། སངས་རྒྱས་ཀྱི་གཟུགས་ལྟ་བུ་དང་དེའི་གསུང་ལྟ་བུ་མཐོང་ཐོས་ཀྱི་ཚེ་དགེ་བའི་དབང་ཤེས་སམ་ཡིད་ཤེས་སྐྱེ་ལ། བུད་མེད་ལྟ་བུའི་གཟུགས་

དང་དེའི་སླུ་ལྟ་བུ་མཐོང་ཐོས་ཀྱི་ཚེ་མི་དགེ་བའི་དབང་ཤེས་དང་ཡིད་ཤེས་སྐྱེ་བ་ཡོད་ཅིང་། བར་མའི་གཟུགས་སྒྲ་སོགས་མཐོང་ཐོས་སོགས་ཀྱི་ཚེ་ལུང་མ་བསྟན་དུ་འགྱུར་བའི་ཕྱིར། ཆོས་ཁམས་ཀྱི་ནང་ཚན་སེམས་བྱུང་ལ་དགེ་སོགས་གསུམ་ག་ཡོད་དེ། མ་རིག་པ་ལྟ་བུ་ལུང་མ་བསྟན་ཡིན་ཅིང་། སེམས་བྱུང་ལ་དགེ་མི་དགེ་གཉིས་ཡོད་པའི་ཕྱིར་ཏེ། སེམས་བྱུང་ལ་མི་དགེ་བ་དང་དགེ་བ་བཅུ་གཅིག་སོགས་དབྱེར་ཡོད་པའི་ཕྱིར།

༧༢ ཁམས་གསུམ་གྱི་སྒོ་ནས་དབྱེ་བ།

གཉིས་པ་ནི། འདོད་པར་གཏོགས་པ་ཐམས་ཅད་དོ། །གཟུགས་ཀྱི་ཁམས་ན་བཅུ་བཞིའོ། །དྲི་དང་རོ་དང་སྣ་དང་ནི། །ལྕེ་ཡི་རྣམ་ཤེས་ཁམས་མ་གཏོགས། །གཟུགས་མེད་གཏོགས་པ་ཡིད་དང་ནི། །ཆོས་དང་ཡིད་ཀྱི་རྣམ་ཤེས་ཁམས། །ཞེས་(༢༤ན)བྱུང་། ཤེས་བྱ་ཆོས་ཅན། ཁམས་གསུམ་གྱི་སར་གཏོགས་མི་གཏོགས་འབྱེད་ཚུལ་ཡོད་དེ། འདོད་པའི་སར་གཏོགས་པ་ལ་ནི་ཁམས་བཅོ་བརྒྱད་པོ་ཐམས་ཅད་ཡོད་པའི་ཕྱིར། གཟུགས་ཀྱི་ཁམས་ན་ཁམས་བཅུ་བཞི་ཡོད་དེ། དེར་དྲི་དང་རོ་དང་སྣའི་རྣམ་ཤེས་དང་ལྕེའི་རྣམ་ཤེས་ཀྱི་ཁམས་མ་གཏོགས་གཞན་ཐམས་ཅད་ཡོད་པའི་ཕྱིར། གཟུགས་མེད་ཀྱི་སར་གཏོགས་པའི་ཁམས་གསུམ་ཡོད་དེ། ཡིད་དང་ཆོས་དང་ཡིད་ཀྱི་རྣམ་པར་ཤེས་པའི་ཁམས་གསུམ་ཡོད་པའི་ཕྱིར།

ཇ༣ བཅས་མ་བཅས་ཀྱི་སྒོ་ནས་གསུམ་དུ་དབྱེ་བ།

༧༡ ཟག་པ་དང་བཅས་མ་བཅས་ཀྱི་སྒོ་ནས་དབྱེ་བ།

གསུམ་པ་ལ་ཟག་པ་དང་བཅས་མ་བཅས། རྟོག་པ་དང་བཅས་མ་བཅས། དམིགས་པ་དང་བཅས་མ་བཅས་གསུམ། དང་པོ་ནི། དེ་གསུམ་ཟག་བཅས་ཟག་

པ་མེད། །ལྷག་མ་རྣམས་ནི་ཟག་བཅས་སོ། །ཞེས་བྱུང་། ཡིད་ཆོས་ཡིད་ཀྱི་རྣམ་ཤེས་དེ་གསུམ་ཆོས་ཅན། ཁྱོད་ལ་ཟག་བཅས་ཟག་མེད་གཉིས་ཡོད་དེ། དེ་གསུམ་དུ་གཏོགས་པའི་ལམ་བདེན་མ་ཡིན་པའི་འདུས་བྱས་རྣམས་ཟག་བཅས་དང་། ལམ་བདེན་དང་འདུས་མ་བྱས་ཀྱི་ཆོས་རྣམས་ཟག་མེད་ཡིན་པའི་ཕྱིར། ཁམས་ལྷག་མ་བཅོ་ལྔ་པོ་རྣམས་ཆོས་ཅན། ཟག་བཅས་ཡིན་ཏེ། སྒོམ་སྤང་ཡིན་པའི་ཕྱིར།

༣༢ རྟོག་པ་དང་བཅས་མ་བཅས་ཀྱི་སྒོ་ནས་དབྱེ་བ།

༡༽ དབྱེ་བ་དངོས།

གཉིས་པ་ལ་དངོས་དང་། རྩོད་སྤོང་གཉིས། དང་པོ་ནི། རྟོག་དང་དཔྱོད་དང་བཅས་པ་ནི། །རྣམ་པར་ཤེས་པའི་ཁམས་ལྔ་ཡིན། །ཐ་མ་གསུམ་ནི་རྣམ་གསུམ་མོ། །ལྷག་མ་རྣམས་ནི་གཉིས་ཀ་སྤངས། །ཞེས་བྱུང་། མིག་སོགས་དབང་པོ་ལྔའི་རྣམ་པར་ཤེས་པའི་ཁམས་ལྔ་པོ་ཆོས་ཅན། རྒྱུན་ལྡན་གྱི་དབང་དུ་བྱས་ན་རྟོག་པ་དང་བཅས་པ་དང་དཔྱོད་པ་དང་བཅས་པ་ཡིན་ཏེ། གཞན་འགྱུར་གྱི་ནང་ཚན་གྱི་རྟོག་དཔྱོད་གཉིས་ཀ་ཡང་ཁྱོད་ཀྱི་འཁོར་དུ་འབྱུང་བའི་ཕྱིར། ཁམས་ཐ་མ་ཡིད་དང་ཆོས་དང་ཡིད་ཀྱི་རྣམ་ཤེས་ཀྱི་ཁམས་གསུམ་ཆོས་ཅན། ཁྱོད་ལ་རྟོག་དཔྱོད་གཉིས་དང་བཅས་པ་དང་། རྟོག་པ་མེད་ཅིང་དཔྱོད་པ་ཡོད་པ་དང་། གཉིས་ཀ་སྤངས་པ་དང་རྣམ་པ་གསུམ་ཡོད་དེ། འདོད་པ་དང་བསམ་གཏན་དང་པོའི་དངོས་གཞི་ཙམ་པོ་བའི་ཁམས་དེ་གསུམ་ནི་དང་པོ་དང་། (༢༩བ)བསམ་གཏན་དང་པོའི་དངོས་གཞི་ཁྱད་པར་ཅན་གྱི་ཁམས་དེ་ནི་གཉིས་པ་དང་། བསམ་གཏན་གཉིས་པ་ཡན་གྱི་ཁམས་དེ་གསུམ་དང་གཟུགས་སོགས་ཁམས་ལྷག་མ་བཅོ་ལྔ་རྣམས་ནི་རྟོག་དཔྱོད་གཉིས་ཀ་སྤངས་པ་ཡིན་པའི་ཕྱིར།

༥༢ རྗོད་སྒྲོང་།

གཉིས་པ་ནི། ངེས་པར་རྟོག་དང་རྗེས་དྲན་པའི། །རྣམ་པར་རྟོག་པས་རྣམ་མི་རྟོག །དེ་དག་ཡིད་ཀྱི་ཤེས་རབ་གཡེང་། །ཡིད་ཀྱི་དྲན་པ་ཐམས་ཅད་ནི། །ཞེས་བྱུང་། ཁོ་ན་རེ། ཁྱོད་ཀྱི་སྒོ་ལྔའི་དབང་ཤེས་རྟོག་བཅས་སུ་བཤད་པ་མི་འཐད་པར་ཐལ། མདོ་ལས། དགེ་སློང་དག །མིག་གི་རྣམ་པར་ཤེས་པས་སྔོན་པོ་ཤེས་ཀྱི། སྔོན་པོའོ་སྙམ་དུ་ནི་མ་ཡིན་ནོ་ཞེས་དབང་ཤེས་རྟོག་བྲལ་དུ་བཤད་པ་དང་འགལ་བའི་ཕྱིར། ཞེ་ན། སྐྱོན་མེད་དེ། ཕྱིར་དབང་ཤེས་རྟོག་མེད་དུ་གྲགས་ཀྱང་། འདིའི་རྟོག་དཔྱོད་ཀྱི་རྟོག་བཅས་ནི་གཞན་འགྱུར་ལྔའི་ནང་ཚན་གྱི་རྟོག་བཅས་ཀྱི་དབང་དུ་བྱས་ལ། མདོ་ལས་དབང་ཤེས་ལྔ་རྟོག་བྲལ་དུ་གསུངས་པ་ནི། ངེས་པར་རྟོག་པ་དང་རྗེས་དྲན་གྱི་རྟོག་པས་རྣམ་པར་མི་རྟོག་པ་ཅི་རིགས་ལ་དགོངས་པའི་ཕྱིར། དེ་དག་གི་འཇོག་ཚུལ་ཡོད་དེ། ངེས་རྟོག་ནི་ཡིད་ཤེས་དང་མཚུངས་ལྡན་གཡེང་བ་རྗེས་ཐོབ་ཀྱི་སྐབས་སུ་འབྱུང་བ། ངོ་བོ་ཡུལ་དོན་སྤྱིའི་སྒོ་ནས་འཛིན་པའི་ཤེས་རབ་ཞིག་ལ་བྱེད། རྗེས་དྲན་གྱི་རྟོག་པ་ནི་ཡིད་ཀྱི་རྣམ་ཤེས་དང་མཚུངས་ལྡན། མཉམ་རྗེས་ཐམས་ཅད་ཉིད་དུ་འབྱུང་བ། ངོ་བོ་དྲན་པ་ཞིག་ལ་བྱེད་པའི་ཕྱིར།

༦༣ དམིགས་པ་དང་བཅས་མ་བཅས་ཀྱི་སྒོ་ནས་དབྱེ་བ།

གསུམ་པ་ནི་དམིགས་བཅས་སེམས་ཀྱི་ཁམས་བདུན་ནོ། །ཆོས་ཀྱི་ཕྱེད་ཀྱང་ཞེས་བྱུང་། སེམས་ཀྱི་ཁམས་བདུན་ནི་ཆོས་ཅན། དམིགས་པ་དང་བཅས་པ་ཡིན་ཏེ། རང་གི་དམིགས་ཡུལ་དུ་དམིགས་པའི་ཤེས་པ་ཡིན་པའི་ཕྱིར། ཆོས་ཁམས་ཀྱི་ཕྱེད་སེམས་བྱུང་ཡང་ཆོས་ཅན། དམིགས་པ་དང་བཅས་ཏེ། རྟགས་དེའི་ཕྱིར།

༦༩ གྲུབ་པ་སོགས་ཀྱི་སྒོ་ནས་དབྱེ་བ་བཞི།

༧༡ ཟིན་མ་ཟིན་གྱི་སྒོ་ནས་དབྱེ་བ།

བཞི་པ་ལ་ཟིན་མ་ཟིན་གྱི་སྒོ་ནས་དབྱེ་བ། འབྱུང་བ་དང་འབྱུང་འགྱུར་གྱི་སྒོ་ནས་དབྱེ་བ། བསགས་མ་བསགས་ཀྱི་སྒོ་ནས་དབྱེ་བ། གཅད་བྱ་གཅོད་བྱེད་ཀྱི་སྒོ་ནས་དབྱེ་བ་བཞི། དང་པོ་ནི། མ་ཟིན་དགུ། །བརྒྱད་པོ་དེ་དག་རྣམས་དང་སྒྲ། །དགུ་པོ་གཞན་ནི་རྣམ་པ་(༢༥ན)གཉིས། །ཞེས་བྱུང་། རྣམ་ཤེས་ཀྱི་ཁམས་བདུན་དང་སེམས་བྱུང་བཅས་བརྒྱད་པོ་དེ་དག་རྣམས་དང་སྒྲ་དང་དགུ་པོ་ཆོས་ཅན། འདིར་མ་ཟིན་པ་ཞེས་བྱ་སྟེ། ཟིན་མ་ཟིན་ནི་གཟུགས་ཅན་ནང་ཕན་ཚུན་ཕྲད་པ་ལས་ཚོར་བ་བདེ་སྡུག་སྐྱེད་མི་སྐྱེད་ལ་འཇོག་པ་གང་ཞིག །ཁྱོད་རྣམས་ཀྱིས་དེ་ལྟར་སྐྱེད་མི་ནུས་པའི་ཕྱིར། སྒྲ་མ་ཡིན་པའི་གཟུགས་ཅན་གཞན་དགུ་པོ་ནི་ཆོས་ཅན། ཟིན་མ་ཟིན་རྣམ་པ་གཉིས་ཡོད་དེ། ཕན་ཚུན་ཕྲད་པ་ལས་བདེ་སྡུག་སྐྱེད་ནུས་མི་ནུས་གཉིས་ཀྱི་ཆ་ཡོད་པའི་ཕྱིར།

༧༢ འབྱུང་བ་དང་འབྱུང་འགྱུར་གྱི་སྒོ་ནས་དབྱེ་བ།

གཉིས་པ་ནི། རེག་བྱ་རྣམ་པ་གཉིས་ཡིན་ཏེ། ལྷག་མ་གཟུགས་ཅན་དགུ་པོ་ནི། །འབྱུང་འགྱུར་ཆོས་ཁམས་ཕྱོགས་གཅིག་ཀྱང་། །ཞེས་བྱུང་། རེག་བྱའི་ཁམས་ཆོས་ཅན། ཁྱོད་ལ་འབྱུང་བ་དང་འབྱུང་འགྱུར་རྣམ་པ་གཉིས་ཡོད་པ་ཡིན་ཏེ། ཁྱོད་ལ་ས་སོགས་འབྱུང་བ་བཞི་དང་། འཇམ་རྩུབ་ལྗི་ཡང་སོགས་འབྱུང་འགྱུར་བདུན་ཡོད་པའི་ཕྱིར། ཁམས་བཅོ་བརྒྱད་ཆོས་ཅན། ཁྱོད་ལས་འབྱུང་འགྱུར་ཁོ་ན་ཡིན་པ་ཡོད་དེ། རེག་བྱའི་ལྷག་མ་གཟུགས་ཅན་དགུ་དང་། དེར་མ་ཟད་ཆོས་ཁམས་ཀྱི་ཕྱོགས་གཅིག་ཀྱང་རྣམ་པར་རིག་བྱེད་མ་ཡིན་པའི་གཟུགས་ནི་འབྱུང་འགྱུར་ཁོ་ན་ཡིན་པའི་ཕྱིར།

༡༣ བསགས་མ་བསགས་ཀྱི་སྒོ་ནས་དབྱེ་བ།

༡༡ ཚིག་དོན་བཤད་པ།

གསུམ་པ་ནི། གཟུགས་ཅན་བཅུ་ནི་བསགས་པའོ། །ཞེས་བྱུང་། འདི་ལ་ཚིག་དོན་དང་། མཐའ་དཔྱད་པ་གཉིས། དང་པོ་ནི་དབང་དོན་གྱི་གཟུགས་ཅན་བཅུ་ཆོས་ཅན། བསགས་པ་ཞེས་བྱ་སྟེ། རྡུལ་ཕྲ་རབ་འདུས་པའི་གཟུགས་ཡིན་པའི་ཕྱིར།

༡༢ མཐའ་དཔྱད་པ།

གཉིས་པ་ལ། ཁ་ཅིག །བསགས་རྫུལ་ཡིན་ན། རྫས་རྫུལ་ལས་ཆེ་བས་ཁྱབ་ཟེར་ན། དེ་མི་འཐད་པར་ཐལ། བསགས་རྫུལ་ཕྲ་རབ་ཡོད་པའི་ཕྱིར། དེར་ཐལ། རང་འགྲེལ་ལས། ཐམས་ཅད་པས་ཕྲ་བའི་གཟུགས་ནི་བསགས་པའི་རྡུལ་ཕྲ་རབ་ཅེས་བྱ་སྟེ། དེ་ལས་ཆུང་བ་ནི་མི་མངོན་ནོ། །ཞེས་གསུངས་པའི་ཕྱིར། ཁ་ཅིག །རྫས་རྡུལ་བརྒྱད་འདུས་པའི་གོང་བུ་དེ་བསགས་རྡུལ་ཡིན་པར་ཐལ། རྫས་རྡུལ་གཉིས་འདུས་པའི་གོང་བུ་དེ་བསགས་རྡུལ་གང་ཞིག །བསགས་རྡུལ་དེ་རྫས་རྡུལ་བརྒྱད་(༢༥བ)དང་ལྡན་ཅིག་སྐྱེས་པའི་ཕྱིར་ན་མ་ཁྱབ། འདོད་ན། མ་ཡིན་པར་ཐལ། དེ་རྡུལ་རགས་པ་ཡིན་པའི་ཕྱིར། དེར་ཐལ། རྫས་རྡུལ་བདུན་འདུས་པའི་གོང་བུ་དེ་རྡུལ་རགས་པ་ཡིན་པའི་ཕྱིར། ཁ་ཅིག །རྡུལ་ཕྲ་རབ་ཡིན་ན། རྡུལ་རགས་པ་དང་མ་བཅས་པས་ཁྱབ་ཟེར་ན། བུམ་པའི་ཆ་ཤས་སུ་གྱུར་པའི་རྡུལ་ཕྲ་རབ་ཆོས་ཅན། དེར་ཐལ། དེའི་ཕྱིར། དེར་ཐལ། བུམ་པ་དེ་རྡུལ་ཕྲ་རབ་བསགས་པའི་གོང་བུ་ཡིན་པའི་ཕྱིར། འདོད་ན། མི་འཐད་པར་ཐལ། བུམ་པའི་ཆ་ཤས་ཡིན་པའི་ཕྱིར། ཁ་ཅིག །དུ་མ་བསགས་པའི་རྡུལ་ཡིན་ན། བསགས་རྡུལ་ཡིན་པས་ཁྱབ་ཟེར་ན། རྡུལ་ཕྲ་རབ་དུག་མན་བསགས་པ་ཆོས་ཅན། དེར་ཐལ། དེའི་ཕྱིར། དེར་ཐལ། རྡུལ་ཕྲ

རབ་དྲུག་བསགས་པའི་དེ་ཡིན་པའི་ཕྱིར། འདོད་མི་ནུས་སོ། །

ཉ༩ གཅད་བྱ་གཅོད་བྱེད་ཀྱི་རྣམ་དབྱེ་བ།

བཞི་པ་ནི། གཅོད་བྱེད་གཅད་པར་བྱ་བ་ཉིད། །ཕྱི་རོལ་གྱི་ནི་ཁམས་བཞི་ཡིན། །དེ་བཞིན་བསྲེག་བྱ་འཇལ་བྱ་དང་། །སྲེག་དང་གཞལ་ལ་མི་མཐུན་སྨྲ། །ཞེས་བྱུང་། ཁམས་བཅོ་བརྒྱད་པོ་དེ་དག་ཆོས་ཅན། ཁྱོད་ལས་གཅོད་བྱེད་དང་གཅད་པར་བྱ་བ་ཉིད་ཀྱི་ཁྱད་པར་ཡོད་དེ། སྟ་རེ་དང་གྲི་ཐོར་ལྟ་བུ་དང་པོ་དང་། ཤིང་དང་རྩ་ལྟ་བུ་གཉིས་པར་གྲགས་པའི་གཅོད་བྱེད་ནི་དབང་པོ་ལྔ་དང་སྒྲ་ལྟ་བུ་དང་། གཅད་བྱ་ནི་ཕྱི་རོལ་གྱི་གཟུགས་དྲི་རོ་རེག་བྱའི་ཁམས་བཞི་ལ་འཇོག་པའི་ཕྱིར། དེ་བཞིན་དུ་བསྲེག་བྱ་སྲེག་བྱེད་དང་འཇལ་བྱ་འཇལ་བྱེད་ཀྱི་ཁྱད་པར་ཡོད་དེ། དཔེ་བསྲེག་བྱ་ཤིང་དང་སྲེག་བྱེད་མེ་དང་འཇལ་བྱ་དངོས་པོ་དང་འཇལ་བྱེད་སྲང་ལྟ་བུ་ཡང་དོན་སྔ་མ་ལྟར་ཁམས་རྣམས་ཀྱི་དེའི་སྟེང་ནས་འཇོག་པའི་ཕྱིར། སྲེག་དང་གཞལ་བ་ལ་མི་མཐུན་པར་སྨྲ་བའི་ཚུལ་ཡོད་དེ། ཁ་ཅིག །ཁམས་བཞི་པོ་ཉིད་སྲེག་བྱེད་དང་གཞལ་བྱ་གཉིས་ཀར་འདོད་ཅིང་། ལ་ལ་མེ་ཁོ་ན་སྲེག་བྱེད་དང་ལྗི་བ་ཁོ་ན་གཞལ་བྱར་སྨྲ་བའི་ཕྱིར།

ཇ༥ བྱུང་སོགས་ཀྱི་རྣམ་བཞི།

ཏ༡ བྱུང་མ་བྱུང་གི་རྣམ་དབྱེ་བ།

ཐ༡ བྱུང་བ་གྲིར་བསྟན་པ།

ད༡ རྣམ་སྨིན་གྱི་རྒྱུ།

ལྔ་པ་ལ་བྱུང་མ་བྱུང་གི་རྣམ་དབྱེ་བ། ཕྱི་ནང་གི་རྣམ། རྟེན་བཅས་དེ་མཚུངས་ཀྱི་རྣམ། སྤང་བྱ་ཡིན་མིན་གྱི་རྣམ་དབྱེ་བ་བཞི། དང་པོ་ལ། བྱུང་བ་

ཕྱིར་བསྟན་པ། མ་བྱུང་བ་དམིགས་ཀྱིས་བསལ་བ། དབང་(༢༧ན)པོ་དང་རྣམ་ཤེས་ཀྱི་ས་མཚྙངས་གསུམ། དང་པོ་ལ། རྣམ་སྨིན་གྱི་རྒྱུ། རྒྱས་བྱུང་གི་རྒྱུ། རྒྱུ་མཐུན་གྱི་རྒྱུ་གསུམ། དང་པོ་ནི། རྣམ་པར་སྨིན་ལས་བྱུང་བ་དང་། །ཞེས་བྱུང་། བདེ་འགྲོ་ངན་འགྲོའི་ནང་གི་དབང་པོ་ལྔ་ཆོས་ཅན། རྣམ་པར་སྨིན་པའི་རྒྱུ་ལས་བྱུང་བ་ཡིན་ཏེ། བདེ་འགྲོའི་དབང་པོ་ལྔ་ནི་དགེ་བ་ཟག་བཅས་དང་། ངན་འགྲོའི་དབང་པོ་ལྔ་ནི་མི་དགེ་བ་ལས་བྱུང་བའི་ཕྱིར།

ད༢ རྒྱས་བྱུང་གི་རྒྱུ།

གཉིས་པ་ནི། རྒྱས་ལས་བྱུང་བ་ནང་གི་ལྔ། །སྒྲ་ནི་རྣམ་སྨིན་ལས་སྐྱེས་མིན། །ཞེས་བྱུང་། ནང་གི་དབང་པོ་ལྔ་ཆོས་ཅན། རྒྱས་པ་ལས་བྱུང་བ་ཡོད་དེ། ཁམ་ཟས་ཟོས་པ་དང་། གཉིད་ལོག་པ་དང་། ཞིགས་སྦྱོད་སོགས་ཀྱིས་དབང་རྟེན་ཁོག་པ་སོགས་རྒྱས་པས་དབང་པོ་ལྔ་ཡང་རྒྱས་པར་བྱེད་པའི་ཕྱིར། སྒྲ་ཆོས་ཅན། རྣམ་སྨིན་གྱི་རྒྱུ་ལས་སྐྱེས་པ་མ་ཡིན་ཏེ། སྨྲ་བ་པོའི་འདོད་པ་བཞིན་དུ་བྱུས་ཚོག་པའི་ཕྱིར།

ད༣ རྒྱུ་མཐུན་གྱི་རྒྱུ།

གསུམ་པ་ནི། རྒྱུ་མཐུན་ལས་བྱུང་རྣམ་སྨིན་སྐྱེས། །ཐོགས་པ་མེད་བརྒྱད་གཞན་རྣམ་གསུམ། །ཞེས་བྱུང་། ཐོགས་མེད་ཀྱི་ཁམས་རྣམ་ཤེས་བདུན་དང་སེམས་བྱུང་དང་བརྒྱད་ཆོས་ཅན། རྒྱུ་མཐུན་ལས་བྱུང་བ་དང་རྣམ་སྨིན་ལས་སྐྱེས་པ་གཉིས་ཀ་ཡོད་དེ། སྐལ་མཉམ་དང་ཀུན་འགྲོའི་རྒྱུ་ལས་བྱུང་བ་རྣམས་ནི་རྒྱུ་མཐུན་ལས་བྱུང་བ་ཡིན་ལ། ཟག་བཅས་ཀྱི་དགེ་མི་དགེ་ལས་བྱུང་བ་ནི་རྣམ་སྨིན་ལས་བྱུང་བ་ཡིན་པའི་ཕྱིར། གཞན་སྒྲ་མ་གཏོགས་པའི་གཟུགས་དྲི་རོ་རེག་བཞི་ཆོས་ཅན། རྒྱས་

པ་དང་རྣམ་སྨིན་དང་རྒྱུ་མཐུན་རྣམ་པ་གསུམ་ག་ལས་སྐྱེས་པ་ཡོད་དེ། རྒྱུ་མཚན་གོང་དུ་བཤད་ཅིང་འཆད་པར་འགྱུར་བའི་ཕྱིར།

ཐ༢ མ་བྱུང་བ་དམིགས་ཀྱིས་བསལ་བ།

གཉིས་པ་ནི་རྫས་དང་ལྡན་གཅིག་ཐ་མ་གསུམ། །སྐད་ཅིག་མ་སྟེ་ཞེས་བྱུང་། བྱེ་སྨྲའི་སྐབས་འདིར་རྟག་པའི་རྫས་དང་ལྡན་པའི་ཆོས་ཁམས་གཅིག་པོ་ཆོས་ཅན། རྒྱུ་གསུམ་གང་རུང་ལས་མ་བྱུང་སྟེ། འདུས་མ་བྱས་ཡིན་པའི་ཕྱིར། སྡུག་བསྔལ་ཆོས་བཟོད་སྐད་ཅིག་མ་དང་པོའི་ངོ་བོར་གྱུར་པའི་ཁམས་ཐ་མ་ཡིད་རྣམ་ཤེས་ཆོས་གསུམ་ཆོས་ཅན། (༢༨བ)རྒྱུ་མཐུན་ལས་བྱུང་བ་ཡིན་ཏེ། རང་དང་རིགས་འདྲ་བའི་ཟག་མེད་ཀྱི་ཁམས་སྔོན་དུ་མ་སོང་བའི་ཕྱིར་ཏེ། ཟག་མེད་དང་པོ་ཡིན་པའི་ཕྱིར།

ཐ༣ དབང་པོ་དང་རྣམ་ཤེས་ཀྱི་ས་མཚུངས།

གསུམ་པ་ནི་མིག་དང་ནི། རྣམ་ཤེས་ཁམས་དག་སོ་སོ་དང་། །ལྷན་ཅིག་ཏུ་ནི་འཐོབ་པའང་ཡོད། །ཅེས་བྱུང་། ཤེས་བྱ་ཆོས་ཅན། མིག་དབང་དང་མིག་གི་རྣམ་ཤེས་ཀྱི་ཁམས་དག་འཐོབ་ཚུལ་ཡོད་དེ། གཉིས་ཀ་སོ་སོར་འཐོབ་པ་དང་ལྷན་ཅིག་ཏུ་ནི་འཐོབ་པའང་ཡོད་པའི་ཕྱིར། དེར་ཐལ། སས་བསྡུས་ཀྱི་མིག་དབང་གསར་དུ་འཐོབ་ལ། རྣམ་ཤེས་གསར་དུ་མ་ཐོབ་པ་དང་། དེ་ལས་བཟློག་པ། གཉིས་ཀ་ཐོབ་པ། གཉིས་ཀ་མ་ཐོབ་པ་དང་བཞི་ཡོད་པའི་ཕྱིར། རྟགས་རྣམས་དེར་ཐལ། གཟུགས་མེད་ནས་བསམ་གཏན་བཞི་པར་སྐྱེ་བའི་ཚེ། གཟུགས་མེད་ན་དེ་གཉིས་ཀ་མེད་ཅིང་། བསམ་གཏན་བཞི་པའི་སས་བསྡུས་ཀྱི་མིག་ཡོད་ཀྱང་མིག་ཤེས་མེད། བཞི་པ་ནས་དང་པོར་སྐྱེ་བའི་ཚེ་བསམ་གཏན་དང་པོའི་སས་བསྡུས་ཀྱི་གཉིས་ཀ་ཡོད། གཟུགས་མེད་ནས་དང་པོར་སྐྱེ་བའི་ཚེ་ཡང་གཉིས་ཀ་ཡོད། བསམ་གཏན་

དང་པོ་ནས་གཟུགས་མེད་དུ་སྐྱེ་བའི་ཚེ་གཟུགས་མེད་ན་གཉིས་ཀ་མེད་པའི་ཕྱིར་རོ། །དེར་མ་ཟད། མིག་དབང་དང་དེའི་ཤེས་པ་གཉིས་ཀྱིས་གཟུགས་ལ་ལྟ་བའི་ཚོས་མཚུངས་ཡང་མི་འདྲ་སྟེ། འདོད་པའི་རྟེན་ཅན་གྱིས་བསམ་གཏན་དང་པོའི་མིག་ལ་བརྟེན་ནས་གཟུགས་ལ་ལྟ་བའི་ཚེ། རྟེན་དབང་པོ་རྣམ་ཤེས་རྣམས་སས་བསྡུས་མི་མཚུངས་པའི་ཕྱིར། དེར་ཐལ། དེའི་ཚེ་རྟེན་འདོད་པའི་སས་བསྡུས། གཞན་གཉིས་བསམ་གཏན་དང་པོའི་སས་བསྡུས་པའི་ཕྱིར་རོ། །

ཏ༢ ཕྱི་ནང་གི་སྒོ་ནས་དབྱེ་བ།

གཉིས་པ་ནི། ནང་གི་བཅུ་གཉིས་གཟུགས་ལ་སོགས། །མ་གཏོགས་ཞེས་བྱུང་། ནང་གི་ཁམས་ཆོས་ཅན། ཁྱོད་ལ་བཅུ་གཉིས་ཡོད་དེ། ཕྱིའི་གཟུགས་ལ་སོགས་པ་ཡུལ་གྱི་ཁམས་དྲུག་མ་གཏོགས་པ་དབང་པོ་དྲུག་དང་རྣམ་ཤེས་དྲུག་པོ་རྣམས་དེ་ཡིན་པའི་ཕྱིར།

ཏ༣ རྟེན་བཅས་དེ་མཚུངས་ཀྱི་སྒོ་ནས་དབྱེ་བ།

གསུམ་པ་ནི། ཚོས་ཞེས་བྱ་བ་སྟེ། རྟེན་པ་དང་བཅས་ལྷག་མ་ནི། །དེ་དང་མཚུངས་པ་དག་ཀྱང་ཡིན། །གང་ཞིག་རང་གི་ལས་མི་བྱེད། །ཅེས་(༢༧ན)བྱུང་། ཚོས་ཞེས་བྱ་བའི་ཁམས་ནི་ཚོས་ཅན། མཐའ་གཅིག་ཏུ་རྟེན་དང་བཅས་པ་ཡིན་ཏེ། རྣམ་ཤེས་ཀྱི་ཡུལ་དུ་མི་འགྱུར་མི་སྲིད་པའི་ཕྱིར། ལྷག་མ་རྣམས་ནི་ཚོས་ཅན། རྟེན་བཅས་དང་དེ་དང་མཚུངས་པ་དག་ཀྱང་ཡོད་དེ། ཁམས་གང་ཞིག་རང་གི་ལས་བྱེད་བཞིན་པ་རྟེན་བཅས་དང་། ལས་མི་བྱེད་པ་ནི་དེ་མཚུངས་ཡིན་པའི་ཕྱིར། དཔེར་ན། མིག་གིས་གཟུགས་ལ་ལྟ་བ་དང་མི་ལྟ་བའི་སྐབས་ཀྱི་ཁམས་བཞིན་ནོ། །

༦༩ སྤང་བྱ་ཡིན་མིན་གྱི་སྒོ་ནས་དབྱེ་བ།

བཞི་པ་ནི། བཅུ་ནི་སྒོམ་པས་སྤང་བྱ་ཡིན། །ལྷ་ཡང་ཐ་མ་གསུམ་རྣམ་གསུམ། །ཉོན་མོངས་ཅན་མིན་མཐོང་སྤང་མིན། །གཟུགས་མིན་དྲུག་པ་མིན་སྐྱེས་མིན། །ཞེས་བྱུང་། གཟུགས་ཅན་བཅུ་ནི་ཆོས་ཅན། སྒོམ་པས་སྤང་བར་བྱ་བ་ཡིན་ཏེ། མཐོང་སྤང་མིན་པའི་སྤང་བྱ་ཡིན་པའི་ཕྱིར། ཟག་བཅས་ཀྱི་རྣམ་པར་ཤེས་པའི་ཁམས་ལྷ་ཡང་ཆོས་ཅན། སྒོམ་སྤང་ཡིན་ཏེ། རྟགས་དེའི་ཕྱིར། ཁམས་ཐ་མ་ཡིད་ཆོས་ཡིད་ཀྱི་རྣམ་ཤེས་ཀྱི་ཁམས་གསུམ་ཆོས་ཅན། ཁྱོད་ལ་རྣམ་པ་གསུམ་ཡོད་དེ། མཐོང་སྤང་སྒོམ་སྤང་སྤང་བྱ་མིན་པ་གསུམ་ཡོད་པའི་ཕྱིར། དེར་ཐལ། ཉོན་མོངས་ཅན་འགའ་ཞིག་མཐོང་སྤང་། དེ་མིན་པ་སྟེར་བཤད་པ་ལྟ་བུ་སྒོམ་སྤང་། ཟག་མེད་ཀྱི་ཡིད་རྣམས་དེ་གང་རུང་མ་ཡིན་པའི་ཕྱིར། སོ་སོའི་སྐྱེ་བོ་ཆོས་ཅན། མཐོང་སྤང་མིན་ཏེ། ཉོན་མོངས་ཅན་མ་ཡིན་པའི་ཕྱིར། གཟུགས་ཅན་བཅུ་ཆོས་ཅན། མཐོང་སྤང་མ་ཡིན་ཏེ། གཟུགས་ཡིན་པའི་ཕྱིར། དྲུག་པ་ཡིད་ཤེས་མིན་པ་དབང་པོ་གཟུགས་ཅན་པ་ལས་སྐྱེས་པའི་སྒོ་ལྔའི་དབང་ཤེས་ཆོས་ཅན། མཐོང་སྤང་མིན་ཏེ། ཡུལ་བདེན་པ་ལ་ཕྱིན་ཅི་ལོག་ཏུ་སྒྲོ་འདོགས་བྱེད་མ་ཡིན་པའི་ཕྱིར། ཁྱབ་སྟེ། འདིར་མཐོང་སྤང་ནི་ཡུལ་བདེན་བཞིའི་རྣམ་པ་ཅི་རིགས་ལ་ཕྱིན་ཅི་ལོག་ཏུ་སྒྲོ་འདོགས་པའི་ཉོན་མོངས་ཅན་ཞིག་ལ་བྱེད་པའི་ཕྱིར།

ཛ༤ ལྷ་སོགས་ཀྱི་དབྱེ་བ་བཞི།

ཏ༡ ལྷ་བ་ཡིན་མིན་གྱི་སྒོ་ནས་དབྱེ་བ།

ད༡ སྤྱིར་བསྟན་པ།

དྲུག་པ་ལ། ལྷ་བ་ཡིན་མིན་གྱི་སྒོ་ནས་དབྱེ་བ། ཡུལ་དུ་འགྱུར་ཚུལ་གྱི་སྒོ་ནས། རྟག་མི་རྟག་གི་སྒོ་ནས། དབང་པོ་ཡིན་མིན་གྱི་སྒོ་ནས་དབྱེ་བ་བཞི། དང་པོ་ལ། སྤྱིར་(༢༧བ)བསྟན་པ། མིག་ལྟ་བར་སྒྲུབ་པ། དབང་པོའི་ཁྱད་ཆོས་གསུམ། དང་པོ་ནི། མིག་དང་ཆོས་ཀྱི་ཁམས་ཕྱོགས་ནི། །ལྟ་བ་ཡིན་ཏེ་རྣམ་པ་བརྒྱད། །རྣམ་ཤེས་ལྔ་དང་མཚུངས་སྐྱེས་བློ། །ངེས་རྟོག་མེད་ཕྱིར་ལྟ་མ་ཡིན། །ཞེས་བྱུང་། ཤེས་བྱ་ཆོས་ཅན། ལྟ་བ་དང་ལྟ་མིན་གྱི་ཁྱད་པར་ཡོད་དེ། མིག་དང་ཆོས་ཁམས་ཀྱི་ཕྱོགས་གཅིག་ལྟ་བ་ལྔ་དང་འཇིག་རྟེན་པའི་ཡང་དག་པའི་ལྟ་བ་དང་སློབ་མི་སློབ་ཀྱི་གཉིས་ཏེ་རྣམ་པ་བརྒྱད་པོ་ལྟ་བ་ཡིན་ལ། ལྷག་མ་ཕྱེད་དང་བཅུ་བདུན་ལྟ་བ་མ་ཡིན་པའི་ཕྱིར། སྒོ་ལྔའི་རྣམ་ཤེས་ལྔ་དང་མཚུངས་ལྡན་དུ་སྐྱེས་པའི་བློ་ཤེས་རབ་ཉོན་མོངས་ཅན་ཆོས་ཅན། ཡང་དག་པའི་ལྟ་བ་མ་ཡིན་ཏེ། ངེས་རྟོག་མིང་དོན་འཛིན་པའི་ཡང་དག་པའི་རྟོག་པའི་ངོ་བོར་མེད་པའི་ཕྱིར། དེར་ཐལ། དབང་ཤེས་ཡིན་པའི་ཕྱིར།

ད༢ མིག་ལྟ་བར་སྒྲུབ་པ།

གཉིས་པ་ནི། མིག་གིས་གཟུགས་རྣམས་མཐོང་རྟེན་བཅས། །དེ་ལ་བརྟེན་པའི་རྣམ་ཤེས་མིན། །གང་ཕྱིར་བར་དུ་ཆོད་པ་ཡི། །གཟུགས་ནི་མཐོང་བ་མིན་ཕྱིར་ལོ། །མིག་ནི་གཉིས་ཀ་དག་གིས་ཀྱང་། །མཐོང་སྟེ་གསལ་བར་མཐོང་ཕྱིར་རོ། །ཞེས་བྱུང་། མིག་ཆོས་ཅན། ལྟ་བ་ཡིན་ཏེ། གཟུགས་རྣམས་མཐོང་བྱེད་ཡིན་པའི་ཕྱིར། མིག་གིས་གཟུགས་མཐོང་བ་ནི་རྟེན་དབང་པོ་དང་བཅས་ཤིང་དེ་ལ་རག་ལས་པ་

ཡིན་གྱི། དེ་ལ་བརྟེན་པའི་རྣམ་ཤེས་ཁོ་ནས་མཐོང་བ་མིན་ཏེ། རྒྱུ་མཚན་གང་གི་ཕྱིར་དེ་ཁོ་ནས་མཐོང་ན་བར་དུ་ཆོད་པའི་གཟུགས་རྣམས་ཀྱང་མཐོང་དགོས་པ་ལས། དེ་ནི་མཐོང་བ་མིན་པའི་ཕྱིར། ལོ་ཞེས་སློས་པ་ལ་ཆོས་ཅན། དགོས་པ་ཡོད་དེ། མིག་དབང་ཙམ་གྱིས་གཟུགས་མཐོང་བ་དགག་པའི་ཆེད་དུ་ཡིན་པའི་ཕྱིར། གཟུགས་ཆོས་ཅན། མིག་གཅིག་གིས་མཐོང་ཡང་ཁྱད་པར་ཡོད་དེ། མིག་ནི་གཉིས་ཀ་དག་གིས་ཀྱང་གསལ་བར་མཐོང་བར་འགྱུར་བའི་ཕྱིར།

ཏ༣ དབང་པོའི་ཁྱད་ཆོས་གསུམ།

ཐ༡ དབང་པོས་ཡུལ་འཛིན་ཚུལ།

གསུམ་པ་ལ། དབང་པོས་ཡུལ་འཛིན་ཚུལ། དབང་པོ་རྟེན་དུ་འགྱུར་ཚུལ། ས་གང་དུ་གཏོགས་པ་དང་གསུམ། དང་པོ་ནི། མིག་དང་ཡིད་དང་རྣ་བ་ནི། །ཡུལ་དང་མ་ཕྲད་གསུམ་གཞན་དུ། །སྣ་ལ་སོགས་པ་གསུམ་གྱིས་ནི། །ཡུལ་ནི་མཉམ་པར་འཛིན་(༢༢ན)པར་འདོད། །ཅེས་བྱུང་། མིག་དང་ཡིད་དང་རྣ་བ་གསུམ་ནི་ཆོས་ཅན། རང་གི་ཡུལ་དང་མ་ཕྲད་པར་འཛིན་པ་ཡིན་ཏེ། མིག་གིས་རྒྱང་རིང་པོའི་གཟུགས་མཐོང་། རྣ་བས་རྒྱང་རིང་པོའི་སྒྲ་ཐོས། ཡིད་ཀྱིས་དུས་གསུམ་ག་ཡུལ་དུ་བྱེད་པས་འཕྲད་མི་དགོས་པའི་ཕྱིར། སྣ་ལ་སོགས་པ་གསུམ་ནི་ཆོས་ཅན། མ་ཕྲད་པ་ལས་གཞན་དུ་འཕྲད་ནས་འཛིན་པ་ཡིན་ཏེ། ཁྱོད་གསུམ་གྱིས་ནི་རང་དང་མཉམ་པའི་ཡུལ་འཛིན་པར་འདོད་པའི་ཕྱིར། དེར་ཐལ། ལྗེས་རང་དང་ཕྲད་པའི་རོའི་རྟུལ་འཛིན་གྱི། མ་ཕྲད་པར་མི་འཛིན། དེ་བཞིན་དུ་སྣ་དང་ལུས་ཀྱིས་ཀྱང་ཕྲད་པའི་ཡུལ་འཛིན་གྱི། མ་ཕྲད་པ་མི་འཛིན་པའི་ཕྱིར།

ཐ༢ དབང་པོ་རྟེན་དུ་འགྱུར་ཚུལ།

གཉིས་པ་ནི། ཐ་མའི་རྟེན་འདས་ལྔ་རྣམས་ཀྱི། །དེ་དག་ལྷན་ཅིག་སྐྱེས་པའང་ཡིན། །དེ་དག་གྱུར་པས་འགྱུར་ཉིད་ཕྱིར། །རྟེན་ནི་མིག་ལ་སོགས་པ་ཡིན། །དེ་ཕྱིར་ཐུན་མོང་མ་ཡིན་ཕྱིར། །དེ་དག་གིས་ནི་རྣམ་ཤེས་བསྟན། །ཞེས་བྱུང་། ཁམས་ཐ་མ་ཡིད་ཀྱི་རྣམ་ཤེས་ཆོས་ཅན། ཁྱོད་ཀྱི་རྟེན་དུ་དུས་གསུམ་ག་མེད་དེ། རང་དུས་ན་འདས་པའི་ཡིད་ཀྱི་བདག་རྐྱེན་ཁོ་ན་ལ་བརྟེན་ནས་སྐྱེས་པའི་ཕྱིར། དབང་པོའི་རྣམ་ཤེས་ལྔ་རྣམས་ཆོས་ཅན། ཁྱོད་ཀྱི་བདག་རྐྱེན་ལ་གཉིས་ཡོད་དེ། རང་དུས་སུ་འདས་པ་དང་ད་ལྟ་བ་གཉིས་ཡོད་པའི་ཕྱིར། དེར་ཐལ། དབང་པོ་དེ་དག་རང་དང་ལྷན་ཅིག་ཏུ་སྐྱེས་པའང་ཡིན་པའི་ཕྱིར། མིག་ལ་སོགས་པ་དབང་པོ་ལྔ་པོ་དེ་དག་ཆོས་ཅན། རང་གི་རྣམ་ཤེས་ཀྱི་རྟེན་ཡིན་ཏེ། དབང་པོ་དེ་དག་གསལ་མི་གསལ་དུ་གྱུར་པ་ལས་རྣམ་ཤེས་དག་ཀྱང་གསལ་མི་གསལ་དུ་འགྱུར་བ་ཉིད་ཀྱི་ཕྱིར། རྟེན་དབང་པོ་ལྔ་པོ་དེ་དག་གི་མིང་གིས་ནི་བརྟེན་པ་རང་རང་གི་རྣམ་ཤེས་ཀྱང་བསྟན་པ་ཡིན་ཏེ། མིག་སོགས་དབང་པོ་ལྔ་པོ་དེ་རང་རང་གི་རྣམ་ཤེས་སོ་སོའི་ཐུན་མོང་མ་ཡིན་པའི་བདག་རྐྱེན་ཡིན་པའི་ཕྱིར། དེར་ཐལ། མིག་རྣ་བ་སྣ་ལྕེ་ལུས་ཀྱི་རྣམ་ཤེས་ཞེས་པའི་ཐ་སྙད་ནི་རང་རང་གི་བདག་རྐྱེན་ཐུན་མོང་མ་ཡིན་པ་དབང་པོའི་སྒོ་ནས་བརྗོད་ཀྱི། ཐུན་མོང་བའི་བདག་རྐྱེན་གཟུགས་སྒྲ་དྲི་རོ་རེག་བྱའི་(༢༤༨)སྒོ་ནས་མ་ཡིན་པའི་ཕྱིར།

ཐ༣ ས་གང་དུ་གཏོགས་པ།

གསུམ་པ་ནི་ལུས་ལ་འོག་མའི་མིག་མ་ཡིན། །མིག་གི་གོང་མའི་གཟུགས་མ་ཡིན། །རྣམ་པར་ཤེས་པའང་དེ་ཡི་གཟུགས། །ལུས་ཀྱིའང་གཉིས་ཀ་ཐམས་ཅད་

དུ། །ཆ་བའང་དེ་བཞིན་གསུམ་དག་ནི། །ཐམས་ཅད་རང་གི་ས་པ་ཉིད། །ལུས་ཀྱི་རྣམ་ཤེས་འོག་དང་ནི། །རང་གི་ས་ཡིད་མ་ངེས་ཏེ། །ཞེས་བྱུང་། ཤེས་བྱ་ཆོས་ཅན། ས་གོང་མའི་ལུས་ལ་ས་འོག་མའི་མིག་སྐྱེ་བ་མ་ཡིན་ཏེ། གོང་མའི་ལུས་ཀྱི་འོག་མའི་མིག་ལས་མཆོག་ཏུ་གྱུར་པ་རང་སའི་མིག་གི་རྟེན་བྱེད་པའི་ཕྱིར། ས་འོག་མའི་མིག་གིས་གོང་མའི་གཟུགས་མཐོང་བ་མིན་ཏེ། འོག་མའི་མིག་དམན་ཅིང་། གོང་མའི་གཟུགས་མཆོག་ཡིན་པས་ཡུལ་དུ་བྱེད་མི་ནུས་པའི་ཕྱིར་དང་། འོག་མའི་མིག་གིས་གོང་མའི་རྣམ་པར་ཤེས་པའི་རྟེན་མི་བྱེད་པའང་དེ་དང་འདྲ་བའི་ཕྱིར། རྣམ་ཤེས་དེ་ཡི་ཡུལ་ལ་ས་གསུམ་གའི་གཟུགས་ནི་ཡོད་དེ། བསམ་གཏན་དང་པོ་བས་བཞི་པའི་མིག་ཐོབ་པའི་ཚེ་རྣམ་ཤེས་ཀྱིས་རང་ས་དང་པོ། འོག་ས་འདོད་པ། གོང་ས་བཞི་པའི་གཟུགས་ཡུལ་དུ་བྱེད་པའི་ཕྱིར། ལུས་ཀྱིའང་རྣམ་ཤེས་དང་ཡུལ་གཉིས་ཀ་ས་གསུམ་དུ་གཏོགས་པ་ཡོད་དེ། སྔ་མ་དང་འདྲ་ཞིང་། ཆ་བའང་དེ་བཞིན་དུ་སྦྱོར་རིགས་པའི་ཕྱིར། སྣ་ལྕེ་ལུས་ཀྱི་རྣམ་པར་ཤེས་པ་གསུམ་པོ་དག་ནི་ཆོས་ཅན། དབང་རྟེན་ཡུལ་དང་བཅས་པ་ཐམས་ཅད་རང་གི་ས་པར་སྤྱིར་མཚུངས་པ་ཉིད་ཡིན་ལ་འོན་ཀྱང་མ་ངེས་ཏེ། ལུས་ཀྱི་རྣམ་ཤེས་ནི་འོག་སར་གཏོགས་པ་ཡོད་ཅིང་། རང་གི་སར་གཏོགས་པ་ནི་འདོད་པ་དང་བསམ་གཏན་དང་པོ་ན་ཡོད་པའི་ཕྱིར། ཡིད་ཀྱི་རྣམ་ཤེས་ཆོས་ཅན། རང་ཡུལ་དང་ས་མཚུངས་པར་མ་ངེས་ཏེ། ས་གོང་འོག་ཐམས་ཅད་ཀྱི་གཟུགས་ཡུལ་དུ་བྱེད་པའི་ཕྱིར།

༡༢ ཡུལ་དུ་འགྱུར་ཚུལ་གྱི་སྒོ་ནས་དབྱེ་བ།

གཉིས་པ་ནི་གཉིས་ཀྱི་རྣམ་ཤེས་ཕྱི་ཡི་ལྔ། །ཞེས་བྱུང་། ཕྱིའི་གཟུགས་སོགས་སྐྱེ་མཆེད་ལྔ་ཆོས་ཅན། རྣམ་ཤེས་གཉིས་གཉིས་ཀྱི་ཡུལ་དུ་འགྱུར་བ་ཡོད་དེ། མིག་གི་རྣམ་ཤེས་སོགས་ལྔ་དང་ཡིད་ཤེས་ཀྱི་ཡུལ་དུའང་འགྱུར་བའི་ཕྱིར། (༥༨)

༧༣ རྟག་མི་རྟག་གི་སྒོ་ནས་དབྱེ་བ།

གསུམ་པ་ནི། འདུས་མ་བྱས་ཆོས་རྟག་པའོ། །ཞེས་བྱུང་། འདུས་མ་བྱས་ཀྱི་ཆོས་ཆོས་ཅན། རྟག་པ་ཡིན་ཏེ། མི་འཇིག་པའི་ཆོས་ཡིན་པའི་ཕྱིར།

༧༤ དབང་པོ་ཡིན་མིན་གྱི་སྒོ་ནས་དབྱེ་བ།

བཞི་པ་ནི། ཆོས་ཀྱི་ཕྱེད་དང་གང་དག་ནི། །བཅུ་གཉིས་ནང་གིར་བཤད་དབང་པོ། །ཞེས་བྱུང་། ཤེས་བྱ་ཆོས་ཅན། དབང་པོ་ཡིན་མིན་གྱི་ཁྱད་པར་ཡོད་དེ། ཆོས་ཀྱི་ཕྱེད་ཚོར་བ་བདེ་བ་སོགས་ལྔ་དང་། དད་པའི་དབང་པོ་སོགས་ལྔ་དང་། རྣམ་བྱང་གི་དབང་པོ་གསུམ་སྟེ་བཅུ་གསུམ་དང་། ཁམས་གང་དག་མིག་སོགས་ནང་གི་ཁམས་སུ་བཤད་པ་བཅུ་གཉིས་ནི་དབང་པོ་ཡིན་ལ། དེ་ལས་གཞན་པ་རྣམས་དབང་པོར་མ་བཤད་པའི་ཕྱིར། ཤེས་བྱ་ཆོས་ཅན། ཆོས་མངོན་པ་མཛོད་ཀྱི་ཚིག་ལེའུར་བྱས་པ་ཁམས་བསྟན་པ་ཞེས་བྱ་བ་སྟེ་གནས་དང་པོ་ལེགས་པར་བཤད་པ་ཡིན་ཏེ། ཚིག་དོན་གྱི་སྒོ་ནས་ལེགས་པར་བཤད་པའི་ཕྱིར་རོ།། །།

༄༅། །མཛོད་ཀྱི་གནས་གཉིས་པའི་ཊཱི་ཀཱ་བཞུགས་སོ། །

ཅ༢ ཡུལ་ཅན་དབང་པོའི་རབ་དབྱེ་བཤད་པ།

ཆ༡ དབང་པོ་ཉེར་གཉིས་ཀྱི་རང་བཞིན།

ཇ༡ དབང་པོར་འཇོག་པའི་རྒྱུ་མཚན།

ཉ༡ བྱེ་བྲག་ཏུ་སྨྲ་བའི་ལུགས།

གཉིས་པ་ཡུལ་ཅན་དབང་པོའི་རབ་དབྱེ་བཤད་པ་ལ། དབང་པོ་ཉེར་གཉིས་ཀྱི་རང་བཞིན། འདུས་བྱས་ཀྱི་ཆོས་རྣམས་ཀྱི་སྐྱེ་ཚུལ། རྒྱུ་རྐྱེན་འབྲས་བུའི་འབྱུང་ཚུལ་གྱི་སྒོ་ནས་བཤད་པ་དང་གསུམ། དང་པོ་ལ། དབང་པོར་འཇོག་པའི་རྒྱུ་མཚན། དབང་པོའི་གྲངས་ངེས། ངོ་བོ། རབ་དབྱེ་དང་བཞི། དང་པོ་ལ། བྱེ་བྲག་ཏུ་སྨྲ་བའི་ལུགས་དང་། མདོ་སྡེ་པའི་ལུགས་གཉིས། དང་པོ་ནི། ལྔ་པོ་རྣམས་ནི་དོན་བཞི་ལ། །དབང་བྱེད་བཞི་རྣམས་གཉིས་ལ་ལོ། །ལྔ་དང་བརྒྱད་པོ་དེ་རྣམས་ནི། །ཀུན་ནས་ཉོན་མོངས་རྣམ་བྱང་ལ། །ཞེས་བྱུང་།

ཏ༡ ཚིག་དོན་བཤད་པ།

འདི་ལ་ཚིག་དོན་དང་། མཐའ་དཔྱད་པ་གཉིས། དང་པོ་ནི། མིག་སོགས་དབང་པོ་ལྔ་པོ་རྣམས་ནི་ཆོས་ཅན། དོན་བཞི་བཞི་ལ་དབང་བྱེད་པ་ཡིན་ཏེ། ལུས་བསྲུང་བ། ལུས་མཛེས་པ། ཡུལ་ལ་དམིགས་པ། རང་འབྲས་རྣམ་ཤེས་སྐྱེད་པ་སྟེ་བཞི་བཞིར་དབང་བྱེད་པས་ན་དབང་པོ་ཞེས་བརྗོད་པའི་ཕྱིར། དང་པོ་གྲུབ་སྟེ། མིག་གིས་གནོད་བྱེད་མཐོང་ནས་ལུས་སྲུང་། རྣ་བས་དེའི་སྒྲ་ཐོས་ནས་སྲུང་། སྣ་ལྕེ་ལུས་གསུམ་གྱིས་ཁམ་ཟས་ལ་ལོངས་སྤྱོད་པའི་སྒོ་ནས་ལུས་རྒྱས་པར་བྱས་པའི་སྒོ་

ནས་སྲུང་བར་བྱེད་པའི་ཕྱིར། གཉིས་པ་གྲུབ་སྟེ། དབང་པོ་དེ་དག་ལུས་ལ་ལྡན་ན་མཛེས་ཤིང་མི་ལྡན་ན་མི་མཛེས་པའི་ཕྱིར། གསུམ་པ་གྲུབ་སྟེ། དབང་པོ་ལྔ་པོ་དེ་དག་གིས་རང་རང་གི་ཡུལ་གཟུགས་སྒྲ་སོགས་ལ་དམིགས་པའི་ཕྱིར། བཞི་པ་གྲུབ་སྟེ། ལྔ་པོ་དེས་རང་རང་གི་རྣམ་ཤེས་ཀྱི་བདག་རྐྱེན་བྱེད་པ་ལ་དབང་བྱེད་པའི་ཕྱིར། ཕོ་མོའི་དབང་པོ་གཉིས་དང་སྲོག་ཡིད་གཉིས་ཏེ་བཞི་རྣམས་ཆོས་ཅན། (༡༧ན)དོན་གཉིས་གཉིས་ལ་དབང་བྱེད་པ་ཡིན་ཏེ། དང་པོས་རང་གང་ལ་ལྡན་པའི་རྟེན་གྱི་གང་ཟག་དེ་ཉིད་ཕོར་མཚོན་ཞིང་། སྐད་གཟེངས་མཐོ་བ་སོགས་ལ་དབང་བྱེད། གཉིས་པས་མོར་མཚོན་ཞིང་སྐད་ཕྲ་བ་སོགས་ལ་དབང་བྱེད། གསུམ་པས་དབང་པོའི་རིགས་འདྲ་སྔ་མ་ལས་ཕྱི་མ་འབྱུང་བ་དང་། བྱུང་བ་གནས་པར་བྱེད། བཞི་པས་སྔ་མ་ནས་འདི་དང་འདི་ནས་ཕྱི་མར་ཉིང་མཚམས་སྦྱོར་བ་སོགས་ལ་དབང་བྱེད་པའི་ཕྱིར། ཡོ་ཞེས་སྨོས་པ་ལ་ཆོས་ཅན། དགོས་པ་ཡོད་དེ། བྱེ་སྨྲའི་འདོད་པ་ལ་མ་རངས་པའི་དགག་པ་འཕེན་པའི་ཕྱིར་ཏེ། དབང་པོ་དེ་དག་གི་དོན་བཤད་ཚུལ་བྱེ་སྨྲའི་དེར་མ་འདུས་པའི་ཕྱིར། ཚོར་བ་བདེ་སྡུག་གཉིས་དང་ཡིད་བདེ་མི་བདེ་གཉིས་དང་བཏང་སྙོམས་ཀྱི་དབང་པོ་ལྔ་ཆོས་ཅན། དབང་པོ་ཞེས་བྱ་སྟེ། ཀུན་ནས་ཉོན་མོངས་པ་ལ་དབང་བྱེད་པའི་ཕྱིར། དེར་ཐལ། བདེ་བ་ལ་ཆགས། སྡུག་བསྔལ་ལ་ཁྲོ། བཏང་སྙོམས་ལས་ནི་མ་རིག་པ་སྐྱེད་པའི་ཕྱིར། དད་པ་བརྩོན་འགྲུས་དྲན་པ་ཏིང་ངེ་འཛིན་ཤེས་རབ་ཀྱི་དབང་པོ་ལྔ་དང་། མི་ཤེས་པ་ཀུན་ཤེས་པར་བྱེད་པའི་དབང་པོ་སོགས་གསུམ་སྟེ་བརྒྱད་པོ་དེ་རྣམས་ནི་ཆོས་ཅན། དབང་པོ་ཞེས་བྱ་བ་སྟེ། རྣམ་བྱང་ཕྱོགས་ལ་དབང་བྱེད་པའི་ཕྱིར། དེར་ཐལ། རང་གི་མི་མཐུན་ཕྱོགས་མགོ་གནོན་ཅིང་། རྟོགས་པ་གོང་འཕེལ་དུ་བྱེད་པ་ལ་དབང་བྱེད་པའི་ཕྱིར།

༥༢ མཐའ་དཔྱད་པ།

གཉིས་པ་མཐའ་དཔྱད་པ་ལ། ཁ་ཅིག །ཕོ་ཐམས་ཅད་ཕོ་དབང་གིས་ཕོར་མཚོན་ཟེར་ན། དེ་མི་འཐད་པར་ཐལ། གཟུགས་ཁམས་པའི་གང་ཟག་ལ་ཕོ་མོའི་དབྱེ་བ་ཡོད་ཀྱང་། ཕོ་མོའི་དབང་པོ་དེ་མེད་པའི་ཕྱིར། དེར་ཐལ། དེའི་ཕོ་མོ་ནི་སྐད་གདངས་མཐོ་མི་མཐོ་དང་། ནུ་མའི་ཁྱད་(༣༧བ)པར་གྱིས་འཇོག་པའི་ཕྱིར། ཁ་ཅིག །ཕོའི་དབང་པོ་ལྡན་པའི་གང་ཟག་ཡིན་ན། ཕོ་ཡིན་པས་ཁྱབ་ཟེར་ན། མཚན་གཉིས་པ་ཆོས་ཅན། དེར་ཐལ། དེའི་ཕྱིར། དེར་ཐལ། ཕོ་མོ་གཉིས་ཀའི་དབང་པོ་དང་ལྡན་པའི་གང་ཟག་ཡིན་པའི་ཕྱིར། དེར་ཐལ། ཆོས་ཅན་དེ་ཡིན་པའི་ཕྱིར། འདོད་ན། མོ་ཡིན་པར་ཐལ། མོ་དབང་དང་ལྡན་པའི་གང་ཟག་ཡིན་པའི་ཕྱིར། ཁྱབ་པ་དོན་གྱིས་སོང་། འདོད་ན། ཕོ་མོ་གཉིས་ཀ་ཡིན་པར་ཐལ་ལོ། །

༦༢ མདོ་སྡེ་པའི་ལུགས།

གཉིས་པ་ནི། རང་གི་དོན་དང་ཐམས་ཅད་ལ། །དམིགས་པར་དབང་བྱེད་ཕྱིར་དབང་དྲུག །མོ་ནི་ཕོ་ཉིད་ལ་དབང་ཕྱིར། །ལུས་ལས་མོ་དང་ཕོ་དབང་དག །རིས་གནས་ཀུན་ནས་ཉོན་མོངས་དང་། །རྣམ་པར་བྱང་ལ་དབང་བྱེད་ཕྱིར། །སྲོག་དང་ཚོར་བ་རྣམས་དང་ནི། །དད་སོགས་དབང་པོ་ལྔར་འདོད་དོ། །མྱ་ངན་འདས་སོགས་གོང་ནས་གོང་། །འཐོབ་པ་ལ་ནི་དབང་བྱེད་ཕྱིར། །ཀུན་ཤེས་བྱེད་དང་ཀུན་ཤེས་དང་། །དེ་བཞིན་ཀུན་ཤེས་ལྡན་དབང་པོ། །ཞེས་བྱུང་། མིག་སོགས་དབང་པོ་རྣམས་ཆོས་ཅན། ཁྱོད་ལ་དབང་པོ་ཞེས་བྱ་སྟེ། ཁྱོད་དྲུག་གི་དང་པོ་ལྔས་རང་གི་གཟུང་དོན་གཟུགས་སོགས་ལྔ་དང་། དྲུག་པ་ཡིད་ཀྱིས་ཆོས་ཐམས་ཅད་ལ་དམིགས་པར་བྱེད་པ་ལ་དབང་བྱེད་པས་ན་དེ་ལྟར་དུ་བརྗོད་པའི་ཕྱིར། ཕོ་མོའི་དབང་པོ་

གཉིས་ཆོས་ཅན། རང་གི་རང་བཞིན་ལ་དབང་བྱེད་པས་དབང་པོ་ཞེས་བྱ་སྟེ། མོའི་རང་བཞིན་ང་རོ་ཞན་པ་དང་སྤྱོད་པ་ཕོ་ལ་སེམས་པ་ཉིད་དང་། ཕོའི་རང་བཞིན་དེ་ལས་ལྡོག་པ་ཉིད་ལ་དབང་བྱེད་པས་ན་དེ་ལྟར་བརྗོད་པའི་ཕྱིར། དེ་གཉིས་ཆོས་ཅན། ལུས་དབང་གི་ཆ་ཤས་ཡིན་ཏེ། ལུས་ཀྱི་ཆ་ཤས་ལས་གྲུབ་པའི་མོ་དང་ཕོའི་དབང་པོ་དག་ཡིན་པའི་ཕྱིར། སྲོག་གི་དབང་པོ་ཆོས་ཅན། དབང་པོ་ཞེས་བྱ་སྟེ། སེམས་ཅན་གྱི་ཕུང་པོའི་རིགས་འདྲ་གནས་པ་ལ་དབང་བྱེད་པའི་ཕྱིར། ཚོར་བའི་དབང་པོ་རྣམས་དང་། དད་སོགས་ཀྱི་དབང་པོ་ལྔ་ཆོས་ཅན། དབང་པོ་ཞེས་བྱ་སྟེ། རིམ་བཞིན་ཀུན་ནས་ཉོན་མོངས་པ་དང་རྣམ་པར་བྱང་བ་ལ་དབང་བྱེད་པར་འདོད་པའི་ཕྱིར། མི་ཤེས་པ་ཀུན་ཤེས་པར་བྱེད་(༣༢ན)པའི་དབང་པོ་དང་། ཀུན་ཤེས་པའི་དབང་པོ་དང་། དེ་བཞིན་དུ་ཀུན་ཤེས་ལྡན་པའི་དབང་པོ་རྣམས་ཆོས་ཅན། དབང་པོ་ཞེས་བྱ་སྟེ། སྔ་མས་ཕྱི་མ་དང་ལྷག་མེད་མྱང་འདས་ཀྱི་བར་གོང་ནས་གོང་དུ་འཐོབ་པ་ལ་དབང་བྱེད་ཅིང་། སོགས་ཏེ་མཐོང་སྒོམ་གྱི་སྤང་བྱ་རིམ་གྱིས་སྤོང་བ་དང་། སྤངས་པ་ལའང་དབང་བྱེད་པའི་ཕྱིར།

ཐ༢ དབང་པོའི་གྲངས་ངེས།

ཀ༡ བྱེ་བྲག་སྨྲ་བའི་ལུགས།

གཉིས་པ་གྲངས་ངེས་ལ། བྱེ་བྲག་སྨྲ་བ་དང་། མདོ་སྡེ་པའི་ལུགས་གཉིས། དང་པོ་ནི། སེམས་ཀྱི་རྟེན་དང་དེའི་བྱེ་བྲག །གནས་དང་ཀུན་ནས་ཉོན་མོངས་ཉིད། །ཚོགས་དང་རྣམ་བྱང་ཇི་སྙེད་པ། །དབང་པོ་དག་ཀྱང་དེ་སྙེད་དུ། །ཞེས་བྱུང་།

༨༡ ཚིག་དོན་བཤད་པ།

འདི་ལ་ཚིག་དོན་དང་། མཐའ་དཔྱད་པ་གཉིས། དང་པོ་ནི། གྲངས་ཅན་སོགས་ན་རེ། དབང་པོ་ཉེར་གཉིས་སུ་གྲངས་མ་ངེས་པར་ཐལ། ངག་དང་རྐང་ལག་དང་འདོམས་དང་ཕོངས་ཀྱི་དབང་པོ་ཡང་ཡོད་པའི་ཕྱིར། ཞེ་ན། སྐྱོན་དེ་མི་འཇུག་པར་ཐལ། སེམས་ཅན་གྱི་ལུས་སེམས་ཀྱི་ཁྱད་པར་གྱི་རྟེན་བྱེད་པའི་ཆ་ནས་རྒྱུ་ཇི་སྙེད་ཡོད་པ་དེ་དག་དང་མཐུན་པར་དབང་པོའི་གྲངས་དག་ཀྱང་དེ་སྙེད་དུ་བཞག་པའི་ཕྱིར། དེར་ཐལ། སེམས་རྣམ་ཤེས་ཀྱི་རྟེན་ནམ་གཞི་བྱེད་པའི་ཆ་ནས་མིག་སོགས་དབང་པོ་དྲུག་བཞག །སེམས་ཅན་དེའི་ཕོ་མོའི་བྱེ་བྲག་འབྱེད་པའི་ཆ་ནས་ཕོ་མོའི་དབང་པོ་གཉིས་བཞག །སེམས་ཅན་གྱི་ཕུང་པོའི་རིགས་རྒྱུན་གནས་པར་བྱེད་པའི་ཆ་ནས་སྲོག་གི་དབང་པོ་བཞག །སེམས་ཅན་ཀུན་ནས་ཉོན་མོངས་པ་ལ་སྤྱོད་ཅིང་དབང་བྱེད་པའི་ཆ་ནས་ཚོར་བའི་དབང་པོ་ལྔ་སྟེ་ཉོན་མོངས་ཕྱོགས་ཀྱི་དབང་པོ་བཅུ་བཞི་བཞག་ལ། རྣམ་བྱང་གི་རྒྱུ་ཚོགས་པའི་དབང་དུ་བྱས་ནས་དད་སོགས་དབང་པོ་ལྔ་དང་། རྣམ་པར་བྱང་བའི་ངོ་བོར་སྐྱེས་ཤིང་དབང་བྱེད་པ་དང་ལྡན་པའི་ཆ་ནས་དྲི་མེད་ཀྱི་དབང་པོ་གསུམ་བཞག་ཅིང་། འཁོར་བའི་འཇུག་རིམ་གྱི་དབང་གིས་བཅུ་བཞི་དང་། ལྡོག་རིམ་གྱི་དབང་གིས་བརྒྱད་བཞག་པའི་ཕྱིར།

༨༢ མཐའ་དཔྱད་པ།

གཉིས་པ་མཐའ་དཔྱད་པ་ལ། ཁ་ཅིག །དབང་པོ་ཉེར་གཉིས་སུ་གྲངས་མ་ངེས་པར་ཐལ། ངག་གི་དབང་པོ་སོགས་ཀྱིས་དབང་པོའི་བྱ་བ་བྱེད་ནུས་པའི་ཕྱིར། (༣༢བ)དེར་ཐལ། ངག་གིས་གཏམ་སྨྲ། ལག་པས་ལེན་འཛོག །རྐང་པས་འགྲོ་འདུག །འདོམས་ཀྱིས་དགའ་མགུར། ཕོངས་ཀྱིས་རྟུག་པ་འབྱིན་པ་ལ་དབང་བྱེད་

པའི་ཕྱིར་ཟེར་ན། དེ་མི་འཐད་པར་ཐལ། རེ་རེ་ནས་མ་ངེས་པའི་ཕྱིར། དེར་ཐལ། ཚིག་སྨྲ་བ་སློབ་པ་དང་ཀུན་སློང་ལྷ་བུ་ལ་ལྟོས། སྤྲོག་ཆགས་འགའི་ཁ་དང་རྐང་པས་ཀྱང་འདེགས་འཛོག་བྱེད། སྦྲུལ་དང་ཉ་སོགས་ལ་རྐང་ལག་མེད་ཀྱང་འགྲོ་འོང་བྱེད། ཕ་ལྷང་གི་ཁ་ནས་ཀྱང་རྟུག་པ་འབྱིན་པའི་ཕྱིར། ཁ་ཅིག །ཉན་ཐོས་ཀྱི་ཚོགས་སྦྱོར་ན་དྲི་མེད་ཀྱི་དབང་པོ་གསུམ་ག་ཡོད་ཟེར་ན། དེ་མི་འཐད་པར་ཐལ། དྲི་མེད་དབང་པོ་དང་པོ་ཀུན་ཤེས་བྱེད་པའི་དབང་པོ་ལ་མཐོང་ལམ་གྱིས་ཁྱབ། གཉིས་པ་ཀུན་ཤེས་པའི་དབང་པོ་ལ་སྒོམ་ལམ་གྱིས་ཁྱབ། གསུམ་པ་ཀུན་ཤེས་ལྡན་པའི་དབང་པོ་ལ་མི་སློབ་ལམ་གྱིས་ཁྱབ་པའི་ཕྱིར།

༡༢ མདོ་སྡེ་པའི་ལུགས།

གཉིས་པ་མདོ་སྡེ་པའི་ལུགས་ནི། ཡང་ན་འཇུག་པའི་རྟེན་དང་ནི། །སྐྱེ་དང་གནས་དང་ཉེར་སྤྱོད་ལས། །བཅུ་བཞི་དེ་བཞིན་ལྡོག་པ་ལ། །དབང་པོ་རྣམས་ནི་གཞན་ཡིན་ནོ། །ཞེས་བྱུང་། ཡང་ན་དབང་པོ་ཉེར་གཉིས་སུ་གྲངས་ངེས་པ་ཡིན་ཏེ། འཁོར་བར་འཇུག་པའི་རྟེན་གྱི་དབང་དུ་བྱས་ནས་མིག་སོགས་དབང་པོ་དྲུག་དང་། འཁོར་བར་སྐྱེ་བའི་རྒྱུ་བྱེད་པའི་ཆ་ནས་ཕོ་མོའི་དབང་པོ་གཉིས་དང་། རིས་མཐུན་གནས་པའི་དབང་དུ་བྱས་ནས་སྲོག་གི་དབང་པོ་དང་། ཡུམ་ཉེ་བར་ལོངས་སྤྱོད་པའི་ཆ་ནས་ཚོར་བའི་དབང་པོ་ལྔ་སྟེ་བཅུ་བཞི་བཞག །དེ་བཞིན་དུ་དེ་ལས་ལྡོག་པའི་དབང་དུ་བྱས་ནས་དབང་པོ་གཞན་ཕྱི་མ་བརྒྱད་རྣམས་བཞག་པའི་ཕྱིར་རོ། །

ཛ༣ དབང་པོའི་ཛོ་བོ།

ཉ༧ ཚོར་བའི་དབང་པོ་ལྔ་བཤད་པ།

གསུམ་པ་ངོ་བོ་ལ། ཚོར་བའི་དབང་པོ་ལྔ་བཤད་པ་དང་། དྲི་མེད་ཀྱི་དབང་པོ་གསུམ་བཤད་པ་གཉིས། དང་པོ་ནི། ལུས་ཚོར་མིམ་པ་མ་ཡིན་གང་། །སྡུག་བསྔལ་དབང་པོའོ་མིམ་པ་ནི། །བདེ་བའོ་བསམ་གཏན་གསུམ་པ་ན། །སེམས་ཀྱི་དེ་ནི་བདེ་དབང་པོ། །གཞན་ནི་དེ་ཡིད་བདེ་བ་ཡིན། །སེམས་ཀྱི་མིམ་པ་མ་ཡིན་པ། །ཡིད་མི་བདེ་བའོ་བཏང་སྙོམས་ནི། །བར་མའོ་གཉིས་ཀའི་མི་གཏོགས་ཕྱིར། །ཞེས་བྱུང་།

ཏ༧ ཚིག་དོན་བཤད་པ།

འདི་ལ་ཚིག་དོན་དང་། མཐའ་དཔྱད་པ་གཉིས། དང་པོ་ནི། ཤེས་བྱ་ཆོས་(༣༣ན)ཅན། ཚོར་བ་ལ་ལྔར་ཕྱེ་བའི་ཚོར་བ་སྡུག་བསྔལ་གྱི་དབང་པོའི་མཚན་ཉིད་ཡོད་དེ། མིམ་པ་སྐྱེ་བདེ་བ་མ་ཡིན་པར་གདུང་བར་ཉམས་སུ་མྱོང་བའི་ལུས་ཚོར་དེ་དེ་ཡིན་པའི་ཕྱིར། ཚོར་བ་བདེ་བའི་དབང་པོའི་མཚན་ཉིད་ཡོད་དེ། མིམ་པར་ཉམས་སུ་མྱོང་བའི་ལུས་ཚོར་དང་བསམ་གཏན་གསུམ་པ་ན་ཡོད་པའི་སེམས་ཀྱི་ཚོར་བ་བདེ་བ་གང་རུང་གིས་བསྡུས་པའི་མིམ་པའི་ཚོར་བ་དེ་ནི་དེ་ཡིན་པའི་ཕྱིར། ཚོར་བ་ཡིད་བདེ་བའི་མཚན་ཉིད་ཡོད་དེ། བསམ་གཏན་གསུམ་པ་ལས་གཞན་པའི་མིམ་པར་མྱོང་བའི་སེམས་ཚོར་དེ་དེ་ཡིན་པའི་ཕྱིར། ཚོར་བ་ཡིད་མི་བདེ་བའི་མཚན་ཉིད་ཡོད་དེ། མིམ་པ་མ་ཡིན་པར་གདུང་བར་ཉམས་སུ་མྱོང་བའི་སེམས་ཀྱི་ཚོར་བ་དེ་དེ་ཡིན་པའི་ཕྱིར། ཚོར་བ་བཏང་སྙོམས་ཀྱི་མཚན་ཉིད་ཡོད་དེ། མིམ་གདུང་བར་མ་ཉམས་སུ་མྱོང་བའི་ཚོར་བ་དེ་དེ་ཡིན་པའི་ཕྱིར་ཏེ། དེ་ནི་བདེ་སྡུག་

གཉིས་ཀར་མི་གཏོགས་པར་སྤྱོད་པའི་ཡུལ་ཅན་ཡིན་པའི་ཕྱིར།

༨༢ མཐའ་དཔྱད་པ།

གཉིས་པ་ལ། ཁ་ཅིག་ཚོར་བ་སྡུག་བསྔལ་གྱི་དབང་པོ་ཡིན་ན། ཚོར་བ་ལ་ལྟར་ཕྱེ་བའི་སྡུག་བསྔལ་གྱི་དབང་པོ་ཡིན་པས་ཁྱབ་ཟེར་ན། ཚོར་བ་ཡིད་མི་བདེ་བའི་དབང་པོ་ཆོས་ཅན། དེར་ཐལ། དེའི་ཕྱིར། དེར་ཐལ། ཆོས་ཅན་དེ་ཡིན་པའི་ཕྱིར། འདོད་ན། ལུས་ཚོར་ཡིན་པར་ཐལ། འདོད་པའི་ཕྱིར། འདོད་ན། ཕྱི་ཚོར་ཡིན་པར་ཐལ། འདོད་པའི་ཕྱིར། ཁྱབ་སྟེ། ལུས་ཚོར་ཕྱི་ཚོར་དབང་ཤེས་སུ་གྱུར་པའི་ཚོར་བ་རྣམས་དོན་གཅིག་ཡིན་པའི་ཕྱིར། འདོད་ན་མི་འཐད་པར་ཐལ། ནང་གི་ཚོར་བ་ཡིན་པའི་ཕྱིར། དེར་ཐལ། ཡིད་ཀྱི་ཚོར་བ་ཡིན་པའི་ཕྱིར། ཁྱབ་སྟེ། ཡིད་ཀྱི་ཚོར་བ། ནང་གི་ཚོར་བ། ཡིད་ཤེས་སུ་གྱུར་པའི་ཚོར་བ་རྣམས་དོན་གཅིག་པའི་ཕྱིར། ཁ་ཅིག །ཚོར་བ་བདེ་བའི་དབང་པོ་ཡིན་ན། ཚོར་བ་ལ་ལྟར་ཕྱེ་བའི་བདེ་བའི་དབང་པོ་ཡིན་པས་ཁྱབ་ཟེར་ན། ཚོར་བ་ཡིད་བདེ་བའི་དབང་པོ་ཆོས་ཅན། དེར་ཐལ། དེའི་ཕྱིར། དེར་ཐལ། ཚོར་བ་ལ་གསུམ་དུ་ཕྱེ་བའི་ཚོར་བ་བདེ་བ་ཡིན་པའི་ཕྱིར། འདོད་ན། མི་འཐད་པར་ཐལ། ཆོས་ཅན་དེ་ཡིན་པའི་ཕྱིར། (༣༣བ)ཁྱབ་སྟེ། དེ་ལྟར་ཕྱེ་བའི་ཚོར་བ་བདེ་བ་གཙོ་བོར་ལུས་ཚོར་ལ་འཇོག་པའི་ཕྱིར། ཁ་ཅིག །དད་སོགས་དབང་པོ་ལྔ་པོ་གང་རུང་ལ་ལམ་གྱིས་ཁྱབ་ཟེར་ན། ལམ་མ་ཞུགས་ཀྱི་གང་ཟག་གི་རྒྱུད་ཀྱི་དད་པའི་དབང་པོ་ཆོས་ཅན། དེར་ཐལ། དེའི་ཕྱིར། དེར་ཐལ། དེ་ཡོད་པའི་ཕྱིར། དེར་ཐལ། དེར་དཀོན་མཆོག་དང་ལས་འབྲས་དང་བདེན་བཞིའི་སྟེང་དོར་ལ་དད་ཅིང་འཇུག་པ་ཡོད་པའི་ཕྱིར། འདོད་ན་སླའོ། །

༡༢ དྲི་མེད་ཀྱི་དབང་པོ་གསུམ་བཤད་པ།

གཉིས་པ་དྲི་མེད་ཀྱི་དབང་པོ་ནི། མཐོང་སྒོམ་མི་སློབ་ལམ་ལ་དགུ། །གསུམ་ཡིན་ཞེས་བྱུང་། ཐེག་པ་གསུམ་གའི་མཐོང་ལམ་ཆོས་ཅན། མི་ཤེས་པ་ཀུན་ཤེས་པར་བྱེད་པའི་དབང་པོ་ཡིན་ཏེ། བདེན་པ་མངོན་རྟོགས་ཡིན་པའི་ཕྱིར། མཐོང་ལམ་ཆོས་ཅན། ཁྱོད་ལ་དབྱེ་ན་དགུ་ཡོད་དེ། རང་གི་ངོ་བོར་གྱུར་པའི་དད་སོགས་དབང་པོ་ལྔ་དང་། ཡིད་དང་ཚོར་བ་བདེ་བ་དང་ཡིད་བདེ་བཏང་སྙོམས་དང་དགུ་ཡོད་པའི་ཕྱིར། སྒོམ་ལམ་རྣམས་ཆོས་ཅན། ཀུན་ཤེས་པའི་དབང་པོ་ཡིན་ཏེ། ཟག་མེད་ཀྱི་རྗེས་ལ་མངོན་རྟོགས་ཡིན་པའི་ཕྱིར། དབྱེ་ན་དགུ་ཡོད་དེ། སྔར་ལྟར་དགུ་ཡོད་པའི་ཕྱིར། མི་སློབ་ལམ་རྣམས་ཆོས་ཅན། ཀུན་ཤེས་ལྡན་པའི་དབང་པོ་ཡིན་ཏེ། ཟད་མི་སྐྱེ་ཤེས་པའི་ཡེ་ཤེས་ཀྱི་ངོ་བོ་ལྡན་པའི་ཟག་མེད་ཀྱི་ཤེས་པ་ཡིན་པའི་ཕྱིར། དབྱེ་ན་དགུ་ཡོད་དེ། སྔར་ལྟར་ཡོད་པའི་ཕྱིར།

ཛ༩ དབང་པོའི་རབ་དབྱེ།

༡༧ དབང་པོའི་དབྱེ་བ་དངོས།

ཏ༧ གཉིས་ཚན་གྱི་སྒོ་ནས་དབྱེ་བ།

ཐ༧ ཟག་པ་དང་བཅས་མ་བཅས་ཀྱི་སྒོ་ནས་དབྱེ་བ།

བཞི་པ་དབང་པོའི་དབྱེ་བ་ལ། དབང་པོའི་དབྱེ་བ་དངོས། དེ་ཉིད་གཏོང་གི་ཚུལ། དགེ་སྦྱོང་ཚུལ་གྱི་འབྲས་བུ་དབང་པོ་དུས་འཐོབ་ཚུལ། དབང་པོ་ལྡན་ཚུལ་བཞི། དང་པོ་ལ། གཉིས་ཚན་དང་། གསུམ་ཚན་གྱི་དབྱེ་བ་གཉིས། དང་པོ་ལ། ཟག་པ་དང་བཅས་མ་བཅས་ཀྱི་སྒོ་ནས་དབྱེ་བ། རྣམ་སྨིན་ཡིན་མིན་གྱི་སྒོ་ནས། རྣམ་སྨིན་དང་བཅས་མ་བཅས་ཀྱི་སྒོ་ནས་དབྱེ་བ་གསུམ། དང་པོ་ནི། གསུམ་ནི་དྲི་

མ་མེད། གཟུགས་ཅན་སྲོག་དང་སྟུག་བསྔལ་དག །ཟག་དང་བཅས་པ་དགུ་རྣམ་གཉིས། །ཞེས་བྱུང་། བཤད་མ་ཐག་པའི་ཀུན་ཤེས་ཀྱི་དབང་པོ་གསུམ་ཆོས་ཅན། ཟག་མེད་ཁོ་ན་ཡིན་ཏེ། དྲི་མེད་ཀྱི་དབང་པོ་ཡིན་པའི་ཕྱིར། དབང་པོ་གཟུགས་ཅན་བདུན་དང་སྲོག་དང་སྡུག་བསྔལ་(༣༨ན)དང་ཡིད་མི་བདེ་བ་དང་དགུ་པོ་དག་ཆོས་ཅན། ཟག་པ་དང་བཅས་པ་ཁོ་ན་ཡིན་ཏེ། ལམ་བདེན་དུ་མ་གཏོགས་པའི་འདུས་བྱས་ཡིན་པའི་ཕྱིར། དད་སོགས་དབང་པོ་ལྔ། ཚོར་བ་བདེ་བ། ཡིད་བདེ། བཏང་སྙོམས། ཡིད་དབང་དང་དགུ་ཆོས་ཅན། ཟག་བཅས་ཡིན་མིན་གྱིས་རྣམ་པ་གཉིས་ཡོད་དེ། ལམ་བདེན་གྱིས་བསྡུས་མ་བསྡུས་གཉིས་ཡོད་པའི་ཕྱིར།

ཐ༢ རྣམ་སྨིན་ཡིན་མིན་གྱི་སྒོ་ནས་དབྱེ་བ།

ང༡ ཚིག་དོན་བཤད་པ།

གཉིས་པ་ནི། སྲོག་ནི་རྣམ་སྨིན་བཅུ་གཉིས་གཉིས། །ཐ་མ་བརྒྱད་དང་ཡིད་མི་བདེ། །མ་གཏོགས་པ་སྟེ་ཞེས་བྱུང་། འདི་ལ་ཚིག་དོན་དང་། མཐའ་དཔྱད་པ་གཉིས། དང་པོ་ནི། ཤེས་བྱ་ཆོས་ཅན། དབང་པོ་ཉེར་གཉིས་ལ་རྣམ་སྨིན་ཡིན་མིན་གྱི་ཁྱད་པར་ཡོད་དེ། སྲོག་ནི་རྣམ་སྨིན་ཁོ་ན་ཡིན་ལ། དད་སོགས་ལྔ་དང་དྲི་མེད་གསུམ་སྟེ་ཐ་མ་བརྒྱད་དང་ཡིད་མི་བདེ་བ་རྣམས་རྣམ་སྨིན་མ་ཡིན་པ་ཁོ་ན་ཡིན་ཞིང་། དེ་རྣམས་མ་གཏོགས་པ་དབང་པོ་གཟུགས་ཅན་བདུན། ཚོར་བ་གཞན་བཞི་དང་ཡིད་དབང་དང་བཅུ་གཉིས་ལ་རྣམ་སྨིན་ཡིན་མིན་གཉིས་ཀ་ཡོད་པའི་ཕྱིར། སྲོག་ནི་རྣམ་སྨིན་ཁོ་ན་ཡིན་ཏེ། བདེ་འགྲོ་དང་ངན་འགྲོའི་སྲོག་ནི་དགེ་མི་དགེའི་རྣམ་སྨིན་ཉིད་ཡིན་པའི་ཕྱིར། དད་སོགས་བརྒྱད་ཆོས་ཅན། རྣམ་སྨིན་མ་ཡིན་ཏེ། དགེ་བ་ཡིན་པའི་ཕྱིར། ཡིད་མི་བདེ་བ་ཆོས་ཅན། རྣམ་སྨིན་མ་ཡིན་ཏེ། ཁྱོད་ལ་དགེ་མི་དགེ་གཉིས་འབྱུང་བའི་ཕྱིར་ཏེ། སྡིག་པས་ཡིད་མི་བདེ་བ་དགེ་བ་

དང་། ཞེ་སྡང་གིས་ཡིད་མི་བདེ་བ་མི་དགེ་བ་ཡིན་པའི་ཕྱིར། མིག་རྣ་བ་སྣ་ལྕེ་ལུས་ཕོ་མོའི་དབང་པོ་བདུན་ལ་རྣམ་སྨིན་ཡིན་མིན་གཉིས་ཡོད་དེ། དེ་བདུན་ལས་ཀྱིས་བྱུང་བ་ནི་རྣམ་སྨིན་དང་། རྒྱས་བྱུང་རྣམས་ནི་རྣམ་སྨིན་མ་ཡིན་པའི་ཕྱིར། ཚོར་བ་ཡིད་བདེ་བ་ལས་གཞན་བཞི་དང་ཡིད་དབང་དང་ལྔ་ལ་རྣམ་སྨིན་ཡིན་མིན་གཉིས་ཀ་ཡོད་དེ། དེ་རྣམས་ཀྱི་དགེ་བ་དང་ཉོན་མོངས་ཅན་སོགས་རྣམ་སྨིན་མ་ཡིན་ལ། ལས་སྐྱེས་འགའ་ཞིག་ནི་རྣམ་སྨིན་ཡིན་པའི་ཕྱིར། དེར་ཐལ། རྣམ་སྨིན་ནི་ལུང་མ་བསྟན་ཡིན་ཡང་འབད་རྩོལ་ལ་མི་བལྟོས་ཤིང་། དགེ་མི་(༣༨བ)དགེ་དང་འབད་པས་བསྒྲུབ་དགོས་པའི་ལུང་མ་བསྟན་རྣམས་རྣམ་སྨིན་མ་ཡིན་པའི་ཕྱིར།

ད༢ མཐའ་དཔྱད་པ།

གཉིས་པ་མཐའ་དཔྱད་པ་ལ། ཁ་ཅིག །སྲོག་ལ་རྣམ་སྨིན་གྱིས་མ་ཁྱབ་པར་ཐལ། འཕྲུང་བ་རྒྱས་པ་ལས་བྱུང་བའི་སྲོག་ནི་རྣམ་སྨིན་མ་ཡིན་པར་འདོད་པ་སོགས་དུ་མ་ཡོད་པའི་ཕྱིར་ན་མ་ཁྱབ། རྟགས་དེར་ཐལ། བཙུན་པ་དབྱངས་སྒྲོགས་རྗེས་འབྲང་དང་བཅས་པས་དེ་ལྟར་འདོད་པའི་ཕྱིར། ཁ་ཅིག །ཚེ་འདིའི་ཕུང་པོ་ལྔ་རྣམ་སྨིན་ཡིན་པར་ཐལ། ཚེ་འདིའི་སྐྱེ་བ་བླངས་པའི་ཆ་དང་ལུས་གྲུབ་པའང་རྣམ་སྨིན་ཡིན་པའི་ཕྱིར། འདོད་ན། དེ་གང་ཉུང་ཡིན་ན། རྣམ་སྨིན་ཡིན་དགོས་པར་ཐལ། འདོད་པའི་ཕྱིར་ན། མ་ཁྱབ་སྟེ། དེ་ལ་རྣམ་སྨིན་གྱི་འགྱུར་བ་ཡིན་ལ། རྣམ་སྨིན་མ་ཡིན་པ་ཡོད་པའི་ཕྱིར། དེར་ཐལ། དེ་ལས་ཕྱིས་རྒྱས་བྱུང་དུ་གྱུར་པ་ཡོད་པའི་ཕྱིར།

ཐ༣ རྣམ་སྨིན་དང་བཅས་མ་བཅས་ཀྱི་སྒོ་ནས་དབྱེ་བ།

གསུམ་པ་ནི། དེ་གཅིག་ནི། རྣམ་པར་སྨིན་བཅས་བཅུ་རྣམ་གཉིས། །ཡིད་དང་ཚོར་གཞན་དད་ལ་སོགས། །ཞེས་བྱུང་། ཤེས་བྱ་ཆོས་ཅན། དབང་པོ་ཉེར་གཉིས་

ལ་རྣམ་པར་སྨིན་པ་བཅས་མ་བཅས་ཡིན་མིན་གཉིས་ཡོད་དེ། ཡིད་མི་བདེ་བ་དེ་གཅིག་པུ་ནི་འབྲས་བུ་རྣམ་སྨིན་དང་བཅས་ལ། ཡིད་དབང་དང་ཚོར་བ་གཞན་བཞི་དད་པ་ལ་སོགས་པའི་དབང་པོ་ལྔ་སྟེ་བཅུ་ལ་རྣམ་སྨིན་དང་བཅས་མ་བཅས་རྣམ་པ་གཉིས་ཡོད་པའི་ཕྱིར། ཕྱི་མ་དེར་ཐལ། དད་སོགས་ཟག་བཅས་རྣམ་སྨིན་དང་བཅས་ཤིང་། ཟག་མེད་རྣམས་རྣམ་སྨིན་དང་མ་བཅས་ལ། ཡིད་དང་ཚོར་བ་གཞན་བཞི་དགེ་མི་དགེ་ནི་རྣམ་སྨིན་དང་བཅས་ཤིང་། དེ་ལས་གཞན་རྣམ་སྨིན་དང་མ་བཅས་པའི་ཕྱིར། ལྷག་མ་རྣམས་ལ་རྣམ་སྨིན་མེད་དེ། སྲོག་གི་དབང་པོ་དང་གཟུགས་ཅན་བདུན་ནི་ལུང་མ་བསྟན་ཡིན་པས་རྣམ་སྨིན་མེད་ལ། དྲི་མེད་གསུམ་ནི་ཟག་མེད་ཡིན་པས་རྣམ་སྨིན་མེད་པའི་ཕྱིར།

ང༢ གསུམ་ཚན་གྱི་དབྱེ་བ།

ཐ༡ དགེ་སོགས་གསུམ་གྱི་སྒོ་ནས་དབྱེ་བ།

གཉིས་པ་ལ། དགེ་སོགས་གསུམ་དང་། ཁམས་གསུམ་དང་། མཐོང་སྤང་སོགས་གསུམ་གྱི་སྒོ་ནས་དབྱེ་བ་གསུམ། དང་པོ་ནི། དགེ་བ་བརྒྱད་ཡིད་མི་བདེ་བ། །རྣམ་གཉིས་ཡིད་དང་ཚོར་(༣༥ཝ)གཞན་ནི། །རྣམ་གསུམ་གཞན་ནི་རྣམ་པ་གཅིག །ཅེས་བྱུང་། ཤེས་བྱ་ཆོས་ཅན། དབང་པོ་དེ་ལས་གཅིག་ཏུ་དགེ་བ་ཡིན་པ་ཡོད་དེ། རྣམ་བྱང་གི་དབང་པོ་བརྒྱད་པོ་དེ་དེ་ཡིན་པའི་ཕྱིར། ཡིད་མི་བདེ་བ་ཆོས་ཅན། དགེ་མི་དགེ་རྣམ་པ་གཉིས་ཡོད་དེ། དགེ་བ་བྱས་པ་ལ་ཡིད་མི་བདེ་བ་མི་དགེ་བ་དང་། མི་དགེ་བ་བྱས་པ་ལ་ཡིད་མི་བདེ་བ་དགེ་བ་ཡིན་པའི་ཕྱིར། ཡིད་དང་ཚོར་བ་གཞན་བཞི་ཆོས་ཅན། དགེ་མི་དགེ་ལུང་མ་བསྟན་རྣམ་པ་གསུམ་ཡོད་དེ། དགེ་སོགས་གསུམ་གྱི་སེམས་དང་མཚུངས་ལྡན་གསུམ་ཡོད་པའི་ཕྱིར། གཞན་དབང་པོ་གཟུགས་ཅན་བདུན་དང་སྲོག་དབང་དང་བརྒྱད་ཆོས་ཅན།

རྣམ་པ་གཅིག་ཏུ་ལུང་མ་བསྟན་ཡིན་ཏེ། དགེ་མི་དགེ་གང་རུང་གིས་བསྡུས་པ་མ་ཡིན་པའི་ཆོས་ཡིན་པའི་ཕྱིར།

ཐ༢ ཁམས་གསུམ་གྱི་སྒོ་ནས་དབྱེ་བ།

གཉིས་པ་ནི། དྲི་མེད་མ་གཏོགས་འདོད་པར་གཏོགས། །ཕོ་མོའི་དབང་དང་སྡུག་བསྔལ་དག །མ་གཏོགས་གཟུགས་གཏོགས་གཟུགས་ཅན་དང་། །བདེ་བའང་མ་གཏོགས་གཟུགས་མེད་གཏོགས། །ཞེས་བྱུང་། ཤེས་བྱ་ཆོས་ཅན། འདོད་ཁམས་ཀྱི་སར་གཏོགས་བཅུ་དགུ་ཡོད་དེ། དྲི་མེད་ཀྱི་དབང་པོ་གསུམ་པོ་མ་གཏོགས་གཞན་བཅུ་དགུ་པོ་རྣམས་དེ་ལྟར་ཡིན་པའི་ཕྱིར། དབང་པོ་ཉེར་གཉིས་པོ་ཆོས་ཅན། ཁྱོད་ལས་གཟུགས་ཀྱི་སར་གཏོགས་པ་བཅོ་ལྔ་ཡོད་དེ། སྔར་གྱི་བཅུ་དགུ་ལས་ཕོ་མོའི་དབང་པོ་དང་། ཚོར་བ་སྡུག་བསྔལ་དང་། ཡིད་མི་བདེ་བ་དག་སྟེ་བཞི་མ་གཏོགས་པའི་བཅོ་ལྔ་པོ་དེ་དེ་ཡིན་པའི་ཕྱིར། གཟུགས་མེད་ཀྱི་སར་གཏོགས་བརྒྱད་ཡོད་དེ། དབང་པོ་གཟུགས་ཅན་བདུན་དང་བདེ་མི་བདེ་སོགས་བཞི་དང་དྲི་མེད་གསུམ་མ་གཏོགས། སྲོག་ཡིད་བཏང་སྙོམས་གསུམ་དང་དད་སོགས་ལྔ་སྟེ་བརྒྱད་ཡོད་པའི་ཕྱིར།

ཐ༣ མཐོང་སྤང་སོགས་གསུམ་གྱི་སྒོ་ནས་དབྱེ་བ།

གསུམ་པ་ནི། ཡིད་དང་ཚོར་བ་གསུམ་རྣམ་གསུམ། །གཉིས་ཀྱིས་སྤང་བྱ་ཡིད་མིན་ཏེ། །དགུ་ནི་སྒོམ་པས་ལྔ་པོ་ནི། །སྤང་བར་བྱ་མིན་ཡང་གསུམ་མིན། །ཞེས་བྱུང་། ཡིད་དང་ཚོར་བ་བདེ་བ་ཡིད་བདེ་བཏང་སྙོམས་གསུམ་པོ་ཆོས་ཅན། ཁྱོད་ལ་(༣༥བ)མཐོང་སྤང་སྒོམ་སྤང་སྤང་བྱ་མིན་པ་རྣམ་པ་གསུམ་ཀའི་ཆ་ཡོད་དེ། མཐོང་སྤང་དང་མཚུངས་ལྡན་རྣམས་མཐོང་སྤང་ཡིན་ལ། དེ་ལས་གཞན་པའི་ཟག་བཅས་

རྣམས་སྒོམ་སྤང་དང་། ཟག་མེད་རྣམས་སྤང་བྱ་མ་ཡིན་པའི་ཕྱིར། ཚོར་བ་ཡིད་མི་བདེ་བ་ཆོས་ཅན། ཁྱོད་ལ་མཐོང་སྒོམ་གཉིས་ཀྱིས་སྤང་བར་བྱ་བའི་ཆ་གཉིས་ཡོད་དེ། མཐོང་སྤང་དང་མཚུངས་ལྡན་ཡིན་མིན་གཉིས་ཡོད་པའི་ཕྱིར། དབང་པོ་གཟུགས་ཅན་བདུན་དང་སྲོག་དང་ཚོར་བ་སྡུག་བསྔལ་གྱི་དབང་པོ་དགུ་ཆོས་ཅན། སྒོམ་པས་སྤང་བར་བྱ་བ་ཡིན་ཏེ། མཐོང་སྤང་མ་ཡིན་པའི་ཟག་བཅས་ཡིན་པའི་ཕྱིར། དད་སོགས་ལྔ་པོ་ཆོས་ཅན། སྒོམ་པས་སྤང་བར་བྱ་བ་མ་ཡིན་པ་ཡང་ཡོད་ལ་དེའི་སྤང་བྱ་ཡིན་པ་ཡང་ཡོད་དེ། ཟག་མེད་སྤང་བྱ་མིན་ཡང་ཟག་བཅས་སྒོམ་སྤང་ཡིན་པའི་ཕྱིར། དྲི་མེད་ཀྱི་དབང་པོ་གསུམ་ཆོས་ཅན། སྤང་བྱ་མིན་པར་ངེས་ཏེ། ཟག་མེད་ཡིན་པའི་ཕྱིར་རོ། །

༣༢ དབང་པོ་ཉེད་གཏོང་གི་ཚུལ།

ཀ༡ དབང་པོ་ཉེད་པའི་ཚུལ།

ཁ༡ མངལ་སྐྱེས་ཀྱི་དབང་དུ་བྱས་པ།

གཉིས་པ་ཉེད་གཏོང་གི་ཚུལ་ལ། ཉེད་པའི་ཚུལ་དང་། གཏོང་བའི་ཚུལ་གཉིས། དང་པོ་ལ། འདོད་པ་དང་། གོང་མའི་དབང་དུ་བྱས་པ་གཉིས། དང་པོ་ལ། མངལ་སྐྱེས་དང་། རྫུས་སྐྱེས་ཀྱི་དབང་དུ་བྱས་པ་གཉིས་ཏེ། འདོད་པར་དང་པོར་རྣམ་སྨིན་གཉིས། །ཉེད་དེ་རྫུས་ཏེ་སྐྱེ་བས་མིན། །དེ་ལས་དྲུག་གམ་བདུན་ནམ་བརྒྱད། །ཅེས་བྱུང་། ཤེས་བྱ་ཆོས་ཅན། འདོད་པར་མངལ་སྐྱེས་སོགས་གསུམ་སྐྱེ་བའི་ཚེ་དང་པོར་རྣམ་སྨིན་གྱི་དབང་པོ་དུ་ཞིག་ཉེད་ཚུལ་ཡོད་དེ། ལུས་སྲོག་གི་དབང་པོ་གསར་དུ་ཉེད་ལ། དེའི་ཚེ་དད་སོགས་དང་ཡིད་དང་བཏང་སྙོམས་སོགས་འགའ་ཞིག་ཉེད་ཀྱང་དེ་རྣམས་ནི་རྣམ་སྨིན་མ་ཡིན་པའི་ཕྱིར། འོན་ཀྱང་འདོད་པར་རྫུས་ཏེ་སྐྱེ་བས་ནི་རྣམ་སྨིན་སྲོག་ལུས་གཉིས་པོ་ན་ཉེད་པ་མ་ཡིན་ཏེ།

བསྐལ་པ་དང་པོའི་མི་ལྟར་མཚན་གཉིས་ཀ་མེད་ན་རྣམ་སྨིན་དུ་གྱུར་པའི་མིག་སོགས་ལྔ་དང་སྲོག་དང་དྲུག །འདོད་ལྷ་ལྟ་བུས་དེ་ལས་མིག་སོགས་དྲུག་དང་པོ་མོའི་དབང་པོ་གང་རུང་དང་བདུན། ངན་འགྲོ་ལྟ་བུས་མིག་སོགས་དྲུག་དང་མཚན་གཉིས་བསྣན་ནས་བརྒྱད་རྙེད་པའི་ཕྱིར།

ཐ༢ རྫུས་སྐྱེས་ཀྱི་དབང་དུ་བྱས་པ།

གཉིས་པ་ནི། གཟུགས་ན་དྲུག་གོ་གོང་མར་གཅིག །ཅེས་བྱུང་། ཤེས་བྱ་ཆོས་ཅན། གཟུགས་སུ་ཉིང་(༣༨ན)མཚམས་སྦྱོར་བའི་དང་པོར་དབང་པོ་དྲུག་རྙེད་དེ། མིག་སོགས་ལྔ་དང་སྲོག་དང་དྲུག་རྙེད་པའི་ཕྱིར། དེའི་གོང་མ་གཟུགས་མེད་དུ་མང་པོ་ཅིག་ཅར་དུ་རྙེད་པ་མ་ཡིན་ཏེ། རྣམ་སྨིན་སྲོག་སྐྱེས་གཅིག་པུ་རྙེད་པའི་ཕྱིར། དེར་ཐལ། གཟུགས་མེད་ཁམས་ན་གཟུགས་ཅན་གྱི་དབང་པོ་རྣམས་མེད་པའི་ཕྱིར།

ཏ༢ དབང་པོ་གཏོང་བའི་ཚུལ།

ཐ༡ ཉོན་མོངས་ཅན་ལུང་མ་བསྟན་གྱི་གཏོང་ཚུལ།

ད༡ ཁམས་གོང་མའི་གཏོང་ཚུལ།

གཉིས་པ་ལ། ཉོན་མོངས་ཅན་ལུང་མ་བསྟན་གྱི་གཏོང་ཚུལ་དང་། དགེ་སེམས་ཅན་གྱི་གཏོང་ཚུལ་གཉིས། ད་ང་པོ་ལ། ཁམས་གོང་མ་དང་། འདོད་ཁམས་ཀྱི་གཏོང་ཚུལ་གཉིས། དང་པོ་ནི། གཟུགས་མེད་དག་ཏུ་འཆི་བ་ནི། །སྲོག་དང་ཡིད་དང་བཏང་སྙོམས་ཉིད། །འགག་པར་འགྱུར་རོ་གཟུགས་ན་བརྒྱད། །ཅེས་བྱུང་། ཤེས་བྱ་ཆོས་ཅན། གཟུགས་མེད་དག་ཏུ་འཆི་བའི་ཚེ་ན་དབང་པོ་དུ་ཞིག་ཅིག་ཅར་དུ་གཏོང་ཚུལ་ཡོད་དེ། སྲོག་དང་ཡིད་དང་བཏང་སྙོམས་གསུམ་ཉིད་ཅིག་ཅར་དུ་འགག་པར་འགྱུར་བའི་ཕྱིར། གཟུགས་ཁམས་སུ་གཏོང་ཚུལ་ཡོད་དེ།

སྤྲ་མ་གསུམ་དང་མིག་སོགས་ལྔ་སྟེ་བརྒྱད་ཅིག་ཅར་འགག་པར་འགྱུར་བའི་ཕྱིར། དེར་ཐལ། རྫུས་སྐྱེས་ལ་དབང་པོ་ལྔ་ཚང་བར་འགྱུར་བའི་ཕྱིར།

ད༢ འདོད་ཁམས་ཀྱི་གཏོང་ཚུལ།

གཉིས་པ་ནི། འདོད་པར་བཅུ་འམ་དགུ་འམ་བརྒྱད། །རིམ་གྱིས་འཆི་བ་དག་ལ་བཞི། །ཞེས་བྱུང་། ཤེས་བྱ་ཆོས་ཅན། འདོད་པར་མཚན་གཉིས་པ་ཅིག་ཅར་འཆི་བའི་ཚེ་དབང་པོ་དུ་ཞིག་འགག་ཚུལ་ཡོད་དེ། མིག་སོགས་ལྔ་དང་སྲོག་ཡིད་བཏང་སྙོམས་གསུམ་ཕོ་མོའི་དབང་པོ་གཉིས་ཏེ་བཅུ་ཅིག་ཅར་གཏོང་བའི་ཕྱིར། མཚན་གཅིག་པ་ཆོས་ཅན། ཁྱོད་ཀྱིས་དབང་པོ་གཏོང་ཚུལ་ཡོད་དེ། སྔ་མ་བརྒྱད་ཀྱི་སྟེང་ཕོ་མོའི་དབང་པོ་གང་རུང་ཞིག་དང་བཅས་པ་དགུ་ཅིག་ཅར་གཏོང་བའི་ཕྱིར། འདོད་ཁམས་པ་རིམ་གྱིས་འཆི་བ་དག་ལ་ཆོས་ཅན། གཏོང་ཚུལ་ཡོད་དེ། ལུས་སྲོག་ཡིད་བཏང་སྙོམས་བཞི་ཅིག་ཅར་གཏོང་བའི་ཕྱིར། དེར་ཐལ། དེ་དག་སོ་སོར་ཕྲལ་ནས་མི་འཆི་བའི་ཕྱིར།

ཐ༢ དགེ་སེམས་ཅན་གྱི་གཏོང་ཚུལ།

གཉིས་པ་ནི། དགེ་ལ་ཐམས་ཅད་དག་དང་ལྔ། །ཞེས་བྱུང་། དགེ་སེམས་ཅན་ཆོས་ཅན། ཁྱོད་འཆི་བའི་ཚེ་སྔ་མ་ལས་མང་སྟེ། གོང་དུ་བཤད་པ་ལྟར་(༣༨བ) འགག་པའི་གནས་སྐབས་ཐམས་ཅད་དུ་དེ་དག་དང་དད་སོགས་དབང་པོ་ལྔ་ཅིག་ཅར་འགག་དགོས་པའི་ཕྱིར།

༡༣ དགེ་སྦྱོང་ཚུལ་གྱི་འབྲས་བུ་དབང་པོ་དུས་འཐོབ་ཚུལ།

གསུམ་པ་ནི། འབྲས་བུ་ཐ་མ་གཉིས་དགུས་འཐོབ། །གཉིས་ནི་བདུན་དང་བརྒྱད་དང་དགུས། །བཅུ་གཅིག་དག་གིས་དགྲ་བཅོམ་ཉིད། །འགའ་ཞིག་སྲིད་ཕྱིར་བཤད་པ་ཡིན། །ཞེས་བྱུང་། འབྲས་བུ་ཐ་མ་སྔ་ཕྱི་གཉིས་ལས་རྒྱུན་ཞུགས་ཀྱི་འབྲས་བུ་ཆོས་ཅན། ཟག་མེད་ཀྱི་དབང་པོ་དགུས་འཐོབ་སྟེ། ལམ་རྗེས་ཤེས་ཀྱི་ངོ་བོར་གྱུར་པའི་དད་སོགས་དབང་པོ་ལྔ། ཡིད་དབང་། བཏང་སྙོམས། མི་ཤེས་པ་ཀུན་ཤེས་པར་བྱེད་པའི་དབང་པོ་སྟེ་བརྒྱད་དང་། ལམ་རྗེས་ཤེས་ཀྱི་ངོ་བོར་གྱུར་པའི་ཀུན་ཤེས་པའི་དབང་པོ་དང་དགུས་ཐོབ་པའི་ཕྱིར། ཕྱི་མ་དགྲ་བཅོམ་པའི་འབྲས་བུ་ཆོས་ཅན། དབང་པོ་དགུས་ཐོབ་སྟེ། སྒོམ་ལམ་རྡོ་རྗེ་ལྟ་བུའི་ངོ་བོར་གྱུར་པའི་དད་སོགས་ལྔ་དང་ཚོར་བ་བདེ་བ་ཡིད་དབང་ཡིད་བདེ་བཏང་སྙོམས་གསུམ་གང་རུང་། ཀུན་ཤེས་པའི་དབང་པོ་སྟེ་བརྒྱད་དང་། མི་སློབ་ལམ་གྱི་ངོ་བོར་གྱུར་པའི་ཀུན་ཤེས་ལྡན་པའི་དབང་པོ་དང་དགུས་ཐོབ་པའི་ཕྱིར། འབྲས་བུ་བར་པ་གཉིས་ནི་ཆོས་ཅན། ཐོབ་ཚུལ་ཡོད་དེ། དབང་པོ་བདུན་དང་བརྒྱད་དང་དགུས་ཐོབ་པ་གསུམ་ཡོད་པའི་ཕྱིར། དེར་ཐལ། ཞི་རགས་ཀྱི་རྣམ་པ་ཅན་གྱིས་ཐོབ་པར་བྱེད་ན་དད་སོགས་ལྔ་དང་མི་ལྡོགས་མེད་པའི་ངོ་བོར་གྱུར་པའི་ཡིད་དང་བཏང་སྙོམས་བདུན་གྱིས་ཐོབ། མཐར་གྱིས་པ་ལྟག་མཐོང་ལ་ཤས་ཆེར་སྤྱོད་པ་ཡིན་ན། དད་སོགས་དང་མི་ལྡོགས་མེད་པའི་ཡིད་དང་ཚོར་བ་བཏང་སྙོམས་ཏེ་བདུན་དང་ཀུན་ཤེས་པའི་དབང་པོ་དང་བརྒྱད་ཀྱིས་ཐོབ། ཆགས་བྲལ་གྱི་འབྲས་བུ་ནི་རྒྱུན་ཞུགས་ལྟར་མཐོང་ལམ་གྱི་ངོ་བོར་གྱུར་པའི་དབང་པོ་བརྒྱད་དང་ལམ་རྗེས་ཤེས་དང་དགུས་ཐོབ་པའི་ཕྱིར། རབ་ཏུ་བྱེད་པར་དགྲ་བཅོམ་པའི་འབྲས་བུ་དབང་པོ་བཅུ་གཅིག་དག་གིས་ཐོབ་པར་བཤད་པ་དང་མི་འགལ་ཏེ། དེས་དགྲ་བཅོམ་པའི་འབྲས་བུ

ཐོ་བྲང་པོ་ཏ་ལར་བཞུགས་པའི་དགེ་ལུགས་པའི་དཔེ་དཀོན་ཕྱོགས་བསྒྲིགས་འདོན་ཐེངས་དང་པོ།

ཉིད་འགའ་ཞིག་ཐོབ་སྲིད་པ་ལ་དགོངས་ནས་བཤད་པའི་ཕྱིར།

༣༩ དབང་པོ་ལྡན་ཚུལ།

ད༡ ངེས་ལྡན་གྱི་དབང་པོ།

ཐ༡ ཕན་ཚུན་ངེས་ལྡན་གྱི་ཚུལ།

བཞི་པ་ལྡན་ཚུལ་ལ། ངེས་ལྡན་དང་། སྲིད་ལྡན་གཉིས། དང་པོ་ལ། ཕན་ཚུན་ངེས་ལྡན་དང་། དབང་པོ་གཞན་ངེས་ལྡན་གྱི་ཚུལ་(༣༧ན)གཉིས། དང་པོ་ནི། བཏང་སྙོམས་དང་ནི་སྲོག་དང་ནི། །ཡིད་དང་ལྡན་ལ་ངེས་ལྡན་གསུམ། །ཞེས་བྱུང་། བཏང་སྙོམས་དང་ནི་སྲོག་དང་ཡིད་དབང་གསུམ་ཆོས་ཅན། ངེས་ལྡན་ཡིན་ཏེ། ཕན་ཚུན་ངེས་ལྡན་ཡིན་པའི་ཕྱིར། དེར་ཐལ། གང་རུང་གཅིག་དང་ལྡན་ན་གཞན་གཉིས་ཀྱང་ལྡན་པར་ངེས་པའི་ཕྱིར། དེ་ཆོས་ཅན། ཁྱབ་པའི་ངེས་ལྡན་ཡིན་ཏེ། ཁམས་གསུམ་གྱི་འགྲོ་བ་ཐམས་ཅད་ལ་ཁྱབ་པའི་ཕྱིར། དེར་ཐལ། དེ་གསུམ་དང་མི་ལྡན་པའི་གང་ཟག་མི་སྲིད་པའི་ཕྱིར།

ཐ༢ དབང་པོ་གཞན་ངེས་ལྡན་གྱི་ཚུལ།

གཉིས་པ་ནི། བདེ་ལུས་ལྡན་ལ་བཞི་དག་དང་། །མིག་སོགས་ལྡན་ལ་ལྔ་དང་ལྡན། །ཡིད་བདེ་ལྡན་ཡང་སྡུག་བསྔལ་ལྡན། །བདུན་དང་མོ་ཡི་དབང་སོགས་ལྡན། །བརྒྱད་དང་ཀུན་ཤེས་ལྡན་པ་ཡི། །དབང་པོ་ལྡན་ལ་བཅུ་གཅིག་ལྡན། །ཀུན་ཤེས་བྱེད་པའི་དབང་ལྡན་ལ། །བཅུ་གསུམ་དག་དང་ལྡན་པ་ཡིན། །ཞེས་བྱུང་། བདེ་བ་ཆོས་ཅན། ཁྱོད་དང་ལྡན་ན་དབང་པོ་བཞི་དག་དང་ལྡན་པས་ཁྱབ་སྟེ། ངེས་ལྡན་གསུམ་གྱི་སྟེང་དུ་བདེ་བ་དང་བཞི་ལྡན་པའི་ཕྱིར། ལུས་དབང་ཆོས་ཅན། ཁྱོད་དང་ལྡན་ན་བཞི་དག་དང་ལྡན་ཏེ། ངེས་ལྡན་གསུམ་དང་ཁྱོད་དང་བཅས་བཞི་ལྡན་

པའི་ཕྱིར། མིག་སོགས་དབང་པོ་ལྔ་ཆོས་ཅན། ཁྱོད་སོ་སོ་དང་ལྡན་ན་ལྔ་དང་ལྡན་ཏེ། ངེས་ལྡན་གསུམ་དང་ལུས་དང་བཞིའི་སྟེང་དུ་ཁྱོད་གང་རུང་གཅིག་སྟེ་ལྔ་དང་ལྡན་པའི་ཕྱིར། ཡིད་བདེ་ཆོས་ཅན། ཁྱོད་དང་ལྡན་ན་ཡང་ལྔ་དང་ལྡན་ཏེ། བདེ་བ་དང་ཡིད་བདེ་བ་སྟེ་ལྔ་དང་ལྡན་པའི་ཕྱིར། སྡུག་བསྔལ་གྱི་དབང་པོ་ཆོས་ཅན། ཁྱོད་དང་ལྡན་ན་དབང་པོ་བདུན་དང་ལྡན་ཏེ། ངེས་ལྡན་གསུམ། སྡུག་བསྔལ་བདེ་བ་ཡིད་བདེ་བ་བཏང་སྙོམས་བཅས་ལྡན་པའི་ཕྱིར། མོ་ཡི་དབང་པོ་དང་སོགས་ཏེ་ཕོའི་དབང་པོ་ཡིད་མི་བདེ་དང་དད་སོགས་གང་རུང་སྟེ་བཞི་དང་ལྡན་ན་བརྒྱད་དང་ལྡན་ཏེ། སྔ་མ་བདུན་དང་ཕོ་མོའི་དབང་པོ་གང་རུང་སྟེ་བརྒྱད་དང་ལྡན་པ་དང་། ཡིད་མི་བདེ་དང་། དད་སོགས་གང་རུང་དང་ལྡན་ན་སྔར་ལྟར་བདུན་དང་བཅས་བརྒྱད་དང་ལྡན་པས་ཁྱབ་པའི་(༣༧བ)ཕྱིར། ཀུན་ཤེས་དང་དེ་ལྡན་པའི་དབང་པོ་ཆོས་ཅན། ཁྱོད་དང་ལྡན་ན་བཅུ་གཅིག་དང་ལྡན་ཏེ། བདེ་བ་ཡིད་བདེ་བཏང་སྙོམས་སྲོག་ཡིད་དང་དད་སོགས་ལྔ་ཀུན་ཤེས་པའི་དབང་པོའམ་དེ་ལྡན་པའི་དབང་པོ་དང་བཅུ་གཅིག་ལྡན་པའི་ཕྱིར། ཀུན་ཤེས་བྱེད་པའི་དབང་པོ་ཆོས་ཅན། ཁྱོད་དང་ལྡན་ན་བཅུ་གསུམ་དག་དང་ལྡན་པས་ཁྱབ་སྟེ། ཡིད་སྲོག་ལུས་གསུམ་དང་ཚོར་བའི་དབང་པོ་གཉིས། དད་སོགས་ལྔ་དང་། ཡིད་བདེ་བཏང་སྙོམས་གཉིས། ཁྱོད་རང་བཅས་བཅུ་གསུམ་ལྡན་པའི་ཕྱིར།

༨༢ སྲིད་ལྡན་གྱི་དབང་པོ།

ཐ༡ ཉུང་ལྡན།

གཉིས་པ་སྲིད་ལྡན་ལ། ཉུང་ལྡན་དང་། མང་ལྡན་གཉིས། དང་པོ་ནི། དགེ་མེད་ནང་ན་ཉུང་ལྡན་པ། །ལུས་ཚོར་སྲོག་ཡིད་བརྒྱད་དང་ལྡན། །གཟུགས་མེད་བྱིས་པའང་དེ་བཞིན་ཏེ། །བཏང་སྙོམས་སྲོག་ཡིད་དགེ་རྣམས་དང་། །ཞེས་བྱུང་། དགེ་

རྩ་ཚད་ནས་མེད་པའི་གང་ཟག་གི་ནང་ནས་དབང་པོ་ཉུང་དུ་དང་ལྡན་ན་བརྒྱད་དང་ལྡན་ཏེ། ལུས་ཚོར་བ་ལྔ་དང་སྲོག་ཡིད་བརྒྱད་དང་ལྡན་པའི་ཕྱིར། གཟུགས་མེད་ཀྱི་ཕྱིས་པའང་ཆོས་ཅན། དབང་པོ་བརྒྱད་དང་ལྡན་ཏེ། སྔ་མ་དེ་བཞིན་དུ་བཏང་སྙོམས་སྲོག་ཡིད་དང་དད་སོགས་དགེ་བ་ལྔ་སྟེ་བརྒྱད་རྣམས་དང་ལྡན་པའི་ཕྱིར།

ཐ༢ མང་ལྡན།

གཉིས་པ་ནི། མང་པོར་ལྡན་ལ་བཅུ་དགུ་སྟེ། །དྲི་མ་མེད་རྣམས་མ་གཏོགས་སོ། །ཞེས་བྱུང་། མཚན་གཉིས་དང་ལྡན་པའི་འདོད་པའི་སོ་སྐྱེ་ཆོས་ཅན། དབང་པོ་མང་པོ་དང་ལྡན་ཏེ། དྲི་མེད་ཀྱི་དབང་པོ་རྣམས་མ་གཏོགས་བཅུ་དགུ་དང་ལྡན་པའི་ཕྱིར། རྒྱུན་ཞུགས་དང་ཕྱིར་འོང་ལྷ་བུའི་འཕགས་པ་ཆགས་བཅས་ཆོས་ཅན། དབང་པོ་བཅུ་དགུ་དང་ལྡན་ཏེ། སྔར་གྱི་སྟེང་ནས་ཕོ་མོའི་མཚན་མ་གང་རུང་གཅིག་མ་གཏོགས་བཅོ་བརྒྱད་དང་། དྲི་མེད་ཕྱི་མ་གཉིས་མ་གཏོགས་པ་ལྷག་མ་རྣམས་དང་ལྡན་པའི་ཕྱིར་རོ། །

ཚ༢ འདུས་བྱས་ཀྱི་ཆོས་རྣམས་ཀྱི་སྐྱེ་ཚུལ།

ཛ༡ གཟུགས་ཅན་གྱི་སྐྱེ་ཚུལ།

གཉིས་པ་འདུས་བྱས་སྐྱེ་ཚུལ་ལ། གཟུགས་ཅན་སྐྱེ་ཚུལ་དང་། དེ་མིན་པའི་སྐྱེ་ཚུལ་གཉིས། དང་པོ་ནི། འདོད་ན་དབང་པོ་མེད་པ་དང་། །སྒྲ་མེད་ཕྲ་རབ་རྡུལ་རྫས་བརྒྱད། །ལུས་དབང་ལྡན་ལ་རྫས་དགུའོ། །དབང་པོ་གཞན་ལྡན་རྫས་བཅུའོ། །ཞེས་བྱུང་།

༡༧ ཚིག་དོན་བཤད་པ།

འདི་ལ་གཉིས། ཚིག་དོན་དང་། མཐའ་དཔྱོད་པ་གཉིས། དང་པོ་ནི། ཞེས་(༣༨ན)བྱ་ཆོས་ཅན། འདོད་པ་ན་དབང་པོས་ཟིན་པ་མེད་པའི་རྟུལ་ཕྲ་རབ་གཅིག་སྐྱེ་བའི་ཚེ་རྟུལ་རྫས་བརྒྱད་ཅིག་ཅར་དུ་སྐྱེ་སྟེ། དེ་སྐྱེ་བའི་ཚེ་འབྱུང་བཞིའི་རྟུལ་དང་སྒྲ་མེད་པ་སྟེ་མ་གཏོགས་པའི་གཟུགས་དྲི་རོ་རེག་བྱའི་རྟུལ་ཕྲ་རབ་བཅས་བརྒྱད་ཅིག་ཅར་དུ་སྐྱེ་བའི་ཕྱིར། འདོད་པར་ལུས་དབང་དང་ལྡན་པ་ལ་རྫས་དགུ་ཅིག་ཅར་སྐྱེ་སྟེ། སྔ་མ་བརྒྱད་ལུས་དབང་དང་དགུ་སྐྱེ་བའི་ཕྱིར། དབང་པོ་གཞན་མིག་རྣ་བ་སྣ་ལྕེ་དང་ལྡན་པ་ལ་རྫས་བཅུ་དུས་ཅིག་ཅར་སྐྱེ་སྟེ། སྔ་མ་དགུ་དང་མིག་སོགས་གང་རུང་བཅས་བཅུ་སྐྱེ་བའི་ཕྱིར།

༡༨ མཐའ་དཔྱོད་པ།

གཉིས་པ་ལ་ཁ་ཅིག །རྫས་རྟུལ་ཕྲ་རབ་མེད་པར་ཐལ། བསགས་རྟུལ་ཕྲ་རབ་ལས་ཆུང་བའི་རྟུལ་མེད་པའི་ཕྱིར་ན་མ་ཁྱབ། རྟགས་དེར་ཐལ། རང་འགྲེལ་ལས། དེ་ཡང་ཆུང་བ་ནི་མི་མངོན་ནོ། །ཞེས་གསུངས་པའི་ཕྱིར། འདོད་ན། དེ་ཡོད་པར་ཐལ། གང་སྤྲེལ་ལས། རྟུལ་ཕྲ་རབ་ནི་རྣམ་པ་གཉིས་ཏེ། རྫས་ཀྱི་རྟུལ་ཕྲ་རབ་དང་བསགས་པའི་རྟུལ་ཕྲ་རབ་བོ། །ཞེས་གསུངས་པའི་ཕྱིར། ཁ་ཅིག །སློབ་དཔོན་གྱིས་རྫས་རྟུལ་ཕྲ་རབ་བཞེད་པར་ཐལ། བྱེ་སྨྲའི་ལུགས་འདིར་དེ་ཡོད་པར་འདོད་པའི་ཕྱིར་ན་མ་ཁྱབ། འདོད་ན། མི་འཐད་པར་ཐལ། སློབ་དཔོན་དང་མདོ་སྡེ་པས་དེ་ཁས་མི་ལེན་པར་བཤད་པའི་ཕྱིར། ཁ་ཅིག །འདོད་པའི་རྟུལ་རྫས་བརྒྱད་འདུས་ཀྱི་གོང་བུ་ཕྲ་རབ་གཅིག་ལ། རྟུལ་ཕྲ་རབ་བརྒྱད་ཡོད་པར་ཐལ། དེ་རྟུལ་རྫས་བརྒྱད་འདུས་ཀྱི་གོང་བུ་ཡིན་པའི་ཕྱིར། དེར་ཐལ། དེ་ལྟ་བུའི་གོང་བུ་ཕྲ་རབ་གཅིག་ཡོད་

པའི་ཕྱིར་ན་སྔ་མར་མ་ཁྱབ། འདོད་ན། དེ་མི་འཐད་པར་ཐལ། རྟུལ་རྫས་བརྒྱད་འདྲེན་པའི་ཚེ་ས་ཆུ་མེ་རླུང་བཞི་དང་། གཟུགས་དྲི་རོ་རེག་བྱ་བཞི་སྟེ་བརྒྱད་ཀྱི་རྫས་འདྲེན་པ་གང་ཞིག །དེ་ལྟར་ན་རྟུལ་བརྒྱད་འདུས་པར་རྟུལ་ཕྲ་རབ་གཅིག་ཏུ་ཁས་ལེན་དགོས་པའི་སྐྱོན་ཡོད་པའི་ཕྱིར། གཞན་ཡང་། དེ་མི་འཐད་པར་ཐལ། རྟུལ་རྫས་བརྒྱད་འདུས་ཞེས་པ་ནི་རྫས་སམ་ནུས་པ་འདུས་པ་ཡིན་གྱི། རྫས་རིལ་རིལ་བརྒྱད་ཚང་བའི་དོན་མ་ཡིན་པའི་ཕྱིར། ཁ་ཅིག །རྫོ་སྲ་བ་ལྟ་བུ་ཞིག་ལ་ས་ཁམས་ཡོད་ཀྱང་གཞན་གསུམ་མེད་(༣༨བ)པར་ཐལ། དེ་ལ་རླུང་རྫས་མེད་པའི་ཕྱིར། དེར་ཐལ། དེ་ལ་གཡོ་བ་མེད་པའི་ཕྱིར། དེར་ཐལ། དེ་གཡོ་བའི་ཁམས་མ་ཡིན་པའི་ཕྱིར་ན་མ་ཁྱབ། འདོད་ན། གཞན་གསུམ་ཡོད་པར་ཐལ། དེ་ལ་སས་སྡུད་པ་དང་མེ་ཁམས་དྲོ་བ་དང་ཆུ་རྫས་གཤེར་བ་དང་རླུང་ཁམས་གཡོ་བ་རྣམས་ཡོད་པའི་ཕྱིར། དེར་ཐལ། དེ་ལ་ས་ཁམས་ཤས་ཆེ་ཡང་གཞན་གསུམ་ནུས་པའི་ཚུལ་གྱིས་ཡོད་པའི་ཕྱིར། ཁ་ཅིག །བསགས་རྟུལ་ཕྲ་རབ་གཅིག་ལ་རྟུལ་རྫས་བརྒྱད་ངོ་བོ་ཐ་དད་དུ་དམིགས་པར་ཐལ། དེ་ལ་རྟུལ་རྫས་བརྒྱད་ཚང་བའི་ཕྱིར་ན་མ་ཁྱབ། འདོད་ན། མི་འཐད་པར་ཐལ། དེ་ལ་དེ་བརྒྱད་ཀྱི་ངོ་བོ་སོ་སོར་བཟུང་བར་མི་ནུས་པའི་ཕྱིར།

ཛ༢ གཟུགས་ཅན་མིན་པའི་སྐྱེ་ཚུལ།

ཉ༡ མཚུངས་ལྡན་འདུ་བྱེད།

ཏ༡ མདོར་བསྟན་པ།

གཉིས་པ་ལ། མཚུངས་ལྡན་འདུ་བྱེད་དང་། ལྡན་མིན་འདུ་བྱེད་གཉིས། དང་པོ་ལ། མདོར་བསྟན་པ་དང་། རྒྱས་པར་བཤད་པ་གཉིས། དང་པོ་ནི། སེམས་དང་སེམས་བྱུང་ངེས་ལྷན་ཅིག །ཐམས་ཅད་འདུས་བྱས་མཚན་ཉིད་དང་། །ཐོབ་པའམ་ཞེས་བྱུང་། ཤེས་བྱ་ཆོས་ཅན། གཙོ་སེམས་གཅིག་སྐྱེ་བའི་ཚེ་འཁོར་སེམས་

བྱུང་དང་ལྡན་ཅིག་ངེས་པར་སྐྱེ་བས་ཁྱབ་སྟེ། སེམས་སེམས་བྱུང་གཉིས་ཕན་ཚུན་གཅིག་མེད་པར་ཅིག་ཤོས་མི་སྐྱེ་བའི་ཕྱིར། དེར་ཐལ། རང་འགྲེལ་ལས། འདི་དག་ནི་ཕན་ཚུན་མེད་ན་འབྱུང་བར་མི་ནུས་སོ། །ཞེས་གསུངས་པའི་ཕྱིར། འདུས་བྱས་ཐམས་ཅད་ཆོས་ཅན། སྐྱེ་བའི་ཚེ་རང་གི་མཚན་ཉིད་སྐྱེ་འགག་གནས་གསུམ་མི་རྟག་པ་དང་བཞི་ལྡན་ཅིག་སྐྱེ་བས་ཁྱབ་སྟེ། དེ་རྣམས་དང་འབྲལ་མེད་དུ་ལྡན་པས་ཁྱབ་པའི་ཕྱིར། གང་ཟག་གི་རྒྱུད་ཀྱིས་བསྡུས་པའི་འདུས་བྱས་ཆོས་ཅན། ཁྱོད་ཡིན་ན་སྔ་མའི་སྟེང་དུ་རང་གི་ཐོབ་པ་དང་ལྡན་ཅིག་སྐྱེ་བས་ཀྱང་ཁྱབ་སྟེ། ཁྱོད་ཡིན་ན་གང་ཟག་དེ་ཉིད་ཀྱི་རྒྱུད་ལ་ལྡན་པར་བྱེད་པའི་རྫས་ཤིག་ཡོད་པས་ཁྱབ་པའི་ཕྱིར། འམ་ཞེས་སྨོས་པ་ལ་དགོས་པ་ཡོད་དེ། རྒྱུད་དུ་གཏོགས་མི་གཏོགས་ལ་ཐོབ་པ་ཡོད་མེད་ཀྱི་ཁྱད་པར་བསྟན་པའི་ཆེད་ཡིན་པའི་ཕྱིར།

ང༢ རྒྱས་པར་བཤད་པ།

ཐ༡ སེམས་བྱུང་སྤྱིའི་རྣམ་གཞག །

ད༡ ངེས་པའི་མཚུངས་ལྡན་འདུ་བྱེད།

ཅ༡ མདོར་བསྟན་པ།

གཉིས་པ་ལ། སེམས་བྱུང་སྤྱིའི་རྣམ་གཞག །གཙོ་སེམས་གང་གི་འཁོར་དུ་སེམས་བྱུང་དུ་འགྲོ་བ། ཞར་ལ་སེམས་བྱུང་འགའ་ཞིག་གི་ཁྱད་པར་བཤད་པ་གསུམ། དང་པོ་ལ། ངེས་པའི་མཚུངས་ལྡན་འདུ་བྱེད་དང་། །མ་(ལྔ་ན)ངེས་པའི་མཚུངས་ལྡན་འདུ་བྱེད་གཉིས། དང་པོ་ལ། མདོར་བསྟན་པ་དང་། རྒྱས་པར་བཤད་པ་གཉིས། དང་པོ་ནི། སེམས་བྱུང་རྣམ་ལྔ་སྟེ། ས་མང་ལ་སོགས་ཐ་དད་ཕྱིར། །ཞེས་བྱུང་། ངེས་པའི་མཚུངས་ལྡན་གྱི་སེམས་བྱུང་ཆོས་ཅན། ཁྱོད་ལ་སྐྱེ་ཚུལ་རྣམ་པ་ལྔ་ཡོད་དེ། སེམས་ཀྱི་ས་མང་པོ་ལ་སོགས་ཏེ་དགེ་བའི་ས་པ། ཉོན་མོངས་ཆེན་པོའི་ས་

པ། མི་དགེ་བའི་ས་པ། ཉོན་མོངས་ཆུང་ངུའི་ས་པ་སྟེ་ཐ་དད་པ་ལྔ་ཡོད་པའི་ཕྱིར།

ན༢ རྒྱས་པར་བཤད་པ།

པ༡ སེམས་ཀྱི་ས་མང་བཅུ།

གཉིས་པ་ལ་ལྔའི་དང་པོ་ནི། ཚོར་དང་སེམས་པ་འདུ་ཤེས་དང་། །འདུན་དང་རེག་དང་བློ་གྲོས་དྲན། །ཡིད་ལ་བྱེད་དང་མོས་པ་དང་། །ཏིང་ངེ་འཛིན་སེམས་ཐམས་ཅད་ལ། །ཞེས་བྱུང་། ཤེས་བྱ་ཆོས་ཅན། འདི་པའི་ལུགས་ཀྱི་ས་མང་པོ་པ་བཅུ་ཡོད་དེ། ཡུལ་མྱོང་བའི་ཚོར་བ་དང་། འདུ་བྱེད་པའི་སེམས་པ་དང་། ཡུལ་དང་འདུས་ནས་ཤེས་པའི་འདུ་ཤེས་དང་། དོན་དུ་གཉེར་བའི་འདུན་པ་དང་། ཡུལ་དབང་རྣམ་ཤེས་གསུམ་དང་ཕྲད་ནས་སྐྱེས་པའི་རེག་པ་དང་། ཆོས་རྣམ་པར་འབྱེད་པའི་བློ་གྲོས་ཤེས་རབ་དང་། མི་བརྗེད་པའི་དྲན་པ་དང་། སེམས་ཀྱི་འཇུག་པ་ཡིད་ལ་བྱེད་པ་དང་། ཡུལ་དེ་འདོད་པའི་མོས་པ་དང་། རྩེ་གཅིག་པའི་ཏིང་ངེ་འཛིན་དང་བཅུ་ཡོད་པའི་ཕྱིར། དེ་བཅུ་ཆོས་ཅན། ས་མང་ཞེས་བརྗོད་པའི་རྒྱུ་མཚན་ཡོད་དེ། སེམས་ཀྱི་སྐད་ཅིག་ཐམས་ཅད་དང་ས་ཐམས་ཅད་ལ་འབྱུང་བའི་ཕྱིར།

པ༢ དགེ་བའི་ས་མང་བཅུ།

ལྔའི་གཉིས་པ་ནི། དད་དང་བག་ཡོད་ཤིན་ཏུ་སྦྱངས། །བཏང་སྙོམས་ངོ་ཚ་ཤེས་ཁྲེལ་ཡོད། །རྩ་བ་གཉིས་རྣམ་མི་འཚེ་དང་། །བརྩོན་འགྲུས་རྟག་ཏུ་དགེ་ལ་འབྱུང་། །ཞེས་བྱུང་། སེམས་དང་བའི་དད་པ་དང་། ཡོན་ཏན་ལ་གཅེས་སྤྲས་བྱེད་པའི་བག་ཡོད་དང་། སེམས་ལས་རུང་གི་ཤིན་ཏུ་སྦྱངས་པ་དང་། སེམས་མཉམ་པ་ཉིད་ཀྱི་འདུ་བྱེད་བཏང་སྙོམས་དང་། ངོ་ཚ་ཤེས་པ་དང་། ཁྲེལ་ཡོད་པ་དང་། ཆགས་མེད་དང་ཞེ་སྡང་མེད་པའི་རྩ་བ་གཉིས་དང་། གཞན་ལ་མི་འཚེ་བ་

དང་། དགེ་བའི་བརྩོན་འགྲུས་དང་བཅུ་ཆོས་ཅན། དགེ་བའི་ས་མང་ཞེས་བྱ་སྟེ། དགེ་བའི་སེམས་ཀུན་གྱི་འཁོར་དུ་འགྲོ་བའི་ཕྱིར།

པ༣ ཉོན་མོངས་ཆེན་པོའི་ས་མང་དྲུག །

གསུམ་པ་ནི། རྨོངས་དང་(ཞྭ་བ)བག་མེད་ལེ་ལོ་དང་། །མ་དད་པ་དང་རྨུགས་དང་རྒོད། །ཉོན་མོངས་ཅན་ལ་རྟག་ཏུ་འབྱུང་། །ཞེས་བྱུང་། རྨོངས་པ་སྟེ་མ་རིག་པ་དང་། བག་མེད་དང་། ལེ་ལོ་དང་། མ་དད་པ་དང་། རྨུགས་སེམས་དང་། མ་ཞི་བའི་རྒོད་པ་དང་དྲུག་ཆོས་ཅན། ཉོན་མོངས་ཆེན་པོའི་ས་པ་ཡིན་ཏེ། རྟག་ཏུ་ཉོན་མོངས་ཅན་གྱི་སེམས་ཐམས་ཅད་ཀྱི་འཁོར་དུ་འབྱུང་བའི་ཕྱིར།

པ༤ མི་དགེ་བའི་ས་མང་གཉིས།

བཞི་པ་ནི། མི་དགེ་ལ་ནི་ཁྲེལ་མེད་དང་། །ངོ་ཚ་མེད་པའོ་ཞེས་བྱུང་། ཁྲེལ་མེད་དང་ངོ་ཚ་མེད་པ་གཉིས་ཆོས་ཅན། མི་དགེ་བའི་ས་མང་ཡིན་ཏེ། མི་དགེ་བའི་ས་མང་པོ་ཐམས་ཅད་ཀྱི་འཁོར་ཁོ་ནར་འབྱུང་བའི་ཕྱིར།

པ༥ ཉོན་མོངས་ཆུང་ངུའི་ས་མང་བཅུ།

ལྔ་པ་ནི། ཁྲོ་བ་དང་། །འཁོན་དུ་འཛིན་དང་གཡོ་དང་ནི། །ཕྲག་དོག་འཚིག་འཆབ་སེར་སྣ་དང་། །སྒྱུ་དང་རྒྱགས་དང་རྣམ་འཚེ་ནི། །ཉོན་མོངས་ཆུང་ངུའི་ས་པ་རྣམས། །ཞེས་བྱུང་། མནར་སེམས་ཀྱིས་ཁྲོ་བ་དང་། ཤ་གཉེར་བའི་འཁོན་དུ་འཛིན་པ་དང་། སེམས་སྒྱུར་བའི་གཡོ་དང་། གཞན་གྱི་ཕུན་ཚོགས་ལ་ཕྲག་དོག་དང་། སྡིག་ལ་ཞེན་པའི་འཚིག་པ་དང་། ཉེས་པ་སྦེད་པའི་འཆབ་སེམས་དང་། སེར་སྣ་དང་། ཡོན་ཏན་དེ་མེད་ཀྱང་ཡོད་པར་སྟོན་པའི་སྒྱུ་དང་། རང་གི་

ཆོས་ལ་ཆགས་པའི་རྒྱུགས་པ་དང་། གཞན་ལ་ཐོ་འཚམས་པའི་རྣམ་འཚེ་དང་བཅུ་པོ་རྣམས་ཆོས་ཅན། ཉོན་མོངས་ཆུང་ངུའི་ས་པ་ཡིན་ཏེ། གྲོགས་ཆུང་ངུ་སྣང་བྱའི་སྒོ་ནས་ཆུང་ངུ་ས་རྣམས་ཀྱི་ཆུང་ངུར་བཞག་པའི་ཕྱིར། དེར་ཐལ། གྲོགས་མ་རིག་པ་དང་མཚུངས་ལྡན། སྒོམ་སྤང་ཁོ་ན། འདོད་པའི་སས་བསྡུས་པའི་ཡིད་ཀྱི་རྣམ་ཤེས་ཁོ་ན་དང་མཚུངས་ལྡན་ཡིན་པའི་ཕྱིར།

ང༢ མ་ངེས་པའི་མཚུངས་ལྡན་འདུ་བྱེད།

གཉིས་པ་མ་ངེས་པའི་མཚུངས་ལྡན་ནི། འདོད་ཆགས། ཁོང་ཁྲོ། ང་རྒྱལ། ཐེ་ཚོམ་བཞི་དང་། གཞན་འགྱུར་བཞི་དང་བརྒྱད་པོ་ཆོས་ཅན། མ་ངེས་པ་ཞེས་བྱ་སྟེ། ས་དེ་གང་དུའང་མ་ངེས་པའི་ཕྱིར།

ཐ༢ གཙོ་སེམས་གང་གི་འཁོར་དུ་སེམས་བྱུང་དུ་འགྲོ་བ།

ད༡ འདོད་པའི་དབང་དུ་བྱས་པ།

ན༡ དགེ་བའི་དབང་དུ་བྱས་པ།

གཉིས་པ་ལ། འདོད་པ་དང་། ཁམས་གོང་མའི་དབང་དུ་བྱས་པ་གཉིས། དང་པོ་ལ། དགེ་བ་དང་། མི་དགེ་བ་དང་། ལུང་མ་བསྟན་གྱི་དབང་དུ་བྱས་པ་གསུམ། དང་པོ་ནི། འདོད་པའི་དགེ་བའི་སེམས་ལ་ནི། །རྟོག་དང་དཔྱོད་དང་བཅས་པའི་ཕྱིར། །སེམས་ལས་བྱུང་བ་ཉི་ཤུ་གཉིས། །ལ་ལ་དག་ཏུ་འགྱོད་པ་བསྣན། །ཞེས་(༩༠ན)བྱུང་། ཤེས་བྱ་ཆོས་ཅན། འདོད་པའི་དགེ་སེམས་ཀྱི་འཁོར་དུ་སེམས་ལས་བྱུང་བ་ཉི་ཤུ་རྩ་གཉིས་ཡོད་དེ། སེམས་ཀྱི་ས་མང་བཅུ། དགེ་བའི་ས་མང་བཅུ། རྟོག་དཔྱོད་གཉིས་དང་བཅས་པའི་ཉེར་གཉིས་ཡོད་པའི་ཕྱིར། ཉེར་གསུམ་འབྱུང་བའང་ཡོད་དེ། ལ་ལ་དག་ཏུ་སྡིག་པ་ལ་འགྱོད་པ་བསྣན་པས་དེ་ལྟར་དུ་འབྱུང་བའི་ཕྱིར།

ན༢ མི་དགེ་བའི་དབང་དུ་བྱས་པ།

པ༡ མ་འདྲེས་པའི་དབང་དུ་བྱས་པ།

གཉིས་པ་ལ་མ་འདྲེས་པ་དང་། འདྲེས་པ་གཉིས་ཀྱི་དང་པོ་ནི། མི་དགེ་ལ་ནི་མ་འདྲེས་དང་། །ལྔ་དང་ལྡན་ལའང་ཉི་ཤུ་འབྱུང་། །ཞེས་བྱུང་། ཆགས་སོགས་གཞན་དང་མ་འདྲེས་པའི་ལྔ་བ་ཕྱི་མ་གསུམ་དང་མཚུངས་ལྡན་གྱི་འདོད་པའི་མི་དགེ་བའི་སེམས་ཆོས་ཅན། ཁྱོད་ཀྱི་འཁོར་དུ་སེམས་བྱུང་ཉི་ཤུ་འབྱུང་བ་ཡོད་དེ། སེམས་ཀྱི་ས་མང་བཅུ། ཉོན་མོངས་ཆེན་པོའི་ས་མང་དྲུག །དགེ་བའི་ས་མང་གཉིས། རྟོག་དཔྱོད་གཉིས་རྣམས་འབྱུང་བ་ཡོད་པའི་ཕྱིར།

པ༢ འདྲེས་པའི་དབང་དུ་བྱས་པ།

གཉིས་པ་ནི། ཉོན་མོངས་བཞི་དང་ཁྲོ་སོགས་དང་། །འགྱོད་པ་དང་ནི་ཉི་ཤུ་གཅིག །ཅེས་བྱུང་། འདོད་ཆགས་ཁོང་ཁྲོ་ང་རྒྱལ་ཐེ་ཚོམ་ཉོན་མོངས་ཅན་བཞི་མཚུངས་ལྡན་འདྲེས་པའི་སེམས་ཆོས་ཅན། ཁྱོད་ཀྱི་འཁོར་དུ་ཉེར་གཅིག་འབྱུང་སྟེ། སྔ་མ་ཉི་ཤུ་དང་འདོད་ཆགས་སོགས་བཞི་པོ་གང་རུང་གཅིག་དང་ཉི་ཤུ་རྩ་གཅིག་འབྱུང་བའི་ཕྱིར། ཁྲོ་སོགས་ནས་རྣམ་འཚེའི་བར་གྱི་ཉེ་ཉོན་བཅུ་རྣམས་དང་མཚུངས་ལྡན་གྱི་མི་དགེ་བའི་སེམས་ཆོས་ཅན། ཁྱོད་ཀྱི་འཁོར་ལའང་ཉི་ཤུ་རྩ་གཅིག་འབྱུང་སྟེ། སྔ་མ་ཉི་ཤུ་དང་ཉེ་ཉོན་དེ་དང་དེ་གང་རུང་བསྣན་པས་ཉེར་གཅིག་འབྱུང་བའི་ཕྱིར། འགྱོད་པ་ལའང་དེ་དང་འདྲ་བ་འབྱུང་སྟེ། སྔ་མ་ཉི་ཤུ་དང་དེ་ལ་དགེ་མི་དགེ་གཉིས་ཡོད་པའི་གང་རུང་འབྱུང་བའི་ཕྱིར།

ན༣ ལུང་མ་བསྟན་གྱི་དབང་དུ་བྱས་པ།

གསུམ་པ་ནི། བསྒྲིབས་ལ་བཅོ་བརྒྱད་ལུང་མ་བསྟན། །གཞན་ལ་བཅུ་གཉིས་དག་ཏུ་འདོད། །གཉིད་ནི་ཀུན་དང་མི་འགལ་ཕྱིར། །གང་ལ་ཡོད་པ་དེ་བསྟན་ནོ། །ཞེས་བྱུང་། བསྒྲིབས་ལུང་མ་བསྟན་གྱི་གཙོ་སེམས་ཆོས་ཅན། ཁྱོད་ཀྱི་འཁོར་དུ་བཅོ་བརྒྱད་འབྱུང་བ་ཡོད་དེ། སེམས་ཀྱི་ས་མང་བཅུ། ཉོན་མོངས་ཆེན་པོའི་ས་མང་དྲུག །རྟོག་དཔྱོད་(༩༠བ)གཉིས་དང་བཅས་པ་འབྱུང་བ་ཡོད་པའི་ཕྱིར། གཞན་མ་བསྒྲིབས་ལུང་མ་བསྟན་གྱི་སེམས་ཆོས་ཅན། ཁྱོད་ལ་བཅུ་གཉིས་འབྱུང་བ་ཡོད་དེ། སེམས་ཀྱི་ས་མང་བཅུ་དང་། རྟོག་དཔྱོད་གཉིས་རྣམས་འབྱུང་བ་ཡོད་པའི་ཕྱིར། གཉིད་ནི་ཆོས་ཅན། ཁྱོད་དགེ་མི་དགེ་བསྒྲིབས་མ་བསྒྲིབས་ལུང་མ་བསྟན་གང་ལ་ཡོད་པ་དེ་ལ་བསྟན་རིགས་ཏེ། དེ་ཀུན་དང་མི་འགལ་བའི་ཕྱིར། དེར་ཐལ། ཁྱོད་དུ་གྱུར་པའི་དེ་རྣམས་ཡོད་པའི་ཕྱིར། དེ་དག་ལ་ས་ཞེས་བརྗོད་པའི་རྒྱུ་མཚན་ཡོད་དེ། དེ་དང་དེ་སྐྱེ་བའི་གོ་སྐབས་ཀྱི་ཡུལ་ཡིན་པས་ན་སའམ་ས་པ་ཞེས་བརྗོད་པའི་ཕྱིར།

ད༢ ཁམས་གོང་མའི་དབང་དུ་བྱས་པ།

གཉིས་པ་ཁམས་གོང་མའི་དབང་དུ་བྱས་པ་ནི། དེ་ལ་འགྱོད་གཉིད་མི་དགེ་རྣམས། །བསམ་གཏན་དང་པོ་དག་ན་མེད། །རྟོག་པའང་བསམ་གཏན་ཁྱད་པར་ཅན། །དེ་ཡི་གོང་ན་དཔྱོད་པ་ཡང་། །ཞེས་བྱུང་། ཤེས་བྱ་ཆོས་ཅན། སེམས་བྱུང་དེ་ལས་འགྱོད་པ་དང་གཉིད་དང་མི་དགེ་བ་རྣམས་ནི་བསམ་གཏན་དང་པོ་དག་ན་མེད་དེ། དེ་དག་ལ་ཆགས་པ་དང་བྲལ་བའི་ཕྱིར་དང་། དེར་མ་ཟད། རྟོག་དཔྱོད་ཀྱི་རྟོག་པའང་བསམ་གཏན་ཁྱད་པར་ཅན་ན་མེད་ལ། དེའི་གོང་བསམ་གཏན་གཉིས་པ་ཡན་ཆད་ན་དཔྱོད་པ་ཡང་མེད་པའི་ཕྱིར། ཡང་སྐབས་འདིའི་དོན་ཡོད་

དེ། དེར་མི་དགེ་བའི་རྟོག་དཔྱོད་སོགས་མེད་པར་མ་ཟད། གཡོ་སྒྱུ་ཡང་མེད་ཅེས་པ་ཡིན་པའི་ཕྱིར།

ཐ༣ ཞར་ལ་སེམས་བྱུང་འགའ་ཞིག་གི་ཁྱད་པར་བཤད་པ།

ད༡ སེམས་བྱུང་བརྒྱད་ཀྱི་ཁྱད་པར།

གསུམ་པ་སེམས་བྱུང་འགའ་ཞིག་གི་ཁྱད་པར་ལ། སེམས་བྱུང་བརྒྱད་ཀྱི་ཁྱད་པར་དང་། སེམས་སེམས་བྱུང་གི་མིང་གི་རྣམ་གྲངས་གཉིས། དང་པོ་ནི། མ་གུས་ངོ་ཚ་མེད་ཁྲེལ་མེད། །ཁ་ན་མ་ཐོ་འཇིགས་མི་ལྟ། །དགའ་དང་གུས་ཉིད་ངོ་ཚ་ཤེས། །དེ་གཉིས་འདོད་དང་གཟུགས་དག་ན། །རྟོག་དང་དཔྱོད་པ་རྩིང་ཞིབ་ཉིད། །ང་རྒྱལ་ཁེངས་པ་རྒྱགས་པ་ནི། །རང་གི་ཆོས་ལ་ཆགས་པ་ཡི། །སེམས་ནི་ཡོངས་སུ་གཏོགས་པའོ། །ཞེས་བྱུང་། ཤེས་བྱ་ཆོས་ཅན། སེམས་བྱུང་གི་ངོ་ཚ་མེད་པ་དང་ཁྲེལ་མེད་ཀྱི་ཁྱད་པར་ཡོད་དེ། ཐེ་སྒྲ་ལྟར་ན་ཡོན་ཏན་དང་ཡོན་ཏན་ཅན་ལ་མ་གུས་པ་ངོ་ཚ་མེད་པ་དང་། ཁ་ན་མ་ཐོ་བ་ལ་འཇིགས་པར་མི་ལྟ་བ་ནི་ཁྲེལ་མེད་པ་ཡིན་ལ། སློབ་དཔོན་ལྟར་ན་རང་དང་གཞན་ལ་ལྟོས་ནས་ཉེས(༤༡ན)པ་ལ་མི་འཛེམ་པ་གཉིས་རིམ་པ་བཞིན་ངོ་ཚ་མེད་པ་དང་ཁྲེལ་མེད་དུ་འཇོག་པའི་ཕྱིར། གཉིས་པ་དེར་ཐལ། དེར་གཉིས་ལས་ལྡོག་པ་ནི་ངོ་ཚ་ཡོད་པ་དང་ཁྲེལ་ཡོད་ཡིན་པའི་ཕྱིར། དགའ་བ་དང་གུས་པ་ཉིད་ཀྱི་ཁྱད་པར་ཡོད་དེ། ཡུལ་ལ་དགའ་བ་ལ་ཉོན་མོངས་ཅན་ཡིན་མིན་གཉིས་ཡོད་དེ། ཡུལ་ཁྱད་པར་ཅན་ལ་དད་ཅིང་གུས་པ་ནི་ངོ་ཚ་ཤེས་པ་ཡིན་པའི་ཕྱིར། ཟུར་དང་པོ་དེར་ཐལ། དགའ་བ་ལ་བུ་དང་ཆུང་མ་སོགས་ལ་དགའ་བ་དང་། ཡོན་ཏན་ཅན་ལ་དགའ་བ་གཉིས་ཡོད་ཅིང་། སྤྱིར་དགའ་དད་ལ་མུ་བཞི་ཡོད་པའི་ཕྱིར། དགའ་བ་དང་གུས་པ་དེ་གཉིས་ནི་འདོད་པ་དང་གཟུགས་ཁམས་དག་ན་ཡོད་ཀྱང་གཟུགས་མེད་ན་མེད་དེ། གཟུགས་མེད་ན་

གང་ཟག་ཕན་ཚུན་མངོན་སུམ་གྱི་ཡུལ་མ་ཡིན་པའི་ཕྱིར། རྟོག་པ་དང་དཔྱོད་པ་གཉིས་ཀྱི་ཁྱད་པར་ཡོད་དེ། རྟོག་པ་ནི་རྩིང་བ་དང་དཔྱོད་པ་ནི་ཞིབ་པ་ཉིད་ཀྱི་རྣམ་པས་འཇུག་པའི་ཕྱིར། ང་རྒྱལ་ཆོས་ཅན། ཡོད་དེ། སེམས་ཁེངས་པའི་རྣམ་པ་ཅན་གྱི་སེམས་བྱུང་ཞིག་ལ་འཇོག་པའི་ཕྱིར། རྒྱགས་པ་ཆོས་ཅན། འཇོག་ཚུལ་ཡོད་དེ། རང་གི་ཆོས་ལ་རང་གིས་ཆགས་ལ་ཆགས་པ་ཡི་སེམས་ཡོངས་སུ་གཏུགས་པའི་སེམས་བྱུང་ཞིག་ལ་འཇོག་པའི་ཕྱིར། ང་རྒྱལ་དང་ཁྱད་པར་ཡོད་དེ། དེ་ནི་སེམས་ཁེངས་པའི་རྣམ་པ་ཅན་གྱི་སེམས་བྱུང་ཞིག་ལ་འཇོག་པའི་ཕྱིར།

༥༢ སེམས་སེམས་བྱུང་གི་མིང་གི་རྣམ་གྲངས།

གཉིས་པ་ནི། སེམས་དང་ཡིད་དང་རྣམ་ཤེས་ནི། །དོན་གཅིག་སེམས་དང་སེམས་བྱུང་དང་། །རྟེན་དང་དམིགས་དང་རྣམ་བཅས་དང་། །མཚུངས་པར་ལྡན་པ་རྣམ་པ་ལྔ། །ཞེས་བྱུང་། གསུང་རབ་ནས་བཤད་པའི་སེམས་དང་ཡིད་དང་རྣམ་ཤེས་རྣམས་ཆོས་ཅན། དོན་ཐ་དད་པ་མ་ཡིན་ཏེ། དོན་གཅིག་ཡིན་པའི་ཕྱིར། དེར་ཐལ། རྣམ་པར་རིག་པའི་གཙོ་སེམས་སུ་མཚུངས་པའི་ཕྱིར། མིང་གིས་ཐ་དད་དུ་བཤད་པའི་སྒྲ་དོན་ཡོད་དེ། དོན་རྣམ་པར་འབྱེད་པས་ན་སེམས་དང་། དོན་ཤེས་པས་ཡིད་དང་། ཡུལ་གཟུགས་སོགས་ལ་དམིགས་ནས་རྣམ་པར་ཤེས་པར་བྱེད་པས་ན་རྣམ་ཤེས་སུ་བཤད་པའི་ཕྱིར། མདོ་སེམས་གཉིས་ན་རེ། རྣམ་གྲངས་ཀྱི་ཐ་དད་དེ། བག་ཆགས་བསགས་(༦༧བ)པས་ན་སེམས་དང་། རྟེན་དུ་གྱུར་པས་ན་ཡིད་དང་། ད་ལྟའི་དངོས་པོ་ལ་བལྟོས་པས་ན་རྣམ་ཤེས་སུ་བཤད་པའི་ཕྱིར་གསུང་། སེམས་དང་སེམས་བྱུང་རྣམས་ཆོས་ཅན། ཁྱོད་རྟེན་བཅས་དང་དམིགས་བཅས་དང་རྣམ་བཅས་དང་མཚུངས་ལྡན་ཞེས་བརྗོད་ཅིང་། དོན་གཅིག་ལ་འཇུག་སྟེ། ཁྱོད་དབང་པོ་ལ་བརྟེན། ཡུལ་ལ་དམིགས་རྣམ་པ་ཁྱད་པར་དུ་གཙོད། མཚུངས་པར་ལྡན་པ་རྣམ་

པ་ལྔ་དང་བཅས་པའི་ཕྱིར། ཕྱི་མ་དེར་ཐལ། རྟེན་དང་དམིགས་པ་དང་རྣམ་པ་དང་དུས་དང་རྫས་ལྔ་མཚུངས་པའི་ཕྱིར། དེ་ལྔས་མཚུངས་ཏེ། གཙོ་སེམས་རྟེན་གང་ལ་བརྟེན་པ་དེ་ལ་འཁོར་སེམས་བྱུང་རྣམས་ཀྱང་བརྟེན། དམིགས་པ་གང་ལས་སེམས་སྐྱེ་བ་དེ་ལས་འཁོར་སེམས་བྱུང་རྣམས་སྐྱེ། སེམས་ཡུལ་གང་གི་རྣམ་པར་སྐྱེས་པ་ལྟར་འཁོར་སེམས་བྱུང་རྣམས་ཀྱང་སྐྱེས། སེམས་དུས་གང་གི་ཚེ་སྐྱེས་པ་ན་འཁོར་སེམས་བྱུང་རྣམས་ཀྱང་སྐྱེས། སེམས་རྫས་རིགས་གཅིག་པ་ལྟར་དེ་དང་འཁོར་སེམས་བྱུང་རྣམས་ཀྱང་རྫས་རིགས་གཅིག་པའི་ཕྱིར། གོང་དུ་བཤད་པའི་སེམས་སེམས་བྱུང་ལ་སྤྱི་དོན་གྱིས་མདོར་བསྡུས་བཤད་ན། གཙོ་སེམས་ཀྱི་མཚན་ཉིད་ཡོད་དེ། རང་གི་འཁོར་སེམས་བྱུང་དང་མཚུངས་ལྡན་ལྔས་མཚུངས་པའི་རྣམ་རིག་དེ་དེ་ཡིན་པའི་ཕྱིར། དེ་ལ་དབྱེ་ན་དྲུག་ཡོད་དེ། རྣམ་ཤེས་ཚོགས་དྲུག་ཡོད་པའི་ཕྱིར། སེམས་བྱུང་གི་མཚན་ཉིད་ཡོད་དེ། གཙོ་སེམས་གང་གི་འཁོར་དུ་བྱུང་ཞིང་དེ་དང་མཚུངས་ལྡན་རྣམ་པ་ལྔས་མཚུངས་པའི་རིག་པ་དེ་དེ་ཡིན་པའི་ཕྱིར། དབྱེ་བ་ཡོད་དེ། ཀུན་བཏུས་ལྟར་ན་ང་གཅིག་དང་། སྐབས་འདིའི་སྐོ་ཚན་ལྔས་དབྱེ་ན་ཞེ་དྲུག་ཡོད་པའི་ཕྱིར། དང་པོ་གྲུབ་སྟེ། ཀུན་འགྲོ་ལྔ། ཡུལ་ངེས་ལྔ། དགེ་བ་བཅུ་གཅིག །རྩ་ཉོན་དྲུག །ཉེ་ཉོན་ཉི་ཤུ། གཞན་འགྱུར་བཞི་རྣམས་སུ་ཡོད་པའི་ཕྱིར། གཉིས་པ་གྲུབ་སྟེ། སེམས་ཀྱི་ས་མང་བཅུ། དགེ་བའི་ས་མང་བཅུ། ཉོན་མོངས་ཆེན་པོའི་ས་མང་དྲུག །མི་དགེ་བའི་ས་པ་གཉིས། ཉོན་མོངས་ཆུང་ངུའི་ས་པ་བཅུ། འདོད་ཆགས་ཁོང་ཁྲོ་ང་རྒྱལ་ཐེ་ཚོམ་བཞི། གཞན་འགྱུར་བཞི་དང་བརྒྱད་རྣམས་སུ་ཡོད་པའི་ཕྱིར། གཙོ་འཁོར་གྱི་དོན་ཡོད་དེ། སེམས་ལ་རྟེན་དམིགས་པ་(༥༧ན)སོགས་ལྔ་རང་དབང་ཡོད། སེམས་བྱུང་རྣམས་སེམས་ཀྱི་དེ་ལ་མ་བརྟེན་པར་དེ་ལྔ་རང་དབང་དུ་མེད་པའི་ཕྱིར། ཁ་ཅིག་བརྩོན་འགྲུས་ལ་དགེ་མི་དགེ་ལུང་མ་བསྟན་གསུམ་ཡོད་པར་ཐལ། གཉིད་དང་འགྱོད་པ་ལ་དེ་གསུམ་ཡོད་པའི་ཕྱིར་ན་མ་

ཁྱབ་སྟེ། མི་དགེ་བའི་ཕྱོགས་དང་བྱ་བ་གཞན་ངན་པ་ལ་འབད་པའི་བརྩོན་འགྲུས་ཏེ་བརྩོན་འགྲུས་མ་ཡིན་པའི་ཕྱིར། དེར་ཐལ། དེ་ལེ་ལོ་ངན་ལ་ཞེན་པ་དང་། ཞེས་གསུངས་པའི་ཕྱིར། ཁ་ཅིག །དགེ་བའི་རྩ་བ་གསུམ་མེད་པར་ཐལ། འདིར་རྩ་བ་གཉིས་ཞེས་འབྱུང་བའི་ཕྱིར་ན་མ་ཁྱབ་སྟེ། འདིར་ཆགས་མེད་དང་སྡང་མེད་ཀྱིས་གཏི་མུག་མེད་པ་ཡང་སྡུད་པའི་ཕྱིར། ཁ་ཅིག །བསམ་གཏན་དང་པོ་སོགས་ན་མི་དགེ་བ་ཡོད་པར་ཐལ། དེ་དག་ན་རང་སར་ཆགས་པའི་སྲིད་པ་ཡོད་པའི་ཕྱིར་ན་སྐྱོན་མེད་དེ། དེ་ཡོད་ཀྱང་ལུང་མ་བསྟན་ཡིན་པའི་ཕྱིར། དེར་ཐལ། གོང་མ་ཐམས་ཅད་ལུང་མ་བསྟན། །ཞེས་གསུངས་པའི་ཕྱིར། ཁ་ཅིག །སེམས་སེམས་བྱུང་རྣམས་རྣམ་པ་མི་མཚུངས་པར་ཐལ། སེམས་བྱུང་སྣ་ཚོགས་པ་རྣམས་ཀྱིས་ཡུལ་སྣ་ཚོགས་ལ་དམིགས་པའི་ཚེ་རྣམ་པ་ཡང་སྣ་ཚོགས་འབྱུང་ལ། སེམས་ཀྱི་རྣམ་པ་སེམས་བྱུང་ལྟར་སྣ་ཚོགས་སུ་མི་འགྱུར་བའི་ཕྱིར་ཟེར་བ་དང་། མིག་གི་རྣམ་ཤེས་ཀྱིས་གཟུགས་སྣ་ཚོགས་ལ་བལྟས་པའི་ཚེ་དེའི་འཁོར་དུ་གྱུར་པའི་ཚོར་འདུ་སོགས་ལྔ་པོ་རེ་རེར་གཟུགས་སྣ་ཚོགས་པའི་རྣམ་པ་ཤར་བར་ཐལ། དམ་བཅའ་འཐད་པའི་ཕྱིར། འདོད་ན། ཚོར་བས་མྱོང་བ་དང་། འདུ་ཤེས་ཀྱིས་དྲན་པ་སོགས་དོན་འདྲ་བར་ཐལ། འདོད་པའི་ཕྱིར་ན་མ་ཁྱབ་པོ། །

༦༢ ལྡན་མིན་འདུ་བྱེད།

༥༧ དབྱེ་བ་མདོར་བསྟན་པ།

གཉིས་པ་ལྡན་མིན་འདུ་བྱེད་ལ། དབྱེ་བ་མདོར་བསྟན་པ་དང་། རང་བཞིན་རྒྱས་པར་བཤད་པ་དང་། ཁྱད་པར་གཞན་བསྟན་པའི་སྒོ་ནས་དོན་བསྡུ་བ་གསུམ། དང་པོ་ནི། མི་ལྡན་པ་ཡི་འདུ་བྱེད་རྣམས། །ཐོབ་དང་མ་ཐོབ་སྐལ་མཉམ་དང་། །འདུ་ཤེས་མེད་པའི་སྙོམས་འཇུག་དང་། །སྲོག་དང་མཚན་ཉིད་

རྣམས་དང་ནི། །མིང་གི་ཚོགས་ལ་སོགས་པ་ཡང་། །ཞེས་བྱུང་། མི་ལྡན་པ་སྟེ་ལྡན་མིན་འདུ་བྱེད་རྣམས་ཆོས་ཅན། ཁྱོད་ལ་དབྱེ་(༤༢བ)ན་བཅུ་བཞི་ཡོད་དེ། ཐོབ་པ་དང་མ་ཐོབ་པ་དང་སྐལ་མཉམ་དང་འདུ་ཤེས་མེད་པ་དང་དེའི་སྙོམས་འཇུག་དང་སྲོག་དང་། འདུས་བྱས་ཀྱི་མཚན་ཉིད་སྐྱེ་རྒ་གནས་པ་མི་རྟག་པ་བཞི་རྣམས་དང་། མིང་གི་ཚོགས་དང་། ལ་སོགས་པ་ངག་གི་ཚོགས་དང་། ཡི་གེའི་ཚོགས་དང་བཅུ་བཞི་ཡོད་པའི་ཕྱིར།

ང༢ རང་བཞིན་རྒྱས་པར་བཤད་པ།

ཐ༡ ཐོབ་པ་སོགས་གསུམ་བཤད་པ།

ད༡ ཐོབ་མ་ཐོབ་བཤད་པ།

ན༡ ཐོབ་མ་ཐོབ་ཀྱི་ངོ་བོ།

གཉིས་པ་ལ། ཐོབ་པ་སོགས་གསུམ་བཤད་པ་དང་། འདུ་ཤེས་མེད་པ་སོགས་གསུམ་བཤད་པ་དང་། སྲོག་སོགས་ལྔ་བཤད་པ་དང་། མིང་ཚིག་སོགས་གསུམ་བཤད་པ་དང་བཞི། དང་པོ་ལ། ཐོབ་མ་ཐོབ་དང་། སྐལ་མཉམ་བཤད་པ་གཉིས། དང་པོ་ལ། ཐོབ་མ་ཐོབ་ཀྱི་ངོ་བོ་དང་། ཁྱད་ཆོས་གཉིས། དང་པོ་ནི། ཐོབ་པ་རྙེད་དང་ལྡན་པའོ། །ཐོབ་དང་མ་ཐོབ་རང་རྒྱུད་དུ། །གཏོགས་པ་རྣམས་ཀྱིའོ་འགོག་གཉིས་ཀྱི། །ཞེས་བྱུང་། ཐོབ་པ་ཆོས་ཅན། ཁྱོད་ཀྱི་འཇོག་ཚུལ་ཡོད་དེ། རང་གང་ལ་ལྡན་པའི་གང་ཟག་གི་རྒྱུད་ལ་ལྡན་པར་བྱེད་པའི་རྫས་ཤིག་ལ་འཇོག་པའི་ཕྱིར། དེ་ཆོས་ཅན། ཁྱོད་ལ་དབྱེ་ན་གཉིས་ཡོད་དེ། རྙེད་ཐོབ་དང་ལྡན་ཐོབ་གཉིས་ཡོད་པའི་ཕྱིར། དང་པོ་གྲུབ་སྟེ། སྔར་མ་ཐོབ་པ་དང་ཐོབ་ཀྱང་ཉམས་པ་སླར་གསར་དུ་རྙེད་བྱེད་ཀྱི་རྫས་ཤིག་ལ་འཇོག་པའི་ཕྱིར། དེ་གཉིས་ཀྱི་ཁྱད་པར་ཡོད་དེ། སྔ་མ་ནི་མཐོང་ལམ་གསར་དུ་ཐོབ་པ་ལྟ་བུ་དང་། གཉིས་པ་ནི་བསམ་

གཟུགས་ལས་ཉམས་པ་སླར་གསར་དུ་ཐོབ་པ་ལྟ་བུ་ཡིན་པའི་ཕྱིར། གཉིས་པ་ལྡན་ཐོབ་ཡོད་དེ། ཐོབ་ཟིན་སྐད་ཅིག་གཉིས་པ་ཕན་ཆད་དུ་ལྡན་པར་བྱེད་པའི་རྫས་ཤིག་ལ་འཇོག་པའི་ཕྱིར། མ་ཐོབ་པ་ཆོས་ཅན། ཁྱོད་འཇོག་ཚུལ་ཡོད་དེ། ཐོབ་བྱ་དེ་གང་ཟག་དེའི་རྒྱུད་ལ་ལྡན་པ་ལ་གེགས་བྱེད་པའི་རྫས་ཤིག་ལ་འཇོག་པའི་ཕྱིར། དེ་ཆོས་ཅན། ཁྱོད་ལ་གཉིས་ཡོད་དེ། རྙེད་པའི་མ་ཐོབ་པ་དང་། ལྡན་པའི་མ་ཐོབ་པ་གཉིས་གཉིས་ཡོད་པའི་ཕྱིར། དེ་གཉིས་ཀྱི་ཁྱད་པར་ཡོད་དེ། དང་པོ་ནི། ཐོབ་བྱའི་ཆོས་དེ་གསར་དུ་རྙེད་པ་ལ་གེགས་བྱེད་ཀྱི་རྫས་ཤིག་དང་། ཕྱི་མ་ནི་ཆོས་དེ་གང་ཟག་དེའི་རྒྱུད་ལ་རྒྱུན་དུ་ལྡན་པ་ལ་གེགས་བྱེད་པའི་རྫས་ཤིག་ལ་འཇོག་པའི་ཕྱིར། ཐོབ་དང་(༢༣ན)མ་ཐོབ་གཉིས་ཆོས་ཅན། གང་ཟག་དེ་རྣམས་ཀྱི་རང་རྒྱུད་དུ་གཏོགས་པ་ཞིག་དགོས་ཏེ། གཞན་རྒྱུད་དུ་གཏོགས་པ་སོགས་ཀྱིས་མི་ཚོག་པའི་ཕྱིར། ཐོབ་མ་ཐོབ་གཉིས་འདུས་བྱས་ཁོ་ནའི་སྟེང་དུ་བཅེ་བར་མ་ངེས་ཏེ། འགོག་པ་གཉིས་ཀྱི་ཐོབ་མ་ཐོབ་ཀྱང་ཡོད་པའི་ཕྱིར། འདིར་ཁ་ཅིག །ཐོབ་པ་དང་རྙེད་པ་དང་ལྡན་པ་གསུམ་དོན་གཅིག་ཟེར་བ་ནི་མི་འཐད་དེ། ཐོབ་པ་དབྱེ་གཞི་དང་། གཞན་གཉིས་དབྱེ་བའི་ཡ་གྱལ་ཡིན་པའི་ཕྱིར། དེར་ཐལ། རང་འགྲེལ་ལས། ཐོབ་པ་ནི་རྣམ་པ་གཉིས་ཏེ། ཞེས་གསུངས་པའི་ཕྱིར། ཁ་ཅིག །རྙེད་ཐོབ་དང་ལྡན་ཐོབ་གཉིས་འགལ་གསུང་བ་ནི་མི་འཐད་དེ། དེ་གཉིས་སུ་ཕྱེ་བའི་རྙེད་ཐོབ་དང་ལྡན་ཐོབ་འགལ་ཡང་། སྤྱིར་དེ་གཉིས་མི་འགལ་བའི་ཕྱིར། དེར་ཐལ། སྡུག་བསྔལ་ཆོས་བཟོད་སྐད་ཅིག་དང་པོ་དེ་རྙེད་པ་ཐོབ་པ་ལྡན་པ་གསུམ་ག་ཡིན་པའི་ཕྱིར། དེར་ཐལ། གང་སྤེལ་ལས། ཐོབ་པ་དང་རྙེད་པ་དང་ལྡན་པའི་སྒྲ་དོན་གཅིག་པར་འདོད་མོད་ཀྱི། ཞེས་གསུངས་པའི་ཕྱིར།

ན༢ ཐོབ་མ་ཐོབ་ཀྱི་ཁྱད་ཆོས།

པ༡ ཐོབ་པའི་ཁྱད་ཆོས།

ཕ༡ སྤྱིར་བསྟན་པ།

གཉིས་པ་ཁྱད་ཆོས་སོ་སོར་བཤད་པ་ལ། ཐོབ་པའི་ཁྱད་ཆོས་དང་། མ་ཐོབ་པའི་ཁྱད་ཆོས་གཉིས། དང་པོ་ལ། སྤྱིར་བསྟན་པ་དང་། དམིགས་བསལ་གཉིས། དང་པོ་ནི། དུས་གསུམ་པ་ཡི་རྣམ་པ་གསུམ། །དགེ་ལ་སོགས་ཀྱི་དགེ་ལ་སོགས། །དེར་གཏོགས་རྣམས་ཀྱི་རང་ཁམས་པ། །མ་གཏོགས་རྣམས་ཀྱི་རྣམ་པ་བཞི། །སློབ་དང་མི་སློབ་མིན་གྱི་གསུམ། །སྤང་བྱ་མིན་པའི་རྣམ་གཉིས་འདོད། །ཅེས་བྱུང་།

བ༡ ཚིག་དོན་བཤད་པ།

འདི་ལ་གཉིས། ཚིག་དོན་དང་། མཐའ་དཔྱད་པའོ། །དང་པོ་ནི། ཐོབ་པ་ཆོས་ཅན། ཁྱོད་ལ་དུས་གསུམ་བཞག་ཏུ་ཡོད་དེ། ལྟོས་ས་ལ་ལྟོས་ནས་དུས་གསུམ་དང་། དུས་རེ་རེ་ལ་ཡང་འདས་པའི་ཐོབ་པ་མ་འོངས་པའི་ཐོབ་པ་ད་ལྟ་བའི་ཐོབ་པ་རྣམ་པ་གསུམ་གསུམ་ཡོད་པའི་ཕྱིར། དེར་ཐལ། ཆོས་འདས་པའི་ཐོབ་པ་ལ་ཡང་འདས་མ་འོངས་ད་ལྟ་བ་གསུམ་ཡོད་པའི་ཕྱིར། དེར་ཐལ། སོ་ཐར་ལྟ་བུའི་ཐོབ་པ་སྐྱེས་ལ་འགགས་པ་ནི་འདས་པ་(༤༣བ)ཡིན་ལ། དེའི་སྔར་ཐོབ་པ་སྐྱེས་པ་འདས་པའི་འདས་པ་དང་དེའི་ཕྱིས་སྐྱེ་བའི་ཐོབ་པ་འདས་པའི་མ་འོངས་པ་དང་དེ་དང་ལྷན་ཅིག་ཐོབ་པ་ནི་འདས་པའི་ད་ལྟ་བ་ཡིན་པའི་ཕྱིར། དེ་བཞིན་དུ་ཉོན་མོངས་སམ་དགེ་བ་གང་ཡིན་ཡང་ཐོབ་པ་སྐྱེས་ལ་མ་འགག་དེ་ད་ལྟ་བ་དང་། དེའི་སྔར་སྐྱེས་པ་དེའི་འདས་པ་དང་། དེའི་ཕྱིས་སྐྱེ་བ་དེའི་མ་འོངས་པ་དང་། དེ་དང་ལྷན་ཅིག

སྐྱེས་པ་དེའི་ད་ལྟ་བ་ཡིན་ཏེ། གཞན་ལའང་རིགས་འགྲེ་བའི་ཕྱིར། ཐོབ་པ་ཆོས་ཅན། ཁྱོད་ལ་དགེ་མི་དགེ་ལུང་མ་བསྟན་གསུམ་ཡོད་དེ། དགེ་བའི་ཐོབ་པ་དགེ་བ་དང་། ལ་སོགས་པས་མི་དགེ་བའི་ཐོབ་པ་མི་དགེ་བ་དང་ལུང་མ་བསྟན་གྱི་ཐོབ་པ་ནི་ལུང་མ་བསྟན་དུ་འཇོག་པ་གཙོ་ཆེ་བའི་ཕྱིར། དེར་ཐལ། དགེ་ལ་སོགས་པ་ཞེས་པས་གོ་རིམ་དེ་ལྟར་སྦྱོར་བར་བསྟན་པའི་ཕྱིར། ཐོབ་པ་ཆོས་ཅན། ཁྱོད་ལ་ཁམས་གསུམ་གྱི་སར་གཏོགས་པ་ཡོད་དེ། ཐོབ་བྱའི་ཆོས་ཁམས་གསུམ་པོ་གང་ཡིན་པ་དེར་གཏོགས་པ་རྣམས་ཀྱི་ཐོབ་པ་ནི་རང་གི་ཁམས་དེར་གཏོགས་པ་སྟེ་ས་དེས་བསྡུས་པའི་ཕྱིར། ཤེས་བྱ་ཆོས་ཅན། ཐོབ་བྱའི་ཆོས་ཁམས་གསུམ་གྱི་སར་མ་གཏོགས་པ་རྣམས་ཀྱི་ཁྱད་པར་རྣམ་པ་བཞི་ཡོད་དེ། ཐོབ་བྱའི་ཆོས་ཁམས་གསུམ་གྱི་སར་མ་གཏོགས་ལ། ཐོབ་པ་དེ་གསུམ་གྱིས་བསྡུས་པ་སོགས་མུ་གསུམ། ཆོས་དེ་ཁམས་གསུམ་གང་རུང་གི་སར་མ་གཏོགས་ལ། ཐོབ་པ་དེ་གསུམ་གང་རུང་གིས་མ་བསྡུས་པའི་མུ་དང་བཞི་ཡོད་པའི་ཕྱིར། རྟགས་དེར་ཐལ། ཁམས་གསུམ་པའི་གང་ཟག་གི་རྒྱུད་ཀྱི་སོ་སོར་བརྟགས་མིན་གྱི་འགོག་པ་འདོད་པའི་སར་མ་གཏོགས་ཀྱང་། དེའི་ཐོབ་པ་ནི་གང་ཟག་གང་དུ་གཏོགས་པ་དེར་གཏོགས་པ་གསུམ། སོ་སོར་བརྟགས་འགོག་གི་ཐོབ་པ་ཟག་བཅས་གོང་མ་གཉིས་སུ་གཏོགས་ལ། སོ་སོར་བརྟགས་འགོག་དང་ལམ་བདེན་ཁམས་གསུམ་གང་དུ་མ་གཏོགས་ཤིང་དེའི་ཐོབ་པ་ཟག་མེད་རྣམས་ཁམས་གསུམ་གང་དུ་ཡང་མི་གཏོགས་པའི་ཕྱིར། སློབ་པ་དང་མི་སློབ་པའི་ཆོས་ཟག་མེད་ཀྱི་ཐོབ་པ་ཆོས་ཅན། རིམ་(༥༥ན)པ་བཞིན་དུ་རང་རྒྱུད་ལྡན་གྱི་གང་ཟག་སློབ་པ་དང་མི་སློབ་པར་མཚོན་པར་བྱེད་པའི་ཆོས་ཡིན་ཏེ། སློབ་མི་སློབ་པའི་ལམ་བདེན་གྱིས་བསྡུས་པའི་ཡོན་ཏན་ཡིན་པའི་ཕྱིར། སློབ་མི་སློབ་གང་རུང་མིན་པའི་ཆོས་ཆོས་ཅན། ཁྱོད་ལ་གསུམ་ཡོད་དེ། ཁྱོད་ལ་སློབ་མི་སློབ་གང་རུང་མ་ཡིན་པ་དང་། སློབ་པ་དང་མི་སློབ་པར་བྱེད་པའི་ཆོས་གསུམ་ཡོད་པའི་ཕྱིར།

དེར་ཐལ། ཟག་བཅས་དང་འདུས་མ་བྱས་རྣམས་ནི་སྤོང་མི་སྤོང་གང་རུང་མིན་པའི་ཆོས། སོ་སོར་བརྟགས་འགོག་སྤོང་པའི་ལམ་གྱིས་ཐོབ་པའི་ཐོབ་པ་ནི་སྤོང་པ་དང་དེ་མི་སྤོང་པའི་ལམ་གྱིས་ཐོབ་པའི་ཐོབ་པ་ནི་མི་སྤོང་པར་བྱེད་པའི་ཆོས་ཡིན་པའི་ཕྱིར། ཐོབ་བྱའི་ཆོས་སྤང་བྱ་མ་ཡིན་པ་ཆོས་ཅན། ཁྱོད་ཀྱི་ཐོབ་པ་ལ་རྣམ་པ་གཉིས་འདོད་དེ། སྤང་བྱ་དང་སྤང་བྱ་མ་ཡིན་པ་རྣམ་པ་གཉིས་ཡོད་པའི་ཕྱིར།

བ༢ མཐའ་དཔྱད་པ།

གཉིས་པ་མཐའ་དཔྱད་པ་ལ། ཁ་ཅིག །ཐོབ་བྱའི་ཆོས་ཁམས་གསུམ་གང་དུ་གཏོགས་པ་རྣམས་ཀྱི་ཐོབ་པ་ཡང་འདོད་པར་གཏོགས་སོ་ཟེར་ན། དེ་མི་འཐད་དེ། གོང་དུ་བཤད་ཅིང་འཆད་པའི་ཕྱིར། ཁ་ཅིག །མ་གཏོགས་རྣམས་ཀྱི་རྣམ་པ་བཞི་ཞེས་པའི་སྐབས་ཀྱི་མ་གཏོགས་པའི་དོན་ལམ་བདེན་དེ་ཁམས་གསུམ་དུ་མི་གཏོགས་པའི་དོན་ཡིན་ཟེར་ན། དེ་ཡང་མི་འཐད་པར་ཐལ། དེ་ཟག་མེད་ཀྱི་ཐོབ་པ་བཞི་ལ་བྱེད་པའི་ཕྱིར། དེར་ཐལ། རང་འགྲེལ་ལས། ཟག་པ་མེད་པའི་ཆོས་རྣམས་ཀྱི་ཐོབ་པ་ནི་མདོར་བསྡུ་ན་རྣམ་པ་བཞི་སྟེ། ཁམས་གསུམ་པ་དང་ཟག་པ་མེད་པའོ། །ཞེས་གསུངས་པའི་ཕྱིར། ཁ་ཅིག །སྤོང་པའི་ཐོབ་པ་སྤོང་པ། མི་སྤོང་པའི་ཐོབ་པ་མི་སྤོང་པ་ཡིན་ནོ་ཟེར་ན། དེ་ཡང་མི་འཐད་པར་ཐལ། སྤོང་པ་དང་མི་སྤོང་པ་གཉིས་ཀ་གང་ཟག་གི་སྟེང་ནས་འཇོག་རིགས་པའི་ཕྱིར། དེར་ཐལ། སྤོང་མི་སྤོང་དུ་བྱེད་པའི་ཆོས་སྤོང་པ་དང་མི་སྤོང་པ་མ་ཡིན་པའི་ཕྱིར། དེར་ཐལ། བདག་སྒྲ་སྒྲུར་མ་སྒྲུར་ལ་ཁྱད་པར་ཡོད་པའི་ཕྱིར། འོན་ཀྱང་འདོད་ཚུལ་མི་འདྲ་བའང་ཡོད་དོ། །

པ༢ དམིགས་བསལ།

གཉིས་པ་དམིགས་བསལ་ནི། ལུང་བསྟན་མིན་ཐོབ་ལྷན་(༨༨བ)ཅིག་སྐྱེ། །མངོན་ཤེས་སྤྲུལ་པ་མ་གཏོགས་པ། །བསྒྲིབས་པའི་གཟུགས་ཀྱིའང་འདོད་པ་ན། །གཟུགས་ཀྱི་སྔར་ནི་སྐྱེ་བ་མེད། །ཅེས་བྱུང་། མ་སྒྲིབ་ལུང་མ་བསྟན་མིན་པ་ཆོས་ཅན། ཁྱོད་ཀྱི་ཐོབ་པ་བཞག་ཏུ་ཡོད་དེ། རང་དང་ལྷན་ཅིག་སྐྱེ་བའི་ཐོབ་པ་ཡོད་པའི་ཕྱིར། ཐོབ་པ་དེ་ཆོས་ཅན། ཁྱོད་ལ་དུས་གསུམ་ཙམ་ཡོད་ཀྱང་དེ་རེ་རེ་ལ་ནི་དུས་གསུམ་སོ་སོར་མེད་དེ། ཁྱོད་ཀྱི་དུས་གསུམ་གྱི་ཐོབ་པ་རྣམས་དུས་གསུམ་རེ་རེ་བ་པོ་ན་ཡིན་པའི་ཕྱིར། དེར་ཐལ། དེ་དག་གི་ཐོབ་པ་ཕྱིར་སྔར་སྐྱེས་དང་ཕྱིས་སྐྱེས་མེད་པའི་ཕྱིར། དེར་ཐལ། རང་རང་དང་ལྷན་ཅིག་པོ་ནར་སྐྱེ་བའི་ཕྱིར། དམིགས་བསལ་མ་ངེས་པའང་ཡོད་དེ། ལུང་མ་བསྟན་གྱི་ཐོབ་པ་ལ་སྔར་སྐྱེས་ཕྱིས་སྐྱེས་ལྷན་ཅིག་སྐྱེས་གསུམ་དང་། སྔ་མ་མེད་ལ་ཕྱི་མ་གཉིས་ཡོད་པ་སྲིད་པའི་ཕྱིར། དང་པོ་གྲུབ་སྟེ། མིག་གི་མངོན་ཤེས་ལུང་མ་བསྟན་དང་། སྤྲུལ་སེམས་ལུང་མ་བསྟན་དང་བི་ཤྭ་ཀརྨའི་བཟོ་བོའི་གནས་ལྟ་བུ་དང་སྟོན་པའི་སྤྱོད་ལམ་ལྟ་བུ་ཡོད་པའི་ཕྱིར། གཉིས་པ་གྲུབ་སྟེ། མངོན་ཤེས་དང་སྤྲུལ་པ་ལྟ་བུ་མ་གཏོགས་པར་དགེ་བ་དང་བསྒྲིབས་པའི་གཟུགས་ཀྱི་ཐོབ་པ་འདོད་པ་ན་ཡོད་པ་ལ་གཟུགས་ཀྱི་སྔར་སྐྱེས་མེད་ཅིང་ཕྱིས་སྐྱེས་དང་ད་ལྟར་སྐྱེས་ཡོད་པའི་ཕྱིར།

པ༢ མ་ཐོབ་པའི་ཁྱད་ཆོས།

ཕ༡ ཕྱིར་བསྟན་པ།

གཉིས་པ་མ་ཐོབ་པའི་ཁྱད་ཆོས་ལ། ཕྱིར་བསྟན་པ་དང་། གཏོང་ཚུལ་གཉིས། དང་པོ་ནི། མ་ཐོབ་མ་བསྒྲིབས་ལུང་མ་བསྟན། །འདས་མ་སྐྱེས་ཀྱི་དེ་

རྣམ་གསུམ། །འདོད་སོགས་གཏོགས་དང་དྲི་མེད་ཀྱིའང་། །ལམ་མ་ཐོབ་པ་སོ་སོ་ཡི། །སྐྱེ་བོར་འདོད་དེ་ཞེས་བྱུང་། དགེ་མི་དགེ་ལུང་མ་བསྟན་གང་རུང་གི་མ་ཐོབ་པ་ཆོས་ཅན། ལུང་མ་བསྟན་ཡིན་ཏེ། མ་བསྒྲིབས་ལུང་མ་བསྟན་ཡིན་པའི་ཕྱིར། དེ་ཆོས་ཅན། དགེ་མི་དགེ་གང་རུང་མ་ཡིན་ཏེ། དགེ་རྩ་ཆད་པ་དང་མི་དགེ་སྤངས་པ་ལའང་ཁྱིད་ཡོད་པའི་ཕྱིར། བསྒྲིབས་ལུང་མ་བསྟན་མ་ཡིན་ཏེ། དགྲ་བཅོམ་པའི་རྒྱུད་ལའང་ཡོད་པའི་ཕྱིར། མ་ཐོབ་པ་ཆོས་ཅན། དུས་གསུམ་གང་འཛོག་གི་ཁྱད་པར་ཡོད་དེ། ཐོབ་བྱའི་ཆོས་འདས་པའི་འདས་པ་སོགས་གསུམ་དང་། མ་འོངས་པའི་འདས་པ་སོགས་གསུམ་དང་། ད་ལྟ་(ཞན)བའི་འདས་མ་འོངས་གཉིས་ཙམ་ཡོད་པའི་ཕྱིར། འདས་པ་དང་མ་སྐྱེས་པ་སྟེ་མ་འོངས་པ་གཉིས་ཀྱི་དུས་དེ་རྣམ་གསུམ་ཡོད་ཀྱི། འདིར་ཐོབ་བྱའི་ད་ལྟ་བའི་ད་ལྟར་བ་མེད་དེ། ད་ལྟར་བའི་ཐོབ་བྱ་མ་ཐོབ་པ་ད་ལྟར་བར་འཛོག་པར་འགལ་བའི་ཕྱིར། མ་ཐོབ་པ་འདོད་ཁམས་སོགས་སུ་གཏོགས་པ་གསུམ་ཡོད་དེ། རྟེན་གྱི་གང་ཟག་གང་དུ་སྐྱེས་པའི་ས་དེར་གཏོགས་པ་གསུམ་ཡོད་པའི་ཕྱིར། དྲི་མེད་ལམ་བདེན་གྱི་ཐོབ་པའང་ཆོས་ཅན། ཁམས་གསུམ་གང་རུང་དུ་གཏོགས་ཏེ། རྟེན་གྱི་གང་ཟག་སྐྱེས་པའི་སར་གཏོགས་པའི་ཕྱིར། ལམ་བདེན་གྱི་མ་ཐོབ་པ་ཆོས་ཅན། དྲི་མེད་མ་ཡིན་ཏེ། སོ་སོའི་སྐྱེ་བོའི་རྒྱུད་ཀྱི་ཟག་བཅས་ཡིན་པར་འདོད་པའི་ཕྱིར།

ཕ༢ གཏོང་ཚུལ།

གཉིས་པ་གཏོང་ཚུལ་ནི། དེ་ཐོབ་དང་། །ས་འཕོས་ནས་ནི་ཉམས་པར་འགྱུར། །ཞེས་བྱུང་། ཤེས་བྱ་ཆོས་ཅན། མ་ཐོབ་པའི་གཏོང་རྒྱུ་ཡོད་དེ། རྟོགས་པའི་ཡོན་ཏན་མ་ཐོབ་པ་དེ་ཐོབ་པས་གཏོང་། ས་དགུའི་མ་ཐོབ་པ་ནི་ས་དེ་དང་དེར་འཕོས་པའི་རྒྱུས་གཏོང་བའི་ཕྱིར། དང་པོ་གྲུབ་སྟེ། ཚོགས་ལམ་པས་སྦྱོར་

ལམ་ཐོབ་པའི་ཚེ་སྦྱོར་ལམ་མ་ཐོབ་པ་ཉམས་ཤིང་། སོ་སྐྱེས་འཕགས་ལམ་ཐོབ་པའི་རྒྱུས་དེ་མ་ཐོབ་པ་ཉམས་པར་འགྱུར་བ་སོགས་ཡིན་པའི་ཕྱིར། གཉིས་པ་གྲུབ་སྟེ། འདོད་ཁམས་པ་བསམ་གཏན་དང་པོར་སྐྱེས་པའི་ཚེ་ས་འཕོས་ནས་བསམ་གཏན་གྱི་མ་ཐོབ་པ་གཏོང་ཞིང་ཉམས་པ་སོགས་ཡིན་པའི་ཕྱིར།

ང༢ སྐལ་མཉམ་བཤད་པ།

གཉིས་པ་སྐལ་མཉམ་ནི། སྐལ་མཉམ་སེམས་ཅན་འདྲ་བའོ། །ཞེས་བྱུང་། སྐལ་མཉམ་གྱི་རྫས་ཆོས་ཅན། བཞག་ཏུ་ཡོད་དེ། སེམས་ཅན་རྣམས་ཀྱི་རིས་འདྲ་བའམ་མཐུན་པ་ཞེས་བྱ་བའི་རྫས་ཤིག་ཡིན་པའི་ཕྱིར། སྐལ་མཉམ་ཆོས་ཅན། གཉིས་ཡོད་དེ། ཐ་དད་མིན་པ་དང་ཐ་དད་པའི་སྐལ་མཉམ་གཉིས་ཡོད་པའི་ཕྱིར། དེར་ཐལ། སྔ་མ་ནི་སེམས་ཅན་ཙམ་དུ་འདྲ་བའི་རྫས་དང་། ཕྱི་མ་ནི་ལྷ་མི་སོགས་སོ་སོར་འདྲ་བར་བྱེད་པའི་རྫས་ཤིག་ཡིན་པའི་ཕྱིར།

ཐ༢ འདུ་ཤེས་མེད་པ་སོགས་གསུམ་བཤད་པ།

ད༡ འདུ་ཤེས་མེད་པ་བ་བཤད་པ།

གཉིས་པ་འདུ་ཤེས་མེད་པ་སོགས་གསུམ་ལ། འདུ་ཤེས་(༥༥བ)མེད་པ་བ་དང་། དེའི་སྙོམས་འཇུག་དང་། འགོག་པའི་སྙོམས་འཇུག་གསུམ། དང་པོ་ནི། འདུ་ཤེས་མེད་པ་བ་འདུ་ཤེས། །མེད་པར་སེམས་དང་སེམས་བྱུང་རྣམས། །འགོག་པའི་རྣམ་སྨིན་དེ་འབྲས་ཆེ། །ཞེས་བྱུང་། ཤེས་བྱ་ཆོས་ཅན། འདུ་ཤེས་མེད་པ་བའི་གང་ཟག་གི་འདུ་ཤེས་མེད་པར་འཛོག་པའི་རྫས་ཡོད་དེ། གནས་དེར་སྐྱེས་པའི་གང་ཟག་གི་སེམས་དང་སེམས་བྱུང་རྣམས་འགོག་པའི་འདུ་ཤེས་གང་ཡིན་པ་དེ་དེ་ཡིན་པའི་ཕྱིར། དེ་འདྲ་བའི་རྫས་དེ་ཆོས་ཅན། རྣམ་སྨིན་ཡིན་ཏེ། འདུ་ཤེས་མེད་

པའི་སྙོམས་འཇུག་གམ་རྣམ་སྨིན་ཡིན་པའི་ཕྱིར། འདུ་ཤེས་མེད་པའི་ལྷ་རྣམས་ཆོས་ཅན། བསམ་གཏན་བཞི་པ་བ་ཡིན་ཏེ། དེ་འབྲས་བུ་ཆེ་བའི་ལྷར་གཏོགས་པའི་ཕྱིར།

ད༢ འདུ་ཤེས་མེད་པའི་སྙོམས་འཇུག་བཤད་པ།

གཉིས་པ་ནི། དེ་བཞིན་འདུ་ཤེས་མེད་སྙོམས་འཇུག །བསམ་གཏན་ཐ་མར་འབྱུང་འདོད་པས། །དགེ་བའོ་སྐྱེས་ནས་མྱོང་འགྱུར་ཉིད། །འཕགས་པའི་མ་ཡིན་དུས་གཅིག་འཐོབ། །ཅེས་བྱུང་། འདུ་ཤེས་མེད་པའི་སྙོམས་འཇུག་ཆོས་ཅན། ཁྱོད་ཀྱི་ངོ་བོ་ཡོད་དེ། སྔ་མ་དེ་བཞིན་དུ་སེམས་དང་སེམས་བྱུང་འགོག་པར་བྱེད་པའི་སྙོམས་འཇུག་ཅིག་དེ་ཡིན་པའི་ཕྱིར། དེ་ཆོས་ཅན། བསམ་གཏན་བཞི་པར་གཏོགས་པ་ཡིན་ཏེ། བསམ་གཏན་ཐ་མ་སྟེ་བསམ་གཏན་བཞི་པའི་རབ་མཐའ་ལ་བརྟེན་ནས་འབྱུང་བར་འདོད་པའི་ཕྱིར། དེ་ཆོས་ཅན། དགེ་བ་ཡིན་ཏེ། སྙོམས་འཇུག་ཡིན་པའི་ཕྱིར། དེ་ཆོས་ཅན། སྐྱེས་ནས་མྱོང་བར་འགྱུར་བ་ཉིད་ཡིན་ཏེ། གསུམ་གྱི་ནང་ནས་མཐོང་ཆོས་ལ་མྱོང་འགྱུར་སོགས་གཞན་གཉིས་གང་རུང་མ་ཡིན་པའི་དགེ་བའི་སྙོམས་འཇུག་ཡིན་པའི་ཕྱིར། དེ་ཆོས་ཅན། སྐྱེ་བའི་རྟེན་སོ་སྐྱེར་ངེས་ཏེ། འཕགས་པ་མིན་པ་སོ་ནའི་སྙོམས་འཇུག་ཡིན་པའི་ཕྱིར། དེ་ཆོས་ཅན། དང་པོར་གཅིག་པོ་ནར་ཐོབ་པ་ཡིན་ཏེ། ད་ལྟར་གྱི་དུས་གཅིག་པོ་ནར་ཐོབ་ཀྱི། འདས་མ་འོངས་ཀྱི་ཐོབ་པ་མེད་པའི་ཕྱིར།

ད༣ འགོག་པའི་སྙོམས་འཇུག་བཤད་པ།

གསུམ་པ་ནི། འགོག་པ་ཞེས་པའང་དེ་བཞིན་ཉིད། །འདི་གནས་དོན་དུ་སྲིད་རྩེ་སྐྱེས། །དགེ་བའོ་གཉིས་སུ་མྱོང་འགྱུར་དང་། །མ་ངེས་འཕགས་པའི་སྦྱོར་བས་(༥༨ན)འཐོབ། །ཐུབ་པའི་བྱང་ཆུབ་ཀྱིས་ཐོབ་བྱ། །དང་པོ་མ་ཡིན་སྐད་ཅིག་མ། །སུམ་

ཙུ་རྩ་བཞིས་ཐོབ་ཕྱིར་རོ། །གཉིས་ཀའང་འདོད་དང་གཟུགས་རྟེན་ཅན། །འགོག་པ་དང་པོར་མིའི་ནང་དུ། །ཞེས་བྱུང་། འགོག་པའི་སྙོམས་འཇུག་ཅེས་པའང་ཆོས་ཅན། ངོ་བོ་ཡོད་དེ། སེམས་སེམས་བྱུང་འགོག་པའི་ཚུལ་སྟར་བཤད་པ་དེ་བཞིན་དུ་མཚུངས་པ་ཉིད་ཡིན་པའི་ཕྱིར། དེ་ལ་སྙོམས་པར་འཇུག་པའི་ཀུན་སློང་དང་དགོས་པ་ཡོད་དེ། ཞི་བའི་ཡིད་བྱེད་འདི་ལ་གནས་ན་ཞི་བའོ་སྙམ་ནས་དེའི་དོན་དུ་སྙོམས་པར་འཇུག་པའི་ཕྱིར། དེ་ཆོས་ཅན། སེམས་རྟེན་དང་ས་གང་དུ་གཏོགས་པ་ཡོད་དེ། སྲིད་རྩེར་གཏོགས་ཤིང་དེར་སྐྱེ་བའི་ཕྱིར། དེ་ཆོས་ཅན། དགེ་མི་དགེ་གང་རུང་ཡིན་ཏེ། དགེ་བ་ཡིན་པའི་ཕྱིར། དེ་ཆོས་ཅན། སྨྱོང་འགྱུར་གྱི་ཁྱད་པར་ཡོད་དེ། སྐྱེས་ནས་སྨྱོང་འགྱུར་དང་ལན་གྲངས་གཞན་ལ་སྨྱོང་འགྱུར་བའི་གཉིས་སུ་སྨྱོང་འགྱུར་དང་། རྣམ་སྨིན་མི་སྨྱོང་བའི་མ་ངེས་པ་གཅིག་སྟེ་གསུམ་ཡོད་པའི་ཕྱིར། དེ་ཆོས་ཅན། ཁྱོད་ཀྱི་རྟེན་ཡོད་དེ། འཕགས་པ་ཁོ་ནའི་སྦྱོར་བ་ལས་འཐོབ་པའི་ཕྱིར། ཐུབ་པ་བཅོམ་ལྡན་འདས་ཀྱིས་ནི་སྦྱོར་བ་དང་འབད་པས་ཐོབ་པ་མིན་ཏེ། དེས་ཟད་མི་སྐྱེ་ཤེས་པའི་བྱང་ཆུབ་ཐོབ་པའི་ཚེ་དེ་འཐོབ་པར་འགྱུར་བའི་ཕྱིར། བསྐྱེད་ཚུལ་ལ། ཁ་ཅིག །དང་པོར་བྱང་སེམས་སློབ་པའི་དུས་སུ་ཐོབ་ཟེར་བ་སོགས་གཉིས་ལས། དང་པོ་མ་ཡིན་ཏེ། བདེན་པ་སྐད་ཅིག་མ་མངོན་རྟོགས་བཅུ་དྲུག་དང་། སྲིད་རྩེའི་བར་གྱི་སྙོམ་སྤང་སྐོར་དགུའི་གཉེན་པོ་བར་ཆད་མེད་ལམ་དགུ་དང་། དེའི་རྣམ་གྲོལ་ལམ་དགུ་སྟེ་སུམ་ཅུ་རྩ་བཞི་བར་མ་ཆད་པར་བྱང་ཆུབ་ཐོབ་པའི་ཕྱིར། འདུ་ཤེས་མེད་པ་དང་འགོག་པ་གཉིས་ཀའང་ཆོས་ཅན། འདོད་པ་དང་གཟུགས་ཁམས་གཉིས་ཀའི་རྟེན་ཅན་ལ་ཐོབ་པ་ཡོད་དེ། དང་པོ་འདོད་པའི་རྟེན་ལ་ཐོབ་པ་ཉམས་ནས་སླར་གཟུགས་ཀྱི་རྟེན་ལ་བསྐྱེད་པ་ཡོད་པའི་ཕྱིར། ཁྱད་པར་ཙུང་ཟད་ཡོད་དེ། འགོག་པའི་སྙོམས་འཇུག་ནི་དང་པོར་མིའི་ནང་དུ་སྐྱེ་ལ། ཕྱིས་གཟུགས་ཀྱི་རྟེན་ལ་བསྐྱེད་པ་ཡོད་པའི་ཕྱིར། ཁ་ཅིག །འགོག་པ་(༨༧བ)དང་པོ་མི་

ནང་དུ་ཞེས་གསུངས་པ་མི་འཐད་པར་ཐལ། དེ་གཉིས་ཀའི་རྟེན་ལ་འགོག་སྙོམས་གསར་དུ་སྐྱེ་བ་ཡོད་པའི་ཕྱིར་ན་མ་ཁྱབ། རྟགས་དེར་ཐལ། གཟུགས་ཀྱི་རྟེན་ལ་མ་ཉམས་པའི་གསར་སྐྱེ་མེད་ཀྱང་། ཉམས་པའི་གསར་སྐྱེ་ཡོད་པའི་ཕྱིར། དེར་ཐལ། རྩ་བར། གཉིས་ཀ་འདོད་དང་གཟུགས་རྟེན་ཅན། །ཞེས་གསུངས་པའི་ཕྱིར། ཁ་ཅིག །འགོག་སྙོམས་ཐོབ་པའི་གང་ཟག་ཡིན་ན། དེ་མངོན་དུ་བྱས་པས་ཁྱབ་ཟེར་བ་ནི་མི་འཐད་དེ། དེ་ཐོབ་པའི་དགྲ་བཅོམ་པ་རྗེས་ཐོབ་པ་རྣམས་ཀྱིས་དེ་མངོན་དུ་མ་བྱས་པའི་ཕྱིར།

ཐ༤ སྲོག་སོགས་ལྡན་མིན་བཤད་པ།

ད༡ སྲོག་དབང་བཤད་པ།

གསུམ་པ་སྲོག་སོགས་ལྡན་མིན་བཤད་པ་ལ། སྲོག་དབང་བཤད་པ་དང་། འདུས་བྱས་ཀྱི་མཚན་ཉིད་བཤད་པ་གཉིས། དང་པོ་ནི། སྲོག་ནི་ཚེ་ཡིན་དྲོད་དང་ནི། །རྣམ་ཤེས་རྟེན་གང་ཡིན་པའོ། །ཞེས་བྱུང་། སྲོག་དབང་ཆོས་ཅན། ཁྱོད་ཀྱི་ངོ་བོ་ཡོད་དེ། ཕུང་པོའི་རིགས་འདྲ་གནས་པའི་ཚེ་ལ་འདོད་པའི་ཕྱིར། དེ་ཆོས་ཅན། ཁྱོད་ཀྱི་བྱེད་ལས་ཡོད་དེ། འདོད་གཟུགས་གཉིས་ན་དྲོད་དང་རྣམ་ཤེས་ཀྱི་རྟེན་བྱེད། གཟུགས་མེད་དུ་རྣམ་ཤེས་ཀྱི་རྟེན་བྱེད་པའི་ནུས་པ་གང་ཡིན་པ་དེ་ཡིན་པའི་ཕྱིར། ཁ་ཅིག །སྲོག་དང་ཚེ་ནི་དྲོད་ཀྱི་རྟེན་དུ་མི་རིགས་པར་ཐལ། གཟུགས་མེད་ན་ཚེ་སྲོག་ཡོད་ཀྱང་དྲོད་མེད་པའི་ཕྱིར་ན་མ་ཁྱབ་སྟེ། འདིར་ནི་ཁམས་འོག་མའི་དབང་དུ་མཛད་པའི་ཕྱིར། ཡོ་ན་རེ། དེ་མི་འཐད་པར་ཐལ། རྣམ་ཤེས་དང་ཚེ་ནི་དྲོད་ལ་མ་ལྟོས་པའི་ཕྱིར། མ་གྲུབ་ན། དྲོད་ཆུང་དུར་སོང་ན་ཚེ་སྲོག་ཆུང་དུར་སོང་བས་ཁྱབ་པར་ཐལ། མ་གྲུབ་པ་དེའི་ཕྱིར་ན་མ་ཁྱབ། ཁ་ཅིག །སྲོག་དང་རླུང་གི་གཞི་མཐུན་ཡོད་པར་ཐལ། རང་འགྲེལ་ལས། སྲོག་ཅེས་བྱ་བ་ནི་ལུས་སེམས་ལ་བརྟེན་

ནས་འཇུག་པ་དེ་ལྷ་བུའི་རླུང་ཡིན་ཏེ། ཞེས་གསུངས་པའི་ཕྱིར་ན་མ་ཁྱབ་སྟེ། མིང་གིས་དེར་བཏགས་པ་ཙམ་ཡིན་པའི་ཕྱིར།

༦༢ འདུས་བྱས་ཀྱི་མཚན་ཉིད་བཤད་པ།

གཉིས་པ་ནི། མཚན་ཉིད་དག་ནི་སྐྱེ་བ་དང་། །རྒ་དང་གནས་དང་མི་རྟག་ཉིད། །དེ་དག་སྐྱེ་བའི་སྐྱེས་ལ་སོགས། །དེ་ཆོས་བརྒྱད་དང་གཅིག་ལ་འཇུག །རྒྱུ་དང་རྐྱེན་དག་མེད་པར་ནི། །སྐྱེ་བས་བསྐྱེད་བྱ་སྐྱེད་བྱེད་མིན། །ཞེས་བྱུང་། འདུས་བྱས་ཆོས་ཅན། ཁྱོད་ཀྱི་མཚན་ཉིད་དག་ཡོད་དེ། སྐྱེ་བ་དང་རྒ་བ་དང་གནས་པ་(༥༧ན)དང་མི་རྟག་པ་ཉིད་ཀྱི་ཆོས་དེ་ཁྱོད་ཀྱི་མཚོན་བྱེད་ཡིན་པའི་ཕྱིར། མཚན་ཉིད་དེ་བཞི་ཆོས་ཅན། ཁྱོད་ཀྱི་ངོ་བོ་དང་བྱེད་ལས་ཡོད་དེ། སྐྱེ་བས་སྐྱེད་པར་བྱེད། གནས་པས་གནས་པར་བྱེད། རྒ་བས་རྙིང་བར་བྱེད། མི་རྟག་པ་ཉིད་ཀྱིས་ཆོས་དེ་འཇིག་པར་བྱེད་པའི་ཕྱིར། འདུས་བྱས་དེ་དག་གང་རུང་ཞིག་ཆོས་ཅན། མཚན་ཉིད་རྗེས་མཐུན་དང་བཅས་ན་བརྒྱད་ཡོད་དེ། རྩ་བའི་མཚན་ཉིད་བཞི་དང་སྐྱེ་བའི་སྐྱེ་བ་སོགས་ཏེ། གནས་པའི་གནས་པ། རྒ་བའི་རྒ་བ། མི་རྟག་པའི་མི་རྟག་པ་སྟེ་རྗེས་མཐུན་གྱི་མཚན་ཉིད་བཞི་དང་བརྒྱད་ཡོད་པའི་ཕྱིར། སྐྱེ་སོགས་ཐུག་མེད་དུ་ཐལ་བའི་སྐྱོན་མེད་དེ། ཆོས་དེ་སྐྱེ་བའི་ཚེ་རང་གི་སྐྱེ་སོགས་བརྒྱད་དང་རང་དང་དགུ་ཅིག་ཅར་དུ་ལྷན་ཅིག་སྐྱེ་བའི་ཕྱིར། དེར་ཐལ། སྐྱེ་བས་ནི་སྐྱེ་རྒ་སོགས་བརྒྱད་སྐྱེད་ལ། གནས་པས་ནི་དེ་བརྒྱད་གནས་པར་བྱེད་པ་སོགས་ཡིན་པས། སྐྱེ་བའི་སྐྱེ་བ་དེ་སྐྱེ་བ་གཅིག་པུ་ལ་འཇུག་པ་དང་གནས་པའི་གནས་པ་སོགས་ཀྱང་ཆོས་རེ་རེའམ་གཅིག་ལ་འཇུག་པའི་ཕྱིར། མ་འོངས་པ་ཀུན་ཅིག་ཅར་དུ་སྐྱེ་བར་ཐལ། སྐྱེ་བས་སྐྱེ་བའི་བརྒྱད་སྐྱེད་པའི་ཕྱིར་ན་མ་ཁྱབ་སྟེ། རྒྱུ་དང་རྐྱེན་དག་ཚོགས་པ་མེད་པར་ནི་སྐྱེ་བ་པོ་ནས་བསྐྱེད་བྱ་སྐྱེད་པར་བྱེད་པ་མ་ཡིན་པའི་ཕྱིར།

༢༩ མིང་ཚིག་སོགས་གསུམ་བཤད་པ།

བཞི་པ་ནི། མིང་གི་ཚོགས་ལ་སོགས་པ་ནི། །མིང་དང་ངག་དང་ཡི་གེའི་ཚོགས། །འདོད་དང་གཟུགས་གཏོགས་སེམས་ཅན་སྟོན། །རྒྱུ་མཐུན་ལུང་བསྟན་མིན་ཞེས་བྱུང་། །མིང་གི་ཚོགས་ལ་སོགས་པ་ལས། དང་པོ་མིང་ཆོས་ཅན། འཇོག་ཚུལ་ཡོད་དེ། དོན་གྱི་ངོ་བོ་ཙམ་སྟོན་པའི་སྒྲ་ཡིན་པའི་སྒོ་ནས་འཇོག་པའི་ཕྱིར་ཏེ། དཔེར་ན། གཟུགས། ཚོར་བ་ཞེས་པའི་ངག་ལྟ་བུ་ཡིན་པའི་ཕྱིར། ངག་ཆོས་ཅན། འཇོག་ཚུལ་ཡོད་དེ། དོན་གྱི་ངོ་བོ་ཁྱད་པར་དང་བཅས་ནས་སྟོན་པའི་ངག་ཡིན་པའི་སྒོ་ནས་འཇོག་པའི་ཕྱིར་ཏེ། དཔེར་ན། གཟུགས་མཛེས། ཚོར་བ་སྐྱོང་ཞེས་པ་ལྟ་བུ་ཡིན་པའི་ཕྱིར། ཡི་གེ་ཆོས་ཅན། འཇོག་ཚུལ་ཡོད་དེ། མིང་དང་ངག་གི་རྩོམ་གཞིར་གྱུར་པའི་སྐད་ཀྱི་གདངས་ཤིག་(༦༧བ)ལ་བྱེད་པའི་ཕྱིར་ཏེ། དཔེར་ན། ཨ་ཨི་ཀ་ཁ་ཞེས་པ་ལྟ་བུ་ཡིན་པའི་ཕྱིར། ཚོགས་གསུམ་པོ་དེ་ཆོས་ཅན། ཁམས་གང་དུ་གཏོགས་པ་ཡོད་དེ། འདོད་པ་དང་གཟུགས་ཁམས་པོ་ནར་གཏོགས་པའི་ཕྱིར། དེ་གསུམ་པོ་ཆོས་ཅན། ཁྱད་པར་གསུམ་དང་ལྡན་ཏེ། ངོ་བོ་སེམས་ཅན་དུ་སྟོན་པའི་སྒྲ། རྒྱུ་མཐུན་ལས་བྱུང་བ། མ་བསྒྲིབས་ལུང་མ་བསྟན་ཡིན་པའི་ཕྱིར། དང་པོ་གྲུབ་སྟེ། བརྗོད་མཁན་གྱི་རྒྱུད་ཀྱིས་བསྡུས་པའི་ཕྱིར། གཉིས་པ་གྲུབ་སྟེ། རང་གི་རིགས་མཐུན་སྔ་མ་ལས་སྐྱེས་པའི་ཕྱིར། གསུམ་པ་གྲུབ་སྟེ། དགེ་རྩ་ཆད་པ་དང་ཆགས་བྲལ་ལའང་ཡོད་ཅིང་རྣམ་སྨིན་མི་སྐྱེད་པའི་ཕྱིར། ཁ་ཅིག །དེ་མི་འཐད་དེ། ནམ་མཁའ་ལས་ཀྱང་མིང་ཚིག་ཡི་གེ་གསུམ་ལྡན་གྱི་སྒྲ་འབྱུང་བའི་ཕྱིར། དེར་ཐལ། ནམ་མཁའ་ལས་ཀྱང་ཆོས་ཀྱི་སྒྲ། །ཞེས་གསུངས་པ་ལྟ་བུ་ཡོད་པའི་ཕྱིར་ཟེར་ན། སྐྱོན་མེད་དེ། དེ་ནི་དེ་ལྟར་འགྱུར་བར་བྱེད་པ་པོའི་རྒྱུད་ཀྱིས་བསྡུས་པའི་ཕྱིར། དེ་ལྟར་མ་ཡིན་ན། སངས་རྒྱས་ཀྱི་བཀའ་ལ་རྒྱུད་ཀྱིས་མ་བསྡུས་པ་ཡོད་པར་

ཐལ་བར་འགྱུར་ཏེ། དཔྱད་དགོས་པར་ཡང་སྣང་ངོ་། །

༨༣ ཁྱད་པར་གཞན་བསྟན་པའི་སྒོ་ནས་དོན་བསྡུ་བ།

གསུམ་པ་ཆོས་གཞན་གྱི་ཁྱད་པར་བསྟན་པའི་སྒོ་ནས་དོན་བསྡུ་བ་ནི། དེ་བཞིན། །སྐལ་མཉམ་རྣམ་པར་སྨིན་པའང་ཡིན། །ཁམས་གསུམ་པ་སྟེ་ཐོབ་རྣམ་གཉིས། །མཚན་ཉིད་རྣམས་དང་སྙོམས་འཇུག་དང་། །མི་ལྡན་པ་དག་རྒྱུ་མཐུན་པ། །ཞེས་བྱུང་། སྐལ་མཉམ་ཆོས་ཅན། བཤད་མ་ཐག་པ་དེ་བཞིན་དུ་ཆོས་གསུམ་ལྡན་དུ་མ་ཟད། ལྔ་ལྡན་ཡང་ཡིན་ཏེ། ངོ་བོ་སེམས་ཅན་དུ་སྟོན་པ་སོགས་གསུམ་དུ་མ་ཟད། སྐལ་མཉམ་དང་རྣམ་པར་སྨིན་པའི་རྒྱུ་ལས་བྱུང་བའང་ཡིན་ཞིང་། ཁམས་གསུམ་པ་སྟེ་དེ་གསུམ་གྱི་སར་གཏོགས་པ་ལྔ་ཡོད་པའི་ཕྱིར། དེ་ཆོས་ཅན། ཁྱོད་ཀྱི་ཐོབ་པ་ལ་རྣམ་པ་གཉིས་ཡོད་དེ། རྣམ་སྨིན་དང་རྒྱུ་མཐུན་ལས་བྱུང་བ་གཉིས་ཡོད་པའི་ཕྱིར། དེར་ཐལ། རང་གི་རིགས་འདྲ་སྔ་མ་ལས་བྱུང་བ་ནི་རྒྱུ་མཐུན་ལས་བྱུང་བ་དང་། མིག་སོགས་རྣམ་སྨིན་ལས་བྱུང་བ་གཉིས་ཡོད་པའི་ཕྱིར། འདུས་བྱས་ཀྱི་མཚན་ཉིད་སྐྱེ་སོགས་རྣམས་ཆོས་ཅན། ཁྱོད་ལ་བྱུང་བ་གཉིས་ཡོད་དེ། རྒྱུ་མཐུན་དང་རྣམ་(༤༤ན)སྨིན་སྐྱེས་གཉིས་ཡོད་པའི་ཕྱིར། དེར་ཐལ། སེམས་ཅན་དུ་མི་སྟོན་པ་རྒྱུ་མཐུན་དང་། སེམས་ཅན་དུ་སྟོན་པའི་དེ་བཞི་རྣམ་སྨིན་ལས་བྱུང་བ་ཡོད་པའི་ཕྱིར། གོང་དུ་བཤད་པའི་སྙོམས་འཇུག་གཉིས་དང་མི་ལྡན་པའི་འདུ་བྱེད་དེ་དག་ཆོས་ཅན། རྣམ་སྨིན་གྱི་རྒྱུ་ལས་བྱུང་བ་མིན་ཏེ། རྒྱུ་མཐུན་ཁོ་ན་ལས་བྱུང་བའི་ཕྱིར་རོ། །

ཆ༤ རྒྱུ་རྐྱེན་འབྲས་བུའི་འབྱུང་ཚུལ་གྱི་སྒོ་ནས་བཤད་པ།

ཇ༡ རྒྱུ་འབྲས་སྤྱིར་བསྟན་པ།

ཉ༡ རྒྱུ་བཤད་པ།

ཏ༡ དབྱེ་བ་མདོར་བསྟན་པ།

གསུམ་པ་རྒྱུ་རྐྱེན་འབྲས་བུའི་རྣམ་གཞག་ལ། རྒྱུ་འབྲས་སྤྱིར་བསྟན་པ་དང་། རྐྱེན་བྱེ་བྲག་ཏུ་བཤད་པ་གཉིས། དང་པོ་ལ། རྒྱུ་དང་འབྲས་བུ་བཤད་པ་གཉིས་དང་། དེ་གཉིས་ཀྱི་ཐུན་མོང་གི་ཆོས་བཤད་པ་གསུམ། དང་པོ་ལ། དབྱེ་བ་མདོར་བསྟན་པ་དང་། རང་བཞིན་རྒྱས་པར་བཤད་པ་དང་། དོན་བསྡུ་བ་གསུམ། དང་པོ་ནི། བྱེད་རྒྱུ་ལྷན་ཅིག་འབྱུང་བ་དང་། །སྐལ་མཉམ་མཚུངས་པར་ལྡན་པ་དང་། །ཀུན་ཏུ་འགྲོ་དང་རྣམ་སྨིན་དང་། །རྒྱུ་ནི་རྣམ་པ་དྲུག་ཏུ་འདོད། །ཅེས་བྱུང་། རྒྱུ་ནི་ཆོས་ཅན། རྣམ་པ་དྲུག་ཏུ་འདོད་དེ། བྱེད་རྒྱུ་དང་ལྷན་ཅིག་འབྱུང་བའི་རྒྱུ་དང་སྐལ་མཉམ་གྱི་རྒྱུ་དང་། མཚུངས་པར་ལྡན་པའི་རྒྱུ་དང་ཀུན་ཏུ་འགྲོ་བའི་རྒྱུ་དང་རྣམ་སྨིན་གྱི་རྒྱུ་དང་དྲུག་ཡོད་པའི་ཕྱིར།

ཏ༢ རང་བཞིན་རྒྱས་པར་བཤད་པ།

ཐ༡ བྱེད་རྒྱུ་བཤད་པ།

གཉིས་པ་ལ་དྲུག་ལས། དང་པོ་བྱེད་རྒྱུ་ནི། རང་ལས་གཞན་པ་བྱེད་རྒྱུའི་རྒྱུ། །ཞེས་བྱུང་། བྱེད་རྒྱུ་ཆོས་ཅན། བཞག་ཏུ་ཡོད་དེ། རང་སྐྱེ་བ་ལ་གེགས་མི་བྱེད་ཅིང་། རང་ལས་དོན་གཞན་པའི་ཆོས་ཤིག་ལ་འཇོག་པའི་ཕྱིར། བྱེད་རྒྱུ་ཆོས་ཅན། ཁྱོད་ལ་གཉིས་ཡོད་དེ། སྐབས་འདིར་ནུས་ལྡན་དང་ནུས་མེད་གཉིས་ཡོད་པའི་ཕྱིར། དེ་གཉིས་ཀྱི་ཁྱད་པར་ཡོད་དེ། ཆོས་དེ་སྐྱེ་བ་ལ་ཕན་འདོགས་པའི་

འདུས་བྱས་རྣམས་ནི། ཆོས་དེའི་བྱེད་རྒྱུ་ནུས་ལྡན་དང་། ཆོས་དེ་སྐྱེ་བ་ལ་གེགས་མི་བྱེད་ཀྱང་ཕན་མི་འདོགས་པའི་ཆོས་དེ། ཆོས་དེའི་བྱེད་རྒྱུ་ནུས་མེད་དུ་འཇོག་པའི་ཕྱིར། སོ་སོའི་མཚན་གཞི་ཡོད་དེ། ཆོས་དེའི་རྒྱུ་ཐམས་ཅད་ཆོས་དེའི་བྱེད་རྒྱུ་ནུས་ལྡན་དང་། འདུས་མ་བྱས་ཀྱི་ཆོས་རྣམས་དང་འདུས་བྱས་ཡིན་ཀྱང་དེ་ལ་མི་གནོད་མི་ཕན་པ་རྣམས། ཆོས་དེའི་བྱེད་རྒྱུ་ནུས་མེད་དུ་འཇོག་པའི་(༨༤བ)ཕྱིར། དེར་ཐལ། ས་བོན་དང་ཆུ་ལུད་དང་དྲོད་གཤེར་སོགས་རང་འབྲས་མྱུ་གུའི་རྒྱུ་སྤྱི་མ་དང་། ཀ་བུམ་ལ་སོགས་པ་ནི་དེའི་རྒྱུ་ཕྱི་མ་ཡིན་པའི་ཕྱིར། སྤྱིར་བྱེད་རྒྱུ་ཐམས་ཅད་ནུས་ལྡན་ཡིན་ཏེ། འདིར་བྱེད་རྒྱུ་ནུས་སྟོང་ནི་གཞི་ལ་ལྟོས་ནས་ཡིན་པའི་ཕྱིར། འདུས་མ་བྱས་ལ་དམིགས་ནས་ཡིད་ཤེས་སྐྱེ་ཞིང་། དེ་ལས་དབང་ཤེས་ཀྱང་སྐྱེ་བ་ཡོད་དེ། མཛོད་རང་འགྲེལ་ལས། རྒྱུ་བརྒྱུད་པའི་སྒོ་ནས་དེ་ཡང་རྐྱེན་དུ་འགྱུར་བའི་ཕྱིར་ནུས་པ་ཡོད་དེ། ཞེས་གསུངས་པའི་ཕྱིར། དེ་ཡང་བྱེ་སྨྲའི་ལུགས་ཡིན་གྱི། གོང་མས་བྱེད་རྒྱུ་ལ་འདུས་བྱས་ཀྱིས་ཁྱབ་པར་འདོད་པས་ཁྱད་པར་ཡོད་དོ། །ཆོས་དེ་སྐྱེ་བ་ལ་གནོད་པ་ནི་ཆོས་དེའི་བྱེད་རྒྱུ་མ་ཡིན་ཏེ། དེ་དེའི་འཇིག་བྱེད་ཡིན་པའི་ཕྱིར།

ཐ༢ ལྷན་ཅིག་འབྱུང་བའི་རྒྱུ་བཤད་པ།

གཉིས་པ་ནི། ལྷན་ཅིག་འབྱུང་གང་ཕན་ཚུན་འབྲས། །འབྱུང་བཞིན་སེམས་ཀྱི་རྗེས་འཇུག་པ། །སེམས་དང་མཚན་ཉིད་མཚན་གཞི་བཞིན། །སེམས་ལས་བྱུང་དང་སྡོམ་གཉིས་དང་། །སེམས་དང་དེ་དག་གི་མཚན་ཉིད། །སེམས་ཀྱི་རྗེས་འཇུག་དུས་དང་ནི། །འབྲས་སོགས་དགེ་ལ་སོགས་པའོ། །ཞེས་བྱུང་། འདི་ལ་མཚན་ཉིད། མཚན་གཞི། སེམས་ཀྱི་རྗེས་འཇུག་ངོས་བཟུང་། དེ་རྗེས་སུ་འཇུག་ཚུལ་བཞི། དང་པོ་ནི། ལྷན་ཅིག་འབྱུང་བའི་རྒྱུ་གང་ཆོས་ཅན། ཁྱོད་ཀྱི་མཚན་ཉིད་དམ་ངོ་བོ་ཡོད་དེ། ཕན་ཚུན་ཕན་འདོགས་རྒྱུ་འབྲས་སུ་གནས་པའི་རྒྱུ་དེ་དེ་ཡིན་པའི་ཕྱིར།

གཉིས་པ་ནི། དེ་ཆོས་ཅན། ཁྱོད་ཀྱི་མཚན་གཞི་དང་དཔེ་ཡོད་དེ། ཚོགས་པ་གཅིག་ལ་གནས་པའི་འབྱུང་བཞི་བཞིན་དང་། སེམས་ཀྱི་རྗེས་འཇུག་ང་བརྒྱད་དང་སེམས་བཞིན་དང་། མཚན་ཉིད་སྐྱེ་སོགས་བཞི་དང་མཚན་གཞི་འདུ་བྱེད་པ་བཞིན་ཡིན་པའི་ཕྱིར།

གསུམ་པ་ནི། སེམས་ཀྱི་རྗེས་འཇུག་ཆོས་ཅན། དོས་བཟུང་དུ་ཡོད་དེ། སེམས་ཀྱི་འཁོར་དུ་གྱུར་པའི་སེམས་བྱུང་རྣམས་དང་། བསམ་གཏན་ཟག་མེད་ཀྱི་སྡོམ་པ་རྣམ་པ་གཉིས་དང་། སེམས་དང་དེ་དག་གི་མཚན་ཉིད་སྐྱེ་འཇིག་སོགས་དེ་ཡིན་པའི་ཕྱིར།

བཞི་པ་ནི། སེམས་ཀྱི་རྗེས་འཇུག་དེ་རྣམས་ཆོས་ཅན། རྒྱུ་བཅུས་སེམས་ཀྱི་རྗེས་འཇུག་ཅེས་བྱ་སྟེ། དུས་ཀྱི་སྒོ་ནས་བཞི་(༥༡ན)དང་འབྲས་བུ་སོགས་ཏེ་རྣམ་སྨིན་དང་རྒྱུ་མཐུན་གསུམ་དང་། དགེ་བ་སོགས་ཏེ་མི་དགེ་བ་ལུང་མ་བསྟན་གསུམ་དང་བཅུ་པོ་གང་རུང་ཡིན་པར་ཅིག་ཅར་རྗེས་སུ་འཇུག་པ་གཅིག་དགོས་པའི་ཕྱིར། དང་པོ་གྲུབ་སྟེ། སེམས་དང་དེའི་སྐྱེ་འགག་སོགས་བཞི་དུས་གཅིག་པ་དགོས་པའི་ཕྱིར། གཉིས་པ་གྲུབ་སྟེ། འབྲས་བུ་བྱེད་འབྲས་དང་བྲལ་འབྲས་གཉིས་དང་། རྣམ་སྨིན་དང་རྒྱུ་མཐུན་གྱི་འབྲས་བུ་རྣམས་གང་རུང་འབྱུང་བ་གཅིག་དགོས་པའི་ཕྱིར། གསུམ་པ་གྲུབ་སྟེ། དགེ་སོགས་གསུམ་པོ་གང་ཡིན་པ་གཅིག་དགོས་པའི་ཕྱིར། དེར་ཐལ། སེམས་དགེ་སོགས་གསུམ་གྱིས་རང་རང་གི་སེམས་བྱུང་དགེ་སོགས་གསུམ་སོ་སོར་སྐྱེད་པར་བྱེད་པའི་ཕྱིར། ལྷན་ཅིག་འབྱུང་བའི་རྒྱུ་འབྲས་ནི་བྱེ་སྨྲ་ལྟར་ན་རྒྱུ་འབྲས་མཚན་ཉིད་པ་ཡིན་ཀྱང་། གོང་མ་རྣམས་ཀྱིས་བཏགས་པ་བར་བཞེད་དེ། དུས་མཉམ་ལ་རྒྱུ་འབྲས་མི་བཞེད་པའི་ཕྱིར།

ཐ༣ སྐལ་མཉམ་གྱི་རྒྱུ་བཤད་པ།

ད༡ ངོ་བོ་སྤྱིར་བསྟན་པ།

གསུམ་པ་སྐལ་མཉམ་གྱི་རྒྱུ་ལ། ངོ་བོ་སྤྱིར་བསྟན་པ་དང་། ནང་ཚན་བྱེ་བྲག་ཏུ་བཤད་པ་གཉིས། དང་པོ་ནི། སྐལ་མཉམ་རྒྱུ་ནི་འདྲ་བའོ། །ཞེས་བྱུང་། སྐལ་མཉམ་གྱི་རྒྱུ་ཆོས་ཅན། འཇོག་ཚུལ་ཡོད་དེ། འབྲས་བུ་རང་དང་རིགས་འདྲ་བ་ཞིག་སྐྱེད་པའི་སྒོ་ནས་འཇོག་པའི་ཕྱིར། དཔེར་ན། དགེ་མི་དགེ་ལུང་མ་བསྟན་གསུམ་གྱི་སྔ་མས་རང་གི་རིགས་འདྲ་ཕྱི་མ་སྐྱེད་པར་བྱེད་པ་ལྟ་བུའོ། །

ད༢ ནང་ཚན་བྱེ་བྲག་ཏུ་བཤད་པ།

ན༡ ཉོན་མོངས་ཅན་གྱི་སྐལ་མཉམ་གྱི་རྒྱུ།

གཉིས་པ་ལ། ཉོན་མོངས་ཅན་དང་། ཉོན་མོངས་ཅན་མ་ཡིན་པ་གཉིས་ལས། དང་པོ་ནི། རང་རིས་ས་པའོ་སྔར་སྐྱེས་རྣམས། །ཞེས་བྱུང་། ཉོན་མོངས་ཅན་གྱི་སྐལ་མཉམ་གྱི་རྒྱུ་ཆོས་ཅན། ཁྱད་ཆོས་གསུམ་དང་ལྡན་ཏེ། རང་དང་སྤང་བྱ་རིགས་གཅིག་པ། ས་གཅིག་པ། འབྲས་བུའི་སྔར་སྐྱེས་པ་གསུམ་རྣམས་དགོས་པའི་ཕྱིར། དང་པོ་གྲུབ་སྟེ། མཐོང་སྤང་དང་སྒོམ་སྤང་ལྟ་བུར་རིགས་གཅིག་པ་དགོས་པའི་ཕྱིར། གཉིས་པ་གྲུབ་སྟེ། ཁམས་གསུམ་པོ་རང་རང་གི་སས་བསྡུས་པའི་ཉོན་མོངས་ཀྱིས་རང་རང་གི་སས་བསྡུས་ཀྱི་ཉོན་མོངས་ཕྱི་མའི་སྐལ་མཉམ་གྱི་རྒྱུ་བྱེད་ཀྱི། འདོད་པའི་མཐོང་སྤང་ལྟ་བུས་གོང་མའི་མཐོང་སྤང་གི་རྒྱུ་མི་བྱེད་(༤་བ)པ་སོགས་ཡིན་པའི་ཕྱིར། གསུམ་པ་གྲུབ་སྟེ། འབྲས་བུ་དེའི་སྔར་སྐྱེས་པས་ཕྱི་མ་སྐྱེས་པ་དང་མ་སྐྱེས་པའི་སྐལ་མཉམ་གྱི་རྒྱུ་བྱེད་ཀྱི། དུས་མཉམ་པས་དེ་མི་བྱེད་པའི་ཕྱིར།

ན༧ ཉོན་མོངས་ཅན་མ་ཡིན་པའི་སྐལ་མཉམ་གྱི་རྒྱུ།

གཉིས་པ་ནི། ས་དགུའི་ལམ་ནི་ཕན་ཚུན་དུ། །མཉམ་དང་ཁྱད་པར་ཅན་གྱི་ཡིན། །སྦྱོར་བྱུང་དེ་གཉིས་ཁོ་ནའི་ཡིན། །ཐོས་དང་བསམ་བྱུང་ལ་སོགས་པ། །ཞེས་བྱུང་། གོང་དུ་ས་གཅིག་པ་ཞིག་དགོས་པར་བཤད་པ་ནི་ཉོན་མོངས་ཅན་གྱི་སྐལ་མཉམ་གྱི་དབང་དུ་བྱས་པ་ཡིན་གྱི། ཟག་མེད་ལ་ནི་དེ་ལྟར་མ་ངེས་ཏེ། ཟག་མེད་ཀྱི་ས་དགུ་ལ་བརྟེན་པའི་ལམ་ནི་ཕན་ཚུན་མཉམ་པས་མཉམ་པ་དང་། ཁྱད་པར་ཅན་གྱི་རྒྱུ་བྱེད་པའི་ཕྱིར། དེར་ཐལ། ལམ་བདེན་ཕན་ཚུན་མཐོ་དམན་མཉམ་པ་དང་གོང་མའི་སྐལ་མཉམ་གྱི་རྒྱུ་བྱེད་པའི་ཕྱིར། དེར་མ་ཟད་སྦྱོར་བྱུང་འཇིག་རྟེན་པའི་ལམ་ཟག་བཅས་ཀྱི་དགེ་བ་དེའང་མཉམ་པ་དང་ཁྱད་པར་ཅན་གྱི་སྐལ་མཉམ་གྱི་རྒྱུ་དེ་གཉིས་ཁོ་ན་བྱེད་པ་ཡིན་ཏེ། ཐོས་བྱུང་དང་བསམ་བྱུང་ལ་སོགས་པ་སྟེ་བསྒོམས་བྱུང་རྣམས་ཀྱིས་དེ་ལྟར་བྱེད་པའི་ཕྱིར། དེར་ཐལ། འདོད་པའི་སས་བསྡུས་ཀྱི་བསྒོམས་བྱུང་མེད་ཀྱང་ཐོས་བྱུང་དང་བསམ་བྱུང་སྔ་མས་ཕྱི་མའི་སྐལ་མཉམ་གྱི་རྒྱུ་བྱེད། གཟུགས་ནི་བསམ་བྱུང་མེད་ཀྱང་ཐོས་བྱུང་དང་བསྒོམས་བྱུང་སྔ་མས་ཕྱི་མའི་སྐལ་མཉམ་གྱི་རྒྱུ་བྱེད། གཟུགས་མེད་དུ་བསྒོམས་བྱུང་སྔ་མས་ཕྱི་མའི་རྒྱུ་དེ་བྱེད་པའི་ཕྱིར། འདིར་བསྒོམས་བྱུང་འཇོག་མཚམས་ཡོད་དེ། ཞི་གནས་ཐོབ་པ་ནས་འཇོག་པའི་ཕྱིར།

ཐ༨ མཚུངས་ལྡན་གྱི་རྒྱུ་བཤད་པ།

བཞི་པ་མཚུངས་ལྡན་རྒྱུ་ནི། མཚུངས་ལྡན་རྒྱུ་ནི་སེམས་དག་དང་། །སེམས་བྱུང་རྣམས་མཚུངས་ཅན་རྣམས་སོ། །ཞེས་བྱུང་། མཚུངས་ལྡན་གྱི་རྒྱུ་ཆོས་ཅན། ཁྱོད་འཇོག་ཚུལ་ཡོད་དེ། ཐུན་མོང་མ་ཡིན་པའི་བདག་རྐྱེན་གཅིག་ལ་བརྟེན་པར

མཚུངས་པ་ཅན་གྱི་སེམས་དག་དང་། སེམས་བྱུང་རྣམས་ཕན་ཚུན་རྒྱུ་འབྲས་སུ་འཇོག་པའི་ཕྱིར། དེར་ཐལ། དེ་དག་ཕན་ཚུན་གཅིག་མེད་ན་གཅིག་མི་འབྱུང་བའི་རྒྱུ་འབྲས་ཡིན་པའི་ཕྱིར། འདི་རྒྱུ་འབྲས་མཚན་ཉིད་པར་བྱེ་སྨྲས་འདོད་ཀྱང་གཞན་གྱིས་བཏགས་པ་བར་འདོད་དོ། །

ཐ༥ ཀུན་འགྲོའི་རྒྱུ་བཤད་པ།

ལྔ་པ་ཀུན་འགྲོའི་རྒྱུ་ནི། ཀུན་འགྲོ་ཞེས་བྱ་ཉོན་མོངས་ཅན། །རྣམས་ཀྱི་རང་ས་ཀུན་འགྲོ་(༥༠ན)ལྔ། །ཞེས་བྱུང་། ཀུན་འགྲོའི་རྒྱུ་ཆོས་ཅན། འཇོག་ཚུལ་ཡོད་དེ། རང་དང་རིགས་དང་ས་གཅིག་པའི་ཉོན་མོངས་དང་ཉོན་མོངས་ཅན་གྱི་ཀུན་འགྲོའི་རྒྱུ་དང་། དེ་མི་གཅིག་པའི་ཉོན་མོངས་དང་ཉོན་མོངས་ཅན་རྣམས་ཀྱི་ཀུན་འགྲོའི་རྒྱུ་གཉིས་ཡོད་པའི་ཕྱིར། ཀུན་འགྲོ་ལྔ་ཡོད་དེ། ཚོར་འདུ་སོགས་ལྔ་ལ་བྱེད་པའི་ཕྱིར།

ཐ༦ རྣམ་སྨིན་གྱི་རྒྱུ་བཤད་པ།

དྲུག་པ་རྣམ་སྨིན་གྱི་རྒྱུ་ནི། རྣམ་སྨིན་རྒྱུ་ནི་མི་དགེ་དང་། །དགེ་བ་ཟག་བཅས་རྣམས་ཁོ་ན། །ཞེས་བྱུང་། རྣམ་སྨིན་གྱི་རྒྱུ་ཆོས་ཅན། འཇོག་ཚུལ་ཡོད་དེ། རྣམ་པར་སྨིན་པ་འབྱིན་བྱེད་ཀྱི་མི་དགེ་བ་དང་། དགེ་བ་ཟག་བཅས་རྣམས་ཁོ་ན་དེར་འཇོག་པའི་ཕྱིར། དེ་གཉིས་ཆོས་ཅན། རྣམ་སྨིན་གྱི་རྒྱུ་ཡིན་ཏེ། ངོ་བོ་སྙོབས་དང་ལྡན་ཞིང་སྲེད་པའི་རླན་དང་བཅས་པའི་ཕྱིར། ལུང་མ་བསྟན་རྣམས་ཆོས་ཅན། རྣམ་སྨིན་གྱི་རྒྱུ་མ་ཡིན་ཏེ། སྲེད་པའི་རླན་དང་བཅས་ཀྱང་ངོ་བོ་སྙོབས་དང་མི་ལྡན་པའི་ཕྱིར། དགེ་བ་ཟག་མེད་རྣམས་ཆོས་ཅན། རྣམ་སྨིན་གྱི་རྒྱུ་མ་ཡིན་ཏེ། ངོ་བོ་སྙོབས་དང་ལྡན་ཀྱང་སྲེད་པའི་རླན་དང་མ་བཅས་པའི་ཕྱིར། རྣམ་སྨིན་གྱི་དོན་ཡང་ཡོད་དེ། རྣམ་པར་ཏེ་ཁྱད་པར་མི་འདྲ་བར་སྨིན་པ་དེ་དེའི་སྒྲ་དོན་ཡིན་པའི་ཕྱིར།

ང༣ དོན་བསྡུ་བ།

གསུམ་པ་དོན་བསྡུ་ནི། ཀུན་འགྲོ་སྐལ་མཉམ་དུས་གཉིས་པ། །གསུམ་པོ་དག་ནི་དུས་གསུམ་པ། །ཞེས་བྱུང་། ཀུན་འགྲོ་དང་སྐལ་མཉམ་གྱི་རྒྱུ་ཆོས་ཅན། དུས་གཉིས་པ་ཅན་ཡིན་ཏེ། འདས་པས་ད་ལྟར་བ་དང་། ད་ལྟར་བས་མ་འོངས་པའི་རྒྱུ་བྱེད་པ་ཅན་ཡིན་པའི་ཕྱིར། ལྷན་ཅིག་འབྱུང་བ་མཚུངས་ལྡན་རྣམ་སྨིན་གྱི་རྒྱུ་གསུམ་པོ་དག་ནི་ཆོས་ཅན། དུས་གསུམ་པ་ཅན་ཡིན་ཏེ། འདས་པ་དང་ད་ལྟ་བ་དང་མ་འོངས་པས་ཀྱང་མ་འོངས་པ་སྐྱེད་པའི་ཕྱིར། འདིར་སྤྱི་དོན་གྱིས་ཅུང་ཟད་བཤད་ན། ཕྱིར་རྒྱུ་དྲུག་གི་ནང་ཚན་མི་འགལ་ཏེ། རྒྱུ་ཡིན་ན་བྱེད་རྒྱུ་ཡིན་པས་ཁྱབ་པའི་ཕྱིར། གཞི་དང་སྦྱར་ན་འགལ་བ་མང་སྟེ། རྣམ་སྨིན་སྐྱེས་ཀྱི་སེམས་དེའི་རྣམ་སྨིན་གྱི་རྒྱུ་ཡིན་ན། སེམས་དེའི་མཚུངས་ལྡན་དང་ལྷན་ཅིག་འབྱུང་བའི་(༥༠བ)རྒྱུ་མིན་དགོས་པའི་ཕྱིར། དེར་ཐལ། དེའི་མཚུངས་ལྡན་གྱི་རྒྱུ་དང་ལྷན་ཅིག་འབྱུང་བའི་རྒྱུ་ནི་དེ་དང་དུས་མཉམ་ཡིན་ལ། དེའི་རྣམ་སྨིན་གྱི་རྒྱུ་ནི་སྔ་རོལ་ཏུ་བྱུང་བ་ཡིན་པའི་ཕྱིར། དེའི་ཀུན་འགྲོ་དང་སྐལ་མཉམ་གྱི་རྒྱུ་གང་ཟུང་ཡང་སེམས་དེའི་ལྷན་ཅིག་འབྱུང་བའི་རྒྱུ་མིན་ཏེ། དེ་གཉིས་རང་གི་འབྲས་བུའི་སྔོན་དུ་འབྱུང་བའི་ཕྱིར་རོ། །

ཀ༢ འབྲས་བུ་བཤད་པ།

ང༡ འབྲས་བུའི་མཚན་གཞི།

གཉིས་པ་འབྲས་བུ་ལ། མཚན་གཞི། འབྲས་བུ་གང་རྒྱུ་ལས་སྐྱེས་པ། འབྲས་བུ་སོ་སོའི་ངོ་བོ་དང་གསུམ། དང་པོ་ནི། འདུས་བྱས་བྲལ་བཅས་འབྲས་བུ་ཡིན། །འདུས་མ་བྱས་ལ་དེ་དག་མེད། །ཅེས་བྱུང་། འབྲས་བུ་ཆོས་ཅན། བཞག་ཏུ་ཡོད་དེ། འདུས་བྱས་རྣམས་དང་། བྲལ་བ་འགོག་བདེན་བཅས་དེ་ཡིན་པའི་

ཕྱིར། འདུས་མ་བྱས་ཆོས་ཅན། ཁྱོད་ལ་སྐྱེད་བྱེད་ཀྱི་རྒྱུ་འབྲས་མཚན་ཉིད་པ་དེ་དག་གང་ཡང་མེད་དེ། རྒྱུ་དྲུག་འབྲས་བུ་ལྔའི་བྱེད་རྒྱུ་དང་བྲལ་འབྲས་མ་གཏོགས་གཞན་སྐྱེད་བྱེད་ཀྱི་རྒྱུ་འབྲས་མཚན་ཉིད་པ་མེད་པའི་ཕྱིར། གལ་ཏེ་འདུས་མ་བྱས་ལ་སྐྱེད་བྱེད་ཀྱི་རྒྱུ་འབྲས་མཚན་ཉིད་པ་ཡོད་དེ། བྱེད་རྒྱུ་ལ་འདུས་མ་བྱས་ཡོད་ཅིང་བྲལ་འབྲས་འདུས་མ་བྱས་ཡིན་པའི་ཕྱིར་ན་མ་ཁྱབ་སྟེ། བྲལ་འབྲས་ལམ་བདེན་གྱི་སྟོབས་ཀྱིས་ཐོབ་ཀྱང་དེ་ལམ་བདེན་ལས་བྱུང་བ་མ་ཡིན་པའི་ཕྱིར།

༥༢ འབྲས་བུ་གང་རྒྱུ་ལས་སྐྱེས་པ།

གཉིས་པ་ནི། རྣམ་སྨིན་འབྲས་བུ་ཐ་མའི་ཡིན། །བདག་པོའི་འབྲས་བུ་དང་པོའི་ཡིན། །རྒྱུ་མཐུན་སྐལ་མཉམ་ཀུན་འགྲོ་བའི། །སྐྱེས་བུ་པ་ནི་གཉིས་ཀྱི་ཡིན། །ཞེས་བྱུང་། རྣམ་སྨིན་གྱི་འབྲས་བུ་ཆོས་ཅན། ཁྱོད་ཀྱི་རྒྱུ་ཡོད་དེ། རྒྱུ་དྲུག་གི་ཐ་མ་རྣམ་སྨིན་གྱི་རྒྱུ་ལས་བྱུང་བ་ཡིན་པའི་ཕྱིར། བདག་པོའི་འབྲས་བུ་ཆོས་ཅན། ཁྱོད་ཀྱི་རྒྱུ་ཡོད་དེ། རྒྱུ་དང་པོ་བྱེད་རྒྱུ་ལས་བྱུང་བ་ཡིན་པའི་ཕྱིར། རྒྱུ་མཐུན་གྱི་འབྲས་བུ་ཆོས་ཅན། རྒྱུ་གཉིས་ཀྱི་འབྲས་བུ་ཡིན་ཏེ། སྐལ་མཉམ་དང་ཀུན་འགྲོའི་རྒྱུ་ལས་བྱུང་བའི་ཕྱིར། སྐྱེས་བུ་བྱེད་པའི་འབྲས་བུ་ཆོས་ཅན། ཁྱོད་ཀྱི་རྒྱུ་ཡོད་དེ། ལྷན་ཅིག་འབྱུང་བ་དང་མཚུངས་ལྡན་གྱི་རྒྱུ་གཉིས་ལས་བྱུང་བ་ཡིན་པའི་ཕྱིར།

༥༣ འབྲས་བུ་སོ་སོའི་ངོ་བོ།

གསུམ་པ་ནི། རྣམ་(༥༧ན)སྨིན་ལུང་དུ་མ་བསྟན་ཆོས། །སེམས་ཅན་བརྗོད་ལུང་བསྟན་ཕྱིས་འབྱུང་། །རྒྱུ་མཐུན་རྒྱུ་དང་འདྲ་བའོ། །བྲལ་བ་བློ་ཡིས་ཟད་པའོ། །གང་གིས་སྟོབས་ཀྱིས་གང་སྐྱེས་པ། །ཟས་དེ་སྐྱེས་བུ་བྱེད་ལས་སྐྱེས། །སྔོན་བྱུང་མ་ཡིན་འདུས་བྱས་ནི། །འདུས་བྱས་ཁོ་ནའི་བདག་པོའི་འབྲས། །ཞེས་བྱུང་། རྣམ་སྨིན་

ཀྱི་འབྲས་བུ་ཆོས་ཅན། ཁྱོད་ཀྱི་ཆོས་གསུམ་ལས་དང་པོ་ཡོད་དེ། མི་དགེ་བ་དང་དགེ་བ་གང་རུང་མ་ཡིན་ཞིང་མ་བསྒྲིབས་ལུང་དུ་མ་བསྟན་པའི་ཆོས་ཡིན་པ་ཞིག་ཡིན་པའི་ཕྱིར། མི་དགེ་བ་མིན་ཏེ། དགྲ་བཅོམ་པའི་རྒྱུད་ལ་ཡོད་པའི་ཕྱིར། དགེ་བ་མིན་ཏེ། དགེ་རྩ་ཆད་པ་ལའང་ཡོད་པའི་ཕྱིར། ཕྱི་མ་གྲུབ་སྟེ། འབྲས་བུ་རྣམ་སྨིན་མི་འབྱིན་པའི་ཟག་བཅས་ཡིན་པའི་ཕྱིར། དེའི་ཆོས་གཉིས་པ་ཡོད་དེ། སེམས་ཅན་དུ་བརྗོད་པ་རྒྱུད་ཀྱིས་བསྡུས་པ་ཞིག་ཡིན་པའི་ཕྱིར། གསུམ་པ་ཡོད་དེ། རང་རྒྱུ་ལུང་དུ་བསྟན་པ་ཟག་བཅས་ཀྱི་དགེ་མི་དགེ་གང་རུང་ལས་ཕྱིས་འབྱུང་བ་ཞིག་ཡིན་པའི་ཕྱིར། རྒྱུ་མཐུན་གྱི་འབྲས་བུ་ཆོས་ཅན། བཞག་ཏུ་ཡོད་དེ། རང་རྒྱུ་དང་རིས་འདྲ་བའི་འབྲས་བུ་ཞིག་ལ་བྱེད་པའི་ཕྱིར། དེར་ཐལ། རང་རྒྱུ་སྐལ་མཉམ་གྱི་རྒྱུ་དང་ཀུན་འགྲོའི་རྒྱུ་ལས་བྱུང་བའི་ཕྱིར། བྲལ་བའི་འབྲས་བུ་ཆོས་ཅན། འཇོག་ཚུལ་ཡོད་དེ། བློ་བར་ཆད་མེད་ལམ་གྱི་སྟོབས་ཀྱིས་རང་གི་ངོ་སྐལ་གྱི་སྤང་བྱ་ཟད་པར་སྤངས་པའི་འགོག་བདེན་ལ་འཇོག་པའི་ཕྱིར། སྐྱེས་བུ་བྱེད་པའི་འབྲས་བུ་ཆོས་ཅན། ཁྱོད་ཀྱི་ངོ་བོ་བཞག་ཏུ་ཡོད་དེ། རྒྱུ་གང་གི་སྟོབས་ཀྱིས་འབྲས་བུ་གང་སྐྱེས་པ་དེ་དེ་ཡིན་པའི་ཕྱིར། དེར་ཐལ། འགོག་བདེན་ལ་སྐྱེས་བུ་བྱེད་འབྲས་ཡིན་ལ། ཞིང་པས་བསྒྲུབས་པའི་ལོ་ཏོག་དང་། བཟོ་བོས་བྱས་པའི་ཁང་པ་དང་། རྣམ་གྲོལ་ལམ་རྣམས་དང་། ཟག་བཅས་ཀྱིས་ཟག་མེད་བསྐྱེད་པ་རྣམས་དང་། ས་མི་གཅིག་པའི་ཉོན་མོངས་ཅན་གཅིག་ལས་གཅིག་སྐྱེས་པ་སོགས་དེ་ཡིན་པའི་ཕྱིར། ཤེས་བྱ་ཆོས་(༥༧བ)ཅན། བདག་པོའི་འབྲས་བུ་ཡོད་དེ། རྒྱུ་དེའི་སྔོན་དུ་བྱུང་བ་མ་ཡིན་པའི་འདུས་བྱས་རྒྱུ་དེའི་བདག་པོའི་འབྲས་བུ་ཡིན་པའི་ཕྱིར། བདག་འབྲས་ལ་འདུས་མ་བྱས་ཡོད་དམ་ཞེ་ན་མེད་དེ། འདུས་བྱས་ཁོ་ནའི་སྟེང་ནས་འཇོག་པའི་ཕྱིར། སྐྱེས་བུ་བྱེད་དང་བདག་འབྲས་གཉིས་མི་འགལ་ཏེ། རྒྱུ་བྱེད་པ་པོ་དང་ལྷན་ཅིག་དང་དེ་མ་ཐག་བྱུང་བའི་འབྲས་བུ་དེ་དེ་གཉིས་ཀ་ཡིན་པའི་ཕྱིར་རོ། །

༦༣ དེ་གཉིས་ཀྱི་ཐུན་མོང་གི་ཆོས་བཤད་པ།

༨༡ འབྲས་བུ་འཛིན་འཕྲིན་གྱི་ཁྱད་པར།

གསུམ་པ་རྒྱུ་འབྲས་གཉིས་ཀའི་ཐུན་མོང་གི་ཆོས་ལ། འབྲས་བུ་འཛིན་འཕྲིན་གྱི་ཁྱད་པར་དང་། འབྲས་བུ་གང་རྒྱུ་དུ་ཞིག་གིས་སྐྱེད་པ་གཉིས། དང་པོ་ནི། ལྔ་པོ་ད་ལྟར་འབྲས་བུ་འཛིན། །གཉིས་ནི་རབ་ཏུ་འཕྲིན་པ་ཡིན། །ད་ལྟར་གྱི་དང་འདས་པ་དག །གཅིག་ནི་འདས་པ་འཕྲིན་པར་འགྱུར། །ཞེས་བྱུང་། བྱེད་རྒྱུ་མ་གཏོགས་པའི་རྒྱུ་ལྔ་པོ་ཆོས་ཅན། ད་ལྟར་བའི་འབྲས་བུ་འཛིན་པ་ཡིན་ཏེ། འདས་པས་བཟུང་ཟིན་ནས་འདས། མ་འོངས་པ་ལ་བྱེད་འབྲས་མེད་པས་འཛིན་པའི་ནུས་པ་མེད་པའི་ཕྱིར། ལྷན་ཅིག་འབྱུང་བ་དང་མཚུངས་ལྡན་གྱི་རྒྱུ་གཉིས་ཀྱི་ཆོས་ཅན། འབྲས་བུ་རབ་ཏུ་སྟེ་རྒྱུ་ད་ལྟར་བ་དང་དུས་མཉམ་དུ་དང་པོ་ནས་འཕྲིན་པར་བྱེད་དེ། འབྲས་བུ་འཛིན་འཕྲིན་གཉིས་ཅིག་ཅར་ད་ལྟར་གྱི་དུས་སུ་མཉམ་དུ་བྱེད་པའི་ཕྱིར། སྐལ་མཉམ་དང་ཀུན་འགྲོའི་རྒྱུ་གཉིས་ཆོས་ཅན། ད་ལྟ་བ་རྒྱུ་མཐུན་གྱི་འབྲས་བུ་དང་འདས་པའི་རྒྱུ་མཐུན་གྱི་འབྲས་བུ་གཉིས་དག་འཕྲིན་པ་ཡོད་དེ། སྐད་ཅིག་གཞན་གྱིས་བར་མ་ཆོད་པའི་འབྲས་བུ་འཕྲིན་ན་ད་ལྟར་གྱི་དུས་སུ་དེ་འཕྲིན་པ་དང་། བར་ཆོད་པའི་འབྲས་བུ་འཕྲིན་ན་འདས་པའི་དུས་སུ་དེ་འཕྲིན་པའི་བྱ་བ་བྱེད་པའི་ཕྱིར། འབྲས་བུ་འཛིན་ཞེས་པའི་དོན་ཡོད་དེ། རྒྱལ་སྲས་མ་ལས། འཛིན་ཞེས་བྱ་བ་ནི་འཕེན་པར་བྱེད་པ་སྟེ། ས་བོན་གྱི་དངོས་པོ་ཉེ་བར་གནས་ཞེས་བྱ་བའི་ཐ་ཚིག་གོ་ཞེས་གསུངས་པ་ལྟར་ཡིན་པའི་ཕྱིར། འབྲས་བུ་འཛིན་ལ་མི་འཕྲིན་པ་ཡང་ཡོད་དེ། དགེ་རྩ་ཆད་ཁའི་ཚུང་ངུའི་ཚུང་ངུ་ལྟ་བུ་ཡིན་པའི་ཕྱིར། འཛིན་འཕྲིན་གཉིས་ཀ་ཡིན་པ་ཡོད་དེ། (༥༢ན)དགེ་རྩ་མ་ཆད་པའི་སྐབས་ཕལ་ཆེར་དེ་ཡིན་པའི་ཕྱིར། རྣམ་སྨིན་གྱི་རྒྱུ་གཅིག་པུ་ནི་ཆོས་ཅན། ཁྱོད་འདས་པ་ཁོ་ནས་འབྲས་བུ་འཕྲིན་པ་

ཡིན་ཏེ། ལྷན་ཅིག་གམ་དེ་མ་ཐག་ཁྱོད་ཀྱི་འབྲས་བུ་འབྱུང་བ་མེད་པའི་ཕྱིར་རོ། །

ཉ༢ འབྲས་བུ་གང་རྒྱུ་དུ་ཞིག་གིས་སྐྱེད་པ།

ཐ༡ མཚུངས་ལྡན་རྒྱུ་དུ་ལས་བྱུང་བ།

གཉིས་པ་ལ། མཚུངས་ལྡན་རྒྱུ་དུ་ལས་བྱུང་བ་དང་། མཚུངས་ལྡན་མིན་པ་རྒྱུ་དུ་ལས་བྱུང་བ་གཉིས། དང་པོ་ནི། ཉོན་མོངས་ཅན་དང་རྣམ་སྨིན་སྐྱེས། །ལྷག་དང་དང་པོ་འཕགས་རིམ་བཞིན། །རྣམ་སྨིན་ཀུན་འགྲོ་དེ་གཉིས་དང་། །སྐལ་མཉམ་མ་གཏོགས་ལྷག་ལས་སྐྱེས། །སེམས་དང་སེམས་ལས་བྱུང་བ་ཡིན། །ཞེས་བྱུང་། ཤེས་བྱ་ཆོས་ཅན། སྐབས་འདིར་ཆོས་བཞི་ཡོད་དེ། ཉོན་མོངས་ཅན་དང་རྣམ་སྨིན་སྐྱེས་དང་། ཟག་མེད་དང་པོ་དང་། དེ་གསུམ་གྱི་ལྷག་མའི་འདུས་བྱས་དང་བཞི་ཡོད་པའི་ཕྱིར། རིམ་པ་བཞིན་ཉོན་མོངས་ཅན་ཆོས་ཅན། རྒྱུ་ལྔ་ལས་སྐྱེས་ཏེ། རྣམ་སྨིན་གྱི་རྒྱུ་མ་གཏོགས་གཞན་ལྔ་ལས་སྐྱེས་པའི་ཕྱིར། རྣམ་སྨིན་ལས་སྐྱེས་པ་ཆོས་ཅན། རྒྱུ་ལྔ་ལས་སྐྱེས་ཏེ། ཀུན་འགྲོ་མ་གཏོགས་ལྷག་མ་ལྔ་ལས་སྐྱེས་པའི་ཕྱིར། ལུང་མ་བསྟན་རྣམས་དང་ཟག་མེད་སྐད་ཅིག་གཉིས་པ་ཕན་ཆད་ཀྱི་དགེ་བ་རྣམས་ཆོས་ཅན། རྒྱུ་བཞི་ལས་སྐྱེས་ཏེ། རྣམ་སྨིན་གྱི་རྒྱུ་དང་ཀུན་འགྲོའི་རྒྱུ་གཉིས་མ་གཏོགས་ལྷག་མ་བཞི་ལས་སྐྱེས་པའི་ཕྱིར། ཟག་མེད་སྐད་ཅིག་དང་པོ་འཕགས་པའི་ལམ་ནི་ཆོས་ཅན། རྒྱུ་གསུམ་ལས་སྐྱེས་ཏེ། རྣམ་སྨིན་གྱི་རྒྱུ་ཀུན་འགྲོའི་རྒྱུ་སྐལ་མཉམ་གྱི་རྒྱུ་མ་གཏོགས། ལྷག་མ་བྱེད་ལྷན་མཚུངས་ལྡན་གྱི་རྒྱུ་གསུམ་ལས་སྐྱེས་པའི་ཕྱིར། ཆོས་བཞི་པོ་དེ་དག་འདུས་བྱས་ཕྱིར་མ་ཟད་གཙོ་བོར་མཚུངས་ལྡན་གྱི་དབང་དུ་བྱས་པ་ཡིན་ཏེ། སེམས་དང་སེམས་བྱུང་གི་དབང་དུ་བྱས་པའི་ཕྱིར།

ཐ༢ མཚུངས་ལྡན་མིན་པ་རྒྱུ་དྲུ་ལས་བྱུང་བ།

གཉིས་པ་ནི། མཚུངས་ལྡན་མ་གཏོགས་གཞན་དེ་བཞིན། །ཞེས་བྱུང་། མཚུངས་ལྡན་མ་གཏོགས་པའི་འབྲས་བུ་ཆོས་ཅན། ཁྱོད་ཀྱི་རྒྱུ་ལ་དྲུ་མ་ཡོད་དེ། སྔར་བཤད་པ་དེ་བཞིན་དུ་བཞི་དང་གསུམ་དང་གཉིས་ཡོད་པའི་ཕྱིར། དེར་ཐལ། གཞན་སྡོམ་མིན་དང་དབང་པོ་ཉོན་(༥༢བ)མོངས་ཅན་དང་ཉོན་མོངས་ཅན་གྱི་ལྡན་མིན་སོགས་ནི་རྣམ་སྨིན་དང་མཚུངས་ལྡན་མ་གཏོགས་པའི་རྒྱུ་བཞི་ལས་སྐྱེས། སོ་ཐར་དང་བསམ་གཏན་ལ་སོགས་པའི་དགེ་བ་ལྡན་མིན་དང་སྐྱེ་འཇིག་སོགས་ཀྱི་ལུང་མ་བསྟན་རྣམས་ནི། རྣམ་སྨིན་ཀུན་འགྲོ་མཚུངས་ལྡན་མ་གཏོགས་པ་གཞན་གསུམ་ལས་སྐྱེས། ཟག་མེད་ཀྱི་སྡོམ་པ་ལྟ་བུ་ནི་བྱེད་རྒྱུ་དང་ལྷན་ཅིག་གི་རྒྱུ་གཉིས་ལས་སྐྱེས་པའི་ཕྱིར། དེ་ཆོས་ཅན། མཚུངས་ལྡན་གྱི་རྒྱུ་ལས་མ་བྱུང་སྟེ། ལྡན་མིན་ཡིན་པའི་ཕྱིར།

ཛ༢ རྐྱེན་བྱེ་བྲག་ཏུ་བཤད་པ།

ཝ༡ སྤྱིར་བསྟན་པ།

ཞ༡ དབྱེ་བ་མདོར་བསྟན་པ།

གཉིས་པ། སྤྱིར་བསྟན་པ་དང་། དེ་མ་ཐག་རྐྱེན་བྱེ་བྲག་ཏུ་བཤད་པ་གཉིས། དང་པོ་ལ། དབྱེ་བ་མདོར་བསྟན་པ་དང་། སོ་སོའི་རང་བཞིན་རྒྱས་པར་བཤད་པ། དེ་དག་གི་ཁྱད་ཆོས་གཞན་བཤད་པ་གསུམ། དང་པོ་ནི། རྐྱེན་ནི་བཞི་པོ་དག་ཏུ་གསུངས། །ཞེས་བྱུང་། རྐྱེན་ཆོས་ཅན། ཁྱོད་ལ་དབྱེ་ན་བཞི་ཡོད་དེ། རྒྱུ་རྐྱེན་དམིགས་རྐྱེན་བདག་རྐྱེན་དེ་མ་ཐག་རྐྱེན་དང་བཞི་ཡོད་པའི་ཕྱིར།

༦༢ སོ་སོའི་རང་བཞིན་རྒྱས་པར་བཤད་པ།

གཉིས་པ་ནི། རྒྱུ་ཞེས་བྱ་བ་རྒྱུ་ལྔ་ཡིན། །སེམས་དང་སེམས་བྱུང་སྐྱེས་པ་རྣམས། །ཐ་མ་མིན་མཚུངས་དེ་མ་ཐག །དམིགས་པ་ཆོས་རྣམས་ཐམས་ཅད་དོ། །བྱེད་རྒྱུ་ཞེས་བྱ་བདག་པོར་བཤད། །ཅེས་བྱུང་། རྒྱུ་དང་རྐྱེན་གཉིས་འགལ་ལམ་ཞེ་ན། མི་འགལ་ཏེ། བྱེད་རྒྱུ་མ་གཏོགས་པའི་རྒྱུ་ཞེས་བྱ་བ་ལྔ་པོ་དེ་རྒྱུའི་རྐྱེན་ཡིན་པའི་ཕྱིར། སེམས་དང་སེམས་བྱུང་སྐྱེས་པ་ཕལ་ཆེ་བ་རྣམས་ཆོས་ཅན། མཚུངས་པ་དེ་མ་ཐག་རྐྱེན་ཡིན་ཏེ། རང་གི་མཚུངས་པ་དེ་མ་ཐག་ཤེས་པ་ཕྱི་མ་སྐྱེད་པའི་རིག་པ་ཡིན་པའི་ཕྱིར། དགྲ་བཅོམ་པའི་ཐ་མའི་སེམས་སེམས་བྱུང་རྣམས་ཆོས་ཅན། མཚུངས་པ་དེ་མ་ཐག་རྐྱེན་མིན་ཏེ། ཉེར་འབྲས་རིག་པ་ཕྱི་མ་མེད་པའི་ཕྱིར། གཟུགས་སོགས་ཀྱི་ཆོས་ཐམས་ཅད་ཆོས་ཅན། དམིགས་པའི་རྐྱེན་དངོས་བཏགས་གང་རུང་ཡིན་ཏེ། གཟུགས་མིག་གི་རྣམ་ཤེས་ཀྱི་དམིགས་རྐྱེན་ཡིན་པ་ནས་ཆོས་ཐམས་ཅད་ཡིད་ཀྱི་རྣམ་ཤེས་ཀྱི་དམིགས་རྐྱེན་ཡིན་པའི་ཕྱིར། བདག་པོའི་རྐྱེན་ཆོས་ཅན། བཞག་ཏུ་ཡོད་དེ། བྱེད་རྒྱུ་ཞེས་བྱ་བ་དེ་ཁྱོད་དུ་བཤད་པའི་ཕྱིར། འདིར་སྤྱི་དོན་གྱིས་ཅུང་ཟད་བཤད་ན། སྤྱིར་རྒྱུ་རྐྱེན་གཉིས་མི་(༥༣ན)འགལ་ཏེ། དེ་གཉིས་ཡིན་ཁྱབ་མཉམ་ཡིན་པའི་ཕྱིར། གཞི་གཅིག་ལ་ལྟོས་ན་ཁྱད་པར་ཡོད་དེ། ཆོས་དེའི་ཉེར་ལེན་ནི་རྒྱུ་རྐྱེན་གཉིས་སུ་ཕྱེ་བའི་རྒྱུ་ཡིན་ལ། དེའི་ལྷན་ཅིག་བྱེད་པ་ནི་དེ་གཉིས་སུ་ཕྱེ་བའི་རྐྱེན་ཡིན་པའི་ཕྱིར། འདུས་བྱས་མ་ཡིན་པའི་ཆོས་ནི། དམིགས་རྐྱེན་དངོས་གནས་པར་འདོད་པར་མི་བྱ་སྟེ། དེ་རྐྱེན་མ་ཡིན་པའི་ཕྱིར། བྱེ་སྨྲས་ཉོན་མོངས་ཅན་གྱི་སེམས་ཀྱིས་ཉོན་མོངས་ཅན་གྱི་སེམས་ཕྱི་མ་ཕོ་ནའི་དེ་མ་ཐག་རྐྱེན་བྱེད་པ་པོ་སོགས་སུ་འདོད་ཀྱང་སློབ་དཔོན་ནི་དེ་མི་བཞེད་དེ། ཟག་བཅས་ཀྱི་སེམས་སེམས་བྱུང་གིས་ནི། ཟག་མེད་ཀྱི་སེམས་སེམས་བྱུང་གི་དེ་མ་ཐག་བྱེད་

པར་བཞེད་པའི་ཕྱིར། དེར་ཐལ། སྦྱོར་ལམ་གྱིས་མཐོང་ལམ་གྱི་དེ་མ་ཐག་བྱེད་པའི་ཚུལ་སོགས་བཞེད་པའི་ཕྱིར། གཟུགས་ཅན་ལ་མཚུངས་པ་དེ་མ་ཐག་མེད་དེ། དེ་དང་མཚུངས་ལྡན་མེད་པའི་ཕྱིར། དེ་མ་ཐག་རྐྱེན་ཡིན་ན། མཚུངས་པ་དེ་མ་ཐག་ཡིན་པས་མ་ཁྱབ་སྟེ། དེ་ལ་མུ་བཞི་བཤད་པའི་ཕྱིར། གཉིད་མཐུག་པོ་དང་འགོག་པ་དང་འདུ་ཤེས་མེད་པ་ལས་ལངས་མ་ཐག་པའི་དབང་ཤེས་ཀྱི་དེ་མ་ཐག་རྐྱེན་ལ་འདོད་ཚུལ་མི་འདྲ་བ་འགའ་རེ་སྣང་སྟེ། མཁས་པ་ཁ་ཅིག་ནི་གཉིད་དང་སྙོམས་འཇུག་ལས་ལངས་ཁ་མའི་ཡིད་ཤེས་ལ་འདོད་ཅིང་། གཞན་དག་དེ་ངག་ཏུ་འཇུག་ཁ་མའི་དབང་ཤེས་ལ་འདོད་པའི་ཕྱིར། བྱེད་རྒྱུ་རྣམས་བདག་རྐྱེན་དུ་བཤད་པས་རྒྱུ་ཡིན་ན་སྤྱིར་བདག་རྐྱེན་ཡིན་པས་ཁྱབ་ལ། བདག་རྐྱེན་ཞེས་པའི་སྒྲ་དོན་ཡོད་དེ། མང་པོའི་རྐྱེན་དང་ལྷག་པའི་རྐྱེན་ཞེས་པའི་དོན་ཡིན་པའི་ཕྱིར།

༨༣ དེ་དག་གི་ཁྱད་ཆོས་གཞན་བཤད་པ།

ཐ༡ རྐྱེན་གང་གིས་འབྲས་བུ་གང་ལ་བྱ་བ་བྱེད་ཚུལ།

གསུམ་པ་ལ། རྐྱེན་གང་གིས་འབྲས་བུ་གང་ལ་བྱ་བ་བྱེད་ཚུལ། འབྲས་བུ་གང་རྐྱེན་གང་ལས་བྱུང་ཚུལ། འབྱུང་བ་དང་འབྱུང་འགྱུར་གཉིས་རྐྱེན་དང་རྐྱེན་ཅན་དུ་འགྱུར་ཚུལ་གསུམ། དང་པོ་ནི། རྒྱུ་གཉིས་པོ་དག་འགག་པ་ལ། །བྱ་བ་བྱེད་པོ་གསུམ་པོ་ནི། །སྐྱེ་ལའོ་དེ་ལས་གཞན་པ་ཡི། །རྐྱེན་དག་དེ་ལས་བཟློག་པ་ཡིན། །ཞེས་བྱུང་། ཤེས་བྱ་ཆོས་ཅན། རྒྱུ་ལྔས་འབྲས་བུ་དུས་གསུམ་པོ་གང་ལ་བྱ་བ་བྱེད་ཚུལ་ཡོད་དེ། ལྷན་(༥༣བ)མཚུངས་གཉིས་པོ་དག་གིས་འབྲས་བུ་འགག་པ་མངོན་དུ་ཕྱོགས་པ་ལ་བྱ་བ་བྱེད། སྐལ་ཀུན་རྣམ་སྨིན་གསུམ་པོ་ཡིས་ནི་སྐྱེ་བ་ལ་མངོན་དུ་ཕྱོགས་པ་མ་འོངས་པ་ལ་བྱ་བ་བྱེད་པའི་ཕྱིར། དང་པོ་གྲུབ་སྟེ། དེ་གཉིས་ཀྱིས་འབྲས་བུ་ད་ལྟ་བ་དུས་མཉམ་པ་འཛིན་འཕེན་གཉིས་དང་ཡོངས་སྤྱོད་པའི་

བྱ་བ་གསུམ་བྱེད་པའི་ཕྱིར། གཉིས་པ་གྲུབ་སྟེ། དེ་གསུམ་གྱིས་འབྲས་བུ་མ་འོངས་པའི་སྐྱེ་བ་ཁོ་ན་ལ་བྱ་བ་བྱེད་པའི་ཕྱིར། དེར་ཐལ། རང་འབྲས་འཕངས་པའི་རྗེས་སུ་སྐྱེ་བའི་ཕྱིར། དེ་ལས་གཞན་པ་ཡི་རྐྱེན་དེ་མ་ཐག་རྐྱེན་དམིགས་རྐྱེན་བདག་རྐྱེན་གསུམ་པོ་དག་ནི་ཆོས་ཅན། རྐྱེན་ལྔ་པོ་གཉིས་སུ་བཤད་པ་དེ་ལས་གོ་རིམ་བཟློག་ནས་བྱེད་པ་ཡིན་ཏེ། མཚུངས་རྐྱེན་གྱིས་སྐྱེ་བའི་གོ་སྐབས་འབྱེད་པས་མ་འོངས་པ་ལ་བྱ་བ་བྱེད། དམིགས་རྐྱེན་གྱིས་ད་ལྟ་བྱུང་བ་འཛིན་པས་འགག་བཞིན་པ་ལ་བྱ་བ་བྱེད། བདག་རྐྱེན་གྱིས་སྐྱེ་འགག་ཐམས་ཅད་ལ་བྱ་བ་བྱེད་པའི་ཕྱིར།

ཐ༢ འབྲས་བུ་གང་རྐྱེན་གང་ལས་བྱུང་ཚུལ།

གཉིས་པ་ནི། བཞི་ཡིས་སེམས་དང་སེམས་བྱུང་རྣམས། །གསུམ་གྱིས་སྙོམས་པར་འཇུག་པ་གཉིས། །གཞན་ནི་གཉིས་པོ་དག་ལས་སྐྱེ། །དབང་ཕྱུག་སོགས་མིན་རིམ་སོགས་ཕྱིར། །ཞེས་བྱུང་། སེམས་དང་སེམས་བྱུང་རྣམས་ཆོས་ཅན། རྐྱེན་བཞི་ལས་སྐྱེས་པ་ཡིན་ཏེ། རང་གི་རྒྱུ་རྐྱེན་དང་བདག་རྐྱེན་ལས་སྐྱེ་བ་གང་ཞིག །དམིགས་རྐྱེན་དང་དེ་མ་ཐག་རྐྱེན་ལས་ཀྱང་སྐྱེ། དེ་བཞི་མ་ཚང་བར་ཁྱོད་སྐྱེ་བ་མེད་པའི་ཕྱིར། དང་པོ་གྲུབ་སྟེ། འདུས་བྱས་ཡིན་པའི་ཕྱིར། གསུམ་པ་གྲུབ་སྟེ། ཤེས་པ་ཡིན་པའི་ཕྱིར། དེར་ཐལ། བཞི་ཡིས་སེམས་དང་སེམས་བྱུང་རྣམས། །ཞེས་གསུངས་པའི་ཕྱིར། འདུ་ཤེས་མེད་པ་དང་འགོག་པའི་སྙོམས་པར་འཇུག་པ་གཉིས་ཆོས་ཅན། རྐྱེན་གསུམ་ལས་སྐྱེ་སྟེ། རྒྱུ་རྐྱེན་དང་བདག་རྐྱེན་དང་དེ་མ་ཐག་རྐྱེན་གསུམ་ལས་སྐྱེ་བའི་ཕྱིར། དང་པོ་གྲུབ་སྟེ། སྐལ་མཉམ་ལས་སྐྱེ་བའི་ཕྱིར། གཉིས་པ་གྲུབ་སྟེ། ལྷན་ཅིག་འབྱུང་རྒྱུ་སྔ་མ་ལས་སྐྱེ་བའི་ཕྱིར། གསུམ་པ་གྲུབ་སྟེ། སྙོམས་པར་འཇུག་ཁ་མའི་སེམས་དང་བཅས་(༥༤ན)པ་ལས་སྐྱེ་བའི་ཕྱིར། ཆོས་གཞན་མཚུངས་ལྡན་མིན་པའི་འདུ་བྱེད་དང་གཟུགས་ཅན་རྣམས་ནི་ཆོས་ཅན། རྐྱེན་གཉིས་ལས་སྐྱེ་སྟེ། རྒྱུ་

རྐྱེན་དང་བདག་རྐྱེན་གཉིས་པོ་དག་ལས་སྐྱེ་བའི་ཕྱིར། རྐྱེན་ལ་རྣམ་པ་བཞིར་ངེས་ཏེ། ཕྱི་རོལ་པས་འདོད་པ་ལྟར་དབང་ཕྱུག་རྟག་པ་སོགས་ཏེ་རང་བཞིན་རྟག་པ་དང་། དུས་རྟག་པ་དང་། ངོ་བོ་ཉིད་དང་། རྡུལ་ཕྲན་རྟག་པ་སོགས་རྐྱེན་དུ་མི་རུང་བའི་ཕྱིར། དེར་ཐལ། འབྲས་བུ་རྣམས་རིམ་གྱིས་སྐྱེ་བའི་ཕྱིར་དང་། སོགས་པས་རེས་འགའ་སྐྱེ་བའི་ཕྱིར།

ཐ༣ འབྱུང་བ་དང་འབྱུང་འགྱུར་གཉིས་རྐྱེན་དང་རྐྱེན་ཅན་དུ་འགྱུར་ཚུལ།

ད༡ འབྱུང་བ་རྒྱུར་བྱས་པ།

ན༡ འབྱུང་བ་སྐྱེད་པ།

གསུམ་པ་ལ། འབྱུང་བ་རྒྱུར་བྱས་པ་དང་། འབྱུང་གྱུར་རྒྱུར་བྱས་པ་གཉིས། དང་པོ་ལ། འབྱུང་བ་སྐྱེད་པ་དང་། འབྱུང་འགྱུར་སྐྱེད་པ་གཉིས། དང་པོ་ནི། དེའི་རྒྱུ་འབྱུང་བ་རྣམ་པ་གཉིས། །ཞེས་བྱུང་། འབྱུང་བ་དེའི་རྒྱུ་འབྱུང་བ་ཆོས་ཅན། རྣམ་པ་གཉིས་སུ་ཡོད་དེ། ལྷན་ཅིག་བྱེད་པ་དང་སྐལ་མཉམ་གྱི་རྒྱུ་གཉིས་ཡོད་པའི་ཕྱིར། དེར་ཐལ། འབྱུང་བས་རང་དང་དུས་མཉམ་པའི་འབྱུང་བ་གཞན་སྐྱེད་པས་ལྷན་ཅིག་འབྱུང་བའི་རྒྱུ་དང་། འབྱུང་བས་རིགས་འདྲ་ཕྱི་མའི་འབྱུང་བ་སྐྱེད་པས་སྐལ་མཉམ་གྱི་རྒྱུ་བྱེད་པའི་ཕྱིར།

ན༢ འབྱུང་འགྱུར་སྐྱེད་པ།

གཉིས་པ་ནི། འབྱུང་ལས་གྱུར་པའི་རྣམ་པ་ལྔ། །ཞེས་བྱུང་། འབྱུང་བ་ཆོས་ཅན། ཁྱོད་ཀྱིས་འབྱུང་བ་ལས་གྱུར་པའི་རྒྱུ་རྣམ་པ་ལྔ་བྱེད་དེ། དེ་སྐྱེད་པའི་རྒྱུ་དང་གནས་པའི་རྒྱུ་དང་རྟེན་པའི་རྒྱུ་དང་མི་ཆད་པ་དང་འཕེལ་བའི་རྒྱུ་ལྔ། བྱེད་པའི་ཕྱིར། དང་པོ་གྲུབ་སྟེ། དེ་ལས་འབྱུང་གྱུར་སྐྱེ་བའི་ཕྱིར། གཉིས་པ་གྲུབ་སྟེ།

འབྱུང་བ་དེ་འབྱུང་གྱུར་འཕེལ་འགྲིབ་ཀྱི་གཞི་ཡིན་པའི་ཕྱིར། གསུམ་པ་གྲུབ་སྟེ། དེ་འབྱུང་གྱུར་གྱི་རྟེན་ཡིན་པའི་ཕྱིར། ཕྱི་མ་གཉིས་གྲུབ་སྟེ། དེས་འབྱུང་གྱུར་རྒྱུན་མི་ཆད་པ་དང་གོང་འཕེལ་དུ་བྱེད་པའི་ཕྱིར།

ང༢ འབྱུང་གྱུར་རྒྱུར་བྱས་པ།

ཙ༡ འབྱུང་གྱུར་ལས་རང་ཉིད་སྐྱེ་བ།

གཉིས་པ་ནི། འབྱུང་གྱུར་ལས་རང་ཉིད་སྐྱེ་བ་དང་། འབྱུང་བ་སྐྱེད་པ་གཉིས། དང་པོ་ནི། འབྱུང་གྱུར་རྣམ་གསུམ་ཕན་ཚུན་དུ། །ཞེས་བྱུང་། འབྱུང་གྱུར་ཆོས་ཅན། ཁྱོད་ཀྱིས་འབྱུང་གྱུར་གཞན་གྱི་རྒྱུ་གསུམ་བྱེད་དེ། ལྷན་ཅིག་སྐལ་མཉམ་(༥༤བ) རྣམ་སྨིན་གྱི་རྒྱུ་གསུམ་བྱེད་པའི་ཕྱིར། དེར་ཐལ། བསམ་གཏན་དང་ཟག་མེད་ཀྱི་སྡོམ་པ་དང་ཚོགས་པ་གཅིག་པ་རྣམས་ནི་ཕན་ཚུན་ལྷན་ཅིག་འབྱུང་བའི་རྒྱུ་འབྲས་དང་། འབྱུང་གྱུར་སྔ་མས་ཕྱི་མའི་སྐལ་མཉམ་གྱི་རྒྱུ་དང་། མི་དགེ་བ་དང་དགེ་བ་ལས་ངན་སོང་དང་མཐོ་རིས་ཀྱི་དབང་ལུས་རྣམས་འབྱུང་བའི་ཕྱིར།

ཙ༢ འབྱུང་བ་སྐྱེད་པ།

གཉིས་པ་ནི། འབྱུང་བ་རྣམས་ཀྱི་དེ་རྣམས་གཅིག །ཅེས་བྱུང་། འབྱུང་འགྱུར་དེ་རྣམས་ཆོས་ཅན། ཁྱོད་ཀྱིས་འབྱུང་བ་རྣམས་ཀྱི་རྣམ་སྨིན་གྱི་རྒྱུ་གཅིག་པུ་བྱེད་དེ། ཚེ་འདིའི་ལུས་ངག་གི་རྣམ་པར་རིག་བྱེད་ལས་ཕྱི་མའི་རྣམ་སྨིན་སྐྱེས་ཀྱི་མིག་སོགས་དབང་པོའི་ཚོགས་པ་ན་ཡོད་པའི་འབྱུང་བའི་རྒྱུ་བྱེད་པའི་ཕྱིར།

ཅ༢ དེ་མ་ཐག་རྐྱེན་ཅི་ཙམ་དུ་བཤད་པ།

ཆ༡ སེམས་བཅུ་གཉིས་སུ་དབྱེ་བ།

ཇ༡ དབྱེ་བ་དངོས།

གཉིས་པ་དེ་མ་ཐག་རྐྱེན་ལ། བཅུ་གཉིས་སུ་དབྱེ་བ། ཉི་ཤུར་དབྱེ་བ། བཅུ་གཉིས་པོ་གང་ལས་གང་གསར་དུ་སྐྱེད་ཚུལ་གསུམ། དང་པོ་ལ། དབྱེ་བ་དངོས་དང་། དེ་མ་ཐག་པའི་རྐྱེན་དང་རྐྱེན་ཅན་སྦྱར་བ་གཉིས། དང་པོ་ནི། འདོད་ཡིད་དགེ་དང་མི་དགེ་དང་། །བསྒྲིབ་པ་དང་ནི་མ་བསྒྲིབས་པ། །གཟུགས་དང་གཟུགས་མེད་པ་དག་ན། །མི་དགེ་ལས་གཞན་ཟག་མེད་གཉིས། །ཞེས་བྱུང་། སེམས་སམ་ཡིད་ཆོས་ཅན། བཅུ་གཉིས་ཡོད་དེ། འདོད་པ་ན་ཡིད་དགེ་བ་དང་མི་དགེ་བ་དང་། བསྒྲིབས་ལུང་མ་བསྟན་དང་། མ་བསྒྲིབས་ལུང་མ་བསྟན་དང་བཞི། གཟུགས་དང་གཟུགས་མེད་པའི་ཁམས་དག་ན་མི་དགེ་བ་ལས་གཞན་པའི་དགེ་བ་དང་ལུང་མ་བསྟན་གྱི་སེམས་གསུམ་གསུམ་སྟེ་དྲུག་དང་། སློབ་མི་སློབ་ཀྱི་ཟག་མེད་ཀྱི་སེམས་གཉིས་དང་བཅུ་གཉིས་ཡོད་པའི་ཕྱིར།

ཇ༢ དེ་མ་ཐག་པའི་རྐྱེན་དང་རྐྱེན་ཅན་སྦྱར་བ།

ཉ༡ འདོད་པའི་དབང་དུ་བྱས་པ།

གཉིས་པ་ལ། འདོད་པ་དང་། གཟུགས་དང་། གཟུགས་མེད་དང་། ཟག་མེད་ཀྱི་དབང་དུ་བྱས་པ་བཞི། དང་པོ་ནི། འདོད་སེམས་དགེ་བ་ལས་སེམས་དགུ། །དེ་ནི་བརྒྱད་པོ་ཁོ་ན་ལས། །མི་དགེ་བ་ནི་བཅུ་དག་ལས། །དེ་ལས་བཞི་སྐྱེ་བསྒྲིབས་དེ་བཞིན། །མ་བསྒྲིབས་པ་ནི་ལྔ་དག་ལས། །དེ་ལས་མཇུག་ཐོགས་སེམས་བདུན་ནོ། །ཞེས་བྱུང་། རྩ་བར་འདི་དག་གི་སྐབས་སུ་སྒྲིབ་མ་སྒྲིབ་གཉིས་ཀྱི་ཡི་གེ་ལ་

བས་ཕྲུལ་སའི་མཐའ་རྟེན་འབྱུང་(༥༥ན)ཡང་དོན་ལ་ཁྱད་མི་སྣང་བས་འདིར་སྤྱི་ལྟར་དེ་དག་མེད་པར་བྱས་ཏེ་བཤད་ན། འདོད་པའི་དགེ་བའི་སེམས་ཆོས་ཅན། དེ་མ་ཐག་རྐྱེན་གྱི་དབང་དུ་བྱས་ཚེ་ཁྱོད་ཀྱི་མཇུག་ཐོགས་དེ་མ་ཐག་ལས་སེམས་དགུ་འབྱུང་བ་ཡོད་དེ། རྒྱུན་དང་ས་མཚུངས་ཀྱི་སྒོ་ནས་རང་སའི་བཞི། ཉིང་མཚམས་སྦྱོར་བའི་ཚེ་གོང་མའི་སྒྲིབ་ལུང་མ་བསྟན་གཉིས། སྙོམས་འཇུག་གི་ཚེ་གཟུགས་ཀྱི་དགེ་བ་གཅིག །སློབ་མི་སློབ་ཀྱི་ཟག་མེད་གཉིས་དང་དགུ་འབྱུང་བ་ཡོད་པའི་ཕྱིར། དང་པོ་གྲུབ་སྟེ། རྒྱུན་གྱི་ཚེ་འདོད་པའི་དགེ་སེམས་གཅིག་དང་ས་མཚུངས་ཀྱི་མི་དགེ་བ་དང་ལྟ་བ་གང་རུང་དང་མཚུངས་ལྡན་གྱི་སྒྲིབ་ལུང་མ་བསྟན་དང་རང་སའི་སྤྱོད་ལམ་ཉོན་མོངས་ཅན་མ་ཡིན་པའི་ལུང་མ་བསྟན་དང་བཞི་འབྱུང་བ་ཡོད་པའི་ཕྱིར། གཉིས་པ་གྲུབ་སྟེ། གཟུགས་དང་གཟུགས་མེད་གང་རུང་དུ་སྐྱེ་ན་དེ་གཉིས་ཀྱི་ཉོན་མོངས་ཅན་གང་རུང་དང་བཅས་སྒྲིབ་ལུང་མ་བསྟན་གཉིས་ཡོད་པའི་ཕྱིར། གསུམ་པ་གྲུབ་སྟེ། འདོད་པའི་དགེ་བ་སྦྱོར་བྱུང་གི་མཇུག་ཏུ་བསམ་གཏན་དང་པོའི་ཉེར་བསྡོགས་དང་དངོས་གཞི་གང་རུང་གཅིག་འབྱུང་བའི་ཕྱིར། བཞི་པ་གྲུབ་སྟེ། འདོད་པའི་སློབ་མི་སློབ་ཀྱི་དགེ་སེམས་ཀྱི་མཇུག་ཏུ་སློབ་མི་སློབ་ཀྱི་སེམས་ཟག་མེད་གཉིས་འབྱུང་བའི་ཕྱིར། འདོད་པའི་དགེ་སེམས་དེ་ནི་ཆོས་ཅན། སེམས་བརྒྱད་པོ་ཁོ་ནའི་མཇུག་ཏུ་འབྱུང་བ་ཡོད་དེ། རྒྱུན་དང་ས་མཚུངས་ཀྱི་ཚེ་སྔར་ལྟར་རང་སའི་བཞི་དང་སྙོམས་འཇུག་ལས་ལྡང་བའི་ཚེ་གཟུགས་ཀྱི་དགེ་སེམས་གཅིག་དང་། སློབ་མི་སློབ་ཀྱི་སེམས་ཟག་མེད་གཉིས་དང་། ཉོན་མོངས་ཀྱིས་གཟིར་བའི་ཚེ་གཟུགས་ཀྱི་སྒྲིབ་ལུང་མ་བསྟན་གྱི་སེམས་ཏེ་བརྒྱད་འབྱུང་བ་ཡོད་པའི་ཕྱིར། མི་དགེ་བ་ནི་ཆོས་ཅན། ཁྱོད་བཅུ་དག་ལས་འབྱུང་བ་ཡོད་དེ། རྒྱུན་སའི་བཞི་དང་། ཉིང་མཚམས་སྦྱོར་བའི་ཚེ་གཟུགས་དང་གཟུགས་མེད་ཀྱི་སེམས་གསུམ་གསུམ་སྟེ་དྲུག་ལས་འབྱུང་བ་ཡོད་པའི་ཕྱིར། མི་དགེ་བ་ཆོས་ཅན། ཁྱོད་ལས་བཞི་འབྱུང་བ་ཡོད་

དེ། རྒྱུན་སའི་བཞི་འབྱུང་བ་ཡོད་པའི་ཕྱིར། འདོད་པའི་སྒྲིབ་ལུང་(༥༥བ)མ་བསྟན་ནི་དེ་བཞིན་དུ་བཅུ་ལས་དང་དེ་བཞི་ལས་འབྱུང་བ་ཡོད་དེ། སྔར་ལྟར་འགྲེ་བའི་ཕྱིར། འདོད་པའི་མ་སྒྲིབ་ལུང་མ་བསྟན་གྱི་སེམས་ཆོས་ཅན། ཁྱོད་སེམས་ལྔའི་དེ་མ་ཐག་ཏུ་འབྱུང་བ་ཡོད་དེ། རང་སའི་བཞི་དང་སྤྲུལ་པ་ལ་འཇུག་པའི་ཚེ་གཟུགས་ཀྱི་དགེ་སེམས་དག་ལས་འབྱུང་བ་ཡོད་པའི་ཕྱིར། དེ་ཆོས་ཅན། ཁྱོད་ལས་མཇུག་ཐོགས་སུ་སེམས་བདུན་འབྱུང་བ་ཡོད་དེ། རྒྱུན་དང་ས་མཚུངས་ཀྱི་ཚེ་ནི། ཁམས་གོང་མ་གཉིས་སུ་ཉིང་མཚམས་སྦྱོར་བའི་ཚེ་དེ་གཉིས་ཀྱི་ཉོན་མོངས་ཅན་གཉིས་དང་། སྤྲུལ་སེམས་ལས་ལྡང་བའི་ཚེ་གཟུགས་ཀྱི་དགེ་སེམས་གཅིག་དང་བདུན་འབྱུང་བའི་ཕྱིར།

༥༢ གཟུགས་ཀྱི་དབང་དུ་བྱས་པ།

གཉིས་པ་ནི། གཟུགས་ན་དགེ་བ་བཅུ་གཅིག་གོ། །དེ་ནི་དགུ་ཡི་མཇུག་ཐོགས་སུ། །བསྒྲིབས་པ་བརྒྱད་དེ་དེ་ལས་དྲུག །མ་བསྒྲིབས་པ་ནི་གསུམ་ལས་སོ། །དེ་ལས་དྲུག་སྟེ་ཞེས་བྱུང་། གཟུགས་ཀྱི་དགེ་བའི་སེམས་ཆོས་ཅན། ཁྱོད་ལས་བཅུ་གཅིག་འབྱུང་བ་ཡོད་དེ། རྒྱུན་སའི་ཚེ་རང་སའི་དགེ་ལྟ་ལུང་མ་བསྟན་གསུམ། ལྡང་བའི་ཚེ་འདོད་པའི་དགེ་བ། སྤྲུལ་འཇུག་གི་ཚེ་འདོད་པའི་མ་སྒྲིབ་པ། ཉིང་མཚམས་སྦྱོར་བའི་ཚེ་འདོད་པའི་མི་དགེ་བ་དང་སྒྲིབ་ལུང་མ་བསྟན་གྱི་སེམས་དང་། གཟུགས་མེད་ཀྱི་སྒྲིབ་ལུང་མ་བསྟན་སེམས། སྙོམས་འཇུག་གི་ཚེ་གཟུགས་མེད་ཀྱི་དགེ་བ་དང་ཟག་མེད་ཀྱི་སེམས་གཉིས་དང་བཅུ་གཅིག་ཡོད་པའི་ཕྱིར། དེ་ནི་ཆོས་ཅན། ཁྱོད་སེམས་དགུའི་མཇུག་ཐོགས་སུ་འབྱུང་བ་ཡོད་དེ། རྒྱུན་སའི་ཚེ་རང་སའི་གསུམ། སྙོམས་འཇུག་གི་ཚེ་འདོད་པའི་དགེ་སེམས། ལྡང་བའི་ཚེ་གཟུགས་མེད་ཀྱི་དགེ་བ་དང་ཟག་མེད་གཉིས། སྤྲུལ་ལྡང་གི་ཚེ་འདོད་པའི་མ་སྒྲིབ་པ། ཉོན་མོངས་ཅན་གྱིས་

གཟིར་བའི་ཚེ་གཟུགས་མེད་ཀྱི་སྒྲིབ་པ་ལས་འབྱུང་བའི་ཕྱིར། གཟུགས་ཀྱི་སྒྲིབ་ལུང་མ་བསྟན་གྱི་སེམས་ཆོས་ཅན། སེམས་བརྒྱད་ལས་འབྱུང་སྟེ། རྒྱུན་མཚུངས་ཀྱི་ཚེ་རང་སའི་གསུམ། ཉིང་མཚམས་སྦྱོར་བའི་ཚེ་གཟུགས་མེད་ཀྱི་གསུམ། འདོད་པའི་དགེ་བ་དང་མ་སྒྲིབ་པའི་སེམས་གཉིས་ལས་འབྱུང་བ་ཡོད་པའི་ཕྱིར། དེ་ཆོས་ཅན། ཁྱོད་ལས་སེམས་དྲུག་འབྱུང་བ་ཡོད་དེ། (༥༨ན)རྒྱུན་མཚུངས་ཀྱི་རང་སའི་གསུམ་དང་། ཉིང་མཚམས་སྦྱོར་བའི་ཚེ་འདོད་པའི་མི་དགེ་བ་དང་སྒྲིབ་པ་གཉིས། ཉོན་མོངས་ཀྱིས་གཟིར་བའི་ཚེ་འདོད་པའི་དགེ་བ་སྟེ་དྲུག་འབྱུང་བའི་ཕྱིར། གཟུགས་ཀྱི་མ་སྒྲིབ་པའི་སེམས་ཆོས་ཅན། གསུམ་ལས་འབྱུང་སྟེ། རང་སའི་གསུམ་ལས་འབྱུང་བའི་ཕྱིར། དེ་ཆོས་ཅན། ཁྱོད་ལས་དྲུག་འབྱུང་སྟེ། རང་སའི་གསུམ་དང་། ཉིང་མཚམས་སྦྱོར་བའི་ཚེ་འདོད་པའི་མི་དགེ་བ་དང་སྒྲིབ་ལུང་མ་བསྟན་གཉིས་དང་གཟུགས་མེད་ཀྱི་ཉོན་མོངས་ཅན་ཏེ་དྲུག་འབྱུང་བའི་ཕྱིར།

༥༣ གཟུགས་མེད་ཀྱི་དབང་དུ་བྱས་པ།

གསུམ་པ་ནི། གཟུགས་མེད་པའང་། དེ་ཡི་ཚུལ་ལོ་དགེ་བ་ལས། །སེམས་དགུ་དག་གོ་དེ་དྲུག་གི། །བསྒྲིབས་པ་ལས་བདུན་དེ་དེ་བཞིན། །ཞེས་བྱུང་། གཟུགས་མེད་ཀྱི་མ་སྒྲིབ་པའང་གཟུགས་ཀྱི་དེ་ཡི་ཚུལ་ལྟར་ཡིན་ཏེ། དེ་རང་སའི་གསུམ་ལས་འབྱུང་ཞིང་དེ་ལས་རང་སའི་གསུམ་དང་། ཉིང་མཚམས་སྦྱོར་བའི་ཚེ་གཟུགས་ཀྱི་གཅིག་དང་། འདོད་པའི་ཉོན་མོངས་ཅན་གཉིས་དང་དྲུག་འབྱུང་བའི་ཕྱིར། གཟུགས་མེད་ཀྱི་དགེ་བ་ཆོས་ཅན། ཁྱོད་ལས་སེམས་དགུ་དག་འབྱུང་སྟེ། རྒྱུན་དང་མཚུངས་ཀྱི་ཚེ་རང་སའི་གསུམ། ཉིང་མཚམས་སྦྱོར་བའི་ཚེ་གཟུགས་ཀྱི་སྒྲིབ་པ། འདོད་པའི་སྒྲིབ་པ་དང་མི་དགེ་བ་གཉིས། སྙོམས་འཇུག་གི་ཟག་མེད་གཉིས། དེ་ལས་ལངས་པའི་ཚེ་གཟུགས་ཀྱི་དགེ་བ་དང་དགུ་འབྱུང་བའི་ཕྱིར། དེ་ཆོས་ཅན།

ཁྱོད་དྲུག་གི་མཇུག་ཏུ་འབྱུང་བ་ཡོད་དེ། རྒྱུན་སའི་གསུམ་དང་། སྙོམས་འཇུག་གི་ཚེ་གཟུགས་ཀྱི་དགེ་བ་དང་། དེ་ལས་ལྡང་བའི་ཟག་མེད་གཉིས་ཏེ་དྲུག་ལས་འབྱུང་བ་ཡོད་པའི་ཕྱིར། གཟུགས་མེད་ཀྱི་སྒྲིབ་པའི་སེམས་ཆོས་ཅན། ཁྱོད་ལས་བདུན་འབྱུང་བ་ཡོད་དེ། ས་མཚུངས་ཀྱི་ཚེ་རང་སའི་གསུམ། ཉིང་མཚམས་སྦྱོར་བའི་ཚེ་གཟུགས་དང་འདོད་པའི་སྒྲིབ་པ་གཉིས། མི་དགེ་བ་དང་སྙོམས་འཇུག་ཉོན་མོངས་ཅན་གྱིས་གཟིར་བའི་ཚེ་འདོད་པའི་དགེ་རྣམས་འབྱུང་བའི་ཕྱིར། དེ་ཆོས་ཅན། སྔ་མ་དེ་བཞིན་དུ་བདུན་གྱི་མཇུག་ཏུ་འབྱུང་བ་ཡོད་དེ། རྒྱུན་སའི་གསུམ་དང་། ཉིང་མཚམས་སྦྱོར་བའི་(༥༨བ)ཚེ་འདོད་གཟུགས་ཀྱི་དགེ་བ་གཉིས། མ་སྒྲིབ་ལུང་མ་བསྟན་བདུན་ལས་འབྱུང་བའི་ཕྱིར་རོ། །

༥༩ ཟག་མེད་ཀྱི་དབང་དུ་བྱས་པ།

བཞི་པ་ནི། སློབ་པ་བཞི་ལས་དེ་ལས་ལྔ། །མི་སློབ་པ་ནི་ལྔ་ལས་སོ། །དེ་ལས་སེམས་ནི་བཞི་དག་གོ། །ཞེས་བྱུང་། སློབ་པའི་ཟག་མེད་ཀྱི་སེམས་དེ་ཆོས་ཅན། ཁྱོད་བཞི་ལས་འབྱུང་བ་ཡོད་དེ། རྒྱུན་གྱི་ཚེ་སློབ་པའི་སེམས་སྔོན་མ་དང་། སྙོམས་འཇུག་གི་ཚེ་ཁམས་གསུམ་གྱི་དགེ་བ་གསུམ་ལས་འབྱུང་བའི་ཕྱིར། དེ་ཆོས་ཅན། ཁྱོད་ཀྱི་མཇུག་ཐོགས་ལས་སེམས་ལྔ་འབྱུང་སྟེ། མཉམ་གཞག་དང་ལྡང་བའི་ཚེ་དང་ཁམས་གསུམ་གྱི་དགེ་སེམས་གསུམ་དང་སློབ་པའི་རིགས་འདྲ་ཕྱི་མ་དང་མི་སློབ་པའི་ཟག་མེད་རྣམས་འབྱུང་བའི་ཕྱིར། མི་སློབ་པའི་སེམས་ཆོས་ཅན། ཁྱོད་སེམས་ལྔའི་མཇུག་དེ་མ་ཐག་ལས་འབྱུང་བ་ཡོད་དེ། སྙོམས་འཇུག་གི་ཚེ་ཁམས་གསུམ་གྱི་དགེ་བ་གསུམ། སློབ་པའི་རྒྱུན་ཕྱི་མ་དང་སློབ་པའི་རྡོ་རྗེ་ལྟ་བུའི་སེམས་རྣམས་ལས་འབྱུང་བའི་ཕྱིར། དེ་ཆོས་ཅན། ཁྱོད་ལས་སེམས་བཞི་དག་འབྱུང་སྟེ། རྒྱུན་གྱི་ཚེ་མི་སློབ་པའི་སེམས་ཕྱི་མ་དང་སྙོམས་འཇུག་གི་ཚེ་ཁམས་གསུམ་གྱི་དགེ་

བ་གསུམ་འབྱུང་བའི་ཕྱིར།

༥༢ སེམས་ཉེ་ཕྲར་དབྱེ་བ།

གཉིས་པ་བཅུ་གཉིས་པོ་ཉེ་ཕྲར་དབྱེ་བ་ནི། བཅུ་གཉིས་དེ་དག་ཉེ་ཕྲར་ཡང་། །གསུམ་དུ་སྐྱེས་ནས་ཐོབ་པ་དང་། །སྦྱོར་བྱུང་དགེ་རྣམ་གཉིས་ཕྱེ་ནས། །རྣམ་སྨིན་སྐྱེས་དང་སྤྱོད་ལམ་པ། །བཟོ་བའི་གནས་དང་སྤྲུལ་པ་དང་། །འདོད་ན་ལུང་བསྟན་མིན་རྣམ་བཞིར། །གཟུགས་ན་བཟོ་མ་གཏོགས་པའོ། །ཞེས་བྱུང་། བཅུ་གཉིས་པོ་དེ་དག་ལ་དབྱེ་ན་སེམས་ཉེ་ཕྲར་ཡང་ཡོད་དེ། ཁམས་གསུམ་གྱི་དགེ་བ་ལ་སྐྱེས་ནས་ཐོབ་པ་དང་སྦྱོར་བྱུང་གི་ཐོབ་པ་རྣམ་པ་གཉིས་གཉིས་སུ་ཕྱེ་ནས་དྲུག་དང་། འདོད་པ་ན་ལུང་བསྟན་མ་བསྟན་གྱི་སེམས་ལ་རྣམ་སྨིན་སྐྱེས་དང་། སྤྱོད་ལམ་པ་དང་། བཟོ་བའི་གནས་དང་། སྤྲུལ་པའི་སེམས་དང་རྣམ་པ་བཞིར་ཕྱེ། གཟུགས་ན་བཟོའི་ལས་ནི་མ་གཏོགས་པའི་རྣམ་སྨིན་སྐྱེས་སོགས་གསུམ་ཕྱེ་བས་འདོད་གཟུགས་ན་ལུང་མ་བསྟན་གྱི་སེམས་བདུན་དང་། གཟུགས་མེད་ན་མ་སྒྲིབ་ལུང་མ་བསྟན་གྱི་སེམས་རྣམ་སྨིན་གཅིག་པུ་དང་། སློབ་(༥༧ན)མི་སློབ་ཀྱི་ཟག་མེད་ཀྱི་སེམས་གཉིས་དང་ཉི་ཤུར་ཡོད་པའི་ཕྱིར། གཟུགས་ཁམས་ན་བཟོ་བྱེད་པ་མེད་དེ། གནས་ཁང་གོས་སོགས་དང་བཅས་ཞོགས་པར་སྐྱེ་བས་དེ་རྣམས་བྱ་མི་དགོས་པའི་ཕྱིར།

༥༣ སེམས་བཅུ་གཉིས་པོ་གང་ལས་གང་གསར་དུ་རྙེད་ཚུལ།

གསུམ་པ་སེམས་ཀྱི་ཐོབ་པ་རྙེད་ཚུལ་བྱེ་བྲག་ཏུ་བཤད་པ་ནི། ཁམས་གསུམ་པ་ཡི་ཉོན་མོངས་ཅན། །དྲུག་དང་དྲུག་དང་གཉིས་རྙེད་དེ། །གཟུགས་སྐྱེས་དགེ་ལ་གསུམ་དག་གོ། །སློབ་པ་ལ་བཞི་ལྷག་ལ་དེ། །ཞེས་བྱུང་། སེམས་དེ་རྣམས་ལས

སེམས་དུ་ཞིག་སྐྱེད་པའི་ཚུལ་ཡོད་དེ། ཁམས་གསུམ་པའི་སེམས་ཉོན་མོངས་ཅན་ལས་འདོད་པའི་ཉོན་མོངས་ཅན་མངོན་དུ་གྱུར་པའི་སེམས་དྲུག་གསར་དུ་སྐྱེད། གཟུགས་ཀྱི་དེ་མངོན་དུ་གྱུར་པའི་ཚེ་སེམས་དྲུག་གསར་དུ་སྐྱེད། གཟུགས་མེད་ཀྱི་དེ་མངོན་དུ་གྱུར་པའི་ཚེ་སེམས་གཉིས་གསར་དུ་སྐྱེད་པའི་ཕྱིར། དང་པོ་གྲུབ་སྟེ། འདོད་གཟུགས་ནས་འདོད་པར་སྐྱེས་པའི་ཚེ་སེམས་ཉོན་མོངས་ཅན་གཉིས་དང་དགེ་བ་སྐྱེས་ནས་ཐོབ་པ་དང་། འདོད་ཉོན་གྱིས་དགྲ་བཅོམ་ཉམས་པའི་ཚེ་གོང་མ་གཉིས་ཀྱི་ཉོན་མོངས་ཅན་གཉིས་དང་སློབ་པའི་སེམས་རྣམས་གསར་དུ་སྐྱེད་པ་ཡོད་པའི་ཕྱིར། གཉིས་པ་གྲུབ་སྟེ། གཟུགས་མེད་ནས་གཟུགས་སུ་སྐྱེས་པའི་ཚེ་གཟུགས་ཀྱི་ཉོན་མོངས་ཅན་དང་དགེ་བ་ལ་སྐྱེས་ཐོབ་དང་། འདོད་གཟུགས་ཀྱི་སྤྲུལ་སེམས་གཉིས་དང་། གཟུགས་ཀྱི་ཉོན་མོངས་ཅན་གྱིས་དགྲ་བཅོམ་ཉམས་པའི་ཚེ་གཟུགས་ཀྱི་ཉོན་མོངས་དང་སློབ་པའི་ལམ་རྣམས་གསར་དུ་སྐྱེད་པ་ཡོད་པའི་ཕྱིར། གསུམ་པ་གྲུབ་སྟེ། གཟུགས་མེད་ཀྱི་ཉོན་མོངས་པས་དགྲ་བཅོམ་ཉམས་པའི་ཚེ་དེའི་ཉོན་མོངས་ཅན་གྱི་སེམས་དང་སློབ་པའི་སེམས་གཉིས་གསར་དུ་སྐྱེད་པ་ཡོད་པའི་ཕྱིར། གཟུགས་སུ་སྐྱེས་པའི་དགེ་སེམས་མངོན་དུ་གྱུར་པའི་ཚེ་སེམས་གསུམ་དག་གསར་དུ་སྐྱེད་པ་ཡོད་དེ། གཟུགས་ཀྱི་དགེ་བ་དང་འདོད་གཟུགས་ཀྱི་མ་སྒྲིབ་(༥༧བ)ལུང་མ་བསྟན་གྱི་སྤྲུལ་སེམས་གཉིས་དང་གསུམ་སྐྱེད་པའི་ཕྱིར། སློབ་པའི་སེམས་མངོན་དུ་གྱུར་པ་ལ་བཞི་སྐྱེད་དེ། ཟག་མེད་དང་པོའི་ཚེ་སློབ་པའི་སེམས་དང་། ཟག་མེད་ལམ་གྱི་འདོད་པ་ལ་ཆགས་པ་དང་བྲལ་བའི་ཚེ་འདོད་གཟུགས་ཀྱི་སྤྲུལ་སེམས་གཉིས་དང་། དེས་གཟུགས་ལ་ཆགས་པ་དང་བྲལ་བའི་ཚེ་གཟུགས་མེད་ཀྱི་དགེ་སེམས་རྣམས་གསར་དུ་སྐྱེད་པའི་ཕྱིར། དེ་དག་གི་ལྷག་མ་འདོད་པ་དང་གཟུགས་མེད་ཀྱི་དགེ་སེམས་གཉིས་དང་མ་སྒྲིབ་པ་གཉིས་དང་། གཟུགས་ཀྱི་མ་སྒྲིབ་པ་དང་མི་སློབ་པའི་སེམས་དང་དྲུག་ཆོས་ཅན། ཁྱོད་གང་སྐྱེད་པའི་ཚེ་རང་ཉིད་གཅིག་པུ་དེ་གསར་

ཏུ་ཉེད་པ་ཡིན་ཏེ། དེའི་ཚེ་དེ་མི་ལྡན་པ་ལས་གསར་དུ་ཐོབ་པའི་ཕྱིར་རོ། །གོང་དུ་བཤད་པ་དེ་དག་གི་འབྱུང་ཚུལ་བསྡུས་ན་གནས་སྐབས་བརྒྱད་ཡིན་ཏེ། རིགས་རྒྱུན་དང་ས་མཚུངས་དང་ཉིང་མཚམས་སྦྱོར་བ་དང་སྙོམས་པར་འཇུག་པ་དང་དེ་ལས་ལྡང་བ་དང་ཉོན་མོངས་ཅན་གྱིས་གཟིར་བ་དང་སྤྲུལ་པ་ལ་འཇུག་པ་དང་དེ་ལས་ལྡང་བའི་སྐབས་བརྒྱད་དང་སྦྱར་ནས་བཤད་པ་ཡིན་པའི་ཕྱིར་ཏེ། དེ་ཡང་དང་པོ་ནི་རིགས་རྒྱུན་སྔ་མ་ལས་བྱུང་བ། གཉིས་པ་ནི་ས་གཅིག་པ་དང་། གསུམ་པ་ནི་ཉོན་མོངས་ཅན་གྱི་སེམས་སེམས་བྱུང་། བཞི་པ་ནི་ཁམས་འོག་མའི་དགེ་བ་ལས་གོང་མའི་དགེ་བ་ཟག་མེད་སྐྱེ་བ། ལྔ་པ་ནི་གོང་མའི་དགེ་བ་ལས་འོག་མའི་དགེ་བ་ཟག་བཅས་སྐྱེ་བ། དྲུག་པ་ནི། གོང་མའི་སྒྲིབ་ལུང་མ་བསྟན་ལས་(༥༢ན)འོག་མའི་དགེ་བ་སྐྱེ་བ། བདུན་པ་ནི། གཟུགས་ཀྱི་དགེ་བ་ལས་འདོད་པའི་སྤྲུལ་སེམས་སྐྱེ་བ། བརྒྱད་པ་ནི། འདོད་པའི་སྤྲུལ་སེམས་ལས་གཟུགས་ཀྱི་དགེ་སེམས་འབྱུང་བ་ལྟ་བུ་ལ་འཇོག་པའི་ཕྱིར། དེ་ལྟར་ཤེས་པའི་དགོས་པ་ཡོད་དེ། སེམས་དུ་ལས་དགེ་སེམས་དང་མི་དགེ་བའི་སེམས་དང་ལུང་མ་བསྟན་གྱི་སེམས་དུ་འབྱུང་བ་དང་། དེ་གསུམ་ནི་སེམས་གཞན་དུ་ལས་འབྱུང་བར་ཤེས་པའི་ཆེད་ཡིན་པའི་ཕྱིར། གནས་གཉིས་པའི་ཚིག་དོན་ལེགས་པར་བཤད་ཟིན་ཏོ།། །།མངྒ་ལཾ།

འདིས་ཀྱང་སངས་རྒྱས་ཀྱི་བསྟན་པ་རིན་པོ་ཆེ་ཕྱོགས་དུས་གནས་སྐབས་ཐམས་ཅད་དུ་དར་ཞིང་རྒྱས་ལ་ཡུན་རིང་དུ་གནས་པར་གྱུར་ཅིག །།

༄༅། །ཆོས་མངོན་པ་མཛོད་ཀྱི་གནས་གསུམ་པའི་རྣམ་བཤད་བཞུགས་སོ། །

ང༢ དེ་ཉིད་ངེས་པར་བྱེད་པའི་ཚུལ།

ཅ༡ ཤེས་བྱ་སྡུག་བསྔལ་གྱི་བདེན་པ་གཏན་ལ་དབབ་པ།

ཆ༡ ནང་བཅུད་ཀྱི་འཇིག་རྟེན་གྱི་རྣམ་གཞག །

ཇ༡ དབྱེ་བ་སྤྱིར་བསྟན་པ།

ཉ༡ ཁམས་གསུམ་དུ་དབྱེ་བ།

ཏ༡ འདོད་ཁམས་བཤད་པ།

གཉིས་པ་(ཡ་ན)དེ་ཉིད་ངེས་པར་བྱེད་པའི་ཚུལ་ལ། ཤེས་བྱ་སྡུག་བསྔལ་གྱི་བདེན་པ་གཏན་ལ་དབབ་པ། སྤང་བྱ་ཀུན་འབྱུང་གི་བདེན་པ་གཏན་ལ་དབབ་པ། ཐོབ་བྱ་འགོག་ལམ་གྱི་བདེན་པ་གཏན་ལ་དབབ་པ་གསུམ། དང་པོ་ལ། ནང་བཅུད་ཀྱི་འཇིག་རྟེན་གྱི་རྣམ་གཞག་དང་། ཕྱི་སྣོད་ཀྱི་འཇིག་རྟེན་གྱི་རྣམ་གཞག་གཉིས། དང་པོ་ལ། དབྱེ་བ་སྤྱིར་བསྟན་པ་དང་། རྟེན་འབྲེལ་བྱེ་བྲག་ཏུ་བཤད་པ། སྐྱེ་བ་གནས་པའི་ཐབས། གནས་པ་འཆི་བའི་འཕོ་སེམས། སེམས་ཅན་གྱི་ཚོགས་གསུམ་དུ་སྡུད་པ་ལྔ། དང་པོ་ལ། ཁམས་གསུམ་དུ་དབྱེ་བ། འགྲོ་བ་རིགས་ལྔར་དབྱེ་བ། སྐྱེ་གནས་བཞིར་དབྱེ་བ་གསུམ། དང་པོ་ལ། འདོད་ཁམས། གཟུགས་ཁམས། གཟུགས་མེད་ཁམས་བཤད་པ་དང་གསུམ། དང་པོ་ནི། དམྱལ་བ་ཡི་དྭགས་དུད་འགྲོ་དང་། །མི་རྣམས་དང་ནི་ལྷ་དྲུག་དག །འདོད་པའི་ཁམས་ཡིན་དམྱལ་བ་དང་། །གླིང་དབྱེ་བ་ལས་དེ་ཉི་ཤུ། །ཞེས་བྱུང་། དམྱལ་བ་དང་ཡི་དྭགས་དང་དུད་འགྲོ་དང་མི་རྣམས་དང་། འདོད་ལྷ་རིགས་དྲུག་དག་དང་བཅས་པའི་བརྟེན་པ་དང་

རྟེན་ភྐུང་དཀྱིལ་ཡན་ཆད་ཀྱི་སྣོད་དང་བཅས་པ་ཆོས་ཅན། འདོད་པའི་ཁམས་ཡིན་ཏེ། འདོད་ཡོན་ལ་ལོངས་སྤྱོད་པའི་སས་བསྡུས་ཤིང་དེ་ལ་ཆགས་བྲལ་མ་བྱས་པའི་ཁམས་དངོས་དང་དེའི་སྟེར་གཏོགས་གང་རུང་ཡིན་པའི་ཕྱིར། འདོད་པའི་འགྲོ་བ་ཆོས་ཅན། ཁྱོད་ལ་རིགས་ཀྱི་དབྱེ་ན་ལྔ་ཡོད་དེ། དམྱལ་བ་ནས་འདོད་ལྷ་རིགས་དྲུག་གི་བར་ལྔ་ཡོད་པའི་ཕྱིར། དེ་རྣམས་ཀྱི་སྒྲ་དོན་ཡོད་དེ། བསོད་ནམས་མ་ཡིན་པའི་ལས་ཀྱིས་ཡིད་དུ་མི་འོང་ཞིང་སྡུག་བསྔལ་གྱིས་གཟིར་བར་བྱེད་པས་ན་དམྱལ་བ། བཀྲེས་སྐོམ་(༥༠ན)གྱིས་གདུང་བས་ཟས་སྐོམ་ཡིད་ལ་བཏགས་པས་ན་ཡི་དྭགས། དུད་དེ་འགྲོ་བས་ན་དུད་འགྲོ། ཡིད་ཤས་ཆེ་བས་ན་མི། ནམ་མཁར་རྩེ་ཞིང་རོལ་བས་ན་ལྷ་ཞེས་བྱ་བའི་ཕྱིར། འདོད་ལྷ་རིགས་དྲུག་གི་སྒྲ་དོན་ཡོད་དེ། རྒྱལ་ཆེན་རིགས་བཞིའི་གནས་དེར་སྐྱེས་པའི་ལྷ་ཡིན་པས་ན་རྒྱལ་ཆེན་རིགས་བཞིའི་ལྷ། དེ་བཞིན་དུ་ཉི་དབང་སོ་གཉིས་དང་དབང་པོ་བརྒྱ་བྱིན་དང་བཅས་པའི་སོ་གསུམ་གྱི་གནས་ལ་སུམ་ཅུ་རྩ་གསུམ། ལྷ་མིན་དང་འཐབ་རྩོད་བྲལ་བའི་གནས་ཡིན་པས་ན་འཐབ་བྲལ། དགའ་བ་མང་པོ་འབྱུང་བའི་གནས་ཡིན་པས་ན་དགའ་ལྡན། རང་གིས་སྤྲུལ་པའི་ལོངས་སྤྱོད་ལ་དབང་བསྒྱུར་བས་ན་འཕྲུལ་དགའ། གཞན་གྱིས་སྤྲུལ་པའི་ལོངས་སྤྱོད་ལའང་དབང་བསྒྱུར་བས་ན་གཞན་འཕྲུལ་དབང་བྱེད་ཅེས་བརྗོད་པ་ཡིན་པའི་ཕྱིར། འདོད་ཁམས་དེ་ཆོས་ཅན། ཁྱོད་ལ་གནས་རིགས་ཉི་ཤུར་དབྱེར་ཡོད་དེ། ཚ་དམྱལ་བརྒྱད་དང་ཡི་དྭགས་དང་དུད་འགྲོའི་གནས་དང་བཅས་ངན་འགྲོའི་གནས་བཅུ་དང་། གླིང་བཞིའི་མིའི་གནས་དང་འདོད་ལྷ་རིགས་དྲུག་གི་གནས་བཅས་བདེ་འགྲོའི་གནས་བཅུ་ཡོད་པའི་ཕྱིར། དབྱེ་བ་དེ་དག་ནི་གནས་སམ་གང་ཟག་རེ་རེ་བོ་ན་ལ་སྦྱོར་བ་མིན་ཏེ། དེ་གཉིས་ཀ་ལ་སྦྱོར་བའི་དབང་དུ་མཛད་པའི་ཕྱིར། འདིར་གྲང་དམྱལ་དང་ཉེ་ཚེ་བ་དང་གླིང་ཕྲན་རྣམས་སོ་སོར་ལོགས་སུ་མི་འབྱེད་པའི་རྒྱུ་མཚན་ཡོད་དེ། གྲང་དམྱལ་བརྒྱད་ནི་ཚ་དམྱལ་སོ་སོའི་

འཁོར་ཡིན་ཞིང་། ཉི་ཚེ་བ་ནི་ཡུལ་དང་གྲངས་དང་ཚད་མ་ངེས་པ་དང་། གླིང་ཕྲན་རྣམས་ནི་གླིང་བཞི་སོ་སོའི་འཁོར་ཡིན་པའི་རྒྱུ་མཚན་གྱིས་ལོགས་སུ་མ་བཤད་པར་བསྡུས་ནས་བསྟན་པའི་ཕྱིར། གླིང་བརྒྱ་གཉིས་ན་མི་ཡོད་ཀྱང་དེར་མ་ངེས་ཏེ། ཛ་ཡབ་གླིང་ན་སྲིན་པོ་དུ་མ་གནས་པའི་ཕྱིར། གླིང་ཕྲན་(༥༠བ)གྱི་མི་རྣམས་ནི་རང་གི་རྩ་བའི་གླིང་གི་མིའི་ལུས་ལས་ལུས་ཆུང་སྟེ། གང་སྤེལ་ལས། དེ་ལ་གནས་པའི་མི་རྣམས་ནི་ལུས་ཆུང་བ་ཡིན་ནོ། །ཞེས་གསུངས་པའི་ཕྱིར།

ད༢ གཟུགས་ཁམས་བཤད་པ།

ཐ༡ ཚིག་དོན་བཤད་པ།

གཉིས་པ་ནི། གོང་མའི་གནས་དག་བཅུ་བདུན་ནི། །གཟུགས་ཁམས་ཡིན་དེར་སོ་སོ་ཡི། །བསམ་གཏན་ས་ནི་གསུམ་པ་ཡིན། །བཞི་པ་ས་ནི་བརྒྱད་པ་ཡིན། །ཞེས་བྱུང་། འདི་ལ་ཚིག་དོན་དང་། མཐའ་དཔྱད་པ་གཉིས། དང་པོ་ནི། ཁམས་གོང་མའི་གནས་ཚངས་རིས་ནས་འོག་མིན་གྱི་བར་དག་བཅུ་བདུན་གྱི་རྟེན་ས་དང་གཞལ་ཡས་ཁང་རྣམས་ཆོས་ཅན། གཟུགས་ཀྱི་ཁམས་ཡིན་ཏེ། ལས་ཀྱིས་འཕངས་པ་ལྷར་འདོད་པ་ལ་ཆགས་པ་དང་བྲལ་ཞིང་། གཟུགས་ལ་ཆགས་བྲལ་མ་བྱས་པས་རབ་ཏུ་ཕྱེ་བའི་སས་བསྡུས་པ་ཡིན་པའི་ཕྱིར། གཟུགས་ཁམས་དེར་ནི་ཆོས་ཅན། ཁྱོད་ལ་སོ་སོའི་དབྱེ་བ་བཅུ་བདུན་ཡོད་དེ། བསམ་གཏན་གྱི་ས་དང་པོ་གསུམ་ལ་ནི་གསུམ་གསུམ་དང་བཞི་པའི་ས་ལ་ནི་བརྒྱད་ཡོད་པའི་ཕྱིར། དང་པོ་གྲུབ་སྟེ། བསམ་གཏན་དང་པོ་ལ་ཚངས་རིས་ཚངས་པ་མདུན་འདོན་ཚངས་ཆེན་གསུམ། གཉིས་པ་ལ་འོད་ཆུང་ཚད་མེད་འོད་འོད་གསལ་གསུམ། གསུམ་པ་ལ་དགེ་ཆུང་ཚད་མེད་དགེ་དགེ་རྒྱས་གསུམ་དང་དགུ་ཡོད་པའི་ཕྱིར། གཉིས་པ་གྲུབ་སྟེ། སྤྲིན་མེད་བསོད་ནམས་སྐྱེ་འབྲས་བུ་ཆེ་བ་སྟེ་སོ་སྐྱེའི་གནས་གསུམ་དང་། མི་ཆེ་བ་མི་གདུང་བ་ཤིན་ཏུ་མཐོང་

བ་གྱུ་ནོམ་སྣང་བ་འོག་མིན་ཏེ་འཕགས་པའི་གནས་ལྔ་ཡོད་པའི་ཕྱིར།

༦༢ མཐའ་དཔྱད་པ།

གཉིས་པ་མཐའ་དཔྱད་པ་ལ། ཁ་ཅིག །གཟུགས་ཁམས་པའི་རྟེན་ཅན་ཡིན་ན། ལྷ་ཡིན་པས་ཁྱབ་ཟེར་ན། གཟུགས་ཁམས་པའི་བར་སྲིད་པ་ཆོས་ཅན། དེར་ཐལ། དེའི་ཕྱིར། དེར་ཐལ། དེའི་བར་སྲིད་ཀྱི་རྟེན་ཅན་ཡིན་པའི་ཕྱིར། འདོད་ན་དེ་མི་འཐད་པར་ཐལ། བར་དོ་བ་དེ་འགྲོ་བ་རིགས་དྲུག་གང་རུང་དུ་མི་གཏོགས་པའི་ཕྱིར། དེར་ཐལ། རྩ་བར། སེམས་ཅན་ཞེས་བྱ་བར་སྲིད་མིན། །ཞེས་གསུངས་པའི་ཕྱིར། ཁ་ཅིག །བར་དོ་བ་དེ་འགྲོ་བ་མ་ཡིན་ཟེར་ན། དེ་མི་འཐད་པར་ཐལ། དེ་འགྲོ་བ་ཡིན་པའི་ཕྱིར། དེར་ཐལ། སེམས་ཅན་ཡིན་པའི་ཕྱིར། ཁ་ཅིག །བར་དོ་བ་དེ་སེམས་ཅན་ཡང་མ་ཡིན་ཏེ། སེམས་ཅན་ཞེས་བྱ་བར་སྲིད་(༦༧ན)མིན། །ཞེས་གསུངས་པའི་ཕྱིར་ན་མ་ཁྱབ་སྟེ། དེ་རིགས་ལྔའམ་དྲུག་པོ་གང་རུང་དུ་གཏོགས་པའི་སེམས་ཅན་མིན་ཞེས་པའི་དོན་ཡིན་པའི་ཕྱིར།

༦༣ གཟུགས་མེད་ཁམས་བཤད་པ།

གསུམ་པ་ནི། གཟུགས་མེད་ཁམས་ན་གཟུགས་མེད་དོ། །སྐྱེ་བ་ལས་ནི་རྣམ་པ་བཞི། །དེར་ནི་རིས་དང་སྲོག་ལ་ཡང་། །སེམས་ཀྱི་རྒྱུད་ནི་བརྟེན་པ་ཡིན། །ཞེས་བྱུང་། གཟུགས་མེད་ཁམས་ཆོས་ཅན། ཁྱོད་ན་གཟུགས་ཅན་གྱི་གནས་མེད་དེ། རྟེན་སྣོད་དང་བརྟེན་པ་སེམས་ཅན་ལ་ནི་ཁ་དོག་དང་དབྱིབས་སོགས་མེད་པའི་ཕྱིར། དེ་ཆོས་ཅན། ཁྱོད་ལ་སྙོམས་འཇུག་གི་སྒོ་ནས་སྐྱེ་བ་ལས་ནི་རྣམ་པ་བཞི་ཡོད་དེ། ནམ་མཁའ་མཐའ་ཡས་དང་དེ་བཞིན་དུ་རྣམ་ཤེས་དང་ཅི་ཡང་མེད་དང་འདུ་ཤེས་མེད་མིན་གྱི་སྐྱེ་མཆེད་མུ་བཞི་ཡོད་པའི་ཕྱིར། དེ་ཆོས་ཅན། ཁྱོད་ལ་རྟེན་

གཟུགས་མེད་ཀྱང་བརྟེན་པ་སེམས་ཅན་མེད་པའི་སྐྱོན་དུ་མི་འགྱུར་ཏེ། གནས་དེར་ནི་རིས་འདྲ་སྐལ་མཉམ་དང་། དེར་མ་ཟད་སྲོག་ལ་ཡང་སེམས་ཀྱི་རྒྱུད་ནི་བརྟེན་པ་ཡིན་པའི་ཕྱིར།

༡༢ འགྲོ་བ་རིགས་ལྔར་དབྱེ་བ།

༤༡ དབྱེ་བ་དངོས།

གཉིས་པ་ལ། དངོས་དང་། དོགས་དཔྱོད་དང་བཅས་པ་གཉིས། དང་པོ་ནི། དེར་ནི་དམྱལ་སོགས་འགྲོ་བ་ལྔ། །རང་གི་མིང་གིས་བསྟན་དེ་དག །ཉོན་མོངས་ཅན་མིན་ལུང་བསྟན་མིན། །སེམས་ཅན་ཞེས་བྱ་བར་སྲིད་མིན། །ཞེས་བྱུང་། ཁམས་གསུམ་པོ་དེར་ནི་ཆོས་ཅན། སྐྱེ་བའི་འགྲོ་བ་ལྔ་ཡོད་དེ། དམྱལ་བ་སོགས་ཏེ་ཡི་དྭགས་དུད་འགྲོ་མི་ལྷའི་འགྲོ་བ་ལྔ་རང་གི་མིང་གིས་བསྟན་པ་དེ་དག་ཡོད་པའི་ཕྱིར། འདིར་འགྲོ་བ་ལ་ལྔར་བཤད་པའི་རྒྱུ་མཚན་ཡོད་དེ། འཕེན་བྱེད་དགེ་བས་འཕངས་པའི་ལྷ་མིན་ལྷ་དང་། མི་དགེ་བས་འཕངས་པའི་ལྷ་མིན་ཡི་དྭགས་དང་དུད་འགྲོར་བསྡུས་ནས་བསྟན་པའི་ལུགས་སུ་མཛད་པའི་ཕྱིར། འགྲོ་བ་ལྔ་ཆོས་ཅན། མ་བསྒྲིབས་ལུང་མ་བསྟན་ཡིན་ཏེ། དེ་དང་ཉོན་མོངས་ཅན་དང་ལུང་དུ་བསྟན་པ་གསུམ་པོ་གང་རུང་གང་ཞིག །ཕྱི་མ་གཉིས་གང་རུང་མ་ཡིན་པའི་ཕྱིར། དེ་ཆོས་ཅན། སེམས་ཅན་ཞེས་བྱ་སྟེ། ཟག་བཅས་ཀྱི་སེམས་རྒྱུད་ལ་བརྟེན་པ་ཅན་ཡིན་པའི་ཕྱིར། སྲིད་པ་བར་མ་ཆོས་ཅན། འགྲོ་བ་ལྔ་པོ་(༦༧བ)གང་རུང་དུ་གཏོགས་པ་མིན་ཏེ། དེ་དག་གིས་མ་བསྡུས་པའི་ཕྱིར། དེར་ཐལ། གདགས་པ་ལས། འགྲོ་བ་ལྔས་སྐྱེས་གནས་བཞི་མ་བསྡུས་ཏེ། གང་ཞེ་ན་སྲིད་པ་བར་མའོ། །ཞེས་གསུངས་པའི་ཕྱིར། ཁ་ཅིག །གཞུང་འདིའི་དངོས་བསྟན་གྱི་འགྲོ་བ་ཡིན་ན། དམྱལ་བ་ཡི་དྭགས་དུད་འགྲོ་དང་ཞེས་པའི་དངོས་བསྟན་གྱི་འགྲོ་བ་ཡིན་པས་ཁྱབ་ཟེར་ན།

གྲང་དམྱལ་བརྒྱད་ཀྱི་འགྲོ་བ་རྣམས་ཆོས་ཅན། དེར་ཐལ། དེའི་ཕྱིར། དེར་ཐལ། དམྱལ་སོགས་ཞེས་པས་དངོས་སུ་བསྟན་པའི་འགྲོ་བ་ཡིན་པའི་ཕྱིར། འདོད་ན། མ་ཡིན་པར་ཐལ། གཞུང་དེས་དེ་བརྒྱད་ཚ་དམྱལ་བརྒྱད་སྟོན་པའི་ཤུགས་ཀྱིས་བསྟན་པ་ཡིན་པའི་ཕྱིར། དེར་ཐལ། དེས་གྲང་དམྱལ་དང་ཉེ་ཚེ་བ་གཉིས་ཀ་ཤུགས་ལ་བསྟན་པའི་ཕྱིར། མ་གྲུབ་ན། དངོས་བསྟན་ལ་དེ་ཉི་ཤུ་ཞེས་པ་མི་འཐད་པར་ཐལ། ཉི་ཤུ་ལས་གྲངས་མང་བའི་གྲང་དམྱལ་སོགས་ཡོད་པའི་ཕྱིར། འོ་ན་གཟའ་དང་རྒྱུ་སྐར་དྲི་ཟ་གཤིན་རྗེ་སོགས་འགྲོ་བ་དྲུག་པོ་གང་དུ་གཏོགས་ཤེ་ན། ཡོད་དེ། གཟའ་དང་རྒྱུ་སྐར་དྲི་ཟ་རྣམས་ལྷར་གཏོགས། ནམ་མཁའ་ལྡིང་དང་མིའམ་ཅི་དང་ཀླུ་རྣམས་དུད་འགྲོར་གཏོགས། འབྱུང་པོ་ཤ་ཟ་སྲིན་པོ་སྨྱོ་བྱེད་བརྗེད་བྱེད་གཤིན་རྗེ་མ་མོ་སོགས་ཕལ་ཆེར་ཡི་དྭགས་སུ་གཏོགས་ཤིང་། ད་ལྟ་གཞི་བདག་ཏུ་གྲགས་པ་འདི་རྣམས་ཀྱང་ཡི་དྭགས་སུ་གཏོགས་པའི་ཕྱིར།

༦༢ རྟོགས་དཔྱོད་དང་བཅས་པ།

ཐ༡ སེམས་ཀྱི་གནས་པ་བདུན་བཤད་པ།

གཉིས་པ་ལ། སེམས་ཀྱི་གནས་པ་བདུན་བཤད་པ། སེམས་ཅན་ལ་གནས་དགུ་བཤད་པ། སེམས་ཀྱི་གནས་པ་བཞི་བཤད་པ་གསུམ། དང་པོ་ནི། ལུས་དང་འདུ་ཤེས་ཐ་དད་དང་། །ལུས་ཐ་དད་ཅིང་འདུ་ཤེས་གཅིག །བཟློག་དང་ལུས་དང་འདུ་ཤེས་གཅིག །གཟུགས་ཅན་མ་ཡིན་གསུམ་པོ་དག །རྣམ་ཤེས་གནས་པ་བདུན་ལྷག་མ། །དེ་འཛོམས་པ་དང་ལྡན། ཞེས་བྱུང་། །རྣམ་ཤེས་ཀྱི་གནས་པ་ཆོས་ཅན། ཁྱོད་ལ་བདུན་ཡོད་དེ། ལུས་དང་འདུ་ཤེས་གཉིས་ཀ་ཐ་དད་པ་དང་ལུས་ཐ་དད་ཅིང་འདུ་ཤེས་གཅིག་པ་དང་། དེ་ལས་བཟློག་པ་ལུས་ཉིད་གཅིག་ཅིང་འདུ་ཤེས་ཐ་དད་པ་དང་། ལུས་དང་འདུ་ཤེས་གཉིས་ཀ་གཅིག་པ་དང་། གཟུགས་ཅན་མ་ཡིན་

པའི་(༤༢ན)གནས་དང་པོ་གསུམ་པོ་དག་དང་བདུན་ཡོད་པའི་ཕྱིར། ལུས་དང་འདུ་ཤེས་གཉིས་ཀ་ཐ་དད་པ་མེད་དེ། ཐོག་མར་བྱུང་བ་མ་ཡིན་པའི་འདོད་པའི་ལྷ་མི་གཉིས་དང་། དེ་འདྲ་བའི་བསམ་གཏན་དང་པོ་བ་གསུམ་དེ་ཡིན་ཏེ། དེ་གསུམ་ལུས་ཆེ་ཆུང་དང་ཁ་དོག་དང་དབྱིབས་ཐ་དད་ཅིང་། འདུ་ཤེས་བདེ་སྡུག་སོགས་ཀྱང་ཐ་དད་པའི་ཕྱིར། བསམ་གཏན་དང་པོར་ཐོག་མར་སྐྱེས་མ་ཐག་པ་རྣམས་ཆོས་ཅན། ལུས་ཐ་དད་ཅིང་འདུ་ཤེས་གཅིག་པ་ཞེས་བྱ་སྟེ། ལུས་སྔ་མ་དང་འདྲ་ཞིང་། འདུ་ཤེས་ཚངས་ཆེན་གྱིས་བྱས་སོ་སྙམ་པར་གཅིག་པའི་ཕྱིར། བསམ་གཏན་གཉིས་པ་བ་རྣམས་ཆོས་ཅན། ལུས་གཅིག་ཅིང་འདུ་ཤེས་ཐ་དད་པ་ཡིན་ཏེ། ལུས་འོད་ལུས་སུ་གཅིག་པ་གང་ཞིག །འདུ་ཤེས་བདེ་བ་དང་བཏང་སྙོམས་གཉིས་རེ་མོས་སུ་དོན་དུ་གཉེར་བའི་ཕྱིར། བསམ་གཏན་གསུམ་པ་ཆོས་ཅན། ལུས་གཅིག་ཅིང་འདུ་ཤེས་ཀྱང་རིགས་གཅིག་པ་ཡིན་ཏེ། ལུས་སྔར་ལྟར་དང་། འདུ་ཤེས་ཚོར་བ་བདེ་བར་རིགས་གཅིག་པའི་ཕྱིར། དེའི་ལྷག་མ་ངན་སོང་གསུམ་དང་བསམ་གཏན་བཞི་པ་དང་སྲིད་རྩེ་རྣམས་ཆོས་ཅན། རྣམ་ཤེས་ཀྱི་གནས་པ་ཞེས་མི་བྱ་སྟེ། རྣམ་ཤེས་དེ་འཇོམས་བྱེད་དང་ལྡན་པའི་ཕྱིར། དེར་ཐལ། ངན་སོང་གསུམ་ན་སྡུག་བསྔལ་གྱིས་འཇོམས། བསམ་གཏན་བཞི་པར་འདུ་ཤེས་མེད་པའི་སྙོམས་འཇུག་གིས་འཇོམས། སྲིད་རྩེར་འགོག་སྙོམས་ཀྱིས་འཇོམས་པའི་ཕྱིར། མི་དང་འདོད་ལྷ་དང་བསམ་གཏན་དང་པོར་ཕྱིས་སྐྱེས་པའི་ལྷ་གང་རུང་ཡིན་ན། རྣམ་ཤེས་ཀྱི་གནས་པ་དང་པོ་ཡིན་པས་མ་ཁྱབ་སྟེ། འགོག་སྙོམས་རྒྱུད་ལྡན་གྱི་དེ་དག་ཡོད་པའི་ཕྱིར།

ཐ༢ སེམས་ཅན་ལ་གནས་དགུ་བཤད་པ།

གཉིས་པ་ནི། སྲིད་རྩེ་དང་། འདུ་ཤེས་མེད་པའི་སེམས་ཅན་རྣམས། །སེམས་ཅན་གྱི་ནི་གནས་དགུར་བཤད། །མི་འདོད་བཞིན་གནས་ཕྱིར་གཞན་མིན། །ཞེས་

བྱུང་། ཤེས་བྱ་ཆོས་ཅན། སེམས་ཅན་གྱི་ནི་གནས་དགུར་བཤད་དུ་ཡོད་དེ། སྟར་གྱི་གནས་པ་བདུན་དང་སྲིད་རྩེ་དང་འདུ་ཤེས་མེད་པའི་སེམས་ཅན་རྣམས་དང་དགུ་ཡོད་པའི་ཕྱིར། དེར་ཐལ། འདི་དག་ཏུ་སེམས་ཅན་(༧༢བ)དེ་རྣམས་རང་དགར་གནས་པར་བྱེད་པའི་ཕྱིར། དེ་ལས་གཞན་ངན་སོང་གསུམ་པོ་ཆོས་ཅན། སེམས་ཀྱི་གནས་སུ་འདོད་པ་མ་ཡིན་ཏེ། གནས་དེར་མི་འདོད་བཞིན་དུ་གནས་པའི་ཕྱིར།

ཐ༣ སེམས་ཀྱི་གནས་པ་བཞི་བཤད་པ།

གསུམ་པ་ནི། གནས་པ་དག་ནི་ཡང་བཞི་སྟེ། །ཟག་དང་བཅས་པའི་ཕུང་པོ་བཞི། །རང་གི་ས་པ་ཉིད་རྣམ་ཤེས། །འབའ་ཞིག་གནས་པར་མ་བཤད་དོ། །བསྡུ་ན་སུ་ནི་བཞི་ཡིན་ནོ། །ཞེས་བྱུང་། ཤེས་བྱ་ཆོས་ཅན། རྣམ་ཤེས་ཀྱི་གནས་པ་དག་ནི་བདུན་དུ་མ་འདུས་པ་ཡང་བཞི་སྟེ། ཟག་པ་དང་བཅས་པའི་གཟུགས་ཚོར་འདུ་ཤེས་འདུ་བྱེད་ཀྱི་ཕུང་པོ་བཞི་ཡོད་པའི་ཕྱིར། ཟག་བཅས་དེ་དག་རང་གི་ས་པ་ཉིད་ཡིན་པ་ཞིག་དགོས་ཏེ། ས་གཞན་གྱི་ཕུང་པོ་ལ་ས་གཞན་གྱི་རྣམ་ཤེས་དགའ་བའི་སྲེད་པ་མི་སྐྱེ་བའི་ཕྱིར། དེར་ཐལ། འོག་མའི་ཕུང་པོ་ལྟ་བུ་རང་སའི་རྣམ་ཤེས་ཁོ་ནའི་གནས་ཡིན་པའི་ཕྱིར། འདིར་རྣམ་ཤེས་འབའ་ཞིག་གནས་པར་མ་བཤད་དེ། རྣམ་ཤེས་ནི་རྣམ་ཤེས་ཀྱི་གནས་མ་ཡིན་པའི་ཕྱིར། དེར་ཐལ། རང་ཉིད་རང་ལ་བརྟེན་པ་འགལ་བའི་ཕྱིར། རྣམ་ཤེས་ཀྱི་གནས་པ་ཆོས་ཅན། ཁྱོད་ལ་བསྡུ་ན་སུ་ནི་བཞི་ཡོད་པ་ཡིན་ཏེ། བདུན་གྱིས་བསྡུས་ལ་བཞིས་མ་བསྡུས་པ་དང་། དེ་ལས་བཟློག་པ་དང་། གཉིས་ཀས་བསྡུས་པ་དང་། གཉིས་ཀས་མ་བསྡུས་པ་བཞི་ཡོད་པའི་ཕྱིར། དང་པོ་ཡོད་དེ། བདུན་གྱི་གནས་སྐབས་ཀྱི་ཟག་བཅས་ཀྱི་རྣམ་པར་ཤེས་པའི་ཕུང་པོ་ལྟ་བུ་ཡིན་པའི་ཕྱིར། གཉིས་པ་ཡོད་དེ། ངན་སོང་གསུམ་དང་བསམ་གཏན་བཞི་དང་སྲིད་རྩེའི་རྣམ་ཤེས་མ་གཏོགས་པའི་ཕུང་པོ་བཞི་ལྟ་བུ་ཡིན་པའི་

ཕྱིར། གསུམ་པ་ཡོད་དེ། བདུན་གྱི་གནས་སྐབས་ཀྱི་ཟག་བཅས་ཀྱི་ཕུང་པོ་དང་པོ་བཞི་ལྟ་བུ་ཡིན་པའི་ཕྱིར། བཞི་པ་ཡོད་དེ། ངན་སོང་བ་དང་བསམ་གཏན་བཞི་པ་དང་སྲིད་རྩེའི་རྣམ་ཤེས་ལྟ་བུ་ཡིན་པའི་ཕྱིར།

༡༣ སྐྱེ་གནས་བཞིར་དབྱེ་བ།

༥༡ གང་དུ་འཇུག་པ་སྐྱེ་གནས་ཀྱི་དབྱེ་བ།

གསུམ་པ་སྐྱེ་གནས་བཞིར་དབྱེ་བ་ལ། གང་དུ་འཇུག་པ་སྐྱེ་གནས་ཀྱི་དབྱེ་བ། གང་འཇུག་པ་བར་སྲིད་ཀྱི་རང་བཞིན། དེ་སྐྱེ་གནས་སུ་འཇུག་ཚུལ་གསུམ། དང་པོ་ནི། དེར་ནི་སྒོ་ང་ལས་སྐྱེས་སོགས། །སེམས་ཅན་སྐྱེ་གནས་བཞི་དག་ཏུ། །མི་དང་དུད་འགྲོ་རྣམ་པ་བཞི། །དམྱལ་བ་པ་དང་ལྷ་(༥༣ན)རྣམས་དང་། །སྲིད་པ་བར་མ་བརྫུས་ཏེ་སྐྱེ། །ཡི་དྭགས་མངལ་ནས་སྐྱེ་བའང་ཡིན། །ཞེས་བྱུང་། འགྲོ་བ་སེམས་ཅན་རྣམས་ཆོས་ཅན། ཁྱོད་ལ་ཁམས་གསུམ་པོ་དེར་ནི་སྐྱེ་གནས་བཞི་དག་ཏུ་ཡོད་དེ། སྒོ་ང་ལས་སྐྱེས་པ་དང་སོགས་ཏེ་མངལ་སྐྱེས་དྲོད་གཤེར་སྐྱེས་བརྫུས་སྐྱེས་རྣམས་ཡོད་པའི་ཕྱིར། མི་དང་དུད་འགྲོ་ཆོས་ཅན། ཁྱོད་ལ་སྐྱེ་གནས་རྣམ་པ་བཞི་ག་ཡོད་དེ། མི་ལ་དེ་བཞི་ཡོད་པ་གང་ཞིག །དུད་འགྲོ་ལའང་དེ་བཞི་ཡོད་པའི་ཕྱིར། དང་པོ་གྲུབ་སྟེ། མི་སྒོང་སྐྱེས་ནི་གྲུ་ཞིག་པའི་ཚོང་པ་བྱ་ཁྲུང་ཁྲུང་མོ་དང་འདུས་པའི་སྒོང་སྐྱེས་དགེ་སློང་གྲགས་པ་དང་ཉེ་བའི་གྲགས་པ་གཉིས། རི་དྭགས་འཛིན་གྱི་བུ་སྒོང་སྐྱེས་སུམ་ཅུ་རྩ་གཉིས། རྒྱལ་པོ་ལྔ་ལེན་གྱི་བུ་ལྔ་བརྒྱ་ལྟ་བུ་དང་། མི་མངལ་སྐྱེས་སླ་ཞིང་། དྲོད་གཤེར་སྐྱེས་ནི་རྒྱལ་པོ་གསོ་སྦྱོང་འཕགས་ཀྱི་སྤྱི་བོ་ལས་ང་ལས་ནུ་དང་བརླ་གཡས་གཡོན་ལས་མཛེས་པ་དང་ཉེ་མཛེས་སྐྱེས་པ་ལྟ་བུ་དང་། རྫུས་སྐྱེས་ནི་བསྐལ་པ་དང་པོའི་མི་རྣམས་ལྟ་བུ་ཡིན་པའི་ཕྱིར། གཉིས་པ་གྲུབ་སྟེ། དུད་འགྲོ་ཀླུ་དང་ནམ་མཁའ་ལྡིང་ལ་དེ་བཞི་ཡོད་པའི་ཕྱིར། དེར་ཐལ། ནམ་མཁའ

ལྡིང་རྫུས་སྐྱེས་ཀྱིས་ཀླུ་དེ་བཞི་ག་ཟ། དྲོད་གཤེར་གྱིས་དེ་གསུམ་ཟ། མངལ་སྐྱེས་ཀྱིས་དེ་གཉིས་ཟ། སྒོང་སྐྱེས་ཀྱིས་ཀླུ་སྒོང་སྐྱེས་ཁོ་ན་ཟ་བར་བཤད་པའི་ཕྱིར། རྫུས་སྐྱེས་ལ་རོ་མེད་པར་བཤད་པ་དང་མི་འགལ་ཏེ། མ་ཤིའི་བར་དུ་ཟ་བ་ཡིན་པའི་ཕྱིར། དམྱལ་བ་པ་དང་ལྷ་རྣམས་དང་སྲིད་པ་བར་མ་ཆོས་ཅན། སྐྱེ་གནས་གཅིག་པར་ངེས་ཏེ། བརྫུས་ཏེ་སྐྱེ་བ་ཁོ་ན་ཡིན་པའི་ཕྱིར། ཡི་དྭགས་ཆོས་ཅན། ཕྱེད་ལ་བརྫུས་ཏེ་སྐྱེ་བ་མང་ཡང་དེར་མ་ངེས་ཏེ། མངལ་ནས་སྐྱེ་བའང་ཡོད་པའི་ཕྱིར། སྐྱེ་གནས་བཞིའི་མཆོག་དམན་ཡོད་དེ། རྫུས་སྐྱེས་མཆོག་དྲོད་སྐྱེས་དང་མངལ་སྐྱེས་འབྲིང་། སྒོང་སྐྱེས་ཐ་མ་ཡིན་པའི་ཕྱིར། དེར་ཐལ། སྔ་མ་གཉིས་གཞན་ལ་གནོད་མེད་དུ་སྐྱེ་ཞིང་། ཕྱི་མ་གཉིས་གཞན་ལ་གནོད་ཅིང་རང་གཞན་སྡུག་བསྔལ་སྤྱོང་བ་དང་བཅས་པར་སྐྱེ་བའི་ཕྱིར། འོན་ཀྱང་སྟོན་པ་ཆོས་ཅན། སྔ་མ་གཉིས་བཞག་ནས་མངལ་དུ་སྐྱེ་བའི་རྒྱུ་མཚན་ཡོད་དེ། གདུལ་བྱ་སྤྲོ(༦༣བ)བ་བསྐྱེད་ཅིང་ཆོས་ལ་འགོད་པ་དང་མུ་སྟེགས་བྱེད་སོགས་ཀྱིས་སྒྱུ་མ་མཁན་ནོ་སྙམ་པའི་ལོག་རྟོག་སེལ་བའི་ཆེད་ཡིན་པའི་ཕྱིར། སྐྱེ་གནས་བཞི་ལས་གང་མང་ཞེ་ན། བཤད་ཚོད་ལྟར་ན་རྫུས་སྐྱེས་མང་སྟེ། ལྷ་ཐམས་ཅད་དང་དམྱལ་བ་པ་རྣམས་དང་བར་དོ་བ་ཐམས་ཅད་ཀྱང་རྫུས་སྐྱེས་ཡིན་པའི་ཕྱིར།

ང༢ གང་འཇུག་པ་བར་སྲིད་ཀྱི་རང་བཞིན།

ཐ༡ བར་སྲིད་ཀྱི་ངོ་བོ།

ད༡ ཚིག་དོན་བཤད་པ།

གཉིས་པ་བར་སྲིད་ལ། ངོ་བོ། སྒྲུབ་བྱེད། ཁྱད་ཆོས་གསུམ། དང་པོ་ནི། འདིར་གང་འཆི་དང་སྐྱེ་བ་ཡི། །སྲིད་པའི་བར་དུ་འབྱུང་བའོ། །བགྲོད་པའི་ཡུལ་དུ་མ་ཕྱིན་ཕྱིར། །སྲིད་པ་བར་མ་བྱུང་བ་མིན། །ཞེས་བྱུང་། འདི་ལ་ཚིག་དོན་

དང་། མཐའ་དཔྱད་པ་གཉིས། དང་པོ་ནི། བར་སྲིད་ཆོས་ཅན། ཁྱོད་ཀྱི་ངོ་བོ་བཞག་ཏུ་ཡོད་དེ། འཇིག་རྟེན་འདིར་གང་གི་སྔ་མའི་འཆི་བ་དང་ཕྱི་མའི་སྐྱེ་བའི་སྲིད་པའི་བར་དུ་འབྱུང་བའི་སྲིད་པ་དེ་དེ་ཡིན་པའི་ཕྱིར། སྲིད་པ་བར་མ་ཆོས་ཅན། ཁྱོད་སྐྱེས་ཀྱང་བྱུང་བ་ཞེས་པའི་ཐ་སྙད་བྱེད་པ་མིན་ཏེ། བྱུང་བ་ནི་བགྲོད་པའི་ཡུལ་དུ་སོན་ཟིན་པ་ལ་བྱེད་པས། ཁྱོད་གང་དུ་བགྲོད་པའི་ཡུལ་དུ་སོན་མ་ཟིན་པའི་ཕྱིར། དེར་ཐལ། སྔོན་དུས་ཀྱི་སྲིད་པར་མ་ཕྱིན་པའི་ཕྱིར།

ད༢ མཐའ་དཔྱད་པ།

གཉིས་པ་མཐའ་དཔྱད་པ་ལ། ཁ་ཅིག །བར་དོ་བ་ཡིན་ན། བར་སྲིད་རྒྱུད་ལྡན་ཡིན་པས་ཁྱབ་ཟེར་ན། གཟུགས་ཀྱི་བར་སྲིད་ཀྱི་རྟེན་ལ་མྱང་འདས་ཐོབ་པའི་བར་དོ་བ་ཆོས་ཅན། དེར་ཐལ། དེའི་ཕྱིར། དེར་ཐལ། དེ་ཡོད་པའི་ཕྱིར། དེར་ཐལ། ཕྱིར་མི་འོང་བར་འདའ་བ་ཡོད་པའི་ཕྱིར། འདོད་ན། མི་འཐད་པར་ཐལ། སྲིད་པ་ཆགས་བྲལ་གྱི་ཚུལ་གྱིས་སྤངས་པའི་ཕྱིར། གཞན་ཡང་། དེ་མི་འཐད་པར་ཐལ། སྐྱེ་སྲིད་ཀྱི་རྟེན་ཅན་ཡིན་ན། དེ་རྒྱུད་ལྡན་ཡིན་མི་དགོས་པའི་ཕྱིར། དེར་ཐལ། གཟུགས་ཀྱི་སྐྱེ་སྲིད་ཀྱི་རྟེན་ལ་མྱང་འདས་མངོན་དུ་བྱེད་པའི་ཉན་ཐོས་ཡོད་པའི་ཕྱིར། ཁ་ཅིག །སྐྱེ་སྲིད་དུ་ཉིང་མཚམས་སྦྱོར་བའི་བློ་ཡིན་ན། བློ་ཕྱིན་ཅི་ལོག་ཡིན་པས་ཁྱབ་ཟེར་ན། རྒྱལ་པོ་གཞོན་ནུ་དོན་གྲུབ་ཏུ་ཉིང་མཚམས་སྦྱོར་བའི་བློ་ཆོས་ཅན། དེར་ཐལ། དེའི་ཕྱིར། འདོད་མི་ནུས་ཏེ། བསམ་བཞིན་མ་འཁྲུལ་བར་འཇུག་པའི་བློ་ཡིན་པའི་ཕྱིར། ཁ་ཅིག །ཡུམ་སྒྲུ་མ་ལྷ་མཛེས་ཀྱི་མངལ་དུ་འཇུག་ཁ་མའི་བར་དོ་བ་དེ་མཚན་དཔེ་གསལ་རྫོགས་ཀྱིས་སྤྲས་པར་ཐལ། (༦༥ན)སྟོན་པ་དེས་སྤྲས་པ་གང་ཞིག །སྔོན་དུས་སྲིད་འབྱུང་ཤ་ཚུགས་ཅན། །ཞེས་གསུངས་པའི་ཕྱིར་ན་མ་ཁྱབ། འདོད་ན། སངས་རྒྱས་ཡིན་པར་ཐལ་ལོ། །ཁ་ཅིག །མི་ལྟོག་དེ་ནི་

དྲི་ཟའོ། །ཞེས་གསུངས་པ་མི་འཐད་པར་ཐལ། ཁྱིའི་བར་སྲིད་གྲུབ་ནས་མིར་སྐྱེ་བ་ཡོད་པའི་ཕྱིར་ཟེར་ན། མ་ཁྱབ་སྟེ། གཙོ་ཆེ་བ་ལ་དགོངས་པའི་ཕྱིར། རྟགས་དེར་ཐལ། ཀུན་བཏུས་ལས། ཅི་སྟེ་ན་ཞོག་གོ། །ཞེས་གསུངས་པའི་ཕྱིར། ཁ་ཅིག །ཁྱིའི་བར་སྲིད་གྲུབ་ནས་དུད་འགྲོ་གཞན་དུ་སྐྱེ་བ་མེད་ཟེར་ན། དེ་ཡོད་པར་ཐལ། དེ་གྲུབ་ནས་དོམ་ལྟ་བུ་ཅི་སྲུང་དུ་སྐྱེ་བ་ཡོད་པའི་ཕྱིར། དེར་ཐལ། རྐྱེན་མ་ཚང་བའི་དབང་གིས་དེར་འགྱུར་བ་ཡོད་པའི་ཕྱིར། དེར་ཐལ། འཁྲིག་པའི་དུས་དང་འགྲོ་བ་རིགས་མཐུན་པའི་དབང་གིས་དེ་ལྟར་དུ་འགྱུར་བའི་ཕྱིར། དེར་ཐལ། དཀྱུན་བ་ལང་གི་བར་སྲིད་གྲུབ་ཀྱང་བ་ལང་དེ་དབྱར་ཆགས་པ་སྤྱོད་ཅིང་། བ་མེན་དུས་མིན་དུ་སྤྱོད་པས་བ་མེན་དུ་སྐྱེ། དཀྱུན་རྟའི་བར་སྲིད་གྲུབ་ན་དེ་སོས་ཀ་ཆགས་པ་སྤྱོད་ཅིང་། བོང་བུ་དུས་མིན་དུ་སྤྱོད་པས་བོང་བུར་སྐྱེ། དབྱར་དོམ་གྱི་བར་སྲིད་གྲུབ་ན་དེ་དཀྱུན་ཆགས་པ་སྤྱོད་ཅིང་། དྲེད་དུས་མིན་དུ་སྤྱོད་པས་དྲེད་དུ་སྐྱེ། དབྱར་ཁྱིའི་བར་སྲིད་གྲུབ་ན་དེ་སྟོན་ཆགས་པ་སྤྱོད་ཅིང་། ཅི་སྲུང་དུས་མིན་དུ་སྤྱོད་པས་ཅི་སྲུང་དུ་སྐྱེ་བ་ཡོད་པའི་ཕྱིར། ཁ་ཅིག །མི་ཁྱིའི་བར་སྲིད་པ་རྣམས་མི་ཁྱི་ཡིན་ཟེར་ན། མི་འཐད་པར་ཐལ། དེ་དག་འགལ་བའི་ཕྱིར། དེར་ཐལ། བར་སྲིད་པ་རྣམས་རྫུས་སྐྱེས་ཡིན་པའི་ཕྱིར། ཁ་ཅིག །བར་སྲིད་པ་ཡིན་ན། རང་གི་སྔོན་དུས་ཀྱི་སྲིད་པ་དང་དབང་པོ་སོགས་རྣམ་པ་ཐམས་ཅད་དུ་འདྲ་བས་ཁྱབ་ཟེར་ན། མི་འཐད་པར་ཐལ། དབང་པོ་མ་ཚང་བའི་མིའི་བར་དོ་བ་རྣམས་དབང་པོ་ཀུན་ཚང་བའི་ཕྱིར། དེར་ཐལ། དབང་པོ་ཀུན་ཚང་ཞེས་གསུངས་པའི་ཕྱིར། དེར་མ་ཟད། འབྲུ་སྲིན་སྦྲ་མོའི་བར་དོ་བ་རྣམས་ནི་ཇི་ལྟར་ཡིན་དཔྱད་དགོས་པ་ཡོད་དོ། །

༡༩ བར་སྲིད་ཀྱི་སྐབས་བྱེད།

༢༡ རིགས་པའི་སྐབས་བྱེད།

གཉིས་པ་སྐབས་བྱེད་ལ། རིགས་པ་དང་། ལུང་གཉིས། དང་པོ་ནི། འབྲུ་ཡི་རྒྱུན་དང་ཆོས་མཐུན་ཕྱིར། །སྲིད་པ་ཆད་ལས་བྱུང་བ་མིན། །གཟུགས་(༨༤བ)བརྙན་མ་གྲུབ་ཕྱིར་བ་དང་། །མི་འདྲའི་ཕྱིར་ན་དཔེ་མ་ཡིན། །གཅིག་ན་ལྷན་ཅིག་གཉིས་མེད་ཕྱིར། །རྒྱུན་མིན་ཕྱིར་གཉིས་ལས་བྱུང་ཕྱིར། །ཞེས་བྱུང་། ཕལ་ཆེན་སྡེ་པ་དང་ས་སྔོན་སྡེ་པ་ན་རེ། བར་སྲིད་མེད་དེ། སྐྱེ་སྲིད་དང་འཆི་སྲིད་བར་མ་ཆད་པར་འབྱུང་བའི་ཕྱིར་ཟེར་ན། དེ་ནི་མི་འཐད་དེ། སྐྱེ་སྲིད་ཀྱི་གཟུགས་སེམས་གཉིས་ནི་རང་གི་རྒྱུན་སྔོན་མའི་བར་སྲིད་ཀྱི་གཟུགས་སེམས་སྔོན་དུ་སོང་བ་ལ་བརྟེན་ནས་བྱུང་བའི་ཕྱིར་ཏེ། དཔེར་ན་འབྲུ་ཤར་ནས་ནུབ་ཏུ་དྲངས་པའི་ཚེ་རྒྱུན་ཕྱི་མ་འབྱུང་བ་དང་ཆོས་མཐུན་པ་བཞིན། བར་སྲིད་མེད་པར་འཆི་བའི་སྲིད་པ་རྒྱུན་ཆད་པ་ལས་སྐྱེ་སྲིད་ཀྱི་གཟུགས་སེམས་གཉིས་བྱུང་བ་མིན་ནོ། །དེ་ལ་ཁོ་ན་རེ། འཆི་སྲིད་རྒྱུན་ཆད་པ་ལས་སྐྱེ་སྲིད་འབྱུང་བའི་དཔེ་ཡང་ཡོད་དེ། མེ་ལོང་གི་ངོས་སོགས་དང་བྱད་བཞིན་གྱི་གཟུགས་ཀྱི་བར་འགྱངས་ཆེན་པོ་ཡོད་ཀྱང་། དེ་དག་ཏུ་གཟུགས་བརྙན་འབྱུང་བ་ལྟ་བུ་ཡིན་པའི་ཕྱིར་ཟེར་ན། དཔེ་དོན་དེ་མ་ཡིན་པར་ཐལ། ཁྱོད་འདོད་པ་ལྟར་དེའི་དཔེ་ཡང་མ་གྲུབ་ཅིང་། གྲུབ་ཏུ་ཆུག་ཀྱང་དཔེ་དོན་མི་འདྲ་བའི་ཕྱིར། དང་པོ་དེར་ཐལ། ཁྱོད་ཀྱིས་གཟུགས་བརྙན་ཁ་དོག་ཅན་གྱི་ཐོགས་བཅས་སུ་འདོད་ཀྱང་དེ་ལྟར་མ་གྲུབ་པའི་ཕྱིར། དེར་ཐལ། དེར་མེ་ལོང་གི་ངོས་དང་གཟུགས་བརྙན་སྣང་ཡང་དེ་ལྟ་བུའི་ཁ་དོག་ཐ་དད་པ་གཉིས་གོ་ས་གཅིག་ན་ལྷན་ཅིག་མེད་པའི་ཕྱིར་ཏེ། དེར་དེ་ལྟ་བུའི་འབྱུང་བ་རིགས་ཐ་དད་པ་གཉིས་ཅིག་ཅར་དུ་མེད་པའི་ཕྱིར། དེར་ཐལ། མིའི་ལུས་ཀྱི་འབྱུང་བ་དང་མཁར་བའི་འབྱུང་བ་གཉིས་འགལ་

བའི་ཕྱིར། གཉིས་པ་དེར་ཐལ། བྱད་བཞིན་གྱི་གཟུགས་བརྙན་དེ་བྱད་བཞིན་གྱི་རྒྱུན་མ་ཡིན་པས་མི་འདྲ་བའི་ཕྱིར་དང་། མེ་ལོང་གི་གཟུགས་བརྙན་དེ་བྱད་བཞིན་དང་མེ་ལོང་གི་ངོས་ཚོགས་པ་གཉིས་ལས་བྱུང་བ་ལྟར། སྐྱེ་སྲིད་ནི་དེ་འདྲའི་རྒྱུན་གཉིས་ལས་མི་འབྱུང་བའི་ཕྱིར། སྨྲོར་བ་འགོད་ཚུལ་གཅིག་ལ། འཆི་སྲིད་ཀྱི་སེམས་ཆོས་ཅན། རྒྱུན་མི་ཆད་པར་ཡུལ་གཞན་དུ་འབྱུང་སྟེ། རྒྱུན་གྱིས་ཡུལ་གཞན་དུ་སྐྱེ་ཞིང་འཇུག་པའི་ཆོས་ཡིན་པའི་ཕྱིར། དཔེར་ན་འབྲུ་ཡུལ་གཞན་དུ་དྲངས་པའི་(༥༥ན) རྒྱུན་བཞིན་ཞེས་པའོ། །

ནཱ༢ ལུང་གི་སྒྲུབ་བྱེད།

གཉིས་པ་ནི། མགུར་ནས་གསུངས་ཕྱིར་ཡོད་དྲི་ཟ། །ལྔར་གསུངས་འགྲོ་མདོ་ལས་ཀྱང་གྲུབ། །ཅེས་བྱུང་། དྲི་ཟ་བར་སྲིད་ཆོས་ཅན། ཁྱོད་ཡོད་དེ། སྟོན་པའི་མགུར་ནས་སྲིད་པ་ནི་བདུན་ཏེ། དམྱལ་བའི་སྲིད་པ་དང་། ཡི་དྭགས་ཀྱི་སྲིད་པ་དང་། དུད་འགྲོའི་སྲིད་པ་དང་། མིའི་སྲིད་པ་དང་། ལྷའི་སྲིད་པ་དང་། ལས་ཀྱི་སྲིད་པ་དང་། སྲིད་པ་བར་མའོ་ཞེས་འགྲོ་བ་བདུན་གསུངས་པའི་མདོའི་ཁུངས་ལས་ཀྱང་གྲུབ་པའི་ཕྱིར་དང་། གཞན་ཡང་བར་འདའ་བ་གཅིག །སྐྱེ་འདའ་བ་གསུམ། གོང་འཕོ་བ་དང་ལྔར་གསུངས་པས་ཀྱང་ཁྱོད་ཡོད་པར་གྲུབ་པའི་ཕྱིར།

ཐཱ༣ བར་སྲིད་ཀྱི་ཁྱད་ཆོས།

གསུམ་པ་ནི། དེ་ནི་འཕེན་པ་གཅིག་པའི་ཕྱིར། །སྔོན་དུས་སྲིད་འབྱུང་ཤ་ཚུགས་ཅན། །དེ་ནི་འཆི་བའི་སྔོན་རོལ་ཏེ། །སྐྱེ་བའི་སྐད་ཅིག་ཕན་ཆད་དོ། །རིས་མཐུན་ལྷ་མིག་དག་པས་མཐོང་། །ལས་ཀྱི་རྫུ་འཕྲུལ་ཤུགས་དང་ལྡན། །དབང་པོ་ཀུན་ཚང་ཐོགས་མེད་ལྡན། །མི་ལྡོག་དེ་ནི་དྲི་ཟའོ། །ཞེས་བྱུང་། ལྷ་མིའི་བར་སྲིད

པ་དེ་ཆོས་ཅན། ཁྱོད་ཀྱི་ཁྱད་དབྱེབས་ཡོད་དེ། རང་གང་དུ་སྐྱེས་འགྱུར་གྱི་ལྷ་མིའི་སྟོན་དུས་ཀྱི་སྲིད་པ་འབྱུང་བ་དེའི་ཤ་ཚུགས་ཅན་དུ་འགྱུར་བའི་ཕྱིར། དེ་ལྟར་འབྱུང་བའི་རྒྱུ་མཚན་ཡོད་དེ། ཁྱོད་དང་རང་གི་སྟོན་དུས་ཀྱི་སྲིད་པ་དེ་གཉིས་འཕེན་བྱེད་ཀྱི་ལས་གཅིག་གིས་འཕངས་པའི་ཕྱིར། སྟོན་དུས་ཀྱི་སྲིད་པ་ལ་དེ་ལྟར་བརྗོད་པའི་རྒྱུ་མཚན་ཡོད་དེ། སྐྱེ་སྲིད་ཀྱི་རྗེས་ཡིན་ཡང་འཆི་སྲིད་ཀྱི་སྟོན་ཡིན་པས་དེ་སྐད་ཅེས་བརྗོད་པའི་ཕྱིར། སྟོན་དུས་ཀྱི་སྲིད་པ་དེ་ནི་ཆོས་ཅན། བཞག་ཏུ་ཡོད་དེ། སྐྱེ་སྲིད་གྲུབ་པའི་སྐད་ཅིག་གཉིས་པ་ཕན་ཆད་ནས་འཆི་བའི་སྲིད་པའི་སྟོན་རོལ་ཚུན་ཆད་ལ་འཇོག་པའི་ཕྱིར། བར་སྲིད་པ་ཆོས་ཅན། མི་ཕལ་པ་རྣམས་དང་རིས་མི་མཐུན་པས་མི་མཐོང་སྟེ། ལྷའི་བར་དོ་བས་ལྷའི་བར་དོ་བ་དང་མིའི་བར་དོ་བས་མིའི་བར་དོ་བ་ལྟ་བུ་ཕན་ཚུན་རིས་མཐུན་པས་གཅིག་གིས་གཅིག་མཐོང་ཞིང་། རིས་མི་མཐུན་པས་མི་མཐོང་ལ། འོན་ཀྱང་གོང་མའི་བར་དོ་བས་འོག་མའི་བར་དོ་བ་མཐོང་བར་འགྱུར་བའི་ཕྱིར། བར་དོ་བ་ཆོས་ཅན། ཁྱོད་གཞན་གྱིས་མཐོང་བ་ཡོད་དེ། སྐྱོན་(༧༥བ)བཅུ་གཅིག་དང་བྲལ་བའི་མངོན་ཤེས་དང་ལྷའི་མིག་གི་རྣམ་པར་དག་པས་མཐོང་བའི་ཕྱིར། དེ་ཆོས་ཅན། རྫུ་འཕྲུལ་དང་ལྡན་པ་ཡིན་ཏེ། ནམ་མཁའ་ལ་འགྲོ་ནུས་པའི་ལས་སྟོབས་ཀྱིས་ཐོབ་པའི་རྫུ་འཕྲུལ་དང་ལྡན་པའི་ཕྱིར། དེ་ཆོས་ཅན། ཤུགས་དང་ལྡན་ཏེ། གང་འདོད་པའི་སར་སྐད་ཅིག་གིས་སླེབ་ནུས་པའི་ལས་ཀྱི་ཤུགས་མྱུར་བ་དང་ལྡན་པའི་ཕྱིར། དེ་ཆོས་ཅན། དབང་པོ་ཀུན་ཚང་བ་ཡིན་ཏེ། དབང་པོ་ལྔ་ཚང་བའི་ཕྱིར། དེ་ཆོས་ཅན། ཐོགས་པ་མེད་པ་དང་ལྡན་ཏེ། རི་བྲག་སོགས་ལའང་ཐོགས་རྡུགས་མེད་པར་འགྲོ་བའི་ཕྱིར། བྱེ་བྲག་སྨྲ་བའི་ལུགས་འདིར་གང་གི་བར་སྲིད་གྲུབ་པ་དེའི་སྟོན་དུས་ཀྱི་སྲིད་པ་འགྲུབ་པར་ངེས་ཏེ། བར་སྲིད་དེ་གྲུབ་ནས་འགྲོ་བ་རིགས་མི་མཐུན་པ་གཞན་དུ་མི་ལྡོག་པའི་ཕྱིར། དེ་ཆོས་ཅན། ཁྱོད་ཀྱིས་ཁམ་ཟས་ཀྱང་ཟ་སྟེ། དྲི་ཟ་བར་བྱེད་པའི་ཕྱིར། དེ་ཆོས་

ཅན། ཁྱོད་ཀྱི་ཁ་དོག་གི་ཁྱད་པར་ཡོད་དེ། དམྱལ་བའི་བར་དོ་ནི་སྡོང་དུམ་མེས་ཚིག་པ་ལྟ་བུ་སོགས་ཡིན་པའི་ཕྱིར། བོང་ཚོད་ཡོད་དེ། ལྷ་མིའི་བར་དོ་བ་དེ་བྱིས་པ་ལོ་ལྔའམ་དྲུག་ལོན་པ་ལྟ་བུར་ཡོད་པའི་ཕྱིར། གོས་དང་བཅས་མ་བཅས་གཉིས་ཡོད་དེ། ངོ་ཚ་ཁྲེལ་ཡོད་ཆེ་བ་རྣམས་གོས་དང་བཅས་ཤིང་། ངོ་ཚ་དང་ཁྲེལ་མེད་རྣམས་གཅེར་བུར་སྐྱེ་བ་ཤས་ཆེ་བའི་ཕྱིར། ཚེ་ཚད་ཡོད་དེ། ཞག་བདུན་རེ་གནས་ཏེ། སྐྱེ་བའི་རྐྱེན་ཚོགས་ན་ཤི་ནས་གཞན་དུ་ཉིང་མཚམས་སྦྱོར་ལ། མ་ཚོགས་ན་སླར་བར་དོར་སྐྱེ་ལ། བདུན་ཕྲག་བདུན་ཚུན་ཆད་དུ་དེར་འདུག་སྲིད་ཀྱི། དེ་ཕན་ཆད་དུ་མི་གནས་པའི་ཕྱིར་རོ། །

༥༣ དེ་སྐྱེ་གནས་སུ་འཇུག་ཚུལ།

ཐ༡ འཇུག་ཚུལ་དངོས།

གསུམ་པ་སྐྱེ་གནས་སུ་བགྲོད་པའི་ཚུལ་ལ། དངོས་དང་། དབྱེ་བ་གཉིས། དང་པོ་ནི། བློ་ནི་ཕྱིན་ཅི་ལོག་གྱུར་པས། །རྩེ་དགས་འགྲོ་བའི་ཡུལ་དུ་འགྲོ། །དྲི་དང་གནས་ལ་མངོན་འདོད་གཞན། །དམྱལ་བ་ཡི་ནི་སྤྱི་ཚུགས་ཡིན། །ཞེས་བྱུང་། མངལ་སྐྱོང་ལས་སྐྱེ་བའི་བར་དོ་བ་ཆོས་ཅན། ཁྱོད་སྐྱེ་གནས་སུ་བགྲོད་ཚུལ་ཡོད་དེ། རྒྱང་རིང་པོ་ནས་ཀྱང་ལས་ཀྱི་དབང་གིས་སྐྱེ་གནས་མཐོང་བ་དང་གི་བློ་ནི་ཕྱིན་ཅི་ལོག་ཏུ་གྱུར་ནས་ཆགས་པས་རྩེ་ཞིང་། དགའ་བས་འགྲོ་བའི་ཡུལ་སྐྱེ་གནས་དེར་འགྲོ་བར་འགྱུར་བའི་ཕྱིར་རོ། །གཞན་དྲོད་དང་སྐྱོང་(༤༤ན)སྐྱེས་ཆོས་ཅན། སྐྱེ་གནས་སུ་འཇུག་ཚུལ་ཡོད་དེ། སྲ་མ་དྲི་དང་། ཕྱི་མ་གནས་ལ་མངོན་པར་འདོད་པའི་རྐྱེན་གྱིས་འཇུག་པའི་ཕྱིར། གནས་འདོད་ནས་འཇུག་ཚུལ་ཡོད་དེ། ལྷ་ལྟ་བུས་གནས་ཡིད་དུ་འོང་བ་དང་། ཚ་དམྱལ་དུ་སྐྱེ་ན་དམྱལ་བའི་མེ་མཐོང་བ་དང་། གྲང་དམྱལ་དུ་སྐྱེ་ན་དམྱལ་བའི་བསིལ་མཐོང་ནས་འདོད་པའི་རྐྱེན་གྱིས་དེ་དག་ཏུ་འཇུག་པར་འགྱུར་

བའི་ཕྱིར། བར་སྲིད་ཀྱི་འགྲོ་ཚུལ་ཡོད་དེ། དམྱལ་བ་ཡི་ནི་བར་སྲིད་སྤྱི་བོ་ཚུགས་སུ་འགྲོ་ལ། ལྷའི་བར་དོ་བ་ནི་གྱེན་དང་། གཞན་གསུམ་ནི་ཐད་ཀར་འགྲོ་བའི་ཕྱིར།

༥༢ དབྱེ་བ།

གཉིས་པ་ནི། གཅིག་ནི་ཤེས་བཞིན་དུ་འཇུག་གོ། །གཞན་ནི་གནས་པ་ཡང་གཞན་ནི། །འབྱུང་བའང་གཞན་ནི་ཐམས་ཅད་རྨོངས། །སྔོ་ང་ལས་སྐྱེས་རྟག་ཏུ་རྨོངས། །མངལ་དུ་འཇུག་པ་གསུམ་དག་སྟེ། །འཁོར་ལོས་སྒྱུར་དང་རང་བྱུང་གཉིས། །ལས་སམ་ཡེ་ཤེས་སམ་གཉིས་ཀ །རྒྱ་ཆེའི་ཕྱིར་ན་གོ་རིམ་བཞིན། །ཞེས་བྱུང་། མངལ་དུ་འཇུག་པའི་ཚེ་བློ་ཕྱིན་ཅི་ལོག་ཏུ་འགྱུར་བར་མ་ངེས་ཏེ། གཅིག་ནི་ཤེས་བཞིན་དུ་འཇུག་ལ་གནས་པ་དང་འབྱུང་བ་ཤེས་བཞིན་མིན་པ་འཁོར་ལོས་སྒྱུར་རྒྱལ་དང་། གཞན་རང་སངས་རྒྱས་ནི་འཇུག་པར་མ་ཟད་གནས་པ་ཡང་ཤེས་ཤིང་། དེ་ལས་གཞན་སངས་རྒྱས་ནི་འཇུག་ཏུ་མ་ཟད་འབྱུང་བའང་ཤེས་ལ། དེ་གསུམ་ལས་གཞན་ནི་འཇུག་གནས་འབྱུང་གསུམ་ཐམས་ཅད་ལ་རྨོངས་ཤིང་སྔོ་ང་ལས་སྐྱེས་པ་ནི་རྟག་ཏུ་རྨོངས་པ་ཅན་ཡིན་པའི་ཕྱིར། དེ་ལ་ཤེས་བཞིན་དུ་མངལ་དུ་འཇུག་པ་དག་ནི་སྔ་མ་གསུམ་འདྲ་ཡང་ཁྱད་པར་ཡོད་དེ། སྔར་བཤད་པ་ལྟར་ཡིན་པའི་ཕྱིར། དེར་ཐལ། འཁོར་ལོས་སྒྱུར་དང་རང་བྱུང་རང་རྒྱལ་དང་སངས་རྒྱས་གཉིས་ཏེ་གསུམ་ནི་གོ་རིམ་བཞིན་དུ་ལས་དང་བསོད་ནམས་རྒྱ་ཆེ་བ་ཙམ་དང་། ཡེ་ཤེས་རྒྱ་ཆེ་བ་དང་། ཚོགས་གཉིས་ཀ་རྒྱ་ཆེ་བའི་ཁྱད་པར་གྱིས་དེ་ལྟར་འགྱུར་བའི་ཕྱིར།

ཛ༢ རྟེན་འབྲེལ་བྱེ་བྲག་ཏུ་བཤད་པ།

ཀ༡ རྟེན་འབྲེལ་དངོས།

ཏ༡ འཁོར་བར་འཇུག་ཚུལ་གྱི་སྒོ་ནས་མདོར་བསྟན་པ།

ཐ༡ འཁོར་བར་འཇུག་ཚུལ་དངོས།

གཉིས་པ་སྐྱེ་ཚུལ་རྟེན་འབྲེལ་གྱི་རང་བཞིན་ལ། དངོས་དང་། ཞར་བྱུང་སྲིད་པ་བཞིའི་ཁྱད་པར་གཉིས། དང་པོ་ལ། འཁོར་བར་འཇུག་ཚུལ་གྱི་སྒོ་ནས་མདོར་བསྟན་པ། གྲུབ་པའི་འཁོར་བ་རྒྱས་པར་བཤད་པ། ཉོན་མོངས་པས་དཔེ་(༤༤བ)གསུམ་མཚོན་ཚུལ་གྱི་སྒོ་ནས་དོན་བསྡུ་བ་གསུམ། དང་པོ་ལ། འཁོར་བར་འཇུག་ཚུལ་དངོས་དང་། སྲིད་རྒྱུན་ཐོག་མེད་དུ་བསྟན་པ་གཉིས། དང་པོ་ནི། བདག་མེད་ཕུང་པོ་ཙམ་ཉིད་དོ། །ཉོན་མོངས་ལས་ཀྱིས་མངོན་འདུ་བྱས། །སྲིད་པ་བར་མའི་རྒྱུན་གྱིས་ནི། །མར་མེ་བཞིན་དུ་མངལ་དུ་འགྲོ། །ཞེས་བྱུང་། ཕྱི་རོལ་པ་ན་རེ། སེམས་ཅན་འཇིག་རྟེན་སྔ་མ་ནས་འདིར་འོང་བ་དང་། འདི་ནས་ཕྱི་མར་འཕོ་ཞིང་འགྲོ་བ་ཞིག་ཡོད་པར་ཐལ། སྐྱེ་འཆི་བྱེད་པའི་བདག་ཅིག་ཡོད་པའི་ཕྱིར། འདོད་ན། རྟག་པའི་བདག་ཅིག་ཡོད་པར་ཐལ། འདོད་པའི་ཕྱིར། འདོད་ན། བདག་མེད་མ་ཡིན་པར་ཐལ་ལོ་ཟེར་ན། ཕྱི་རོལ་པ་ཆོས་ཅན། ཁྱོད་ཀྱིས་རྟག་པའི་བདག་མེད་ན་སྐྱེ་བ་སྔ་ཕྱིར་ཉིང་མཚམས་སྦྱོར་དུ་མི་རུང་བར་འདོད་པ་མི་འཐད་པར་ཐལ། རྟག་པའི་བདག་མེད་ཀྱང་ཕུང་པོ་ཙམ་ལ་བདག་ཏུ་འདོགས་པ་ཉིད་ཡིན་ཞིང་། ཕུང་པོའི་རྒྱུན་ཙམ་གྱིས་སྐྱེ་བ་སྔ་ཕྱིར་ཉིང་མཚམས་སྦྱོར་བར་འགྱུར་བའི་ཕྱིར། དེར་ཐལ། སྐྱེ་བ་སྔོན་མར་ཉོན་མོངས་པས་ཀུན་ནས་བསླངས་ཏེ་ཟག་བཅས་ཀྱི་ལས་མངོན་པར་འདུ་བྱས་པ་ལས། ཕུང་པོའི་རང་བཞིན་ཅན་གྱི་སྲིད་པ་བར་མའི་སེམས་ཀྱི་རྒྱུན་དང་། དེ་ལས་སྐྱེ་སྲིད་ཀྱི་སེམས་ཀྱི་རྒྱུན་འབྱུང་བ་ཉིད་ཀྱིས་

ན། དཔེར་ན། མར་མེའི་རྒྱུན་སྔ་ཕྱིར་གཞན་དུ་འཇུག་པ་ལྟར་ཕུང་པོའི་རྒྱུན་ཙམ་མངལ་དུ་འགྲོ་བ་སོགས་ཡིན་པའི་ཕྱིར།

ཐ༢ སྲིད་རྒྱུན་ཐོག་མེད་དུ་བསྟན་པ།

གཉིས་པ་ནི། ཇི་ལྟར་འཕངས་བཞིན་རིམ་གྱིས་རྒྱུན། །སྐྱེས་ནས་ལས་དང་ཉོན་མོངས་ཀྱིས། །འཇིག་རྟེན་ཕ་རོལ་དག་ཏུ་འགྲོ། །སྲིད་པའི་འཁོར་ལོ་ཐོག་མ་མེད། །ཅེས་བྱུང་། སྲིད་པའི་འཁོར་ལོ་འདི་ཆོས་ཅན། ཁྱོད་ཀྱི་ཐོག་མ་མེད་དེ། སྔོན་མ་རིག་པས་ཀུན་ནས་བསླངས་ཏེ་ཟག་བཅས་ཀྱི་འཕེན་བྱེད་ཀྱི་ལས་བསགས། དེས་ཡང་སྲིད་ཕྱི་མར་ཡང་དང་ཡང་དུ་ཇི་ལྟར་འཕངས་པ་བཞིན་དུ་སོ་སོར་འཕོད་ལ། སྐྱེ་བ་སྔ་མར་མ་རིག་པ་དང་ལས་གཞན་སྔོན་དུ་སོང་བ་ལས་འདིར་རིམ་གྱིས་ཕུང་པོའི་རྒྱུན་འབྱུང་ཞིང་། འདིར་སྐྱེས་ནས་ཀྱང་ལས་དང་ཉོན་མོངས་པའི་སྟོབས་ཀྱིས་ཕྱི་མའི་འཇིག་རྟེན་ཕ་རོལ་དག་ཏུ་འགྲོ་བར་འགྱུར་བའི་ཕྱིར། མངལ་དུ་འཇུག་ཚུལ་གསལ་བར་མངལ་འཇུག་གི་མདོ་ལས་བཤད་པའི་དོན་བདག་(༦༧ན)གིས་གཞན་དུ་བྲིས་ཟིན་པས་འདིར་མ་བྲིས་སོ། །

ང༢ གྲུབ་པའི་འཁོར་བ་རྒྱས་པར་བཤད་པ།

ཐ༡ བྱེ་བྲག་སྨྲ་བའི་ལུགས།

ད༡ ཡན་ལག་བཅུ་གཉིས་པོ་ཆེ་དུ་ལ་རྫོགས་ཚུལ།

ན༡ མདོར་བསྟན་པ།

གཉིས་པ་ལ་བྱེ་བྲག་སྨྲ་བའི་ལུགས་དང་། མདོ་སྡེ་པའི་ལུགས་གཉིས། དང་པོ་ལ། རྫོགས་ཚུལ། བསྡུ་བ། འཁོར་ཚུལ་གསུམ། དང་པོ་ལ། མདོར་བསྟན་པ། རྒྱས་པར་བཤད་པ། དོན་བསྡུ་བ་གསུམ། དང་པོ་ནི། དེ་ནི་རྟེན་ཅིང་འབྲེལ་

འབྱུང་བའི། །ཡན་ལག་བཅུ་གཉིས་ཆ་གསུམ་མོ། །སྔོན་དང་ཕྱི་མཐར་གཉིས་གཉིས་དང་། །བར་དུ་བརྒྱད་ཡོངས་རྫོགས་ལྡན་ལ། །ཞེས་བྱུང་།

པ༧ ཚིག་དོན་བཤད་པ།

འདི་ལ་ཚིག་དོན་དང་། མཐའ་དཔྱད་པ་གཉིས། དང་པོ་ནི། ཕུང་པོའི་རྒྱུན་སྐྱེ་བའི་གནས་སྐབས་གསུམ་པོ་དེ་ནི་ཆོས་ཅན། ཁྱོད་རྟེན་ཅིང་འབྲེལ་བར་འབྱུང་བའི་ཡན་ལག་བཅུ་གཉིས་དང་ལྡན་ཏེ། མ་རིག་པ་ནས་རྒ་ཤིའི་བར་བཅུ་གཉིས་དང་ལྡན་པའི་ཕྱིར། དེ་ཆོས་ཅན། སྔོན་དང་ཕྱི་མཐའ་བར་གྱི་ཆ་གསུམ་དང་ལྡན་ཏེ། ཡན་ལག་དང་པོ་གཉིས་སྔོན་གྱི་ཆའམ་མཐའ་དང་། སྐྱེ་རྒ་གཉིས་ནི་ཕྱི་མའི་ཆའམ་མཐའ་དང་། རྣམ་ཤེས་ནས་སྲིད་པའི་བར་བརྒྱད་ནི་དབུས་སམ་བར་གྱི་ཆའམ་མཐར་འཛོག་པའི་ཕྱིར། བར་དུ་བརྒྱད་ཡོད་པ་ཡོངས་རྫོགས་ལྡན་པའི་དབང་དུ་བྱས་ཀྱི། དེར་མ་ངེས་ཏེ། སྐྱེ་གནས་གཞན་གསུམ་ཡང་ཡོད་ཅིང་། བར་མ་དོར་འཆི་བའང་ཡོད་པའི་ཕྱིར།

པ༢ མཐའ་དཔྱད་པ།

གཉིས་པ་མཐའ་དཔྱད་པ་ལ། ཁ་ཅིག །ཡན་ལག་བཅུ་གཉིས་པོ་དེ་ཚེ་གསུམ་ལ་ངེས་པར་རྫོགས་དགོས་སོ་ཟེར་ན། དེ་མི་འཐད་པར་ཐལ། དེ་ཚེ་གཉིས་ལའང་རྫོགས་པ་ཡོད་པའི་ཕྱིར། དེར་ཐལ། ཚེ་སྔོན་མར་མ་རིག་པའི་དབང་གིས་རྣམ་ཤེས་ཀྱི་སྟེང་དུ་ལས་བསགས། ལས་དེ་ལ་སྲིད་ལེན་གྱིས་གསོས་བཏབ་པས་སྲིད་ལས་ནུས་པ་མཐུ་ཅན་དུ་གྱུར་ནས་ཕྱི་མ་ལྷ་མི་ལྟ་བུར་སྐྱེས་པའི་ཚེ་གཞན་རྣམས་རྫོགས་པ་ཡོད་པའི་ཕྱིར། ཁ་ཅིག །ཚར་གཅིག་གི་ཡན་ལག་དང་པོ་གཉིས་ཚེ་དང་པོ་ལ་རྫོགས། རྒ་ཤི་གཉིས་ཚེ་གསུམ་པ་ལ་རྫོགས། གཞན་བརྒྱད་ཚེ་གཉིས་པ་ལ་རྫོགས་

པ་དེ་ཚེ་གསུམ་ལ་ཇོགས་པའི་དོན་ཡིན་ཟེར་ན། དེ་མི་འཐད་པར་ཐལ། དེ་འདྲ་མི་སྲིད་པའི་ཕྱིར། དེར་ཐལ། ཀུ་ཤི་གཉིས་ནི་སྐྱེ་བ་བླངས་པའི་ཚེ་དེ་ཐོག་ཏུ་(༥༧བ) འབྱུང་དགོས་པའི་ཕྱིར། འོན་ཀྱང་། སྔོན་དང་ཕྱི་མཐར་གཉིས་གཉིས་དང་། །བར་དུ་བརྒྱད་ཡོངས་ཇོགས་ལྡན་ལ། །ཞེས་གསུངས་པ་དང་མི་འགལ་ཏེ། དེ་ནི་མ་རིག་པ་དང་འདུ་བྱེད་གཉིས་སྔོན་དང་རྒ་ཤི་གཉིས་རྗེས་དང་། གཞན་བརྒྱད་བར་དུ་འབྱུང་ཚུལ་སྤྱིར་བསྟན་པ་ཙམ་ཡིན་གྱི། སྐྱེ་བ་སྔ་ཕྱི་བར་གསུམ་གྱི་དབང་དུ་བྱས་པ་མ་ཡིན་པའི་ཕྱིར། ཁ་ཅིག །ཚ་གསུམ་མོ་ཞེས་པའི་དོན་སྔར་བཤད་པ་ལྟར་ཚ་གསུམ་དུ་བྱེད་པ་ཙམ་གྱི་དོན་ཡིན་ཟེར་ན། དེ་མ་ཡིན་པར་ཐལ། དེ་ནི་བཅུ་གཉིས་པོ་དེ་ལ་འདས་མ་འོངས་ད་ལྟའི་དུས་གསུམ་དུ་འང་ཤེས་པའི་ཆེད་ཡིན་པའི་ཕྱིར། དེར་ཐལ། ཡན་ལག་དང་པོ་གཉིས་འདས་པ་དང་། ཀུ་ཤི་གཉིས་མ་འོངས་པ་དང་། གཞན་བརྒྱད་ད་ལྟ་བར་ཤེས་པའི་ཆེད་ཡིན་པའི་ཕྱིར། ཁ་ཅིག །མ་རིག་པའི་རྟེན་འབྲེལ་ལ། མ་རིག་པས་ཁྱབ་ཟེར་ན། མ་རིག་པའི་རྟེན་འབྲེལ་དུ་གྱུར་པའི་གཟུགས་ཕུང་ཆོས་ཅན། དེར་ཐལ། དེའི་ཕྱིར། དེར་ཐལ། མདོ་ལས་དེ་ལྟར་བཤད་པའི་ཕྱིར། འདོད་ན་སླའོ། །ཁ་ཅིག །མ་རིག་པའི་གྲོགས་སུ་གྱུར་པའི་ཤེས་པ་ཡིན་ན། མ་རིག་པ་ཡིན་པས་ཁྱབ་ཟེར་ན། མ་རིག་པ་དང་མཚུངས་ལྡན་དུ་གྱུར་པའི་ཚོར་བ་སོགས་ཆོས་ཅན། དེར་ཐལ། དེའི་ཕྱིར། རྟགས་གསལ་སླའོ། །

ན༢ ཡན་ལག་བཅུ་གཉིས་རྒྱས་པར་བཤད་པ།

གཉིས་པ་ནི། མ་རིག་ཉོན་མོངས་སྔོན་གནས་སྐབས། །འདུ་བྱེད་དག་ནི་སྔོན་ལས་ཀྱི། །རྣམ་ཤེས་མཚམས་སྦྱོར་ཕུང་པོ་ཡིན། །མིང་དང་གཟུགས་ནི་དེ་ཕན་ཆད། །སྐྱེ་མཆེད་དྲུག་དོད་ཚུན་ཆད་དོ། །དེ་ནི་གསུམ་འདུས་ཚུན་ཆད་དོ། །རིག་པ་བདེ་སྡུག་ལ་སོགས་ཀྱི། །རྒྱུ་ཤེས་ནུས་པ་ཚུན་ཆད་དོ། །ཚོར་འཁྲིག་ཚུན་ཆད

སྲིད་པ་ནི། །ཡོངས་སྦྱོད་འཕྲིག་པ་ཆགས་ཅན་གྱི། །ཉེ་བར་ལེན་པ་ལོངས་སྤྱོད་རྣམས། །ཐོབ་པར་བྱ་ཕྱིར་ཡོངས་རྒྱུག་པའི། །དེ་སྲིད་འབྲས་བུ་འབྱུང་འགྱུར་བའི། །ལས་བྱེད་དེ་ནི་སྲིད་པ་ཡིན། །ཉིང་མཚམས་སྦྱོར་བ་སྐྱེ་བ་ཡིན། །ཚོར་བའི་བར་ནི་རྒ་ཤི་ཡིན། །འདི་ནི་གནས་སྐབས་པར་འདོད་ལོ། །གཙོ་བོའི་ཕྱིར་ན་ཡན་ལག་བསྒྲགས། །ཞེས་བྱུང་། འདིར་གནས་སྐབས་པའི་མ་རིག་པ་ཆོས་ཅན། ཁྱོད་འཇོག་ཚུལ་ཡོད་དེ། སྔོན་འཕེན་བྱེད་ཀྱི་ལས་ཀུན་ནས་སློང་བའི་ཉོན་མོངས་པའི་གནས་སྐབས་ཀྱི་(༥༢ན)ཕུང་པོ་ལྔ་པོ་དེ་དེ་ཡིན་པའི་ཕྱིར། འདུ་བྱེད་དག་ནི་ཆོས་ཅན། བཞག་ཏུ་ཡོད་དེ། སྔོན་འདུ་བྱེད་ཀྱི་ལས་གསོག་པའི་ཕུང་པོ་ལྔ་དེ་ཡིན་པའི་ཕྱིར། རྣམ་ཤེས་ཆོས་ཅན། བཞག་ཏུ་ཡོད་དེ། ཉིང་མཚམས་སྦྱོར་བའི་སྐད་ཅིག་དང་པོའི་སྐབས་ཀྱི་ཕུང་པོ་ལྔ་དེ་ཡིན་པའི་ཕྱིར། མིང་དང་གཟུགས་ནི་ཆོས་ཅན། ངོ་བོ་ཡོད་དེ། རྣམ་ཤེས་དེ་ཕན་ཆད་ནས་སྐྱེ་མཆེད་དྲུག་དོད་ཚུན་ཆད་ཀྱི་ཕུང་པོ་ལྔ་དེ་ཡིན་པའི་ཕྱིར། སྐྱེ་མཆེད་དེ་ནི་ཆོས་ཅན། ངོ་བོ་ཡོད་དེ། དེ་ནས་ཡུལ་དབང་རྣམ་ཤེས་གསུམ་འདུས་པ་ཚུན་ཆད་ཀྱི་ཕུང་པོ་ལྔ་དེ་ཡིན་པའི་ཕྱིར། རེག་པ་ཆོས་ཅན། ངོ་བོ་ཡོད་དེ། དེ་ནས་ཚོར་བ་བདེ་སྡུག་ལ་སོགས་ཀྱི་ཤེས་ནུས་པ་ཚུན་ཆད་ཀྱི་ཕུང་པོ་ལྔ་དེ་ཡིན་པའི་ཕྱིར། ཚོར་བ་ཆོས་ཅན། ངོ་བོ་ཡོད་དེ། རྒྱུ་ཤེས་ནས་འཁྲིག་པ་ལ་མི་སྤྱོད་པའི་སྐབས་ཚུན་ཆད་ཀྱི་ཕུང་པོ་ལྔ་དེ་ཡིན་པའི་ཕྱིར། སྲེད་པ་ཆོས་ཅན། ངོ་བོ་ཡོད་དེ། འདོད་ཡོན་ལ་ལོངས་སྤྱོད་པའི་འཁྲིག་པའི་ཆགས་ཅན་གྱི་ཡུལ་ཡོངས་སུ་འཚོལ་བ་ལ་ཞུགས་པའི་ཕུང་པོ་ལྔ་དེ་ཡིན་པའི་ཕྱིར། ཉེ་བར་ལེན་པ་ཆོས་ཅན། ངོ་བོ་ཡོད་དེ། དེ་ནས་ལོངས་སྤྱོད་དེ་རྣམས་ཐོབ་པར་བྱ་བའི་ཕྱིར་དུ་ཡོངས་སུ་རྒྱུག་པའི་སྐབས་ཀྱི་ཕུང་པོ་ལྔ་དེ་ཡིན་པའི་ཕྱིར། སྲིད་པ་དེ་ཆོས་ཅན། ངོ་བོ་ཡོད་དེ། རྒྱུག་པ་དེ་སྲིད་དུ་འབྲས་བུ་ཡང་སྲིད་འབྱུང་བར་འགྱུར་བའི་ལས་གསོག་པར་བྱེད་པའི་སྐབས་ཀྱི་ཕུང་པོ་ལྔ་དེ་ཡིན་པའི་ཕྱིར། སྐྱེ་བ་ཆོས་ཅན། ངོ་བོ་ཡོད་དེ། འདི་

ནས་ཕྱི་མར་ཉིང་མཚམས་སྦྱོར་བའི་སྐབས་ཀྱི་ཕུང་པོ་ལྔ་དེ་ཡིན་པའི་ཕྱིར། ཆ་ཤི་ཆོས་ཅན། ངོ་བོ་བཞག་ཏུ་ཡོད་དེ། དེ་ནས་ཚོར་བའི་བར་རིམ་གྱིས་འབྱུང་བའི་གནས་སྐབས་ཀྱི་ཕུང་པོ་ལྔ་དེ་ཡིན་པའི་ཕྱིར། དེ་ལྟ་བུའི་རྟེན་འབྲེལ་བཅུ་གཉིས་པོ་འདི་ཆོས་ཅན། སྐད་ཅིག་མ་དང་རྒྱུན་ཆགས་པ་དང་འབྲེལ་བ་ཅན་དང་གནས་སྐབས་པ་བཞི་ལས། གནས་སྐབས་པའི་རྟེན་འབྲེལ་ཡིན་ཏེ། འདིར་ཡན་ལག་དེ་དང་དེའི་གནས་སྐབས་ཀྱི་ཕུང་པོ་ལྔ་ལ་རྟེན་འབྲེལ་དེ་དང་དེར་བཞག་ཅིང་འདོད་པ་ཡིན་པའི་ཕྱིར། ལོ་ཞེས་སྨོས་པའི་རྒྱུ་མཚན་ཡོད་དེ། བྱེ་མདོ་གཉིས་ཀྱི་བཤད་པ་ལ་མ་རངས(༥༢བ)པའི་ཚིག་ཡིན་པའི་ཕྱིར། མ་རིག་པ་ལ་སོགས་པའི་གནས་སྐབས་ཀྱི་ཕུང་པོ་ལྔ་ལ་རྟེན་འབྲེལ་དེ་དང་དེའི་མིང་གིས་འདོགས་པའི་རྒྱུ་མཚན་ཡོད་དེ། མ་རིག་པ་ལ་སོགས་པ་དེ་རྣམས་གཙོ་བོ་ཡིན་པའི་ཕྱིར་ན་དེའི་སྐབས་ཀྱི་ཡན་ལག་དེ་དང་དེར་བསྒྲགས་པའི་ཕྱིར། དཔེར་ན། རྒྱལ་པོ་འཁོར་བཅས་འབྱོན་པ་ལ་རྒྱལ་པོ་འབྱོན་ཞེས་བརྗོད་པ་བཞིན་ནོ། །རྟེན་འབྲེལ་གཞན་གསུམ་གྱི་འཇོག་ཚུལ་ཡོད་དེ། སྔ་ཕྱི་རྒྱུན་དང་ལྡན་པ་ནི་རྒྱུན་ཆགས་པ་དང་། ཕྱི་མ་སྔ་མ་ལ་རག་ལས་པ་ནི་འབྲེལ་བ་ཅན་དང་། རྐྱེན་གྱིས་སྐྱེ་འཇིག་བྱེད་པ་ནི་སྐད་ཅིག་མའི་རྟེན་འབྲེལ་དུ་འཇོག་པའི་ཕྱིར།

ན༣ དོན་བསྡུ་བ།

གསུམ་པ་ནི། སྔོན་དང་ཕྱི་མཐའ་བར་དག་ལ། །རྨོངས་པ་རྣམ་པར་བཟློག་ཕྱིར་རོ། །ཞེས་བྱུང་། རྟེན་འབྲེལ་དེ་དག་ཆོས་ཅན། ཆ་གསུམ་དུ་བསྡུས་ནས་བསྟན་པ་ལ་དགོས་པ་ཡོད་དེ། སྔོན་གྱི་མཐའ་དང་། ཕྱི་མའི་མཐའ་དང་། བར་མཐའ་གསུམ་དེ་དག་ལ་རྨོངས་པ་རྣམ་པར་བཟློག་པར་བྱ་བའི་ཆེད་ཡིན་པའི་ཕྱིར། དེར་ཐལ། བདག་སྔོན་བྱུང་ངམ་མ་བྱུང་དང་། མ་འོངས་པར་འབྱུང་ངམ་མི་འབྱུང་

དང་། ད་ལྟ་ཅི་ཞིག་ཡིན་ནམ་མིན་སྙམ་པའི་སོྔངས་པ་བཟློག་པའི་ཆེད་ཡིན་པའི་ཕྱིར། དེར་ཐལ། རིམ་པ་བཞིན་མ་རིག་པ་དང་འདུ་བྱེད་གཉིས། སྐྱེ་ཀ་གཉིས། ལྷག་མ་བརྒྱད་བསྟན་པའི་དགོངས་པ་དེ་ལྟར་ཡིན་པའི་ཕྱིར།

ང༢ བསྡུ་ཚུལ།

ན༡ ཉོན་མོངས་པ་གསུམ་དུ་བསྡུ་བ།

གཉིས་པ་ལ། ཉོན་མོངས་པ་གསུམ་དུ་བསྡུ་བ་དང་། རྒྱུ་འབྲས་གཉིས་སུ་བསྡུ་བ་གཉིས། དང་པོ་ནི། ཉོན་མོངས་གསུམ་མོ་ལས་གཉིས་སོ། །གཞི་བདུན། ཞེས་བྱུང་། སྔར་བཤད་པ་ལྟར་ཡན་ལག་བཅུ་གཉིས་པོ་ཆོས་ཅན། ཉོན་མོངས་པ་དང་ལས་དང་གཞི་གསུམ་དུ་འདུ་སྟེ། ཉོན་མོངས་ལ་མ་རིག་པ་སྲེད་ལེན་གསུམ། ལས་ལ་འདུ་བྱེད་དང་སྲིད་ལས་གཉིས། གཞི་ལ་རྣམ་ཤེས་སོགས་ལྷག་མ་བདུན་ཡོད་པའི་ཕྱིར།

ན༢ རྒྱུ་འབྲས་གཉིས་སུ་བསྡུ་བ།

གཉིས་པ་ནི། དེ་བཞིན་འབྲས་བུ་ཡིན། །གཉིས་ཀྱི་རྒྱུ་འབྲས་མདོར་བསྡུས་པ། །བར་མའི་རྗེས་སུ་དཔག་པ་ལས། །ཞེས་བྱུང་། བདུན་གཞི་ཡིན་པ་དེ་བཞིན་དུ་འབྲས་བུ་ཡང་ཡིན་ཏེ། ལྷག་མ་ལྔ་ནི་རྒྱུའི་རྟེན་འབྲེལ་ཡིན་པའི་ཕྱིར། ཉོན་མོངས་གསུམ་དང་ལས་གཉིས་ཏེ་རྒྱུ་ལྔ་སྔོན་མཐའ་དང་གཞི་བདུན་འབྲས་བུར་བཤད་ནས་ཕྱི་མཐར་བསྡུས་པ་ལ་ཆོས་ཅན། (༤༩ན)དགོས་པ་ཡོད་དེ། སྔ་ཕྱིའི་མཐའ་གཉིས་ཀྱིས་རིམ་པ་བཞིན་རྒྱུ་དང་འབྲས་བུ་མདོར་བསྡུས་པ་ནི། བར་མའི་རྒྱུ་འབྲས་རྒྱ་བསྐྱེད་པའི་རྗེས་སུ་དཔག་པ་ལས་སྔ་ཕྱིའི་རྒྱུ་འབྲས་ཀྱང་རྒྱས་པར་གོ་ནུས་པའི་ཆེད་ཡིན་པའི་ཕྱིར།

ད༣ འཁོར་ཚུལ།

ན༡ འཁོར་ཚུལ་དངོས།

གསུམ་པ་ལ་དངོས་དང་། རྒྱུ་འབྲས་ཀྱི་ཁྱད་པར་རོ། །དང་པོ་འཁོར་ཚུལ་ནི། ཉོན་མོངས་པ་ལས་ཉོན་མོངས་དང་། །བྱ་བ་ཉིད་དོ་དེ་ལས་གཞི། །དེ་ལས་གཞི་དང་ཉོན་མོངས་སྐྱེ། །འདི་ནི་སྲིད་པའི་ཡན་ལག་ལུགས། །ཞེས་བྱུང་། ཤེས་བྱ་ཆོས་ཅན། མ་རིག་པ་ལ་རྒྱུ་དང་རྒ་ཤི་ལ་འབྲས་བུ་ཡོད་པས་ཡན་ལག་བཅུ་གཉིས་ཀྱི་གྲངས་ངེས་ཉམས་པའི་སྐྱོན་ཡོད་པ་མིན་ཏེ། ཉོན་མོངས་པ་སྲིད་པ་ལས་ཉོན་མོངས་པ་ལེན་པ་དང་། དེ་ལས་བྱ་བ་ཉིད་དེ་སྲིད་པ་དང་མ་རིག་པ་ལས་བྱ་བ་འདུ་བྱེད་དང་། དེ་ལས་གཞི་རྣམ་ཤེས་དང་སྲིད་པ་ལས་གཞི་སྐྱེ་བ་དང་། དེ་ལས་གཞི་མིང་གཟུགས་སོགས་དང་། གཞི་སྐྱེ་བ་ལས་གཞི་རྒ་ཤི། གཞི་ཚོར་བ་ལས་ཉོན་མོངས་སྲིད་པ་སྐྱེ་བ་སོགས་བཤད་པ་འདི་ནི་སྲིད་པའི་ཡན་ལག་གི་ལུགས་འབྱུང་དུ་སྟོན་པས་བཤད་པའི་ཕྱིར།

ན༢ རྒྱུ་འབྲས་ཀྱི་ཁྱད་པར།

གཉིས་པ་ནི། འདིར་ནི་འབྱུང་བ་རྒྱུ་ཡིན་ཏེ། །བྱུང་བ་འབྲས་བུ་ཡིན་པར་འདོད། །ཅེས་བྱུང་། དེ་ལས་རྒྱུ་འབྲས་ཀྱི་ཁྱད་པར་ཡོད་དེ། སྐབས་འདིར་འབྱུང་བ་ནི་རྒྱུའི་རྟེན་འབྲེལ་དང་། བྱུང་བ་ནི་འབྲས་བུའི་རྟེན་འབྲེལ་གྱི་དབང་དུ་བྱས་པར་འདོད་པའི་ཕྱིར། བྱེ་སྨྲའི་ལུགས་ཀྱི་ཡན་ལག་བཅུ་གཉིས་ལ་གནས་སྐབས་མ་བྱས་པར་བཅུ་གཉིས་སོ་སོར་འཇོག་ཚུལ་ཡོད་དེ། མ་རིག་པ་ནི་རྟེན་འབྲེལ་ལ་རྨོངས་པའི་སེམས་བྱུང་ལྟ་མིན་གྱིས་བསྡུས་པ་དང་། འདུ་བྱེད་ནི་མ་རིག་པས་བསྐྱེད་པའི་སྒོ་གསུམ་གྱི་ལས་གཟུགས་ཅན་ནམ་དེ་ཡིན་པ་གང་རུང་དང་། རྣམ་

ཤེས་ནི་ཕྱི་མར་ཉིང་མཚམས་སྦྱོར་བའི་རྣམ་ཤེས་དང་། མིང་གཟུགས་ནི་རྣམ་ཤེས་ཉིང་མཚམས་སྦྱར་བའི་སྐད་ཅིག་གཉིས་པ་ནས་སྐྱེ་མཆེད་ཚུན་ཆད་ཀྱི་མིང་བཞིའི་ཕུང་པོ་དང་། སྐྱེ་མཆེད་དྲུག་ནི། མིག་སོགས་ཀྱི་སྐྱེ་མཆེད་དངོས་བཏགས་གང་རུང་དང་། རེག་པ་ནི། དེ་ནས་ཡུལ་དབང་རྣམ་ཤེས་གསུམ་འདུས་ནས་ཡུལ་གཅོད་(༦༥བ)པའི་སེམས་བྱུང་དང་། ཚོར་བ་ནི་རེག་པས་བཅད་པ་ལྟར་སྐྱོང་བའི་སེམས་བྱུང་དང་། སྲེད་པ་ནི། ཚོར་བའི་རྐྱེན་གྱིས་ཡུལ་ལ་འབྲལ་མི་འབྲལ་གང་རུང་དུ་སྲེད་པའི་སེམས་བྱུང་དང་། ལེན་པ་ནི། སྲེད་པའི་དབང་གིས་ཡུལ་དེ་དག་ལ་འདུན་པའི་འདོད་ཆགས་དང་། སྲིད་པ་ནི། ལེན་པས་གསོས་བཏབ་ནས་ཡང་སྲིད་ཕྱི་མ་འགྲུབ་ངེས་ཀྱི་ལས་དང་། སྐྱེ་བ་ནི། སྲིད་ལས་ཀྱི་དབང་གིས་རྣམ་ཤེས་ཉིང་མཚམས་སྦྱར་བའི་ཕུང་པོ་དང་། རྒ་ཤིའི་རྒ་བ་ནི་སྐྱེ་བའི་དབང་གིས་ཕུང་པོ་ན་ཚོད་རྒས་ཀོག་གི་བར་དང་ཤི་བ་ནི་སེམས་ཅན་གྱི་ཚེ་འདིའི་རིས་མཐུན་འདོར་བའི་སྐབས་ལ་འཇོག་པའི་ཕྱིར།

ཐ༢ མདོ་སྡེ་པའི་ལུགས།

ད༡ རྟེན་འབྲེལ་གྱི་རང་བཞིན།

ན༡ མ་རིག་པའི་རྟེན་འབྲེལ།

གཉིས་པ་མདོ་སྡེ་པའི་ལུགས་ལ། རྟེན་འབྲེལ་གྱི་རང་བཞིན་དང་། ལྷག་མ་འཆད་པ་ལ་ལྟོས་པར་བསྟན་པ་གཉིས། དང་པོ་ལ། མ་རིག་པ་དང་མིང་དང་རེག་པ་དང་ཚོར་བའི་རྟེན་འབྲེལ་བཞི། དང་པོ་ནི། རིག་པའི་མི་མཐུན་ཕྱོགས་ཆོས་གཞན། །མ་རིག་མི་མཛའ་རྫུན་སོགས་བཞིན། །ཀུན་སྦྱོར་སོགས་ཚིག་ཕྱིར་གལ་ཏེ། །ཤེས་རབ་ངན་པའོ་མིན་ལྟའི་ཕྱིར། །ལྟ་བ་དེ་དང་མཚུངས་ལྡན་ཕྱིར། །ཤེས་རབ་ཉོན་མོངས་བསྟན་ཕྱིར་རོ། །ཞེས་བྱུང་། མ་རིག་པ་ཆོས་ཅན། ཁྱོད་ཀྱི་མཚན་

ཉིད་ཡོད་དེ། རིག་པ་ཡེ་ཤེས་དང་འཛིན་སྟངས་དངོས་སུ་འགལ་བའི་སེམས་བྱུང་རྨོངས་པ་དེ་དེ་ཡིན་པའི་ཕྱིར། དེར་ཐལ། མ་རིག་པ་ནི་རིག་པ་བཀག་ཙམ་གྱི་ཉོན་མོངས་ལ་མི་འཇོག་པར། རིག་པ་དེའི་འགལ་ཟླ་མི་མཐུན་ཕྱོགས་སུ་གྱུར་པའི་ཆོས་གཞན་ཞིག་ལ་འཇོག་དགོས་པའི་ཕྱིར། དཔེར་ན། མཛའ་བའི་མི་མཐུན་ཕྱོགས་མི་མཛའ་བ་དང་། བདེན་པའི་མི་མཐུན་ཕྱོགས་རྫུན་སོགས་ཆོས་གཞན་ཞིག་ལ་འཇོག་པ་བཞིན་ཡིན་པའི་ཕྱིར། གཞན་ཡང་། མ་རིག་པ་ཞེས་པའི་མའི་དགག་སྒྲ་སྔར་བཤད་པ་ལྟར་འགལ་ཟླའི་ཆོས་གཞན་སྟོན་པའི་དགག་ཚིག་ཡིན་པར་ཐལ། མདོ་ལས། མ་རིག་པ་ནི། ཀུན་སྦྱོར་དང་འཆིང་བ་དང་ཕྲ་རྒྱས་སོགས་ཀྱི་ཚིག་གིས་སྟོན་པས་ན། རིག་པ་བཀག་ཙམ་ནི་དེ་དག་ཏུ་མི་རུང་བའི་ཕྱིར། གལ་ཏེ་མ་རིག་པ་ནི་ཤེས་རབ་དམན་པ་ལ་འདོད་པའོ་(༧༠ན)ཞེ་ན། དེ་ཡང་འཐད་པ་མིན་ཏེ། དེ་ལྟ་བ་ཡིན་པའི་ཕྱིར། ཁྱབ་སྟེ། ལྟ་བ་ནི་མ་རིག་པ་དེ་དང་མཚུངས་ལྡན་དུ་བཤད་པའི་ཕྱིར་དང་། ལྟ་བ་ཤེས་རབ་ཉོན་མོངས་ཅན་དང་མ་རིག་པ་གཉིས་ཉོན་མོངས་བྱ་མོངས་བྱེད་དུ་བསྟན་པའི་ཕྱིར་རོ། །

ན༢ མིང་གི་རྟེན་འབྲེལ།

གཉིས་པ་མིང་བཤད་པ་ནི། མིང་ནི་གཟུགས་ཅན་མིན་ཕུང་པོ། །ཞེས་བྱུང་། མིང་གི་རྟེན་འབྲེལ་ཆོས་ཅན། ཁྱོད་ཀྱི་ངོ་བོ་ཡོད་དེ། ཚོར་འདུ་སོགས་གཟུགས་ཅན་མ་ཡིན་པའི་ཕུང་པོ་བཞི་ཅི་རིགས་ཀྱིས་བསྡུས་པ་ཞིག་ལ་བྱེད་པའི་ཕྱིར། ཕུང་པོ་བཞི་པོ་དེ་ནི་ཆོས་ཅན། མིང་དངོས་མིན་ཡང་དེ་ལྟར་བརྗོད་པའི་རྒྱུ་མཚན་ཡོད་དེ། མིང་གི་སྐད་དོད་ནཱ་མ་ཞེས་པ་གཞོལ་བ་ལ་འཇུག་པས། ཁྱོད་དབང་དོན་འཕོད་མིང་གསུམ་གྱི་དབང་གིས་ཡུལ་དེ་དང་དེ་འཛིན་པ་ལ་གཞོལ་བར་བྱེད་པས་ན་དེ་ལྟར་བརྗོད་པའི་ཕྱིར།

ན༣ རིག་པའི་རྟེན་འབྲེལ།

གསུམ་པ་རེག་པ་ནི། རེག་དྲུག་འདུས་ཏེ་བྱུང་བ་ཡིན། །ལྔ་ནི་ཐོགས་པའི་རེག་པ་ཡིན། །དྲུག་པ་བླ་དྭགས་ཚིག་ཅེས་བྱ། །རིག་དང་མ་རིག་དང་གཞན་རིག །དྲི་མེད་ཉོན་མོངས་ཅན་ལྷག་མ། །གནོད་སེམས་རྗེས་སུ་ཆགས་པའི་རེག །བདེ་བ་མྱོང་འགྱུར་ལ་སོགས་གསུམ། །ཞེས་བྱུང་། རེག་པའི་རྟེན་འབྲེལ་ཆོས་ཅན། ངོ་བོ་བཞག་ཏུ་ཡོད་དེ། ཡུལ་དབང་རྣམ་ཤེས་གསུམ་འདུས་ཏེ་བྱུང་ཞིང་ཡུལ་གྱི་འགྱུར་བ་རང་སྟོབས་ཀྱིས་གཅོད་པའི་སེམས་བྱུང་དེ་དེ་ཡིན་པའི་ཕྱིར། དབྱེ་ན་དྲུག་ཡོད་དེ། མིག་གི་འདུས་ཏེ་རེག་པ་སོགས་དྲུག་ཡོད་པའི་ཕྱིར། ཡིད་མ་གཏོགས་པའི་དང་པོ་ལྔ་ནི་ཆོས་ཅན། ཐོགས་པའི་རེག་པ་ཞེས་བྱ་སྟེ། ཐོགས་བཅས་ཀྱི་དབང་པོ་གཟུགས་ཅན་པ་ལ་བརྟེན་པའི་རེག་པ་ཡིན་པའི་ཕྱིར། དྲུག་པ་ཡིད་ཀྱི་རེག་པ་ཆོས་ཅན། ཚིག་བླ་དྭགས་ཀྱི་རེག་པ་ཞེས་བྱ་སྟེ། མིང་ཚིག་སོགས་ལ་དམིགས་པའི་ཡིད་ཀྱི་རེག་པ་ཡིན་པའི་ཕྱིར། རེག་པ་ཆོས་ཅན། ཁྱོད་ལ་ལྡན་གཞིའི་སྒོ་ནས་དབྱེ་ན་གསུམ་ཡོད་དེ། རིག་པའི་རེག་པ། མ་རིག་པའི་རེག་པ། དེ་ལས་གཞན་པའི་རེག་པ་རྣམས་ཡོད་པའི་ཕྱིར། དང་པོ་ཡོད་དེ། དྲི་མེད་ཀྱི་རེག་པ་དེ་དེ་ཡིན་པའི་ཕྱིར། གཉིས་པ་ཡོད་དེ། ཉོན་(༧༠བ)མོངས་ཅན་གྱི་རེག་པ་དེ་དེ་ཡིན་པའི་ཕྱིར། གསུམ་པ་ཡོད་དེ། དེ་གཉིས་ཀྱི་ལྷག་མ་དགེ་བ་ཟག་བཅས་དང་མ་བསྒྲིབས་ལུང་མ་བསྟན་གྱི་རེག་པ་རྣམས་དེ་ཡིན་པའི་ཕྱིར། ཉོན་མོངས་ཅན་གྱི་རེག་པ་ཆོས་ཅན། ཁྱོད་ལ་གསུམ་ཡོད་དེ། མ་རིག་པའི་རེག་པ་དང་གནོད་སེམས་ཀྱི་རེག་པ་དང་རྗེས་སུ་ཆགས་པའི་རེག་པ་རྣམས་ཡོད་པའི་ཕྱིར། དེ་ཆོས་ཅན། འབྲས་བུའི་སྒོ་ནས་གསུམ་ཡོད་དེ། བདེ་བ་མྱོང་འགྱུར་དང་ལ་སོགས་ཏེ་སྡུག་བསྔལ་མྱོང་འགྱུར་དང་བཏང་སྙོམས་མྱོང་འགྱུར་གྱི་རེག་པ་གསུམ་ཡོད་པའི་ཕྱིར།

༣༩ ཚོར་བའི་རྟེན་འབྲེལ།

པ༡ སྤྱིར་བསྟན་པ།

བཞི་པ་ལ། སྤྱིར་བསྟན་པ་དང་། ཡིད་ཚོར་བྱེ་བྲག་ཏུ་བཤད་པ་གཉིས། དང་པོ་ནི། དེ་ལས་བྱུང་བའི་ཚོར་བ་དྲུག །ལྔ་ནི་ལས་ཀྱིའོ་སེམས་ཀྱི་གཞན། །ཞེས་བྱུང་། རེག་པ་དེ་ལས་བྱུང་བའི་ཚོར་བ་ཆོས་ཅན། བདག་རྐྱེན་གྱིས་དབྱེ་ན་དྲུག་སྟེ། མིག་གི་འདུས་ཏེ་རེག་པ་ལས་བྱུང་བའི་ཚོར་བ་སོགས་དྲུག་ཡོད་པའི་ཕྱིར། ཚོར་བ་དང་པོ་ལྔ་ནི་ཆོས་ཅན། ལུས་ཀྱི་ཚོར་བ་ཡིན་ཏེ། བདག་རྐྱེན་དབང་པོ་གཟུགས་ཅན་པ་ལ་བརྟེན་པའི་ཕྱེ་བའི་ཚོར་བ་ཡིན་པའི་ཕྱིར། གཞན་པ་ཚོར་བ་དྲུག་པ་ཆོས་ཅན། སེམས་ཀྱི་ཚོར་བ་ཡིན་ཏེ། བདག་རྐྱེན་སེམས་ལ་བརྟེན་པས་ཕྱེ་བའི་ཚོར་བ་ཡིན་པའི་ཕྱིར།

པ༢ ཡིད་ཚོར་བྱེ་བྲག་ཏུ་བཤད་པ།

པ༡ གྲངས་ཀྱི་སྒོ་ནས་མདོར་བསྟན་པ།

གཉིས་པ་ལ། གྲངས་ཀྱི་སྒོ་ནས་མདོར་བསྟན་པ། ཡུལ་ལ་འཇུག་ཚུལ་གྱི་སྒོ་ནས་རྒྱས་པར་བཤད་པ། ངོ་བོའི་སྒོ་ནས་དོན་བསྡུ་བ་གསུམ། དང་པོ་ནི། དེ་ཡིད་ཉེ་བར་རྒྱུ་བ་ལས། །རྣམ་པ་དག་ནི་ཡང་བཅོ་བརྒྱད། །ཅེས་བྱུང་། ཡིད་ཚོར་དེ་ནི་ཆོས་ཅན། ཡིད་ཡུལ་ལ་ཉེ་བར་རྒྱུ་བ་ལས་རྣམ་པ་དག་ནི་སྔར་བཤད་པ་དེར་མ་ཟད། ཡང་བཅོ་བརྒྱད་ཡོད་དེ། ཡུལ་གཟུགས་སོགས་དྲུག་ལ་དམིགས་པའི་ཚོར་བ་ཡིད་བདེ་དྲུག །དེ་ལྟ་བུའི་ཡིད་མི་བདེ་བ་དྲུག །བཏང་སྙོམས་དྲུག་རྣམས་སུ་ཡོད་པའི་ཕྱིར། ཉེ་བར་རྒྱུ་བའི་དོན་ཡོད་དེ། ཡུལ་དེ་དག་ལ་ཡིད་ཉེ་བར་རྒྱུ་བར་བྱེད་པའི་དོན་ཡིན་པའི་ཕྱིར།

པ༢ ཡུལ་ལ་འཇུག་ཚུལ་གྱི་སྒོ་ནས་རྒྱས་པར་བཤད་པ།

བ༡ འདོད་པའི་དབང་དུ་བྱས་པ།

གཉིས་པ་ལ་འདོད་པ་དང་། གཟུགས་དང་། གཟུགས་མེད་ཀྱི་དབང་དུ་བྱས་པ་གསུམ། དང་པོ་ནི། འདོད་ན་ཐམས་ཅད་རང་དམིགས་ཅན། །སྤྱོད་ཡུལ་གཟུགས་ཅན་བཅུ་གཉིས་སོ། །གོང་མ་གསུམ་གྱི། ཞེས་བྱུང་། འདོད་པ་ན་ཆོས་ཅན། (༧༡ན)ཉེ་བར་རྒྱུ་བཅོ་བརྒྱད་པོ་ཐམས་ཅད་ཡོད་དེ། ཐམས་ཅད་རང་སའི་ཡུལ་དྲུག་ལ་དམིགས་པ་ཅན་ཡིན་པའི་ཕྱིར། འདོད་པའི་ཡིད་ཀྱི་ཉེར་རྒྱུ་ཆོས་ཅན། སྤྱོད་ཡུལ་ཡོད་དེ། གཟུགས་ཅན་ཏེ་གཟུགས་ཁམས་ཀྱི་ཡུལ་ལ་དམིགས་པ་བཅུ་གཉིས་དང་། གོང་མ་གཟུགས་མེད་ཀྱི་ཡུལ་ལ་དམིགས་པ་གསུམ་ཡོད་པའི་ཕྱིར། དང་པོ་གྲུབ་སྟེ། དེའི་དྲི་རོ་ལ་དམིགས་པའི་བདེ་སྡུག་བཏང་སྙོམས་དྲུག་མ་གཏོགས་པ་བཅུ་གཉིས་ཡོད་པའི་ཕྱིར། གཉིས་པ་གྲུབ་སྟེ། དེའི་ཆོས་ཁམས་ལ་དམིགས་པའི་དེ་གསུམ་ཡོད་པའི་ཕྱིར།

བ༢ གཟུགས་ཀྱི་དབང་དུ་བྱས་པ།

མ༡ བསམ་གཏན་དང་པོ་གཉིས་ཀྱི་དབང་དུ་བྱས་པ།

གཉིས་པ་ལ་བསམ་གཏན་དང་པོ་གཉིས་དང་། ཕྱི་མ་གཉིས་ཀྱི་དབང་དུ་བྱས་པ་གཉིས། དང་པོ་ནི། བསམ་གཏན་ནི། །གཉིས་ན་བཅུ་གཉིས་འདོད་འགྲོ་རྣམས། །རང་ལ་དམིགས་བརྒྱད་གཟུགས་མེད་པ། །གཉིས་ཀྱི། ཞེས་བྱུང་། བསམ་གཏན་དང་པོ་གཉིས་ན་ཆོས་ཅན། འདོད་པའི་ཡུལ་ལ་འགྲོ་ཞིང་དམིགས་པའི་ཚེ་ཉེར་རྒྱུ་བཅུ་གཉིས་སུ་འགྱུར་བ་ཡོད་དེ། ཡིད་མི་བདེ་བ་དྲུག་མ་གཏོགས་བཅུ་གཉིས་ཡོད་པའི་ཕྱིར། རང་ས་ལ་དམིགས་པའི་ཚེ་བརྒྱད་ཡོད་དེ། རང་སའི་

གཟུགས་སྒྲ་རེག་བྱ་ཆོས་ལ་དམིགས་པའི་བདེ་བ་བཞི་བཏང་སྙོམས་བཞི་སྟེ་བརྒྱད་ཡོད་པའི་ཕྱིར། གཟུགས་མེད་ལ་དམིགས་པའི་ཚེ་གཉིས་ཡོད་དེ། ཡིད་བདེ་དང་བཏང་སྙོམས་གཉིས་ཡོད་པའི་ཕྱིར།

མ༢ ཕྱི་མ་གཉིས་ཀྱི་དབང་དུ་བྱས་པ།

གཉིས་པ་ནི། བསམ་གཏན་གཉིས་ན་དྲུག །དྲུག་གི་འདོད་པའོ་རང་ནི་བཞིའི། །གོང་མ་གཅིག་གི་དམིགས་པ་ཡིན། །ཞེས་བྱུང་། བསམ་གཏན་ཕྱི་མ་གཉིས་ཆོས་ཅན། ཁྱོད་ན་དྲུག་ཡོད་དེ། བཅོ་བརྒྱད་ལས་བཏང་སྙོམས་དྲུག་ཙམ་ཡོད་པའི་ཕྱིར། ཁམས་གསུམ་ལ་དམིགས་ཚུལ་གྱི་སྒོ་ནས་ཁྱད་པར་ཡོད་དེ། འདོད་པའི་ཡུལ་ལ་དམིགས་པའི་བཏང་སྙོམས་དྲུག །རང་སའི་ཡུལ་བཞི་ལ་དམིགས་པའི་དེ་བཞི། གོང་མ་གཟུགས་མེད་ལ་དམིགས་པའི་དེ་གཅིག་ཡོད་པའི་ཕྱིར།

བ༣ གཟུགས་མེད་ཀྱི་དབང་དུ་བྱས་པ།

གསུམ་པ་གཟུགས་མེད་ནི། གཟུགས་མེད་ཉེ་བར་བསྡོགས་ན་བཞི། །གཟུགས་འགྲོ་གོང་མར་འགྲོ་བ་གཅིག །དངོས་གཞི་ན་གཅིག་རང་གཟུགས་ཅན། །ཞེས་བྱུང་། (༧༡བ)གཟུགས་མེད་ཆོས་ཅན། ཁྱོད་ཀྱི་ཉེར་བསྡོགས་དང་དངོས་གཞིའི་ཚོར་བའི་དམིགས་ཚུལ་ཡོད་དེ། ནམ་མཁའ་མཐའ་ཡས་ཀྱི་ཉེར་བསྡོགས་ན་གཟུགས་ལ་དམིགས་ཤིང་འགྲོ་བ་བཞི་དང་། གོང་མ་གཟུགས་མེད་ལ་དམིགས་ཤིང་འགྲོ་བའི་ཚེ་ཆོས་ལ་རྒྱུ་བ་གཅིག་པོ་ན་ཡོད་པའི་ཕྱིར། དེ་ཆོས་ཅན། ཁྱོད་ཀྱི་དངོས་གཞི་ན་གཅིག་པོ་ན་ཡོད་དེ། རང་སའི་སྤྱོད་ཡུལ་ཅན་གྱི་ཆོས་ལ་རྒྱུ་བ་གཅིག་པོ་ན་ཡོད་པའི་ཕྱིར། གསུམ་པ་དོན་བསྡུ་བ་ནི། བཅོ་བརྒྱད་ཐམས་ཅད་ཟག་དང་བཅས། །ཞེས་བྱུང་། འདིར་བསྟན་པའི་ཡིད་ཚོར་བཅོ་བརྒྱད་པོ་ཐམས་ཅད་ཆོས་ཅན། ཟག་པ་

དང་བཅས་པ་ཡིན་ཏེ། ཀུན་ནས་ཉོན་མོངས་པའི་རྟེན་འབྲེལ་ཡིན་པའི་ཕྱིར་རོ། །

ད༢ ལྷག་མ་འཆད་པ་ལ་སྦྱོར་བར་བསྟན་པ།

གཉིས་པ་འཆད་འགྱུར་ལ་སྦྱོར་བར་སྟོན་པ་ནི། བཤད་དང་འཆད་པར་འགྱུར་བ་གཞན། །ཞེས་བྱུང་། སྐབས་འདིར་ནི་ཆོས་ཅན། རྟེན་འབྲེལ་གྱི་ཡན་ལག་བཞི་ཙམ་གཙོ་བོར་སྟོན་པའི་རྒྱུ་མཚན་ཡོད་དེ། རྣམ་ཤེས་དང་སྐྱེ་མཆེད་དང་གཟུགས་ནི་བཤད་ཟིན་ལ། གཞན་འདུ་བྱེད་དང་སྲིད་པ་གཉིས་ནི་ལས་བསྟན་པ་དང་། སྲིད་ཞིན་གཉིས་ནི་ཕྲ་རྒྱས་སྟོན་པའི་སྐབས་སུ་འཆད་པར་འགྱུར་བའི་ཕྱིར་རོ། །

ང༣ ཉོན་མོངས་པས་དཔེ་གསུམ་མཚོན་ཚུལ་གྱི་སྒོ་ནས་དོན་བསྡུ་བ།

ཐ༡ ཉོན་མོངས་པའི་ཉོན་མོངས་དཔེ་ལྟས་མཚོན་ཚུལ།

གཉིས་པ་ཉོན་མོངས་དཔེས་མཚོན་ཚུལ་ལ། ཉོན་མོངས་པའི་ཉོན་མོངས་དཔེ་ལྔ་དང་། ལས་ཀྱི་ཀུན་ནས་ཉོན་མོངས་དཔེ་གསུམ་དང་། གཞིའི་ཀུན་ནས་ཉོན་མོངས་དཔེ་གཅིག་གིས་མཚོན་ཚུལ་གསུམ། དང་པོ་ནི། འདིར་ནི་ཉོན་མོངས་ས་བོན་བཞིན། །ཀླུ་བཞིན་རྩ་བཞིན་ལྗོན་ཤིང་བཞིན། །དེ་བཞིན་ཤུན་པ་བཞིན་དུ་འདོད། །ཅེས་བྱུང་། ཉོན་མོངས་ཆོས་ཅན། དཔེ་ལྔ་དང་མཚུངས་ཏེ། འདིར་ན་ས་བོན་དང་ཀླུ་དང་ཤིང་གི་རྩ་བ་དང་ལྗོན་ཤིང་དང་ཤུན་ལྤགས་བཞིན་དུ་འདོད་པའི་ཕྱིར། དང་པོ་གྲུབ་སྟེ། ས་བོན་ལས་སྦྲོང་བུ་དང་ལོ་མ་འབྱུང་བ་དེ་བཞིན་དུ་ཉོན་མོངས་པ་ལས་ལས་དང་གཞི་རྣམས་འབྱུང་བའི་ཕྱིར། གཉིས་པ་གྲུབ་སྟེ། ཀླུ་གནས་པས་མཚོ་མི་བསྐམ་པ་ལྟར་ཉོན་མོངས་ཡོད་ན་སྐྱེ་བའི་མཚོ་མི་བསྐམས་པའི་ཕྱིར། གསུམ་པ་གྲུབ་སྟེ། ནགས་ཚལ་གྱི་རྩ་བ་མ་ཕྱུང་ན་བཅད་ཀྱང་སླར་སྐྱེ་བ་ལྟར་ཉོན་མོངས་རྩ་བ་ནས་མ་སྤངས་ན་སླར་སྐྱེས་ནས་འཁོར་བར་འཁྱེན་པའི་

ཕྱིར། བཞི་པ་གྲུབ་སྟེ། (༧༢ན)སློབ་ཤིང་ལས་དུས་དུས་སུ་མེ་ཏོག་དང་འབྲས་བུ་སྐྱེ་བ་བཞིན་ཉོན་མོངས་ལས་ནི་ལས་དང་གཞི་དུས་དུས་སུ་འབྱུང་བའི་ཕྱིར། ལྔ་པ་གྲུབ་སྟེ། འབྲས་ཤུན་ལྷགས་དང་བཅས་པ་ལས་འབྲས་བུ་སྐྱེ་ཞིང་དེ་མེད་ན་མི་སྐྱེ་བ་བཞིན་དུ་ཉོན་མོངས་ཡོད་ན་ལས་ཀྱིས་གཞིའི་མྱུ་གུ་སྐྱེད་རྣམས་ཀྱི། དེ་མེད་ན་མི་སྐྱེ་བའི་ཕྱིར།

ཐ༢ ལས་ཀྱི་ཀུན་ནས་ཉོན་མོངས་དཔེ་གསུམ་གྱིས་མཚོན་ཚུལ།

གཉིས་པ་ནི། ལས་ནི་ཤུན་བཅས་འབྲས་དང་འདྲ། །དེ་བཞིན་སྨན་དང་མེ་ཏོག་བཞིན། །ཞེས་བྱུང་། ལས་ཆོས་ཅན། དཔེ་གསུམ་དང་འདྲ་སྟེ། ཤུན་པ་དང་བཅས་པའི་འབྲས་དང་སྨན་དང་མེ་ཏོག་བཞིན་ཡིན་པའི་ཕྱིར། དང་པོ་གྲུབ་སྟེ། ཤུན་ལྷགས་དང་བཅས་པའི་འབྲས་ཀྱིས་མྱུ་གུ་སྐྱེད་པ་བཞིན་དུ་ཉོན་མོངས་དང་བཅས་པའི་ལས་ཀྱིས་རྣམ་སྨིན་སྐྱེད་ནུས་པའི་ཕྱིར། གཉིས་པ་གྲུབ་སྟེ། བཅུད་ཕྱུང་ཟིན་པའི་སྨན་གྱིས་སླར་འབྲས་བུ་མི་འབྱིན་པ་བཞིན་དུ་རྣམ་སྨིན་ཕྱུང་ཟིན་པའི་ལས་ཀྱིས་སླར་རྣམ་སྨིན་མི་འབྱིན་པའི་ཕྱིར། གསུམ་པ་གྲུབ་སྟེ། མེ་ཏོག་རང་གི་འབྲས་བུའི་ཉེ་རྒྱུ་ཡིན་པ་བཞིན་དུ་ལས་ནི་རྣམ་སྨིན་གྱི་ཉེ་རྒྱུ་ཡིན་པའི་ཕྱིར།

ཐ༣ གཞིའི་ཀུན་ནས་ཉོན་མོངས་དཔེ་གཅིག་གིས་མཚོན་ཚུལ།

གསུམ་པ་ནི། གཞི་ནི་བཟའ་བཏུང་གྲུབ་པ་བཞིན། །ཞེས་བྱུང་། འབྲས་བུ་རྣམ་ཤེས་མིང་གཟུགས་སོགས་གཞི་བདུན་པོ་ཆོས་ཅན། མཚོན་པའི་དཔེ་གཅིག་ཡོད་དེ། དཔེར་ན་བཟའ་བཏུང་གཡོས་གྲུབ་པ་དེ་ལོངས་སྤྱོད་བྱ་བོ་ན་ཡིན་པ་ལྟར་ཁྱོད་རྣམས་རྣམ་པར་སྨིན་ཟིན་པོ་ན་ཡིན་གྱི། རྣམ་པར་སྨིན་བྱེད་མ་ཡིན་པའི་ཕྱིར་རོ། །

ཀ༢ ཞར་བྱུང་སྲིད་པ་བཞིའི་ཁྱད་པར།

གཉིས་པ་སྲིད་པ་བཞིའི་ཁྱད་པར་ནི། སྲིད་པ་བཞི་པོ་དེ་དག་ལས། །སྐྱེ་བའི་སྲིད་པ་ཉོན་མོངས་ཅན། །རང་གི་ས་པའི་ཉོན་མོངས་ཀུན། །གཞན་རྣམ་གསུམ་པོ་གཟུགས་མེད་གསུམ། །ཞེས་བྱུང་། སྲིད་པ་ཆོས་ཅན། ཁྱོད་ལ་བཞི་ཡོད་དེ། ཁྱོད་ལ་བར་སྲིད། སྐྱེ་སྲིད། སྔོན་དུས། འཆི་སྲིད་རྣམས་སུ་ཡོད་པའི་ཕྱིར། བཞི་པོ་དེ་དག་ལས་སྐྱེ་བའི་སྲིད་པ་ཆོས་ཅན། ཉོན་མོངས་ཅན་ཡིན་ཏེ། རང་སའི་ཉོན་མོངས་པ་ཀུན་གྱིས་ཉོན་མོངས་པ་ཅན་དུ་བྱེད་པའི་ཕྱིར། སྲིད་པ་གཞན་གསུམ་(༧༢བ)པོ་ཆོས་ཅན། ཁྱོད་རེ་རེ་ལའང་རྣམ་པ་གསུམ་གསུམ་ཡོད་དེ། དགེ་བ་དང་ཉོན་མོངས་ཅན་དང་ལུང་མ་བསྟན་གསུམ་རེ་ཡོད་པའི་ཕྱིར། གཟུགས་མེད་ན་སྲིད་པ་གསུམ་ཡོད་དེ། བར་སྲིད་མ་གཏོགས་གསུམ་ཡོད་པའི་ཕྱིར།

ཛ༣ སྐྱེ་བ་གནས་པའི་ཐབས།

ཀ༡ ཟས་ཀྱི་བྱེད་ལས་མདོར་བསྟན་པ།

གསུམ་པ་གནས་པའི་ཐབས་ལ། ཟས་ཀྱི་བྱེད་ལས་མདོར་བསྟན་པ། སོ་སོར་རྒྱས་པར་བཤད་པ། གྲངས་ངེས་ཀྱི་དོན་བསྡུ་བ་གསུམ། དང་པོ་ནི། འགྲོ་བ་ཟས་ཀྱིས་གནས་པ་ཡིན། །ཞེས་བྱུང་། འགྲོ་བ་རྣམས་ཆོས་ཅན། གང་གིས་གནས་པར་བྱེད་པ་ཡོད་དེ། ཟས་ཀྱིས་གནས་པར་བྱེད་པ་ཡིན་པའི་ཕྱིར། ཟས་ཆོས་ཅན། ཁྱོད་ལ་བཞི་ཡོད་དེ། ཁམ་གྱི་ཟས། རེག་པའི་ཟས། སེམས་པའི་ཟས། རྣམ་ཤེས་ཀྱི་ཟས་དང་བཞི་ཡོད་པའི་ཕྱིར།

༧༢ སོ་སོར་རྒྱས་པར་བཤད་པ།

༦༡ གཟུགས་ཅན་གྱི་ཟས།

གཉིས་པ་ལ། གཟུགས་ཅན་གྱི་ཟས། གཟུགས་ཅན་མ་ཡིན་པའི་ཟས། ཞར་ལ་བར་སྲིད་ཀྱི་རྣམ་གྲངས་དང་གསུམ། དང་པོ་ནི། ཁམ་གྱི་ཟས་ནི་འདོད་པ་ན། །སྐྱེ་མཆེད་གསུམ་གྱི་བདག་ཉིད་དོ། །གཟུགས་ཀྱི་སྐྱེ་མཆེད་མ་ཡིན་དེས། །རང་དབང་གྲོལ་བ་མི་ཕན་ཕྱིར། །ཞེས་བྱུང་། ཁམ་གྱི་ཟས་ཆོས་ཅན། ངོ་བོ་བཞག་ཏུ་ཡོད་དེ། ཁམ་དུ་བཅད་ཅིང་མིད་པའི་ཟས་ཤིག་ལ་འཇོག་པའི་ཕྱིར། དེ་ལ་ཕྲ་རགས་གཉིས་ཡོད་དེ། ཕྲ་བ་ནི་བར་སྲིད་པ་དང་ལྷ་རྣམས་དང་བསྐལ་པ་དང་པོའི་མིའི་ཟས་ལྟ་བུ་ཡིན་ལ། རགས་པ་ནི་ད་ལྟའི་ཁམ་ཟས་ལྟ་བུ་ཡིན་པའི་ཕྱིར་ཏེ། སྐྲ་མ་ཟློས་པས་རྒྱུ་མཐུན་བཤང་གཅི་མེད་ཅིང་། ཕྱི་མ་ཟློས་པ་ལ་དེ་ཡོད་པའི་ཕྱིར། ཁམ་ཟས་ཆོས་ཅན། ཁམས་གང་དུ་ཡོད་པ་དང་སྐྱེ་མཆེད་གང་ལ་འཇོག་པ་ཡོད་དེ། ཁྱོད་ནི་འདོད་པ་ན་ཡོད་ཅིང་དྲི་རོ་རེག་བྱའི་སྐྱེ་མཆེད་གསུམ་གྱི་བདག་ཉིད་ཅན་ཡིན་པའི་ཕྱིར་ཏེ། ཁམས་གོང་མ་གཉིས་ནི་ཁམ་ཟས་ལ་ཆགས་པ་དང་བྲལ་བས་དེ་གཉིས་ན་ཁམ་ཟས་མེད་ཅིང་། གཟུགས་ཀྱི་སྐྱེ་མཆེད་ནི་ཁམ་ཟས་མ་ཡིན་པའི་ཕྱིར། ཕྱི་མ་དེར་ཐལ། རང་གི་དབང་པོ་དང་ཕྲད་པའི་སྒོ་ནས་རང་ལ་མི་ཕན་པའི་ཕྱིར་ཏེ། ཁམ་ཟས་ལ་ཆགས་པ་དང་བྲལ་བའི་གྲོལ་བ་ལ། ཟས་ཀྱི་ཁ་དོག་དང་དབྱིབས་མཐོང་བར་མི་ཕན་པ་ལྟ་བུ་ཡིན་པའི་ཕྱིར།

༦༢ གཟུགས་ཅན་མ་ཡིན་པའི་ཟས།

གཉིས་པ་ནི། རེག་དང་སེམས་པ་རྣམ་ཤེས་ནི། །ཟག་བཅས་ཟས་ཡིན་གསུམ་དག་ན། །(༧༣ན)ཞེས་བྱུང་། གཟུགས་ཅན་མ་ཡིན་པའི་ཟས་ཆོས་ཅན། ཁྱོད་ལ་གསུམ་

ཡོད་དེ། ཟག་བཅས་ཀྱི་རིག་པ་དང་སེམས་པ་དང་རྣམ་ཤེས་གསུམ་ཡོད་པའི་ཕྱིར། དེ་གསུམ་པོ་ཆོས་ཅན། ཁམས་གཅིག་པོ་ནར་ཡོད་པར་མ་ངེས་ཏེ། ཁམས་གསུམ་པོ་དག་ན་ཡོད་པའི་ཕྱིར། དེ་གསུམ་ཆོས་ཅན། རྟེན་གནས་བྱེད་ཀྱི་ཟས་ཡིན་ཏེ། རིག་པས་སེམས་སེམས་བྱུང་རྒྱུས་པར་བྱེད། སེམས་པས་གནས་པ་དང་འཕེལ་བར་བྱེད། གནས་ནི་རྣམ་ཤེས་ཀྱིས་བྱེད་པའི་ཕྱིར།

༦༣ ཞར་ལ་བར་སྲིད་ཀྱི་རྣམ་གྲངས།

གསུམ་པ་ནི། ཡིད་ལས་བྱུང་དང་སྲིད་ཚོལ་དང་། །དྲི་ཟ་སྲིད་པ་བར་མ་དང་། །འགྲུབ་པའོ། །ཞེས་བྱུང་། བར་སྲིད་པ་ཆོས་ཅན། ཡིད་ལས་བྱུང་བ་ཞེས་བྱ་སྟེ། བཟོས་བཅས་ཀྱི་ལུས་རགས་པ་མེད་པར་ཡིད་ཙམ་ལས་སྐྱེས་པའི་ཕྱིར། དེ་ཆོས་ཅན། སྲིད་ཚོལ་ཞེས་བྱ་སྟེ། སྲིད་པ་ཚོལ་བའི་ངང་ཚུལ་ཅན་ཡིན་པའི་ཕྱིར། དྲི་ཟ་ཞེས་བྱ་སྟེ། ཟས་སུ་དྲི་ཟ་བ་ཙམ་ཡིན་པའི་ཕྱིར། སྲིད་པ་བར་མ་ཞེས་བྱ་སྟེ། འཆི་སྲིད་དང་སྐྱེ་སྲིད་གཉིས་ཀྱི་བར་གྱི་སྲིད་པ་ཡིན་པའི་ཕྱིར། མངོན་པར་འགྲུབ་པ་ཞེས་བྱ་སྟེ། སྐྱེ་སྲིད་ལ་མངོན་དུ་ཕྱོགས་པ་ཡིན་པའི་ཕྱིར།

༧༣ གྲངས་ངེས་ཀྱི་དོན་བསྡུ་བ།

གསུམ་པ་གྲངས་ཀྱི་སྒོ་ནས་དོན་བསྡུ་བ་ནི། འདི་ལ་གནས་དང་ནི། རྟེན་པ་རྒྱས་པའི་དོན་དུ་གཉིས། །སྲིད་གཞན་འཕེན་དང་འགྲུབ་པ་ཡི། །དོན་དུ་གཉིས་ཏེ་གོ་རིམ་བཞིན། །ཞེས་སོ། །ཤེས་བྱ་ཆོས་ཅན། ཟས་ལ་དེ་ལྟར་བཞིར་བཤད་པའི་རྒྱུ་མཚན་ཡོད་དེ། ཚེ་འདི་ལ་གནས་པའི་དབང་པོ་དང་བཅས་པའི་ལུས་རྒྱས་པའི་དོན་དུ་ཁམ་ཟས་དང་། བརྟེན་པ་སེམས་སེམས་བྱུང་རྒྱས་པའི་དོན་དུ་རེག་པའི་ཟས་གཉིས་དང་། སྲིད་པ་གཞན་དུ་འཕེན་པ་དང་འགྲུབ་པ་ཡི་དོན་དུ་སེམས་པ་

དང་རྣམ་ཤེས་ཀྱི་ཟས་གཉིས་ཏེ་གོ་རིམ་བཞིན་དུ་བཞག་པའི་ཕྱིར། ཁམས་ཡིན་ན། ཟས་ཡིན་པས་མ་ཁྱབ་སྟེ། ཟག་མེད་ཀྱི་ཁམས་རྣམས་ཟས་མ་ཡིན་པའི་ཕྱིར། དེར་ཐལ། ཟས་ནི་ཟག་བཅས་ཀྱི་སྟེང་ནས་འཇོག་པའི་ཕྱིར། དེའི་ཟས་ཡིན་ན། དེའི་དབང་པོ་དང་འབྱུང་བ་ལ་ཕན་པས་མ་ཁྱབ་སྟེ། དེའི་ཟས་ཡིན་ཡང་འབྱུང་བ་ལ་གནོད་པ་ཡོད་པའི་ཕྱིར།(༡༣བ)

༦༩ གནས་པ་འཆི་བའི་འཕོ་སེམས།

༡༡ སེམས་གང་གིས་འཆི་བ།

བཞི་པ་འཆི་འཕོ་བའི་སེམས་ལ། སེམས་གང་གིས་འཆི་བ། ཚོར་བ་གང་གིས་འཆི་བ་ཞར་བྱུང་དང་བཅས་པ། ལུས་ཀྱི་ཕྱོགས་གང་ནས་འཆི་བ། གནད་གཅོད་པའི་རྒྱུ་དང་བཞི། དང་པོ་ནི། འཆད་དང་མཚམས་སྦྱོར་འདོད་ཆགས་བྲལ། །ཉམས་དང་འཆི་འཕོ་སྐྱེ་བ་རྣམས། །ཡིད་ཀྱི་རྣམ་ཤེས་ཁོ་ནར་འདོད། །ཅེས་བྱུང་། ཤེས་བྱ་ཆོས་ཅན། སེམས་གང་གིས་འཆི་བ་ཡོད་དེ། དགེ་རྩ་ཆད་པ་དང་། དགེ་རྩ་མཚམས་སྦྱོར་བ་དང་། འདོད་ཆགས་དང་བྲལ་བའི་མཉམ་གཞག་དང་། དེ་ཡོངས་སུ་ཉམས་པ་དང་། འཆི་འཕོ་བ་དང་། སྐྱེ་བའི་སྐབས་ཀྱི་སེམས་རྣམས་གཙོ་བོར་ཡིད་ཀྱི་རྣམ་ཤེས་ཀྱིས་བྱེད་པ་ཁོ་ནར་འདོད་པའི་ཕྱིར།

༡༢ ཚོར་བ་གང་གིས་འཆི་བ་ཞར་བྱུང་དང་བཅས་པ།

གཉིས་པ་ནི། འཆི་འཕོ་སྐྱེ་ལ་བཏང་སྙོམས་ལ། །རྩེ་གཅིག་སེམས་མེད་ལ་དེ་མེད། །མྱ་ངན་འདས་ལུང་བསྟན་མིན་གཉིས། །ཞེས་བྱུང་། ཚོར་བ་གང་གིས་འཆི་བ་ཡོད་དེ། འཆི་འཕོ་དང་སྐྱེ་བ་ལེན་པ་གཉིས་ལ་ཚོར་བ་གསུམ་གྱི་ནང་ནས་བཏང་སྙོམས་ཁོ་ནར་ངེས་པའི་ཕྱིར་ཏེ། ཚོར་བ་བདེ་སྡུག་གཉིས་རྣམ་པ་ཆེས་གསལ་བས་

དེ་ལ་མི་རུང་བའི་ཕྱིར། རྩེ་གཅིག་པའི་མཉམ་གཞག་དང་། སེམས་མེད་འགོག་པ་དང་འདུ་ཤེས་མེད་པའི་སྙོམས་འཇུག་ལྟ་བུའི་ངང་ནས་འཆི་འཕོ་བྱེད་པ་མེད་དེ། དེ་ལ་དེ་ལྟར་འགྱུར་བ་མེད་པའི་ཕྱིར། ལྷག་མེད་དུ་མྱ་ངན་ལས་འདའ་བའི་འཆི་སེམས་ལ་རྣམ་སྨིན་སྐྱེས་དང་སྤྱོད་ལམ་པའི་ལུང་མ་བསྟན་གཉིས་ཡོད་ཀྱི། དགེ་མི་དགེའི་སེམས་མེད་དེ། སེམས་རྒྱུན་ཆད་ཁ་མ་ལ་དེ་གཉིས་མི་རུང་བའི་ཕྱིར།

༧༣ ལུས་ཀྱི་ཕྱོགས་གང་ནས་འཆི་བ།

གསུམ་པ་ནི། འོག་མི་ལྷར་འགྲོ་མི་སྐྱེ་རྣམས། །རིམ་གྱིས་འཆི་ན་རྐང་པ་དང་། །ལྟེ་བ་སྙིང་ཁར་ཡིད་འཆི་འཕོ། །ཞེས་བྱུང་། འོག་ངན་འགྲོར་སྐྱེ་བ་རྣམས་ཆོས་ཅན། རིམ་གྱིས་འཆི་བ་ཡིན་ན་རྐང་པ་ནས་ཡིད་འགག་ཅིང་འཆི་འཕོ་སྟེ། དེའི་ཚེ་རྣམ་ཤེས་ཀྱི་རྟེན་ལུས་དབང་རྐང་པར་བསྡུས་ནས་འགག་པར་བྱེད་པའི་ཕྱིར། མིའི་ནང་དུ་འགྲོ་བ་རིམ་གྱིས་འཆི་བ་རྣམས་ཆོས་ཅན། ཕྱོགས་གང་ནས་འཆི་ཚུལ་ཡོད་དེ། ཡིད་ལྟེ་བ་རུ། འགགས་ཤིང་འཆི་བའི་ཕྱིར། ལྷ་དང་ལས་ཉོན་གྱིས་མི་(༧༥ན)སྐྱེ་བའི་དགྲ་བཅོམ་པ་དག་ཆོས་ཅན། འཆི་ཚུལ་ཡོད་དེ། སྙིང་ཁར་ཡིད་འཆི་འཕོ་བྱེད་པའི་ཕྱིར།

༧༤ གནད་གཅོད་པའི་རྒྱུ།

བཞི་པ་ནི། གནད་གཅོད་པ་ནི་ཆུ་སོགས་ཀྱིས། །ཞེས་བྱུང་། ཤེས་བྱ་ཆོས་ཅན། གནད་གཅོད་གང་གིས་བྱེད་པ་ཡོད་དེ། རླུང་མཁྲིས་སོགས་ལ་བརྟེན་པའི་རླུང་མེ་ཆུ་སོགས་ཀྱིས་གཅོད་པར་བྱེད་པའི་ཕྱིར། གང་གཅོད་པ་ཡོད་དེ། ལུས་ཀྱི་གནད་ཉམས་ན་འཆི་བར་བྱེད་པ་ནི་གཅོད་པའི་དོན་ཡིན་པའི་ཕྱིར་ཏེ། ལུས་ཀྱིས་རྣམ་ཤེས་ཀྱི་རྟེན་བྱེད་པའི་ནུས་པ་བཅད་པ་དེ་བཅད་པའི་དོན་ཡིན་པའི་ཕྱིར། ལྷ་ལ་

གནད་གཅོད་ཁྱད་པར་བ་མེད་དེ། རང་འགྲེལ་ལས། ལྷ་དག་གི་ནང་ན་ནི་གནད་ཆད་པ་མེད་མོད་ཀྱི། ཞེས་གསུངས་པའི་ཕྱིར། འདོད་ལྷ་ལ་འཆི་བའི་ཚེ་སྡུག་བསྔལ་མེད་པ་ནི་མིན་ཏེ། འཆི་ལྟས་མཐོང་ནས་སྡུག་བསྔལ་དུ་འགྱུར་བ་ཡོད་པའི་ཕྱིར།

ཛ༥ སེམས་ཅན་གྱི་ཚོགས་གསུམ་དུ་སྟུད་པ།

ལྔ་པ་སེམས་ཅན་གྱི་ཚོགས་གསུམ་དུ་སྟུད་པ་ནི། འཕགས་དང་མཚམས་མེད་བྱེད་པ་དག །ཡང་དག་ལོག་པ་ཉིད་དུ་ངེས། །ཞེས་བྱུང་། འཕགས་པ་རྒྱུན་ཞུགས་སོགས་ཆོས་ཅན། ཚོགས་དང་པོ་ཡང་དག་པ་ཉིད་དུ་ངེས་པ་ཡིན་ཏེ། མྱང་འདས་མངོན་དུ་བྱེད་པར་ངེས་པའི་ཕྱིར། མཚམས་མེད་བྱེད་པ་རྣམས་ཆོས་ཅན། ཚོགས་གཉིས་པ་ལོག་པ་ཉིད་དུ་ངེས་ཏེ། ངན་སོང་དུ་སྐྱེ་བར་ངེས་པའི་ཕྱིར། དེ་ལས་གཞན་པའི་སོ་སྐྱེ་རྣམས་ཆོས་ཅན། ཚོགས་གསུམ་པ་མ་ངེས་པ་ཞེས་བྱ་སྟེ། དེ་གཉིས་གང་རུང་དུ་མཐའ་གཅིག་ཏུ་མ་ངེས་པའི་ཕྱིར་ཏེ། རྐྱེན་སླུབ་པ་ལ་ལྟོས་པའི་ཕྱིར་རོ། །

ཚ༢ ཕྱི་སྣོད་ཀྱི་འཇིག་རྟེན་གྱི་རྣམ་གཞག

ཛ༧ བཤད་ཚུལ་སྤྱིར་བསྟན་པ།

གཉིས་པ་ཕྱི་སྣོད་ཀྱི་འཇིག་རྟེན་བཤད་པ་ལ། བཤད་ཚུལ་སྤྱིར་བསྟན་པ་དང་། གཞུང་དོན་བྱེ་བྲག་ཏུ་བཤད་པའོ། །དང་པོ་ཡོད་དེ། ཕལ་ཆེན་དང་ཡབ་སྲས་མཇལ་བའི་མདོ་དང་ས་སྡེ་དང་དུས་འཁོར་སོགས་ནས་བཤད་ཚུལ་མི་འདྲ་བ་དུ་མ་འབྱུང་བ་ལྟར་ཡིན་པའི་ཕྱིར་རོ། །

ཛ༢ གཞུང་དོན་བྱེ་བྲག་ཏུ་བཤད་པ།

ཀ༡ རྟེན་དཀྱིལ་འཁོར་གསུམ་བཤད་པ།

ད༡ རླུང་གི་དཀྱིལ་འཁོར་བཤད་པ།

གཉིས་པ་ལ། རྟེན་དཀྱིལ་འཁོར་གསུམ་བཤད་པ། བརྟེན་པ་རི་མཚོ་གླིང་གསུམ་བཤད་པ། ཚ་གྲང་དམྱལ་བའི་གནས་བཤད་པ། ཉི་ཟླའི་འཆར་ཚུལ་དང་ཚད་བཤད་པ། ལྷའི་གནས་བཤད་པ། སྟོང་(༧༨བ)གསུམ་ངོས་བཟུང་བ། འགྲོ་བ་རྣམས་ཀྱི་ལུས་དང་ཚེ་ཚད་བཤད་པ། ཚད་དེ་གཞལ་བའི་ཐབས་བཤད་པ། སྣོད་བཅུད་ཀྱི་ཁྱད་ཆོས་བྱེ་བྲག་ཏུ་བཤད་པ་དང་དགུ། དང་པོ་ལ། རླུང་དང་ཆུ་དང་ས་དཀྱིལ་བཤད་པ་གསུམ། དང་པོ་ནི། མཛོད་ལས། དེ་ལ་སྣོད་ཀྱི་འཇིག་རྟེན་གྱི། །གནས་པར་འདོད་པའི་འོག་དག་གི། །རླུང་གི་དཀྱིལ་འཁོར་ཟླུམ་ཡང་ནི། །ས་ཡ་དྲུག་འབུམ་གྲངས་མེད་དོ། །ཞེས་བྱུང་། ཤེས་བྱ་ཆོས་ཅན། སྣོད་བཅུད་གཉིས་ཡོད་པ་དེ་ལ་སྣོད་ཀྱི་འཇིག་རྟེན་གྱི་ཁམས་སྟོང་གསུམ་འདིའི་འོག་གཞིར་རྟེན་རླུང་གི་དཀྱིལ་འཁོར་ཆེན་པོ་གཅིག་གནས་པར་འདོད་པ་དེའི་ཆགས་ཚུལ་ཡོད་དེ། དང་པོ་ནམ་མཁའ་ལྟར་སྟོང་པར་གནས་པ་ལས་སེམས་ཅན་སྤྱི་མཐུན་གྱི་ལས་སྟོབས་ཀྱིས་ཕྱོ་དུ་མར་རླུང་འཇམ་པོ་རིམ་གྱིས་འཁྲིགས་པ་ལས་འཐབ་བྲལ་ཡན་ཆད་ཆགས་པའི་རྗེས་སུ་ཆགས་པའི་ཕྱིར། རླུང་དཀྱིལ་དེ་ཆོས་ཅན། ཁྱོད་ཀྱི་ཚད་ཡོད་དེ། ཟླུམ་ཏེ་དཔངས་སུ་དཔག་ཚད་ས་ཡ་གཅིག་དང་དྲུག་འབུམ་ཡོད་ཅིང་། རྒྱར་དཔག་ཚད་གྲངས་མེད་ཅིག་ཡོད་པའི་ཕྱིར། རླུང་དཀྱིལ་འདིའི་རྒྱར་དཔག་ཚད་དེ་ལྟར་མང་བའི་རྒྱུ་མཚན་ཡོད་དེ། སྟོང་གསུམ་འཇིག་རྟེན་ཁམས་ཀྱི་འོག་གི་རླུང་དཀྱིལ་ནི་གཅིག་གིས་གོ་ཆོད་ཅིང་། ཆུ་ས་རྣམས་སོ་སོ་བ་ཡིན་པའི་ཕྱིར།

༨༢ ཆུའི་དཀྱིལ་འཁོར་བཤད་པ།

གཉིས་པ་ནི། ཆུ་ཇ་མས་འབུམ་ཕྲག་བཅུ་གཅིག་དང་། སྟོང་ཕྲག་དག་ནི་ཉི་ཤུ་བོ། །ཞེས་བྱུང་། ཆུ་དཀྱིལ་ཆོས་ཅན། ཁྱོད་ཆགས་ཚུལ་ཡོད་དེ། རླུང་དཀྱིལ་གྱི་སྟེང་དུ་སེམས་ཅན་རྣམས་ཀྱི་ལས་ཀྱིས་སྤྲིན་གསེར་གྱི་སྙིང་པོ་ཅན་འདུས་ཏེ་ཆར་གྱི་རྒྱུན་ཤིང་རྟའི་འཕང་ལོ་ཙམ་མམ་གཉའ་ཤིང་ཙམ་ལོ་དུ་མར་བབས་པ་ལས་ཆགས་པའི་ཕྱིར། དེ་ཆོས་ཅན། ཁྱོད་ཀྱི་ཚད་ཡོད་དེ། ཇ་མས་སུ་དཔག་ཚད་འབུམ་ཕྲག་བཅུ་གཅིག་དང་སྟོང་ཕྲག་དག་ནི་ཉི་ཤུ་སྟེ་ཉི་ཁྲི་ཡོད་པའི་ཕྱིར། གསེར་གྱི་སྙིང་པོ་ཅན་ཞེས་པའི་དོན་ཡོད་དེ། བསྐུབས་ན་གསེར་འབྱུང་རུང་གི་སྙིང་པོ་ཅན་ཡིན་པའི་ཕྱིར། ཆུ་མཐའ་ཆོས་ཅན། ཕྱིར་མི་འཕོ་སྟེ། སེམས་ཅན་གྱི་ལས་དབང་གིས་འཛིན་པའི་ཕྱིར།

༨༣ སའི་དཀྱིལ་འཁོར་བཤད་པ།

གསུམ་པ་ནི། ཕྱིས་ནི་ཇ་མས་སུ་འབུམ་ཕྲག་བརྒྱད། །ལྷག་མ་དག་ནི་(༧༥ན) གསེར་དུ་འགྱུར། །ཆུ་དང་གསེར་གྱི་དཀྱིལ་འཁོར་གྱི། །ཐད་ཀར་འབུམ་ཕྲག་བཅུ་གཉིས་དང་། །སྟོང་ཕྲག་གསུམ་དང་བརྒྱ་ཕྲག་ནི། །ཁྱིད་དང་ལྷ་རྣམས་ཁོ་ནོ། །ཁོར་ཡུག་ཏུ་ནི་སུམ་འགྱུར་རོ། །ཞེས་བྱུང་། གསེར་དཀྱིལ་ཆོས་ཅན། ཁྱོད་ཆགས་ཚུལ་ཡོད་དེ། སྔར་གྱི་ཆུ་དཀྱིལ་དེ་སེམས་ཅན་སྤྱི་མཐུན་གྱི་ལས་སྟོབས་ཀྱིས་རླུང་གིས་བསྐུབས་པ་ལས་ཕྱིས་ནི་ཇ་མས་སུ་དཔག་ཚད་འབུམ་ཕྲག་བརྒྱད་དུ་གྱུར་ཏེ། ལྷག་མ་སུམ་འབུམ་ཉི་ཁྲི་དག་ནི་ཆུ་དེའི་སྟེང་དུ་ཁྱོད་དུ་འགྱུར་བའི་ཕྱིར། དེ་ཡང་སའི་དཀྱིལ་འཁོར་ལོགས་ནས་འོངས་པ་མིན་གྱི་ཆུ་དཀྱིལ་སྔ་མ་དེའི་སུམ་ཆ་གསེར་གྱི་དཀྱིལ་འཁོར་དུ་འགྱུར་བ་ཡིན་ཏེ། དཔེར་ན་འོ་མའི་སྟེང་གི་སྤྲིས་མ་ཆགས་པ

ལྷར་འགྱུར་བའི་ཕྱིར། ཆུ་དང་གསེར་གྱི་དཀྱིལ་འཁོར་གཉིས་པོ་ཆོས་ཅན། ཁྱོད་ཀྱི་རྒྱ་ཚད་མཉམ་པ་ཡིན་ཏེ། ཐད་ཀར་ཆེ་ཆུང་མེད་པར་འབུམ་ཕྲག་བཅུ་གཉིས་དང་སྟོང་ཕྲག་གསུམ་དང་བརྒྱ་ཕྲག་ནི་ཕྱེད་དང་ལྔ་རྣམས་ཁོ་ནར་ངེས་པའི་ཕྱིར། དེ་གཉིས་ཆོས་ཅན། ཁྱོད་ཀྱི་ཁོར་ཡུག་གི་ཚད་ཡོད་དེ། ཁོར་ཡུག་ཏུ་ནི་ཞེང་གི་སུམ་འགྱུར་འབུམ་ཕྲག་སུམ་ཅུ་རྩ་བདུན་ཏེ་སུམ་འབུམ་བདུན་ཁྲི་དང་བརྒྱ་ཕྲག་ཕྱེད་དང་བཞི་ཡོད་པའི་ཕྱིར་ཏེ། ཟླུམ་པོའི་མཐའ་སྐོར་ནི་ཞེང་གི་སུམ་འགྱུར་དུ་ངེས་པའི་ཕྱིར། མཁས་པ་ཁ་ཅིག །སྟོད་ཆགས་པའི་ཐོག་མ་རླུང་གི་དཀྱིལ་འཁོར་ཆགས་པ་ནས་ཡིན་གསུང་བ་ནི་མི་འཐད་དེ། ཚངས་པའི་འཇིག་རྟེན་ཐོག་མར་ཆགས་ནས་རླུང་དཀྱིལ་རྗེས་སུ་ཆགས་པ་སོགས་ཡིན་པའི་ཕྱིར། དེར་ཐལ། སེམས་འཇིག་གི་རྗེས་སུ་དེ་ལྟར་ཆགས་པར་འགྱུར་བའི་ཕྱིར། འདོད་ཁམས་ཆགས་པའི་སྟོད་ཀྱི་ཐོག་མ་ཡང་རླུང་དཀྱིལ་ནས་མ་ཡིན་ཏེ། ཚངས་རིས་ནས་འཐབ་བྲལ་གྱི་བར་ཆགས་པའི་རྗེས་སུ་རླུང་དཀྱིལ་ཆགས་པ་རང་འགྲེལ་དང་འགྲེལ་བཤད་ལས་གསལ་བར་བཤད་པའི་ཕྱིར། འོན་ཀྱང་། ཆགས་པ་དང་པོའི་རླུང་ནས་ནི་ཞེས་པ་དང་མི་འགལ་ཏེ་དེ་ནི་ཐོག་མའི་རླུང་ཡིན་གྱི་རླུང་དཀྱིལ་དེའི་དབང་དུ་(༧༥བ) བྱས་པ་མ་ཡིན་པའི་ཕྱིར། ཁོར་ཡུག་གི་ཕྱི་མཐའ་རུ་ཆུ་དང་གསེར་དཀྱིལ་གྱི་ལྷག་མ་མེད་པ་ནི་མིན་ཏེ། ལྕགས་རིའི་ཕྱི་རོལ་ཏུ་ཡང་ཕྱོགས་རེ་རེར་དེ་གཉིས་དཔག་ཚད་སྟོང་དང་ཉིས་བརྒྱ་དང་བརྒྱད་ཅུ་རྩ་ཕྱེད་དང་བརྒྱད་རེ་ལྷག་ལུས་པ་ཡོད་པའི་ཕྱིར། དེར་ཐལ། རྒྱལ་སྲས་མ་ལས། དེ་ནི་ཁོར་ཡུག་གི་ཕྱི་རོལ་ན་ཆུ་དང་གསེར་གྱི་དཀྱིལ་འཁོར་དེ་ཙམ་ལྷག་པའི་ཕྱིར་ཞེས་པ་མེད་དོ། །ཞེས་གསུངས་པའི་ཕྱིར།

༣༢ བརྟེན་པ་རི་མཚོ་གླིང་གསུམ་བཤད་པ།

༥༧ རི་དགུ་རྒྱུ་དང་དབྱིབས་ཚད་ཀྱི་སྒོ་ནས་བཤད་པ།

གཉིས་པ་ལ། རི་དགུ་རྒྱུ་དང་དབྱིབས་ཚད་ཀྱི་སྒོ་ནས་བཤད་པ། མཚོ་བརྒྱད་ཀྱི་དབྱིབས་ཚད་བཤད་པ། གླིང་བཞི་གླིང་ཕྲན་བརྒྱད་ཀྱི་ཚད་དབྱིབས་བཤད་པ། འཛམ་བུའི་གླིང་གི་ཡོན་ཏན་ཁྱེ་བྲག་ཏུ་བཤད་པ་དང་བཞི། དང་པོ་ནི། དེ་ལ་ལྷུན་པོ་གཉའ་ཤིང་འཛིན། །གཤོལ་མདའ་འཛིན་དང་སེང་ལྡེང་ཅན། །དེ་བཞིན་བལྟ་ན་སྡུག་རི་དང་། །རྟ་རྣ་དང་ནི་རྣམ་འདུད་དང་། །མུ་ཁྱུད་འཛིན་རི་འོ་དེ་ནས་ནི། །གླིང་རྣམས་ཡིན་ནོ་དེ་དག་གི། །ཕྱི་རོལ་ན་ནི་ཁོར་ཡུག་སྟེ། །བདུན་ནི་གསེར་ཡིན་དེ་ལྕགས་སོ། །ལྷུན་པོ་རིན་ཆེན་བཞིའི་རང་བཞིན། །ཆུ་ཡི་ནང་དུ་བརྒྱད་ཁྲི་དག །ཉུབ་པོ་དེ་བཞིན་སྟེང་དུ་ཡང་། །དཔག་ཚད་དག་ནི་བརྒྱད་ཁྲི་འོ། །བརྒྱད་པོའི་འཕང་དུ་ཕྱེད་ཕྱེད་དབྲི། །དེ་དག་ཪམས་སུའང་འཕང་དང་མཉམ། །ཞེས་བྱུང་། ཤེས་བྱ་ཆོས་ཅན། གསེར་དཀྱིལ་གྱི་སྟེང་དེ་ལ་ཆར་གྱི་རྒྱུན་ཕབ་པ་ལས་རྒྱ་མཚོ་ཆེན་པོ་དཔངས་སུ་དཔག་ཚད་བརྒྱད་ཁྲི་ཡོད་པ་ཞིག་ཆགས་པ་རླུང་གིས་བསྲུབས་པས་ཁམས་རབ་ལས་རི་རྣམས་ཀྱི་དབུས་སུ་རི་གཞན་ལས་ལྷུན་བརྟེད་ཆེ་བའི་ལྷུན་པོ་ཆགས། ཡང་དེ་ལྟར་བསྲུབས་པས་ཁམས་འབྲིང་ལས་གསེར་རི་གཉའ་ཤིང་འཛིན་དང་གཤོལ་མདའ་འཛིན་དང་སེང་ལྡེང་ཅན་དང་དེ་བཞིན་དུ་བལྟ་ན་སྡུག་རི་དང་རྟ་རྣ་དང་རྣམ་འདུད་དང་མུ་ཁྱུད་འཛིན་རི་བདུན་གྱི་བཞིར་བསྐོར་བའི་ཚུལ་གྱིས་ཆགས་ཤིང་། ཡང་ཁམས་ཐ་མ་ལས་དེ་ནས་ཕྱི་རོལ་དུ་ནི་གླིང་རྣམས་ཀྱང་ཆགས་ནས་གནས་པའི་ཕྱིར། དེ་དག་གི་ཕྱི་རོལ་ན་ནི་ཁོར་ཡུག་ཏུ་བསྐོར་བའི་ལྕགས་རི་ཡོད་ཅིང་(༧༨ན)དེ་རྣམས་ཀྱི་རྒྱུའི་ཁྱད་པར་ཡོད་དེ། གཉའ་ཤིང་འཛིན་སོགས་རི་བདུན་ནི་གསེར་དང་། ཁོར་ཡུག་དེ་ལྕགས་ལས་གྲུབ་པའི་ཕྱིར།

ལྷུན་པོ་ཆོས་ཅན། རིན་པོ་ཆེ་བཞིའི་རང་བཞིན་ལས་གྲུབ་པ་ཡིན་ཏེ། ཤར་དངུལ། ལྷོ་བཻ་ཌཱུརྱ། ནུབ་ཤེལ། བྱང་གསེར་ལས་གྲུབ་པའི་ཕྱིར། དེའི་རྒྱུ་མཚན་གྱིས་གླིང་སོ་སོའི་ངོས་ཀྱི་ནམ་མཁའ་ཡང་དེ་དག་གི་མདོག་ཏུ་སྣང་བ་ཡིན་ཏེ། རང་འགྲེལ་ལས། གང་གི་རང་བཞིན་ཡིན་པ་དེའི་མཐུས་དེའི་ནམ་མཁའ་ཡང་དེའི་ཁ་དོག་ཏུ་སྣང་ངོ། ཞེས་གསུངས་པའི་ཕྱིར། ལྷོ་ཕྱོགས་ཀྱི་ནམ་མཁའ་སྔོན་པོར་སྣང་བའི་རྒྱུ་མཚན་ཡོད་དེ། རི་རབ་ཀྱི་ལྷོ་ངོས་བཻ་ཌཱུརྱ་སྔོན་པོའི་རང་བཞིན་ཅན་ཡིན་པའི་དབང་གིས་ཡིན་པའི་ཕྱིར། རི་དགུ་པོ་ཆོས་ཅན། ཁྱོད་ཀྱི་དཔངས་ཚད་ཡོད་དེ། ཆུའི་ནང་དུ་གསེར་དཀྱིལ་ལ་ཐུག་པར་དཔག་ཚད་བརྒྱད་ཁྲི་རེ་མཉམ་པར་ནུབ་ཅིང་རི་རབ་ནི་དེ་བཞིན་དུ་ཆུའི་སྟེང་དུ་ཡང་དཔག་ཚད་དག་ནི་བརྒྱད་ཁྲི་འཕགས་པའི་ཕྱིར། གཉའ་ཤིང་འཛིན་སོགས་རི་གཞན་བརྒྱད་པོ་ནི་ཆོས་ཅན། ཆུའི་སྟེང་དུ་སྔ་མ་ལས་ཕྱི་མ་འཕང་སྐྱེ་ཧྲམས་སུ་ཕྱེད་ཕྱེད་དབྲི་བ་ཡིན་ཏེ། གཉའ་ཤིང་འཛིན་གྱི་ཆུ་མཚམས་ཡན་ཆད་ལ་དཔག་ཚད་བཞི་ཁྲི། དེ་བཞིན་དུ་གཉིས་པ་ལ་དེའི་ཕྱེད་ཉིས་ཁྲི། གསུམ་པ་ལ་ཁྲིག་ཁྲི། བཞི་པ་ལ་ལྔ་སྟོང་། ལྔ་པ་ལ་ཉིས་སྟོང་ལྔ་བརྒྱ། དྲུག་པ་ལ་ཁྲིག་སྟོང་དང་ཕྱེད་དང་སུམ་བརྒྱ། བདུན་པ་ལ་དྲུག་བརྒྱ་ཉི་ཤུ་རྩ་ལྔ་ཡོད་པའི་ཕྱིར། རི་བརྒྱད་པོ་དེ་དག་ཆོས་ཅན། ཆུ་མཚམས་ཡན་གྱི་ཧྲམས་སུའང་འཕང་སྐྱེ་འདིར་ཞེང་དང་ཚད་མཉམ་པ་ཡིན་ཏེ། རྒྱ་དཔངས་གཉིས་མཉམ་པའི་ཕྱིར། འདི་ལྟར་ན་འཕང་ལ་ཧྲམས་ཞེང་གཉིས་ཀྱི་སྒྲ་འཇུག་པར་གསལ་ཞིང་། རི་ཕྱི་མ་ལས་ནང་མ་མཐུག་པའི་དབང་ངོ་། །རི་ལྷག་མ་བདུན་ཆོས་ཅན། ཁྱོད་ཀྱི་ངོས་བཞིའི་དཀྱུས་ཚད་ཡོད་དེ། སྔ་མ་ལས་ཕྱི་མ་ཆེ་བའི་ཕྱིར་ཏེ། སྔ་མ་ལས་ཕྱི་མའི་དཀྱུས་ཚད་རང་(༧༨བ)གི་སྔ་མའི་མཚོ་དང་རང་གི་ཞེང་ཚད་ཉིས་འགྱུར་རེས་ལྷག་པའི་ཕྱིར། གཉའ་ཤིང་འཛིན་ཆོས་ཅན། ཁྱོད་ཀྱི་ངོས་རེ་དང་མཐའ་སྐོར་གྱི་ཚད་གཉིས་ཡོད་དེ། ཕྱིའི་ངོས་གཅིག་གི་ཟུར་ནས་ཟུར་དུ་དཔག་ཚད་སུམ་འབུམ་

ཉིས་ཁྲི་དང་། མཐར་དེའི་བཞི་འགྱུར་ས་ཡ་གཅིག་དང་ཉིས་འབུམ་བརྒྱད་ཁྲི་ཡོད་པའི་ཕྱིར། ཟུར་སྤྲ་མ་གྲུབ་སྟེ། རི་རབ་དང་དེའི་གཡས་གཡོན་གྱི་མཚོ་དང་རང་གི་ཞེང་ཚད་གཉིས་རྣམས་བསྡོམས་པ་ལ་ཚད་དེ་ལྟར་ཡོད་པའི་ཕྱིར། དེ་བཞིན་དུ་གཤོལ་མདའ་འཛིན་ཆོས་ཅན། ངོས་རེ་དང་མཐའི་ཚད་ཡོད་དེ། ངོས་རེར་བཞི་འབུམ་བཞི་ཁྲི་རེ་དང་མཐར་ས་ཡ་གཅིག་དང་བདུན་འབུམ་དྲུག་ཁྲི་ཡོད་པའི་ཕྱིར། སེང་ལྡེང་ཅན་ཆོས་ཅན། ངོས་རེ་དང་མཐའི་ཚད་ཡོད་དེ། ངོས་རེར་ལྔ་འབུམ་རེ་དང་མཐར་ས་ཡ་གཉིས་ཡོད་པའི་ཕྱིར། བལྟ་ན་སྡུག་རི་ཆོས་ཅན། ངོས་རེ་དང་མཐའི་ཚད་ཡོད་དེ། ངོས་རེར་ལྔ་འབུམ་སུམ་ཁྲི་རེ་དང་མཐར་ས་ཡ་གཉིས་དང་ཆིག་འབུམ་ཉིས་ཁྲི་ཡོད་པའི་ཕྱིར། རྟ་རྣ་ཆོས་ཅན། ངོས་རེ་དང་མཐའི་ཚད་ཡོད་དེ། ངོས་རེར་ལྔ་འབུམ་བཞི་ཁྲི་ལྔ་སྟོང་རེ་དང་མཐར་ས་ཡ་གཉིས་དང་ཆིག་འབུམ་བརྒྱད་ཁྲི་ཡོད་པའི་ཕྱིར། རྣམ་འདུད་ཆོས་ཅན། ངོས་རེ་དང་མཐའི་ཚད་ཡོད་དེ། ངོས་རེར་ལྔ་འབུམ་ལྔ་ཁྲི་ཉིས་སྟོང་ལྔ་བརྒྱ་རེ་དང་མཐར་ས་ཡ་གཉིས་དང་ཉིས་འབུམ་ཆིག་ཁྲི་ཡོད་པའི་ཕྱིར། མུ་ཁྱུད་འཛིན་ཆོས་ཅན། ངོས་རེ་དང་མཐའི་ཚད་ཡོད་དེ། ངོས་རེར་ལྔ་འབུམ་ལྔ་ཁྲི་དྲུག་སྟོང་ཕྱེད་དང་སུམ་བརྒྱ་རེ་དང་མཐའ་སྐོར་དུ་ས་ཡ་གཉིས་དང་ཉིས་འབུམ་ཉིས་ཁྲི་ལྔ་སྟོང་ཡོད་པའི་ཕྱིར། ཁ་ཅིག་ཅུང་ཟད་མི་འདྲ་བ་རེ་བཤད་ཀྱང་དོན་ནི་འདི་ཁོ་ན་ལྟར་རོ། །རི་བདུན་པོ་ཆོས་ཅན། སོ་སོའི་སྒྲ་བཤད་ཡོད་དེ། ཉི་ཟླ་གཉའ་ཤིང་ལྟར་འཛིན་པའམ་རྩེ་མོ་ན་བྲག་གཉའ་ཤིང་ལྟ་བུ་ཡོད་པས་ན་གཉའ་ཤིང་འཛིན་དང་། དེ་བཞིན་དུ་རྩེ་མོ་གཤོལ་མདའ་ལྟར་ཡོད་པ་དང་། རྩེ་མོར་སེང་ལྡེང་གི་ནགས་ཡོད་པ་དང་། རྩེ་མོ་ལྟ་ན་སྡུག་ཅིང་མཛེས་པར་ཡོད་པ་དང་། རྩེ་མོ་རྟའི་(༢༢ན)རྣ་བ་ལྟར་ཡོད་པ་དང་། རྩེ་མོ་དབུས་སུ་འདུད་པའི་ཚུལ་དུ་ཡོད་པ་དང་། རྩེ་མོ་འཁོར་ལོའི་མུ་ཁྱུད་ལྟར་ཡོད་པས་ན་དེ་ལྟར་དུ་བརྗོད་པའི་ཕྱིར།

༨༢ མཚོ་བརྒྱད་ཀྱི་དབྱིབས་ཚད་བཤད་པ།

གཉིས་པ་ནི། དེ་དག་བར་བདུན་རོལ་མཚོ་ཡིན། །དང་པོ་སྟོང་ཕྲག་བརྒྱད་ཅུ་པ། །དེ་ནི་ནང་གི་རྒྱ་མཚོ་ཡིན། །དེ་ཡི་ངོས་ལ་སུམ་འགྱུར་རོ། །རོལ་མཚོ་གཞན་ནི་ཕྱེད་ཕྱེད་དོ། །ལྷག་མ་ཕྱི་ཡི་རྒྱ་མཚོ་ཡིན། །འབུམ་ཕྲག་གསུམ་དང་སྟོང་ཕྲག་ནི། །ཉི་ཤུ་གཉིས་སོ། །ཞེས་བྱུང་། རོལ་མཚོ་བདུན་པོ་ཆོས་ཅན། བཞག་ཏུ་ཡོད་དེ། ལྷུན་པོ་ནས་མུ་ཁྱུད་འཛིན་ལ་ཐུག་པ་དེ་དག་གི་བར་བདུན་གྱི་མཚོ་བདུན་པོ་དེ་ཁྱོད་དུ་འཇོག་པ་ཡིན་པའི་ཕྱིར། མཚོ་དང་པོ་ཆོས་ཅན། ཁྱོད་ཀྱི་ཞེང་ཚད་ཡོད་དེ། སྟོང་ཕྲག་བརྒྱད་ཅུ་སྟེ་བརྒྱད་ཁྲི་ཡོད་པའི་ཕྱིར། དེ་ནི་ཆོས་ཅན། ནང་གི་རྒྱ་མཚོ་ཡིན་ཏེ། མཚོ་བརྒྱད་ཀྱི་ནང་མ་ཡིན་པའི་ཕྱིར། དེ་ཆོས་ཅན། ཁྱོད་ཀྱི་ངོས་ཚད་ཡོད་དེ། རང་གི་ཐད་ཀའི་སུམ་འགྱུར་ཡོད་པའི་ཕྱིར་ཏེ། ངོས་རེ་ལ་ཉིས་འབུམ་བཞི་ཁྲི་རེ་དང་མཐར་དེའི་བཞི་འགྱུར་དགུ་འབུམ་དྲུག་ཁྲི་ཡོད་པའི་ཕྱིར། རོལ་མཚོ་གཞན་དྲུག་གི་ཁ་ཞེང་ནི་སྔ་མ་ལས་ཕྱི་མ་ཕྱེད་ཕྱེད་ཀྱིས་དབྲི་བ་ཡིན་ཏེ། རིམ་བཞིན་བཞི་ཁྲི་དང་ཉིས་ཁྲི་དང་ཆིག་ཁྲི་དང་ལྔ་སྟོང་དང་། ཕྱེད་དང་སུམ་སྟོང་དང་ཆིག་སྟོང་ཉིས་བརྒྱ་ལྔ་བཅུ་ཡོད་པའི་ཕྱིར། མཚོ་དེ་རྣམས་ཆོས་ཅན། དཀྱུས་ཚད་སྔ་མ་ལས་ཕྱི་མ་ཆེ་སྟེ། རོལ་མཚོ་དང་པོའི་ངོས་རེར་དཔག་ཚད་ཉིས་འབུམ་བཞི་ཁྲི་དང་མཐར་དགུ་འབུམ་དྲུག་ཁྲི། གཉིས་པའི་ངོས་རེར་བཞི་འབུམ་རེ་དང་མཐར་ས་ཡ་གཅིག་དང་དྲུག་འབུམ། གསུམ་པའི་ངོས་རེར་བཞི་འབུམ་བརྒྱད་ཁྲི་རེ་དང་མཐར་ས་ཡ་གཅིག་དང་དགུ་འབུམ་ཉི་ཁྲི། བཞི་པའི་ངོས་རེར་ལྔ་འབུམ་ཉིས་ཁྲི་དང་མཐར་ས་ཡ་གཉིས་དང་བརྒྱད་ཁྲི། ལྔ་པའི་ངོས་རེར་ལྔ་འབུམ་བཞི་ཁྲི་རེ་དང་མཐར་ས་ཡ་གཉིས་དང་ཆིག་འབུམ་དྲུག་ཁྲི། དྲུག་པའི་ངོས་རེར་ལྔ་འབུམ་ལྔ་ཁྲི་རེ་(༧༧བ)དང་མཐར་ས་ཡ་གཉིས་དང་ཉིས་འབུམ། བདུན་པའི་ངོས་རེར་ལྔ་

འབུམ་ལྔ་ཁྲི་ལྔ་སྟོང་རེ་དང་མཐའ་སྐོར་དུ་བཞི་འགྱུར་ས་ཡ་གཉིས་དང་ཉིས་འབུམ་ཉི་ཁྲི་ཡོད་པའི་ཕྱིར། བདུན་པོ་དེ་ཆོས་ཅན། རོལ་མཚོ་ཞེས་བརྗོད་པའི་རྒྱུ་མཚན་ཡོད་དེ། དགའ་བོ་དང་ཉེ་དགའ་ལ་སོགས་ཀླུའི་རྒྱལ་པོ་རྣམས་རྩེ་ཞིང་རོལ་བས་ན་དེ་སྐད་ཅེས་བརྗོད་པའི་ཕྱིར། མཚོ་སྔ་མ་བདུན་པོ་ནང་གི་རྒྱ་མཚོ་ཡིན་ལ། མུ་ཁྱུད་འཛིན་དང་ཁོར་ཡུག་གི་བར་གྱི་མཚོ་ཆོས་ཅན། ཕྱིའི་རྒྱ་མཚོ་ཞེས་བྱ་སྟེ། མཚོ་གཞན་གྱི་ཕྱིའི་ལྷག་མའི་རྒྱ་མཚོ་ཡིན་པའི་ཕྱིར། དེ་ཆོས་ཅན། ཁྱོད་ཀྱི་ཞེང་ཚད་ཡོད་དེ། དེའི་བར་ལ་དཔག་ཚད་འབུམ་ཕྲག་གསུམ་དང་སྟོང་ཕྲག་དག་ནི་ཉི་ཤུ་རྩ་གཉིས་ཡོད་པའི་ཕྱིར།

༨༣ གླིང་བཞི་གླིང་ཕྲན་བརྒྱད་ཀྱི་ཚད་དབྱིབས་བཤད་པ།

གསུམ་པ་གླིང་རྣམས་ཚད་དབྱིབས་ཀྱི་སྒོ་ནས་བཤད་པ་ནི། དེ་ལ་ནི། འཛམ་བུའི་གླིང་སྟེ་ངོས་གསུམ་ལ། །སྟོང་ཕྲག་གཉིས་སོ་ཤིང་རྟའི་དབྱིབས། །གཅིག་ལ་དཔག་ཚད་ཕྱེད་དང་བཞི། །ཤར་གྱི་ལུས་འཕགས་ཟླ་གམ་འདྲ། །ངོས་གསུམ་འདི་དང་འདྲ་གཅིག་ལ། །དཔག་ཚད་སུམ་བརྒྱ་ལྔ་བཅུའོ། །བ་ལང་སྤྱོད་གླིང་ཟླུམ་པོ་སྟེ། །སྟོང་ཕྲག་ཕྱེད་དང་བརྒྱད་ཡིན་ནོ། །དེའི་དབུས་སྟོང་ཕྲག་ཕྱེད་དང་གསུམ། །སྒྲ་མི་སྙན་བརྒྱད་གྲུ་བཞིར་མཉམ། །དེ་ཡི་བར་གྱི་གླིང་བརྒྱད་ནི། །ལུས་དང་ལུས་འཕགས་སྒྲ་མི་སྙན། །སྒྲ་མི་སྙན་གྱི་ཟླ་དང་ནི། །རྔ་ཡབ་དང་ནི་རྔ་ཡབ་གཞན། །གཡོ་ལྡན་དང་ནི་ལམ་མཆོག་འགྲོ། །ཞེས་བྱུང་། གླིང་རྣམས་ཆོས་ཅན། གང་ལ་གནས་པ་ཡོད་དེ། ཕྱིའི་རྒྱ་མཚོར་རྩ་བ་ས་གཞིར་ཐུག་པའི་ཚུལ་གྱིས་གནས་པའི་ཕྱིར། རི་རབ་ཀྱི་ལྷོ་ན་ཡོད་པའི་འཛམ་བུའི་གླིང་ཆོས་ཅན། ཁྱོད་ཀྱི་སྒྲ་དོན་དབྱིབས་ཚད་སོགས་ཡོད་དེ། ཤིང་འཛམ་བུའི་འབྲས་བུ་མཚོ་ནང་དུ་ལྷུང་བའི་སྒྲ་དང་ཤིང་དེས་མཚོན་པས་ན་འཛམ་བུའི་གླིང་དང་། དབྱིབས་ཤིང་རྟ་ལྟ་བུ་

དང་། ངོས་གཞན་གསུམ་ལ་དཔག་ཚད་སྟོང་ཕྲག་གཉིས་རེ་དང་། ལྷོ་ཕྱོགས་ཀྱི་ངོས་གཅིག་ལ་(༧༢ན)དཔག་ཚད་ཕྱེད་དང་བཞི་ཡོད་པའི་ཕྱིར། ཤར་གྱི་ལུས་འཕགས་གླིང་ཆོས་ཅན། ཁྱོད་ཀྱི་དབྱིབས་ཚད་སོགས་ཡོད་དེ། དབྱིབས་ནི་ཟླ་ཁམ་དང་འདྲ་ལ། ཚད་ནི་ངོས་གསུམ་འཛམ་བུའི་གླིང་འདི་དང་འདྲ་བར་དཔག་ཚད་སྟོང་ཕྲག་གཉིས་རེ་དང་ལྷགས་རིའི་ཕྱོགས་ཀྱི་ངོས་གཅིག་ལ་དཔག་ཚད་སུམ་བརྒྱ་ལྔ་བཅུ་ཡོད་པའི་ཕྱིར། སྒྲ་དོན་ཡོད་དེ། ལུས་འཛམ་བུའི་གླིང་པའི་ལུས་ལས་འཕགས་ཤིང་མཛེས་པས་ན་དེ་ལྟར་བརྗོད་པའི་ཕྱིར། ནུབ་ཕྱོགས་ཀྱི་བ་ལང་སྤྱོད་ཆོས་ཅན། ཁྱོད་ཀྱི་དབྱིབས་ཚད་ཡོད་དེ། དབྱིབས་ཟླུམ་པོ་དང་། ཚད་ནི་མཐར་དཔག་ཚད་སྟོང་ཕྲག་ཕྱེད་དང་བརྒྱད་ཡིན་ལ་དེའི་དབུས་ཐད་ཀར་ཞེང་ལ་དཔག་ཚད་སྟོང་ཕྲག་ཕྱེད་དང་གསུམ་ཡོད་པའི་ཕྱིར། སྒྲ་དོན་ཡོད་དེ། བ་ལང་དང་ནོར་བུ་ལ་སྤྱོད་པས་ན་དེ་སྐད་བརྗོད་པའི་ཕྱིར། བྱང་གི་སྒྲ་མི་སྙན་ཆོས་ཅན། ཁྱོད་ཀྱི་དབྱིབས་ཚད་ཡོད་དེ། དབྱིབས་གྲུབ་བཞིར་མཉམ་ཞིང་། ཚད་ནི་ངོས་རེར་དཔག་ཚད་ཉིས་སྟོང་རེ་ཡོད་ཅིང་མཐའ་སྐོར་དུ་དཔག་ཚད་སྟོང་ཕྲག་བརྒྱད་ཡོད་པའི་ཕྱིར། སྒྲ་དོན་ཡོད་དེ། དེ་ན་ཡོད་པའི་མི་རྣམས་འཆི་བའི་ཚེ་ཞག་བདུན་གྱི་གོང་དུ་འཆིའོ་ཞེས་པའི་སྒྲ་མི་སྙན་པ་ནམ་མཁའ་ལས་འབྱུང་བས་ན་དེ་ལྟར་བརྗོད་པའི་ཕྱིར། གླིང་དེ་རྣམས་ཆོས་ཅན། ཁྱོད་ལ་གླིང་ཞེས་བརྗོད་པའི་སྒྲ་དོན་ཡོད་དེ། མཐའ་རྒྱ་མཚོས་བསྐོར་བའི་ཚུལ་གྱིས་སོ་སོར་གནས་པས་ན་དེ་སྐད་ཅེས་བརྗོད་པའི་ཕྱིར། གླིང་དེ་དག་ན་བྱ་བ་བྱེད་ཚུལ་དང་། མི་རྣམས་ཀྱི་བྱད་དབྱིབས་ཀྱི་ཁྱད་པར་ཡོད་དེ། གླིང་གཞན་ན་ཆེད་དུ་བྱས་པའི་ཁ་ཟས་ཟ་ལ། སྒྲ་མི་སྙན་ན་མ་རྨོས་པའི་ལོ་ཏོག་སོགས་ལ་སྤྱོད། སྟ་མ་གསུམ་ན་བག་མ་གཏོང་ལེན་དང་ཉོ་ཚོང་དང་གནས་ཁང་འབུབ་པ་སོགས་ཡོད། སྒྲ་མི་སྙན་ན་དེ་ལྟ་བུ་མེད་ལ། བྱད་དབྱིབས་ཀྱི་ཁྱད་པར་ནི་གདོང་རང་རང་གི་གླིང་གི་དབྱིབས་ལྟ་བུ་ཡིན་པའི་ཕྱིར། གླིང་བཞི་པོ་དེའི་

བར་གྱི་གླིང་ཆོས་ཅན། ཁྱོད་ལ་བརྒྱད་ཡོད་དེ། གཡོན་(༧༨བ)སྐོར་གྱིས་ཤར་དུ་ལུས་དང་ལུས་འཕགས་གཉིས། བྱང་དུ་སྒྲ་མི་སྙན་དང་སྒྲ་མི་སྙན་གྱི་ཟླ་གཉིས། ནུབ་ཏུ་གཡོ་ལྡན་དང་ལམ་མཆོག་འགྲོ་གཉིས། ལྷོར་རྔ་ཡབ་དང་རྔ་ཡབ་གཞན་གཉིས་ཏེ་བརྒྱད་ཡོད་པའི་ཕྱིར། གླིང་ཕྲན་བརྒྱད་པོ་དེ་ཆོས་ཅན། ཁྱོད་ཀྱི་ཚད་དབྱིབས་ཡོད་དེ། རང་གི་དབུས་ཀྱི་གླིང་ལས་ཕྱེད་ཀྱིས་ཆུང་ཞིང་དབྱིབས་ནི་རང་རང་གི་དབུས་ཀྱི་གླིང་ལྟ་བུ་ཡིན་པའི་ཕྱིར། མཁས་པ་ཁ་ཅིག །གླིང་གཡོག་རྣམས་རང་རང་གི་གཙོ་བོའི་གླིང་དང་ཚད་འདྲ་བར་འདོད་ཀྱང་མི་འཐད་དེ། དེ་བརྒྱད་ན་གནས་པའི་མིའི་ལུས་ནི་དབུས་གླིང་གི་མི་རྣམས་ལས་ཕྱེད་ཀྱིས་ཆུང་བར་བཤད་པས་ཀྱང་གླིང་གཡོག་རྣམས་དབུས་གླིང་ལས་ཆུང་བར་གྲུབ་པའི་ཕྱིར། རྔ་ཡབ་གླིང་ན་མིར་མ་ཟད་དེ། དེ་ན་སྲིན་པོ་ཡང་གནས་པའི་ཕྱིར།

ཏ༩ འཛམ་བུའི་གླིང་གི་ཡོན་ཏན་ཁྱེ་བྲག་ཏུ་བཤད་པ།

བཞི་པ་འཛམ་བུའི་གླིང་གི་ཡོན་ཏན་ཁྱེ་བྲག་ཏུ་བཤད་པ་ནི། འདི་ནས་བྱང་དུ་རི་ནག་པོ། །དགུ་འདས་གངས་རིའི་དེ་ནས་ནི། །སྤོས་ངད་ལྡང་བའི་ཚུ་རོལ་ན། །མཚུ་ཞེང་ལྔ་བཅུ་ཡོད་པའི་མཚོ། །ཞེས་བྱུང་། ཤེས་བྱ་ཆོས་ཅན། འཛམ་གླིང་འདི་ནི་ཁྱད་ཆོས་དུ་མ་དང་ལྡན་ཏེ། རྡོ་རྗེ་གདན་འདི་ནས་བྱང་དུ་རི་ནག་པོ་གསུམ་གསུམ་སྐོ་དགུ་འདས་པའི་ཕ་རོལ་ན་གངས་རི་ཆེན་པོ་ཏི་སེ་ཞེས་བྱ་བ་ཡོད་ཅིང་། དེ་ནས་ཀྱང་ཕ་རོལ་དཔག་ཚད་ལྔ་བཅུ་ན་སྤོས་ངད་ལྡང་བའི་རི་བོ་ཡོད་ལ། ཡང་དེ་ནས་དཔག་ཚད་ལྔ་བཅུའི་ཚུ་རོལ་ན་ཀླུའི་རྒྱལ་པོ་མ་དྲོས་པ་གནས་པའི་མཚོ་མ་དྲོས་པ་ཞེས་བྱ་བ་དབྱིབས་གྲུ་བཞི་དང་། ཆུ་ཞེང་གཉིས་ལའང་དཔག་ཚད་ལྔ་བཅུ་རེ་ཡོད་ཅིང་། མཐའ་སྐོར་དུ་དཔག་ཚད་ཉིས་བརྒྱ་པ་ཡན་ལག་བརྒྱད་ལྡན་གྱི་ཆུས་གང་བ་ཞིག་ཡོད་པའི་ཕྱིར། དེ་ཆོས་ཅན། ཁྱོད་ཀྱི་དབུས་ན་ཤིང་ཁྱད་

པར་ཅན་ཡོད་དེ། དེར་འཛམ་བུའི་ཤིང་འབྲས་བུ་མངར་མོ་དང་ལྡན་པ་ལྷས་ཀྱང་ལོངས་སྤྱོད་དུ་ཉུང་བའི་ཤིང་ཁྱད་པར་ཅན་ཡོད་པའི་ཕྱིར། དེ་ཆོས་ཅན། ཁྱོད་ཀྱི་ཕྱོགས་བཞི་ནས་ཆུ་བོ་ཆེན་པོ་བཞི་འབབ་པ་ཡིན་ཏེ། ཤར་ན་དངུལ་གྱི་བྲག་(༧༡ན)གླང་ཆེན་འདྲ་བའི་ཁ་ནས་གངྒཱ་དངུལ་གྱི་བྱེ་མ་འདྲེན་པ་དང་། ལྷོར་གསེར་གྱི་བྲག་ཁྱུ་མཆོག་གི་ཁ་འདྲ་བ་ནས་སིནྡྷུ་གསེར་གྱི་བྱེ་མ་དང་། ནུབ་ན་བཻ་ཌཱུརྱའི་བྲག་རྟའི་ཁ་འདྲ་བ་ནས་པཀྵུ་བཻ་ཌཱུརྱའི་བྱེ་མ་དང་། བྱང་ན་རྡོ་རྗེའི་བྲག་སེངྒེའི་ཁ་འདྲ་བ་ནས་སི་ཏ་ཞེས་བྱ་བ་རྡོ་རྗེའི་བྱེ་མ་འདྲེན་ཅིང་། དེ་རེ་རེའང་ཆུ་བྲན་ལྔ་བརྒྱ་རེ་བཅས་ནས་མཚོ་མ་དྲོས་པ་ལ་གཡས་སྐོར་ལན་བདུན་རེ་བྱས་ནས་རང་རང་གི་ཕྱོགས་སུ་འབབ་པའི་ཕྱིར། དེ་ལྟར་འབབ་པའི་རྒྱུ་མཚན་ཡོད་དེ། ཀླུ་རྒྱལ་མ་དྲོས་པ་དེ་སྤྲུལ་པའི་ཀླུ་ཁྱད་པར་ཅན་ཡིན་ཞིང་དེའི་སྨོན་ལམ་གྱི་མཐོན་དོན་ཁྱད་པར་ཅན་དང་ལྡན་པའི་སྒོ་ནས་དེ་ལྟར་དུ་འབབ་པའི་ཕྱིར། རི་སྤོས་ངད་ལྡང་ཆོས་ཅན། ཁྱོད་ཀྱི་བྱང་ཕྱོགས་དཔག་ཚད་ཉི་ཤུ་ན་བྲག་གསེར་གྱི་བྱ་སྐྱིབས་ཞེས་བྱ་བ་རང་འདྲ་བརྒྱ་སྟོང་གིས་བསྐོར་བ་ཡོད་དེ། ཞེང་དུ་དཔག་ཚད་ལྔ་བཅུ། འཕང་དུ་དཔག་ཚད་ཕྱེད་དང་བཞི། མཐར་དཔག་ཚད་ཉིས་བརྒྱ་ཡོད་པ། ལྟ་ན་སྡུག་ཅིང་མཛེས་པ་ཡིན་པའི་ཕྱིར། བྱ་སྐྱིབས་དེ་ཆོས་ཅན། ཁྱོད་ཀྱི་བྱང་དང་ཤར་ན་ཤིང་དང་རྫིང་བུ་གཉིས་ཡོད་དེ། བྱང་ན་ཤིང་སཱ་ལའི་རབ་བརྟན་དང་ཤར་ན་རྫིང་བུ་དལ་གྱིས་འབབ་པ་ཞེས་བྱ་བ་གཉིས་ཡོད་པའི་ཕྱིར། སྔར་བཤད་པ་དེ་དག་གི་ཉེ་སྐོར་དུ་གང་རྒྱུ་བ་ཡོད་དེ། བརྒྱ་བྱིན་གྱི་གླང་ཆེན་གཡུལ་ངོར་སྐྱོད་པ་རབ་བརྟན་ཞེས་བྱ་བ་སྲིད་དུ་དཔག་ཚད་ཕྱེད་དང་གསུམ་དང་། ཞེང་དུ་དཔག་ཚད་གཅིག །འཕང་དུ་དཔག་ཚད་ཕྱེད་གཉིས་ཡོད་པ་འཁོར་གླང་པོ་ཆེ་བརྒྱ་སྟོང་དང་བཅས་དགུན་གསེར་གྱི་བྱ་སྐྱིབས་དང་། དཔྱིད་སཱ་ལ་རབ་བརྟན་དང་། དབྱར་རྫིང་བུ་དལ་གྱིས་འབབ་པར་གནས་པའི་ཕྱིར། འཛམ་གླིང་ཆོས་ཅན། ཁྱོད་ཀྱི་ཁྱད་ཆོས་གཞན་ཡང་

ཡོད་དེ། དབུས་སུ་སངས་རྒྱས་ཀྱི་བཞུགས་གནས་རྡོ་རྗེ་གདན་བྱང་ཆུབ་ཀྱི་ཤིང་དང་བཅས་པ། ཤར་ན་འཛམ་དཔལ་གྱི་གནས་རི་བོ་རྩེ་ལྔ། ལྷོ་ན་སྤྱན་རས་(༧༨བ)གཟིགས་ཀྱི་གནས་གྲུ་འཛིན། ནུབ་ན་མཁའ་འགྲོའི་གསང་མཛོད་ཀྱི་གནས་ཨོ་ཌི་ཡ་ན། བྱང་ན་ཆོས་རྒྱལ་རིགས་ལྡན་སོ་གཉིས་སམ་སོ་གསུམ་གྱི་གནས་ཤམྦྷ་ལ་ཡོད་པའི་ཕྱིར། གཞན་ཡང་ཁྱད་པར་དུ་མ་བཤད་པ་ཡོད་དེ། གླིང་འདི་ལ་གླིང་གཡོག་ལྔ་བརྒྱ་དང་། ཡུལ་ཕྲན་སྟོང་དང་བཅོ་བརྒྱད་དང་། བཅུ་དྲུག་སོགས་དུ་མ་བཤད་པའི་ཕྱིར་ཏེ་གསང་བ་བསམ་གྱིས་མི་ཁྱབ་པའི་མདོ་ལས་ཡུལ་ཀ་ཤ་དང་བ་ཏུ་དང་ཐོ་གར་ལ་སོགས་པ་སྟོང་དང་། དྲན་པ་ཉེར་གཞག་ལས་བཅོ་བརྒྱད་དང་། གསང་བའི་མདོ་ལས་བཅུ་དྲུག་དང་། ལུང་ཕྲན་ཚེགས་ལས་མཉན་ཡོད་ལ་སོགས་པ་དྲུག་ཀྱང་བཤད་པའི་ཕྱིར།

༡༣ ཚ་གྲང་དམྱལ་བའི་གནས་བཤད་པ།

གསུམ་པ་དམྱལ་བའི་གནས་བཤད་པ་ནི། འདི་འོག་སྟོང་ཕྲག་ཉི་ཤུ་ན། །མནར་མེད་པའོ་དེ་ཙམ་མོ། །དེ་ཡི་སྟེང་ན་དམྱལ་བ་བདུན། །བརྒྱད་པོ་ཀུན་ལས་ལྷག་བཅུ་དྲུག །དེ་དག་གི་ནི་ངོས་བཞི་ན། །མེ་མར་མུར་དང་རོ་མྱགས་དང་། །སྤུ་གྲིའི་ལམ་སོགས་ཆུ་བོ་ཡིན། །ཆུ་བུར་ཅན་སོགས་གྲང་བརྒྱད་གཞན། །ཞེས་བྱུང་། འཛམ་བུའི་གླིང་འདི་ཆོས་ཅན། ཁྱོད་ཀྱི་འོག་ཏུ་དཔག་ཚད་སྟོང་ཕྲག་ཉི་ཤུ་ན་མནར་མེད་པའི་དམྱལ་བའི་ཡས་སྟེང་ཡོད་དེ། དེ་ནས་དེའི་ཇམས་སུ་ཐུར་དང་རྒྱ་ཚད་ལའང་དཔག་ཚད་སྟོང་ཕྲག་ཉི་ཤུ་དེ་ཙམ་རེ་ཡོད་པའི་ཕྱིར། ས་སྡེ་ལས་མ་དྲོས་མཚོའི་འོག་ཏུ་བཤད་པ་དང་མི་འགལ་ཏེ། མ་དྲོས་མཚོ་ནི་གླིང་འདིའི་མཚོའི་བྱེ་བྲག་ཡིན་པའི་ཕྱིར། མནར་མེད་དེ་ཡི་སྟེང་ན་དམྱལ་བ་བདུན་ཡོད་དེ། ཡང་སོས་སོགས་བདུན་ཡོད་པའི་ཕྱིར། ཚ་དམྱལ་བརྒྱད་པོ་ཀུན་ཆོས་ཅན། འཁོར་དུ

མ་ཡོད་དེ། ཁྱོད་རེ་རེ་ལའང་ལྷག་མ་འཁོར་བཅུ་དྲུག་རེ་ཡོད་པའི་ཕྱིར། དེར་ཐལ། བརྒྱད་པོ་དེ་དག་གི་ངོས་བཞི་རེ་རེ་ན་མེ་མར་མུར་གྱི་འོབས། རོ་མྱགས་ཀྱི་འདམ། སྤུ་གྲི་གཏམས་པའི་ལམ། སོགས་ཏེ་ཆུ་བོ་རབ་མེད་བཞི་བཞི་ལ་ལྷུགས་རིམ་བསྐོར་ནས་ཡོད་པའི་ཕྱིར། སོགས་སྒྲས་གཞན་ཡང་སྡུད་དེ། རལ་གྲིའི་ལོ་མ་དང་ཤལ་མ་ལི་(༢༠༩)སོགས་སྡུད་པའི་ཕྱིར། ཚ་དམྱལ་བརྒྱད་པོ་ཆོས་ཅན། ཁྱོད་ཀྱི་ཐད་ཀར་གཞན་གྲང་དམྱལ་བརྒྱད་ཡོད་དེ། དེ་དག་ཏུ་ཆུ་བུར་ཅན་ལ་སོགས་པ་བརྒྱད་ཡོད་པའི་ཕྱིར། ངན་སོང་གཞན་ཡི་དྭགས་ཀྱི་གནས་ཡོད་དེ། གནས་ཀྱི་རྩ་བ་ནི་འཛམ་གླིང་འདིའི་འོག་དཔག་ཚད་ལྔ་བརྒྱ་སོང་བ་ན་ཡི་དྭགས་ཀྱི་གྲོང་ཁྱེར་སེར་སྐྱ་ཞེས་བྱ་བ་ཡོད་པའི་ཕྱིར། དེར་མ་ངེས་ཏེ། ཡི་དྭགས་འགའ་ཞིག་དང་། ཉེ་ཚེ་བའི་དམྱལ་བའི་གནས་རྒྱ་མཚོའི་འགྲམ་དང་མི་ཡུལ་ནའང་ཡོད་པའི་ཕྱིར། ཡི་དྭགས་དང་དམྱལ་བའི་གཤིན་རྗེའི་རྒྱལ་པོ་ནི་གང་ཟག་ཏུ་འདོད་ཅིང་ངོ་བོ་གཅིག་ཏུ་བཞེད་པ་དང་མི་བཞེད་པའི་ཚུལ་གཉིས་ཡོད་ལ། ཐིག་ནག་པོ་འདེབས་མཁན་ལ་སོགས་པའི་གཤིན་རྗེའི་གཟུགས་སུ་སྣང་བ་ལ་འདོད་ཚུལ་གཉིས་ཡོད་དེ། བྱེ་སྨྲས་གང་ཟག་ཏུ་འདོད་ཅིང་། མདོ་སྡེ་པ་དང་དབུ་སེམས་རྣམས་ཀྱིས་འབྱུང་བཞིའི་ཁྱད་པར་ལ་འདོད་ཅེས་བཤད་པའི་ཕྱིར། དུད་འགྲོའི་གནས་ཡོད་དེ། ཐང་དང་ཆུ་དང་ནམ་མཁའ་སོགས་ལ་གནས་པ་ཡོད་ཀྱང་རྩ་བའི་གནས་ནི་རྒྱ་མཚོ་ཆེན་པོ་ཉིད་ཡིན་པའི་ཕྱིར། ལྷ་མ་ཡིན་གྱི་གནས་ཡོད་དེ། རི་རབ་ཀྱི་ཆུ་མཚམས་མན་གྱི་ཁོང་སེང་ན་གཙོ་བོར་གནས་ཤིང་། ཁ་འཐོར་ནི་གཞན་དག་ནའང་ཡོད་པའི་ཕྱིར། དང་པོ་གྲུབ་སྟེ། ཆུ་མཚམས་མན་གྱི་ཁོང་སེང་ན་དང་པོ་ལྷ་མ་ཡིན་གྱི་དབང་པོ་སྒྲ་གཅན་འཁོར་བཅས་དང་། དེ་ནས་འོག་ཏུ་མགུལ་ཕྲེང་དང་། དེ་ནས་བརྟན་པ་དང་། དེ་ནས་ཐག་བཟང་རིས་འཁོར་བཅས་ཡོད་པར་གདགས་པ་ལས་བཤད་པའི་ཕྱིར། ལྷ་མིན་རྣམས་ཀྱི་ཡོ་བྱད་ཀྱི་ཁྱད་པར་ཡོད་དེ། སུམ་ཅུ་རྩ་གསུམ་པའི་ལྷ་རྣམས་ལ་ཇི་

ལྷར་ཡོད་པ་ལྷ་བུའི་དོན་རེ་རེ་ཡོད་པའི་ཕྱིར་ཏེ། མཚོན་ན་ལྷའི་གླང་ཆེན་གཡུལ་ངོར་སྤྱོད་པའི་དོན་དུ། ལྷ་མིན་ལ་གླང་ཆེན་བཟོད་དཀའ་ཡོད་པ་བཞིན་ནོ། །དེའི་ཕྱིར་དེ་རྣམས་ཀྱིས་སུམ་ཅུ་རྩ་གསུམ་པའི་ལྷ་ལ་(༢༠བ)འགྲན་ནུས་པ་ཡིན་ཏེ། འོན་ཀྱང་ལྷ་རྣམས་ནི་བསོད་ནམས་མཐུ་ཆེ་བ་ཡིན་ནོ། །

༡༩ ཉི་ཟླའི་འཆར་ཚུལ་དང་ཚད་བཤད་པ།

༡༧ འཆར་ཚུལ་དང་ཚད་དངོས།

བཞི་པ་ཉི་ཟླའི་འཆར་ཚུལ་ལ། དངོས་དང་། དུས་ཚིགས་ཀྱི་རྣམ་གཞག་གཉིས། དང་པོ་ནི། ཉི་ཟླ་ལྷུན་པོའི་ཕྱེད་ནའོ། །དཔག་ཚད་ལྔ་བཅུ་གཅིག་དང་བཅས། །ནམ་ཕྱེད་ཉི་མ་ནུབ་པ་དང་། །ཉི་མ་ཕྱེད་དང་འཆར་དུས་གཅིག །ཅེས་བྱུང་། ཉི་ཟླ་གཉིས་ཆོས་ཅན། ཁྱོད་གང་ནས་འཆར་བའི་ཚུལ་ཡོད་དེ། ལྷུན་པོའི་ཆུ་མཚམས་ཡན་ཆད་ཀྱི་ཕྱེད་གཉའ་ཤིང་འཛིན་གྱི་རྩེ་མོ་དང་མཉམ་པའི་ཐད་ནས་འཆར་བའི་ཕྱིར། གང་གིས་རྐྱེན་བྱས་ནས་འཆར་བ་ཡོད་དེ། སེམས་ཅན་གྱི་ལས་ཀྱི་མཐུས་རང་ཉིད་འདེབས་བྱེད་དང་འཕུལ་བྱེད་ཀྱི་རླུང་སྐྱོབས་ཀྱིས་འཆར་བའི་ཕྱིར། ཉི་ཟླ་སྐར་གསུམ་འཕུལ་བྱེད་ཀྱི་རླུང་ལ་མགྱོགས་བུལ་ཁྱད་པར་ཡོད་དེ། སྐར་མ་ཉི་ཟླ་གསུམ་རིམ་པ་བཞིན་སྔ་མ་མགྱོགས་ཤིང་། ཕྱི་མ་བུལ་བའི་ཕྱིར། ཉི་མའི་ལྷོ་བྱང་གི་བགྲོད་གཉིས་ཀྱི་ཆེ་མཐོ་དམན་མི་མཉམ་སྟེ། བྱང་བགྲོད་ཀྱི་ཆེ་མཐོ་ལ་ལྷོ་བགྲོད་ཀྱི་ཆེ་དེ་ལས་དམའ་བའི་ཕྱིར། སྤྱིར་ཉི་ཟླ་གཉའ་ཤིང་འཛིན་གྱི་རྩེ་མོ་དང་མཉམ་པ་དག་འཆར་བར་བཤད་པ་ནི་སྟོན་དཔྱིད་ལྟ་བུའི་དུས་ཀྱི་ཚེ་ཡིན་ཡང་། དེའི་ཚེ་གཞན་ཤིང་འཛིན་གྱི་རྩེ་མོའི་ཐད་ཀ་ན་ཡོད་པ་མིན་ཏེ། ཉི་ཟླ་བྱང་བགྲོད་མཐར་ཐུག་གི་དུས་སུ་ཡང་ལྷོ་གླིང་འདིའི་དབུས་ནས་བྱང་ཕྱོགས་སུ་མི་འོང་བའི་ཕྱིར། ཉི་ཟླའི་ཚད་ཡོད་དེ། ཟླ་བའི་དཀྱིལ་འཁོར་གྱི་རྒྱར་ནི་དཔག་ཚད་ལྔ་བཅུ་དང་། ཉི་

མའི་དཀྱིལ་འཁོར་གྱི་རྒྱུར་དཔག་ཚད་ང་གཅིག་དང་བཅས་ལ། གཉིས་ཀའི་མཐའ་སྐོར་དུ་ནི་སུམ་འགྱུར་དང་། གཉིས་ཀ་ཇམས་སུ་དཔག་ཚད་ཕྱེད་དང་དྲུག་དང་གཅིག་གི་བཅོ་བརྒྱད་ཆ་གཅིག་ཡོད་པའི་ཕྱིར། ངོ་བོའི་ཁྱད་པར་ཡོད་དེ། ཉི་མའི་འོག་ངོས་མེ་ཤེལ་དང་ཟླ་བའི་འོག་ངོས་ཆུ་ཤེལ་ལས་གྲུབ་ཅིང་། དེ་གཉིས་ཀའི་སྟེང་ན་གསེར་གྱི་ནྲ་བ་འཕང་དུ་དཔག་ཚད་ཕྱེད་པས་བསྐོར་བ་ཡོད་ཅིང་། སྐྱེད་མོས་ཚལ་སོགས་དང་། ནང་དུ་ལྷའི་གྲོང་ཁྱེར་དུ་མ་དང་། ལྷའི་(༡༧ན)བུ་ཉི་མ་དང་ཟླ་བ་འཁོར་བཅས་གནས་པའི་ཕྱིར། ཟླ་བའི་ངོས་ཀྱི་གཟུགས་བརྙན་དེ་ལ་བཤད་ཚུལ་མི་འདྲ་བ་ཡོད་ཀྱང་སྟོན་པ་རི་བོང་དུ་སྐྱེ་བ་བཞེས་པའི་རི་བོང་གི་གཟུགས་བརྙན་བྲིས་པ་ལྟར་འདོད་པར་བྱ་སྟེ། རི་བོང་ཅན་ཞེས་པ་དང་མཐུན་པའི་ཕྱིར། སྐར་མའི་གྲངས་ཚད་ཡོད་དེ། གླིང་བཞི་གཅིག་ལ་སྐར་མ་དུང་ཕྱུར་གཉིས་དང་བྱེ་བ་བརྒྱད་ས་ཡ་ལྔ་ཡོད་ཅིང་། ཚད་ཆེ་བ་ལ་རྒྱང་གྲགས་བཅོ་བརྒྱད་དང་། འབྲིང་ལ་བཅུ་ནས་བཅུ་གཉིས་བར་དང་། ཆུང་བར་རྒྱང་གྲགས་གསུམ་དང་གཅིག་ཡོད་པར་བཤད་པའི་ཕྱིར། བྱེད་ལས་ཡོད་དེ། ཉི་མས་གྲང་བ་རྣམས་དྲོ་བ་དང་ཟླ་བས་ཚ་བ་རྣམས་བསིལ་བར་བྱེད་ཅིང་། རྩི་ཤིང་ལོ་ཏོག་སོགས་སྐྱེད་པའི་གྲོགས་བྱེད་ཅིང་། གནོད་པའང་ཅི་རིགས་བྱེད་པར་འགྱུར་བའི་ཕྱིར། བྱ་བ་བྱེད་ཚུལ་ཡོད་དེ། མཚོན་ན་སྒྲ་མི་སྣན་དུ་ནམ་ཕྱེད་པ་དེའི་ཚེ་ལུས་འཕགས་སུ་ཉི་མ་ནུབ་པ་དང་། འཛམ་བུའི་གླིང་འདིར་ཉི་མ་ཕྱེད་པ་དང་བ་ལང་སྤྱོད་དུ་ཉི་མ་ཤར་བ་བཞི་དུས་མཉམ་པ་དེ་བཞིན་དུ་གླིང་གཞན་ལའང་འགྲེ་བའི་ཕྱིར། འདི་ལའང་འདོད་པ་མི་འདྲ་བ་ཡོད་དེ། ཉིན་མཚན་མཉམ་པའི་དུས་གཅིག་ལ་འདོད་པ་དང་། ཉིན་ཞག་རེ་རེའང་དེ་ལྟར་འགྱུར་བའི་འདོད་ཚུལ་གཉིས་ཡོད་པའི་ཕྱིར། རང་ལུགས་དེ་ཕྱི་མ་ལྟར་ཅུང་སྟེ། རྗེ་ཉོར་བཟང་པས་ལེགས་པར་གཏན་ལ་ཕབ་པ་ལྟར་འདོད་པའི་ཕྱིར་རོ། །

༦༢ དུས་ཚིགས་ཀྱི་རྣམ་གཞག །

ཐ༡ དུས་ཚིགས་ཀྱི་ཚིག་དོན།

གཉིས་པ་དུས་ཚིགས་ནི། དབྱར་གྱི་ཟླ་བ་གཉིས་པ་ཡི། །ཐ་མའི་ཚེས་དགུ་ནས་མཚན་རིང་། །དགུན་རྣམས་ཀྱི་ནི་བཞི་པ་ལ། །ཐུང་དུར་འགྱུར་རོ་ཉིན་མོ་བཟློག །ཉིན་མཚན་རིང་བ་ཐང་གཅིག་གོ། །ཉི་མ་ལྷོ་བྱང་བགྲོད་ཚེའོ། །ཉི་མ་དང་ནི་ཉེ་བ་ལས། །རང་གི་གྲིབ་མས་སྒྲིབ་པར་སྣང་། །ཞེས་བྱུང་། འདི་ལ་ཚིག་དོན་དང་། སྤྱི་དོན་དང་། མཐའ་དཔྱད་པ་གསུམ། དང་པོ་ནི། རགས་རྩིས་དུས་ཚིགས་ལ་གསུམ་དུ་ཕྱེ་བའི་དཔྱིད་ཀྱི་ཟླ་བ་གཉིས་པ་ཁྲུམས་ཟླའི་ཕྱོགས་ཐ་མ་ཧོར་ཟླ་བརྒྱད་པའི་ཡར་ངོའི་(༡༧བ)ཚེས་བདུན་བརྒྱད་ལ་ཉིན་མཚན་མཉམ་པ་ལས། ཚེས་དགུ་ནས་མཚན་མོ་རིང་བར་འགྱུར་ཏེ། དེ་ནས་ཟླ་བ་གསུམ་གྱི་བར་ཟླ་བ་རེ་རེར་ཐང་གཅིག་སུམ་ཅུའམ་ཡུད་ཙམ་བཅོ་བརྒྱད་ཀྱི་བར་དུ་རིམ་གྱིས་འཕེལ་ནས་བཅུ་གཅིག་པའི་ཚེས་བརྒྱད་ལ་དགུན་ཉི་ལྡོག་ཅིང་། དེ་ནས་ཟླ་བ་གསུམ་གྱི་བར་དུ་ཐང་གཅིག་དང་ཡུད་ཙམ་རེས་ཉིན་མོ་རིང་བ་དང་མཚན་མོ་ཐུང་དུར་རིམ་གྱིས་གྱུར་ཏེ། དུས་ཚིགས་ལ་གསུམ་དུ་ཕྱེ་བའི་དགུན་རྣམས་ཀྱི་ནི་ཟླ་བ་བཞི་པ་དབོ་ཟླའི་ཡར་ངོ་གཉིས་པའི་ཚེས་བརྒྱད་ལ་དཔྱིད་ཉིན་མཚན་མཉམ་པ་འབྱུང་ཞིང་། དེ་ནས་ཡང་མཚན་མོ་ཐུང་དུ་དང་ཉིན་མོ་རིང་བར་གྱུར་ཏེ་ཟླ་བ་གསུམ་རྫོགས་པའི་ཚེ་ལྔ་པའི་ཚེས་བརྒྱད་ལྔ་བུ་ལ་དབྱར་ཉི་མཐར་ཐུག་འབྱུང་བ་སོགས་ཡིན་པའི་ཕྱིར། ཉིན་མོ་བཟློག་ཅེས་པའི་དོན་ཡང་ཡོད་དེ། ཉིན་མཚན་རིང་ཐུང་གོ་བཟློག་ཏུ་འབྱུང་བ་ལ་བྱེད་ཀྱི། ཉི་ལྡོག་གི་དུས་ཙམ་ལ་མི་བྱེད་པའི་ཕྱིར། དགུན་ཉི་ལྡོག་པ་ནས་ཉིན་མོ་རིང་བར་འགྲོ་ཡང་དེ་མཚན་མོ་ལས་རིང་བར་མ་ངེས་ཏེ། མཚན་མོ་ལས་ཉིན་མོ་རིང་བ་ནི་དཔྱིད་ཉིན་མཚན་མཉམ་ཟིན་ནས་འབྱུང་བའི་ཕྱིར། ཉིན་

མཚན་གང་རུང་ཆོས་ཅན། ཁྱོད་རིང་ཐུང་དུ་འགྱུར་བའི་ཚད་ཡོད་དེ། ཞག་རེ་ལ་ཐང་གཅིག་རེས་འཕེལ་འགྲིབ་ཀྱི་རིང་ཐུང་དུ་འགྱུར་བའི་ཕྱིར། ཐང་གཅིག་གི་ཚད་ཡོད་དེ། ཞག་གཅིག་གི་ཆ་དགུ་བཅུད་བྱས་པའི་ཆ་གཅིག་ལ་བྱེད་པའི་ཕྱིར། དེ་ཆོས་ཅན། རིང་ཐུང་དུ་འགྱུར་བའི་དུས་ཡོད་དེ། ལྷོ་བགྲོད་ཀྱི་ཚེ་ཐུང་། བྱང་བགྲོད་ཀྱི་ཚེ་རིང་བར་འགྱུར་བའི་ཕྱིར་ཏེ། ཉི་མ་བྱང་བགྲོད་ཀྱི་ཚེ་མཐོར་སོང་བའི་དབང་གིས་འཆར་སྟ་ལ། ནུབ་པ་ཕྱི་བས་ཉིན་མོ་རིང་ལ་མཚན་མོ་ཐུང་ཞིང་། ཟླ་བ་ལའང་སྦྱོགས་འདྲ་བའི་ཕྱིར། ཉི་ཟླ་གཉིས་ལྷོ་བྱང་དུ་བགྲོད་པ་རེས་མོས་ཡིན་ཏེ། དེ་གཉིས་ལས་གཅིག་ལྷོ་བགྲོད་ཀྱི་ཚེ་ཅིག་ཤོས་བྱང་བགྲོད་ཡིན་ལ། གཅིག་བྱང་བགྲོད་ཀྱི་ཚེ་ཅིག་ཤོས་ལྷོ་བགྲོད་བྱེད་པའི་ཕྱིར། ཆོས་གསུམ་ལྟ་བུ་ལ་ཟླ་བའི་དཀྱིལ་འཁོར་མ་རྫོགས་པའི་རྒྱུ་མཚན་ཡོད་དེ། དེའི་ཚེ་ཟླ་བ་ཉི་མའི་(༢༢ན)དཀྱིལ་འཁོར་དང་ཉེ་བ་ལས་ཉི་འོད་ཟླ་བའི་གཞལ་མེད་ཁང་ལ་བབས་པ་ན་ཕ་རོལ་གྱི་ངོས་སུ་ཟླ་བ་རང་གི་གྲིབ་མ་བབས་པ་ལས་འགྲིབ་པར་སྣང་བར་གྲགས་པའི་ཕྱིར། དཔེར་ན། མཚན་མོ་ཀ་བ་དང་མར་མེའི་འོད་ཉེ་བ་ན་ཀ་བ་རང་གི་གྲིབ་མས་ཕར་ངོས་སྒྲིབ་པར་བྱེད་པ་བཞིན་དུའོ། །

ཐ༢ དུས་ཚིགས་ཀྱི་སྤྱི་དོན།

དུས་ཚིགས་གང་ལས་བྱུང་བ་དང་། བྱེད་པ་པོ་ཡོད་མེད་དང་། དུས་ཚིགས་སོ་སོར་བཤད་པ་དང་གསུམ། དང་པོ་ནི། རྒྱས་པར་བཤད་ན་མང་ཡང་འདིར་བསྡུས་ནས་བཤད་པར་བྱ་སྟེ། བསྐལ་པ་དང་པོའི་མི་རྣམས་ཀྱི་ལུས་ཀྱི་འོད་སོགས་ཉམས་ནས་འཇིག་རྟེན་དུ་མུན་པ་བྱུང་བ་ལ་བརྟེན་ནས་མྱ་ངན་བྱས་པས་སྤྱི་མཐུན་གྱི་ལས་ཀྱིས་ཉི་ཟླ་གཟའ་སྐར་སོགས་བྱུང་སྟེ། དེ་ལ་བརྟེན་ནས་ཉིན་མཚན་དང་དུས་ཚིགས་ཀྱི་རྣམ་གཞག་རྣམས་བྱུང་བའི་ཕྱིར། གཉིས་པ་ཡོད་དེ། དེའི་ཚེ་ཉི་

ཟླ་སོགས་ཀོ་རིམ་མ་ངེས་པར་རྒྱུ་བ་ལས་བདག་ཅག་གི་སྟོན་པ་འདི་དྲང་སྲོང་ཛ་ཝོང་དུ་གྱུར་པའི་དུས་སུ་རྒྱ་སྐར་སོགས་ཀྱི་ཀོ་རིམ་མཛད་པར་བཤད་པས་ཐེད་པ་པོ་ཡོད་པའི་ཕྱིར། གསུམ་པ་ནི། ཕྱིར་དུས་ཀྱི་ཐ་སྙད་ལ་དུ་མ་ཡོད་ཀྱང་འཆི་མེད་མཛོད་ལས་འདི་ལྟར་བཤད་དེ། མིག་འཛུམ་བཅོ་བརྒྱད་མཐའ་གནས་ལ། །དེ་སུམ་ཅུ་ལ་སྐད་ཅིག་བགྲང་། །དེ་ནི་བཅུ་གཉིས་ཡུད་ཙམ་ཡིན། །དེ་སུམ་ཅུ་ལ་ཉིན་ཞག་གཅིག །དེ་དག་བཅོ་ལྔར་ཕྱོགས་སུ་གྲགས། །ཟླ་ཕྱིའི་ཕྱོགས་ནི་དཀར་ནག་གཉིས། །དེ་གཉིས་བསྡོམས་པས་འཇལ་བྱེད་དོ། །མཆུ་ཟླ་ལ་སོགས་གཉིས་གཉིས་ལ། །དེ་ཚིགས་དེ་གསུམ་བགྲོད་པ་གཅིག །ལྷོ་བྱང་བགོད་པ་གཉིས་ལ་ལོ། །ཞེས་གསུངས་པ་ལྟར་ཡིན་པའི་ཕྱིར། ལོ་རྣམ་པ་གསུམ་ཡོད་དེ། ཚེས་ལོ་ཉིན་ཞག་གི་ལོ་ཁྱིམ་ལོ་གསུམ་ཡོད་པའི་ཕྱིར། དེ་གསུམ་གྱི་ཁྱད་པར་ཅུང་ཟད་རྒྱས་པ་ཞིག་གཞན་དུ་བཤད་ཟིན་པས་འདིར་བསྡུ་ན་དེ་གསུམ་གྱི་ཁྱད་པར་ཡོད་དེ། ཉི་མས་(༢༢བ) ཁྱིམ་བཅུ་གཉིས་ལ་རང་འགྲོས་ཀྱིས་རྫོགས་པར་སྤྱོད་པའི་ཚུལ་གྱིས་བགྲོད་གཉིས་རྫོགས་པའི་ལོ་དེ་ཁྱིམ་ལོ་དང་། ནམ་ལངས་ནས་ནམ་ལངས་ཀྱི་བར་ཉིན་ཞག་གི་ཟླ་བ་བཅུ་གཉིས་ལ་ཉིན་ཞག་གི་ལོ་དང་། ཟླ་བའི་འཕེལ་འགྲིབ་ཀྱི་ཆ་རེ་རྫོགས་པའི་ཚེས་ཞག་གི་ཟླ་བ་བཅུ་གཉིས་རྫོགས་པ་ལ་ཚེས་ཞག་གི་ལོར་འཛོག་པའི་ཕྱིར། གཞན་ཡང་ལོའི་དབྱེ་བ་ཡོད་དེ། རབ་བྱུང་ལ་སོགས་པའི་དྲུག་ཅུ་ཡོད་ཅིང་། དེ་ཡང་མེ་ཡོས་སོགས་ལོ་ཀྲན་དྲུག་ཅུ་དང་དོན་གཅིག་ཏུ་འགྱུར་བའི་ཕྱིར། ཟླ་བ་དང་ཞག་ལའང་དེ་གསུམ་ཡོད་དེ། ལུག་གླང་འཁྲིག་པ་ཀརྐ་ཊ་སོགས་ཁྱིམ་ཟླ་དང་ཁྱིམ་ཞག །སྟག་གི་ཟླ་བ་ལ་སོགས་པའི་ཟླ་བ་བཅུ་བཞི་དང་། མགོ་ལ་སོགས་པའི་ཟླ་བ་བཅུ་གཉིས་དང་ཞག་སོགས་ཀྱི་ཐ་སྙད་ཀྱང་ཡོད་པའི་ཕྱིར། ཕྱིར་ལོ་འགོ་ངེས་འཛིན་ལ་མང་དུ་ཡོད་ཀྱང་འདུལ་མདོན་གྱི་ལུགས་ལ་ལོ་འགོ་འཛིན་ཚུལ་ཡོད་དེ། ཧོར་ཟླ་བཅུ་པའི་མར་ངོའི་ཚེས་གཅིག་ནས་འཛིན་པའི་ཕྱིར། ལོ་ལ་དུས་ཚིགས་

བྱེད་ཚུལ་དུ་མ་ཡོད་དེ། གསུམ་དང་བཞི་དང་ལྔ་དང་དྲུག་རྣམས་སུ་ཡོད་པའི་ཕྱིར། དང་པོ་ཡོད་དེ། མགོ་རྒྱལ་མཆུ་དབོའི་ཟླ་བ་བཞི་ནི་དཔྱིད་དང་། ནག་པ་ས་ག་སྣྲོན་ཆུ་སྟོད་ཀྱི་ཟླ་བ་བཞི་ནི་དབྱིད། གྲོ་བཞིན་ཁྲུམས་ཐ་སྐར་སྨིན་དྲུག་གི་ཟླ་བ་བཞི་ནི་དབྱར་དུས་སུ་འཛོག་པའི་ཕྱིར། དུས་ཚིགས་ལ་བཞིར་འཛོག་ཚུལ་ཡོད་དེ། དགུན་དཔྱིད་དབྱར་སྟོན་བཞིར་བྱས་ནས་རྒྱུ་སྐར་ཟླ་མ་གསུམ་གསུམ་དང་སྦྱར་ནས་འཛོག་པའི་ཕྱིར། དུས་ཚིགས་ལ་ལྔར་འབྱེད་ཚུལ་ཡོད་དེ། དགུན་དང་དཔྱིད་དང་དབྱར་ཙམ་དང་དབྱར་ཐུང་ངུ་དང་དབྱར་རིང་པོའི་དུས་དང་ལྔར་འཛོག་པའི་ཕྱིར་ཏེ། དབྱར་ཐ་ཆུང་གི་ཚེས་བཅུ་དྲུག་ལ་དབྱར་ཐུང་ངུ་ཞེས་པ་མ་གཏོགས་ཟླ་མ་དང་འདྲ་བའི་ཕྱིར། དུས་ཚིགས་ལ་དྲུག་ཏུ་འབྱེད་ཚུལ་ཡོད་དེ། དགུན་སྟོད་དགུན་སྨད་སོགས་གཉིས་གཉིས་ཕྱེ་བས་དྲུག་ཏུ་འགྱུར་བ་ལྟར་ཡིན་(༢༣ན)པའི་ཕྱིར། དུས་ཚིགས་ལ་དབྱེ་བ་དེ་ལྟར་མཛད་པ་ལ་ཆོས་ཅན། དགོས་པ་ཡོད་དེ། གསུམ་དུ་ཕྱེ་བ་ནི་ཕྱུག་དར་ཁྲིད་པའི་གོས་ཤེས་པ་དང་། བཞིར་ཕྱེ་བ་ནི་འཇིག་རྟེན་གྲགས་པ་དང་སྒོ་བསྟུན་པ་དང་། ལྔར་ཕྱེ་བ་ནི་དབྱར་ཐུང་ངུ་ཤེས་པ་དང་། དྲུག་ཏུ་ཕྱེ་བ་ནི་གསོ་སྦྱོང་བཅུ་བཞི་པ་དང་ཞག་མི་ཐུབ་འབྱུང་བའི་དུས་ཤེས་པའི་ཆེད་ཡིན་པའི་ཕྱིར། ཕྱི་མ་གྲུབ་སྟེ། ལོ་དྲི་བ་ལས། རྒྱལ་དང་དབོ་དང་ས་ག་ཅན། །ཞེས་སོགས་དང་། རང་འགྲེལ་ལས། དགུན་དང་དཔྱིད་དང་དབྱར་རྣམས་ཀྱི་ཞེས་སོགས་འབྱུང་བ་ལྟར་ཡིན་པའི་ཕྱིར། ཟླ་བཤོལ་འདོད་ཚུལ་ལ་ཞིབ་རྩིས་དང་རགས་རྩིས་གཉིས་ཡོད་ཅིང་དང་པོ་ནི་གཞན་དུ་ཤེས་པར་བྱ་དགོས་ལ། རགས་རྩིས་ལ་འདོན་ཚུལ་ཡོད་དེ། ཆོས་ཞག་ལས་ཉིན་ཞག་ཡུད་ཙམ་ཕྱེད་ཀྱིས་རིང་བ་ལ་བརྟེན་ནས་ཟླ་བ་གཉིས་གཉིས་ན་ཉིན་ཞག་རེ་མ་ཐུབ་པའི་དབང་གིས་ལོ་ལྔ་ལྔ་ནས་ཟླ་བཤོལ་འདོན་པ་དང་། ཆོས་ཞག་གིས་ཁྱིམ་ཞག་གི་དོད་མ་ཐུབ་པ་ལ་བརྟེན་ནས་ཁྱིམ་ལོ་གཉིས་དང་ཟླ་བ་ཕྱེད་དང་དགུ་ནས་ཟླ་བཤོལ་འདོན་པའི་ཚུལ་གཉིས་ཡོད་པའི་

ཕྱིར། འདི་སྐོར་གཞན་དུ་བཤད་ཟིན་པས་དེ་ཙམ་མོ། །

ཐ༣ དུས་ཚིགས་ཀྱི་མཐའ་དཔྱད་པ།

གཉིས་པ་མཐའ་དཔྱད་པ་ལ་ཁ་ཅིག །དུས་བཞི་ཅིག་ཅར་བ་ཡིན་ཏེ། གླིང་བཞིར་དགུན་བཞི་དུས་ཅིག་ཅར་གྲུབ་པ་སོགས་ཡིན་པའི་ཕྱིར་ཟེར་ན། དེ་མི་འཐད་པར་ཐལ། གླིང་བཞི་སོ་སོར་དུས་བཞི་རིམ་ཅན་དུ་འབྱུང་བའི་ཕྱིར། དེར་ཐལ། འཛམ་གླིང་འདི་ལྟ་བུར་དབྱར་རྗེས་སུ་སྟོན། སྟོན་རྗེས་སུ་དགུན། དགུན་རྗེས་སུ་དཔྱིད་འབྱུང་བ་མངོན་སུམ་དུ་གྲུབ་པའི་ཕྱིར། གཞན་ཡང་། དེ་མི་འཐད་པར་ཐལ། དེ་ལྟར་ན་དབྱར་ཉི་མཐར་ཐུག་པའི་ཚེ་ཉིན་ཞག་གཅིག་ཏུ་ཆུ་ཚོད་དྲུག་ཅུ་ལྷག་དང་། དགུན་ཉི་མཐར་ཐུག་པའི་ཚེ་ཉིན་ཞག་གཅིག་ལའང་དེ་ལྟར་དུ་འགྱུར་བར་ཐལ་བ་སོགས་ཀྱི་སྐྱོན་ཡོད་པའི་ཕྱིར། ཁ་ཅིག །གང་ལ་ལྟོས་ཀྱང་ཚེས་ཞག་དེ་ཉིན་ཞག་ལས་ཐུང་(༤༣བ)བས་ཁྱབ་པར་ཐལ། ཞག་གསུམ་གྱི་ནང་ནས་ཚེས་ཞག་ཐུང་བའི་ཕྱིར་ན་མ་ཁྱབ་སྟེ། སྤྱིར་དེ་ལྟར་ཡིན་ཀྱང་ཟླ་བའི་རྐང་པའི་དབང་གིས་ཚེས་འཕེལ་དུས་ཆུ་ཚོད་རེ་བཞིའི་བར་དུ་འབྱུང་བ་ཡོད་ཅིང་། འགྲིབ་དུས་ཆུ་ཚོད་ང་བཞིའི་བར་དུ་འོང་སྲིད་པའི་ཕྱིར། དེར་ཐལ། ཟླ་བའི་སྨྲ་རྐང་ལུགས་འབྱུང་གི་དུས་སུ་ཚེས་འཕེལ་དུས་ཟླ་བའི་འཕེལ་འགྲིབ་བུལ་ལ། ཕྱི་རྐང་རིམ་མིན་གྱི་དུས་སུ་ཚེས་འགྲིབ་པ་ན་ཟླ་བའི་འཕེལ་འགྲིབ་མགྱོགས་པས་ཚེས་ཡུན་ཐུང་བར་འགྱུར་བའི་ཕྱིར། དེར་ཐལ། ཚེས་འཕེལ་དུས་ལྷག་པ་བསྐྱུད་མ་དང་། ཚེས་འགྲིབ་དུས་ཆད་པ་བསྐྱུད་མར་འབྱུང་བ་རི་མོས་རྟོགས་པའི་ཕྱིར། དེ་ལ་ཁོ་ན་རེ། ཉིན་ཞག་ལའང་རིང་ཐུང་འབྱུང་བར་ཐལ། དམ་བཅའ་འཐད་པའི་ཕྱིར་ན་མ་ཁྱབ། འདོད་མི་ནུས་ཏེ། ཉིན་ཞག་རེར་ཆུ་ཚོད་དྲུག་ཅུ་རེར་ངེས་པའི་ཕྱིར། ཁ་ཅིག །ཞག་གསུམ་འཇོག་ཚུལ་ལ་དཀའ་སླའི་ཁྱད་པར་མེད་ཟེར་ན། དེ་ཡོད་པར་ཐལ། ཉིན་ཞག་འཇོག་སླ

ཞིང་། དེ་ལས་ཆོས་ཞག་ཙུང་དཀའ་ལ། དེ་ལས་ཁྲིམ་ཞག་འཛོག་དཀའ་བའི་ཕྱིར། ཁ་ཅིག །ལོ་བཟློལ་འདོད་རིགས་པར་ཐལ། ཟླ་བཟློལ་འདོད་རིགས་པའི་ཕྱིར་ན་མ་ཁྱབ་སྟེ། ཟླ་བཟློལ་བརྟན་ཟིན་ནས་ལོ་བཟློལ་ལོགས་སུ་འདོན་རྒྱུ་མེད་པའི་ཕྱིར། འོན་ཀྱང་འདིར་དཔྱད་རྒྱུ་ཡོད་དེ། ད་ལྟའི་བརྩི་ལུགས་ཀྱིས་ལོ་དྲུག་ཙུ་སོང་བའི་ཚེ་ཁྲིམ་ལོ་དབང་བཙན་པར་སོང་ནས། དེའི་ཚེ་ཆོས་ལོ་དང་ཉིན་ཞག་གི་ལོ་ཁོ་ན་དང་སྦྱར་ཏེ་བརྩིས་ན་དེ་ལས་ལྷག་འོང་སྲིད་པའི་ཕྱིར་དཔྱད་པར་བྱའོ། །

༧༥ ལྷའི་གནས་བཤད་པ།

ཏ༡ ས་དང་འབྲེལ་བའི་གནས།

ཐ༡ རྒྱལ་ཆེན་བཞི་པོའི་གནས།

ལྔ་པ་ལྷ་རྣམས་ཀྱི་གནས་བཤད་པ་ལ། ས་དང་འབྲེལ་བའི་གནས་དང་། ས་དང་མ་འབྲེལ་བའི་གནས། སེམས་ཅན་གྱི་ཁྱད་ཆོས། གོང་འོག་གི་བར་གྱི་ཐག་ཚད་དང་བཞི། དང་པོ་ལ། རྒྱལ་ཆེན་བཞི་པོ་དང་། སུམ་ཅུ་རྩ་གསུམ་པའི་གནས་གཉིས། དང་པོ་ནི། འདི་ལ་བང་རིམ་བཞི་ཡོད་དེ། །བར་གྱི་ཐག་ནི་སྟོང་ཕྲག་བཅུ། །སྟོང་ཕྲག་དག་ནི་བཅུ་དྲུག་དང་། །བརྒྱད་དང་བཞི་དང་གཉིས་འཕགས་སོ། །(༤༥ན)དེ་ལ་ལག་ན་གཞོང་ཐོགས་དང་། །འཕྲེང་ཐོགས་དང་ནི་རྟག་མྱོས་དང་། །རྒྱལ་ཆེན་བཞི་པའི་ལྷ་རྣམས་གནས། །རི་ནི་བདུན་པོ་དག་ལ་ཡང་། །ཞེས་བྱུང་། རི་རབ་ཀྱི་ཆུ་མཚམས་ཡན་ཆད་འདི་ལ་ཆོས་ཅན། བང་རིམ་བཞི་ཡོད་དེ། དེ་རེ་རེའི་བར་གྱི་ཐག་ནི་དཔག་ཚད་སྟོང་བཅུ་བཅུ་སྟེ་ཁྲི་ཕྲག་རེ་རེ་ཡོད་པའི་ཕྱིར། བང་རིམ་དེ་དག་ཆོས་ཅན། རི་རབ་ལས་ཕྱིར་འཕགས་ཚུལ་བཞི་ཡོད་དེ། བང་རིམ་དང་པོ་འོག་མ་ནི་རི་རབ་ལས་ཕྱིར་དཔག་ཚད་སྟོང་ཕྲག་བཅུ་དྲུག་དང་། གཉིས་པ་སྟོང་ཕྲག་བརྒྱད་དང་། གསུམ་པ་སྟོང་ཕྲག་བཞི་དང་། བཞི་པ་སྟོང་ཕྲག་གཉིས་ཕྱིར་འཕགས་པའི

ཕྱིར། བང་རིམ་དེ་ལ་ལྷ་གང་གནས་པ་ཡོད་དེ། དང་པོ་ལ་ལག་ན་གཞོང་ཐོགས་དང་། གཉིས་པ་ལ་འཕྲེང་ཐོགས་དང་། གསུམ་པ་ལ་རྟག་མྱོས་དང་། བཞི་པ་ལ་རྒྱལ་ཆེན་བཞི་དང་དེའི་འཁོར་གྱི་ལྷ་རྣམས་གནས་པའི་ཕྱིར། ཕྱི་མ་གྲུབ་སྟེ། ཤར་ཕྱོགས་ན་ཡུལ་འཁོར་སྲུང་གནས་པ་སོགས་ཡིན་པའི་ཕྱིར་ཏེ། དེར་མ་ཟད་གསེར་གྱི་རི་བདུན་པོ་དག་ལ་ཡང་རྒྱལ་ཆེན་བཞིའི་རིས་ཀྱི་ལྷ་རྣམས་གནས་པའི་ཕྱིར།

ཐ༢ སུམ་ཅུ་རྩ་གསུམ་པའི་གནས།

ད༡ མདོར་བསྟན་པ།

གཉིས་པ་ལ་མདོར་བསྟན་པ་དང་། རྒྱས་པར་བཤད་པ་གཉིས། དང་པོ་ནི། ལྷུན་པོའི་རྩེ་ན་སུམ་ཅུ་གསུམ། །དེ་ཡི་ངོས་ལ་བརྒྱད་ཁྲི་འོ། །ཞེས་བྱུང་། ལྷུན་པོ་ཆོས་ཅན། ཁྱོད་ཀྱི་རྩེ་ན་སུམ་ཅུ་རྩ་གསུམ་པའི་གནས་ཡོད་དེ། བརྒྱ་བྱིན། ནོར་ལྷ་བརྒྱད། དྲག་པོ་བཅུ་གཅིག །ཉི་མ་བཅུ་གཉིས། ཐ་སྐར་གྱི་བུ་དང་བཅས་པའི་ལྷའི་གཙོ་བོ་སུམ་ཅུ་རྩ་གསུམ་བཞུགས་པའི་གནས་ཡོད་པའི་ཕྱིར་ལྷུན་པོའི་རྩེ་ཆོས་ཅན། ཁྱོད་ཀྱི་རྒྱ་ཚད་ཡོད་དེ། ངོས་རེ་རེར་དཔག་ཚད་བརྒྱད་ཁྲི་རེ་ཡོད་པའི་ཕྱིར་ཏེ། རི་ཐམས་ཅད་ཀྱི་ཆུ་མཚམས་ཡན་དཔངས་ཞེང་མཉམ་པར་མཚུངས་པའི་ཕྱིར།

ད༢ རྒྱས་པར་བཤད་པ།

ན༡ གནས།

གཉིས་པ་རྒྱས་པར་བཤད་པ་ལ། གནས་དང་ཚལ་དང་ས་གཞི་དང་ཤིང་དང་འདུན་པ་དང་ལྔ། དང་པོ་ནི། (༤༥བ)ཕྱོགས་མཚམས་བརྩེགས་པ་བཞི་ལ་ནི། །ལག་ན་རྡོ་རྗེའི་གནས་དགུས་ན། །གྲོང་ཁྱེར་ལྟ་ན་སྡུག་ཅེས་པ། །ངོས་ལ་ཉིས་སྟོང་ལྔ་བརྒྱ་པ། །དཔག་ཚད་ཕྱེད་དང་གཉིས་གསེར་གྱི། །རང་བཞིན་གཞི་བཀྲ་མཉེན

པ་ཡོད། །དེས་ན་རྣམ་པར་རྒྱལ་བྱེད་དེ། །ངོས་ལ་ཉིས་བརྒྱ་ལྔ་བཅུའོ། །ཞེས་བྱུང་། ལྷུན་པོ་ཆོས་ཅན། ཁྱོད་ཀྱི་ཕྱོགས་ཀྱི་མཚམས་ཏེ་གྲྭ་བཞི་ན་ཁང་པ་བརྩེགས་པ་བཞི་ཡོད་ཅིང་དེར་གང་གནས་པ་ཡོད་དེ། ལྷ་རྣམས་སྲུང་བ་པོའི་གནོད་སྦྱིན་ལག་ན་རྡོ་རྗེ་གནས་པའི་ཕྱིར། དེ་ཆོས་ཅན། ཁྱོད་ཀྱི་རྩེའི་དབུས་ན་གནས་ཡོད་དེ། བརྒྱ་བྱིན་གྱི་གྲོང་ཁྱེར་ལྟ་ན་སྡུག་ཅེས་བྱ་བ་ཡོད་པའི་ཕྱིར། གྲོང་ཁྱེར་དེ་ཆོས་ཅན། ཁྱོད་ཀྱི་ཚད་ཡོད་དེ། ངོས་རེར་དཔག་ཚད་ཉིས་སྟོང་ལྔ་བརྒྱ་དང་། འཕང་དུ་དཔག་ཚད་ཕྱེད་དང་གཉིས་ཡོད་པའི་ཕྱིར། དེ་ཆོས་ཅན། རྒྱུ་གང་ལས་གྲུབ་པ་ཡོད་དེ། གསེར་གྱི་རང་བཞིན་ལས་གྲུབ་ཅིང་། ས་གཞི་ཚོན་སྣ་ཚོགས་ཀྱིས་བཀྲ་བར་བྱས་པ། རྐང་པ་བཞག་ན་ནེམ་ནེམ་དང་། བཏེགས་ན་པར་ཅེས་བྱེད་པའི་འཇམ་ཞིང་མཉེན་པ་དང་ལྡན་པའི་ཕྱིར། གྲོང་ཁྱེར་དེ་ཆོས་ཅན། ཁྱོད་ཀྱི་དབུས་ན་བརྒྱ་བྱིན་གྱི་ཁང་བཟང་རྣམ་པར་རྒྱལ་བྱེད་ཡོད་དེ། དེའི་ངོས་རེ་རེར་དཔག་ཚད་ཉིས་བརྒྱ་ལྔ་བཅུ་དང་། མཐའ་སྐོར་དུ་དཔག་ཚད་སྟོང་དང་། ལྟ་ན་སྡུག་ལས་ཀྱང་གྱེན་དུ་དཔག་ཚད་ཕྱེད་དང་ལྔ་འཕགས་པའི་ཕྱིར།

ན༢ ཚལ།

གཉིས་པ་ནི། ཕྱི་རོལ་སྣ་ཚོགས་ཤིང་རྟ་དང་། །རྩུབ་འགྱུར་འདྲེས་ཚལ་དགའ་བས་བརྒྱན། །ཞེས་བྱུང་། གྲོང་ཁྱེར་ལྟ་ན་སྡུག་ཆོས་ཅན། ཁྱོད་ཀྱི་ཕྱོགས་བཞིར་ལྷའི་ཚལ་བཞི་ཡོད་དེ། ཤར་དུ་ཤིང་རྟ་སྣ་ཚོགས་ཀྱི་ཚལ་དང་། ལྷོ་ན་ཤེས་རྒྱུད་རྩུབ་པར་འགྱུར་བའི་ཚལ་དང་། ནུབ་ན་ལྷའི་ཕོ་མོ་འདྲེས་ཤིང་རྩེ་བའི་ཚལ་དང་། བྱང་ན་ཡིད་དགའ་བར་བྱེད་པའི་ཚལ་རྣམས་ཀྱིས་བརྒྱན་ནས་ཡོད་པའི་ཕྱིར། ཤིང་རྟ་སྣ་ཚོགས་ཀྱི་ཚལ་དེ་ཆོས་ཅན། ཁྱོད་དུ་སླང་ཆེན་ས་སྲུང་ཡོད་ཅིང་དེའི་ཚད་དང་འཕྲུལ་ཡོད་དེ། ལུས་(༤༥ན)དཀར་ཞིང་མགོ་དམར་བ་མཆེ་བ་དྲུག་ལྡན། སྲིད་དུ་

དཔག་ཚད་གཅིག་དང་ཁོར་ཡུག་བདུན་ཡོད་པ་འཁོར་སླང་པོ་ཆེ་བརྒྱ་སྟོང་དང་ལྡན་པ། མགོ་སོ་གསུམ་སྤྲུལ་ཏེ་མགོ་གཙོ་བོ་ལ་དབང་པོ་དང་གཞན་སོ་གཉིས་ལ་ཉེ་དབང་སོ་གཉིས་ཞོན་ནས་འགྲོ་བ་སོགས་ཀྱི་འཕྲུལ་དུ་མ་དང་ལྡན་པའི་ཕྱིར།

༣༣ ས་གཞི།

གསུམ་པ་སོགས་ནི། དེ་དག་གི་ནི་ཕྱོགས་བཞི་ན། །ཉེ་ཤུས་བཅད་ན་ས་གཞི་བཟང་། །བྱང་ཤར་མཚམས་ན་ཡོངས་འདུ་སྟེ། །ལྷོ་ནུབ་མཚམས་ན་ཆོས་བཟང་ངོ་། །ཞེས་བྱུང་། སྐྱེད་ཚལ་དེ་དག་ཆོས་ཅན། ཁྱོད་ཀྱི་ཕྱོགས་བཞི་ན་གནས་པའི་ཡོད་དེ། དཔག་ཚད་ཉི་ཤུས་བཅད་པ་ན་ས་གཞི་བཟང་པོ་ཚལ་རྣམས་ལ་འགྲན་ནུས་པ་བཞི་ཡོད་པའི་ཕྱིར།

༣༤ ཤིང་།

བཞི་པ་ནི། ལྷ་ན་སྡུག་ཆོས་ཅན། ཁྱོད་ཀྱི་བྱང་ཤར་ན་ཤིང་ཁྱད་པར་ཅན་ཡོད་དེ། རྩ་བ་དཔག་ཚད་ལྔ་བརྒྱ་ཐུར་དུ་ཟུག་ཅིང་དེ་ཙམ་གྱེན་དུ་འཕགས་པའི་ཡོངས་འདུ་ས་བརྟོལ་ཞེས་བྱ་བ་ཡལ་འདབ་མེ་ཏོག་འབྲས་བུ་དྲི་ཞུན་སུམ་ཚོགས་པ་དང་ལྡན་པ་ཡོད་པའི་ཕྱིར་རོ། །

༣༥ འདུན་ས།

ལྔ་པ་ནི། དེ་ཆོས་ཅན། ཁྱོད་ཀྱི་ཕྱི་རོལ་ལྷོ་ནུབ་མཚམས་ན་ཆོས་བཟང་ལྷའི་འདུན་ས་ཡོད་དེ། དེའི་ཆུ་ཞེང་ལ་དཔག་ཚད་སུམ་བརྒྱ་དང་གྱེན་དུ་ཁྱོད་ལས་འཕགས་ཤིང་། ནང་དུ་བརྒྱ་བྱིན་གྱི་གསེར་ཁྲི་དང་། ཉེ་དབང་རྣམས་ཀྱི་ཁྲི་དང་བཅས་པ་ཡོད་པའི་ཕྱིར། དབང་པོ་དང་ཉེ་དབང་རྣམས་ཀྱི་མཛད་པ་ཡོད་དེ། ཆོས་

བརྒྱད་དང་བཅོ་ལྔའི་དུས་སུ་རྒྱལ་ཆེན་བཞི་དང་བཅས་ནས་འཛམ་བུའི་གླིང་གི་སེམས་ཅན་གྱིས་ཆོས་དང་ཆོས་མིན་གང་བྱེད་ལྟ་ཞུལ་མཛད་པ་ཡིན་པའི་ཕྱིར་རོ། །

ད༢ ས་དང་མ་འབྲེལ་བའི་གནས།

གཉིས་པ་ས་དང་མ་འབྲེལ་བའི་གནས་ནི། དེ་སྟེང་ལྷ་རྣམས་གཞལ་མེད་ཁང་། །ཞེས་བྱུང་། ཤེས་བྱ་ཆོས་ཅན། ས་དང་མ་འབྲེལ་བའི་གནས་ཡོད་དེ། སུམ་ཅུ་རྩ་གསུམ་གྱི་སྟེང་ན་འཐབ་བྲལ་སོགས་འདོད་ལྷ་དྲུག་དང་། ཚངས་ཆེན་སོགས་གཟུགས་ཁམས་ཀྱི་གནས་བཅུ་བདུན་རྣམས་ཡོད་པའི་ཕྱིར། (༥༥བ)གནས་དེ་དག་གང་ལ་བརྟེན་པ་ཡོད་དེ། རླུང་དང་སྤྲིན་གྱི་ཕུང་པོ་ཅི་རིགས་ལ་བརྟེན་པའི་ཕྱིར་རོ། །

ད༣ སེམས་ཅན་གྱི་ཁྱད་ཆོས།

ཐ༡ འདོད་པ་ལ་སྤྱོད་ཚུལ།

གསུམ་པ་སེམས་ཅན་གྱི་ཁྱད་ཆོས་ལ། འདོད་པ་ལ་སྤྱོད་ཚུལ་དང་། ལྷའི་སྐྱེ་ཚུལ་དང་། བདེ་བའི་ཁྱད་པར་གསུམ། དང་པོ་ནི། འདོད་པ་སྤྱོད་པ་དྲུག་ཡིན་ནོ། །གཉིས་གཉིས་འཁྱུད་དང་ལག་བཅངས་དང་། །དགོད་དང་བལྟས་པས་འཁྲིག་པ་ཡིན། །ཞེས་བྱུང་། གོང་མ་གཉིས་ཀྱིས་འདོད་པ་མི་སྤྱོད་ཅིང་འདོད་པའི་ལྷ་དྲུག་ཆོས་ཅན། ཁྱོད་ཀྱིས་འདོད་པ་ལ་སྤྱོད་ཚུལ་ཡོད་དེ། ཁྱོད་ལ་ས་རིམ་པ་བཞིན་སུམ་ཅུ་རྩ་གསུམ་དང་རྒྱལ་ཆེན་བཞིའི་ལྷ་གཉིས་ནི་མི་ལྟར་དབང་པོ་གཉིས་སྦྱད་ནས་འདོད་པ་སྤྱོད་ཅིང་། འཐབ་བྲལ་བས་འཁྱུད་པ་ཙམ་དང་། དགའ་ལྡན་པས་ལག་པ་བཅངས་པ་ཙམ་དང་། འཕྲུལ་དགའ་བས་དགོད་པ་ཙམ་དང་། གཞན་འཕྲུལ་དབང་བྱེད་པས་བལྟས་པ་ཙམ་གྱིས་འཁྲིག་པའི་བདེ་བ་ལ་སྤྱོད་པར་བྱེད་པའི་ཕྱིར།

འོག་མ་གཉིས་མི་ལྟར་དབང་པོ་གཉིས་སྦྲད་ཀྱང་ཁྱད་པར་ཡོད་དེ། དེ་རྣམས་ལ་ཙ་རྒྱུས་རྒྱུ་མ་སོགས་མེད་པས་དབང་པོའི་སྒོ་ནས་རླུང་ཉི་ཚེ་འབྱུང་གི། ཁུ་ཁྲག་འབྱུང་བ་མེད་པའི་ཕྱིར་རོ། །

ཐ༢ ལྷའི་སྐྱེ་ཚུལ།

གཉིས་པ་ནི། བྱིས་པ་ལོ་ལྔ་ལོན་པ་ནས། །ལོ་བཅུ་ལོན་པ་ལྟ་བུའི་བར། །དེ་དག་ཏུ་སྐྱེ་གཟུགས་ཅན་རྣམས། །ཀུན་རྫོགས་གོས་དང་བཅས་པ་ཉིད། །ཅེས་བྱུང་། འདོད་པའི་ལྷ་ལས་བུ་སྐྱེ་ཚུལ་ཡོད་དེ། ལྷ་ཕོ་མོ་གང་གི་པང་པར་བུའམ་བུ་མོ་གང་བརྫུས་ཏེ་བྱུང་བ་དེ་དེའི་བུ་དང་བུ་མོར་འཛིན་པའི་ཕྱིར་ཏེ། ཚད་ནི་རྒྱལ་ཆེན་བཞི་པ་ལ་ད་ལྟའི་བྱིས་པ་ལོ་ལྔ་ལྟ་བུ་ནས་གཞན་འཕྲུལ་དབང་བྱེད་པ་ལ་བྱིས་པ་ལོ་བཅུ་ལོན་པ་ལྟ་བུའི་བར་འདོད་ལྷ་དེ་དག་ཏུ་སྐྱེ་བའི་ཕྱིར། གཟུགས་ཁམས་སམ་གཟུགས་ཅན་གྱི་ལྷ་རྣམས་ཆོས་ཅན། ཆུང་རིམ་གྱིས་སྐྱེ་བ་མ་ཡིན་ཏེ། སྐྱེས་མ་ཐག་ནས་ལུས་རྫོགས་ཤིང་གོས་དང་བཅས་པ་ཉིད་དུ་སྐྱེ་བའི་ཕྱིར། འདོད་ལྷའི་ནང་ནས་ཀྱང་བརྒྱ་བྱིན་ཡང་རྫོགས་པར་(༤༧ན)སྐྱེ་བས་སྐྱེ་བ་བརྟེས་པ་ལྷ་གཞན་གྱིས་མི་ཤེས་པར་གསུངས་ཏེ། དམིགས་བསལ་ཡིན་པའི་ཕྱིར་རོ། །

ཐ༣ བདེ་བའི་ཁྱད་པར།

གསུམ་པ་ནི། འདོད་པ་སྐྱེ་བ་གསུམ་པ་ནི། །འདོད་པའི་ལྷ་དང་མིར་བཅས་རྣམས། །བདེ་བ་སྐྱེ་བ་གསུམ་པོ་ནི། །བསམ་གཏན་གསུམ་ལས་ས་བདག་ཡིན། །ཞེས་བྱུང་། ཤེས་བྱ་ཆོས་ཅན། འདོད་པ་སྐྱེ་བ་གསུམ་ཡོད་དེ། འདོད་པའི་ལྷ་དང་མིར་བཅས་པ་རྣམས་ལ་འཇོག་པའི་ཕྱིར་ཏེ། མི་དང་འདོད་ལྷ་འོག་མ་བཞི་ནི་ཡུལ་ཇི་ལྟར་བྱུང་བ་ལ་འདོད་པ་སྤྱོད་པ་དང་པོ་ཡིན་ལ། འདོད་ལྷ་ལྔ་པ་འཕྲུལ་དགའ་

བ་ནི་རང་གིས་འདོད་པ་སྤྲུལ་པ་ལ་སྤྱོད་པའི་འདོད་པ་སྐྱེ་བ་གཉིས་པ་དང་། གཞན་འཕྲུལ་བ་ནི་རང་གི་འདོད་པ་བཞིན་བདག་གིས་སྤྲུལ་པ་དང་གཞན་གྱིས་སྤྲུལ་པ་ལ་འདོད་པ་སྤྱོད་པ་གསུམ་པ་ཡིན་པའི་ཕྱིར། གཞན་ཡང་བདེ་བ་སྐྱེ་བ་གསུམ་གསུངས་ཏེ། བསམ་གཏན་དང་པོ་གསུམ་ལས་ས་གསུམ་གསུམ་སྟེ་དགུར་ཕྱེ་བས་རིམ་པ་བཞིན་དུ་བསམ་གཏན་དང་པོ་གསུམ་ནི་དབེན་པ་ལས་སྐྱེས་པའི་བདེ་བ་དང་། གཉིས་པ་གསུམ་ནི་ཏིང་ངེ་འཛིན་ལས་སྐྱེས་པའི་བདེ་བ་དང་། གསུམ་པ་གསུམ་ནི་དགའ་བ་མེད་པའི་བདེ་བ་ལ་སྤྱོད་པར་འཇོག་པའི་ཕྱིར་རོ། །

༨༩ གོང་འོག་གི་བར་གྱི་ཐག་ཚད།

བཞི་པ་བར་ཐག་གི་ཚད་ནི། གནས་ནས་གནས་འོག་ཇི་སྲིད་པ། །དེ་ནས་དེ་ཡི་གོང་དེ་སྲིད། །ཅེས་བྱུང་། ཤེས་བྱ་ཆོས་ཅན། གནས་དེ་དག་གི་བར་ཐག་གི་ཚད་ཡོད་དེ། རྒྱལ་ཆེན་བཞིའི་གནས་ནས་གནས་འོག་མ་འཛམ་བུའི་གླིང་གི་བར་ལ་དཔག་ཚད་བཞི་ཁྲི་ཇི་སྲིད་ཡོད་པ་དེ་བཞིན་དུ། རྒྱལ་ཆེན་བཞི་ནས་སུམ་ཅུ་རྩ་གསུམ་བར་དཔག་ཚད་བཞི་ཁྲི་དང་། སུམ་ཅུ་རྩ་གསུམ་ནས་འཐབ་བྲལ་བར་ལ་བརྒྱད་ཁྲི། དེ་ནས་དགའ་ལྡན་བར་ལ་ཁྲི་ཚོ་བཅུ་དྲུག །དེ་ནས་འཕྲུལ་དགའ་བར་ལ་སོ་གཉིས། དེ་ནས་གཞན་འཕྲུལ་དབང་བྱེད་བར་ལ་རེ་བཞི། དེ་ནས་ཚངས་(༤༧བ)རིས་བར་ཁྲི་ཕྲག་བརྒྱ་དང་ཉེར་བརྒྱད་ཡོད་པ་སོགས་རིགས་འགྲེ་སྦྱོར་རིགས་པའི་ཕྱིར། མདོར་ན་འདི་ལྟར་ཡིན་ཏེ། གནས་དེ་དང་དེ་ནས་འཛམ་གླིང་བར་ལ་ཚད་ཅི་ཙམ་ཡོད་པ་དེ་བཞིན་དུ། དེ་ནས་དེ་ཡི་གོང་མའི་གནས་ཀྱི་བར་ཚད་དེ་སྲིད་ཙམ་ཞིག་ཡོད་པའི་ཕྱིར། ཡང་། རྫུ་འཕྲུལ་གཞན་བརྟེན་མ་གཏོགས་པ། །དེ་དག་གོང་མ་མཐོང་བ་མེད། །ཅེས་གསུངས་ཏེ། གནས་འོག་མར་སྐྱེས་པའི་གང་ཟག་རང་སྟོབས་ཀྱིས་གནས་གོང་མ་རྣམས་སུ་བགྲོད་པ་དང་མཐོང་ནུས་པ་

མེད་ཀྱང་མཐའ་གཅིག་ཏུ་མ་ངེས་ཏེ། རྫུ་འཕྲུལ་ཐོབ་པ་དང་གཞན་གྱིས་དེ་དག་ཏུ་འཕྲིད་པ་ལྟ་བུ་གཞན་ལ་བརྟེན་པ་དང་གོང་སའི་ཏིང་ངེ་འཛིན་ཐོབ་པ་ལྟ་བུ་མ་གཏོགས་པའི་དབང་དུ་བྱས་པའི་ཕྱིར།

༡༨ སྟོང་གསུམ་ངོས་བཟུང་བ།

དྲུག་པ་སྟོང་གསུམ་ངོས་བཟུང་བ་ནི། གླིང་བཞི་དང་ནི་ཉི་ཟླ་དང་། །རི་རབ་དང་ནི་འདོད་ལྷ་དང་། །ཚངས་པའི་འཇིག་རྟེན་སྟོང་ལ་ནི། །སྟོང་ནི་སྤྱི་ཕུད་ཡིན་པར་འདོད། །དེ་སྟོང་ལ་ནི་སྟོང་གཉིས་པ། །བར་མའི་འཇིག་རྟེན་ཁམས་ཡིན་ནོ། །དེ་སྟོང་ལ་ནི་སྟོང་གསུམ་མོ། །མཉམ་དུ་འཇིག་ཅིང་འབྱུང་བ་ཡིན། །ཞེས་བྱུང་། སྟོང་གསུམ་ལས་དང་པོ་སྟོང་སྤྱི་ཕུད་ཀྱི་འཇིག་རྟེན་ཆོས་ཅན། འཇོག་ཚུལ་ཡོད་དེ། གླིང་བཞི་རེ་རེ་ལ་སྟོང་དང་། དེ་བཞིན་དུ། ཉི་མ་དང་ཟླ་བ་དང་རི་རབ་དང་འདོད་ལྷ་དྲུག་དང་ཚངས་པའི་འཇིག་རྟེན་སྟོང་ལོངས་པ་ལ་ནི་སྟོང་སྤྱི་ཕུད་དམ་སྟོང་དང་པོ་ཡིན་པར་འདོད་པའི་ཕྱིར། སྟོང་གཉིས་པ་དང་གསུམ་པ་ཆོས་ཅན། འཇོག་ཚུལ་ཡོད་དེ། སྟོང་དང་པོ་དེ་སྟོང་ལ་ནི་སྟོང་གཉིས་པ་བར་མའི་འཇིག་རྟེན་གྱི་ཁམས་ཡིན་ཞིང་། སྟོང་གཉིས་པ་དེ་སྟོང་ལ་ནི་སྟོང་གསུམ་གྱི་སྟོང་ཆེན་པོར་འཇོག་པའི་ཕྱིར། སྟོང་གསུམ་པོ་དེ་ཆོས་ཅན། འཆགས་འཇིགས་ཀྱང་དུས་མཉམ་པ་ཡིན་ཏེ། མེ་ཆུ་སོགས་ཀྱི་རྐྱེན་གྱིས་དུས་མཉམ་དུ་འཇིག་ཅིང་སླར་འཆགས་པ་འབྱུང་བ་ཡིན་པའི་ཕྱིར། སྟོང་གསུམ་པོ་དེ་རེ་རེ་ལའང་ལྕགས་རི་ནག་པོ་རེ་རེས་བསྐོར་བ་ཀུན་བཏུས་ལས་བཤད་ཅིང་དེ་ཡང་སྡེ་མ་(༡༧ན)ལས་ཕྱི་མ་རིམ་གྱིས་མཐོ་བར་གཞན་ལས་བཤད་པ་ལྟར་ཡིན་ཏེ། དེ་གསུམ་སྡེ་མ་ལས་ཕྱི་མ་རྒྱ་ཆེ་བའི་ཕྱིར། སྟོང་གསུམ་ལ་ནི་གཅིག་ཁོ་ནར་མ་ངེས་ཏེ། སྟེང་འོག་དང་ཐད་ཀའི་ཕྱོགས་ཕྱོགས་ན་སྟོང་གསུམ་གྱི་གྲངས་མཐའ་མེད་པ་ཡོད་པའི་ཕྱིར་ཏེ། ནམ་མཁའ་ལ་ནི་མཐའ

མེད་པའི་ཕྱིར། འདི་དག་ནི་ཐེག་ཆེན་ཐུན་མོང་བ་ལྟར་ན་མཆོག་སྤྲུལ་གཅིག་གི་ཞིང་ཡིན་ལ། ཞིང་ཐམས་ཅད་འཛིག་ཚུལ་འདི་ཁོ་ན་ལྟར་མཛེས་ཏེ། སངས་རྒྱས་ཀྱི་ཞིང་དབྱིབས་ཚད་དང་འབྱུང་འཇིག་སོགས་སྣ་ཚོགས་པ་ཡོད་པའི་ཕྱིར་རོ། །

༣༧ འགྲོ་བ་རྣམས་ཀྱི་ལུས་དང་ཚེ་ཚད་བཤད་པ།

ད༡ འགྲོ་བ་རྣམས་ཀྱི་ལུས་ཚད།

བདུན་པ་འགྲོ་བ་རྣམས་ཀྱི་ལུས་དང་ཚེ་ཚད་བཤད་པ་ལ། ལུས་ཚད་དང་ཚེ་ཚད་གཉིས། དང་པོ་ལ། མིའི་ལུས་ཚད་དང་། ལྷའི་ལུས་ཚད་གཉིས། དང་པོ་ནི། འཛམ་བུའི་གླིང་པ་རྣམས་ཀྱི་ཚད། །ཁྲུ་བཞི་པ་དང་ཕྱེད་དང་བཞི། །ཤར་དང་བ་ལང་སྤྱོད་དང་ནི། །བྱང་ཞེས་བྱ་བ་ཉིས་འགྱུར་བསྐྱེད། །ཅེས་བྱུང་། ཤེས་བྱ་ཆོས་ཅན། གླིང་བཞིའི་མི་རྣམས་ཀྱི་ལུས་ཚད་ཡོད་དེ། འཛམ་བུའི་གླིང་པའི་མིའི་ལུས་ནི་ཁ་ཅིག་ཁྲུ་བཞི་པ་དང་། ཕལ་ཆེར་ནི་ཁྲུ་ཕྱེད་དང་བཞི་ཡིན་ལ། ཤར་ཁྲུ་བརྒྱད། བ་ལང་སྤྱོད་པ་བཅུ་དྲུག །བྱང་སྒྲ་མི་སྙན་པ་སོ་གཉིས་ཞེས་བྱ་སྟེ་མ་ལས་ཕྱི་མ་ཉིས་འགྱུར་དུ་བསྐྱེད་པའི་ཕྱིར། གཉིས་པ་ལ། འདོད་ལྷ་དང་། གཟུགས་ཁམས་པའི་ལུས་ཚད་གཉིས། དང་པོ་ནི། འདོད་དང་ལྡན་པའི་ལྷ་ཡི་ལུས། །བཞི་ཆ་ནས་ནི་རྒྱང་གྲགས་དག །ཕྱེད་དང་གཉིས་ཀྱི་བར་དུ་བསྐྱེད། །ཅེས་བྱུང་། འདོད་དང་ལྡན་པའི་ལྷའི་ལུས་ཚད་ཡོད་དེ། རྒྱལ་ཆེན་རིགས་བཞི་པ་རྒྱང་གྲགས་ཀྱི་བཞི་ཆ། སུམ་ཅུ་རྩ་གསུམ་པ་བཞི་ཆ་གཉིས། འཐབ་བྲལ་བ་བཞི་ཆ་གསུམ། དགའ་ལྡན་པ་རྒྱང་གྲགས་གཅིག །འཕྲུལ་དགའ་བ་རྒྱང་གྲགས་གཅིག་དང་བཞི་ཆ་གཅིག །གཞན་འཕྲུལ་བ་རྒྱང་གྲགས་ཕྱེད་དང་གཉིས་ཀྱི་བར་དུ་བསྐྱེད་པའི་ཕྱིར། གཉིས་པ་ནི། གཟུགས་ཅན་དང་པོ་དཔག་ཚད་ཕྱེད། །དེ་ཡི་(༤༧བ)གོང་མ་ཕྱེད་ཕྱེད་བསྐྱེད། །འོད་ཆུང་རྣམས་ཀྱི་ལྟག་ཡན་ཆད། །ལུས་ནི་ཉིས་འགྱུར་ཉིས་འགྱུར་ཏེ། །སྤྲིན་མེད་དཔག་

ཚད་གསུམ་དོར་རོ། །ཞེས་བྱུང་། དེ་ཆོས་ཅན། གཟུགས་ཁམས་པའི་ལུས་ཚད་ཡོད་དེ། གཟུགས་ཅན་དང་པོ་ཚངས་རིས་པའི་ལུས་དཔག་ཚད་ཕྱེད་དང་། དེ་ཡི་གོང་མ་བཞི་ལ་དཔག་ཚད་ཕྱེད་ཕྱེད་བསྐྱེད་པས་མདུན་ན་འདོན་དཔག་ཚད་གཅིག །ཚངས་ཆེན་ཕྱེད་གཉིས། འོད་ཆུང་གཉིས་དང་། འོད་ཆུང་གི་ལྷག་ཡན་ཆད་ཀྱི་ལུས་ནི་སྔ་མ་ལས་ཕྱི་མ་ཉིས་འགྱུར་བྱས་པས་ཚད་མེད་འོད་དཔག་ཚད་བཞི། འོད་གསལ་བརྒྱད། དགེ་ཆུང་བ་བཅུ་དྲུག །དགེ་རྒྱས་སོ་གཉིས། སྤྲིན་མེད་ཉིས་འགྱུར་ལས་དཔག་ཚད་གསུམ་དོར་བས་བརྒྱ་ཉེར་ལྔ། འབྲས་བུ་ཆེ་བ་ལྔ་བརྒྱ། མི་ཆེ་བ་སྟོང་། མི་གདུང་བ་ཉིས་སྟོང་། གྱ་ནོམ་སྣང་བ་བཞི་སྟོང་། ཤིན་ཏུ་མཐོ་བ་བརྒྱད་སྟོང་། འོག་མིན་པའི་ལུས་དཔག་ཚད་ཁྲི་དྲུག་སྟོང་ཡོད་པའི་ཕྱིར།

ཏ༢ འགྲོ་བ་རྣམས་ཀྱི་ཚེ་ཚད།

ཐ༡ བདེ་འགྲོ་བ་རྣམས་ཀྱི་ཚེ་ཚད།

ད༡ མིའི་ཚེ་ཚད།

གཉིས་པ་ཚེ་ཚད་ལ། བདེ་འགྲོ་དང་ངན་འགྲོ་དང་མ་ངེས་པའི་འཆི་བ་ཡོད་མེད་གསུམ། དང་པོ་ལ་མི་དང་ལྷའི་ཚེ་ཚད་གཉིས། དང་པོ་ནི། སྒྲ་མི་སྙན་ན་ཚེ་སྟོང་སྟེ། །གཉིས་ན་ཕྱེད་ཕྱེད་སྤྱངས་པའོ། །འདི་ན་མ་ངེས་ཐ་མར་ནི། །ལོ་བཅུ་དང་པོ་དཔག་ཏུ་མེད། །ཅེས་བྱུང་། མི་དག་ཆོས་ཅན། ཁྱོད་ཀྱི་ཚེ་ཚད་ཡོད་དེ། སྒྲ་མི་སྙན་ན་ཚེ་སྟོང་དང་། ནུབ་དང་ཤར་གཉིས་ན་དེའི་ཕྱེད་ཕྱེད་སྤྱངས་པ་སྟེ་ནུབ་ལྔ་བརྒྱ་དང་ཤར་ན་ཕྱེད་དང་སུམ་བརྒྱ་རེ་ཡིན་ལ། འཛམ་བུའི་གླིང་པའི་མིའི་ཚེ་མ་ངེས་པའི་ཕྱིར་ཏེ། ཐ་མར་ཚེ་ལོ་བཅུ་པ་དང་བསྐལ་པ་དང་པོའི་ཚེ་ལོ་ནི་དཔག་ཏུ་མེད་པ་ཐུབ་པའི་ཕྱིར།

༥༢ ལྷའི་ཚེ་ཚད།

༦༡ འདོད་ལྷའི་ཚེ་ཚད།

གཉིས་པ་ལ། འདོད་ལྷ་དང་གཟུགས་དང་གཟུགས་མེད་ཁམས་པའི་ཚེ་ཚད་གསུམ། དང་པོ་ནི། མི་རྣམས་ཀྱི་ལོ་ལྔ་བཅུ་ལ། །འདོད་པ་དག་གི་ལྷ་རྣམས་ལས། །འོག་མ་དག་གི་ཉིན་ཞག་གཅིག །དེས་ན་ཚེ་ལོ་ལྔ་བརྒྱའོ། །གོང་མ་གཉིས་ཀ་ཉིས་འགྱུར་རོ། །ཞེས་བྱུང་། ཤེས་བྱ་ཆོས་ཅན། འདོད་ལྷ་དྲུག་གི་ཚེ་(༡༡༩)ཚད་ཡོད་དེ། མི་རྣམས་ཀྱི་ལོ་ལྔ་བཅུ་ལ་འདོད་པ་དག་གི་ལྷ་རྣམས་ལས་འོག་མ་རྒྱལ་ཆེན་རིགས་བཞི་པ་དག་གི་ཉིན་ཞག་གཅིག །དེ་སུམ་ཅུ་ལ་ཟླ་བ་དང་། དེ་བཅུ་གཉིས་ལ་ལོར་བྱས་པ་དེས་ན་རང་གི་ཚེ་ལོ་ལྔ་བརྒྱ་ཡིན་ཞིང་། གོང་མ་སུམ་ཅུ་རྩ་གསུམ་པ་ཡན་ཆད་ཞག་དང་ལོ་གཉིས་ཀ་ཉིས་འགྱུར་དུ་བྱས་ནས་ཟླ་བ་ལོ་སྟར་ལྟར་བརྩིས་ན། མི་ལོ་བརྒྱ་ལ་སུམ་ཅུ་རྩ་གསུམ་པའི་ཉིན་ཞག་གཅིག་སོགས་བྱས་པས་རང་ལོ་སྟོང་། དེ་བཞིན་དུ་ཉིས་བརྒྱ། བཞི་བརྒྱ། བརྒྱད་བརྒྱ། སྟོང་དང་དྲུག་བརྒྱ་ལ་རིམ་པ་བཞིན་འཐབ་བྲལ། དགའ་ལྡན། འཕྲུལ་དགའ། གཞན་འཕྲུལ་དབང་བྱེད་པའི་ཞག་རེ་དང་། དེ་སུམ་ཅུ་ལ་ཟླ་བར་བྱས་པས་རིམ་བཞིན་རང་ལོ་ཉིས་སྟོང་། བཞི་སྟོང་། བརྒྱད་སྟོང་། ཁྲི་དྲུག་སྟོང་ཐུབ་པ་ཡིན་པའི་ཕྱིར། གཉའ་ཤིང་འཛིན་ཡན་ཆད་ན་ཉི་ཟླའི་བྱ་བ་ལ་མ་ལྟོས་ཀྱང་ཉིན་ཞག་གི་ཁྱད་པར་འཐད་དེ། ཀུནྡ་ཁ་བྱེ་ནས་པདྨ་ཁ་ཟུམ་པ་དང་བྱ་སྐད་མི་འབྱིན་པ་སོགས་ཀྱི་ཚེ་མཚན་དུས་སུ་འཇོག་པའི་ཕྱིར།

༦༢ གཟུགས་ཁམས་པའི་ཚེ་ཚད།

གཉིས་པ་ནི། གཟུགས་ཅན་ཉིན་མཚན་མེད་ཚེ་ནི། །རང་ལུས་གཞལ་བའི་བསྐལ་པ་ཡིས། །ཞེས་བྱུང་། གཟུགས་ཅན་གྱི་ཁམས་ཆོས་ཅན། ཁྱོད་དུ་ཉིན་མཚན་གྱི་ཐ་སྙད་མེད་ཀྱང་ལྷའི་ཚེ་ཚད་ཡོད་དེ། རང་ལུས་གཞལ་བའི་དཔག་ཚད་གྲངས་ཀྱིས་བར་བསྐལ་མིན་པའི་བསྐལ་པར་བགྲངས་པས་བརྩི་བའི་ཕྱིར། དེར་ཐལ། ཚངས་རིས་པའི་ལུས་དཔག་ཚད་ཕྱེད་ཡིན་པ་དེ་བཞིན་དུ། ཚེ་བར་བསྐལ་བཞི་བཅུ་ལ་བསྐལ་པ་གཅིག་ཏུ་བྱས་པའི་བསྐལ་པ་དང་། དེ་བཞིན་དུ་མདུན་ན་འདོན་བསྐལ་ཆེན་གཅིག །ཚངས་ཆེན་པ་དེ་བཞི་བཅུ་ལ་བསྐལ་པ་གཅིག་བྱས་པའི་ཕྱེད་གཉིས། འོད་ཆུང་ཡན་བསྐལ་ཆེན་ཡིན་པས་འོད་ཆུང་བསྐལ་ཆེན་གཉིས་ནས་འོག་མིན་པ་བསྐལ་ཆེན་ཁྲི་དྲུག་སྟོང་ཡོད་པས་ལུས་ཚད་ལྟར་ཡིན་པའི་ཕྱིར།

༦༣ གཟུགས་མེད་ཁམས་པའི་ཚེ་ཚད།

གསུམ་(༢༢བ)པ་ནི། གཟུགས་མེད་བསྐལ་པ་སྟོང་ཕྲག་ནི། །ཉི་ཤུ་ལྷག་པས་ལྷག་པ་ཡིན། །འོད་ཆུང་ནས་བཟུང་བསྐལ་ཆེན་ཏེ། །དེ་ཡི་འོག་མ་ཕྱེད་ཡིན་ནོ། །ཞེས་བྱུང་། གཟུགས་མེད་ཀྱི་ལྷ་ཆོས་ཅན། ཁྱོད་རྣམས་ཀྱི་ཚེ་ཚད་ཡོད་དེ། ཁྱོད་ལས་གཟུགས་མེད་དང་པོ་བསྐལ་པ་སྟོང་ཕྲག་ཉི་ཤུ་ཡིན་ལ། དེའི་གོང་མ་གསུམ་རིམ་པར་བསྐལ་ཆེན་ཉི་ཤུ་ཉི་ཤུ་རེས་ལྷག་པས་ལྷག་པ་ཡིན་པའི་ཕྱིར། དེར་ཐལ། ནམ་ཤེས་མཐའ་ཡས་བཞི་ཁྲི། ཅི་ཡང་མེད་དྲུག་ཁྲི། སྲིད་རྩེ་བརྒྱད་ཁྲི་ཡིན་པའི་ཕྱིར། བསྐལ་པ་དེ་དག་ཆོས་ཅན། བར་བསྐལ་ཙམ་མིན་ཏེ། འོད་ཆུང་ནས་བཟུང་སྲིད་རྩེའི་བར་བསྐལ་ཆེན་གྱིས་བརྩི་ལ། གཟུགས་ཁམས་དེ་ཡི་འོག་མ་ཚངས་རིས་ནས་བསྐལ་ཆེན་དེའི་ཕྱེད་ལ་བསྐལ་པར་བྱས་པའི་ཚུལ་དེས་རྩི་བའི་ཕྱིར། དེས་ན་ཚངས་

མདུན་པའི་ཚེ་ཚད་ནི་བསྐལ་ཆེན་གྱི་ཕྱེད་ཙམ་ལ་འཇོག་པ་ནི་མིན་ཏེ། དེ་ཕྱེད་དང་གཉིས་ལ་འཇོག་པར་བཤད་པའི་ཕྱིར་རོ། །

ཐ༢ ངན་འགྲོ་བ་རྣམས་ཀྱི་ཚེ་ཚད།

ད༡ ཚ་དམྱལ་གྱི་ཚེ་ཚད།

གཉིས་པ་ངན་འགྲོའི་ཚེ་ཚད་ལ། ཚ་དམྱལ། དུད་འགྲོ། ཡི་དྭགས། གྲང་དམྱལ་གྱི་ཚེ་ཚད་དང་བཞི། དང་པོ་ནི། ཡང་སོས་ལ་སོགས་དྲུག་རིམ་བཞིན། །འདོད་ལྷའི་ཚེ་དང་ཉིན་ཞག་མཉམ། །དེས་ན་དེ་དག་རྣམས་ཀྱི་ཚེ། །འདོད་པའི་ལྷ་དང་འདྲ་བ་ཡིན། །རབ་ཏུ་ཚ་ཕྱེད་མཐར་མེད་ནི། །བར་གྱི་བསྐལ་པའོ། །ཞེས་བྱུང་། ཚ་དམྱལ་བ་ཆོས་ཅན། ཁྱོད་ཀྱི་ཚེ་ཚད་ཡོད་དེ། ཡང་སོས་དང་སོགས་པས་ཐིག་ནག་དང་བསྡུས་འཇོམས་དང་ངུ་འབོད་དང་ངུ་འབོད་ཆེན་པོ་དང་ཚ་བ་དྲུག་པོ་དེ་དག་རྣམས་ཀྱི་ཚེ་ཚད་དང་ལོའི་བརྩི་ཚུལ་ནི་རིམ་པ་བཞིན་འདོད་ལྷ་དྲུག་གི་ཚེ་དང་ཉིན་ཞག་མཉམ་པ་སོགས་ཀྱིས་བརྩི་བའི་ཕྱིར། དེར་ཐལ། རྒྱལ་ཆེན་བཞི་པ་རང་ལོ་ལྔ་བརྒྱ་ནས་གཞན་འཕྲུལ་བ་ཁྲི་དྲུག་སྟོང་ལ་འཇོག་ཅིང་། དེ་དྲུག་ཡང་སོས་ལ་སོགས་པ་དྲུག་གི་ཞག་རེ་ཡིན་ལ། ཚུལ་དེས་ཟླ་བ་དང་ལོ་ཡང་བརྩིས་པ་ན། ཡང་སོས་པ་རང་ལོ་ལྔ་བརྒྱ། ཐིག་ནག་(ཕ་ན)པ་སྟོང་། བསྡུས་འཇོམས་པ་ཉིས་སྟོང་། ངུ་འབོད་པ་བཞི་སྟོང་། ངུ་འབོད་ཆེན་པོ་པ་བརྒྱད་སྟོང་། ཚ་བ་རང་ལོ་ཁྲི་དྲུག་སྟོང་ལ་འཇོག་པའི་ཕྱིར། དེས་ན་དམྱལ་བ་དེ་དག་གི་ཚེ་ཚད་བརྩི་ཚུལ་ནི་འདོད་པའི་ལྷ་དང་འདྲ་བ་ཡིན་ཏེ། རྒྱུ་མཚན་དེའི་ཕྱིར། རབ་ཏུ་ཚ་བ་དང་མནར་མེད་ཀྱི་ཚེ་ཚད་ཡོད་དེ། རབ་ཏུ་ཚ་བའི་ཚེ་བར་བསྐལ་ཕྱེད་དང་། མནར་མེད་ནི་བར་གྱི་བསྐལ་པ་གཅིག་ཏུ་འཇོག་པའི་ཕྱིར་རོ། །

༨༢ དུད་འགྲོའི་ཚེ་ཚད།

གཉིས་པ་ནི། དུད་འགྲོ་རྣམས་མཆོག་རིང་བསྐལ་པའོ། །ཞེས་བྱུང་། དུད་འགྲོ་ཆོས་ཅན། ཁྱོད་རྣམས་ཀྱི་ཚེ་ཚད་ཡོད་དེ། ཐུང་བ་རྣམས་ནི་མཐའ་གཅིག་ཏུ་མ་ངེས་ཤིང་། ཀླུ་ལྷ་བུ་ཚེ་མཆོག་ཏུ་རིང་བ་ནི་བར་གྱི་བསྐལ་པ་གཅིག་ཐུབ་པ་ཡོད་པའི་ཕྱིར།

༨༣ ཡི་དྭགས་ཀྱི་ཚེ་ཚད།

གསུམ་པ་ནི། ཡི་དྭགས་རྣམས། ཟླ་བ་ཉིན་ཞག་གི་ལྔ་བརྒྱ། །ཞེས་བྱུང་། ཡི་དྭགས་ཆོས་ཅན། ཁྱོད་ཀྱི་ཚེ་ཚད་ཡོད་དེ། མིའི་ཟླ་བ་གཅིག་ལ་ཞག་གཅིག །དེ་སུམ་ཅུ་ལ་ཟླ་བ། དེ་བཅུ་གཉིས་ལ་ལོར་བྱས་པའི་རང་ལོ་ལྔ་བརྒྱ་ཐུབ་པའི་ཕྱིར། ལྷ་མིན་ཆོས་ཅན། ཚེ་ཚད་ཡོད་དེ། སུམ་ཅུ་རྩ་གསུམ་པ་ལྟར་ཐུབ་པའི་ཕྱིར།

༨༤ གྲང་དམྱལ་གྱི་ཚེ་ཚད།

བཞི་པ་ནི། ཏིལ་སྦྲུངས་ནང་ནས་ལོ་བརྒྱ་ཞིང་། །ཏིལ་གཅིག་ཕྱུང་བས་ཟད་གྱུར་པ། །ཆུ་བུར་ཅན་གྱི་ཚེ་ཡིན་ཏེ། །གཞན་གྱི་ཚེ་ནི་ཉི་ཤུར་འགྱུར། །ཞེས་བྱུང་། གྲང་དམྱལ་བ་ཆོས་ཅན། ཁྱོད་ཀྱི་ཚེ་ཚད་ཡོད་དེ། ཏིལ་སྦྲུངས་ཏེ་ཏིལ་གྱི་བང་བ་མ་ག་ དྷའི་བྲེ་བོ་ཆེ་ཁལ་བརྒྱད་ཅུ་ཤོང་བའི་ཏིལ་གྱི་ནང་ནས་ལོ་བརྒྱ་བརྒྱ་ཞིང་ཏིལ་གཅིག་རེ་ཕྱུང་བས་ཟད་པར་གྱུར་པའི་ཡུན་ཚད་དང་། ཆུ་བུར་ཅན་གྱི་ཚེ་ཡུན་མཉམ་ལ། དེའི་ལྷག་མ་ཆུ་བུར་རྡོལ་བ་སོགས་བདུན་ནི་སྔ་མ་ལས་ཕྱི་མ་ཉི་ཤུ་ཉི་ཤུས་འཕར་ཞིང་རིང་བར་འགྱུར་བའི་ཕྱིར། གྲང་དམྱལ་དུ་མ་ཟད། ཚ་དམྱལ་ཡང་སྔ་མ་ལས་ཕྱི་མ་བརྒྱད་འགྱུར་གྱིས་རིང་སྟེ། རི་མོས་འགྲུབ་པའི་ཕྱིར།

ཐ༣ མ་ངེས་པའི་འཆི་བ་ཡོད་མེད།

གསུམ་པ་ནི། སྒྲ་མི་སྙན་མ་གཏོགས་(༥་བ)པར་འཆི། །ཞེས་བྱུང་། སྒྲ་མི་སྙན་པ་ཆོས་ཅན། ཁྱོད་མ་གཏོགས་པ་ཞེས་བརྗོད་པ་ལ་དགོས་པ་ཡོད་དེ། ཁྱོད་ཚེ་མ་རྫོགས་པར་མི་འཆི་ལ། འགྲོ་བ་གཞན་གྱི་ཚེ་ཚད་བཤད་པ་ལྟར་མ་ངེས་པའི་ཕྱིར། མི་ལ་ཚེ་ངེས་པ་ཡོད་དེ། སྲིད་པ་ཐ་མའི་མི་རྣམས་དང་། འཁོར་བསྒྱུར་སོགས་ཀྱི་ཚེ་ངེས་པའི་ཕྱིར་རོ། །

ཏ༨ ཚད་དེ་གཞལ་བའི་ཐབས་བཤད་པ།

ད༡ དེ་རྗོམ་བྱེད་ཀྱི་གཞི།

བརྒྱད་པ་ཚད་དེ་གཞལ་ཐབས་ལ། དེ་རྫོམ་བྱེད་ཀྱི་གཞི་དང་། བརྩམས་པའི་འཇལ་བྱེད་གཉིས། དང་པོ་ནི། གཟུགས་མིང་དུས་མཐའ་རྡུལ་ཡིག་དང་། །སྐད་ཅིག །ཅེས་བྱུང་། ཤེས་བྱ་ཆོས་ཅན། རྫོམ་བྱེད་ཀྱི་གཟུགས་དང་མིང་དག་དུས་ཀྱི་ཐུང་མཐའ་ཡོད་དེ། རྡུལ་ཕྲ་རབ་དེ་གཟུགས་ཀྱི་ཐུང་མཐའ་དང་། ཡི་གེ་ཀ་དང་ཁ་ལྟ་བུ་མིང་གི་ཐུང་མཐའ་དང་། དུས་མཐའི་སྐད་ཅིག་མ་དེ་དུས་ཀྱི་ཐུང་མཐའ་ཡིན་པའི་ཕྱིར། སྐད་ཅིག་མའི་ཚད་ཡོད་དེ། རྡུལ་ཕྲ་རབ་གཅིག་བླ་འོག་བསྒྱུར་བ་ལྟ་བུ་ཡིན་པའི་ཕྱིར།

ད༢ བརྩམས་པའི་འཇལ་བྱེད།

ཐ༡ ཡུལ་གྱི་ཚད།

གཉིས་པ་ལ། ཡུལ་གྱི་ཚད་དང་། དུས་ཀྱི་ཚད་གཉིས། དང་པོ་ནི། ཕྲ་རབ་རྡུལ་དང་ནི། །རྡུལ་ཕྲན་དང་ནི་དེ་བཞིན་དུ། །ལྕགས་ཆུ་རི་བོང་ལུག་དང་

སླང་། །ཉི་ཟེར་རྡུལ་དང་སྲོ་མ་དང་། །དེ་ལས་བྱུང་དང་དེ་བཞིན་དུ། །སོར་ཚིགས་ཞེས་བྱ་གོང་བདུན་བསྒྱུར། །སོར་མོ་ཉི་ཤུ་བཞི་ལ་ཁྲུ། །ཁྲུ་བཞི་ལ་ནི་གཞུ་གང་ངོ་། ། དེ་དག་ལྔ་བརྒྱ་རྣམས་ལ་ནི། །རྒྱང་གྲགས་དེ་ལ་དགོན་པར་འདོད། །དེ་བརྒྱད་དཔག་ཚད་ཅེས་བྱའོ། །ཞེས་བྱུང་། ཤེས་བྱ་ཆོས་ཅན། རྡུལ་ཕྲ་རབ་སོགས་ལས་རྒྱང་གྲགས་དང་དཔག་ཚད་འགྲུབ་ཚུལ་ཡོད་དེ། རྫས་བྱེད་དང་པོ་རྡུལ་ཕྲ་རབ་དང་། དེ་བདུན་བསགས་པས་རྡུལ་ཕྲན་གཅིག་དང་། དེ་བཞིན་དུ་ལྕགས་རྡུལ་དང་ཆུ་རྡུལ་དང་རི་བོང་གི་རྡུལ་དང་ལུག་རྡུལ་གླང་རྡུལ་དང་ཉི་ཟེར་གྱི་རྡུལ་དང་སྲོ་མ་དང་དེ་ལས་བྱུང་བ་ཤིག་དང་། དེ་བཞིན་དུ་ནས་དང་སོར་ཚིགས་ཞེས་བྱ་བ་རྣམས་རིམ་པ་བཞིན་དུ་གོང་ནས་གོང་དུ་བདུན་འགྱུར་བསྒྱུར་བའི་སོར་མོ་ཉི་ཤུ་རྩ་བཞི་ལ་ཁྲུ་གང་། (༩༠ན)ཁྲུ་བཞི་ལ་གཞུ་འདོམ་གང་། གཞུ་འདོམ་དེ་དག་ལྔ་བརྒྱ་རྣམས་ལ་ནི་རྒྱང་གྲགས་གཅིག་དང་། དེ་ཙམ་གྲོང་ལས་འཕགས་པ་ལ་དགོན་པར་འདོད་ཅིང་། རྒྱང་གྲགས་དེ་བརྒྱད་ཡོངས་པ་ལ་དཔག་ཚད་ཅེས་བྱ་བར་འཇོག་པའི་ཕྱིར།

ཐ༢ དུས་ཀྱི་ཚད།

ད༡ ལོ་བཤད་པ།

གཉིས་པ་ལ། ལོ་དང་བསྐལ་པ་བཤད་པ་གཉིས། དང་པོ་ནི། སྐད་ཅིག་མ་བརྒྱ་ཉི་ཤུ་ལ། །དེ་ཡི་སྐད་ཅིག་དེ་དག་ཀྱང་། །དྲུག་ཅུ་ལ་ནི་ཐང་གཅིག་གོ། །ཡུད་ཙམ་ཉིན་ཞག་ཟླ་གསུམ་ནི། །གོང་ནས་གོང་དུ་སུམ་ཅུར་འགྱུར། །ཞག་མི་ཐུབ་དང་བཅས་པ་ཡི། །ཟླ་བ་བཅུ་གཉིས་ལ་ལོ་གཅིག །ཅེས་བྱུང་། ཐང་གཅིག་ཆོས་ཅན། ཁྱོད་ཀྱི་རྫས་གཞི་ཡོད་དེ། དུས་མཐའི་སྐད་ཅིག་མ་བརྒྱ་ཉི་ཤུ་ལ་དེའི་སྐད་ཅིག་མ་གཅིག །དེའི་སྐད་ཅིག་མ་དེ་དག་དྲུག་ཅུའི་ཡུན་ལ་ནི་ཁྱོད་ཉིད་དུ་འཇོག་པའི་ཕྱིར། ཡུད་ཙམ་དང་ཉིན་ཞག་དང་ཟླ་བ་གསུམ་ནི་ཆོས་ཅན། འཇོག་ཚུལ་ཡོད་དེ། སྟ་

མ་སྔ་མ་གོང་ནས་གོང་དུ་སུམ་ཅུར་འགྱུར་བའི་ཚུལ་གྱིས་ཡུད་ཙམ་ཉིན་ཞག་ཟླ་བ་གསུམ་དུ་རིམ་པར་འཇོག་པའི་ཕྱིར། ལོ་ཆོས་ཅན། འཇོག་ཚུལ་ཡོད་དེ། ལོ་རེ་རེ་ལ་ཞག་མི་ཐུབ་དོར་བ་དེ་རྣམས་དང་བཅས་པ་ཡི་ཟླ་བ་བཅུ་གཉིས་ལ་ལོ་གཅིག་ཏུ་འཇོག་པའི་ཕྱིར། དེར་ཐལ། ཞག་མི་ཐུབ་པ་དྲུག་ཡོད་ཀྱང་ཉིན་ཞག་གི་ལོ་བརྩི་བའི་ཚེ་དེ་དྲུག་བསྣན་ནས་ཚང་དགོས་ཏེ། མ་ཚང་ན་ཉིན་ཞག་སུམ་བརྒྱ་དྲུག་ཅུ་མི་ཡོང་བས་ཉིན་ཞག་གི་ལོ་མི་རྫོགས་པའི་ཕྱིར། དེར་ཐལ། ཞག་གསུམ་སོ་སོའི་ལོར་འཇོག་པ་ལ་ནི་རང་རང་གི་ཞག་པོ་སུམ་བརྒྱ་དྲུག་ཅུ་ངེས་པར་ཚང་དགོས་པའི་ཕྱིར། ཞག་གསུམ་གྱི་རྣམ་དབྱེ་ལེགས་པར་ཤེས་པ་ལ་ཞག་ལྷག་དང་ཟླ་ལྷག་འདོན་ཚུལ་ཤེས་དགོས་ཏེ། དེ་ལ་ཆོས་ཞག་དང་ཁྱིམ་ཞག་གི་བར་ཁྱད་དང་དེ་དང་ཉིན་ཞག་གི་བར་ཁྱད་སོགས་ཤེས་དགོས་པའི་ཕྱིར།

ང༢ བསྐལ་པ་བཤད་པ།

ན༡ མདོར་བསྟན་པ།

གཉིས་པ་ལ་མདོར་བསྟན་པ་དང་རྒྱས་པར་བཤད་པ་གཉིས། དང་པོ་ནི། བསྐལ་པ་རྣམ་པ་མང་བཤད་པ། །ཞེས་བྱུང་། བསྐལ་པ་ཆོས་ཅན། (༩༠བ)ཁྱོད་ལ་རྣམ་པ་མང་དུ་བཤད་དེ། བར་བསྐལ། འཇིག་བསྐལ། སྟོང་བསྐལ། འཆགས་བསྐལ། གནས་བསྐལ། བསྐལ་པ་ཆེན་པོ་སོགས་བཤད་པའི་ཕྱིར།

ན༢ རྒྱས་པར་བཤད་པ།

པ༡ འཇིག་བསྐལ་བཤད་པ།

གཉིས་པ་ལ། འཇིག་བསྐལ། འཆགས་བསྐལ། གནས་བསྐལ། སྟོང་བསྐལ། བསྐལ་ཆེན་དང་ལྔ། དང་པོ་ནི། འཇིག་པའི་བསྐལ་པ་དམྱལ་བ་ཡི། །སྲིད་པ་མེད་

ནས་སྟོད་ཟད་པ། །ཞེས་བྱུང་། འཇིག་བསྐལ་ཆོས་ཅན། བཞག་ཏུ་ཡོད་དེ། མནར་མེད་ཀྱི་དམྱལ་བའི་སྲིད་པར་གསར་སྐྱེ་མེད་པ་ནས་བསམ་གཏན་དང་པོ་གསུམ་གྱི་གང་འཇིག་རྒྱུའི་སྟོད་དེ་ཟད་པའི་བར་ལ་འཇོག་པའི་ཕྱིར།

པ༢ འཆགས་བསྐལ་བཤད་པ།

གཉིས་པ་ནི། འཆགས་པ་དང་པོའི་རླུང་ནས་ནི། །དམྱལ་བའི་སྲིད་པའི་བར་དུའོ། །ཞེས་བྱུང་། འཆགས་བསྐལ་ཆོས་ཅན། བཞག་ཏུ་ཡོད་དེ། འཆགས་པར་རྩོམ་པའི་དང་པོ་རླུང་འཇམ་བུ་ཁད་ཀྱིས་ལྡང་བ་ནས་ནི་དམྱལ་བའི་སྲིད་པར་སེམས་ཅན་གཅིག་སྐྱེས་པའི་བར་ལ་འཇོག་པའི་ཕྱིར། འདིའི་རླུང་ནས་ཞེས་པ་ནི་བཤད་པ་ལྟར་ཡིན་གྱི། འོག་གཞིའི་རླུང་དཀྱིལ་ནས་འགོ་རྩོམ་པར་འདོད་པ་ནི་མི་འཐད་དེ། བསམ་གཏན་དང་པོ་གསུམ་པོ་གང་རུང་འཆགས་པའི་རླུང་ལྡང་བ་སྔོན་དུ་མ་སོང་བར་འོག་གཞིའི་རླུང་དཀྱིལ་འཆགས་པ་མི་འབྱུང་བའི་ཕྱིར། དེར་ཐལ། ཐོག་མར་ས་དང་མ་འབྲེལ་བའི་གནས་ཡས་རིམ་གྱིས་ཆགས་ཤིང་། དེ་ནས་ས་དང་འབྲེལ་བ་ནི་མས་རིམ་ནས་ཆགས་པ་ཡིན་པའི་ཕྱིར་ཏེ། དེ་ཡང་མེས་འཇིག་པའི་རྗེས་སུ་ཆགས་པ་ན་ཐོག་མར་བསམ་གཏན་དང་པོའི་གནས་ཚངས་པའི་གཞལ་མེད་ཁང་ཆགས། དེ་ནས་མདུན་ན་འདོན་དང་ཚངས་རིས་ཀྱི་གནས་ཆགས། དེ་ནས་རླུང་འོག་ཏུ་བབས་པ་ལས་གཞན་འཕྲུལ་དབང་བྱེད་ནས་འཐབ་བྲལ་གྱི་བར་ཆགས། དེ་ནས་འོག་གི་རླུང་དཀྱིལ་སོགས་ཆགས་པའི་ཕྱིར། གཞན་ཡང་དེ་ལྟར་ཐོག་མར་ཆགས་པའི་རླུང་ལྡང་བ་ནས་ཡིན་ཏེ། འདིའི་ཐད་ཀྱི་རྒྱལ་སྲས་མ་ལས། གང་གི་ཚེ་ནམ་མཁའ་ལ་རླུང་འཇམ་པོ་འཇམ་པོ་དག་ལྡང་བ་དེ་ནས་བཟུང་སྟེ་ཞེས་གསུངས་པའི་ཕྱིར།

པ༣ གནས་བསྐལ་བཤད་པ།

པ༡ ཡ་ཐོག་དང་བར་བསྐལ་དང་པོ།

གསུམ་པ་(༡༧ན)ལ། བར་གྱི་ལུགས་པ་བཅོ་བརྒྱད་བཤད་པ། མཐའི་མ་ཐོག་དང་ཡར་འཕེལ་བཅུ་དགུའི་མཚམས་བསྟན་པ། དེ་རྣམས་གནས་བསྐལ་དུ་བསྟན་པ་ལྔ། དང་པོ་ནི། བར་གྱི་བསྐལ་པ་དཔག་མེད་ནས། །ཚེ་ལོ་བཅུ་པའི་བར་དུའོ། །ཞེས་བྱུང་། ཤེས་བྱ་ཆོས་ཅན། གནས་བསྐལ་གྱི་ཡ་ཐོག་དང་བར་བསྐལ་དང་པོ་ཡོད་དེ། ཚེ་ལོ་དཔག་མེད་འགྲིབ་པའི་མཚམས་ཤིག་ནས་ཚེ་ལོ་བཅུ་པའི་བར་ཚད་ལ་དེར་འཇོག་པའི་ཕྱིར།

པ༢ བར་གྱི་ཁུག་པ་བཅོ་བརྒྱད་བཤད་པ།

གཉིས་པ་ནི། དེ་ནས་ཡར་སྐྱེ་མར་གྲི་བའི། །བསྐལ་པ་གཞན་ནི་བཅོ་བརྒྱད་དང་། །ཞེས་བྱུང་། བར་གྱི་ལུགས་པ་ཆོས་ཅན། ཁྱོད་ལ་བཅོ་བརྒྱད་ཡོད་དེ། ཚེ་ལོ་བཅུ་པ་དེ་ནས་ཡར་བརྒྱད་ཁྲིའི་བར་སྐྱེ་ཞིང་འཕེལ་བ་དང་། ཡང་མར་བཅུ་པའི་བར་གྲི་བ་རེ་ནི་བར་བསྐལ་རེ་དང་བར་གྱི་ལུགས་པ་རེར་བྱས་པའི་དེ་འདྲའི་ལུགས་པ་བཅོ་བརྒྱད་ལོངས་པ་ནི་ཡ་ཐོག་རིང་མོ་ལས་གཞན་དུ་འཇོག་པའི་ཕྱིར།

པ༣ མཐའི་མ་ཐོག་རིང་མོ།

གསུམ་པ་ནི། ཡར་སྐྱེ་བ་ནི་གཅིག་ཡིན་ཏེ། །ཞེས་བྱུང་། མཐའི་མ་ཐོག་རིང་མོ་ཡོད་དེ། ལུགས་པའི་རྗེས་སུ་ཚེ་ལོ་བཅུ་པ་ནས་བརྒྱད་ཁྲིའི་བར་དུ་ཡར་སྐྱེ་བ་སྟེ་འཕེལ་བ་ནི་གཅིག་ཁོ་ན་ཡིན་ལ། མར་འགྲིབ་པ་མི་འབྱུང་བ་དེ་གནས་བསྐལ་གྱི་ཐ་མ་མ་ཐོག་ཅེས་བྱ་བར་འཇོག་ཅིང་། དེ་བརྒྱད་ཁྲི་ནས་འཇིག་བསྐལ་གྱི་འགོ་

རྩོམ་པར་བྱེད་པའི་ཕྱིར།

༨༤ ཡར་འཕེལ་བཅུ་དགུའི་མཚམས་བསྟན་པ།

བཞི་པ་ནི། དེ་དག་ཚེ་ནི་བརྒྱད་ཁྲིའི་བར། །ཞེས་བྱུང་། ཡར་འཕེལ་དེ་དག་ཆོས་ཅན། ཁྱོད་ཀྱི་ཚད་ཡོད་དེ། ཚེ་ལོ་བཅུ་པ་ནས་བརྒྱད་ཁྲིའི་བར་དུ་ཡར་འཕེལ་གྱི། དེ་ཡན་ཆད་དུ་མི་འཕེལ་བའི་ཕྱིར། ཐོག་མཐའ་གཉིས་རྒྱང་པ་དང་བར་པ་བཅོ་བརྒྱད་ཁུག་པ་ཡིན་ལ་ཡུན་ཚད་མི་མཉམ་པའི་སྐྱོན་མེད་དེ། རྒྱང་པ་རེ་རེའི་ཡུན་ལའང་ཁུག་པ་རེ་རེའི་ཡུན་ཚད་ཡོད་པའི་ཕྱིར་ཏེ། རྒྱང་པ་གཉིས་བུལ་ལ་ཁུག་པ་མྱུར་བའི་ཕྱིར།

༨༥ དེ་རྣམས་གནས་བསྐལ་དུ་བསྟན་པ།

ལྔ་པ་ནི། དེ་ལྟར་འཛིག་རྟེན་ཆགས་པ་འདི། །བར་གྱི་བསྐལ་པ་ཉི་ཤུར་གནས། །ཞེས་བྱུང་། ཤེས་བྱ་ཆོས་ཅན། (༡༧བ)གནས་བསྐལ་ཡོད་དེ། དེ་ལྟར་འཛིག་རྟེན་ཆགས་ཟིན་པ་འདི་བར་བསྐལ་ཡ་ཐོག་དང་ཁུག་པ་བཅོ་བརྒྱད་དང་མ་ཐོག་དང་བཅས་པའི་བར་གྱི་བསྐལ་པ་ཉི་ཤུར་གནས་པ་ཡིན་པའི་ཕྱིར། ཚེ་ལོ་དཔག་མེད་ནས་གནས་བསྐལ་གྱི་འགོ་འཛིན་པ་མི་འཐད་དེ། དེ་ནི་འཆགས་བསྐལ་དུ་འདུ་བ་ཡིན་པའི་ཕྱིར། གནས་བསྐལ་གྱི་འགོ་ཚེ་ལོ་བརྒྱད་ཁྲིའི་ཐོག་མ་ནས་འཛིན་པ་སའི་དངོས་གཞིའི་ལུགས་ཡིན་ཀྱང་མཛོད་རང་འགྲེལ་གྱི་ལུགས་ལ་ནི་ཅུང་མ་ཡིན་ཏེ། དམྱལ་བར་འཛམ་གླིང་ལྟ་བུའི་མི་ཞིག་མ་སྐྱེས་བར་དུ་གནས་བསྐལ་གྱི་འགོ་མི་འཛིན་པའི་ཕྱིར། ཚེ་ལོ་དཔག་མེད་ཀྱི་དུས་སུ་བྱུང་བའི་མིའི་ཚེ་ཚད་འཛིན་མི་ནུས་པ་མིན་ཏེ། དེ་དག་གི་གཟུགས་དང་ཚེ་སོགས་ཚངས་རིས་པ་དང་འདྲ་བའི་ཕྱིར། དེར་ཐལ། རྩ་བར། སྔར་བྱུང་སེམས་ཅན་གཟུགས་ཅན་བཞིན། །ཞེས་

པ་དང་། རང་འགྲེལ་ལས། བསྐལ་པ་དང་པོའི་མི་རྣམས་ནི་གཟུགས་ན་སྤྱོད་པ་བཞིན་དུ་གྱུར་ཏེ་ཞེས་གསུངས་པའི་ཕྱིར།

པ༤ སྟོང་བསྐལ་བཤད་པ།

བཞི་པ་ནི། ཆགས་པ་དང་ནི་འཇིག་པ་དང་། །ཞིག་ནས་འདུག་པ་དག་མཉམ་མོ། །ཞེས་བྱུང་། ཤེས་བྱ་ཆོས་ཅན། དེ་ལྟར་འཇིག་རྟེན་འཆགས་པ་དང་གནས་པ་དང་འཇིག་པ་དང་ཞིག་ནས་འདུག་པ་སྟོང་པའི་བསྐལ་པ་བཞིའི་ཚད་མཉམ་པ་དག་ཡིན་ཏེ། བཞི་པོ་རེ་རེར་བར་བསྐལ་ཉི་ཤུ་ཉི་ཤུ་རེས་མཉམ་པའི་ཕྱིར།

པ༥ བསྐལ་ཆེན་བཤད་པ།

ཕ༡ བསྐལ་ཆེན་ངོས་བཟུང་བ།

ལྔ་པ་ལ། བསྐལ་ཆེན་ངོས་བཟུང་བ་དང་། ཞར་ལ་སངས་རྒྱས་སོགས་འབྱུང་ཚུལ་གཉིས། དང་པོ་ནི། དེ་དག་བརྒྱད་ཅུ་ལ་བསྐལ་ཆེན། །ཞེས་བྱུང་། བསྐལ་ཆེན་ཆོས་ཅན། ཡོད་དེ། བཤད་མ་ཐག་པའི་བར་བསྐལ་དེ་དག་བརྒྱད་ཅུ་ལ་ནི་ཁྱོད་དུ་འཇོག་པའི་ཕྱིར།

ཕ༢ ཞར་ལ་སངས་རྒྱས་སོགས་འབྱུང་ཚུལ།

བ༡ སངས་རྒྱས་འབྱུང་ཚུལ།

གཉིས་པ་ལ། སངས་རྒྱས། རང་རྒྱལ། འཁོར་སྒྱུར་འབྱུང་ཚུལ་དང་གསུམ། དང་པོ་ནི། དེ་གྲངས་མེད་གསུམ་ལ་སངས་རྒྱས། །འབྱུང་ངོ་མར་ནི་འགྲིབ་པ་ཡི། །བརྒྱ་ཡི་བར་ལ་དེ་དག་འབྱུང་། །ཞེས་བྱུང་། ཤེས་བྱ་ཆོས་ཅན། སངས་རྒྱས་འབྱུང་ཚུལ་ཡོད་དེ། བསྐལ་ཆེན་(༡༢ན)གྲངས་མེད་གསུམ་དུ་ཚོགས་བསགས་པ་ལས་

དེ་འབྱུང་བའི་ཕྱིར། གྲངས་མེད་དེ་ནི་གྲངས་གཏན་ནས་མེད་པ་མ་ཡིན་ཏེ། གྲངས་ཀྱི་གནས་དྲུག་ཅུར་བགྲང་དུ་མེད་པས་ན་གྲངས་མེད་ཅེས་བཤད་པ་ཙམ་ཡིན་པའི་ཕྱིར། གྲངས་མེད་དེ་ཆོས་ཅན། ཁྱོད་བརྩི་ཚུལ་ཡོད་དེ། གཅིག་བཅུ་བརྒྱ་སྟོང་ཁྲི་འབུམ་དང་། །ས་ཡ་བྱེ་བ་དུང་ཕྱུར་རྣམས། །རྒྱུད་པའི་གྲངས་སུ་ཤེས་པར་བྱ། །ཆེན་པོའི་ཟླ་དང་བཅས་པ་ནི། །ཐེར་འབུམ་ཁྲག་ཁྲིག་རབ་བཀྲམ་དང་། །གཏམས་དཀྲིགས་མི་འཁྲུགས་ཁྲད་ཕྱིན་དང་། །པང་སྟེང་དེར་འདྲེན་མཐའ་སྣང་དང་། །རྒྱུ་རིག་འོད་མཛེས་དབང་པོ་དང་། །ལེགས་ཕྱིན་རྟོགས་འགྲོ་འབྲིན་རྟུལ་དང་། །རྒྱུ་རྟགས་སྟོབས་འཕོར་བརྡའ་ཤེས་དང་། །རྣམ་འབྱུང་སྟོབས་མིག་ཉི་ཤུ་གཅིག །བར་དུ་བརྒྱད་ནི་མ་རྙེད་པས། །རང་གི་མིང་གང་ཉུང་བ་གཞུག །གྲངས་མེད་བར་དུ་བཅུ་འགྱུར་བསྒྲེས། །ཞེས་གསུངས་པ་ལྟར་ཡིན་པའི་ཕྱིར། ཆེན་པོ་དང་བཅས་པ་བཅུ་འགྱུར་བྱ་ཚུལ་ཡོད་དེ། དུང་ཕྱུར་བཅུ་ལ་ཐེར་འབུམ་གཅིག །དེ་བཅུ་ལ་ཐེར་འབུམ་ཆེན་པོ་གཅིག །དེ་བཅུ་ལ་ཁྲག་ཁྲིག་གཅིག །དེ་བཅུ་ལ་ཁྲག་ཁྲིག་ཆེན་པོ་གཅིག་ཏུ་འཇོག་པ་སོགས་ཡིན་པའི་ཕྱིར། རང་འགྲེལ་ལས་སྟོབས་མིག་ཆེན་པོ་བཅུ་ལ་གྲངས་མེད་པ་ཞེས་བཤད་ཀྱང་སྐྱི་འགྲོ་ལ་དེའི་རྗེས་སུ་ཚད་མེད་བཞིའི་མིང་ཅན་ཆེན་པོ་དང་བཅས་པ་ནས་གྲངས་མེད་གཅིག་དང་། དེ་ནས་བཅུ་འགྱུར་དུ་བྱས་ཏེ་དེ་གཉིས་དང་། དེ་གསུམ་དུ་འཇོག་པ་ལྟར་ཡང་ཉུང་སྟེ། བར་དུ་བརྒྱད་ནི་མ་རྙེད་པས། །ཞེས་སོགས་ཀྱི་དོན་དུ་སྣང་བའི་ཕྱིར། དེར་མ་ཟད་གྲངས་ཀྱི་རྣམ་གྲངས་གཞན་ཡང་མང་སྟེ། འཇམ་དཔལ་རྩ་རྒྱུད་དང་ཕལ་ཆེན་ནས་གྲངས་ཀྱི་གནས་བརྒྱ་ཉེར་གསུམ་དང་། སྡོད་པོ་བཀོད་པ་ལས་བཞི་བཅུ་དང་། ཡང་བརྒྱ་དང་ལྔ་བཤད་པའི་ཕྱིར། དེ་དག་ནི་གྲངས་མེད་གསུམ་ལས་ཀྱང་ལྷག་སྟེ། དེས་(༦༢བ)གྲངས་མེད་གྲངས་མེད་པ་ཡང་བརྩི་ནུས་པའི་ཕྱིར། སངས་རྒྱས་དེ་དག་ཆོས་ཅན། ཁྱོད་འབྱུང་བའི་དུས་ཡོད་དེ། ཡར་འཕེལ་བའི་ཚེ་སེམས་ཅན་སྐྱོ་ཤས་ཆུང་བས་མི་འབྱོན་

ལ། མར་འགྲིབ་པ་ཡི་བརྒྱད་ཁྲི་ནས་བརྒྱ་ཡི་བར་ལ་འབྱུང་བའི་ཕྱིར། ཕྱི་མ་གྲུབ་སྟེ། བརྒྱ་ཕྱིན་ཆད་དུ་ཙང་སྙིགས་མ་ལྔ་བདོ་བའི་དབང་གིས་མི་འབྱུང་བའི་ཕྱིར།

བ༢ རང་རྒྱལ་འབྱུང་ཚུལ།

གཉིས་པ་ནི། རང་སངས་རྒྱས་རྣམས་གཉིས་ཀ་ལ། །བསེ་རུ་བསྐལ་པ་བརྒྱ་ཡི་རྒྱུས། །ཞེས་བྱུང་། རང་སངས་རྒྱས་རྣམས་ཆོས་ཅན། འབྱུང་བའི་དུས་ཡོད་དེ། ཡར་འཕེལ་མར་འགྲིབ་གཉིས་ཀ་ལ་འབྱུང་བའི་ཕྱིར། དེ་ཆོས་ཅན། ཁྱོད་ལ་ཚོགས་སྤྱོད་བསེ་རུ་ལྟ་བུ་གཉིས་ཡོད་པ་ལས་བསེ་རུ་ལྟ་བུའི་རང་རྒྱལ་འབྱུང་བའི་རྒྱུ་ཡོད་དེ། བསྐལ་པ་བརྒྱ་ཡི་རྒྱུ་ཚོགས་བསགས་པ་ལས་འབྱུང་བའི་ཕྱིར། དེར་ཐལ། འདིར་བསེ་རུ་ལྟ་བུའི་རང་རྒྱལ་སློབ་པ་ནི་རང་གི་བྱང་ཆུབ་ཏུ་རིགས་ངེས་པར་འདོད་པའི་ཕྱིར།

བ༣ འཁོར་སྒྱུར་འབྱུང་ཚུལ།

མ༡ ཚིག་དོན།

ཙ༡ འཁོར་སྒྱུར་འབྱུང་བའི་དུས།

གསུམ་པ་འཁོར་སྒྱུར་འབྱུང་ཚུལ་ལ། ཚིག་དོན་དང་། སྤྱི་དོན་གཉིས། དང་པོ་ལ། འབྱུང་བའི་དུས། དབྱེ་བ། འཁོར་ལོས་སྒྱུར་ཚུལ། སངས་རྒྱས་དང་འཁོར་བསྒྱུར་གྱི་མཚན་གྱི་ཁྱད་པར་བཞི། དང་པོ་ནི། འཁོར་ལོས་སྒྱུར་བ་འབྱུང་བ་ནི། །སྟོང་ཕྲག་བརྒྱད་ཅུ་ལས་མི་འཕྲི། །ཞེས་བྱུང་། འཁོར་ལོས་སྒྱུར་བ་ཆོས་ཅན། ཁྱོད་འབྱུང་བའི་དུས་ཡོད་དེ། ཚེ་ལོ་དཔག་མེད་ནས་བརྒྱད་ཁྲིའི་བར་ཁོ་ནར་འབྱུང་གི། དེ་ཕྱིན་ཆད་སྣོད་མིན་པས་མི་འབྱུང་བའི་ཕྱིར། སྒྲ་དོན་ཡོད་དེ། འཁོར་ལོའི་སྒོ་ནས་སྐྱེ་བོ་ལ་དབང་བསྒྱུར་བས་ན་དེ་ལྟར་བརྗོད་པའི་ཕྱིར།

ཅ༢ འཁོར་སྒྱུར་གྱི་དབྱེ་བ།

གཉིས་པ་ནི། གསེར་དངུལ་ཟངས་ལྕགས་འཁོར་ལོ་ཅན། །དེ་དག་གླིང་གཅིག་གླིང་གཉིས་དང་། །གླིང་གསུམ་བཞི་ལ་མས་རིམ་བཞིན། །ལྷན་ཅིག་གཉིས་མིན་སངས་རྒྱས་བཞིན། །ཞེས་བྱུང་། འཁོར་སྒྱུར་ཆོས་ཅན། ཁྱོད་ལ་རིགས་བཞི་ཡོད་དེ། གསེར་གྱི་འཁོར་ལོ་ཡོད་པས་གསེར་གྱི་འཁོར་སྒྱུར་དང་། དེ་བཞིན་དུ་དངུལ་དང་ཟངས་དང་(ཤ༣ན)ལྕགས་ཀྱི་འཁོར་ལོ་སྒྱུར་བ་དང་བཞི་ཡོད་པའི་ཕྱིར། དེ་དག་ལས་མས་རིམ་བཞིན་དུ་གསེར་གྱི་འཁོར་སྒྱུར་གྱིས་གླིང་བཞི་དང་། དངུལ་གྱིས་གླིང་གསུམ་དང་། ཟངས་ཀྱིས་གླིང་གཉིས་དང་། ལྕགས་ཀྱི་འཁོར་སྒྱུར་གྱིས་གླིང་གཅིག་ལ་དབང་བྱེད་པ་ཡིན་ཏེ། མཆོག་དང་ཉེ་བའི་མཆོག་དང་འབྲིང་དང་ཐ་མ་ཡིན་པའི་ཕྱིར། འདི་དག་གང་ལས་བཤད་ཚུལ་ཡོད་དེ། གདགས་པ་ལས་བསྟན་ཅིང་། མདོ་གཞན་དག་ལས་ཀྱང་བཤད་པའི་ཕྱིར། འཁོར་སྒྱུར་ཆོས་ཅན། ཁྱོད་གླིང་གཅིག་ལ་ལྷན་ཅིག་གམ་དུས་གཅིག་ཏུ་གཉིས་མི་འབྱུང་སྟེ། འགྲན་ཟླ་མེད་པའི་ལས་བསགས་པའི་གང་ཟག་ཡིན་པའི་ཕྱིར། དཔེར་ན། རྫོགས་པའི་སངས་རྒྱས་གཉིས་བསྟན་པ་གཅིག་ལ་དུས་གཅིག་ཏུ་མི་འབྱུང་བ་བཞིན་ནོ། །འོན་ཀྱང་། ཞིང་གཞན་གྱི་སངས་རྒྱས་ནི་ཞིང་འདིར་སྟོན་པའི་དུང་དུ་འབྱོན་པ་ལ་ངེས་པ་མེད་དོ། །

ཅ༣ འཁོར་ལོས་སྒྱུར་ཚུལ།

གསུམ་པ་ནི། ཕས་བསུ་རང་འགྲོ་གཡུལ་བཤམས་དང་། །མཚོན་བརྩམས་པས་རྒྱལ་གནོད་པ་མེད། །ཅེས་བྱུང་། འཁོར་སྒྱུར་ཆོས་ཅན། ཁྱོད་བཞིས་ས་ལ་དབང་བསྒྱུར་ཚུལ་ཡོད་དེ། གསེར་གྱི་འཁོར་ལོས་སྒྱུར་བའི་རྒྱལ་པོ་རང་ལ་རྒྱལ་ཕྲན་རྣམས་ཀྱིས་ཕས་ནས་བསུས་ཏེ་རྒྱལ་པོ་བྱེད། དངུལ་ལ་ནི་རང་ཉིད་དེར་འགྲོ་

བ་སྟེ་སོང་ནས་འདུད་ཅིང་རྒྱལ་པོ་བྱེད། ཐངས་ལ་ནི་གཡུལ་བཤམས་པ་ཙམ་གྱིས་འདུད། ལྕགས་ལ་ནི་མཚོན་འདེབས་བརྩམས་པ་ཙམ་གྱིས་འདུད་ཅིང་དབང་དུ་འགྱུར་བས་གཞན་ལ་གནོད་པ་ཅི་ཡང་མེད་པའི་ཕྱིར།

ཅ༩ སངས་རྒྱས་དང་འཁོར་བསྒྱུར་གྱི་མཚན་གྱི་ཁྱད་པར།

བཞི་པ་ནི། ཐུབ་མཚན་ཡུལ་ན་གནས་པ་དང་། །གསལ་དང་རྫོགས་པས་འཕགས་པ་ཡིན། །ཞེས་བྱུང་། འཁོར་སྒྱུར་ཆོས་ཅན། ཁྱོད་དང་ཐུབ་པ་ལ་མཚན་བཟང་ཡོད་པར་མཚུངས་ཀྱང་ཁྱད་པར་ཡོད་དེ། ཐུབ་པ་སངས་རྒྱས་ཀྱི་མཚན་ནི་གནས་འགྲུས་པར་ཡུལ་ན་མ་འདྲེས་པར་གནས་པ་དང་། འོད་གསལ་ཞིང་ཆ་རྫོགས་པ་སོགས་ཀྱིས་ཁྱད་པར་དུ་འཕགས་(༢༣བ)ལ། ཁྱོད་ཀྱི་མཚན་ནི་དེ་ལྟར་མ་ཡིན་པའི་ཕྱིར།

མ༢ སྤྱི་དོན།

གཉིས་པ་སྤྱི་དོན་ལ། རྒྱུ་དང་དུས་དང་འབྱུང་ཚུལ་དང་ཡོན་ཏན་གྱི་ཁྱད་པར་དང་དགོས་པ་གང་གི་ཆེད་དུ་འབྱུང་བ་དང་ལྔ། དང་པོ་རྒྱུ་ཡོད་དེ། བསོད་ནམས་ཀྱི་མཐུ་ཆེན་པོ་བྱས་པ་ལས་བྱུང་བའི་ཕྱིར། གཉིས་པ་དུས་ཡོད་དེ། རྫོགས་ལྡན་མ་གཏོགས་མི་འབྱུང་བར་བཤད་ཟིན་པ་ལྟར་ཡིན་པའི་ཕྱིར། གསུམ་པ་འབྱུང་ཚུལ་ཡོད་དེ། རྒྱལ་པོ་རྒྱལ་རིགས་སྤྱི་བོ་ནས་དབང་བསྐུར་བའི་ཚེས་བཅོ་ལྔའི་དུས་གསོ་སྦྱོང་ལ་གནས་པ་ན། གསེར་འཁོར་ཅན་དུ་འགྱུར་བ་ལ་གསེར་གྱི་འཁོར་ལོ་རྩིབས་སྟོང་ཡོད་པ་དཔག་ཚད་ལྔ་བརྒྱ་པ་བརྒྱ་བྱིན་གྱིས་སྟེར་བར་འགྱུར་བའི་ཕྱིར། བཞི་པ་ཡོན་ཏན་ནམ་ཕུན་ཚོགས་ཀྱི་ཁྱད་པར་ཡོད་དེ། རྒྱལ་སྲིད་རིན་ཆེན་བདུན་དང་། ཉེ་བའི་རིན་ཆེན་བདུན་དང་། ཡོ་བྱད་ཀྱི་རིན་ཆེན་བདུན་སོགས་འབྱུང་

བའི་ཕྱིར། དང་པོ་གྲུབ་སྟེ། འཁོར་ལོ་ནོར་བུ་སོགས་བདུན་འབྱུང་བའི་ཕྱིར། འདི་དག་གི་ཁྱད་པར་རྒྱས་པ་ནི་ཆོས་ཡང་དག་པར་སྡུད་པ་དང་དྲན་པ་ཉེར་གཞག་དང་མངོན་འབྱུང་སོགས་ལས་འབྱུང་བ་ལྟར་ཤེས་པར་བྱ་སྟེ་འདིར་མི་འཆད་དོ། །གཉིས་པ་གྲུབ་སྟེ། རལ་གྲི་དང་ལྤགས་པ་དང་ཁང་པ་དང་གོས་དང་ནགས་ཚལ་དང་མལ་ཆ་དང་ལྷམ་སྟེ་བདུན་འབྱུང་བའི་ཕྱིར། དེའི་བྱེད་ལས་ཀྱང་གཞན་དུ་ཤེས། གསུམ་པ་གྲུབ་སྟེ། མུ་ས་ལ་གར་པ་དང་། བཻ་ཌཱུརྻ་དང་གསེར་དང་དངུལ་དང་མུ་ཏིག་དང་ཤེལ་དང་རྫོའི་སྙིང་པོ་སྟེ་བདུན་འབྱུང་བའི་ཕྱིར། ལྔ་པ་འབྱུང་བའི་དགོས་པ་ཡོད་དེ། སེམས་ཅན་མང་པོ་དགེ་བཅུ་ལ་འགོད་པའི་ཆེད་དུ་འབྱུང་བའི་ཕྱིར། འཁོར་སྒྱུར་དུ་འགྱུར་བ་ནི་བྱང་སེམས་ཁོ་ནར་མ་ངེས་ཏེ། སངས་རྒྱས་ཀྱི་རིགས་ཅན་ལམ་མ་ཞུགས་ནའང་དེར་འགྱུར་བ་ཡོད་པའི་ཕྱིར། མདོ་ལས་དགེ་རྩ་འདི་བྱས་ན་འཁོར་སྒྱུར་དུ་འགྱུར་གསུང་བ་ནི་འཁོར་སྒྱུར་དངོས་གནས་པར་དགོངས་པའི་ངེས་པ་མེད་དེ། ཕལ་ཆེར་སྟོབས་ཀྱིས་འཁོར་སྒྱུར་དུ་འགྱུར་བ་ལ་དགོངས་ཤིང་། ལ་ལ་ནི་དེར་སྐྱེ་བའི་རྒྱུ་འཛིན་པ་ཙམ་ལ་དགོངས་པའི་ཕྱིར།

༣༨ སྣོད་བཅུད་ཀྱི་ཁྱད་ཆོས་ཇེ་ཟག་ཏུ་བཤད་པ།

༢༧ ཁྱད་ཆོས་དངོས།

དགུ་པ་སྣོད་(༨༩)བཅུད་ཀྱི་ཁྱད་ཆོས་ལ། དངོས་དང་། འཇིག་བསྐལ་བྱེ་བྲག་ཏུ་བཤད་པ་གཉིས། དང་པོ་ལ། བསྐལ་པ་དང་པོའི་ཁྱད་པར། དེ་ལས་འགྲིབ་ཚུལ། མཐར་ཇི་ལྟར་འབྱུང་ཚུལ་དང་གསུམ། དང་པོ་ནི། སྔར་བྱུང་སེམས་ཅན་གཟུགས་ཅན་བཞིན། །ཞེས་བྱུང་། སྔར་བསྐལ་པ་དང་པོར་བྱུང་བའི་སེམས་ཅན་མི་རྣམས་ཆོས་ཅན། གཟུགས་ཅན་གྱི་ལྷ་བཞིན་ཏེ། གཟུགས་མཛེས་པ། ཡན་ལག་དང་ཉིང་ལག་ཚང་བ། རང་ལ་འོད་ཡོད་པ། དགའ་བ་ཟས་སུ་ཟ་བ། ཚེ་

དཔག་མེད་ཐུབ་པར་མདོ་ལས་བཤད་པ་བཞིན་ཡིན་པའི་ཕྱིར། གཉིས་པ་ནི། དེ་ནས་རིམ་གྱིས་རོ་ལ་ཆགས། །ལེ་ལོས་གསོག་འཇོག་བྱས་ནས་ནི། །འཛིན་བཅས་རྣམས་ཀྱིས་ཞིང་དཔོན་དསྐྱབས། །དེ་ནས་ལས་ཀྱི་ལམ་ལྷག་པས། །ཚེ་ཐུང་ལོ་ནི་བཅུ་ཡིན་ནོ། །ཞེས་བྱུང་། ཤེས་བྱ་ཆོས་ཅན། དེ་ནས་རིམ་གྱིས་འགྲིབ་ཚུལ་ཡོད་དེ། བསྐལ་པ་དང་པོའི་མི་གཟུགས་ཀྱི་ལྷ་འདྲ་བ་དེ་དག་གིས་སའི་ཞག་དང་རོ་སྦྲང་རྩིའི་རོ་ལྟ་བུ་བྱུང་བ་སོགས་མྱངས་པས་རོ་ལ་ཆགས་ཤིང་། ལེ་ལོས་གསོག་འཇོག་བྱས་ནས་བདག་ཏུ་འཛིན་པ་དང་བཅས་པ་རྣམས་ཀྱིས་ཞིང་བཏབ་སྟེ་ལོངས་སྤྱོད་ཀྱི་ཆེད་དུ་འཐབ་རྩོད་བྱུང་ནས་དཔོན་དུ་མང་པོས་བཀུར་བའི་རྒྱལ་པོ་བསྐོས། དེ་ལ་ཀུན་གྱིས་ཞིང་གི་དྲུག་ཆ་བསྐྱབས་པར་བྱས་པས་རྒྱལ་རིགས་ཀྱི་ཐོག་མ་བྱུང་བའི་ཕྱིར། དེ་ནས་རིགས་ལྷག་མ་རྣམས་དང་ལས་ལམ་བྱུང་ཚུལ་ཡོད་དེ། དེའི་ཚེ་ཁྱིམ་ལས་བྱོལ་ནས་ནགས་ཁྲོད་སོགས་སུ་རྩ་བ་དང་འབྲས་བུ་ཟ་ཞིང་ཚངས་པར་སྤྱོད་པ་རྣམས་ལ་བྲམ་ཟེ་དང་། ཁྱིམ་དུ་གནས་ཀྱང་རྐུ་སོགས་མི་བྱེད་པའི་འཁོར་ཅན་ལ་རྗེ་རིགས་དང་སོ་ནམ་དང་རྐུ་དང་སྲོག་གཅོད་སོགས་བྱེད་པ་ལ་དམངས་རིགས་དང་གདོལ་པའི་རིགས་ཞེས་པའི་ཐ་སྙད་བྱུང་ཞིང་། དེ་ནས་རྫུན་དང་སྲོག་གཅོད་སོགས་མི་དགེ་བའི་ལས་ཀྱི་ལམ་ལྷག་པ་སྟེ་འཕེལ་བས། རིམ་གྱིས་ཚེ་བྲི་ནས་ལོ་ནི་ཐུང་བ་བཅུ་པའི་བར་དུ་ཡང་འབྱུང་བ་ཡིན་པའི་ཕྱིར་རོ། །གསུམ་པ་ནི། བསྐལ་པ་(༡༣བ)མཚོན་དང་ནད་དང་ནི། །མུ་གེ་དག་གིས་ཚར་ཕྱིན་ཏོ། །ཞག་རྣམས་དང་ནི་ཟླ་བ་དང་། །ལོ་བདུན་དག་ཏུ་གོ་རིམ་བཞིན། །ཞེས་བྱུང་། ཤེས་བྱ་ཆོས་ཅན། མཐར་ཇི་ལྟར་འབྱུང་བའི་ཚུལ་ཡོད་དེ། བཅུད་ཀྱི་སེམས་ཅན་ནི་མཚོན་དང་ནད་དང་མུ་གེའི་བསྐལ་པ་བར་མ་གསུམ་པོ་དག་གིས་ཚར་ཕྱིན་པ་སྟེ་རྫོགས་པར་བྱེད་པའི་ཕྱིར། དེ་གསུམ་གྱི་យུན་ཚད་ཡོད་དེ། གོ་རིམ་བཞིན་དུ་མཚོན་གྱི་བསྐལ་པ་ཞག་བདུན་རྣམས་དང་། དེའི་རྗེས་སུ་ནད་ཀྱི་བསྐལ་པ་ཞག་བདུན་ཟླ་བ་བདུན

དང་། དེའི་སྔོན་དུ་མུ་གེའི་བསྐལ་པ་ལོ་བདུན་ཟླ་བ་བདུན་ཞག་བདུན་འབྱུང་བའི་ཕྱིར། དེ་དག་ཏུ་མི་སྐྱེ་བའི་ཐབས་ཡོད་དེ། ཉི་མ་འགའ་ཞིག་ཏུ་སྲོག་གཅོད་སྤོང་བའི་སྡོམ་པ་བསྲུངས་པས་མཚོན་བསྐལ་དང་། དགེ་འདུན་ལ་ཨ་རུ་ར་སོགས་སྨན་ཕུལ་བས་ནད་བསྐལ་དང་། དགེ་འདུན་ལ་བསོད་སྙོམས་ཕུལ་བས་མུ་གེའི་བསྐལ་པར་མི་སྐྱེ་བར་བཤད་པའི་ཕྱིར།

ཏ༢ འཇིག་བསྐལ་བྱེ་བྲག་ཏུ་བཤད་པ།

ཐ༡ སྣོད་འཇིག་རྐྱེན།

གཉིས་པ་འཇིག་བསྐལ་བྱེ་བྲག་ཏུ་བཤད་པ་ལ། འཇིག་རྐྱེན། འཇིག་བྱ། འཇིག་པའི་རྒྱུ་མཚན། ཇི་ལྟར་འཇིག་ཚུལ་དང་བཞི། དང་པོ་ནི། མེ་དང་ཆུ་དང་རླུང་དག་གིས། །འཇིག་པ་དག་ནི་ཡང་གསུམ་ཡིན། །ཞེས་བྱུང་། ཤེས་བྱ་ཆོས་ཅན། སྣོད་འཇིག་རྐྱེན་ལ་གསུམ་ཡོད་དེ། ད་ལྟའི་ཉི་མ་འདི་དང་ཉི་མ་གཞན་དྲུག་རིམ་གྱིས་བྱུང་ནས་མེ་དང་ཆར་ཆེན་པོ་འབབ་པའི་ཆུ་དང་། དྲག་པོའི་རླུང་དག་གིས་འཇིག་པ་དག་ནི་གསུམ་ཡིན་པའི་ཕྱིར། ཡང་ཞེས་སྨོས་པ་ལ་དགོས་པ་ཡོད་དེ། མུ་སྟེགས་པས་རྡུལ་ཕྲ་རབ་མི་འཇིག་པར་འདོད་ཀྱང་འདིར་དེ་ཡང་འཇིག་པར་སྟོན་པའི་ཕྱིར།

ཐ༢ གང་འཇིག་ཁར་བྱ་བ།

གཉིས་པ་ནི། བསམ་གཏན་གཉིས་སོགས་གསུམ་པོ་ནི། །དེ་དག་གི་ཚེ་གོ་རིམ་བཞིན། །ཞེས་བྱུང་། ཤེས་བྱ་ཆོས་ཅན། འཇིག་པ་གསུམ་གྱི་འཇིག་བྱ་དང་གང་ལུས་པ་ཡོད་དེ། བསམ་གཏན་གཉིས་པ་དང་། སོགས་ཀྱི་ས་གསུམ་པ་དང་བཞི་པ་གསུམ་གྱི་འོག་མན་ཆད་མེ་ཆུ་རླུང་གསུམ་གྱིས་འཇིག་པར་བྱེད་ཅིང་། དེ་དག་གི་རྩེ

མོ་སྟེ་གོང་མ་གསུམ་དེའི་ཚེ་(༡༤ན་ གོང་)མི་འཇིག་པའི་ཕྱིར། དེར་ཐལ། མེས་བསམ་གཏན་དང་པོ་མན་ཆད་དང་། ཆུས་བསམ་གཏན་གཉིས་པ་མན་ཆད་དང་། རླུང་གིས་རང་གི་འཇིག་བྱ་བསམ་གཏན་གསུམ་པ་མན་ཆད་འཇིག་ཅིང་། རང་རང་གི་གོང་མ་ལུས་པ་གཉིས་པ་དང་གསུམ་པ་དང་བཞི་པ་རྣམས་མི་འཇིག་པའི་ཚུལ་གོ་རིམ་བཞིན་དུ་སྦྱོར་བ་ཡིན་པའི་ཕྱིར།

ཐ༣ འཇིག་པའི་རྒྱུ་མཚན།

གསུམ་པ་ནི། དེ་ཡི་སྐྱོན་དང་ཆོས་མཐུན་ཕྱིར། །བཞི་པ་ན་མེད་མི་གཡོའི་ཕྱིར། །མི་རྟག་དེ་ཡི་གཞལ་མེད་ཁང་། །སེམས་ཅན་བཅས་ཏེ་འབྱུང་འཇིག་ཕྱིར། །ཞེས་བྱུང་། ཤེས་བྱ་ཆོས་ཅན། དེ་ལྟར་འཇིག་པའི་རྒྱུ་མཚན་ཡོད་དེ། འཇིག་བྱེད་མེ་ཆུ་རླུང་གསུམ་དང་མཐུན་པའི་སྐྱོན་གསུམ་གྱི་དབང་གིས་ཡིན་པའི་ཕྱིར། དེར་ཐལ། སེམས་ཅན་དེ་དང་དེའི་ནང་གི་སྐྱོན་བསམ་གཏན་དང་པོ་ན་རྟོག་དཔྱོད་མེ་ལྟ་བུ་དང་། གཉིས་པ་ན་བསམ་གཏན་གྱི་སྐྱོན་དགའ་བདེ་ཆུ་ལྟ་བུ་དང་། གསུམ་པ་ན་དེའི་སྐྱོན་དབུགས་འབྱུང་རྔུབ་ཀྱི་རླུང་ཡོད་པས་ན་ཕྱི་རྐྱེན་དེ་གསུམ་གྱི་དབང་གིས་འཇིག་པར་བྱེད་པའི་ཕྱིར། དང་པོ་གྲུབ་སྟེ། རྟོག་དཔྱོད་ཀྱིས་ཡིད་མེ་ལྟར་གདུང་བར་བྱེད་པའི་ཕྱིར། གཉིས་པ་གྲུབ་སྟེ། ཤིན་སྦྱངས་ཀྱི་དགའ་བདེས་ལུས་མཉེན་ཅིང་ཆུ་ལྟར་རླན་པར་བྱེད་པའི་ཕྱིར། གསུམ་པ་གྲུབ་སྟེ། དབུགས་ཀྱི་འབྱུང་རྔུབ་རླུང་ལྟར་བྱེད་པའི་ཕྱིར། བསམ་གཏན་བཞི་པ་ན་འཇིག་པ་དེ་གསུམ་མེད་དེ། བསམ་གཏན་བཞི་པའི་ཏིང་ངེ་འཛིན་ནི། སྐྱོན་དེ་དག་གིས་མི་གཡོ་བའི་ཕྱིར། འོ་ན་དེ་དག་རྟག་པ་ཡིན་ནམ་ཞེ་ན། མི་རྟག་པ་ཡིན་ཏེ། བཞི་པ་དེའི་གཞལ་མེད་ཁང་སེམས་ཅན་དང་བཅས་ཏེ་ལྷན་ཅིག་འབྱུང་བ་དང་ལྷན་ཅིག་འཇིག་པར་བྱེད་པའི་ཕྱིར། དེར་ཐལ། དེ་དག་གི་སྣོད་རྣམས་སྐར་མ་ལྟར་མ་འབྲེལ་བར་སོ་སོར་

ཕོ་བྲང་པོ་ཏ་ལར་བཞུགས་པའི་དགེ་ལུགས་པའི་དཔེ་དཀོན་ཕྱོགས་བསྒྲིགས་འདོན་ཐེངས་དང་པོ།

གནས་པས་སོ་སོ་ལས་ཐུན་མོང་དུ་འཇིག་པ་མེད་པའི་ཕྱིར།

ཐ༩ ཇི་ལྟར་འཇིག་ཚུལ།

བཞི་པ་ནི། མེ་ཡིས་བདུན་ནོ་ཆུ་ཡིས་གཅིག །དེ་ལྟར་ཆུ་བདུན་ཐལ་ནས་ཀྱང་། །མེ་ཡིས་བདུན་ནོ་དེ་ནས་ནི། །མཐུག་ཏུ་རླུང་གིས་འཇིག་པ་(༡༦བ གོང་) ཡིན། །ཞེས་བྱུང་། ཤེས་བྱ་ཆོས་ཅན། དེ་ནས་འཇིག་བྱེད་གསུམ་གྱིས་འཇིག་ཚུལ་ཡོད་དེ། མེ་ཡིས་འཇིག་པའི་ཚུལ་བདུན་འབྱུང་ཞིང་། དེ་ནས་ཆུ་ཡིས་འཇིག་པ་གཅིག་འབྱུང་། ཚུལ་དེ་ལྟར་མེས་འཇིག་བདུན་རེའི་མཐུག་ཏུ་ཆུས་འཇིག་རེ་རེ་འབྱུང་ཞིང་ཆུས་འཇིག་བདུན་ཐལ་ནས་ནི། དེའི་རྗེས་སུ་མེ་ཡིས་འཇིག་པ་བདུན་དང་། དེ་ནས་ནི་མཐུག་ཏུ་རླུང་གིས་འཇིག་པ་གཅིག་འབྱུང་བ་ཡིན་པའི་ཕྱིར། མེས་འཇིག་གི་ཚེ་ཉི་མ་གཅིག་པོ་འདི་བདུན་འགྱུར་གྱི་ཚ་བར་སོང་ནས་འཇིག་པ་དང་། ཉི་མ་གཞན་དྲུག་ཡོགས་སུ་འབྱུང་བར་འདོད་པའི་ཚུལ་གཉིས་སྣང་བ་ལས་ཕྱི་མ་ལྟར་མདོན་ནོ། །མེས་འཇིག་མང་ཞིང་དེ་ལས་ཆུས་འཇིག་ཉུང་བ་དང་རླུང་གིས་འཇིག་པ་གཅིག་འབྱུང་བའི་རྒྱུ་མཚན་ཡོད་དེ། ཚངས་ཆེན་དང་འོད་གསལ་དང་དགེ་རྒྱས་པའི་ཚེ་ཚད་ཀྱི་ཁྱད་པར་གྱིས་ཡིན་པའི་ཕྱིར། དེ་ལྟར་ན་བསྐལ་ཆེན་དེ་བཞིན་རླུང་འཇིག་འབྱུང་བ་ཡིན་ཏེ། མེས་འཇིག་བདུན་ཚན་བརྒྱད་དང་། ཆུས་འཇིག་བདུན་ཚན་གཅིག །དེ་ནས་རླུང་གིས་འཇིག་པ་གཅིག་འབྱུང་བའི་ཕྱིར་རོ། །གནས་གསུམ་པའི་ཚིག་དོན་ལེགས་པར་བཤད་ཟིན་ཏོ།། །།དགེའོ། །

༄༅། །ཆོས་མངོན་པ་མཛོད་ཀྱི་གནས་བཞི་པའི་རྣམ་བཤད་བཞུགས་སོ། །

ཅ༢ སྡང་བྱ་ཀུན་འབྱུང་གི་བདེན་པ་གཏན་ལ་དབབ་པ།

ཆ༡ ལས་ཀྱི་ཀུན་འབྱུང་བཤད་པ།

ཇ༡ མདོར་བསྟན་པ།

གཉིས་པ་(༡༨ན ཐོག)སྡང་བྱ་ཀུན་འབྱུང་བདེན་པ་གཏན་ལ་དབབ་པ་ལ། ལས་ཀྱི་ཀུན་འབྱུང་དང་། ཉོན་མོངས་པའི་ཀུན་འབྱུང་གཉིས། དང་པོ་ལ། མདོར་བསྟན་པ་དང་། རྒྱས་པར་བཤད་པ་དང་། ལས་ཀྱི་རྣམ་གྲངས་བསྟན་པའི་དོན་བསྡུ་བ་གསུམ། དང་པོ་ནི། འཇིག་རྟེན་སྣ་ཚོགས་ལས་ལས་སྐྱེས། །ཞེས་བྱུང་།

ཉ༡ ཚིག་དོན་བཤད་པ།

འདི་ལ་ཚིག་དོན་དང་། མཐའ་དཔྱད་པ་གཉིས། དང་པོ་ནི། འཇིག་རྟེན་སྣ་ཚོགས་པ་འདི་ནི་ཆོས་ཅན། ཁྱོད་ཀྱི་རྒྱུ་ཡོད་དེ། རང་རང་གི་རྒྱུ་ཐུན་མོང་བ་དང་ཐུན་མོང་མ་ཡིན་པའི་ལས་ལས་སྐྱེས་པ་ཡིན་པའི་ཕྱིར།

ཉ༢ མཐའ་དཔྱད་པ།

གཉིས་པ་མཐའ་དཔྱད་པ་ལ། ཁ་ཅིག །ལས་ཡིན་ན། སེམས་བྱུང་ཡིན་པས་ཁྱབ་ཟེར་ན། ལུས་ངག་གི་ལས་ཆོས་ཅན། དེར་ཐལ། དེའི་ཕྱིར། འདོད་ན། མི་འཐད་པར་ཐལ། གཟུགས་ཅན་ཡིན་པའི་ཕྱིར། ཁ་ཅིག །དེ་ཡིན་ན། གཟུགས་ཅན་ཡིན་པས་ཁྱབ་ཟེར་ན། ཡིད་ལས་སེམས་པ་ཆོས་ཅན། དེར་ཐལ། དེའི་ཕྱིར།

རྟགས་གསལ་སླའོ། །ཁ་ཅིག །ལས་ཡིན་ན། བདེ་སྡུག་བར་མ་གསུམ་གང་རུང་མྱོང་འགྱུར་གྱི་ལས་ཡིན་པས་ཁྱབ་ཟེར་ན། ཟག་མེད་ཀྱི་ལས་ཆོས་ཅན། དེར་ཐལ། དེའི་ཕྱིར། འདོད་ན། མ་ཡིན་པར་ཐལ། རྣམ་སྨིན་མྱོང་འགྱུར་གྱི་ལས་མ་ཡིན་པའི་ཕྱིར། དེར་ཐལ། ཟག་བཅས་མ་ཡིན་པའི་ཕྱིར། ཁ་ཅིག །ཟག་བཅས་ཀྱི་ལས་ཡིན་ན། དེ་གསུམ་གང་རུང་མྱོང་ངེས་ཡིན་པས་ཁྱབ་ཟེར་ན། རྣམ་སྨིན་མི་འབྱིན་པའི་ལུང་མ་བསྟན་གྱི་ལས་རྣམས་ཆོས་ཅན། དེར་ཐལ། དེའི་ཕྱིར། འདོད་ན། མ་ཡིན་པར་ཐལ། ལུང་མ་བསྟན་གྱི་ལས་ཡིན་པའི་ཕྱིར། ཁ་ཅིག །ལུས་ངག་གང་རུང་གི་ལས་(ཡིན)ཡིན་ན། ཟག་བཅས་ཡིན་པས་ཁྱབ་ཟེར་ན། དགྲ་བཅོམ་པའི་ལུས་ལས་སུ་གྱུར་པའི་ཟག་མེད་ཀྱི་སྡོམ་པ་ཆོས་ཅན། དེར་ཐལ། དེའི་ཕྱིར། རྟགས་གསལ་སླའོ། །

ཇ༢ རྒྱས་པར་བཤད་པ།

ཀ༡ བསྟན་བཅོས་ནས་བཤད་པ།

ཏ༡ སྤྱིར་བསྟན་པ།

ཐ༡ སེམས་པ་དང་བསམ་པའི་ལས་ངོས་བཟུང་བ།

གཉིས་པ་ལ། བསྟན་བཅོས་ནས་བཤད་པ་དང་། མདོ་ལས་བཤད་པའི་ཚུལ་གཉིས། དང་པོ་ལ། སྤྱིར་བསྟན་པ་དང་། རིག་བྱེད་མིན་པ་བྱེ་བྲག་ཏུ་བཤད་པ་གཉིས། དང་པོ་ལ་སེམས་པ་དང་བསམ་པའི་ལས་ངོས་བཟུང་བ། རིག་བྱེད་དང་དེ་མིན་པ་ངོས་བཟུང་བ། དེ་དག་ལ་དགེ་སོགས་འཇོག་ཚུལ་གསུམ། དང་པོ་ནི། དེ་ནི་སེམས་པ་དང་དེས་བྱས། །སེམས་པ་ཡིད་ཀྱི་ལས་ཡིན་ནོ། །དེས་བསྐྱེད་ལུས་དང་ངག་གི་ལས། །ཞེས་བྱུང་།

ད༡ ཚིག་དོན་བཤད་པ།

འདི་ལ་ཚིག་དོན། སྤྱི་དོན། མཐའ་དཔྱད་པ་གསུམ། དང་པོ་ལ། ལས་དེ་ནི་ཆོས་ཅན། ཁྱོད་ལ་གཉིས་ཡོད་དེ། སེམས་པའི་ལས་དང་། དེས་བྱས་པ་བསམ་པའི་ལས་གཉིས་ཡོད་པའི་ཕྱིར། སེམས་པའི་ལས་ཆོས་ཅན། ཡིད་ཀྱི་ལས་ཡིན་ཏེ། ཡིད་ཀྱིས་བསླུབས་ལ་ལུས་ངག་ཏུ་མ་ཐོན་པའི་ལས་ཡིན་པའི་ཕྱིར། དེས་བསྐྱེད་པའི་ལས་ཆོས་ཅན། ཁྱོད་ལ་ལུས་དང་ངག་གི་ལས་གཉིས་ཡོད་དེ། ལུས་དང་ངག་གིས་གཙོ་བོར་བསླུབས་པའི་ལས་གཉིས་ཡོད་པའི་ཕྱིར།

ད༢ སྤྱི་དོན་བཤད་པ།

གཉིས་པ་ལ། ལས་ཀྱི་ངོ་བོ་ལ་འདོད་ཚུལ་མི་འདྲ་བ་ཡོད་དེ། བྱེ་བྲག་སྨྲ་བ་དང་དབུ་མ་པ་ཁ་ཅིག་ལུས་ངག་གི་ལས་གཟུགས་ཅན་དུ་འདོད། དབུ་མ་པ་གཞན་དང་སེམས་ཙམ་པ་དང་མདོ་སྡེ་པས་ལས་རྣམས་སེམས་བྱུང་དུ་འདོད་པའི་ཕྱིར། དེའི་ཕྱིར་ལུས་ངག་གི་ལས་གཉིས་ལ་རྣམ་རིག་ཡིན་མིན་གཉིས་ཡོད་ཅིང་། རྣམ་གྲངས་ཀྱི་སྒོ་ནས་དབྱེ་བ་མང་དུ་འབྱུང་བ་ནི་ཚིག་དོན་བཤད་པ་ལས་ཤེས་པར་བྱ་སྟེ་(༡༤བ)འཆད་པར་འགྱུར་རོ། །

ད༣ མཐའ་དཔྱད་པ།

གསུམ་པ་མཐའ་དཔྱད་པ་ལ། ཁ་ཅིག །ལུས་ཀྱི་རྣམ་པར་རིག་བྱེད་ནི་ལུས་ཀྱི་དབྱིབས་སྡོད་ཚུལ་ཙམ་ལ་བྱེད་ཟེར་ན། དེ་མི་འཐད་པར་ཐལ། དེ་ནི་སེམས་ཀྱི་དབང་གིས་ལུས་ཀྱིས་བསྟད་པའི་དབྱིབས་ལྟ་བུ་ལ་བྱེད་པའི་ཕྱིར། དེར་ཐལ། སེམས་ཀྱིས་དབང་མིན་པར་རླུང་ལྟ་བུའི་དབང་ཙམ་གྱིས་ལུས་ད་ལྟར་བསྟད་པའི་

དབྱིབས་ནི་རྣམ་པར་རིག་བྱེད་ཀྱི་གཟུགས་སུ་མི་འགྱུར་བར་རང་འགྲེལ་ལས་བཤད་པའི་ཕྱིར། ཁ་ཅིག །སྡོམ་པ་ལེན་པ་ལྷ་བུའི་སྐབས་སུ་ལུས་ཚང་བའི་དབྱིབས་ཙམ་རྣམ་པར་རིག་བྱེད་ཀྱི་གཟུགས་སུ་འཇོག་ཟེར་ན། དེ་མི་འཐད་པར་ཐལ། དེའི་ཚེ་ཡང་སེམས་ཀྱི་ཁྱད་པར་རིག་ཅིང་གོ་བར་བྱེད་པའི་ལྷས་བཞིན་འགྱུར་བ་དང་ཕྱུས་མོ་འཇུག་པ་དང་ཐལ་མོ་སྦྱར་བ་ལྷ་བུའི་ལུས་ཀྱི་སྤྱོད་ཚུལ་ཁྱད་པར་བ་ཞིག་རྣམ་པར་རིག་བྱེད་ཀྱི་གཟུགས་སུ་འཇོག་དགོས་པའི་ཕྱིར། དེར་ཐལ། རྣམ་པར་རིག་བྱེད་ཀྱི་སྒྲ་དོན་ནི། ནང་གི་ཀུན་སློང་རིག་པར་བྱེད་པའི་དོན་ཡིན་པས་ལག་པ་ཐལ་མོ་སྦྱོར་བ་ལ་སོགས་པའི་ཕྱིའི་ལུས་ངག་གི་རྣམ་འགྱུར་གྱིས་ནང་གི་བསམ་པའི་ཁྱད་པར་དད་སོགས་དང་ལྡན་པར་རིག་ཅིང་གོ་བར་བྱེད་ནུས་སུ་མཐོང་བའི་ཕྱིར། ཁ་ཅིག །དཀར་ནག་ལ་སོགས་བྱེ་བྲག་གིས། །ལས་ནི་རྣམ་པ་བཞི་ཡིན་ནོ། །ཞེས་པའི་དངོས་བསྟན་གྱི་ལས་ཡིན་ན། ལས་ཡིན་པས་ཁྱབ་ཟེར་ན། ཡོག་ལྷ་ཆོས་ཅན། དེར་ཐལ། དེའི་ཕྱིར། དེར་ཐལ། དེའི་དངོས་བསྟན་གྱི་རྣམ་སྨིན་ནག་པའི་ལས་ཡིན་པའི་ཕྱིར། འདོད་མི་ནུས་ཏེ། རྩ་བར། གནོད་སེམས་ལ་སོགས་ལས་མིན་ཡང་། །ཞེས་གསུངས་པའི་ཕྱིར།

ཐ༢ རིག་བྱེད་དང་དེ་མིན་པ་ངོས་བཟུང་བ།

ང༡ མདོར་བསྟན་པ།

གཉིས་པ་ལ། མདོར་བསྟན་པ་དང་། རྒྱས་པར་བཤད་པ་གཉིས། དང་པོ་ནི། དེ་དག་རྣམ་རིག་རྣམ་རིག་མིན། །ཞེས་བྱུང་། ལུས་ངག་གི་ལས་དེ་དག་ཆོས་ཅན། ཁྱོད་རེ་རེ་ལའང་གཉིས་རེ་ཡོད་དེ། རྣམ་པར་རིག་བྱེད་དང་། རིག་བྱེད་མ་ཡིན་པ་གཉིས། ཡོད་པའི་ཕྱིར།

ང༢ རྒྱས་པར་བཤད་པ།

ཅ༡ རིག་བྱེད་ཀྱི་གཟུགས་བཤད་པ།

པ༡ ལུས་རིག་བྱེད་ཀྱི་གཟུགས་བཤད་པ།

ཕ༡ བྱེ་བྲག་སྨྲ་བའི་ལུགས་བཞག །

གཉིས་པ་ལ། རིག་བྱེད་དང་རིག་བྱེད་མ་ཡིན་པ་གཉིས། དང་པོ་ལ། ལུས་དང་ངག་གི་རིག་བྱེད་གཉིས། དང་པོ་ལ། བྱེ་བྲག་སྨྲ་བའི་ལུགས་(༩༤ན) བཞག །གནས་མ་བུ་པའི་ལུགས་དགག །མདོ་སྡེ་པའི་ལུགས་བརྗོད་པ་གསུམ། དང་པོ་ནི། ལུས་རྣམ་རིག་བྱེད་དབྱིབས་སུ་འདོད། །ཅེས་བྱུང་། ལུས་ཀྱི་རྣམ་པར་རིག་བྱེད་ཆོས་ཅན། ལུས་ཀྱི་དབྱིབས་སུ་འདོད་དེ། སེམས་ཀྱི་དབང་གིས་ལུས་ཀྱི་སྡོད་ཚུལ་སོགས་ལ་འདོད་པའི་ཕྱིར།

ཕ༢ གནས་མ་བུ་པའི་ལུགས་དགག །

གཉིས་པ་ནི། འགྲོ་མིན་གང་ཕྱིར་འདུས་བྱས་ནི། །སྐད་ཅིག་མ་ཡིན་འཇིག་ཕྱིར་རོ། །རྒྱུ་མེད་པ་ལས་འགའ་མི་འབྱུང་། །རྒྱུ་ཡང་འཇིག་པ་པོར་འགྱུར་རོ། །ཞེས་བྱུང་། གནས་མ་བུ་པ་ན་རེ། ལུས་སྐད་ཅིག་གིས་མ་འགག་པར་ལུས་གཞན་དུ་འགྲོ་བའི་ལུས་ཀྱི་བྱ་བ་ནི་ལུས་ཀྱི་རིག་བྱེད་དུ་འཇོག་པ་ཡིན་ཟེར་ན། ལུས་ཆོས་ཅན། སྐད་ཅིག་གིས་མ་འགག་པར་ཡུལ་གཞན་དུ་འགྲོ་བ་མ་ཡིན་པར་ཐལ། རྒྱུ་མཚན་གང་གི་ཕྱིར་ན། སྐད་ཅིག་མ་ཡིན་པའི་ཕྱིར། དེར་ཐལ། བཅོམ་ལྡན་འདས་ཀྱིས་འདུས་བྱས་རྣམས་སྐད་ཅིག་མར་གསུངས་པས་ན་ལྟོས་མེད་དུ་འཇིག་པའི་ཕྱིར། ཁོ་ན་རེ། དེ་ལྟར་གསུངས་པ་ནི་སློག་ལྟ་བུ་ལ་དགོངས་ཀྱི། བུམ་པ་ལྟ་བུ་ལ་དགོངས་པ་མིན་ཏེ། བུམ་པ་ལྟ་བུ་ནི་ཕྱིས་འབྱུང་གི་འཇིག་རྒྱུ་ཐོ་བ་ལྟ་བུ་སོགས་ལ་ལྟོས་པའི་

ཕྱིར་ཟེར་ན། འོ་ན། དོན་གཞན་པའི་འཇིག་རྒྱུ་མེད་པ་ལ་འཇིག་པ་འགའ་ཡང་འབྱུང་མི་སྲིད་པར་ཐལ། དངོས་པོ་ཐམས་ཅད་འཇིག་རྒྱུ་དོན་གཞན་ལ་ལྟོས་པའི་ཕྱིར། འདོད་མི་ནུས་ཏེ། སྒྲོག་དང་མར་མེ་སོགས་དེ་ལ་མི་ལྟོས་པར་རང་གཞན་གྱིས་མཐོང་བའི་ཕྱིར། ཁ་ཅིག །ཐོ་བས་བུམ་པའི་དབྱིབས་སོགས་གཞན་དུ་སྒྱུར་བར་བྱེད་པས་ན་དེ་བུམ་པའི་འཇིག་རྒྱུ་ཡིན་ཟེར་ན། འོ་ན་རྫ་བུམ་གྱི་རྒྱུ་རྫ་མཁན་དང་མེ་ལྕེ་ལ་སོགས་པ་ཡང་དེའི་འཇིག་པ་པོར་འགྱུར་བར་ཐལ། དེ་རྣམས་ཀྱིས་རྫ་བུམ་དེ་དབྱིབས་དང་ཁ་དོག་གཞན་དུ་སྒྱུར་བར་བྱེད་པའི་ཕྱིར། འདོད་ན། ཕན་འདོགས་བྱེད་དང་གནོད་བྱེད་གཉིས་ཀ་ཡིན་པར་ཐལ་ལོ། །

པ༣ མདོ་སྡེ་པའི་ལུགས་བརྗོད་པ།

གསུམ་པ་ནི། གཉིས་གཟུང་འགྱུར་ཏེ་རྟུལ་ལ་མེད། །ཅེས་བྱུང་། མདོ་སྡེ་པ་ན་རེ། དབྱིབས་རྫས་སུ་མེད་དེ། དེ་ལྟོས་ཏེ་བཞག་པའི་བཏགས་ཡོད་ཡིན་(༡༨བ)པའི་ཕྱིར། གལ་ཏེ་རྫས་སུ་ཡོད་ན། མིག་དང་ལུས་དབང་གཉིས་ཀྱི་གཟུང་བྱར་འགྱུར་བར་ཐལ། དེ་གཉིས་ཀ་ལ་བརྟེན་ནས་ཀྱང་ཤེས་པའི་ཕྱིར། འདོད་ན། མ་ཡིན་པར་ཐལ། རིང་པོ་དང་ཐུང་ངུ་སོགས་ཀྱི་དབྱིབས་ནི་གཟུགས་ཀྱི་སྐྱེ་མཆེད་དང་མིག་གི་དབང་པོའི་གཟུང་བྱ་ཡིན་གྱི། རེག་བྱའི་སྐྱེ་མཆེད་མིན་པས་ལུས་དབང་གི་གཟུང་བྱར་མི་འགྱུར་བའི་ཕྱིར། ཡང་། དབྱིབས་ནི་རྫས་སུ་མེད་དེ། ཁ་དོག་སྔོན་པོ་ཅན་གྱི་དབྱིབས་གྲུ་བཞི་བཅོམ་པའི་རྟུལ་ཕྲན་ལ་ཁ་དོག་སྔོན་པོ་ཡོད་ཀྱང་དབྱིབས་གྲུ་བཞི་མེད་པའི་ཕྱིར་ཟེར། ཁ་ཅིག །མདོ་སྡེ་པ་ལྟར་ན་རྟུལ་ཕྲ་རབ་ལ་དབྱིབས་མེད་ཟེར་བ་ནི་མི་འཐད་དེ། དེ་དབྱིབས་ཟླུམ་པོར་བཤད་པའི་ཕྱིར། གཞན་དུ་ན་རྟུལ་ཕྲན་ཆ་མེད་འདོད་དགོས་པར་འགྱུར་རོ། །ཡང་རྟུལ་ཕྲ་རབ་བདུན་རྟུལ་ཕྲ་རབ་མིན་ཟེར་བ་ནི་མི་འཐད་དེ། རྟུལ་ཕྲ་རབ་ཐམས་ཅད་རྟུལ་ཕྲ་རབ་ཡིན་པའི་ཕྱིར།

དེར་ཐལ། རྟུལ་ཕྲ་རབ་བདུན་འདུས་པའི་གོང་བུ་དེ་རྟུལ་ཕྲ་རབ་མིན་ཡང་། དེ་བདུན་དེ་ཡིན་པའི་ཁྱད་པར་འབྱེད་དགོས་པའི་ཕྱིར། ཕྱི་མ་དེར་ཐལ། ཡུངས་ཀར་བརྒྱ་ཡུངས་ཀར་ཡིན་པའི་ཕྱིར། དེར་ཐལ། མི་བརྒྱ་མི་ཡིན་པའི་ཕྱིར།

པ༢ ངག་རིག་བྱེད་ཀྱི་གཟུགས་བཤད་པ།

གཉིས་པ་ནི། ངག་རྣམ་རིག་བྱེད་ནི་ངག་སྒྲ། །ཞེས་བྱུང་། ངག་གི་རྣམ་པར་རིག་བྱེད་ནི་ཆོས་ཅན། ངོ་བོ་ཡོད་དེ། ངག་གི་རང་བཞིན་གྱི་སྒྲ་ལ་འཛོག་པའི་ཕྱིར།

ན༡ རིག་བྱེད་མ་ཡིན་པའི་གཟུགས་བཤད་པ།

པ༡ རིག་བྱེད་མ་ཡིན་པའི་དབྱེ་བ།

གཉིས་པ། རིག་བྱེད་མ་ཡིན་པའི་གཟུགས་བཤད་པ་ལ། དབྱེ་བ། སྒྲུབ་བྱེད། ཁྱད་ཆོས་གསུམ། དང་པོ་ནི། རྣམ་གསུམ་དྲི་མེད་གཟུགས་གསུངས་དང་། །ཞེས་བྱུང་། རྣམ་རིག་མ་ཡིན་པའི་གཟུགས་ཆོས་ཅན། དབྱེ་ན་རྣམ་པ་གསུམ་ཡོད་དེ། སྡོམ་པ་དང་སྡོམ་མིན་དང་བར་མའི་ཚུལ་ཁྲིམས་ཀྱིས་བསྡུས་པ་གསུམ་མམ་བསྟན་ཡོད་སོགས་གསུམ་དང་། དྲི་མེད་ཀྱི་གཟུགས་ཞེས་མདོ་ལས་གསུངས་པ་རྣམས་ཡོད་པའི་ཕྱིར། ཁ་ཅིག །འདིར་རྣམ་རིག་མིན་པ་ལ་བསྟན་ཡོད་ཐོགས་བཅས་ཀྱི་གཟུགས་བཤད་པ་ནི་མི་འཐད་དེ། དེ་ཡིན་ན་བསྟན་མེད་ཐོགས་མེད་ཀྱི་གཟུགས་ཡིན་(༡༧ན)དགོས་པའི་ཕྱིར།

པ༢ རིག་བྱེད་མ་ཡིན་པའི་སྒྲུབ་བྱེད།

གཉིས་པ་ནི། འཕེལ་དང་མ་བྱས་ལམ་སོགས་ཕྱིར། །ཞེས་བྱུང་། ཤེས་བྱ་ཆོས་ཅན། རྣམ་རིག་མིན་པའི་གཟུགས་ཡོད་དེ། མདོ་ལས་བསྟན་ཡོད་ཐོགས་བཅས་

དང་། བསྟན་མེད་ཐོགས་བཅས་དང་། བསྟན་མེད་ཐོགས་མེད་ཀྱི་གཟུགས་གསུམ་ཡོད་པར་གསུངས་པ་གང་ཞིག །ཕྱི་མ་དེ་རྣམ་རིག་མིན་པར་འཇོག་དགོས་པའི་ཕྱིར་དང་། རྫས་ལས་བྱུང་བའི་བསོད་ནམས་འཕེལ་བར་གསུངས་པ་དང་། རང་གིས་མ་བྱས་པར་སྲོག་གཅོད་ཀྱི་ལས་ལམ་སོགས་འགྲུབ་པ་ཡོད་པས་རྣམ་རིག་མ་ཡིན་པའི་གཟུགས་མེད་ན་དེ་མི་རུང་བའི་ཕྱིར།

པ༣ རིག་བྱེད་མ་ཡིན་པའི་ཁྱད་ཆོས།

པ༡ རྒྱུའི་ཁྱད་ཆོས།

གསུམ་པ་ཁྱད་ཆོས་ལ། རྒྱུ་དང་ས་དང་ངོ་བོ་དང་རྒྱུའི་ཁྱད་ཆོས་གཞན་བཤད་པ་བཞི། དང་པོ་ནི། འདོད་གཏོགས་རྣམ་རིག་མིན་སྐད་ཅིག །ཕྱིན་ཆད་འདས་པའི་འབྱུང་ལས་སྐྱེས། །ཞེས་བྱུང་། འདོད་གཏོགས་ཀྱི་རྣམ་རིག་མིན་པའི་གཟུགས་ཆོས་ཅན། སྐྱེ་ཚུལ་ཡོད་དེ། སྐད་ཅིག་དང་པོ་ནི་རང་དང་དུས་མཉམ་པའི་ས་སོགས་འབྱུང་བཞི་ད་ལྟ་བ་ཁོ་ན་དང་། དང་པོ་ཕྱིན་ཆད་ནི་འདས་པའི་འབྱུང་བཞི་དང་རང་གི་རྟེན་གྱི་འབྱུང་བཞི་ད་ལྟ་བ་ལས་སྐྱེས་པའི་ཕྱིར། དང་པོ་གྲུབ་སྟེ། དེ་ཡན་ཆད་དུ་དེའི་རིགས་འདྲ་འདས་པ་མེད་པའི་ཕྱིར། གཉིས་པ་གྲུབ་སྟེ། རང་གི་སྔོན་དུ་སྐྱེ་མཆེད་ཀྱི་འབྱུང་བཞི་སོང་ཞིང་ད་ལྟ་བས་ནི་རྒྱུན་མི་ཆད་པའི་གཞི་རྟེན་བྱེད་པའི་ཕྱིར། འབྱུང་བ་ལ་ཕྱི་ནང་གི་འབྱུང་བ་གཉིས་ཡོད་པའི་ནང་གི་འབྱུང་བཞིའི་ཁྱད་པར་ཡོད་དེ། ལུས་ཀྱི་ཤ་རུས་སོགས་ས་དང་ཁྲག་སོགས་ཆུ་དང་དྲོད་མེ་དང་དབུགས་སོགས་རླུང་གི་ཁམས་སུ་འཇོག་པའི་ཚུལ་ཤེས་དགོས་པའི་ཕྱིར།

༥༢ སའི་ཁྱད་ཆོས།

གཉིས་པ་ནི། ཟག་བཅས་ལུས་དང་ངག་གི་ལས། །རང་གི་འབྱུང་བ་དག་རྒྱུར་བྱས། །ཟག་མེད་གང་དུ་སྐྱེས་པའི་ཡིན། །ཞེས་བྱུང་། ཟག་བཅས་ཀྱི་ལུས་དང་ངག་གི་ལས་རྣམ་རིག་མིན་པ་དེ་ཆོས་ཅན། འདོད་གཟུགས་ཀྱིས་གང་ཡིན་པ་དེའི་རང་གི་སའི་འབྱུང་བ་(༡༧བ)བཞི་པོ་དག་རྒྱུར་བྱས་ནས་སྐྱེ་སྟེ། འབྱུང་བ་དེ་དག་གིས་ཁྱོད་ལ་ཕན་འདོགས་པའི་ཕྱིར། ཟག་མེད་ཀྱི་ལུས་ངག་གི་རྣམ་རིག་མིན་པ་དེ་ཆོས་ཅན། གང་ལས་སྐྱེས་པ་ཡོད་དེ། ཁམས་གསུམ་གྱི་སས་བསྡུས་མེད་ཀྱང་གང་དུ་སྐྱེས་པའི་ས་དེའི་འབྱུང་གྱུར་རྒྱུར་བྱས་ནས་སྐྱེས་པའི་ཕྱིར།

༥༣ ཇོ་བོའི་ཁྱད་ཆོས།

གསུམ་པ་ནི། རྣམ་རིག་བྱེད་མིན་མ་ཟིན་དང་། །རྒྱུ་མཐུན་ལས་བྱུང་སེམས་ཅན་སྡོན། །ཞེས་བྱུང་། རྣམ་རིག་མིན་པའི་གཟུགས་ཆོས་ཅན། ཁྱད་ཆོས་གསུམ་དང་ལྡན་ཏེ། མ་ཟིན་པ་དང་རྒྱུ་མཐུན་ལས་བྱུང་བ་དང་སེམས་ཅན་དུ་སྡོན་པ་གསུམ་དང་ལྡན་པའི་ཕྱིར།

༥༤ རྒྱུའི་ཁྱད་ཆོས་གཞན་བཤད་པ།

བཞི་པ་ནི། རྒྱུ་མཐུན་ཟིན་པའི་འབྱུང་ལས་སྐྱེ། །ཏིང་འཛིན་སྐྱེས་འབྱུང་མ་ཟིན་དང་། །རྒྱས་བྱུང་ཐ་དད་མིན་ལས་སྐྱེ། །ཞེས་བྱུང་། རྣམ་རིག་མིན་པ་དེ་ཆོས་ཅན། སྐྱེ་ཚུལ་བཞི་ཡོད་དེ། འདོད་པའི་དེ་ནི་རྒྱུ་མཐུན་དང་ཟིན་པའི་འབྱུང་བ་ལས་སྐྱེ། ཏིང་ངེ་འཛིན་ལས་སྐྱེས་པའི་བསམ་གཏན་དང་ཟག་མེད་ཀྱི་སྡོམ་པ་ལྟ་བུ་ནི་མ་ཟིན་པའི་འབྱུང་བ་དང་རྒྱས་བྱུང་ལས་སྐྱེ། སོ་ཐར་ལྟ་བུ་ནི་འབྱུང་བ་རིགས་

གཞན་ཐ་དད་ལས་སྐྱེ། བསམ་གཏན་གྱི་སྙོམ་པ་ནི་འབྱུང་བ་བཞི་ཚན་རིགས་ཐ་དད་མིན་པ་ལས་སྐྱེ་བའི་ཕྱིར།

ཐ༣ དེ་དག་ལ་དགེ་སོགས་འཇོག་ཚུལ།

ད༡ འཇོག་ཚུལ་དངོས།

གསུམ་པ་ལ། དངོས་དང་། དགེ་སོགས་གསུམ་གྱི་དབྱེ་བ། ཀུན་སློང་བྱེ་བྲག་ཏུ་བཤད་པ་གསུམ། དང་པོ་ནི། རྣམ་རིག་མིན་ལུང་བསྟན་མིན་མོད། །གཞན་ནི་རྣམ་གསུམ་མི་དགེ་ནི། །འདི་ནའོ་གཟུགས་ནའང་རྣམ་རིག་མིན། །རྣམ་རིག་བྱེད་དང་བཅས་དག་ན། །འདོད་པ་ན་ཡང་བསྒྲིབས་པ་མེད། །གང་ཕྱིར་ཀུན་སློང་མེད། ཅེས་བྱུང་། རྣམ་རིག་མིན་པ་དེ་ཆོས་ཅན། ཁྱོད་ལ་ལུང་མ་བསྟན་མེད་དེ། དགེ་མི་དགེ་གང་རུང་དུ་ངེས་པའི་ཕྱིར། གཞན་རྣམ་རིག་བྱེད་ནི་ཆོས་ཅན། རྣམ་པ་གསུམ་ཡོད་དེ། དགེ་མི་དགེ་ལུང་མ་བསྟན་གསུམ་ཡོད་པའི་ཕྱིར། མི་དགེ་བའི་རྣམ་རིག་བྱེད་ནི་ཆོས་ཅན། ཁམས་གོང་མ་གཉིས་ན་མེད་དེ། འདོད་པ་ཁོ་ནའི་སས་བསྡུས་པའི་ཕྱིར། གཟུགས་ཁམས་ནའང་ཆོས་ཅན། ལས་གཉིས་(༦༨ན)ཡོད་དེ། རིག་བྱེད་དང་རྣམ་པར་རིག་བྱེད་མིན་པ་གཉིས་ཡོད་པའི་ཕྱིར། གཟུགས་མེད་ན་དེ་གཉིས་མེད་དེ། དེར་གཟུགས་མེད་པའི་ཕྱིར། རྣམ་པར་རིག་བྱེད་ནི་ཆོས་ཅན། རྟོག་དཔྱོད་དང་བཅས་པའི་བསམ་གཏན་དང་པོ་དག་ན་ཡོད་ཀྱི་དེ་ཡན་ན་མེད་དེ། དེའི་ཀུན་སློང་དེ་ན་མེད་པའི་ཕྱིར། འདོད་པ་ན་ཡང་སྒྲིབ་པའི་རྣམ་པར་རིག་བྱེད་མེད་དེ། གང་གི་ཕྱིར་ན་དེར་དེའི་ཀུན་སློང་མེད་པའི་ཕྱིར།

༨༢ དགེ་སོགས་གསུམ་གྱི་དབྱེ་བ།

གཉིས་པ་ནི། ཐར་པ། དམ་པའི་དོན་དུ་དགེ་རྩ་བ། །ངོ་ཚ་ཁྲེལ་ཡོད་བདག་ཉིད་ཀྱིས། །དེ་དག་དང་ལྡན་མཚུངས་ལྡན་གྱིས། །བྱ་བ་ལ་སོགས་ཀུན་སློང་བས། །བཟློག་པ་མི་དགེ་དོན་དམ་པར། །ལུང་མ་བསྟན་པ་བསྟན་པ་དག །ཅེས་བྱུང་། ཐར་པ་ཆོས་ཅན། དམ་པའི་དོན་དུ་དགེ་བ་ཞེས་བྱ་སྟེ། སྡུག་བསྔལ་ཉེ་བར་ཞི་བའི་བདེ་བའི་རང་བཞིན་ཅན་ཡིན་པའི་ཕྱིར། དགེ་བའི་རྩ་བ་གསུམ་དང་། ངོ་ཚ་ཤེས་པ་དང་། ཁྲེལ་ཡོད་པ་ཆོས་ཅན། བདག་ཉིད་དམ་ངོ་བོ་ཉིད་ཀྱི་དགེ་བ་ཡིན་ཏེ། རྣམ་སྨིན་དཀར་བའི་ངོ་བོར་ལུང་དུ་བསྟན་པ་ཡིན་པའི་ཕྱིར། དགེ་བ་དེ་དག་དང་མཚུངས་ལྡན་གྱི་སེམས་སེམས་བྱུང་ཆོས་ཅན། མཚུངས་ལྡན་གྱི་དགེ་བ་ཡིན་ཏེ། གྲོགས་ཅན་གྱི་དབང་གིས་དེར་བཞག་པའི་ཕྱིར། དགེ་བའི་ལུས་ངག་གི་བྱ་བ་ལ་སོགས་ཀུན་ནས་སློང་བའི་སེམས་སེམས་བྱུང་དང་བསླང་བའི་ལས་དང་ཐོབ་པ་དང་སྙོམས་འཇུག་རྣམས་ཆོས་ཅན། ཀུན་སློང་གི་དགེ་བ་ཞེས་བྱ་སྟེ། ཀུན་སློང་གི་སྒོ་ནས་དེར་བཞག་པའི་ཕྱིར། ཐར་པ་ལས་བཟློག་པ་འཁོར་བ་ཆོས་ཅན། དོན་དམ་པར་མི་དགེ་བ་ཡིན་ཏེ། སྡུག་བསྔལ་གྱི་གནས་དམ་པ་ཡིན་པའི་ཕྱིར། དགེ་མི་དགེ་གཉིས་འཇོག་པ་ཀུན་སློང་གཙོ་ཆེ་ཡང་དེ་ཁོ་ནའི་སྒོ་ནས་མིན་ཏེ། དགེ་མི་དགེ་གཉིས་ཀ་ལ་ནི་རྣམ་གྲངས་ཀྱིས་དོན་དམ་པ་དང་ངོ་བོ་ཉིད་དང་མཚུངས་ལྡན་དང་ཀུན་སློང་གི་སྒོ་ནས་འཇོག་ཚུལ་ཡོད་(༡༤༨)པའི་ཕྱིར། དོན་དམ་པའི་དགེ་མི་དགེ་ལ་དགེ་མི་དགེས་མ་ཁྱབ་སྟེ། འཁོར་འདས་གཉིས་དེ་གང་རུང་མ་ཡིན་པའི་ཕྱིར། དེར་ཐལ། དེ་གཉིས་ལུང་མ་བསྟན་ཡིན་པའི་ཕྱིར་ཏེ། སོ་སོར་བརྟགས་མིན་གྱི་འགོག་པ་དང་འདུས་མ་བྱས་ཀྱི་ཆོས་རྣམས་དོན་དམ་པའི་ལུང་མ་བསྟན་དང་། དབང་པོ་གཟུགས་ཅན་པ་རྣམས་ངོ་བོ་ཉིད་ཀྱི་ལུང་མ་བསྟན་

དང་། གོང་མའི་སས་བསྡུས་ཀྱི་ཉོན་མོངས་རྣམས་མཚུངས་ལྡན་གྱི་ལུང་མ་བསྟན་དང་། སྤྲུལ་པའི་ལུས་ངག་གི་བྱ་བ་ཕལ་ཆེར་དག་དོན་དམ་པའི་ལུང་མ་བསྟན་ཡིན་པའི་ཕྱིར་ཏེ། རྣམ་སྨིན་དགེ་མི་དགེ་གང་རུང་འཕྱིན་པར་ལུང་དུ་མ་བསྟན་པའི་རིགས་གནས་ཡིན་པའི་ཕྱིར།

ང༣ ཀུན་སློང་ཐེ་བྲག་ཏུ་བཤད་པ།

ཅ༡ ཀུན་སློང་གི་དབྱེ་བ།

གསུམ་པ་ལ། ཀུན་སློང་གི་དབྱེ་བ་དང་། མུ་བཞིའི་སྒོ་ནས་རྒྱས་པར་བཤད་པ་གཉིས། དང་པོ་ནི། ཀུན་སློང་རྣམ་གཉིས་རྒྱུ་དང་ནི། །དེ་ཡི་དུས་ཀྱི་སློང་ཞེས་བྱ། །གཉིས་ལས་དང་པོ་རབ་འཇུག་བྱེད། །གཉིས་པ་རྗེས་སུ་འཇུག་བྱེད་ཡིན། །ཞེས་བྱུང་། ལས་ཀྱི་ཀུན་སློང་ཆོས་ཅན། ཁྱོད་ལ་རྣམ་པ་གཉིས་ཡོད་དེ། རྒྱུའི་ཀུན་སློང་དང་དེ་ཡི་དུས་ཀྱི་ཀུན་སློང་ཞེས་བྱ་བ་གཉིས་ཡོད་པའི་ཕྱིར། དེ་གཉིས་ལས་དང་པོ་དེ་ཆོས་ཅན། རབ་ཏུ་འཇུག་བྱེད་ཡིན་ཏེ། ལས་བསྐྱུད་ནས་རབ་ཏུ་འཕེན་པའི་ཀུན་སློང་ཡིན་པའི་ཕྱིར། གཉིས་པ་དེ་ཆོས་ཅན། རྗེས་སུ་འཇུག་བྱེད་ཡིན་ཏེ། ལས་དེ་དང་དུས་མཐུན་པར་དངོས་སུ་འཇུག་པའི་ཀུན་སློང་ཡིན་པའི་ཕྱིར།

ཅ༢ མུ་བཞིའི་སྒོ་ནས་རྒྱས་པར་བཤད་པ།

ཆ༡ མུ་བཞི་བཤད་པ།

གཉིས་པ་ལ། མུ་བཞི་དང་། དགེ་སོགས་དཀྱུར་བཤད་པ་གཉིས། དང་པོ་ནི། མཐོང་བས་སྤང་བྱའི་རྣམ་ཤེས་ནི། །རབ་ཏུ་འཇུག་བྱེད་ཡིན་ཡིད་ནི། །སྒོམ་པས་སྤང་བྱ་གཉིས་ཀ་ཡིན། །ལྔ་ཡི་རྗེས་སུ་འཇུག་བྱེད་ཡིན། །ཞེས་བྱུང་། འཇུག་བྱེད་ཆོས་ཅན། ཁྱོད་ལ་མུ་བཞི་ཡོད་དེ། རབ་འཇུག་ཡིན་ལ་རྗེས་འཇུག་མ་ཡིན་

པའི་མུ། གཉིས་ཀ་ཡིན་པའི་མུ། གཉིས་ཀ་མ་ཡིན་པའི་མུ། རྗེས་འཇུག་ཡིན་ལ་རབ་འཇུག་མ་ཡིན་པའི་མུ་བཞིར་ཡོད་པའི་ཕྱིར། དང་པོ་གྲུབ་སྟེ། མཐོང་བས་སྤང་བར་བྱ་བའི་ཡིད་ཀྱི་རྣམ་ཤེས་རྣམས་རབ་ཏུ་འཇུག་བྱེད་ཡིན་པའི་ཕྱིར། (༡༡ན) གཉིས་པ་གྲུབ་སྟེ། སྒོམ་པས་སྤང་བར་བྱ་བའི་ཡིད་ཀྱི་རྣམ་ཤེས་ནི་དེ་གཉིས་ཀ་ཡིན་པའི་ཕྱིར། གསུམ་པ་གྲུབ་སྟེ། ཟག་མེད་ཀྱི་རྣམ་ཤེས་ནི་དེ་གཉིས་ཀ་མ་ཡིན་པའི་ཕྱིར། བཞི་པ་གྲུབ་སྟེ། དབང་པོ་གཟུགས་ཅན་གྱི་རྣམ་ཤེས་ལྔ་ནི་རྗེས་སུ་འཇུག་བྱེད་ཁོ་ན་ཡིན་པའི་ཕྱིར།

པ༢ དགེ་སོགས་དཀར་བཤད་པ།

གཉིས་པ་ནི། རབ་ཏུ་འཇུག་བྱེད་དགེ་སོགས་ལས། །རྗེས་འཇུག་བྱེད་ཀྱང་རྣམ་གསུམ་འགྱུར། །ཐུབ་པའི་འདྲ་བའམ་དེ་དགེ་བ། །རྣམ་སྨིན་ལས་སྐྱེས་གཉིས་ཀ་མིན། །ཞེས་བྱུང་། རབ་ཏུ་འཇུག་བྱེད་དགེ་མི་དགེ་སོགས་གསུམ་པོ་རེ་རེ་ལས་ཀྱང་རྗེས་སུ་འཇུག་བྱེད་ཀྱང་དགེ་མི་དགེ་ལུང་མ་བསྟན་རྣམ་པ་གསུམ་དུ་འགྱུར་ཏེ། རྣམ་པ་དཀར་འགྱུར་བའི་ཕྱིར། དེར་མ་ངེས་ཏེ། ཐུབ་པ་བཅོམ་ལྡན་འདས་ཀྱི་རབ་འཇུག་དང་རྗེས་འཇུག་འདྲ་མི་འདྲ་གཉིས་ཡོད་པའི་ཕྱིར་ཏེ། དེའི་རབ་འཇུག་བྱེད་དགེ་བ་ལ་རྗེས་སུ་འཇུག་བྱེད་ཀྱང་དགེ་བ་ཁོ་ན་འབྱུང་ལ། དེ་ལུང་མ་བསྟན་ལ་དགེ་བའམ་ལུང་མ་བསྟན་འབྱུང་བའི་ཕྱིར། རྣམ་སྨིན་སྐྱེས་ཆོས་ཅན། འཇུག་བྱེད་གཉིས་ཀ་མིན་ཏེ། ཀུན་སློང་ལ་མ་ལྟོས་ཤིང་སྟོབས་ཆུང་བའི་ཕྱིར།

ཏ༢ རིག་བྱེད་མིན་པ་བྱེ་བྲག་ཏུ་བཤད་པ།

ཐ༡ མདོར་བསྟན་པ།

གཉིས་པ་རིག་བྱེད་མ་ཡིན་པ་བྱེ་བྲག་ཏུ་བཤད་པ་ལ། མདོར་བསྟན་པ་དང་། རྒྱས་པར་བཤད་པ་གཉིས། དང་པོ་ནི། རྣམ་རིག་མིན་རྣམ་གསུམ་ཤེས་བྱ། །སྡོམ་དང་སྡོམ་པ་མ་ཡིན་གཞན། །ཞེས་བྱུང་། རྣམ་པར་རིག་བྱེད་མ་ཡིན་པའི་གཟུགས་ཆོས་ཅན། རྣམ་པ་གསུམ་ཡོད་དེ། སྡོམ་པ་དང་སྡོམ་པ་མ་ཡིན་པ་དང་། གཞན་བར་མ་ཞེས་བྱ་བ་གསུམ་ཡོད་པའི་ཕྱིར།

ཐ༢ རྒྱས་པར་བཤད་པ།

ད༡ སྡོམ་པ་བཤད་པ།

ན༡ མདོར་བསྟན་པ།

གཉིས་པ་ལ། སྡོམ་པ་བཤད་པ་དང་། གསུམ་ག་ཐུན་མོང་དུ་བཤད་པ་གཉིས། དང་པོ་ལ། མདོར་བསྟན་པ་དང་། རྒྱས་པར་བཤད་པ་གཉིས། དང་པོ་ནི། སྡོམ་པ་སོ་སོར་ཐར་ཅེས་བྱ། །དེ་བཞིན་ཟག་མེད་བསམ་གཏན་སྐྱེས། །ཞེས་བྱུང་། སྡོམ་པ་ཆོས་ཅན། ཁྱོད་ལ་རྣམ་པ་གསུམ་ཡོད་དེ། སོ་སོར་ཐར་ཅེས་བྱ་བའི་སྡོམ་པ་དང་། དེ་བཞིན་དུ་ཟག་མེད་ཀྱི་སྡོམ་པ་དང་། བསམ་གཏན་ལས་སྐྱེས་པའི་སྡོམ་པ་གསུམ་(༡༡བ)ཡོད་པའི་ཕྱིར།

ན༢ རྒྱས་པར་བཤད་པ།

པ༡ སོ་ཐར་གྱི་སྡོམ་པ།

ཕ༡ སོ་ཐར་གྱི་སྡོམ་པའི་དབྱེ་བ།

བ༡ ཚིག་དོན་བཤད་པ།

གཉིས་པ་ལ། སོ་ཐར་དང་། བསམ་གཏན་དང་ཟག་མེད། སྡོམ་པའི་རྣམ་གྲངས་གཞན་བཤད་པ་དང་གསུམ། དང་པོ་ལ། དབྱེ་བ། བསྡུ་བ། ལྡན་ཚུལ། ངོ་བོ། རྣམ་གྲངས། སྒྲ་བཤད། རྟེན་གྱི་གང་ཟག་བཤད་པ་དང་བདུན། དང་པོ་ནི། སོ་སོར་ཐར་ཅེས་བྱ་རྣམ་བརྒྱད། །ཅེས་བྱུང་། སོ་སོར་ཐར་ཅེས་བྱ་བའི་སྡོམ་པ་ཆོས་ཅན། ཁྱོད་ལ་རྣམ་པ་བརྒྱད་ཡོད་དེ། དགེ་སློང་ཕ་མའི་དང་། དགེ་ཚུལ་ཕ་མ། དགེ་སློབ་མ། དགེ་བསྙེན་ཕ་མ། བསྙེན་གནས་ཀྱི་སྡོམ་པ་དང་བརྒྱད་ཡོད་པའི་ཕྱིར།

བ༢ མཐའ་དཔྱད་པ།

མཐའ་དཔྱད་པ་ལ། ཁ་ཅིག །ངེས་འབྱུང་གིས་ཟིན་པའི་ཚུལ་ཁྲིམས་ཡིན་ན། སྡོམ་པ་ཡིན་པས་ཁྱབ་ཟེར་ན། ངེས་འབྱུང་གིས་ཟིན་པའི་བར་མའི་ཚུལ་ཁྲིམས་ཆོས་ཅན། དེར་ཐལ། དེའི་ཕྱིར། དེར་ཐལ། ཆོས་ཅན་དེའི་ཕྱིར། འདོད་ན། མ་ཡིན་པར་ཐལ། བར་མའི་ཚུལ་ཁྲིམས་ཡིན་པའི་ཕྱིར། ཁྱབ་སྟེ། སྡོམ་པ་དང་སྡོམ་མིན་གྱི་བར་མ་ཞིག་ལ་བར་མའི་ཚུལ་ཁྲིམས་སུ་འཇོག་པའི་ཕྱིར། ཁ་ཅིག །བྱེ་བྲག་སྨྲ་བ་ཐམས་ཅད་ཀྱིས་སོ་ཐར་གྱི་སྡོམ་པ་གཟུགས་ཅན་དུ་འདོད་པ་ཡིན་ཏེ། འདུལ་བ་རྒྱ་མཚོའི་སྙིང་པོ་ལས། ལོག་པ་དེ་ཡང་ལུས་ངག་ལས། །གཟུགས་ཅན་ཡིན་ཞེས་འདོད་པ་དང་། །ཞེས་གསུངས་པའི་ཕྱིར་ཟེར། གཞན་དག་དེ་མི་འཐད་པར་ཐལ། དེ་ནི་མཛོད་ལུགས་འཛིན་པའི་ཁ་ཆེ་བྱེ་བྲག་སྨྲ་བའི་འདོད་པ་སྟོན་གྱི། ཉི་འོག་པའི་

ལུགས་ལ་སོ་ཐར་ལ་གཟུགས་ཅན་གྱིས་མ་ཁྱབ་པའི་ཕྱིར་ཞེས་གསུང་། ཁ་ཅིག །སོ་ཐར་གྱི་སྡོམ་པ་ཡིན་ན། སྡོང་བདུན་འཁོར་བཅས་ཀྱི་སྡོམ་པ་ཡིན་པས་ཁྱབ་ཟེར་ན། སྤོང་བ་རེ་རེ་བའི་སྡོམ་པ་ཆོས་ཅན། དེར་ཐལ། དེའི་ཕྱིར། དེར་ཐལ། ཆོས་ཅན་དེ་ཡིན་པའི་ཕྱིར། དེར་ཐལ། དེ་ཡོད་པའི་ཕྱིར། དེར་ཐལ། སྲོག་གཅོད་སྤོང་བ་སོགས་ཀྱི་ལས་རེ་རེ་བ་ཡོད་པའི་ཕྱིར། འདོད་ན། མ་ཡིན་པར་ཐལ། ཆོས་ཅན་དེའི་ཕྱིར། ཁ་ཅིག །སོ་ཐར་གྱི་སྡོམ་པ་ཡིན་ན། རྣམ་པར་རིག་བྱེད་མ་ཡིན་པས་ཁྱབ་ཟེར་ན། རྣམ་པར་རིག་བྱེད་ཀྱི་སོ་ཐར་སྐད་ཅིག་དང་པོ་ཆོས་ཅན། དེར་ཐལ། དེའི་ཕྱིར། དེར་ཐལ། དང་པོའི་རྣམ་(༡༠༠ན)རིག་རྣམ་རིག་མིན། །སོ་སོར་ཐར་དང་བྱ་བའི་ལམ། །ཞེས་གསུངས་པའི་ཕྱིར། ཁ་ཅིག །བསམ་གཏན་དང་ཟག་མེད་གང་རུང་ལ། བསམ་གཏན་དང་ཟག་མེད་ཀྱི་སྡོམ་པས་ཁྱབ་ཟེར་ན། དེ་མི་འཐད་པར་ཐལ། བསམ་གཏན་དང་ཟག་མེད་གཉིས་ཀ་ལ་ཤེས་པ་ཡོད། དེ་གཉིས་ཀྱི་སྡོམ་པ་ལ་འདིར་གཟུགས་ཅན་གྱིས་ཁྱབ་པའི་ཕྱིར། དེར་ཐལ། དེ་ལ་ནི་རྣམ་པར་རིག་བྱེད་མ་ཡིན་པའི་གཟུགས་གཙོ་ཆེ་བའི་ཕྱིར་གསུང་། ཁ་ཅིག །དེ་མི་འཐད་པར་ཐལ། དེ་གཉིས་ཀྱི་སྡོམ་པ་ལ་ཤེས་པ་ཡོད་པའི་ཕྱིར། དེར་ཐལ། དེ་གཉིས་ལ་སེམས་བྱུང་ཡོད་པའི་ཕྱིར། དེར་ཐལ། དེ་གཉིས་སེམས་ཀྱི་རྗེས་འབྲང་ཡིན་པའི་ཕྱིར། དེར་ཐལ། ཐ་མ་གཉིས་ནི་སེམས་རྗེས་འབྲང་། །ཞེས་གསུངས་པའི་ཕྱིར་ཟེར།

ཕ༢ སོ་ཐར་གྱི་སྡོམ་པའི་བསྲུ་བ།

གཉིས་པ་བསྲུ་བ་ནི། རྫས་སུ་རྣམ་པ་བཞི་ཡིན་ནོ། །མཚན་ལས་མིང་ནི་འཕོ་བའི་ཕྱིར། །ཞེས་བྱུང་། སོ་ཐར་རིགས་བརྒྱད་པོ་དེ་ཆོས་ཅན། རྫས་སུ་བསྲུ་ན་རྣམ་པ་བཞི་ཡིན་ཏེ། དགེ་སློང་ཕ་མའི་སྡོམ་པ་རྫས་རིགས་གཅིག །དགེ་ཚུལ་ཕ་མ་དང་དགེ་སློབ་མའི་སྡོམ་པ་རྫས་རིགས་གཅིག །དགེ་བསྙེན་ཕ་མའི་སྡོམ་པ་རྫས་རིགས་

གཅིག་ཡིན་ཞིང་། བསྙེན་གནས་ཀྱི་དེ་དང་བཞིར་འདུ་བའི་ཕྱིར། དེར་ཐལ། དགེ་སློང་ཕ་མཚན་འགྱུར་བ་ལས་དགེ་སློང་མར་མིང་ནི་འཕོ་བ་ཡིན་གྱི། དེའི་ཚེ་དགེ་སློང་གི་སྡོམ་པ་མི་གཏོང་ཞིང་། དགེ་ཚུལ་སོགས་ལའང་འདྲ་བའི་ཕྱིར།

ཕ༣ སོ་ཐར་གྱི་སྡོམ་པའི་ལྡན་ཚུལ།

གསུམ་པ་ནི། ཐ་དད་དེ་དག་འགལ་བ་མེད། །ཅེས་བྱུང་། གང་ཟག་གཅིག་གིས་སྡོམ་གསུམ་རིམ་གྱིས་བླངས་པའི་ཚེ་སྲོག་གཅོད་སྤོང་བའི་སྤོང་བ་རིགས་མཐུན་རྫས་ཐ་དད་པ་གསུམ་སོ་སོར་སྐྱེ་བ་ཡིན་ནམ། སྔ་མ་གཅིག་པོ་དེ་གོང་འཕེལ་དུ་འགྱུར་ཞེ་ན། དེ་གསུམ་རིམ་གྱིས་སོ་སོར་ཐ་དད་པའི་ཚུལ་གྱིས་རིམ་ཅན་དུ་སྐྱེ་སྟེ། དགེ་སློང་ཕུལ་ནས་དགེ་ཚུལ་དུ་གནས་པ་ཡོད་པའི་ཕྱིར། དེའི་ཚེ་སྤོང་བ་རྫས་ཐ་དད་པ་གསུམ་རྒྱུད་གཅིག་ལ་ཅིག་ཅར་ཡོད་པ་འགལ་ལོ་ཞེ་ན། འགལ་བ་མེད་དེ། བསླབ་པའི་གཞིའི་དབང་གིས་རྫས་ཐ་དད་པ་དེ་དག་ཅིག་ཅར་(༧༠༠བ)ཚོགས་པ་མི་འགལ་བའི་ཕྱིར། དེར་ཐལ། ཕྱི་མ་སྔ་མའི་གཏོང་རྒྱུར་མི་རུང་བའི་ཕྱིར།

ཕ༤ སོ་ཐར་གྱི་སྡོམ་པའི་ངོ་བོ།

བཞི་པ་ངོ་བོ་ནི། སྤང་བྱ་ལྔ་བརྒྱད་བཅུ་དང་ནི། །ཐམས་ཅད་སྤོང་བར་མནོས་པ་ལས། །དགེ་བསྙེན་དང་ནི་བསྙེན་གནས་དང་། །དགེ་ཚུལ་ཆེད་དང་དགེ་སློང་ཉིད། །ཅེས་བྱུང་། སྡོམ་པ་བཞི་པོ་ཆོས་ཅན། སོ་སོའི་ངོ་བོ་ཡོད་དེ། སྤང་བྱ་སྲོག་གཅོད། མ་བྱིན་ལེན། འདོད་ལོག །རྫུན་སྨྲ། ཆང་ལྔ་སྤོང་བར་ཁས་བླངས་པའི་ཆ་ནས་དང་། རྩ་བཞི་དང་གར་སོགས་ཕྲེང་སོགས་གཅིག་དང་། མལ་ཆེ་མཐོ་གཅིག །ཕྱི་དྲོའི་ཁ་ཟས་གཅིག །ཆང་དང་བཅས་བརྒྱད་སྤོང་བའི་ཆ་ནས་དང་། རྩ་བཞི་ཆང་དང་གར་སོགས་གཅིག །ཕྲེང་སོགས་གཅིག །མལ་ཆེ་མཐོ་

གཅིག །གསེར་དངུལ་ལེན་པ་གཅིག །ཕྱི་དྲོའི་ཁ་ཟས་ཟ་བ་དང་བཅུ་སྤོང་བའི་ཚ་ནས་དང་། གཞན་གནོད་གཞི་དང་བཅས་པ་ཐམས་ཅད་སྤོང་བར་མནོས་པ་སྟེ། ཁས་བླངས་པའི་ཚ་ནས། རིམ་པ་བཞིན་དུ་དགེ་བསྙེན་དང་བསྙེན་གནས་དང་དགེ་ཚུལ་དང་དགེ་སློང་ཉིད་དུ་འགྱུར་བའི་ཕྱིར་ཏེ། དེ་དག་ཏུ་འགྱུར་བའི་ཆེད་དུ་སྡོམ་པ་དེ་དག་བླངས་པ་ཡིན་པའི་ཕྱིར།

༥༥ སོ་ཐར་གྱི་སྡོམ་པའི་རྣམ་གྲངས།

ལྔ་པ་ནི། ཚུལ་ཁྲིམས་དང་ནི་ལེགས་སྤྱོད་དང་། །ལས་དང་སྡོམ་པ་ཞེས་བྱའོ། །ཞེས་བྱུང་། སོ་ཐར་གྱི་སྡོམ་པ་ཆོས་ཅན། མིང་གི་རྣམ་གྲངས་ཡོད་དེ། ཚུལ་ཁྲིམས་དང་། ལེགས་སྤྱོད་དང་། ལས་དང་། སྡོམ་པ་ཞེས་བྱ་བར་བཤད་པའི་ཕྱིར། དེར་ཐལ། འཆལ་ཚུལ་གྱི་གདུང་བ་སེལ་བ་དང་། དམ་པས་བསྔགས་པར་འོས་པ་དང་། བྱ་བའི་རང་བཞིན་ཡིན་པ་དང་། ཉེས་སྤྱོད་ལས་སྡོམ་པར་བྱེད་པས་ན་རིམ་པ་བཞིན་དུ་དེ་ལྟར་བརྗོད་པའི་ཕྱིར།

༥༦ སོ་ཐར་གྱི་སྡོམ་པའི་སྒྲ་བཤད།

དྲུག་པ་ནི། དང་པོའི་རྣམ་རིག་རྣམ་རིག་མིན། །སོ་སོར་ཐར་དང་བྱ་བའི་ལམ། །ཞེས་བྱུང་། སོ་ཐར་གྱི་སྡོམ་པ་སྐད་ཅིག་དང་པོ་ཆོས་ཅན། རྣམ་པ་གཉིས་ཡོད་དེ། རྣམ་རིག་དང་རྣམ་རིག་མིན་པ་གཉིས་ཡོད་པའི་ཕྱིར། དེ་ཆོས་ཅན། སོ་སོར་ཐར་པ་དང་བྱ་བའི་ལམ་ཞེས་ཀྱང་བྱ་སྟེ། སྡོམ་མིན་ལས་སོ་སོར་ཏེ་དང་པོར་ཐར་པ་དང་། ལུས་ངག་(༧༠༧ན)གི་སེམས་པ་འཇུག་པའི་གཞི་ཡིན་པས་ན་དེ་སྐད་དུ་བརྗོད་པའི་ཕྱིར། སོ་སོར་ཐར་པའི་སྡོམ་པ་ལ་སོ་སོར་ཐར་པས་མ་ཁྱབ་སྟེ། སོ་ཐར་སྐད་ཅིག་གཉིས་པ་ཕན་ཆད་སོ་སོར་ཐར་པའི་སྡོམ་པ་ཡིན་ཀྱང་། སོ་སོར་ཐར་པ་

མ་ཡིན་པའི་ཕྱིར། འདི་ནི་བཤད་ཚུལ་གསུམ་ལས་གཅིག་གི་དབང་དུ་བྱས་པའོ། །

༥༧ སོ་ཐར་གྱི་སྡོམ་པའི་རྟེན་གྱི་གང་ཟག་བཤད་པ།

བདུན་པ་ནི། སོ་སོར་ཐར་དང་ལྡན་པ་བརྒྱད། །ཅེས་བྱུང་། སོ་སོར་ཐར་པའི་སྡོམ་པ་དང་ལྡན་པ་ཆོས་ཅན། ཁྱོད་ལ་བརྒྱད་དུ་བཤད་པའི་རྒྱུ་མཚན་ཡོད་དེ། གཞན་སྡེ་ལ་ཚུལ་ཁྲིམས་ཙམ་ཡོད་ཀྱང་སོ་ཐར་མེད་ཅིང་། འདིར་སོ་ཐར་གྱི་སྡོམ་པ་རིགས་བརྒྱད་དུ་ངེས་པར་ཤེས་པའི་ཆེད་ཡིན་པའི་ཕྱིར།

༥༨ བསམ་གཏན་དང་ཟག་མེད་ཀྱི་སྡོམ་པ།

གཉིས་པ་བསམ་གཏན་ཟག་མེད་ཀྱི་སྡོམ་པ་ནི། བསམ་གཏན་སྐྱེས་དང་དེ་ལྡན་པ། །ཟག་མེད་འཕགས་པའི་སེམས་ཅན་དང་། །ཞེས་བྱུང་། བསམ་གཏན་ལས་སྐྱེས་པའི་སྡོམ་པ་དེ་ཆོས་ཅན། ཁྱོད་དང་ལྡན་པའི་གང་ཟག་ཡོད་དེ། གང་བསམ་གཏན་གྱི་ཉེར་བསྡོགས་དང་དངོས་གཞིའི་ཟག་བཅས་གང་རུང་དང་ལྡན་པའི་གང་ཟག་ཡིན་ན་ཁྱོད་དང་ལྡན་པས་ཁྱབ་པའི་ཕྱིར། སྡོམ་པ་དེའི་ངོ་བོ་ཡོད་དེ། བསམ་གཏན་གྱི་ཉེར་བསྡོགས་དང་དངོས་གཞི་གང་རུང་མངོན་དུ་གྱུར་པའི་སྟོབས་ཀྱིས་ཐོབ་པའི་གཟུགས་ཅན་གྱི་སྡོམ་པ་ཞིག་བཞེད་པ་དང་། ཁ་ཅིག་ལྟར་དེ་གཉིས་གང་རུང་གིས་བསྡུས་པའི་ཚུལ་ཁྲིམས་ཞིག་འདོད་པ་ལྟ་བུ་ལ་བྱེད་པའི་ཕྱིར། ཟག་མེད་ཀྱི་སྡོམ་པ་ཆོས་ཅན། རྒྱུད་ལྡན་གྱི་གང་ཟག་ཡོད་དེ། འཕགས་པའི་སེམས་ཅན་སློབ་མི་སློབ་རྣམས་དེ་ཡིན་པའི་ཕྱིར། འཕགས་པ་ཡིན་ན། དེ་དང་ལྡན་པས་མ་ཁྱབ་སྟེ། འགོག་པ་ལ་ཞུགས་པའི་ཚེ་འདི་དང་མི་ལྡན་པར་བཤད་པའི་ཕྱིར།

པ༣ ཞར་བྱུང་སྒོམ་པའི་རྣམ་གྲངས་གཞན་བཤད་པ།

ཕ༡ རྟེས་འབྲང་ཡིན་མིན་གྱི་ཁྱད་པར།

གསུམ་པ་ཞར་བྱུང་ལ། རྗེས་འབྲང་ཡིན་མིན་སོགས་གསུམ་ལས། དང་པོ་ནི། ཐ་མ་གཉིས་ནི་སེམས་རྗེས་འབྲང་། །ཞེས་བྱུང་། སྒོམ་པ་གསུམ་ལས་སེམས་ཀྱི་རྗེས་འབྲང་ཡིན་མིན་གཉིས་ཡོད་དེ། ཐ་མ་བསམ་གཏན་དང་ཟག་མེད་ཀྱི་སྒོམ་པ་གཉིས་ནི་སེམས་(༡༠༡བ)ཡོད་མེད་ཀྱི་རྗེས་སུ་འགྲོ་ལྡོག་བྱེད་པས། སེམས་ཀྱི་རྗེས་འབྲང་ཡིན་ལ། སོ་ཐར་ནི་དེ་ལྟ་བུ་མ་ཡིན་པའི་ཕྱིར།

ཕ༢ སྤོང་སྡོམ་ཡིན་མིན་གྱི་ཁྱད་པར།

གཉིས་པ་ནི། བར་ཆད་མེད་ལམ་སྐྱེས་དེ་གཉིས། །མི་ལྕོགས་མེད་ལ་སྤོང་ཞེས་བྱ། །ཞེས་བྱུང་། བསམ་གཏན་དང་ཟག་མེད་ཀྱི་སྡོམ་པ་ཆོས་ཅན། ཁྱོད་རེ་རེ་ལའང་སྤོང་སྡོམ་ཡིན་མིན་གྱི་ཁྱད་པར་ཡོད་དེ། བར་ཆད་མེད་ལམ་གྱི་ཚོགས་པར་སྐྱེས་པའི་དེ་གཉིས་སྤོང་སྡོམ་ཡིན་ཞིང་། དངོས་གཞི་དང་རྣམ་གྲོལ་ལམ་གྱི་དེ་གཉིས་སྤོང་སྡོམ་མ་ཡིན་པའི་ཕྱིར། དེ་གཉིས་ཐོབ་པའི་དུས་ཡོད་དེ། བསམ་གཏན་དང་པོའི་ཉེར་བསྡོགས་མི་ལྕོགས་མེད་ཀྱི་འཇིག་རྟེན་པའི་བར་ཆད་མེད་ལམ་སྐབས་བསམ་གཏན་གྱི་སྤོང་སྡོམ་དང་། དེའི་ཟག་མེད་བར་ཆད་མེད་ལམ་གྱི་སྐབས་ཟག་མེད་ཀྱི་སྤོང་སྡོམ་ཐོབ་པའི་ཕྱིར། དེར་ཐལ། དེ་འདྲའི་བར་ཆད་མེད་ལམ་དགུ་ཚན་གཉིས་ཀྱི་སྐབས་སུ་རང་གི་ངོ་སྐལ་གྱི་འཆལ་ཚུལ་དང་ཉོན་མོངས་རེ་སྤོང་བའི་སྤོང་སྡོམ་ཞེས་བྱ་བ་རེ་འབྱུང་བའི་ཕྱིར།

ཕ༣ ཡིད་དང་དབང་པོའི་སྡོམ་པ།

གསུམ་པ་ནི། ཤེས་བཞིན་དང་ནི་དྲན་དག་གཉིས། །ཡིད་དང་དབང་པོའི་སྡོམ་པ་ཡིན། །ཞེས་བྱུང་། ཤེས་བྱ་ཆོས་ཅན། ཡིད་དང་དབང་པོའི་སྡོམ་པ་ཡོད་དེ། ཤེས་བཞིན་དང་དྲན་པ་ངག་གཉིས་ནི་ལུས་ངག་གི་ཉེས་སྤྱོད་ལས་སྡོམ་པས་དེ་གཉིས་ཀྱི་སྡོམ་པ་ཞེས་བརྗོད་པའི་ཕྱིར། སྡོམ་པ་དངོས་ཡིན་པར་མ་ངེས་ཏེ། ཐལ་བར་འགྱུར་བའི་ཕྱིར།

ད༢ གསུམ་ག་ལྡན་མོང་དུ་བཤད་པ།

ན༡ ལྡན་ཚུལ།

པ༡ རིག་བྱེད་མིན་པའི་ལྡན་ཚུལ།

ཕ༡ སྡོམ་པ་དང་སྡོམ་མིན་གྱི་ལྡན་ཚུལ།

གཉིས་པ་ཐུན་མོང་དུ་བཤད་པ་ལ། ལྡན་ཚུལ། ཐོབ་ཚུལ། གཏོང་རྒྱུ། ལྡན་པའི་གང་ཟག་དང་བཞི། དང་པོ་ལ། རིག་བྱེད་མིན་པའི་ལྡན་ཚུལ་དང་། རིག་བྱེད་ཀྱི་ལྡན་ཚུལ། སྡོམ་མིན་གྱི་མིང་གི་རྣམ་གྲངས། མུ་བཞིའི་སྒོ་ནས་དོགས་པ་དཔྱད་པ་བཞི། དང་པོ་ལ། སྡོམ་པ་དང་སྡོམ་མིན་དང་། བར་མའི་ལྡན་ཚུལ་གཉིས། དང་པོ་ནི། སོ་སོར་ཐར་གནས་ཇི་སྲིད་དུ། །མ་བཏང་བར་དག་ད་ལྟར་གྱིས། །རྣམ་རིག་མིན་ལྡན་སྐད་ཅིག་མ། །དང་པོ་ཕྱིན་ཆད་འདས་པ་དང་། །སྡོམ་མིན་གནས་པའང་དེ་དང་འདྲ། །བསམ་གཏན་སྡོམ་དང་ལྡན་པ་ནི། །(༧༠༢ན)རྟག་ཏུ་འདས་དང་མ་འོངས་དང་། །འཕགས་ནི་དང་པོ་འདས་དང་མིན། །མཉམ་གཞག་འཕགས་ལམ་གནས་དེ་གཉིས། །ད་ལྟར་དང་ལྡན། ཞེས་བྱུང་། སོ་ཐར་གྱི་སྡོམ་པའི་རྣམ་རིག་མིན་པ་ཆོས་ཅན། ལྡན་ཚུལ་ཡོད་དེ། སོ་སོར་ཐར་པ་གནས་པ་ནི་

ཐོབ་པས་ཇི་སྲིད་མ་གཏང་གི་བར་དུ་རྟག་ཏུ་ད་ལྟར་གྱི་རྣམ་རིག་མིན་པ་དང་ལྡན་པས་ཁྱབ་ལ། སྐད་ཅིག་མ་དང་པོ་ནི་ད་ལྟར་བ་ཁོ་ན་དང་། སྐད་ཅིག་གཉིས་པ་ཕྱིན་ཆད་མ་བཏང་བར་དུ་ད་ལྟ་བ་དང་འདས་པ་གཉིས་ཀ་དང་ལྡན་པས་ཁྱབ་པའི་ཕྱིར། སྡོམ་མིན་ལ་གནས་པའང་ཆོས་ཅན། ཁྱོད་ཀྱི་ལྡན་ཚུལ་ཡོད་དེ། སྔ་མ་དེ་དང་འདྲ་བའི་ཕྱིར། བསམ་གཏན་གྱི་སྡོམ་པ་དང་ལྡན་པ་ནི་ཆོས་ཅན། ལྡན་ཚུལ་ཡོད་དེ། ཐོབ་ནས་མ་བཏང་གི་བར་དུ་རྟག་ཏུ་འདས་པ་དང་མ་འོངས་པའི་རྣམ་རིག་མིན་པ་དང་ལྡན་པའི་ཕྱིར། དེར་ཐལ། བསམ་གཏན་ཐོབ་ནས་མངོན་དུ་མ་བྱས་པ་ནི་ད་ལྟར་བ་མི་ལྡན་ཅིང་གཞན་གཉིས་དང་ལྡན་པའི་ཕྱིར། འཕགས་པའི་ཟག་མེད་ཀྱི་སྡོམ་པ་ཆོས་ཅན། ལྡན་ཚུལ་ཡོད་དེ། སྐད་ཅིག་དང་པོ་འདས་པའི་རྣམ་རིག་མིན་པ་དང་ལྡན་པ་མིན་ལ། མ་འོངས་པ་དང་ལྡན་པ་བསམ་གཏན་དང་འདྲ་བའི་ཕྱིར། མཉམ་གཞག་འཕགས་ལམ་ལ་གནས་པའི་སས་བསྡུས་ཀྱི་བསམ་གཏན་ཟག་མེད་ཀྱི་སྡོམ་པ་ནི་གཉིས་ཆོས་ཅན། ལྡན་ཚུལ་ཡོད་དེ། ད་ལྟར་བའི་རྣམ་རིག་མིན་པ་དང་དུས་སུ་ལྡན་ལ། མཉམ་གཞག་ལས་ལངས་པའི་ཚེ་དེ་དང་མི་ལྡན་པའི་ཕྱིར།

པ༢ བར་མའི་ལྡན་ཚུལ།

གཉིས་པ་ནི། བར་གནས་ལ། ཡོད་ན་དང་པོ་བར་གྱི་དང་། །ཕྱིན་ཆད་དུས་ནི་གཉིས་དང་ངོ་། །སྡོམ་མིན་གནས་པ་དགེ་བ་དང་། །སྡོམ་པ་ལ་གནས་པ་མི་དགེ་བའི། །རྣམ་རིག་མིན་ལྡན་ཇི་སྲིད་དུ། །རབ་དང་ཉོན་མོངས་ཤུགས་ལྡན་པར། །ཞེས་བྱུང་། བར་མ་ལ་གནས་པའི་ཚུལ་ཁྲིམས་ཆོས་ཅན། ལྡན་ཚུལ་ཡོད་དེ། ཁྱོད་རྒྱུད་ལྡན་ལ་རྣམ་རིག་མིན་པ་ཡོད་པས་མ་ཁྱབ་ཅིང་། གལ་ཏེ་ཡོད་ན་མ་བཏང་བར་དུ་དང་པོར་དུས་གསུམ་གྱི་བར་གྱི་ད་ལྟར་བ་ཁོ་ན་དང་ལྡན་ལ། དང་

པོ་ཕྱིན་(༧༠༢བ)ཆད་དུས་ད་ལྟར་བ་དང་འདས་པ་གཉིས་ཀ་དང་ལྡན་པའི་ཕྱིར། སྡོམ་མིན་ལ་གནས་པ་ལ་དགེ་བའི་རྣམ་རིག་མིན་པ་དང་། སྡོམ་པ་ལ་གནས་པ་ལ་མི་དགེ་བའི་རྣམ་རིག་མིན་པའི་ལྡན་ཚུལ་ཡོད་དེ། ཡོད་པར་མ་ངེས་ཀྱང་ཡོད་ན་སྡོམ་མིན་ཅན་གྱིས་ཕྱག་འཚལ་བའི་ཚེ་གང་ཟག་དེ་དད་གུས་རབ་ཏུ་ཆེ་ན་དགེ་བའི་རྣམ་རིག་མིན་པ་དང་། སྡོམ་ལྡན་གྱིས་ཉོན་མོངས་ཤུགས་དྲག་པོ་ལྡན་པས་སྲོག་གཅོད་སོགས་བྱེད་པའི་ཚེ་མི་དགེ་བའི་རིག་མིན་ཡོད་ཅིང་། དེ་ཡང་ཇི་སྲིད་དུ་ལས་དེ་དག་ལ་གནས་ཀྱི་བར་ཡོད་པའི་ཕྱིར།

བ༢ རིག་བྱེད་ཀྱི་ལྡན་ཚུལ།

གཉིས་པ་རྣམ་པར་རིག་བྱེད་ཀྱི་ལྡན་ཚུལ་ནི། རྣམ་རིག་བྱེད་ནི་ཐམས་ཅད་ལ། །བྱེད་པ་དག་ལ་ད་ལྟར་ལྡན། །མ་བཏང་བར་དུ་སྐད་ཅིག་མ། །ཕྱིན་ཆད་འདས་དང་མ་འོངས་མེད། །བསྒྲིབས་པ་དང་ནི་མ་བསྒྲིབས་པ། །འདས་པ་དག་དང་ལྡན་པའང་མེད། །ཅེས་བྱུང་། རྣམ་པར་རིག་བྱེད་ཆོས་ཅན། ལྡན་ཚུལ་ཁྱད་པར་བ་ཡོད་དེ། རྣམ་པར་རིག་བྱེད་ཀྱི་སྡོམ་པ་དང་སྡོམ་མིན་དང་བར་མ་ཐམས་ཅད་ལ་ལུས་ངག་གི་བྱ་བ་བྱེད་པ་དག་ལ་ད་ལྟ་བ་དང་ལྡན་པས་ཁྱབ་ལ། དེ་ཡང་ཐོབ་ནས་མ་བཏང་བར་དུ་ལྡན་ཞིང་། སྐད་ཅིག་མ་དང་པོ་ཕྱིན་ཆད་འདས་པ་དང་ལྡན་གྱི། མ་འོངས་པ་དང་ལྡན་པ་མེད་པའི་ཕྱིར། དེར་ཐལ། སྡོམ་པའི་རིག་བྱེད་ནི་བསླབ་པ་ཕུལ་བ་སོགས་ཀྱིས་མ་བཏང་བ་དང་། སྡོམ་མིན་ནི་སྡོམ་པ་བླངས་པས་མ་བཏང་བ་དང་། བར་མ་ནི་དད་སོགས་ཀྱིས་མ་བཏང་བར་དུ་དེ་དང་ལྡན་པའི་ཕྱིར། བསྒྲིབས་པ་དང་མ་བསྒྲིབས་པའི་ལུང་མ་བསྟན་ཆོས་ཅན། དེ་མ་འོངས་པ་དང་མི་ལྡན་པར་མ་ཟད། འདས་པ་དག་དང་ལྡན་པའང་མེད་དེ། ཤིན་ཏུ་ཉམ་ཆུང་བའི་ཕྱིར། ཁྱབ་སྟེ། ཆོས་ཉམ་ཆུང་བས་ཐོབ་པ་ཡང་ཉམ་ཆུང་བས་རྗེས་སུ་

འབྲེལ་མི་ནུས་པའི་ཕྱིར།

པ༣ སྡོམ་མིན་གྱི་མིང་གི་རྣམ་གྲངས།

གསུམ་པ་སྡོམ་མིན་གྱི་རྣམ་གྲངས་ནི། སྡོམ་པ་མིན་དང་ཉེས་སྤྱོད་དང་། །འཆལ་བའི་ཚུལ་ཁྲིམས་ལས་དེའི་ལམ། །ཞེས་བྱུང་། སྡོམ་མིན་ཆོས་ཅན། མིང་གི་རྣམ་གྲངས་ཡོད་དེ། ལུས་ངག་མི་སྡོམ་པའི་སྡོམ་མིན་དང་། དམ་པས་སྨད་པའི་ཉེས་སྤྱོད་དང་། ཚུལ་ཁྲིམས་ཀྱི་མི་མཐུན་(༧༠༣ན)ཕྱོགས་ཀྱི་ཚུལ་འཆལ་དང་། ལུས་ངག་གི་བྱ་བ་རང་བཞིན་གྱི་ལས་དང་། སེམས་པ་འཇུག་པའི་གཞིས་བསྡུས་པས་ལས་དེའི་ལམ་ཞེས་བརྗོད་པའི་ཕྱིར། དེ་ཆོས་ཅན། འདོད་པ་ཁོ་ན་ན་ཡོད་ཀྱི་ཁམས་གོང་ན་མེད་དེ། དེར་དེའི་ཀུན་སློང་མེད་པའི་ཕྱིར།

པ༤ མུ་བཞིའི་སྒོ་ནས་དོགས་པ་དཔྱད་པ།

བཞི་པ་མུ་བཞིའི་སྒོ་ནས་དོགས་པ་དཔྱད་པ་ནི། བར་མ་དོར་གནས་སེམས་ཞན་པས། །ཕྱེད་ན་རྣམ་རིག་ཉིད་དང་ལྡན། །རྣམ་རིག་བཏང་དང་མ་སྐྱེས་པའི། །འཕགས་པའི་གང་ཟག་རྣམ་རིག་མིན། །ཞེས་བྱུང་། ཤེས་བྱ་ཆོས་ཅན། རྣམ་རིག་ཡིན་མིན་ལྡན་མི་ལྡན་ལ་མུ་བཞི་ཡོད་དེ། རྣམ་རིག་ཁོ་ན་དང་ལྡན་ཞིང་རྣམ་རིག་མིན་པ་དང་མི་ལྡན་པ་དང་དེ་ལས་བཟློག་པ་དང་གཉིས་ཀ་དང་ལྡན་པ་དང་གཉིས་ཀ་མི་ལྡན་པ་བཞི་ཡོད་པའི་ཕྱིར། དེར་ཐལ། སྔར་རྣམ་རིག་མིན་པ་མ་ཐོབ་པ་ལ་སྡོམ་སྡོམ་མིན་གྱི་བར་མ་དོར་གནས་པའི་སེམས་ཞན་པས་ལས་ལམ་དང་ཟས་ལས་བྱུང་བ་མིན་པའི་དགེ་མི་དགེ་ཕྱེད་ན་དང་པོ་རྣམ་རིག་ཉིད་དང་ལྡན་ལ། ཚེ་སྔ་མའི་རྣམ་རིག་བཏང་བ་དང་ཕྱི་མའི་རྣམ་རིག་མ་སྐྱེས་པའི་འཕགས་པའི་གང་ཟག་ནི་གཉིས་པ་རྣམ་རིག་མིན་པ་དང་། བསྙེན་པར་རྫོགས་མ་ཐག་པའི་དགེ་སློང་

ནི་གསུམ་པ་དང་། གཟུགས་མེད་ཀྱི་སོ་སྐྱེ་ནི་བཞི་པ་ཡིན་པའི་ཕྱིར། གསུམ་པ་དང་བཞི་པ་གྲུབ་སྟེ། དེའི་ཚེ་རྣམ་རིག་ཡིན་མིན་གཉིས་ཀ་དང་ལྡན་པ་དང་། གཟུགས་མེད་ན་གཟུགས་ཀྱི་རྣམ་པ་མེད་པའི་ཕྱིར།

ན༢ ཐོབ་ཚུལ།

པ༡ རྒྱུ་གང་ལ་བརྟེན་པ།

ཕ༡ བསམ་གཏན་ཟག་མེད་ཀྱི་སྡོམ་པ།

གཉིས་པ་ཐོབ་ཚུལ་ལ། རྒྱུ་གང་ལ་བརྟེན་པ་དང་། གཞི་གང་ལ་བརྟེན་པ་གཉིས། དང་པོ་ལ། བསམ་གཏན་ཟག་མེད་ཀྱི་སྡོམ་པ་དང་། སོ་ཐར་རྒྱུ་གང་ལ་བརྟེན་ནས་ཐོབ་པ་གཉིས། དང་པོ་ནི། བསམ་གཏན་ལས་སྐྱེས་བསམ་གཏན་གྱི། །ས་ཉིད་ཀྱིས་འཐོབ་ཟག་མེད་ནི། །འཕགས་དེས། ཞེས་བྱུང་། བསམ་གཏན་དང་ཟག་མེད་ཀྱི་སྡོམ་པ་ཆོས་ཅན། ཁྱོད་གཉིས་ཐོབ་ཚུལ་ཡོད་དེ། དང་པོ་བསམ་གཏན་ལས་སྐྱེས་པ་དེའི་སྡོམ་པ་ནི་བསམ་གཏན་གྱི་ས་དྲུག་ཅི་རིགས་པ་ཉིད་ཀྱིས་ཐོབ་ལ། ཟག་མེད་ཀྱི་སྡོམ་པ་ནི་ཟག་མེད་ས་དྲུག་(༡༠༣བ)གང་རུང་དང་འཕགས་ལམ་ཐོབ་པ་དེས་ཐོབ་པའི་ཕྱིར། དེར་ཐལ། བསམ་གཏན་བཞི་དང་མི་ལྕོགས་མེད་དང་བསམ་གཏན་ཁྱད་པར་ཅན་ལྔ་བུས་ཐོབ་པའི་ཕྱིར།

ཕ༢ སོ་ཐར་རྒྱུ་གང་ལ་བརྟེན་ནས་ཐོབ་པ།

བ༡ སྤྱིར་བསྟན་པ།

གཉིས་པ་ལ། སྤྱིར་བསྟན་པ་དང་། བྱེ་བྲག་ཏུ་བཤད་པ་གཉིས། དང་པོ་ནི། སོ་སོར་ཐར། ཞེས་པ། གཞན་གྱི་རྣམ་རིག་བྱེད་སོགས་ཀྱིས། །ཞེས་བྱུང་། སོ་སོར་ཐར་ཞེས་པའི་སྡོམ་པ་ཆོས་ཅན། ཐོབ་ཚུལ་ཡོད་དེ། གཞན་དགེ་འདུན་ནས

མཁན་སློབ་སོགས་གང་ཟག་གི་ལུས་ངག་གི་རྣམ་པར་རིག་བྱེད་སོགས་ལས་ཐོབ་པའི་ཕྱིར། དེར་ཐལ། སྔོན་དང་ད་ལྟར་གྱི་ཆོ་ག་ལྟ་བུ་ལས་ཐོབ་པའི་ཕྱིར། དེ་ལ་གཉིས་ཡོད་དེ། དགེ་འདུན་ལ་ཐོབ་པ་དང་གང་ཟག་ལས་ཐོབ་པ་གཉིས་ཡོད་པའི་ཕྱིར། དེར་ཐལ། དགེ་སློང་ཕ་མ་དང་དགེ་སློབ་མའི་སྡོམ་པ་གསུམ་ནི་དགེ་འདུན་དང་། གཞན་ལྔ་གང་ཟག་ལས་ཐོབ་པར་འགྱུར་བའི་ཕྱིར། སྤྱིར་དགེ་སློང་གི་སྡོམ་པ་ནི་སྔོན་དང་ད་ཆོག་གང་རུང་ལ་བརྟེན་ནས་ཐོབ་དགོས་ཞེས་བྱ་ཡང་དེར་མ་ངེས་ཏེ། ཚུར་ཤོག་སོགས་ལ་བརྟེན་ནས་བསྙེན་པར་རྫོགས་པ་ཡོད་པའི་ཕྱིར་ཏེ། འདིར་སོགས་ཀྱིས་ཞེས་པས་ཀྱང་སྟུད་པའི་ཕྱིར། དེར་ཐལ། དེས་སྔོན་ཆོག་བཅུ་གསུངས་པ་རྣམས་སྟུད་པར་རང་འགྲེལ་སོགས་ལས་བཤད་ཅིང་། དེའི་རྣམ་གཞག་རྒྱས་པར་གཞན་དུ་ཤེས་དགོས་པའི་ཕྱིར།

བ༢ ཁྱེ་བྲག་ཏུ་བཤད་པ།

ས༡ དུས་ཀྱི་ཁྱད་པར།

གཉིས་པ་ལ། དུས་ཀྱི་དང་། བསྙེན་གནས། དགེ་བསྙེན། ཆེ་ཆུང་། རྟེན་སྐབས་འགྲོ། བསླབ་བྱའི་ཁྱད་པར་དྲུག །དང་པོ་ནི། ཇི་སྲིད་འཚོ་དང་ཉིན་ཞག་ཏུ། །སྡོམ་པ་ཡང་དག་བླང་བར་བྱ། །ཉིན་ཞག་པ་ཡི་སྡོམ་མིན་མེད། །དེ་དེ་ལྟར་ནོད་མེད་ཅེས་གྲག །ཅེས་བྱུང་། སོ་ཐར་རིགས་བརྒྱད་པོ་དེ་ཆོས་ཅན། ལེན་ཚུལ་ཡོད་དེ། སྡོམ་པ་གཞན་བདུན་ཇི་སྲིད་འཚོ་བའི་བར་དུ་ལེན་པ་དང་། བསྙེན་གནས་ཀྱི་སྡོམ་པ་ནི་ཉིན་ཞག་གཅིག་ཏུ་ཡང་དག་པར་བླང་བར་བྱ་བ་ཡིན་པའི་ཕྱིར། ཉིན་ཞག་གཅིག་པའི་སྡོམ་མིན་ནི་མེད་དེ། དེ་ལྟར་དུ་ནོད་པ་མེད་ཅེས་གྲག་པའི་ཕྱིར།

ཟ༧ ལེན་ཚུལ་གྱི་ཁྱད་པར།

གཉིས་པ་ལ། ལེན་ཚུལ། བསླབ་བྱ། ལེན་པའི་གང་ཟག་ལ་དཔྱད་པ་དང་(༧༠༥ན)གསུམ། དང་པོ་ནི། དམའ་བར་འདུག་སྨྲས་བཟླས་པ་ཡིས། །མི་རྒྱན་ནམ་ནི་ནངས་པ་དང་། །བསྙེན་གནས་ཡན་ལག་ཚང་བར་ནི། །ནངས་པར་གཞན་ལས་ནོད་པར་བྱ། །ཞེས་བྱུང་། བསྙེན་གནས་ཀྱི་སྡོམ་པ་ཆོས་ཅན། ཁྱོད་ལེན་ཚུལ་གྱི་ཁྱད་པར་བཞི་ཡོད་དེ། ཀུན་སྤྱོད་སྨན་དམའ་བར་འདུག་ཅིང་གནས། ལེན་ཚུལ་གཞན་གྱིས་སྨྲས་པའི་རྗེས་ཟློས་བྱེད་པ་ཡིས་དང་། རྒྱན་གསར་དུ་མི་འདོགས་པ་དང་། དུས་ནམ་ལངས་ནས་ཉི་མ་མ་ཤར་བར་དུ་དང་། ཡན་ལག་གི་ཁྱད་པར་བསྙེན་གནས་ཡན་ལག་བརྒྱད་ཚང་བར་ནི་ནངས་པར་ལེན་པའི་ཡུལ་སྡོམ་ལྡན་གཞན་ལ་ནོད་པར་བྱ་དགོས་པའི་ཕྱིར། འོ་ན། བསྙེན་གནས་ཀྱི་སྡོམ་པ་ལེན་པའི་ཚེ་ཟླ་ཕྱེད་ཀྱི་བར་སྐབས་གཅིག་ཏུ་ལེན་པ་འདི་ཇི་ལྟར་འཐད་ཅེ་ན་སྐྱོན་མེད་དེ། ཆོ་འཕྲུལ་ཟླ་བའི་ཡར་ངོའི་ཚེས་གཅིག་ནས་བཅོ་ལྔའི་བར་སྐབས་གཅིག་བླངས་ཀྱང་ཚེས་གཅིག་གི་བསྙེན་གནས་ཀྱི་སྡོམ་པ་དེ་ཚེས་གཉིས་ཀྱི་ནམ་ལངས་པའི་ཚེ་གཏོང་ཞིང་། དེ་མ་ཐག་ཚེས་གཉིས་ཀྱི་བསྙེན་གནས་ཀྱི་སྡོམ་པ་གསར་དུ་སྐྱེ་བ་སོགས་བཅོ་ལྔའི་བར་འགྲོ་བའི་ཕྱིར། ཡང་ཟླ་བ་བྱུང་ངོ་ཅོག་གི་ཉ་སྟོང་ཚེས་བརྒྱད་ཀྱི་དུས་གསུམ་དུ་བསྙེན་གནས་སྲུང་བར་ཁས་བླངས་ཀྱང་སྐྱོན་དུ་མི་འགྱུར་ཏེ། དེ་ནི་སྔར་བླངས་པའི་ཚེ་ག་ལ་བརྟེན་ནས་ཕྱིས་ཉ་སྟོང་ཚེས་བརྒྱད་བྱུང་རེས་ཀྱི་ནངས་པར་སྲུང་འདོད་ཡོད་ན་གསར་དུ་སྐྱེ་བའི་ཕྱིར། ལེན་པའི་ཡུལ་དགེ་སློང་སོགས་རབ་བྱུང་ཁོ་ནར་མ་ངེས་ཏེ། ཁྱིམ་པ་སྡོམ་ལྡན་ཁྱད་པར་ཅན་གྱིས་ཀྱང་འབོགས་རུང་བའི་ཕྱིར་ཏེ། ལུང་ལས་ཁྱིམ་བདག་མགོན་མེད་ཟས་སྦྱིན་གྱིས་དེ་གཞན་ལ་ཕོག་པར་བཤད་པའི་ཕྱིར།

༥༢ བསླབ་བྱའི་ཁྱད་པར།

གཉིས་པ་ནི། ཚུལ་ཁྲིམས་ཡན་ལག་བག་ཡོད་པའི། །ཡན་ལག་བརྟུལ་ཞུགས་ཡན་ལག་སྟེ། །བཞི་གཅིག་དེ་བཞིན་གསུམ་རིམ་བཞིན། །དེ་ཡིས་དྲན་ཉམས་དྲེགས་པར་འགྱུར། །ཞེས་བྱུང་། ཡན་ལག་བརྒྱད་པོ་དེ་ལས་རྩ་བ་བཞི་སྤོང་བ་ཆོས་ཅན། ཚུལ་ཁྲིམས་ཀྱི་ཡན་ལག་ཡིན་(༡༠༥བ)ཏེ། རང་བཞིན་གྱི་ཚུལ་འཆལ་གྱི་དངོས་ཀྱི་གཉེན་པོ་ཡིན་པའི་ཕྱིར། ཆང་སྤོང་བ་གཅིག་པུ་ཆོས་ཅན། བག་ཡོད་ཀྱི་ཡན་ལག་ཡིན་ཏེ། བག་མེད་དུ་འགྱུར་བའི་གཉེན་པོ་ཡིན་པའི་ཕྱིར། ལྷག་མ་གར་སོགས་གསུམ་སྤོང་བ་ཆོས་ཅན། བརྟུལ་ཞུགས་ཀྱི་ཡན་ལག་ཡིན་ཏེ། བརྟུལ་ཞུགས་སམ་སྤྱོད་པ་ངན་པའི་གཉེན་པོ་ཡིན་པའི་ཕྱིར། རིམ་བཞིན་ཞེས་པའི་དོན་ཡོད་དེ། བཞི་གཅིག་གསུམ་ནི་ཚུལ་ཁྲིམས་བག་ཡོད་བརྟུལ་ཞུགས་ཀྱི་ཡན་ལག་དང་རིམ་པར་སྦྱོར་བའི་དོན་ཡིན་པའི་ཕྱིར། རྩ་བཞིར་མ་ཟད། ཡན་ལག་དེ་དག་ཀྱང་སྤོང་དགོས་ཏེ། མ་སྤངས་ན་ནི་སྐྱོན་དུ་འགྱུར་བའི་ཕྱིར་ཏེ། ཆང་འཐུང་བ་དེ་ཡིས་བྱ་བ་དང་བྱ་བ་མ་ཡིན་པ་ཤེས་པའི་དྲན་པ་ཉམས་པར་འགྱུར་ཞིང་། དུས་མིན་གྱི་ཟས་ཟོས་པས་སྐྱོ་བ་དང་བསྙེན་གནས་ཀྱི་དྲན་པ་ཉམས་པར་བྱེད་ལ། ཁྲི་སྟན་ཆེ་མཐོ་སོགས་ཀྱིས་རྒྱུད་དྲེགས་པར་འགྱུར་བའི་ཕྱིར།

༥༣ ལེན་པའི་གང་ཟག་ལ་དཔྱད་པ།

གསུམ་པ་ནི། གཞན་ལའང་བསྙེན་གནས་ཡོད་མོད་ཀྱི། །སྐྱབས་སུ་མ་སོང་བ་ལ་མེད། །ཅེས་བྱུང་། བསྙེན་གནས་ཆོས་ཅན། ཁྱོད་དགེ་བསྙེན་གྱིས་གཙོ་བོར་བྱེད་ཀྱང་དེ་ཁོ་ནར་མ་ངེས་ཏེ། ཁྱིམ་པ་གཞན་ལའང་ཁྱོད་ཡོད་པའི་ཕྱིར། དེ་ཡོད་མོད་ཀྱི་དཀོན་མཆོག་ལ་སྐྱབས་སུ་མ་སོང་བ་ལ་ནི་མེད་དེ། སྐྱབས་འགྲོ་དེ་ནི་སྡོམ་

པ་འདི་རྣམས་ཀྱི་རྟེན་དུ་ངེས་པར་དགོས་པའི་ཕྱིར་དང་། འདིར་སྐྱབས་འགྲོ་རྫོམ་བྱེད་དུ་བྱས་པའི་སྒོ་ནས་ཁས་ལེན་དགོས་པའི་ཕྱིར།

མ༣ དགེ་བསྙེན་གྱི་ཁྱད་པར།

གསུམ་པ་དགེ་བསྙེན་གྱི་ཁྱད་པར་ནི། དགེ་བསྙེན་ཉིད་དུ་ཁས་བླངས་པ། །སྡོམ་པ་བསྟན་པ་དགེ་སློང་བཞིན། །གལ་ཏེ་ཐམས་ཅད་སྡོམ་ཡིན་ན། །སྣ་གཅིག་སྤྱོད་སོགས་ཇི་ལྟ་བུ། །དེ་སྲུང་པ་ལ་གསུངས་ཞེས་གྲག །ཅེས་བྱུང་། ཁ་ཅིག་མདོ་ལས་སྐྱབས་འགྲོ་ཙམ་བྱས་པས་དགེ་བསྙེན་དུ་འགྱུར་བར་གསུངས་པ་ལྟར་འདོད་དམ་ཞེ་ན། དེ་ལ་ཁ་ཆེ་བ་ན་རེ། དེ་ཙམ་གྱིས་དགེ་བསྙེན་དུ་མི་འགྱུར་ཏེ། དགེ་བསྙེན་ཉིད་དུ་ཁས་བླངས་པ་ལས་དེའི་སྡོམ་པ་ཐོབ་དགོས་པའི་ཕྱིར། བསླབ་པ་(༧༠༥ན)བསྟན་པ་མི་འགལ་ཏེ། བླང་དོར་ཤེས་པའི་ཆེད་ཡིན་པའི་ཕྱིར། དཔེར་ན། དགེ་སློང་གི་གདམས་ངག་བརྗོད་པ་བཞིན་ནོ། །ཉི་འོག་པས་ནི་སྐྱབས་འགྲོ་ཙམ་གྱིས་དགེ་བསྙེན་དུ་འགྱུར་བར་འདོད་དེ་ཁྱད་པར་རོ། །གལ་ཏེ་དགེ་བསྙེན་ཐམས་ཅད་སྡོམ་པས་བསྡམས་པ་ཡིན་ན་འོ་ན། མདོ་ལས་སྣ་གཅིག་སྤྱོད་པ་དང་། སྣ་འགའ་སྤྱོད་པ་སོགས་ཀྱི་དགེ་བསྙེན་བཤད་པ་དེ་ཇི་ལྟ་བུ་ཞེ་ན། སྐྱོན་མེད་དེ། དང་པོར་ཁས་ལེན་པའི་ཚེ་གཅིག་གམ་གཉིས་སོགས་གང་སྲུང་ནུས་པར་ཁས་བླངས་པ་དེ་སྲུང་བར་བྱེད་པ་ལ་སྣ་གཅིག་སྤྱོད་པ་སོགས་སུ་གསུངས་ཞེས་གྲག་པའི་ཕྱིར། འདི་ལ་ཁ་ཆེ་བས་དང་པོར་སྡོམ་པ་དེ་ཐམས་ཅད་སྲུང་བར་ཁས་བླངས་ནས་ཕྱིས་དེ་གང་རུང་གཅིག་སྲུང་བ་ལ་སྣ་གཅིག་སྤྱོད་པ་སོགས་སུ་འདོད་ཀྱང་སློབ་དཔོན་རང་ལུགས་ནི་དེ་མིན་ཏེ། ཚིག་དོན་བཤད་ཟིན་པ་ལྟར་ཡིན་པའི་ཕྱིར་ཏེ། ཁ་ཆེ་བ་ལྟར་དགེ་བསྙེན་གྱི་རྩ་བ་བཞི་སྲུང་བར་ཁས་བླངས་ནས་མི་སྲུང་བར་སྣ་གཅིག་ཙམ་སྲུང་བར་བྱེད་ན་ཚུལ་ཁྲིམས་འཆལ་བའི་སྐྱོན་ཡོད་པའི་ཕྱིར་ཏེ། གྲག་ཅེས་པ་

ནི་ཁ་ཆེ་བའི་འདོད་པ་དེ་ལ་མ་རངས་པའི་གསུང་ཡིན་པའི་ཕྱིར།

༣༤ ཚེ་རྒྱུད་ཀྱི་ཁྱད་པར།

བཞི་པ་ནི། རྒྱང་དུ་ལ་སོགས་ཡིད་ཇི་བཞིན། །ཞེས་བྱུང་། སྨོན་པ་ཆོས་ཅན། ཁྱོད་ལ་རྒྱུད་འཕྲིན་ཆེན་པོ་གསུམ་ཡོད་དེ། ལེན་འདོད་ཀུན་སློང་རྒྱང་དུ་དང་འཕྲིན་ལ་སོགས་པའི་ཡིད་གསུམ་ཡོད་པ་ཇི་ལྟ་བ་དེ་བཞིན་དུ་སྨོན་པ་ཡང་དེ་ལྟར་སྐྱེ་བའི་ཕྱིར།

༣༥ རྟེན་སྐྱབས་འགྲོའི་ཁྱད་པར།

ལྔ་པ་ནི། གང་ཞིག་གསུམ་ལ་སྐྱབས་འགྲོ་བ། །སངས་རྒྱས་དགེ་འདུན་བྱེད་པའི་ཆོས། །མི་སློབ་པ་དང་གཉིས་ཀ་དང་། །མྱ་ངན་འདས་ལ་སྐྱབས་སུ་འགྲོ། །ཞེས་བྱུང་། སྐྱེས་བུ་གང་ཞིག་དཀོན་མཆོག་གསུམ་ལ་སྐྱབས་སུ་འགྲོ་བ་དེ་ཆོས་ཅན། ཁྱོད་ཀྱི་སྐྱབས་ཡུལ་གྱི་གཙོ་བོ་ཡོད་དེ། སངས་རྒྱས་སུ་བྱེད་པའི་ཆོས་མི་སློབ་པ་དང་། དགེ་འདུན་དུ་བྱེད་པའི་ཆོས་སློབ་མི་སློབ་གཉིས་ཀ་དང་། ཆོས་སུ་བྱེད་པའི་ཆོས་(༧༠༥བ)མྱ་ངན་ལས་འདས་པ་ལ་སྐྱབས་ཀྱི་གཙོ་བོར་བྱེད་པའི་ཕྱིར། བྱེ་བྲག་སྨྲ་བས་སངས་རྒྱས་ཀྱི་གཟུགས་ཀྱི་སྐུ་ནི་སངས་རྒྱས་དཀོན་མཆོག་ཏུ་མི་འདོད་པར་བཤད་ཀྱང་། སངས་རྒྱས་སུ་འདོད་པ་ཡིན་ཏེ། གཟུགས་སྐུའི་རྒྱུད་ཀྱི་ཟད་མི་ཤེས་པའི་ཡེ་ཤེས་དེ་དེ་སངས་རྒྱས་སུ་བྱེད་པའི་བྱེད་ཆོས་སུ་འདོད་པའི་ཕྱིར། ཁ་ཅིག་ན་རེ། སངས་རྒྱས་ཀྱི་གཟུགས་ཕུང་སངས་རྒྱས་ཡིན་པར་མི་འདོད་ཟེར་ན། དེ་ཡང་མི་འཐད་དེ། དེ་སངས་རྒྱས་ཡིན་པ་མ་བཀག་པའི་ཕྱིར། དེར་ཐལ། རང་འགྲེལ་ལས། དེའི་ཕྱིར་རྟེན་སངས་རྒྱས་ཉིད་དུ་མ་བཀག་ཅེས་གསུངས་པའི་ཕྱིར།

༣༨ བསླབ་བྱའི་ཁྱད་པར།

དྲུག་པ་ནི། ལོག་གཡེམ་ཤིན་ཏུ་སྨད་ཕྱིར་དང་། །སླ་ཕྱིར་མི་བྱེད་ཐོབ་ཕྱིར་རོ། །སྡོམ་པ་ཇི་ལྟར་ཁས་བླངས་བཞིན། །འཐོབ་ཀྱི་རྒྱུད་ལ་མ་ཡིན་ནོ། །བསླབ་པ་ཐམས་ཅད་འདས་གྱུར་ཀྱང་། །བརྫུན་དུ་ཐལ་བར་འགྱུར་བའི་ཕྱིར། །བཅད་པའི་ཁ་ན་མ་ཐོ་བ། །སྲུང་འགྱུར་ལས་གཞན་སྲུང་ཕྱིར་རོ། །ཞེས་བྱུང་། དགེ་བསྙེན་ཆོས་ཅན། ཁྱོད་ཀྱི་བསླབ་པའི་ཡན་ལག་ཏུ་མི་ཚངས་སྤྱོད་སྤོང་བ་མི་འཇོག་པར་ལོག་གཡེམ་སྤོང་བ་འཇོག་པའི་རྒྱུ་མཚན་ཡོད་དེ། གཞན་གྱི་ཆུང་མར་ལོག་པར་གཡེམ་པ་ནི་འཇིག་རྟེན་ན་ཤིན་ཏུ་སྨད་པའི་ཕྱིར་དང་། ཁྱིམ་པས་དེ་སྤོང་སླ་བའི་ཕྱིར་དང་། འཕགས་པས་ནི་རྟག་ཏུ་དེ་མི་བྱེད་པའི་ནུས་པ་ཐོབ་པའི་ཕྱིར། དེ་ལྟར་ཡིན་ཀྱང་དགེ་བསྙེན་གྱིས་གཞན་གྱི་ཆུང་མ་ཡིན་པ་ཞིག་འཐད་ལྡན་དུ་རང་གི་ཆུང་མར་བླངས་ནས་སྤྱད་ཀྱང་སྡོམ་པ་མི་གཏོང་སྟེ། དེའི་ཚེ་བུད་མེད་དེ་རང་གི་ཡིན་པའི་འདུ་ཤེས་དང་ལྡན་པའི་ཕྱིར། དེར་ཐལ། རང་གི་ཆུང་མར་གྱུར་ན་སྡོམ་པ་གཏོང་བར་མི་འགྱུར་བའི་ཕྱིར་ཏེ། སྡོམ་པ་ཁས་ལེན་པའི་ཚེ་གཞན་གྱི་བུད་མེད་ལ་ལོག་གཡེམ་བྱེད་པ་སྤོང་ཞེས་ཇི་ལྟར་ཁས་བླངས་པ་ལྟར་ཐོབ་ཀྱི། རང་གི་བུད་མེད་ཀྱི་རིགས་རྒྱུད་ལ་དེ་ལྟར་ཁས་མ་བླངས་པ་མ་ཡིན་པའི་ཕྱིར། ངག་གི་ཉེས་སྤྱོད་ལས་རྫུན་དུ་སྨྲ་བ་སྤོང་བ་བསླབ་པའི་ཡན་ལག་ཏུ་འཇོག་པའི་རྒྱུ་མཚན་ཡོད་དེ། བསླབ་པ་ཐམས་ཅད་ལས་འདས་ཀྱང་མ་འདས་སོ་རྫུན་དུ་སྨྲ་བར་(༧༠༨ན)ཐལ་བར་འགྱུར་བ་དགག་པའི་ཆེད་ཡིན་པའི་ཕྱིར། བཅས་པའི་ཁ་ན་མ་ཐོ་བ་རྣམས་ལས་སྨྱོས་འགྱུར་སྤོང་བ་བསླབ་པའི་ཡན་ལག་ཏུ་འཇོག་པའི་རྒྱུ་མཚན་ཡོད་དེ། ཡན་ལག་གཞན་སྲུང་བར་བྱེད་པའི་ཆེད་ཡིན་པའི་ཕྱིར་རོ། །ཁ་ཅིག །ཆང་འཐུང་བའི་ཉེས་པ་བཅས་པའི་ཁ་ན་མ་ཐོ་བ་མ་ཡིན་པར་ཐལ། དེ་རང་བཞིན་གྱི་ཁ་ན་མ་ཐོ་

བ་ཡིན་པའི་ཕྱིར། དེར་ཐལ། བཅོམ་ལྡན་འདས་ཀྱིས་སྔོམ་ལྡན་ནད་པ་ལའང་དེ་འབྱུང་བར་མ་གནང་བའི་ཕྱིར་ན། མ་ཁྱབ་སྟེ། དེ་ནི་ཆང་ཙུང་ཟད་རེ་འཐུང་བས་རོ་ལ་ཞེན་ནས་མང་པོ་འཐུང་བ་འབྱུང་ལ། དེ་ནས་ར་རོ་བ་སོགས་བག་མེད་པའི་སྤྱོད་པ་ལ་ཞུགས་ནས་ངན་འགྲོའི་རྒྱུ་ཆེར་གསོག་པར་འགྱུར་བ་ལ་དགོངས་ནས་མ་གནང་བ་ཡིན་གྱི། ཙུང་ཟད་འཐུང་བ་ཙམ་གྱིས་ཉེས་པ་ཆེ་བའི་ངེས་པ་མེད་པའི་ཕྱིར་ཏེ། དགག་བྱ་ཆེ་བ་དང་། ཉེས་པ་ཆེ་བ་གཉིས་རྣམ་པ་ཐམས་ཅད་དུ་མཚུངས་པ་མ་ཡིན་པའི་ཕྱིར་རོ། །

པ༢ གཞི་གང་ལ་བརྟེན་པ་འཐོབ་པ།

པ༡ སྡོམ་པ་འཐོབ་ཚུལ།

བ༡ བསམ་གཏན་གྱི་སྡོམ་པ་འཐོབ་ཚུལ།

གཉིས་པ་གཞི་གང་ལ་བརྟེན་ནས་འཐོབ་པ་ལ། སྡོམ་པ་དང་། སྡོམ་མིན་དང་། བར་མ་གསུམ། དང་པོ་ལ། སོ་ཐར་དང་། བསམ་གཏན་ཟག་མེད་ཀྱི་སྡོམ་པ་གཉིས། དང་པོ་ནི། འདོད་གཏོགས་ཐམས་ཅད་གཉིས་ཀ་དང་། ད་ལྟར་བ་ལས་འཐོབ་པར་འགྱུར། །ཞེས་བྱུང་། འདོད་པར་གཏོགས་པའི་སོ་ཐར་གྱི་སྡོམ་པ་ཆོས་ཅན། འཐོབ་ཚུལ་གྱི་ཁྱད་པར་ཡོད་དེ། ལས་ལམ་སྦྱོར་དངོས་མཇུག་གསུམ་ཐམས་ཅད་ཀྱི་གཉེན་པོ་དང་། གཞི་སེམས་ཅན་དང་སེམས་ཅན་མ་ཡིན་པ་གཉིས་ཀ་ལ་བརྟེན་ནས་དང་། དུས་ད་ལྟ་བའི་གདགས་གཞི་ཕུང་ཁམས་སྐྱེ་མཆེད་དག་ལས་ཐོབ་པར་འགྱུར་བའི་ཕྱིར།

བ༢ ཟག་མེད་ཀྱི་སྡོམ་པ་འཐོབ་ཚུལ།

གཉིས་པ་ནི། བསམ་གཏན་ཟག་མེད་སྡོམ་པ་ནི། །དངོས་དང་དུས་ནི་ཐམས་ཅད་ལས། །སྡོམ་པ་སེམས་ཅན་ཐམས་ཅད་ལས། །ཡན་ལག་རྒྱུ་ལ་དབྱེ་བ་ཡོད། །ཅེས་བྱུང་། བསམ་གཏན་དང་ཟག་མེད་ཀྱི་སྡོམ་པ་གཉིས་ནི་ཆོས་ཅན། འཐོབ་ཚུལ་གྱི་ཁྱད་པར་ཡོད་དེ། མི་དགེ་བའི་དངོས་གཞི་སྤོང་བ་ལས་ཐོབ་པ་དང་། དུས་ནི་གསུམ་པོ་(༡༠༤བ)ཐམས་ཅད་ལས་འཐོབ་པའི་ཕྱིར། དེས་ན་སོ་ཐར་དང་བསམ་གཏན་ཟག་མེད་ཀྱི་ཐོབ་ཚུལ་མི་འདྲ་སྟེ། སོ་ཐར་གྱི་སྡོམ་པ་དེ་གཞི་སེམས་ཅན་ཐམས་ཅད་ལ་འཚེ་བ་སྤོང་བའི་ཚུལ་གྱིས་འཐོབ་དགོས་པའི་ཕྱིར། དེ་ལྟར་ཡིན་ཀྱང་ཐོབ་བྱེད་ཀྱི་ཡན་ལག་དང་རྒྱུ་ལ་དབྱེ་བ་ཡོད་དེ། དགེ་སློང་གི་སྡོམ་པ་ནི་ཡན་ལག་སྐྱེ་སྲུང་བྱའི་ལས་ལམ་ཐམས་ཅད་སྤོང་བ་ལས་ཐོབ། ཕལ་ཆེར་དང་འགའ་ཞིག་སྤོང་བ་ལས་དགེ་ཚུལ་གྱི་སྡོམ་པ་སོགས་ཐོབ་ཅིང་། རྒྱུ་ཡང་ཆེ་འབྲིང་ཆུང་གསུམ་གྱི་དགེ་རྩ་དང་སེམས་ཀྱིས་བླངས་པའི་ཁྱད་པར་ཡོད་པའི་ཕྱིར།

བ༣ སྡོམ་མིན་འཐོབ་ཚུལ།

གཉིས་པ་སྡོམ་མིན་ནི། སྡོམ་པ་མིན་པ་ཐམས་ཅད་དང་། །ཡན་ལག་ཀུན་ལས་རྒྱུས་མིན་ནོ། །སྡོམ་པ་མིན་པ་བྱ་བའམ། །ཁས་ལེན་པ་ལས་འཐོབ་པར་འགྱུར། །ཞེས་བྱུང་། སྡོམ་པ་མིན་པ་ཆོས་ཅན། ཐོབ་ཚུལ་གྱི་ཁྱད་པར་གཉིས་ཡོད་དེ། ཡུལ་སེམས་ཅན་ཐམས་ཅད་དང་ཡན་ལག་ཀུན་ལས་ཐོབ་ཀྱི། རྒྱུ་འགའ་ཞིག་ཙམ་ལས་ཐམས་ཅད་ཀྱིས་ཐོབ་པ་མ་ཡིན་པའི་ཕྱིར། སྡོམ་པ་མིན་པ་ཆོས་ཅན། ཐོབ་ཚུལ་ཡོད་དེ། གང་ཟག་དེ་བཤན་པ་སོགས་ཀྱི་རིགས་སུ་སྐྱེས་ནས་སྲོག་གཅོད་ཀྱི་བྱ་བ་ལ་ཞུགས་པ་ལྟ་བུའམ། དེའི་རིགས་མིན་ཀྱང་དེང་ནས་སྲོག་གཅོད་པ་སོགས་ཀྱིས་འཚོ་བར་

བྱའོ་ཞེས་ཁས་ལེན་པ་ལས་འཐོབ་པར་འགྱུར་བའི་ཕྱིར།

ཕ༣ བར་མ་འཐོབ་ཚུལ།

གསུམ་པ་ནི། ལྷག་མའི་རྣམ་རིག་མིན་ཞིང་དང་། །ལེན་དང་གུས་པར་བྱེད་པས་ཐོབ། །ཅེས་བྱུང་། སྡོམ་པ་དང་སྡོམ་མིན་གྱི་ལྷག་མ་བར་མའི་རྣམ་པར་རིག་བྱེད་མིན་པ་ཆོས་ཅན། ཐོབ་ཚུལ་ཡོད་དེ། ཀུན་དགའ་ར་བ་འབུལ་བ་སོགས་རྫས་ལས་བྱུང་བའི་བསོད་ནམས་བདུན་ལྟ་བུ་ཞིང་དང་། དཀོན་མཆོག་ལ་ཕྱག་མ་བྱས་པར་ཟས་མི་ཟ་ཞེས་ཁས་ལེན་པ་དང་། ཡུལ་ཁྱད་པར་ཅན་ལ་དད་ཅིང་གུས་པར་བྱེད་པ་ལས་ཐོབ་པའི་ཕྱིར།

ན༣ གནོད་རྒྱུ་བཤད་པ།

པ༧ སྡོམ་པ་གནོད་རྒྱུ།

ཕ༧ སོ་ཐར་སྡོམ་པའི་གནོད་རྒྱུ།

གསུམ་པ་གནོད་ཚུལ་ལ། སྡོམ་པ་དང་། སྡོམ་མིན་དང་། བར་མ་དང་། ཞར་ལ་གཟུགས་ཅན་མིན་པ་གཞན་གནོད་ཚུལ་དང་བཞི། དང་པོ་ལ། སོ་ཐར་དང་། བསམ་(༧༠༧ན)གཏན་ཟག་མེད་ཀྱི་སྡོམ་པའི་གནོད་རྒྱུ་གཉིས། དང་པོ་ནི། བསླབ་པ་ཕུལ་དང་ཤི་འཕོས་དང་། །མཚན་གཉིས་དག་ནི་བྱུང་བ་དང་། །རྩ་བ་ཆད་དང་མཚན་འདས་ལས། །སོ་སོ་ཐར་པའི་འདུལ་བ་གཏོང་། །ཁ་ཅིག་ལྟུང་བར་འགྱུར་ལས་སྨྲ། །གཞན་དག་དམ་ཆོས་ནུབ་པ་ལས། །ཁ་ཆེ་རྣམས་ནི་བྱུང་བ་ལས། །བུ་ལོན་ནོར་བཞིན་གཉིས་སུ་འདོད། །ཅེས་བྱུང་། སོ་སོར་ཐར་པའི་འདུལ་བ་སྟེ་སྡོམ་པ་ཆོས་ཅན། ཁྱོད་གནོད་བའི་རྒྱུ་ཡོད་དེ། བསམ་པ་ཐག་པས་བསླབ་པ་ཕུལ་བ་དང་། ཤི་འཕོས་པ་དང་། མཚན་གཉིས་དག་ནི་ཅིག་ཅར་དུ་བྱུང་བ

དང་། དགེ་རྩ་ཆད་པ་རྣམས་ཀྱིས་གཏོང་བའི་ཕྱིར། དང་པོ་གྲུབ་སྟེ། སྡོམ་པ་དེ་མི་སྲུང་བར་དམ་བཅས་ཤིང་ཁས་བླངས་པའི་ཕྱིར། གཉིས་པ་གྲུབ་སྟེ། སྡོམ་པའི་རྟེན་ཞིག་པའི་ཕྱིར། གསུམ་པ་གྲུབ་སྟེ། སྡོམ་པའི་རྟེན་ཉམས་པའི་ཕྱིར། བཞི་པ་གྲུབ་སྟེ། སྡོམ་པ་གནས་པའི་གཞི་ཆད་པའི་ཕྱིར། བསྙེན་གནས་ཀྱི་སྡོམ་པ་ཆོས་ཅན། གཏོང་རྒྱུ་ལྔ་ཡོད་དེ། སྔ་མ་བཞིའི་སྟེང་དུ་ཞག་དེའི་མཚན་མོ་འདས་པ་ན་གཏོང་བའི་ཕྱིར། དེར་ཐལ། འཕེན་པའི་དུས་ཟད་པའི་ཕྱིར། ཉི་འོག་པ་དང་མདོ་སྡེ་པ་ཁ་ཅིག་ན་རེ། གཏོང་རྒྱུ་གཞན་ཡོད་དེ། རྩ་བའི་ལྟུང་བ་གྱུར་པ་ལས་གཏོང་བའི་ཕྱིར་ཞེས་སྨྲ་ལ། གོས་དམར་སྡེ་པ་གཞན་དག་ན་རེ། དམ་པའི་ཆོས་ནུབ་པ་ལས་ཀྱང་གཏོང་སྟེ། དེའི་ཚེ་བསླབ་པའི་བཅས་མཚམས་དང་ཚོ་ག་རྣམས་མེད་པའི་ཕྱིར་ཟེར། སློབ་དཔོན་ན་རེ། འདི་མི་འཐད་དེ། དེའི་སྡོམ་པ་གསར་ཐོབ་མེད་ཀྱང་སྔར་ཡོད་མི་གཏོང་བའི་ཕྱིར་གསུང་། ཁ་ཆེ་བྱེ་བྲག་སྨྲ་བ་རྣམས་ན་རེ། རྩ་བཞི་གང་རུང་བྱུང་བས་སྡོམ་པ་མི་གཏོང་སྟེ། དེ་གང་རུང་བྱུང་བ་ལ་ནི་བུ་ལོན་ཅན་དང་ནོར་ཅན་བཞིན་དུ་དེ་ཚུལ་ཁྲིམས་འཆལ་པ་དང་ཚུལ་ཁྲིམས་དང་ལྡན་པ་གཉིས་སུ་འདོད་པའི་ཕྱིར། དེར་ཐལ། དེ་ནི་སྡོམ་པའི་ཕྱོགས་གཅིག་ཉམས་ཀྱང་ཀུན་ཉམས་པ་མ་ཡིན་པའི་ཕྱིར་ཟེར། སློབ་དཔོན་དང་(༡༠༧)བཉི་འོག་པ་ན་རེ། དེ་ནི་མི་འཐད་དེ། བཅོམ་ལྡན་འདས་ཀྱིས་དགེ་སློང་མ་ཡིན་དགེ་སྦྱོང་མ་ཡིན་ཞེས་སོགས་གསུངས་པ་དང་འགལ་བའི་ཕྱིར་གསུང་།

ཕ༢ བསམ་གཏན་ཟག་མེད་ཀྱི་སྡོམ་པའི་གཏོང་རྒྱུ།

གཉིས་པ་ནི། བསམ་གཏན་གཏོགས་པའི་དགེ་བ་ནི། །ས་འཕོས་ཉམས་པ་དག་གིས་གཏོང་། །དེ་བཞིན་གཟུགས་མེད་གཏོགས་འཕགས་པ། །འབྲས་བུ་ཐོབ་སྦྱངས་ཉམས་པ་ལས། །ཞེས་བྱུང་། བསམ་གཏན་དུ་གཏོགས་པའི་དགེ་བ་སྟེ་སྡོམ་

པ་ཆོས་ཅན། གཏོང་རྒྱུ་ཡོད་དེ། ས་འཕོས་པ་དང་སྙོམས་འཇུག་ལས་ཉམས་པ་དག་གིས་གཏོང་བའི་ཕྱིར། དང་པོ་དེར་ཐལ། བསམ་གཏན་དང་པོ་བ་ལྟ་བུ་གོང་ས་བསམ་གཏན་གཉིས་པ་སོགས་སུ་སྐྱེས་པ་ན་བསམ་གཉིས་སོགས་ཀྱི་སས་བསྡུས་མི་གཏོང་ཡང་དང་པོའི་སས་བསྡུས་རྣམས་གཏོང་། དེ་འདོད་པར་སྐྱེས་ན་ཐམས་ཅད་གཏོང་བའི་ཕྱིར། དེ་བཞིན་དུ་གཟུགས་མེད་དུ་གཏོགས་པ་ལའང་འདྲའོ། །འཕགས་པའི་ཟག་མེད་ཀྱི་སྡོམ་པ་ཆོས་ཅན། གཏོང་རྒྱུ་གསུམ་ཡོད་དེ། འབྲས་བུ་གོང་མ་གསར་དུ་ཐོབ་པ་དང་། དབང་རྟུལ་གྱིས་དབང་པོ་སྦྱངས་ནས་རྣོན་པོར་གྱུར་པ་དང་། འབྲས་བུ་ཐོབ་པ་ཉམས་པ་ལས་གཏོང་བའི་ཕྱིར། འདིར་གཏོང་བ་ནི་སྡོམ་པ་གཙོ་བོ་ཡིན་ཀྱང་དེ་ཙམ་གྱི་དབང་དུ་མཛད་པ་མ་ཡིན་ཏེ། དགེ་བ་གཞན་ཕལ་ཆེར་ལའང་འདྲ་བར་བཤད་པའི་ཕྱིར།

པ༢ སྡོམ་མིན་གཏོང་རྒྱུ།

གཉིས་པ་ནི། སྡོམ་མིན་སྡོམ་པ་ཐོབ་པ་དང་། །ཤི་དང་མཚན་གཉིས་བྱུང་བ་དང་། །ཞེས་བྱུང་། སྡོམ་མིན་ཆོས་ཅན། གཏོང་རྒྱུ་གསུམ་ཡོད་དེ། གཉེན་པོ་སྡོམ་པ་གསུམ་གང་རུང་ཐོབ་པ་དང་། ཤི་འཕོས་པ་དང་། མཚན་གཉིས་ཅིག་ཅར་དུ་བྱུང་བས་གཏོང་བའི་ཕྱིར།

པ༣ བར་མ་གཏོང་རྒྱུ།

གསུམ་པ་ནི། བར་མ་ཤུགས་ བླངས་བྱ་བ་དང་། །དོན་ཚེ་རྩ་བ་ཆད་པ་ལས། །ཞེས་བྱུང་། བར་མའི་དགེ་བ་ཆོས་ཅན། གཏོང་རྒྱུ་དྲུག་ཡོད་དེ། འཕེན་པའི་བློ་ཤུགས་ཆད་པ་དང་། ཁས་བླངས་པ་དོར་ནས་ཆད་པ་དང་། ཁས་བླངས་པའི་བྱ་བ་དེ་མ་བྱས་པས་རྒྱུན་ཆད་པ་དང་། གཙུག་ལག་ཁང་ཞིག་པ་ལྟ་བུ་དོན་ཆད

པ་དང་། ཚེ་ཟད་ནས་ཆད་པ་དང་། དགེ་རྩ་ཆད་པ་རྣམས་ཀྱིས་གཏོང་བའི་ཕྱིར།

པ༤ ཞར་ལ་གཟུགས་ཅན་མིན་པ་གཞན་གཏོང་རྒྱུ།

བཞི་པ་ནི། འདོད་ (༧༠༤ན)གཏོགས་དགེ་བ་གཟུགས་མིན་ནི། །རྩ་ཆད་གོང་དུ་སྐྱེས་པ་ལས། །ཉོན་མོངས་པ་ཅན་གཟུགས་མིན་ནི། །གཉེན་པོ་སྐྱེས་པ་རྣམ་ཉམས་འགྱུར། །ཞེས་བྱུང་། འདོད་པར་གཏོགས་པའི་དགེ་བ་གཟུགས་ཅན་མ་ཡིན་པ་ནི་ཆོས་ཅན། ཁྱོད་གཏོང་བའི་རྒྱུ་གཉིས་ཡོད་དེ། དགེ་རྩ་ཆད་པ་དང་ཁམས་གོང་མ་གཉིས་གང་རུང་དུ་སྐྱེས་པ་ལས་གཏོང་བའི་ཕྱིར། ཁམས་གསུམ་གྱི་ཉོན་མོངས་ཅན་གཟུགས་ཅན་མིན་པ་ནི་ཆོས་ཅན། ཁྱོད་ཀྱི་གཏོང་རྒྱུ་ཡོད་དེ། རང་གི་དངོས་ཀྱི་གཉེན་པོ་སྐྱེས་པ་ལས་རྣམ་པར་ཉམས་པར་འགྱུར་བའི་ཕྱིར།

ན༤ ལྡན་པའི་གང་ཟག །

པ༡ སྡོམ་མིན་ལྡན་པའི་གང་ཟག །

བཞི་པ་ལྡན་པའི་གང་ཟག་ལ་སྡོམ་མིན་དང་། སྡོམ་པ་ལྡན་པའི་གང་ཟག་གཉིས། དང་པོ་ནི། ཟ་མ་མ་ནིང་སྒྲ་མི་སྙན། །མཚན་གཉིས་མ་གཏོགས་མི་རྣམས་ལ། །སྡོམ་མིན། ཞེས་བྱུང་། སྡོམ་མིན་ཆོས་ཅན། ཁྱོད་ལྡན་པའི་གང་ཟག་གསུམ་ཡོད་དེ། མཚན་མེད་པའི་ཟ་མ་དང་། ཡོད་ཀྱང་དོན་བྱེད་མི་ནུས་པའི་མ་ནིང་དང་། མཚན་གཉིས་ཅིག་ཅར་བྱུང་བ་དང་། སྒྲ་མི་སྙན་པ་མ་གཏོགས་པའི་གླིང་གསུམ་གྱི་མི་རྣམས་ཡིན་པའི་ཕྱིར།

ཕ༢ སྒོམ་པ་ལྡན་པའི་གང་ཟག །

གཉིས་པ་ནི། སྒོམ་པ་པའང་དེ་བཞིན་ལ། ལྷ་ལའང་མི་རྣམས་ལ་གསུམ་མོ། །འདོད་དང་གཟུགས་སྐྱེས་ལྷ་རྣམས་ལ། །བསམ་གཏན་སྐྱེས་ཡོད་ཟག་མེད་ནི། །བསམ་གཏན་ཁྱད་པར་འདུ་ཤེས་མེད། །སེམས་ཅན་མ་གཏོགས་གཟུགས་མེད་ནའང་། །ཞེས་བྱུང་། སྒོམ་པ་ཆོས་ཅན། ཁྱོད་དང་ལྡན་པའི་གང་ཟག་ཡོད་དེ། ཁྱོད་ལའང་སྒོམ་མིན་དེ་བཞིན་དུ་ཟ་མ་སོགས་མ་གཏོགས་པའི་མི་ལ་སྐྱེ་བ་ཡོད་པའི་ཕྱིར། ལྷ་ལའང་སྒོམ་པ་ཡོད་དེ། བསམ་གཏན་གྱི་སྒོམ་པ་ཡོད་པའི་ཕྱིར། མི་རྣམས་ཆོས་ཅན། ཁྱོད་ལ་སྒོམ་པ་གསུམ་ཡོད་དེ། སོ་ཐར་བསམ་གཏན་ཟག་མེད་ཀྱི་སྒོམ་པ་ཡོད་པའི་ཕྱིར། བསམ་གཏན་ལས་སྐྱེས་པའི་སྒོམ་པ་ཆོས་ཅན། རྟེན་ཡོད་དེ། འདོད་པ་དང་གཟུགས་ཁམས་སུ་སྐྱེས་པའི་ལྷ་རྣམས་ལ་ཡོད་པའི་ཕྱིར། ཟག་མེད་ཀྱི་སྒོམ་པ་ཆོས་ཅན། རྟེན་ཡོད་དེ། (༡༠༢བ)བསམ་གཏན་ཁྱད་པར་ཅན་དང་འདུ་ཤེས་མེད་པའི་སེམས་ཅན་མ་གཏོགས་པའི་གཟུགས་མེད་ནའང་ཡོད་པའི་ཕྱིར།

ཅ༢ མདོ་ལས་གསུངས་པའི་ལས་ཀྱི་རྣམ་གྲངས།

ཏ༡ ཐུན་མོང་དུ་བཤད་པ།

ཐ༡ རྒྱུ་འབྲས་ཀྱི་སྒོ་ནས་དབྱེ་བ།

ད༡ འབྲས་བུའི་སྒོ་ནས་དབྱེ་བ།

ན༡ དགེ་སོགས་གསུམ་དུ་དབྱེ་བ།

གཉིས་པ་མདོ་ལས་གསུངས་པའི་ལས་ཀྱི་རྣམ་གྲངས་ལ། ཐུན་མོང་དུ་བཤད་པ་དང་། སོ་སོར་བཤད་པ་གཉིས། དང་པོ་ལ། རྒྱུ་འབྲས་ཀྱི་སྒོ་ནས་དབྱེ་བ། ལས་ཀྱི་རྣམ་གྲངས་དུ་མ་བསྟན་པ། ལས་གང་གིས་འབྲས་བུ་གང་འགྲུབ་ཚུལ། ལས་ཀྱི་

རྣམ་གྲངས་གཞན་བཤད་པ་བཞི། དང་པོ་ལ། འབྲས་བུའི་སྒོ་ནས་དབྱེ་བ། རྒྱུའི་སྒོ་ནས་དབྱེ་བ། གཉིས་ཀའི་སྒོ་ནས་དབྱེ་བ་གསུམ། དང་པོ་ལ། དགེ་སོགས་གསུམ་དུ་དབྱེ་བ། བསོད་ནམས་སོགས་གསུམ་དུ་དབྱེ་བ། སྨྱོང་འགྱུར་གྱི་ལས་ཀྱི་ཁྱད་པར་བསྟན་པ་གསུམ། དང་པོ་ནི། ལས་བདེ་མི་བདེ་དང་གཞན་ནི། །དགེ་དང་མི་དགེ་དང་གཞན་ཡིན། །ཞེས་བྱུང་། དགེ་བ་ཟག་བཅས་ཀྱི་ལས་ཆོས་ཅན། ལས་བདེ་བ་ཞེས་བྱ་སྟེ། རྣམ་སྨིན་བདེ་བ་འབྱིན་བྱེད་ཡིན་པའི་ཕྱིར། མི་དགེ་བའི་ལས་ཆོས་ཅན། མི་བདེ་བ་ཞེས་བྱ་སྟེ། རྣམ་སྨིན་སྡུག་བསྔལ་འབྱིན་བྱེད་ཡིན་པའི་ཕྱིར། དགེ་མི་དགེ་གང་རུང་ལས་གཞན་པའི་ལས་ཆོས་ཅན། བར་མའི་ལས་ཡིན་ཏེ། རྣམ་སྨིན་བདེ་སྡུག་གང་རུང་མི་འབྱིན་པའི་ལས་ཡིན་པའི་ཕྱིར།

ན༢ བསོད་ནམས་སོགས་གསུམ་དུ་དབྱེ་བ།

པ༡ མདོར་བསྟན་པ།

གཉིས་པ་ལ་མདོར་བསྟན་པ་དང་། རྒྱས་པར་བཤད་པ་གཉིས། དང་པོ་ནི། བསོད་ནམས་བསོད་ནམས་མིན་མི་གཡོ། །བདེ་བ་སྨྱོང་འགྱུར་ལ་སོགས་གསུམ། །ཞེས་བྱུང་། ལས་ཆོས་ཅན། ཁྱོད་ལ་གསུམ་ཡོད་དེ། བསོད་ནམས་ཀྱི་ལས་དང་བསོད་ནམས་མ་ཡིན་པའི་ལས་དང་མི་གཡོ་བའི་ལས་དང་གསུམ་ཡོད་པའི་ཕྱིར། ཡང་གསུམ་ཡོད་དེ། བདེ་བ་སྨྱོང་འགྱུར་དང་ལ་སོགས་ཏེ་སྡུག་བསྔལ་སྨྱོང་འགྱུར་བར་མ་སྨྱོང་བར་འགྱུར་བའི་ལས་གསུམ་ཡོད་པའི་ཕྱིར།

པ༢ རྒྱས་པར་བཤད་པ།

གཉིས་པ་ནི། བསོད་ནམས་འདོད་ཁམས་དགེ་བའི་ལས། །མི་གཡོ་གོང་མ་ལས་སྐྱེས་པའི། །གང་ཕྱིར་ས་ནི་དེ་དག་ཏུ། །ལས་རྣམས་སྨིན་ཕྱིར་མི་གཡོའི་

ཕྱིར། །ཞེས་བྱུང་། ལས་དེ་ཆོས་ཅན། ཁྱོད་ལ་བསོད་ནམས་ཀྱི་ལས་སོགས་གསུམ་ཡོད་དེ། འདོད་པའི་དགེ་བའི་ལས་དེ་བསོད་ནམས་ཀྱི་ལས་དང་། (༡༠༩ན)མི་དགེ་བའི་ལས་དེ་བསོད་ནམས་མིན་པའི་ལས་དང་། ཁམས་གོང་མར་སྐྱེས་པའི་ལས་དེ་མི་གཡོ་བའི་ལས་ཡིན་པའི་ཕྱིར། ཕྱི་མ་གྲུབ་སྟེ། གང་གི་ཕྱིར་ན་ཁམས་གོང་མའི་སས་བསྡུས་ཀྱི་ལས་རྣམས་ནི་གོང་མའི་ས་ནི་དེ་དག་ཏུ་རྣམ་སྨིན་གྱི་འབྲས་བུ་སྨིན་པའི་ཕྱིར་ན་ས་གཞན་དུ་རྣམ་སྨིན་མི་གཡོ་བའི་ཕྱིར། དེར་ཐལ། དེ་འདོད་པའི་ལས་ནི་རྣམ་སྨིན་གཞན་དུ་གཡོ་བས་དེ་ལྟ་བུ་མ་ཡིན་པའི་ཕྱིར།

ན༣ མྱོང་འགྱུར་གྱི་ལས་ཀྱི་ཁྱད་པར་བསྟན་པ།

པ༡ ཁྱད་པར་དངོས།

ཕ༡ རང་ལུགས།

གསུམ་པ་ལ་ལྔར་དབྱེ་བ། ལས་ངེས་མ་ངེས་ཀྱི་ཁྱད་པར་བཤད་པ་གསུམ། དང་པོ་ལ། རང་ལུགས་དང་གཞན་གྱི་འདོད་པ་གཉིས། དང་པོ་ནི། བསམ་གཏན་གསུམ་པའི་བར་དགེ་བ། །བདེ་བ་མྱོང་འགྱུར་དེ་ཡན་ཆད། །སྡུག་མིན་བདེ་མིན་མྱོང་འགྱུར་བ། །སྡུག་བསྔལ་མྱོང་འགྱུར་འདིའི་མི་དགེ། །ཞེས་བྱུང་། ལས་དེ་ཆོས་ཅན། ཁྱོད་ལ་སྟེར་བདེ་སྡུག་བཏང་སྙོམས་མྱོང་འགྱུར་གསུམ་བཤད་པ་དེའི་ཁྱད་པར་ཡོད་དེ་འདོད་པ་ནས་བསམ་གཏན་གསུམ་པའི་བར་གྱི་ལས་དགེ་བ་དེ་བདེ་བ་མྱོང་འགྱུར་དང་། གསུམ་པ་དེ་ཡན་ཆད་ནས་སྲིད་རྩེའི་བར་གྱི་ལས་དེ་སྡུག་མིན་བདེ་མིན་མྱོང་འགྱུར་དང་། འདོད་ཁམས་འདིའི་མི་དགེ་བའི་ལས་ནི་སྡུག་བསྔལ་མྱོང་འགྱུར་གྱི་ལས་ཡིན་པའི་ཕྱིར།

༥༢ གཞན་གྱི་འདོད་པ།

གཉིས་པ་ནི། འོག་ན་བར་མ་ཡོད་དོ་ཞེས། །ཁ་ཅིག་ཟེར་ཏེ་གང་གི་ཕྱིར། །བསམ་གཏན་ཁྱད་པར་རྣམ་སྨིན་ལས། །སྡུ་ཕྱིར་མེད་གསུམ་སྨིན་འདོད་ཕྱིར། །ཞེས་བྱུང་། བསམ་གཏན་བཞི་པ་ཆོས་ཅན། ཁྱོད་ཀྱི་འོག་གསུམ་པ་མན་ནའང་བདེ་སྡུག་གི་བར་མ་བཏང་སྙོམས་སྨྱོང་འགྱུར་གྱི་ལས་ནི་ཡོད་དོ་ཞེས་ཁ་ཅིག་ཟེར་ཏེ། རྒྱུ་མཚན་གང་གི་ཕྱིར་ན་བསམ་གཏན་དང་པོའི་དངོས་གཞི་ཁྱད་པར་ཅན་ལ་རྣམ་སྨིན་གྱི་འབྲས་བུ་ཡོད་པ་ལས་ཤེས་པའི་ཕྱིར། དེར་ཐལ། དེར་ཚོར་བ་བཏང་སྙོམས་མེད་ན་བདེ་སྡུག་མེད་པས་རྣམ་སྨིན་གཏན་མེད་པར་འགྱུར་བའི་ཕྱིར་ན། སྡུ་ཕྱི་མེད་པར་རྒྱུད་གཅིག་ལ་ཚོར་བ་བདེ་སྡུག་བཏང་སྙོམས་གསུམ་སྨིན་(༡༠(བ)པ་ཡོད་ཅེས་འདོད་རིགས་པའི་ཕྱིར་ཟེར། སློབ་དཔོན་ན་རེ། དེ་ནི་མི་འཐད་དེ། དེ་ན་སྡུག་བསྔལ་སྨྱོང་འགྱུར་མེད་པའི་ཕྱིར་གསུང་།

༥༣ ལྔར་དབྱེ་བ།

གཉིས་པ་ནི། ངོ་བོ་ཉིད་དང་མཚུངས་ལྡན་དང་། །དམིགས་པ་དང་ནི་རྣམ་སྨིན་དང་། །མངོན་སུམ་དུ་ནི་འགྱུར་བ་ལས། །སྨྱོང་འགྱུར་རྣམ་པ་ལྔ་ཡིན་ནོ། །ཞེས་བྱུང་། སྨྱོང་འགྱུར་གྱི་ལས་ཆོས་ཅན། ཁྱོད་ལ་རྣམ་པ་ལྔ་ཡོད་དེ། ཚོར་བ་ངོ་བོ་ཉིད་ཀྱིས་སྨྱོང་བར་འགྱུར་བ་དང་། རེག་པ་མཚུངས་ལྡན་གྱིས་སྨྱོང་བར་འགྱུར་བ་དང་། གཟུགས་དམིགས་པས་སྨྱོང་བར་འགྱུར་བ་དང་། བདེ་སྡུག་རྣམ་སྨིན་གྱིས་སྨྱོང་བར་འགྱུར་བ་དང་། ཚོར་བ་སྡུག་བསྔལ་ལྟ་བུ་མངོན་སུམ་སྨྱོང་བར་འགྱུར་བའི་ལས་རྣམས་སུ་ཡོད་པའི་ཕྱིར།

པ༣ ལམ་ངེས་མ་ངེས་ཀྱི་ཁྱད་པར་བཤད་པ།

ཕ༡ མདོར་བསྟན་པ།

གཉིས་པ་ལ། མདོར་བསྟན་པ་དང་། རྒྱས་པར་བཤད་པ་གཉིས། དང་པོ་ནི། དེ་ཡང་ངེས་དང་མ་ངེས་པ། །ཞེས་བྱུང་། སྦྱོང་འགྱུར་གྱི་ལམ་གསུམ་པོ་དེ་ཡང་ཆོས་ཅན། རེ་རེ་ལའང་གཉིས་གཉིས་སུ་ཡོད་དེ། ངེས་པ་དང་མ་ངེས་པའི་ལམ་གཉིས་རེ་ཡོད་པའི་ཕྱིར།

ཕ༢ རྒྱས་པར་བཤད་པ།

བ༡ དབྱེ་བ་སྤྱིར་བསྟན་པ།

མ༡ སྤྱིར་བསྟན་པ་དངོས།

གཉིས་པ་ལ། དབྱེ་བ་སྤྱིར་བསྟན་པ། ཁྱད་ཆོས་སོ་སོར་བཤད་པ། སྦྱོང་ངེས་བྱེ་བྲག་ཏུ་བཤད་པ་དང་གསུམ། དང་པོ་ལ། དངོས་དང་། སྡེ་པ་གཞན་གྱི་འདོད་ཚུལ་གཉིས། དང་པོ་ནི། མཐོང་བའི་ཆོས་ལ་སོགས་པ་ལ། །སྦྱོང་འགྱུར་ཕྱིར་ན་ངེས་རྣམ་གསུམ། །ཞེས་བྱུང་། མངོན་སུམ་དུ་སྦྱོང་བར་འགྱུར་བའི་ལམ་ཆོས་ཅན། ཁྱོད་ལ་ངེས་པ་རྣམ་གསུམ་ཡོད་དེ། མཐོང་བའི་ཆོས་ཚེ་འདི་ལ་རྣམ་སྨིན་འགོ་ཟུག་ནས་སྦྱོང་འགྱུར་དང་། ལ་སོགས་པས་སྐྱེ་བ་ཕྱི་མ་ལ་འགོ་བཙུགས་ཏེ་སྐྱེས་ནས་སྦྱོང་བ་དང་། ཚེ་གསུམ་པ་སོགས་ལ་རྣམ་སྨིན་འགོ་རྩོམ་ནས་ལན་གྲངས་གཞན་ལ་སྦྱོང་འགྱུར་གྱི་ལམ་རྣམ་པ་གསུམ་ཡོད་པའི་ཕྱིར། བཞིར་དབྱེར་ཡང་རུང་སྟེ། རྐྱེན་གཞན་གྱིས་མ་ངེས་པར་འགྱུར་བ་ཞིག་ཀྱང་ཡོད་པའི་ཕྱིར། དེར་ཐལ། བཤགས་པ་སོགས་ཀྱིས་སྦྱོང་ངེས་ཀྱི་ལམ་ཀྱང་འདག་ནུས་པར་བཤད་པའི་ཕྱིར། དེ་གསུམ་ནི་རྣམ་སྨིན་འགོ་རྩོམ་པའི་དབང་དུ་མཛད་པ་ཡིན(༧༧༠ན)ཏེ། རང་འགྲེལ་ལས། རྣམ་

པར་སྨིན་པ་ཆེ་རབས་གཞན་དག་ན་ཡང་ཡོད་མོད་ཀྱི། རྩོམ་པའི་དབང་གིས་མེད་དེ་ལྟར་རྣམ་པར་བཞག་གོ། །ཞེས་གསུངས་པའི་ཕྱིར།

མ༢ སྐྱེ་བ་གཞན་གྱི་འདོད་ཚུལ།

གཉིས་པ་ནི། ཁ་ཅིག་ལས་རྣམ་ལྔ་ཞེས་ཟེར། །གཞན་དག་མུ་ནི་བཞི་ཞེས་ཟེར། །ཞེས་བྱུང་། སྐྱེ་པ་ཁ་ཅིག་ན་རེ་ལས་དེ་ལ་རྣམ་པ་ལྔ་ཡོད་དེ། ངེས་པའི་ལས་གསུམ་དང་། མ་ངེས་པ་ལ་གནས་སྐབས་མ་ངེས་ཤིང་རྣམ་སྨིན་ངེས་པ་དང་། གཉིས་ཀ་མ་ངེས་པ་རྣམས་སུ་ཡོད་པའི་ཕྱིར་ཞེས་ཟེར། གཞན་དག་སྡེ་མདོ་སྡེ་པ་ན་རེ། ལས་ལ་མུ་ནི་བཞི་ཡོད་དེ། གནས་སྐབས་མ་ངེས་ལ་རྣམ་སྨིན་ངེས་པ། དེ་ལས་བཟློག་པ། གཉིས་ཀ་ངེས་པ། གཉིས་ཀ་མ་ངེས་པ་རྣམས་ཡོད་པའི་ཕྱིར་ཟེར་ཞིང་། དང་པོ་གྲུབ་སྟེ། རྣམ་སྨིན་མྱོང་བར་ངེས་ཀྱང་གནས་སྐབས་མཐོང་ཆོས་སོགས་གསུམ་པོ་གང་རུང་དུ་མྱོང་བ་མ་ངེས་པའི་ལས་རྣམས་དེ་ཡིན་པའི་ཕྱིར། གཞན་དུ་རིགས་འགྲེའོ། །དེ་ལྟར་ན་མུ་བརྒྱད་དུ་འགྱུར་ཏེ། ངེས་མ་ངེས་རེ་རེ་ལ་བཞི་བཞི་ཡོད་པའི་ཕྱིར། སྐད་ཅིག་མ་གཅིག་ལ་རྫ་བའི་ལས་བཞི་བྱེད་པའང་སྲིད་དེ། མི་ཚངས་སྤྱོད་རང་གིས་བྱེད་ཅིང་སྲོག་གཅོད་སོགས་གསུམ་གཞན་ལ་བཅོལ་བས་དེ་ལྟར་འགྲུབ་པ་ཞིག་སྲིད་པའི་ཕྱིར་རོ། །

བ༢ ཁྱད་ཆོས་སོ་སོར་བཤད་པ།

གཉིས་པ་ནི། གསུམ་གྱིས་རིས་ནི་འཕེན་པར་བྱེད། །ཐམས་ཅད་ན་ནི་འཕེན་པ་བཞི། །དམྱལ་བ་ན་ནི་དགེ་བའི་གསུམ། །གང་ལ་འདོད་ཆགས་བྲལ་བརྟན་པའི། །བྱིས་པ་དེར་སྐྱེས་མྱོང་མི་བྱེད། །འཕགས་པ་གཞན་དུའང་མྱོང་མི་བྱེད། །འདོད་རྩེའི་མི་བརྟན་པ་ཡང་མིན། །སྲིད་པ་བར་མ་འདོད་ཁམས་

སྟོ། །འཕེན་པ་རྣམ་པ་ཉི་ཤུ་གཉིས། །དེ་ནི་མཐོང་ཆོས་འབྲས་བུ་ཡིན། །དེ་ནི་རིམ་གཅིག་ཁོ་ན་ཡིན། །ཞེས་བྱུང་། ལན་གྲངས་གཞན་དང་སྐྱེས་ནས་མྱོང་བ་དང་མ་ངེས་པའི་ལས་ཆོས་ཅན། ཁྱོད་གསུམ་གྱིས་རང་གི་རིས་མཐུན་ནི་འཕེན་པར་བྱེད་ཀྱི། རིས་མི་མཐུན་མི་འཕེན་ཏེ། ལས་དེ་བྱེད་པའི་ཕུང་པོའི་རྒྱུན་ལས་གཞན་པའི་རིས་མཐུན་གྱི་ཕུང་པོ་འཕེན་པའི་ཕྱིར། (༧༧༠བ)འདོད་པའི་ཁམས་སོགས། ཁམས་གསུམ་པོ་ཐམས་ཅད་དང་འགྲོ་བ་ལྔན་ནི་ཆོས་ཅན། འཕེན་པ་བཞི་ཡོད་དེ། མཐོང་ཆོས་དང་སྐྱེས་ནས་དང་ལན་གྲངས་གཞན་དང་མ་ངེས་པ་རྣམས་སུ་ཡོད་པའི་ཕྱིར། དམྱལ་བ་ན་ནི་མི་དགེ་བ་བཞི་ག་ཡོད་ཅིང་དགེ་བའི་འཕེན་པ་གསུམ་ཡོད་ཀྱང་། མཐོང་ཆོས་ལ་བདེ་བ་མྱོང་འགྱུར་ནི་མེད་དེ། དེར་མཐོང་ཆོས་ཀྱི་རྣམ་སྨིན་ཡིད་འོང་འབྱིན་པ་མེད་པའི་ཕྱིར། ས་གང་ལ་འདོད་ཆགས་དང་བྲལ་བ་བརྟན་པར་བྱས་པའི་བྱིས་པ་སོ་སོ་སྐྱེ་བོ་ཆོས་ཅན། ས་དེར་སྐྱེ་བས་མྱོང་འགྱུར་གྱི་ལས་གསར་གསོག་མི་བྱེད་དེ། ས་དེ་ལ་ཆགས་བྲལ་བརྟན་པའི་གང་ཟག་ཡིན་པའི་ཕྱིར་འདིས་ལས་གཞན་གསུམ་བྱེད་སྲིད་པར་འཕངས་སོ། །དེ་འདྲ་བའི་འཕགས་པ་ཆོས་ཅན། དེར་མ་ཟད་ལན་གྲངས་གཞན་རྣམས་སུའང་མྱོང་འགྱུར་གྱི་ལས་མི་བྱེད་དེ། དེ་ལ་ཆགས་བྲལ་བརྟན་པའི་འཕགས་པ་ཡིན་པའི་ཕྱིར། འདིས་མ་ངེས་པ་དང་མཐོང་ཆོས་ཀྱི་ལས་བྱེད་སྲིད་པར་འཕངས་པར་རང་འགྲེལ་ལས་བཤད་དོ། །འདོད་པ་དང་སྲིད་རྩེ་ལ་ཆགས་བྲལ་མི་བརྟན་པ་ཉམས་པའི་ཆོས་ཅན་གྱི་འཕགས་པ་ཡང་ཆོས་ཅན། ས་དེར་མྱོང་འགྱུར་གྱི་ལས་མི་བྱེད་དེ། འབྲས་བུ་ལས་ཉམས་ཀྱང་ལས་དེ་མི་གསོག་པའི་ཕྱིར། བར་མ་དོར་ཡང་ལས་ཀྱི་འཕེན་པ་ཡོད་དེ། སྲིད་པ་བར་མ་བ་དེ་འདོད་ཁམས་སུ་སྐྱེ་བའི་ཚེ་བར་དོ་དང་མངལ་གྱི་གནས་སྐབས་ལྔ་དང་བཅས་པའི་གནས་སྐབས་ལྔ་དང་བཅུ་གཅིག་པོ་དེ་རེ་རེ་ལའང་ངེས་མ་ངེས་གཉིས་ཏེ། འཕེན་པ་རྣམ་པ་ཉི་ཤུ་རྩ་གཉིས་ཡོད་པའི་ཕྱིར། ཉེར་གཉིས་ལས་ངེས་པ་བཅུ

གཅིག་པོ་དེ་ནི་ཆོས་ཅན། མཐོང་ཐོས་ལ་སྦྱོང་བའི་འབྲས་བུ་ཅན་ཡིན་ཏེ། ཁྱོད་ཀྱི་འབྲས་བུ་བཅུ་གཅིག་པོ་དེ་ནི་རིས་གཅིག་པ་ཁོ་ན་ཡིན་པའི་ཕྱིར། དེར་ཐལ། དེ་འདྲ་བའི་བར་དོ་དང་ལྷག་མ་བཅུ་ནི་ལས་གཅིག་གིས་འཕངས་པའི་ཕྱིར།

བ༣ སྦྱོང་ངེས་བྱེ་བྲག་ཏུ་བཤད་པ།

མ༡ སྦྱོང་ངེས་སྤྱིར་བསྟན་པ།

གསུམ་པ་ལ། སྦྱོང་ངེས་སྤྱིར་བསྟན་པ། མཐོང་ཆོས་ལ་སྦྱོང་ངེས་བྱེ་བྲག་ཏུ་བཤད་པ། ཞར་བྱུང་གི་དོན་དང་གསུམ། (༡༡༡ན)དང་པོ་ནི། ཉོན་མོངས་རབ་དང་དྲག་པོ་དང་། །ཡོན་ཏན་ཞིང་དང་རྒྱུན་ཆགས་སུ། །བྱས་པ་གང་ཞིག་ཡིན་པ་དང་། །ཕ་མ་གསོད་གང་དེ་ངེས་སོ། །ཞེས་བྱུང་། ངེས་པའི་ལས་ཆོས་ཅན། དྲུག་ཡོད་དེ། ཉོན་མོངས་རབ་ཏུ་དྲག་པོའི་མི་དགེ་བ་དང་། དད་པ་རབ་ཏུ་དྲག་པོས་དགེ་བ་དང་། ཡོན་ཏན་གྱི་ཞིང་དཀོན་མཆོག་གསུམ་སོགས་ལ་ཕན་གནོད་དང་། དུས་རྒྱུན་ཆགས་སུ་བྱས་པ་གང་ཞིག་ཡིན་པ་དང་། ཕན་འདོགས་པའི་ཞིང་ཕ་མ་གསོད་པ་གང་ཡིན་པ་དེ་རྣམ་སྨིན་ངེས་པའི་ལས་ཡིན་པའི་ཕྱིར།

མ༢ མཐོང་ཆོས་ལ་སྦྱོང་ངེས་བྱེ་བྲག་ཏུ་བཤད་པ།

གཉིས་པ་ནི། མཐོང་ཆོས་འབྲས་བུ་ཅན་གྱི་ལས། །ཞིང་དང་བསམ་པའི་ཁྱད་པར་ལས། །ས་དེའི་འདོད་ཆགས་གཏན་བྲལ་ཕྱིར། །རྣམ་སྨིན་ངེས་པ་གང་ཡིན་པའོ། །གང་དག་འགོག་བྱམས་ཉོན་མོངས་མེད། །མཐོང་དང་དགྲ་བཅོམ་འབྲས་ལངས་པ། །དེ་ལ་ཕན་གནོད་བྱས་པ་ཡི། །འབྲས་བུ་འཕྲལ་དུ་སྦྱོང་བར་འགྱུར། །ཞེས་བྱུང་། མཐོང་ཆོས་འབྲས་བུ་ཅན་གྱི་ལས་ཆོས་ཅན། ཁྱོད་ལ་གཉིས་ཡོད་དེ། ཞིང་གི་ཁྱད་པར་དགེ་འདུན་ནམ་གང་ཟག་ཁྱད་པར་ཅན་ལ་བུད་མེད་

ཅེས་སྨྲར་པ་བཏབ་པས་ཆེ་དེ་ལ་མཚན་གྱུར་པ་ལྟ་བུ་དང་། བསམ་པའི་ཁྱད་པར་སླང་གི་མཚན་གཙོད་པ་ལས་ཐར་བར་བྱས་པ་ལས་ཆེ་དེར་སྐྱེས་པར་གྱུར་པ་ལྟ་བུ་ཡིན་པའི་ཕྱིར། དེ་ཆོས་ཅན། ཁྱོད་ལ་རྣམ་གྲངས་གཞན་ཡང་ཡོད་དེ། ས་དེའི་འདོད་ཆགས་དང་གཏན་ནས་བྲལ་བའི་ཆེ་ས་དེའི་དགེ་མི་དགེ་རྣམ་སྨིན་ངེས་ལ་གནས་སྐབས་མ་ངེས་པ་ནི་དེ་ས་དེར་མི་སྐྱེ་བས་རྣམ་སྨིན་ངེས་པ་མཐོང་ཆོས་ཉིད་དུ་མྱོང་བ་གང་ཡིན་པ་དེ་ལྟ་བུ་ཡོད་པའི་ཕྱིར། དེ་ཆོས་ཅན། རྣམ་གྲངས་གཞན་དྲུག་ཡོད་དེ། གཞན་གང་དག་འགོག་པ་ལ་ཞུགས་པ་དང་། བྱམས་པ་ཚད་མེད་དང་། ཉོན་མོངས་མེད་པའི་ཏིང་ངེ་འཛིན་དང་། བདེན་པ་མཐོང་བའི་ལམ་དང་། དགྲ་བཅོམ་པའི་འབྲས་བུ་ཐོབ་མ་ཐག་དང་། འབྲས་བུ་དེ་ལས་ལངས་མ་ཐག་པ་དེ་ལ་(༧༧༧བ)ཕན་གནོད་གང་བྱས་པའི་རྣམ་སྨིན་གྱི་འབྲས་བུ་ཆེ་འདིར་འཕྲལ་དུ་མྱོང་བར་འགྱུར་བའི་ཕྱིར།

མ༣ ཞར་བྱུང་གི་དོན།

གསུམ་པ་ལ། ལས་གང་གི་འབྲས་བུ་དང་། གཡེང་བའི་སེམས་ངོས་བཟུང་བ་གཉིས། དང་པོ་ནི། རྣམ་པར་རྟོག་པ་མེད་པ་ཡི། །དགེ་བའི་ལས་ཀྱི་རྣམ་སྨིན་ནི། །སེམས་ཀྱི་ཚོར་བ་ཁོ་ནར་འདོད། །མི་དགེ་བའི་ནི་ལུས་ཀྱི་ཡིན། །ཞེས་བྱུང་། རྣམ་པར་རྟོག་པ་མེད་པ་བསམ་གཏན་ཁྱད་པར་ཅན་ནས་སྲིད་རྩེའི་བར་གྱི་དགེ་བའི་ལས་ཆོས་ཅན། ཁྱོད་ཀྱི་རྣམ་སྨིན་གྱི་འབྲས་བུ་ཚོར་བ་ནི་སེམས་ཀྱི་ཚོར་བ་ཁོ་ནར་འདོད་དེ། དེའི་བར་གྱི་སས་བསྡུས་ཀྱི་ཚོར་བ་ལ་ནི་ལུས་ཚོར་མེད་པའི་ཕྱིར། མི་དགེ་བའི་རྣམ་སྨིན་གྱི་ཚོར་བ་ནི་ལུས་ཀྱི་ཚོར་བ་ཁོ་ན་ཡིན་ཏེ། དེའི་སེམས་ཚོར་ནི་རྣམ་སྨིན་དུ་མི་འཇོག་པའི་ཕྱིར།

༥༢ རྒྱུའི་སྒོ་ནས་དབྱེ་བ།

གཉིས་པ་ནི། གཡེང་བའི་སེམས་ནི་ཡིད་སེམས་ལ། །དེ་ནི་ལས་ཀྱི་རྣམ་སྨིན་སྐྱེས། །སྐྲག་གནོད་མ་མཉམ་མྱ་ངན་གྱིས། །སྨྲ་མི་སླན་མིན་འདོད་ལྡན་རྣམས། །ཞེས་བྱུང་། གཡེང་བ་སྨེ་སྨྱོས་པའི་སེམས་ནི་ཆོས་ཅན། ཁྱད་ཆོས་གསུམ་དང་ལྡན་ཏེ། ངོ་བོའི་ཁྱད་པར་ཡིད་ཀྱི་སེམས་ལས་བྱུང་བ་དང་། དེ་ནི་རྒྱུ་སྔོན་གཞན་སྨྱོར་བཅུག་པའི་ལས་ཀྱི་རྣམ་སྨིན་སྐྱེས་ཡིན་པ་དང་། མི་མ་ཡིན་གྱིས་སྐྲག་པར་བྱས་པ་དང་། དེས་གནོད་པ་དང་། འབྱུང་བ་ཆ་མི་མཉམ་པ་དང་། མྱ་ངན་གྱིས་གཟིར་བ་ལྟ་བུའི་རྐྱེན་དང་ལྡན་ཞིང་། རྟེན་སྨྲ་མི་སླན་པར་གཏོགས་པ་མ་ཡིན་པའི་འདོད་པ་དང་ལྡན་པའི་གང་ཟག་རྣམས་ལ་ཡོད་པའི་ཕྱིར། སྨྱོ་སེམས་ལ་དབང་ཤེས་མེད་དེ། དབང་ཤེས་རྣམས་རྟོག་མེད་ཡིན་པའི་ཕྱིར། གཉིས་པ་རྒྱུའི་སྒོ་ནས་དབྱེ་བ་ནི། སྐྱོན་ཡོན་སྙིགས་མར་གསུངས་པ་ནི། །གཡོ་དང་ཞེ་སྡང་འདོད་ཆགས་སྐྱེས། །ཞེས་བྱུང་། མདོ་ལས་ཡོན་པོ་དང་སྐྱོན་ཅན་གྱི་ལས་དང་སྙིགས་མར་གསུངས་པའི་ལས་གསུམ་ཆོས་ཅན། ཁྱོད་ཀྱི་རྒྱུ་ཡོད་དེ། གཡོ་སྒྱུ་དང་ཞེ་སྡང་དང་འདོད་ཆགས་ལས་སྐྱེས་པའི་ཕྱིར།

༥༣ གཉིས་ཀའི་སྒོ་ནས་དབྱེ་བ།

ཅ༡ མདོར་བསྟན་པ།

གསུམ་པ་རྒྱུ་འབྲས་གཉིས་ཀའི་སྒོ་ནས་དབྱེ་བ་ལ། མདོར་བསྟན་པ་དང་། རྒྱས་པར་བཤད་པ་གཉིས། (༡༡༢ན)དང་པོ་ནི། དཀར་ནག་ལ་སོགས་བྱེ་བྲག་གིས། །ལས་ནི་རྣམ་པ་བཞི་ཡིན་ནོ། །ཞེས་བྱུང་། ལས་ནི་ཆོས་ཅན། ཁྱོད་ལ་རྣམ་པ་བཞི་ཡོད་དེ། དཀར་ལ་རྣམ་སྨིན་དཀར་བ་གཟུགས་ཀྱི་ལས་དང་། གནག་

ལ་རྣམ་སྨིན་ནག་པ་མི་དགེ་བ་དང་། ལ་སོགས་ཏེ་དཀར་ནག་འདྲེས་མ་འདོད་པའི་དགེ་བའི་ལས་དང་། མི་དཀར་མི་ནག་ཅིང་རྣམ་སྨིན་མེད་པ་ཟག་མེད་ཀྱི་ལས་དང་བཅས་པའི་བྱེ་བྲག་གིས་བཞིར་དབྱེ་བ་ཡིན་པའི་ཕྱིར།

ཅ༢ རྒྱས་པར་བཤད་པ།

ཆ༡ སོ་སོའི་ངོ་བོ་ཕྱིར་བསྟན་པ།

གཉིས་པ་ལ། སོ་སོའི་ངོ་བོ་ཕྱིར་བསྟན་པ། ཟག་མེད་ཀྱི་ལས་བྱེ་བྲག་ཏུ་བཤད་པ། གཞན་གྱི་འདོད་པ་བརྗོད་པ་དང་གསུམ། དང་པོ་ནི། མི་དགེ་གཟུགས་དང་འདོད་གཏོགས་པའི། །དགེ་བ་ཉིད་ནས་རིམ་བཞིན་དུ། །ནག་དང་དཀར་དང་གཉིས་ཀའི་ལས། །ཞེས་བྱུང་། རིམ་པ་བཞིན་དུ་སྦྱར་ན་མི་དགེ་བའི་ལས་ཆོས་ཅན། ནག་ལ་རྣམ་སྨིན་ནག་པའི་ལས་ཡིན་ཏེ། ངོ་བོ་ཉོན་མོངས་ཅན་ཡིན་པས་ནག་ཅིང་། རྣམ་སྨིན་ཡིད་དུ་མི་འོང་བ་འབྱིན་པས་ནག་པའི་ཕྱིར། གཟུགས་ཁམས་ཀྱི་དགེ་བ་ཆོས་ཅན། དཀར་ལ་རྣམ་སྨིན་དཀར་བའི་ལས་ཡིན་ཏེ། ངོ་བོ་མི་དགེ་བ་དང་མ་འདྲེས་ཤིང་། རྣམ་སྨིན་ཀྱང་ཡིད་དུ་འོང་བ་འབྱིན་པས་དཀར་བའི་ཕྱིར། འདོད་ཁམས་སུ་གཏོགས་པའི་དགེ་བའི་ལས་ཉིད་ཆོས་ཅན། དཀར་ནག་གཉིས་ཀ་འདྲེས་མའི་ལས་སུ་བཤད་དེ། རང་གི་ངོ་བོ་དཀར་བ་ཡིན་ཡང་རྒྱུད་གཅིག་ལ་མི་དགེ་བ་དང་འདྲེས་པས་དཀར་ནག་འདྲེས་མ་དང་། རྣམ་སྨིན་ཡིད་འོང་འབྱིན་པས་དཀར་ཡང་རྒྱུད་གཅིག་ལ་སྡུག་བསྔལ་དང་འདྲེས་ནས་འཇུག་པས་དཀར་ནག་གཉིས་ཀ་འདྲེས་མའི་ལས་ཡིན་པའི་ཕྱིར། དཀར་ནག་འདྲེས་ཚུལ་དེ་ལྟར་ཡིན་གྱི་དགེ་བའི་ངོ་བོ་ཉིད་དཀར་ནག་འདྲེས་མ་མིན་ཏེ། དཀར་པོའི་ལས་ཁོ་ན་ཡིན་པའི་ཕྱིར། རྣམ་སྨིན་ཀྱང་དཀར་ནག་གཉིས་ཀ་འདྲེས་མ་མ་ཡིན་ཏེ། དགེ་བའི་ལས་ཀྱིས་རྣམ་སྨིན་ནག་པོ་འབྱིན་མི་སྲིད་པའི་ཕྱིར།

ཚ༧ ཟག་མེད་ཀྱི་ལས་ཟླེ་ཟླག་ཏུ་བཤད་པ།

གཉིས་(༧༧༢བ)པ་ནི། དེ་ཟད་བྱེད་པ་ཟག་མེད་ཡིན། །ཆོས་བཟོད་འདོད་ཆགས་བྲལ་བ་ཡི། །བར་ཆད་མེད་ལམ་བརྒྱད་ཀྱི་གང་། །སེམས་པ་རྣམ་པ་བཅུ་གཉིས་ཏེ། །ནག་པོ་ཟད་པར་བྱེད་པའི་ལས། །དགུ་པའི་སེམས་པ་གང་ཡིན་པ། །དེ་ནི་དཀར་ནག་ཟད་བྱེད་ཡིན། །དཀར་པོ་བསམ་གཏན་འདོད་ཆགས་བྲལ། །བར་ཆད་མེད་ལམ་སྐྱེས་ཐ་མས། །ཞེས་བྱུང་། ནག་པོའི་ལས་དེ་ཆོས་ཅན། ཁྱོད་ཟད་པར་བྱེད་པའི་ལས་ཡོད་དེ། ཟག་མེད་ཀྱི་ལས་དེ་དེ་ཡིན་པའི་ཕྱིར། ཟག་མེད་ཀྱི་ལས་ཆོས་ཅན། ཁྱོད་ལ་སེམས་པ་རྣམ་པ་བཅུ་གཉིས་ཡོད་དེ། མཐོང་ལམ་སྡུག་བསྔལ་ཆོས་བཟོད་ཀྱི་སེམས་པ་བཞི་དང་། འདོད་པ་ལ་འདོད་ཆགས་དང་བྲལ་བ་ཡི་སྒོམ་ལམ་བར་ཆད་མེད་ལམ་བརྒྱད་ཀྱི་སེམས་བརྒྱད་དེ་བཅུ་གཉིས་པོ་གང་ཡིན་པ་དེ་ནག་པོ་མི་དགེ་བ་ཟད་པར་བྱེད་པའི་ལས་ཡིན་པའི་ཕྱིར། འདོད་ཆགས་དང་བྲལ་བར་བྱེད་པའི་སྒོམ་ལམ་བར་ཆད་མེད་ལམ་དགུ་པའི་སེམས་པ་གང་ཡིན་པ་དེ་ནི་ཆོས་ཅན། འདོད་པའི་སས་བསྡུས་ཀྱི་དཀར་ནག་འདྲེས་མའི་ལས་ཟད་བྱེད་ཡིན་ཏེ། དེ་འཛོམས་བྱེད་ཡིན་པའི་ཕྱིར། བསམ་གཏན་ས་དགུ་ལ་འདོད་ཆགས་དང་བྲལ་བར་བྱེད་པའི་སྒོམ་ལམ་བར་ཆད་མེད་ལམ་ཟག་མེད་དགུ་དགུ་སྐྱེས་པའི་ཐ་མ་ཆོས་ཅན། ཁྱོད་ཀྱིས་བསམ་གཏན་གྱི་སས་བསྡུས་པའི་དཀར་པོའི་ལས་འཕོར་བའི་རྒྱུ་བྱེད་པ་དེ་ཟད་པར་བྱེད་པ་ཡིན་ཏེ། ས་དེ་དག་ལ་འདོད་ཆགས་དང་བྲལ་བའི་ཚུལ་གྱིས་སྤོང་བར་བྱེད་པའི་ཕྱིར། སྤྱིར་དཀར་པོའི་ལས་སྤོང་བ་དང་ཟད་པར་བྱེད་མི་རིགས་པས་སྐབས་འདིར་ཞིབ་ཆ་དགོས་ཏེ། དེ་ཡང་འདོད་པའི་དགེ་བ་ལ་འདོད་ཆགས་དང་བྲལ་བའི་ཚུལ་གྱིས་དེའི་སྐྱོན་སྤྲོང་བར་བྱེད་པས་དེ་ལྟར་བརྗོད་པའི་ཕྱིར་ཏེ། དགེ་བ་དེའི་ངོ་བོ་སྤོང་བ་ནི་མིན་པའི་ཕྱིར་ཏེ། རང་འགྲེལ་

ལས། དེའི་རང་གི་ངོ་བོ་ནི་སྤྱོད་པ་མ་ཡིན་ཏེ། ཞེས་གསུངས་པའི་ཕྱིར།

ཚ༣ གཞན་གྱི་འདོད་པ་བརྗོད་པ།

གསུམ་པ་ནི། གཞན་ནི་དམྱལ་བ་མྱོང་འགྱུར་དང་། །འདོད་གཞན་མྱོང་འགྱུར་གཉིས་རིགས་ཞེས། །(༡༡༣ན)གཞན་ནི་མཐོང་བའི་སྤང་བྱ་གནག །འདོད་པ་ལས་སྐྱེས་གཞན་དཀར་ནག །ཅེས་བྱུང་། སློབ་དཔོན་གཞན་དག་ན་རེ། ལས་དཀར་ནག་སོགས་ཀྱི་ཁྱད་པར་ཡོད་དེ། དམྱལ་བ་མྱོང་འགྱུར་གྱི་ལས་ནག་ལ་རྣམ་སྨིན་ནག་པ་དང་། གཞན་འདོད་པའི་མྱོང་འགྱུར་གྱི་ལས་ནི་དཀར་ནག་གཉིས་འདྲེས་མར་རིགས་ཞེས་འདོད་པ་དང་། ཡང་གཞན་དག་ནི་མཐོང་བ་སྟེ་མཐོང་ལམ་གྱི་སྤང་བྱ་ནི་གནག་པའི་ལས་དང་། འདོད་པ་ལས་སྐྱེས་པའི་མཐོང་སྤང་ལས་གཞན་སྒོམ་སྤང་ནི་དཀར་ནག་འདྲེས་མ་ཡིན་ཞེས་འདོད་པའི་ཕྱིར། དང་པོ་གྲུབ་སྟེ། དམྱལ་བར་འཕེན་རྫོགས་ཀྱི་ལས་གཉིས་གནག །འདོད་པ་དང་གཞན་དུ་དེ་གཉིས་ཀ་དཀར་ནག་འདྲེས་ནས་འཇུག་པའི་ཕྱིར་ཞེས་དང་། གཉིས་པ་གྲུབ་སྟེ། མཐོང་སྤང་ལ་དགེ་བ་མེད་པས་ནག་ཅིང་། སྒོམ་སྤང་ལ་དགེ་སོགས་གསུམ་ག་ཡོད་པས་འདྲེས་མ་ཡིན་པའི་ཕྱིར་ཟེར་རོ། །

ཐ༢ ལས་ཀྱི་རྣམ་གྲངས་ཏུ་མ་བསྟན་པ།

ད༡ དབྱེ་བ་སྤྱིར་བསྟན་པ།

གཉིས་པ་ལས་ཀྱི་རྣམ་གྲངས་ཏུ་མ་བསྟན་པ་ལ། དབྱེ་བ་སྤྱིར་བསྟན་པ་དང་། ལས་ལམ་བྱེ་བྲག་ཏུ་བཤད་པ་གཉིས། དང་པོ་ནི། མི་སློབ་ལུས་ངག་ལས་ཡིད་ཉིད། །ཐུབ་པའི་གསུམ་སྟེ་གོ་རིམ་བཞིན། །ཡིགས་སྤྱོད་གསུམ་པོ་ཐམས་ཅད་ནི། །གཙང་བྱེད་རྣམ་པ་གསུམ་ཡིན་ནོ། །ལུས་ཀྱི་ལས་སོགས་མི་དགེ་བ། །ཉེས་པར་

སྤྱོད་པ་གསུམ་དུ་འདོད། །བརྣབ་སེམས་ལ་སོགས་ལས་མིན་ཡང་། །ཡིད་ཀྱི་ཉེས་སྤྱོད་གསུམ་དུ་འདོད། །བཟློག་པ་ལེགས་པར་སྤྱོད་པ་ཡིན། །ཞེས་བྱུང་། མདོ་ལས་འབྱུང་བའི་ཐུབ་པའི་ལས་གསུམ་ཡོད་དེ། མི་སློབ་པའི་ལུས་དང་ངག་གི་ལས་དང་ཡིད་ཀྱི་ལས་ཉིད་ལ་གོ་རིམ་བཞིན་དུ་ཐུབ་པའི་ལུས་ཀྱི་ལས་སོགས་གསུམ་དུ་འཇོག་ལ། མི་སློབ་པའི་ཡིད་ཁོ་ན་ལ་ཐུབ་པར་འཇོག་ཀྱང་དེ་ལས་ཡིན་པར་མི་འཇོག་པའི་ཕྱིར། སྒོ་གསུམ་གྱི་ལེགས་སྤྱོད་གསུམ་པོ་ཐམས་ཅད་ཆོས་ཅན། གཙང་བྱེད་རྣམ་པ་གསུམ་ཡིན་ཏེ། ལུས་ངག་ཡིད་ཀྱི་དག་བྱེད་ཡིན་པའི་ཕྱིར། ལུས་ཀྱི་ལས་སོགས་ཏེ་ངག་(༧༧ནབ)དང་ཡིད་ཀྱི་མི་དགེ་བ་ཆོས་ཅན། ཉེས་པར་སྤྱོད་པ་གསུམ་དུ་འདོད་དེ། སྒོ་གསུམ་གྱི་ཉེས་སྐྱོན་ཡིན་པའི་ཕྱིར། བརྣབ་སེམས་ལ་སོགས་ཏེ་གནོད་སེམས་ལོག་ལྟ་གསུམ་པོ་ཆོས་ཅན། ལས་མིན་ཡང་ཡིད་ཀྱི་ཉེས་སྤྱོད་གསུམ་དུ་འདོད་དེ། དེའི་ཉེས་སྐྱོན་ཡིན་པའི་ཕྱིར། ཡིད་ཀྱི་ལེགས་པར་སྤྱོད་པ་གསུམ་ཡང་ཡོད་དེ། ཡིད་ཀྱི་ཉེས་སྤྱོད་གསུམ་ལས་བཟློག་པའི་བྱ་བ་བརྣབ་སེམས་སོགས་དང་བྲལ་བའི་ལེགས་སྤྱོད་དེ་དེ་ཡིན་པའི་ཕྱིར།

ད༢ ལས་ལམ་བྱེ་བྲག་ཏུ་བཤད་པ།

ཀ༡ མདོར་བསྟན་པ།

ཁ༡ ཚིག་དོན་བཤད་པ།

གཉིས་པ་ལ། མདོར་བསྟན་པ་དང་། རྒྱས་པར་བཤད་པ་གཉིས། དང་པོ་ནི། དེ་ལས་ཆེ་ལོང་བསྡུས་ནས་ནི། །དགེ་དང་མི་དགེ་ཅི་རིགས་པར། །ལས་ཀྱི་ལམ་ནི་བཅུར་གསུངས་སོ། །ཞེས་བྱུང་། འདི་ལ་གཉིས། ཚིག་དོན་དང་། མཐའ་དཔྱད་པའོ། །དང་པོ་ནི། ཤེས་བྱ་ཆོས་ཅན། ལེགས་སྤྱོད་དང་ཉེས་སྤྱོད་དེ་ལས་ཆེ་ལོང་སྤྱི་རགས་པ་བསྡུས་ནས་དགེ་མི་དགེའི་ལས་ལམ་ནི་བཅུར་གསུངས་པ་ཡིན་

ཏེ། ཞེགས་སྤྱོད་དང་ཉེས་སྤྱོད་ཅི་རིགས་བསྡུས་ནས་དགེ་བ་བཅུ་དང་མི་དགེ་བ་བཅུར་བཤད་པའི་ཕྱིར།

པ༢ མཐའ་དཔྱད་པ།

གཉིས་པ་མཐའ་དཔྱད་པ་ལ། ཁ་ཅིག །སྐབས་འདིའི་དངོས་བསྟན་གྱི་ལས་ཡིན་ན། ལས་ཡིན་པས་ཁྱབ་ཟེར་ན། བརྣབ་སོགས་ཡིད་ཀྱི་གསུམ་པོ་རེ་རེ་ཆོས་ཅན། དེར་ཐལ། དེའི་ཕྱིར། དེར་ཐལ། འདིའི་དངོས་བསྟན་གྱི་དགེ་མི་དགེའི་ལས་བཅུ་པོ་གང་རུང་ཡིན་པའི་ཕྱིར། འདོད་ན་མི་འཐད་པར་ཐལ། བརྣབ་སེམས་ལ་སོགས་ལས་མིན་ཡང་། །ཞེས་གསུངས་པའི་ཕྱིར། གཞན་ཡང་དེ་མི་འཐད་པར་ཐལ། དེ་གསུམ་ཉོན་མོངས་ཡིན་པའི་ཕྱིར། དེར་ཐལ། ལོག་ལྟ་ཉོན་མོངས་ཡིན་པ་གང་ཞིག །གཞན་གཉིས་ཀྱང་དེ་ཡིན་པའི་ཕྱིར། དང་པོ་དེར་ཐལ། འཇིག་ལྟ་ལོག་ལྟ་མཐར་ལྟ་སོགས་ལྟ་བ་ཉོན་མོངས་ཅན་ལྔ་ཡོད་པའི་ཕྱིར། འོན་ཀྱང་མདོ་སྡེ་པ་ཁ་ཅིག་མི་དགེ་བ་བཅུ་པོ་ལས་ཡིན་པས། ལས་ཉོན་གཉིས་མི་འགལ་བར་འདོད་དེ། བརྣབ་སེམས་སོགས་གསུམ་དེ་གཉིས་ཀ་ཡིན་པར་འདོད་པའི་ཕྱིར་གསུང་། ཁ་ཅིག །རྒྱུ་དུས་ཀྱི་ཀུན་སློང་གཉིས་གང་རུང་མི་དགེ་བས་བྱས་(༡༡༨ན)པའི་ལས་ཡིན་ན། མི་དགེ་བའི་ལས་ཡིན་པས་ཁྱབ་ཟེར་ན། རྒྱུའི་ཀུན་སློང་དགེ་བ་དང་དུས་ཀྱི་ཀུན་སློང་ཞེ་སྡང་གིས་བྱས་པའི་ལས་ཁྱད་པར་བ་དེ་ཆོས་ཅན། དེར་ཐལ། དེའི་ཕྱིར། དེར་ཐལ། ཆོས་ཅན་དེ་ཡིན་པའི་ཕྱིར། འདོད་ན། མ་ཡིན་པར་ཐལ། དགེ་བ་ཡིན་པའི་ཕྱིར། དེར་ཐལ། དགེ་བས་རྒྱུའི་ཀུན་སློང་བྱས་པའི་ལས་ཡིན་པའི་ཕྱིར། ཁྱབ་ཅིང་རྟགས་གྲུབ་སྟེ། དེ་འདྲ་ཡོད་པའི་ཕྱིར། དེར་ཐལ། མི་ནག་མདུང་ཐུང་ཅན་དེད་དཔོན་སྙིང་རྗེ་ཅན་གྱིས་བསད་པའི་ཚེ་དེ་ལ་ཉེས་པ་མ་བྱུང་བར་ཕན་ཡོན་ཐོབ་པར་བཤད་པའི་ཕྱིར།

ན༢ རྒྱས་པར་བཤད་པ།

པ༡ རིག་བྱེད་དང་རིག་བྱེད་མིན་པ་ངོས་བཟུང་བ།

ཕ༡ དངོས་གཞི་ལ་དོགས་གཅོད།

གཉིས་པ་ལ། རིག་བྱེད་དང་རིག་བྱེད་མིན་པ་ངོས་བཟུང་བ། རྩ་གསུམ་དུ་བསྟན་པ། ཐོགས་བྱེད་གསུམ་དུ་བསྟན་པ། སོ་སོའི་ངོ་བོ་ཞར་བྱུང་དང་བཅས་པ་བཞི། དང་པོ་ལ། དངོས་གཞི་ལ་དོགས་གཅོད་དང་། སྦྱོར་འཇུག་ལ་དོགས་གཅོད་གཉིས། དང་པོ་ནི། མི་དགེ་དྲུག་ནི་རྣམ་རིག་མིན། །གཅིག་རྣམ་གཉིས་པོ་དེ་དག་ཀྱང་། །བྱེད་ན་དགེ་བ་བདུན་རྣམ་གཉིས། །ཏིང་འཛིན་ལས་སྐྱེས་རྣམ་རིག་མིན། །ཞེས་བྱུང་། ངག་གི་ལས་བཞི་དང་། སྲོག་གཅོད་མ་བྱིན་ལེན་ཏེ་མི་དགེ་བ་དྲུག་ནི་ཆོས་ཅན། རང་གིས་མི་བྱེད་ན་རྣམ་པར་རིག་བྱེད་མ་ཡིན་པ་ཉིད་གཙོ་ཆེ་སྟེ། གཞན་ལ་བྱེད་དུ་བཅུག་པའི་ཚེ་དངོས་གཞི་ལ་བྱེད་དུ་འཇུག་པ་པོ་ལ་རྣམ་པར་རིག་བྱེད་མི་འབྱུང་བའི་ཕྱིར། གཅིག་འདོད་ལོག་ནི་ཆོས་ཅན། རྣམ་པ་གཉིས་དང་ལྡན་ཏེ། རིག་བྱེད་ཡིན་མིན་གཉིས་ཀ་དང་ལྡན་པའི་ཕྱིར། འདི་ནི་བཙོལ་བས་མི་ཐོགས་ཏེ། རང་གི་མ་བྱེད་པ་ལ་ལྟོས་པའི་ཕྱིར། དྲུག་པོ་དེ་དག་ནི་རང་གི་བྱེད་ན་རྣམ་རིག་ཡིན་མིན་གཉིས་ཀ་དང་ལྡན་ཏེ། མཚོན་འདེབས་པ་དང་བརྫུན་དུ་སྨྲ་བ་སོགས་ཀྱི་ཚེ་རྣམ་རིག་དང་ལྡན་ལ། དངོས་གཞི་ལ་རྣམ་རིག་མིན་པ་དང་ལྡན་པའི་ཕྱིར། ལུས་ངག་གི་དགེ་བ་བདུན་ནི་ཆོས་ཅན། རིག་བྱེད་ཡིན་མིན་རྣམ་པ་གཉིས་ཀ་དང་ལྡན་པ་འབྱུང་སྟེ། སྲོག་གཅོད་ལས་ལུས་གཟུང་བ་དང་ངག་གི་བདེན་པར་སྨྲ་(༡༡༨བ)བ་སོགས་ཀྱི་ཚེ་རྣམ་རིག་དང་། དེ་ལས་གཞན་གྱི་ཚེ་རྣམ་རིག་མ་ཡིན་པ་དང་ལྡན་པའི་ཕྱིར། ཏིང་ངེ་འཛིན་ལས་སྐྱེས་པའི་བསམ་གཏན་དང་ཟག་མེད་ཀྱི་སྡོམ་པ་ཆོས་ཅན། གཅིག་དང་ལྡན་ཏེ། རྣམ་རིག་མིན་པ་ཁོ་ན་དང་ལྡན་པའི་ཕྱིར།

པ༢ སྦྱོར་འཇུག་ལ་དོགས་གཅོད།

གཉིས་པ་ནི། ཉེར་བསྡོགས་རྣམས་ནི་རྣམ་རིག་བྱེད། །རྣམ་རིག་བྱེད་མིན་འགྱུར་བའམ། །མ་ཡིན་བཟློག་པ་མཐུག་ཡིན་ནོ། །ཞེས་བྱུང་། དགེ་མི་དགེ་ཉེར་བསྡོགས་ཏེ་སྦྱོར་བ་རྣམས་ཆོས་ཅན། རྣམ་པར་རིག་བྱེད་དང་ལྡན་ཏེ། ལུས་ངག་གི་བྱ་བ་ཅི་རིགས་ལ་ལྟོས་པའི་ཕྱིར། དེ་དག་གི་སྦྱོར་བ་རྣམས་ཆོས་ཅན། རྣམ་རིག་ཡིན་མིན་གཉིས་ཀ་དང་ལྡན་པའང་ཡོད་དེ། དེ་དག་ཉོན་མོངས་སམ་དང་བ་དྲག་པོས་འཇུག་པའི་ཚེ། རྣམ་རིག་ཏུ་མ་ཟད་རྣམ་པར་རིག་བྱེད་མིན་པ་དང་ལྡན་པར་འགྱུར་བའམ། ཡང་མི་མ་ཡིན་པར་སྦྱོར་བ་ཞན་པ་གཅིག་གིས་རྣམ་པར་རིག་བྱེད་དང་ལྡན་པར་འགྱུར་བའང་སྲིད་པའི་ཕྱིར། བདུན་པོ་དེ་དག་གི་མཐུག་གི་ཁྱད་པར་ཡོད་དེ། རང་རང་གི་ཉེར་བསྡོགས་ལས་བཟློག་པ་རང་རང་གི་མཐུག་ཏུ་འཛོག་པའི་ཕྱིར། དེར་ཐལ། སྦྱོར་བ་ལས་བཟློག་པ་སྤྱི་རྣམ་རིག་མིན་པ་དང་ངེས་པར་ལྡན་ལ། རིག་བྱེད་དང་ལྡན་མི་ལྡན་གཉིས་ཡོད་པའི་ཕྱིར།

པ༢ རྩ་བ་གསུམ་དུ་བསྟན་པ།

གཉིས་པ་ནི། སྦྱོར་བ་རྩ་བ་གསུམ་ལས་སྐྱེས། །དེ་ཡི་མཐུག་ཐོགས་ལས་བྱུང་ཕྱིར། །བརྣབ་སེམས་སོགས་རྩ་གསུམ་ལས་སྐྱེས། །དགེ་བ་སྦྱོར་དང་མཐུག་བཅས་རྣམས། །ཆགས་སྡང་གཏི་མུག་མེད་ལས་སྐྱེས། །ཞེས་བྱུང་། མི་དགེ་བ་བཅུའི་སྦྱོར་བ་ཆོས་ཅན། དང་པོའི་ཀུན་སློང་དུག་གསུམ་གྱི་རྩ་བ་གསུམ་གང་རུང་ལས་སྐྱེས་པ་ཡིན་ཏེ། དེ་ཡི་མཐུག་ཐོགས་ལས་བྱུང་བའི་ཕྱིར། བརྣབ་སེམས་དང་ལ་སོགས་པ་གནོད་སེམས་ལོག་ལྟ་གསུམ་ཆོས་ཅན། དུག་གསུམ་གྱི་རྩ་བ་གང་རུང་ལས་སྐྱེས་ཏེ། རྟགས་དེའི་ཕྱིར། དགེ་བ་བཅུའི་སྦྱོར་བ་མཐུག་དང་བཅས་པ་རྣམས་ཆོས་ཅན།

ཆགས་སྡང་གཏི་མུག་མེད་པ་ལས་སྐྱེས་ཏེ། དེ་ལས་བྱུང་བའི་ཕྱིར།

ཕ༣ རྫོགས་བྱེད་གསུམ་དུ་བསྟན་པ།

ཕ༡ ཉོན་མོངས་གང་གིས་རྫོགས་པར་བྱེད་ཚུལ།

གསུམ་པ་རྫོགས་བྱེད་གསུམ་དུ་བསྟན་པ་ལ། དངོས་(༡༡༥ན)གཞི་གང་ལ་བརྟེན་པ་གཉིས། དང་པོ་ནི། གསོད་དང་གནོད་སེམས་ཚིག་རྩུབ་པོ། །ཞེ་སྡང་གིས་ནི་མཐར་ཕྱིན་བྱེད། །ལོག་གཡེམ་བརྣབ་སེམས་མ་བྱིན་ལེན། །ཆགས་པ་ཡིས་ནི་རྫོགས་པར་བྱེད། །ལོག་པར་ལྟ་བ་གཏི་མུག་གིས། །ལྷག་མ་གསུམ་གྱིས་རྫོགས་པར་འདོད། །ཅེས་བྱུང་། ཤེས་བྱ་ཆོས་ཅན། མི་དགེ་བ་བཅུ་པོ་དེ་ཉོན་མོངས་གང་གིས་རྫོགས་པར་བྱེད་ཚུལ་ཡོད་དེ། གསོད་པ་དང་གནོད་སེམས་དང་ཚིག་རྩུབ་པོ་གསུམ་ནི་ཞེ་སྡང་གིས་ནི་མཐར་ཕྱིན་པར་བྱེད་ལ། ལོག་གཡེམ་དང་བརྣབ་སེམས་དང་མ་བྱིན་ལེན་གསུམ་ནི་ཆགས་པ་ཡིས་ནི་རྫོགས་པར་བྱེད་ཅིང་། ལོག་པར་ལྟ་བ་ནི་གཏི་མུག་གིས་རྫོགས་པར་བྱེད་ལ། དེ་དག་གི་ལྷག་མ་རྫུན་ཕྲ་མ་ངག་ཀྱལ་གསུམ་ནི་དུག་གསུམ་ཆར་གྱིས་རྫོགས་པར་བྱེད་པར་འདོད་པའི་ཕྱིར།

ཕ༢ དངོས་གཞི་གང་ལ་བརྟེན་པ།

གཉིས་པ་ནི། གཞི་ནི་སེམས་ཅན་ལོངས་སྤྱོད་དང་། །མིང་དང་གཟུགས་ནི་མིང་ཡིན་ནོ། །ཞེས་བྱུང་། ལས་ལམ་བཅུ་ལ་ཆ་བཞིར་བྱས་པའི་དང་པོ་གསོད་དང་གནོད་སེམས་ཚིག་རྩུབ་གསུམ་ཆོས་ཅན། བྱེད་པའི་གཞི་ནི་སེམས་ཅན་ཡིན་ཏེ། ཡུལ་སེམས་ཅན་གྱི་སྲོག་གཅོད་པ་སོགས་ལས་འགྲུབ་པ་ཞིག་དགོས་པའི་ཕྱིར། ལོག་གཡེམ་བརྣབ་སེམས་མ་བྱིན་ལེན་ཆོས་ཅན། གཞི་ཡོད་དེ། གཞན་གྱིས་ལོངས་སྤྱོད་ལ་བརྟེན་ནས་འབྱུང་བའི་ཕྱིར། ལོག་ལྟ་ཆོས་ཅན། གཞི་ཡོད་དེ། མིང་དང་

གཟུགས་ཀྱི་དགེ་མི་དགེ་སོགས་ལ་སྐུར་བ་འདེབས་པ་ལས་འགྲུབ་པའི་ཕྱིར། ངག་གི་བཞི་ཆོས་ཅན། གཞི་ཡོད་དེ། མིང་གི་ཚོགས་ལ་བརྟེན་ནས་འབྱུང་བའི་ཕྱིར།

པ༩ སོ་སོའི་ངོ་བོ་ཞར་བྱུང་དང་བཅས་པ།

ཕ༧ ལས་ལམ་སོ་སོའི་ངོ་བོ།

བ༧ ལུས་ཀྱི་ལས།

མ༧ སྲོག་གཅོད་པ།

བཞི་པ་སོ་སོའི་ངོ་བོ་ཞར་བྱུང་དང་བཅས་པ་ལ། ལས་ལམ་སོ་སོའི་ངོ་བོ། སེམས་པ་གང་ལས་ལམ་དུ་དང་ལྷན་ཅིག་འབྱུང་བ། འགྲོ་བ་གང་ན་ལས་ལམ་དུ་ཡོད། ལས་ཀྱི་འབྲས་བུ་ཞར་བྱུང་དང་བཅས་པ་བཞི། དང་པོ་ལ། ལུས་དང་ངག་དང་ཡིད་ཀྱི་ལས་བཤད་པ་གསུམ། དང་པོ་ལ། སྲོག་གཅོད་མ་བྱིན་ལེན་ལོག་གཡེམ་གསུམ། དང་པོ་ནི། སྔ་དང་མཉམ་དུ་ཤི་བ་ལ། །དངོས་མེད་ལུས་(༧༧༥བ)གཞན་སྐྱེས་ཕྱིར་རོ། །དམག་ལ་སོགས་པ་དོན་གཅིག་ཕྱིར། །ཐམས་ཅད་བྱེད་པ་པོ་བཞིན་ལྡན། །སྲོག་གཅོད་པ་ནི་བསམ་བཞིན་དུ། །མ་ནོར་བ་ནི་གཞན་གསོད་པ། །ཞེས་བྱུང་། ཕ་རོལ་པོ་འཆིང་བ་སོགས་གསོད་པའི་སྦྱོར་བ་བྱས་ནས་གསོད་བྱེད་གསད་བྱའི་སྔར་ཤི་བ་དང་མཉམ་དུ་ཤི་བ་ལ་ནི་ལས་ལམ་དངོས་གཞི་འབྱུང་བ་ནི་མེད་དེ། དེའི་ཚེ་ལས་ལམ་དངོས་གཞི་འབྱུང་བའི་རྟེན་ཞིག་ཟིན་པའི་ཕྱིར། དེར་ཐལ། དེའི་ཚེ་སྦྱོར་བ་བྱེད་པའི་ལུས་རྟེན་དང་རྒྱུན་མི་གཅིག་པའི་ལུས་གཞན་ཞིག་སྐྱེས་ཟིན་པའི་ཕྱིར། དམག་ལ་སོགས་པ་བྱེད་པ་དེ་དག་གི་ནང་ནས་གཅིག་གིས་སྲོག་གཅོད་བྱས་ན་འང་དེ་ཐམས་ཅད་བྱེད་པ་པོ་བཞིན་དུ་ལས་ལམ་གྱི་དངོས་གཞི་དང་ལྡན་པར་འགྱུར་ཏེ། དེ་ཐམས་ཅད་གསོད་པའི་དོན་གཅིག་ལ་ཞུགས་པར་མཚུངས་པའི་ཕྱིར། དེའི་ཚེ་གསོད་སེམས་གཏན་མེད་ན་དངོས་གཞི་མེད་དེ། གསོད་འདོད་

མེད་ན་ཡན་ལག་མ་ཚང་བའི་ཕྱིར། སྲོག་གཅོད་པ་ནི་ཆོས་ཅན། ཁྱོད་ཀྱི་ལས་ལམ་དངོས་གཞི་འགྲུབ་པའི་ཚད་ཡོད་དེ། གསོད་འདོད་ཀྱི་བསམ་པས་གསད་བྱ་གཞན་བསམ་བཞིན་དུ་མ་ནོར་བར་བསད་པའི་ཚེ་དེར་འགྲུབ་པའི་ཕྱིར།

མ༢ མ་བྱིན་ལེན།

གཉིས་པ་ནི། མ་བྱིན་ལེན་པ་གཞན་གྱི་ནོར། །མཐུ་དང་འཇབ་བུས་བདག་གིར་བྱེད། །ཅེས་བྱུང་། མ་བྱིན་ལེན་པའི་ལས་ལམ་ཆོས་ཅན། ཁྱོད་ཀྱི་ངོ་བོ་ཡོད་དེ། གཞན་གྱིས་བཟུང་བའི་ནོར་མཐུས་འཕྲོག་པ་དང་། འཇབ་བུས་བརྐུས་ནས་བདག་གིར་བྱས་པའི་ལས་ལམ་དེ་དེ་ཡིན་པའི་ཕྱིར།

མ༣ ལོག་གཡེམ།

གསུམ་པ་ནི། བགྲོད་མིན་བགྲོད་པར་འདོད་པ་ཡིས། །ལོག་པར་གཡེམ་པ་རྣམ་པ་བཞི། །ཞེས་བྱུང་། ལོག་གཡེམ་ཆོས་ཅན། ངོ་བོ་ཡོད་དེ། བགྲོད་བྱ་མིན་པ་ལ་བགྲོད་པར་འདོད་པ་ཡི་རྒྱུ་ལས་བྱུང་བའི་ལས་ལམ་ཞིག་དེ་ཡིན་པའི་ཕྱིར། ལོག་པར་གཡེམ་པ་དེ་ཆོས་ཅན། ཁྱོད་ལ་རྣམ་པ་བཞི་ཡོད་དེ། བགྲོད་བྱ་མིན་པ་ཡུལ་གཞན་གྱི་ཆུང་མ་སོགས་དང་། ཁ་དང་བཤང་ལམ་སོགས་ལམ་མིན་པ་དང་། གཙུག་ལག་ཁང་སོགས་གནས་མིན་པ་དང་། སྦྲུམ་མ་དང་བསྙེན་གནས་སོགས་དུས་མ་ཡིན་པར་བགྲོད་(༡༡༨ན)པ་རྣམས་སུ་ཡོད་པའི་ཕྱིར།

བ༢ ངག་གི་ལས།

མ༡ རྫུན།

ཙ༡ ངག་གི་ལས་དངོས།

གཉིས་པ་ལ། རྫུན་ཕྲ་མ་ཚིག་རྩུབ་ངག་ཀྱལ་བཞི་ལས། དང་པོ་ལ། དངོས་དང་། ཞར་བྱུང་གཉིས། དང་པོ་ནི། རྫུན་ཚིག་འདུ་ཤེས་གཞན་བསྒྱུར་བའི། །ཚིག་དོན་མངོན་པར་གོ་བའོ། །ཞེས་བྱུང་། རྫུན་ཚིག་གི་ལས་ལམ་ཆོས་ཅན། ངོ་བོ་ཡོད་དེ། སྨྲ་བ་པོས་སྨྲ་བྱའི་དོན་དེ་ལས་གཞན་དུ་འདུ་ཤེས་བསྒྱུར་ཏེ་བསམ་བཞིན་དུ་མི་བདེན་པར་སྨྲས་པའི་ཚིག་དོན་ཕ་རོལ་པོས་མངོན་པར་གོ་བའི་ལས་ལམ་དེ་དེ་ཡིན་པའི་ཕྱིར།

ཙ༢ ཞར་བྱུང་།

གཉིས་པ་ནི། མིག་རྣ་ཡིད་ཀྱི་རྣམ་ཤེས་དང་། །གསུམ་གྱི་ཉམས་སུ་མྱོང་གང་དེ། །མཐོང་ཐོས་རྣམ་པར་ཤེས་པ་དང་། །རྟོགས་པ་ཡིན་ཏེ་རིམ་བཞིན་བཤད། །ཅེས་བྱུང་། རྫུན་ལ་ཐ་སྙད་བཅུ་དྲུག་གསུངས་པ་ཡོད་དེ། མཐོང་བ་དང་ཐོས་པ་དང་རྣམ་པར་ཤེས་པ་དང་རྟོགས་པ་བཞི་ལ་མ་མཐོང་སོགས་སུ་སྨྲ་བ་བཞི་དང་། མ་མཐོང་བ་སོགས་བཞི་ལ་མཐོང་བ་སོགས་སྨྲ་བ་བཞི་སྟེ་བརྒྱད་ནི་ལོག་རྫུན་ཡིན་ལ། དེ་དག་བདེན་པར་སྨྲ་བའི་བཞི་ཚན་གཉིས་ཏེ་བརྒྱད་ནི་ཡང་དག་པའི་དོན་ཅན་ཏེ་འདིར་སྐབས་མ་ཡིན་ཞེས་ལ་བྱེད་པའི་ཕྱིར། མཐོང་བ་སོགས་ཀྱི་ཁྱད་པར་ཡོད་དེ། མིག་གིས་མཐོང་བ་དང་། རྣ་བས་ཐོས་པ་དང་། ཡིད་ཀྱི་རྣམ་པར་ཤེས་པས་རྣམ་པར་ཤེས་པ་དང་། སྣ་ལྕེ་ལུས་གསུམ་གྱི་རྣམ་ཤེས་ཀྱིས་ཉམས་སུ་མྱོང་བ་གང་ཡིན་པ་དེ་ལ་རྟོགས་པ་ཡི་ནི་རིམ་པ་བཞིན་དུ་བཤད་པའི་ཕྱིར།

༣༧ ཕྲ་མ།

གཉིས་པ་ཕྲ་མ་ནི། ཕྲ་མ་ཕ་རོལ་དབྱེ་བའི་ཕྱིར། །ཉོན་མོངས་ཅན་གྱི་སེམས་ཀྱི་ཚིག །ཅེས་བྱུང་། ཕྲ་མའི་ལས་ལམ་ཆོས་ཅན། ངོ་བོ་ཡོད་དེ། ཕ་རོལ་མཐུན་པའི་དབྱེ་བའི་ཕྱིར་དུ་མ་འབྲུལ་བའི་ཉོན་མོངས་ཅན་གྱི་ཚིག་གང་ཡིན་པའི་ལས་ལམ་དེ་དེ་ཡིན་པའི་ཕྱིར།

༣༨ ཚིག་རྩུབ།

གསུམ་པ་ནི། ཚིག་རྩུབ་པོ་ནི་མི་སྙན་པ། །ཞེས་བྱུང་། ཚིག་རྩུབ་ཀྱི་ལས་ལམ་ཆོས་ཅན། ངོ་བོ་ཡོད་དེ། མ་འཁྲུལ་བས་ཉོན་མོངས་ཅན་གྱི་ངག་མི་སྙན་པར་སྨྲ་བའི་དོན་ཕ་རོལ་པོས་གོ་བའི་ལས་ལམ་དེ་དེ་ཡིན་པའི་ཕྱིར། དེ་ལྟ་བུ་ནི་གཞན་(༡༡༤བ)ལ་ཕན་པའི་ཆེད་དུ་མ་ཡིན་པར་སྨྲས་པ་ཞིག་དགོས་ཏེ། གང་སྤེལ་ལས། དེ་ལ་ཕན་པའི་ཕྱིར་མ་ཡིན་པའོ། །ཞེས་གསུངས་པའི་ཕྱིར་དང་། ཕན་སེམས་ཀྱིས་སྨྲས་པ་ནི་ཉོན་མོངས་ཅན་མ་ཡིན་པའི་ཕྱིར་རོ། །

༣༩ ངག་ཀྱལ།

བཞི་པ་ནི། ཉོན་མོངས་ཅན་ཀུན་ཀྱལ་བ་ཉིད། །གཞན་ནི་དེ་ལས་གཞན་ཉོན་མོངས། །ཁ་གསག་གླུ་དང་ཟློས་གར་བཞིན། །བསྟན་བཅོས་ངན་བཞིན། ཞེས་བྱུང་། ཚིག་ཀྱལ་བའི་ལས་ལམ་ཆོས་ཅན། ངོ་བོ་ཡོད་དེ། སེམས་ཉོན་མོངས་ཅན་གྱིས་སྨྲས་པའི་ཚིག་ཀུན་དེ་དེ་ཡིན་པའི་ཕྱིར། སྔ་པ་གཞན་ན་རེ། དེའི་ངོ་བོ་ཡོད་དེ། རྫུན་སོགས་གསུམ་པོ་དེ་ལས་གཞན་པའི་ཉོན་མོངས་ཅན་གྱི་ཚིག་དེ་དེ་ཡིན་པའི་ཕྱིར་ཞེས་འདོད་པའི་ཕྱིར། དབྱེ་ན་དུ་མ་ཡོད་དེ། བཀུར་སྟི་ཐོབ་པའི་ཆེད་དུ་ཁ་

གསག་བྱེད་པ་དང་། ཆགས་པས་སྨྲ་ལེན་པ་དང་ཟློས་གར་དང་བཞད་གད་བྱེད་པ་གསུམ་བཞིན་དང་། ཕྱིའི་བསྟན་བཅོས་ངན་པ་འདོན་པ་བཞིན་ཡིན་པའི་ཕྱིར།

བ༣ ཡིད་ཀྱི་ལས།

མ༡ བརྣབ་སེམས།

གསུམ་པ་ལ། བརྣབ་སེམས་གནོད་སེམས་ལོག་ལྟ་གསུམ་ལས། དང་པོ་ནི། བརྣབ་སེམས་ནི། ལོག་པས་གཞན་གྱི་ནོར་ལ་ཆགས། །ཞེས་བྱུང་། བརྣབ་སེམས་ཀྱི་ལས་ལམ་ཆོས་ཅན། ངོ་བོ་ཡོད་དེ། ལོག་པས་གཞན་གྱི་ནོར་ལ་ཆགས་པའི་ལས་ལམ་དེ་དེ་ཡིན་པའི་ཕྱིར།

མ༢ གནོད་སེམས།

གཉིས་པ་ནི། གནོད་སེམས་སེམས་ཅན་ལ་སྡང་བ། །ཞེས་བྱུང་། གནོད་སེམས་ཀྱི་ལས་ལམ་ཆོས་ཅན། ངོ་བོ་ཡོད་དེ། ཞེ་སྡང་བས་སེམས་ཅན་གཞན་ལ་གནོད་པར་བསམ་པའི་ལས་ལམ་དེ་དེ་ཡིན་པའི་ཕྱིར།

མ༣ ལོག་ལྟ།

ཙ༡ ལོག་ལྟ་དངོས།

གསུམ་པ་ལ། དངོས་དང་། ཞར་བྱུང་གཉིས། དང་པོ་ནི། དགེ་དང་མི་དགེ་མེད་ལྟ་བ། །ལོག་པར་ལྟ་བ་ཡིན། ཞེས་བྱུང་། ལོག་པར་ལྟ་བའི་ལས་ལམ་ཆོས་ཅན། ངོ་བོ་ཡོད་དེ། དགེ་བ་དང་མི་དགེ་བ་མེད་པར་ལྟ་བས་མཚོན་པའི་ཆོས་ཅི་རིགས་ལ་སྐུར་བ་འདེབས་པའི་ཤེས་རབ་ཉོན་མོངས་ཅན་དེ་དེ་ཡིན་པའི་ཕྱིར། འདི་ལ་དབྱེ་ན་རྣམ་གྲངས་མང་སྟེ། འཕགས་པའི་གང་ཟག་ལྟ་བུ་དང་། ས་ལམ་

དང་། འཇིག་རྟེན་ཕ་རོལ་ལ་སྐུར་བ་འདེབས་པ་དང་། སྡོད་བཅུད་དབང་ཕྱུག་དང་ཚངས་པ་སོགས་(༡༡༧ན)ཀྱིས་བྱས་པར་ལྟ་བ་སོགས་ཡོད་པའི་ཕྱིར།

ཅ༢ ཞར་བྱུང་།

གཉིས་པ་ལ་གཉིས་ཀྱི་དང་པོ་ནི། འདི་ལ། གསུམ་ལམ་བདུན་ནི་ལས་ཀྱང་ཡིན། །ཞེས་བྱུང་། བརྣབ་སེམས་སོགས་ཡིད་ཀྱི་གསུམ་ཆོས་ཅན། ལས་ཀྱི་ལམ་ཡིན་ཏེ། རང་དང་མཚུངས་ལྡན་གྱི་སེམས་པ་ཡུལ་ལ་གཡོ་བར་བྱེད་པའི་བྱེད་ལས་ཅན་ཡིན་པའི་ཕྱིར་ཏེ། ཁྱོད་ཀྱི་དབང་གིས་སེམས་པས་ད་ལྟར་འདུ་བྱེད་པའི་ཕྱིར། ལུས་ངག་གི་ལས་བདུན་ནི་ཆོས་ཅན། ལས་ལམ་དུ་མ་ཟད་ལས་ཀྱང་ཡིན་ཏེ། ཁྱོད་ཀུན་ནས་སློང་བའི་སེམས་པ་ནི་ཁྱོད་ལ་བརྟེན་ནས་འཇུག་པས་ན་ལས་ཀྱི་ལམ་ཡིན་ལ། ངོ་བོའི་སྒོ་ནས་ལས་ཀྱང་ཡིན་པའི་ཕྱིར། ལུས་ངག་གི་ལས་ལམ་བདུན་ལ་དངོས་གཞིས་ཁྱབ་སྟེ། དེ་དག་གི་སྦྱོར་བ་བདུན་ནི་ལས་ལམ་གྱི་ཆེད་དུ་འཇུག་པ་ཡིན་པས་ལས་ལམ་མ་ཚང་། མཇུག་བདུན་ནི་ལས་ལམ་ལས་འདས་པའི་ཕྱིར། གཉིས་པ་ལ། གཅོད་ཚུལ་དང་། མཚམས་སྦྱོར་ཚུལ་གཉིས། དང་པོ་ནི། མེད་པར་ལྟ་བས་རྩ་བ་གཅོད། །འདོད་གཏོགས་སྐྱེས་ནས་ཐོབ་པ་རྣམས། །རྒྱུ་དང་འབྲས་ལ་སྐུར་འདེབས་པས། །ཀུན་གྱིས་རིམ་གྱིས་མི་ནང་དུ། །སྐྱེས་པ་བུད་མེད་ཀྱིས་གཅོད་དོ། །ལྟ་སྤྱོད་དེ་ནི་མི་ལྡན་པའོ། །ཞེས་བྱུང་། ཤེས་བྱ་ཆོས་ཅན། མི་དགེ་བ་གང་གིས་དགེ་བའི་རྩ་བ་གཅོད་པ་ཡོད་དེ། རྒྱུ་དང་འབྲས་བུ་སོགས་ལ་མེད་ཅེས་སྐུར་བ་འདེབས་པའི་ལོག་ལྟས་གཅོད་པར་བྱེད་པའི་ཕྱིར། གང་གཅོད་པ་ཡོད་དེ། འདོད་གཏོགས་ཀྱི་དགེ་རྩ་སྐྱེས་ནས་ཐོབ་པ་རྣམས་གཅོད་ཀྱི། གོང་མའི་དགེ་རྩ་མི་གཅོད་པའི་ཕྱིར། དེ་ཡང་ཟག་མེད་ལ་དམིགས་པས་མི་གཅོད་པ་མིན་ཏེ། ཟག་བཅས་ཟག་མེད་ཀུན་ལ་དམིགས་ཀྱང་གཅོད་པའི་ཕྱིར། དེས་ན་ཀུན་གྱིས་དོན་ལོག་ལྟ་ཀུན་གྱིས་ཞེས་

མི་སྦྱོར་རོ། །གཅོད་ཚུལ་ནི་ཅིག་ཅར་དུ་མིན་ཏེ། ཆུང་འབྲིང་ཆེན་པོ་རྣམས་རིམ་གྱིས་གཅོད་པའི་ཕྱིར། འགྲོ་བ་གཞན་དུ་མ་ཡིན་པར་མིའི་ནང་དུ་སྐྱེས་པ་དང་བུད་མེད་ཀྱིས་གཅོད་པ་ཉིད་ཀྱི། ཟ་མ་དང་མ་ནིང་སོགས་ཀྱིས་(༡༡༧བ)མི་གཅོད་དེ། དེ་རྣམས་བསམ་པ་མི་བརྟན་པའི་ཕྱིར། དེ་ཡང་ལྟ་བ་སྤྱད་པས་གཅོད་ཀྱི། སྲིད་པ་སྤྱད་པས་མི་གཅོད་དེ། དེ་བསམ་པ་གཡོ་བའི་ཕྱིར། དགེ་རྩ་བཅད་དག་ནི་ཆོས་ཅན། དགེ་རྩ་དེ་དང་མི་ལྡན་པ་ཞེས་བྱ་སྟེ། དེ་དང་བྲལ་བའི་ཕྱིར།

གཉིས་པ་ནི། མཚམས་ནི་ཐེ་ཚོམ་ཡོད་ལྟ་བས། །མཚམས་མེད་བྱེད་པའི་འདི་ལ་མིན། །ཞེས་བྱུང་། དགེ་རྩ་ཆད་པ་ཆོས་ཅན། ཁྱོད་སླར་མཚམས་སྦྱོར་བའི་དུས་ཡོད་དེ། རྒྱུ་འབྲས་ལ་ཡོད་དམ་སྙམ་པའི་ཐེ་ཚོམ་དང་། ཡོད་པར་ངེས་པའི་ལྟ་བ་གང་རུང་གིས་མཚམས་སྦྱོར་བའི་ཕྱིར། མཚམས་མེད་བྱེད་པའི་དགེ་རྩ་ཆོས་ཅན། ཚེ་འདི་ལ་མཚམས་སྦྱོར་བ་མིན་ཡང་སྦྱོར་བའི་དུས་ཡོད་དེ། ཚེ་འཕོས་ནས་མཚམས་སྦྱོར་བར་འགྱུར་བའི་ཕྱིར།

པ༢ སེམས་པ་གང་ལས་ལམ་དུ་དང་ལྷན་ཅིག་འབྱུང་བ།

བ༡ མི་དགེ་བའི་དབང་དུ་བྱས་པ།

གཉིས་པ་སེམས་པ་གང་ལས་ལམ་དུ་དང་ལྷན་ཅིག་འབྱུང་དཔྱད་པ་ལ། མི་དགེ་བ་དང་། དགེ་བའི་དབང་དུ་བྱས་པ་གཉིས། དང་པོ་ནི། མི་དགེ་བརྒྱད་ཀྱི་བར་དག་དང་། །སེམས་པ་ཅིག་ཅར་ལྷན་ཅིག་འབྱུང་། །ཞེས་བྱུང་། སེམས་པ་ཆོས་ཅན། མི་དགེ་བ་དུ་དང་ལྷན་ཅིག་འབྱུང་བ་ཡོད་དེ། སྲོག་གཅོད་པ་སོགས་མི་དགེ་བ་གཅིག་ནས་བརྒྱད་ཀྱི་བར་དག་དང་ལྷན་ཅིག་ཅིག་ཅར་འབྱུང་བ་ཡོད་པའི་ཕྱིར། དེར་ཐལ། ལུས་ངག་གི་བདུན་དང་ཡིད་ཀྱི་གསུམ་གང་རུང་དང་ལྷན་ཅིག་འབྱུང་བ་ཡོད་པའི་ཕྱིར།

བ༢ དགེ་བའི་དབང་དུ་བྱས་པ།

གཉིས་པ་ནི། དགེ་བ་བཅུ་ཡི་བར་དག་དང་། །གཅིག་དང་བརྒྱད་དང་ལྔ་དང་མེད། །ཅེས་བྱུང་། སེམས་པ་ཆོས་ཅན། དགེ་བ་དུ་དང་ལྷན་ཅིག་འབྱུང་བ་ཡོད་དེ། གཅིག་ནས་བཅུ་ཡི་བར་དག་དང་ལྷན་ཅིག་འབྱུང་བའི་ཕྱིར། དེར་ཐལ། སྲོག་གཅོད་སྤོང་བ་སོགས་བཅུ་དང་ལྷན་ཅིག་འབྱུང་བ་ཡོད་པའི་ཕྱིར། དམིགས་བསལ་ཡོད་དེ། སྨོམ་པའི་དབང་དུ་བྱས་ནས་དགེ་བའི་ལས་ལམ་གཅིག་པོ་ན་དང་། ལྔ་པོ་ན་དང་བརྒྱད་པོ་ན་དང་ལྷན་ཅིག་འབྱུང་བ་མེད་པའི་ཕྱིར། དེར་ཐལ། སྔ་གཅིག་པོ་ནའི་སྡོམ་པ་གཟུགས་ཅན་མེད་པའི་ཕྱིར་དང་། སྤོང་བ་གསུམ་དང་ལྔ་ཚམ་གྱི་སྡོམ་པ་མེད་པའི་ཕྱིར།

ཕ༣ འགྲོ་བ་གང་ན་ལས་ལམ་དུ་ཡོད།

བ༡ མི་དགེ་བའི་དབང་དུ་བྱས་པ།

གསུམ་པ་འགྲོ་བ་གང་(༡༡༨ན)ན་ལས་ལམ་དུ་ཡོད་དཔྱད་པ་ལ། མི་དགེ་བ་དང་དགེ་བ་གཉིས། དང་པོ་ནི། དམྱལ་བ་ན་ནི་ཀྱལ་པ་དང་། །ཚིག་རྩུབ་གནོད་སེམས་རྣམ་གཉིས་སོ། །བརྣབ་སེམས་ལོག་ལྟ་ལྡན་པས་སོ། །སྒྲ་མི་སྙན་ན་གསུམ་ཡོད་དེ། །དེ་ན་བདུན་པ་དངོས་སུ་ཡང་། །འདོད་པ་གཞན་ན་མི་དགེ་བཅུ། །ཞེས་བྱུང་། དམྱལ་བ་ཆོས་ཅན། ཁྱོད་ན་མི་དགེ་བ་གསུམ་ཡོད་དེ། ཚིག་ཀྱལ་བ་དང་ཚིག་རྩུབ་དང་གནོད་སེམས་གསུམ་མངོན་གྱུར་དང་ལྡན་པ་རྣམ་པ་གཉིས་ཀའི་སྒོ་ནས་ཡོད་པའི་ཕྱིར། དེ་ན་མི་དགེ་གཞན་གཉིས་ཀྱང་ཡོད་དེ། བརྣབ་སེམས་དང་ལོག་ལྟ་ལྡན་པའི་སྒོ་ནས་ཡོད་པའི་ཕྱིར། སྒྲ་མི་སྙན་ན་གསུམ་ཡོད་དེ། བརྣབ་སེམས་གནོད་སེམས་ལོག་ལྟ་གསུམ་ས་བོན་ལྡན་པའི་སྒོ་ནས་ཡོད་ལ། དེ་ན་བདུན

པ་ངག་ཀུལ་མངོན་གྱུར་དུ་དངོས་སུ་ཡང་ཡོད་པའི་ཕྱིར། སྟར་བཤད་པའི་དེ་གཉིས་ན་གཞན་ཕྱོགས་མཐུན་ལྟ་བུ་ལས་ཡོངས་སུ་རྫོགས་པ་མེད་དེ། དེ་དག་གི་མཚན་ཉིད་ཚང་བ་མེད་པའི་ཕྱིར། དེ་གཉིས་ལས་གཞན་པའི་འདོད་པ་ན་མི་དགེ་བཅུ་མངོན་གྱུར་དུ་ཡོད་དེ། གླིང་གསུམ་གྱི་མི་དང་ཡི་དྭགས་དང་དུད་འགྲོ་དང་ལྷ་མིན་ལ་དེ་ལྟར་ཡོད་ཅིང་། ལྷ་ལའང་ཅི་རིགས་ཡོད་པའི་ཕྱིར།

བ༢ དགེ་བའི་དབང་དུ་བྱས་པ།

གཉིས་པ་ནི། དགེ་བ་གསུམ་ནི་ཐམས་ཅད་ན། །ཆེད་དང་མངོན་དུ་གྱུར་སྒོ་ནས། །གཟུགས་མེད་འདུ་ཤེས་མེད་སེམས་ཅན། །ཆེད་པས་བདུན་ཡོད་ལྷག་བྱས་ན། །མངོན་དུ་གྱུར་པའི་སྒོ་ནས་ཀྱང་། །དམྱལ་བཅས་སྒྲ་མི་སྙན་མ་གཏོགས། །ཞེས་བྱུང་། ཡིད་ཀྱི་དགེ་བ་གསུམ་ནི་ཆོས་ཅན། ཁམས་གསུམ་དང་འགྲོ་བ་ལྔ་ཐམས་ཅད་ན་ཡོད་དེ། དེ་དག་ན་ཆེད་པ་དང་མངོན་དུ་གྱུར་པ་ཅི་རིགས་ཀྱི་སྒོ་ནས་ཡོད། གཟུགས་མེད་དང་འདུ་ཤེས་མེད་པའི་སེམས་ཅན་ལ་ཆེད་པ་སྟེ་ལྡན་པའི་སྒོ་ནས་ཡོད། དེ་དག་གི་ལྷག་མར་བྱས་པའི་ཁམས་དང་། འགྲོ་བ་དག་ན་ལུས་ངག་གི་བདུན་མངོན་དུ་གྱུར་པའི་སྒོ་ནས་ཡོད་པའི་ཕྱིར། འདི་ལྟར་ཡིན་གྱི། བདུན་པོ་སྟ་མ་དང་མི་སྤྱོར་རོ། །ཡི་དྭགས་དང་དུད་འགྲོ་ལ་ཡིད་ཀྱི་གསུམ་ཡོད་ཀྱང་སྡོམ་པས་(༧༧༤བ)བསྡུས་པའི་དེ་གསུམ་མེད་པར་ཤེས་དགོས་ཏེ། དེ་དག་ན་སྡོམ་པ་མེད་པའི་ཕྱིར། དམྱལ་བ་དང་བཅས་པའི་སྒྲ་མི་སྙན་པ་ནི་མ་གཏོགས་ཏེ། དམིགས་ཀྱིས་བསལ་ནས་མངོན་གྱུར་དུ་མེད་པར་བཤད་པའི་ཕྱིར་རོ། །

༥༩ ལས་ཀྱི་འབྲས་བུ་ཞར་བྱུང་དང་བཅས་པ།

༡ འབྲས་བུ།

བཞི་པ་ལས་ཀྱི་འབྲས་བུ་ཞར་བྱུང་དང་བཅས་པ་ལ། འབྲས་བུ་དང་ཞར་བྱུང་གཉིས། དང་པོ་ནི། ཐམས་ཅད་བདག་པོ་རྒྱུ་མཐུན་དང་། །རྣམ་སྨིན་འབྲས་བུ་འབྱིན་པར་འདོད། །སྡུག་བསྔལ་ཕྱིར་དང་བསད་ཕྱིར་དང་། །གཟི་བྱིན་མེད་ཕྱིར་འབྲས་རྣམ་གསུམ། །ཞེས་བྱུང་། དགེ་མི་དགེའི་ལས་ལམ་ཐམས་ཅད་ཆོས་ཅན། སྦྱོར་དངོས་མཇུག་གསུམ་གྱིས་འབྲས་བུ་སོ་སོར་འབྱིན་པར་འདོད་དེ། སྦྱོར་བས་རྣམ་སྨིན་གྱི་འབྲས་བུ་དང་། དངོས་གཞིས་རྒྱུ་མཐུན་གྱི་འབྲས་བུ་དང་། མཇུག་གིས་བདག་པོའི་འབྲས་བུ་འབྱིན་པའི་ཕྱིར། དེར་ཐལ། སྲོག་གཅོད་ཀྱིས་མཚོན་ན་སྦྱོར་བའི་ཚེ་གཞན་སྡུག་བསྔལ་བར་བྱས་པས་རྣམ་སྨིན་སྡུག་བསྔལ་བའི་ལུས་འགྲུབ། དངོས་གཞིའི་ཚེ་བསད་པས་རྒྱུ་མཐུན་ཚེ་ཐུང་། མཇུག་ཏུ་གསད་བྱ་དེ་གཟི་བྱིན་མེད་པར་བྱས་པའི་ཕྱིར་བདག་འབྲས་ས་ཕྱོགས་དང་སྨན་གཟི་མདུ་ཆུང་བའི་ཕྱིར། དེ་བཞིན་དུ་མི་དགེ་བ་གཞན་དང་དེ་ལས་བཟློག་པའི་དགེ་བའི་འབྲས་བུ་ལའང་ཅི་རིགས་སྦྱོར་ཏེ། འདི་ནི་མཚོན་པ་ཙམ་ཡིན་པའི་ཕྱིར།

༢ ཞར་བྱུང་།

གཉིས་པ་ནི། ལུས་དང་ངག་དང་ཆགས་ལས་སྐྱེས། །ལོག་འཚོ་སྦྱངས་དཀའི་ཕྱིར་ལོགས་ཤིག །བསྟན་ཏོ་གལ་ཏེ་ཡོ་བྱད་ལ། །ཆགས་བསྐྱེད་མདོ་དང་འགལ་ཕྱིར་མིན། །ཞེས་བྱུང་། ལོག་འཚོ་ཆོས་ཅན། ཁྱོད་ཀྱི་ངོ་བོ་ཡོད་དེ། ལུས་དང་ངག་གི་ལས་ལོག་པར་ཆགས་པ་ལས་སྐྱེས་པ་ཞིག་དེ་ཡིན་པའི་ཕྱིར། ལོག་འཚོ་ཆོས་ཅན། ཁྱོད་ལོགས་ཤིག་ཏུ་བཀར་ནས་བསྟན་པའི་རྒྱུ་མཚན་ཡོད་དེ། སོ་སྐྱེས་

སྤྱངས་དཀའ་བའི་རྒྱུ་མཚན་གྱིས་ཡིན་པའི་ཕྱིར། གལ་ཏེ་ཁ་ཅིག་ཡོ་བྱད་ལ་ཆགས་པས་ཀུན་ནས་བསླངས་པའི་ལུས་ངག་གི་ན་ལ་ལོག་འཚོར་འཇོག་གོ་སྙམ་ན། འཐད་པ་མིན་ཏེ། དེ་ནི་ཚུལ་ཁྲིམས་ཀྱི་ཕུང་པོའི་མདོར་གསུངས་པ་དང་འགལ་བའི་ཕྱིར། དེར་ཐལ། མདོ་དེར་སླང་ཆེན་འཐབ་པ་དང་སྟོབས་འགྱེད་པ་སོགས་འཇིག་རྟེན་གྱི་(77(ན)གཡེང་བ་ལ་ལྟད་མོ་ལྟ་བ་ཡང་ལོག་འཚོར་བཤད་པའི་ཕྱིར།

ཐ༣ ལས་གང་གིས་འབྲས་བུ་གང་འགྲུབ་ཚུལ།

ད༡ མདོར་བསྟན་པ།

གསུམ་པ་ལ། མདོར་བསྟན་པ་དང་། རྒྱས་པར་བཤད་པ་གཉིས། དང་པོ་ནི། དྲིར་བཅས་སྤྱོད་པའི་ལམ་དག་གི། །ལས་ནི་ལྔ་ཡི་འབྲས་བུར་བཅས། །དྲི་མེད་བཞི་ཡིས་ཟག་བཅས་གཞན། །དགེ་དང་མི་དགེ་གང་ཡིན་པའང་། །ཟག་པ་མེད་པ་ལྷག་མ་དང་། །ལུང་བསྟན་མིན་གང་གསུམ་གྱིས་སོ། །ཞེས་བྱུང་། དྲིར་བཅས་ཏེ་ཟག་བཅས་ཉོན་མོངས་སྤྱོད་བ་འཇིག་རྟེན་པའི་སྒོམ་ལམ་དག་གི་སེམས་པའི་བཞི་ཆོས་ཅན། ལྔ་ཡི་འབྲས་བུར་བཅས་པ་ཡིན་ཏེ། རྣམ་སྨིན་གྱི་འབྲས་བུ་ཡོད་འོང་། རྒྱུ་མཐུན་གྱི་འབྲས་བུ་རིགས་འདྲ་ཕྱི་མ་དང་། སྐྱེས་བུ་བྱེད་འབྲས་རྣམ་གྲོལ་ལམ་དང་། འོག་མའི་ཉོན་མོངས་སྤངས་པའི་བྲལ་འབྲས་དང་། བདག་འབྲས་རང་ལས་གཞན་པའི་འདུས་བྱས་སྔར་མ་བྱུང་བ་འགྲུབ་པ་དང་བཅས་པའི་ཕྱིར། དྲི་མེད་སྤྱོད་ལམ་ཟག་མེད་བར་ཆད་མེད་ལམ་ཆོས་ཅན། འབྲས་བུ་བཞི་དང་ལྡན་ཏེ། རྣམ་སྨིན་མ་གཏོགས་པའི་འབྲས་བུ་བཞི་དང་བཅས་པའི་ཕྱིར། སྤྱོད་ལམ་ལས་གཞན་པའི་དགེ་བ་ཟག་བཅས་དང་མི་དགེ་བའི་ལས་གང་ཡིན་པའང་ཆོས་ཅན། འབྲས་བུ་བཞི་དང་ལྡན་ཏེ། བྲལ་འབྲས་མ་གཏོགས་བཞི་དང་ལྡན་པའི་ཕྱིར། དེ་ལས་གཞན་པའི་ཟག་པ་མེད་པ་ལྷག་མ་དང་ལུང་བསྟན་མིན་པའི་ལས་གང་ཆོས་

ཅན། འབྲས་བུ་གསུམ་དང་བཅས་ཏེ། རྣམ་སྨིན་དང་བྲལ་འབྲས་མ་གཏོགས་པ་གསུམ་དང་བཅས་པའི་ཕྱིར།

ང༢ རྒྱས་པར་བཤད་པ།

ཅ༡ དགེ་སོགས་གསུམ་དུ་བཤད་པ།

གཉིས་པ་རྒྱས་པར་བཤད་པ་ལ། དགེ་སོགས་གསུམ་དུ་བཤད་པ། དུས་གསུམ་དུ་བཤད་པ། ཁམས་གསུམ་དུ་བཤད་པ། སློབ་སོགས་གསུམ་དུ་བཤད་པ། མཐོང་སྤང་སོགས་གསུམ་དུ་འབྲས་བུ་དུ་དང་བཅས་པ་ལྔ། དང་པོ་ནི། དགེ་བའི་དགེ་ལ་སོགས་པ་ནི། །བཞི་དང་གཉིས་དང་དེ་བཞིན་གསུམ། །མི་དགེའི་དགེ་སོགས་གཉིས་དང་ནི། །གསུམ་དང་བཞི་སྟེ་རིམ་པ་བཞིན། །ལུང་མ་བསྟན་གྱི་དགེ་ལ་སོགས། །(༡༡(བ)དེ་དག་གཉིས་དང་གསུམ་དང་གསུམ། །ཞེས་བྱུང་། དགེ་བའི་ལས་ཆོས་ཅན། འབྲས་བུ་དགེ་བ་ལ་བཞི་ཡོད་དེ། རྣམ་སྨིན་གྱི་འབྲས་བུ་མ་གཏོགས་པ་གཞན་བཞི་འབྱུང་བའི་ཕྱིར། ལ་སོགས་པས་ནི་དེའི་མི་དགེ་བ་ལ་གཉིས་ཡོད་དེ། སྐྱེས་བུ་བྱེད་འབྲས་དང་བདག་འབྲས་གཉིས་ཡོད་པའི་ཕྱིར། དེའི་ལུང་མ་བསྟན་ལ་གསུམ་ཡོད་དེ། དེ་བཞིན་དུ་རྒྱུ་མཐུན་དང་བྲལ་འབྲས་མ་གཏོགས་པ་གསུམ་ཡོད་པའི་ཕྱིར། མི་དགེ་བ་ཆོས་ཅན། ཁྱོད་ཀྱི་འབྲས་བུ་དགེ་སོགས་གསུམ་ལས་ཅི་ཙམ་འབྱུང་བ་ཡོད་དེ། ཁྱོད་ཀྱི་འབྲས་བུ་དགེ་བ་ལ་སྐྱེས་བདག་གཉིས་དང་། མི་དགེ་བ་ལ་རྒྱུ་བདག་སྐྱེས་གསུམ་དང་། ལུང་མ་བསྟན་ལ་བྲལ་འབྲས་མ་གཏོགས་པ་བཞི་སྟེ་རིམ་པ་བཞིན་དུ་ཡོད་པའི་ཕྱིར་ཏེ། རྒྱུ་མཐུན་སྐྱེས་བདག་རྣམ་སྨིན་བཞི་ཡོད་པའི་ཕྱིར། ལུང་མ་བསྟན་ཆོས་ཅན། ཁྱོད་ཀྱི་འབྲས་བུ་དགེ་སོགས་དེ་དག་གསུམ་ལས་ཅི་ཙམ་འབྱུང་བ་ཡོད་དེ། ཁྱོད་ཀྱི་འབྲས་བུ་དགེ་བ་ལ་སྐྱེས་བདག་གཉིས་དང་། མི་དགེ་བ་ལ་རྒྱུ་བདག་སྐྱེས་གསུམ་དང་། ལུང་མ་བསྟན་ལ་རྒྱུ་མཐུན་བྱེད་

འབྲས་རྣམ་སྨིན་གསུམ་ཡོད་པའི་ཕྱིར།

ན༢ དུས་གསུམ་དུ་བཤད་པ།

གཉིས་པ་ལ། འདས་ད་ལྟར་མ་འོངས་པ་གསུམ་ལས། དང་པོ་ནི། འདས་པའི་ཐམས་ཅད་བཞི་ཡིན་ནོ། །བར་མ་ཡི་ནི་མ་འོངས་པའང་། །བར་མ་གཉིས་པོ་མ་སྐྱེས་པའི། །འབྲས་བུ་མ་འོངས་གསུམ་ཡིན་ནོ། །ཞེས་བྱུང་། འདས་པའི་ལས་ཆོས་ཅན། ཁྱོད་ཀྱི་འབྲས་བུ་དུས་གསུམ་ཐམས་ཅད་དང་ལྡན་ཞིང་དེ་རྣམས་ནི་འབྲས་བུ་བཞི་དང་བཅས་པ་ཡིན་ཏེ། བྲལ་འབྲས་མ་གཏོགས་པ་བཞི་ཡོད་པའི་ཕྱིར། གཉིས་པ་བར་མ་ད་ལྟར་བ་ཡི་ལས་ནི་ཆོས་ཅན། ཁྱོད་ཀྱི་འབྲས་བུ་མ་འོངས་པ་ཡིན་ཀྱང་བཞི་ཡོད་དེ། བྲལ་འབྲས་མ་གཏོགས་པ་བཞི་ཡོད་པའི་ཕྱིར། བར་མ་ད་ལྟར་བའི་ལས་ཆོས་ཅན། འབྲས་བུ་ད་ལྟར་བ་གཉིས་ཡོད་དེ། སྐྱེས་བདག་གི་འབྲས་བུ་གཉིས་ཡོད་པའི་ཕྱིར། མ་སྐྱེས་པ་སྟེ་མ་འོངས་པའི་ལས་ཆོས་ཅན། ཁྱོད་འབྲས་བུ་གསུམ་དང་ལྡན་ཏེ། འབྲས་བུ་མ་འོངས་པ་གསུམ་དང་ལྡན་པ་ཡིན་པའི་ཕྱིར་ཏེ། རྒྱུ་བྲལ་མ་གཏོགས་པ་དང་ལྡན་པའི་(༧༢༠ན)ཕྱིར།

ན༣ ཁམས་གསུམ་དུ་བཤད་པ།

གསུམ་པ་ནི། རང་གི་ས་པའི་བཞི་ཡིན་ནོ། །གཞན་གྱི་ས་པའི་གསུམ་དང་གཉིས། །ཞེས་བྱུང་། ཁམས་གསུམ་གྱི་ལས་ཆོས་ཅན། རང་གི་ས་པའི་འབྲས་བུ་སྐྱབ་པ་ལ་བཞི་ཡོད་དེ། བྲལ་འབྲས་མིན་པ་བཞི་ཡོད་པའི་ཕྱིར། དེ་ཆོས་ཅན། ཁྱོད་ཀྱིས་གཞན་གྱི་ས་པའི་ལས་སྐྱབ་པ་ལ་གསུམ་མམ། གཉིས་འབྱུང་བ་ཡོད་དེ། ཟག་མེད་ཅིག་སྐྱབ་ན་རྣམ་སྨིན་དང་བྲལ་འབྲས་མ་གཏོགས་པ་གསུམ་དང་། ཟག་བཅས་སྐྱབ་ན་སྐྱེས་བདག་གཉིས་འབྱུང་བའི་ཕྱིར།

ཞ༤ སྤོབ་སོགས་གསུམ་དུ་བཤད་པ།

བཞི་པ་ལ། སྤོབ་པ་དང་མི་སྤོབ་པ་དང་གཉིས་ཀ་མིན་པ་གསུམ། དང་པོ་ནི། སྤོབ་པའི་སྤོབ་ལ་སོགས་པ་གསུམ། །མི་སྤོབ་ལས་ཀྱི་འབྲས་བུ་ནི། །སྤོབ་པ་ཡི་ནི་ཆོས་ལ་སོགས། །གཅིག་དང་གསུམ་དང་གཉིས་ཡིན་ནོ། །དེ་ལས་གཞན་པའི་འབྲས་བུ་ནི། །སྤོབ་སོགས་གཉིས་དང་གཉིས་དང་ལྔ། །ཞེས་བྱུང་། སྤོབ་པའི་ལས་ཆོས་ཅན། ཁྱོད་ཀྱིས་འབྲས་བུ་སྤོབ་པ་ལ་སོགས་གསུམ་ལས་གང་སྐྱེས་པའི་ཁྱད་པར་ཡོད་དེ། འབྲས་བུ་སྤོབ་པ་སྐྱུབ་ན་རྒྱུ་སྐྱེས་བདག་གསུམ་དང་། སོགས་པས་མི་སྤོབ་པ་སྐྱུབ་ན་ཡང་འབྲས་བུ་དེ་གསུམ་དང་། སྤོབ་མི་སྤོབ་གཉིས་ཀ་མིན་པ་སྐྱུབ་ན་སྐྱེས་བདག་བྲལ་འབྲས་གསུམ་འབྱུང་བའི་ཕྱིར། གཉིས་པ་མི་སྤོབ་པའི་ལས་ཆོས་ཅན། འབྲས་བུ་སྤོབ་སོགས་གསུམ་ལ་ཅི་ཙམ་སྐྱེད་པ་ཡོད་དེ། སྤོབ་པའི་ཆོས་སྐྱེད་ན་བདག་འབྲས་གཅིག་པུ་དང་། སོགས་པས་མི་སྤོབ་བསྐྱེད་ན་རྒྱུ་བདག་སྐྱེས་གསུམ་དང་། སྤོབ་མི་སྤོབ་གཉིས་ཀ་མིན་པ་སྐྱེད་ན་སྐྱེས་བདག་གཉིས་འབྱུང་བ་ཡིན་པའི་ཕྱིར། གསུམ་པ་སྤོབ་མི་སྤོབ་དེ་ལས་གཞན་པའི་གཉིས་ཀ་མིན་པའི་ལས་ཆོས་ཅན། འབྲས་བུ་གསུམ་པོ་དེ་ལས་ཅི་ཙམ་སྐྱེད་པ་ཡོད་དེ། ཁྱོད་ཀྱིས་སྤོབ་པ་ལ་སྐྱེས་བདག་གཉིས་དང་སོགས་ཀྱིས་མི་སྤོབ་པ་ལའང་དེ་གཉིས་དང་། གཉིས་ཀ་མིན་པ་ལ་འབྲས་བུ་ལྔ་འབྱུང་བའི་ཕྱིར།

ཞ༥ མཐོང་སྤང་སོགས་གསུམ་དུ་འབྲས་བུ་དང་བཅས་པ།

ལྔ་པ་ནི། མཐོང་བས་སྤང་བྱའི་དེ་ལ་སོགས། །གསུམ་དང་བཞི་དང་གཅིག་ཡིན་(༧༢༠བ)ནོ། །སྒོམ་པས་སྤང་བར་བྱ་ལས་ཀྱི། །དེ་དག་གཉིས་དང་བཞི་དང་གསུམ། །སྤང་བྱ་མིན་པའི་དེ་དག་གཅིག །གཉིས་དང་བཞི་སྟེ་གོ་རིམ་བཞིན། །ཞེས་

བྱུང་། འདི་ལ་གསུམ་གྱི་དང་པོ་ནི། མཐོང་བས་སྤང་བར་བྱ་བའི་ལས་ཆོས་ཅན། ཁྱོད་ཀྱི་འབྲས་བུ་དེ་གསུམ་ལས་གང་འབྱུང་བ་ཡོད་དེ། མཐོང་སྤང་ལ་རྒྱུ་སྐྱེས་བདག་གསུམ་དང་། སོགས་ཀྱིས་སྒོམ་སྤང་ལ་བྲལ་འབྲས་མིན་པའི་བཞི་དང་། སྤང་བྱ་མིན་པ་ལ་བདག་འབྲས་གཅིག་པུ་པོ་ན་འབྱུང་བའི་ཕྱིར། སྒོམ་པས་སྤང་བར་བྱ་བའི་ལས་ཆོས་ཅན། ཁྱོད་ཀྱི་འབྲས་བུ་དེ་དག་གསུམ་ལས་གང་འབྱུང་བ་ཡོད་དེ། འབྲས་བུ་མཐོང་སྤང་ལ་སྐྱེས་པ་བདག་གཉིས་དང་། སྒོམ་སྤང་ལ་བྲལ་འབྲས་མིན་པའི་བཞི་དང་། སྤང་བྱ་མིན་པ་ལ་སྐྱེས་བདག་བྲལ་འབྲས་གསུམ་ཡོད་པའི་ཕྱིར། སྤང་བྱ་མིན་པའི་ལས་ཆོས་ཅན། ཁྱོད་ཀྱིས་གསུམ་པོ་དེ་དག་ལས་གང་སྐྱེད་པ་ཡོད་དེ། འབྲས་བུ་གོ་རིམ་བཞིན་དུ་མཐོང་སྤང་ལ་བདག་འབྲས་གཅིག་པུ་དང་། སྒོམ་སྤང་ལ་སྐྱེས་བདག་གཉིས་དང་། སྤང་བྱ་མིན་པ་རྣམ་སྨིན་མིན་པའི་བཞི་དང་ལྡན་པའི་ཕྱིར་རོ། །

༣༩ ལས་ཀྱི་རྣམ་གྲངས་གཞན་བཤད་པ།

བཞི་པ་ལས་ཀྱི་རྣམ་གྲངས་གཞན་ནི། རིགས་མིན་བསྐྱེད་པ་ཉོན་མོངས་ཅན། ཁ་ཅིག་ཚ་ག་ཉམས་ཞེའོ། །གཅིག་གིས་སྐྱེ་བ་གཅིག་འཕེན་ནོ། །ཡོངས་སུ་རྫོགས་བྱེད་དུ་མ་ཡིན། །སེམས་མེད་སྙོམས་པར་འཇུག་པ་དག །འཕེན་བྱེད་མ་ཡིན་ཐོབ་པའང་མིན། །ཞེས་བྱུང་། རིགས་མི་རིགས་གཉིས་ཀ་མིན་པའི་ལས་གསུམ་ལས་རིགས་པ་མ་ཡིན་པའི་ལས་ཆོས་ཅན། ཡོད་དེ། ཉོན་མོངས་ཅན་གྱིས་བསྐྱེད་པའི་ལས་རྣམས་དེ་ཡིན་པའི་ཕྱིར། ཁ་ཅིག་ན་རེ། དེ་ཡོད་དེ། སྟ་མའི་སྟེང་དུ་འགྲོ་འདུག་ཟས་སོགས་ལ་ཚ་ག་ལྟར་མ་བྱས་པའི་ལས་དེ་དེ་ཡིན་པའི་ཕྱིར། དེར་ཐལ། དེ་ཚ་ག་ཉམས་པའི་ལས་མི་རིགས་པ་ཡིན་པའི་ཕྱིར་ཞེའོ། །གོང་དུ་བཤད་པའི་ལས་གཅིག་གིས་སྐྱེ་བ་གཅིག་དང་དུ་མ་གང་འཕེན་ཞེ་ན། བྱེ་སྨྲའི་གྲུབ་མཐའ་འདིར་

ལས་གཅིག་པོ་ནས་སྐྱེ་བ་གཅིག་འཕེན་གྱི། དུ་མ་མི་འཕེན་ལ། དུ་མས་(༡༢༧ན)ཀྱང་གཅིག་ཙམ་ལས་འཕེན་པར་མི་འདོད་དེ། དེ་ལ་རིགས་པས་གནོད་པའི་ཕྱིར་ཟེར་ཏེ་རིགས་པ་ནི་གང་སྤྱིལ་ལས་སོ། །འོ་ན་མདོ་ལས་གཅིག་གིས་སྐྱེ་བ་དུ་མ་འཕེན་པར་བཤད་པ་དེ་ཇི་ལྟར་ཞེ་ན། པོ་ན་རེ། སྐྱོན་མེད་དེ། ལས་གཞན་གྱི་ས་བོན་གསོ་བ་དང་། དེ་ལ་བརྟེན་ནས་སྐྱེ་བ་རྒྱུན་ཆགས་སུ་འབྱུང་བ་ལྟ་བུ་ལ་དགོངས་པའི་ཕྱིར་ཟེར། འཕེན་བྱེད་གཅིག་ཡིན་ཡང་ཡོངས་སུ་རྫོགས་བྱེད་དུ་མ་ཡོད་པ་ཡིན་ཏེ། དཔེར་ན། རི་མོ་མཁན་གཅིག་གིས་བྲིས་པ་ལ་ཚོན་སྣ་ཚོགས་ཀྱིས་རྫོགས་པར་བྱེད་པ་ལྟར། འཕེན་བྱེད་གཅིག་གི་འབྲས་བུ་དབང་པོ་ཚང་མ་ཚང་སོགས་སྣ་ཚོགས་འབྱུང་བ་ཡོད་པའི་ཕྱིར། སེམས་མེད་འགོག་པ་དང་འདུ་ཤེས་མེད་པའི་སྙོམས་པར་འཇུག་པ་དག་ཆོས་ཅན། རྣམ་སྨིན་དང་བཅས་ཀྱང་རིས་མཐུན་འཕེན་བྱེད་མ་ཡིན་ཏེ། ལས་དང་ལྷན་ཅིག་མི་འབྱུང་བའི་ཕྱིར། དེར་མ་ཟད་ལྷན་ཅིག་ཏུ་བྱུང་བའི་ཐོབ་པའང་འཕེན་བྱེད་མིན་ཏེ། ལས་བས་ཀྱང་འབྲས་བུ་མང་བའི་ཕྱིར་དང་འབྲས་བུ་མི་གཅིག་པའི་ཕྱིར་རོ། །

ང༢ སོ་སོར་བཤད་པ།

ཐ༡ སྒྲུང་བྱ་སྒྲིབ་པ་གསུམ།

ད༡ སྤྱིར་བསྟན་པ།

གཉིས་པ་སོ་སོར་བཤད་པ་ལ། སྤང་བྱ་སྒྲིབ་པ་གསུམ། བསྟེན་བྱ་བསོད་ནམས་གསུམ། ཆ་མཐུན་དགེ་བ་གསུམ་བཤད་པ་དང་གསུམ། དང་པོ་ལ། སྤྱིར་བསྟན་པ་དང་། འགྲོ་བ་ན་སྒྲིབ་པ་དུ་ཡོད་དང་། ལས་སྒྲིབ་བྱེ་བྲག་ཏུ་བཤད་པ་གསུམ། དང་པོ་ནི། མཚམས་མེད་པ་ཡི་ལས་རྣམས་དང་། །ཉོན་མོངས་ཤས་ཆེན་ངན་འགྲོ་དང་། །འདུ་ཤེས་མེད་པའི་སེམས་ཅན་དང་། །སྒྲ་མི་སྙན་སྒྲིབ་གསུམ་དུ་

འདོད། །ཅེས་བྱུང་། སྒྲིབ་པ་ཆོས་ཅན། ཁྱོད་ལ་རྣམ་གྲངས་ཀྱིས་དབྱེ་ན་གསུམ་དུ་འདོད་དེ། ལས་ཀྱི་སྒྲིབ་པ། ཉོན་མོངས་པའི་སྒྲིབ་པ། རྣམ་སྨིན་གྱི་སྒྲིབ་པ་དང་གསུམ་ཡོད་པའི་ཕྱིར། དེར་ཐལ། མཚམས་མེད་པ་ཡི་ལས་རྣམས་དང་པོ་དང་། ཉོན་མོངས་ཤས་ཆེན་པོའི་སྒྲིབ་པ་རྣམས་གཉིས་པ་དང་། ངན་འགྲོ་བ་རྣམས་དང་འདུ་ཤེས་མེད་པའི་སེམས་ཅན་དང་སྒྲ་མི་སྙན་པ་རྣམས་གསུམ་པས་བསྡུས་པ་ཡིན་པའི་ཕྱིར། དེ་དག་གིས་གང་ལ་(༡༢༡བ)སྒྲིབ་ཚུལ་ཡོད་དེ། སྡོམ་པ་དང་ལམ་ཁྱད་པར་ཅན་ཅི་རིགས་སྐྱེ་བ་ལ་སྒྲིབ་པར་བྱེད་པའི་ཕྱིར། དེ་གསུམ་གྱི་ཆེ་ཆུང་ཡོད་དེ། ཉོན་མོངས་དང་ལས་དང་རྣམ་སྨིན་གསུམ་སྔ་མ་སྔ་མ་ཆེ་བའི་ཕྱིར། འོན་ཀྱང་མཐའ་གཅིག་ཏུ་མ་ངེས་ཏེ། མཚམས་མེད་ལས་སྟོབས་ཆུང་བའི་ཉོན་མོངས་དུ་མ་ཡོད་པའི་ཕྱིར།

༥༢ འགྲོ་བ་ན་སྒྲིབ་པ་དུ་ཡོད།

གཉིས་པ་ནི། མཚམས་མེད་གླིང་གསུམ་དག་ན་ཡོད། །ཟ་མ་སོགས་ལ་མི་འདོད་དོ། །ཕན་དང་ངོ་ཚ་ཆུང་བའི་ཕྱིར། །ལྷག་མ་འགྲོ་བ་ལྔ་དག་ན། །ཞེས་བྱུང་། མཚམས་མེད་ལྔ་ཆོས་ཅན། གང་དུ་ཡོད་མེད་ཀྱི་ཁྱད་པར་ཡོད་དེ། སྒྲ་མི་སྙན་མིན་པའི་གླིང་གསུམ་གྱི་མི་དག་ལ་ཡོད་ཀྱི། ཟ་མ་དང་སོགས་ཀྱིས་མ་ནིང་ལྟ་བུ་ལ་ཡོད་པར་མི་འདོད་པའི་ཕྱིར། དེར་ཐལ། དེ་ཕན་སེམས་ཆུང་ཞིང་རྒྱུད་ངོ་ཚ་ཁྲེལ་ཡོད་ཤས་ཆུང་བའི་ཕྱིར། མཚམས་མེད་ཀྱི་ལྷག་མ་ཉོན་མོངས་དང་རྣམ་སྨིན་གྱི་སྒྲིབ་པ་ཆོས་ཅན། གང་ན་ཡོད་པ་ནི་ཕྱོགས་རེ་བ་མིན་ཏེ། འགྲོ་བ་ལྔ་པོ་ཐམས་ཅད་དག་ན་ཡོད་པའི་ཕྱིར།

ད༣ ལས་སྒྲིབ་བྱེ་བྲག་ཏུ་བཤད་པ།

ན༡ མཚམས་མེད་དངོས།

པ༡ དགེ་འདུན་གྱི་དབྱེན།

ཕ༡ དགེ་འདུན་གྱི་དབྱེན་དངོས།

གསུམ་པ་ལ། མཚམས་མེད་དངོས་དང་། ཉེ་བའི་མཚམས་མེད་ཞར་བྱུང་དང་བཅས་པ་གཉིས། དང་པོ་ལ། དགེ་འདུན་གྱི་དབྱེན་དང་། དེ་དག་མཚམས་མེད་ཡིན་པའི་རྒྱུ་མཚན། དེ་ལ་གཞན་གྱི་དོགས་པ་སྤང་བ། དགེ་མི་དགེའི་འབྲས་བུ་ཆེ་ཆད་བསྟན་པ་དང་བཞི། དང་པོ་ལ། དགེ་འདུན་གྱི་དབྱེན་དངོས་དང་། འཁོར་ལོའི་དབྱེན་གྱི་མཚམས་མེད་ངོས་བཟུང་བ་དང་། དེའི་ཁྱད་ཆོས་བཤད་པ་གསུམ། དང་པོ་ནི། དགེ་འདུན་དབྱེན་ནི་མི་འཕྲོད་པའི། །རང་བཞིན་ལྡན་པ་མ་ཡིན་ཆོས། །ཉོན་མོངས་ཅན་མིན་ལུང་བསྟན་མིན། །དེ་དག་དགེ་འདུན་ཡང་དག་ལྡན། །ཞེས་བྱུང་། དགེ་འདུན་གྱི་དབྱེན་ཆོས་ཅན། འཛོག་ཚུལ་ཡོད་དེ། དགེ་འདུན་གྱི་སྡེ་གཉིས་ཕན་ཚུན་མི་འཕྲོད་པར་བྱེད་པའི་རང་བཞིན་ལྡན་པ་མིན་པའི་ཆོས་དེ་དེ་ཡིན་པའི་ཕྱིར། དེ་ཆོས་ཅན། ཉོན་མོངས་ཅན་མིན་ཏེ། ཉོན་མོངས་སྤངས་པའི་གང་ཟག་གི་རྒྱུད་ལ་ཡོད་པའི་ཕྱིར། མི་དགེ་བའང་མིན་ཏེ། ལུང་དུ་བསྟན་པ་མིན་པའི་ཆོས་ཡིན་པའི་ཕྱིར། དགེ་བ་མིན་པ་ནི་ཤེས་སླའོ། །དེ་(༡༢༢ན) ཆོས་ཅན། གང་ལ་ལྡན་པ་ཡོད་དེ། དགེ་འདུན་དེ་དང་དེ་ཕྱེ་བའི་དགེ་འདུན་སྡེ་ཕན་ཚུན་གཉིས་དང་ཡང་དག་ལྡན་གྱི། འབྱེད་པ་པོ་ལ་མི་ལྡན་པའི་ཕྱིར།

༥༢ འཁོར་ལོའི་དབྱེན་གྱི་མཚམས་མེད་ངོས་བཟུང་བ།

གཉིས་པ་ནི། དེ་ཡི་ཁ་ན་མ་ཐོ་རྫུན། །དེ་དང་འབྱེད་པོ་ཡང་དག་ལྡན། །ཞེས་བྱུང་། དགེ་འདུན་འཁོར་ལོའི་དབྱེན་གྱི་མཚམས་མེད་ཀྱི་ལས་ཆོས་ཅན། འཇོག་ཚུལ་ཡོད་དེ། དགེ་འདུན་སྡེ་གཉིས་ཕན་ཚུན་འབྱེད་པར་བྱེད་པ་དེ་ཡི་ཁ་ན་མ་ཐོ་བའི་རྫུན་ཆེན་པོའི་མཚམས་མེད་དེ་ཡིན་པའི་ཕྱིར། དེ་ཆོས་ཅན། གང་ལ་ལྡན་པ་ཡོད་དེ། དེ་དང་འབྱེད་པ་པོ་ལྷས་སྦྱིན་ལྟ་བུ་ལ་ཡང་དག་པར་ལྡན་པའི་ཕྱིར། དགེ་འདུན་གྱི་དབྱེན་ཡིན་ན་ལུང་མ་བསྟན་ཡིན་པས་མ་ཁྱབ་སྟེ། དེའི་མཚམས་མེད་ཀྱི་ལས་རྣམས་ལུང་མ་བསྟན་མ་ཡིན་པའི་ཕྱིར། དེར་ཐལ། དེ་རྣམས་མི་དགེ་བ་ཆེན་པོ་ཡིན་པའི་ཕྱིར།

༥༣ དེའི་ཁྱད་ཆོས་བཤད་པ།

བ༡ འབྲས་བུའི་ཁྱད་པར།

གསུམ་པ་དེའི་ཁྱད་ཆོས་ལ། འབྲས་བུའི་ཁྱད་པར་དང་། གང་ཟག་གི་དང་། ཚུལ་ཇི་ལྟར་དང་། གནས་ཀྱི་ཁྱད་པར་དང་། དུས་ནམ་གྱི་ཚེ་བྱེད་པ་ལྔ། དང་པོ་ནི། བསྐལ་པར་མནར་མེད་རྣམ་སྨིན་འགྱུར། །ལྷག་པས་གནོད་པ་ལྷག་པར་འགྱུར། །ཞེས་བྱུང་། འཁོར་ལོའི་མཚམས་མེད་ཆོས་ཅན། ཁྱོད་ཀྱིས་བྱས་པའི་རྣམ་སྨིན་གྱི་འབྲས་བུ་ཡོད་དེ། བྱེད་པ་པོ་བར་གྱི་བསྐལ་པར་མནར་མེད་པའི་དམྱལ་བར་རྣམ་སྨིན་ཡིད་དུ་མི་འོང་བ་མྱོང་བར་འགྱུར་བའི་ཕྱིར། མཚམས་མེད་གཅིག་དང་མང་པོ་བྱས་པ་ལ་ཁྱད་པར་ཡོད་དེ། གཅིག་ལས་ལྷག་བྱས་པ་དེའི་ལུས་ཇེ་ཆེར་སྐྱེས་ནས་མཚམས་མེད་ཀྱི་གྲངས་བཞིན་དུ། སྡུག་བསྔལ་གྱི་གནོད་པ་ཡང་གཉིས་སོགས་ཆེས་ལྷག་པར་མྱོང་བར་འགྱུར་བའི་ཕྱིར།

༨༢ བྱེད་པ་པོའི་གང་ཟག །

གཉིས་པ་ནི། དགེ་སློང་ལྟ་སྤྱོད་ཚུལ་ལྡན་པས། །འབྱེད་དོ། །ཞེས་བྱུང་། དབྱེན་དེ་ཆོས་ཅན། ཁྱོད་བྱེད་པ་པོའི་གང་ཟག་ཡོད་དེ། དགེ་སློང་ཡིན་པ། ལྟ་བ་གཙོ་བོར་སྤྱོད་པ། ཚུལ་ཁྲིམས་དང་ལྡན་པས་འབྱེད་ཀྱི། དེ་ལ་གཞན་པས་མི་ནུས་པའི་ཕྱིར།

༨༣ ཚུལ་ཇི་ལྟར་འབྱེད་པ།

གསུམ་པ་ནི། གཞན་དུའོ་བྱིས་པ་རྣམས། །སྟོན་དང་ལམ་གཞན་ལ་བཟོད་པ། །བྱེ་བའོ་དེ་ནི་མི་གནས་སོ། །དེ་ནི་(༧༢༢བ)འཁོར་ལོའི་དབྱེན་དུ་འདོད། །ཅེས་བྱུང་། སངས་རྒྱས་དངོས་སུ་བཞུགས་པའི་གནས་དེ་ལས་གཞན་དུ་བྱིས་པ་སོ་སོ་སྐྱེ་རྣམས་འབྱེད་དགོས་ཏེ། སྟོན་པ་བཞུགས་པར་གཟི་བརྗིད་མི་བཟོད་ཅིང་། འཕགས་པའི་གང་ཟག་འབྱེད་མི་ནུས་པའི་ཕྱིར། བྱེ་བའི་ཚད་ཡོད་དེ། སྟོན་པ་ལས་གཞན་པའི་ལྷས་སྦྱིན་ལ་དད་པ་དང་། སྟོན་པས་བཅས་པའི་ལམ་ལས་གཞན་བསླབ་ཚིག་ལྔ་ལ་བཟོད་པ་སྟེ་འདོད་ཅིང་དང་དུ་བླངས་པ་ན་བྱེ་བ་ཡིན་པའི་ཕྱིར། བྱེད་པ་དེ་ཆོས་ཅན། ཁྱོད་ཀྱི་ཡུན་ཚད་ཡོད་དེ། ཞག་གཅིག་ལས་ལྷག་མི་གནས་པར་འདུམ་པར་འགྱུར་བའི་ཕྱིར། དབྱེན་དེ་ནི་ཆོས་ཅན། འཁོར་ལོའི་དབྱེན་དུ་འདོད་པ་ཡིན་ཏེ། མ་འདུམ་བར་དུ་ལམ་གསར་པ་མི་སྐྱེ་ཞིང་ཆོས་འཁོར་ཡང་བྱེ་བས་ན་དེ་ལྟར་དུ་བརྗོད་པའི་ཕྱིར།

༢༤ གནས་ཀྱི་ཁྱད་པར།

བཞི་པ་ནི། འཛམ་གླིང་ནའོ་དགུ་སོགས་ཀྱིས། །ལས་ཀྱི་དབྱེན་ནི་གླིང་གསུམ་ན། །དེ་ནི་བརྒྱད་དག་ཡན་ཆད་ཀྱིས། །ཞེས་བྱུང་། འཁོར་ལོའི་དབྱེན་དེ་ཆོས་ཅན། འཛམ་གླིང་ཁོ་ན་ན་ཡོད་ཀྱི་གཞན་ན་མེད་དེ། འགྲན་ཟླ་སངས་རྒྱས་མེད་པའི་ཕྱིར། གྲངས་ཉུང་མཐའ་ཡང་དགེ་སློང་དགུ་སོགས་དགོས་ཏེ། དགེ་འདུན་སྡེ་གཉིས་ལ་དགེ་སློང་བརྒྱད་དང་འབྱེད་པ་པོ་གཅིག་ཀྱང་དགོས་པའི་ཕྱིར། ལས་ཀྱི་དབྱེན་དེ་ནི་ཆོས་ཅན། གླིང་གསུམ་ན་ཡོད་དེ། བསྟན་པ་གནས་ས་ཁོ་ནར་ཡོད་པའི་ཕྱིར། དེ་ནི་ཆོས་ཅན། ཁྱོད་ལ་དགེ་སློང་བཞི་ཚན་གཉིས་ཏེ་བརྒྱད་དག་ཡན་ཆད་ཀྱིས་ཚོག་སྟེ། འབྱེད་པ་པོ་ཟུར་དུ་མི་དགོས་པའི་ཕྱིར།

༢༥ དུས་ནམ་གྱི་ཚེ་འབྱེད་པ།

ལྔ་པ་ནི། དང་པོ་མཐའ་སྐྱོན་ཟུང་གཅིག་གི། །སྔ་རོལ་ཐུབ་པ་ནོངས་པ་དང་། །མཚམས་མ་བཅད་པ་དག་ཏུ་ཡང་། །འཁོར་ལོའི་དབྱེན་ནི་མི་འབྱུང་ངོ་། །ཞེས་བྱུང་། འཁོར་ལོའི་དབྱེན་ཆོས་ཅན། དུས་དྲུག་ཏུ་མི་འབྱུང་སྟེ། སྟོན་པ་དང་པོ་སངས་རྒྱས་མ་ཐག་དང་། མཐའ་སྟེ་ཕྱིས་མྱ་ངན་ལས་འདའ་བ་དང་། བར་དུའང་བསྟན་པ་ལ་སྐྱོན་མ་བྱུང་བའི་བར་དང་། ཉན་ཐོས་མཆོག་ཟུང་གཅིག་མ་བྱུང་བའི་སྔ་རོལ་དང་། ཐུབ་པ་ནོངས་པ་སྟེ་མྱ་ངན་ལས་འདས་རྗེས་དང་། མཚམས་པོ་ཆེ་མ་བཅད་པའི་ནང་དག་ཏུ་ཡང་མི་འབྱུང་བའི་ཕྱིར། རྟགས་གཞན་རྣམས་སླ་ཞིང་། (༧༢༣ན)བཞི་པ་གྲུབ་སྟེ། དབྱེན་དེ་མཆོག་ཟུང་གཅིག་གིས་འདུམ་པར་བྱེད་དགོས་པའི་ཕྱིར། དྲུག་པ་གྲུབ་སྟེ། མཚམས་ནང་གཅིག་ཏུ་གནས་པ་ལ་ནི་དེ་མི་འབྱུང་བའི་ཕྱིར།

པ༢ དེ་དག་མཚམས་མེད་ཡིན་པའི་རྒྱུ་མཚན།

གཉིས་པ་ནི། ཕན་འདོགས་པ་དང་ཡོན་ཏན་ཞིང་། །སྤངས་དང་མེད་པར་བྱས་ཕྱིར་རོ། །ཞེས་བྱུང་། ཕ་མ་བསད་པའི་ལས་དེ་ཆོས་ཅན། མཚམས་མེད་ཀྱི་ལས་ཡིན་ཏེ། ཕན་འདོགས་པའི་ཞིང་ཁྱད་པར་བ་བསམ་པས་སྤངས་ཤིང་སྦྱོར་བས་མེད་པར་བྱས་པའི་ཕྱིར། དགྲ་བཅོམ་བསད་པ་དང་དགེ་འདུན་གྱི་དབྱེན་དང་སངས་རྒྱས་ལ་ངན་སེམས་ཀྱིས་ཁྲག་ཕྱུང་བའི་ལས་གསུམ་ཆོས་ཅན། མཚམས་མེད་ཡིན་ཏེ། ཡོན་ཏན་གྱི་ཞིང་ཁྱད་པར་ཅན་སྤངས་ཤིང་མེད་པ་དང་ཉམས་པ་སྣང་ལྟར་བྱས་པའི་ཕྱིར།

པ༣ དེ་ལ་གཞན་གྱི་རྟོགས་པ་སྤང་བ།

གསུམ་པ་ནི། མཚན་ནི་གཞན་དུ་གྱུར་ཀྱང་འགྱུར། །གང་གི་ཌླ་མཚན་ལས་བྱུང་མ། །སངས་རྒྱས་བརྡེག་པར་སེམས་ལ་མིན། །བསྣུན་འོག་དགྲ་བཅོམ་ལ་མ་ཡིན། །མཚམས་མེད་སྦྱོར་བ་བྱས་པ་ལ། །འདོད་ཆགས་བྲལ་འབྲས་མི་སྲིད་དོ། །ཞེས་བྱུང་། ཤེས་བྱ་ཆོས་ཅན། ཕ་མ་མཚན་གྱུར་པ་བསད་ནའང་མཚམས་མེད་དུ་འགྱུར་ཏེ། ཕ་བུད་མེད་དང་མ་སྐྱེས་པ་ལྟ་བུ་མཚན་གཞན་དུ་གྱུར་པ་གཉིས་ལ་ཡང་མཚམས་མེད་འབྱུང་བའི་ཕྱིར། བུད་མེད་ཁ་ཅིག་རང་གི་མངལ་གྱི་ནུར་ནུར་པོ་དེ་བུད་མེད་གཞན་གྱི་མངལ་དུ་བླུགས་ནས་བཙས་པའི་བུ་དེའི་མ་དངོས་གནས་པ་གང་ཞེ་ན། ཡོད་དེ། གང་གི་ཌླ་མཚན་ལས་བྱུང་བའི་བུད་མེད་དེ་དེའི་མ་དངོས་ཡིན་པས་དེ་ཉིད་བསད་ན་མཚམས་མེད་ཀྱི་ལས་འབྱུང་བའི་ཕྱིར། འོན་ཀྱང་དེ་ནི་སྐྱེད་བྱེད་ཀྱི་མའི་དབང་དུ་མཛད་པ་ཡིན་ཏེ། ཕྱིར་མ་ཙམ་ལ་ནི་སྐྱེད་བྱེད་དང་། གསོ་བྱེད་ཀྱི་མ་སོགས་དུ་མར་བརྗོད་རིགས་པའི་ཕྱིར། སངས་རྒྱས་ལ་

བརྟེག་པར་སེམས་པ་ཙམ་ལ་ནི་མཚམས་མེད་མི་འབྱུང་སྟེ། སངས་རྒྱས་བཀྲོང་འདོད་མེད་ན་དེ་མི་འབྱུང་བའི་ཕྱིར། དགྲ་བཅོམ་མ་ཐོབ་གོང་དུ་མཚོན་བསྣུན་ནས་དེའི་འོག་ཏུ་དགྲ་བཅོམ་ཐོབ་པ་ལ་ནི་དགྲ་བཅོམ་བཀྲོངས་པའི་མཚམས་(༧༢༣བ)མེད་ཀྱི་ལས་འབྱུང་བ་མིན་ཏེ། གང་ཟག་དེས་དགྲ་བཅོམ་བཀྲོང་བའི་སྦྱོར་བ་མ་བྱས་པའི་ཕྱིར། མཚམས་མེད་ཀྱི་སྦྱོར་བ་བྱས་པ་དེས་བསམ་པ་དེ་མ་ལོག་གི་བར་ལ་ཁམས་གསུམ་གྱི་འདོད་ཆགས་དང་བྲལ་བའི་འབྲས་བུ་བཞི་གང་རུང་ཐོབ་མི་སྲིད་དེ། ལས་སྒྲིབ་ཤིན་ཏུ་སྟོབས་ཆེ་བ་ལ་དེ་མི་སྲིད་པའི་ཕྱིར། དགྲ་བཅོམ་བསད་པའི་ལས་ཡིན་ན་མཚམས་མེད་ཀྱི་ལས་ཡིན་པས་མ་ཁྱབ་སྟེ། རྒྱ་མཚན་གོང་དུ་བཤད་པ་ལྟར་དང་། མ་བསམ་པ་དང་ནོར་ནས་ཀྱང་དགྲ་བཅོམ་བསད་པ་ཡོད་པའི་ཕྱིར། དེ་བཞིན་དུ་ཕ་མ་བསད་པའི་ལས་ལ་ཡང་མཚམས་མེད་ཀྱི་ལས་ཀྱིས་མ་ཁྱབ་སྟེ། དེ་དག་གསོད་འདོད་གཏན་མེད་པར་སྐྱེས་དབང་གིས་བསད་པ་ཡོད་པའི་ཕྱིར། དེར་ཐལ། བཙོ་ལག་མཁན་གྱི་བུས་སྨྲང་བུ་བསད་པར་འདོད་ནས་ཕ་བསད་ཀྱང་ལས་ལམ་དངོས་གཞི་མ་བྱུང་བ་བཞིན་ནོ། །ཕ་ཡང་ཡིན་དགྲ་བཅོམ་པ་ཡང་ཡིན་པའི་གཞི་མཐུན་པ་བསད་ན་མཚམས་མེད་གཅིག་བྱས་པར་འཇོག་སྟེ། རྟེན་གཅིག་པའི་ཕྱིར། དེས་ན། སྲོག་གཅོད་ཀྱི་ལས་ལམ་གཅིག་ཁོ་ན་འབྱུང་གི། གཉིས་འབྱུང་བའི་དོན་མེད་དེ། གསད་བྱ་གཅིག་ཁོ་ན་ཡིན་པའི་ཕྱིར། འོ་ན། མཚམས་མེད་གཉིས་ཀྱི་ནང་ནས་གང་དུ་འཇོག་ཅེ་ན། མིང་གི་རྣམ་གྲངས་ཀྱིས་གཉིས་ཀར་འཇོག་རུང་ཡང་བྱེ་སྨྲ་ལྟར་ན་གཅིག་ཏུ་འཇོག་སྟེ། དགྲ་བཅོམ་བསད་པའི་མཚམས་མེད་ཀྱི་ལས་སུ་འདོད་པའི་ཕྱིར། སྐབས་འདིར་གྲུབ་མཐའི་ཁྱད་པར་གྱིས་ཚུང་ཟད་མི་འདྲ་བ་རེ་ཡོད་དོ། །

པ༩ དགེ་མི་དགེའི་འབྲས་བུ་ཆེ་ཆད་བསྟན་པ།

བཞི་པ་དགེ་མི་དགེའི་འབྲས་བུ་ཆེ་ཆད་ངོས་བཟུང་བ་ནི། དགེ་འདུན་དབྱེན་ཕྱིར་རྫུན་སྨྲ་བ། །ཁ་ན་མ་ཐོ་རབ་ཆེར་འདོད། །འཇིག་རྟེན་པ་ཡི་དགེ་བ་ལ། །སྲིད་རྩེའི་སེམས་པ་འབྲས་རབ་ཆེ། །ཞེས་བྱུང་། མཚམས་མེད་ཀྱི་ནང་ནས་དགེ་འདུན་གྱི་དབྱེན་བྱེད་པའི་ཕྱིར་དུ་རྫུན་ལྷབས་པོ་སྨྲ་བའི་མཚམས་མེད་ཀྱི་ལས་དེ་ཆོས་ཅན། ཁྱོད་ཁ་ན་མ་ཐོ་བ་རབ་ཏུ་ཆེ་བར་འདོད་དེ། མཚམས་མེད་གཞན་བཞི་ལས་ཀྱང་ཆེ་བའི་ཕྱིར། དེར་ཐལ། ངན་སེམས་ཀྱིས་ཁྲག་ཕྱུང་བ་དང་། དགྲ་བཅོམ་བསད་པ་དང་། མ་དང་ཕ་བསད་པ་སྔ་མ་སྔ་མ་(༡༢༩ན)ཆེ་ཡང་ཐམས་ཅད་ལས་ཁྱོད་སྡིག་ཆེ་བའི་ཕྱིར། འཇིག་རྟེན་པ་ཡི་དགེ་བ་ལ་ནི་སྲིད་རྩེའི་སེམས་དེ་ཆོས་ཅན། རྣམ་སྨིན་གྱི་འབྲས་བུ་རབ་ཏུ་ཆེ་སྟེ། བསྐལ་པ་ཆེན་པོ་བརྒྱད་ཁྲི་རབ་ཏུ་ཞི་བར་གནས་པའི་ཕྱིར།

ན༢ ཉེ་བའི་མཚམས་མེད་ཞར་བྱུང་དང་བཅས་པ།

པ༡ ཉེ་བའི་མཚམས་མེད་དངོས།

གཉིས་པ་ལ། ཉེ་བའི་མཚམས་མེད་དངོས་དང་། ལས་ལམ་གྱི་གེགས་ངོས་བཟུང་བ་དང་། བྱང་སེམས་ངེས་གནས་བཤད་པ་གསུམ། དང་པོ་ནི། མ་དགྲ་བཅོམ་མ་སུན་བྱས་དང་། །བྱང་ཆུབ་སེམས་དཔའ་ངེས་གནས་དང་། །སློབ་པ་གསོད་དང་དགེ་འདུན་གྱི། །འདུ་བའི་སྒོ་ནི་འཕྲོག་པ་དག །མཚམས་མེད་པ་དང་ཆ་འདྲ་སྟེ། །ལྔ་པ་མཆོད་རྟེན་འཇིག་པ་ཡིན། །ཞེས་བྱུང་། མཚམས་མེད་ཆོས་ཅན། ཁྱོད་དང་ཆ་འདྲ་བའི་ཉེ་བའི་མཚམས་མེད་ལྔ་ཡོད་དེ། མ་དགྲ་བཅོམ་མ་མི་ཚངས་པར་སྤྱོད་པས་སུན་ཕྱུང་བར་བྱས་པ་དང་། བྱང་ཆུབ་སེམས་དཔའ་ངེས་

གནས་གསོད་པ་དང་། འཕགས་པ་སློབ་པ་གསོད་པ་དང་། དགེ་འདུན་གྱི་ཞལ་གྱི་འདུ་བའི་སྒོ་འཕྲོག་པ་དག་ནི་རིམ་པ་བཞིན་དུ་མ་དང་ཕ་དང་དགྲ་བཅོམ་པ་གསོད་པ་དང་དགེ་འདུན་གྱི་དབྱེན་བྱས་པའི་མཚམས་མེད་དང་ཆ་འདྲ་ཞིང་། ལྔ་པ་མཆོད་རྟེན་འཇིག་པ་ནི་དེ་བཞིན་གཤེགས་པ་ལ་ངན་སེམས་ཀྱིས་ཁྲག་འབྱིན་པ་དང་ཆ་འདྲ་བ་ཡིན་པའི་ཕྱིར།

པ༢ ལས་ལམ་གྱི་གེགས་ཇོས་བཟུང་བ།

གཉིས་པ་ནི། བཟོད་དང་ཕྱིར་མི་འོང་དགྲ་བཅོམ། །འཐོབ་ལ་ལས་གེགས་ཤིན་ཏུ་བྱེད། །ཅེས་བྱུང་། ཡོན་ཏན་གྱི་ཁྱད་པར་འགའ་ཞིག་འཐོབ་པ་ལ་གེགས་བྱེད་ཀྱི་གཙོ་བོ་གསུམ་ཡོད་དེ། སྦྱོར་ལམ་བཟོད་པ་ཐོབ་པ་ལ་ངན་སོང་དུ་སྐྱེ་ངེས་ཀྱི་ལས་དང་། ཕྱིར་མི་འོང་ཐོབ་པ་ལ་འདོད་ཁམས་སུ་སྐྱེ་ངེས་ཀྱི་ལས་དང་། དགྲ་བཅོམ་ཐོབ་པ་ལ་ཁམས་གོང་དུ་སྐྱེ་ངེས་ཀྱི་ལས་རྣམས་ཀྱིས་ཤིན་ཏུ་གེགས་བྱེད་པའི་ཕྱིར། དེར་ཐལ། ཡོན་ཏན་དེ་དག་ཐོབ་ན་དེ་རྣམས་སུ་གཏན་མི་སྐྱེ་བའི་ཕྱིར།

པ༣ བྱང་སེམས་ངེས་གནས་བཤད་པ།

པ༡ བྱང་སེམས་ངེས་གནས་ཀྱི་ཁྱད་ཆོས།

གསུམ་པ་ལ། བྱང་སེམས་ངེས་གནས་ཀྱི་ཁྱད་ཆོས་དང་། སྟོན་བྱུང་སྟོན་པའི་རྣམ་ཐར་བཤད་པ་གཉིས། དང་པོ་ནི། གང་ནས་བྱང་ཆུབ་སེམས་དཔའ(༧༢༨བ)ཡིན། །གང་ནས་མཚན་གྱི་ལས་བྱེད་པ། །བདེ་འགྲོ་རིགས་མཐོར་སྐྱེ་དབང་ཚང་། །ཕོར་གྱུར་ཚེ་རབས་དྲན་མི་ལྡོག །དེ་ནི་འཛམ་གླིང་ཕོར་གྱུར་ཉིད། །མངོན་སུམ་སངས་རྒྱས་ལ་སེམས་པ། །བསམ་པ་ལས་བྱུང་བསྐལ་པ་བརྒྱ། །ལུས་པ་དག་ཏུ་འཕེན་པར་བྱེད། །རེ་རེའང་བསོད་ནམས་བརྒྱ་ལས་སྐྱེ། །ཞེས་བྱུང་། དུས་གང་

ནས་བྱང་ཆུབ་སེམས་དཔའ་ངེས་གནས་ཡིན་ཞེ་ན། ཡོད་དེ། གང་ཕན་ཆད་ནས་སངས་རྒྱས་ཀྱི་མཚན་གྱི་རྣམ་པར་སྨིན་པ་ཅན་གྱི་ལས་བྱེད་པ་དང་། ཆོས་གཟུགས་ཀྱི་སྐུ་ལ་དམིགས་པ་དང་། བྱང་ཆུབ་ལ་ངེས་པར་གཞོལ་ཅིང་སྨོན་ལམ་བཏབ་པའི་ནུས་པ་ཁྱད་པར་དུ་གྱུར་པའི་ཚེ་ངེས་གནས་ཞེས་བྱ་བའི་ཕྱིར། དེ་ཆོས་ཅན། ཡོན་ཏན་དྲུག་དང་ལྡན་ཏེ། དེ་ཕན་ཆད་དུ་བདེ་འགྲོར་སྐྱེ་ཞིང་། རིགས་མཐོན་པོར་སྐྱེ་བ་དང་། དབང་པོ་ཚང་བ་དང་། ཕོ་ཕོ་ནར་འགྱུར་བ་དང་། ཚེ་རབས་དྲན་པ་དང་། ཕྱིར་མི་ལྡོག་པ་དྲུག་དང་ལྡན་པའི་ཕྱིར། མཚན་རྣམ་པར་སྨིན་པའི་ལས་སུ་བཤད་པ་དེ་ཆོས་ཅན། ཁྱད་པར་དྲུག་དང་ལྡན་ཏེ། གནས་འཛམ་གླིང་དང་། རྟེན་ཕོར་གྱུར་པ་ཉིད་དང་། ཡུལ་མངོན་སུམ་དུ་གྱུར་པའི་སངས་རྒྱས་མངོན་སུམ་དུ་གྱུར་པ་དང་། དམིགས་པ་སངས་རྒྱས་ལ་དམིགས་ཤིང་དོན་དུ་གཉེར་བར་སེམས་པ་དང་། ལས་དེའི་ངོ་བོ་ནི་བསམ་པ་ལས་བྱུང་བ་དང་། དུས་འཚང་རྒྱ་བ་ལ་བསྐལ་པ་བརྒྱ་ལུས་པ་དག་ཏུ་འཕེན་གྱི། དེ་ལས་མི་མང་བའི་ཕྱིར། མཚན་དེ་རྣམས་ཆོས་ཅན། རྣམ་སྨིན་གྱི་རྒྱུ་ཡོད་དེ། རེ་རེའང་བསོད་ནམས་བརྒྱ་ལས་སྐྱེས་པའི་ཕྱིར། བརྒྱ་འདྲེན་ཚུལ་མི་འདྲ་བ་བཞི་ཡོད་དེ། འཕེན་རྫོགས་ཀྱི་སེམས་པ་བརྒྱ་དང་། ལས་ལམ་བཅུ་ལ་རྒྱུ་ལྔས་དམིགས་པའི་སེམས་པ་བརྒྱ་དང་། ཆོས་གཟུགས་ཀྱི་སྐུ་ལ་དམིགས་པའི་སེམས་པ་བརྒྱ་དང་། ཁམས་གསུམ་ལ་དམིགས་པའི་སྙིང་རྗེའི་སེམས་པ་བརྒྱར་འདོད་པ་དང་བཞི་ཡོད་པའི་ཕྱིར།

ཕ༢ སྔོན་བྱུང་སྟོན་པའི་རྣམ་ཐར་བཤད་པ།

བ༡ བསོད་ནམས་བསགས་ཚུལ།

གཉིས་པ་ལ། བསོད་ནམས་བསགས་ཚུལ་དང་། ཕར་ཕྱིན་རྫོགས་ཚུལ་གཉིས། དང་པོ་ནི། རྣམ་གཟིགས་མར་མེ་(༧༢༥ན)རིན་ཆེན་གཙུག །གྲངས་མེད་གསུམ་གྱི་

ཐ་མར་བྱུང་། །དང་པོ་ཤཱཀྱ་ཐུབ་པ་ཡིན། །ཞེས་བྱུང་། བདག་ཅག་གི་སྟོན་པ་ཆོས་ཅན། ཁྱོད་ཀྱི་སྟོན་སློབ་ལམ་ནས་ཚོགས་གང་ཇི་ལྟར་རྫོགས་པའི་ཚུལ་ཡོད་དེ། གྲངས་མེད་གསུམ་གྱི་དང་པོར་ཤཱཀྱ་ཐུབ་པ་ཆེན་པོ་ལ་རྫ་མཁན་གྱི་ཁྱེའུ་སྣང་བྱེད་དུ་གྱུར་པའི་ཚེ་བསྙེན་བཀུར་དང་བསྟོད་ནས་སེམས་བསྐྱེད། དེ་ནས་སངས་རྒྱས་བདུན་ཁྲི་ལྔ་སྟོང་ལ་བསྙེན་བཀུར་བའི་མཐར་རིན་ཆེན་གཙུག་ཏོར་ཅན་གྱི་ཚེ་དང་པོའི་ཚོགས་རྫོགས། གཉིས་པར་སངས་རྒྱས་བདུན་ཁྲི་དྲུག་སྟོང་ལ་བསྙེན་བཀུར་བའི་ཐ་མར་མར་མེ་མཛད་ཀྱི་ཚེ་གྲངས་མེད་གཉིས་པའི་ཚོགས་རྫོགས། གསུམ་པར་སངས་རྒྱས་བདུན་ཁྲི་བདུན་སྟོང་ལ་བསྙེན་བཀུར་བའི་ཐ་མར་རྣམ་གཟིགས་ཀྱི་ཚེ་གྲངས་མེད་གསུམ་པའི་ཚོགས་རྫོགས་པའི་ཕྱིར།

༡༢ ཕར་ཕྱིན་རྫོགས་ཚུལ།

གཉིས་པ་ནི། ཀུན་ལ་ཐམས་ཅད་སྙིང་རྗེ་ཡིས། །སྦྱིན་པར་བྱེད་པས་སྦྱིན་པ་རྫོགས། །ཆགས་བཅས་ཡན་ལག་བཅད་ཀྱང་ནི། །མི་འཁྲུགས་བཟོད་དང་ཚུལ་ཁྲིམས་ཀྱི། །སྐར་རྒྱལ་བསྟོད་པས་བརྩོན་འགྲུས་ཀྱི། །དེ་མ་ཐག་ལ་ཏིང་འཛིན་བློའི། །ཞེས་བྱུང་། ཕར་ཕྱིན་རྫོགས་ཚུལ་ཡོད་དེ། ཐམས་ཅད་སྒྲོལ་གྱི་ཚེ་ཀུན་ལ། སྙིང་རྗེས་སྦྱིན་པ་བྱིན་པས་སྦྱིན་པ་དང་། ཆགས་བཅས་བཟོད་པ་སྨྲ་བའི་ཚེ་ཡན་ལག་བཅད་ཀྱང་བཟོད་པ་དང་ཚུལ་ཁྲིམས་དང་། སྐར་རྒྱལ་ལ་བསྟོད་པས་བརྩོན་འགྲུས་དང་། བྱང་ཆུབ་ཀྱི་དེ་མ་ཐག་པའི་སྟོན་དེར་བསམ་གཏན་ནམ་ཏིང་འཛིན་དང་བློ་ཤེས་རབ་ཀྱི་ཕར་ཕྱིན་རྫོགས་པར་མཛད་པའི་ཕྱིར།

ཐ༢ བསྟེན་བྱ་བསོད་ནམས་གསུམ།

ད༡ མདོར་བསྟན་པ།

གཉིས་པ་བསྟེན་བྱ་བསོད་ནམས་ཀྱི་གཞི་གསུམ་ལ། མདོར་བསྟན། རྒྱས་བཤད། ཞར་བྱུང་གསུམ། དང་པོ་ནི། གསུམ་པོ་བསོད་ནམས་བྱ་བ་དང་། །དེའི་གཞི་དཔེར་ན་ལས་ལམ་བཞིན། །ཞེས་བྱུང་། བསོད་ནམས་བྱ་བའི་གཞི་ཆོས་ཅན། ཁྱོད་ལ་གསུམ་ཡོད་དེ། སྦྱིན་པ་དང་ཚུལ་ཁྲིམས་དང་བསྒོམས་པ་ལས་བྱུང་བའི་བསོད་ནམས་གསུམ་ལ། བསོད་ནམས་དང་བྱ་བ་དང་གཞི་གསུམ་རེ་རེ་ནས་ཀྱང་འཇོག་པའི་ཕྱིར། (༧༢༥བ)དེར་ཐལ། རྣམ་སྨིན་ཡིད་འོང་འབྱིན་པས་བསོད་ནམས། ལས་ཀྱི་རང་བཞིན་ཡིན་པས་བྱ་བ། ཀུན་སློང་གི་རྟེན་ཡིན་པས་ན་དེའི་གཞི་ཞེས་བྱ་བའི་ཕྱིར། དཔེར་ན་ལས་དང་ལམ་བཞིན་ནོ། །ཁྱད་པར་ཡོད་དེ། སྦྱིན་པའི་ལུས་ངག་གི་བདུན་པོ་དེ་བསོད་ནམས་དང་བྱ་བ་དང་གཞི་གསུམ་ག་ཡིན་ལ། བསྒོམས་པ་ལས་བྱུང་བ་ལ་ཅི་རིགས་ཡོད་པའི་ཕྱིར།

ད༢ རྒྱས་པར་བཤད་པ།

ན༡ སྦྱིན་པ་ལས་བྱུང་བའི་བསོད་ནམས་བྱ་བའི་གཞི།

པ༡ སྦྱིན་པའི་ངོ་བོ།

གཉིས་པ་ལ། སྦྱིན་པ་དང་ཚུལ་ཁྲིམས་དང་བསྒོམས་པ་ལས་བྱུང་བའི་གཞི་གསུམ། དང་པོ་ལ། ངོ་བོ་དང་དབྱེ་བ་དང་ཁྱད་ཆོས་དང་ཞར་བྱུང་དང་བཞི། དང་པོ་ནི། གང་གིས་སྦྱིན་བྱེད་དེ་སྦྱིན་པ། །མཆོད་དང་ཕན་གདགས་འདོད་པ་ཡིས། །ལུས་དང་ངག་ལས་སློང་དང་བཅས། །དེ་འབྲས་ལོངས་སྤྱོད་ཆེན་པོ་ཅན། །ཞེས་བྱུང་། སྦྱིན་པ་ཆོས་ཅན། ཁྱོད་ཀྱི་ངོ་བོ་འཇོག་ཚུལ་ཡོད་དེ། སྦྱིན་བྱའི

དངོས་པོ་གང་གིས་སྦྱིན་པར་བྱེད་པ་དེ་དེ་ཡིན་པའི་ཕྱིར། དེའི་ཀུན་སློང་ཡོད་དེ། ཆགས་པས་སྦྱིན་པ་ཙམ་གྱི་སྦྱིན་པ་ཡོད་ཀྱང་། འདིར་ཡུལ་ཁྱད་པར་ཅན་མཆོད་པ་དང་གཞན་ལ་ཕན་གདགས་པར་འདོད་པ་ཡིས་སྦྱིན་པར་བྱེད་པའི་ལུས་དང་ངག་གི་ལས་ཀུན་སློང་དང་བཅས་པས་བྱིན་ན། སྦྱིན་པ་དེ་ནི་འབྲས་བུ་ལོངས་སྤྱོད་ཆེན་པོ་ཅན་དུ་འགྱུར་བར་བཤད་པའི་ཕྱིར།

པ༢ སྦྱིན་པའི་དབྱེ་བ།

གཉིས་པ་ནི། བདག་གཞན་དོན་ཕྱིར་གཉིས་དོན་ཕྱིར། །གཉིས་ཀའི་དོན་དུ་མིན་ཕྱིར་སྦྱིན། །ཞེས་བྱུང་། སྦྱིན་པ་ཆོས་ཅན། ཁྱོད་ལ་བདག་ཁོ་ན་དང་། གཞན་ཁོ་ནའི་དོན་གྱི་ཕྱིར་དང་། བདག་གཞན་གཉིས་ཀའི་དོན་གྱི་ཕྱིར་དང་། གཉིས་ཀ་མ་ཡིན་པའི་སྦྱིན་པ་དང་བཞི་ཡོད་དེ། སོ་སྐྱེས་མཆོད་རྟེན་ལ་ཕུལ་བ་དང་པོ་དང་། འཕགས་པ་ཆགས་བྲལ་གྱིས་ཆགས་བཅས་སོ་སྐྱེ་ལ་སྦྱིན་པ་གཉིས་པ་དང་། ཆགས་བྲལ་མ་བྱས་པས་གཞན་ལ་སྦྱིན་པ་གསུམ་པ་དང་། འཕགས་པ་ཆགས་བྲལ་གྱིས་མཆོད་རྟེན་ལ་ཕུལ་བ་དེ་བཞི་པ་ཡིན་པའི་ཕྱིར། ཕྱི་མ་འདི་སྦྱིན་ཡུལ་གྱི་དབང་དུ་བྱས་ཀྱི། བསམ་པའི་དབང་ཙམ་མིན་ཏེ། སེམས་ཅན་གཞན་གྱི་དོན་དུ་དམིགས་ནས་ཀྱང་སྦྱིན་པ་ཡོད་པའི་ཕྱིར་རོ། །

པ༣ སྦྱིན་པའི་ཁྱད་ཆོས།

ཕ༡ མདོར་བསྟན་པ།

གསུམ་པ་ལ། མདོར་བསྟན་དང་། རྒྱས་བཤད་གཉིས། དང་པོ་ནི། དེ་ཡི་(༧༢༨ན)ཁྱད་པར་སྦྱིན་བདག་དང་། །དངོས་དང་ཞིང་གི་ཁྱད་པར་ལས། །ཞེས་བྱུང་། སྦྱིན་པ་དེ་ཡི་ཁྱད་པར་ཆོས་ཅན། ཡོད་དེ། སྦྱིན་བདག་དང་སྦྱིན་བྱའི་

དངོས་པོ་དང་། སྦྱིན་ཡུལ་ཞིང་གི་ཁྱད་པར་ལས་འབྲས་བུ་ལོངས་སྤྱོད་དེ་ལྟར་འགྱུར་བའི་ཕྱིར།

༥༢ རྒྱས་པར་བཤད་པ།

༦༡ སྦྱིན་བདག་གི་ཁྱད་པར།

གཉིས་པ་ལ། སྦྱིན་བདག་དངོས་པོ་ཞིང་གི་ཁྱད་པར་གསུམ། དང་པོ་ནི། སྦྱིན་བདག་ཁྱད་འཕགས་དད་སོགས་ཀྱིས། །གུས་ལ་སོགས་པས་སྦྱིན་པར་བྱེད། །དེ་ཕྱིར་བཀུར་སྟི་རྒྱ་ཆེན་དང་། །དུས་དང་བར་ཆད་མེད་པར་རྙེད། །ཅེས་བྱུང་། སྦྱིན་བདག་ཁྱད་འཕགས་ཆོས་ཅན། ཁྱོད་ལ་གསུམ་ཡོད་དེ། དད་པ་ཅན་དང་སོགས་ཀྱིས་ཚུལ་ཁྲིམས་ཅན་དང་། དེ་གཉིས་ཀ་དང་ལྡན་པ་དང་། ཐོས་སོགས་ཀྱི་ཡོན་ཏན་དང་ལྡན་པ་གསུམ་ཡོད་པའི་ཕྱིར། སྦྱིན་ཚུལ་ཡོད་དེ། དད་གུས་ལ་སོགས་པའི་བསམ་པ་ཁྱད་པར་ཅན་གྱིས་སྦྱིན་པར་བྱེད་དགོས་པའི་ཕྱིར། འབྲས་བུ་ཡོད་དེ། སྦྱིན་ཚུལ་དེ་ལྟར་བྱས་པའི་རྒྱུ་མཚན་དེ་ཡི་ཕྱིར་འབྲས་བུ་ཆེན་པོ་བཞི་ཐོབ་པར་འགྱུར་བའི་ཕྱིར། དེར་ཐལ། གུས་པས་སྟེར་བས་རང་ལ་བཀུར་སྟི་དང་། རང་གི་ལག་གིས་སྟེར་བས་ལོངས་སྤྱོད་རྒྱ་ཆེན་པོ་དང་། དུས་སུ་སྟེར་བས་ལོངས་སྤྱོད་ཀྱི་དུས་མི་ཡོལ་བ་དང་། གཞན་ལ་མི་གནོད་པར་སྟེར་བས་ལོངས་སྤྱོད་ལ་བར་ཆད་མེད་པར་རྙེད་པར་འགྱུར་བའི་ཕྱིར།

༦༢ དངོས་པོའི་ཁྱད་པར།

གཉིས་པ་ནི། ཁ་དོག་ལ་སོགས་ཕུན་སུམ་དངོས། །དེ་ལས་གཟུགས་བཟང་གྲགས་དང་ལྡན། །དགའ་དང་ཤིན་ཏུ་གཞོན་ཤ་ཅན། །དུས་སུ་རེག་ན་བདེ་ལུས་འབྱུང་། །ཞེས་བྱུང་། སྦྱིན་བྱའི་དངོས་པོ་ཆོས་ཅན། ཁྱོད་འཕགས་ཚུལ་ཡོད་དེ།

ཁ་དོག་ཕུན་སུམ་ཚོགས་པ་དང་ལ་སོགས་པ་དྲི་རོ་རེག་བྱ་བཟང་བའི་ཁྱད་པར་དང་ལྡན་པ་ཞིག་ཡིན་པའི་ཕྱིར། དེ་ལྟ་བུའི་དངོས་པོ་ཆོས་ཅན། ཁྱོད་བྱིན་པས་སྦྱིན་པ་ཁྱད་པར་དུ་འཕགས་ཚུལ་ཡོད་དེ། སྦྱིན་བྱ་ཁ་དོག་བཟང་བ་དེ་ལས་འབྲས་བུ་གཟུགས་བཟང་། དྲི་བཟང་བ་ལས་གྲགས་པ་རྒྱས་པ་ལྡན། རོ་བཟང་བ་ལས་(༧༢༨བ)དགའ་བར་འགྱུར། རེག་བྱ་བཟང་བ་ལས་ལུས་ཤིན་ཏུ་གཞོན་ཤ་ཅན་དང་དུས་སུ་རེག་ན་བདེ་བའི་ལུས་སུ་འགྱུར་བའི་ཕྱིར།

བ༣ ཞིང་གི་ཁྱད་པར།

གསུམ་པ་ནི། འགྲོ་དང་སྡུག་བསྔལ་ཕན་འདོགས་དང་། །ཡོན་ཏན་རྣམས་ཀྱི་ཞིང་ཁྱད་འཕགས། །མཆོག་ནི་གྲོལ་བས་གྲོལ་བའམ། །བྱང་ཆུབ་སེམས་དཔའ་ཡིས་བརྒྱད་པ། །འཕགས་པ་མིན་ཡང་ཕ་མ་དང་། །ནད་པ་དང་ནི་ཆོས་སྨྲ་དང་། །སྐྱེ་མཐའི་བྱང་ཆུབ་སེམས་དཔའ་ལ། །ཡོན་ནི་གཞལ་དུ་མེད་པ་ཡིན། །ཞེས་བྱུང་། ཤེས་བྱ་ཆོས་ཅན། སྦྱིན་པའི་ཡུལ་དེ་ལ་བཞི་ཡོད་དེ། འགྲོ་བའི་སྒོ་ནས་སྦྱིན་ཡུལ་དུད་འགྲོ་ལ་བྱིན་ན་རྣམ་སྨིན་བརྒྱ་འགྱུར་དང་། ཚུལ་འཆལ་གྱི་མི་ལ་སྟོང་འགྱུར་དང་། སྡུག་བསྔལ་གྱི་སྒོ་ནས་ནད་པ་དང་མགོན་མེད་ལ་བསོད་ནམས་ཚད་མེད་དང་། ཕན་འདོགས་པའི་སྒོ་ནས་ཕ་མ་སློབ་དཔོན་སོགས་ལ་རྣམ་སྨིན་གཞལ་མེད་དང་། ཡོན་ཏན་གྱི་སྒོ་ནས་ཚུལ་ཁྲིམས་དང་ལྡན་པ་སོགས་ལ་རྣམ་སྨིན་འབུམ་འགྱུར་དང་། དགྲ་བཅོམ་པ་རྣམས་ལ་ཕུལ་ན་རྣམ་སྨིན་དེ་བས་ཀྱང་ཁྱད་པར་དུ་འཕགས་པའི་ཕྱིར། སྦྱིན་པའི་མཆོག་ནི་ཆོས་ཅན། ཁྱོད་ལ་རྣམ་པ་གསུམ་ཡོད་དེ། གྲོལ་བ་དགྲ་བཅོམ་པས་གྲོལ་བ་དགྲ་བཅོམ་པ་ལ་ཟང་ཟིང་སྦྱིན་པ་དང་། གྲོལ་བ་མིན་ཡང་བྱང་ཆུབ་སེམས་དཔའ་ཡིས་སེམས་ཅན་ཀུན་གྲོལ་ཕྱིར་སྦྱིན་པ་དང་། བརྒྱད་པ་སྟེ་སེམས་ཀྱི་རྒྱན་ལ་སོགས་པ་ཐོབ་པའི་ཕྱིར་དུ་སྦྱིན་པ་

བརྒྱད་རྣམས་སུ་ཡོད་པའི་ཕྱིར། བརྒྱད་ཡོད་དེ། ཉེ་བ་ལ་སྦྱིན་པ། འཇིགས་པས་སྦྱིན་པ། བདག་ལ་བྱིན་ནས་སྦྱིན་པ། བདག་ལ་སྦྱིན་པར་འགྱུར་བས་སྦྱིན་པ། ཕ་མ་སོགས་ཀྱིས་བྱིན་པས་སྦྱིན་པ། མཐོ་རིས་ཀྱི་ཆེད་དུ་སྦྱིན་པ། གྲགས་པའི་དོན་དུ་སྦྱིན་པ་དང་། སེམས་ཀྱི་རྒྱན་དང་ཡོ་བྱད་དང་རྣལ་འབྱོར་གྱི་ཚོགས་དང་དོན་གྱི་མཆོག་ཐོབ་པའི་ཕྱིར་དུ་སྦྱིན་པ་རྣམས་སུ་ཡོད་པའི་ཕྱིར། སེམས་ཀྱི་རྒྱན་སོགས་ཀྱི་ཁྱད་པར་ཡོད་དེ། སེམས་ཀྱི་རྒྱན་རྫུ་འཕྲུལ་དང་། ཡོ་བྱད་འཕགས་ལམ་བརྒྱད་དང་། རྣལ་འབྱོར་གྱི་ཚོགས་ཞི་གནས་དང་། དོན་གྱི་མཆོག་དགྲ་(༡༢༧ན)བཅོམ་གྱི་གོ་འཕང་ལྟ་བུ་ལ་བྱེད་པའི་ཕྱིར། སྦྱིན་ཡུལ་འཕགས་པ་མིན་ཡང་རྣམ་སྨིན་ཆེ་བ་ལྔ་ཡོད་དེ། ཕ་མ་གཉིས་དང་ནད་པ་དང་ཆོས་སྨྲ་བའི་གང་ཟག་དང་སྐྱེ་མཐའི་བྱང་སེམས་སྲིད་པ་ཐ་མ་པ་ལྔ་ལ་ཕུལ་བའི་ཕན་ཡོན་ནི་གཞལ་དུ་མེད་པ་ཡིན་པའི་ཕྱིར། ཆོས་སྨྲ་བ་ནི་ཕན་འདོགས་པ་དང་ཡོན་ཏན་གྱི་ཞིང་ཡིན་པས་དེ་ལ་ཕུལ་བ་ཕན་ཡོན་ཆེ་ལ། ཁྱད་པར་དུ་སངས་རྒྱས་ཀྱི་འཕྲིན་ལས་སྒྲུབ་པའི་རྒྱུ་མཚན་གྱིས་ཡིན་ཏེ། སྐབས་འདིའི་རང་འགྲེལ་ལས། མདོར་ན་སངས་རྒྱས་ཀྱི་མཛད་པ་ཐམས་ཅད་བྱེད་པས་དགེ་བའི་བཤེས་གཉེན་ཆེན་པོ་ཡིན་ནོ། །ཞེས་གསུངས་པའི་ཕྱིར།

བ༤ ཞར་བྱུང་།

བ༡ ལས་ཆེ་ཆུང་གི་ཁྱད་པར།

བཞི་པ་ཞར་བྱུང་ལ། ལས་ཆེ་ཆུང་གི་ཁྱད་པར། བསགས་མ་བསགས་ཀྱི་ཁྱད་པར། ལས་ཀྱི་འབྲས་བུ་ལ་དོགས་པ་དཔྱད་པ་གསུམ། དང་པོ་ནི། མཇུག་དང་ཞིང་དང་གཞི་དང་ནི། །སྦྱོར་དང་སེམས་པ་བསམ་པ་སྟེ། །དེ་དག་ཆུང་དང་ཆེ་བ་ལས། །ལས་ཀྱང་ཆུང་དང་ཆེ་བ་ཉིད། །ཅེས་བྱུང་། ལས་དེ་ཆོས་ཅན། ཁྱོད་ལ་ལྷོ་ཡང་གཉིས་ཡོད་དེ། མཇུག་ཏུ་ལས་དེ་ལ་རྗེས་སུ་ཡི་རང་བ་དང་། ཕན་འདོགས

དང་ཡོན་ཏན་གྱི་ཞིང་དང་། ལས་ལམ་དེ་བྱེད་པའི་ཡུལ་གཞི་དང་། ལས་ལམ་དེའི་སྦྱོར་བ་དང་། རྫོགས་པར་བྱེད་པའི་སེམས་པ་དང་། ཀུན་སློང་གི་བསམ་པའི་ཁྱད་པར་དྲུག་པོ་དེ་དག་ཆུང་བ་དང་ཆེ་བ་ལས། ལས་ཀྱང་སྟོབས་ཆུང་བ་དང་ཆེ་བ་ཉིད་དུ་འགྱུར་བའི་ཕྱིར།

ཕ༢ བསགས་མ་བསགས་ཀྱི་ཁྱད་པར།

གཉིས་པ་ནི། བསམ་བཞིན་པ་དང་རྫོགས་པ་དང་། །མི་འགྱོད་གཉེན་པོ་མེད་པ་དང་། །འཁོར་དང་རྣམ་པར་སྨིན་པ་ལས། །བསགས་པའི་ལས་ཞེས་བྱ་བ་ཡིན། །ཞེས་བྱུང་། བསགས་པའི་ལས་ཆོས་ཅན། འཇོག་ཚུལ་ཡོད་དེ། བསམ་བཞིན་དུ་བྱས་པ་དང་། མཐུག་རྫོགས་པར་བྱས་པ་དང་། ལས་ངན་པ་དེ་ལ་མི་འགྱོད་པ་དང་། ལས་དེ་ལ་གནོད་བྱེད་ཀྱི་གཉེན་པོ་མེད་པ་དང་། མི་དགེ་བ་ལ་འཁོར་ཡང་མི་དགེ་བ། དཔེར་ན་སྲོག་བཅད་ནས་ནོར་འཕྲོག་པའམ་དགེ་བ་ལ་སྲོག་(༧༢༧བ)མི་གཅོད་ཅིང་ནོར་སྟེར་བ་ལྟ་བུ་དང་། རྣམ་པར་སྨིན་པ་འབྱིན་ངེས་པའི་ལས་དྲུག་ལ་བསགས་པའི་ལས་ཞེས་བྱ་བ་ཡིན་ལ། དེ་ལས་བཟློག་པ་དྲུག་ལ་མ་བསགས་པའི་ལས་ཞེས་བྱ་བའི་ཕྱིར། བསམ་བཞིན་དུ་བྱས་པའི་ལས་ཡིན་ན་བསགས་པའི་ལས་ཡིན་པས་མ་ཁྱབ་སྟེ། གོམས་པ་ལང་ཤོར་གྱིས་རྨུན་བབ་ཅོལ་དུ་བྱས་པ་དང་། འགྲོ་བ་དེར་སྐྱེ་འགྱུར་གྱི་ལས་མ་རྫོགས་པ་ཡང་བསགས་པའི་ལས་མིན་པར་བཤད་པའི་ཕྱིར། དགེ་མི་དགེའི་འཁོར་ཁྱད་པར་བ་ཡོད་དེ། དེ་གང་ཅུང་བྱས་ནས་དེ་ལ་རྗེས་སུ་ཡི་རང་བ་རྣམས་དེ་ཡིན་པའི་ཕྱིར།

ཕ༣ ལས་ཀྱི་འབྲས་བུ་ལ་རྟོགས་པ་དཔྱད་པ།

གསུམ་པ་ནི། མཆོད་རྟེན་ལ་བཏང་རྒྱུས་བྱུང་བའི། །བསོད་ནམས་ལེན་མེད་བྱམས་སོགས་བཞིན། །རྒྱུ་ལས་འབྲས་བུ་མི་འགྲུབ་ཕྱིར། །ངན་པའི་ཞིང་ལས་འབྲས་ཡིད་འོང་། །ཞེས་བྱུང་། འདི་ལ་ཕལ་ཆེན་སྡེ་པ་དག་ན་རེ། འདོད་ཆགས་དང་བྲལ་བས་མཆོད་རྟེན་ལྟ་བུ་ལ་སྦྱིན་པ་བྱིན་པ་ལ་བསོད་ནམས་མེད་དེ། དེས་དེ་ལ་ཡོངས་སྤྱོད་པ་མེད་ཅིང་བདག་གི་དོན་གྱི་ཕྱིར་བྱིན་པའང་མིན་པའི་ཕྱིར་ཞེ་ན། དེ་ནི་མི་འཐད་དེ། མཆོད་རྟེན་དང་སྐུ་གཟུགས་ལྟ་བུ་དེ་ལེན་པ་མེད་ཀྱང་བཏང་བའི་རྒྱུ་ལས་བྱུང་བའི་བསོད་ནམས་ཡོད་པའི་ཕྱིར། དཔེར་ན། བྱམས་པ་དང་སོགས་ཀྱིས་སྙིང་རྗེ་བསྒོམས་པ་ལས་ཕན་ཡོན་འབྱུང་བ་བཞིན་ནོ། །གཅིར་བུ་བ་ན་རེ། ཆོམ་རྐུན་ལྟ་བུ་ལ་བྱིན་ན་ཕན་ཡོན་མེད་དོ་ཞེ་ན། དེ་ཡང་མི་འཐད་པར་ཐལ། དེ་ལྟ་བུའི་ངན་པའི་ཞིང་ལའང་ཕན་སེམས་ཀྱིས་སྦྱིན་པ་བཏང་བ་ལས་རྣམ་སྨིན་གྱི་འབྲས་བུ་ཡིད་འོང་འབྱིན་པའི་ཕྱིར། དེར་ཐལ། རྒྱུ་དགེ་བ་ལས་འབྲས་བུ་བདེ་བ་འབྱུང་བ་མི་འགྲུབ་བའི་ཕྱིར། དེར་ཐལ། ཞིང་བཟང་ཡང་སྲོག་གཅོད་པ་ལས་འབྲས་བུ་སྡུག་བསྔལ་འབྱུང་གི་བདེ་བ་འབྱུང་མི་སྲིད་པའི་ཕྱིར།

ཆ༢ ཚུལ་ཁྲིམས་ལས་བྱུང་བའི་བསོད་ནམས་བྱ་བའི་གཞི།

གཉིས་པ་ཚུལ་ཁྲིམས་ལས་བྱུང་བའི་བསོད་ནམས་བྱ་བའི་གཞི་ནི། འཆལ་བའི་ཚུལ་ཁྲིམས་མི་དགེའི་གཟུགས། །དེ་སྤོང་ཚུལ་ཁྲིམས་རྣམ་གཉིས་སོ། །སངས་རྒྱས་ཀྱིས་ནི་བཅད་པ་ཡང་། །རྣམ་དག་ཡོན་ཏན་བཞི་ལྡན་ནོ། །འཆལ་ཁྲིམས་དེའི་རྒྱུས་འཕན་མ་བྱུང་། །དེ་གཉེན་པོ་དང་ཞི་ལ་བརྟེན། །ཞེས་བྱུང་། (༧༢༨ན)འཆལ་བའི་ཚུལ་ཁྲིམས་ཆོས་ཅན། ཁྱོད་ཀྱི་ངོ་བོ་ཡོད་དེ། ཚུལ་ཁྲིམས་ཀྱི་ཟློག་ཟླའི་རྣམ་པར་

རིག་བྱེད་མིན་པས་བསྡུས་པའི་མི་དགེ་བའི་གཟུགས་དེ་དེ་ཡིན་པའི་ཕྱིར། དེ་ཆོས་ཅན། ཁྱོད་སྡོང་བའི་ཚུལ་ཁྲིམས་དེ་ལ་རྣམ་པ་གཉིས་ཡོད་དེ། དེར་གྱུར་པའི་རིག་བྱེད་ཡིན་མིན་གྱི་ཚུལ་ཁྲིམས་རྣམ་དག་གཉིས་ཡོད་པའི་ཕྱིར། ཚུལ་ཁྲིམས་དེས་རང་བཞིན་གྱི་ཁ་ན་མ་ཐོ་བ་ཙམ་སྡོང་བ་མིན་ཏེ། སངས་རྒྱས་ཀྱིས་ནི་བཅད་པའི་ཁ་ན་མ་ཐོ་བ་དུས་མིན་གྱི་ཟས་ཟ་བ་སོགས་ཀྱི་ཉེས་པ་ཡང་སྡོང་བའི་ཕྱིར། ཚུལ་ཁྲིམས་རྣམ་པར་དག་པ་ཆོས་ཅན། ཡོན་ཏན་བཞི་དང་ལྡན་ཏེ། འཆལ་ཁྲིམས་ཀྱིས་ནི་རང་ལ་འཕན་པ་སྡེ་སྐྱོན་མ་བྱུང་བ་དང་དེའི་རྒྱུ་ཉོན་མོངས་ཀྱིས་སྐྱོན་མ་བྱུང་བ་དང་། དེའི་གཉེན་པོ་དྲན་ཤེས་ལ་བརྟེན་པ་དང་། གཞི་མྱང་འདས་དོན་གཉེར་ལ་བརྟེན་པའི་ཁྱད་པར་དང་ལྡན་པའི་ཕྱིར།

ནཾ བསྒོམས་པ་ལས་བྱུང་བའི་བསོད་ནམས་བྱ་བའི་གཞི།

གསུམ་པ་བསྒོམས་པ་ལས་བྱུང་བའི་བསོད་ནམས་བྱ་བའི་གཞི་ནི། མཉམ་པར་བཞག་པའི་དགེ་བ་ནི། །བསྒོམ་པའོ་སེམས་ལ་བསྒོ་ཕྱིར་རོ། །མཐོ་རིས་དོན་དུ་ཚུལ་ཁྲིམས་དང་། །འབྲལ་བའི་དོན་དུ་བསྒོམ་གཙོའི་ཕྱིར། །ཞེས་བྱུང་། མཉམ་པར་བཞག་པའི་སེམས་རྩེ་གཅིག་པའི་དགེ་བ་ནི་ཆོས་ཅན། བསྒོམ་པ་ཞེས་བརྗོད་པའི་རྒྱུ་མཚན་ཡོད་དེ། སེམས་རྒྱུད་ལ་ཡོན་ཏན་བསྒོ་བའི་བདག་ཉིད་དུ་བྱེད་པའི་ཕྱིར། ཚུལ་ཁྲིམས་དང་བསྒོམ་པ་ཆོས་ཅན། ཁྱོད་གཉིས་ཀྱི་འབྲས་བུ་དང་བྱེད་ལས་ཀྱི་ཁྱད་པར་ཡོད་དེ། མཐོ་རིས་ཀྱི་དོན་དུ་ཚུལ་ཁྲིམས་གཙོ་བོ་དང་། ཉོན་མོངས་དང་འབྲལ་བ་ངེས་ལེགས་ཀྱི་དོན་དུ་བསྒོམ་པ་གཙོ་བོར་འཇུག་པའི་ཕྱིར།

ད༣ ཞར་བྱུང་།

ན༡ ཚངས་པའི་བསོད་ནམས།

གསུམ་པ་ཞར་བྱུང་ལ། ཚངས་པའི་བསོད་ནམས་དང་། ཆོས་ཀྱི་སྦྱིན་པ་གཉིས། དང་པོ་ནི། བསྐལ་པར་མཐོ་རིས་དགའ་གནས་ཕྱིར། །བཞི་ཡི་ཚངས་པའི་བསོད་ནམས་ཡིན། །ཞེས་བྱུང་། ཚངས་པའི་བསོད་ནམས་ཆོས་ཅན། ཁྱོད་ལ་བཞི་ཡོད་དེ། སྔར་མེད་པའི་ས་ཕྱོགས་སུ་སངས་རྒྱས་ཀྱི་སྐུ་གདུང་མཆོད་རྟེན་བཞེངས་པ་དང་། ཕྱོགས་བཞིའི་དགེ་འདུན་(༡༢༤བ)ལ་ཀུན་དགའ་ར་བ་ཕུལ་ནས་དེ་ཉིད་དུ་གཙུག་ལག་ཁང་བྱེད་པ་དང་། དགེ་འདུན་ཕྱེ་བ་འདུམ་པ་དང་། བྱམས་པ་ཚད་མེད་བསྒོམ་པའི་བསོད་ནམས་དང་བཞི་ཡོད་པའི་ཕྱིར། དེ་དག་ཆོས་ཅན། ཁྱོད་ལ་ཚངས་པའི་བསོད་ནམས་ཞེས་བརྗོད་པའི་རྒྱུ་མཚན་ཡོད་དེ། ཚངས་པ་མདུན་ན་འདོན་དང་ཚེ་རིང་ཐུང་མཉམ་པར་བསྐལ་པར་མཐོ་རིས་སུ་གནས་པར་དགའ་བའི་གང་ཟག་དེ་དག་གི་བསོད་ནམས་ཡིན་པས་ན་དེ་སྐད་དུ་བརྗོད་པའི་ཕྱིར།

ན༢ ཆོས་ཀྱི་སྦྱིན་པ།

གཉིས་པ་ནི། ཆོས་སྦྱིན་ཉོན་མོངས་ཅན་མིན་པས། །མདོ་སོགས་ཡང་དག་ཇི་བཞིན་སྟོན། །ཞེས་བྱུང་། ཆོས་ཀྱི་སྦྱིན་པ་ཆོས་ཅན། ཡོད་དེ། སེམས་རྙེད་པ་དང་བཀུར་སྟི་དང་གྲགས་འདོད་སོགས་ཀྱི་ཉོན་མོངས་ཅན་མ་ཡིན་པའི་སྒོ་ནས་མདོ་དང་སོགས་ཀྱིས་བསྟན་བཅོས་ཀྱི་ཚིག་དོན་ཡང་དག་པ་ཇི་ལྟ་བ་བཞིན་དུ་སྟོན་པ་དེ་དེ་ཡིན་པའི་ཕྱིར།

ཐ༽ ཆ་མཐུན་དགེ་བ་གསུམ་བཤད་པ།

གསུམ་པ་ཆ་མཐུན་གྱི་དགེ་བ་གསུམ་ནི། བསོད་ནམས་མྱ་ངན་འདས་པ་དང་། །ངེས་འབྱེད་ཆ་མཐུན་དགེ་རྣམ་གསུམ། །ཞེས་བྱུང་། ཆ་མཐུན་གྱི་དགེ་བ་ཆོས་ཅན། ཁྱོད་ལ་རྣམ་པ་གསུམ་ཡོད་དེ། མྱང་འདས་ཀྱི་བསམ་པས་མ་ཟིན་པའི་དགེ་བ་ནི་བསོད་ནམས་ཆ་མཐུན་དང་། སྦྱོར་ལམ་མ་ཐོབ་གོང་གི་མྱ་ངན་ལས་འདས་པ་དོན་གཉེར་གྱི་བསམ་པས་ཟིན་པའི་དགེ་བ་རྣམས་ནི་ཐར་པ་ཆ་མཐུན་དངོས་སམ་དེའི་སྔེར་གཏོགས་དང་། སྦྱོར་ལམ་བཞི་ངེས་འབྱེད་ཆ་མཐུན་གྱི་དགེ་བ་ཡིན་པའི་ཕྱིར།

ཛ༽ ལས་ཀྱི་རྣམ་གྲངས་བསྟན་པའི་དོན་བསྡུ་བ།

གསུམ་པ་ལས་ཀྱི་རྣམ་གྲངས་གཞན་བསྟན་པའི་སྒོ་ནས་དོན་བསྡུ་བ་ལ། འཇིག་རྟེན་པའི་ལས་ཀྱི་རྣམ་གྲངས་དངོས་དང་། ཆོས་ཀྱི་རྣམ་གྲངས་གཞན་བསྟན་ནས་མཇུག་བསྡུ་བ་གཉིས། དང་པོ་ནི། རིགས་པས་རབ་ཏུ་བཅུག་པའི་ལས། །རྣམ་གསུམ་ཀུན་སློང་བཅས་པ་ནི། །ཡིག་འབྲུ་བརྒྱ་དང་གྲངས་བཅས་པའི། །སྔན་ངག་གྲངས་ཏེ་གོ་རིམ་བཞིན། །ཞེས་བྱུང་། རིགས་པས་ཏེ་ཐབས་ཀྱི་རབ་ཏུ་བྱེད་དུ་བཅུག་པའི་ལས་ཆོས་ཅན། རྣམ་པ་གསུམ་ཡོད་དེ། རིགས་པ་སློབ་པའི་ཐབས་ཀྱི་བྱེ་བྲག་གིས་སྒོ་གསུམ་གྱི་ལས་ཀུན་སློང་དང་བཅས་པ་གསུམ་ལ་ནི་གོ་རིམ་བཞིན་དུ་འཇོག་པའི་(༧༥་ན)ཕྱིར། དེར་ཐལ། ཐབས་ཀྱིས་ཀ་ལ་སོགས་པའི་ཡིག་འབྲུའི་གཟུགས་འབྲི་བ་དང་ལྷ་ལྟ་བུའི་རྒྱ་རྐྱ་བ་ལུས་ཀྱི་ལས་དང་། བགྲང་བ་རྩིས་དང་བཅས་པའི་སྙན་ངག་ནི་ངག་གི་ལས་དག་ཆོས་ཀྱི་རྣམ་གྲངས་རྟུད་པར་བྱེད་པའི་ཡིད་ཀྱི་ལས་རྣམས་སུ་ཡོད་པའི་ཕྱིར། གཉིས་པ་ནི། སྒྲིབ་ངན་ཁ་ན་མ་ཐོ་བ། །ཉོན་

ཉོན་མོངས་ཅན་ཆོས་དྲི་མེད་དགེ། །ཀུ་ཤ་ལ་འདུས་བྱས་དགེ་བསྙེན་བྱ། །ཐར་པ་བླ་ན་མེད་པ་ཡིན། །ཞེས་བྱུང་། ཉོན་མོངས་ཅན་གྱི་ཆོས་ཆོས་ཅན། ཁྱོད་ཀྱི་རྣམ་གྲངས་ཡོད་དེ། སྒྲིབ་པ་དང་། ངན་པ་དང་། ཁ་ན་མ་ཐོ་བ་ཞེས་བྱ་བའི་ཕྱིར། དེར་ཐལ། ལམ་ལ་སྒྲིབ་བྱེད་དང་། འདོར་བྱ་དང་། ཉོན་མོངས་ཅན་དང་ལྡན་ཅིག་གནས་པའི་ཕྱིར། དྲི་མེད་ཀྱི་དགེ་བ་ཆོས་ཅན། ཀུ་ཤ་ལ་ཞེས་བྱ་སྟེ། ཕུན་སུམ་ཚོགས་པའི་རང་བཞིན་ཡིན་པའི་ཕྱིར། འདུས་བྱས་ཟག་བཅས་ཀྱི་དགེ་བ་ཆོས་ཅན། རྣམ་གྲངས་ཡོད་དེ། རྒྱུད་ལ་བསྙེན་བྱ་ཞེས་བྱ་བ་ཡིན་པའི་ཕྱིར། ཐར་པ་མྱང་འདས་ཆོས་ཅན། བླ་ན་མེད་པ་ཉིད་ཡིན་ཏེ། ཆོས་གཞན་ནི་བླ་ན་ཡོད་པ་དང་བཅས་ལ། ཁྱོད་ལས་ཆེས་ཁྱད་པར་དུ་འཕགས་པའི་ཆོས་གཞན་མེད་ཅིང་། གཅིག་ཏུ་དགེ་ཞིང་རྟག་པ་ཡིན་པའི་ཕྱིར་རོ། །གནས་བཞི་པའི་ཚིག་དོན་ལེགས་པར་བཤད་ཟིན་ཏོ།། །།སརྦ་མངྒ་ལཾ།

༄༅། །ཆོས་མངོན་པ་མཛོད་ཀྱི་གནས་ལྔ་པའི་ཚིག་འགྲེལ་བཞུགས་སོ། །

ཆ༢ ཉོན་མོངས་པའི་ཀུན་འབྱུང་བཤད་པ།

ཇ༡ སྤང་བྱ་ཕྲ་རྒྱས་ཉོན་མོངས་བཤད་པ།

ཉ༡ ཕྲ་རྒྱས་ཀྱི་དབྱེ་བ།

ཏ༡ ངོ་བོའི་སྒོ་ནས་དབྱེ་བ།

ཐ༡ སྤྱིར་བསྟན་པ།

ད༡ རྩ་བའི་སྒོ་ནས་དབྱེ་བ།

ན༡ ཚིག་དོན་བཤད་པ།

གཉིས་(༡༣༠ན)པ་ཉོན་མོངས་པའི་ཀུན་འབྱུང་བཤད་པ་ལ། སྤང་བྱ་ཕྲ་རྒྱས་ཉོན་མོངས་བཤད་པ། དེ་ཇི་ལྟར་སྤོང་ཚུལ་བཤད་པ། སྤངས་པའི་འབྲས་བུ་ཡོངས་ཤེས་བཤད་པ་དང་གསུམ། དང་པོ་ལ། དབྱེ་བ། སྐྱེ་ཚུལ། རྣམ་གྲངས་དང་གསུམ། དང་པོ་ལ། ངོ་བོའི་སྒོ་ནས། རྣམ་པའི་སྒོ་ནས། བཅས་མ་བཅས་ཀྱི་སྒོ་ནས་དབྱེ་བ་དང་གསུམ། དང་པོ་ལ། སྤྱིར་བསྟན་པ་དང་། ལྔ་བ་དང་ང་རྒྱལ་བྱེ་བྲག་ཏུ་བཤད་པ་གཉིས། དང་པོ་ལ། རྩ་བ་དང་། ནང་ཚན་དང་། གཉེན་པོའི་སྒོ་ནས་དབྱེ་བ་གསུམ། དང་པོ་ལ། ཚིག་དོན། སྤྱི་དོན། མཐའ་དཔྱད་པ་དང་གསུམ། དང་པོ་ནི། སྲིད་པའི་རྩ་བ་ཕྲ་རྒྱས་དྲུག །འདོད་ཆགས་དེ་བཞིན་ཁོང་ཁྲོ་དང་། །ང་རྒྱལ་མ་རིག་ལྟ་བ་དང་། །ཐེ་ཚོམ་ཡིན་ཏེ་དེ་དྲུག་ཀྱང་། །འདོད་ཆགས་དབྱེ་བས་བདུན་དུ་བཤད། །ཁམས་གཉིས་ལས་སྐྱེས་སྲིད་འདོད་ཆགས། །ཁ་ནི་ནང་དུ་བལྟས་ཕྱིར་དེར། །ཐར་པའི་འདུ་ཤེས་བཟློག་ཕྱིར་བཤད། །ཅེས་བྱུང་། སྲིད་པའི་རྩ་བ་ཆོས་

ཅན། ཁྱོད་ལ་ངོ་བོའི་སྒོ་ནས་དྲུག་ཡོད་དེ། ཕྲ་རྒྱས་དྲུག་ཡོད་པའི་ཕྱིར། དེར་ཐལ། འདོད་ཆགས་ཕྲ་རྒྱས་དང་། དེ་བཞིན་དུ་ཁོང་ཁྲོ་དང་། ང་རྒྱལ་དང་། མ་རིག་པ་དང་། ཡང་དག་པ་མ་ཡིན་པའི་ལྟ་བ་དང་། ཐེ་ཚོམ་ཉོན་མོངས་པ་དྲུག་ཡོད་པའི་ཕྱིར། དེ་དྲུག་ཀྱང་ཆོས་ཅན། ཁྱོད་ལ་བདུན་དུའང་བཤད་དེ། འདོད་པ་དང་སྲིད་པའི་འདོད་ཆགས་གཉིས་སུ་དབྱེ་བས་དེ་ལྟར་ཡོད་པའི་ཕྱིར། ཁམས་གོང་མ་གཉིས་ལས་སྐྱེས་པའི་འདོད་ཆགས་ཆོས་ཅན། སྲིད་པའི་འདོད་ཆགས་ཞེས་གཙིག་ཏུ་བྱ་སྟེ། ཕལ་ཆེར་སྙོམས་འཇུག་ལ་ཆགས་པའི་ཁ་ནི་ནང་དུ་བལྟས་པར་མཚུངས་པའི་ཕྱིར། སྲིད་པའི་འདོད་ཆགས་ཞེས་བཤད་པའི་རྒྱུ་མཚན་ཡོད་དེ། སྲིད་པ་སྟེ་འཁོར་བའི་ཁྱད་པར་ལ་ཆགས་ཀྱང་དེར་ཐར་པའི་འདུ་ཤེས་འབྱུང་བས་དེ་བཟློག་པར་བྱ་བའི་ཕྱིར(༡༣༡ན)དེ་ལྟར་དུ་བརྗོད་པའི་ཕྱིར།

ན༢ སྤྱི་དོན་བཤད་པ།

གཉིས་པ་ལ། ཉོན་མོངས་ཀྱི་མཚན་ཉིད། སྒྲ་བཤད། བྱེད་ལས། དབྱེ་བ་དང་བཞི། དང་པོ་ཡོད་དེ། རང་དང་མཚུངས་ལྡན་གྱི་སེམས་རྒྱུད་མ་ཞི་བར་བྱེད་པའི་རིགས་གནས་ཀྱི་སེམས་བྱུང་དེ། ཉོན་མོངས་པའི་མཚན་ཉིད་དུ་རིགས་པའི་ཕྱིར། གཉིས་པ་ཡོད་དེ། སེམས་ཉོན་ཉོན་པོར་བྱེད་པས་སམ་མ་ཞི་བར་བྱེད་པས་ན་ཉོན་མོངས་ཞེས་བྱ་ལ། རྗེས་སུ་འབྲེལ་བའི་ཉོན་མོངས་པ་ཕྲ་བའང་རྒྱས་པར་བྱེད་པས་ན་ཕྲ་རྒྱས་ཞེས་བྱ་བའི་ཕྱིར། གསུམ་པ་ཡོད་དེ། ཉོན་མོངས་པ་སོགས་ཀྱི་རྒྱུན་བརྟན་པ་དང་། གནས་པར་བྱེད་པ་སོགས་བཅུ་ཡོད་པའི་ཕྱིར། བཞི་པ་ཡོད་དེ། ངོ་བོའི་སྒོ་ནས་རྩ་ཉོན་དྲུག་དང་། ཉེ་ཉོན་ཉི་ཤུ་དང་། རྣམ་པའི་སྒོ་ནས་བཅུ་དང་། ཁམས་ཀྱི་སྒོ་ནས་གོ་བརྒྱད་ཡོད་པའི་ཕྱིར།

ན༣ མཐའ་དཔྱད་པ།

གསུམ་པ་མཐའ་དཔྱད་པ་ལ། ཁ་ཅིག །རྩ་ཉོན་དྲུག་པོ་གང་རུང་ཡིན་ན། ཕྲ་རྒྱས་ཡིན་པས་ཁྱབ་ཟེར་ན། སྐད་ཅིག་ཐ་མའི་ཉོན་མོངས་དྲུག་རེ་རེ་ནས་ཆོས་ཅན། དེར་ཐལ། དེའི་ཕྱིར། དེར་ཐལ། རྩ་ཉོན་ཡིན་པའི་ཕྱིར། འདོད་ན་མིན་ཏེ། གཞན་རྒྱས་པར་མི་བྱེད་ཅིང་། རང་ཉིད་ཀྱང་རྒྱས་པར་མི་འགྱུར་བའི་ཕྱིར། དེར་ཐལ། རྒྱུན་ཆད་ཁ་མའི་དེ་ཡིན་པའི་ཕྱིར། ཁ་ཅིག །ཕྲ་རྒྱས་ཀྱི་དོན་ལ་འདོད་ཚུལ་མི་མཐུན་པ་མེད་ཟེར་ན། དེ་ཡོད་པར་ཐལ། བྱེ་སྨྲས་ཉོན་མོངས་ལ་འདོད། གནས་མ་བུ་པས་ཉོན་མོངས་ཀྱི་ཐོབ་པ་ལ་དེར་བཏགས་པར་འདོད། སློབ་དཔོན་དང་མདོ་སྡེ་པས་ཉོན་མོངས་ཀྱི་ས་བོན་ལ་དེར་བཏགས་པར་འདོད་ཅེས་རང་འགྲེལ་ལས་བཤད་པའི་ཕྱིར། ཁ་ཅིག །འདིར་བསྟན་ཕྲ་རྒྱས་ལ་སྒོམ་སྤང་གིས་ཁྱབ་ཟེར་ན། དེ་མི་འཐད་པར་ཐལ། མཐོང་སྤང་ཕྲ་རྒྱས་ཀྱང་ཡོད་པའི་ཕྱིར། དེར་ཐལ། གཞུང་འདི་དེ་གཉིས་ཐུན་མོང་དུ་འཆད་བྱེད་(༡༣༡བ)ཡིན་པའི་ཕྱིར།

ང༢ ནང་ཚན་གྱི་སྒོ་ནས་དབྱེ་བ།

གཉིས་པ་ནི། ལྟ་བ་ལྔ་སྟེ་འཇིག་ཚོགས་དང་། །ལོག་དང་མཐར་འཛིན་ལྟ་བ་དང་། །ལྟ་བ་དང་ནི་ཚུལ་ཁྲིམས་དང་། །བརྟུལ་ཞུགས་མཆོག་ཏུ་འཛིན་དང་བཅུ། །ཞེས་བྱུང་། ཕྲ་རྒྱས་ཆོས་ཅན། ཁྱོད་ལ་ནང་ཚན་གྱིས་དབྱེ་ན་བཅུ་ཡོད་དེ། ལྟ་བ་ལྔ་དང་ལྟ་མིན་ལྔ་ཡོད་པའི་ཕྱིར། དེར་ཐལ། འཇིག་ཚོགས་ལ་ལྟ་བའི་འཇིག་ལྟ་དང་། ལོག་ལྟ་དང་། མཐར་འཛིན་གྱི་ལྟ་བ་དང་། ལྟ་བ་མཆོག་འཛིན་གྱི་ལྟ་བ་དང་། ཚུལ་ཁྲིམས་དང་བརྟུལ་ཞུགས་མཆོག་འཛིན་གྱི་ལྟ་བ་སྟེ་ལྔ་དང་། ལྟ་མིན་ལྔ་དང་བཅུ་ཡོད་པའི་ཕྱིར། གཉིས་པ་གྲུབ་སྟེ། བཤད་པ་ལྟར་འདོད་ཆགས་

སོགས་ལྔ་ཡོད་པའི་ཕྱིར།

ད༣ གཉེན་པོའི་སྒོ་ནས་དབྱེ་བ།

ན༡ སྤང་བྱ་དངོས།

པ༡ འདོད་པའི་སྤང་བྱ།

ཕ༡ མཐོང་ལམ་གྱི་སྤང་བྱ།

གསུམ་པ་ལ། དངོས་དང་། གཉེན་པོས་སྤང་བྱ་སྤོང་ཚུལ་གཉིས། དང་པོ་ལ། འདོད་པ་དང་གཟུགས་དང་གཟུགས་མེད་ཀྱི་དེ་གཉིས། དང་པོ་ལ། མཐོང་ལམ་དང་སྒོམ་ལམ་གྱི་སྤང་བྱ་གཉིས། དང་པོ་ནི། དེ་དག་བཅུ་དང་བདུན་བདུན་བརྒྱད། །ལྟ་བ་གསུམ་གཉིས་མ་གཏོགས་པ། །འདོད་ན་སྡུག་བསྔལ་ལ་སོགས་པ། །མཐོང་བས་རིམ་བཞིན་སྤོང་བར་བྱེད། །ཅེས་བྱུང་། ཤེས་བྱ་ཆོས་ཅན། འདོད་ན་ཕྲ་རྒྱས་དེ་དག་སུམ་ཅུ་རྩ་དྲུག་ཡོད་དེ། སྡུག་བསྔལ་མཐོང་སྤང་ལ་ལྟ་བ་ལྔ་དང་ལྟ་མིན་ལྔ་སྟེ་བཅུ་དང་། སོགས་ཀྱིས་ཀུན་འབྱུང་དང་འགོག་པ་མཐོང་སྤང་ལ་འཇིག་ལྟ་དང་མཐར་ལྟ་དང་བརྟུལ་ཞུགས་མཆོག་འཛིན་གྱི་ལྟ་བ་གསུམ་མ་གཏོགས་པའི་གཞན་བདུན་བདུན་དང་། ལམ་མཐོང་སྤང་ལ་འཇིག་ལྟ་དང་མཐར་ལྟ་གཉིས་མ་གཏོགས་པའི་གཞན་བརྒྱད་ཡོད་པའི་ཕྱིར། འདོད་པའི་ཕྲ་རྒྱས་དེ་ཆོས་ཅན། མཐོང་སྤང་ཡིན་ཏེ། མཐོང་བའི་ལམ་གྱིས་རིམ་པ་བཞིན་དུ་སྤོང་བར་བྱེད་དགོས་པའི་ཕྱིར།

ཕ༢ སྒོམ་ལམ་གྱི་སྤང་བྱ།

གཉིས་པ་ནི། བཞི་ནི་སྒོམ་པས་སྤང་བྱ་ཡིན། །ཞེས་བྱུང་། འདོད་ཆགས་ཁོང་ཁྲོ་ང་རྒྱལ་མ་རིག་པ་བཞི་ནི་ཆོས་ཅན། སྒོམ་པའི་ལམ་གྱིས་སྤང་བར་བྱ་བ་ཡིན་ཏེ། བདེན་པ་མཐོང་བ་ཙམ་གྱིས་སྤོང་མི་ནུས་ཀྱི། ཕྱིས་རིམ་གྱིས་སྤོང་བར་

བྱེད་དགོས་པའི་ཕྱིར་ཏེ། དེ་དག་བཅུ་དང་བདུན་བདུན་བརྒྱད། །ཅེས་པའི་གཞུང་གིས་མཐོང་སྤང་དངོས་སུ་བསྟན་ནས་སྒོམ་སྤང་ཉིད་དངོས་སུ་འཆད་པར་བྱེད་པའི་ཕྱིར། སྒོམ་སྤང་ཡིན་ན། འདིའི་དངོས་བསྟན་གྱི་སྒོམ་སྤང་(༧༣༢ན)ཡིན་པས་མ་ཁྱབ་སྟེ། ཁམས་གོང་མའི་སས་བསྡུས་ཀྱི་སྒོམ་སྤང་དེ་འདིའི་དངོས་བསྟན་གྱི་དེ་མ་ཡིན་པའི་ཕྱིར་ཏེ། འདིས་འདོད་པའི་སྒོམ་སྤང་ཉིད་འཆད་པར་མཛད་པའི་ཕྱིར། དེར་ཐལ། གོང་མའི་སས་བསྡུས་པའི་དེ་བཞི་མེད་པའི་ཕྱིར། དེར་ཐལ། དེའི་སས་བསྡུས་པའི་ཁོང་ཁྲོ་མེད་པའི་ཕྱིར།

པ༢ གཟུགས་དང་གཟུགས་མེད་ཀྱི་སྤང་བྱ།

གཉིས་པ་ནི། ཁོང་ཁྲོ་མ་གཏོགས་དེ་དག་ཉིད། །གཟུགས་ཁམས་གཟུགས་མེད་དེ་དང་འདྲ། །ཞེས་བྱུང་། གཟུགས་ཁམས་ཀྱི་སས་བསྡུས་པའི་ཕྲ་རྒྱས་སྒོམ་སྤང་ཆོས་ཅན། ཁྱོད་ལ་སོ་གཅིག་རེ་ཡོད་དེ། ཁོང་ཁྲོ་ལྔ་མ་གཏོགས་པའི་སོ་གཅིག་དེ་དག་ཉིད་ཡོད་ཅིང་། གཟུགས་མེད་ནའང་དེ་དང་འདྲ་བའི་ཕྱིར། དེ་ལྟར་དགུ་བཅུ་བརྒྱད་དུ་འདོད། །ཅེས་པ་ནི་དོན་བསྡུ་བ་ཡིན་ཏེ། འདོད་པ་ན་སོ་དྲུག་དང་གོང་མ་གཉིས་ན་སོ་གཅིག་མ་ཡོད་པའི་ཁྱོན་བསྡོམས་འཆད་པར་བྱེད་པའི་ཕྱིར། ཀུན་འབྱུང་འགོག་པ་གཉིས་ལ་དམིགས་ནས་ལོག་པར་ཞུགས་པའི་ལྟ་བ་གསུམ་མི་འོང་སྟེ། འཇིག་ལྟས་ནི་ཉེར་ལེན་གྱི་ཕུང་པོ་ལ་དམིགས་ནས་འཇུག་མཐར་ལྟས་ཕུང་པོ་དེ་དག་རྟག་ཆད་གང་རུང་ལྟ། བརྟུལ་ཞུགས་མཆོག་འཛིན་གྱིས་ནི་ཕུང་པོ་ལ་འདག་གྲོལ་སོགས་སུ་ལྟ་བས་སྡུག་བདེན་ཉིད་ལ་དམིགས་པ་ཡིན་པའི་ཕྱིར། ལམ་མཐོང་སྤང་ལ་འཇིག་ལྟ་མཐར་ལྟ་གཉིས་མི་འཇོག་སྟེ། དེ་གཉིས་ཀྱིས་ཉེར་ལེན་གྱི་ཕུང་པོ་ལ་དམིགས་དགོས་པའི་ཕྱིར། བརྟུལ་ཞུགས་མཆོག་འཛིན་ཀྱང་མི་འཇོག་སྟེ། དེས་ལམ་ངན་པ་ལ་ལམ་མཆོག་ཏུ་དམིགས་ནས་འཇུག་པའི་ཕྱིར།

ན༢ གཉིས་པོས་སྤང་བྱ་སྤོང་ཚུལ།

གཉིས་པ་ནི། སྲིད་རྩེ་ལས་སྐྱེས་བཟོད་པ་ཡིས། །གཞོམ་བྱ་མཐོང་བས་སྤང་བྱ་ཉིད། །ལྷག་སྐྱེས་མཐོང་དག་སྒོམ་གཉིས་ཀྱིས། །བཟོད་པས་གཞོམ་མིན་སྒོམ་པོ་ནས། །ཞེས་བྱུང་། ཕྲ་རྒྱས་རྣམས་མཐོང་ལམ་པོ་ནས་སྤོང་མི་ནུས་པས། དེ་ལ་གཉིས་ཡོད་པའི་སྲིད་རྩེ་ལས་སྐྱེས་པའི་སྡུག་ཀུན་འགོག་ལམ་བཞིའི་མཐོང་སྤང་ཕྲ་རྒྱས་ཆོས་ཅན། མཐོང་བས་སྤང་བར་བྱ་བ་པོ་ན་ཉིད་ཡིན་ཏེ། སྡུག་བསྔལ་ཆོས་བཟོད་ལ་སོགས་པ་བཞི་ཡིས་གཞོམ་པར་བྱ་བ་ཡིན་པའི་ཕྱིར། དེར་ཐལ། དེ་བཞིས་བདེན་པ་མངོན་སུམ་དུ་མཐོང་བ་ཙམ་གྱིས་ཁྱོད་སྤོང་ནུས་པའི་(༡༣༢བ)ཕྱིར། སྲིད་རྩེའི་ལྷག་མ་འདོད་པ་དང་ཁམས་གོང་མ་ལས་སྐྱེས་པའི་ཕྲ་རྒྱས་ཆོས་ཅན། མཐོང་ལམ་དང་སྒོམ་ལམ་གཉིས་ཀྱིས་སྤོང་བར་བྱེད་དེ། འདས་ལམ་གྱིས་སྤོང་བའི་ཚེ་མཐོང་ལམ་གྱིས་སྤོང་ཞིང་། སོ་སྐྱེས་འཇིག་རྟེན་པའི་སྒོམ་ལམ་གྱིས་སྤོང་བ་ཡང་ཡོད་པའི་ཕྱིར། མཐོང་ལམ་བཟོད་པས་གཞོམ་བྱ་མིན་པའི་ལྟ་མིན་བཞི་ཆོས་ཅན། སྒོམ་སྤང་པོ་ན་ཡིན་ཏེ། འཇིག་རྟེན་པའི་སྒོམ་ལམ་དང་འདས་པའི་སྒོམ་ལམ་ཅི་རིགས་ཀྱིས་སྤོང་བའི་ཕྱིར། ཁྱད་པར་ཡོད་དེ། སྔ་མས་སྲིད་རྩེའི་དེ་སྤོང་མི་ནུས་ཤིང་། ཕྱི་མས་ཐམས་ཅད་སྤོང་ནུས་པའི་ཕྱིར།

ཐ༢ ལྟ་བ་དང་ང་རྒྱལ་བྱེ་བྲག་ཏུ་བཤད་པ།

ད༡ ལྟ་བ་བཤད་པ།

ན༡ ལྟ་བ་བཤད་པ་དངོས།

གཉིས་པ་ལ། ལྟ་བ་དང་ང་རྒྱལ་བཤད་པ་གཉིས། དང་པོ་ལ། དངོས་དང་། དོགས་གཅོད་གཉིས། དང་པོ་ནི། བདག་དང་བདག་གིར་རྟག་ཆད་

དང་། །མིད་དང་དམན་ལ་མཆོག་ལྟ་དང་། །རྒྱུ་མིན་ལམ་མིན་དེར་ལྟ་བ། །དེ་དག་ལྟ་བ་ལྔ་ཡིན་ནོ། །ཞེས་བྱུང་།

༥༧ ཚིག་དོན་བཤད་པ།

འདི་ལ་ཚིག་དོན་དང་། མཐའ་དཔྱད་པ་གཉིས། དང་པོ་ནི། ལྟ་བ་ངན་པ་དེ་དག་ཆོས་ཅན། ཁྱོད་ལ་ལྔ་ཡོད་དེ། ཉེར་ལེན་གྱི་ཕུང་པོ་ལ་དམིགས་ནས་བདག་དང་བདག་གིར་ལྟ་བའི་ཤེས་རབ་ཉོན་མོངས་ཅན་དེ་འཇིག་ལྟ། དེ་ལ་དམིགས་ནས་རྟག་ཆད་གང་རུང་དུ་ལྟ་བའི་ཤེས་རབ་ཉོན་མོངས་ཅན་དེ་མཐར་ལྟ། ལས་རྒྱུ་འབྲས་སོགས་ཡོད་པའི་དོན་ལ་མེད་པར་ལྟ་བའི་ཤེས་རབ་ཉོན་མོངས་ཅན་དེ་ལོག་ལྟ། ལྟ་བ་དམན་པ་ལ་དམིགས་ནས་འདག་པ་དང་གྲོལ་བྱེད་མཆོག་ཏུ་འཛིན་པའི་ལྟ་ངན་དེ་ལྟ་བ་མཆོག་འཛིན་གྱི་ལྟ་བ། དབང་ཕྱུག་སོགས་སྟོད་བཙུད་ཀྱི་རྒྱུ་མིན་པ་དང་། བརྟུལ་ཞུགས་ངན་པ་སོགས་ལམ་མིན་པ་ལ་རྒྱུ་དང་ལམ་དེར་ལྟ་བ་ནི་ཚུལ་ཁྲིམས་དང་བརྟུལ་ཞུགས་མཆོག་འཛིན་གྱི་ལྟ་བ་ཡིན་པའི་ཕྱིར།

༥༨ མཐའ་དཔྱད་པ།

གཉིས་པ་མཐའ་དཔྱད་པ་ལ། ཁ་ཅིག །ཚུལ་ཁྲིམས་དང་བརྟུལ་ཞུགས་མཆོག་འཛིན་གྱི་ལྟ་བ་ཡིན་ན། དེ་གཉིས་ཀ་ལ་དམིགས་ནས་མཆོག་ཏུ་འཛིན་པའི་ལྟ་བ་ཡིན་པས་ཁྱབ་ཟེར་ན། ཚུལ་ཁྲིམས་ངན་པ་ཙམ་ལ་མཆོག་ཏུ་འཛིན་པའི་ལྟ་ངན་ཆོས་ཅན། དེར་ཐལ། དེའི་ཕྱིར། དེར་ཐལ། ཆོས་ཅན་དེའི་ཕྱིར། དེར་ཐལ། དེ་ཡོད་པའི་ཕྱིར། འདོད་མི་ནུས་སོ། །ཁ་ཅིག །ལྟ་བ་ལྔ་པོ་དེ་ལྟ་བ་ཡིན་(༧༣༣ན)ཟེར་ན། རེ་ཞིག་དེ་མི་འཐད་པར་ཐལ། ལྟ་ངན་ལྟ་བར་མི་རུང་བའི་ཕྱིར། དེར་ཐལ། ཤེས་རབ་ཉོན་མོངས་ཅན་ཤེས་རབ་ཏུ་མི་རུང་བ་ཡིན་པའི་ཕྱིར། མ་གྲུབ་ན། ཤེས་རབ་

ཉོན་མོངས་ཅན་དང་ལོག་ལྟ་རྒྱུད་ལྡན་ཡིན་ན་ཤེས་རབ་ཅན་ཡིན་པས་ཁྱབ་པར་ཐལ། མ་གྲུབ་པ་དེའི་ཕྱིར། འདོད་ན་ཧ་ཅང་ཐལ་སྐམ་སྐྱེ་དཔྱད་པར་བྱའོ། །གཞན་ཡང་། དེ་ལྟ་ལྟ་བ་མ་ཡིན་པར་ཐལ། གང་སྤྱིལ་ལས། ལོག་པར་དམིགས་པའི་ཤེས་རབ་ཐམས་ཅད་ནི་ལྟ་བར་མི་འདོད་དོ། །ཞེས་གསུངས་པའི་ཕྱིར། ཁ་ཅིག །ལམ་དང་འགོག་པ་མཐོང་སྤང་གང་རུང་ཡིན་ན། འགོག་ལམ་གང་རུང་ལ་དམིགས་པས་ཁྱབ་པར་ཐལ། སྤང་བྱ་དེ་དག་ཡུལ་ལ་དམིགས་ནས་ལོག་པར་འཇུག་ཚུལ་གྱི་སྒོ་ནས་འཇོག་པའི་ཕྱིར་ན་མ་ཁྱབ་སྟེ། འགོག་ལམ་མཐོང་སྤང་དུ་གྱུར་པའི་འདོད་ཆགས་ང་རྒྱལ་ལྟ་བུས་དེ་གང་རུང་ལ་དམིགས་ནས་མི་འཇུག་པའི་ཕྱིར། དེར་ཐལ། དེ་གཉིས་ཀྱིས་ཡུལ་ཁྱད་པར་ཅན་ལ་མ་དམིགས་པར་ཟག་བཅས་ཀྱིས་ཁྱད་པར་ལ་དམིགས་ནས་འཇུག་པའི་ཕྱིར།

ན༢ ལྟ་བ་ལ་རྟོགས་པ་གཅོད་པ།

གཉིས་པ་ནི། དབང་ཕྱུག་སོགས་རྒྱུར་མངོན་ཞེན་པ། །རྟག་བདག་ཕྱིན་ཅི་ལོག་པ་ཡིན། །རབ་ཏུ་འཇུག་པས་དེ་ཕྱིར་དེ། །ལྟ་བ་གསུམ་ལས་ཕྱིན་ཅི་ལོག །བཞི་ཚན་ཕྱིན་ཅི་ལོག་ཕྱིར་དང་། །ངེས་རྟོག་ཕྱིར་དང་བློ་འདོགས་ཕྱིར། །སེམས་དང་འདུ་ཤེས་དེའི་དབང་གིས། །ཞེས་བྱུང་། དབང་ཕྱུག་སོགས་འགྲོ་བའི་རྒྱུ་མིན་པ་ལ་རྒྱུར་མངོན་པར་ཞེན་པ་དེ་ཆོས་ཅན། སྡུག་ཀུན་མཐོང་སྤང་ཡིན་ཏེ། སྡུག་བསྔལ་གྱི་རྒྱུ་ལ་ལོག་པར་ཞུགས་པའི་ཕྱིར་ཏེ། དབང་ཕྱུག་རྟག་པ་དང་བདག་ཏུ་ཕྱིན་ཅི་ལོག་པར་ཞེན་པ་ཡིས་རབ་ཏུ་འཇུག་པས་དེའི་ཕྱིར། ཁྱབ་སྟེ། དེ་འདྲ་བ་སྡུག་བསྔལ་ཆོས་བཟོད་ཀྱིས་སྤོང་བར་བྱེད་པའི་ཕྱིར། འཇིག་ལྟ་ལོག་ལྟ་མཐར་འཛིན་གྱི་ལྟ་བ་སྟེ་ལྟ་བ་གསུམ་ལས་བྱེ་བའི་ཕྱིན་ཅི་ལོག་ཆོས་ཅན། ཁྱོད་ལ་བཞི་ཡོད་དེ། མི་རྟག་པ་ལ་རྟག་པར་ལྟ་བ་དང་། མི་གཙང་བ་ལ་གཙང་བར་ལྟ་བ་དང་། སྡུག་

བསྡོལ་ལ་བདེ་བར་ལྟ་བ་དང་། བདག་མེད་པ་ལ་བདག་ཏུ་ལྟ་བའི་(༡༩༩བ)ཕྱིན་ཅི་ལོག་དང་བཞི་ཡོད་པའི་ཕྱིར། ལྟ་བ་གསུམ་ལས་ཕྱིན་ཅི་ལོག་བཞིར་ཕྱེ་བ་ཡིན་ཏེ། མཐར་ལྟ་ལ་རྟག་འཛིན། མཆོག་འཛིན་ལ་གཙང་བདེའི་འཛིན་པ་གཉིས། འཇིག་ལྟ་ལ་བདག་ལྟ་བཞག་པའི་ཕྱིར། ཕྱིན་ཅི་ལོག་བཞི་ཚན་གཅིག་པོ་ཆོས་ཅན། ཕྱིན་ཅི་ལོག་ཏུ་འཇོག་པའི་རྒྱུ་མཚན་ཡོད་དེ། དམིགས་པ་ལ་ཕྱིན་ཅི་ལོག་པའི་ཕྱིར་དང་། དེར་ངེས་པར་རྟོག་པའི་ཕྱིར་དང་། སྒྲོ་འདོགས་པའི་ཕྱིར་རོ། །ཁྱབ་སྟེ། ལྟ་བ་གཞན་དང་ཚུལ་ཁྲིམས་མཆོག་འཛིན་སོགས་ཀྱིས་དེ་ལྟར་སྒྲོ་མི་འདོགས་པའི་ཕྱིར། མདོ་ལས་སེམས་ཕྱིན་ཅི་ལོག་དང་འདུ་ཤེས་ཕྱིན་ཅི་ལོག་ཅེས་གསུངས་པ་དང་མི་འགལ་ཏེ། དེ་གཉིས་ལྟ་བ་ཕྱིན་ཅི་ལོག་དེའི་དབང་གིས་ཕྱིན་ཅི་ལོག་ཏུ་འགྱུར་བ་ལ་དགོངས་པའི་ཕྱིར།

ང༢ ང་རྒྱལ་བཤད་པ།

ཀ༡ དབྱེ་བ།

གཉིས་པ་ང་རྒྱལ་ལ། དབྱེ་བ་དང་། སྤོང་ཚུལ་དོགས་གཅོད་བཅས་པ་གཉིས། དང་པོ་ནི། ང་རྒྱལ་བདུན་ནམ་དགུ་གསུམ་མོ། །ཞེས་བྱུང་། ང་རྒྱལ་ཆོས་ཅན། ཁྱོད་ལ་དུ་མ་ཡོད་དེ། འདི་དང་བདག་རིགས་སོགས་མཉམ་མོ་སྙམ་དུ་སེམས་པའི་མཉམ་པའི་ང་རྒྱལ་དང་དེ་ལས་བདག་ལྷག་གོ་སྙམ་པའི་ལྷག་པའི་ང་རྒྱལ་དང་། ཁྱད་པར་འཕགས་པ་དེ་ལས་ཀྱང་བདག་འཕགས་སོ་སྙམ་པའི་ང་རྒྱལ་ལས་ང་རྒྱལ་དང་། ཉེ་བར་ལེན་པའི་ཕུང་པོ་ལ་དམིགས་ནས་ངའོ་སྙམ་པའི་ང་རྒྱལ་དང་། ཡོན་ཏན་གྱི་ཁྱད་པར་དེ་མ་ཐོབ་ཀྱང་ཐོབ་བོ་སྙམ་པའི་མངོན་པའི་ང་རྒྱལ་དང་། ཁྱད་འཕགས་དེ་ལས་ཅུང་ཟད་དམན་ནོ་སྙམ་པའི་ཅུང་ཟད་སྙམ་པའི་ང་རྒྱལ་དང་། ཡོན་ཏན་མེད་ལ་ཡོན་ཏན་དུ་རློམ་པའི་ལོག་པའི་ང་རྒྱལ་དང་

བདུན་ཡོད་ཅིང་། བསྟན་བཅོས་དག་ལས། བདག་མཆོག་ཡིན་ནོ། །བདག་དང་འདྲའོ། །བདག་དམན་ནོ། །བདག་པས་མཆོག་གོ། །བདག་པས་དམན་ནོ། །བདག་དང་མཉམ་པ་མེད་དོ། །བདག་པས་དམན་པ་མེད་དོ། །བདག་དང་མཉམ་པ་ཡོད་དོ། །བདག་པས་དམན་པ་ཡོད་དོ་ཞེས་དགུ་གསུངས་པ་རྣམས་ནི། ང་རྒྱལ་དང་ལྷག་པའི་ང་རྒྱལ་དང་ཅུང་ཟད་སྙམ་པའི་ང་རྒྱལ་གསུམ་གྱིས་བསྡུས་པའི་ཕྱིར། དེ་དག་འགའ་ཞིག་ནི་ང་རྒྱལ་དངོས་མིན་ཏེ། དེའི་རྣམ་པ་ལྟ་བུ་ལ་ང་རྒྱལ་དུ་བཏགས་པའི་ཕྱིར། ང་རྒྱལ་དུ་འགྲོ་བ་ལ་ཉོན་མོངས་པས་ཀུན་ནས་(༧༣༨ན)བསླངས་པ་ཞིག་དགོས་ཀྱི། བདག་མཆོག་གོ་སྙམ་པ་ལྟ་བུ་ཙམ་ནི་ང་རྒྱལ་མིན་ཏེ། ཡིན་ན་སངས་རྒྱས་ལའང་ང་རྒྱལ་ཡོད་པར་ཐལ་བའི་ཕྱིར།

ན༢ སྤོང་ཚུལ་དོགས་གཅོད་བཅས་པ།

གཉིས་པ་ནི། མཐོང་དང་སྒོམ་པས་ཟད་བྱ་བ། །སྒོམ་པས་སྤང་བར་བྱ་བ་ནི། །གསོད་དང་ཀུན་ནས་དཀྲིས་པའོ། །དེ་བཞིན་འཇིག་སྲིད་འཕགས་པ་ལ། །རྣམ་སོགས་ངའོ་སྙམ་མི་འབྱུང་། །ལྟ་བས་རྒྱས་པར་འགྱུར་ཕྱིར་རོ། །མི་དགེའི་འགྱོད་པའང་མ་ཡིན་ནོ། །ཞེས་བྱུང་། ང་རྒྱལ་བདུན་པོ་དེ་རྣམས་ཆོས་ཅན། ཁྱོད་ལ་མཐོང་ལམ་དང་སྒོམ་པའི་ལམ་གྱིས་ཟད་པར་བྱ་བའི་ཆ་གཉིས་ཡོད་དེ། མཐོང་སྤང་རྣམས་མཐོང་ལམ་དང་། སྒོམ་སྤང་རྣམས་སྒོམ་ལམ་གྱིས་སྤོང་བའི་ཕྱིར། སྒོམ་པས་སྤང་བར་བྱ་བ་ནི་ཆོས་ཅན། ཁྱོད་ལ་དུ་མ་ཡོད་དེ། གསོད་པ་ལ་སོགས་པ་ལུས་ངག་གི་མི་དགེ་བ་རྣམས་དང་། དེ་དག་གི་ཀུན་སློང་ཀུན་ནས་དཀྲིས་པ་དང་། དེ་བཞིན་དུ་བདག་མྱུར་དུ་ཤི་ན་སྙམ་པའི་འཇིག་སྲིད་དང་། སྔར་གྱི་ང་རྒྱལ་གྱི་རྣམ་པ་བདུན་དང་། སོགས་ཀྱིས་བདག་བུད་མེད་ལྟ་བུར་སྐྱེས་ན་སྙམ་པའི་སྐྱེ་སྲིད་དང་། ངའོ་སྙམ་པའི་ང་རྒྱལ་རྣམས་འཕགས་པ་ལ་མངོན་གྱུར་དུ་མི་འབྱུང་ཡང་

སྒོམ་སྤང་ཡིན་པའི་ཕྱིར། དེ་དག་འཕགས་པ་ལ་མངོན་གྱུར་དུ་མི་འབྱུང་སྟེ། དེ་དག་ནི་ཉོན་མོངས་ཅན་གྱི་ལྟ་བས་རྒྱས་པར་འགྱུར་བའི་ཕྱིར་རོ། །འཕགས་པ་ལ་མི་དགེ་བའི་འགྱོད་པའང་མངོན་གྱུར་དུ་མི་འབྱུང་སྟེ། དེ་ལ་ཐེ་ཚོམ་ཡོད་ཀྱང་ཐེ་ཚོམ་ཉོན་མོངས་ཅན་མེད་པའི་ཕྱིར།

ཏ༢ རྣམ་པའི་སྒོ་ནས་དབྱེ་བ།

ཐ༡ ཀུན་འགྲོ་ཡིན་མིན་གྱི་སྒོ་ནས།

གཉིས་པ་རྣམ་པའི་སྒོ་ནས་དབྱེ་བ་ལ། ཀུན་འགྲོ་ཡིན་མིན་གྱི་སྒོ་ནས། ཟག་མེད་ལ་དམིགས་མ་དམིགས་ཀྱི་སྒོ་ནས། དམིགས་པ་དང་མཚུངས་ལྡན་གྱི་སྒོ་ནས། མི་དགེ་བ་དང་ལུང་མ་བསྟན་གྱི་སྒོ་ནས། དུས་གསུམ་ལ་ཕྲ་རྒྱས་ཀྱི་སྒོ་ནས་དབྱེ་བ་དང་ལྔ། དང་པོ་ནི། སྡུག་བསྡལ་ཀུ་མཐོང་སྤང་བྱ་བ། །ལྟ་དང་དེ་བཞིན་ཐེ་ཚོམ་དང་། །གང་དེ་ལྡན་ཅིག་མ་འདྲེས་པའི། །མ་རིག་གང་ཡིན་ཀུན་ཏུ་འགྲོ། །དེ་དག་ལས་ཀུན་གོང་དུ་དམིགས། །ལྟ་བ་གཉིས་པོ་མ་གཏོགས་པའི། །དེ་དག་དང་ནི་ལྡན་ཅིག་གང་། །འབྱུང་དེའང་ཀུན་འགྲོ་ཐོབ་མ་གཏོགས། །ཞེས་བྱུང་། །སྡུག་(༡༣༥བ)བསྡལ་མཐོང་སྤང་ལྔ་དང་། རྒྱུ་ཀུན་འབྱུང་མཐོང་བས་སྤང་བར་བྱ་བའི་ལྟ་བ་ལོག་ལྟ་དང་ལྟ་བ་མཆོག་འཛིན་གཉིས་རེ་དང་། དེ་བཞིན་དུ་སྡུག་ཀུན་མཐོང་སྤང་གི་ཐེ་ཚོམ་གཉིས་རེ་དང་། ཐེ་ཚོམ་གང་ཡིན་པ་དེ་དང་ལྡན་ཅིག་པའི་མ་རིག་པ་དང་། རྒྱ་ཉོན་གཞན་དང་མ་འདྲེས་པའི་མ་རིག་པ་གཉིས་རེ་སྟེ་ཁམས་གསུམ་ན་བཅུ་གཅིག་དེ་ཡོད་པའི་སོ་གསུམ་གང་ཡིན་པ་དེ་ཆོས་ཅན། རང་སའི་སྤང་བྱ་རིགས་ལྔ་ལ་འགྲོ་བའི་སྐལ་མཉམ་ཀུན་འགྲོ་ཡིན་ཏེ། དེ་ལྔ་ལ་དམིགས་ནས་རྒྱས་པར་འགྱུར་བའི་ཕྱིར། བཅུ་གཅིག་པོ་དེ་དག་ལས་དགུ་ཁམས་གོང་དུ་དམིགས་པ་ཡིན་ཏེ། འཇིག་ལྟ་མཐར་ལྟ་གཉིས་མ་གཏོགས་པ་གཞན་རྣམས་ཀྱིས་དེར་དམིགས་

པའི་ཕྱིར། ཀུན་འགྲོ་དེ་དག་དང་ལྡན་ཅིག་འབྱུང་བའི་སེམས་སེམས་བྱུང་གང་ཡིན་པ་དེ་ཡང་ཆོས་ཅན། ཀུན་འགྲོ་ཡིན་ཏེ། དེ་དག་དང་དམིགས་རྣམ་མཚུངས་པར་འཇུག་པའི་ཕྱིར། ཀུན་འགྲོ་དེ་དག་གི་ཐོབ་པ་ཆོས་ཅན། ཕྲ་རྒྱས་ཀུན་འགྲོར་མ་གཏོགས་ཏེ། ཁྱོད་དང་ཀུན་འགྲོ་རྣམས་འབྲས་བུ་མི་མཚུངས་པའི་ཕྱིར།

ཐ༢ ཟག་མེད་ལ་དམིགས་མ་དམིགས་ཀྱི་སྒོ་ནས་དབྱེ་བ།

ད༡ ཟག་མེད་ལ་དམིགས་པ།

གཉིས་པ་ལ། ཟག་མེད་ལ་དམིགས་པ་དང་། དེ་ལ་མ་དམིགས་པ་གཉིས། དང་པོ་ནི། འགོག་དང་ལམ་མཐོང་སྤང་བྱ་བ། །ལོག་ལྟ་ཐེ་ཚོམ་དེ་དག་དང་། །ལྡན་དང་འབའ་ཞིག་མ་རིག་དང་། །དྲུག་ནི་ཟག་མེད་སྤྱོད་ཡུལ་ཅན། །རང་གི་ས་པའི་འགོག་པ་དང་། །ལམ་ནི་ཕན་ཚུན་རྒྱུ་ཡིན་པས། །ས་དྲུག་ས་དགུའི་ལམ་ནི་དེའི། །སྤྱོད་ཡུལ་ཅན་གྱི་ཡུལ་ཡིན་ནོ། །ཞེས་བྱུང་། འགོག་པ་དང་ལམ་མཐོང་བས་སྤང་བར་བྱ་བའི་ལོག་ལྟ་དང་། ཐེ་ཚོམ་དེ་དག་དང་། དེ་དག་དང་མཚུངས་ལྡན་གྱི་མ་རིག་པ་དང་། འབའ་ཞིག་པ་མ་འདྲེས་པའི་མ་རིག་པ་དང་དྲུག་ནི་ཆོས་ཅན། ཟག་མེད་ཀྱི་སྤྱོད་ཡུལ་ཅན་ཡིན་ཏེ། རང་གི་ས་པའི་འགོག་པ་དང་ལམ་ལ་དམིགས་པའི་ཕྱིར། ལམ་ལ་དམིགས་པའི་ཚེ་འདོད་པའི་ལོག་ལྟ་སོ་དྲུག་གི་དམིགས་པ་བསམ་གཏན་བཞི་དང་མི་ལྕོགས་མེད་དང་ཁྱད་པར་ཅན་ཏེ་བསམ་གཏན་ས་དྲུག་དང་ཆོས་ཤེས་པའི་ཕྱོགས་དང་མཐུན་པའི་ལམ་ཐམས་ཅད་དང་། ཁམས་གོང་གི་རིས་ལམ་ལ་དམིགས་པ་ན་མི་ལྕོགས་མེད་པ་ནས་སྲིད་རྩེའི་བར་(༧༣༥ན)གྱི་ས་དགུའི་རྗེས་ཤེས་དང་ཕྱོགས་མཐུན་པའི་གོང་གི་ལམ་རྣམས་ལ་དམིགས། ས་དྲུག་དང་ས་དགུའི་ལམ་ནི་རང་རང་གི་ས་དེའི་ཕན་ཚུན་གྱི་རྒྱུ་བྱེད་པའི་སྤྱོད་ཡུལ་ཅན་གྱི་ཡུལ་ཅན་ཡིན་པའི་ཕྱིར།

ང༢ ཟག་མེད་ལ་མ་དམིགས་པ།

གཉིས་པ་ནི། འདོད་ཆགས་མིན་ཏེ་སྤང་བྱའི་ཕྱིར། །གནོད་མི་བྱེད་ཕྱིར་ཞེ་སྡང་མིན། །ཞི་དང་དག་དང་མཆོག་གྱུར་ཕྱིར། །ང་རྒྱལ་མ་ཡིན་མཆོག་འཛིན་ཡིན། །ཞེས་བྱུང་། འདོད་ཆགས་ཆོས་ཅན། ཁྱོད་ཀྱིས་ཟག་མེད་འགོག་ལམ་ལ་དམིགས་པ་ཡིན་ཏེ། ཁྱོད་ཟག་བཅས་ལ་གཙོ་བོར་དམིགས་པས་ཐར་འདོད་ཀྱིས་གཅིག་ཏུ་སྤང་བྱ་ཡིན་པའི་ཕྱིར། ཞེ་སྡང་ཆོས་ཅན། ཁྱོད་ཀྱིས་དེ་ལ་དམིགས་པ་མིན་ཏེ། འགོག་ལམ་ནི་གནོད་པ་མི་བྱེད་པའི་རང་བཞིན་ཅན་ཡིན་ལ། ཁྱོད་ནི་གནོད་པར་སེམས་པ་ཅན་ཡིན་པའི་ཕྱིར། ང་རྒྱལ་ཆོས་ཅན། ཁྱོད་ཀྱིས་ཀྱང་དེ་ལ་དམིགས་པ་མ་ཡིན་ཏེ། འགོག་ལམ་ནི་ཞི་བ་ཡིན་ལ། ཁྱོད་ནི་ཁེངས་པའི་རྣམ་པ་ཅན་ཡིན་པའི་ཕྱིར། བརྟུལ་ཞུགས་མཆོག་འཛིན་ཆོས་ཅན། ཁྱོད་ཀྱིས་ཀྱང་དེ་ལ་དམིགས་པ་མིན་ཏེ། འགོག་ལམ་རྣམ་པར་དག་པ་ཡིན་ལ། ཁྱོད་ཀྱི་ས་ནི་མ་དག་ལ་གཙོ་བོར་དམིགས་ནས་མཆོག་ཏུ་འཛིན་པའི་ཕྱིར། ལྟ་བ་མཆོག་འཛིན་ཆོས་ཅན། ཁྱོད་ཀྱིས་ཀྱང་འགོག་ལམ་ལ་དམིགས་པ་མ་ཡིན་ཏེ། ཁྱོད་ཀྱིས་དམན་པ་ལ་མཆོག་ཏུ་འཛིན་པ་ཡིན་ལ། འགོག་ལམ་ནི་ཆོས་ཀྱི་མཆོག་ཏུ་གྱུར་པས་ཁྱོད་ཀྱི་ཡུལ་མིན་པའི་ཕྱིར།

ཐ༣ དམིགས་པ་དང་མཚུངས་ལྡན་གྱི་སྒོ་ནས་དབྱེ་བ།

གསུམ་པ་དམིགས་པ་དང་མཚུངས་ལྡན་གྱི་སྒོ་ནས་དབྱེ་བ་ནི། ཕྲ་རྒྱས་ཀུན་ཏུ་འགྲོ་རྣམས་ནི། །དམིགས་པའི་སྒོ་ནས་རང་གི་ས། །ཐམས་ཅད་དུ་ནི་རྒྱས་པར་འགྱུར། །ཀུན་འགྲོ་མ་ཡིན་རང་རིས་སུ། །ཟག་མེད་གོང་མའི་ཡུལ་ཅན་མིན། །བདག་གིར་མ་བྱས་གཉེན་པོའི་ཕྱིར། །གང་ཞིག་གང་དང་མཚུངས་ལྡན་

པ། །དེ་ནི་དེ་མཚུངས་ལྡན་སྒོ་ནས། །ཞེས་བྱུང་། ཕྲ་རྒྱས་ཀུན་ཏུ་འགྲོ་བ་རྣམས་ནི་ཆོས་ཅན། དམིགས་པའི་སྒོ་ནས་ཁམས་རང་གི་ས་པའི་རྣམ་པ་ལྔ་པོ་ཐམས་ཅད་དུ་ནི་རྒྱས་(༧༣༥བ)པར་འགྱུར་བ་ཡིན་ཏེ། རང་སའི་དེ་རྣམས་ནི་ལྟ་བས་བདག་གིར་བྱས་པའི་ཕྱིར། ཀུན་འགྲོ་མ་ཡིན་པའི་ཕྲ་རྒྱས་ཆོས་ཅན། དམིགས་པའི་སྒོ་ནས་རང་གི་སར་རང་གི་རིས་པོ་ན་ལ་རྒྱས་པར་འགྱུར་གྱི། རིས་གཞན་དུ་མི་རྒྱས་ཏེ། སྡུག་བསྔལ་མཐོང་སྤོང་གྱི་སྤང་བྱ་རྣམས་རང་སའི་སྡུག་བསྔལ་མཐོང་སྤོང་གྱིས་སྤང་གི་རིས་པོ་ན་ལ་རྒྱས་པར་འགྱུར་བ་སོགས་ཡིན་པའི་ཕྱིར། ཕྲ་རྒྱས་ཀུན་འགྲོ་མ་ཡིན་པ་ལ་དམིགས་པའི་སྒོ་ནས་རྒྱས་པར་མི་འགྱུར་བ་ཡང་ཡོད་དེ། ཟག་མེད་ལ་དམིགས་པ་དང་། གོང་མ་ལ་དམིགས་པའི་ཡུལ་ཅན་རྣམས་ནི་དམིགས་པའི་སྒོ་ནས་རྒྱས་པར་འགྱུར་བ་མ་ཡིན་པའི་ཕྱིར། དེར་ཐལ། ཟག་མེད་ནི་བདག་ལྟས་བདག་གིར་མ་བྱས་པའི་ཕྱིར་ཏེ། ཟག་མེད་དེ་དག་གི་གཉེན་པོ་ཡིན་པའི་ཕྱིར། ཕྲ་རྒྱས་གང་ཞིག །སེམས་བྱུང་ཚོར་བ་སོགས་གང་དང་མཚུངས་པར་ལྡན་པའི་ས་མང་པོ་དེ་ནི་ཆོས་ཅན། དེ་དང་མཚུངས་ལྡན་གྱི་སྒོ་ནས་རྒྱས་པར་འགྱུར་བ་ཡིན་ཏེ། ཕྲ་རྒྱས་དང་མཚུངས་ལྡན་གྱི་ཉོན་མོངས་ཅན་ཡིན་པའི་ཕྱིར།

ཐ༩ མི་དགེ་བ་དང་ལུང་མ་བསྟན་གྱི་སྒོ་ནས་དབྱེ་བ།

ང༡ དབྱེ་བ་སྤྱིར་བསྟན་པ།

བཞི་པ་ལ། དབྱེ་བ་སྤྱིར་བསྟན་པ། དེ་དག་ཏུ་འཇོག་པའི་རྩ་བ་ངོས་བཟུང་བ། དྲི་བ་དང་ལན་གྱིས་གཏན་ལ་དབབ་པ་དང་གསུམ། དང་པོ་ནི། གོང་མ་ཐམས་ཅད་ལུང་མ་བསྟན། །འདོད་ན་འཇིག་ཚོགས་ལྟ་བ་དང་། །མཐར་འཛིན་ལྷན་ཅིག་མ་རིག་པ། །ལྷག་མ་རྣམས་འདིར་མི་དགེ་བའོ། །ཞེས་བྱུང་།

ན༡ ཚིག་དོན་བཤད་པ།

འདི་ལ་ཚིག་དོན་དང་། མཐའ་དཔྱད་པ་གཉིས། དང་པོ་ནི། ཁམས་གོང་མ་གཉིས་ཀྱི་ཉོན་མོངས་ཐམས་ཅད་ཆོས་ཅན། ལུང་མ་བསྟན་ཡིན་ཏེ། སྒྲིབ་ལུང་མ་བསྟན་ཡིན་པའི་ཕྱིར། དེར་ཐལ། སྒྲིབ་པ་ཡིན་ཡང་། ས་དེའི་ཏིང་ངེ་འཛིན་གྱི་ནུས་པས་བཏུལ་བས་རྣམ་སྨིན་སྡུག་བསྔལ་འབྱིན་པ་མེད་པའི་ཕྱིར། འདོད་པ་ན་འཇིག་ཚོགས་ལྟ་བ་དང་མཐར་འཛིན་གྱི་ལྟ་བ་དང་། དེ་གཉིས་དང་ལྷན་ཅིག་པའི་མཚུངས་ལྡན་གྱི་མ་རིག་པ་ཆོས་ཅན། སྒྲིབ་ལུང་མ་བསྟན་ཡིན་ཏེ། རྣམ་སྨིན་མི་འབྱིན་པའི་རིགས་ཅན་གྱི་སྒྲིབ་པ་ཡིན་པའི་ཕྱིར། དེ་གསུམ་གྱི་ལྷག་མ་འདོད་ཆགས་སོགས་རྣམས་(༡༣༨ན)ཆོས་ཅན། འདོད་པ་འདིར་མི་དགེ་བ་ཡིན་ཏེ། རྣམ་སྨིན་སྡུག་བསྔལ་འབྱིན་བྱེད་ཡིན་པའི་ཕྱིར།

ན༢ མཐའ་དཔྱད་པ།

གཉིས་པ་མཐའ་དཔྱད་པ་ལ། མི་དགེ་བའི་རྩ་བ་ཡིན་ན། མི་དགེ་བ་ཡིན་པས་ཁྱབ་ཟེར་ན། དེའི་རྩ་བར་གྱུར་པའི་མ་རིག་པ་ཆོས་ཅན། དེར་ཐལ། དེའི་ཕྱིར། དེར་ཐལ། ཆོས་ཅན་དེ་ཡིན་པའི་ཕྱིར། དེར་ཐལ། དེ་ཡོད་པའི་ཕྱིར། དེར་ཐལ། ཕྲ་རྒྱས་མ་རིག་པ་ཡོད་པའི་ཕྱིར། འདོད་ན། མ་ཡིན་པར་ཐལ། ལུང་མ་བསྟན་ཡིན་པའི་ཕྱིར། དེར་ཐལ། མ་རིག་པ་ཡིན་པའི་ཕྱིར། ཁ་ཅིག །འདོད་ཆགས་ཡིན་ན། མི་དགེ་བ་ཡིན་པས་ཁྱབ་ཟེར་ན། གོང་མའི་འདོད་ཆགས་ཆོས་ཅན། དེར་ཐལ། དེའི་ཕྱིར། རྟགས་གསལ་སློ། ཁ་ཅིག །འདོད་པའི་མི་དགེ་བ་ཡིན་ན། རྣམ་སྨིན་འབྱིན་པས་ཁྱབ་ཟེར་ན། བཤགས་པས་འདག་ངེས་ཀྱི་མི་དགེ་བ་ཆོས་ཅན། དེར་ཐལ། དེའི་ཕྱིར། དེར་ཐལ། ཆོས་ཅན་དེའི་ཕྱིར། ཁྱབ་སྟེ། ཁམས་གོང་ན་མི་དགེ

བ་མེད་པའི་ཕྱིར། འདོད་ན་སློ། །

ད༢ དེ་དག་ཏུ་འཇོག་པའི་རྩ་བ་ངོས་བཟུང་བ།

ན༡ འདོད་པའི་ཉོན་མོངས་མི་དགེ་བ།

གཉིས་པ་ལ། འདོད་པའི་ཉོན་མོངས་མི་དགེ་བ་དང་། ཁམས་གོང་གི་ཉོན་མོངས་ལུང་མ་བསྟན་དུ་འཇོག་པའི་རྩ་བ་གཉིས། དང་པོ་ནི། འདོད་ན་འདོད་ཆགས་ཁོང་ཁྲོ་དང་། །ཉོངས་རྣམས་མི་དགེའི་རྩ་བ་ཡིན། །ཞེས་བྱུང་། འདོད་པ་ན་མི་དགེ་བའི་རྩ་བ་ཡིན་པ་ཡོད་དེ། དེའི་འདོད་ཆགས་དང་ཁོང་ཁྲོ་དང་ལྟ་བ་དང་པོ་གཉིས་དང་མཚུངས་ལྡན་མ་ཡིན་པའི་ཉོངས་པ་རྣམས་དེའི་རྩ་བ་ཡིན་པའི་ཕྱིར།

ན༢ ཁམས་གོང་གི་ཉོན་མོངས་ལུང་མ་བསྟན་དུ་འཇོག་པའི་རྩ་བ།

པ༡ ཁ་ཆེ་བའི་ལུགས།

གཉིས་པ་ལ། ཁ་ཆེ་བའི་ལུགས་དང་། ཉི་འོག་པའི་ལུགས་གཉིས། དང་པོ་ནི། ལུང་མ་བསྟན་པའི་རྩ་བ་གསུམ། །དེ་ནི་སྲེད་དང་མ་རིག་བློ། །རྣམ་གཉིས་མཐོང་འཇུག་ཕྱིར་དེ་ལས། །གཞན་མིན། ཞེས་བྱུང་། ལུང་མ་བསྟན་པའི་རྩ་བ་དེ་ཆོས་ཅན། ཁྱོད་ལ་གསུམ་ཡོད་དེ། ལུང་མ་བསྟན་གྱི་སྲེད་པ་དང་དེའི་མ་རིག་པ་དང་། རྣམ་པར་སྨིན་པའི་བློ་ཤེས་རབ་གསུམ་ཡོད་པའི་ཕྱིར། དེ་ལས་གཞན་ཐེ་ཚོམ(༧༣༨བ)དང་ང་རྒྱལ་ནི། དེའི་རྩ་བར་མ་ཡིན་ཏེ། སྔ་མ་ནི་རྣམ་པ་གཉིས་སུ་འཇུག་ཅིང་། ཕྱི་མ་ནི་རྣམ་པ་མཐོ་བར་འཇུག་པའི་ཕྱིར་ཞེར།

༢༨ ཉི་ཚོགས་པའི་ལུགས།

གཉིས་པ་ནི། བཞི་ཞེས་ཉེ་འཁོག་པ། དེ་དག་སྲིད་ལྟ་ང་རྒྱལ་རྫོངས། །བསམ་གཏན་ས་གསུམ་མ་རིག་ལས། །ཞེས་བྱུང་། ལུང་མ་བསྟན་གྱི་རྩ་བ་དེ་དག་ཆོས་ཅན། ཁྱོད་ལ་བཞི་ཡོད་དེ། སྲིད་པ་དང་ལྟ་བ་དང་ང་རྒྱལ་དང་རྫོངས་པ་བཞི་ཡོད་པའི་ཕྱིར། དེར་ཐལ། སྲིད་ལྟ་ང་རྒྱལ་ཤས་ཆེ་བའི་བསམ་གཏན་ས་གསུམ་ཡང་མ་རིག་པའི་དབང་ལས་དེ་ལྟར་འགྱུར་བའི་ཕྱིར་ཟེར་རོ། །

༢༩ དྲི་བ་དང་ལན་གྱིས་གཏན་ལ་དབབ་པ།

གསུམ་པ་དྲི་ལན་གྱིས་གཏན་ལ་ཕབ་པ་ནི། མགོ་གཅིག་པ་དང་རྣམ་ཕྱེ་དང་། །དྲི་དང་བཞག་པ་ལུང་བསྟན་པ། །འཆི་དང་སྐྱེ་དང་ཁྱད་པར་འཕགས། །བདག་གཞན་ལ་སོགས་ལྟ་བུ་ཡིན། །ཞེས་བྱུང་། འདིར་དྲི་བ་དེ་ཆོས་ཅན། ཁྱོད་ལ་བཞི་ཡོད་དེ། མགོ་གཅིག་ཏུ་ལུང་བསྟན་པར་བྱ་བ་དང་། རྣམ་པར་ཕྱེ་ནས་ལུང་བསྟན་པ་དང་། དྲི་བས་ལུང་བསྟན་པ་དང་། གཞག་པར་བྱ་བའི་དྲི་བ་དང་བཞི་ཡོད་པའི་ཕྱིར། དང་པོ་ཡོད་དེ། སེམས་ཅན་འདི་རྣམས་འཆི་བར་འགྱུར་རམ་ཞེས་འདྲི་ན་འཆི་བར་འགྱུར་ཞེས་ལུང་བསྟན་པར་བྱ་བ་ཡིན་པའི་ཕྱིར། གཉིས་པ་ཡོད་དེ། སེམས་ཅན་རྣམས་ཉོན་མོངས་ཀྱིས་སྐྱེའམ་ཞེ་ན་ཉོན་མོངས་ཅན་རྣམས་དེའི་དབང་གིས་སྐྱེའི། ཉོན་མོངས་སྤངས་པ་རྣམས་ནི་མི་སྐྱེ་ཞེས་རྣམ་པར་ཕྱེ་ནས་ལུང་བསྟན་པར་བྱ་བ་ཡིན་པའི་ཕྱིར། གསུམ་པ་ཡོད་དེ། ཅི་མི་འདི་དམན་ནམ་ཁྱད་པར་འཕགས་ཞེས་འདྲི་ན། གང་ལྟོས་ཏེ་འདྲི་ཞེས་དྲིས་ནས་ལྷ་ལས་ལྟོས་ཏེ་ཟེར་ན་དམན་ལ། ངན་སོང་ལས་ལྟོས་ཏེ་ཟེར་ན་ཁྱད་པར་དུ་འཕགས་ཞེས་ལུང་བསྟན་པར་བྱ་བ་ཡིན་པའི་ཕྱིར། བཞི་པ་ཡོད་དེ། ཕུང་པོ་རྣམས་བདག་ལས་གཞན་ནམ

གཞན་མིན་ཞེས་སོགས་ཁྱད་གཞི་གང་ཟག་གི་བདག་ལ་བསམས་ནས་འདྲི་བའི་ཚེ་ལན་ལུང་མ་སྟོན་པར་གཞག་པར་བྱ་བ་ལྟ་བུ་ཡིན་པའི་ཕྱིར། དེར་ཐལ། གང་ཟག་གི་བདག་མེད་པས་དེར་གྲུབ་པའི་བདག་ནི་ཕུང་པོ་དང་གཅིག་དང་ཐ་དད་གང་དུའང་མི་རིགས་(༡༣༧ན)པའི་ཕྱིར།

ཐ༥ དུས་གསུམ་ལ་ཕྲ་རྒྱས་ཀྱི་སྒོ་ནས་དབྱེ་བ།

ད༡ ཕྲ་རྒྱས་ཀྱི་དམིགས་ཡུལ།

ཀ༡ དམིགས་ཡུལ་ངེས་ཅན་གྱི་ཉོན་མོངས།

ལྔ་པ། དུས་གསུམ་ལ་ཕྲ་རྒྱས་ལྡན་ཚུལ་གྱི་སྒོ་ནས་དབྱེ་བ་ལ། ཕྲ་རྒྱས་ཀྱི་དམིགས་ཡུལ། དུས་གསུམ་ལྡན་ཚུལ་ལམ་དེའི་རྣམ་གཞག་བསྟན་པ། སྤང་བྲལ་གྱི་ཁྱད་པར་བཤད་པ། སེམས་ཀྱི་དམིགས་པ་བྱེ་བྲག་ཏུ་བཤད་པ་དང་བཞི། དང་པོ་ལ། དམིགས་ཡུལ་ངེས་ཅན་གྱི་ཉོན་མོངས་དང་། ངེས་མེད་ཀྱི་ཉོན་མོངས་གཉིས། དང་པོ་ནི། འདས་དང་ཉེར་གནས་འདོད་ཆགས་དང་། །ཁོང་ཁྲོ་ང་རྒྱལ་དག་གིས་ནི། །གང་ལ་དེ་སྐྱེས་མ་སྤངས་པའི། །དངོས་པོ་དེ་དང་ལྡན་པ་ཡིན། །ཡིད་ཀྱི་དེ་དག་མ་འོངས་པས། །ཀུན་དང་གཞན་གྱི་རང་དུས་པ། །མི་སྐྱེ་རྣམས་ཀྱི་ཐམས་ཅད་དང་། །ཞེས་བྱུང་། འདས་པ་དང་ད་ལྟ་བར་ཉེ་བར་གནས་པའི་འདོད་ཆགས་དང་ཁོང་ཁྲོ་དང་ང་རྒྱལ་དག་གིས་ནི་ཆོས་ཅན། ཁྱོད་རང་གང་ལ། རང་ཉིད་སྐྱེས་ནས་མ་སྤངས་ཀྱི་བར་དུ་ཡུལ་འདོད་སོགས་དངོས་པོ་དེ་དང་དེ་རང་རྒྱུད་ལྡན་གྱི་གང་ཟག་དེ་ལ་ལྡན་པར་བྱེད་པ་ཡིན་ཏེ། རང་གིས་མཚན་ཉིད་པའི་ཉོན་མོངས་ཡིན་པའི་ཕྱིར། ཡིད་ཀྱི་རྣམ་ཤེས་ཀྱི་འཁོར་དུ་བྱུང་བའི་འདོད་ཆགས་ཁོང་ཁྲོ་ང་རྒྱལ་གསུམ་པོ་དེ་དག་ཆོས་ཅན། ཁྱོད་ཀྱིས་ཡུལ་མ་འོངས་པའི་དུས་གསུམ་པོ་ཀུན་དང་ལྡན་པར་བྱེད་དེ། ཡུལ་གང་ལ་དེ་སྐྱེས་ལ་མ་སྤངས་ཤིང་། ཡིད་ཀྱི་ཡུལ་ནི་དུས་

གསུམ་པ་ཡིན་པའི་ཕྱིར། ཡིད་ལས་གཞན་པའི་དབང་ཤེས་དང་དེའི་འཁོར་གྱི་ཉོན་མོངས་རྣམས་ཆོས་ཅན། ཁྱོད་ཀྱིས་རང་དང་དུས་མཉམ་པའི་ཡུལ་དུས་སོ་སོ་བ་ན་དང་ལྡན་པར་བྱེད་དེ། མ་འོངས་པས་མ་འོངས་པ་དང་། དེ་བཞིན་དུ་ད་ལྟ་བ་དང་འདས་པ་ལའང་སོ་སོར་ལྡན་པར་བྱེད་པའི་ཕྱིར། མི་སྐྱེ་བའི་ཆོས་ཅན་གྱི་མིང་ཅན་དབང་ཤེས་རྣམས་ཆོས་ཅན། ཡུལ་དུས་གསུམ་པའི་དངོས་པོ་ཐམས་ཅད་དང་ལྡན་པར་བྱེད་དེ། ཡུལ་དེ་གསུམ་ལ་དམིགས་པས་མངོན་དུ་ཕྱོགས་པ་ཡིན་པའི་ཕྱིར།

ཤ༢ ངེས་མེད་ཀྱི་ཉོན་མོངས།

གཉིས་པ་ནི། ལྷག་མ་ཀུན་གྱིས་ཀུན་དང་ལྡན། །ཞེས་བྱུང་། དེ་དག་གི་ལྷག་མ་ལྟ་བ་དང་ཐེ་ཚོམ་དང་(༧༣༧བ)མ་རིག་པ་ཀུན་ཆོས་ཅན། ཁྱོད་རང་ཡུལ་དུས་གསུམ་པའི་དངོས་པོ་ཀུན་དང་ལྡན་ཏེ། དེ་དག་སྐྱེས་ལ་མ་སྤངས་ཤིང་ཉོན་མོངས་སྐྱེ་བ་ཞེས་བྱ་བ་དེ་ཡིན་པའི་ཕྱིར།

ད༢ དུས་གསུམ་ལྡན་ཚུལ་ལམ་དེའི་རྣམ་གཞག་བསྟན་པ།

ཤ༡ དུས་གསུམ་རྫས་ཡོད་དུ་གྲུབ་ཚུལ།

པ༡ ལུང་གི་སྒྲུབ་བྱེད།

གཉིས་པ་ལ། དུས་གསུམ་རྫས་ཡོད་དུ་གྲུབ་ཚུལ། དུས་གསུམ་གྱི་འཛོག་ཚུལ། དེ་ལ་མདོ་སྡེ་པས་གཙོད་བྱེད་བརྗོད་པ། བྱེ་བྲག་སྨྲ་བས་ལན་བཏབ་ཚུལ་དང་བཞི། དང་པོ་ལ། ལུང་དང་རིགས་པའི་སྒྲུབ་བྱེད་གཉིས། དང་པོ་ནི། དུས་རྣམས་ཀུན་ཏུ་ཡོད་བཤད་ཕྱིར། །ཞེས་བྱུང་། དུས་གསུམ་པོ་ཆོས་ཅན། རྣམ་པ་ཀུན་ཏུ་རྫས་སུ་ཡོད་དེ། བཅོམ་ལྡན་འདས་ཀྱིས་དགེ་སློང་དག་གལ་ཏེ་འདས་པའི་གཟུགས་ཤིག་ཡོད་པར་མ་གྱུར་ན་ཞེས་སོགས་ཀྱིས་ཁྱོད་རྫས་ཡོད་དུ་བཤད་པའི་ཕྱིར།

པ༢ རིགས་པའི་སྒྲུབ་བྱེད།

གཉིས་པ་ནི། གཉིས་ཀྱི་ཡུལ་ཡོད་ཕྱིར་འབྲས་ཕྱིར། །དེ་ཡོད་སྨྲ་བའི་ཕྱི་ཐམས་ཅད། །ཡོད་པར་སྨྲ་བར་འདོད། ཅེས་བྱུང་། ད་ལྟ་བར་མ་ཟད། འདས་མ་འོངས་གཉིས་ཆོས་ཅན། རྫས་སུ་ཡོད་དེ། ཁྱོད་གཉིས་ལ་དམིགས་པའི་རྣམ་ཤེས་ཀྱི་ཡུལ་དངོས་པོ་བ་ཡོད་པའི་ཕྱིར་དང་། འདས་པའི་ལས་ཀྱི་འབྲས་བུ་བསྐྱེད་པ་ཡོད་པར་མཐོང་བའི་ཕྱིར། གཞི་ཐམས་ཅད་ཡོད་པར་སྨྲ་བས་དུས་གསུམ་རྫས་ཡོད་དུ་འདོད་དེ། དེ་རྫས་ཡོད་དུ་འདོད་པར་ཁ་ཆེ་བ་སྨྲ་བའི་ཕྱིར།

ན༢ དུས་གསུམ་གྱི་འཇོག་ཚུལ།

གཉིས་པ་ནི། དེ་དག །རྣམ་བཞི་དངོས་དང་མཚན་ཉིད་དང་། །གནས་སྐབས་གཞན་གཞན་འགྱུར་ཞེས་བྱ། །གསུམ་པ་བཟང་སྟེ་བྱ་བ་ཡིས། །དུས་རྣམས་རྣམ་གཞག །ཅེས་བྱུང་། ཡོད་སྨྲའི་ལུགས་ལ་དེ་དག་ཀྱང་རྣམ་པ་བཞིར་འདོད་ཚུལ་ཡོད་དེ། དངོས་པོ་གཞན་དུ་འགྱུར་བ་དང་། དེ་བཞིན་དུ་མཚན་ཉིད་དང་། གནས་སྐབས་དང་། ལྟོས་པ་གཞན་དང་གཞན་དུ་འགྱུར་ཞེས་བྱ་བར་སྨྲ་བ་བཞི་ཡོད་པའི་ཕྱིར། དང་པོ་ནི་བཙུན་པ་ཆོས་སྐྱོབ་ཀྱི་ལུགས་ཡིན་ཏེ། དེས་སྣུ་གུ་ལྟ་བུ་མ་འོངས་པ་ནས་ད་ལྟར་བ་དང་ད་ལྟ་བ་ནས་མ་འོངས་པར་འཇུག་པའི་ཚེ་རྫས་གཞན་དུ་མི་འགྱུར་ཡང་དངོས་པོ་གཞན་དུ་འགྱུར་བར་འདོད་པའི་ཕྱིར། དཔེར་ན། གསེར་སྡོད་བཅོམ་ནས་རྒྱན་བྱས་ཚེ་གསེར་གྱི་མདོག་མི་འགྱུར་བ་དང་། འོ་མ་ཞོར་(༧༣༨ན) འགྱུར་བའི་ཚེ་རོ་ནུས་འགྱུར་ཀྱང་ཁ་དོག་མི་འགྱུར་བ་བཞིན་ནོ། །གཉིས་པ་ནི་དབྱངས་སྒྲོགས་ཀྱི་ལུགས་ཡིན་ཏེ། དེས་དེ་ལྟར་འཇུག་པའི་ཚེ་སྣུ་གུ་དེ་དུས་གསུམ་ཆར་ལྡན་ཡང་མཚན་ཉིད་གང་ཤས་ཆེ་བའི་སྒོ་ནས་མཚན་ཉིད་གཞན་དུ་འགྱུར་

བར་འདོད་པའི་ཕྱིར། དཔེར་ན། སྐྱེས་པ་གཅིག་བུད་མེད་གཅིག་ལ་ཆགས་པའི་ཚེ་བུད་མེད་གཞན་ལ་ཆགས་པ་དང་མ་བྲལ་ཡང་དེ་ལ་ཆགས་ཞེས་བརྗོད་པ་བཞིན་ནོ། །གསུམ་པ་དབྱིག་བཤེས་ཀྱི་ལུགས་ཡིན་ཏེ། དུས་གསུམ་གནས་སྐབས་གཞན་དུ་འགྱུར་གྱི་རྫས་གཞན་དུ་མི་འགྱུར་ཞིང་། སྔར་ལྟར་འཇུག་པའི་ཚེ་བྱ་བ་མ་སྐྱེས་པ་མ་འོངས་པ་དང་། བྱ་བ་སྐྱེས་ལ་མ་འགགས་པ་ད་ལྟར་བ་དང་། བྱ་བ་ཞིག་པ་འདས་པ་སྟེ་གནས་སྐབས་གཞན་དུ་འགྱུར་བར་འདོད་པའི་ཕྱིར། དཔེར་ན། རྩིས་ཀྱི་རིལ་བུ་གཅིག་ནི་གཅིག་དང་བརྒྱ་སྟོང་སོགས་ཀྱི་ཤོ་མིག་གི་གོ་སར་བཞག་པ་ན་གཅིག་དང་བརྒྱ་སོགས་སུ་བརྗོད་པ་བཞིན་ནོ། །བཞི་པ་ནི་སངས་རྒྱས་ལྷའི་ལུགས་ཡིན་ཏེ། དེས་དེ་ལྟར་འཇུག་པའི་ཚེ་སྔ་ཕྱི་བར་གསུམ་ལ་འདས་མ་འོངས་ད་ལྟ་བ་གསུམ་དུ་འཇོག་པས་གཞན་དང་གཞན་དུ་འགྱུར་བར་འདོད་པའི་ཕྱིར། དཔེར་ན། བུད་མེད་གཅིག་རང་གི་མ་ལ་ལྟོས་ནས་བུ་མོ་དང་རང་གི་བུ་མོ་ལ་ལྟོས་ནས་མ་དང་རང་ཉིད་དེའི་བར་དུ་འཇོག་པ་བཞིན་ནོ་ཞེས་ཟེར་རོ། །དེའི་དང་པོ་མི་འཐད་དེ། ཕྱི་རོལ་གྲངས་ཅན་གྱི་འདོད་པ་དང་མཚུངས་པའི་ཕྱིར། གཉིས་པ་ཡང་མི་འཐད་དེ། དུས་གསུམ་གྱི་མཚན་ཉིད་འཆོལ་བར་འགྱུར་བའི་ཕྱིར། བཞི་པ་ཡང་མི་འཐད་དེ། དུས་གསུམ་རེ་རེ་ཡང་དུས་གསུམ་ཆར་དུ་ཐལ་བའི་སྐྱོན་ཡོད་པའི་ཕྱིར་ལུགས་གསུམ་པ་ནི་ཅུང་ཟད་བཟང་སྟེ། བྱ་བ་མི་བྱེད་པས་མ་འོངས་པ་དང་། བྱེད་པའི་ཚེ་ད་ལྟ་བ་དང་། བྱས་ནས་འགགས་པ་འདས་པ་དང་གསུམ་པོ་དེ་ཡི་སྒོ་ནས་དུས་གསུམ་པོ་རྣམས་རྣམ་པར་བཞག་པའི་ཕྱིར།

ན༣ དེ་ལ་མདོ་སྡེ་པས་གནོད་བྱེད་བརྗོད་པ།

གསུམ་པ་ནི། གེགས་སུ་བྱེད། དེ་ཡང་ཇི་ལྟར་གཞན་མ་ཡིན། །དུས་སུ་མི་རུང་དེ་(༧༣༨བ)བཞིན་དུ། །ཡོད་ན་ཅིའི་ཕྱིར་མ་སྐྱེས་ཤིག །ཅེས་བྱུང་། མདོ་སྡེ་པ་

ན་རེ། གསུམ་པ་དེ་ཙུང་ཟད་བཟང་ཡང་སྐྱོན་ཡོད་དེ། འདུས་མ་བྱས་གཉིས་ཀྱིས་འབྲས་བུ་སྐྱེད་པའི་བྱ་བ་བྱེད་པར་ཐལ། དེ་གཉིས་ཀྱིས་འབྲས་བུ་སྐྱེད་བ་ལ་གེགས་བྱེད་པ་མེད་པའི་ཕྱིར། བྱ་བ་འདུས་མ་བྱས་ད་ལྟར་བ་གང་ཡིན་པ་དེ་གང་ཇི་ལྟར་བྱ་བ་ལ་ཡང་བྱ་བ་གཞན་ཞིག་ཡོད་པ་མ་ཡིན་པར་ཐལ། འདུས་པ་སོགས་གང་ཡང་མིན་པའི་འདུས་མ་བྱས་ཡིན་པའི་ཕྱིར། དེར་ཐལ། བྱ་བ་འདུས་ཟིན་ནས་མེད་པ་དེ་དུས་སུ་མི་རུང་ཞིང་། གང་ལ་བྱ་བ་མི་བྱེད་པའི་མ་འོངས་པ་ནི་དངོས་པོར་བརྗོད་དུ་མི་རུང་བའི་ཕྱིར། ཅིའི་ཕྱིར་མ་འོངས་པ་ནི་མ་སྐྱེས་ཤིང་འདས་པ་ནི་ཞིག་པ་མ་ཡིན་པར་ཐལ། ད་ལྟ་བ་བཞིན་དུ་དེ་གཉིས་ཀྱང་ཡོད་པའི་ཕྱིར་ཟེར།

༤༩ བྱེ་བྲག་སྨྲ་བས་ལན་བཏབ་ཚུལ།

བཞི་པ་ནི། ཆོས་ཉིད་དག་ནི་ཟབ་པ་ཡིན། །ཞེས་བྱུང་། བྱེ་བྲག་སྨྲ་བ་ན་རེ། མདོ་སྡེ་པའི་རྩོད་པ་དེ་ཁོ་བོ་ཅག་ལ་མི་གནོད་པར་ཐལ། འདས་མ་འོངས་དེ་ལྟར་འཛོག་ཏུ་ཡོད་པའི་ཆོས་ཉིད་དེ་གནས་ལུགས་ལ་ནི་རྟོགས་དཀའ་ཞིང་ཟབ་པ་ཡིན་པས་རྟོག་གེ་ཙམ་གྱི་ཡུལ་མ་ཡིན་པའི་ཕྱིར་རོ། །

༥༣ སྤང་བྲལ་གྱི་ཁྱད་པར་བཤད་པ།

གསུམ་པ་སྤང་བྲལ་གྱི་ཁྱད་པར་ནི། སྡུག་བསྔལ་མཐོང་སྤང་བྱ་སྤངས་ཀྱང་། །ཀུན་འགྲོ་ལྷག་མ་རྣམས་ཀྱིས་ལྡན། །དང་པོའི་རྣམ་པ་སྤངས་ཀྱང་དེའི། །ཡུལ་ཅན་དྲི་མ་ལྷག་རྣམས་ཀྱིས། །ཞེས་བྱུང་། སྐབས་འདིར་སྤང་བྱ་དེ་དང་བྲལ་ན་སྤངས་པས་ཁྱབ་ཀྱང་། སྤངས་ན་བྲལ་བས་མ་ཁྱབ་སྟེ། སྡུག་བསྔལ་ཤེས་པ་གཉིས་སྐྱེས་ལ་ཀུན་འབྱུང་ཤེས་པས་སྐྱེས་པའི་སྡུག་བསྔལ་མཐོང་སྤང་སྤངས་ཀྱང་། ཀུན་འགྲོ་ལྷག་མ་ཀུན་འབྱུང་མཐོང་སྤང་རྣམས་ཀྱིས་དམིགས་པའི་སྡུག་བསྔལ་མཐོང་

སྤྱང་དང་ལྡན་པའི་ཕྱིར་ཏེ། དེས་མཐོང་སྤྱང་གཞན་ལ་འགྲེ་བའི་ཕྱིར། ཕྱིར་མི་འོང་གི་འབྲས་བུ་ཐོབ་པའི་ཚེ་འདོད་པའི་སས་བསྡུས་པའི་སྒོམ་སྤྱང་དང་པོའི་རྣམ་པ་སྟེ་ཆེན་པོའི་ཆེན་པོ་སོགས་སྤྱངས་ཀྱང་དེ་དང་ལྡན་པ་ཡོད་དེ། སྒོམ་སྤྱང་ཆེན་པོ་དེའི་ཡུལ་ཅན་ལྷག་མ་ཆུང་ངུའི་སྐོར་རྣམས་མ་སྤྱངས་བར་དུ་དེ་དག་གིས་དམིགས་པས་ཆེན་པོ་དང་ཡང་ལྡན་པར་འགྱུར་བའི་ཕྱིར།

༨༩ སེམས་ཀྱི་དམིགས་པ་ཞེ་བྲག་ཏུ་བཤད་པ།

བཞི་པ་སེམས་(༡༤༥ན)ཀྱི་དམིགས་པ་བཤད་པ་ནི། སྡུག་བསྔལ་ཀྱུ་མཐོང་གོམས་པ་ཡིས། །སྤྱང་བྱ་འདོད་ཁམས་ལས་སྐྱེས་པ། །རང་གི་གསུམ་དང་གཟུགས་གཏོགས་གཅིག །དྲི་མེད་རྣམ་ཤེས་སྤྱོད་ཡུལ་ལོ། །གཟུགས་ཁམས་ལས་སྐྱེས་རང་གི་དང་། །འོག་གསུམ་གོང་གཅིག་དྲི་མེད་ཀྱིའང་། །གཟུགས་མེད་ལས་སྐྱེས་ཁམས་གསུམ་གཏོགས། །གསུམ་དང་ཟག་མེད་སྤྱོད་ཡུལ་ལོ། །འགོག་དང་ལམ་མཐོང་སྤྱང་བྱ་ཀུན། །རང་གིས་སླགས་པའི་སྤྱོད་ཡུལ་ལོ། །ཟག་མེད་ཁམས་གསུམ་མཐའ་གསུམ་དང་། །ཟག་པ་མེད་པའི་སྤྱོད་ཡུལ་ལོ། །ཞེས་བྱུང་། སྤྱིར་སྡུག་བསྔལ་མཐོང་སྤྱང་སོགས་སྤྱང་བྱ་རིགས་ལྔ་ལྔ་སྟེ་བཅུ། ལྔ་དང་ཟག་མེད་དང་བཅས་པའི་ཆོས་བཅུ་དྲུག་ཡོད་པས། དེ་རྣམས་ཀྱི་ཡུལ་ཅན་ཡང་བཅུ་དྲུག་ཡོད་དེ། དེ་ཡང་སྡུག་བསྔལ་མཐོང་སྤྱང་དང་ཀྱུ་ཀུན་འབྱུང་མཐོང་སྤྱང་དང་། གོམས་པ་སྟེ་སྒོམ་པ་ཡི་ལམ་གྱིས་སྤྱང་བར་བྱ་བ་དང་འདོད་ཁམས་ལས་སྐྱེས་པ་ཆོས་ཅན། སེམས་ལྔའི་སྤྱོད་ཡུལ་ལ་མ་དམིགས་པ་སྟེ། འདོད་པ་རང་གི་སས་བསྡུས་སྡུག་ཀུན་མཐོང་སྤྱང་གཉིས་དང་འདོད་པའི་སྒོམ་སྤྱང་སྟེ་གསུམ་དང་། གཟུགས་སུ་གཏོགས་པའི་སྒོམ་སྤྱང་གཅིག་དང་། དྲི་མེད་ཆོས་ཤེས་ཀྱི་ཕྱོགས་རྣམ་ཤེས་ཀྱི་སྤྱོད་ཡུལ་རང་ཡིན་པའི་ཕྱིར། གཟུགས་ཁམས་སུ་སྐྱེས་པའི་སྡུག་ཀུན་མཐོང་སྤྱང་དང་སྒོམ་སྤྱང་གསུམ་པོ་

ཚོས་ཅན། སེམས་བརྒྱད་ཀྱི་དམིགས་པ་ཡིན་ཏེ། རང་གི་སའི་སྡུག་ཀུན་མཐོང་སྤང་གི་སེམས་གཉིས་དང་སྒོམ་སྤང་གི་སེམས་གཅིག་སྟེ་གསུམ་དང་། འོག་མའི་འདོད་ཁམས་ཀྱི་མཐོང་སྤང་གི་ཀུན་འགྲོ་དང་མཚུངས་ལྡན་གྱི་སེམས་གཉིས་དང་སྒོམ་སྤང་གི་སེམས་གཅིག་སྟེ་གསུམ་དང་། གོང་མ་གཟུགས་མེད་ཀྱི་ཉེར་བསྡོགས་ཀྱིས་བསྡུས་པ་གཅིག་དང་དྲི་མེད་ཀྱི་ཤེས་པའི་སྤྱོད་ཡུལ་ལའང་གཅིག་ཡིན་པའི་ཕྱིར། གཟུགས་མེད་ལས་སྐྱེས་པའི་སྤང་བྱ་གསུམ་པོ་ཚོས་ཅན། རྣམ་ཤེས་བཅུའི་དམིགས་པ་ཡིན་ཏེ། ཁམས་གསུམ་དུ་གཏོགས་པའི་སྡུག་ཀུན་མཐོང་སྤང་གཉིས་དང་སྒོམ་སྤང་གཅིག་སྟེ་གསུམ་གསུམ་དང་། ཟག་མེད་ཀྱི་སྤྱོད་ཡུལ་གཅིག་ཡིན་པའི་ཕྱིར། (༡༣༥་བ)འགོག་པ་དང་ལམ་གྱི་མཐོང་བས་སྤང་བྱ་ཀུན་ཚོས་ཅན། རྣམ་ཤེས་དྲུ་མའི་སྤྱོད་ཡུལ་ཡིན་ཏེ། འདོད་པར་སྤྱར་བཤད་པའི་སེམས་ལྔའི་སྟེང་དུ་འགོག་ལམ་རང་གི་སེམས་གྲགས་པ་སྟེ་བསྟན་པའི་རྣམ་ཤེས་དྲུག་དང་། གཟུགས་ཁམས་ཀྱི་བརྒྱད་བཤད་པའི་སྟེང་དུ་རང་གི་དེ་བསྣན་པས་དགུ་དང་། གཟུགས་མེད་ཀྱི་བཅུར་བཤད་པའི་སྟེང་དུ་རང་གི་དེ་བསྣན་པས་བཅུ་གཅིག་གི་སྤྱོད་ཡུལ་ཡིན་པའི་ཕྱིར། ཟག་མེད་ཚོས་ཅན། རྣམ་ཤེས་བཅུའི་སྤྱོད་ཡུལ་ཡིན་ཏེ། ཁམས་གསུམ་ན་སྤང་བྱ་མཐའ་སྟེ་ཐ་མ་འགོག་ལམ་མཐོང་སྤང་གཅིག་དང་སྒོམ་སྤང་གཅིག་སྟེ་གསུམ་གསུམ་དང་། ཟག་པ་མེད་པའི་སེམས་ཀྱི་སྤྱོད་ཡུལ་གཅིག་ཡིན་པའི་ཕྱིར།

༦༣ བཅས་མ་བཅས་ཀྱི་སྒོ་ནས་དབྱེ་བ།

གསུམ་པ་བཅས་མ་བཅས་ཀྱི་སྒོ་ནས་དབྱེ་བ་ནི། ཉོན་མོངས་ཕྲ་རྒྱས་བཅས་རྣམ་གཉིས། །ཉོན་མོངས་ཅན་མིན་རྒྱས་འགྱུར་གྱིས། །ཞེས་བྱུང་། ཉོན་མོངས་ཅན་གྱི་ཕྲ་རྒྱས་ཚོས་ཅན། ཁྱོད་ལ་རྣམ་པ་གཉིས་ཡོད་དེ། ཕྲ་རྒྱས་དེ་རྒྱས་པར་འགྱུར་བ་དང་། མི་རྒྱས་ཀྱང་ཕྲ་རྒྱས་དང་བཅས་པ་གཉིས་ཡོད་པའི་ཕྱིར། དེར་

ཐལ། སྤྱངས་པ་ནི་རྒྱས་པ་མིན་གྱི། ཉོན་མོངས་ཅན་མ་ཡིན་པ་མ་སྤྱངས་པ་ནི་རྒྱས་པར་འགྱུར་བའི་ཕྱིར།

༩༢ ཕྲ་རྒྱས་སྐྱེ་ཚུལ།

༥༡ སྐྱེ་བའི་གོ་རིམ།

གཉིས་པ་སྐྱེ་ཚུལ་ལ། སྐྱེ་བའི་གོ་རིམ་དང་། དེའི་རྒྱུ་གཉིས། དང་པོ་ནི། རྨོངས་ལས་ཐེ་ཚོམ་དེ་ནས་ནི། །ལོག་ལྟ་དེ་ནས་འཇིག་ཚོགས་ལྟ། །དེ་ནས་མཐར་འཛིན་དེ་ནས་ནི། །ཚུལ་ཁྲིམས་མཆོག་འཛིན་དེ་ནས་ལྟ། །རང་གི་ལྟ་ལ་ང་རྒྱལ་ཆགས། །གཞན་ལ་ཞེ་སྡང་དེ་ལྟར་རིམ། །ཞེས་བྱུང་། ཉོན་མོངས་ཕྲ་རྒྱས་རྣམས་ཆོས་ཅན། ཁྱོད་སྐྱེ་བའི་རིམ་པ་ཡོད་དེ། དང་པོར་བདེན་བཞིའི་དོན་ལ་རྨོངས་པ་སྐྱེ། དེ་ལས་དེ་ཡོད་དམ་མེད། ཡིན་ནམ་མིན་སྙམ་པའི་ཐེ་ཚོམ་སྐྱེ། དེ་ནས་རྒྱུ་མཚན་ཕྱིན་ཅི་ལོག་ལ་བརྟེན་ནས་དེ་དག་མེད་པ་དང་མིན་སྙམ་པའི་ལོག་ལྟ་སྐྱེ། དེ་ནས་ཕུང་པོ་ལ་བདག་ཏུ་ལྟ་བའི་འཇིག་ཚོགས་ལ་ལྟ་བ་སྐྱེ། དེ་ནས་དེ་ལ་རྟག་ཆད་དུ་ལྟ་བའི་མཐར་འཛིན་གྱི་ལྟ་བ་སྐྱེ། དེ་ནས་དེས་དག་པར་འཛིན་པའི་ཚུལ་ཁྲིམས་དང་བརྟུལ་ཞུགས་མཆོག་འཛིན་སྐྱེ། དེ་ནས་ལྟ་ངན་ལ་མཆོག་ཏུ་འཛིན་པའི་ལྟ་བ་མཆོག་འཛིན་(༧༨༠ན)སྐྱེ། དེ་ལ་བརྟེན་ནས་རང་གི་ལྟ་བ་ལ་ང་རྒྱལ་དང་འདོད་ཆགས་དང་། གཞན་གྱི་ལྟ་བ་ལ་ཞེ་སྡང་སྟེ་དེ་ལྟར་རིམ་པ་བཞིན་དུ་སྐྱེ་བའི་ཕྱིར།

༥༢ དེའི་རྒྱུ།

གཉིས་པ་ནི། ཕྲ་རྒྱས་སྤྱངས་པ་མ་ཡིན་དང་། །ཡུལ་ནི་ཉེ་བར་གནས་པ་དང་། །ཚུལ་བཞིན་མ་ཡིན་ཡིད་བྱེད་ལས། །ཉོན་མོངས་རྒྱུ་ནི་ཚང་བ་ཡིན། །ཞེས་བྱུང་། ཕྲ་རྒྱས་དེ་རྣམས་ཆོས་ཅན། རྒྱུ་དང་ཡུལ་དང་སྦྱོར་བ་གསུམ་ལས་སྐྱེ་སྟེ།

ཕྲ་རྒྱས་ཉོན་མོངས་སྤངས་པ་མ་ཡིན་ཞིང་ལྡན་པ་དང་། ཉོན་མོངས་སྐྱེ་བའི་ཡུལ་གཟུགས་སྒྲ་ལ་སོགས་ནི་ཉེ་བར་གནས་པ་དང་། ཚུལ་བཞིན་མ་ཡིན་པ་ཡིད་ལ་བྱེད་པའི་སྦྱོར་བ་དང་རྒྱུ་ནི་གསུམ་ཚང་བ་ལས་སྐྱེ་བའི་ཕྱིར།

༡༣ ཕྲ་རྒྱས་ཀྱི་རྣམ་གྲངས།

ཏ༡ བསྟན་བཅོས་ལས་གསུངས་པ།

ཐ༡ སོ་སོར་བཤད་པ།

ད༡ ཟག་པ་བཤད་པ།

ན༡ འདོད་པའི་ཟག་པ།

གསུམ་པ་རྣམ་གྲངས་ལ། བསྟན་བཅོས་ལས་གསུངས་པ། ཞར་བྱུང་། མཚུངས་ལྡན་བཤད་པ། སྤང་བྱ་སྤྲིབ་པ་ལྔ་བཤད་པ་དང་བཞི། དང་པོ་ལ། སོ་སོར་བཤད་པ་དང་། ངེས་ཚིག་བསྡུས་ཏེ་བསྟན་པ་གཉིས། དང་པོ་ལ། ཟག་པ་དང་། ཆུ་བོ་སྦྱོར་བ། ཉེར་ལེན་དང་གསུམ། དང་པོ་ལ། འདོད་པ་དང་སྲིད་པ་དང་མ་རིག་པའི་ཟག་པ་གསུམ། དང་པོ་ནི། འདོད་ན་གཏི་མུག་མ་གཏོགས་པའི། །ཉོན་མོངས་ཀུན་དང་དཀྲིས་བཅས་ཟག །ཅེས་བྱུང་། འདོད་པ་ན་གཏི་མུག་མ་གཏོགས་པའི་ཉོན་མོངས་སོ་གཅིག་དང་ཀུན་དཀྲིས་བཅུ་དང་བཅས་པ་ཆོས་ཅན། འདོད་པའི་ཟག་པ་ཡིན་ཏེ། འདོད་པའི་ཡོན་ཏན་སོགས་ཅི་རིགས་ལ་དམིགས་པའི་འཁོར་བར་ཟག་བྱེད་ཡིན་པའི་ཕྱིར། ཁྱབ་ཞེ་གཅིག་ཡིན་ཏེ། ལྟ་བ་བཅུ་གཉིས། ཐེ་ཚོམ་བཞི། ཆགས་སྡང་ང་རྒྱལ་གསུམ་ལ་ལྔ་ལྔ་སྟེ་སོ་གཅིག་ངོ་ཚ་ཁྲེལ་མེད་སོགས་བཅུ་རྣམས་ཡིན་པའི་ཕྱིར།

ན༢ སྲིད་པ་པའི་ཟག་པ།

གཉིས་པ་ནི། གཟུགས་དང་གཟུགས་ནི་མེད་པ་ན། །ཕྲ་རྒྱས་ཁོ་ན་སྲིད་པའི་ཟག །དེ་ལུང་མ་བསྟན་ཁ་ནང་བལྟས། །མཉམ་གཞག་ས་པའི་ཕྱིར་གཅིག་བྱས། །ཞེས་བྱུང་། གཟུགས་དང་གཟུགས་མེད་པའི་ཁམས་ན་མ་རིག་པ་བཅུ་བོར་བའི་ལྷག་མ་ཕྲ་རྒྱས་ལྟ་བ་བཅུ་གཉིས། ཐེ་ཚོམ་བཞི། འདོད་ཆགས་ང་རྒྱལ་ལྔ་ལྔ་སྟེ་ཉེར་དྲུག་རེ་བཅས་པའི་ཕྲ་རྒྱས་(༧༢༠བ)ལྔ་བཅུ་ཙ་གཉིས་ཆོས་ཅན། སྲིད་པའི་ཟག་པ་ཡིན་ཏེ། ཕལ་ཆེར་གོང་སའི་ཉོན་མོངས་ལ་དམིགས་པའི་རིགས་གནས་ཀྱི་ཟག་པ་ཡིན་པའི་ཕྱིར། ཁོ་ནའི་དོན་ཡོད་དེ། ཀུན་དཀྲིས་གཅོད་པའི་ཆེད་ཡིན་པའི་ཕྱིར། གོང་མ་གཉིས་ཀྱི་ཕྲ་རྒྱས་ལ་སྲིད་པའི་ཟག་པ་ཞེས་གཅིག་ཏུ་བྱས་པའི་རྒྱུ་མཚན་ཡོད་དེ། དེ་གཉིས་ཀ་བསྒྲིབས་ལུང་མ་བསྟན་དུ་འདྲ་ཞིང་། ཁ་ནང་དུ་བལྟས་པ་འདྲ་བ་དང་། མཉམ་གཞག་གི་ས་པར་ཡང་འདྲ་བའི་ཕྱིར།

ན༣ མ་རིག་པའི་ཟག་པ།

གསུམ་པ་ནི། རྩ་བ་མ་རིག་ཡིན་པས་ན། །ལོགས་ཤིག་ཏུ་ནི་ཟག་པར་བསྟན། །ཞེས་བྱུང་། མ་རིག་པའི་ཟག་པ་ཆོས་ཅན། བཞག་ཏུ་ཡོད་དེ། ཁམས་གསུམ་གྱི་མ་རིག་པ་ལྔ་ལྔ་སྟེ་བཅོ་ལྔ་པ་དེ་དེ་ཡིན་པའི་ཕྱིར། མ་རིག་པ་ཆོས་ཅན། ཁྱོད་ལོགས་ཤིག་ཏུ་ཟག་པར་བསྟན་པའི་རྒྱུ་མཚན་ཡོད་དེ། ཟག་པ་གཞན་ཐམས་ཅད་ཀྱི་རྩ་བ་ཡིན་པས་ན་དེ་ལྟར་བསྟན་པའི་ཕྱིར།

༦༢ རྒྱུ་བོ་སྦྱོར་བ་བཤད་པ།

གཉིས་པ་ནི། རྒྱུ་བོ་སྦྱོར་བའང་དེ་བཞིན་དུ། །ལྟ་རྣམས་གསལ་ཕྱིར་ལོགས་ཤིག་བསྟན། །ཟག་པ་མ་ཡིན་གྲོགས་མེད་རྣམས། །འཇོག་པའི་རྗེས་སུ་མི་མཐུན་ནོ། །ཞེས་བྱུང་། རྒྱུ་བོ་དང་སྦྱོར་བ་གཉིས་ཆོས་ཅན། ཁྱོད་ལ་བཞི་བཞི་ཡོད་དེ། ཟག་པ་འདོད་པ་དང་སྲིད་པ་དང་མ་རིག་པའི་ཟག་པ་གསུམ། དེ་བཞིན་དུ་འདོད་སྲིད་མ་རིག་པའི་རྒྱུ་བོ་གསུམ་དང་། དེ་གསུམ་གྱི་སྦྱོར་བ་གསུམ་དང་། ལྟ་བའི་རྒྱུ་བོ་དང་སྦྱོར་བ་རེ་རེ། བསྣན་ནས་བཞི་བཞིར་བྱེད་པའི་ཕྱིར། ལྟ་བ་རྣམས་ནི་ལྟ་བའི་རྒྱུ་བོ་དང་སྦྱོར་བ་ཞེས་ལོགས་ཤིག་ཏུ་བསྟན་པའི་རྒྱུ་མཚན་ཡོད་དེ། དམིགས་རྣམ་གསལ་བའི་རྒྱུ་མཚན་གྱིས་ཡིན་པའི་ཕྱིར། བྱེ་སྨྲ་ན་རེ། ཟག་པར་ལྟ་བ་རྣམས་ལོགས་སུ་མ་བསྟན་པའི་རྒྱུ་མཚན་ཡོད་དེ། ཟག་པའི་ངེས་ཚིག་ནི་འཇོག་བྱེད་ཡིན་ལ། གྲོགས་མེད་པའི་ལྟ་བ་རྣམས་འཇོག་པའི་རྗེས་སུ་མི་མཐུན་པའི་ཕྱིར། ལོ་ཞེས་པའི་དོན་ཡོད་དེ། སློབ་དཔོན་རང་ཉིད་དེ་ལྟར་མི་བཞེད་པའི་ཕྱིར།

༦༣ ཉེར་ལེན་བཤད་པ།

གསུམ་པ་ཉེར་ལེན་ནི། ཇི་སྐད་བཤད་ཉིད་མ་རིག་བཅས། །ཉེར་ལེན་རྣམ་གཉིས་ལྟ་རྣམ་གཉིས། །ཕྱི་བའི་ཕྱིར་རོ་མ་རིག་པ། །འཛིན་པ་བྱེད་པ་མིན་ཕྱིར་བསྲེས། །ཞེས་བྱུང་། (༡༥༡ན)ཉེར་ལེན་རྣམས་ཆོས་ཅན། རྣམ་པ་བཞི་ཡོད་དེ། གོང་དུ་ཇི་སྐད་བཤད་པ་ཉིད་ཀྱི་འདོད་པའི་སྦྱོར་བ་ཉེར་དགུ་མ་རིག་པ་ལྔ་དང་བཅས་པའི་སོ་བཞི་པོ་འདོད་པ་ཉེ་བར་ལེན་པ་དང་། སྲིད་པའི་སྦྱོར་བ་ཉེར་བརྒྱད་མ་རིག་པ་བཅུ་དང་བཅས་པའི་སོ་བརྒྱད་ནི་བདག་ཏུ་ལྟ་བ་ཉེ་བར་ལེན་པ་རྣམ་པ་གཉིས་དང་། ལྟ་བའི་སྦྱོར་བ་ལ་བརྟུལ་ཞུགས་མཆོག་འཛིན་དྲུག་དོར་བའི་ལྷག་མ་

སུམ་ཅུ་ནི་ལྟ་བ་ཉེ་བར་ལེན་པ་དང་། ཚུལ་ཁྲིམས་དང་བརྟུལ་ཞུགས་མཆོག་འཛིན་དྲུག་ནི་བརྟུལ་ཞུགས་མཆོག་འཛིན་ཉེ་བར་ལེན་པ་སྟེ་རྣམ་པ་གཉིས་སུ་ཕྱེ་བས་དེ་ལྟར་ཡོད་པའི་ཕྱིར། མ་རིག་པ་འདོད་པ་དག་བདག་ཏུ་ལྟ་བ་ཉེར་ལེན་གཉིས་སུ་བསྲེས་ནས་སྟོན་པའི་རྒྱུ་མཚན་ཡོད་དེ། ཉེར་ལེན་ནི་སྲིད་པ་འཛིན་པའི་དོན་ཡིན་པས། མ་རིག་པ་རྐྱང་པས་སྲིད་པ་འཛིན་པར་བྱེད་པ་མ་ཡིན་པའི་ཕྱིར། དེར་ཐལ། དེ་མི་གསལ་བའི་རང་བཞིན་ཅན་ཡིན་པའི་ཕྱིར།

ཐ༢ ངེས་ཚིག་བསྡུས་ཏེ་བསྟན་པ།

གཉིས་པ་ངེས་ཚིག་ནི། གང་ཕྱིར་དེ་དག་ཕྲ་བ་དང་། །རྗེས་འབྲེལ་རྣམ་གཉིས་རྒྱས་འགྱུར་དང་། །རྗེས་སུ་འབྲང་བ་དེ་ཡི་ཕྱིར། །ཕྲ་རྒྱས་དག་ཏུ་བཤད་པ་ཡིན། །དེ་དག་འཇོག་བྱེད་ཟག་བྱེད་དང་། །འཕྱར་བར་བྱེད་དང་འཕྱར་བྱེད་དང་། །ཉེ་བར་འཛིན་ཕྱིར་ཟག་ལ་སོགས། །དེ་དག་གི་ནི་ངེས་ཚིག་ཡིན། །ཞེས་བྱུང་། རྩ་ཉོན་དེ་དག་ཆོས་ཅན། ཕྲ་རྒྱས་དག་ཏུ་བཤད་པའི་ངེས་ཚིག་གི་དོན་ཡོད་དེ། རྟོགས་དཀའ་བས་ཕྲ་བ་དང་། ཐོབ་པ་དང་རྗེས་སུ་འབྲེལ་བ་དང་། དམིགས་པ་དང་མཚུངས་ལྡན་རྣམ་པ་གཉིས་ཀྱི་སྒོ་ནས་རྒྱས་པར་འགྱུར་བ་དང་། བཟློག་པ་ལ་འབད་ཀྱང་རྗེས་སུ་འབྲང་བར་འགྱུར་བ་དེ་ཡི་ཕྱིར། ཉོན་མོངས་དེ་དག་ཆོས་ཅན། ཁྱོད་ལ་ཟག་པ་སོགས་བརྗོད་པའི་རྒྱུ་མཚན་ཡོད་དེ། འཁོར་བར་འཇོག་པར་བྱེད་པ་དང་། ཟག་པར་བྱེད་པ་དང་། སྐྱེ་གནས་བཞིར་འཕྱིར་བ་དང་། དེར་འཛིན་པའམ་འཕྱར་བར་བྱེད་པ་དང་། ཉེ་བར་འཛིན་པར་བྱེད་པའི་ཕྱིར་ན་ཟག་པ་དང་སོགས་པས་ཆུ་བོ་དང་(༧༥༧བ)སྦྱོར་བ་དང་། ཉེ་བར་ལེན་པ་ཞེས་པ་ནི་དེ་དག་གི་ངེས་ཚིག་གི་དོན་ཡིན་པའི་ཕྱིར།

ཌ༢ ཞར་བྱུང་བསྟན་བཅོས་ལས་བཤད་པའི་རྣམ་གྲངས།

ཐ༡ མདོར་བསྟན་པ།

གཉིས་པ་བསྟན་བཅོས་ལས་བཤད་པའི་རྣམ་གྲངས་ལ། མདོར་བསྟན་པ་དང་། རྒྱས་པར་བཤད་པ་གཉིས། དང་པོ་ནི། དེ་དག་ཀུན་ཏུ་སྦྱོར་སོགས་ཀྱི། །དབྱེ་བས་ཡང་རྣམ་ལྔར་བཤད་དོ། །ཞེས་བྱུང་། ཕྲ་རྒྱས་དེ་དག་ཆོས་ཅན། ཡང་རྣམ་པ་ལྔར་བཤད་དེ། ཀུན་ཏུ་སྦྱོར་བ་དང་། སོགས་ཀྱིས་འཆིང་བ་དང་། ཕྲ་རྒྱས་དང་། ཉེ་ཉོན་དང་། ཀུན་དཀྲིས་ཀྱི་དབྱེ་བས་དེ་ལྟར་དུ་བཤད་པའི་ཕྱིར།

ཐ༢ རྒྱས་པར་བཤད་པ།

ད༡ ཀུན་སྦྱོར་བཤད་པ།

ན༡ ཀུན་སྦྱོར་དངོས།

གཉིས་པ་ལ། ཀུན་སྦྱོར། འཆིང་བ། ཉེ་ཉོན། ཀུན་དཀྲིས་དང་བཞི། དང་པོ་ལ། དངོས་དང་། ཞར་བྱུང་གཉིས། དང་པོ་ནི། རྫས་དང་མཆོག་འཛིན་འདྲ་བའི་ཕྱིར། །ལྟ་གཉིས་ཀུན་ཏུ་སྦྱོར་གཞན་ནོ། །གང་ཕྱིར་གཉིས་ཀ་གཅིག་ཏུ་ནི། །མི་དགེ་རང་དབང་དེ་ཡི་ཕྱིར། །ཕྲག་དོག་སེར་སྣ་དེ་དག་ལས། །ལོགས་ཤིག་ཏུ་ནི་ཀུན་སྦྱོར་བསྟན། །ཞེས་བྱུང་། ལྟ་བ་མཆོག་འཛིན་དང་བརྟུལ་ཞུགས་མཆོག་འཛིན་གྱི་ལྟ་བ་གཉིས་ཆོས་ཅན། ལྟ་བའི་ཀུན་ཏུ་སྦྱོར་བ་གཞན་གསུམ་ལས་གཞན་པའི་ཀུན་སྦྱོར་གཅིག་ཏུ་བཤད་པའི་རྒྱུ་མཚན་ཡོད་དེ། ལྟ་བའི་ཀུན་སྦྱོར་གཞན་དག་དང་རྫས་བཅོ་བརྒྱད་བཅོ་བརྒྱད་དུ་འདྲ་བ་དང་། རྫས་དང་མཆོག་ཏུ་འཛིན་པ་འདྲ་བས་ཀུན་སྦྱོར་གཅིག་ཏུ་བྱས་པའི་ཕྱིར། ཕྲག་དོག་དང་སེར་སྣ་ཆོས་ཅན། ཀུན་སྦྱོར་བརྒྱད་བཤད་པ་དེ་དག་གི་ནང་ནས་ལོགས་ཤིག་ཏུ་ཀུན་སྦྱོར་དགུའི་གྲངས་གཉིས་

སུ་བསྟན་པའི་རྒྱུ་མཚན་ཡོད་དེ། གང་གི་ཕྱིར་ན་གཉིས་ཀ་མཐའ་གཅིག་ཏུ་མི་དགེ་བ་རང་དབང་ཅན་ཡིན་པ་དེ་ཡི་ཕྱིར།

ན༢ ཞར་བྱུང་།

པ༡ ཐ་མའི་ཆ་མཐུན་ལྔ་བཤད་པ།

གཉིས་པ་ཞར་བྱུང་ལ། ཐ་མའི་ཆ་མཐུན་ལྔ། ཀུན་སྦྱོར་གསུམ། གོང་མའི་ཆ་མཐུན་ལྔ་བཤད་པ་དང་གསུམ། དང་པོ་ནི། ཐ་མའི་ཆ་དང་མཐུན་རྣམ་ལྔ། །གཉིས་ཀྱིས་འདོད་ལས་མི་འདའ་ལ། །གསུམ་པོ་ཡིས་ནི་ཕྱིར་ལྡོག་བྱེད། །ཅེས་བྱུང་། ཀུན་སྦྱོར་ལ་ཐ་མའི་ཆ་དང་མཐུན་པ་ལྔ་ཡོད་དེ། འདོད་པ་ལ་(༡༥༢ན)འདུན་པ་དང་། གནོད་སེམས་དང་། འཇིག་ལྟ་དང་། ཚུལ་ཞུགས་མཆོག་འཛིན་དང་། ཐེ་ཚོམ་ཉོན་མོངས་ཅན་རྣམས་སུ་ཡོད་པའི་ཕྱིར། དེ་ལྔའི་བྱེད་ལས་ཡོད་དེ། དང་པོ་གཉིས་ཀྱིས་འདོད་པའི་ཁམས་ལས་མི་འདའ་བར་བྱེད་ཅིང་། ཕྱི་མ་གསུམ་པོ་ཡིས་ནི་ཁམས་གོང་མར་ལན་གཅིག་སྐྱེས་ཀྱང་འདོད་པར་ཕྱིར་ལྡོག་པར་བྱེད་པའི་ཕྱིར།

པ༢ མཐོང་སྤང་ཀུན་སྦྱོར་གསུམ་བཤད་པ།

པ༡ བྱེ་བྲག་སྨྲ་བའི་ལུགས།

གཉིས་པ་ལ། བྱེ་སྨྲ་དང་། མདོ་སྡེ་པའི་ལུགས་གཉིས། དང་པོ་ནི། སྒོ་དང་རྩ་བས་བསྡུས་ཕྱིར་གསུམ། །ཞེས་བྱུང་། རྒྱུན་ཞུགས་ཀུན་སྦྱོར་ཐ་མ་གསུམ་གྱི་མཐོང་སྤང་སྤངས་པས་རབ་ཏུ་ཕྱེ་ནས་སྟོན་པའི་རྒྱུ་མཚན་ཡོད་དེ། སྡུག་བདེན་སོགས་ཡུལ་གྱི་རྣམ་པ་ནི་གཅིག་དང་གཉིས་དང་བཞི་སྟེ་རྣམ་པ་སུམ་ཚན་བྱས་པའི་སྒོ་ཡིན་པ་དང་། ཀུན་སྦྱོར་དེ་གསུམ་ནི་མཐོང་སྤང་གི་རྩ་བ་ཡིན་པས་དེས་བསྡུས་པར་གྲགས་པའི་ཕྱིར།

པ༢ མདོ་སྡེ་པའི་ལན།

གཉིས་པ་ནི། འགྲོ་མི་འདོད་དང་ལམ་ནོར་དང་། །ལམ་ལ་ཐེ་ཚོམ་དེ་སྙེད་ཅིག །ཐར་པར་བགྲོད་ལ་གེགས་བྱེད་ཕྱིར། །དེ་ཡི་ཕྱིར་ན་གསུམ་བསྟན་ཏོ། །ཞེས་བྱུང་། རྒྱུན་ཞུགས་ཀྱིས་ཀུན་སྦྱོར་དེ་གསུམ་སྤངས་པའི་འབྲས་བུ་ཐོབ་པར་འཇོག་པའི་རྒྱུ་མཚན་ཡོད་དེ། དེ་ཐར་པར་བགྲོད་པའི་གེགས་བྱེད་པའི་གཙོ་བོ་ལ་གསུམ་པོ་དེ་སྙེད་གཅིག་ཏུ་ངེས་པ་དེ་ཡི་ཕྱིར་ན་ཀུན་སྦྱོར་གསུམ་བསྟན་པའི་ཕྱིར། དེར་ཐལ། འཇིག་ལྟས་ཐར་པར་འགྲོ་མི་འདོད་པར་བྱེད་པ་དང་། བརྟུལ་ཞུགས་མཆོག་འཛིན་གྱིས་ལམ་ནོར་བ་དང་། ཐེ་ཚོམ་གྱིས་ལམ་ལ་ཐེ་ཚོམ་ཟ་བར་བྱེད་པའི་རྒྱུ་མཚན་གྱིས་ཡིན་པའི་ཕྱིར།

པ༣ གོང་མའི་ཆ་མཐུན་ལྔ་བཤད་པ།

གསུམ་པ་ནི། གོང་མའི་ཆ་དང་མཐུན་ལྔ་ཉིད། །གཟུགས་དང་གཟུགས་མེད་ལས་སྐྱེས་པའི། །འདོད་ཆགས་གཉིས་རྒོད་ང་རྒྱལ་རྨོངས། །ཞེས་བྱུང་། ཀུན་ཏུ་སྦྱོར་བ་གོང་མའི་ཆ་དང་མཐུན་པ་ཆོས་ཅན། ཁྱོད་ལ་ལྔ་ཡོད་དེ། གཟུགས་དང་གཟུགས་མེད་ཁམས་ལས་སྐྱེས་པའི་འདོད་ཆགས་གཉིས་དང་། རྒོད་པ་དང་། ང་རྒྱལ་དང་། རྨོངས་པ་མ་རིག་པ་རྣམས་སུ་ཡོད་པའི་ཕྱིར།

ད༢ འཆིང་བ་བཤད་པ།

གཉིས་པ་འཆིང་བ་བཤད་པ་ནི། (༧༤༢བ)ཚོར་བའི་དབང་གིས་འཆིང་བ་གསུམ། །ཞེས་བྱུང་། འཆིང་བ་ཆོས་ཅན། ཁྱོད་ལ་གསུམ་ཡོད་དེ། ཚོར་བ་བདེ་བའི་དབང་གིས་འདོད་ཆགས་ཀྱི་འཆིང་བ། སྡུག་བསྔལ་གྱི་དབང་གིས་ཞེ་སྡང་གི་

འཆིང་བ། བཏང་སྙོམས་ཀྱི་དབང་གིས་གཏི་མུག་གི་འཆིང་བ་གསུམ་ཡོད་པའི་ཕྱིར།

ད༣ ཉེ་ཉོན་བཤད་པ།

གསུམ་པ་ཉེ་ཉོན་ནི། ཉོན་མོངས་ལས་གཞན་ཉོན་མོངས་ཅན། །སེམས་བྱུང་འདུ་བྱེད་ཕུང་ཞེས་པ། །གང་དེའང་ཉེ་བའི་ཉོན་མོངས་དེ། །དེ་དག་ཉོན་མོངས་ཞེས་མི་བྱ། །ཞེས་བྱུང་། རྩ་བའི་ཉོན་མོངས་ལས་གཞན་པའི་ཉོན་མོངས་ཅན་སེམས་བྱུང་འདུ་བྱེད་ཀྱི་ཕུང་པོས་བསྡུས་པ་བཤད་ཅིང་འཆད་པར་འགྱུར་བའི་ཁྲོ་བ་དང་ངོ་ཚ་མེད་པ་སོགས་ཉེ་ཤུ་གང་ཡིན་པ་དེའང་ཆོས་ཅན། ཉོན་མོངས་ཡིན་ཏེ། ཉེ་བའི་ཉོན་མོངས་ཡིན་པའི་ཕྱིར། དེ་དག་ཆོས་ཅན། ཁྱོད་ལ་རྩ་བའི་ཉོན་མོངས་ཞེས་མི་བྱ་སྟེ། རྩ་ཉོན་དང་ཉེ་བའི་ཉོན་མོངས་ཙམ་ཡིན་པའི་ཕྱིར།

ད༤ ཀུན་དཀྲིས་བཤད་པ།

ན༡ ཀུན་དཀྲིས་དངོས།

པ༡ དབྱེ་བ་བཤད་པ།

བཞི་པ་ཀུན་དཀྲིས་ལ། དངོས་དང་། ཞར་བྱུང་དྲི་མ་དྲུག་བཤད་པ་དང་། ཁྱད་ཆོས་བཤད་པ་གསུམ། དང་པོ་ལ། དབྱེ་བ་དང་། རྒྱུ་གང་ལས་བྱུང་བ་གཉིས། དང་པོ་ལ། བསྟན་བཅོས་རབ་ཏུ་བྱེད་པ་ནས་བཤད་ཚུལ་དང་། བྱེ་བྲག་སྨྲ་བའི་ལུགས་གཉིས། དང་པོ་ནི། ངོ་ཚ་མེད་དང་ཁྲེལ་མེད་དང་། །ཕྲག་དོག་སེར་སྣ་རྒོད་པ་དང་། །འགྱོད་དང་རྨུགས་དང་གཉིད་དང་ནི། །ཀུན་ནས་དཀྲིས་པ་རྣམ་པ་བརྒྱད། །ཅེས་བྱུང་། ཀུན་དཀྲིས་ཆོས་ཅན། ཁྱོད་ལ་བརྒྱད་ཡོད་དེ། ངོ་ཚ་མེད་པ་དང་། ཁྲེལ་མེད་པ་དང་། ཕྲག་དོག་དང་། སེར་སྣ་དང་། རྒོད་པ་དང་། འགྱོད་པ་དང་། རྨུགས་པ་དང་། གཉིད་དང་བཅས་པའི་ཀུན་ནས་དཀྲིས་

པ་རྣམ་པ་བརྒྱད་ཡོད་པའི་ཕྱིར། གཉིས་པ་རྒྱུ་ནི། ཁྲོ་དང་འཆབ་པའོ། །ཞེས་བྱུང་། བྱེ་སྨྲ་ན་རེ། དེ་ལ་བཅུ་ཡོད་དེ། སྔ་མ་བརྒྱད་ཀྱི་སྟེང་དུ་ཁྲོ་བ་དང་འཆབ་པ་གཉིས་བསྣན་པས་བཅུ་ཡོད་པའི་ཕྱིར།

པ༢ རྒྱུ་གང་ལས་བྱུང་བ།

གཉིས་པ་ནི། འདོད་ཆགས་ཀྱིས། ངོ་ཚ་མེད་རྒོད་སེར་སྣ་བསྐྱང་། །འཆབ་པ་རྩོད་དོ་མ་རིག་ལས། །རྨུགས་དང་གཉིད་དང་ཁྲེལ་མེད་དོ། །ཐེ་ཚོམ་ལས་འགྱོད་ཁྲོ་བ་དང་། །ཕྲག་དོག་ཁོང་ཁྲོའི་རྒྱུ་ལས་བྱུང་། །ཞེས་བྱུང་། ངོ་ཚ་(༡༤༣ན)མེད་པ་དང་རྒོད་པ་དང་སེར་སྣ་གསུམ་ཆོས་ཅན། རྒྱུ་གང་ལས་བྱུང་བ་ཡོད་དེ། འདོད་ཆགས་ཀྱིས་ཀུན་ནས་བསྐྱང་བས་དེ་དང་ཉེ་ཞིང་དེ་ལས་བྱུང་བའི་ཕྱིར། འཆབ་པའི་རྒྱུ་ལ་རྩོད་དེ། ཁ་ཅིག་མ་རིག་པ་ལས་བྱུང་ཟེར་ལ། གཞན་དག་སྲིད་པ་དང་འདོད་ཆགས་ལས་ཀྱང་བྱུང་ཞེས་ཟེར་བའི་ཕྱིར། རྨུགས་པ་དང་གཉིད་དང་ཁྲེལ་མེད་གསུམ་ཆོས་ཅན། མ་རིག་པ་ལས་བྱུང་སྟེ། དེས་ཀུན་ནས་བསྐྱང་བའི་ཕྱིར། འགྱོད་པ་ཆོས་ཅན། ཐེ་ཚོམ་ལས་བྱུང་སྟེ། དེས་ཀུན་ནས་བསྐྱང་བའི་ཕྱིར། ཁྲོ་བ་ཕྲག་དོག་ཆོས་ཅན། ཁོང་ཁྲོའི་རྒྱུ་ལས་བྱུང་སྟེ། དེས་ཀུན་ནས་བསྐྱང་ཞིང་དེ་དང་ཉེ་བའི་ཕྱིར།

ན༢ ཞར་བྱུང་དྲི་མ་དྲུག་བཤད་པ།

པ༡ དབྱེ་བ་བཤད་པ།

གཉིས་པ་ལ། དབྱེ་བ་དང་། རྒྱུ་གཉིས། དང་པོ་ནི། གཞན་ཡང་ཉོན་མོངས་དྲི་མ་དྲུག །སྒྱུ་དང་གཡོ་དང་རྒྱགས་པ་དང་། །དེ་བཞིན་འཚིག་དང་འཕོན་འཛིན་དང་། །རྣམ་འཚེའོ། །ཞེས་བྱུང་། ཀུན་དགྲིས་བཅུ་ལས་གཞན་ཡང་ཉོན་མོངས་

པའི་དྲི་མ་ཆོས་ཅན། ཁྱོད་ལ་དྲུག་ཡོད་དེ། སྒྱུ་དང་གཡོ་དང་རྒྱགས་པ་དང་དེ་བཞིན་དུ་འཆིག་པ་དང་འཁོན་འཛིན་དང་རྣམ་པར་འཚེ་བ་དང་དྲུག་ཡོད་པའི། དེ་དྲུག་ཆོས་ཅན། དྲི་མ་ཞེས་བྱ་སྟེ། ལུས་ལས་དྲི་ངན་འབྱུང་བ་ལྟར་ཁྱོད་རྩ་ཉོན་ལས་བྱུང་བའི་ཉོན་མོངས་ཡིན་པའི་ཕྱིར། དེ་རྣམས་ཀྱི་ཁྱད་པར་ཡོད་དེ། སྒྱུ་ནི་གཞན་འདྲིད་པ་དང་། གཡོ་ནི་སེམས་ཀྱུ་གྱུ་དང་། འཆིག་པ་ནི་ཉེས་པ་དམ་པོར་འཛིན་པ་དང་། འཁོན་འཛིན་ནི་མནར་སེམས་དང་། རྣམ་འཚེ་ནི་གཞན་ལ་ཐོ་འཚམ་པ་ཞིག་ཡིན་པའི་ཕྱིར།

པ༢ རྒྱུ་བཤད་པ།

གཉིས་པ་རྒྱུ་ནི། སྒྱུ་དང་རྒྱགས་པ་ནི། འདོད་ཆགས་ལས་སྐྱེས་འཁོན་འཛིན་དང་། །རྣམ་འཚེ་ཁོང་ཁྲོ་ལས་སྐྱེས་སོ། །འཆིག་དང་ལྟ་དང་མཆོག་འཛིན་ལས། །གཡོ་ནི་ལྟ་བས་ཀུན་ནས་བསླང་། །ཞེས་བྱུང་། དེ་དྲུག་ཆོས་ཅན། རྒྱུ་རྩ་ཉོན་གང་ལས་བྱུང་བ་ཡོད་དེ། སྒྱུ་དང་རྒྱགས་པ་ནི་འདོད་ཆགས་ལས་སྐྱེས། འཁོན་དུ་འཛིན་པ་དང་རྣམ་འཚེ་ནི་ཁོང་ཁྲོ་ལས་སྐྱེས། འཆིག་པ་ནི་ལྟ་བ་མཆོག་འཛིན་ལས་སྐྱེས། གཡོ་ནི་ལྟ་བ་ངན་པས་ཀུན་ནས་བསླང་བའི་ཕྱིར།

ན༣ ཁྱད་ཆོས་བཤད་པ།

པ༡ མཐོང་སྒོམ་གྱི་སྤང་བྱའི་ཁྱད་པར།

གསུམ་པ་(༡༤༣བ)ཁྱད་ཆོས་ལ། མཐོང་སྒོམ་གྱི་སྤང་བྱའི་ཁྱད་པར། དགེ་བ་དང་ལུང་མ་བསྟན་གྱི་ཁྱད་པར། ཁམས་དང་སའི་ཁྱད་པར་དང་གསུམ། དང་པོ་ནི། དེ་ལས་ངོ་ཚ་མེད་པ་དང་། །ཁྲེལ་མེད་རྨུགས་གཉིད་རྒོད་རྣམ་གཉིས། །དེ་ལས་གཞན་ནི་སྒོམ་སྤང་བྱ། །རང་དབང་དེ་བཞིན་དྲི་མ་རྣམས། །ཞེས་བྱུང་། ངོ་

ཚ་མེད་པ་དང་ཁྲིལ་མེད་པ་དང་རྨུགས་གཉིད་དང་རྒོད་པ་ལྟ་ཆོས་ཅན། ཁྱོད་ལ་མཐོང་སྤོམ་གྱི་སྤང་བྱ་རྣམ་པ་གཉིས་ཡོད་དེ། མཐོང་སྤོམ་རང་རང་གི་སྤང་བྱ་དང་མཚུངས་ལྡན་གཉིས་ཡོད་པའི་ཕྱིར། དེ་ལས་གཞན་ཕྲག་དོག་སེར་སྣ་ཁྲོ་འཆབ་པ་འགྱོད་པ་ལྟ་ཆོས་ཅན། སྒོམ་པས་སྤང་བར་བྱ་བ་ཡིན་ཏེ། མ་རིག་པ་ཙམ་དང་མཚུངས་ལྡན་གྱི་ཉོན་མོངས་རང་དབང་ཅན་ཡིན་པའི་ཕྱིར། དེ་བཞིན་དུ་གཡོ་དང་སྒྱུ་སོགས་དྲི་མ་དྲུག་པོ་རྣམས་ཆོས་ཅན། སྒོམ་སྤང་ཡིན་ཏེ། རང་དབང་ཅན་གྱི་ཉོན་མོངས་ཡིན་པའི་ཕྱིར།

པ༢ དགེ་བ་དང་ལུང་མ་བསྟན་གྱི་ཁྱད་པར།

གཉིས་པ་ནི། འདོད་ན་མི་དགེ་གསུམ་རྣམ་གཉིས། །དེ་ཡན་ཆད་ནི་ལུང་མ་བསྟན། །ཞེས་བྱུང་། དེ་དག་ལས་མི་དགེ་བ་དང་ལུང་མ་བསྟན་གྱི་ཁྱད་པར་ཡོད་དེ། འདོད་པར་ཉོན་མོངས་ཅན་གྱི་གཉིད་རྨུགས་རྒོད་གསུམ་ལ་མི་དགེ་བ་དང་ལུང་མ་བསྟན་གྱི་ཆ་རྣམ་པ་གཉིས་ཡོད་ཅིང་། དེ་ཡན་ཆད་དེ་ཁམས་གོང་ན་ནི་ཀུན་དཀྲིས་དང་དྲི་མ་རྣམས་ནི་ལུང་མ་བསྟན་ཡིན་པའི་ཕྱིར།

པ༣ ཁམས་དང་སའི་ཁྱད་པར།

གསུམ་པ་ནི། འདོད་དང་བསམ་གཏན་དང་པོ་ན། །གཡོ་སྒྱུ་ཚངས་པས་འདྲིད་ཕྱིར་རོ། །རྨུགས་རྒོད་ཆགས་པ་ཁམས་གསུམ་ན། །གཞན་དག་འདོད་ཁམས་ལས་སྐྱེས་པ། །ཞེས་བྱུང་། ཀུན་དཀྲིས་དང་དྲི་མ་དེ་དག་ལས་ཁམས་གང་ན་ཡོད་མེད་ཀྱི་ཁྱད་པར་ཡོད་དེ། གཡོ་སྒྱུ་གཉིས་འདོད་པ་དང་བསམ་གཏན་དང་པོ་ན་ཡོད་ཅིང་། དང་པོ་དེར་ཚངས་པས་གཡོ་སྒྱུས་གཞན་འདྲིད་པའི་ཕྱིར་དང་། རྨུགས་རྒོད་ཆགས་པ་ནི་ཁམས་གསུམ་ན་དང་། དེ་ལྟ་ལས་གཞན་ངོ་ཚ་མེད་པ་སོགས་

བཅུ་གཅིག་དག་ནི་འདོད་ཁམས་ལས་སྐྱེས་པ་ཁོ་ན་ཡིན་པའི་ཕྱིར།

ཏ༣ མཚུངས་ལྡན་བཤད་པ།

ཐ༡ གཙོ་སེམས་གང་ལ་མཚུངས་པར་ལྡན་ཚུལ།

གསུམ་པ་མཚུངས་ལྡན་ལ། གཙོ་སེམས་གང་ལ་མཚུངས་པར་ལྡན་ཚུལ་དང་། (༡༩༩ན)ཚོར་བ་གང་དང་མཚུངས་པར་ལྡན་པ་གཉིས། དང་པོ་ནི། མཐོང་སྤང་བྱ་གཉིད་ང་རྒྱལ་བཅས། །ཡིད་ཀྱི་རྣམ་ཤེས་ས་པ་ཡིན། །ཉེ་བའི་ཉོན་མོངས་རང་དབང་ཡང་། །གཞན་ནི་རྣམ་ཤེས་དྲུག་རྟེན་ཅན། །ཞེས་བྱུང་། ཉོན་མོངས་དེ་དག་ལས་མཐོང་བས་སྤང་བྱའི་ཉོན་མོངས་ཐམས་ཅད་དང་སྒོམ་སྤང་གཉིད་དང་ང་རྒྱལ་བཅས་པ་ཆོས་ཅན། ཡིད་ཀྱི་རྣམ་ཤེས་ཀྱི་ས་པ་ཡིན་ཏེ། དེ་ཁོ་ནའི་འཁོར་དུ་འབྱུང་བའི་ཕྱིར། ཉེ་བའི་ཉོན་མོངས་རང་དབང་ཅན་ཕྲག་དོག་སེར་སྣ་འགྱོད་ཁྲོ་འཆབ་ཆོས་ཅན། ཡིད་ཀྱི་རྣམ་ཤེས་ཀྱི་ས་པ་ཡིན་ཏེ། རྟགས་དེའི་ཕྱིར། གཞན་འདོད་ཆགས་ཁོང་ཁྲོ་སོགས་རྩ་ཉོན་དང་ཉེ་ཉོན་ངོ་ཚ་མེད་ཁྲེལ་མེད་རྨུགས་རྒོད་བག་མེད་ལེ་ལོ་མ་དད་པ་རྣམས་ཆོས་ཅན། རྣམ་ཤེས་དྲུག་གི་རྟེན་ཅན་ཡིན་ཏེ། དེ་དག་གི་འཁོར་དུ་འབྱུང་བའི་ཉོན་མོངས་ཡིན་པའི་ཕྱིར།

ཐ༢ ཚོར་བ་གང་དང་མཚུངས་པར་ལྡན་པ།

ད༡ རྩ་ཉོན་ཚོར་བ་གང་དང་མཚུངས་པར་ལྡན་ཚུལ།

ན༡ འདོད་པའི་མཚུངས་པར་ལྡན་ཚུལ།

གཉིས་པ་ལ། རྩ་ཉོན་ཚོར་བ་གང་དང་། ཉེ་ཉོན་ཚོར་བ་གང་དང་མཚུངས་པར་ལྡན་ཚུལ་གཉིས། དང་པོ་ལ། འདོད་པ་དང་། ཁམས་གོང་མའི་མཚུངས་པར་ལྡན་ཚུལ་གཉིས། དང་པོ་ནི། བདེ་བ་དག་དང་འདོད་ཆགས་སུ། །མཚུངས་ལྡན་

ཞེ་སྡང་བཟློག་པའོ། །མ་རིག་པ་དག་ཐམས་ཅད་དང་། །མིད་ལྟ་ཡིད་བདེ་སྡུག་བསྔལ་དང་། །ཡིད་མི་བདེ་དང་ཐེ་ཚོམ་མོ། །གཞན་ཡིད་བདེ་དང་འདོད་ལས་སྐྱེས། །བཏང་སྙོམས་དང་ཀུན་ཞེས་བྱུང་། རྩ་ཉོན་འདོད་ཁམས་ཀྱི་ཉོན་མོངས་དང་ཚོར་བ་བདེ་སྡུག་སོགས་གང་དང་མཚུངས་པར་ལྡན་ཚུལ་ཡོད་དེ། འདོད་ཆགས་ནི་ལུས་དང་ཡིད་ཀྱི་བདེ་བ་དག་དང་མཚུངས་ལྡན་དུ་འཇུག་པ་ཡོད། ཞེ་སྡང་ནི་དེ་ལས་བཟློག་པ་ལུས་ཡིད་ཀྱི་སྡུག་བསྔལ་དང་ཡིད་མི་བདེ་བ་དག་དང་། མ་རིག་པ་དག་ནི་ཚོར་བ་བདེ་སྡུག་བཏང་སྙོམས་ཐམས་ཅད་དང་། མིད་ལྟ་ནི་ཡིད་བདེ་བ་དང་སྡུག་བསྔལ་གཉིས་དང་། ཐེ་ཚོམ་ནི་ཡིད་མི་བདེ་བ་དང་། གཞན་རྩ་ཉོན་གཞན་པ་ལྟ་བ་བཞི་དང་ང་རྒྱལ་ནི་རང་གི་གྲོགས་ཡིད་བདེ་དང་ལྷན་ཅིག་མཚུངས་ལྡན་དུ་(༧༤༤བ)འཇུག་པའི་ཕྱིར། དེ་རྣམས་ཆོས་ཅན། ཁམས་གང་དུ་སྐྱེས་ཚུལ་ཡོད་དེ། འདོད་པ་ལས་སྐྱེས་པའི་ཕྱིར། དམིགས་བསལ་ཚོར་བ་བཏང་སྙོམས་ཕྲ་རྒྱས་བཅུ་པོ་ཀུན་དང་སོ་སོར་མཚུངས་ལྡན་དུ་སོང་བ་ཞིག་ཡོད་དེ། དམིགས་རྣམ་མི་གསལ་བས་དེ་རྣམས་ལྷན་ཅིག་འཇུག་པ་མི་འགལ་བའི་ཕྱིར།

ཀ༢ ཁམས་གོང་མའི་མཚུངས་པར་ལྡན་ཚུལ།

གཉིས་པ་ནི། ས་གོང་མ། ས་ཇི་བཞིན་དུ་རང་རང་དང་། །ཞེས་བྱུང་། ས་གོང་མ་གཟུགས་གཟུགས་མེད་ཀྱི་ཕྲ་རྒྱས་རྣམས་ཆོས་ཅན། ས་གང་ན་ཚོར་བའི་དབང་པོ་ཇི་ལྟ་བ་བཞིན་རང་རང་གི་གྲོགས་ཚོར་བ་དང་མཚུངས་པར་ལྡན་པ་ཡོད་དེ། བསམ་གཏན་དང་པོ་ན་མིག་རྣ་བ་ལུས་གསུམ་གྱི་རྣམ་ཤེས་ཀྱི་བདེ་བའི་འདོད་ཆགས་དང་ལྡན་པ། དེ་ཡན་ན་ཉོན་མོངས་ཅན་ཕལ་ཆེར་དང་ཚོར་བ་བཏང་སྙོམས་དང་ལྡན་པའི་ཕྱིར།

༨༢ ཉེ་ཉོན་ཚོར་བ་གང་དང་མཚུངས་པར་ལྡན་ཚུལ།

གཉིས་པ་ནི། འགྱོད་དང་ཐྲག་དོག་ཁྲོ་བ་དང་། །རྣམ་འཚེ་འཕོན་དུ་འཛིན་པ་དང་། །འཆོག་པ་ཡིད་མི་བདེ་བ་དང་། །སེར་སྣ་དག་ནི་བཟློག་པ་ཡིན། །གཡོ་དང་སྒྱུ་དང་འཆབ་དང་གཉིད། །གཉིས་ཀ་དང་ལྡན་བདེ་དག་དང་། །རྒྱགས་པ་བཏང་སྙོམས་ཀུན་ཏུ་འགྲོ། །བཞི་པོ་གཞན་ནི་ལྔ་དག་དང་། །ཞེས་བྱུང་། ཉེ་ཉོན་ཚོར་བ་གང་དང་མཚུངས་ལྡན་དུ་འཇུག་ཚུལ་ཡོད་དེ། འགྱོད་པ་དང་ཐྲག་དོག་དང་ཁྲོ་བ་དང་རྣམ་འཚེ་དང་འཕོན་དུ་འཛིན་པ་དང་འཆོག་པ་དྲུག་ནི་རང་གི་གྲོགས་ཡིད་མི་བདེ་བ་དང་མཚུངས་ལྡན་དུ་འཇུག །སེར་སྣ་ནི་དེ་ལས་བཟློག་པ་ཡིད་བདེ་དང་། གཡོ་དང་སྒྱུ་དང་འཆབ་པ་དང་གཉིད་བཞི་ནི་སྐབས་འགར་ཡིད་བདེ་མི་བདེ་གཉིས་ཀ་གང་རུང་དང་མཚུངས་ལྡན་དང་། བསམ་གཏན་གསུམ་པ་མན་ཆད་ཡིད་བདེ་དང་། གསུམ་པ་དེ་བདེ་བའི་དབང་པོ་དག་དང་རྒྱགས་པ་དང་མཚུངས་ལྡན་དང་། ཚོར་བ་བཏང་སྙོམས་ནི་ཁམས་གསུམ་པོ་ཀུན་ཏུ་འགྲོ་ཞིང་། གཞན་ངོ་ཚ་མེད་པ་ཁྲེལ་མེད་རྨུགས་རྒོད་བཞི་པོ་ནི་ཚོར་བ་ལྔ་པོ་དག་དང་མཚུངས་ལྡན་དུ་འཇུག་པའི་ཕྱིར་རོ། །

༨༣ སྤང་བྱ་སྒྲིབ་པ་ལྔ་བཤད་པ།

བཞི་པ་སྒྲིབ་པ་ལྔ་ནི། འདོད་ན་སྒྲིབ་རྣམས་མི་མཐུན་དང་། །ཟས་དང་བྱ་བ(༧༣༥ན)གཅིག་པའི་ཕྱིར། །གཉིས་གཅིག་ཕུང་པོ་གནོད་བྱེད་དང་། །ཐེ་ཚོམ་ཕྱིར་ན་ལྔ་ཉིད་དོ། །ཞེས་བྱུང་། མདོ་ལས་སྒྲིབ་པ་ལྔ་ཞེས་གསུངས་པ་ཡོད་དེ། འདོད་པ་ལ་འདུན་པ་དང་། གནོད་སེམས་དང་། གཉིད་རྨུགས་དང་། རྒོད་འགྱོད་དང་། ཐེ་ཚོམ་ཉོན་མོངས་ཅན་ལྔ་ཡིན་པའི་ཕྱིར། གཉིད་རྨུགས་གཉིས་པོ་ནི་འདིར་སྒྲིབ་

པ་རིགས་གཅིག་ཏུ་འཇོག་ཅིང་། འགྱོད་རྒོད་གཉིས་ཀྱང་གཅིག་ཏུ་འདྲེན་པའི་རྒྱུ་མཚན་ཡོད་དེ། དེ་དག་གི་འགལ་ཟླ་མི་མཐུན་ཕྱོགས་དེ་གཉེན་པོ་དང་ཟས་དང་བྱ་བ་གསུམ་གཅིག་པའི་ཕྱིར། གཉིད་རྨུགས་གཉིས་ཀྱིས་དེ་གསུམ་གཅིག་སྟེ། དེ་གཉིས་ཀྱི་གཉེན་པོ་ཁྱད་པར་བ་ནི་སྣང་བའི་འདུ་ཤེས་སུ་གཅིག །ཟས་རྨྱ་བ་དང་མི་དགའ་བ་དང་བྱ་རྨྱང་དང་ཁ་ཟས་ཚོད་མི་ཟིན་པ་བཞི་ཡང་གཅིག །བྱ་བ་ཡང་སེམས་ཞུམ་པར་གཅིག་པའི་ཕྱིར། འགྱོད་རྒོད་གཉིས་ཀྱི་དེ་གསུམ་ཡང་གཅིག་སྟེ། གཉེན་པོ་ནི་ཞི་གནས། ཟས་ནི། སྔར་དགོད་པ་དང་རྩེས་པ་སོགས་དྲན་ནས་རྣམ་པར་རྟོག་པ་ཡང་གཅིག །བྱ་བ་ནི་སེམས་མ་ཞི་བར་བྱེད་པར་གཅིག་པའི་ཕྱིར། སྒྲིབ་པ་ལྔ་པོ་དེ་ལས་འདོད་པ་ལ་འདུན་པ་སོགས་གསུམ་གྱི་གཉེན་པོ་སོགས་གསུམ་སོ་སོ་བ་ཡིན་ཏེ། འདོད་འདུན་གྱི་གཉེན་པོ་མི་སྡུག་པ། ཟས་སྡུག་པའི་མཚན་མ། གནོད་སེམས་ཀྱི་གཉེན་པོ་བྱམས་པ། ཟས་ཁོང་ཁྲོ། ཐེ་ཚོམ་གྱི་གཉེན་པོ་རྟེན་འབྲེལ་རྟོགས་པ། ཟས་དུས་གསུམ་ཡིན་ལ། བྱ་བ་ཡང་རིམ་པ་བཞིན་དུ་སྲིད་པ་རྒྱས་པ་དང་། སེམས་མ་ཞི་བར་བྱེད་པ་དང་། ཡིན་ཚུལ་མི་རྟོགས་པ་ལྟ་བུ་ཡིན་པའི་ཕྱིར། སྒྲིབ་པ་ལ་ལྔ་ཉིད་དུ་འཇོག་པའི་རྒྱུ་མཚན་ཡོད་དེ། འདོད་འདུན་དང་གནོད་སེམས་གཉིས་ཀྱིས་ཚུལ་ཁྲིམས་ཀྱི་ཕུང་པོ་དང་། གཉིད་རྨུགས་གཉིས་ཀྱིས་ཤེས་རབ་ལ་གནོད། འགྱོད་རྒོད་གཉིས་ཀྱིས་ཏིང་ངེ་འཛིན་སྐྱེ་བ་ལ་གནོད་པར་བྱེད། ཐེ་ཚོམ་གཅིག་གིས་ནི་དེ་གསུམ་ལ་གནོད་པའི་དབང་དུ་བྱས་ནས་བཞག་པའི་ཕྱིར།

༨༢ དེ་ཇི་ལྟར་སྤོང་ཚུལ་བཤད་པ།

༩༧ གཉེན་པོ་གང་གིས་སྤང་བྱ་གང་སྤོང་བ།

གཉིས་པ་སྤོང་བྱེད་གཉེན་པོ་བཤད་པ་ལ། གཉེན་པོ་གང་གིས་སྤང་བྱ་གང་སྤོང་བ། (༧༥༥བ)གཉེན་པོའི་དབྱེ་བ། ཐག་བསྲིང་བའི་གཉེན་པོ། རྟེན་གྱི་གཉེན་

པོ་བཤད་པ་དང་བཞི། དང་པོ་ནི། དམིགས་པས་ཡོངས་སུ་ཤེས་པ་དང་། །དེ་ལ་དམིགས་པ་ཡང་དག་པར། །ཟས་དང་དམིགས་པས་སྤངས་པས་སོ། །གཉེན་པོ་སྐྱེས་པས་ཟད་པར་འགྱུར། །ཞེས་བྱུང་། ཉོན་མོངས་དེ་རྣམས་ཆོས་ཅན། སྤོང་ཚུལ་ཡོད་དེ། དམིགས་པ་བདེན་པ་བཞི་ལ་དམིགས་པའི་སྒོ་ནས་ཡོངས་སུ་ཤེས་པས་སྤོང་བ་དང་། དེ་ལ་དམིགས་པའི་བྱེད་པ་ཡང་དག་པར་སྤོང་བས་ཟད་པ་དང་། དེ་ལ་དམིགས་པ་སྤངས་པའི་སྒོ་ནས་སྤོང་བ་དང་གཉེན་པོ་སྐྱེས་པས་ཟད་པར་འགྱུར་བ་རྣམས་སུ་ཡོད་པའི་ཕྱིར།

༦༢ གཉེན་པོའི་དབྱེ་བ།

གཉིས་པ་ནི། གཉེན་པོ་རྣམ་བཞི་སྤོང་བ་དང་། །གཞི་དང་སྲིད་ཉིད་རྣམ་པར་ནི། །སུན་འབྱིན་ཞེས་བྱ་དམིགས་པ་ལས། །ཉོན་མོངས་པ་ནི་སྤང་བྱར་འདོད། །ཅེས་བྱུང་། ཉོན་མོངས་པའི་གཉེན་པོ་ཆོས་ཅན། ཁྱོད་ལ་རྣམ་པ་བཞི་ཡོད་དེ། སྤོང་བའི་གཉེན་པོ་དང་། གཞིའི་གཉེན་པོ་དང་། ཐག་སྲིང་བའི་གཉེན་པོ་ཉིད་དང་། རྣམ་པར་སུན་འབྱིན་པའི་གཉེན་པོ་ཞེས་བྱ་བ་རྣམས་སུ་ཡོད་པའི་ཕྱིར། ཉོན་མོངས་པ་ཆོས་ཅན། གང་ལ་བརྟེན་ནས་སྤོང་ཚུལ་ཡོད་དེ། ཡུལ་གང་ལ་ཕྱིན་ཅི་ལོག་ཏུ་དམིགས་པའི་ཞེན་ཡུལ་མེད་པར་ཤེས་པ་ལས་སྤང་བར་བྱ་བར་འདོད་པའི་ཕྱིར། གཉེན་པོ་བཞིའི་ཁྱད་པར་ཡོད་དེ། བར་ཆད་མེད་ལམ་དང་པོ་རྣམས་སྤོང་བའི་གཉེན་པོ་ཡིན་ལ། སྡུག་བསྔལ་ཆོས་བཟོད་ཡན་གྱི་རྣམ་གྲོལ་དང་བར་ཆད་མེད་ལམ་ནི་གཞིའི་གཉེན་པོ། སྡུག་བསྔལ་ཆོས་ཤེས་མ་གཏོགས་པ་ཡན་ཆད་ནི་ཐག་སྲིང་བའི་གཉེན་པོ། ཁམས་གང་ལ་སྐྱོན་དུ་མཐོང་ནས་ཉོན་མོངས་དེ་སྤོང་བའི་ལམ་ནི་སུན་འབྱིན་པའི་གཉེན་པོར་འཇོག་པ་ཡིན་པའི་ཕྱིར་རོ། །

ཆ༣ ཐག་བསྲིང་བ་དང་རྟེན་གྱི་གཉེན་པོ་བཤད་པ།

གསུམ་པ་དང་བཞི་པ་ནི། མཚན་ཉིད་མི་མཐུན་མི་མཐུན་ཕྱོགས། །ཡུལ་རྣམ་ཆད་དང་དུས་ཀྱིས་ཏེ། །འབྱུང་དང་ཚུལ་ཁྲིམས་ཕྱོགས་དང་ནི། །དུས་གཉིས་རིང་བ་ཉིད་ལྟ་བུ། །ལན་ཅིག་ཏུ་ཟད་དེ་དག་ནི། །བྲལ་བའི་ཐོབ་པ་ཡང་དང་ཡང་། །གཉེན་པོ་སྐྱེས་དང་འབྲས་ཐོབ་དང་། །དབང་པོ་རྣམ་པར་(༧༤༨ན)འཕེལ་རྣམས་སུ། །ཞེས་བྱུང་། ཐག་སྲིང་བའི་གཉེན་པོ་ཆོས་ཅན། ཁྱོད་ལ་བཞི་ཡོད་དེ། མཚན་ཉིད་མི་མཐུན་པས་རིང་བ། མི་མཐུན་ཕྱོགས་ཀྱིས་རིང་བ། ཡུལ་རྣམ་པར་ཆད་པས་རིང་བ། དུས་ཀྱི་སྒོ་ནས་རིང་བ་རྣམས་སུ་ཡོད་པའི་ཕྱིར། རྟགས་གྲུབ་སྟེ། འབྱུང་བ་བཞི་ལྟ་བུ་དང་པོ་དང་། ཚུལ་ཁྲིམས་དང་འཆལ་ཚུལ་ལྟ་བུ་གཉིས་པ་དང་། ཕྱོགས་ཤར་ནུབ་ཀྱི་རྒྱ་མཚོ་ལྟ་བུ་གསུམ་པ་དང་། དུས་འདས་མ་འོངས་གཉིས་རིང་བ་ཉིད་ལྟ་བུ་བཞི་པ་ཡིན་པའི་ཕྱིར། ཉོན་མོངས་ཐམས་ཅད་ནི་ཟད་ཀྱང་གཉེན་པོས་ཡང་ཡང་སྤོང་བ་མིན་གྱི་ལན་གཅིག་ཏུ་ཟད་པར་བྱེད་ལ། འོན་ཀྱང་བྲལ་བ་དེ་དག་གི་ཐོབ་པ་ནི་ཡང་དང་ཡང་དུ་འབྱུང་སྟེ་གཉེན་པོ་རྣམ་གྲོལ་ལམ་སྐྱེས་དུས་དང་དགེ་སྦྱོང་ཚུལ་གྱི་འབྲས་བུ་བཞི་ཐོབ་དུས་དང་། དབང་པོ་རྟུལ་པོ་དབང་རྣོན་དུ་རྣམ་པར་འཕེལ་བའི་དུས་རྣམས་སུ་བྲལ་ཐོབ་ཁྱད་པར་དུ་འགྲོ་བའི་ཕྱིར།

ཇ༣ སྤངས་པའི་འབྲས་བུ་ཡོངས་ཤེས་བཤད་པ།

ཆ༡ དབྱེ་བ་བཤད་པ།

གསུམ་པ་སྤངས་པའི་འབྲས་བུ་ཡོངས་ཤེས་ལ། དབྱེ་བ། ལམ་གང་གི་སྤང་བྱ་གང་ཡིན་པ། གྲངས་ངེས། གང་ཟག་གང་ལ་ལྡན་པ། ཐོབ་གཏོང་བཤད་པ་དང་

ལྔ། དང་པོ་ནི། ཡོངས་སུ་ཤེས་དག་འདོད་པ་ན། །དང་པོ་རྣམ་གཉིས་ཟད་ལ་གཅིག །གཉིས་ཟད་པ་ནི་དེ་གཉིས་སོ། །དེ་བཞིན་གོང་མའི་དེ་གསུམ་ཉིད། །ཡོངས་སུ་ཤེས་པ་གཞན་གསུམ་སྟེ། །ཐ་མའི་ཆ་དང་མཐུན་གཟུགས་དང་། །ཟག་པ་ཀུན་ཟད། ཅེས་བྱུང་། ཡོངས་སུ་ཤེས་པ་ཆོས་ཅན། ཁྱོད་ལ་སྐབས་བརྗོད་རིགས་ཀྱི་དབྱེ་ན་གཉིས་ཡོད་དེ། ཡེ་ཤེས་ཡོངས་ཤེས་དང་། སྤངས་པ་ཡོངས་ཤེས་གཉིས་ཡོད་པའི་ཕྱིར། སྤངས་པ་ཡོངས་སུ་ཤེས་པ་ཆོས་ཅན། ཁྱོད་ལ་དགུ་ཡོད་དེ། འདོད་པ་ན་དང་པོ་སྡུག་ཀུན་མཐོང་སྤང་རྣམ་གཉིས་ཟད་པ་ལ་ཡོངས་ཤེས་གཅིག །འགོག་ལམ་མཐོང་སྤང་གཉིས་ཟད་པའི་ཡོངས་ཤེས་དེ་གཉིས། དེ་བཞིན་དུ་ཁམས་གོང་མའི་མཐོང་སྤང་སྤངས་པའི་དེ་གསུམ་ཉིད་དང་། ཡོངས་སུ་ཤེས་པ་གཞན་སྒོམ་སྤང་སྤངས་པའི་ཡོངས་ཤེས་གསུམ་རྣམས་སུ་(༧༥༨བ)ཡོད་པའི་ཕྱིར། ཕྱི་མ་གསུམ་ཡོད་དེ། ཐ་མའི་ཆ་དང་མཐུན་པ་ལྔ་སྤངས་པ་དང་། གཟུགས་ཀྱི་ཟག་པ་ཟད་པ་དང་། ཁམས་གསུམ་གྱི་ཟག་པ་ཀུན་ཟད་པའི་ཡོངས་ཤེས་རྣམས་སུ་ཡོད་པའི་ཕྱིར།

༧༢ ལམ་གང་གི་སྤང་བྱ་གང་ཡིན་པ།

གཉིས་པ་ནི། དྲུག་བཟོད་འབྲས། ལྷག་མ་རྣམས་ཀྱི་ཤེས་པའི་ཡིན། །མི་ལྡོགས་མེད་འབྲས་ཐམས་ཅད་དེ། །བསམ་གཏན་རྣམས་ཀྱི་ལྔའམ་བརྒྱད། །ཉེ་བར་བསྡོགས་པའི་གཅིག་ཡིན་ཏེ། །གཟུགས་མེད་དངོས་གཞི་གསུམ་གྱི་ཡང་། །ཐམས་ཅད་འཕགས་པའི་ལམ་གྱི་ཡིན། །འཇིག་རྟེན་པའི་གཉིས་རྗེས་ཀྱི་ཡང་། །ཆོས་ཤེས་པའི་ནི་གསུམ་ཡིན་ནོ། །དེའི་ཕྱོགས་མཐུན་གྱི་དྲུག་དང་ལྔ། །ཞེས་བྱུང་། སྤངས་པའི་ཡོངས་ཤེས་དྲུག་ཆོས་ཅན། རང་ཐོབ་བྱེད་ཀྱི་མཐོང་ལམ་བཟོད་པ་དེའི་འབྲས་བུ་ཞེས་བྱ་སྟེ། དེའི་བྲལ་འབྲས་ཡིན་པའི་ཕྱིར། ལྷག་མ་སྒོམ་སྤང་སྤངས་པའི་ཡོངས་ཤེས་གསུམ་རྣམས་ཆོས་ཅན། ཆོས་ཤེས་པའི་འབྲས་བུ་ཞེས་བྱ་སྟེ། དེའི་བྲལ་འབྲས་

ཡིན་པའི་ཕྱིར། བསམ་གཏན་དང་པོའི་ཉེར་བསྡོགས་མི་ལྕོགས་མེད་ཆོས་ཅན། ཁྱོད་ཀྱི་བྲལ་འབྲས་དུ་མ་ཡོད་དེ། ཁྱོད་ལ་བརྟེན་ནས་ཐོབ་པའི་ཡོངས་ཤེས་དགུ་པོ་ཐམས་ཅད་དེ་ཡིན་པའི་ཕྱིར། བསམ་གཏན་གྱི་དངོས་གཞི་རྣམས་ཆོས་ཅན། ཁྱོད་ཀྱི་བྲལ་འབྲས་ཡོངས་ཤེས་ལྔ་ལྔ་ཡོད་དེ། ཁམས་གོང་གི་མཐོང་སྤང་སྤངས་པའི་ཡོངས་ཤེས་གསུམ། གཟུགས་ཀྱི་ཟག་པ་ཟད་པའི་དེ་གཅིག་དང་། ཟག་པ་ཀུན་ཟད་པའི་དེ་གཅིག་ཡོད་པའི་ཕྱིར་ཞེས་བྱེ་སྨྲ་ཟེར། དབྱངས་སྒྲོགས་ན་རེ། དེའི་དངོས་གཞིའི་འབྲས་བུ་བརྒྱད་ཡོད་དེ། སྔ་མ་ལྔའི་སྟེང་དུ་འདོད་པའི་མཐོང་སྤང་སྤངས་པའི་ཡོངས་ཤེས་གསུམ་ཡོད་པའི་ཕྱིར་ཟེར། གཟུགས་མེད་ནམ་མཁའི་ཉེ་བར་བསྡོགས་པ་ཆོས་ཅན། ཁྱོད་ཀྱི་བྲལ་འབྲས་ཡོངས་ཤེས་གཅིག་ཡིན་ཏེ། གཟུགས་ཀྱི་ཟག་པ་ཟད་པའི་ཡོངས་ཤེས་དེ་དེ་ཡིན་པའི་ཕྱིར། གཟུགས་མེད་ཀྱི་དངོས་གཞི་དང་པོ་གསུམ་ཆོས་ཅན། ཁྱོད་ཀྱི་བྲལ་འབྲས་ཀྱང་གཅིག་ཡིན་ཏེ། ཟག་པ་ཀུན་ཟད་པའི་ཡོངས་ཤེས་གཅིག་ཡོད་པའི་ཕྱིར། སྐབས་འདིའི་ཡོངས་ཤེས་ཐམས་ཅད་ཆོས་ཅན། འཕགས་པའི་ལམ་(༡༤༧ན)གྱི་བྲལ་འབྲས་ཡིན་ཏེ། དང་པོ་དྲུག་མཐོང་ལམ་གྱི་དང་ཕྱི་མ་གསུམ་སྒོམ་ལམ་གྱི་བྲལ་འབྲས་ཡིན་པའི་ཕྱིར། འཇིག་རྟེན་པའི་སྒོམ་པའི་ལམ་ཆོས་ཅན། ཁྱོད་ཀྱི་འབྲས་བུ་ཡོངས་ཤེས་ཀྱང་གཉིས་ཡོད་དེ། དེར་གྱུར་པའི་ཐ་མའི་ཚ་མཐུན་ལྔ་སྤངས་པ་དང་གཟུགས་ཀྱི་སྒོམ་སྤང་སྤངས་པའི་དེ་གཉིས་ཡོད་པའི་ཕྱིར། སྒོམ་ལམ་རྗེས་ཤེས་ཆོས་ཅན། ཁྱོད་ཀྱི་འབྲས་བུ་ཡོངས་ཤེས་ཀྱང་གཉིས་ཡིན་ཏེ། དེར་གྱུར་པའི་ཡོངས་ཤེས་ཐ་མ་གཉིས་ཡོད་པའི་ཕྱིར། སྒོམ་ལམ་ཆོས་ཤེས་པ་ཆོས་ཅན། ཁྱོད་ཀྱི་འབྲས་བུ་ཡོངས་ཤེས་དགུའི་ཐ་མ་གསུམ་ཡོད་པ་ཡིན་ཏེ། ཐ་མའི་ཚ་མཐུན། གཟུགས་ཀྱི་ཟག་པ། ཟག་པ་ཐམས་ཅད་སྤངས་པའི་དེ་གསུམ་ཡོད་པའི་ཕྱིར། སྒོམ་ལམ་ཆོས་ཤེས་དེའི་ཕྱོགས་མཐུན་ཆོས་ཤེས་པའི་བཟོད་པ་རྣམས་དང་ཆོས་ཤེས་རྣམས་ཆོས་ཅན། ཁྱོད་ཀྱི་འབྲས་བུ་ཡོངས་ཤེས་དྲུག་ཡོད་

དེ། མཐོང་སྤང་དང་སྒོམ་སྤང་སྤངས་པའི་ཡོངས་ཤེས་གསུམ་གསུམ་ཡོད་པའི་ཕྱིར། རྗེས་ཤེས་ཀྱི་ཕྱོགས་མཐུན་རྗེས་བཟོད་རྗེས་ཤེས་ཆོས་ཅན། ཁྱོད་ཀྱི་བྲལ་འབྲས་ཡོངས་ཤེས་ལྔ་ཡོད་དེ། གོང་མའི་མཐོང་སྤང་སྤངས་པའི་ཡོངས་ཤེས་གསུམ་དང་ཡོངས་ཤེས་ཐ་མ་གཉིས་དང་ལྔ་ཡོད་པའི་ཕྱིར།

༧༣ གྲངས་ངེས་བཤད་པ།

གསུམ་པ་གྲངས་ངེས་ནི། བྲལ་བའི་ཐོབ་པ་ཟག་མེད་དང་། །སྲིད་རྩེ་ཉམས་པར་བྱས་པ་དང་། །རྒྱུ་གཉིས་ཀུན་ཏུ་བཅོམ་པའི་ཕྱིར། །ཡོངས་ཤེས་ཁམས་ལས་འདས་པ་ལས། །ཞེས་བྱུང་། སོ་སྐྱེ་ལ་ཡོངས་ཤེས་མི་འཇོག་པར་ཡོངས་ཤེས་དགུར་འཇོག་པའི་རྒྱུ་མཚན་ཡོད་དེ། བྲལ་བའི་ཐོབ་པ་ཟག་མེད་རྙེད་པ་དང་། སྲིད་རྩེའི་ཉོན་མོངས་ཀྱི་ཕྱོགས་རེ་ཉམས་པ་སྐྱེ་སྤངས་པར་བྱས་པ་དང་། སྲིད་རྩེའི་སྡུག་ཀུན་མཐོང་སྤང་ཀུན་འགྲོའི་རྒྱུ་གཉིས་བཅོམ་པའི་རྒྱུ་མཚན་གསུམ་གྱིས་མཐོང་སྤང་སྤངས་པའི་ཡོངས་ཤེས་དྲུག་དང་། རྒྱུ་གསུམ་པོ་དེ་དང་རྒྱུ་བཞི་པ་ཁམས་གསུམ་སོ་སོ་ལས་འདས་པ་སྐྱེ་འདོད་ཆགས་དང་བྲལ་བའི་རྒྱུ་མཚན་གྱིས་ཡོངས་ཤེས་ཐ་མ་གསུམ་བཞག་པའི་ཕྱིར།

༧༤ གང་ཟག་གང་ལ་ལྡན་པ།

བཞི་པ་ནི། གཅིག་(༡༤༧བ)མིན་མཐོང་ལ་གནས་པ་ནི། །ལྔ་ཡི་བར་དང་ཡང་དག་ལྡན། །སྒོམ་ལ་གནས་པ་དྲུག་གམ་ནི། །གཅིག་གམ་ཡང་ན་གཉིས་དང་ངོ་། །ཁམས་ལས་འདོད་ཆགས་བྲལ་བ་དང་། །འབྲས་བུ་ཐོབ་ཕྱིར་དེ་དག་བསྡོམས། །ཞེས་བྱུང་། རེ་ཞིག་ལ་གཅིག་སྟེ་སོ་སྐྱེ་ནི་ཆོས་ཅན། ཡོངས་ཤེས་དང་མི་ལྡན་པ་ཁོ་ན་ཡིན་ཏེ། བྲལ་ཐོབ་ཟག་མེད་དང་མི་ལྡན་པའི་ཕྱིར། མཐོང་ལམ་ལ་གནས་པ་ཆོས་

ཅན། ཡོངས་ཤེས་གཅིག་ནས་ལྔའི་བར་ཅི་རིགས་ཡང་དག་པར་ལྡན་ཏེ། མཐོང་ལམ་སྡུག་བསྔལ་ཆོས་བཟོད་ཀྱི་བར་རྒྱུ་གཉིས་བཅོམ་པ་མེད་པས་ཡོངས་ཤེས་དང་མི་ལྡན་ཅིང་། ཀུན་འབྱུང་ཆོས་ཤེས་པ་ཡོངས་ཤེས་གཅིག་དང་ལྡན། ཀུན་འབྱུང་རྗེས་ཤེས་པ་སྔ་མ་དང་སྡུག་ཀུན་མཐོང་སྤང་སྤངས་པའི་ཡོངས་ཤེས་གཉིས་དང་ལྡན། འགོག་པ་ཆོས་ཤེས་པ་སྔ་མ་གཉིས་དང་རང་གི་དེ་དང་གསུམ་དང་ལྡན། འགོག་པ་རྗེས་ཤེས་སྔ་མ་བཞི་དང་རང་གི་དེ་དང་ལྔ་དང་ལྡན་པའི་ཕྱིར། སྒོམ་ལམ་ལ་གནས་པ་ཆོས་ཅན། ཡོངས་ཤེས་དྲུག་གམ་ཡང་ན་གཅིག་གམ་གཉིས་དང་ལྡན་ཏེ། བཅུ་དྲུག་པ་ལམ་རྗེས་ཤེས་ལ་གནས་པ་ཆགས་བྲལ་མིན་པ་དང་ཡོངས་སུ་ཉམས་པ་ནི་མཐོང་སྤང་སྤངས་པའི་དེ་དྲུག་དང་། ཆགས་བྲལ་སྔོན་སོང་གི་ལམ་རྗེས་ཤེས་པ་ནི་ཐ་མའི་ཆ་མཐུན་སྤངས་པའི་རེ་གཅིག་དང་རིམ་གྱིས་པ་ཕྱིར་མི་འོང་ཐོབ་པའི་ཚེ་དང་། དགྲ་བཅོམ་ཐོབ་པའི་ཚེ་ཡང་ཡོངས་ཤེས་གཅིག་དང་། གཟུགས་ཀྱི་འདོད་ཆགས་དང་བྲལ་བའི་ཚེ་ཐ་མ་དང་གོང་མའི་ཆ་མཐུན་གཉིས་སྤངས་པའི་དེ་གཉིས་དང་ལྡན་པའི་ཕྱིར། ཕྱིར་འོང་དང་དགྲ་བཅོམ་(༡༤༢ན)ཐོབ་པའི་ཚེ་ཡོངས་ཤེས་རེ་རེ་ལྡན་པའི་རྒྱུ་མཚན་ཡོད་དེ། ཕྱིར་མི་འོང་གིས་འདོད་ཁམས་ལ་ཆགས་པ་དང་བྲལ་ནས་གཟུགས་ཀྱི་དེ་དང་མ་བྲལ་བར་དུ་འབྲས་བུ་ཐོབ་པ་དེ་དག་གཅིག་ཏུ་དང་། དགྲ་བཅོམ་ཐོབ་པའི་ཚེ་ཀུན་སྦྱོར་ཐམས་ཅད་སྤངས་པའི་སྒོ་ནས་ཡོངས་ཤེས་རྣམས་གཅིག་ཏུ་བསྡོམས་པར་བྱས་པའི་ཕྱིར།

༧༥ ཐོབ་གཏོང་བཤད་པ།

ལྔ་པ་ནི། ལ་ལ་གཅིག་གཉིས་ལྔ་དང་དྲུག །གཏོང་སྟེ་ཐོབ་པ་ལྔ་མིན་ནོ། །ཞེས་བྱུང་། གང་ཟག་ལ་ལ་ནི་ཡོངས་ཤེས་གཅིག་གཏོང་བ་ཡོད་དེ། དགྲ་བཅོམ་པའི་འབྲས་བུ་ལས་ཉམས་ནས་ཕྱིར་མི་འོང་དུ་གྱུར་པའི་ཟག་པ་ཀུན་ཟད་ཀྱི་འབྲས་བུ་

གཏོང་ཞིང་། ཕྱིར་མི་འོང་ཉམས་པས་ཀྱང་ཐ་མའི་ཆ་མཐུན་སྤྱངས་པའི་འབྲས་བུ་ཡོངས་ཤེས་གཅིག་གཏོང་བའི་ཕྱིར། ལ་ལ་གཉིས་གཏོང་བ་ཡོད་དེ། གཟུགས་ཀྱི་འདོད་ཆགས་དང་བྲལ་བ་འདོད་ཉོན་གྱིས་ཉམས་པའི་ཚེ་ཡོངས་ཤེས་བདུན་པ་དང་བརྒྱད་པ་གཉིས་གཏོང་བའི་ཕྱིར། ལ་ལ་ལྔ་གཏོང་བ་ཡོད་དེ། ཆགས་བྲལ་སྔོན་སོང་གི་ཕྱིར་མི་འོང་ལམ་རྗེས་ཤེས་པས་ཐ་མའི་ཆ་མཐུན་ལྔ་སྤྱངས་པའི་དེ་ཐོབ་པའི་ཚེ་མཐོང་སྤང་སྤྱངས་པའི་ཡོངས་ཤེས་ལྔ་གཏོང་བའི་ཕྱིར། ལ་ལ་དྲུག་གཏོང་བ་ཡོད་དེ། འདོད་པ་ལ་ཆགས་པ་དང་བྲལ་བའི་མཐར་གྱིས་པ་ཉམས་ནས་ཕྱིར་འོང་དུ་གནས་འགྱུར་བའི་ཚེ་མཐོང་སྤང་སྤྱངས་པའི་ཡོངས་ཤེས་དྲུག་གཏོང་(༧༥༥བ)བའི་ཕྱིར། ཐོབ་པའི་ཚེ་གཅིག་དང་གཉིས་དང་དྲུག་ཐོབ་པ་གསུམ་ལས་གཅིག་ཐོབ་པ་ལ་ཡང་བཞི་ཡོད་དེ། རྒྱུན་ཞུགས་ཀྱིས་ཀུན་འབྱུང་ཆོས་ཤེས་ལ་གནས་པའི་ཚེ་ཡོངས་ཤེས་དགུའི་དང་པོ་གཅིག་ཐོབ། ཆགས་བྲལ་སྔོན་སོང་གི་ཕྱིར་མི་འོང་ལམ་རྗེས་ཤེས་པས་ཐ་མའི་ཆ་མཐུན་སྤྱངས་པའི་གཅིག་ཐོབ། སྒོམ་ལམ་ལ་རིམ་གྱིས་པས་འདོད་ཉོན་སྤྱངས་པའི་ཚེ་ཡང་ཆ་མཐུན་དེ་སྤྱངས་པའི་གཅིག་ཐོབ། དགྲ་བཅོམ་པ་ཐོབ་པའི་ཚེ་ཡང་ཡོངས་ཤེས་དགུ་པ་གཅིག་པུ་ཐོབ་པའི་ཕྱིར། གཉིས་ཐོབ་པ་ཡོད་དེ། དགྲ་བཅོམ་པ་གཟུགས་མེད་ཀྱི་ཉོན་མོངས་པ་ནས་ཉམས་ན་ཐ་མའི་ཆ་མཐུན་སྤྱངས་པའི་དེ་དང་གཟུགས་ཀྱི་འདོད་ཆགས་སྤྱངས་པའི་དེ་གཉིས་ཐོབ་པའི་ཕྱིར། དྲུག་ཐོབ་པ་ལ་གཉིས་ཡོད་དེ། དགྲ་བཅོམ་པ་དང་འབྲས་བུ་རིམ་གྱིས་པའི་ཕྱིར་མི་འོང་འདོད་ཉོན་གྱིས་ཉམས་པ་ན་མཐོང་སྤང་སྤྱངས་པའི་ཡོངས་ཤེས་དྲུག་དང་ལྡན་པར་འགྱུར་བའི་ཕྱིར། གཏོང་སྐྱེ་འཐོབ་པའི་ཚུལ་དེ་ལྟར་ཡིན་གྱི། ཉམས་པའི་ཡོངས་ཤེས་ལྔ་ཅིག་ཅར་ཐོབ་པ་ནི་ཡོད་པ་ཡིན་ཏེ། འདོད་པ་དང་ཆགས་བྲལ་སྔོན་དུ་འགྲོ་བ་ལ་ནི་ཡོངས་སུ་ཉམས་པ་མེད་པའི་ཕྱིར་རོ། །ཕྱིར་འདོད་པའི་མཐོང་སྤང་སྤྱངས་པའི་ཡོངས་ཤེས་ཐོབ་ན། (༧༥༦ན)མཐོང་སྤང་སྤྱངས་པའི་ཡོངས་ཤེས་ཐོབ་པས་མ་ཁྱབ་

སྟེ། ཁམས་འོག་མའི་མཐོང་སྤང་སྤངས་ཀྱང་གོང་མའི་མཐོང་སྤང་མ་སྤངས་པ་དུ་མ་ཡོད་པའི་ཕྱིར། གཞུང་འདི་དག་གི་དངོས་བསྟན་གྱི་ཡོངས་ཤེས་ནི་སྤངས་པ་ཡོངས་ཤེས་གཙོ་ཆེ་ཡང་ཡོངས་ཤེས་མཚན་ཉིད་པ་ལ་འདོད་པ་མི་མཐུན་པ་ཡོད་དེ། ཁ་ཅིག་ཡེ་ཤེས་ཡོངས་ཤེས་ནི་ཡོངས་ཤེས་མཚན་ཉིད་པ་ཡིན་གྱི། སྤངས་པ་ཡོངས་ཤེས་ནི་དེར་བཏགས་པ་ཙམ་དུ་བཞེད་ལ། ཁ་ཅིག་ནི་དེ་ལས་ལྡོག་སྟེ་བཞེད་ཀྱང་སྔ་མ་ལྟར་ཡིན་པའི་ཕྱིར། གནས་ལྔ་པ་ལེགས་པར་བཤད་ཟིན་ཏོ།། །།

འདིས་ཀྱང་རྒྱལ་བའི་བསྟན་པ་རིན་པོ་ཆེ་ཕྱོགས་ཐམས་ཅད་ནས་དར་ཞིང་རྒྱས་ལ་ཡུན་རིང་དུ་གནས་པར་གྱུར་ཅིག །སརྦ་མངྒ་ལཾ། དགེའོ། །

༄༅། །ཆོས་མངོན་པ་མཛོད་ཀྱི་གནས་དྲུག་པའི་ཚིག་དོན་བཞུགས་སོ། །

ཅ༣ ཐོབ་བྱ་འགོག་ལམ་གྱི་བདེན་པ་གནད་ལ་དབབ་པ།

ཆ༡ ལམ་གྱི་རྣམ་གཞག །

ཇ༡ ལམ་གྱི་ངོ་བོ།

གསུམ་(༡༥༠ན)པ་ཐོབ་བྱ་འགོག་ལམ་གྱི་བདེན་པ་གནད་ལ་དབབ་པ་ལ། ལམ་གྱི་རྣམ་གཞག །རྟེན་གང་ཟག་གི་རྣམ་གཞག །ལམ་གྱི་ཁྱད་ཆོས་གཞན་བཤད་པ་དང་གསུམ། དང་པོ་ལ། ལམ་གྱི་ངོ་བོ། དམིགས་པ། སྒོམ་ཚུལ་དང་གསུམ། དང་པོ་ནི། བདེན་པ་མཐོང་དང་བསྒོམས་པ་ལས། །ཉོན་མོངས་སྤངས་པ་ཞེས་བཤད་པ། །སྒོམ་པའི་ལམ་ནི་རྣམ་གཉིས་ཏེ། །མཐོང་བ་ཞེས་བྱ་ཟག་པ་མེད། །ཅེས་བྱུང་།

ཉ༡ ཚིག་དོན་བཤད་པ།

འདི་ལ་ཚིག་དོན་དང་། མཐའ་དཔྱད་པ་གཉིས། དང་པོ་ནི། ལམ་ཆོས་ཅན། ཁྱོད་ལ་གཉིས་ཡོད་དེ། བདེན་པ་མངོན་སུམ་དུ་གསར་དུ་མཐོང་བའི་ལམ་དང་། རྟོགས་ཟིན་བསྒོམས་པར་བྱས་པའི་ལམ་གཉིས་ཀྱིས་ཉོན་མོངས་སྤངས་པ་ཞེས་བཤད་པའི་ལམ་གཉིས་ཡོད་པའི་ཕྱིར། སྒོམ་པའི་ལམ་ནི་ཆོས་ཅན། ཁྱོད་ལའང་རྣམ་པ་གཉིས་ཡོད་དེ། སྐྲས་བརྗོད་རིགས་ཀྱི་སྒོ་ནས་འཇིག་རྟེན་པའི་ཟག་བཅས་སྒོམ་ལམ་དང་། འཇིག་རྟེན་ལས་འདས་པའི་ཟག་མེད་སྒོམ་ལམ་གཉིས་ཡོད་པའི་ཕྱིར། མཐོང་བ་ཞེས་བྱ་བའི་ལམ་ཆོས་ཅན། ཁྱོད་ཟག་མེད་འདས་ལམ་ཁོ་ན་ཡིན་ཏེ། ཁམས་གསུམ་གྱི་ཉོན་མོངས་པའི་གཉེན་པོ་ཁྱད་པར་ཅན་ཡིན་པའི་ཕྱིར།

༡༢ མཐའ་དཔྱད་པ།

གཉིས་པ་མཐའ་དཔྱད་པ་ལ། ཁ་ཅིག །མཐོང་ལམ་རྗེས་ཐོབ་ཡེ་ཤེས་ཡོད་ཟེར་ན། དེ་མེད་པར་ཐལ། སྐད་ཅིག་མ་བཅུ་དྲུག་ནི་མཉམ་གཞག་ཐུན་གཅིག་ཡིན་པར་བཤད་ཅིང་། དེའི་བཅུ་དྲུག་པ་སྒོམ་ལམ་ཉིད་ཡིན་པའི་ཕྱིར། ཁ་ཅིག །ཟག་མེད་འཕགས་ལམ་ལ་མཉམ་གཞག་གིས་ཁྱབ་ཟེར་ན། འཕགས་པའི་རྒྱུད་ཀྱི་རྗེས་ཐོབ་ཡེ་ཤེས་སུ་གྱུར་པའི་མི་རྟག་སོགས་བཅུ་དྲུག་རྟོགས་པའི་ཡེ་ཤེས་ཆོས་ཅན། དེར་ཐལ། དེའི་ཕྱིར། དེར་ཐལ། ལམ་བདེན་ཡིན་པའི་ཕྱིར། འདོད་མི་ནུས་སོ། །ཁ་ཅིག །ཟག་བཅས་སྒོམ་ལམ་དེ་སྒོམ་(༧༥༧ན)ལམ་ཡིན་ཟེར་ན། དེ་མི་འཐད་པར་ཐལ། དེ་ཟག་མེད་འཕགས་ལམ་མ་ཡིན་པའི་ཕྱིར། དེར་ཐལ། ཟག་བཅས་སྒོམ་ལམ་ཡིན་པའི་ཕྱིར། ཁ་ཅིག །སྡུག་བདེན་ཡིན་ན། སྡུག་བསྔལ་ཡིན་པས་ཁྱབ་ཟེར་ན། ཟག་བཅས་ཀྱི་ཚོར་བ་བདེ་བ་ཆོས་ཅན། དེར་ཐལ། དེའི་ཕྱིར། དེར་ཐལ། ཟག་བཅས་ཀྱི་ཕུང་པོ་ཡིན་པའི་ཕྱིར། འདོད་ན། མ་ཡིན་པར་ཐལ། བདེ་བ་ཡིན་པའི་ཕྱིར། དེར་ཐལ། ཆོས་ཅན་དེའི་ཕྱིར། ཁྱབ་སྟེ། སོ་སྐྱེའི་རྒྱུད་ལ་བདེ་བ་ཡོད་པའི་ཕྱིར། དེར་ཐལ། དེས་དགེ་བ་བྱས་པའི་རྣམ་སྨིན་བདེ་བ་མྱོང་བ་ཡོད་པའི་ཕྱིར། ཁ་ཅིག །ཕྱི་རོལ་པའི་རྒྱུད་ལ་ལམ་ཡོད་པར་ཐལ། དེའི་རྒྱུད་ལ་སྒོམ་ལམ་ཡོད་པའི་ཕྱིར། དེར་ཐལ། དེའི་རྒྱུད་ལ་འཇིག་རྟེན་པའི་ཟག་བཅས་སྒོམ་ལམ་ཡོད་པའི་ཕྱིར་ན་མ་ཁྱབ། འདོད་མི་ནུས་ཏེ། ལམ་ཞུགས་ཀྱི་ཕྱི་རོལ་པ་མེད་པའི་ཕྱིར།

ཛ༢ ལམ་གྱི་དམིགས་པ།

ཀ༡ བདེན་པ་བཞི་བཤད་པ།

ཏ༡ བདེན་བཞི་དངོས།

གཉིས་པ་ལ་བདེན་བཞི་དང་། བདེན་གཉིས་བཤད་པ་གཉིས། དང་པོ་ལ། དངོས་དང་། ཟག་བཅས་རྣམས་སྡུག་བདེན་དུ་བཤད་པ་གཉིས། དང་པོ་ནི། བདེན་པ་དག་ནི་བཞིར་བཤད་དོ། །སྡུག་བསྔལ་ཀུན་འབྱུང་དེ་བཞིན་དུ། །འགོག་དང་ལམ་སྟེ་དེ་ལྟར་ན། །དེ་དག་ཇི་ལྟར་མངོན་རྟོགས་རིམ། །ཞེས་བྱུང་། འདིར་བདེན་པ་དག་ནི་ཆོས་ཅན། ཁྱོད་ལ་བཞིར་བཤད་དེ། སྡུག་བསྔལ་གྱི་བདེན་པ། ཀུན་འབྱུང་གི་བདེན་པ། དེ་བཞིན་དུ་འགོག་པའི་བདེན་པ་དང་། ལམ་གྱི་བདེན་པ་སྟེ་དེ་ལྟར་ན་བཞི་ཡོད་པའི་ཕྱིར། དེ་བཞིའི་གོ་རིམ་དེ་ལྟར་བསྟན་པའི་རྒྱུ་མཚན་ཡོད་དེ། དེ་དག་བདེན་བཞིའི་ཡུལ་ཅན་མངོན་རྟོགས་སྐྱེ་བའི་རིམ་པ་ལྟར་བསྟན་པའི་ཕྱིར། འདིར་བཤད་མ་ཐག་པའི་གོ་རིམ་བཞིན་དུ་མདོ་ལས་ཀྱང་བཤད་པ་ཡིན་ཏེ། མདོ་ལས། དགེ་སློང་དག་འདི་སྡུག་བསྔལ་འཕགས་པའི་བདེན་པའོ། །ཞེས་སོགས་(75ཁ)ཀྱིས་རིམ་པ་དེ་ལྟར་བཤད་པའི་ཕྱིར།

ཏ༢ ཟག་བཅས་རྣམས་སྡུག་བདེན་དུ་བཤད་པ།

གཉིས་པ་ནི། ཡིད་འོང་ཡིད་དུ་མི་འོང་དང་། །དེ་ལས་ཟག་བཅས་གཞན་རྣམས་ཉིད། །སྡུག་བསྔལ་ཉིད་གསུམ་ལྡན་པའི་ཕྱིར། །ཅི་རིགས་མ་ལུས་སྡུག་བསྔལ་ལོ། །ཞེས་བྱུང་། ཟག་བཅས་ཀྱི་ཚོར་བ་ཡིད་དུ་འོང་བ་དང་ཡིད་དུ་མི་འོང་བ་སྟེ་མི་བདེ་བའམ་སྡུག་བསྔལ་དང་གཉིས་པོ་དེ་ལས་གཞན་པའི་ཚོར་བ་བཏང་སྙོམས་རྣམས་གསུམ་དང་། མཚུངས་ལྡན་མ་ཡིན་པའི་ཟག་བཅས་ཉེར་ལེན་གྱི་ཕུང་པོ་མ་

ལུས་པ་ཆོས་ཅན། སྡུག་བསྔལ་ཞེས་མདོ་ལས་བཤད་པའི་རྒྱུ་མཚན་ཡོད་དེ། སྡུག་བསྔལ་ཉིད་གསུམ་པོ་ཅི་རིགས་དང་ལྡན་ཞིང་འབྲེལ་པའི་རྒྱུ་མཚན་གྱིས་དེ་ལྟར་བརྗོད་ཀྱི། སྡུག་བསྔལ་ཁོ་ན་ཡིན་པའི་སྒོ་ནས་བཤད་པ་མ་ཡིན་པའི་ཕྱིར།

༧༢ བདེན་པ་གཉིས་བཤད་པ།

གཉིས་པ་ནི། གང་ལ་བཅོམ་དང་བློ་ཡིས་གཞན། །བསལ་ན་དེ་བློ་མི་འཇུག་པ། །བུམ་ཆུ་བཞིན་དུ་ཀུན་རྫོབ་ཏུ། །ཡོད་དེ་དོན་དམ་ཡོད་གཞན་ནོ། །ཞེས་བྱུང་། ཀུན་རྫོབ་བདེན་པ་ཆོས་ཅན། ཁྱོད་ཀྱི་མཚན་ཉིད་ཡོད་དེ། གང་ལ་བཅོམ་པའམ་བློ་ཡིས་ཆོས་གཞན་སོ་སོར་བསལ་བ་ན་དེར་འཛིན་གྱི་བློ་མི་འཇུག་པའི་ཆོས་དེ་དེའི་མཚན་ཉིད་དང་། ཀུན་རྫོབ་ཏུ་གྲུབ་ཚད་གཉིས་ཀ་ཡིན་པའི་ཕྱིར། དཔེར་ན། བུམ་པ་དང་། བུམ་ནང་གི་ཆུ་བཞིན་ཏེ། བུམ་པ་ནི་ཐོ་བས་བཅོམ་པ་ན་བུམ་པའི་བློ་འདོར། བུམ་ཆུ་ཡང་ཆུ་དེའི་ཁ་དོག་དྲི་རོ་རེག་བྱ་སོ་སོར་བསལ་བ་ན་ཆུར་འཛིན་པའི་བློ་འདོར་བའི་ཕྱིར་རོ། །དེ་གཉིས་ཆོས་ཅན། ཀུན་རྫོབ་བདེན་པ་ཞེས་བྱ་སྟེ། འདིར་ཀུན་རྫོབ་ནི་ཐ་སྙད་པའི་ཤེས་པ་འཁྲུལ་མ་འཁྲུལ་ཅི་རིགས་ལ་བྱེད་པ་ཡིན་ལ། ཁྱོད་དེའི་ངོ་བོར་བདེན་པས་ཀུན་རྫོབ་བདེན་པ་ཞེས་བཞག་པའི་ཕྱིར། ཀུན་རྫོབ་ཏུ་གྲུབ་ཚད་ཡོད་དེ། ཐ་སྙད་དུ་ཡོད་པ་དེ་དེ་ཡིན་པའི་ཕྱིར། དོན་དམ་བདེན་པ་ཆོས་ཅན། ཁྱོད་ཀྱི་མཚན་ཉིད་ཡོད་དེ། རྡུལ་མ་ལས་གཞན་བཅོམ་བསལ་གང་རུང་གིས་དེར་འཛིན་པའི་བློ་མི་འདོར་བའི་ཆོས་དེ་དེ་ཡིན་པའི་ཕྱིར། མཚན་གཞི་ནི། གཟུགས་དང་ཚོར་བ་འདུ་ཤེས་སོགས་སེམས་སེམས་བྱུང་རང་རྒྱ་བ་རྣམས་ཆོས་ཅན། དོན་དམ་བདེན་པ་ཡིན་ཏེ། བཅོམ་གཞིག་བྱས་ཀྱང་གཟུགས་ཚོར་(༧༥༢ན) སོགས་ཀྱི་བློ་མི་འདོར་བའི་ཕྱིར། གཟུགས་ཚོར་སོགས་ཆོས་ཅན། དོན་དམ་བདེན་པ་ཞེས་བྱ་སྟེ། དོན་དམ་པ་ནི་འཕགས་པའི་ཡེ་ཤེས་ཡིན་ལ། དེའི་ཡུལ་གྱི་དོན་དུ

ཡོད་ཅིང་བདེན་པས་དེ་ལྟར་དུ་བརྗོད་པའི་ཕྱིར།

༦༣ ལམ་སྒོམ་ཚུལ།

༡༧ ལམ་ལ་འཇུག་ཚུལ་གྱི་སྒོ་ནས་མདོར་བསྟན་པ།

གསུམ་པ་ལམ་སྒོམ་ཚུལ་ལ། ལམ་ལ་འཇུག་ཚུལ་གྱི་སྒོ་ནས་མདོར་བསྟན་པ་དང་། ལམ་སྒོམ་ཚུལ་གྱི་སྒོ་ནས་རྒྱས་པར་བཤད་པ་གཉིས། དང་པོ་ནི། ཚུལ་གནས་ཐོས་དང་བསམ་ལྡན་པས། །བསྒོམ་པ་ལ་ནི་རབ་ཏུ་སྦྱོར། །ཐོས་སོགས་ལས་བྱུང་བློ་རྣམས་ནི། །མིང་དང་གཉིས་ཀ་དོན་ཡུལ་ཅན། །ཞེས་བྱུང་། བདེན་པ་མངོན་པར་རྟོགས་པའི་ལམ་ཆོས་ཅན། ཁྱོད་ལ་འཇུག་ཚུལ་གྱི་ཁྱད་པར་བཞི་ཡོད་དེ། དང་པོ་ཁོ་ནར་ཚུལ་ཁྲིམས་ལ་གནས་དགོས། དེ་ནས་བདེན་པ་མཐོང་བ་དང་མཐུན་པའི་ཐོས་པ་དང་། དེ་ནས་དེའི་དོན་ལ་བསམ་པ་དང་ལྡན་པ་དང་། དེ་ནས་ཏིང་ངེ་འཛིན་བསྒོམ་པ་ལ་ནི་རབ་ཏུ་སྦྱོར་བ་ཡིན་པའི་ཕྱིར། ཐོས་པ་དང་སོགས་པས་བསམ་པ་དང་བསྒོམས་པ་ལས་བྱུང་བའི་བློ་རྣམས་ནི་ཆོས་ཅན། སོ་སོའི་ངོ་བོ་བཞག་ཏུ་ཡོད་དེ། གཞུང་དེའི་མིང་ཙམ་ལ་དམིགས་པའི་ཤེས་རབ་དེ་ཐོས་བྱུང་གི་ཤེས་རབ་དང་། དེའི་མིང་དང་དོན་གཉིས་ཀ་ལ་དམིགས་པའི་ཤེས་རབ་དེ་བསམ་བྱུང་གི་ཤེས་རབ་དང་། དོན་ཁོ་ན་ལ་དམིགས་པས་རབ་ཏུ་ཕྱེ་བའི་ཡུལ་ཅན་གྱི་ཤེས་རབ་དེ་བསྒོམས་བྱུང་གི་ཤེས་རབ་ཏུ་འཇོག་པའི་ཕྱིར། དེ་ནི་བྱེ་སྨྲའི་ལུགས་ཡིན་ལ། སློབ་དཔོན་རང་ལུགས་ཡོད་དེ། ཡིད་ཆེས་པའི་ལུང་ཚད་མ་ལས་དང་པོར་སྐྱེས་པའི་ཤེས་རབ་དེ་ཐོས་བྱུང་དང་། དེ་ནས་བརྟགས་ཤིང་དཔྱད་པ་ལས་བྱུང་བའི་ཤེས་རབ་དེ་བསམ་བྱུང་དང་། ཏིང་ངེ་འཛིན་ཞི་གནས་ཡན་ཆད་ལས་སྐྱེས་པའི་ཤེས་རབ་དེ་བསྒོམས་བྱུང་དུ་བཞེད་པའི་ཕྱིར།

༦༢ ལམ་སྒོམ་ཚུལ་གྱི་སྒོ་ནས་རྒྱས་པར་བཤད་པ།

ཏ༡ ལམ་སྒོམ་པའི་གང་ཟག །

ཐ༡ གང་ཟག་གི་ངོ་བོ་མི་མཐུན་ཕྱོགས་དང་བཅས་པ།

གཉིས་པ་ལ། ལམ་སྒོམ་པའི་གང་ཟག །སྒོམ་པའི་ཚུལ་དང་གཉིས། དང་པོ་ལམ་སྒོམ་པའི་གང་ཟག་ལ། གང་ཟག་གི་ངོ་བོ་མི་མཐུན་ཕྱོགས་དང་བཅས་པ། དེ་ལ་ལྡན་པའི་ཡོན་ཏན། དེ་རིགས་སུ་འཇོག་ཚུལ་དང་གསུམ། དང་པོ་ནི། བསྲིང་གཉིས་དང་ལྡན་ཆོག་ཤེས་(༧༥༢བ)དང་། །འདོད་ཆེན་ཅན་ལ་མ་ཡིན་ནོ། །རྙེད་ལ་ཡང་སྲེད་ཆོག་མི་ཤེས། །མ་རྙེད་ལ་འདོད་འདོད་ཆེན་ཅན། །ཞེས་བྱུང་། སྒོམ་ལ་བརྩོན་པའི་གང་ཟག་ཆོས་ཅན། ཁྱོད་ཀྱིས་སྒོམ་པ་རྫོགས་པའི་ཐབས་གཉིས་ཡོད་དེ། འདུ་འཛི་ཐག་བསྲིང་ནས་གཅིག་པུར་གནས་པ་དང་། མི་དགེ་བའི་རྣམ་རྟོག་ཐག་བསྲིང་བ་གཉིས་དང་ལྡན་ན་རྫོགས་པར་འགྱུར་བའི་ཕྱིར། དེ་གཉིས་འདོད་ཆུང་ཆོག་ཤེས་དང་ལྡན་པ་ལ་སླ་ཞིང་། གང་ཟག་གང་ལ་དགའ་བ་ཡོད་དེ། འདོད་ཆེན་ཅན་ལ་དགའ་ཞིང་སླ་བ་མ་ཡིན་པའི་ཕྱིར། མདོན་པ་བ་ན་རེ། ཆོག་མི་ཤེས་པ་དང་འདོད་ཆེན་ཅན་གྱི་ངོ་བོ་ཡོད་དེ། རྙེད་པ་གང་གྲུབ་ཀྱིས་མི་ཆོག་པར་བཟང་པོ་ཡང་ཡང་འདོད་ཅིང་སྲེད་པ་ནི་ཆོག་མི་ཤེས་པ་དང་། མ་རྙེད་པ་དག་ལ་གདུང་ཞིང་འདོད་པ་ཆེ་བ་ནི་འདོད་ཆེན་ཅན་ཡིན་པའི་ཕྱིར་ཟེར། སློབ་དཔོན་ན་རེ། དེ་གཉིས་ཀྱི་ཁྱད་པར་ཡོད་དེ། བཟང་པོ་དང་མང་པོ་མ་རྙེད་ན་ཡིད་མི་བདེ་བ་ནི་ཆོག་མི་ཤེས་པ་དང་། དེ་ལྟ་བུ་མ་རྙེད་པས་དེ་ལ་འདོད་ཞེན་ཆེ་བ་ནི་འདོད་ཆེན་ཅན་ཡིན་པར་གསུང་།

ཐ༢ དེ་ལ་ལྡན་པའི་ཡོན་ཏན།

གཉིས་པ་ནི། བཟློག་པ་དེ་ཡི་གཉེན་པོ་དག །དེ་གཉིས་ཁམས་གསུམ་གཏོགས་དྲི་མེད། །ཅེས་བྱུང་། དེ་ལས་བཟློག་པ་འདོད་ཆུང་ཆོག་ཤེས་དག་ཆོས་ཅན། བཟློག་ཟླ་དེ་ཡི་གཉེན་པོ་ཡིན་ཏེ། དེ་གཉིས་དངོས་སུ་འཇོམས་བྱེད་ཡིན་པའི་ཕྱིར། དེ་གཉིས་ཆོས་ཅན། ཁྱོད་ལ་གཉིས་ཡོད་དེ། ཁམས་གསུམ་དུ་གཏོགས་པ་རེ་དང་དྲི་མེད་འཕགས་ལམ་གྱིས་བསྡུས་པ་རེ་ཡོད་པའི་ཕྱིར།

ཐ༣ དེ་རིགས་སུ་འཇོག་ཚུལ།

གསུམ་པ་རིགས་སུ་འཇོག་ཚུལ་ནི། མ་ཆགས་འཕགས་རིགས་དེ་དག་ལས། །གསུམ་ནི་ཆོག་ཤེས་བདག་ཉིད་དོ། །གསུམ་གྱིས་ཚུལ་བསྟན་ཐ་མའི་ལས། །བདག་གི་བདག་འཛིན་དངོས་འདོད་པ། །དེ་ཡི་དུས་དང་གཏན་ཞིའི་ཕྱིར། །ཞེས་བྱུང་། འདོད་ཆུང་ཆོག་ཤེས་གཉིས་ཆོས་ཅན། མ་ཆགས་པ་ཡིན་ཏེ། ཆགས་པའི་འགལ་ཟླ་སྟེ་གཉེན་པོ་ཡིན་པའི་ཕྱིར། མ་ཆགས་པ་ཆོས་ཅན། འཕགས་པའི་རིགས་ཡིན་ཏེ། འཕགས་པ་དང་དེའི་ཆོས་རྣམས་སྐྱེ་བའི་གཞི་ཡིན་པས་ན་རིགས་ཞེས་བྱ་བའི་ཕྱིར། (75་3ན)ཆོས་གོས་ངན་ངོན་ཙམ་གྱིས་ཆོག་ཤེས་པ་དང་། དེ་བཞིན་དུ་བསོད་སྙོམས་དང་། གནས་མལ་ངན་ངོན་ཙམ་གྱིས་ཆོག་ཤེས་པ་དང་། སྤོང་བ་དང་སྒོམ་པ་ལ་དགའ་བའི་འཕགས་རིགས་བཞི་མདོ་ལས་གསུངས་པ་དེ་དག་ལས་དང་པོ་གསུམ་ནི་ཆོས་ཅན། མ་ཆགས་པ་ཡིན་ཏེ། འདོད་ཆུང་ཆོག་ཤེས་པའི་བདག་ཉིད་ཡིན་པའི་ཕྱིར། དེ་གཉིས་ཀྱིས་ནི་འཕགས་པའི་རིགས་ཀྱི་ཚུལ་བསྡུས་ལ། ཐ་མ་སྤོང་བ་དང་སྒོམ་པ་ལ་དགའ་བ་ཆོས་ཅན། ཁྱོད་ཀྱི་བྱེད་ལས་ཡོད་དེ། ཁྱོད་ཀྱིས་བདག་གིར་འཛིན་པ་དང་བདག་ཏུ་འཛིན་པའི་དངོས་པོ་འདོད་པ་དེ་ཡི་དུས་གཉིས་ཀ་

དང་བཅས་གཏན་དུ་ཞི་བར་བྱེད་ལ། དང་པོ་གསུམ་གྱིས་ནི་ཆོས་གོས་སོགས་ཀྱི་དངོས་པོ་ལ་བདག་གིར་འཛིན་པའི་འདོད་པ་ཉིད་ཞི་བར་བྱེད་པ་ཡིན་པའི་ཕྱིར།

ཏ༢ སྒོམ་པའི་ཚུལ་དངོས།

ཐ༡ ཞི་གནས་སྒོམ་ཚུལ།

ད༡ མདོར་བསྟན་པ།

གཉིས་པ་སྒོམ་ཚུལ་དངོས་ལ། ཞི་གནས་དང་། ལྷག་མཐོང་སྒོམ་ཚུལ་གཉིས། དང་པོ་ལ། མདོར་བསྟན་པ་དང་། རྒྱས་པར་བཤད་པ་གཉིས། དང་པོ་ནི། དེ་ལ་འཇུག་པ་མི་སྡུག་དང་། །དབུགས་རྔུབ་དབུགས་འབྱུང་དྲན་པ་ཡི། །འདོད་ཆགས་རྣམ་རྟོག་ལྷག་རྣམས་སོ། །ཞེས་བྱུང་།

ན༡ ཚིག་དོན་བཤད་པ།

འདི་ལ་ཚིག་དོན་དང་། སྤྱི་དོན་གཉིས། དང་པོ་ནི། དེ་ལྟར་རིགས་དང་ལྡན་པས། བསྒོམ་པ་དེ་ལ་འཇུག་ཚུལ་ཡོད་དེ། འདོད་ཆགས་ཤས་ཆེ་བས་མི་སྡུག་པ་སྒོམ་པ་ལ་འཇུག །རྣམ་རྟོག་ཤས་ལྷག་པར་ཆེ་བ་རྣམས་ཀྱིས་ནི། དབུགས་ཚུར་རྔུབ་པ་དང་ཕྱིར་འབྱུང་བ་དྲན་པ་སྒོམ་པར་བྱེད་པ་ལ་འཇུག་པའི་ཕྱིར།

ན༢ སྤྱི་དོན་བཤད་པ།

གཉིས་པ་ནི། ཐར་པར་བགྲོད་པའི་གཤེགས་ཤུལ་གྱི་མངོན་རྟོགས་དེ། ཐར་ལམ་གྱི་མཚན་ཉིད་དང་སྒྲ་བཤད་ཀྱང་ཡིན་ལ། དེ་ལ་ནི་རྟེན་གྱི་སྒོ་ནས་ནི་ཉན་རང་སོགས་ཀྱི་ལམ་གསུམ། དེ་རེ་རེ་ལའང་ཚོགས་ལམ་སོགས་ལྔ་ལྔ་ཡོད་ཅིང་། འདིར་འཁོར་དང་བཅས་ན་ཕུང་པོ་ལྔ་པ་ཅན་ནོ། །ཚོགས་ལམ་ལ་ནི་ཐོས་བྱུང་དང་བསམ་

སྦྱོར་ཤུགས་ཆེ་ཡང་། དེར་མ་ངེས་ཏེ། ཚོགས་ལམ་སྐད་ཅིག་ཐ་མ་ནི་སྒོམ་བྱུང་གཙོ་ཆེ་བའི་ཕྱིར། དེར་ཐལ། དེར་ཞི་གནས་གཙོ་ཆེ་བའི་ཕྱིར། སྦྱོར་ལམ་སོགས་གསུམ་ལ་ནི་སྒོམ་(༧༥༤བ)བྱུང་གཙོ་ཆེ་ཡང་ཐོས་བསམ་མེད་པ་ནི་མིན་ཏེ། འཕགས་པ་སློབ་པ་ཐོས་བསམ་ལའང་འཇུག་དགོས་པའི་ཕྱིར། སྒོམ་ཚུལ་ནི་འཆད་པར་འགྱུར་རོ། །

ད༢ ཞི་གནས་སྒོམ་ཚུལ་རྒྱས་པར་བཤད་པ།

ན༡ མི་སྡུག་པ་སྒོམ་ཚུལ།

པ༡ དེ་སྒོམ་ཚུལ་དངོས།

གཉིས་པ་རྒྱས་པར་བཤད་པ་ལ། མི་སྡུག་པ་སྒོམ་ཚུལ་དང་། དབུགས་རྟུབ་འབྱུང་དྲན་པ་སྒོམ་ཚུལ་གཉིས། དང་པོ་ལ། དེ་སྒོམ་ཚུལ་དང་། དེའི་རྣམ་གཞག་གཉིས། དང་པོ་ནི། ཀེང་རུས་ཆགས་བཅས་ཐམས་ཅད་ལ། །རུས་པ་རྒྱ་མཚོའི་བར་དུ་ནི། །སྲོ་ཞིང་སྡུད་པ་ལས་དང་པོ། །ཀང་རུས་ནས་ནི་ཐོད་ཕྱེད་བར། །བཏང་བས་སྦྱང་པ་བྱས་པར་བཤད། །སྨིན་མའི་བར་དུ་སེམས་འཛིན་པས། །ཡིད་ལ་བྱེད་པ་རྫོགས་པ་ཡིན། །ཞེས་བྱུང་། མི་སྡུག་པའི་ཏིང་ངེ་འཛིན་ཆོས་ཅན། ཁྱོད་སྒོམ་པའི་ཡུལ་གྱི་སྒོ་ནས་བཞི་ཡོད་དེ། རྣམ་པར་བསྔོས་པ་དང་། རྣམ་པར་ཟོས་པའམ་འཐོར་བ་དང་། རྣམ་པར་འབུས་གཞིག་པ་དང་། རོ་ལ་དམིགས་ནས་སྒོམ་པ་རྣམས་སུ་ཡོད་པའི་ཕྱིར། དེ་བཞི་གང་གི་གཉེན་པོར་སྒོམ་པའི་ཚུལ་ཡོད་དེ། ཁ་དོག་དང་དབྱིབས་དང་རེག་བྱ་དང་བསྙེན་བཀུར་ལ་ཆགས་པའི་གཉེན་པོར་སྒོམ་པར་བྱེད་པའི་ཕྱིར། གང་གིས་སྒོམ་པ་ཡོད་དེ། ཆགས་བཅས་ཐམས་ཅད་ཀྱིས་བསྒོམ་པར་བྱར་རུང་བའི་ཕྱིར། སྒོམ་པ་དེ་ཆོས་ཅན། ཁྱོད་ལ་གསུམ་ཡོད་དེ། རང་གི་རྐང་པའི་མཐེ་བོང་ངམ་དཔྲལ་བའི་རུས་པ་ཟག་ནས་ལྷུང་བའི་རྗེས་ཀྱི་རུས་པ་ཀེང་རུས་ལྟར་དཀར་ལྷག་གེར་ཡོད་པར་མོས་ཤིང་། དེ་ནས་དེ་བཞིན་དུ་ལུས་ཀྱི་རུས་པ་

ཐམས་ཅད་དང་། གཙུག་ལག་ཁང་ལྷ་བུ་ནས་ཕྱིའི་རྒྱ་མཚོའི་བར་དུ་ཀེང་རུས་ཀྱིས་ཁྱབ་པར་སྒོ་ཞིང་། སྤྱད་པའི་ཚེ་ཚུར་རིམ་གྱིས་བསྡུས་ནས་རང་ཉིད་གཅིག་པུའི་ལུས་ཀེང་རུས་སུ་མོས་པར་བྱེད་པ་ནི་ལས་དང་པོ་པའི་སྒོམ་ཚུལ་དང་། རྐང་རུས་ཐོར་ནས་ལྷག་མར་མོས་ཤིང་དེ་བཞིན་དུ་ཐོད་པའི་ཕྱེད་ཀ་བཏང་སྟེ་ཕྱེད་ཀ་གཞན་སྒོམ་པ་ནི་ཡོངས་སུ་སྦྱང་བར་བྱས་པའི་སྒོམ་ཚུལ་དུ་བཤད། ཐོད་པའི་ཕྱེད་སྒོམ་པ་ཡང་ཐོར་ནས་སྨིན་མའི་བར་ཙམ་ཀེང་རུས་སུ་སེམས་འཛིན་པའི་ཚུལ་གྱིས་སྒོམ་པ་ནི། མི་སྡུག་པའི་ཡིད་ལ་བྱེད་པ་རྫོགས་པའི་རྣལ་འབྱོར་སྒོམ་ཚུལ་ཡིན་པའི་ཕྱིར།

པ༢ དེའི་རྣམ་གཞག །

གཉིས་པ་ནི། མི་སྡུག་མི་ཆགས་ས་བཅུ་དང་། །དམིགས་པ་འདོད་སྣང་མིས་སྐྱེད་དོ། །(༧༥༨ན)ཞེས་བྱུང་། མི་སྡུག་པ་བསྒོམ་པའི་ཏིང་ངེ་འཛིན་ཆོས་ཅན། རང་བཞིན་དང་སེམས་རྟེན་དང་དམིགས་པ་དང་ལུས་རྟེན་བཅས་བཞི་ཡོད་དེ། ངོ་བོ་མ་ཆགས་པ་དང་། སེམས་རྟེན་བསམ་གཏན་བཞི་དང་དེའི་ཉེར་བསྡོགས་བཞི་དང་བསམ་གཏན་ཁྱད་པར་ཅན་དང་འདོད་སེམས་ཏེ་ས་བཅུ་དང་། དམིགས་པ་ཁ་ཕྱིར་བལྟས་འདོད་པའི་སྣང་བ་ཁ་དོག་སོགས་ལ་དམིགས་པ་དང་། རྟེན་གླིང་གསུམ་གྱི་མིས་སྐྱེད་པར་བྱེད་པ་རྣམས་སུ་ཡོད་པའི་ཕྱིར། འདིར་གཟུགས་མེད་ཀྱི་ཏིང་ངེ་འཛིན་གྱིས་མི་སྡུག་པ་སྒོམ་ཚུལ་མི་འཆད་པའི་རྒྱུ་མཚན་ཡོད་དེ། མི་སྡུག་པ་བསྒོམ་པ་ནི་གཟུགས་ལ་དམིགས་པ་ཡིན་ལ། གཟུགས་མེད་ཀྱིས་གཟུགས་ལ་མི་དམིགས་པའི་ཕྱིར།

ན༢ དབུགས་རྔུབ་འབྱུང་དྲན་པ་སྒོམ་ཚུལ།

པ༡ དེའི་རྣམ་གཞག །

གཉིས་པ་དབུགས་རྔུབ་འབྱུང་དྲན་པ་སྒོམ་པ་ལ། དེའི་རྣམ་གཞག་དང་། སྒོམ་ཚུལ་དྲུག་བཤད་པ་དང་། དེའི་ཡུལ་བཤད་པ་དང་གསུམ། དང་པོ་ནི། དབུགས་རྔུབ་དབུགས་འབྱུང་དྲན་པ་ནི། །ཤེས་རབ་ས་ལྔ་སྤྱོད་ཡུལ་རླུང་། །འདོད་རྟེན་ཕྱི་པའི་མ་ཡིན་ནོ། །ཞེས་བྱུང་། དབུགས་ནི་རླུང་ཡིན་ལ། རྔུབ་པ་ནང་དུ་འཇུག་པ་དང་། འབྱུང་བ་ཕྱིར་འབྱུང་བ་སྟེ་དེ་ལྟར་དྲན་པ་ནི་ཆོས་ཅན། ཁྱད་པར་དྲུག་དང་ལྡན་ཏེ། ངོ་བོ་ཤེས་རབ་དང་། སེམས་རྟེན་བསམ་གཏན་གྱི་ཉེར་བསྡོགས་གསུམ་དང་བསམ་གཏན་ཁྱད་པར་ཅན་དང་འདོད་པའི་ས་ལྔ་དང་། སྤྱོད་ཡུལ་ལ་མ་དམིགས་པ་རླུང་དང་། ལུས་རྟེན་འདོད་པ་དང་། ཐོབ་ཚུལ་སྦྱོར་བྱུང་དང་། ཡིད་བྱེད་ཆགས་བྲལ་བྱེད་པའི་ཚུལ་གྱིས་བྱེད་པའི་ཕྱིར། ཕྱི་རོལ་པས་འདི་སྒོམ་པ་མིན་ཏེ། ནང་པ་ཁོ་ནའི་ཡིན་པའི་ཕྱིར།

པ༢ སྒོམ་ཚུལ་དྲུག་གི་ཁྱད་པར།

གཉིས་པ་སྒོམ་ཚུལ་དྲུག་གི་ཁྱད་པར་ནི། བགྲང་བ་ལ་སོགས་རྣམ་པ་དྲུག །ཅེས་བྱུང་། དབུགས་རྔུབ་འབྱུང་ཆོས་ཅན། སྒོམ་ཚུལ་ཁྱད་པར་དྲུག་དང་ལྡན་ཏེ། བགྲང་བ་དང་ལ་སོགས་པས་རྗེས་འགྲོ་དང་། འཇོག་པ་དང་། ཉེར་རྟོག་དང་། ཡོངས་སུ་སྒྱུར་བ་དང་། ཡོངས་དག་དང་རྣམ་པ་དྲུག་ཡོད་པའི་ཕྱིར། དེ་དག་གི་ཁྱད་པར་ཡོད་དེ། བགྲང་བ་ནི་ཕྱི་ནང་དུ་རྒྱུ་བའི་གྲངས་ལ་སེམས་གཏོད་པ་དང་། རྗེས་འགྲོ་ནི་འབྱུང་རྔུབ་ཀྱི་འགྲོས་གནས་པ་ལ་དེ་གཏོང་། (༧༥༨བ)དེ་ནས་འཇོག་པ་ནི་རླུང་སྣ་རྩེ་ནས་རྐང་པའི་བར་དུ་གནས་པ་ལ་དང་། ཉེ་བར་རྟོག་པ་ནི་

འབྱུང་བཞིའི་རླུང་དང་ཕུང་པོ་ལྔར་སོ་སོར་བརྟགས་ནས་དང་། ཡོངས་སྦྱར་ནི་རླུང་ལ་དམིགས་ནས་བློ་བསྒྱུར་ཏེ་དྲན་པ་ཉེར་གཞག་སོགས་གོང་ནས་གོང་དུ་ཞི་ལྷག་གཉིས་ཀྱིས་སྒོམ་པ་དང་། ཡོངས་དག་ནི་དེ་ལྟར་བསྒོམས་པས་མཐོང་སྒོམ་གྱི་དྲི་མ་དག་པ་མི་སློབ་པའི་ལམ་ལ་འཇུག་པ་རྣམས་སུ་ཡོད་པའི་ཕྱིར།

པ༣ དེའི་ཡུལ་བཤད་པ།

གསུམ་པ་ནི། དབུགས་རྔུབ་དབུགས་འབྱུང་གང་ལས་ལུས། །སེམས་ཅན་ཞེས་བྱ་མ་ཟིན་པའོ། །རྒྱུ་མཐུན་ལས་བྱུང་འོག་མ་ཡི། །ཡིད་ཀྱིས་དེ་གཉིས་མི་རྟོགས་སོ། །ཞེས་བྱུང་། དབུགས་རྔུབ་པ་དང་འབྱུང་བ་གཉིས་ཆོས་ཅན། ས་ལུས་གང་གང་དུ་གཏོགས་པ་དེར་གཏོགས་ཏེ། ལུས་ཀྱི་ཕྱོགས་གཅིག་ཡིན་པའི་ཕྱིར། དེ་གཉིས་ཆོས་ཅན། ཁྱད་ཆོས་བཞི་དང་ལྡན་ཏེ། སེམས་ཅན་གྱི་རྒྱུད་ཀྱི་ཡིན་པས་སེམས་ཅན་ཞེས་བྱ་བ་དང་། དབང་པོས་མ་ཟིན་པ་དང་། རྒྱུ་མཐུན་སྣ་མ་ལས་བྱུང་བ་དང་། ས་འོག་མ་སྤྱོད་ལམ་པ་དང་སྤྲུལ་པའི་ཡིད་ཀྱིས་མི་རྟོགས་པའི་ཁྱད་པར་དང་ལྡན་པའི་ཕྱིར།

ཐ༢ ལྷག་མཐོང་སྒོམ་ཚུལ།

ད༡ དྲན་པ་ཉེར་གཞག་སྒོམ་ཚུལ།

ན༡ སྦྱོར་བསྟན་པ།

གཉིས་པ་ལྷག་མཐོང་སྒོམ་ཚུལ་ལ། ཐོག་མར་དྲན་པ་ཉེར་གཞག །དེ་ནས་དྲོད་སོགས་བཞི། དེ་ནས་བདེན་པ་མངོན་རྟོགས་བཅུ་དྲུག་སྒོམ་ཚུལ་དང་གསུམ། དང་པོ་ལ་སྦྱོར་བསྟན་པ་དང་། ཆོས་དྲན་པ་ཉེར་གཞག་བྱེ་བྲག་ཏུ་བཤད་པ་གཉིས། དང་པོ་ནི། ཞི་གནས་གྲུབ་པར་གྱུར་པ་ཡིས། །དྲན་པ་ཉེར་གཞག་བསྒོམ

པར་བྱ། །ལུས་ཚོར་སེམས་དང་ཆོས་རྣམས་ལ། །མཚན་ཉིད་གཉིས་སུ་ཡོངས་
བརྟགས་པས། །ཤེས་རབ་ཐོས་སོགས་ལས་བྱུང་བ། །གཞན་ནི་འབྲེལ་དང་དམིགས་
པ་ལས། །རིམ་ནི་ཇི་ལྟར་སྐྱེ་བ་བཞིན། །ཕྱིན་ཅི་ལོག་གི་གཉེན་པོ་བཞི། །ཞེས་
བྱུང་། ཤེས་བྱ་ཆོས་ཅན། ཞི་གནས་གྲུབ་པར་གྱུར་པ་ཡི་གང་ཟག་ཆོས་ཅན། ཁྱོད་
ཀྱིས་དེ་ནས་ལྷག་མཐོང་བསྒོམ་པར་བྱ་སྟེ། དེ་ཡང་དྲན་པ་ཉེར་གཞག་བསྒོམ་པར་
བྱ་བ་ཡིན་ལ་དེས་ལྷག་མཐོང་འགྲུབ་པར་འགྱུར་བའི་ཕྱིར། དྲན་པ་ཉེར་གཞག་ཆོས་
ཅན། དམིགས་པའི་སྒོ་ནས་བཞི་ཡོད་དེ། ལུས་དང་ཚོར་བ་དང་སེམས་དང་དེ་
གསུམ་ལས་གཞན་(༧༥༥ན)པའི་ཆོས་རྣམས་ལ་དམིགས་ནས་རང་གི་ངོ་བོ་རང་མཚན་
དང་། དེ་དག་གི་བྱས་མི་རྟག་བདག་མེད་པའི་སྤྱིའི་མཚན་ཉིད་གཉིས་སུ་ཡོངས་སུ་
བརྟགས་ནས་བསྒོམས་པར་བྱེད་པ་ཡིན་པའི་ཕྱིར། དེ་ཆོས་ཅན། ཁྱོད་ལ་གསུམ་
ཡོད་དེ། རང་བཞིན་དྲན་པ་ཉེར་གཞག །འབྲེལ་བ་དྲན་པ་ཉེར་གཞག །དམིགས་
པ་དྲན་པ་ཉེར་གཞག་གསུམ་ཡོད་པའི་ཕྱིར། དེ་གསུམ་གྱི་ཁྱད་པར་ཡོད་དེ། ལུས་
སོགས་ལ་རྗེས་སུ་ལྟ་བའི་ཤེས་རབ་ཐོས་སོགས་ཏེ་བསམ་པ་དང་བསྒོམས་པ་ལས་
བྱུང་བ་རྣམས་དང་པོ་དང་། གཞན་དེ་དག་དང་མཚུངས་ལྡན་དུ་གྱུར་པའི་སེམས་
བྱུང་འདུ་ཤེས་སོགས་གཉིས་པ། འབྲེལ་བ་དྲན་པ་ཉེར་གཞག་དང་། རང་བཞིན་
གྱི་དྲན་པ་ཉེར་གཞག་དང་འབྲེལ་བའི་དྲན་པ་ཉེར་གཞག་གཉིས་ཀྱི་དམིགས་པའི་
དྲན་པ་ཉེར་གཞག་དེ་དམིགས་པ་དྲན་པ་ཉེར་གཞག་ཡིན་པའི་ཕྱིར། དམིགས་
པ་ལ་བཞི་ཡོད་དེ། ལུས་ཚོར་སེམས་ཆོས་ལ་དམིགས་པའི་དེ་བཞི་ཡོད་པའི་ཕྱིར།
དེ་རེ་རེ་ལའང་གསུམ་གསུམ་ཡོད་དེ། རང་དང་གཞན་དང་གཉིས་ཀའི་རྒྱུད་ལ་
དམིགས་པ་གསུམ་གསུམ་ཡོད་པའི་ཕྱིར། དེ་བཞིའི་གོ་རིམ་ནི་ཡོད་དེ། ཇི་ལྟར་སྐྱེ་
བའི་རིམ་པ་དང་མཐུན་པར་བཞག་པའི་ཕྱིར། དེར་ཐལ། སྔ་མ་སྔ་མ་རགས་ལ་ཕྱི་
མ་ཕྱི་མ་ཕྲ་བའི་ཕྱིར། བཞིར་འཇོག་པའི་རྒྱུ་མཚན་ཡོད་དེ། གཙང་བདེ་རྟག་བདག་

གི་ཕྱིན་ཅི་ལོག་བཞིའི་གཉེན་པོར་རིམ་པར་བཞག་པའི་ཕྱིར། དེར་ཐལ། ལུས་དྲན་པ་ཉེར་གཞག་ནི་ལུས་གཙང་འཛིན་ཕྱིན་ཅི་ལོག་གི་གཉེན་པོ་དང་། ཚོར་བ་དྲན་ཉེ་ནི་བདེར་འཛིན་ཕྱིན་ཅི་ལོག་གི་གཉེན་པོ་དང་། སེམས་དྲན་ཉེར་གཞག་ནི་རྟག་འཛིན་ཕྱིན་ཅི་ལོག་གི་གཉེན་པོ་དང་། ཆོས་དྲན་ཉེ་ནི་བདག་འཛིན་ཕྱིན་ཅི་ལོག་གི་གཉེན་པོ་ཡིན་པའི་ཕྱིར།

ཀ༢ ཆོས་དྲན་པ་ཉེར་གཞག་ཁྱེ་བྲག་ཏུ་བཤད་པ།

གཉིས་པ་ནི། དེ་ནི་ཆོས་དྲན་ཉེར་གཞག་པ། །སྤྱི་ལ་དམིགས་པ་ལ་གནས་ཏེ། །དེ་དག་ལ་ནི་མི་རྟག་དང་། །སྡུག་བསྔལ་སྟོང་བདག་མེད་པར་ལྟ། །ཞེས་བྱུང་། ལུས་དྲན་ཉེ་སོགས་གསུམ་པོ་དེ་ནི་དམིགས་པ་དེ་ལྟར་མ་འདྲེས་པ་ཡིན་ལ། ཆོས་དྲན་པ་ཉེར་གཞག་ནི་ཆོས་ཅན། (༧༥༥བ)འདྲེས་པའི་སྤྱི་ལ་དམིགས་ནས་གནས་ཏེ། ལུས་སོགས་དེ་དག་ལ་ནི་མི་རྟག་པ་དང་སྡུག་བསྔལ་བ་དང་སྟོང་པ་དང་བདག་མེད་པར་ལྟ་བའི་ཕྱིར། དེ་དག་ནི་ཚོགས་ལམ་ཆེན་པོ་ནས་བསྒོམ་པའི་དབང་དུ་བྱས་སོ། །

ང༢ དྲོད་སོགས་བཞི་སྒོམ་ཚུལ།

ཀ༡ སྦྱོར་ལམ་སྐབས་ཀྱི་སྒོམ་ཚུལ།

པ༡ སྐྱེ་རིམ་གྱི་ཚུལ།

གཉིས་པ་ལ། སྦྱོར་ལམ་སྐབས་ཀྱི་སྒོམ་ཚུལ། དྲོད་སོགས་སྐྱེ་རིམ་གྱི་སྒོམ་ཚུལ་དང་ཁྱད་ཆོས། ཞར་ལ་ཐེག་པ་གསུམ་གྱི་ལམ་བགྲོད་ཚུལ་དང་གསུམ། དང་པོ་ལ། སྐྱེ་རིམ་གྱི་ཚུལ་དང་། ཕུང་པོ་དུ་ཡོད་དང་། ངེས་ཚིག་གསུམ། དང་པོ་ནི། དེ་ལས་དྲོ་བར་གྱུར་པ་འབྱུང་། །དེ་ནི་བདེན་བཞིའི་སྤྱོད་ཡུལ་ཅན། །རྣམ་པ་བཅུ་དྲུག་དྲོ་

བ་ལས། །རྩེ་མོ་དེ་ཡང་དེ་དང་འདྲ། །གཉིས་ཀ་ཆོས་ཀྱི་རྣམ་པ་གཏོད། །གཞན་དག་གིས་ཀྱང་འཕེལ་བར་བྱེད། །དེ་ལས་བཟོད་པ་གཉིས་དེ་བཞིན། །ཐམས་ཅད་ཆོས་ཀྱིས་འཕེལ་བར་བྱེད། །ཆེན་པོ་འདོད་གཏོགས་སྡུག་བསྔལ་ཡུལ། །དེ་ནི་སྐད་ཅིག་གཅིག་དེ་བཞིན། །ཆོས་མཆོག །ཅེས་བྱུང་། སྦྱོར་ལམ་བཞིའི་དང་པོ་སྦྱོར་ལམ་དྲོ་བར་གྱུར་པ་ཆོས་ཅན། སྐྱེ་ཚུལ་ཡོད་དེ། ཚོགས་ལམ་དུ་ཆོས་དྲན་པ་ཉེར་གཞག་བསྒོམས་པ་དེ་ལས་འབྱུང་བའི་ཕྱིར། སྦྱོར་ལམ་དྲོད་དེ་ནི་ཆོས་ཅན། དམིགས་པ་དང་རྣམ་པའི་ཁྱད་པར་ཡོད་དེ། དམིགས་པ་དང་བདེན་བཞིའི་སྤྱོད་ཡུལ་ཅན་དང་རྣམ་པ་མི་རྟག་སོགས་བཅུ་དྲུག་པོ་ཅི་རིགས་ལ་དམིགས་པའི་རྣམ་པ་ཅན་ཡིན་པའི་ཕྱིར། དྲོ་བ་དེ་ལས་སྦྱོར་ལམ་རྩེ་མོ་འབྱུང་ཞིང་། རྩེ་མོ་དེ་ཡང་ཆོས་ཅན། དམིགས་རྣམ་གྱི་ཁྱད་པར་ཡོད་དེ། སྦྱོར་ལམ་དྲོད་དེ་དང་འདྲ་བའི་ཕྱིར། དྲོད་རྩེ་གཉིས་ཀ་ཆོས་ཅན། བདེན་བཞི་ལ་ཆོས་དྲན་པ་ཉེར་གཞག་གི་རྣམ་པ་གཏོད་པའམ་འགོད་ལ། དྲན་པ་ཉེར་གཞག་གཞན་དག་གིས་ཀྱང་འཕེལ་བར་བྱེད་དེ། ཚུང་འབྲིང་ཆེན་པོ་གསུམ་དུ་རིམ་གྱིས་འཕེལ་ཞིང་རྒྱས་པར་བྱེད་པའི་ཕྱིར། སྦྱོར་ལམ་བཟོད་པ་ཆོས་ཅན། རྩེ་མོ་དེ་ལས་ཁྱོད་སྐྱེ་བ་ཡིན་ཏེ། དེ་ཁྱོད་ཀྱི་དངོས་རྒྱུ་ཡིན་པའི་ཕྱིར། བཟོད་པ་ལ་ཆུང་འབྲིང་ཆེན་པོ་གསུམ་ལས་ཆུང་འབྲིང་གཉིས་ཆོས་ཅན། དམིགས་རྣམ་གྱི་ཁྱད་པར་ཡོད་དེ། སྔ་མ་རྩེ་མོ་དེ་བཞིན་དུ་ཡིན་པའི་ཕྱིར། སྦྱོར་ལམ་བཟོད་པ་ཆུང་འབྲིང་ཆེན་པོ་ཐམས་ཅད་(༧༥༦ན)ཆོས་ཅན། གང་གིས་འཕེལ་བར་བྱེད་པ་ཡོད་དེ། ཆོས་དྲན་པ་ཉེར་གཞག་གིས་འཕེལ་བར་བྱེད་པའི་ཕྱིར། སྦྱོར་ལམ་བཟོད་པ་ཆེན་པོ་ཆོས་ཅན། དམིགས་རྣམ་ཡོད་དེ། འདོད་པར་གཏོགས་པའི་སྡུག་བསྔལ་གྱི་བདེན་པ་ཡུལ་དུ་བྱེད་ཅིང་རྣམ་པ་ཕྱི་མ་གཉིས་ཡིད་ལ་བྱེད་པའི་ཕྱིར། དེ་ནི་ཆོས་ཅན། དམིགས་རྣམ་དེ་ལྟར་ཡིན་ཀྱང་རྣམ་པ་གཅིག་ཏུ་མ་ངེས་ཏེ། སྡུག་བདེན་གྱི་རྣམ་པ་བཞི་གང་རུང་གི་རྣམ་པ་ཅན་གྱི་སྐད་ཅིག་མ་གཅིག་ཡིན་པའི་ཕྱིར། སྦྱོར་

ལམ་ཆོས་མཆོག་ཆོས་ཅན། དམིགས་རྣམ་བཟོད་པ་ཆེན་པོ་དེ་བཞིན་དུ་ཡིན་ཏེ། དམིགས་པ་འདོད་པའི་སྡུག་བདེན་ལ་དམིགས་པ་དང་། རྣམ་པ་སྡུག་བདེན་གྱི་རྣམ་པ་མི་རྟག་སྡུག་བསྔལ་སྟོང་པ་བདག་མེད་བཞི་གང་རུང་གི་རྣམ་པ་ཅན་ལ། རྒྱུན་ནི་སྐད་ཅིག་མ་ཡིན་པའི་ཕྱིར། སྦྱོར་ལམ་བཞི་སོ་སོའི་སྒྲ་དོན་ཡོད་དེ། བདག་མེད་རྟོགས་པའི་སྒོམ་བྱུང་གི་ཡེ་ཤེས་ཀྱི་མེའི་སྔོན་འབྱུང་བས་དྲོད་དང་། དགེ་བ་གཡོ་བའི་རྩེ་མོར་བྱིན་པས་རྩེ་མོ་དང་། བདེན་པ་ལ་བཟོད་པའི་མི་སྐྲག་པས་བཟོད་པ་དང་། འཇིག་རྟེན་པའི་ཆོས་ཀྱི་མཆོག་ཡིན་པས་ན་ཆོས་མཆོག་ཅེས་བྱ་བའི་ཕྱིར། སྤྱིར་བདེན་བཞིའི་རྣམ་པ་བཅུ་དྲུག་ཡིན་ཡང་ཁམས་གསུམ་གྱི་སྒོ་ནས་བཞི་བཅུ་རྩ་བརྒྱད་དང་། དེ་དག་ལ་དམིགས་པའི་སྦྱོར་ལམ་དང་པོ་གསུམ་ལ་ཆུང་འབྲིང་ཆེན་པོ་གསུམ་ཅི་རིགས་ཀྱི་སྒོ་ནས་ཕྱེ་ན་མང་དུ་ཡོད་ཀྱང་། ལུགས་འདིར་ཆོས་མཆོག་ལ་དེ་གསུམ་གྱི་དབྱེ་བ་མི་བྱེད་དེ། དེ་ནི་སྐད་ཅིག་མ་གཅིག་ཡིན་པའི་ཕྱིར།

པ༢ ཕུང་པོ་ལྔ་ཡོད།

གཉིས་པ་ནི། ཐམས་ཅད་ཕུང་པོ་ལྔ། ཐོབ་པ་མ་གཏོགས། ཞེས་བྱུང་། ངེས་འབྱེད་ཆ་མཐུན་གྱི་གཙོ་བོ་དྲན་པ་ཉེར་གཞག་ཡིན་པས་ཤེས་རབ་ཡིན་ཡང་འཁོར་དང་བཅས་ན་ཐམས་ཅད་ཕུང་པོ་ལྔ་པ་ཅན་ཡིན་ཏེ། གཟུགས་ཀྱང་རྣམ་པར་རིག་བྱེད་མ་ཡིན་པ་ཡོད་པའི་ཕྱིར། ངེས་འབྱེད་ཆ་མཐུན་གྱི་ཐོབ་པ་ཆོས་ཅན། ངེས་འབྱེད་དེར་མ་གཏོགས་ཏེ། འཕགས་པ་ལའང་ཐོབ་རྒྱུད་ལྡན་ཡོད་པའི་ཕྱིར།

པ༣ ངེས་ཚིག །

གསུམ་པ་ངེས་ཚིག་ནི། ངེས་འབྱེད་ཆ་མཐུན་རྣམ་པ་བཞི། །ཞེས་བྱུང་། (༧༥༤བ) སྦྱོར་ལམ་བཞི་པོ་དེ་ཆོས་ཅན། ངེས་འབྱེད་ཆ་མཐུན་ཞེས་བྱ་སྟེ། ངེས་འབྱེད་ནི་

འཕགས་ལམ་ཡིན་ལ། དེའི་ཆ་ཤས་མཐོང་ལམ་གྱི་ཕྱོགས་གཅིག་དང་མཐོང་ལམ་དེ་འདྲེན་བྱེད་ཡིན་པས་ན་དེ་ལྟར་དུ་བརྗོད་པའི་ཕྱིར། གྲངས་ནི་རྣམ་པ་བཞི་ཡིན་ཏེ། སྔར་བཤད་པ་ལྟར་ཡིན་པའི་ཕྱིར།

༣༢ ཀྲིད་སོགས་སྐྱེ་རིམ་གྱི་སྒོམ་ཚུལ་དང་ཁྱད་ཆོས།

པ༡ ངོ་བོའི་ཁྱད་པར།

གཉིས་པ་ལ། ངོ་བོའི་ཁྱད་པར། རྟེན་གྱི་དང་། བྲལ་ཐོབ་ཀྱི་དང་། དེ་ལྡན་པའི་ཡོན་ཏན་དང་། ལམ་གཞན་དུ་འཇུག་ཚུལ་ལྔ། དང་པོ་ནི། བསྒོམས་བྱུང་། ཞེས་བྱུང་། སྔར་བཤད་པའི་དངོས་བསྟན་གྱི་སྦྱོར་ལམ་བཞི་ཆོས་ཅན། ཐོས་བྱུང་བསམ་བྱུང་བསྒོམས་བྱུང་གསུམ་པོ་གང་རུང་ཡིན་ཏེ། བསྒོམས་བྱུང་ཁོ་ན་ཡིན་པའི་ཕྱིར།

པ༢ རྟེན་གྱི་ཁྱད་པར།

པ༡ སེམས་རྟེན།

གཉིས་པ་ལ། སེམས་རྟེན་དང་། ལུས་རྟེན་གཉིས། དང་པོ་ནི། མི་ལྕོགས་མེད་པ་དང་། ཁྱད་པར་བསམ་གཏན་ས་པའོ། །གཉིས་ནི་འོག་ནའང་ཡོད་པའམ། །ཞེས་བྱུང་། སྦྱོར་ལམ་ཆོས་ཅན། ས་གང་ལ་བརྟེན་པ་ཡོད་དེ། བསམ་གཏན་དང་པོའི་ཉེར་བསྡོགས་མི་ལྕོགས་མེད་པ་དང་། ཁྱད་པར་དུ་བསམ་གཏན་ཁྱད་པར་ཅན་དང་། བསམ་གཏན་བཞི་པའི་དངོས་གཞིའི་ས་རྣམས་ལ་བརྟེན་པའི་ཕྱིར། ཁ་ཅིག་ཀྲོད་རྩེ་གཉིས་འོག་ས་འདོད་སེམས་ལ་བརྟེན་པའང་ཡོད་ཅེས་འདོད་དེ། འམ་ནི་དཔྱད་བྱར་བཞེད་པའི་དོན་ཡིན་པའི་ཕྱིར།

ཕ༢ ལུས་རྟེན།

གཉིས་པ་ནི། འདོད་རྟེན་ཆོས་མཆོག་བུད་མེད་ཀྱི། །གཉིས་ཀའི་རྟེན་ཅན་འཐོབ་པར་འགྱུར། །ཞེས་བྱུང་། སྦྱོར་ལམ་ཆོས་ཅན། ཁྱོད་ཀྱི་ལུས་རྟེན་ཡོད་དེ། འདོད་པའི་རྟེན་ཅན་གྱི་གླིང་གསུམ་གྱི་མིའི་རྟེན་ལ་བཟོད་པ་ཆེན་པོ་མ་ཡིན་པའི་སྦྱོར་ལམ་དང་པོ་གསུམ་དང་། ཕྱི་མས་ལྷ་དག་ནི་ནང་དུ་མངོན་དུ་བྱེད་པ་ཡོད་ལ། བཟོད་པ་ཆེན་པོ་དང་ཆོས་མཆོག་ཆེན་པོ་ནི་ལྷའི་ནང་དུའང་གསར་དུ་སྐྱེ་བ་ཡོད་པའི་ཕྱིར། སྦྱོར་ལམ་ཆོས་མཆོག་ཆོས་ཅན། ཐོབ་ཚུལ་གྱི་ཁྱད་པར་ཡོད་དེ། ཕོར་སྐྱེས་པའི་རྟེན་ལ་ཐོབ་པས་ནི་ཕྱིས་བུད་མེད་ཀྱི་རྟེན་ལ་མངོན་དུ་འགྱུར་བ་དང་། ཕོར་བུད་མེད་ཀྱི་རྟེན་ལ་ཐོབ་པས་ནི་ཕྱིས་སྐྱེས་པའི་རྟེན་ལ་ཐོབ་པ་ཡོད་པས་སྐྱེས་པ་བུད་མེད་གཉིས་ཀའི་རྟེན་ཅན་ལ་ཐོབ་པ་ཡོད་ཅིང་། སྐྱེ་བ་བརྗེས་པ་དང་མཚན་འགྱུར་བ་ལས་ཀྱང་དེ་ལྟར་དུ་ཐོབ་པར་(༧༥༧ན)འགྱུར་བ་ཡོད་པའི་ཕྱིར།

ཕ༣ བྲལ་ཐོབ་ཀྱི་ཁྱད་པར།

གསུམ་པ་བྲལ་ཐོབ་ཀྱི་ཁྱད་པར་ནི། འཕགས་པ་དེ་དག་ས་བོན་ནས། །གཏོང་ངོ་འཕགས་མིན་འཆི་བས་སོ། །དང་པོ་གཉིས་ཡོངས་ཉམས་པས་ཀྱང་། །དངོས་གཞི་དེ་ལ་བདེན་པ་མཐོང་། །རྣམ་པར་ཉམས་ན་སྔོན་མེད་ཐོབ། །ཉམས་པ་གཉིས་ནི་མི་ལྡན་པ། །ཞེས་བྱུང་། སྦྱོར་ལམ་དེ་དག་ཆོས་ཅན། གང་གིས་གཏོང་བ་ཡོད་དེ། འཕགས་པས་ནི་ས་དྲུག་གང་རུང་ལ་བརྟེན་པའི་ས་དེ་དག་བོར་ནས་སམ་འཕོས་ནས་ཐོབ་པ་གཏོང་། འཕགས་མིན་སོ་སྐྱེས་ནི་འཆི་འཕོས་པས་སྦྱོར་ལམ་དེའི་ཐོབ་པ་གཏོང་བའི་ཕྱིར། སྦྱོར་ལམ་དང་པོ་གཉིས་ཆོས་ཅན། གཏོང་རྒྱུ་གཞན་ཡོད་དེ། ལོག་ལྟས་ཡོངས་སུ་ཉམས་པར་བྱས་ནས་ཀྱང་གཏོང་བའི་ཕྱིར། བསམ་གཏན་གྱི་

དངོས་གཞི་ལ་བརྟེན་ནས་སྦྱོར་ལམ་ཐོབ་པ་དེ་ཆོས་ཅན། ཚེ་དེ་ཉིད་ལ་བདེན་པ་མངོན་སུམ་དུ་འགྱུར་ཏེ། ཡིད་སྐྱོ་ཤས་ཆེ་བས་མཐོང་ལམ་དུ་ཚེ་དེར་འཇུག་ནུས་པའི་ཕྱིར། རྣམ་པར་ཉམས་པ་དེ་ཆོས་ཅན། སྔར་ཐོབ་པའི་ཚེ་སྔོན་མེད་པ་ཉིད་འཐོབ་ཀྱི་བཏང་བ་ནི་ཐོབ་པ་མིན་ཏེ། མ་འདྲིས་པ་དང་འབད་དེ་བསྒྲུབ་པར་བྱ་བ་ཡིན་པའི་ཕྱིར། ཉམས་པ་ཆོས་ཅན། སྔར་ཐོབ་ཚུལ་གཉིས་ཡོད་དེ། གང་ཉམས་པའི་འཕྲོ་ནས་སྐྱེད་པ་དང་། གང་ཉམས་པ་དེ་སྔར་གཞི་ནས་སྐྱེད་པ་གཉིས་ཡོད་པའི་ཕྱིར། ཡོངས་ཉམས་དང་རྣམ་ཉམས་ཀྱི་གང་ཟག་གཉིས་ཆོས་ཅན། སྦྱོར་ལམ་གང་ཉམས་པ་དེ་དང་མི་ལྡན་པ་ཡིན་ཏེ། དེ་ལས་ཉམས་པའི་གང་ཟག་ཡིན་པའི་ཕྱིར།

༥༤ དེ་ལྡན་པའི་ཡོན་ཏན།

བཞི་པ་ནི། རྩེ་མོ་ཐོབ་པ་རྩ་མི་ཆད། །བཟོད་ཐོབ་ངན་སོང་མི་འགྲོའོ། །ཞེས་བྱུང་། སྦྱོར་ལམ་དེ་དག་ཆོས་ཅན། ཁྱོད་ཐོབ་པ་ལ་ཡོན་ཏན་ཁྱད་པར་བ་ཡོད་དེ། ཁྱོད་ལས་དྲོད་ཐོབ་ལ་མ་ཉམས་པ་ལྟ་ཞོག །ཉམས་ཀྱང་སོར་ཆུད་དེ་མྱ་ངན་ལས་འདས་པ་ཐོབ་པར་འགྱུར་ལ། རྩེ་མོ་ཐོབ་པ་ནི་མཚམས་མེད་སོགས་བྱེད་པ་ཡོད་ཀྱང་དགེ་རྩ་མི་ཆད། བཟོད་པ་ཐོབ་པའི་ཚེ་ངན་སོང་དུ་སྐྱེ་བའི་རྒྱུ་མི་གསོག་པས་ངན་སོང་དུ་མི་འགྲོ་ལ། ཆོས་མཆོག་གི་ཚེ་བདེན་པ་མཐོང་བ་ལ་ཉེ་བའི་ཕྱིར།

༥༥ ལམ་གཞན་དུ་འཇུག་ཚུལ།

ལྔ་པ་ནི། གཉིས་སློབ་རིགས་ལས་(༧༥༧བ)བཟློག་ནས་ནི། །སངས་རྒྱས་སུ་འགྱུར་གཞན་གསུམ་ཡང་། །ཞེས་བྱུང་། དྲོད་དང་རྩེ་མོ་གཉིས་ལ་གནས་པ་ཆོས་ཅན། སློབ་མ་སྟེ་ཉན་ཐོས་ཀྱི་རིགས་ལས་བཟློག་ནས་ནི་སངས་རྒྱས་སུ་འགྱུར་བ་ཡོད་དེ། ཉན་རང་གང་རུང་དུ་རིགས་ངེས་པས་མ་ཁྱབ་པས་བྱང་སེམས་ཀྱི་ལམ་དུ་འཇུག་པ

ཡོད་པའི་ཕྱིར། དྲོད་རྩེ་བཟོད་པ་གསུམ་ལ་གནས་པ་ཆོས་ཅན། རང་གི་རིགས་ལས་ལོག་ནས་གཞན་དུ་འགྱུར་བ་ཡང་ཡོད་དེ། རང་རྒྱལ་དུ་འགྱུར་བ་ཡོད་པའི་ཕྱིར།

ན༣ ཞར་ལ་ཐེག་པ་གསུམ་གྱི་ལམ་བགྲོད་ཚུལ།

གསུམ་པ་ཐེག་པ་གསུམ་གྱི་ལམ་བགྲོད་ཚུལ་ནི། སྟོན་དང་བསེ་རུ་བྱང་ཆུབ་བར། །བསམ་གཏན་མཐའ་རྟེན་གཅིག་ལ་ཀུན། །དེ་ཡི་སྔོན་དུ་ཐར་ཆ་མཐུན། །མྱུར་བ་སྲིད་པ་གསུམ་གྱི་ཐར། །ཐོས་བསམ་ལས་བྱུང་ལས་གསུམ་མོ། །མི་ཡི་ནང་དུ་འཕེན་པར་བྱེད། །ཅེས་བྱུང་། རང་རྒྱལ་རིགས་ངེས་དང་བསེ་རུ་ལྟ་བུ་ནི་རིགས་ལས་ལྡོག་པ་མེད་དེ། སྟོན་པ་དང་བསེ་རུ་ལྟ་བུའི་རང་རྒྱལ་གཉིས་ཀྱིས་དྲོད་ནས་ཟད་མི་སྐྱེ་ཤེས་པའི་བྱང་ཆུབ་ཀྱི་བར་གྱི་ལམ་ཀུན་བསམ་གཏན་གྱི་མཐའ་བཞི་པའི་དངོས་གཞི་ལ་བརྟེན་ནས་སྟན་གཅིག་ལ་སྐྱེད་པར་བྱེད་པའི་ཕྱིར། དང་པོ་ནས་ངེས་འབྱེད་ཆ་མཐུན་སྐྱེད་པ་མིན་ཏེ། དེ་ཡི་སྔོན་དུ་ཐར་པ་ཆ་མཐུན་ཚོགས་ལམ་སྐྱེད་དགོས་པའི་ཕྱིར། ཉན་ཐོས་བརྩོན་འགྲུས་ཤིན་ཏུ་ཆེ་ཞིང་མྱུར་བ་ཆོས་ཅན། ཁྱོད་སྲིད་པ་སྟེ་ཚེ་གསུམ་གྱིས་འཁོར་བ་ལས་ཐར་བར་འགྱུར་ཏེ། ཚེ་དང་པོར་ཐར་ཆ། གཉིས་པ་ལ་ངེས་ཆ། གསུམ་པ་ལ་འཕགས་ལམ་རྫོགས་པར་སྐྱེད་ནུས་པའི་ཕྱིར། ཐར་པ་ཆ་མཐུན་དེ་ཆོས་ཅན། ངོ་བོ་ཡོད་དེ། ཐོས་བསམ་ལས་བྱུང་བ་གཙོ་ཆེ་བའི་ཕྱིར། དེ་ཆོས་ཅན། ལས་གསུམ་གྱིས་བསྡུས་པ་ཡོད་ཀྱང་ཡིད་ལས་གཙོ་ཆེ་སྟེ། བྱང་ཆུབ་འདོད་པའི་ཡིད་ལས་ཉིད་གཙོ་ཆེ་བའི་ཕྱིར། དེ་ཆོས་ཅན། རྟེན་གང་ལ་སྐྱེ་བ་ཡོད་དེ། གླིང་གསུམ་གྱི་མི་ཡི་ནང་དུ་འཕེན་པ་སྟེ་སྐྱེད་པར་བྱེད་པའི་ཕྱིར།

ད༣ བདེན་པ་མངོན་རྟོགས་བཅུ་དྲུག་སྒོམ་ཚུལ།

ན༡ སྐྱེ་རིམ།

གསུམ་པ་བདེན་པ་མངོན་རྟོགས་བཅུ་དྲུག་སྒོམ་ཚུལ་ལ། སྐྱེ་རིམ། གྲངས་ངེས། ས་གང་ལ་བརྟེན་པ། སྦྱོང་གཉེན་གྱི་ལམ་གང་ཡིན་བཤད་པ་དང་བཞི། དང་པོ་ནི། འཇིག་རྟེན་པ་ཡི་ཆོས་མཆོག་ལས། །ཆོས་ཀྱི་བཟོད་པ་ཟག་པ་མེད། །འདོད་སྡུག་(༧༥༢ན)བསྔལ་ལ་དེ་ནས་ནི། །དེ་ཉིད་ལ་ཆོས་ཤེས་དེ་བཞིན། །སྡུག་བསྔལ་ལྷག་ལ་རྗེས་བཟོད་ཤེས། །བདེན་པ་གསུམ་ལ་དེ་བཞིན་ནོ། །ཞེས་བྱུང་། འཇིག་རྟེན་པ་ཡི་ཆོས་མཆོག་ཆོས་ཅན། ཁྱོད་ལས་འཕགས་ལམ་སྐད་ཅིག་མ་བཅུ་དྲུག་རིམ་གྱིས་སྐྱེ་སྟེ། དང་པོར་སྡུག་བསྔལ་ལ་དམིགས་པའི་ཆོས་ཀྱི་བཟོད་པ་ཟག་པ་མེད་པ་འདོད་པའི་སྡུག་བསྔལ་ལ་དམིགས་ནས་སྐྱེ་ཞིང་། དེ་ནས་ནི་སྡུག་བདེན་དེ་ཉིད་ལ་དམིགས་པའི་སྡུག་བསྔལ་ཆོས་ཤེས་སྐྱེ། དེ་བཞིན་དུ་སྡུག་བསྔལ་གྱི་ལྷག་མ་ཁམས་གོང་གི་སྡུག་བསྔལ་ལ་དམིགས་པའི་རྗེས་བཟོད་སྐྱེ། དེ་ནས་དེ་ལ་དམིགས་པའི་རྗེས་ཤེས་སྐྱེ་ལ། བདེན་པ་གཞན་གསུམ་ལའང་དེ་བཞིན་དུ་སྦྱོར་བ་ཡིན་པའི་ཕྱིར། སྦྱོར་ཚུལ་ཡོད་དེ། སྡུག་བསྔལ་ཆོས་ཤེས་ཀྱི་མཇུག་ཏུ་འདོད་པའི་ཀུན་འབྱུང་ཆོས་བཟོད་དང་། ཀུན་འབྱུང་ཆོས་ཤེས། དེ་ནས་ཁམས་གོང་མའི་ཀུན་འབྱུང་རྗེས་བཟོད་དང་། ཀུན་འབྱུང་རྗེས་ཤེས། དེ་ནས་འདོད་པའི་འགོག་པ་ཆོས་བཟོད་དང་ཆོས་ཤེས། དེ་ནས་གོང་མའི་འགོག་པ་རྗེས་བཟོད་དང་རྗེས་ཤེས། དེ་ནས་འདོད་པའི་ལམ་ཆོས་བཟོད་དང་ཆོས་ཤེས། དེ་ནས་གོང་མའི་ལམ་རྗེས་བཟོད་དང་རྗེས་ཤེས་རྣམས་རིམ་གྱིས་སྐྱེ་བའི་ཕྱིར།

ཀ༢ གྲངས་ངེས།

གཉིས་པ་གྲངས་ངེས་ནི། དེ་ལྟར་བདེན་པ་མངོན་རྟོགས་འདི། །སེམས་བཅུ་དྲུག་གོ་རྣམ་གསུམ་མོ། །མཐོང་དམིགས་བྱ་བ་ཞེས་བྱའོ། །ཞེས་བྱུང་། དེ་ལྟར་བཤད་པའི་བདེན་པ་མངོན་རྟོགས་འདི་ཆོས་ཅན། ཟག་མེད་ཀྱི་སེམས་བཅུ་དྲུག་ཏུ་ངེས་ཏེ། ཤེས་བཟོད་སྐད་ཅིག་མ་བཅུ་དྲུག་ཏུ་ངེས་པའི་ཕྱིར། རྣམ་པ་གསུམ་གསུམ་དུ་འང་འགྱུར་ཏེ། མཐོང་བའི་མངོན་རྟོགས། དམིགས་པའི་མངོན་རྟོགས། བྱ་བའི་མངོན་རྟོགས་ཞེས་བྱ་བ་གསུམ་ཡོད་པའི་ཕྱིར། དེར་ཐལ། བདེན་པ་མཐོང་བའི་སྒོ་ནས་དང་པོ། མཚུངས་ལྡན་གྱི་སེམས་བྱུང་རྣམས་གཉིས་པ། བྱ་བ་ཉིད་མངོན་པར་རྟོགས་པ་ནི་གསུམ་པ་ཡིན་པའི་ཕྱིར། སྤྱི་དོན་གྱིས་བཤད་ན་འདོད་ཚུལ་མང་(75(བ)ཡང་། སྐྱི་ཚུལ་ལ། འདིར་མངོན་རྟོགས་བཅུ་དྲུག་པོ་ཐམས་ཅད་རིམ་ཅན་དུ་སྐྱེ་བར་འདོད་ཅིང་། གཞན་དག་བཟོད་པ་བརྒྱད་ཅིག་ཅར་དང་། ཤེས་པ་བརྒྱད་ཅིག་ཅར་དུ་སྐྱེ་བར་འདོད་པ་དང་མི་འདྲའོ། །

ཀ༣ ས་གང་ལ་བརྟེན་པ།

གསུམ་པ་སེམས་རྟེན་ནི། དེ་ནི་ཆོས་མཆོག་དང་ས་གཅིག །ཅེས་བྱུང་། བདེན་པ་མངོན་པར་རྟོགས་པའི་སེམས་དེ་ཆོས་ཅན། ཁྱོད་ཀྱི་སེམས་རྟེན་ཡོད་དེ། སྦྱོར་ལམ་ཆོས་མཆོག་དང་སེམས་རྟེན་ས་གཅིག་པའི་ཕྱིར། དེར་ཐལ། བསམ་གཏན་ས་དྲུག་ལ་བརྟེན་ཅིང་། ཆོས་མཆོག་དང་མཉམ་གཞག་ཐུན་གཅིག་གིས་བསྡུས་པའི་ཕྱིར།

ན༩ སྒོང་གཉེན་གྱི་ལམ་གང་ཡིན་བཤད་པ།

བཞི་པ་གཉེན་པོ་དང་སྤོང་ལམ་བཤད་པ་ནི། བཟོད་དང་ཤེས་པ་གོ་རིམ་བཞིན། །བར་ཆད་མེད་དང་རྣམ་གྲོལ་ལམ། །དེ་ལས་སྐད་ཅིག་བཅོ་ལྔ་ནི། །མ་མཐོང་མཐོང་ཕྱིར་མཐོང་བའི་ལམ། །ཞེས་བྱུང་། སྐད་ཅིག་བཅུ་དྲུག་པོ་དེ་དག་ཆོས་ཅན། གཉིས་སུ་འདུ་བ་སྟེ། བཟོད་པ་བརྒྱད་བར་ཆད་མེད་ལམ་དང་། ཤེས་པ་བརྒྱད་རྣམ་གྲོལ་ལམ་དུ་གོ་རིམ་བཞིན་འཇོག་པའི་ཕྱིར། དེར་ཐལ། དང་པོ་བརྒྱད་ནི་རང་གི་སྤང་བྱ་དངོས་སུ་སྤོང་བ་ལ་གཞན་གྱིས་བར་དུ་གཅོད་མི་ནུས་ཤིང་། ཕྱི་མ་བརྒྱད་ནི་སྤང་བྱ་དེ་དག་ལས་རྣམ་པར་གྲོལ་བའི་སྒོ་ནས་དེ་ལྟར་བཞག་པའི་ཕྱིར། དེ་དག་ལས་སྐད་ཅིག་སྔ་མ་བཅོ་ལྔ་པོ་ནི་ཆོས་ཅན། མཐོང་བའི་ལམ་ཡིན་ཏེ། བདེན་པའི་རྣམ་པ་སྔར་མངོན་སུམ་མ་མཐོང་བ་གསར་དུ་མཐོང་བའི་ལམ་ཡིན་པའི་ཕྱིར། བཅུ་དྲུག་པ་ཆོས་ཅན། དེ་མིན་ཏེ། མཐོང་ཟིན་གོམས་པར་བྱེད་པའི་སྒོམ་ལམ་ཡིན་པའི་ཕྱིར། དེ་དག་ལས་གཉེན་པོ་དང་སྤོང་ལམ་གྱི་ཁྱད་པར་ཡོད་དེ། བཟོད་པ་བརྒྱད་ནི་སྤང་བྱའི་གཉེན་པོ་ཡིན་པས་གཉེན་པོའི་ལམ་དང་། ཤེས་པ་བརྒྱད་ནི་སྤང་བ་ལ་དབང་བསྒྱུར་བས་སྤོང་ལམ་དུ་འཇོག་པའི་ཕྱིར།

ཆ༢ རྟེན་གང་ཟག་གི་རྣམ་གཞག །

ཇ༡ ཞུགས་གནས་ཀྱི་རྣམ་གཞག་སྤྱིར་བསྟན་པ།

ཉ༡ རྒྱུན་ཞུགས་དང་ཆགས་བྲལ་སྔོན་སོང་གི་རྣམ་གཞག །

གཉིས་པ་གང་ཟག་གི་རྣམ་གཞག་ལ། ཞུགས་གནས་ཀྱི་རྣམ་གཞག་སྤྱིར་བསྟན་པ། ནང་ཚན་གྱི་སྒོ་ནས་བདུན་དུ་དབྱེ་བ། གང་ཟག་གི་རིགས་བསྡུས་པ་དང་གསུམ། དང་པོ་ལ། རྒྱུན་ཞུགས་དང་ཆགས་བྲལ་སྔོན་སོང་གི་རྣམ་གཞག་དང་། འབྲས་

བུ་རིམ་གྱིས་པའི་རྣམ་གཞག་གཉིས། དང་པོ་ནི། དབང་པོ་རྣོ་(༧༥་ན)རྟུལ་དེ་དག་ཏུ། །དད་དང་ཆོས་ཀྱི་རྗེས་འབྲང་བ། །སྒོམ་པས་སྤང་བྱ་མ་སྤངས་ན། །འབྲས་བུ་དང་པོ་ལ་ཞུགས་པ། །རྣམ་ལྔའི་བར་བཅོམ་གཉིས་པ་ལ། །དགུ་པ་ཚུན་ཆད་ཟད་པ་ཡིན། །འདོད་པའམ་ཡང་ན་གོང་མ་ལས། །ཆགས་བྲལ་གསུམ་པ་ལ་ཞུགས་པ། །གང་ཞིག་གང་ལ་ཞུགས་པ་ནི། །བཅུ་དྲུག་པ་ལ་དེ་འབྲས་གནས། །དེ་ཚེ་དབང་པོ་རྣོ་རྟུལ་དག །དད་པས་མོས་དང་མཐོང་བས་ཐོབ། །འབྲས་ཐོབ་འབྲས་བུ་ཁྱད་པར་གྱི། །ལམ་ཐོབ་མེད་པ་དེ་ཡི་ཕྱིར། །མི་བརྩོན་པ་ནི་ཞུགས་མ་ཡིན། །ཞེས་བྱུང་། མངོན་རྟོགས་དེ་དག་ཏུ་གནས་པའི་གང་ཟག་ཆོས་ཅན། ཁྱོད་ལ་རྣམ་པ་གཉིས་ཡོད་དེ། དབང་པོ་རྣོ་བ་ཆོས་ཀྱི་རྗེས་སུ་འབྲང་བ་དང་། དབང་རྟུལ་དད་པའི་རྗེས་འབྲང་གཉིས་ཡོད་པའི་ཕྱིར། དེ་གཉིས་ལས་སྔོན་སྒོམ་པའི་སྤང་བྱ་གཅིག་ཀྱང་མ་སྤངས་པ་ནི་འབྲས་བུ་དང་པོ་ལ་ཞུགས་པ་ཡིན་ལ། དེ་གཅིག་ནས་རྣམ་པ་ལྔའི་བར་བཅོམ་པ་དེ་ཡང་དེ་ལ་ཞུགས་པ་ཡིན་ཏེ། རྒྱུན་ཞུགས་ཞུགས་པ་ཡིན་པའི་ཕྱིར། མཐོང་ལམ་གྱི་སྔོན་དུ་འདོད་པའི་སྒོམ་སྤང་དྲུག་པ་ནས་དགུ་པ་ཚུན་ཆད་དེ་བརྒྱད་པ་ཟད་པ་དེ་ཆོས་ཅན། འབྲས་བུ་གཉིས་པ་ཕྱིར་འོང་ལ་ཞུགས་པ་ཡིན་ཏེ། ཆགས་བྲལ་སྔོན་སོང་གི་ཕྱིར་འོང་ཞུགས་པ་ཡིན་པའི་ཕྱིར། མཐོང་ལམ་གྱི་སྔོན་དུ་འདོད་པ་ལ་ཆགས་པ་དང་བྲལ་བའམ། ཡང་ན་གོང་མ་ཅི་ཡང་མེད་མན་ཆད་ལ་འདོད་ཆགས་དང་བྲལ་བ་དེ་ཆོས་ཅན། འབྲས་བུ་གསུམ་པ་ཕྱིར་མི་འོང་ལ་ཞུགས་པ་ཡིན་ཏེ། ཆགས་བྲལ་སྔོན་སོང་གི་ཕྱིར་མི་འོང་ཞུགས་པ་ཡིན་པའི་ཕྱིར། ཞུགས་པ་དེ་གསུམ་པོ་གང་ཞིག་འབྲས་བུ་དེ་གསུམ་གང་ཐོབ་པའི་ཕྱིར་ཞུགས་པ་དེ་ཆོས་ཅན། བཅུ་དྲུག་པ་ལམ་རྗེས་ཤེས་ལ་གནས་པ་དེའི་ཚེ་འབྲས་གནས་གསུམ་དུ་རིམ་པར་འཇོག་སྟེ། དེའི་ཚེ་རྒྱུན་ཞུགས་སོགས་གསུམ་གྱི་འབྲས་བུ་གང་ཡིན་པ་དེ་ཐོབ་པར་འཇོག་པའི་ཕྱིར། དེའི་ཚེ་དབང་པོ་རྣོ་རྟུལ་དེ་དག་ཆོས་ཅན། དད་པ་དང་ཆོས་

ཀྱི་རྗེས་འབྲང་ཞེས་མི་བྱ་སྟེ། དབང་རྟུལ་ལ་དད་པས་མོས་པ་དང་དབང་རྣོན་ལ་མཐོང་(༧༥བ)བས་ཐོབ་པ་ཞེས་བྱ་བའི་ཕྱིར། འབྲས་བུ་ཐོབ་པས་ནི་འབྲས་བུ་གོང་མ་ཐོབ་པའི་ཕྱིར་དུ་མི་བརྩོན་པ་དེ་ཆོས་ཅན། འབྲས་གནས་གོང་མ་དེའི་ཞུགས་པ་མ་ཡིན་ཏེ། འབྲས་བུ་ཁྱད་པར་ཅན་གྱི་ཞུགས་པའི་ལམ་ཐོབ་པ་མེད་པ་དེ་ཡི་ཕྱིར།

ཏ༢ འབྲས་བུ་རིམ་གྱིས་པའི་རྣམ་གཞག །

ད༡ སྤང་བྱ་སྤོང་ཚུལ།

གཉིས་པ་ལ་སྤང་བྱ་སྤོང་ཚུལ་དང་། ཞུགས་གནས་ཀྱི་རྣམ་གཞག་དངོས་གཉིས། དང་པོ་ནི། ས་དང་ས་ན་ཉེས་རྣམ་དགུ། །དེ་བཞིན་དུ་ནི་ཡོན་ཏན་རྣམས། །ཆུང་དང་འབྲིང་དང་ཆེ་རྣམས་ཀྱི། །ཆུང་ངུ་ལ་སོགས་ཐ་དད་ཕྱིར། །ཞེས་བྱུང་། འདོད་པ་ནས་སྲིད་རྩེའི་བར་གྱི་ས་དང་ས་ཆོས་ཅན། ཁྱོད་ལ་ཉེས་པ་རྣམ་པ་དགུ་དགུ་ཡོད་དེ། སྒོམ་སྤང་ཆུང་ངུ་དང་འབྲིང་དང་ཆེན་པོ་གསུམ་དང་། དེ་རེ་རེ་ལའང་ཆུང་ངུའི་ཆུང་ངུ་ནས་ཆེན་པོའི་ཆེན་པོའི་བར་ཡོད་པའི་ཕྱིར། དེ་བཞིན་དུ་སྒོམ་ལམ་གྱི་ཡོན་ཏན་ཆོས་ཅན། དགུ་རྣམས་ཡོད་དེ། བར་ཆད་མེད་ལམ་དང་རྣམ་གྲོལ་ལམ་རེ་རེ་ལའང་། ཆུང་ངུ་དང་འབྲིང་དང་ཆེ་རྣམས་ཀྱི་ཆུང་ངུའི་ཆུང་ངུ་ལ་སོགས་པ་ཐ་དད་དུ་དབྱེ་བ་ཡོད་པའི་ཕྱིར།

ད༢ ཞུགས་གནས་ཀྱི་རྣམ་གཞག་དངོས།

ཐ༡ རྒྱུན་ཞུགས་ཞུགས་འབྲས།

ན༡ རྒྱུན་ཞུགས་འབྲས་གནས་ཙམ་པོ་བ།

གཉིས་པ་ལ། རྒྱུན་ཞུགས་ཞུགས་འབྲས། ཕྱིར་འོང་། ཕྱིར་མི་འོང་། དགྲ་བཅོམ་ཞུགས་གནས་དང་བཞི། དང་པོ་ལ་གཉིས་ཀྱི་ཞུགས་པ་བཤད་ཟིན་ཅིང་། འབྲས་

གནས་ལ། ཙམ་པོ་བ་དང་། ཁྱད་པར་ཅན་གཉིས། དང་པོ་ནི། འབྲས་གནས་སྒོམ་སྤོང་བྱ་མ་ཟད། །རེ་ལྟར་ཐོགས་ན་ལན་བདུན་པ། །ཞེས་བྱུང་། རྒྱུན་ཞུགས་སྲིད་པ་ལན་བདུན་པ་བ་ཆོས་ཅན། ཁྱོད་འཛོག་ཚུལ་ཡོད་དེ། འབྲས་བུ་ལ་གནས་པ་གང་ཞིག །སྒོམ་པའི་སྤོང་བྱ་གཅིག་ཀྱང་མ་ཟད་པ་དེ་ནི། རྒྱུན་ཞུགས་རེ་ལྟར་ཐོགས་པ་སྟེ་མཆོག་ཏུའམ་རབ་ཏུ་ཐོགས་ན་འདོད་པར་སྐྱེ་སྲིད་ལན་བདུན་ལེན་པའི་རིགས་ཅན་གྱི་རྒྱུན་ཞུགས་ཡིན་པའི་ཕྱིར། དེ་ལ་ཡང་ངེས་མ་ངེས་གཉིས་ཡོད། རྒྱུན་ཞུགས་ཀྱི་སྒྲ་དོན་ཡོད་དེ། ཐར་ལམ་གྱི་རྒྱུན་ལ་དང་པོར་ཞུགས་པའི་རིགས་ཅན་ཡིན་པས་ན་དེར་བརྗོད་པའི་ཕྱིར།

ད༢ རྒྱུན་ཞུགས་འབྲས་ཁྱད་པར་ཅན།

གཉིས་པ་ནི། རྣམ་གསུམ་རྣམ་བཞི་ལས་གྲོལ་བ། །ཚེ་གཉིས་གསུམ་དུ་རིགས་ནས་རིགས། །ཞེས་བྱུང་། རྒྱུན་ཞུགས་རིགས་ནས་རིགས་སྐྱེ་ཆོས་ཅན། འཛོག་ཚུལ་ཡོད་དེ། འབྲས་བུ་གོང་མ་(༧༨༠ན)ཐོབ་ཕྱིར་དུ་ཞུགས་པ་གང་ཞིག །འདོད་པའི་སྒོམ་སྤོང་ཉོན་མོངས་རྣམ་པ་གསུམ་མམ། རྣམ་པ་བཞི་ལས་གྲོལ་བ་དང་། དེའི་གཉེན་པོ་ཟག་མེད་ཀྱི་དབང་པོ་ཐོབ་པ་དང་། འདོད་པའི་ལྷའམ་མིའི་ཚེ་གཉིས་སམ་གསུམ་ལས་ཤིང་། ལྷ་མི་གང་རུང་གི་རིགས་ནས་རིགས་སུ་སྐྱེ་བ་ལེན་པའི་རིགས་ཅན་དེ་དེ་ཡིན་པའི་ཕྱིར།

ཐ༢ ཕྱིར་འོང་ཞུགས་འབྲས།

ད༡ ཕྱིར་འོང་ཞུགས་པ།

གཉིས་པ་ལ། ཕྱིར་འོང་ཞུགས་པ་དང་། འབྲས་གནས་གཉིས། དང་པོ་ནི། རྣམ་པ་ལྔ་ཡི་བར་བཅོམ་པ། །གཉིས་པ་ལ་ནི་ཞུགས་པ་ཡིན། །ཞེས་བྱུང་། གཉིས་

པ་རིམ་གྱིས་པའི་ཕྱིར་འོང་ཆོས་ཅན། ཁྱོད་ཀྱི་ཞུགས་པ་ཡོད་དེ། འབྲས་གནས་གང་ཞིག །སྒོམ་སྤང་གཅིག་ནས་རྣམ་པ་ལྔའི་བར་བཅོམ་པ་གང་ཡིན་པ་དེ་དེ་ཡིན་པའི་ཕྱིར། གཉིས་པ་ལ། ཙམ་པོ་བ་དང་། ཁྱད་པར་ཅན་གཉིས། དང་པོ་ནི། རྣམ་པ་དྲུག་པ་ཟད་གྱུར་པ། །དེ་ནི་ལན་ཅིག་ཕྱིར་འོང་བ། །ཞེས་བྱུང་། ལན་ཅིག་ཕྱིར་འོང་པའི་འབྲས་གནས་ཆོས་ཅན། འཇོག་ཚུལ་ཡོད་དེ། འབྲས་གནས་བཞི་གང་རུང་གང་ཞིག །སྒོམ་སྤང་རྣམ་པ་དྲུག་པ་ཟད་པར་གྱུར་པས་རབ་ཏུ་ཕྱེ་བའི་གང་ཟག་དེ་ནི་དེ་ཡིན་པའི་ཕྱིར།

ད༢ ཕྱིར་འོང་འབྲས་གནས།

གཉིས་པ་ནི། ཉེས་ཆ་བདུན་ནམ་བརྒྱད་ཟད་པ། །ཚེ་གཅིག་བར་ཆད་གཅིག་པ་དང་། །ཞེས་བྱུང་། ཕྱིར་འོང་བར་ཆད་གཅིག་པ་ཆོས་ཅན། འཇོག་ཚུལ་ཡོད་དེ། འདོད་པའི་ཉེས་པའི་ཆ་བདུན་ནམ་བརྒྱད་ཟད་པ། དེའི་གཉེན་པོ་ཐོབ་པ། དགྲ་བཅོམ་ཐོབ་པ་ལ་ཚེ་གཅིག་དང་ཕྱིར་མི་འོང་གི་འབྲས་བུ་ཐོབ་པ་ལ་བར་ཆད་གཅིག་གིས་ཆོད་པའི་ཕྱིར་འོང་དེ་དེ་ཡིན་པའི་ཕྱིར།

ཐ༣ ཕྱིར་མི་འོང་ཞུགས་འབྲས།

ད༡ ཕྱིར་མི་འོང་ཞུགས་པ།

གསུམ་པ་ལ། ཞུགས་པ་དང་། འབྲས་གནས་གཉིས། དང་པོ་ནི། གསུམ་པ་ལ་ནི་ཞུགས་པའང་ཡིན། །ཞེས་བྱུང་། ཕྱིར་འོང་འབྲས་གནས་དེ་ཆོས་ཅན། གསུམ་པ་ཕྱིར་མི་འོང་གི་འབྲས་བུ་ལ་ཞུགས་པའང་ཡིན་ཏེ། དེ་ཐོབ་ཕྱིར་དུ་བརྩོན་པའི་ཕྱིར་འོང་འབྲས་གནས་ཁྱད་པར་ཅན་ཡིན་པའི་ཕྱིར།

ང༢ ཕྱིར་མི་འོང་འབྲས་གནས།

ན༡ མདོར་བསྟན་པ།

གཉིས་པ་ལ། མདོར་བསྟན་པ་དང་། རྒྱས་པར་བཤད་པ་གཉིས། དང་པོ་ནི། དེ་དགུ་ཟད་པ་ཕྱིར་མི་འོང་། །ཞེས་བྱུང་། ཕྱིར་མི་འོང་འབྲས་(༡༨༠བ)གནས་དེ་ཆོས་ཅན། ཁྱོད་ཐོབ་པའི་དུས་ཡོད་དེ། ཕྱིར་འོང་འབྲས་གནས་ཁྱད་པར་ཅན་དེས་འདོད་ཉོན་དགུ་པ་དེ་ཉིད་སྤངས་ཤིང་ཟད་པའི་ཚེ་ཁྱོད་དུ་གྱུར་པ་ཡིན་པའི་ཕྱིར།

ན༢ རྒྱས་པར་བཤད་པ།

པ༡ གཟུགས་ཉེར་འགྲོའི་ཕྱིར་མི་འོང་།

ཕ༡ རྩ་བའི་སྒོ་ནས་ལྔར་དབྱེ་བ།

གཉིས་པ་ལ། གཟུགས་ཉེར་འགྲོ། གཟུགས་མེད་ཉེར་འགྲོ། མཐོང་ཆོས་ཞི། ཉེར་འགྲོ་དགུར་དབྱེ་བ། ཚེ་ཡོངས་གྱུར། ལུས་མངོན་བྱེད་དང་དྲུག །དང་པོ་ལ། རྩ་བའི་སྒོ་ནས་ལྔར་དབྱེ་བ་དང་། གོང་འཕོ་བྱེ་བྲག་ཏུ་བཤད་པ་གཉིས། དང་པོ་ནི། དེ་ནི་བར་སྐྱེས་འདུ་བྱེད་དང་། །འདུ་བྱེད་མེད་ཡོངས་མྱ་ངན་འདའ། །གོང་དུ་འཕོ་བ་རྣམས། །ཞེས་བྱུང་། ཕྱིར་མི་འོང་དེ་ནི་ཆོས་ཅན། ཁྱོད་ལ་དབྱེ་ན་ལྔ་ཡོད་དེ། བར་དོའི་རྟེན་ལ་མྱང་འདས་མངོན་དུ་བྱེད་པའི་བར་འདའ་བ་དང་། གཟུགས་ཀྱི་སྐྱེ་སྲིད་ཀྱི་རྟེན་ལ་དེ་མངོན་དུ་བྱེད་པའི་སྐྱེས་ནས་འདའ་བ་དང་། སྐྱེས་ནས་འབད་བརྩོན་འདུ་བྱེད་དང་བཅས་པས་དེ་མངོན་དུ་བྱེད་པའི་འདུ་བྱེད་དང་བཅས་ཏེ་འདའ་བ་དང་། འབད་རྩོལ་ཆེན་པོ་མེད་པར་དེ་མངོན་དུ་བྱེད་པའི་འདུ་བྱེད་མེད་པར་ཡོངས་སུ་མྱ་ངན་ལས་འདའ་བ་དང་། གོང་དུ་འཕོ་བ་དང་ལྔ་རྣམས་སུ་ཡོད་པའི་ཕྱིར། རྒྱས་པར་ནི་གཞན་དུ་ཤེས་སོ། །

ཕ༢ གོང་འཕོ་བྱེ་བྲག་ཏུ་བཤད་པ།

གཉིས་པ་ནི། དེ་ནི། །བསམ་གཏན་སྤེལ་ནས་འོག་མིན་འགྲོ། །དེ་འཕར་ཕྱེད་འཕར་ཐམས་ཅད་དུ། །འཆི་འཕོ་གཞན་སྲིད་རྩེ་མོར་འགྲོ། །ཞེས་བྱུང་། ཕྱིར་མི་འོང་གོང་འཕོ་དེ་ཆོས་ཅན། ཁྱོད་ལ་གཉིས་ཡོད་དེ། བསམ་གཏན་སྤེལ་སྒོམ་བྱས་ནས་འོག་མིན་གྱི་མཐར་ཐུག་པར་འགྲོ་བ་དང་། གཞན་དེ་མ་བྱས་པར་སྲིད་པའི་རྩེ་མོའི་བར་འགྲོ་བ་གཉིས་ཡོད་པའི་ཕྱིར། གཟུགས་ཉེར་འགྲོའི་ཕྱིར་མི་འོང་དེ་ཆོས་ཅན། ཁྱོད་ལ་གསུམ་ཡོད་དེ། གཟུགས་ཀྱི་གནས་གཉིས་གསུམ་ཙམ་གཟུང་ནས་གཟུགས་ཀྱི་རྟེན་ལ་མྱང་འདས་མངོན་དུ་བྱེད་པའི་འཕར་བ་དང་། གནས་གཙང་དུ་སྐྱེས་ཀྱང་འགའ་ཞིག་བརྒལ་ནས་འོག་མིན་དུ་འཇུག་པའི་ཕྱེད་དུ་འཕར་བ་དང་། ཚངས་ཆེན་མ་གཏོགས་པའི་གཟུགས་ཀྱི་གནས་ཐམས་ཅད་དུ་འཕོས་ནས་འོག་མིན་དུ་འཇུག་པའི་གནས་ཐམས་ཅད་དུ་འཆི་འཕོ་བ་དང་གསུམ་ཡོད་པའི་ཕྱིར།

པ༢ གཟུགས་མེད་ཉེར་འགྲོའི་ཕྱིར་མི་འོང་།

གཉིས་པ་ནི། གཞན་ནི་གཟུགས་མེད་འགྲོ་(༧༨༧ན)རྣམ་བཞི། །ཞེས་བྱུང་། གཞན་གཟུགས་མེད་ཉེར་འགྲོའི་ཕྱིར་མི་འོང་ཆོས་ཅན། ཁྱོད་ལ་རྣམ་པ་བཞི་ཡོད་དེ། སྐྱེ་འདའ་བ་ནས་གོང་འཕོའི་བར་བཞི་ཡོད་པའི་ཕྱིར།

པ༣ ཕྱིར་མི་འོང་མཐོང་ཆོས་ཞི།

གསུམ་པ་མཐོང་ཆོས་ཞི་ནི། གཞན་ནི་འདི་ལ་མྱ་ངན་འདའ། །ཞེས་བྱུང་། གཞན་ཕྱིར་མི་འོང་མཐོང་ཆོས་ཞི་ཆོས་ཅན། བཞག་ཏུ་ཡོད་དེ། ཉེར་འགྲོ་གཉིས་ལས་གཞན་པའི་ཕྱིར་མི་འོང་མཐོང་ལམ་ཐོབ་པའི་ཚེ་འདི་ལ་མྱ་ངན་ལས་འདའ་

པ་དེ་དེ་ཡིན་པའི་ཕྱིར།

པ༩ ཉེར་འགྲོ་དགུར་དབྱེ་བ།

ཕ༡ དགུར་བཤད་པ།

བཞི་པ་ལ། དགུར་བཤད་པ་དང་། དེ་ཡི་ཁྱད་པར་དང་། དམ་པའི་འགྲོ་བ་བདུན་དང་གསུམ། དང་པོ་ནི། གསུམ་ལའང་རྣམ་པ་གསུམ་ཕྱེ་ནས། །གཟུགས་སུ་ཉེར་འགྲོ་དགུར་བཤད་དོ། །ཞེས་བྱུང་། གཟུགས་སུ་ཉེར་འགྲོ་ཆོས་ཅན། ཁྱོད་ལ་དབྱེ་ན་དགུར་ཡོད་པར་བཤད་དེ། བར་འདའ་བ་དང་། སྐྱེ་འདའ་བ་དང་། གོང་དུ་འཕོ་བ་གསུམ་ལ་ཡང་རྣམ་པ་གསུམ་གསུམ་དུ་ཕྱེ་ནས་དགུར་ཡོད་པའི་ཕྱིར། དེར་ཐལ། དང་པོ་ལ་མྱུར་བར་དང་། མྱུར་བ་མིན་པར་དང་། དུས་རིང་ནས་འདའ་བ་གསུམ། གཉིས་པ་ལ་སྐྱེས་ཙམ་ནས་དང་། འདུ་བྱེད་དང་བཅས་ཏེ་དང་། འདུ་བྱེད་མེད་པར་འདའ་བ་གསུམ། གསུམ་པ་ལ་འཕར་བ་དང་། ཕྱེད་འཕར་བ་དང་། གནས་ཐམས་ཅད་དུ་འཆི་འཕོ་བ་གསུམ་ཡོད་པའི་ཕྱིར།

ཕ༢ དེ་དག་གི་ཁྱད་པར།

གཉིས་པ་ནི། དེ་དག་གི་ནི་ཁྱད་པར་རྣམས། །ལས་དང་ཉོན་མོངས་བྱེ་བྲག་ལ། །ཞེས་བྱུང་། ཕྱིར་མི་འོང་དགུ་པོ་དེ་དག་གི་ཆོས་ཅན། ཁྱད་པར་རྣམས་དེ་ལྟར་འབྱུང་བའི་རྒྱུ་མཚན་ཡོད་དེ། ལས་དང་དབང་པོ་དང་ཉོན་མོངས་པའི་བྱེ་བྲག་ལས་བཞག་པའི་ཕྱིར། དེར་ཐལ། དང་པོ་གསུམ་མངོན་པར་འགྲུབ་པའི་ལས་ཀྱི་དང་། བར་པ་གསུམ་སྐྱེས་ནས་མྱོང་འགྱུར་གྱི་ལས་དང་། ཕྱི་མ་གསུམ་ལན་གྲངས་གཞན་ལ་མྱོང་འགྱུར་གྱི་ལས་དང་། ཡང་རིམ་པ་བཞིན་དབང་པོ་རྣོ་འབྲིང་རྟུལ་གསུམ་དང་། ཡང་རིམ་པ་བཞིན་ཉོན་མོངས་ཆུང་འབྲིང་ཆེན་པོ་གསུམ་གྱི་བྱེ་བྲག་

ཕོ་བྲང་པོ་ཏ་ལར་བཞུགས་པའི་དགེ་ལུགས་པའི་དཔེ་དཀོན་ཕྱོགས་བསྒྲིགས་འདོན་ཐེངས་དང་པོ།

གམ་ཁྱད་པར་གྱིས་བཞག་པའི་ཕྱིར།

ཕ༣ དམ་པའི་འགྲོ་བ་བདུན།

གསུམ་པ་ནི། གོང་དུ་འཕོ་བ་མ་ཕྱེ་བར། །དམ་པའི་འགྲོ་བ་བདུན་དུ་འདོད། །དམ་པ་དམ་མིན་འཇུག་མི་འཇུག །སོན་པ་(༡༦༡བ)ཕྱིར་མི་འོང་ཕྱིར་དེ། །ཞེས་བྱུང་། མདོ་ལས་བསྟན་པའི་སྐྱེས་བུ་དམ་པའི་འགྲོ་བ་དེ་ཆོས་ཅན། ཁྱོད་ལ་བདུན་དུ་ཡོད་དེ། སྔར་གྱི་དགུ་པོ་དེ་ལས་གོང་དུ་འཕོ་བ་མ་ཕྱེ་བར་གཅིག་ཏུ་བསྡུང་བས་བདུན་དུ་ཡོང་བའི་ཕྱིར། དེ་ཆོས་ཅན། དམ་པ་ཞེས་བྱ་སྟེ། དམ་པ་དགེ་བ་ཁོ་ནར་འཇུག་ཅིང་། དམ་མིན་མི་དགེ་བ་ལ་མི་འཇུག་པའི་ཕྱིར། ཕྱིར་མི་འོང་ཞེས་བྱ་སྟེ། འདོད་པ་ལས་སོན་ཞིང་རང་ས་དང་འོག་སར་ཚེ་ཕྱི་མར་སླར་མི་འོང་བའི་འགྲོ་བ་ཡིན་པའི་ཕྱིར།

ཕ༤ འདོད་པར་ཚེ་ཡོངས་གྱུར་གྱི་ཕྱིར་མི་འོང་།

ཕ༡ ཚེ་ཡོངས་གྱུར་དངོས།

ལྔ་པ་ཚེ་ཡོངས་གྱུར་ལ། དངོས་དང་། ཞར་བྱུང་གཉིས། དང་པོ་ནི། འདོད་པར་ཚེ་ཡོངས་གྱུར་པའི་འཕགས། །ཁམས་གཞན་དུ་ནི་འགྲོ་བ་མེད། །དེ་དང་གོང་མར་སྐྱེས་པ་ན། །ཡོངས་ཉམས་དབང་པོ་འཕོ་མི་བསྐྱེན། །ཞེས་བྱུང་། འདོད་པར་ཚེ་ཡོངས་གྱུར་གྱི་འཕགས་པ་ཆོས་ཅན། ཁྱོད་འཇོག་ཚུལ་ཡོད་དེ། རྒྱུན་ཞུགས་དང་ཕྱིར་འོང་གི་འབྲས་བུ་གང་རུང་ཐོབ་ནས་འདོད་པའི་ཚེ་གཉིས་པར་ཕྱིར་མི་འོང་གི་འབྲས་བུ་ཐོབ་པའི་ཕྱིར་མི་འོང་ཞིག་དེ་ཡིན་པའི་ཕྱིར། དེ་ཆོས་ཅན། ཁམས་གཞན་དུ་ནི་འགྲོ་བ་མེད་དེ། འདོད་པའི་ཚེ་དེ་ཉིད་ལ་མྱང་འདས་མངོན་དུ་བྱེད་པའི་ཕྱིར། དེ་དང་ཁམས་གོང་མར་སྐྱེས་པའི་འཕགས་པ་ཆོས་ཅན། ཡོངས་སུ་ཉམས

དང་དབང་པོ་འཕོ་བ་མི་བསྟེན་ཏེ། མི་ཉམས་པ་དང་དབང་པོ་མི་འཕོ་བའི་རྟེན་ཁྱད་པར་ཅན་ཐོབ་པའི་ཕྱིར།

པ༢ ཞར་བྱུང་།

གཉིས་པ་ནི། དང་པོ་བཞི་པ་སྤེལ་བར་བྱེད། །སྐད་ཅིག་མ་ནི་བསྲེས་པས་འགྲུབ། །སྐྱེ་དང་གནས་པར་བྱ་ཕྱིར་དང་། །ཉོན་མོངས་པས་ནི་འཇིག་ཕྱིར་ཡང་། ། དེ་ནི་རྣམ་པ་ལྔ་ཡི་ཕྱིར། །གནས་གཙང་སྐྱེ་བ་ལྔ་པོ་ན། །ཞེས་བྱུང་། ཕྱིར་མི་འོང་དང་དགྲ་བཅོམ་ཁ་ཅིག་ཆོས་ཅན། ཁྱོད་ཀྱིས་བསམ་གཏན་སྤེལ་སྒོམ་བྱེད་པའི་ཚེ་དང་པོར་བསམ་གཏན་བཞི་པ་སྤེལ་བར་བྱེད་པ་ཡིན་ཏེ། དེ་བསམ་གཏན་གཞན་གྱི་མཆོག་ཡིན་པའི་ཕྱིར། སྤེལ་ཚུལ་ཡོད་དེ། བསམ་གཏན་ཟག་མེད་གཉིས་ཀྱི་བར་དུ་ཟག་བཅས་དང་། དེ་ལས་བཟློག་པ་སོགས་སྐད་ཅིག་མ་རེ་རེ་བཞིན་བསྲེས་པས་འགྲུབ་པའི་ཕྱིར། དགོས་པ་ཡོད་དེ། གནས་གཙང་དུ་སྐྱེ་བ་དང་། མཐོང་ཆོས་ལ་བདེ་བར་གནས་པར་བྱ་བའི་(༧༥༢ན)ཕྱིར་དང་། ཉོན་མོངས་མ་སྤངས་པའི་དབང་རྟུལ་འགའ་ཞིག་ཉོན་མོངས་པས་ནི་འཇིག་པ་དེ་ཞི་བའི་ཕྱིར་ཡང་སྒོམ་པར་བྱེད་པའི་ཕྱིར། སྒོམ་ཚུལ་ལྔར་ངེས་ཏེ། གནས་གཙང་མར་སྐྱེ་བའི་གནས་ལ་མི་ཆེ་བ་སོགས་ལྔ་པོ་ན་ཡིན་པས་དེར་སྐྱེ་བའི་རྒྱུ་བསམ་གཏན་སྤེལ་སྒོམ་བྱེད་ཚུལ་དེ་ནི་རྣམ་པ་ལྔ་པོ་ནར་ངེས་པའི་ཕྱིར། སྤེལ་སྒོམ་ཆོས་ཅན། ཁྱོད་ལ་ལྔ་ཡོད་དེ། ཆུང་ངུ་གསུམ་དུ་སྤེལ་བ། འབྲིང་དྲུག་ཏུ་སྤེལ་བ། ཆེན་པོ་དགུར་སྤེལ་བ། ཤིན་ཏུ་ཆེ་བ་བཅུ་གཉིས་སུ་སྤེལ་བ། ཤིན་ཏུ་ཆེས་ཆེར་བཅོ་ལྔར་སྤེལ་བ་རྣམས་སུ་ཡོད་པའི་ཕྱིར།

པ༤ ཕྱིར་མི་འོང་ལུས་མངོན་བྱེད།

དྲུག་པ་ནི། འགོག་པ་ཐོབ་པའི་ཕྱིར་མི་འོང་། །ལུས་ཀྱིས་མངོན་སུམ་བྱེད་པར་འདོད། །ཅེས་བྱུང་། ཕྱིར་མི་འོང་ལུས་མངོན་བྱེད་ཆོས་ཅན། བཞག་ཏུ་ཡོད་དེ། འགོག་པའི་སྙོམས་འཇུག་ཐོབ་པའི་ཕྱིར་མི་འོང་དེ་ཕྱིར་མི་འོང་ལུས་ཀྱིས་མངོན་དུ་བྱེད་པར་འདོད་པའི་ཕྱིར། ལུས་ཀྱིས་མངོན་དུ་བྱེད་ཅེས་བརྗོད་པའི་རྒྱུ་མཚན་ཡོད་དེ། སེམས་སེམས་ཚོར་འདུ་འགག་པའི་ལུས་ལ་བརྟེན་ནས་སྙོམས་འཇུག་དེ་སྐྱེ་བའི་ཕྱིར། སྤྱིར་ཕྱིར་མི་འོང་ལ་དབྱེ་ན་ཁྲི་ཉིས་སྟོང་དགུ་བརྒྱ་དང་དྲུག་ཅུ་ཡོད་དེ། ཕྱིར་མི་འོང་བར་འདའ་བ་སོགས་རིགས་ལྔ་པོ་རེ་རེ་ལའང་ཉིས་སྟོང་ལྔ་བརྒྱ་དགུ་བཅུ་རྩ་གཉིས་རེ་ཡོད་པར་རང་འགྲེལ་ལས་བཤད་པའི་ཕྱིར།

ཐ༩ དགྲ་བཅོམ་ཞུགས་གནས།

ད༡ དགྲ་བཅོམ་ཞུགས་པ།

བཞི་པ་དགྲ་བཅོམ་ཞུགས་འབྲས་ལ། ཞུགས་པ་དང་། འབྲས་གནས་གཉིས། དང་པོ་ནི། སྲིད་རྩེའི་བར་ཆ་བརྒྱད་ཟད་པ། །དགྲ་བཅོམ་ཉིད་ལ་ཞུགས་པ་ཡིན། །དགུ་པའི་བར་ཆད་མེད་ལམ་ཡང་། །དེ་ནི་རྡོ་རྗེ་ལྟ་བུ་ཡིན། །ཞེས་བྱུང་། དགྲ་བཅོམ་ཞུགས་པ་ཆོས་ཅན། ཁྱོད་འཇོག་ཚུལ་ཡོད་དེ། བསམ་གཏན་དང་པོའི་སྒོམ་སྤང་གཅིག་སྤངས་པ་ནས་སྲིད་རྩེའི་བར་གྱི་སྒོམ་སྤང་གི་ཆ་བརྒྱད་པ་ཟད་པའི་ཕྱིར་མི་འོང་རྣམས་དགྲ་བཅོམ་པ་ཉིད་ཀྱི་འབྲས་བུ་ལ་ཞུགས་པ་ཡིན་པའི་ཕྱིར་དང་། སྲིད་ཉོན་དགུ་པའི་དངོས་གཉེན་བར་ཆད་མེད་ལམ་ལ་གནས་པའི་འབྲས་གནས་གཞན་དེ་ཡང་དེ་ཡིན་པའི་ཕྱིར། བར་ཆད་མེད་ལམ་དེ་ཆོས་ཅན། རྡོ་རྗེ་ལྟ་བུ་ཏིང་ངེ་འཛིན་(༡༤༢བ)ཡིན་ཏེ། རྫས་ཀྱི་རྡོ་རྗེ་ཕ་ལམ་ལྟར་ཉོན་མོངས་པ་

ཐམས་ཅད་འཛོམས་ཤིང་འབིགས་པའི་སྒོམ་ལམ་བར་ཆད་མེད་ལམ་མཐར་ཐུག་ཡིན་པའི་ཕྱིར།

ད༢ དགྲ་བཅོམ་འབྲས་གནས།

ན༡ དགྲ་བཅོམ་འབྲས་གནས་དངོས།

གཉིས་པ་འབྲས་གནས་ལ། དངོས་དང་། ཁྱད་ཆོས་དང་། དབྱེ་བ་གསུམ། དང་པོ་ནི། དེ་ཟད་ཐོབ་དང་ཟད་པ་ཤེས། །དེ་ཚེ་དེ་མི་སློབ་དགྲ་བཅོམ། །ཞེས་བྱུང་། དགྲ་བཅོམ་འབྲས་གནས་ཆོས་ཅན། ཁྱོད་ཐོབ་པའི་དུས་ཡོད་དེ། སྲིད་ཉོན་དགུ་པ་དེ་ཟད་པའི་བྲལ་བ་ཐོབ་པ་དང་ལྷན་ཅིག་ཟག་པ་ཟད་པའི་ཤེས་པ་སྐྱེད་པ་དེའི་ཚེ་ཐོབ་པ་ཡིན་པའི་ཕྱིར་ཏེ། དེའི་ཚེ་ཁྱོད་ཀྱི་ཞུགས་པ་དེས་ལམ་དེའི་གོང་དུ་སློབ་མི་དགོས་པའི་རང་ལམ་གྱི་མི་སློབ་པའི་ལམ་གསར་དུ་ཐོབ་པའི་ཕྱིར།

ན༢ དགྲ་བཅོམ་འབྲས་གནས་ཀྱི་ཁྱད་ཆོས།

པ༡ ཆགས་བྲལ་གྱི་རྣམ་གཞག

ཕ༡ གང་གིས་ཆགས་པ་དང་བྲལ་བའི་ལམ།

གཉིས་པ་ལ། ཆགས་བྲལ་གྱི་རྣམ་གཞག་དང་། དགེ་སྦྱོང་ཚུལ་གྱི་རྣམ་གཞག་གཉིས། དང་པོ་ལ། གང་གིས་ཆགས་པ་དང་བྲལ་བའི་ལམ་དང་། བྲལ་ཐོབ་སྐྱེ་ཚུལ། ས་གང་གི་གང་ལ་ཆགས་པ་དང་བྲལ་བ། འཇིག་རྟེན་པའི་ལམ་གྱི་དམིགས་རྣམ་བཤད་པ་བཞི། དང་པོ་ནི། འཇིག་རྟེན་འདས་ཀྱིས་སྲིད་རྩེ་ལས། །ཆགས་བྲལ་གཞན་ནི་རྣམ་པ་གཉིས། །ཞེས་བྱུང་། ཤེས་བྱ་ཆོས་ཅན། ལམ་གང་གིས་གང་ལ་ཆགས་པ་དང་བྲལ་བར་བྱེད་ཚུལ་ཡོད་དེ། འཇིག་རྟེན་ལས་འདས་པའི་སྒོམ་ལམ་གྱིས་སྲིད་རྩེ་ལས་ཆགས་པ་དང་བྲལ་བར་བྱེད་པ། སྲིད་རྩེ་ལས་གཞན་པའི་ཉོན

མོངས་བརྒྱད་ནི་འཇིག་རྟེན་ལས་འདས་མ་འདས་ཀྱི་སྒོམ་ལམ་རྣམ་པ་གཉིས་ཀྱིས་ཆགས་བྲལ་བྱེད་པ་ཡོད་པའི་ཕྱིར།

༥༢ བྲལ་ཐོབ་སྐྱེ་ཚུལ།

གཉིས་པ་ནི། འཇིག་རྟེན་པ་ཡི་ཆགས་བྲལ་བའི། །འཕགས་པ་བྲལ་བའི་ཐོབ་རྣམ་གཉིས། །ཁ་ཅིག་འཇིག་རྟེན་འདས་ཀྱིས་ཀྱང་། །བཏང་ལ་ཉོན་མོངས་མི་ལྡན་ཕྱིར། །སྲིད་རྩེའི་བྱེད་ལས་རྣམ་གྲོལ་དང་། །གོང་དུ་སྐྱེས་པ་བཞིན་མི་ལྡན། །ཞེས་བྱུང་། འཕགས་པ་འཇིག་རྟེན་པ་ཡི་ལམ་གྱིས་འདོད་ཆགས་དང་བྲལ་བར་གྱུར་པ་ཆོས་ཅན། ཁྱོད་ལ་འཕགས་པའི་བྲལ་བའི་ཐོབ་པ་འཇིག་རྟེན་ལས་འདས་མ་འདས་རྣམ་པ་གཉིས་ཡོད་དེ། འཇིག་རྟེན་པའི་ཞི་རགས་ཀྱི་རྣམ་པ་ཅན་གྱི་ལམ་དང་། འཇིག་རྟེན་ལས་འདས་པའི་ལམ་གྱིས་འདོད་ཆགས་དང་(༧༨༣ན)བྲལ་བ་གཉིས་ཡོད་པའི་ཕྱིར། ཁ་ཅིག་ན་རེ། འཇིག་རྟེན་ལས་འདས་པའི་ལམ་གྱིས་ཀྱང་འདོད་ཆགས་དང་བྲལ་བ་རྣམ་པ་གཉིས་ཡོད་དེ། ལམ་གོང་མ་བཏང་བ་ལ་དེའི་ཉོན་མོངས་དང་མི་ལྡན་པ་ཡོད་པའི་ཕྱིར་ཟེར་ན། མ་ཁྱབ་སྟེ། འདས་ལམ་གྱིས་སྲིད་རྩེའི་བྱེད་ལས་རྣམ་པར་གྲོལ་བའི་ཕྱིར་མི་འོང་འགའ་ཞིག་དབང་པོ་འཕོས་པ་ན་ལམ་སྔ་མ་བཏང་ཞིང་འཇིག་རྟེན་པའི་བྲལ་ཐོབ་མེད་ཀྱང་སྲིད་རྩེའི་ཉོན་མོངས་སྣར་མི་ལྡན་པ་དང་། འདོད་པར་ཆགས་བྲལ་གྱི་སོ་སྐྱེ་བསམ་གཏན་དང་པོ་ཡན་གྱི་གོང་དུ་སྐྱེས་པ་ལ་འདོད་པའི་ཉོན་མོངས་དང་བྲལ་བའི་ཐོབ་པ་ཟག་བཅས་བཏང་བས་བྲལ་ཐོབ་མེད་ཀྱང་འདོད་ཉོན་སྣར་མི་ལྡན་པ་བཞིན་ཡོད་པའི་ཕྱིར།

༥༣ ས་གང་གི་གང་ལ་ཆགས་པ་དང་བྲལ་བ།

གསུམ་པ་ནི། ཟག་མེད་མི་ལྟོགས་མེད་པ་ཡིས། །ཐམས་ཅད་པ་ནི་འདོད་ཆགས་བྲལ། །ས་གསུམ་ལས་རྒྱལ་བསམ་གཏན་ནམ། །ཉེར་བསྡོགས་ལས་མཐའི་རྣམ་གྲོལ་ལམ། །གོང་མའི་ཉེར་བསྡོགས་ལས་མིན་འཕགས། །བརྒྱད་ཀྱི་རང་གོང་ས་ལས་རྒྱལ། །ཞེས་བྱུང་། ཟག་མེད་ཀྱི་ས་ཆོས་ཅན། ཁྱོད་ལ་དགུ་ཡོད་དེ། བསམ་གཏན་དང་པོའི་ཉེར་བསྡོགས་ཟག་མེད་དང་། དང་པོའི་དངོས་གཞི་ཟག་མེད་ཙམ་ཁྱད་གཉིས་དང་། བསམ་གཏན་ཕྱི་མ་གསུམ་གྱི་དངོས་གཞི་ཟག་མེད་དང་། གཟུགས་མེད་གསུམ་གྱི་ཟག་མེད་གསུམ་དང་དགུ་ཡོད་པའི་ཕྱིར། དེ་ལས་བསམ་གཏན་དང་པོའི་ཉེར་བསྡོགས་མི་ལྟོགས་མེད་པ་ཡིས་ཆོས་ཅན། འདོད་པ་ནས་སྲིད་རྩེའི་བར་གྱི་ས་ཐམས་ཅད་ལ་འདོད་ཆགས་དང་བྲལ་བར་བྱེད་ནུས་ཏེ། བར་ཆད་མེད་ལམ་གྱི་བདག་ཉིད་དང་འབྲེལ་བའི་སྒོ་ནས་དེ་ལྟར་ནུས་པའི་ཕྱིར་ཏེ། དེས་འདོད་པ་དང་བསམ་གཏན་དང་པོ་གཉིས་ཏེ་ས་འོག་མ་གསུམ་ལས་འདོད་ཆགས་དང་བྲལ་ནས་རྒྱལ་བའི་རྣམ་གྲོལ་ལམ་ཐོབ་པའི་ཚེ། རྣམ་གྲོལ་ལམ་གཉིས་ཐོབ་སྟེ། བསམ་གཏན་གྱི་དངོས་གཞིའམ། ཉེར་བསྡོགས་ལས་མཐོང་སྟེ་རྣམ་གྲོལ་ལམ་ཐ་མའི་ངོ་བོར་སྐྱེ་བའི་ཕྱིར། བསམ་གཏན་བཞི་སོགས་གོང་མ་ལ་ཆགས་པ་དང་བྲལ་བའི་རྣམ་གྲོལ་ལམ་ཆོས་ཅན། ཐ་མའི་ཉེར་(༧༨༣བ)བསྡོགས་ལས་སྐྱེ་བ་མིན་ཏེ། དངོས་གཞི་ཁོ་ན་ལས་སྐྱེ་བ་ཡིན་པའི་ཕྱིར། འཕགས་པའི་ཟག་མེད་ཀྱི་བསམ་གཏན་བཞི་དང་གཟུགས་མེད་དང་པོ་གསུམ་དང་དངོས་གཞི་ཟག་མེད་བརྒྱད་ཆོས་ཅན། ཁྱོད་ཀྱིས་རང་ས་དང་གོང་ས་ལས་རྒྱལ་བར་བྱེད་ཀྱི། འོག་ས་ལས་མིན་ཏེ། དེ་ལས་སྔར་འདོད་ཆགས་དང་བྲལ་ཟིན་པའི་ཕྱིར།

ཕ༩ དམིགས་རྣམ་བཤད་པ།

བ༡ འཇིག་རྟེན་པའི་ལམ་གྱི་དམིགས་རྣམ།

བཞི་པ་དམིགས་རྣམ་ལ། འཇིག་རྟེན་པའི་ལམ་གྱི་དམིགས་རྣམ་དང་། འཇིག་རྟེན་ལས་འདས་པའི་མཐར་ཕྱིན་ལམ་སྐྱེ་ཚུལ་གཉིས། དང་པོ་ནི། འཇིག་རྟེན་པ་ཡི་རྣམ་གྲོལ་དང་། །བར་ཆད་མེད་ལམ་གོ་རིམ་བཞིན། །ཞི་སོགས་རགས་སོགས་རྣམ་པ་ཅན། །གོང་དང་འོག་མའི་སྤྱོད་ཡུལ་ཅན། །ཞེས་བྱུང་། འཇིག་རྟེན་པ་ཡི་རྣམ་གྲོལ་ལམ་དང་དེའི་བར་ཆད་མེད་ལམ་གཉིས་ཆོས་ཅན། དམིགས་རྣམ་ཡོད་དེ། གོ་རིམ་བཞིན་དུ་སྟེ་མས་ས་གོང་མ་ལ་ཞི་བ་དང་གྱ་ནོམ་པ་སོགས་ཀྱི་རྣམ་པ་ཅན་གྱི་ངོ་བོར་སྤྱོད་ཡུལ་དུ་བྱེད་ལ། ཕྱི་མས་ནི་ས་འོག་མ་ལ་རགས་པ་དང་དམན་པ་སོགས་ཀྱི་རྣམ་པའི་སྒོ་ནས་སྤྱོད་ཡུལ་དུ་བྱེད་པའི་ཕྱིར།

བ༢ འཇིག་རྟེན་ལས་འདས་པའི་མཐར་ཕྱིན་ལམ་སྐྱེ་ཚུལ།

གཉིས་པ་ནི། གལ་ཏེ་མི་གཡོ་ཟད་ཤེས་ལས། །མི་སྐྱེའི་བློ་གྲོས་གལ་ཏེ་མིན། །ཟད་པ་ཤེས་སམ་མི་སློབ་ལྟ། །དེ་ནི་དགྲ་བཅོམ་ཐམས་ཅད་ལ། །ཞེས་བྱུང་། གལ་ཏེ་དགྲ་བཅོམ་པ་དེ་ཆོས་ཅན། མི་གཡོ་བའི་ཆོས་ཅན་ཡིན་ན་ཟད་པ་ཤེས་པ་ལས་མི་སྐྱེ་བའི་བློ་གྲོས་ཏེ་ཤེས་པ་སྐྱེ་ལ། གལ་ཏེ་དེ་མིན་ན་དེ་ལས་ཟད་པ་ཤེས་པའི་རྒྱུན་ནམ། མི་སློབ་པའི་ཡང་དག་པའི་ལྟ་བ་གང་རུང་སྐྱེ་སྟེ། དེ་ལྟར་འབྱུང་བའི་རྒྱུ་ཆད་པའི་ཕྱིར། མི་སློབ་པའི་ལྟ་བ་དེ་ནི་ཆོས་ཅན། མི་གཡོ་བའི་ཆོས་ཅན་གྱི་དགྲ་བཅོམ་ལའང་ཡོད་དེ། དགྲ་བཅོམ་པ་ཐམས་ཅད་ལ་ཡོད་པའི་ཕྱིར།

པ༢ དགེ་སྦྱོང་ཚུལ་གྱི་རྣམ་གཞག །

ཕ༡ ངོ་བོ་དབྱེ་བ་དང་བཅས་པ།

གཉིས་པ་དགེ་སྦྱོང་ཚུལ་གྱི་འབྲས་བུ་ལ། ངོ་བོ་དབྱེ་བ་དང་བཅས་པ་དང་། མདོ་དང་འགལ་བའི་སྐྱོན་པ་སྤངས་པ་དང་། མ་ཁྱབ་སྙམ་པའི་དོགས་གཅོད་དང་། འཐོབ་པའི་ཚུལ་བཞི། དང་པོ་ནི། དགེ་སྦྱོང་ཚུལ་ནི་དྲི་མེད་ལམ། །འབྲས་བུ་འདུས་བྱས་འདུས་མ་བྱས། །དེ་དག་བརྒྱད་ཅུ་རྩ་དགུའོ། །གྲོལ་ལམ་ཟད་པ་རྣམས་དང་བཅས། །ཞེས་བྱུང་། དགེ་སྦྱོང་(༧༨༥ན)གི་ཚུལ་ཆོས་ཅན། ཁྱོད་ཀྱི་ངོ་བོ་ཡོད་དེ། དྲི་མེད་དེ་ཟག་མེད་བར་ཆད་མེད་ལམ་ལ་འཇོག་པའི་ཕྱིར། བར་ཆད་མེད་ལམ་དེ་ཆོས་ཅན། དགེ་སྦྱོང་གི་ཚུལ་ཡིན་ཏེ། རང་རྒྱུད་ལྡན་གྱི་གང་ཟག་དོན་དམ་པའི་དགེ་སྦྱོང་དུ་འཇོག་བྱེད་ཀྱི་ཚུལ་ཏེ་ལམ་ཡིན་པའི་ཕྱིར། དགེ་སྦྱོང་ཚུལ་གྱི་འབྲས་བུ་ཆོས་ཅན། ཁྱོད་ལ་དབྱེ་ན་གཉིས་ཡོད་དེ། འདུས་བྱས་རྣམ་གྲོལ་ལམ་དང་འདུས་མ་བྱས་འགོག་བདེན་གཉིས་ཡོད་པའི་ཕྱིར། གཉིས་པོ་དེ་དག་ཆོས་ཅན། རེ་རེ་ལའང་བརྒྱད་ཅུ་རྩ་དགུ་རེ་ཡོད་དེ། མཐོང་སྤང་སྤངས་པའི་རྣམ་གྲོལ་ལམ་བརྒྱད་དང་། ས་དགུའི་སྒོམ་སྤང་སྤངས་པའི་རྣམ་གྲོལ་ལམ་དགུ་དགུ་བརྒྱད་ཅུ་རྩ་གཅིག །ཟད་པ་འགོག་བདེན་དང་བཅས་པ་རྣམས་ལའང་དེ་ལྟར་ཡོད་པའི་ཕྱིར། སྤྱི་དོན་གྱིས་ཅུང་ཟད་བཤད་ན། དགེ་སྦྱོང་ཚུལ་གྱི་འབྲས་བུ་ཡིན་ན། འབྲས་བུ་ཡིན་པས་མ་ཁྱབ་སྟེ། འདུས་མ་བྱས་འགོག་བདེན་རྣམས་འབྲས་བུ་མ་ཡིན་པའི་ཕྱིར། དགེ་སྦྱོང་གི་འབྲས་བུ་ཐོབ་པའི་གང་ཟག་ཡིན་ན། འབྲས་བུ་བཞི་གང་རུང་དང་ལྡན་པས་མ་ཁྱབ་སྟེ། དགེ་སྦྱོང་གི་འབྲས་བུ་ཐོབ་པའི་སངས་འཕགས་ཡོད་པའི་ཕྱིར། རྒྱུན་ཞུགས་ཞུགས་པ་ལ་སོ་སྐྱེ་མེད་དེ། འདིར་ཞུགས་པ་བཞི་པོ་གང་རུང་ལའང་འཕགས་པས་ཁྱབ་པའི་ཕྱིར། ཉན་ཐོས་མཐོང་ལམ་རྣམ་གྲོལ་ལམ་ལ་

གནས་པའི་རྒྱུན་ཞུགས་འབྲས་གནས་མེད་དེ། རྒྱུན་ཞུགས་འབྲས་གནས་ལ་སློམ་ལམ་པས་ཁྱབ་པའི་ཕྱིར། དེར་ཐལ། འབྲས་གནས་དང་པོ་གསུམ་ལ་སློམ་ལམ་པས་ཁྱབ་པའི་ཕྱིར། དེར་ཐལ། ཆགས་བྲལ་སྔོན་སོང་གི་འབྲས་གནས་ལ་བཅུ་དྲུག་པ་ལམ་རྗེས་ཤེས་ཐོབ་དགོས་ཤིང་། དེ་ཉིད་སྐབས་འདིར་སློམ་ལམ་དུ་འཇོག་པའི་ཕྱིར། འབྲས་བུ་བཞི་གང་རུང་ཐོབ་ཕྱིར་དུ་བརྩོན་བཞིན་པའི་ཉན་ཐོས་ཡིན་ན། དེ་གང་རུང་གི་ཞུགས་པ་ཡིན་པས་མ་ཁྱབ་སྟེ། དེ་དག་ཐོབ་ཕྱིར་བརྩོན་བཞིན་པའི་ཉན་ཐོས་ཚོགས་ལམ་པ་ཡོད་པའི་ཕྱིར། ཆགས་བྲལ་སྔོན་སོང་གི་ཕྱིར་འོང་ཕྱིར་མི་འོང་གང་རུང་གི་ཞུགས་པ་ཡིན་ན། མཐོང་ལམ་(༡༦༨བ)པ་ཡིན་པས་ཁྱབ། བར་པ་གཉིས་ཀྱི་རིམ་གྱིས་པའི་ཞུགས་པ་ཡིན་ན། སློམ་ལམ་པ་ཡིན་པས་ཁྱབ་སྟེ། རྒྱུན་ཞུགས་འབྲས་གནས་ཁྱད་པར་ཅན་དང་། ཕྱིར་འོང་འབྲས་གནས་ཁྱད་པར་ཅན་ལ་སློམ་ལམ་པས་ཁྱབ་པའི་ཕྱིར།

ཕ༢ མདོ་དང་འགལ་བའི་རྩོད་པ་སྤངས་པ།

གཉིས་པ་ནི། འབྲས་བུ་བཞིར་རྣམ་བཞག་པ་ནི། །རྒྱུ་ལྔ་དག་ནི་སྲིད་ཕྱིར་རོ། །འབྲས་ལ་སྔོན་ལམ་བཏང་བ་དང་། །གཞན་ཐོབ་པ་དང་ཟད་བསྒོམས་དང་། །ཤེས་པ་བརྒྱད་ཚན་ཐོབ་པ་དང་། །རྣམ་པ་བཅུ་དྲུག་ཐོབ་པའོ། །ཞེས་བྱུང་། དགེ་སྦྱོང་ཚུལ་གྱི་འབྲས་བུ་བརྒྱད་ཅུ་རྩ་དགུར་བཤད་པ་དེ་ཆོས་ཅན། །མདོ་ལས་འབྲས་བུ་བཞིར་བཤད་པ་དང་འགལ་བའི་སྐྱོན་མེད་དེ། བཞིར་རྣམ་པར་བཞག་པ་ནི་རྒྱུ་མཚན་དག་ནི་རྣམ་པ་ལྔ་སྲིད་པའི་ཕྱིར། གང་ཞེ་ན་ཡོད་དེ། འབྲས་བུ་ལ་རང་གི་ཞུགས་ལམ་སྔོན་དུ་བཏང་བ་དང་། ཞུགས་པ་ལས་གཞན་པའི་འབྲས་གནས་ཀྱི་ལམ་ཐོབ་པ་དང་། མཐོང་སྤང་ཐམས་ཅད་ཟད་པ་བསྒོམས་པའི་ཐོབ་པ་གཅིག་ཉིད་པ་དང་། སྡུག་བསྔལ་ཆོས་ཤེས་སོགས་ཤེས་པ་བརྒྱད་ཚན་ཐོབ་པ་དང་། རྣམ་པ་མི་

རྟག་སོགས་བཅུ་དྲུག་རྟོགས་པའི་ལམ་ཐོབ་པ་ལྔ་ཡོད་པའི་ཕྱིར།

ཕ༣ མ་ཁྱབ་སྐམ་པའི་རྟོགས་གཅོད།

གསུམ་པ་རྟོགས་གཅོད་ནི། འཇིག་རྟེན་པ་ཡི་ཐོབ་འབྲས་ནི། །བསྲེས་དང་ཟག་མེད་ཐོབ་འཛིན་ཕྱིར། །དེ་ཉིད་ཚངས་ཚུལ་ཚངས་པ་ཡི། །འཁོར་ལོ་ཚངས་པས་བསྐོར་ཕྱིར་རོ། །ཆོས་ཀྱི་འཁོར་ལོ་མཐོང་བའི་ལམ། །མྱུར་བར་འགྲོ་སོགས་རྩིབས་སོགས་ཀྱིས། །ཞེས་བྱུང་། ཁོ་ན་རེ། ཆགས་བྲལ་སྔོན་སོང་གི་བར་པ་གཉིས་ཀྱི་འབྲས་བུ་དེ་དགེ་སྦྱོང་ཚུལ་གྱི་འབྲས་བུར་ཇི་ལྟར་རུང་ཞེ་ན། དེ་གཉིས་ཆོས་ཅན། དགེ་སྦྱོང་ཚུལ་གྱི་འབྲས་བུར་མི་རུང་བའི་སྐྱོན་མེད་དེ། འཇིག་རྟེན་པའི་ཐོབ་འབྲས་ཙམ་མ་ཡིན་པར་འཇིག་རྟེན་པའི་ཐོབ་འབྲས་ནི་མཐོང་ལམ་གྱི་བྲལ་འབྲས་དེར་བསྲེས་པ་དང་ཟག་མེད་ཀྱི་ཐོབ་པ་ཡང་འཛིན་པའི་ཕྱིར། དགེ་སྦྱོང་གི་ཚུལ་དེ་ཉིད་ཆོས་ཅན། ཚངས་པའི་ཚུལ་ཞེས་བྱ་སྟེ། མྱང་འདས་ནི་ཚངས་པ་ཡིན་ལ། དེ་ཐོབ་བྱེད་ཀྱི་ཚུལ་ལམ་ལམ་ཡིན་པའི་ཕྱིར། ཚངས་པ་ཡི་འཁོར་ལོ་ཆོས་ཅན། སྐོར་བ་པོ་ཡོད་དེ། ཚངས་པ་བཅོམ་ལྡན་འདས་ཀྱིས་བསྐོར་བའི་ཕྱིར། མཐོང་ལམ་གྱི་ངོ་བོར་(༡༤༥ན)གྱུར་པའི་འཕགས་ལམ་ཡན་ལག་བརྒྱད་ཆོས་ཅན། ཆོས་ཀྱི་འཁོར་ལོ་ཞེས་བྱ་སྟེ། འཁོར་ལོས་བསྒྱུར་བའི་རྒྱལ་པོ་འཁོར་ལོ་རིན་པོ་ཆེ་དང་ཆོས་མཚུངས་པའི་ཕྱིར། དེར་ཐལ། འཁོར་ལོ་རིན་པོ་ཆེ་ནི་དེ་ལ་རྟེན་པར་བྱེད་པའི་ལྟེ་བ་དང་། སྟུད་ཅིང་མྱུར་བར་འགྲོ་བ་སོགས་ཀྱི་མུ་ཁྱུད་དང་། གཅོད་པར་བྱེད་པའི་རྩིབས་སོགས་གསུམ་ཡོད་པ་དེ་བཞིན་དུ། འདིར་ཡང་དག་པའི་ངག་དང་ལས་ཀྱི་མཐའ་དང་འཚོ་བ་གསུམ་ལྟེ་བ་དང་མཚུངས། ཡང་དག་པའི་ལྟ་བ་རྟོག་པ་རྩོལ་བ་གསུམ་ནི་རྩིབས་དང་མཚུངས། ཡང་དག་པའི་དྲན་པ་ཏིང་ངེ་འཛིན་གཉིས་ནི་མུ་ཁྱུད་དང་མཚུངས་པའི་ཕྱིར།

པ༩ འཕོབ་པའི་ཚུལ།

བཞི་པ་འཕོབ་ཚུལ་ནི། འདོད་པར་གསུམ་ཕོབ་ཐ་མ་ནི། །གསུམ་དུའོ་གོང་ན་མཐོང་ལམ་མེད། །མི་སྐྱེ་ལུང་ལས་འདིར་རྩོམ་ཞིང་། །དེ་མཐར་ཕྱིན་ཅེས་འབྱུང་ཕྱིར་རོ། །ཞེས་བྱུང་། འབྲས་བུ་བཞི་པོ་དེ་ཆོས་ཅན། ཁམས་གསུམ་གང་གི་རྟེན་ལ་ཕོབ་པ་ཡོད་དེ། འདོད་པར་འབྲས་བུ་དང་པོ་གསུམ་ཕོབ་ཅིང་། འབྲས་བུ་ཐ་མ་དགྲ་བཅོམ་པའི་འབྲས་བུ་ནི་ཁམས་གསུམ་གྱི་རྟེན་དུ་ཕོབ་པ་ཡོད་པའི་ཕྱིར། འབྲས་བུ་དང་པོ་དང་ཆགས་བྲལ་སྔོན་སོང་གི་བར་པ་གཉིས་དང་གསུམ་ཁམས་གོང་དུ་གསར་དུ་ཕོབ་པ་མེད་དེ། དེ་ན་མཐོང་ལམ་གསར་དུ་ཕོབ་པ་མེད་པའི་ཕྱིར་ཏེ། དེ་ན་སྐྱོ་ཤས་ཆེན་པོ་མི་སྐྱེ་བའི་ཕྱིར། དེ་ནི་རིགས་པའི་སྒྲུབ་བྱེད་ཡིན་ལ། ལུང་གི་སྒྲུབ་བྱེད་ཀྱང་ཡོད་དེ། མདོ་ལས་ཕྱིར་མི་འོང་བར་དོར་འདའ་བ་སོགས་ལྔ་པོ་འདིར་ལམ་ལ་རྩོམ་ཞིང་ལམ་གོང་མ་དེ་མཐར་ཕྱིན་ཅེས་འབྱུང་བའི་ཕྱིར་རོ། །

ན༣ དགྲ་བཅོམ་འབྲས་གནས་ཀྱི་དབྱེ་བ།

པ༡ མཚན་གཞིའི་སྒོ་ནས་དྲུག་ཏུ་དབྱེ་བ།

གསུམ་པ་དགྲ་བཅོམ་འབྲས་གནས་ཀྱི་དབྱེ་བ་ལ། མཚན་གཞིའི་སྒོ་ནས་དྲུག་ཏུ་དབྱེ་བ། གཉིས་སུ་བསྡུ་བ། རིགས་དང་འབྲས་བུ་གང་ལས་ཉམས་པ། རིགས་ཀྱི་དབྱེ་བ་དེ་གཞན་ལ་སྦྱར་བ། ཉམས་པའི་དབྱེ་བ། དབང་པོ་འཕོ་ཚུལ། དགྲ་བཅོམ་དགུར་དབྱེ་བ་དང་བདུན། དང་པོ་ནི། དགྲ་བཅོམ་དྲུག་འདོད། ཅེས་བྱུང་། དགྲ་བཅོམ་པ་ཆོས་ཅན། ཁྱོད་ལ་དྲུག་ཏུ་ཡོད་པར་འདོད་དེ། ཡོངས་སུ་ཉམས་པའི་ཆོས་ཅན། འཆི་བར་སེམས་པའི་(༧༥༥བ)ཆོས་ཅན། རྗེས་སུ་སྲུང་བའི་ཆོས་ཅན། གནས་པ་མི་བསྐྱོད་པ་དང་རྟོགས་པའི་སྐལ་བ་ཅན་དང་མི་གཡོ་བའི་ཆོས་ཅན་

རྣམས་སུ་ཡོད་པའི་ཕྱིར།

པ༢ གཉིས་སུ་བསྟུ་བ།

གཉིས་པ་ནི། དེ་དག་ལས། །ལྷ་ནི་དད་པའི་མོས་ལས་སྐྱེས། །དེ་དག་རྣམ་གྲོལ་དུས་དང་སྦྱོར། །མི་གཡོ་ཆོས་ཅན་མི་གཡོ་བ། །དེ་སྦྱོར་དེ་དུས་མི་སྦྱོར་གྲོལ། །དེ་ནི་མཐོང་ཐོབ་རྒྱུ་ལས་བྱུང་། །ཁ་ཅིག་དང་པོ་ནས་དེའི་རིགས། ཁ་ཅིག་སྦྱངས་པ་ལས་གྱུར་ཏོ། །ཞེས་བྱུང་། དགྲ་བཅོམ་དེ་དག་རྣམས་ལས་མི་གཡོ་བའི་ཆོས་ཅན་མ་གཏོགས་པའི་དང་པོ་ལྔ་ཆོས་ཅན། རྒྱུ་ཡོད་དེ། རང་རྒྱུ་དད་པ་སེམས་པ་ལས་སྐྱེས་པའི་ཕྱིར། ལྔ་པོ་དེ་དག་ཆོས་ཅན། རྣམ་གྲོལ་དུས་དང་སྦྱོར་ཞེས་བྱ་སྟེ། མྱང་འདས་མངོན་དུ་བྱེད་པ་ལ་ཡོ་བྱད་དང་ནད་མེད་པ་དང་ཡུལ་གྱི་ཁྱད་པར་ལ་ལྟོས་པའི་ཕྱིར། མི་གཡོ་བའི་ཆོས་ཅན་གྱི་དགྲ་བཅོམ་ཆོས་ཅན། རྣམ་གྲོལ་དུས་དང་མི་སྦྱོར་བ་ཞེས་བྱ་སྟེ། དབང་པོ་མི་གཡོ་ཞིང་ཉོན་མོངས་པས་ཀྱང་མི་གཡོ་བ་དེའི་ཕྱིར། དེ་ནི་ཆོས་ཅན། གང་ལས་བྱུང་བ་ཡོད་དེ། མཐོང་བས་ཐོབ་པའི་རྒྱུ་ལས་བྱུང་བའི་ཕྱིར། དྲུག་པོ་དེ་དག་ཆོས་ཅན། དང་པོ་ནས་དེ་དང་དེའི་རིགས་ཅན་དུ་མ་ངེས་ཏེ། ཁ་ཅིག་དང་པོ་ནས་དེའི་རིགས་ཅན་དང་། ཁ་ཅིག་དང་པོ་ཉམས་པའི་ཆོས་ཅན་ཡིན་ཡང་དབང་པོ་སྦྱང་བ་ལས་གཞན་དུ་འགྱུར་བ་ཡོད་ཅིང་མི་གཡོ་བའི་ཆོས་ཅན་དུ་འགྱུར་བ་ཡང་ཡོད་པའི་ཕྱིར།

པ༣ རིགས་དང་འབྲས་བུ་གང་ལས་ཉམས་པ།

གསུམ་པ་ནི། བཞི་ནི་རིགས་ལས་ལྔ་འབྲས་ལས། །ཉམས་འགྱུར་དང་པོ་ལས་མ་ཡིན། །ཞེས་བྱུང་། དགྲ་བཅོམ་ལྔ་ཆོས་ཅན། རིགས་དང་འབྲས་བུ་ལས་ཉམས་ཚུལ་གྱི་ཁྱད་པར་ཡོད་དེ། བཤད་ཚུལ་གཉིས་སྣང་བ་ལས་གཅིག་ནི་ཉམས་པའི་

ཆོས་ཅན་སོགས་བཞི་ནི་རིགས་ལས་ཉམས་པ་ཡོད། ལྔ་པོ་འབྲས་བུ་ལས་ཉམས་པར་འགྱུར་བ་ཡོད་ཀྱང་། རང་གི་འབྲས་བུ་གང་དང་པོར་ཐོབ་པ་ལས་ཉམས་པར་འགྱུར་བ་ཡོད་པ་མ་ཡིན་པའི་ཕྱིར། བཤད་ཚུལ་ཅུང་མི་འདྲ་བ་ཡོད་དེ། དང་པོ་ཉམས་པའི་ཆོས་ཅན་ནི་རིགས་དམའ་ཤོས་ཡིན་པས་དེ་ལས་ཉམས་པ་མེད་ཅིང་། འཆི་བར་སེམས་པ་སོགས་བཞི་རིགས་ལས་ཉམས་པ་ཡོད་པའི་ཕྱིར། ཕྱི་མ་ནི་(༧༨༨ན) རང་འགྲེལ་དང་མཐུན་ནོ། །

༥༩ རིགས་ཀྱི་དབྱེ་བ་དེ་གཞན་ལ་སྦྱར་བ།

༦༡ གཞན་ལ་སྦྱར་བ་དངོས།

བཞི་པ་ལ། དངོས་དང་། ལམ་གང་ལས་དབང་པོ་འཕོ་བ་གཉིས། དང་པོ་ནི། སློབ་དང་འཕགས་མིན་རིགས་དྲུག་ལྡན། །ཞེས་བྱུང་། འཕགས་པ་སློབ་པ་དང་འཕགས་མིན་སོ་སྐྱེ་ཆོས་ཅན། ཉམས་པའི་ཆོས་ཅན་ནས་མི་གཡོ་བའི་བར་རིགས་དྲུག་དང་ལྡན་ཏེ། དགྲ་བཅོམ་དྲུག་གི་རིགས་ཅན་རེ་རེ་ཡོད་པའི་ཕྱིར།

༦༢ ལམ་གང་ལས་དབང་པོ་འཕོ་བ།

གཉིས་པ་ནི། མཐོང་བ་ལ་ནི་འཕོ་བ་མེད། །ཅེས་བྱུང་། ལམ་གཞན་ལ་དབང་པོ་འཕོ་བ་ཡོད་ཀྱང་མཐོང་བའི་ལམ་ཆོས་ཅན། ཁྱོད་ལ་གནས་པ་ལ་དབང་པོ་འཕོ་བ་མེད་དེ། ཡུན་ཐུང་བས་དབང་པོ་མི་འཕོ་ཞིང་དེའི་སྦྱོར་བ་མེད་པའི་ཕྱིར།

༥༤ ཉམས་པའི་དབྱེ་བ།

ལྔ་པ་ནི། ཐོབ་དང་མ་ཐོབ་ཉེར་སྤྱད་ལས། །ཡོངས་ཉམས་རྣམ་པ་གསུམ་ཞེས་བྱ། །སྟོན་ལ་ཐ་མ་མི་གཡོ་བ། །བར་མའང་གཞན་ལ་རྣམ་གསུམ་མོ། །འབྲས་ལས་

ཉམས་པ་འཆི་བ་མེད། །བྱ་བ་མ་ཡིན་དེ་མི་བྱེད། །ཅེས་བྱུང་། ཡོངས་སུ་ཉམས་པ་དེ་ཆོས་ཅན། རྣམ་པ་གསུམ་ཞེས་བྱ་བ་ཡིན་ཏེ། ཡོན་ཏན་ཐོབ་པ་ཉོང་བ་ནི། ཐོབ་པ་ལས་ཉམས་པ་དང་། ཐོབ་བྱ་མ་ཐོབ་པ་ནི་མ་ཐོབ་པ་ལས་ཉམས་པ་དང་། ཐོབ་ཀྱང་མངོན་དུ་མི་བྱེད་པའི་ཉེར་སྤྱོད་ལས་ཉམས་པ་གསུམ་ཡོད་པའི་ཕྱིར། སྟོན་པ་ཆོས་ཅན། དེ་གསུམ་གྱི་ཐ་མ་ཉེར་སྤྱོད་ལས་ཉམས་པ་ཡོད་དེ། འགོག་སྙོམས་ཐོབ་ཀྱང་མངོན་དུ་མི་བྱེད་པའི་ཕྱིར། དེར་ཐལ། སེམས་ཅན་ཡལ་བར་མི་འདོར་བའི་སྙིང་རྗེ་ཆེན་པོས་བཅིངས་པའི་ཕྱིར། མི་གཡོ་བའི་ཆོས་ཅན་གྱི་དགྲ་བཅོམ་ཆོས་ཅན། བར་མ་ཐོབ་པ་ལས་ཉམས་པ་ཡོད་དེ། སངས་རྒྱས་ཀྱི་ཆོས་མ་འདྲེས་པ་སོགས་མ་ཐོབ་པའི་ཉན་ཐོས་ཡིན་པའི་ཕྱིར། དགྲ་བཅོམ་གཞན་ཆོས་ཅན། ཉམས་པ་རྣམ་པ་གསུམ་ཡོད་དེ། འབྲས་བུ་ལས་ཉམས་པ་སོགས་གསུམ་ཡོད་པའི་ཕྱིར། གལ་ཏེ་དགྲ་བཅོམ་པ་ཉམས་ནས་འཁོར་བར་སྐྱེ་བར་འགྱུར་སྲིད་དམ་སྙམ་ན། དེ་མེད་པར་ཐལ། དགྲ་བཅོམ་པའི་འབྲས་བུ་ལས་ཉམས་པ་ནི་འབྲས་བུ་དེ་སོར་མ་ཆུད་པར་དུ་འཆི་བ་མེད་ཅིང་། འབྲས་བུ་དང་འགལ་བའི་བྱ་བ་མ་ཡིན་པ་མི་བྱེད་པའི་ཕྱིར་ཏེ། རྒྱལ་(༧༨༨བ)པོ་ཆེ་འདྲིད་ཀྱང་རྗེག་མི་འཆའ་བ་བཞིན་ནོ། །

༥༨ དབང་པོ་འཕོ་ཚུལ།

དྲུག་པ་དབང་པོ་འཕོ་ཚུལ་ནི། མི་གཡོ་རྣམ་གྲོལ་བར་ཆད་མེད། །ལམ་དགུའོ་ཤིན་ཏུ་བསྟེན་ཕྱིར་རོ། །མཐོང་བས་ཐོབ་པ་རེ་རེའོ། །ཟག་མེད་མི་ཡི་ནང་དུ་འཕེལ། །མི་སློབ་ས་དགུ་ལ་བརྟེན་ཏེ། །སློབ་པ་དྲུག་ལ་གང་གི་ཕྱིར། །འཕེལ་བ་འབྲས་བུ་ཁྱད་པར་ཅན། །བཏང་སྟེ་འབྲས་བུ་ཐོབ་པར་འགྱུར། །ཞེས་བྱུང་། གོང་གི་དགྲ་བཅོམ་དེ་དག་ལས་གང་གིས་འཕོ་ཚུལ་གྱི་ཁྱད་པར་ནི། རྟོགས་པའི་སྐལ་བ་ཅན་མི་གཡོ་བར་དབང་པོ་འཕོ་ན་ཟག་མེད་ཀྱི་ལམ་བཅོ་བརྒྱད་དགོས་ཏེ། རྣམ་

གྲོལ་ལམ་དགུ་དང་བར་ཆད་མེད་ལམ་དགུ་དགོས་པའི་ཕྱིར་ཏེ། དབང་པོ་རྟུལ་པོའི་རིགས་ཏེ་གོམས་པ་ཤིན་ཏུ་བརྟེན་པས་བཟློག་དཀའ་བའི་ཕྱིར། དད་མོས་པ་མཐོང་ཐོབ་པར་དབང་པོ་འཕོ་བ་ལ་བར་ཆད་མེད་ལམ་དང་རྣམ་གྲོལ་ལམ་གང་རུང་རེ་རེས་ཆོག་སྟེ། དབང་པོ་འཕོ་སླ་བའི་ཕྱིར། སློབ་པ་འཕགས་པ་ཆོས་ཅན། དབང་པོ་འཕོ་ཚུལ་ཡོད་དེ། ཟག་མེད་ཀྱི་ལམ་ལ་བརྟེན་ནས་འཕོ་ཞིང་། རྟེན་མིའི་ནང་དུ་འཕེལ་བར་འགྱུར་བའི་ཕྱིར། མི་སློབ་པ་ཆོས་ཅན། གང་ལ་བརྟེན་ནས་དབང་པོ་འཕོ་བ་ཡོད་དེ། ཟག་མེད་མི་ལྡོགས་མེད་པ་ནས་གཟུགས་མེད་དང་པོ་གསུམ་ཚུན་གྱི་དགུ་གང་རུང་ལ་བརྟེན་ནས་འཕོ་བའི་ཕྱིར། སློབ་པ་ཕྱིར་འོང་དང་ཕྱིར་མི་འོང་དང་མོས་པ་གཉིས་ཆོས་ཅན། དབང་པོ་འཕོ་ཚུལ་ཡོད་དེ། ཟག་མེད་ཀྱི་བསམ་གཏན་ས་དྲུག་གང་རུང་ལ་བརྟེན་ནས་འཕོ་བའི་ཕྱིར། དེ་དག་གི་དབང་པོ་ཆོས་ཅན། དེ་ལྟར་འཕོ་བའི་རྒྱུ་མཚན་ཡོད་དེ། རྒྱུ་མཚན་གང་གི་ཕྱིར་ན། དབང་རྟུལ་གྱི་དབང་པོ་འཕེལ་བས་རང་གི་ལམ་དང་འབྲས་བུ་ཁྱད་པར་ཅན་བཏང་སྟེ་དབང་རྣོན་གྱི་འབྲས་བུ་ཕྱི་མ་འཐོབ་པར་འགྱུར་བའི་ཕྱིར།

༥༧ དགྲ་བཅོམ་དགུར་དབྱེ་བ།

བདུན་པ་དགྲ་བཅོམ་དགུར་དབྱེ་བ་ནི། དེ་དགུ་དབང་པོ་རྣམ་དགུ་ཅན། །གང་ཟག་བདུན་པོ་སྦྱོར་བ་དང་། །དབང་པོ་སྙོམས་འཇུག་རྣམ་གྲོལ་དང་། །གཉིས་ཀས་བྱས་པའོ། །ཞེས་བྱུང་། དགྲ་བཅོམ་ཆོས་ཅན། ཁྱོད་ལ་དབང་པོའི་བྱེ་བྲག་གི་དགུར་དབྱེ་བ་ཡོད་དེ། རང་རྒྱལ་(༡༤༧ན)དགྲ་བཅོམ་དང་རྫོགས་པའི་སངས་རྒྱས་དང་ཉན་ཐོས་བདུན་རྣམས་སུ་ཡོད་པའི་ཕྱིར། དགུ་པོ་དེ་ཆོས་ཅན། དབང་པོ་རྣམ་པ་དགུ་པ་ཅན་ཡིན་ཏེ། དབང་པོ་ཆེན་པོའི་ཆེན་པོ་ནས་ཆུང་ངུའི་བར་སོ་སོར་ཡོད་པའི་ཕྱིར།

༦༢ ནང་ཚན་གྱི་སྒོ་ནས་བདུན་དུ་དབྱེ་བ།

ཉན་ཐོས་ཀྱི་གང་ཟག་བདུན་པོ་དེ་ཆོས་ཅན། སྦྱོར་བ་དང་དབང་པོ་དང་སྙོམས་འཇུག་དང་རྣམ་གྲོལ་དང་གཉིས་ཀའི་ཆ་ནས་ཇོགས་པའམ་ཤེས་པར་འཛོག་པ་ཡིན་ཏེ། དད་པ་དང་ཆོས་ཀྱི་རྗེས་འབྲང་གཉིས་སྦྱོར་བ་དང་། དད་མོས་ཐོབ་གཉིས་དབང་པོ་དང་། ལུས་མངོན་བྱེད་སྙོམས་འཇུག་དང་། ཉོན་མོངས་ལས་རྣམ་པར་གྲོལ་བ་ཙམ་ནི་ཤེས་རབ་ཀྱི་རྣམ་པར་གྲོལ་བ་དང་། ཉོན་མོངས་ལས་གྲོལ་བ་དང་འགོག་པ་ཐོབ་པ་གཉིས་ཀ་བྱས་པའི་ཆ་ནས་གཉིས་ཀའི་ཆ་ལས་རྣམ་པར་གྲོལ་བར་མཛད་པའི་ཕྱིར།

༦༣ གང་ཟག་གི་རིགས་བསྡུས་པ་དང་གསུམ།

༧༡ གང་ཟག་གི་རིགས་བསྡུ་བ།

གསུམ་པ་ལ་གང་ཟག་གི་རིགས་བསྡུ་བ་དང་། རྣམ་གྲོལ་གྱི་ཁྱད་པར་གཉིས། དང་པོ་ནི། དེ་དག་དྲུག །འདི་ལྟར་ལམ་གསུམ་ལ་གཉིས་གཉིས། །ཞེས་བྱུང་། གང་ཟག་བདུན་པོ་དེ་དག་ཆོས་ཅན། ཇུས་ཀྱི་སྒོ་ནས་དྲུག་ཏུ་འགྱུར་ཏེ། འདི་ལྟར་མཐོང་སྒོམ་མི་སློབ་ལམ་གསུམ་ལ་གཉིས་གཉིས་འཇོག་པའི་ཕྱིར། དེར་ཐལ། མཐོང་ལམ་ལ་རྗེས་འབྲང་གཉིས། སྒོམ་ལམ་ལ་དད་མོས་དང་མཐོང་ཐོབ་གཉིས། མི་སློབ་ལམ་ལ་དུས་ཀྱི་རྣམ་གྲོལ་དང་། དུས་མི་སྦྱོར་གྱི་རྣམ་པར་གྲོལ་བ་གཉིས་འཇོག་པའི་ཕྱིར།

༧༢ རྣམ་གྲོལ་གྱི་ཁྱད་པར།

གཉིས་པ་ནི། འགོག་ཐོབ་གཉིས་ཀ་ལས་རྣམ་གྲོལ། །ཤེས་རབ་ཀྱིས་ནི་ཅིག་ཤོས་སོ། །ཞེས་བྱུང་། འགོག་པའི་སྙོམས་འཇུག་ཐོབ་པའི་དགྲ་བཅོམ་པ་ཆོས་ཅན།

གཉིས་ཀའི་ཆ་ལས་རྣམ་པར་གྲོལ་བ་ཞེས་བྱ་སྟེ། ཉོན་མོངས་སྤྲངས་ཤིང་སྙོམས་འཇུག་གི་སྒྲིབ་པ་ལས་རྣམ་པར་གྲོལ་བའི་ཕྱིར། ཉོན་མོངས་པའི་སྒྲིབ་པ་ཙམ་སྤྲངས་པའི་དགྲ་བཅོམ་དེ་ཆོས་ཅན། ཅིག་ཤོས་ཤེས་རབ་ཀྱིས་རྣམ་པར་གྲོལ་བ་ཞེས་བྱ་སྟེ། ཤེས་རབ་ཀྱིས་ཉོན་མོངས་པ་ཙམ་ལས་གྲོལ་བའི་དགྲ་བཅོམ་ཡིན་པའི་ཕྱིར།

པ༣ གང་ཟག་གི་རིགས་བསྡུས་པ།

བཞི་པ་ཡན་ལག་གི་རྫོགས་ཚུལ་ནི། སྙོམས་འཇུག་དབང་པོ་འབྲས་རྣམས་ཀྱིས། །སློབ་པ་(༧༤༧བ)རྫོགས་པ་ཞེས་བྱའོ། །གཉིས་ཀྱིས་མི་སློབ་ཡོངས་སུ་རྫོགས། ། ཞེས་བྱུང་། སློབ་པ་ཆོས་ཅན། རྫོགས་བྱེད་ཀྱི་ཆོས་གསུམ་ཡོད་དེ། སྙོམས་འཇུག་དང་དབང་པོ་དང་འབྲས་བུ་རྣམས་ཀྱིས་རྫོགས་པ་ཞེས་བྱ་བར་འཇོག་པའི་ཕྱིར་ཏེ། ཕྱིར་མི་འོང་དད་མོས་པ་ལུས་མངོན་བྱེད་མིན་པ་ནི་འབྲས་བུ་ཁོ་ནས་རྫོགས། མཐོང་ཐོབ་ཆགས་བྲལ་མིན་པ་ནི་དབང་པོ་ཁོ་ནས་རྫོགས། ལུས་མངོན་བྱེད་མིན་པའི་ཕྱིར་མི་འོང་མཐོང་ཐོབ་པ་ནི་འབྲས་བུ་དང་དབང་པོས་རྫོགས། དད་མོས་ལུས་མངོན་བྱེད་ནི་འབྲས་བུ་དང་སྙོམས་འཇུག་གིས་རྫོགས། མཐོང་ཐོབ་ལུས་མངོན་བྱེད་ནི་འབྲས་བུ་དབང་པོ་སྙོམས་འཇུག་གསུམ་གྱིས་རྫོགས་པའི་ཕྱིར། མི་སློབ་པ་ཆོས་ཅན། ཆོས་གཉིས་ཀྱིས་རྫོགས་ཏེ། དབང་པོ་དང་སྙོམས་འཇུག་གིས་ཡོངས་སུ་རྫོགས་པར་བྱེད་པའི་ཕྱིར་རོ། །

ཆ༣ ལམ་གྱི་ཁྱད་ཆོས་གཞན་བཤད་པ།

ཇ༡ ལམ་གྱི་དབྱེ་བ་སྤྱིར་བསྟན་པ།

ཉ༡ རིགས་བསྡུས་བཞིར་བཤད་པ།

གསུམ་པ་ལམ་གྱི་ཁྱད་ཆོས་གཞན་བཤད་པ་ལ། ལམ་གྱི་དབྱེ་བ་སྤྱིར་བསྟན་པ། བྱང་ཆུབ་ཀྱི་ཕྱོགས་བྱེ་བྲག་ཏུ་བཤད་པ། ལམ་གྱིས་ཐོབ་པའི་རྣམ་གྲོལ་ལམ་ངོས་བཟུང་བ་དང་གསུམ། དང་པོ་ལ། རིགས་བསྡུས་བཞིར་བཤད་པ་དང་། དཀའ་སླ་མྱུར་བུལ་བཞིར་བཤད་པ་གཉིས། དང་པོ་ནི། མདོར་ན་ལམ་ནི་རྣམ་བཞི་སྟེ། །ཁྱད་པར་ཅན་དང་རྣམ་གྲོལ་དང་། །བར་ཆད་མེད་དང་སྦྱོར་ཞེས་བྱ། །ཞེས་བྱུང་། ལམ་གྱི་ཁྱད་པར་མང་དུ་བཤད་པ་དག་ལས་མདོར་བསྡུ་ན་འབྲས་བུ་ཐོབ་བྱེད་ཀྱི་ལམ་ནི་ཆོས་ཅན། ཁྱོད་ལ་རྣམ་པ་བཞི་ཡོད་དེ། ཁྱད་པར་གྱི་ལམ་དང་། རྣམ་གྲོལ་ལམ་དང་། བར་ཆད་མེད་པའི་ལམ་དང་། སྦྱོར་བའི་ལམ་ཞེས་བྱ་བ་བཞི་ཡོད་པའི་ཕྱིར། དང་པོ་དང་ཕྱི་མ་གཉིས་ཀྱི་ཁྱད་པར་ཡོད་དེ། རྣམ་གྲོལ་ལམ་ཡན་ཆད་ནི་ཁྱད་པར་གྱི་ལམ་དང་། བར་ཆད་མེད་ལམ་ལ་འཇུག་པའི་ལམ་ནི་སྦྱོར་བའི་ལམ་ཡིན་ལ། བར་པ་གཉིས་སླ་བའི་ཕྱིར།

ཉ༢ དཀའ་སླ་མྱུར་བུལ་བཞིར་བཤད་པ།

གཉིས་པ་ནི། བསམ་གཏན་དག་གི་ལམ་རྣམས་སླ། །ས་གཞན་དག་ནི་དཀའ་བ་ཡིན། །བློ་རྟུལ་མངོན་ཤེས་བུལ་བ་སྟེ། །ཅིག་ཤོས་ཀྱི་ནི་མངོན་ཤེས་མྱུར། །ཞེས་བྱུང་། ལམ་དེ་ཆོས་ཅན། ཁྱོད་ལ་དཀའ་སླ་མྱུར་བུལ་བཞི་ཡོད་དེ། སེམས་རྟེན་དང་དབང་པོའི་སྒོ་ནས་དེ་ལྟར་(༡༧༤ན)ཡོད་པའི་ཕྱིར། སའི་སྒོ་ནས་དཀའ་སླ་གཉིས་ཡོད་དེ། བསམ་གཏན་གྱི་དངོས་གཞི་བཞི་ཡན་ལག་གིས་ཟིན་པ་དང་ཞི་ལྷག་ཆ་

སློམས་པ་ནི་ལམ་རྣམས་བསྐྱེད་པ་སོགས་སླ་ལ། ས་གཞན་བསམ་གཏན་དང་པོའི་དངོས་གཞི་ཁྱད་པར་ཅན་དང་ཉེར་བསྡོགས་བརྒྱད་དག་ནི་ལྷག་མཐོང་ཤས་ཆེ་བས་ལམ་དཀའ་ཞིང་། གཟུགས་མེད་ཀྱི་དངོས་གཞི་བཞི་ནི་ཞི་གནས་ཤས་ཆེ་བས་ལམ་དཀའ་བའི་ཕྱིར། དཀའ་སླ་དེ་གཉིས་ཆོས་ཅན། ཁྱོད་ལ་མྱུར་བྱུལ་གཉིས་རེ་ཡོད་དེ། བློ་རྟུལ་པོ་ནི་མངོན་ཤེས་བྱུལ་བ་སྟེ། ཅིག་ཤོས་རྣོན་པོ་ནི་མངོན་ཤེས་མྱུར་བ་དང་གཉིས་ཡོད་པའི་ཕྱིར།

༦༢ བྱང་ཆུབ་ཀྱི་ཕྱོགས་ཅི་བྲག་ཏུ་བཤད་པ།

༡༧ མིང་གི་སྒོ་ནས་དབྱེ་བ།

གཉིས་པ་ལ། མིང་གི་སྒོ་ནས་དབྱེ་བ་དང་། རྫས་ཀྱི་སྒོ་ནས་བསྡུ་བ། སྐྱེ་ཚན་གྱི་གོ་རིམ། ངོ་བོའི་ཁྱད་པར། ས་གང་གིས་བསྡུས་པ། ཞར་བྱུང་ཤེས་ནས་དད་པ་ཐོབ་ཚུལ་དང་དྲུག །དང་པོ་ནི། ཟད་དང་མི་སྐྱེ་ཤེས་པ་ནི། །བྱང་ཆུབ་དེ་དང་མཐུན་ཉིད་ཕྱིར། །སུམ་ཅུ་རྩ་བདུན་དེའི་ཕྱོགས་མཐུན། །མིང་གི་སྒོ་ནས། ཞེས་བྱུང་། ཐེག་གསུམ་རང་རང་ཟད་དང་མི་སྐྱེ་ཤེས་པའི་ཡེ་ཤེས་ཆོས་ཅན། རང་རང་གི་བྱང་ཆུབ་གསུམ་པོ་གང་ཡིན་པ་དེ་ཞེས་བྱ་སྟེ། རང་རང་གི་སྤང་བྱ་ཉོན་མོངས་པ་སྤངས་ཤིང་ཐོབ་བྱ་རྫོགས་པའི་ལམ་ཡིན་པའི་ཕྱིར། དྲན་པ་ཉེར་གཞག་སོགས་བྱང་ཆུབ་ཀྱི་ཆོས་སུམ་ཅུ་རྩ་བདུན་པོ་ཆོས་ཅན། བྱང་ཆུབ་དེའི་ཕྱོགས་དང་མཐུན་པ་ཞེས་བྱ་སྟེ། དེ་སྐྱེད་པ་དང་མཐུན་པའི་ལམ་ཉིད་ཡིན་པའི་ཕྱིར། སོ་བདུན་པོ་ཆོས་ཅན། མིང་གི་སྒོ་ནས་འཇོག་ཚུལ་ཡོད་དེ། དྲན་པ་ཉེར་གཞག་བཞི་ནས་འཕགས་ལམ་ཡན་ལག་བརྒྱད་ཀྱི་བར་དུ་འཇོག་པའི་ཕྱིར།

༡༢ རྫས་ཀྱི་སྒོ་ནས་བསྡུ་བ།

གཉིས་པ་ནི། རྫས་སུ་བཅུ། དད་དང་བརྩོན་འགྲུས་དྲན་པ་དང་། །ཤེས་རབ་ཏིང་འཛིན་བཏང་སྙོམས་དགའ། །རྟོག་དང་ཚུལ་ཁྲིམས་ཤིན་ཏུ་སྦྱངས། །དྲན་པ་ཉེར་གཞག་ཤེས་རབ་སྟེ། །བརྩོན་འགྲུས་ཡང་དག་འཛོག་ཅེས་བྱ། །རྫུ་འཕྲུལ་རྐང་པ་ཏིང་འཛིན་ཏོ། །གཙོ་བོ་སྨོས་པ་དེ་དག་ནི། །སྦྱོར་བྱུང་ཡོན་ཏན་ཀུན་ཀྱང་ཡིན། །ཞེས་བྱུང་། སོ་བདུན་པོ་དེ་དག་ཆོས་ཅན། རྫས་སུ་བཅུར་འདུ་བ་ཡིན་(༡༨༢བ)ཏེ། དད་པ་དང་། བརྩོན་འགྲུས་དང་། དྲན་པ་དང་། ཤེས་རབ་དང་། ཏིང་ངེ་འཛིན་དང་། བཏང་སྙོམས་དང་། དགའ་བ་དང་། རྟོག་པ་དང་། ཚུལ་ཁྲིམས་དང་། ཤིན་ཏུ་སྦྱངས་པ་དང་བཅུར་འདུ་བའི་ཕྱིར་ཏེ། དྲན་པ་ཉེར་གཞག་བཞི་ཤེས་རབ་དང་། ཡང་དག་སྤོང་བ་བཞི་བརྩོན་འགྲུས་དང་། རྫུ་འཕྲུལ་གྱི་རྐང་པ་བཞི་ཏིང་ངེ་འཛིན་དུ་འདུ་ཞིང་། དད་སོགས་དབང་སྟོབས་ཀྱི་རྫས་ལྔ་དང་། བྱང་ཆུབ་ཡན་ལག་ལྔའི་རྫས་དང་བཅུར་འདུ་བའི་ཕྱིར། དྲན་ཉེ་ཤེས་རབ་ཏུ་བཤད་པ་སོགས་ནི་གཙོ་བོ་སྨོས་པ་ཡིན་གྱི་དེར་ངེས་ནས་ནི་མིན་ཏེ། དྲན་པ་ཉེར་གཞག་སོགས་དེ་དག་ནི་རང་རང་གི་སྦྱོར་བ་དེའི་སྟོབས་ཀྱིས་བྱུང་བའི་ཡོན་ཏན་སེམས་བྱུང་ཀུན་ཀྱང་དེ་ཉིད་ཡིན་པའི་ཕྱིར།

༡༣ སྡེ་ཚན་གྱི་གོ་རིམ།

གསུམ་པ་ནི། སྡེ་ཚན་བདུན་ནི་གོ་རིམ་བཞིན། །ལས་ནི་དང་པོ་པ་དག་དང་། །ངེས་འབྱེད་ཆ་མཐུན་རྣམས་དང་ནི། །མཐོང་དང་སྒོམ་ལ་རབ་ཏུ་ཕྱེ། །ཞེས་བྱུང་། བྱེ་སྨྲ་ན་རེ། སོ་བདུན་གྱི་སྡེ་ཚན་བདུན་ནི་ཆོས་ཅན། འཛོག་པའི་གོ་རིམ་ཡོད་དེ། ལས་ནི་དང་པོ་པ་ཚོགས་ལམ་པ་དག་དང་། ངེས་འབྱེད་ཆ་མཐུན་རྣམས་དང་།

མཐོང་ལམ་དང་། སྒོམ་ལམ་རྣམས་ལ་གོ་རིམ་བཞིན་དུ་བཞག་པའི་ཕྱིར། དེར་ཐལ། དྲན་ཉེ་ཚོགས་ལམ། ཡང་དག་སྤོང་བ་དྲོད་དང་། རྫུ་འཕྲུལ་རྐང་པ་རྩེ་མོ་དང་། དབང་པོ་བཟོད་པ་དང་། སྟོབས་རྣམས་ཆོས་མཆོག་ནས་དང་། བྱང་ཆུབ་ཀྱི་ཡན་ལག་སྒོམ་ལམ་དང་། འཕགས་ལམ་ཡན་ལག་རྣམས་མཐོང་ལམ་ལ་རབ་ཏུ་ཕྱེ་ནས་བཞག་པའི་ཕྱིར། སློབ་དཔོན་སོགས་ན་རེ། གོ་རིམ་ཡོད་དེ། གཞན་ཕལ་ཆེར་འདྲ་བ་ལ་དྲན་ཉེ་སོགས་སུམ་ཅུ་གསུམ་ནི་ཚོགས་ལམ་ཆུང་འབྲིང་ཆེན་པོ་གསུམ་དང་། དབང་སྟོབས་གཉིས་དྲོད་དང་བཟོད་པ་ནས་སྐྱེ་བར་འཇོག་པའི་ཕྱིར།

༧༤ ཛ་བོའི་ཁྱད་པར།

བཞི་པ་ནི། བྱང་ཆུབ་ཡན་ལག་ལམ་ཡན་ལག །ཟག་པ་མེད་གཞན་རྣམ་གཉིས་སོ། །ཞེས་བྱུང་། བྱང་ཆུབ་ཀྱི་ཡན་ལག་དང་འཕགས་ལམ་ཡན་ལག་ཆོས་ཅན། ཟག་མེད་ཡིན་ཏེ། འཕགས་ལམ་ཟག་མེད་ཡིན་པའི་ཕྱིར། དེ་ལས་གཞན་ཆོས་ཅན། རྣམ་པ་གཉིས་ཡོད་དེ། ཟག་བཅས་ཟག་མེད་གཉིས་ཡོད་པའི་ཕྱིར་ཏེ། ལམ་བདེན་ཡིན་(༧༨ན)མིན་གཉིས་ཡོད་པའི་ཕྱིར།

༧༥ ས་གང་གིས་བསྡུས་པ།

ལྔ་པ་ནི། བསམ་གཏན་དང་པོ་ཐམས་ཅད་ན། །མི་ལྕོགས་མེད་ན་དགའ་མ་གཏོགས། །གཉིས་པ་ན་ནི་རྟོག་མ་གཏོགས། །གཉིས་ན་དེ་གཉིས་མ་གཏོགས་པ། །བསམ་གཏན་པར་ནའང་གཟུགས་མེད་པ། །གསུམ་ནའང་དེ་དང་ཚུལ་ཡན་ལག །བྱང་ཆུབ་དང་ནི་ལམ་ཡན་ལག །མ་གཏོགས་འདོད་ཁམས་སྲིད་རྩེ་ན། །ཞེས་བྱུང་། སོ་ཚན་བདུན་པོ་དེ་ཆོས་ཅན། ཁམས་དང་ས་གང་ན་ཡོད་མེད་ཀྱི་ཁྱད་པར་ཡོད་དེ། བསམ་གཏན་དང་པོ་ན་སོ་བདུན་པོ་ཐམས་ཅད་ཡོད། མི་ལྕོགས་མེད་ན

དགའ་བ་མ་གཏོགས་པའི་སོ་དྲུག །བསམ་གཏན་གཉིས་པ་ན་ནི་ཡང་དག་པའི་རྟོག་པ་མ་གཏོགས་པའི་སོ་དྲུག །བསམ་གཏན་གསུམ་པ་དང་བཞི་པ་གཉིས་ན་དགའ་རྟོག་དེ་གཉིས་མ་གཏོགས་པའི་སོ་ལྔ་དང་། དེ་བཞིན་དུ་བསམ་གཏན་གྱི་བར་ཉེར་བསྡོགས་གསུམ་དང་དང་པོ་ཁྱད་པར་ཅན་གསུམ་ནའང་དེ་དང་འདྲ་ལ། གཟུགས་མེད་དང་པོ་གསུམ་ནའང་ཡང་དག་པའི་ངག་དང་ལས་ཀྱི་མཐའ་དང་འཚོ་བ་སྟེ། འཕགས་ལམ་ཡན་ལག་གི་ངོ་བོར་གྱུར་པའི་ཚུལ་ཁྲིམས་ཀྱི་ཡན་ལག་གསུམ་དང་དགའ་རྟོག་གཉིས་མིན་པ་སོ་གཉིས། འདོད་ཁམས་དང་སྲིད་རྩེ་ན་བྱང་ཆུབ་ཡན་ལག་དང་ལམ་ཡན་ལག་གཉིས་མ་གཏོགས་པའི་ཉེར་གཉིས་ཡོད་པའི་ཕྱིར། འདིར་བཤད་པ་ནི་སས་བསྡུས་ཀྱི་དབང་དུ་བྱས་པ་ཡིན་གྱི། འདོད་ཁམས་པའི་གང་ཟག་གི་རྒྱུད་ལ་བྱང་ཆུབ་དང་འཕགས་ལམ་གྱི་ཡན་ལག་མེད་པའི་དོན་མིན་ལ། གཟུགས་མེད་ནས་ཡང་དག་པའི་ངག་སོགས་གསུམ་མེད་པར་བཤད་པ་ནི། ལུགས་འདིར་དེ་གསུམ་པོ་གཟུགས་ཅན་དུ་འདོད་པའི་དབང་དུ་བྱས་པ་ཡིན་ཏེ་ཞིབ་ཆ་གྱིས་ཤིག །

༡༨ ཞར་བྱུང་ཤེས་ནས་དད་པ་ཐོབ་ཚུལ།

དྲུག་པ་ནི། བདེན་གསུམ་མཐོང་བ་ཚུལ་ཁྲིམས་(78(བ))དང་། །ཆོས་ལ་ཤེས་ནས་དད་པ་འཐོབ། །ལམ་མངོན་རྟོགས་ན་སངས་རྒྱས་དང་། །དེ་ཡི་དགེ་འདུན་དག་ལ་ཡང་། །ཆོས་བདེན་གསུམ་དང་རང་སངས་རྒྱས། །བྱང་ཆུབ་སེམས་དཔའི་ལམ་ཡིན་ནོ། །རྫས་སུ་གཉིས་ཏེ་དད་པ་དང་། །ཚུལ་ཁྲིམས་དྲི་མ་མེད་པ་ཡིན། ། ཞེས་བྱུང་། མདོ་ལས་ཆོས་ཤེས་ནས་དད་པ་ཐོབ་ཚུལ་ལ་བཞི་བཤད་དེ། བདེན་པ་དང་པོ་གསུམ་མངོན་སུམ་དུ་མཐོང་ན་འཕགས་པ་དགྱེས་པའི་ཚུལ་ཁྲིམས་དང་ཆོས་ལ་ཤེས་ནས་དད་པ་འཐོབ། ལམ་བདེན་མངོན་སུམ་དུ་རྟོགས་ན་སངས་རྒྱས་དང་དེ་ཡི་ཉན་ཐོས་ཀྱི་དགེ་འདུན་དག་ལ་ཡང་ཤེས་ནས་དད་པ་ཐོབ་པར་བཤད་པའི་

ཕྱིར། དེའི་དམིགས་ཡུལ་གྱི་ཆོས་ཆོས་ཅན། བཞག་ཏུ་ཡོད་དེ། བདེན་པ་དང་པོ་གསུམ་དང་། རང་སངས་རྒྱས་དང་བྱང་ཆུབ་སེམས་དཔའི་ལམ་རྣམས་ནི་དེ་ཡིན་པའི་ཕྱིར། དད་པའི་ཡུལ་གྱི་ཁྱད་པར་ཆོས་ཅན། བཞིར་བཤད་ཀྱང་ཇོས་སུ་གཉིས་ཡིན་ཏེ། དཀོན་མཆོག་སོགས་ལ་དད་པ་ནི་དད་པའི་རང་བཞིན་དང་། ཚུལ་ཁྲིམས་ཀྱི་ཕྱོགས་གཉིས་སུ་འདུ་བ་ཡིན་པའི་ཕྱིར། དེ་ལྟ་བུའི་དད་པ་ཆོས་ཅན། ཟག་མེད་ཡིན་ཏེ། ཡང་དག་པའི་དོན་ལེགས་པར་རྟོགས་ནས་ཡིད་ཆེས་པའི་དྲི་མ་མེད་པའི་དད་པ་ཡིན་པའི་ཕྱིར།

ཇ༣ ལམ་གྱིས་ཐོབ་པའི་རྣམ་གྲོལ་ལམ་ངོས་བཟུང་བ།

༡༧ རྣམ་གྲོལ་ལམ་གྱི་དབྱེ་བ།

གསུམ་པ་ལམ་གྱིས་ཐོབ་པའི་རྣམ་གྲོལ་ལམ་ལ། རྣམ་གྲོལ་ལམ་གྱི་དབྱེ་བ། ཐོབ་ཚུལ། འདུས་མ་བྱས་ཀྱི་རྣམ་གྲོལ་བྱེ་བྲག་ཏུ་བཤད་པ། ཡིད་འབྱུང་དང་ཆགས་བྲལ་གྱི་ཁྱད་པར་དང་བཞི། དང་པོ་ནི། བཅིངས་ཕྱིར་སློབ་པའི་ཡན་ལག་ཏུ། །རྣམ་གྲོལ་མ་བཤད་དེ་རྣམ་གཉིས། །ཉོན་མོངས་བཅོམ་པ་འདུས་མ་བྱས། །མོས་པ་འདུས་བྱས་ཡན་ལག་ནི། །དེ་ཡིན་དེ་ཉིད་རྣམ་གྲོལ་གཉིས། །ཞེས་བྱུང་། ཤེས་བྱ་ཆོས་ཅན། སློབ་པའི་ཡན་ལག་ཏུ་ཡང་དག་པའི་རྣམ་གྲོལ་ལམ་དང་ཡང་དག་པའི་ཤེས་པ་མ་བཤད་པའི་རྒྱུ་མཚན་ཡོད་དེ། (༧༧༠ན)སློབ་པ་ནི་ཉོན་མོངས་པས་བཅིངས་པའི་ཕྱིར། ཁྱབ་སྟེ། ཡང་དག་པའི་ཤེས་པ་ནི་འདིར་ཉོན་མོངས་པ་ལས་རྣམ་པར་གྲོལ་བར་འཇོག་པའི་ཕྱིར། རྣམ་གྲོལ་ལམ་དེ་ཆོས་ཅན། ཁྱོད་ལ་རྣམ་པ་གཉིས་ཡོད་དེ། ཉོན་མོངས་རྣམས་བཅོམ་པའི་འདུས་མ་བྱས་སོ་སོར་བརྟགས་འགོག་དང་། མི་སློབ་པའི་མོས་པ་འདུས་བྱས་ཀྱི་རྣམ་གྲོལ་གཉིས་ཡོད་པའི་ཕྱིར། མི་སློབ་པའི་མོས་པ་རྣམ་གྲོལ་ལམ་ཆོས་ཅན། མི་སློབ་པའི་ལམ་ཡན་ལག་ཡིན་ཏེ།

དེའི་མངོན་རྟོགས་དེ་ཡིན་པའི་ཕྱིར། འདུས་བྱས་རྣམ་གྲོལ་ལམ་དེ་ཉིད་ཆོས་ཅན། ཁྱོད་ལ་གཉིས་ཡོད་དེ། སེམས་རྣམ་པར་གྲོལ་བ་དང་། ཤེས་རབ་རྣམ་པར་གྲོལ་བ་ཞེས་མདོ་ལས་གསུངས་པ་ལྟར་ཡོད་པའི་ཕྱིར།

༡༢ ཐོབ་ཚུལ།

ད༡ སེམས་གང་རྣམ་པར་གྲོལ་བ།

གཉིས་པ་ལ། སེམས་གང་རྣམ་པར་གྲོལ་བ་དང་། ལམ་གང་གིས་རྣམ་པར་གྲོལ་བ་གཉིས། དང་པོ་ནི། བྱང་ཆུབ་ཇི་སྐད་བཤད་ཤེས་པ། །མི་སློབ་སེམས་ནི་སྐྱེ་འགྱུར་བ། །སྒྲིབ་པ་ལས་ནི་རྣམ་གྲོལ་འགྱུར། །ཞེས་བྱུང་། སེམས་རྣམ་པར་གྲོལ་བར་འགྱུར་བ་དང་གྲོལ་བའི་དུས་ཆོས་ཅན། སོ་སོར་བཞག་ཏུ་ཡོད་དེ། བྱང་ཆུབ་ཇི་སྐད་བཤད་པའི་ཤེས་པ་མི་སློབ་པའི་སེམས་ནི་དུས་གསུམ་ལས་མ་འོངས་པ་སྐྱེ་བར་འགྱུར་ན་དེ་སྒྲིབ་པ་ལས་ནི་རྣམ་པར་གྲོལ་བར་འགྱུར་བ་དེ་ཡིན་ལ། མི་སློབ་པའི་སེམས་སྐྱེས་ཟིན་པའི་ཚེ་སེམས་རྣམ་པར་གྲོལ་བ་ཞེས་བྱ་བ་དེ་ཡིན་པའི་ཕྱིར། དེར་ཐལ། སློམ་ལམ་རྡོ་རྗེ་ལྟ་བུའི་ཏིང་ངེ་འཛིན་སྐྱེས་པ་ན་སེམས་ཉོན་མོངས་པ་ལས་རྣམ་པར་གྲོལ་བར་འགྱུར་བའི་དུས་ཡིན་ལ། དེས་ཉོན་མོངས་པ་སྤངས་པ་ན་དེ་ལས་རྣམ་པར་གྲོལ་བ་ཡིན་པའི་ཕྱིར། གཉིས་པ་ནི། འགག་པར་འགྱུར་བའི་ལམ་གྱིས་ནི། །དེ་ཡི་སྒྲིབ་པ་རབ་ཏུ་སྤོང་། །ཞེས་བྱུང་། ཤེས་བྱ་ཆོས་ཅན། ལམ་གང་གིས་མི་སློབ་ལམ་སྐྱེ་(༡༧༠བ)བའི་སྒྲིབ་པ་སྤོང་བར་བྱེད་པ་ཡོད་དེ། རྡོ་རྗེ་ལྟ་བུའི་ལམ་འགག་བཞིན་པ་ཁམས་འགག་པར་འགྱུར་བའི་ལམ་གྱིས་ནི་དེ་ཡི་སྒྲིབ་པ་རབ་ཏུ་སྤོང་བར་བྱེད་པའི་ཕྱིར།

༡༣ འདུས་མ་བྱས་ཀྱི་རྣམ་གྲོལ་བྱེ་བྲག་ཏུ་བཤད་པ།

གསུམ་པ་ནི། འདུས་མ་བྱས་ཉིད་ཁམས་ཞེས་བྱ། །འདོད་ཆགས་ཀུན་ཟད་འདོད་ཆགས་བྲལ། །སྤངས་པའི་ཁམས་ནི་གཞན་དག་གོ། །འགོག་པའི་ཁམས་ཞེས་བྱ་བ་གཞི། །ཞེས་བྱུང་། རྣམ་གྲོལ་འདུས་མ་བྱས་ཉིད་ཀྱི་ཁམས་ཞེས་བྱ་བ་དེ་ཆོས་ཅན། ཁྱོད་ལ་གསུམ་ཡོད་དེ། སྤངས་པའི་ཁམས་དང་། འདོད་ཆགས་ཀུན་ཟད་པ་འདོད་ཆགས་དང་བྲལ་བའི་ཁམས་དང་། དེ་ལས་གཞན་པའི་ཟག་བཅས་སྤངས་པའི་ཁམས་དག་ཡོད་པའི་ཕྱིར། དང་པོ་གྲུབ་སྟེ། འདོད་པའི་འདོད་ཆགས་ལས་གཞན་པའི་ཉོན་མོངས་སྤངས་པའི་སྤངས་པ་དེ་དེ་ཡིན་པའི་ཕྱིར། གཉིས་པ་གྲུབ་སྟེ། འདོད་པའི་འདོད་ཆགས་ཀུན་སྤངས་པའི་སྤངས་པ་དེ་དེ་ཡིན་པའི་ཕྱིར། གསུམ་པ་གྲུབ་སྟེ། དེ་དག་ལས་གཞན་པའི་ཟག་བཅས་སྤངས་པའི་སྤངས་པ་དེ་དེ་ཡིན་པའི་ཕྱིར། འགོག་པའི་ཁམས་ཞེས་བྱ་བ་ཆོས་ཅན། བཞག་ཏུ་ཡོད་དེ། གཞིའི་ཟག་བཅས་ཐམས་ཅད་སྤངས་པའི་འགོག་པ་དེ་དེ་ཡིན་པའི་ཕྱིར། འོན་ཀྱང་འདིར་གཞི་ཞེས་པ་གྲངས་ཀྱི་བཞི་ལ་བྱེད་པ་དང་། འགོག་པའི་ཁམས་དེ་ཁམས་གསུམ་གྱི་ནང་དུ་འདྲེན་མི་འདྲེན་གཉིས་ཏེ་བརྟག །

༡༤ ཡིད་འབྱུང་དང་ཆགས་བྲལ་གྱི་ཁྱད་པར།

བཞི་པ་ནི། སྡུག་བསྔལ་རྒྱུ་བཟོད་ཤེས་རྣམས་ཀྱིས། །ཡིད་འབྱུང་གང་གིས་སྤོང་འགྱུར་བ། །ཀུན་གྱིས་འདོད་ཆགས་བྲལ་བར་འགྱུར། །དེ་ལྟར་ན་ནི་མུ་བཞི་སྲིད། །ཅེས་བྱུང་། ཤེས་བྱ་ཆོས་ཅན། སྤང་བྱ་གང་ལ་ལམ་གང་གིས་ཡིད་འབྱུང་སྐྱེད་ཅིང་སྤོང་བ་ཡོད་དེ། སྡུག་བསྔལ་བདེན་པ་ལ་ཆོས་བཟོད་དང་ཆོས་ཤེས་དང་། རྒྱུ་ཀུན་འབྱུང་ལ་རྗེས་བཟོད་དང་རྗེས་ཤེས་རྣམས་ཀྱིས་འཕོར་བ་ལ་ཡིད་

འབྱུང་སྐྱེད་པར་བྱེད་ཅིང་ངོ་སྐལ་གྱི་སྒྲིབ་པ་སྤོང་བར་འགྱུར་བ་ཀུན་གྱིས་འདོད་ཆགས་དང་བྲལ་བར་འགྱུར་བའི་ཕྱིར། དེ་ལྟར་ན་མངོན་རྟོགས་དེ་ལ་ཡིད་འབྱུང་ཞིང་ཉོན་མོངས་མི་སྤོང་བ་དང་། དེ་ལས་བཟློག་པ་དང་། (༡༧༡ན)གཉིས་ཀ་ཡིན་དང་མིན་པའི་མུ་ནི་བཞི་སྲིད་དེ། སྡུག་ཀུན་ལ་དམིགས་པའི་ཤེས་པ་བཞི་ནི་ཡིད་འབྱུང་བའི་ལམ་ཡིན་ལ། འདོད་ཆགས་དང་བྲལ་བའི་ལམ་མ་ཡིན། སྡུག་ཀུན་གྱི་བཟོད་པ་བཞི་ནི་གཉིས་ཀ་ཡིན། འགོག་ལམ་གྱི་བཟོད་པ་བཞི་ནི་ཆགས་བྲལ་གྱི་ལམ་ཡིན་ལ། ཡིད་འབྱུང་བའི་ལམ་མ་ཡིན། འགོག་ལམ་གྱི་ཤེས་པ་བཞི་ནི་གཉིས་ཀ་མ་ཡིན་པའི་མུ་ཡིན་པའི་ཕྱིར། གནས་དྲུག་པ་བཤད་ཟིན་ཏོ།། །།བཀྲ་ཤིས། དགེའོ། །

༄༅། །ཆོས་མངོན་པ་མཛོད་ཀྱི་གནས་བརྒྱད་པའི་ཚིག་འགྲེལ་བཞུགས་སོ། །

ག༢ དེ་ལྟར་མཁས་པར་བྱས་པའི་ཡོན་ཏན་བསྟན་པ།

ང༡ ཤེས་པའི་ཡོན་ཏན་གཏན་ལ་དབབ་པ།

ཅ༡ ཡེ་ཤེས་ཀྱི་རང་བཞིན།

ཆ༡ བཟོད་ཤེས་དང་ལྟ་བའི་ཁྱད་པར།

གཉིས་(༡༧༢ན)པ་མཁས་པར་བྱ་བའི་ཡོན་ཏན་གཏན་ལ་དབབ་པ་ལ། ཤེས་པའི་ཡོན་ཏན་གཏན་ལ་དབབ་པ་དང༌། སྙོམས་འཇུག་གི་ཡོན་ཏན་གཏན་ལ་དབབ་པ་གཉིས། དང་པོ་ལ། ཡེ་ཤེས་ཀྱི་རང་བཞིན་དང༌། ལྡན་ཚུལ་དང༌། ཐོབ་ཚུལ་དང༌། ཁྱད་པར་གྱི་ཆོས་དང་བཞི། དང་པོ་ལ། བཟོད་ཤེས་དང་ལྟ་བའི་ཁྱད་པར། ཤེས་པ་བཅུའི་རྣམ་གཞག །དེ་དག་གི་ཁྱད་ཆོས་དང་གསུམ། དང་པོ་ནི། དྲི་མེད་བཟོད་རྣམས་ཤེས་པ་མིན། །ཟད་དང་མི་སྐྱེའི་བློ་ལྟ་མིན། །དེ་ལས་གཞན་འཕགས་བློ་གཉིས་ཀ །གཞན་ཤེས་དྲུག་ནི་ལྟ་བའང་ཡིན། །ཞེས་བྱུང༌། འདིར་བཟོད་པ་དང་ཤེས་པ་དང་ཡང་དག་པའི་ལྟ་བ་ཞེས་བཤད་ན་དེ་རྣམས་ཀྱི་ཁྱད་པར་ཇི་ལྟར་ཞེ་ན། དྲི་མེད་ཟག་མེད་བཟོད་པ་བརྒྱད་ཀྱི་ཤེས་རབ་རྣམས་ཆོས་ཅན། བཟོད་ཤེས་གཉིས་ཀྱི་ནང་ནས་ཤེས་པ་མ་ཡིན་ཏེ། རང་ཡུལ་ལ་མི་སླུག་པའི་ཡེ་ཤེས་ཀྱི་ངོ་བོར་སྐྱེས་ཀྱང་ཐེ་ཚོམ་སྤངས་པའི་ངེས་པའི་ངོ་བོར་མ་སྐྱེས་པའི་ཕྱིར། དེར་ཐལ། རང་གི་ངོ་སྐལ་གྱི་སྤང་བྱ་ཐེ་ཚོམ་སྤོང་བྱེད་ཡིན་པའི་ཕྱིར། དེ་ཆོས་ཅན། ལྟ་བ་ཡིན་ཏེ། ཉེ་བར་རྟོག་ཅིང་འཚོལ་བའི་ཤེས་རབ་ཡིན་པའི་ཕྱིར། ཟད་དང་མི་སྐྱེ་བ་ཤེས་པའི་བློ་ཆོས་ཅན། ལྟ་བ་མིན་ཏེ། ཉེ་བར་རྟོག་པ་མེད་ཅིང་ཡོངས་སུ་ཚོལ་

བའི་རང་བཞིན་ཅན་མ་ཡིན་པའི་ཕྱིར། དེར་ཐལ། སོ་སོར་རྟོག་པ་ཙམ་ཡོད་ཀྱང་བྱ་བ་བྱས་ཟིན་པས་ཡོངས་སུ་ཚོལ་བ་མི་བྱེད་པའི་ཕྱིར། སྔ་མ་དེ་དག་ལས་གཞན་འཕགས་པའི་སྡུག་བསྔལ་ཆོས་ཤེས་སོགས་བརྒྱད་ཀྱི་བློ་ཤེས་རབ་ཆོས་ཅན། བཟོད་ཤེས་ཀྱི་ཤེས་པ་དང་ལྟ་བ་གཉིས་ཀ་ཡིན་ཏེ། རང་ཡུལ་ལ་ཐེ་ཚོམ་སྤངས་པའི་ངེས་པ་དང་ཉེ་བར་རྟོག་པའི་ངོ་བོ་ཡང་ཡིན་པའི་ཕྱིར། ཟག་མེད་ལས་གཞན་འཇིག་རྟེན་པའི་རྣམ་ཤེས་ཚོགས་དྲུག་(༡༧༣ན)དང་ཉོན་མོངས་པ་དང་མཚུངས་ལྡན་གྱི་མི་དགེ་བ་དང་ལུང་མ་བསྟན་གྱི་ཤེས་རབ་རྣམས་ཆོས་ཅན། ལྟ་བ་མིན་ཏེ། ལྟ་ཤེས་གཉིས་ཀྱི་ནང་ནས་ཤེས་པ་ཙམ་ཡིན་པའི་ཕྱིར། གཞན་དམིགས་བསལ་འཇིག་ལྟ་སོགས་ལྟ་བ་ལྔ་དང་འཇིག་རྟེན་པའི་ཡང་དག་པའི་ལྟ་བ་དང་དྲུག་ནི་ཆོས་ཅན། ཀུན་རྫོབ་ཤེས་པར་མ་ཟད། ལྟ་ཤེས་གཉིས་ཀྱི་ལྟ་བའང་ཡིན་ཏེ། ཡུལ་ལ་རྟོག་ཅིང་ཚོལ་བའི་ཤེས་པ་ཡིན་པའི་ཕྱིར།

ཆ༢ ཤེས་པ་བཅུའི་རྣམ་གཞག །

ཇ༡ མདོར་བསྟན་པ།

གཉིས་པ་ལ། མདོར་བསྟན་པ་དང་། རྒྱས་པར་བཤད་པ་གཉིས། དང་པོ་ནི། ཤེས་པ་ཟག་བཅས་ཟག་པ་མེད། །ཅེས་བྱུང་། སྐབས་འདིར་བཤད་པའི་ཤེས་པ་ཆོས་ཅན། ཁྱོད་ལ་བཅུ་ཡོད་དེ། ཀུན་རྫོབ་ཤེས་པ་དང་། ཆོས་ཤེས་པ་དང་། རྗེས་སུ་ཤེས་པ་དང་། སྡུག་བསྔལ་ཤེས་པ་དང་། ཀུན་འབྱུང་ཤེས་པ་དང་། འགོག་པ་ཤེས་པ་དང་། ལམ་ཤེས་པ་དང་། སེམས་ཤེས་པ་དང་། ཟད་པ་ཤེས་པ་དང་། མི་སྐྱེ་བ་ཤེས་པ་དང་བཅུ་ཡོད་པའི་ཕྱིར། བཅུ་པོ་དེ་ཐམས་ཅད་ཆོས་ཅན། བསྡུ་ན་གཉིས་སུ་འདུ་སྟེ། ཟག་བཅས་དང་ཟག་པ་མེད་པའི་ཤེས་པ་གཉིས་སུ་འདུ་བའི་ཕྱིར།

༦༢ རྒྱས་པར་བཤད་པ།

༡༧ སྤྱིར་བསྟན་པ།

གཉིས་པ་ལ། སྤྱིར་བསྟན་པ་དང་། བྱེ་བྲག་ཏུ་བཤད་པ་གཉིས། དང་པོ་ནི། དང་པོ་ཀུན་རྫོབ་ཅེས་བྱའོ། །ཟག་མེད་རྣམ་གཉིས་ཆོས་ཅན་ནི། །རྗེས་སུ་ཤེས་པ་ཁོ་ན་ཡིན། །ཀུན་རྫོབ་ཡུལ་ནི་ཐམས་ཅད་དོ། །ཆོས་ཞེས་བྱ་བའི་སྤྱོད་ཡུལ་ནི། །འདོད་སྡུག་བསྔལ་སོགས་རྗེས་ཤེས་པའི། །སྤྱོད་ཡུལ་གོང་མའི་སྡུག་བསྔལ་སོགས། །ཞེས་བྱུང་། ཤེས་པ་གཉིས་པོ་དེ་ཆོས་ཅན། ཁྱོད་ལས་ཤེས་བཅུའི་ཤེས་པ་གསུམ་དུ་འཇོག་ཚུལ་ཡོད་དེ། ཤེས་པ་དང་པོ་ཟག་བཅས་ཀུན་རྫོབ་ཤེས་པ་ཞེས་བྱ་ལ། ཟག་མེད་ལ་ཆོས་ཤེས་པ་དང་རྗེས་སུ་ཤེས་པ་རྣམ་པ་གཉིས་ཁོ་ན་ཡོད་པ་ཡིན་པའི་ཕྱིར། དང་པོ་ཀུན་རྫོབ་(༧༤༣བ)ཤེས་པ་ཆོས་ཅན། དམིགས་ཡུལ་ལ་ནི་ཆོས་ཐམས་ཅད་ཡོད་དེ། དགེ་མི་དགེ་ལུང་མ་བསྟན་ཐམས་ཅད་དེ་ཡིན་པའི་ཕྱིར། ཆོས་ཤེས་པ་ཞེས་བྱ་བའི་བློ་ཆོས་ཅན། ཁྱོད་ཀྱི་སྤྱོད་ཡུལ་ཏེ་དམིགས་པ་ནི་ཡོད་དེ། འདོད་པའི་སྡུག་བསྔལ་དང་སོགས་ཀྱི་སྒྲས་ཀུན་འབྱུང་འགོག་ལམ་དག་ལ་དམིགས་པའི་ཕྱིར། རྗེས་སུ་ཤེས་པ་ཆོས་ཅན། ཁྱོད་ཀྱི་དམིགས་པ་ཡོད་དེ། ཁྱོད་ཀྱི་སྤྱོད་ཡུལ་ནི་འདོད་པའི་གོང་མའི་སྡུག་བསྔལ་སོགས་ཀྱི་བདེན་བཞི་ལ་དམིགས་པའི་ཕྱིར།

ཉ༢ ཆེ་བྲག་ཏུ་བཤད་པ།

ཏ༡ ཕ་རོལ་གྱི་སེམས་ཤེས་པ།

ཐ༡ ཆོས་ཤེས་ཀྱི་དབྱེ་བ།

ད༡ གཉིས་ལས་བརྒྱད་དུ་དབྱེ་བ།

གཉིས་པ་ལ། ཕ་རོལ་གྱི་སེམས་ཤེས་པ་དང་། ཟད་དང་མི་སྐྱེ་བ་ཤེས་པ་གཉིས། དང་པོ་ལ། ཆོས་ཤེས་ཀྱི་དབྱེ་བ་དང་། ཕ་རོལ་གྱི་སེམས་ཤེས་པ་གཉིས། དང་པོ་ལ། གཉིས་ལས་བརྒྱད་དུ་དབྱེ་བ་དང་བཞི་ལས་བཅུ་གཉིས་སུ་དབྱེ་བ་གཉིས། དང་པོ་ནི། དེ་དག་ཉིད་ལྷན་ཆེ་བྲག་གིས། །བཞི་སྟེ། ཞེས་བྱུང་། ཆོས་ཤེས་དང་རྗེས་ཤེས་དེ་དག་ཉིད་ཆོས་ཅན། ཁྱོད་ལ་བརྒྱད་དུ་དབྱེར་ཡོད་དེ། བདེན་བཞིའི་ཆེ་བྲག་གིས་རིམ་བཞིན་དུ་འོག་མ་དང་གོང་མའི་བདེན་བཞི་ལ་དམིགས་པའི་ཆོས་ཤེས་བཞི་དང་རྗེས་ཤེས་བཞི་ཡོད་པའི་ཕྱིར།

ད༢ བཞི་ལས་བཅུ་གཉིས་སུ་དབྱེ་བ།

གཉིས་པ་ནི། རྣམ་བཞི་དེ་དག་ནི། མི་སྐྱེ་བ་དང་ཟད་པ་ཤེས། །དེ་གཉིས་དང་པོ་སྐྱེས་པ་ནི། །སྡུག་བསྔལ་རྒྱུ་རྗེས་ཤེས་པ་ཡིན། །ཞེས་བྱུང་། ཆོས་དང་རྗེས་ཤེས་རྣམ་པ་བཞི་པོ་དེ་དག་ཆོས་ཅན། ཁྱོད་ལ་ནི་ཤེས་པ་བཅུ་གཉིས་རེ་ཡོད་དེ། ཆོས་ཤེས་བཞི་དང་ཆོས་ཤེས་བཞི་གང་རུང་དང་། དེ་དག་གི་སྐྱེ་བ་ཤེས་པ་བཞི་དང་མི་སྐྱེ་བ་ཤེས་པ་བཞི་དང་བརྒྱད་དེ་བཅུ་གཉིས་རེ་ཡོད་པའི་ཕྱིར། མི་སྐྱེ་བ་དང་ཟད་པ་ཤེས་པ་དེ་གཉིས་ཆོས་ཅན། ཁྱོད་དང་པོར་སྐྱེས་པ་ནི་སྡུག་ཀུན་རྗེས་ཤེས་ཡིན་ཏེ། སྡུག་བསྔལ་དང་རྒྱུ་ཀུན་འབྱུང་བདེན་པ་ལ་དམིགས་པའི་རྗེས་སུ་ཤེས་པ་ཞེས་བཤད་པ་དེ་ཡིན་པའི་ཕྱིར་ཏེ། སྲིད་རྩེའི་སྒོམ་སྤང་དགུ་པ་དང་སྡུག་

ཀུན་ལ་དམིགས་ནས། རྣོ་རྗེ་ལྟ་བུའི་རྗེས་སུ་དང་པོར་ཟད་པ་ཤེས་ཤིང་། དེ་ནས་མི་སྐྱེ་བ་ཤེས་ནས་སླར་ཤེས་པར་བྱར་མེད་པའི་རང་བཞིན་ཅན་ཡིན་པའི་ཕྱིར།

ཐ༢ ཕ་རོལ་གྱི་སེམས་ཤེས་པ།

གཉིས་པ་ནི། གཞི་ལས་ཕ་རོལ་སེམས་རིག་པ། །དེས་ནི་ས་དབང་གང་(༡༧༨ན)ཟག་འདས། །ཞིག་དང་མ་སྐྱེས་མི་རིག་གོ། །ཆོས་རྗེས་བློ་ཕྱོགས་ཕན་ཚུན་མིན། །ཉན་ཐོས་མཐོང་བའི་སྐད་ཅིག་གཉིས། །རིག་སྟེ་བསེ་རུ་ལྟ་བུས་གསུམ། །སངས་རྒྱས་སྦྱོར་བ་མེད་པར་ཀུན། །ཞེས་བྱུང་། ཕ་རོལ་གྱི་སེམས་རིག་པ་དེ་ཆོས་ཅན། བཞི་ལས་བྱུང་སྟེ། ཆོས་ཤེས་རྗེས་ཤེས་ལམ་ཤེས་ཀུན་རྫོབ་ཤེས་པ་བཞི་ལས་བྱུང་ཞིང་དེའི་རང་བཞིན་ཅན་ཡིན་པའི་ཕྱིར། སེམས་ཤེས་དེ་ཆོས་ཅན། ཡུལ་ངེས་པ་ཅན་ཡིན་གྱི་ཀུན་རིག་པ་མིན་ཏེ། ཆོས་ཀྱིས་ས་འདས་པ་གོང་མའི་སེམས་མི་རིག །དབང་པོ་རྟུལ་བ་དང་དད་མོས་ལྟ་བུས་རྣོ་བ་མཐོང་ཐོབ་ལྟ་བུའི་སེམས་མི་རིག །གང་ཟག་སློབ་པས་དགྲ་བཅོམ་པའི་སེམས་མི་རིག་པའི་ཕྱིར་ཏེ། དེ་དག་དེའི་ཡུལ་ལས་འདས་པའི་ཕྱིར། དེ་ཆོས་ཅན། ད་ལྟར་བའི་ཡུལ་ཅན་ཁོ་ན་ཡིན་ཏེ། ཡུལ་ད་ལྟར་བ་རིག་གི་ཕ་རོལ་གྱི་སེམས་འདས་ནས་ཞིག་པ་དང་མ་སྐྱེས་པའི་མ་འོངས་པ་མི་རིག་པའི་ཕྱིར། ཁྱད་ཕན་ཚུན་ཡུལ་སོ་སོར་ངེས་པ་ཡིན་ཏེ། ཆོས་ཤེས་དང་རྗེས་ཤེས་ཀྱི་བློའི་ཕྱོགས་ལ་དམིགས་པས་ཕན་ཚུན་ཤེས་པ་མིན་པའི་ཕྱིར་ཏེ། ཤེས་པ་དེ་གཉིས་ཁམས་འོག་མ་དང་གོང་མའི་གཉེན་པོ་ལ་སོ་སོར་དམིགས་པའི་ཕྱིར། མཐོང་ལམ་ལ་ཕ་རོལ་གྱི་སེམས་ཤེས་མེད་ཀྱང་མཐོང་ལམ་དེ་ཆོས་ཅན། ཁྱོད་ལ་དམིགས་པའི་སེམས་ཤེས་གསུམ་ཡོད་དེ། ཉན་ཐོས་ཀྱི་སེམས་ཤེས་དེས་མཐོང་བའི་ལམ་གྱི་ཆོས་བཟོད་དང་ཆོས་ཤེས་སྐད་ཅིག་མ་དང་པོ་གཉིས་རིག་ལ། གཞན་མི་རིག །བསེ་རུ་ལྟ་བུའི་སེམས་ཤེས་ཀྱིས་དང་པོ་གཉིས་དང་བརྒྱད་པ་ཀུན་འབྱུང་རྗེས་ཤེས་དང་གསུམ་རིག

ཅིང་གཞན་མི་རིག །སངས་རྒྱས་ཀྱི་སེམས་ཤེས་ཀྱིས་འབད་རྩོལ་གྱི་སྦྱོར་བ་མེད་པར་ཀུན་གཟིགས་པའི་ཕྱིར།

ང༢ ཟད་དང་མི་སྐྱེ་བ་ཤེས་པ།

གཉིས་པ་ནི། ཟད་པ་ཤེས་པ་བདེན་རྣམས་ལ། །ཡོངས་ཤེས་ལ་སོགས་ངེས་པའོ། །ཡོངས་ཤེས་བྱར་མེད་ཅེས་ལ་སོགས། །མི་སྐྱེ་བ་ཡི་བློར་འདོད་དོ། །ཞེས་བྱུང་། ཟད་དང་མི་སྐྱེ་བ་ཤེས་པའི་བློ་ཆོས་ཅན། ཁྱོད་གཉིས་ཀྱི་ཁྱད་པར་ཡོད་དེ། ཟད་པ་(༡༧༨བ)ཤེས་པ་ནི་བདེན་པ་རྣམས་ལས་སྡུག་བསྔལ་ཡོངས་སུ་ཤེས་སོ། །དམིགས་ཀྱིས་ཀུན་འབྱུང་སྤངས་སོ། །འགོག་པ་མངོན་དུ་བྱས་སོ། །ལམ་སྒོམ་མོ་ཞེས་ངེས་པ་ཡིན་ལ། སྡུག་བསྔལ་ཡོངས་སུ་ཤེས་ཏེ་སླར་ཡོངས་སུ་ཤེས་པར་བྱར་མེད་ཅེས་པ་དང་། ལ་སོགས་ཀྱིས་ཀུན་འབྱུང་སྤངས་སོ་སླར་སྤང་བར་བྱར་མེད། འགོག་པ་མངོན་དུ་བྱས་ཏེ་སླར་མངོན་དུ་བྱར་མེད། ལམ་བསྒོམས་ཏེ་སླར་བསྒོམ་པར་བྱར་མེད་ཅེས་ཤེས་པའི་ཡེ་ཤེས་དང་མི་སྐྱེ་བ་ཤེས་པའི་བློར་འདོད་པའི་ཕྱིར། འདི་ལྟར་ཤེས་པ་ནི་མཉམ་གཞག་གི་སྐབས་སུ་མིན་ཏེ། མཉམ་གཞག་དེས་དྲངས་པའི་ངེས་ཤེས་དེ་འདྲ་རྗེས་ཐོབ་ཏུ་སྐྱེ་བ་ལ་དགོངས་པའི་ཕྱིར་ཞེས་བྱེ་སྨྲ་འདོད་དོ། །

ཆ༣ དེ་དག་གི་ཁྱད་ཆོས།

ཇ༡ ཤེས་པ་བཅུར་འཇོག་པའི་རྒྱུ་མཚན།

གསུམ་པ་ཁྱད་ཆོས་ལ། ཤེས་པ་བཅུར་འཇོག་པའི་རྒྱུ་མཚན། གཉེན་པོའི་ཁྱད་པར། རྣམ་པའི་ཁྱད་པར་དང་གསུམ། དང་པོ་ནི། རང་བཞིན་དང་ནི་གཉེན་པོ་དང་། །རྣམ་པ་རྣམ་པ་སྤྱོད་ཡུལ་དང་། །སྦྱོར་དང་བྱ་བ་བྱས་ཉིད་དང་། །རྒྱུ་རྒྱས་པ་ལས་བཅུ་ཡིན་ནོ། །ཞེས་བྱུང་། འདིར་བསྟན་པའི་ཤེས་པ་དེ་ཆོས་ཅན། བསྡུས་

ན་གསུམ་ཡིན་ཀྱང་བཅུར་འཇོག་པའི་རྒྱུ་མཚན་ཡོད་དེ། རང་བཞིན་ལས་ཀུན་རྗོབ་ཤེས་པ་དང་། གཉེན་པོ་ལས་ཆོས་ཤེས་དང་རྗེས་ཤེས། རྣམ་པ་ལས་སྡུག་བསྔལ་དང་ཀུན་འབྱུང་ཤེས་པ་དང་། རྣམ་པ་དང་སྤྱོད་ཡུལ་དེ་དམིགས་པ་གཉིས་ཀ་ལས་འགོག་པ་དང་ལམ་ཤེས་པ་དང་། སྦྱོར་བ་ལས་ཕ་རོལ་གྱི་སེམས་ཤེས་པ་དང་། བྱ་བ་བྱས་པ་ཉིད་ལས་ཟད་པ་ཤེས་པ་དང་། རྒྱུ་རྒྱུས་པ་ལས་ནི་མི་སྐྱེ་བ་ཤེས་པ་བཞག་པའི་ཕྱིར། དེར་ཐལ། དང་པོ་དེས་རང་བཞིན་ཀུན་རྗོབ་ཙམ་ཤེས། གཉིས་པ་དེ་གཉིས་ནི་འདོད་པ་དང་ཁམས་གོང་མའི་གཉེན་པོ་ཡིན། གསུམ་པ་དེ་གཉིས་དམིགས་པ་སྡུག་བདེན་ལ་དམིགས་ཀྱང་རྣམ་པ་ཐ་དད། བཞི་པ་གཉིས་དམིགས་རྣམ་གཉིས་ཀ་ཐ་དད། ལྔ་པ་ནི་སེམས་སོ་སོ་ལ་སྦྱོར་བ་སོ་སོར་དགོས། དྲུག་པ་ནི་བྱ་བ་བྱས་པའི་རྒྱུད་ལ་དང་པོ་ཁོ་ནར་སྐྱེ། བདུན་པ་ནི་རང་གི་རྒྱུ་རྒྱུས་པ་(༡༧༥ན)ལས་བྱུང་བའི་ཕྱིར།

ཐ༢ གཉེན་པོའི་ཁྱད་པར།

གཉིས་པ་ནི། སློམ་པའི་ལམ་ལ་འགོག་པའམ། །ལམ་ལ་ཆོས་ཤེས་གང་ཡིན་དེ། །ཁམས་གསུམ་གྱི་ནི་གཉེན་པོ་ཡིན། །འདོད་པའི་ཁམས་ཀྱི་རྗེས་མ་ཡིན། །ཞེས་བྱུང་། མཐོང་ལམ་ཆོས་ཤེས་འདོད་པ་དང་རྗེས་ཤེས་གོང་མའི་གཉེན་པོ་ཡིན་ཀྱང་། སློམ་ལམ་ཆོས་ཅན། ཁྱོད་ལ་དེར་མ་ངེས་ཏེ། ཁྱོད་ལ་འགོག་པའམ། ལམ་ལ་ཆོས་ཤེས་པ་གང་ཡིན་པ་དེ་ནི་ཁམས་གསུམ་གྱི་གཉེན་པོ་ཡིན་པ་སྲིད་པའི་ཕྱིར། དེར་ཐལ། འདོད་པའི་རྟེན་ཅན་གྱི་འཕགས་པས་འདོད་པའི་སློམ་སྤང་རྣམས་ཆོས་ཤེས་ཀྱིས་རིམ་པར་སྤངས་ནས་གོང་མའི་སློམ་སྤང་རྣམས་སྤར་འདྲིས་པའི་ལམ་དེ་ཉིད་བསྐྱེད་ནས་སྤོང་སྲིད་པའི་ཕྱིར། འདོད་པའི་ཁམས་ཀྱི་གཉེན་པོ་རྗེས་ཤེས་ཀྱིས་བྱེད་པ་མ་ཡིན་ཏེ། ཆོས་ཤེས་ཀྱིས་སྤང་འདོད་པར་གཉེན་པོ་བྱས་ཟིན་པའི་ཕྱིར།

༦༣ རྣམ་པའི་ཁྱད་པར།

༧༡ ཤེས་པ་སོ་སོའི་རྣམ་པ།

གསུམ་པ། ཤེས་པ་བཅུའི་རྣམ་པའི་ཁྱད་པར་ལ། ཤེས་པ་སོ་སོའི་རྣམ་པ་དང་། རྣམ་པའི་གྲངས་ངེས། དེ་དག་གི་ཁྱད་པར། ཆོས་གཞན་བཤད་པ་དང་བཞི། དང་པོ་ནི། ཆོས་ཤེས་པ་དང་རྗེས་སུ་ཤེས། །རྣམ་པ་བཅུ་དྲུག་ཀུན་རྫོབ་ནི། །དེ་བཞིན་གཞན་དུའང་རང་རང་གི། །བདེན་པའི་རྣམ་པ་བཞི་ཡིན་ནོ། །ཕ་རོལ་ཡིད་ཤེས་དྲི་མེད་ཀྱང་། །དེ་བཞིན་དྲི་མ་དང་བཅས་ནི། །ཤེས་བྱའི་རང་གི་མཚན་ཉིད་དོ། །རྫས་རེ་རེ་ཞིག་སྤྱོད་ཡུལ་ལོ། །ལྷག་མ་རྣམ་པ་བཅུ་བཞི་ཅན། །སྟོང་དང་བདག་མེད་མ་གཏོགས་སོ། །ཞེས་བྱུང་། ཆོས་ཤེས་པ་དང་རྗེས་སུ་ཤེས་པ་ཆོས་ཅན། རྣམ་པ་བཅུ་དྲུག་ཅན་ཡིན་ཏེ། མི་རྟག་སོགས་བཅུ་དྲུག་གི་རྣམ་པ་ཅན་ཡིན་པ་ཡིན་པའི་ཕྱིར། ཀུན་རྫོབ་ཤེས་པ་ཆོས་ཅན། རྣམ་པ་དུ་མ་ཅན་ཡིན་ཏེ། སྦྱོར་ལམ་དྲོད་རྩེའི་སྐབས་སུ་སྔ་མ་དེ་བཞིན་དུ་བདེན་པའི་རྣམ་པ་བཅུ་དྲུག་ཅན་དང་། དེ་ལས་གཞན་དུའང་ཆོས་རྣམས་ཀྱི་རང་སྤྱིའི་མཚན་ཉིད་ལ་དམིགས་པའི་ཕྱིར། སྡུག་བསྔལ་ཀུན་འབྱུང་འགོག་ལམ་ཤེས་པ་བཞི་ཆོས་ཅན། རྣམ་པ་བཞི་པ་ཅན་ཡིན་ཏེ། རང་གི་བདེན་པའི་(༡༧༥བ)རྣམ་པ་བཞི་བཞི་ལ་དམིགས་པའི་ཕྱིར། ཕ་རོལ་ཡིད་ཤེས་ལ་ཟག་པ་དང་བཅས་ཟླལ་གཉིས་ཡོད་པ་ལས་ཡིད་ཤེས་དྲི་མེད་དེ་ཟག་མེད་ཀྱང་ཆོས་ཅན། བདེན་བཞི་ཤེས་པ་དེ་བཞིན་དུ་བདེན་བཞིའི་རྣམ་པ་ཅན་ཡིན་ཏེ། དེ་བཞིའི་སྤྱོད་ཡུལ་ཅན་ཡིན་པའི་ཕྱིར། ཕ་རོལ་གྱི་ཡིད་ཤེས་དྲི་མ་དང་བཅས་པ་ནི་ཆོས་ཅན། རང་གི་ཤེས་བྱའི་རང་གི་མཚན་ཉིད་དེ་རང་མཚན་སྤྱོད་ཡུལ་ཅན་ཡིན་ཏེ། ཕ་རོལ་གྱི་སེམས་དང་སེམས་བྱུང་གི་རྫས་ནི་རེ་རེ་ཞིག་པོ་ནའི་སྤྱོད་ཡུལ་ཅན་ཡིན་པའི་ཕྱིར། དེར་ཐལ། གང་གི་ཚེ་འདི་སེམས་སོ་སྙམ་དུ་འཛིན་པའི་ཚེ་སེམས་བྱུང་ངོ་སྙམ་དུ་མི་

འཛིན་པའི་ཕྱིར། སྔར་བཤད་པའི་ལྷག་མ་ཟད་དང་མི་སྐྱེ་བའི་ཤེས་པ་གཉིས་ཆོས་ཅན། རྣམ་པ་བཅུ་བཞི་ཅན་ཡིན་ཏེ། བདེན་བཞིའི་རྣམ་པ་ལས་སྟོང་དང་བདག་མེད་མ་གཏོགས་པའི་རྣམ་པ་གཞན་བཅུ་བཞི་ལ་དམིགས་པའི་ཕྱིར།

༡༢ རྣམ་པའི་གྲངས་ངེས།

གཉིས་པ་ནི། དྲི་མེད་བཅུ་དྲུག་གཞན་རྣམ་མེད། །གཞན་ཡོད་ཅེས་པ་བསྟན་བཅོས་ལས། །རྫས་སུ་རྣམ་པ་བཅུ་དྲུག་གོ། །ཞེས་བྱུང་། འདིར་ལུགས་གཉིས་ལས་ཁ་ཆེ་བ་རྣམས་ན་རེ། བདེན་པའི་རྣམ་པ་དྲི་མེད་བཅུ་དྲུག་ཏུ་མ་གཏོགས་པ་གཞན་མེད་ཅེས་ཟེར་ལ། དེ་ལ་ཉེ་འོག་པ་ན་རེ་བཅུ་དྲུག་ལས་གཞན་ཡོད་ཅེས་སྨྲ་སྟེ། བསྟན་བཅོས་ལས་རིགས་པས་བསྐྱེད་པའི་སྒོ་ནས་མི་རྟག་པ་དང་ཞེས་པ་ནས་རྐྱེན་ཏེ་འདི་ནི་གནས་ཡོད་དོ། །འདི་ནི་གཞི་ཡོད་དོ། །ཞེས་འབྱུང་བའི་ཕྱིར། ཁྱབ་སྟེ། གནས་ཡོད་དོ་ཞེས་པས་མཚན་ཉིད་ཡོད་པ་དང་། གཞི་ཡོད་དོ་ཞེས་པས་རྒྱུ་ཡོད་པར་བསྟན་པའི་ཕྱིར་ཟེར། རྣམ་པ་བཅུ་དྲུག་པོ་འདི་ཅི་མིང་གི་སྒོ་ནས་སམ་རྫས་སུ་བཅུ་དྲུག་ཡིན་ཞེ་ན། འདི་ལ་འདོད་ཚུལ་མི་འདྲ་བ་ཡོད་ཀྱང་། ཕྱི་བྲག་ཏུ་སྨྲ་བ་ན་རེ། རྫས་སུ་ཡང་རྣམ་པ་བཅུ་དྲུག་ཡིན་ཏེ། རྣལ་འབྱོར་པ་དང་རྣམ་པ་སོ་སོར་མངོན་དུ་བྱེད་དགོས་པའི་ཕྱིར། བཅུ་དྲུག་ཏུ་བཞག་པ་ནི་མིང་གི་རྣམ་གྲངས་ཀྱི་ཡིན་མོད། དེ་ཙམ་ཞིག་མིན་ཏེ། བདེན་བཞིར་དོན་མི་འདྲ་བའི་ལྡོག་པ་བཞི་བཞི་ཡོད་པའི་ཕྱིར། དེར་ཐལ། རྐྱེན་གྱིས་འཇིག་པའི་མི་རྟག་པ་དང་། བདེ་བའི་རང་བཞིན་མིན་པ་དང་། (༡༧༨ན)སྐྱེ་འཇིག་ཅན་ཡིན་པ་དང་། བདག་གིས་སྟོང་པ་སོགས་དོན་མི་འདྲ་བའི་ཁྱད་པར་དུ་མ་ཡོད་པའི་ཕྱིར།

༡༣ དེ་དག་གི་ཁྱད་པར།

གསུམ་པ་ནི། རྣམ་པ་ཤེས་རབ་དང་བཅས་པའི། །དམིགས་དང་བཅས་པས་འཛིན་པར་བྱེད། །ཡོད་པ་ཐམས་ཅད་གཟུང་བྱ་ཡིན། །ཞེས་བྱུང་། སྐབས་འདིའི་ཤེས་པའི་རྣམ་པའི་ངོ་བོ་གང་ཞེ་ན། བྱེ་སྨྲ་ན་རེ། ཤེས་པའི་རྣམ་པའི་ངོ་བོ་ཡོད་དེ། ཡུལ་འཛིན་པའི་རྣམ་པ་ཅན་གྱི་ཤེས་རབ་ཡིན་པའི་ཕྱིར། ཤེས་རབ་ཁོ་ནས་འཛིན་པ་ནི་མིན་ཏེ། ཤེས་རབ་དང་བཅས་པའི་སེམས་སེམས་བྱུང་དམིགས་པ་དང་བཅས་པ་ཀུན་གྱིས་འཛིན་པར་བྱེད་པའི་ཕྱིར། རྫས་བཏགས་ཀྱི་ཡོད་པ་ཐམས་ཅད་ཆོས་ཅན། གཟུང་བྱ་ཡིན་ཏེ། ཤེས་རབ་དང་བཅས་པའི་སེམས་སེམས་བྱུང་རྣམས་ཀྱི་གཟུང་བྱ་ཡིན་པའི་ཕྱིར།

༡༤ ཆོས་གཞན་བཤད་པ།

༦༡ ངོ་བོ།

བཞི་པ་ལ། ངོ་བོ་དང་། རྟེན་དང་། དྲན་པ་ཉེར་གཞག་དང་། དམིགས་པའི་ཁྱད་པར་དང་བཞི། དང་པོ་ནི། རྣམ་པ་རྣམ་གསུམ་གཞན་རྣམ་དབྱེ། །ཞེས་བྱུང་། བདེན་པའི་རྣམ་པ་བཅུ་ཆོས་ཅན། ཁྱོད་ལ་དགེ་སོགས་གང་འཇོག་པའི་ཁྱད་པར་ཡོད་དེ། དང་པོ་ཀུན་རྫོབ་ཤེས་པ་ལ་དགེ་མི་དགེ་ལུང་མ་བསྟན་རྣམ་པ་གསུམ་ཡོད་ཅིང་། ཤེས་པ་གཞན་རྣམ་པ་དགུ་ནི་དགེ་བ་ཁོ་ནར་འཇོག་པའི་ཕྱིར། དང་པོ་གྲུབ་སྟེ། ཁམས་གསུམ་གྱི་ཤེས་པ་ཟག་བཅས་ཐམས་ཅད་ཀུན་རྫོབ་ཤེས་པར་འཇོག་པའི་ཕྱིར། གཉིས་པ་གྲུབ་སྟེ། སེམས་ཤེས་ནི་བསྒོམས་བྱུང་དང་ཤེས་པ་གཞན་རྣམས་ཟག་མེད་ལ་འཇོག་པའི་ཕྱིར།

ང༢ རྟེན་བཤད་པ།

ཐ༡ སེམས་རྟེན་བཤད་པ།

གཉིས་པ་ལ། སེམས་རྟེན་དང་། ལུས་རྟེན་གཉིས། དང་པོ་ནི། དང་པོ་ས་རྣམས་ཐམས་ཅད་ན། །དྲུག་ན་ཆོས་ཤེས་བྱ་དགུ་ན། །རྗེས་ཤེས་བྱ་བ་དེ་བཞིན་དྲུག །གཞན་ཡིད་ཤེས་པ་བསམ་གཏན་ན། །ཞེས་བྱུང་། དང་པོ་ཀུན་རྫོབ་ཤེས་པ་ཆོས་ཅན། ས་རྣམས་ཐམས་ཅད་ན་ཡོད་དེ། འདོད་པ་ནས་སྲིད་རྩེའི་བར་དུ་ཡོད་པའི་ཕྱིར། ཆོས་ཤེས་ཞེས་བྱ་བ་ཆོས་ཅན། ས་དྲུག་ན་ཡོད་དེ། བསམ་གཏན་བཞི་མི་ལྕོགས་མེད་དང་བསམ་གཏན་ཁྱད་པར་ཅན་ན་ཡོད་པའི་ཕྱིར། རྗེས་ཤེས་ཞེས་བྱ་བ་ཆོས་ཅན། ས་དགུ་ན་ཡོད་དེ། (༡༧༨བ)བསམ་གཏན་ས་དྲུག་པོ་དེ་དང་གཟུགས་མེད་དང་པོ་གསུམ་སྟེ་དགུ་ན་ཡོད་པའི་ཕྱིར། སྡུག་ཀུན་འགོག་ལམ་བཞི་དང་ཟད་དང་མི་སྐྱེ་ཤེས་པ་དྲུག་ཆོས་ཅན། སྔར་བཤད་པ་དེ་བཞིན་དུ་ཡོད་དེ། ས་དྲུག་དང་དགུ་ནའང་ཡོད་པའི་ཕྱིར། དེར་ཐལ། ཆོས་ཤེས་རྣམས་ས་དྲུག་དང་རྗེས་ཤེས་རྣམས་ས་དགུ་ན་ཡོད་པའི་ཕྱིར། གཞན་མིང་ཤེས་པ་དེ་ཆོས་ཅན། བསམ་གཏན་བཞི་པོ་ན་ན་ཡོད་དེ། འོན་ཀྱང་ཉེར་བསྡོགས་དང་གཟུགས་མེད་ན་མེད་པའི་ཕྱིར།

ཐ༢ ལུས་རྟེན་བཤད་པ།

གཉིས་པ་ནི། དེ་ནི་འདོད་དང་གཟུགས་རྟེན་ཅན། །ཆོས་ཞེས་བྱ་བ་འདོད་རྟེན་ཅན། །ཁམས་གསུམ་པ་ཡི་རྟེན་ཅན་གཞན། །ཞེས་བྱུང་། གཞན་སེམས་ཤེས་པ་དེ་ནི་ཆོས་ཅན། འདོད་པ་དང་གཟུགས་ཀྱི་རྟེན་ཅན་ལ་ཡིན་ཏེ། དེ་གཉིས་སུ་མངོན་དུ་བྱེད་ཀྱི་གཟུགས་མེད་ཀྱི་རྟེན་ལ་མི་བྱེད་པའི་ཕྱིར། ཆོས་ཞེས་བྱ་བ་ནི་ཆོས་ཅན། འདོད་པའི་རྟེན་ཅན་ཁོ་ན་ལ་སྐྱེའི་ཁམས་གོང་ན་མངོན་དུ་མི་བྱེད་དེ།

དེ་ན་མཐོང་ལམ་མི་སྐྱེ་བའི་ཕྱིར། དེ་གཉིས་ལས་གཞན་བདེན་བཞི་ཤེས་པ་དང་རྗེས་ཤེས་དང་ཟད་དང་མི་སྐྱེ་ཤེས་པ་བརྒྱད་ཆོས་ཅན། ཁམས་གཅིག་ཏུ་མ་ངེས་ཏེ། ཁམས་གསུམ་པ་ཡི་རྟེན་ཅན་ལ་སྐྱེ་བ་ཡོད་པའི་ཕྱིར།

༥༣ དྲན་པ་ཉེར་གཞག །

གསུམ་པ་ནི། འགོག་བློ་དྲན་པ་ཉེར་གཞག་པ། །གཅིག་སྟེ་ཕ་རོལ་སེམས་བློ་ནི། །གསུམ་མོ་ལྷག་མ་བཞི་ཡིན་ནོ། །ཞེས་བྱུང་། འགོག་པ་ཤེས་པའི་བློ་ཆོས་ཅན། དྲན་པ་ཉེར་གཞག་གཅིག་དང་ལྡན་ཏེ། ཆོས་དྲན་པ་ཉེར་གཞག་ཡིན་པའི་ཕྱིར། ཕ་རོལ་གྱི་སེམས་བློ་ཤེས་པ་ཆོས་ཅན། དྲན་ཉེ་གསུམ་དང་ལྡན་ཏེ། ལུས་དྲན་ཉེ་མ་གཏོགས་གསུམ་དང་ལྡན་པའི་ཕྱིར། ལྷག་མའི་ཤེས་པ་བརྒྱད་ཆོས་ཅན། དྲན་ཉེ་བཞི་དང་ལྡན་པ་ཡོད་དེ། ལུས་ཚོར་སེམས་ཆོས་བཞི་ག་ལ་དམིགས་པ་ཡོད་པའི་ཕྱིར།

༥༤ དམིགས་པའི་ཁྱད་པར།

ཐ༡ ཤེས་པ་ནང་ཕན་ཚུན་ཡུལ་དུ་འགྱུར་ཚུལ།

བཞི་པ་དམིགས་པའི་ཁྱད་པར་ལ། ཤེས་པ་ནང་ཕན་ཚུན་ཡུལ་དུ་འགྱུར་ཚུལ། ཆོས་བཅུ་དང་ཤེས་བཅུ་ཡུལ་ཡུལ་ཅན་དུ་སྦྱར་བ། ཆོས་གང་རིག་པ་དང་གསུམ། དང་པོ་ནི། ཆོས་བློའི་སྤྱོད་ཡུལ་དགུ་ཡིན་ནོ། །སྡུག་བསྔལ་རྒྱུ་བློའི་གཉིས་ཡིན་ནོ། །བཞི་ཡི་བཅུ་ཡིན་གཅིག་གི་མིན། །ཞེས་བྱུང་། ཆོས་ཤེས་པའི་(༡༧༧ན) བློ་ཆོས་ཅན། ཁྱོད་ཀྱི་སྤྱོད་ཡུལ་ལ་མ་དམིགས་པ་ཡོད་དེ། རྗེས་ཤེས་མ་གཏོགས་པའི་དགུ་ཡོད་པ་ཡིན་པའི་ཕྱིར། ལམ་ཤེས་པ་དང་རྗེས་ཤེས་ཀྱི་བློ་ཆོས་ཅན། ཁྱོད་གཉིས་ཀྱི་དམིགས་པ་ལ་དགུ་དགུ་ཡོད་དེ། སྔ་མ་ལ་ཀུན་རྫོབ་ཤེས་པ་མ་གཏོགས་པ་དང་། ཕྱི་མ་ལ་ཆོས་ཤེས་མ་གཏོགས་པ་རྣམས་ཡོད་པ་ཡིན་པའི་ཕྱིར། སྡུག་

བསྡུལ་དང་རྒྱུ་ཀུན་འབྱུང་ཤེས་པའི་བློ་ཆོས་ཅན། ཁྱོད་གཉིས་ཀྱི་དམིགས་པ་གཉིས་ཡིན་ཏེ། ཀུན་རྫོབ་ཤེས་པ་དང་ཕ་རོལ་གྱི་སེམས་ཤེས་གཉིས་ཡོད་པའི་ཕྱིར། ཀུན་རྫོབ་དང་སེམས་ཤེས་དང་ཟད་དང་མི་སྐྱེ་ཤེས་པ་བཞི་ཆོས་ཅན་ཁྱོད་ཀྱི་དམིགས་པ་བཅུ་ཡིན་ཏེ། ཤེས་པ་བཅུ་པོ་ལ་དམིགས་པ་ཡོད་པའི་ཕྱིར། དེ་ལྟར་ཡིན་ཡང་ནང་གསེས་ཀྱི་ཁྱད་པར་ཡོད་དེ། ཐམས་ཅད་ལ་ཅིག་ཅར་དམིགས་པའི་ངེས་པ་ཅན་མིན་ཞིང་། བདེན་བཞི་སོ་སོའི་རྣམ་པ་ལ་དམིགས་ཚུལ་མི་འདྲ་བ་ཡོད་པའི་ཕྱིར། འགོག་པ་ཤེས་པ་ཆོས་ཅན། ཁྱོད་གཅིག་པུའི་དམིགས་པ་ལ་ཤེས་པ་ཡོད་པ་མིན་ཏེ། འདུས་མ་བྱས་ཁོ་ན་ལ་དམིགས་པའི་ཕྱིར་ཏེ། འགོག་པ་ཉིད་ལ་དམིགས་པའི་ཕྱིར།

ཐ༢ ཆོས་བཅུ་དང་ཤེས་བཅུ་ཡུལ་ཡུལ་ཅན་དུ་སྦྱར་བ།

གཉིས་པ་ནི། ཆོས་བཅུ་དག་ནི་སྦྱར་བར་བྱ། །ཁམས་གསུམ་པ་དང་དྲི་མེད་ཆོས། །མ་བྱས་རྣམ་གཉིས་རྣམ་གཉིས་སོ། །ཞེས་བྱུང་། ཤེས་བཅུ་ཆོས་ཅན། ཁྱོད་ཆོས་བཅུ་དག་དང་ཡུལ་ཡུལ་ཅན་དུ་སྦྱོར་ཚུལ་ཡོད་དེ། ཀུན་རྫོབ་ཤེས་པའི་དམིགས་པ་ལ་ཆོས་བཅུ་པོ་ཐམས་ཅད་ཡོད། ཆོས་ཤེས་ཀྱི་དེ་ལ་ལྔ། རྗེས་ཤེས་ཀྱི་དེར་བདུན། སྡུག་ཀུན་ཤེས་པའི་དེར་དྲུག །འགོག་པ་ཤེས་པའི་དེར་གཅིག །ལམ་ཤེས་པའི་དེར་གཉིས། གཞན་རྣམས་ཀྱི་དེར་གསུམ། ཟད་དང་མི་སྐྱེ་ཤེས་པའི་དམིགས་པར་དགུ་ཡོད་པའི་ཚུལ་གྱིས་སྦྱར་བར་བྱ་བའི་ཕྱིར། ཆོས་བཅུ་འཇོག་ཚུལ་ཡོད་དེ། སྔར་ལྟར་བཅུ་ནི་ཁམས་གསུམ་པའི་ཆོས་དང་། དྲི་མེད་ཀྱི་ཆོས་བཞི་ལ་མཚུངས་ལྡན་ཡིན་མིན་རྣམ་གཉིས་སུ་ཕྱེ་བས་བརྒྱད་དང་། འདུས་མ་བྱས་ལ་དགེ་བར་བཏགས་པ་དང་ལུང་མ་བསྟན་རྣམ་(༡༧༧བ)གཉིས་སུ་ཕྱེ་བས་བཅུ་ཡོད་པའི་ཕྱིར།

ཐ༣ ཆོས་གང་རིག་པ།

གསུམ་པ་ནི། ཀུན་སྦྱོང་གཅིག་པུས་རང་ཚོགས་ལས། །གཞན་ནི་བདག་མེད་ཉིད་རིག་འགྱུར། །ཞེས་བྱུང་། ཀུན་སྦྱོང་ཤེས་པ་གཅིག་པུ་ཆོས་ཅན། ཆོས་བཅུ་ལ་དམིགས་པ་ཡོད་ཀྱང་རང་གི་ངོ་བོ་དང་ཚོགས་པ་གཅིག་པའི་ཚོར་འདུ་སོགས་ཏ་ཅང་ཉེ་བས་མི་འཛིན་ཏེ། འཛིན་པའི་བྱེད་པ་འགལ་བའི་ཕྱིར་ཏེ། རང་གིས་རང་ལ་བྱེད་པ་འཇུག་པ་མི་རིགས་པའི་ཕྱིར། དེ་ལས་གཞན་པའི་ཆོས་ནི་དེས་རིག་པར་འགྱུར་བ་ཡོད་དེ། ཆོས་ཐམས་ཅད་ནི་བདག་མེད་པ་ཉིད་དོ་ཞེས་ཤེས་པར་འགྱུར་བའང་ཡོད་པའི་ཕྱིར།

ཅ༢ ལྡན་ཚུལ།

གཉིས་པ་ལྡན་ཚུལ་ནི། ཟག་མེད་སྐད་ཅིག་དང་པོ་ལ། ཆགས་ཅན་ཞེས་པ་གཅིག་དང་ལྡན། །གཉིས་པ་ལ་གསུམ་ཡན་ཆད་ནི། །བཞི་ལ་རེ་རེ་འཕེལ་དང་ལྡན། །ཞེས་བྱུང་། ཤེས་བྱ་ཆོས་ཅན། གང་ཟག་གང་ཤེས་པ་གང་དང་ལྡན་ཚུལ་ཡོད་དེ། ཟག་མེད་སྐད་ཅིག་དང་པོ་ལ་གནས་པའི་འཕགས་པ་ཆགས་ཅན་སྡུག་བསྔལ་ཆོས་བཟོད་པ་ནི། ཀུན་སྦྱོང་ཤེས་པ་གཅིག་པུ་དང་ལྡན། གཉིས་པ་སྡུག་བསྔལ་རྗེས་བཟོད་ལ་གནས་པ་ནི་ཀུན་སྦྱོང་དང་ཆོས་དང་སྡུག་བསྔལ་ཤེས་པ་གསུམ་དང་ལྡན། དེ་ཡན་ཆད་ནི་སྔ་མ་གསུམ་དང་སེམས་ཤེས་བཞི་དང་ལྡན་པ་དང་། སྡུག་བསྔལ་རྗེས་ཤེས་དུས་སུ་ཆགས་ཅན་རྗེས་ཤེས་དང་བཞི། ཆགས་བྲལ་ལྔ་དང་ལྡན་པའི་སྟེང་དུ་རེ་རེ་འཕེལ་བ་ཀུན་འབྱུང་ཤེས་པར་ཆགས་བཅས་ལྔ་དང་ཆགས་བྲལ་དྲུག །འགོག་པ་ཤེས་པར་ཆགས་ཅན་དྲུག་ཆགས་བྲལ་བདུན། ལམ་ཤེས་པར་ཆགས་བཅས་བདུན་ཆགས་བྲལ་བརྒྱད་དང་ལྡན་པའི་ཕྱིར། ཀུན་སྦྱོང་

ཤེས་པ་དང་ལྡན་པ་མང་སྟེ། འདོད་པ་ལ་ཆགས་བྲལ་མ་བྱས་པའི་སོ་སྐྱེ་ཐམས་ཅད་ནི་དེ་དང་ལྡན་པའི་ཕྱིར།

ཅ༣ ཐོབ་ཚུལ།

ཆ༡ ལམ་གྱི་གནས་སྐབས་གང་དུ་ཤེས་པ་དུ་ཐོབ་པ།

ཇ༡ མཐོང་ལམ་དུ་ཐོབ་པ།

གསུམ་པ་ཐོབ་ཚུལ་ལ། ལམ་གྱི་གནས་སྐབས་གང་དུ་ཤེས་པ་དུ་ཐོབ་པ་དང་། ས་གང་དུ་ཤེས་པ་དུ་ཐོབ་པ་དང་། ཐོབ་པའི་དབྱེ་བ་གསུམ། དང་པོ་ལ། མཐོང་ལམ་དུ་དང་། སྒོམ་ལམ་དུ་དང་། བཤད་པའི་ལྷག་མ་དུ་ཐོབ་པ་གསུམ། དང་པོ་ནི། མཐོང་བའི་ལམ་ལ་བཟོད་པ་དང་། །ཤེས་པ་ཇི་ལྟར་སྐྱེས་པ་རྣམས། །(༡༧༨ན) མ་འོངས་པ་ཐོབ་དེ་ཉིད་ལ། །རྗེས་གསུམ་ལ་ནི་ཀུན་རྫོབ་ཀྱང་། །དེ་ཕྱིར་མངོན་རྟོགས་མཐའ་ཞེས་བྱ། །དེ་ནི་མི་སྐྱེའི་ཆོས་ཅན་ཡིན། །རང་དང་འོག་ས་འགོག་པའི་མཐའ། །རང་བདེན་རྣམ་ཅན་འབད་ལས་བྱུང་། །ཞེས་བྱུང་། ཤེས་བྱ་ཆོས་ཅན། སྐབས་གང་དུ་ལམ་གང་ཐོབ་པའི་ཁྱད་པར་ཡོད་དེ། མཐོང་བའི་ལམ་ལ་ནི་བཟོད་པ་བརྒྱད་དང་ཤེས་པ་ཇི་ལྟར་སྐྱེས་པ་རྣམས་རང་གི་རིགས་འདྲ་མ་འོངས་པ་ཐོབ་པར་འགྱུར་གྱི། མངོན་དུ་གྱུར་པ་ནི་འཐོབ་པར་མི་འགྱུར་བའི་ཕྱིར་ཏེ། ཐོབ་ཟིན་སླར་མི་ཐོབ་པའི་ཕྱིར་རོ། །མཐོང་ལམ་དེ་ནི་ཆོས་ཅན། ཁྱོད་ལ་སྡུག་ཀུན་འགོག་པ་རྗེས་ཤེས་གསུམ་ལ་ནི་ཀུན་རྫོབ་ཤེས་པ་ཡང་ཐོབ་པར་འགྱུར་ཏེ། དེ་རྗེས་ཤེས་ཀྱི་སྐབས་སུ་ཐོབ་ཀྱི་ཆོས་ཤེས་ཀྱི་ཚེ་མི་ཐོབ་པའི་ཕྱིར། ཀུན་རྫོབ་ཤེས་པ་དེ་ཆོས་ཅན། མངོན་རྟོགས་ཀྱི་མཐའ་ལས་བྱུང་བ་ཞེས་བྱ་སྟེ། བདེན་པ་དེ་མངོན་པར་རྟོགས་པའི་རྗེས་ཤེས་ཀྱི་ཚེ་བྱུང་བ་དེའི་ཕྱིར། རྗེས་ཤེས་གསུམ་གྱི་ཀུན་རྫོབ་ཤེས་པ་དེ་ནི་ཆོས་ཅན། མངོན་གྱུར་དུ་མི་འབྱུང་སྟེ། མ་འོངས་པ་མི་སྐྱེ་བའི་ཆོས་ཅན་

ཡིན་པའི་ཕྱིར། ཐེས་ཤེས་ཀྱི་ཀུན་སྤོང་ཤེས་པ་ཆོས་ཅན། ས་གང་ལ་བརྟེན་ནས་ཐོབ་པ་ཡོད་དེ། མཐོང་ལམ་གང་ལ་བརྟེན་པའི་རང་ས་དང་འོག་ས་ལ་བརྟེན་ནས་ཐོབ་པ་ཡོད་པའི་ཕྱིར། ཀུན་སྤོང་ཤེས་པ་དེ་གསུམ་ཆོས་ཅན། དྲན་པ་ཉེར་གཞག་གང་དུ་འཇོག་ཚུལ་ཡོད་དེ། འགོག་པའི་མཐའ་ལས་བྱུང་བའི་ཀུན་སྤོང་ཤེས་པ་ནི་ཆོས་དྲན་ཉེ་དང་། ལྷག་མ་གཉིས་ལ་དྲན་ཉེ་བཞི་ག་བཞག་ཏུ་ཡོད་པའི་ཕྱིར། དེ་གསུམ་ཆོས་ཅན། དམིགས་རྣམ་ཡོད་དེ། རང་གི་བདེན་པའི་དམིགས་རྣམ་ཅན་ཡིན་པའི་ཕྱིར། དེ་ཆོས་ཅན། འབད་རྩོལ་ལས་བྱུང་བ་ཡིན་ཏེ། རང་རང་གི་བདེན་པ་མངོན་རྟོགས་ཐེས་ཤེས་ལས་བྱུང་བའི་ཕྱིར།

ཐ༢ སྒོམ་ལམ་དུ་ཐོབ་པ།

གཉིས་པ་སྒོམ་ལམ་དུ་ཐོབ་པ་ནི། ཆགས་བཅས་བཅུ་དྲུག་པ་ལ་དྲུག །འདོད་ཆགས་དང་ནི་བྲལ་བས་བདུན། །དེ་ཡི་གོང་མ་ཆགས་བཅས་ཀྱིས། །སྒོམ་པའི་ལམ་ལ་བདུན་འཐོབ་བོ། །ས་(༧༢༨བ)བདུན་ལས་རྒྱལ་མངོན་ཤེས་དང་། །མི་གཡོ་འཐོབ་དག་སྤེལ་བསྒོམ་པའི། །བར་ཆད་མེད་པའི་ལམ་དག་དང་། །གོང་མའི་གྲོལ་བའི་ལམ་བརྒྱད་ལའང་། །སློབ་པ་སྦྱོང་བའི་གྲོལ་བ་ལ། །ཤེས་པ་དྲུག་དང་བདུན་འཐོབ་པའམ། །བར་ཆད་མེད་པའི་ལམ་ལ་དྲུག །དེ་བཞིན་སྲིད་རྩེ་རྣམ་རྒྱལ་ལའང་། །ཟད་པ་ཤེས་པ་ལ་དགུའོ། །མི་གཡོ་བས་ནི་བཅུ་འཐོབ་བོ། །དེར་འཕོ་གྲོལ་བའི་ཐ་མ་ལའང་། །ཞེས་བྱུང་། འདོད་པ་ལ་ཆགས་བཅས་ཀྱི་འཕགས་པ་ཆོས་ཅན། ཁྱོད་ཀྱིས་བཅུ་དྲུག་པ་ལམ་ཐེས་ཤེས་ལ་གནས་པའི་ཚེ་ཤེས་པ་དྲུག་ཐོབ་པར་བྱེད་དེ། ཆོས་ཐེས་གཉིས་དང་བདེན་བཞི་ཤེས་པ་དང་དྲུག་ཐོབ་པའི་ཕྱིར། འདོད་པ་ལ་ཆགས་པ་དང་བྲལ་བའི་འཕགས་པ་ཆོས་ཅན། ཁྱོད་ཀྱི་དེའི་ཚེ་བདུན་ཐོབ་པར་བྱེད་དེ། སྔ་མ་དྲུག་དང་སེམས་ཤེས་བཅས་བདུན་ཐོབ་པའི་ཕྱིར། དེ་ཡི་

གོང་མའི་སྒོམ་ལམ་པ་ཆགས་བཅས་ཆོས་ཅན། ཁྱོད་ཀྱིས་ཇི་ལྟར་ཐོབ་ཚུལ་ཡོད་དེ། ཆགས་བྲལ་མ་བྱས་པ་དེ་སྲིད་དུ་སྒོམ་པའི་ལམ་ལ་གནས་པའི་ཚེ་ཆོས་ཤེས་རྗེས་ཤེས་ཀུན་རྫོབ། ཤེས་པ་གསུམ་དང་བདེན་བཞི་ཤེས་པ་བཞི་སྟེ་བདུན་ཐོབ་པར་བྱེད་པའི་ཕྱིར། བསམ་གཏན་བཞི་གཟུགས་མེད་དང་པོ་གསུམ་གྱིས་བདུན་གྱི་ཉོན་མོངས་ལས་རྒྱལ་བ་དག་དང་། མངོན་ཤེས་ལྔ་དང་། དེ་ཐོབ་བྱེད་ཀྱི་བར་ཆད་མེད་པའི་ལམ་དག་དང་གོང་མ་སྲིད་རྩེ་ལས་གྲོལ་བའི་རྣམ་གྲོལ་ལམ་དང་པོ་བརྒྱད་ལ་གནས་པའང་ཆོས་ཅན། ཤེས་པ་བདུན་ཐོབ་སྟེ། བཤད་མ་ཐག་པ་བདུན་ཐོབ་པའི་ཕྱིར། རྟོག་པའི་སྐལ་བ་ཅན་མི་གཡོ་བའི་ཆོས་ཅན་ཐོབ་བྱེད་ཀྱི་བར་ཆད་མེད་ལམ་དང་། བསམ་གཏན་སྤེལ་སྒོམ་ལ་བསྒོམ་ལ་བརྩོན་པའི་བར་ཆད་མེད་པའི་ལམ་དག་ལ་གནས་པ་གཉིས་ཆོས་ཅན། ཁྱོད་ཀྱིས་ཀྱང་ཤེས་པ་དགུ་བདུན་འཐོབ་སྟེ། སྔ་མས་ཆོས་ཤེས་རྗེས་ཤེས་བདེན་བཞི་ཤེས་པ་ཟད་ཤེས་དང་བདུན་དང་། ཕྱི་མས་འགོག་ལམ་ཆོས་ཤེས་རྗེས་ཤེས་བདེན་བཞིས་ཤེས་པ་ཀུན་རྫོབ་ཤེས་པ་དང་བདུན་ཐོབ་པར་བྱེད་པའི་ཕྱིར། གོང་མ་སྲིད་རྩེའི་ས་ལ་ཆགས་བྲལ་བྱས་པའི་གྲོལ་བའི་ལམ་དང་པོ་བརྒྱད་ཆོས་ཅན། ཁྱོད་ལའང་ཤེས་པ་བདུན་ཐོབ་སྟེ། ཆོས་ཤེས་རྗེས་ཤེས་(༡༧༩ན)བདེན་བཞི་ཤེས་པ་སེམས་ཤེས་ཐོབ་པའི་ཕྱིར། སློབ་པ་ཆགས་བཅས་དབང་པོ་སྦྱོང་བའི་གྲོལ་བའི་ལམ་ལ་གནས་པ་ཆོས་ཅན། ཁྱོད་ཀྱིས་ཤེས་པ་དྲུག་ཐོབ་སྟེ། ཆོས་ཤེས་རྗེས་ཤེས་བདེན་བཞི་ཤེས་པ་དང་དྲུག་ཐོབ་པའི་ཕྱིར། དེ་འདྲའི་ཆགས་བྲལ་བ་ཆོས་ཅན། ཁྱོད་ཀྱིས་བདུན་ཐོབ་པ་ཡོད་དེ། སྔ་མ་དྲུག་གི་སྟེང་དུ་སེམས་ཤེས་དང་བདུན་ཐོབ་པའི་ཕྱིར། སློབ་པ་དབང་པོ་སྦྱོང་བའི་བར་ཆད་མེད་པའི་ལམ་ལ་གནས་པའི་འཕགས་པ་དང་དེ་བཞིན་དུ་སྲིད་རྩེའི་ཉོན་མོངས་ལས་རྣམ་པར་རྒྱལ་བའི་བར་ཆད་མེད་ལམ་ལ་གནས་པའང་ཆོས་ཅན། ཤེས་པ་དྲུག་རེ་ཐོབ་སྟེ། ཆོས་ཤེས་རྗེས་ཤེས་བདེན་བཞི་ཤེས་པ་རྣམས་ཐོབ་པར་བྱེད

པའི་ཕྱིར། སྲིད་རྩེའི་རྣམ་གྲོལ་ལམ་དགུ་པ་ཟད་པ་ཤེས་པ་ལ་གནས་པ་ཆོས་ཅན། ཤེས་པ་དགུ་ཐོབ་སྟེ། མི་སྐྱེ་བ་ཤེས་པ་མ་གཏོགས་དགུ་པོ་ཐོབ་པའི་ཕྱིར། དབང་རྣོན་མི་གཡོ་བའི་ཆོས་ཅན་དང་། རྟོགས་པའི་ཆོས་ཅན་མི་གཡོ་བ་དེར་དབང་པོ་འཕོ་བའི་རྣམ་གྲོལ་ལམ་ཐ་མ་དགུ་པ་གཉིས་ལ་གནས་པའང་ཆོས་ཅན། ཤེས་པ་བཅུ་ཐོབ་པ་ཡིན་ཏེ། མི་སྐྱེ་ཤེས་པའང་ཐོབ་པའི་ཕྱིར།

ཛ༣ བཤད་པའི་ལྷག་མ་ཏུ་ཐོབ་པ།

གསུམ་པ་ནི། བཤད་པའི་ལྷག་མ་ལ་བརྒྱད་ཐོབ། །ཅེས་བྱུང་། སྔར་བཤད་པའི་ལྷག་མ་འདོད་པ་ལ་འདོད་ཆགས་དང་བྲལ་བའི་རྣམ་གྲོལ་ལམ་དགུ་པ་དང་མངོན་ཤེས་དང་སྤེལ་སྒོམ་བྱེད་པ་གསུམ་ཆོས་ཅན། ཤེས་པ་བརྒྱད་བརྒྱད་ཐོབ་སྟེ། ཟད་དང་མི་སྐྱེ་ཤེས་པ་གཉིས་མ་གཏོགས་པ་བརྒྱད་རེ་ཐོབ་པའི་ཕྱིར།

ཆ༢ ས་གང་ཏུ་ཤེས་པ་ཏུ་ཐོབ་པ།

གཉིས་པ་ས་གང་དུ་ཤེས་པ་དུ་ཐོབ་པ་ནི། གང་ལ་ཆགས་བྲལ་བྱ་ཕྱིར་གང་། །ཐོབ་པ་དེར་ཡང་འོག་མ་འཐོབ། །ཟད་པ་ཤེས་ལ་ཟག་བཅས་ཀྱང་། །ས་ཀུན་སྟོན་ཉིད་མི་ཐོབ་བོ། །ཞེས་བྱུང་། ཤེས་བྱ་ཆོས་ཅན། ལམ་གང་གི་སྐབས་སུ་ཤེས་པ་དུ་འཐོབ་ཚུལ་ཡོད་དེ། ས་འོག་མ་གང་ལ་ཆགས་པ་དང་བྲལ་བར་བྱ་བའི་ཕྱིར་སྦྱོར་ལམ་སོགས་དང་འདས་ལམ་གྱིས་འདོད་ཆགས་དང་བྲལ་བ་དག་གིས་ས་འོག་མས་བསྡུས་པའི་ལམ་གང་ཐོབ་པ་དེར་ཡང་རང་ས་དང་འོག་མའི་སས་བསྡུས་པའི་(༡༧(བ) ཟག་མེད་ཀྱི་ལམ་ཐོབ་པའི་ཕྱིར། ཟད་པ་ཤེས་པ་ལ་གནས་པ་ཆོས་ཅན། ཡོན་ཏན་དུ་མ་ཐོབ་སྟེ། ཟག་མེད་ཀྱི་ཡོན་ཏན་དུ་མ་ཟད་ཟག་བཅས་ཀྱི་ཡོན་ཏན་མི་སྡུག་པ་སྒོམ་པ་དང་དབུགས་རྔུབ་འབྱུང་དང་། དྲན་ཉེ་དང་། བསམ་གཏན་ས་དྲུག་

དང་། གཟུགས་མེད་དང་བཅས་པ་བཅུ་གཅིག་པོ་ཀུན་གྱིས་བསྡུས་པའི་ཡོན་ཏན་ཐོབ་པའི་ཕྱིར། དེ་ཡང་ས་ཀུན་ལས་སྔོན་མ་སྐྱེད་པ་ཐོབ་པ་ཡིན་གྱི། སྐྱེད་ཟིན་མི་འཐོབ་སྟེ། ཐོབ་ཟིན་སླར་མི་ཐོབ་པའི་ཕྱིར།

ཆ༣ ཐོབ་པའི་དབྱེ་བ།

གསུམ་པ་ཐོབ་པའི་དབྱེ་བ་ནི། སྐྱེད་དང་སྐྱེན་བཅས་བྱ་བ་ནི། །དགེ་བ་འདུ་བྱས་འཐོབ་པའོ། །གཉེན་པོ་དང་ནི་ཐག་བསྲིང་བའི། །ཐོབ་པ་ཟག་དང་བཅས་པའི་ཡིན། །ཞེས་བྱུང་། ཐོབ་པ་ཆོས་ཅན། ཁྱོད་ལ་བཞི་ཡོད་དེ། སྐྱེད་པའི་ཐོབ་པ། བསྐྱེན་པའི་ཐོབ་པ། གཉེན་པོའི་ཐོབ་པ། ཐག་བསྲིང་བའི་ཐོབ་པ་དང་བཞི་ཡོད་པའི་ཕྱིར། དེ་དག་གི་ཁྱད་པར་ཡོད་དེ། སྔར་མེད་གསར་དུ་སྐྱེད་པ་དེ་དང་པོ་དང་། དེ་སྐད་ཅིག་གཉིས་པ་ཕན་ཆད་དུ་ཡང་ཡང་མངོན་དུ་བྱེད་པ་ནི་གཉིས་པ་ཡིན་ལ། དེ་གཉིས་ཀའང་དགེ་བ་འདུས་བྱས་ཀྱི་ཐོབ་པ་དང་། སྤང་བྱ་སྤོང་བཞིན་པའི་སྐབས་ཀྱི་ཐོབ་པ་དེ་གསུམ་པ་དང་། སྤང་བྱ་ལས་གྲོལ་བའི་སྐབས་ཀྱི་ཐོབ་པ་དེ་བཞི་པ་ཡིན་ལ། དེ་གཉིས་ཀྱི་ཐོབ་པ་ནི་ཟག་པ་དང་བཅས་པའི་ཆོས་ཀྱི་ཐོབ་པ་ཡིན་པའི་ཕྱིར། ཕྱི་མའི་དོན་འཆད་ཚུལ་ལ་མི་འདྲ་བ་ཡོད་དེ། དགེ་བ་ཟག་བཅས་ལ་ཐོབ་པ་བཞི་ག་ཡོད་པའི་དོན་དུ་འང་བཤད་པའི་ཕྱིར། དེ་དག་ནི་མཚོན་པ་ཙམ་ཡིན་ཏེ། དགེ་བ་འདུས་བྱས་ལ་སྐྱེད་བསྐྱེན་གྱི་ཐོབ་པ་གཉིས། ཟག་བཅས་ལ་གཉེན་པོ་དང་ཐག་བསྲིང་བ་གཉིས། ཟག་མེད་ལ་སྐྱེད་བསྐྱེན་གཉིས། ཉོན་མོངས་ཅན་དང་ལུང་མ་བསྟན་གྱི་ཐོབ་པ་ལ་གཉེན་པོ་དང་ཐག་བསྲིང་བ་གཉིས་ཡོད་པའི་ཕྱིར།

ཅ༩ ཁྱད་པར་གྱི་ཆོས།

ཆ༡ ཐུན་མོང་མ་ཡིན་པའི་ཡོན་ཏན།

ཇ༡ མདོར་བསྟན་པ།

བཞི་པ་ཁྱད་པར་གྱི་ཆོས་ལ། ཐུན་མོང་མ་ཡིན་པའི་ཡོན་ཏན་དང་། ཐུན་མོང་བའི་ཡོན་ཏན་གཉིས། དང་པོ་ལ་མདོར་བསྟན་པ། རྒྱས་པར་བཤད་པ། དོན་བསྡུ་བ་དང་གསུམ། དང་པོ་ནི། སངས་རྒྱས་ཆོས་ནི་མ་འདྲེས་པ། །སྟོབས་ལ་སོགས་པ་བཅོ་བརྒྱད་དོ། །ཞེས་བྱུང་། བྱེ་སྨྲ་ན་རེ། སངས་རྒྱས་ཀྱི་ཆོས་(༡༨༠ན)མ་འདྲེས་པ་ཆོས་ཅན། ཁྱོད་ལ་བཅོ་བརྒྱད་ཡོད་དེ། སྟོབས་བཅུ་ལ་སོགས་པ་སྟེ་མི་འཇིགས་པ་བཞི། དྲན་པ་ཉེ་བར་བཞག་པ་གསུམ། ཐུགས་རྗེ་ཆེན་པོ་དང་བཅས་པ་ཡོད་པའི་ཕྱིར་ཟེར། ལུགས་གཞན་ལྟར་ན་བཅོ་བརྒྱད་ཡོད་དེ། རྟོགས་པ་མ་འདྲེས་པ་དྲུག །སྤྱོད་པ་མ་འདྲེས་པ་དྲུག །འཕྲིན་ལས་མ་འདྲེས་པ་གསུམ། ཡེ་ཤེས་མ་འདྲེས་པ་གསུམ་སྟེ་བཅོ་བརྒྱད་ལ་འདོད་པའི་ཕྱིར།

ཇ༢ རྒྱས་པར་བཤད་པ།

ཉ༡ སྟོབས་བཤད་པ།

ཏ༡ མཁྱེན་པའི་སྟོབས།

ཐ༡ སོ་སོའི་ངོ་བོ།

གཉིས་པ་ལ། སྟོབས་དང་། མི་འཇིགས་པ་དང་། དྲན་པ་ཉེར་གཞག་དང་། ཐུགས་རྗེ་ཆེན་པོ་བཞི། དང་པོ་ལ། མཁྱེན་པའི་སྟོབས་དང་། སྐུའི་སྟོབས་གཉིས། དང་པོ་ལ། སོ་སོའི་ངོ་བོ་དང་། ས་གང་དུ་ཡོད་པ་དང་། སྒྲ་བཤད་པ་གསུམ། དང་པོ་ནི། གནས་དང་གནས་མིན་ཤེས་པ་བཅུ། །ལས་འབྲས་ལ་བརྒྱད་བསམ་གཏན་

སོགས། །དབང་པོ་མོས་དང་ཁམས་ལས་ནི། །དགུའོ་ལམ་དག་ལམ་བཅུའམ། །གཉིས་ནི་ཀུན་རྫོབ་ཤེས་པ་ཡིན། །ཟད་པ་དྲུག་གམ་བཅུ་ཡིན་ནོ། །ཞེས་བྱུང་། སྟོབས་དང་པོ་དྲུག་ཆོས་ཅན། ཤེས་པ་བཅུས་བསྡུས་ཚུལ་ཡོད་དེ། གནས་དང་གནས་མིན་པ་མཁྱེན་པའི་སྟོབས་ནི་ཤེས་པ་བཅུས་བསྡུས། ལས་དང་འབྲས་བུ་རྣམ་པར་སྨིན་པ་མཁྱེན་པའི་སྟོབས་ནི་འགོག་ལམ་གྱི་ཤེས་པ་གཉིས་མིན་པའི་བརྒྱད་ཀྱིས་བསྡུས། བསམ་གཏན་དང་སོགས་ཀྱིས་གཟུགས་མེད་རྣམ་ཐར་སོགས་མཁྱེན་པ་དང་དབང་པོ་མཆོག་དམན་དང་མོས་པ་དག་ཁམས་སྣ་ཚོགས་མཁྱེན་པའི་སྟོབས་བཞི་ནི་འགོག་ཤེས་མིན་པའི་ཤེས་པ་དགུས་བསྡུས་པའི་ཕྱིར། སྟོབས་ཕྱི་མ་བཞི་ཆོས་ཅན། ཤེས་པ་གང་གིས་བསྡུས་ཚུལ་ཡོད་དེ། ལམ་འབྲས་བུ་དང་བཅས་ན་ཐམས་ཅད་དུ་འགྲོ་བའི་ལམ་མཁྱེན་པའི་སྟོབས་དག་ལ་ཤེས་པ་བཅུ་ཡོད་པས་དེ་རྣམས་ཀྱིས་བསྡུས་པའམ། རང་གི་ངོ་བོའི་དབང་དུ་བྱས་ན་འགོག་ཤེས་མིན་པའི་དགུས་བསྡུས། སྔོན་གནས་མཁྱེན་པ་དང་འཆི་འཕོ་དང་སྐྱེ་བ་མཁྱེན་པའི་སྟོབས་གཉིས་ནི་ཀུན་རྫོབ་ཤེས་པ་ཡིན་ལ། ཟག་པ་ཟད་པ་མཁྱེན་པའི་(༧༨༠བ)སྟོབས་ནི་འགོག་པ་ཁོ་ན་ཤེས་པའི་ཚེ་ཆོས་ཤེས་རྗེས་ཤེས་འགོག་ཤེས་བདེ་ཤེས་མི་སྐྱེ་ཤེས་པ་ཀུན་རྫོབ་ཤེས་པ་དང་དྲུག་གིས་བསྡུས་པའམ། གཞན་གྱི་ཚེ་ཤེས་པ་བཅུས་བསྡུས་པ་ཡིན་པའི་ཕྱིར།

ཐ༢ ས་གང་དུ་ཡོད་པ།

གཉིས་པ་ནི། སྔོན་གནས་འཆི་འཕོ་སྐྱེ་བའི་སྟོབས། །བསམ་གཏན་དག་ན་ལྷག་མ་ནི། །ས་རྣམས་ཀུན་ན། ཞེས་བྱུང་། སྟོབས་བཅུ་པོ་ཆོས་ཅན། ས་གང་ན་ཡོད་པའི་ཁྱད་པར་ཡོད་དེ། སྔོན་གནས་མཁྱེན་པ་དང་འཆི་འཕོ་དང་སྐྱེ་བ་མཁྱེན་པའི་སྟོབས་ནི་བསམ་གཏན་གྱི་དངོས་གཞི་བཞི་དག་ན་ཡོད། སྟོབས་ལྷག་མ་བརྒྱད་

ནི་འདོད་པ་ནས་སྲིད་རྩེའི་བར་གྱི་ས་རྣམས་ཀུན་ན་ཡོད་པའི་ཕྱིར།

ཐ༣ སྒྲ་བཤད་པ།

གསུམ་པ་ནི། ཅི་ཡི་ཕྱིར། འདིའི་སྟོབས་གང་ཕྱིར་ཐོགས་མི་མངའ། །ཞེས་བྱུང་། རྒྱུ་མཚན་ཅི་ཡི་ཕྱིར་ན་སྟོབས་ཞེས་བརྗོད་ཅེ་ན། སངས་རྒྱས་འདིའི་རྒྱུན་གྱི་སྟོབས་རྣམས་ཆོས་ཅན། ཁྱོད་ལ་སྟོབས་ཞེས་བརྗོད་པའི་རྒྱུ་མཚན་ཡོད་དེ། གང་གི་ཕྱིར་ན་ཤེས་བྱའི་གནས་ཐམས་ཅད་ལ་ཐོགས་པ་མི་མངའ་བར་འཇུག་པའི་མཁྱེན་པ་མཐར་ཐུག་ཡིན་པ་དེའི་ཕྱིར།

ད༢ སྐུའི་སྟོབས།

གཉིས་པ་ནི། སྐུ་ལ་སྲིད་མེད་བུ་ཡི་སྟོབས། །གཞན་དག་ཚིགས་ན་གླང་ཆེན་སོགས། །བདུན་ཅུས་གླགས་པའི་སྟོབས་ཡིན་ནོ། །དེ་ནི་རེག་བྱའི་སྐྱེ་མཆེད་དོ། །ཞེས་བྱུང་། སངས་རྒྱས་ཆོས་ཅན། ཁྱོད་ཀྱི་སྐུའི་སྟོབས་བཞག་ཏུ་ཡོད་དེ། སྐུ་ལ་སྲིད་མེད་ཀྱི་བུའི་སྟོབས་མངའ་བའི་ཕྱིར། སློབ་དཔོན་གཞན་དག་ན་རེ། ཚིགས་སུམ་བརྒྱ་དྲུག་ཅུ་རྩ་གཉིས་རེ་རེ་ནའང་སྲིད་མེད་ཀྱི་བུའི་སྟོབས་མངའ་ཟེར། སྲིད་མེད་ཀྱི་བུའི་སྟོབས་ཚད་ཡོད་དེ། གླང་ཆེན་ཕལ་པ་དང་། སོགས་ཀྱིས་སྤོས་ཀྱི་གླང་པོ་ཆེ་དང་། ཚན་པོ་ཆེ་དང་། རབ་གནོན་དང་། ཡན་ལག་མཆོག་དང་། སྟོབས་མཆོག་དང་། སྲིད་མེད་ཀྱི་བུ་བདུན་པོ་དེ་སྔ་མ་སྔ་མ་ལས་ཕྱི་མ་ཕྱི་མ་བཅུ་འགྱུར་གྱིས་སྟོབས་གླགས་པ་སྟེ་ལྷག་པའམ་ཆེ་བའི་ཕྱིར། སློབ་དཔོན་རང་ལུགས་ནི་སྐུའི་སྟོབས་ལས་ཐུགས་ཀྱི་སྟོབས་ཆེ་བར་བཞེད་དེ། མཐའ་ཡས་ཤིང་ཚད་མེད་པར་བཞེད་པའི་ཕྱིར། སྐུའི་སྟོབས་དེ་ནི་ཆོས་ཅན། རེག་བྱའི་སྐྱེ་(༡༤༡ན)མཆེད་ཡིན་ཏེ། སྐྱ་བེམ་པོར་འདོད་པའི་ལུགས་ལ་ནི་འབྱུང་བཞིའི་ཁྱད་པར་ཁོ་ནར་འདོད་པའི་ཕྱིར།

༧༢ མི་འཇིགས་པ་བཞི་བཤད་པ།

གཉིས་པ་མི་འཇིགས་པ་ནི། མི་འཇིགས་པ་ནི་རྣམ་པ་བཞི། །ཇི་ལྟར་སྟོབས་ནི་དང་པོ་དང་། །བཅུ་པ་གཉིས་པ་བདུན་པ་བཞིན། །ཞེས་བྱུང་། མི་འཇིགས་པ་ཆོས་ཅན། རྣམ་པ་བཞི་ཡོད་དེ། རང་དོན་རྟོགས་པ་ཕུན་ཚོགས་དང་། སྤངས་པ་ཕུན་ཚོགས་གཉིས་དང་། གཞན་དོན་བར་ཆད་ཀྱི་ཆོས་སུ་དམ་བཅས་པ་དང་། ངེས་པར་འབྱུང་བའི་ལམ་ལ་དམ་བཅས་པ་གཉིས་ཏེ་བཞི་ཡོད་པའི་ཕྱིར་ཏེ། དེ་ཡང་ཇི་ལྟར་སྟོབས་དང་པོ་གནས་དང་གནས་མ་ཡིན་པ་མཁྱེན་པའི་སྟོབས་ནི་ཤེས་པ་བཅུ་དང་ས་ཐམས་ཅད་ཀྱིས་བསྡུས་པ་ལྟར་མི་འཇིགས་པ་དང་པོ་དང་། སྟོབས་བཅུ་པ་ཟག་པ་ཟད་མཁྱེན་པ་ནི་ཤེས་པ་དྲུག་གམ་བཅུ་དང་ས་བཅུ་གཅིག་གིས་བསྡུས་པ་ལྟར་མི་འཇིགས་པ་གཉིས་པ་དང་། སྟོབས་གཉིས་པ་ལས་འབྲས་མཁྱེན་པ་ནི་ཤེས་པ་བརྒྱད་དང་ས་ཐམས་ཅད་ཀྱིས་བསྡུས་པ་ལྟར་མི་འཇིགས་པ་གསུམ་པ་དང་། སྟོབས་བདུན་པ་ཀུན་ཏུ་འགྲོ་བའི་ལམ་མཁྱེན་པ་ནི་ཤེས་པ་བཅུའམ་དགུ་དང་ས་ཐམས་ཅད་ན་ཡོད་པ་ལྟར་མི་འཇིགས་པ་བཞི་པ་ཡང་དེ་བཞིན་ཡིན་པའི་ཕྱིར།

༧༣ དྲན་པ་ཉེར་གཞག་གསུམ་བཤད་པ།

གསུམ་པ་ནི། དྲན་པ་ཉེར་གཞག་བདག་ཉིད་གསུམ། །ཞེས་བྱུང་། འདིར་བསྟན་དྲན་པ་ཉེར་གཞག་ཆོས་ཅན། ཁྱོད་ལ་གསུམ་ཡོད་དེ། འཁོར་གུས་པས་ཆོས་ཉན་པ་ལ་མི་ཆགས་པའི་དེ། མི་གུས་པར་ཉན་པ་ལ་མི་ཁྲོ་བའི་དེ། གུས་མི་གུས་འདྲེས་མ་ལ་དེ་གཉིས་མི་འབྱུང་བའི་བཏང་སྙོམས་དྲན་པ་ཉེར་གཞག་གི་བདག་ཉིད་དང་གསུམ་ཡོད་པའི་ཕྱིར།

༡༩ ཐུགས་རྗེ་ཆེན་པོ་བཤད་པ།

བཞི་པ་ཐུགས་རྗེ་ཆེན་པོ་ནི། ཐུགས་རྗེ་ཆེན་པོ་ཀུན་རྫོབ་བློ། །ཚོགས་དང་རྣམ་པ་སྤྱོད་ཡུལ་དང་། །མཉམ་པའི་ཕྱིར་དང་ཆེས་ཆེའི་ཕྱིར། །ཁྱད་པར་བྱ་བ་རྣམ་པ་བརྒྱད། །ཅེས་བྱུང་། ཐུགས་རྗེ་ཆེན་པོ་ཆོས་ཅན། ཁྱོད་ཀྱི་ངོ་བོའི་ཁྱད་པར་ཡོད་དེ། ཀུན་རྫོབ་ཤེས་པའི་བློའི་རང་བཞིན་ཅན་ཡིན་པའི་ཕྱིར། དེར་ཐལ། འཛིག་རྟེན་ལ་ཉིན་མཚན་དུས་དྲུག་ཏུ་སུ་ནི་དར་སུ་ནི་རྒུད་སུ་ནི་སྐྱིན་སུ་ནི་མ་སྐྱིན་སུ་ནི་ཡེ་ཤེས་ཀྱིས་གྲོལ་བར་(༡༨༡བ)བྱ་སྙམ་དུ་དགོངས་པའི་ཁྱད་པར་ལྡ་དང་ལྡན་པའི་ཐུགས་རྗེ་ཆེན་པོ་ཡིན་པའི་ཕྱིར། དེ་ཆོས་ཅན། ཐུགས་རྗེ་ཆེན་པོ་ཞེས་བྱ་སྟེ། རྒྱུའི་ཁྱད་པར་ཚོགས་ཆེན་པོས་འགྲུབ་པ་དང་། རྣམ་པའི་ཁྱད་པར་སེམས་ཅན་གྱི་སྡུག་བསྔལ་ལ་རྟོག་པའི་རྣམ་པ་ཅན་དང་། སྤྱོད་ཡུལ་གྱི་ཁྱད་པར་སེམས་ཅན་ཐམས་ཅད་ལ་དམིགས་པ་དང་། འཇུག་ཚུལ་གྱི་ཁྱད་པར་སེམས་ཅན་རྣམས་ལ་ཉེ་རིང་མེད་པར་མཉམ་པར་འཇུག་པའི་ཕྱིར་དང་། ངོ་བོའི་ཁྱད་པར་ཆོས་རྣ་བ་དང་ཆེས་ཆེ་བའི་ཀུན་རྫོབ་ཤེས་པའི་ཤེས་རབ་ཡིན་པའི་ཕྱིར། སྐབས་འདིའི་ཐུགས་རྗེ་ཆེན་པོ་ནི་སྙིང་རྗེ་ཆེན་པོ་ཙམ་ལ་མི་བྱེད་དེ། སྙིང་རྗེ་ཆེན་པོ་དང་ཐུགས་རྗེ་ཆེན་པོ་ལ་ཁྱད་དང་དུ་བྱ་བ་རྣམ་པ་བརྒྱད་ཡོད་པའི་ཕྱིར། དེར་ཐལ། སྙིང་རྗེ་ཆེན་པོ་ནི་ཞེ་སྡང་མེད་པ་དང་། ཐུགས་རྗེ་ཆེན་པོ་ནི་གཏི་མུག་མེད་པའི་རྣམ་པ་ཅན་གྱི་ཤེས་རབ་ཡིན་ལ། སྙིང་རྗེ་ཆེན་པོ་ནི་འདོད་པའི་སེམས་ཅན་ལ་དམིགས། སྡུག་བསྔལ་གྱི་སྡུག་བསྔལ་དང་བྲལ་འདོད་ཀྱི་རྣམ་པ་ཅན། བསམ་གཏན་བཞི་ལ་བརྟེན་པ། ཉན་ཐོས་ལའང་ཡོད་པ། འདོད་པ་ལ་ཆགས་པ་དང་བྲལ་བས་ཐོབ་པ། འདོད་ཁམས་ཀྱི་སེམས་ཅན་སྐྱོབ་པར་འདོད་པ། འཕྲིན་ལས་ཀྱང་དེ་ལྟར་དུ་འཇུག་པ་ཡིན་ལ། ཐུགས་རྗེ་ཆེན་པོ་ནི་ཁམས་གསུམ་གྱི་སེམས་ཅན་ལ་དམིགས། འདུ་བྱེད་ཀྱི་སྡུག་

བསྐལ་དང་བྲལ་འདོད་ཀྱི་རྣམ་པ་ཅན། བསམ་གཏན་བཞི་པ་ཉིད་ལ་བརྟེན་པ། སངས་རྒྱས་ཁོ་ན་ལ་ཡོད་པ། སྲིད་རྩེ་ལ་ཆགས་བྲལ་གྱི་ཚུལ་གྱིས་ཐོབ་པ། ཁམས་གསུམ་གྱི་སེམས་ཅན་སྐྱོབ་པར་འདོད་པ། འཕྲིན་ལས་ཀྱང་དེ་ལྟར་ཀུན་ལ་འཇུག་པའི་ཁྱད་པར་དང་ལྡན་པའི་ཕྱིར།

ཇ༣ དོན་བསྡུ་བ།

གསུམ་པ་དོན་བསྡུ་བ་ནི། སངས་རྒྱས་ཐམས་ཅད་ཚོགས་དང་ནི། །ཆོས་སྐུ་འགྲོ་བའི་དོན་སྤྱོད་པས། །མཉམ་པ་ཉིད་དེ་སྐུ་ཚེ་དང་། །རིགས་དང་སྐུ་བོང་ཚོད་ཀྱིས་མིན། །ཞེས་བྱུང་། སངས་རྒྱས་བཅོམ་ལྡན་འདས་ཐམས་ཅད་ཆོས་ཅན། མཉམ་པ་གསུམ་གྱིས་མཉམ་པ་ཡིན་ཏེ། རྒྱུ་ཚོགས་གཉིས་བསགས་པར་མཉམ་པ་དང་། འབྲས་བུ་ཆོས་ཀྱི་སྐུ་ཐོབ་པར་མཉམ་པ་དང་། འཕྲིན་ལས་འགྲོ་བའི་དོན་སྤྱོད་པས་(༡༢༤ན)མཉམ་པ་ཉིད་ཡིན་པའི་ཕྱིར། མི་མཉམ་པའི་ཁྱད་པར་ཡོད་དེ། སྐུ་ཚེ་རིང་ཐུང་དང་། རིགས་བཟང་ངན་དང་། སྐུ་བོང་ཚོད་ཆེ་ཆུང་ནི་གདུལ་བྱའི་དབང་གིས་མི་མཉམ་པ་ཡོད་པའི་ཕྱིར།

ཆ༢ ཐུན་མོང་བའི་ཡོན་ཏན།

ཇ༡ མདོར་བསྟན་པ།

གཉིས་པ་ཐུན་མོང་གི་ཡོན་ཏན་བཤད་པ་ལ། མདོར་བསྟན་པ་དང་། རྒྱས་པར་བཤད་པ་གཉིས། དང་པོ་ནི། ཆོས་གཞན་སློབ་དང་ཐུན་མོང་ཡིན། །ཁ་ཅིག་སོ་སོ་སྐྱེ་བོ་དང་། །ཉོན་མོངས་མེད་དང་སྨོན་གནས་ཤེས། །སོ་སོ་ཡང་དག་རིག་མངོན་སོགས། །ཞེས་བྱུང་། ཐུན་མོང་བའི་ཡོན་ཏན་ཆོས་ཅན། བཞག་ཏུ་ཡོད་དེ། སངས་རྒྱས་ཀྱི་ཆོས་མ་འདྲེས་པ་ལས་གཞན་པའི་ཆོས་ཉོན་མོངས་མེད་དང་སྨོན་

གནས་ཤེས་པ་དང་། སོ་སོ་ཡང་དག་པའི་རིག་པ་དང་། མངོན་ཤེས་དང་། བསམ་གཟུགས་བརྒྱད་དང་། ཚད་མེད་བཞི་དང་། རྣམ་ཐར་བརྒྱད་དང་། ཟིལ་གནོན་ཟད་པར་སོགས་ནི་སངས་རྒྱས་དང་སློབ་མ་ཉན་ཐོས་གཉིས་ཐུན་མོང་བའི་ཡོན་ཏན་ཡིན་ལ། ཡོན་ཏན་དེ་དག་ལས་བསམ་གཟུགས་དང་མངོན་ཤེས་དང་ཚད་མེད་སོགས་ཁ་ཅིག་སོ་སོ་སྐྱེ་བོ་དང་ཐུན་མོང་བ་ཡིན་པའི་ཕྱིར།

ཉ༢ རྒྱས་པར་བཤད་པ།

ཅ༡ སློབ་པ་འཕགས་པ་དང་ཐུན་མོང་བའི་ཡོན་ཏན།

ཆ༡ ཉོན་མོངས་མེད་པ།

གཉིས་པ་ལ། སློབ་པ་འཕགས་པ་དང་ཐུན་མོང་བའི་ཡོན་ཏན་དང་། སོ་སྐྱེ་དང་ཐུན་མོང་བའི་ཡོན་ཏན་བཤད་པ་གཉིས། དང་པོ་ལ། ཉོན་མོངས་མེད་པ་དང་། སྨོན་གནས་ཤེས་པ་དང་། སོ་སོ་ཡང་དག་པའི་རིག་པ་བཞི་དང་། དེ་དག་ཐོབ་ཚུལ་དང་། ཞར་བྱུང་བསམ་གཏན་གྱི་རབ་མཐའ་ངོས་བཟུང་བ་ལྔ། དང་པོ་ནི། ཉོན་མོངས་མེད་པ་ཀུན་རྫོབ་ཤེས། །བསམ་གཏན་མཐའ་ན་མི་གཡོའི་ཆོས། །མིས་སྐྱེད་ཉོན་མོངས་འདོད་གཏོགས་པ། །མ་སྐྱེས་གཞིར་བཅས་སྤྱོད་ཡུལ་ཅན། །ཞེས་བྱུང་། ཉོན་མོངས་མེད་པའི་ཏིང་ངེ་འཛིན་ཆོས་ཅན། ཁྱད་པར་ལྔ་དང་ལྡན་ཏེ། ངོ་བོ་ཀུན་རྫོབ་ཤེས་པ་ཡིན་ལ། ས་བསམ་གཏན་གྱི་ཡ་མཐའ་བཞི་པ་ཁོ་ནར་བརྟེན་པ། གང་ཟག་དགྲ་བཅོམ་པ་མི་གཡོ་བའི་ཆོས་ཅན་ཁོ་ན་ལ་ཡོད་པ། རྟེན་གླིང་གསུམ་གྱི་མིས་སྐྱེད་པ་ཁོ་ན་དང་། དམིགས་པ་འདོད་པར་གཏོགས་པའི་ཉོན་མོངས་མ་སྐྱེས(༡༤༢བ)པ་སྟེ་སྐྱེ་འགྱུར་གཞི་རྒྱུ་དང་བཅས་པ་ལ་དམིགས་ནས་རྣམ་པ་ཕ་རོལ་པོའི་ཉོན་མོངས་སྐྱེ་འགྱུར་འདི་དང་འདི་མི་སྐྱེ་བར་གྱུར་ཅིག་སྙམ་པའི་སྤྱོད་ཡུལ་ཅན་ཡིན་པའི་ཕྱིར།

ཆ༢ སྨོན་གནས་ཤེས་པ།

གཉིས་པ་ནི། སྨོན་གནས་ཤེས་པའང་དེ་བཞིན་ནོ། །དེ་ཡི་དམིགས་པ་ཐམས་ཅད་དོ། །ཞེས་བྱུང་། སྨོན་གནས་ཤེས་པའང་ཆོས་ཅན། སྨོན་པ་དེ་བཞིན་དུ་ཆོས་ལྔ་དང་ལྡན་ཏེ། གཞན་གསུམ་ནི་སྔ་མ་ལྟར་ཡིན་ལ། དེའི་དམིགས་པ་ཆོས་ཐམས་ཅད་ལ་སྨོན་ནས་ཤེས་པ་འཇུག་པ་དང་། རྣམ་པ་ནི་སྔོན་ནས་སྨོན་པ་བཏང་སྟེ་འདི་བཤད་པར་བྱའོ་སྙམ་དུ་རབ་མཐའི་བཞི་པ་ལ་ཞུགས་པས་ཇི་ལྟ་བ་བཞིན་དུ་ཤེས་པའི་ཕྱིར།

ཆ༣ སོ་སོ་ཡང་དག་པའི་རིག་པ་བཞི།

གསུམ་པ་ནི། དེ་བཞིན་ཆོས་དོན་ངེས་ཚིག་དང་། །སྤོབས་པ་སོ་སོ་ཡང་དག་རིག །གསུམ་ནི་གོ་རིམ་བཞིན་མིང་དང་། །དོན་དང་ངག་ལ་ཐོགས་མེད་ཤེས། །བཞི་པ་རིགས་པ་ཐགས་ཐོགས་མེད། །མངོན་བརྗོད་ལམ་ལ་དབང་ཉིད་ལ། །དེ་ཡི་དམིགས་པ་ངག་དང་ལམ། །ཤེས་པ་དགུའོ་ས་ཐམས་ཅད། །ཡང་དག་དོན་རིག་བཅུ་འམ་དྲུག །དེ་ནི་ཀུན་ན་གཞན་ཀུན་རྫོབ། །ཆོས་ནི་འདོད་དང་བསམ་གཏན་ནི། །ངག་གི་འདོད་དང་དང་པོ་ན། །ཞེས་བྱུང་། སོ་སོ་ཡང་དག་པའི་རིག་པ་ཆོས་ཅན། ཁྱོད་ལ་དབྱེ་ན་བཞི་ཡོད་དེ། ཆོས་དང་དོན་དང་ངེས་པའི་ཚིག་དང་སྤོབས་པ་སོ་སོར་ཡང་དག་རིག་པ་བཞི་ཡོད་པའི་ཕྱིར་དང་། དེ་དག་གི་རྒྱུད་དང་རྟེན་གཉིས་ཉོན་མོངས་མེད་པ་ལ་བཤད་པ་དེ་བཞིན་ཡིན་ལ། དམིགས་པ་དང་ས་དང་ངོ་བོ་གསུམ་མི་འདྲ་བའི་ཕྱིར། དེ་བཞིའི་ངོ་བོའི་ཁྱད་པར་ཡོད་དེ། དང་པོ་གསུམ་ནི་གོ་རིམ་བཞིན་དུ་ཆོས་ཀྱི་མིང་ངམ་ཚིག་དང་དོན་དང་ངག་གི་ཁྱད་པར་སོ་སོར་ཡང་དག་པར་རིག་པ་དང་། བཞི་པ་སྤོབས་པ་སོ་སོ་ཡང་དག་རིག་པ་ནི་

སྒྲུང་འདས་སོགས་དང་འབྲལ་བའི་རིག་པ་ཐགས་ཐོགས་མེད་པར་མངོན་པར་བརྗོད་པ་ཤེས་ཤིང་། ལམ་ཏིང་ངེ་འཛིན་ལ་དབང་བ་ཉིད་གསལ་བར་བྱེད་པ་ལ་ཐོགས་པ་མེད་པའི་ཕྱིར། ཕྱི་མ་དེ་ཡི་དམིགས་པ་ཡོད་དེ། ངག་གི་ཁྱད་པར་དང་ལམ་ལ་དམིགས་པའི་ཕྱིར། དེ་བཞི་ཆོས་ཅན། ཤེས་པ་བཅུ་དང་ས་གང་གིས་བསྡུས་པ་ཡོད་དེ། (༧༢༣ན)ཕྱི་མ་སྤོབས་པ་ནི་འགོག་ཤེས་མ་གཏོགས་དགུ་དང་། འདོད་པ་ནས་སྲིད་རྩེའི་བར་གྱི་ས་ཐམས་ཅད་ན་ཡོད། ཡང་དག་པའི་དོན་རིག་པ་ནི་ཆོས་ཐམས་ཅད་ལ་དམིགས་ན་ཤེས་པ་བཅུ་དང་། སྒྲུང་འདས་ཡིན་ན་འགོག་པ་ཆོས་ཤེས་རྗེས་ཤེས་ཀུན་རྫོབ་ཤེས་པ་ཟད་ཤེས་མི་སྐྱེ་ཤེས་པ་དྲུག་གིས་བསྡུས་ཤིང་། དེ་ནི་ས་ཀུན་ན་ཡོད་ལ། སྤོབས་དོན་གཉིས་ལས་གཞན་པའི་ཆོས་དང་ངེས་ཚིག་རིག་པ་གཉིས་ནི་ཀུན་རྫོབ་ཤེས་པས་བསྡུས། ཆོས་རིག་ནི་འདོད་པ་དང་བསམ་གཏན་བཞི་སྟེ་ལྔ་ན་ཡོད་ཅིང་། དག་སྟེ་ངེས་ཚིག་རིག་པ་ནི་འདོད་པ་དང་བསམ་གཏན་དང་པོ་གཉིས་ན་ཡོད་པའི་ཕྱིར།

ཆ༩ ཞེ་དག་ཐོབ་ཚུལ།

བཞི་པ་ནི། མ་ཚང་བར་ནི་དེ་ཐོབ་མེད། །དྲུག་པོ་དེ་དག་རབ་མཐའ་བས། ། ཞེས་བྱུང་། སོ་སོ་ཡང་དག་རིག་པ་བཞི་ཆོས་ཅན། ཁྱོད་གང་རུང་གཅིག་ཐོབ་ན་བཞི་ཀ་ཐོབ་པས་ཁྱབ་སྟེ། གང་རུང་གཅིག་མ་ཚང་བར་ནི་དེ་ཐོབ་པ་མེད་པའི་ཕྱིར། ཉོན་མོངས་མེད་པ་དང་སྨོན་གནས་དང་ཡང་དག་རིག་པ་བཞི་སྟེ་དྲུག་པོ་དེ་དག་ཆོས་ཅན། ཁྱོད་གང་གིས་ཐོབ་པ་ཡོད་དེ། རབ་མཐའི་བསམ་གཏན་གྱི་སྟོབས་ལས་ཐོབ་པའི་ཕྱིར།

ཚ༥ ཞར་བྱུང་བསམ་གཏན་གྱི་རབ་མཐའ་ངོས་བཟུང་བ།

ལྔ་པ་ཞར་བྱུང་རབ་མཐའ་ནི། དེ་ནི་རྣམ་དྲུག་བསམ་གཏན་མཐའ། །དེ་ནི་ས་ཀུན་གྱིས་མཐུན་བྱས། །འཕེལ་བས་རབ་ཏུ་ཕྱིན་པ་ཡིན། །སངས་རྒྱས་ལས་གཞན་སྦྱོར་ལས་སྐྱེས། །ཞེས་བྱུང་། རབ་མཐའ་དེ་ནི་ཆོས་ཅན། རྣམ་པ་དྲུག་ཡོད་དེ། དེར་གྱུར་པའི་ཉོན་མོངས་མེད་པའི་ཏིང་ངེ་འཛིན་དང་། སྨོན་གནས་མཁྱེན་པ་དང་། ངེས་ཚིག་མ་གཏོགས་པའི་སོ་སོ་ཡང་དག་པ་རིག་པ་གསུམ་དང་། དེ་ལས་གཞན་པའི་བསམ་གཏན་གྱི་རབ་མཐའ་ཉིད་དང་དྲུག་ཡོད་པའི་ཕྱིར། བསམ་གཏན་གྱི་རབ་མཐའ་འདི་ནི་བསམ་གཏན་བཞི་པ་ཉིད་ན་ཡོད་ཀྱང་བཞི་པ་ཐམས་ཅད་ནི་རབ་མཐའ་མིན་ཏེ། བསམ་གཏན་བཞི་པའི་དངོས་གཞི་རབ་ཏུ་ཕྱིན་པ་ཞིག་ལ་ནི་དེར་འཇོག་པའི་ཕྱིར་ཏེ། རབ་མཐའ་དེ་ནི་ས་དགུ་ཀུན་གྱིས་མཐུན་པར་བྱས་ཤིང་འཕེལ་བས་(༡༤༣བ)རབ་ཏུ་ཕྱིན་པ་ཞིག་ལ་འཇོག་པ་ཡིན་པའི་ཕྱིར། དེར་ཐལ། རབ་མཐའ་ལ་སྙོམས་པར་འཇུག་ནུས་ན་ནི། འདོད་པ་ནས་སྲིད་རྩེའི་བར་དང་། དེ་ནས་སླར་ཡང་འདོད་སེམས་ཀྱི་བར་ཐམས་ཅད་ལ་དཀའ་མགུར་སྙོམས་པར་འཇུག་ནུས་པའི་ཕྱིར། བཤད་མ་ཐག་པའི་ཡོན་ཏན་དེ་དག་ཆོས་ཅན། སངས་རྒྱས་ལས་གཞན་པའི་གང་ཟག་ལ་ནི་སྦྱོར་བའི་སྟོབས་ཀྱིས་སྐྱེས་པ་ཡིན་ཏེ། འབད་ཅིང་བསྒྲུབས་ནས་སྐྱེས་པའི་ཕྱིར། སངས་རྒྱས་ནི་དེ་ལྟར་མིན་ཏེ། སྦྱོར་བ་མེད་པར་ལྷུན་གྲུབ་ཏུ་ཐོབ་པའི་ཕྱིར།

ཅ༢ སོ་སྐྱེ་དང་ཐུན་མོང་བའི་ཡོན་ཏན་བཤད་པ།

ཆ༡ མངོན་ཤེས་ཀྱི་དབྱེ་བ།

གཉིས་པ་སོ་སྐྱེ་དང་ཐུན་མོང་བའི་ཡོན་ཏན་བཤད་པ་ལ། མངོན་ཤེས་ཀྱི་དབྱེ་བ། ངོ་བོ། ཆོས་ཀྱི་ཁྱད་པར་དང་གསུམ། དང་པོ་ནི། རྫུ་འཕྲུལ་རྣ་བ་ཡིད་དང་ནི། །སྔོན་ཚེ་འཆི་འཕོ་སྐྱེ་བ་དང་། །ཟད་ཤེས་མངོན་དུ་བྱ་བ་ཡི། །མངོན་ཤེས་རྣམ་དྲུག །ཅེས་བྱུང་། མངོན་ཤེས་ཆོས་ཅན། ཁྱད་ལ་རྣམ་པ་དྲུག་ཡོད་དེ། རྫུ་འཕྲུལ་གྱི་མངོན་ཤེས་དང་། ལྷའི་རྣ་བའི་དང་། གཞན་གྱི་ཡིད་དེ་སེམས་ཤེས་པའི་དང་། སྔོན་གྱི་ཚེ་རབས་སམ་གནས་རྗེས་སུ་དྲན་པའི་དང་། འཆི་འཕོ་བ་དང་སྐྱེ་བ་རྗེས་སུ་དྲན་པ་དང་། ཟག་པ་ཟད་པ་ཤེས་པ་མངོན་དུ་བྱ་བ་ཡི་མངོན་ཤེས་དང་དྲུག་ཡོད་པའི་ཕྱིར། དེ་དག་གི་ཁྱད་པར་ཡོད་དེ། རིམ་པ་བཞིན་དུ་སྤྲུལ་པ་གཅིག་དང་དུ་མར་སྤྲུལ་ཤེས་པ་དང་། སྒྲ་ཕྲ་རགས་དུ་མ་ཐོས་པ་དང་། ཕ་རོལ་གྱི་སེམས་ཀྱི་ཁྱད་པར་ཅི་རིགས་ཤེས་པ་དང་། རང་གཞན་གྱི་སྐྱེ་བ་སྔོན་མ་དུ་མ་དྲན་པ་དང་འཆི་འཕོ་བ་དང་གང་དུ་སྐྱེ་བ་ཤེས་པ་དང་། མ་རིག་པའི་ཟག་པ་ཟད་པ་ལ་དེར་ཤེས་པའི་ཉིང་ངེ་འཛིན་ཤེས་རབ་དང་བཅས་པ་ཞིག་ལ་འཇོག་པའི་ཕྱིར་རོ། །

ཆ༢ མངོན་ཤེས་ཀྱི་ངོ་བོ།

གཉིས་པ་ནི། རྣམ་གྲོལ་ལྷྀ། བཞི་ནི་ཀུན་རྫོབ་ཤེས་པ་སྟེ། །སེམས་ལ་ཤེས་པ་ལྔ་ཡིན་ནོ། །ཟད་པའི་མངོན་ཤེས་སྟོབས་བཞིན་ནོ། །ཞེས་བྱུང་། དེ་དྲུག་ཆོས་ཅན། ངོ་བོ་ཡོད་དེ། རྣམ་པར་གྲོལ་བ་ཡན་ཆད་ཀྱིས་བསྡུས་པའི་བློའི་རང་བཞིན་ཡིན་པའི་ཕྱིར་དང་། མངོན་ཤེས་གསུམ་པ་དང་དྲུག་པ་མ་གཏོགས་པའི་གཞན་བཞི་ནི་ཀུན་རྫོབ་ཤེས་པ་དང་། གཞན་སེམས་ཤེས་པའི་མངོན་ཤེས་ནི་ཆོས་ཤེས་རྗེས་ཤེས་

ལམ་ཤེས་ཀུན་རྫོབ་ཤེས་པ་སེམས་ཤེས་དང་ལྔས་བསྡུས་པ་ཡིན་ལ། ཟག་པ་ཟད་པའི་(༡༨༩ན)མངོན་ཤེས་ནི་སྐབས་བཞིན་དུ་དྲུག་གམ་བཅུས་བསྡུས་པ་ཡིན་པའི་ཕྱིར།

ཆ༣ ཆོས་ཀྱི་ཁྱད་པར།

ཇ༡ ཁྱད་པར་གྱི་ཆོས་སྦྱིར་བསྟན་པ།

ཀ༡ སའི་ཁྱད་པར།

གསུམ་པ་ལ། ཁྱད་པར་གྱི་ཆོས་སྦྱིར་བསྟན་པ་དང་། མངོན་ཤེས་ལྔ་སོ་སོར་བཤད་པ་གཉིས། དང་པོ་ལ། སའི་ཁྱད་པར། དྲན་པ་ཉེར་གཞག་གི་ཁྱད་པར། ངོ་བོའི་ཁྱད་པར། རིག་པའི་ཁྱད་པར། ཆོ་འཕྲུལ་གསུམ་གྱི་ཁྱད་པར་དང་ལྔ། དང་པོ་ནི། ལྔ་ནི་བསམ་གཏན་བཞི་དག་ན། །རང་དང་འོག་མའི་ཡུལ་ཅན་ཡིན། །ཐོབ་བྱ་འདྲིས་པས་ཆགས་བྲལ་བས། །ཞེས་བྱུང་། མངོན་ཤེས་དང་པོ་ལྔ་པོ་ཆོས་ཅན། ས་གང་དུ་ཡོད་པའི་ཁྱད་པར་ཡོད་དེ། བསམ་གཏན་གྱི་དངོས་གཞི་བཞི་དག་ན་ཡོད་ཅིང་གཟུགས་མེད་ན་ཡོད་པ་མ་ཡིན་པའི་ཕྱིར། དེ་ལྔ་ཆོས་ཅན། རང་ས་དང་འོག་སའི་སྤྱོད་ཡུལ་ཅན་ཡིན་ཏེ། རྫུ་འཕྲུལ་གྱི་དེས་རང་ས་དང་འོག་སའི་དེ་སྤྲུལ་ནུས་ཀྱི་གོང་སས་བསྡུས་པ་མི་ནུས་ལ། རྣ་བའི་དེས་ཀྱང་རང་ས་དང་འོག་སའི་སྒྲ་ཐོས་ཀྱི་གོང་མ་མིན། དེ་བཞིན་དུ་གཞན་གསུམ་གྱིས་ཀྱང་རང་ས་དང་འོག་སའི་མིན་པར་གོང་སས་བསྡུས་པ་མི་ཤེས་པའི་ཕྱིར། དེར་ཐལ། ཤིན་ཏུ་མཐོ་བ་མ་གཏོགས། གཞན་རྣམས་ཀྱིས་རང་སྟོབས་ལས་གོང་མ་མངོན་སུམ་དུ་ཤེས་མི་ནུས་པའི་ཕྱིར། དེ་ཆོས་ཅན། ཁྱད་ཐོབ་ཚུལ་ལ་གཉིས་ཡོད་དེ། སྔོན་ཆོར་བས་གཞན་དུ་མ་འདྲིས་པར་སྦྱོར་བས་ཐོབ་པར་བྱ་བ་ཡིན་ལ། འདྲིས་པས་ནི་ཆགས་པ་དང་བྲལ་བ་ལས་ཐོབ་པར་འགྱུར་བའི་ཕྱིར།

༧༢ དྲན་པ་ཉེར་གཞག་གི་ཁྱད་པར།

གཉིས་པ་ནི། གསུམ་པ་དྲན་པ་ཉེར་གཞག་གསུམ། །དང་པོ་ རྣ་བ་རྫུ་འཕྲུལ་མིག །ཅེས་བྱུང་། མངོན་ཤེས་དྲུག་ཆོས་ཅན། དྲན་པ་ཉེར་གཞག་གང་དང་ལྡན་ཚུལ་ཡོད་དེ། གསུམ་པ་གཞན་སེམས་ཤེས་ནི་སེམས་ཚོར་ཆོས་དྲན་ཉེ་གསུམ་གྱིས་བསྡུས། རྣ་བ་རྫུ་འཕྲུལ་མིག་གི་མངོན་ཤེས་གསུམ་ནི་དྲན་ཉེ་དང་པོ་ལུས་དྲན་ཉེས་བསྡུས། མངོན་ཤེས་གཞན་དྲན་པ་ཉེར་གཞག་བཞིའི་རང་བཞིན་ཅན་ཡིན་པའི་ཕྱིར།

༧༣ ཛ་བོའི་ཁྱད་པར།

གསུམ་པ་ནི། མིག་དང་རྣ་བའི་མངོན་ཤེས་ནི། །ལུང་མ་བསྟན་དང་ལྷག་རྣམས་དགེ། །ཞེས་བྱུང་། ལུགས་འདིར་མངོན་ཤེས་དྲུག་པོ་ཆོས་ཅན། ཁྱོད་ལ་དགེ་སོགས་གསུམ་གང་རུང་ཡིན་མིན་གྱི་ཁྱད་པར་ཡོད་དེ། མིག་དང་རྣ་བའི་མངོན་ཤེས་ནི་ལུང་མ་བསྟན་ཡིན་ལ། ལྷག་མ་རྣམས་དགེ་བ་ཡིན་པའི་ཕྱིར།

༧༤ རིག་པའི་ཁྱད་པར།

བཞི་པ་(༡༤༥བ)ནི། གསུམ་ནི་རིག་པ་སྔོན་མཐའ་སོགས། །མ་རིག་པ་ནི་བཟློག་ཕྱིར་རོ། །མི་སློབ་ཐ་མ་གཉིས་ནི་དེའི། །རྒྱུད་ལ་སྐྱེས་ཕྱིར་དེ་ཞེས་བྱ། །སློབ་ལ་འདོད་དེ་མ་རིག་དང་། །བཅས་རྒྱུད་ཕྱིར་ན་རིག་མ་བཤད། །ཅེས་བྱུང་། མི་སློབ་པའི་རིག་པ་ཆོས་ཅན། ཁྱོད་ལ་གསུམ་ནི་ཡོད་དེ། མི་སློབ་པའི་རྒྱུད་ཀྱི་སྔོན་གནས་ཤེས་པ་དང་། འཆི་འཕོ་བ་དང་སྐྱེ་བ་ཤེས་པ་དང་། ཟག་པ་ཟད་པ་ཤེས་པ་གསུམ་ལ་རིག་པ་གསུམ་ཞེས་བཤད་པ་དེ་ཡིན་པའི་ཕྱིར། རིག་པ་ལ་དེ་གསུམ་དུ་འཇོག་པའི་རྒྱུ་མཚན་ཡོད་དེ། སྔོན་མཐའ་དང་སོགས་པས་ཕྱི་མའི་མཐའ་དང་བར་

ལ་རྨོངས་པའི་མ་རིག་པ་ནི་བཟློག་པར་བྱ་བའི་ཆེད་ཡིན་པའི་ཕྱིར། དེར་ཐལ། མངོན་ཤེས་གསུམ་པོ་རིམ་པ་ལྟར་གྱིས་དེ་གསུམ་རྣམ་པར་ཟློག་པར་བྱེད་པའི་ཕྱིར་རོ། །མི་སློབ་པའི་རྒྱུད་ཀྱི་ཐ་མ་ཟག་ཟད་ཤེས་པའི་མངོན་ཤེས་ཉིད་མི་སློབ་པ་ཡིན་གྱི། གཞན་གཉིས་ནི་སློབ་མི་སློབ་གང་རུང་ཡིན་ཡང་དེ་གཉིས་ལའང་མི་སློབ་པ་ཞེས་བྱ་བར་བརྗོད་པ་མི་འགལ་ཏེ། དེ་གཉིས་གང་ཟག་དེའི་རྒྱུད་ལ་སྐྱེས་པའི་ཕྱིར་ན་དེ་སྐད་དུ་བརྗོད་པའི་ཕྱིར། སྔོན་གནས་རྗེས་དྲན་དང་འཆི་འཕོ་ཤེས་པའི་མངོན་ཤེས་གཉིས་ནི་སློབ་པ་ལའང་ཡོད་པར་འདོད་མོད། འོན་ཀྱང་དེ་གཉིས་སྐབས་འདིར་རིག་པ་གསུམ་གྱི་གྲངས་སུ་མ་བཤད་དེ། སློབ་པ་ནི་མ་རིག་པ་དང་བཅས་པའི་རྒྱུད་ཡིན་པའི་ཕྱིར། དེར་ཐལ། འདིར་རིག་པ་ནི་མ་རིག་པ་ལས་གྲོལ་བའི་ཕྱོགས་ཆ་ནས་བཤད་དགོས་པའི་ཕྱིར།

༡༥ ཆོ་འཕྲུལ་གསུམ་གྱི་ཁྱད་པར།

ལྔ་པ་ནི། དང་པོ་གསུམ་པ་དྲུག་པ་ནི། །ཆོ་འཕྲུལ་རྣམས་ཡིན་བསྟན་པ་མཆོག །མི་འབྲུལ་ཕྱིར་དང་ཕན་པ་དང་། །ཡིད་འོང་འབྲས་ལ་སྦྱོར་བྱེད་ཕྱིར། །ཞེས་བྱུང་། ཆོ་འཕྲུལ་དེ་ཆོས་ཅན། ཁྱོད་ལ་གསུམ་ཡོད་དེ། རྫུ་འཕྲུལ་གྱི་ཆོ་འཕྲུལ་སོགས་གསུམ་ཡོད་པའི་ཕྱིར། དེར་ཐལ། མངོན་ཤེས་དྲུག་གི་དང་པོ་ནི་རྫུ་འཕྲུལ་གྱི་ཆོ་འཕྲུལ་དང་། མངོན་ཤེས་གསུམ་པ་གཞན་སེམས་ཤེས་པ་ནི་ཀུན་རྗོད་པའི་ཆོ་འཕྲུལ་དང་། དྲུག་པ་ཟག་པ་ཟད་པའི་མངོན་ཤེས་ཀྱི་རྗེས་སུ་བསྟན་པའི་ཆོ་འཕྲུལ་ཡིན་པའི་ཕྱིར། ཆོ་འཕྲུལ་ནི་ཡིད་འཕྲོག་པར་བྱེད་པའི་འཕྲུལ་བསྟན་པ་ལས་ཡིན་ལ། ཆོ་འཕྲུལ་གསུམ་གྱི་ནང་ནས་རྗེས་སུ་བསྟན་པའི་ཆོ་འཕྲུལ་མཆོག་ཡིན་ཏེ། དེས་གདུལ་བྱ་(༧༢༥ན)ཡང་དག་པའི་དོན་ལ་འཇུག་པར་ངེས་པས་མི་འབྲུལ། གཞན་གཉིས་ནི་དེ་ལྟར་མ་ཡིན་པའི་ཕྱིར། དང་པོ་དེར་ཐལ། རྗེས་བསྟན་གྱིས་ཕན་པ་དང་ཡིད་

ཏུ་འོང་བའི་འབྲས་བུ་ལ་ཉེ་བར་སྦྱོར་བར་བྱེད་པའི་ཕྱིར་རོ། །

ཛ༢ མངོན་ཤེས་ལྔ་སོ་སོར་བཤད་པ།

ཀ༡ རྫུ་འཕྲུལ་གྱི་མངོན་ཤེས།

ཏ༡ རྫུ་འཕྲུལ་གྱི་ངོ་བོ་འབྲས་བུ་དང་བཅས་པ།

གཉིས་པ་མངོན་ཤེས་སོ་སོར་བཤད་པ་ལ། རྫུ་འཕྲུལ་གྱི་མངོན་ཤེས། ལྔའི་མིག་རྣ་བ་བཤད་པ། སྐྱེས་ཐོབ་ཡིན་མིན་གྱི་ཁྱད་པར་བཤད་པ་དང་གསུམ། དང་པོ་ལ་རྫུ་འཕྲུལ་གྱི་ངོ་བོ་འབྲས་བུ་དང་བཅས་པ། སེམས་ཡུལ་དང་བཅས་པ། སྤྲུལ་པ་བྱེད་ཚུལ་ཞར་བྱུང་དང་བཅས་པ། རྫུ་འཕྲུལ་གྱི་དབྱེ་བ་དང་བཞི། དང་པོ་ནི། རྫུ་འཕྲུལ་ཏིང་འཛིན་དེ་ལས་ནི། །སྤྲུལ་དང་འགྲོ་བ་སྟོན་པ་ལ། །ཡིད་མགྱོགས་འགྲོ་བ་གཞན་དག་ལ། །ཕྱིན་བྱེད་མོས་པ་ལས་བྱུང་ཡང་། །ཞེས་བྱུང་། བྱེ་སྨྲ་ན་རེ། རྫུ་འཕྲུལ་གྱི་ངོ་བོ་ཡོད་དེ། ཏིང་ངེ་འཛིན་ཞིག་ལ་འཇོག་པའི་ཕྱིར། སྒྲ་དོན་ཡོད་དེ། འཕྲོར་བར་བྱེད་པས་སམ་སྒྲུབ་པར་བྱེད་པས་དེ་སྐད་ཅེས་བྱ་བའི་ཕྱིར། ཏིང་ངེ་འཛིན་དེས་བསྒྲུབ་པར་བྱ་བ་གཉིས་ཡོད་དེ། དེ་ལས་བྱུང་བའི་སྤྲུལ་པ་དང་འགྲོ་བ་གཉིས་ཡོད་པའི་ཕྱིར། འགྲོ་བའི་ཚུལ་དེ་ལ་གསུམ་ཡོད་དེ། སྟོན་པ་ལ་ཡུལ་ཐག་ཤིན་ཏུ་རིང་ཡང་ཐུགས་བསྐྱེད་པ་ཙམ་གྱིས་སླེབ་པའི་ཡིད་ལྟར་མགྱོགས་པའི་འགྲོ་བ་ཡོད་ལ། གཞན་ཉན་རང་དག་ལ་ལུས་ཐག་རིང་བ་ལ་བྱ་བཞིན་དུ་ལུས་རིམ་གྱིས་ཕྱིན་པར་བྱེད་པ་དང་། རིང་བ་ལ་ཉེ་བར་མོས་པ་ལས་བྱུང་བའི་མྱུར་དུ་ཕྱིན་པར་བྱེད་པ་ཡང་ཡོད་པའི་ཕྱིར།

༨༢ སེམས་སྤྲུལ་དང་བཅས་པ།

གཉིས་པ་ནི། འདོད་པར་གཏོགས་པའི་སྤྲུལ་པ་ནི། །ཕྱི་ཡི་སྐྱེ་མཆེད་བཞི་རྣམ་གཉིས། །གཟུགས་གཏོགས་གཉིས་སྤྲུལ་སེམས་དག་གི། །དེ་དག་ཀུན་ནི་བཅུ་བཞིའོ། །བསམ་གཏན་འབྲས་གཉིས་གནས་ལྔའི་བར། །རིམ་བཞིན་གོང་མ་ལས་སྐྱེས་མིན། །དེ་ཉིད་བསམ་གཏན་བཞི་དེ་ནི། །དག་དང་རང་ལས་དེ་ལས་གཉིས། །ཞེས་བྱུང་། སྤྲུལ་པ་ཆོས་ཅན། ཁྱོད་ལ་གཉིས་ཡོད་དེ། འདོད་པར་གཏོགས་པ་དང་གཟུགས་སུ་གཏོགས་པའི་དེ་གཉིས་ཡོད་པའི་ཕྱིར། འདོད་པར་གཏོགས་པའི་སྤྲུལ་པ་དེ་ནི་ཆོས་ཅན། ཕྱིའི་སྐྱེ་མཆེད་ཡིན་ཏེ། གཟུགས་དྲི་རོ་རེག་བྱ་བཞིའི་རང་བཞིན་ཡིན་པའི་ཕྱིར། ཕྱིའི་སྒྲ་ལ་སྤྲུལ་པ་མེད་དེ། (༧༤༥བ)དེ་ལ་རིགས་འདྲའི་རྒྱུན་མེད་པའི་ཕྱིར། འདོད་པའི་སྤྲུལ་པ་དེ་ཆོས་ཅན། ཁྱོད་ལ་རྣམ་པ་གཉིས་ཡོད་དེ། རང་གི་ལུས་སེང་གེ་སོགས་སུ་སྤྲུལ་པ་དང་། གཞན་གྱི་ལུས་དེ་དག་ཏུ་སྤྲུལ་པ་གཉིས་ཡོད་པའི་ཕྱིར། འདིར་སྤྲུལ་པ་པོ་གང་ཟག་ཡིན་ཀྱང་གང་ཟག་དང་དབང་པོ་སྤྲུལ་པ་མིན་པར་བཤད་དེ། ཕྱིའི་སྐྱེ་མཆེད་བཞི་སྤྲུལ་པའི་ཕྱིར་རོ། །འོན་ཀྱང་གཟུགས་ཀྱི་རྟེན་ཅན་གྱིས་སྐྱེ་མཆེད་གཉིས་སྤྲུལ་པ་ཡིན་ཏེ། གཟུགས་སུ་གཏོགས་པའི་དྲི་རོ་མེད་པས་གཟུགས་དང་རེག་བྱའི་སྐྱེ་མཆེད་གཉིས་སྤྲུལ་པ་བྱེད་པའི་ཕྱིར། མངོན་ཤེས་ནི་སྤྲུལ་པ་བྱེད་པ་མིན་ཏེ། དེའི་འབྲས་བུ་སྤྲུལ་སེམས་དག་གིས་སྤྲུལ་པར་བྱེད་པའི་ཕྱིར། སྤྲུལ་སེམས་དེ་དག་ཀུན་ཆོས་ཅན། བཅུ་བཞི་ཡོད་དེ། བསམ་གཏན་དང་པོའི་འབྲས་བུའི་སྤྲུལ་སེམས་ལ་འདོད་པ་དང་རང་སའི་གཅིག་སྟེ་གཉིས་དང་། གཉིས་པ་ལ་རང་ས་མན་གསུམ་དང་། གསུམ་པ་ལ་རང་ས་མན་བཞི་དང་། བཞི་པ་ལ་སྤྲུལ་སེམས་འོག་ས་བཞི་དང་རང་ས་གཅིག་སྟེ་ལྔའི་བར་རིམ་པ་བཞིན་དུ་ཡོད་པའི་ཕྱིར། ས་འོག་མའི་སྤྲུལ་སེམས་ཆོས་ཅན། ས་གོང་

མ་ལས་སྐྱེས་པ་མིན་ཏེ། རང་ས་དང་འོག་ས་ཁོ་ནར་ངེས་པའི་ཕྱིར། སྤྲུལ་སེམས་དེ་ཆོས་ཅན། ཉེད་ཚུལ་ཡོད་དེ། བསམ་གཏན་གྱི་དངོས་གཞི་བཞིན་དུ་འོག་ས་ལ་འདོད་ཆགས་དང་བྲལ་བས་ཉེད་པའི་ཕྱིར། སྤྲུལ་སེམས་དེ་ནི་ཆོས་ཅན། ཁྱོད་ཁོ་ན་ལས་ལྷང་བར་འགྱུར་བ་མེད་དེ། ཁྱོད་ནི་དང་པོར་སྤྲུལ་པ་ལ་འཇུག་པའི་ཚེ་བསམ་གཏན་དག་པ་བ་དང་། རྒྱུན་གྱི་ཚེ་རང་ཉིད་དང་གཉིས་ལས་འབྱུང་ལ། སྤྲུལ་པ་ལས་ལྡང་བའི་ཚེ་ཡང་བསམ་གཏན་དག་པ་བ་དང་རང་ཉིད་གཉིས་པོ་དེ་ལས་ལྡང་དགོས་པའི་ཕྱིར།

༧༣ སྤྲུལ་པ་བྱེད་ཚུལ་ཞར་བྱུང་དང་བཅས་པ།

གསུམ་པ་ནི། རང་གི་ས་པས་སྤྲུལ་པར་བྱེད། །སྨྲར་འཇུག་པ་ནི་འོག་མས་ཀྱང་། །སྟོན་མིན་སྤྲུལ་པ་པོ་དང་བཅས། །བྱིན་གྱིས་བརླབས་ནས་གཞན་འཇུག་ཕྱིར། །ཤི་བ་ལ་ཡང་བྱིན་བརླབས་ཡོད། །མི་བརྟེན་ལ་མེད་གཞན་དག་མིན། །དང་པོ་དུ་མས་གཅིག་ཡིན་ཏེ། །བྱང་བར་གྱུར་ནས་བཟློག་པའོ། །བསྒོམས་ལས་སྐྱེས་པ་ལུང་མ་བསྟན། །སྐྱེ་བ་ལས་སྐྱེས་རྣམ་གསུམ་མོ། །ཞེས་བྱུང་། ས་གཞན་གྱི་སྤྲུལ་སེམས་ཆོས་ཅན། དེ་ལས་ས་གཞན་གྱི་(༧༢༨ན)སྤྲུལ་པ་མི་བྱེད་དེ། སྤྲུལ་པ་ནི་རང་སའི་སྤྲུལ་སེམས་ཀྱིས་སྤྲུལ་པར་བྱེད་པའི་ཕྱིར། བསམ་གཏན་གཉིས་པ་ཡན་ཆད་ཀྱི་སྤྲུལ་པ་ཆོས་ཅན། ཁྱོད་ཀྱིས་སྨྲར་འཇུག་པ་ནི་འོག་མ་བསམ་གཏན་དང་པོའི་སེམས་ཀྱིས་བྱེད་དེ། ཀྱང་ནི་དེར་མ་ཟད་འདོད་པ་དང་བསམ་གཏན་དང་པོ་ན་སྤྲུལ་པ་སྨྲ་བ་རང་སས་བྱེད་པར་སྟོན་པའི་ཕྱིར། སྤྲུལ་པ་ཆོས་ཅན། སྨྲ་བའི་ཚུལ་ཡོད་དེ། སྟོན་པ་མ་ཡིན་པའི་སྤྲུལ་པ་ནི་སྤྲུལ་པ་པོ་དང་བཅས་ཏེ་ཅིག་ཅར་སྨྲ་དགོས་ལ། སྟོན་པའི་དེས་ནི་ཇི་ལྟར་བཞེད་པ་བཞིན་བྱེད་པའི་ཕྱིར། འོ་ན། སྤྲུལ་སེམས་ཀྱིས་ངག་སྨྲ་བར་བྱེད་དམ་མིན་ན་གང་གིས་སྨྲ་བར་བྱེད་ཅེ་ན། དེ་ནི་སྨྲ་སེམས་ཀྱིས་

བྱེད་དེ། དང་པོ་སྤྲུལ་པ་གནས་པར་བྱིན་གྱིས་བརླབས་ཏེ། དེ་ནས་འདིས་ངག་འདི་ལྟར་སྨྲ་བར་གྱུར་ཅིག་སྙམ་དུ་སྤྲུལ་སེམས་ལས་གཞན་རྟོག་དཔྱོད་དང་བཅས་པའི་སྨྲ་སེམས་ཀྱིས་སྨྲ་བ་ལ་འཇུག་པའི་ཕྱིར། བྱིན་གྱིས་རློབ་པ་པོ་གསོན་པར་མ་ཟད། ཤི་བ་ལ་ཡང་བྱིན་གྱིས་བརླབས་པ་ཡོད་དེ། འོད་སྲུང་ཆེན་པོ་མྱ་ངན་ལས་འདས་པའི་རུས་པ་བྱམས་པ་འཇིག་རྟེན་དུ་མ་བྱོན་གྱི་བར་དུ་གནས་པར་བྱིན་གྱིས་བརླབས་པ་ལྟ་བུ་ཡིན་པའི་ཕྱིར། དེ་ཡང་བརྟན་པ་རུས་པ་ལ་ཡིན་གྱི་ཤ་ལ་སོགས་པ་ནི་མིན་ཏེ། དེ་དག་ནི་བརྟན་པས་མི་རུང་བའི་ཕྱིར། སྔ་པ་གཞན་དག་ཁ་ཅིག་ནི་དེ་ལྟར་མིན་ཏེ། དེའི་རུས་པ་གནས་པ་ནི་གནས་གཙང་གི་ལྷའི་མཐུ་ཡིན་པའི་ཕྱིར་ཟེར། འོ་ན། སྤྲུལ་སེམས་དུ་མས་སྤྲུལ་པ་གཅིག་བྱེད་དམ་གཅིག་གིས་སྤྲུལ་པ་དུ་མ་བྱེད་ཅེ་ན། གཉིས་ཀ་ལ་བྱེད་པ་ཡོད་དེ། དང་པོ་ནི་སྤྲུལ་སེམས་དུ་མས་སྤྲུལ་པ་གཅིག་བྱེད་པ་ཡིན་ལ། ཕྱིས་བྱང་བར་གྱུར་ནས་དེ་ལས་བཟློག་པ་སྤྲུལ་སེམས་གཅིག་གིས་ཀྱང་སྤྲུལ་པ་དུ་མ་བྱེད་ནུས་པའི་ཕྱིར། སྤྲུལ་སེམས་ལ་ལུང་མ་བསྟན་མང་(༧༢༨བ)ཡང་དེ་ཁོ་ནར་མ་ངེས་ཏེ། བསྒོམས་པ་ལས་སྐྱེས་པའི་སྤྲུལ་སེམས་ནི་ལུང་མ་བསྟན་དུ་གནས་གཉིས་པར་བཤད་ཟིན་པ་ནི་འདི་ལྟ་བུའི་དབང་དུ་བྱས་ལ། ལྷ་ཀླུ་ལ་སོགས་པས་སྐྱེ་བའི་སྟོབས་ལས་སྐྱེས་པའི་སྤྲུལ་སེམས་ལ་ནི་དགེ་མི་དགེ་ལུང་མ་བསྟན་རྣམ་པ་གསུམ་ཡོད་པའི་ཕྱིར།

༤༩ རྫུ་འཕྲུལ་གྱི་དབྱེ་བ།

བཞི་པ་རྫུ་འཕྲུལ་གྱི་དབྱེ་བ་ནི། རྫུ་འཕྲུལ་གསང་སྔགས་སྨན་དག་དང་། །ལས་ལས་སྐྱེས་དང་རྣམ་པ་ལྔ། །ཞེས་བྱུང་། རྫུ་འཕྲུལ་ཆོས་ཅན། ཁྱོད་ལ་རྣམ་པ་ལྔ་ཡོད་དེ། བསྒོམས་བྱུང་དང་སྐྱེས་ཐོབ་དང་། གསང་སྔགས་ལས་སྐྱེས་པ་དང་། སྨན་འགའ་ཞིག་རྐང་ལག་ལ་བསྐུས་པ་ལས་སྐྱེས་པ་དག་དང་། ལས་ལས་སྐྱེས་པ་བར་

སྲིད་པའི་རྫུ་འཕྲུལ་ལྟ་བུ་དང་ལྡ་ཡོད་པའི་ཕྱིར།

༡༢ ལྷའི་མིག་རྣ་བཤད་པ།

གཉིས་པ་ནི། ལྷ་ཡི་མིག་དང་རྣ་བ་ནི། །བསམ་གཏན་ས་པའི་གཟུགས་དང་བ། །རྟག་ཏུ་རྟེན་བཅས་མ་ཚང་མེད། །ཐག་རིང་ཕྲ་སོགས་སྤྱོད་ཡུལ་ཅན། །དགྲ་བཅོམ་བསེ་རུ་སྟོན་རྣམས་ཀྱིས། །སྟོང་གཉིས་གསུམ་དང་གྲངས་མེད་མཐོང་། །ཞེས་བྱུང་། ལྷའི་མིག་དང་རྣ་བ་ཆོས་ཅན། བཞག་ཏུ་ཡོད་དེ། བསམ་གཏན་གྱི་སས་བསྡུས་པའི་ནང་གི་གཟུགས་དང་བ་ཞིག་ཡིན་པའི་ཕྱིར། བསྒོམས་བྱུང་གི་ལྷའི་མིག་རྣ་གཉིས་ཆོས་ཅན། ངོ་བོའི་ཁྱད་པར་ཡོད་དེ། རྟག་ཏུ་རྣམ་ཤེས་ཀྱི་རྟེན་བཅས་དང་། ཡོང་བ་ལྟ་བུའི་དབང་པོ་མ་ཚང་བ་མེད་པ་དང་། ཐག་རིང་བའི་གཟུགས་སྒྲ་ཕྲ་བ་སོགས་མཐོང་བའི་སྤྱོད་ཡུལ་ཅན་ཡིན་པའི་ཕྱིར། ཉན་ཐོས་དགྲ་བཅོམ་པ་དང་བསེ་རུ་ལྟ་བུའི་རང་རྒྱལ་དགྲ་བཅོམ་དང་སྟོན་པ་རྣམས་ཀྱི་ལྷའི་མིག་གིས་ཇི་ཙམ་མཐོང་བའི་ཚད་ཡོད་དེ། ཉན་ཐོས་ཀྱི་ལྷའི་མིག་གིས་སྟོང་གཉིས་དང་། རང་སངས་རྒྱས་ཀྱི་དེས་སྟོང་གསུམ་དང་། སངས་རྒྱས་ཀྱི་དེས་སྟོང་གསུམ་གྲངས་མེད་པ་དག་མཐོང་བའི་ཕྱིར།

༡༣ སྐྱེས་ཐོབ་ཡིན་མིན་གྱི་ཁྱད་པར་བཤད་པ།

གསུམ་པ་ནི། གཞན་ཡང་སྐྱེ་བས་ཐོབ་དེས་ནི། །སྲིད་པ་བར་མ་མི་མཐོང་ངོ་། །སེམས་ཤེས་དེ་ནི་རྣམ་གསུམ་གང་། །རྟོག་དང་རིག་སྔགས་ཀྱིས་བྱས་པའང་། །དམྱལ་བ་པས་ནི་དང་པོ་ཤེས། །(༧༤༧ན)མི་ལ་སྐྱེ་བས་ཐོབ་པ་མེད། །ཅེས་བྱུང་། གཞན་ཡང་སྐྱེ་བས་ཐོབ་པའི་ལྷའི་མིག་དེ་ཆོས་ཅན། ཁྱོད་ཀྱིས་སྲིད་པ་བར་མ་མི་མཐོང་སྟེ། དེ་ནི་སྐྱེས་ཐོབ་ཀྱི་མིག་གི་ཡུལ་དུ་མི་འགྱུར་བའི་ཕྱིར། གཞན་སེམས་

ཤེས་པ་དེ་ཆོས་ཅན། ཁྱོད་ལ་རྣམ་པ་གསུམ་ཡོད་དེ། གང་ན་དགེ་སོགས་གསུམ་ཡོད་ཅིང་། སྐྱེ་བས་ཐོབ་པ་དང་། རྟོག་གེས་བྱས་པ་དང་། རིག་སྔགས་ཀྱིས་བྱས་པའང་ཡོད་པའི་ཕྱིར། གཞན་ཡང་། ཡོད་དེ། དམྱལ་བ་པས་ནི་དང་པོ་གཞན་གྱི་སེམས་ཤེས་པ་ཡོད་ཀྱང་། ཕྱིས་མི་ཤེས་ལ། མི་ལ་ནི་སྐྱེ་བས་ཐོབ་པའི་མངོན་ཤེས་མེད་པའི་ཕྱིར། འོན་ཀྱང་མི་རང་བཞིན་པ་ལ་སྐྱེ་བ་དྲན་པ་ནི་ཡོད་དོ། །གནས་བརྟན་པའི་ཚིག་དོན་བཤད་ཟིན་ཏོ།། །།བཀྲ་ཤིས།

༄༅། །ཚད་མ་མངོན་པ་མཛོད་ཀྱི་གནས་བརྒྱད་པའི་ཚིག་འགྲེལ་བཞུགས་སོ། །

ང༢ སྙོམས་འཇུག་གི་ཡོན་ཏན་གཏན་ལ་དབབ་པ།

ཅ༡ སྙོམས་འཇུག་གི་རང་བཞིན།

ཆ༡ སྙོམས་འཇུག་གཉིས་སོ་སོར་བཤད་པ།

ཇ༡ བསམ་གཏན་གྱི་སྙོམས་འཇུག་བཤད་པ།

ཉ༡ དབྱེ་བ་སྤྱིར་བསྟན་པ།

གཉིས་(༡༤༤ན)པ་སྙོམས་འཇུག་གི་ཡོན་ཏན་གཏན་ལ་དབབ་པ་ལ། སྙོམས་འཇུག་གི་རང་བཞིན། དེའི་ཁྱད་ཆོས། ཉིང་དེ་འཛིན་གསུམ་གྱི་དབྱེ་བ། དེ་ལ་བརྟེན་པའི་ཡོན་ཏན་བཤད་པ་དང་བཞི། དང་པོ་ལ། སྙོམས་འཇུག་གཉིས་སོ་སོར་བཤད་པ། ཐུན་མོང་དུ་བཤད་པ། བསམ་གཏན་གྱི་ཡན་ལག་ཞེ་བྲག་ཏུ་བཤད་པ་དང་གསུམ། དང་པོ་ལ། བསམ་གཏན་དང་། གཟུགས་མེད་ཀྱི་སྙོམས་འཇུག་བཤད་པ་གཉིས། དང་པོ་ལ། དབྱེ་བ་སྤྱིར་བསྟན་པ་དང་། སྙོམས་འཇུག་ཞེ་བྲག་ཏུ་བཤད་པ་གཉིས། དང་པོ་ནི། བསམ་གཏན་དག་ནི་རྣམ་གཉིས་བཞི། །དེར་སྐྱེ་བ་དག་རབ་ཏུ་བཤད། །ཅེས་བྱུང་།

ཏ༡ ཚིག་དོན་བཤད་པ།

འདི་ལ། ཚིག་དོན། སྤྱི་དོན། མཐའ་དཔྱད་པ་དང་གསུམ། དང་པོ་ནི། བསམ་གཏན་དག་ནི་ཆོས་ཅན། རྣམ་པ་གཉིས་ཡོད་དེ། རྒྱུ་སྙོམས་འཇུག་གི་བསམ་གཏན་དང་། འབྲས་བུ་སྐྱེ་བའི་བསམ་གཏན་གཉིས་ཡོད་པའི་ཕྱིར། དེ་གཉིས་རེ་

རེ་ལའང་བཞི་བཞི་ཡོད་དེ། རང་རང་གི་བསམ་གཏན་དང་པོ་ནས་བཞི་པའི་བར་ཡོད་པའི་ཕྱིར། དེར་སྐྱེ་བའི་བསམ་གཏན་དག་ནི་འདིར་རྒྱས་པར་མི་འཆད་དེ། རྒྱུ་སྙོམས་འཇུག་གི་བསམ་གཏན་ཆུང་འབྲིང་ཆེ་གསུམ་གྱིས་འབྲས་བུ་སྐྱེ་བའི་བསམ་གཏན་བཞི་ལ་གནས་གསུམ་གསུམ་དང་། གནས་གཙང་དུ་སྐྱེ་བའི་རྒྱུ་སྤེལ་སྒོམ་དང་གནས་ལྔ་པོ་ནི་སྔར་རབ་ཏུ་བཤད་ཟིན་པའི་ཕྱིར།

༥༢ ཕྱི་དོན་བཤད་པ།

གཉིས་པ་ལ། མཚན་ཉིད། དབྱེ་བ། སྒྲ་དོན། ས་མཚམས་དང་བཞི། དང་པོ་ཡོད་དེ། བསམ་གཏན་གྱི་སས་བསྡུས་པའི་སྒོ་ནས་བཞི་སེམས་གཅིག་པ་དེ། བསམ་གཏན་གྱི་སྙོམས་འཇུག་གི་མཚན་ཉིད་ཡིན་པའི་ཕྱིར། གཉིས་པ་དེ་ལ་དབྱེ་ན་གཉིས་ཡོད་དེ། དེར་གྱུར་པའི་ཉེར་བསྡོགས་དང་དངོས་གཞི་གཉིས་ཡོད་པའི་ཕྱིར། དང་པོ་ལ་བཞི(༡༤༦ན)ཡོད་དེ། དང་པོའི་ཉེར་བསྡོགས་སོགས་བཞི་ཡོད་པའི་ཕྱིར། དང་པོའི་ཉེར་བསྡོགས་ལ་གཉིས་ཡོད་དེ། ཞི་གནས་སྐབས་ཀྱི་ཉེར་བསྡོགས་དང་ལྷག་མཐོང་སྐབས་ཀྱི་ཉེར་བསྡོགས་གཉིས་ཡོད་པའི་ཕྱིར། ཕྱི་མ་ལ་དྲུག་ཡོད་དེ། མཚན་ཉིད་སོ་སོར་རིག་པ་དང་། མོས་པ་ཡིད་བྱེད་དང་། རབ་ཏུ་དབེན་པ་ཡིད་བྱེད། དགའ་བ་སྡུད་པའི་ཡིད་བྱེད། དཔྱོད་པ་ཡིད་བྱེད། སྦྱོར་བ་མཐའི་ཡིད་བྱེད་དང་དྲུག་ཡོད་པའི་ཕྱིར། ཡིད་བྱེད་བདུན་པ་སྦྱོར་མཐའི་འབྲས་བུ་ཡིད་བྱེད་ནི་ཉེར་བསྡོགས་མིན་ཏེ། བསམ་གཏན་གྱི་དངོས་གཞི་ཡིན་པའི་ཕྱིར། ཡང་ངོ་བོའི་སྒོ་ནས་གཉིས་ཡོད་དེ། དག་པ་དང་ཉམས་པ་ཆ་མཐུན་གཉིས་ཡོད་ཅིང་། ཡང་གནས་པ་ཆ་མཐུན། ཁྱད་པར་ཆ་མཐུན། ངེས་འབྱེད་ཆ་མཐུན་སོགས་ཀྱང་ཡོད་པའི་ཕྱིར། གསུམ་པ་སྒྲ་དོན་ཡོད་དེ། འདིས་སེམས་པར་བྱེད་པས་ན་བསམ་གཏན་ཞེས་བྱ་བའི་ཕྱིར། བཞི་པ་ས་མཚམས་ཡོད་དེ། བསམ་གཏན་དང་

པོའི་ཉེར་བསྡོགས་ཐོབ་པ་ནས་ཡོད་པའི་ཕྱིར།

ཀ༧ ཚིག་དོན་བཤད་པ།

ཀ༢ མཐའ་དཔྱད་པ།

གསུམ་པ་མཐའ་དཔྱད་པ་ལ། ཁ་ཅིག །རྒྱུ་སྙོམས་འཇུག་གི་བསམ་གཏན་དང་འབྲས་བུ་སྐྱེ་བའི་བསམ་གཏན་གང་རུང་ཡིན་ན། བསམ་གཏན་ཡིན་པས་ཁྱབ་ཟེར་ན། བསམ་གཏན་དང་པོ་བའི་གཟུགས་ཕུང་ཆོས་ཅན། དེར་ཐལ། དེའི་ཕྱིར། དེ་དེར་ཐལ། རྒྱུ་སྙོམས་འཇུག་གི་བསམ་གཏན་གྱི་དབང་གིས་དེར་སྐྱེས་པའི་གང་ཟག་གི་ཕུང་པོ་ལྔ་པོ་དེ་ཡིན་པའི་ཕྱིར། འདོད་མི་ནུས་ཏེ། གཟུགས་ཡིན་པའི་ཕྱིར། ཁ་ཅིག །དེ་གང་རུང་ཡིན་ན། སྙོམས་འཇུག་མ་ཡིན་པས་ཁྱབ་ཟེར་ན། བསམ་གཏན་བཞི་ཀའི་སོ་སྐྱེའི་རྒྱུད་ཀྱི་སྐྱེས་སྟོབས་ཀྱིས་ཐོབ་པའི་སྙོམས་འཇུག་དག་པ་བ་ཆོས་ཅན། དེར་ཐལ། དེའི་ཕྱིར། དེར་ཐལ། འབྲས་བུ་སྐྱེ་བའི་དེ་ཡིན་པའི་ཕྱིར། ཁ་ཅིག །རྒྱུ་སྙོམས་འཇུག་ཡིན་ན། ཞིས་པ་(༧༥་བ)ཡིན་པས་ཁྱབ་ཟེར་ན། དེ་མི་འཐད་པར་ཐལ། རྒྱུ་སྙོམས་འཇུག་དེ་ངོ་བོ་རྗེས་འབྲང་དང་བཅས་ན་ཕུང་པོ་ལྔ་པ་ཅན་ཡིན་པའི་ཕྱིར། ཁ་ཅིག །སྙོམས་འཇུག་ཉོན་མོངས་ཅན་དེ་སྙོམས་འཇུག་ཡིན་ཟེར་ན། དེ་མི་འཐད་པར་ཐལ། དེ་དགེ་བ་མ་ཡིན་པའི་ཕྱིར། དེར་ཐལ། དེ་ནི་ཉོན་མོངས་ཅན་ལ་སྙོམས་འཇུག་གི་སྒྲས་བརྗོད་པ་ཙམ་ཡིན་པའི་ཕྱིར། ཁ་ཅིག །འདོད་པའི་སས་བསྡུས་པའི་བསམ་གཟུགས་མེད་པ་ལྟར་འདོད་ཁམས་པའི་རྒྱུད་ལའང་དེ་དག་མེད་ཟེར་ན། དེ་མི་འཐད་པར་ཐལ། འདོད་པའི་མིའི་རྒྱུད་ལ་བསམ་གཟུགས་བརྒྱད་ཡོད་པའི་ཕྱིར། དེར་ཐལ། དེ་ཡོད་ཀྱང་དེ་འདོད་པའི་སས་བསྡུས་པ་མ་ཡིན་པའི་ཁྱད་པར་འཐད་པའི་ཕྱིར།

༡༢ སྙོམས་འཇུག་བྱེ་བྲག་ཏུ་བཤད་པ།

གཉིས་པ་ནི། སྙོམས་འཇུག་དགེ་བ་རྩེ་གཅིག་པ། །རྗེས་འབྲང་བཅས་ན་ཕུང་པོ་ལྔ། །དཔྱོད་དང་དགའ་དང་བདེ་དང་ལྡན། །ཡན་ལག་སྔ་སྔ་སྤངས་པ་ཡི། །ཞེས་བྱུང་། བསམ་གཏན་གྱི་དངོས་གཞིའི་སྙོམས་འཇུག་ཆོས་ཅན། ཁྱོད་ཀྱི་ངོ་བོ་བཞག་ཏུ་ཡོད་དེ། ཡན་ལག་གི་སྒོ་ནས་འོག་ས་ལ་ཆགས་བྲལ་བྱས་པའི་དགེ་སེམས་རྩེ་གཅིག་པ་དེ་དེ་ཡིན་པའི་ཕྱིར། ཕུང་པོ་ལྔ་དང་བཅས་ཏེ། རྗེས་འབྲང་དང་བཅས་ན་ཕུང་པོ་ལྔ་པ་ཅན་ཡིན་པའི་ཕྱིར། བསམ་གཏན་དང་པོའི་དངོས་གཞིའི་སྙོམས་འཇུག་ཆོས་ཅན། ཁྱོད་ཀྱི་ངོ་བོ་ཡོད་དེ། རྟོག་དཔྱོད་དང་དགའ་བ་དང་བདེ་བ་དང་དགེ་སེམས་རྩེ་གཅིག་པ་དང་ལྡན་པའི་བསམ་གཏན་གྱི་དངོས་གཞིའི་སྙོམས་འཇུག་དེ་དེ་ཡིན་པའི་ཕྱིར། བསམ་གཏན་གཉིས་པ་ནས་བཞི་པའི་བར་གྱི་སྙོམས་འཇུག་ཆོས་ཅན། ངོ་བོའི་ཁྱད་པར་ཡོད་དེ། ཡན་ལག་སྔ་མ་སྔ་མ་སྤངས་པའི་སྒོ་ནས་འཇོག་པའི་ཕྱིར་ཏེ། རིམ་པ་བཞིན་དུ་དཔྱོད་པ་དང་བྲལ་བའི་སྒོ་ནས་དང་། དཔྱོད་པ་དང་དགའ་བ་གཉིས་དང་བྲལ་བ་དང་། དཔྱོད་དགའ་བདེ་བ་གསུམ་དང་བྲལ་བའི་སྒོ་ནས་བཞག་པའི་སྙོམས་འཇུག་གསུམ་ནི་བསམ་གཏན་གཉིས་པ་དང་གསུམ་པ་དང་བཞི་པའི་ངོ་བོར་འཇོག་པའི་ཕྱིར།

༣༢ གཟུགས་མེད་ཀྱི་སྙོམས་འཇུག་བཤད་པ།

༡༧ དབྱེ་བ།

གཉིས་པ་ལ། དབྱེ་བ། ཐོབ་ཚུལ། དམིགས་པའི་ཁྱད། སོ་སོའི་ངོ་བོ་དང་བཞི། དང་པོ་ནི། དེ་བཞིན་གཟུགས་མེད་ཕུང་པོ་བཞི། །ཞེས་བྱུང་། གཟུགས་མེད་ཀྱི་སྙོམས་འཇུག་ཆོས་ཅན། ཁྱོད་ལ་(༧༠ན)གཉིས་ཡོད་པའི་བསམ་གཏན་དེ་བཞིན་

ཏུ་རྒྱུ་སྙོམས་འཇུག་གི་གཟུགས་མེད་དང་འབྲས་བུ་སྐྱེ་བའི་གཟུགས་མེད་གཉིས་ཡོད་
པའི་ཕྱིར། དེ་རེ་རེ་ལའང་བཞི་བཞི་ཡོད་དེ། ནམ་མཁའ་མཐའ་ཡས། རྣམ་ཤེས་
མཐའ་ཡས། ཅི་ཡང་མེད། འདུ་ཤེས་མེད་མིན་གྱི་བར་བཞི་བཞི་ཡོད་པའི་ཕྱིར།
རྗེས་འབྲང་དང་བཅས་ན་ཕུང་པོ་བཞི་པ་ཅན་ཡིན་ཏེ། གཟུགས་ཕུང་མ་གཏོགས་
པ་བཞི་དང་བཅས་པའི་ཕྱིར། ངོ་བོ་ཡོད་དེ། དམིགས་པའི་སྒོ་ནས་འོག་ས་ལས་
འདའ་བའི་རིགས་གནས་ཀྱི་སྙོམས་འཇུག་དེ་དེ་ཡིན་པའི་ཕྱིར།

༡༢ ཐོབ་ཚུལ།

གཉིས་པ་ནི། འོག་མའི་ས་ལས་དབེན་ལས་སྐྱེས། །ཞེས་བྱུང་། གཟུགས་
གཟུགས་མེད་ཀྱི་སྙོམས་འཇུག་གི་དངོས་གཞི་ཆོས་ཅན། འཐོབ་ཚུལ་ཡོད་དེ། རང་
རང་གི་འོག་མའི་ས་ལས་དབེན་པ་ལས་ཏེ་ཆགས་བྲལ་གྱི་ངོ་བོར་སྐྱེས་པའི་ཚུལ་
གྱིས་ཐོབ་པའི་ཕྱིར།

༡༣ དམིགས་པའི་ཁྱད་པར།

གསུམ་པ་ནི། ཉེར་བསྡོགས་གསུམ་དང་བཅས་པར་ནི། །གཟུགས་ཀྱི་འདུ་ཤེས་
བཤིག་ཅེས་བྱ། །གཟུགས་མེད་པ་ན་གཟུགས་མེད་དོ། །གཟུགས་ནི་སེམས་ལས་
སྐྱེས་པར་འགྱུར། །ཞེས་བྱུང་། གཟུགས་མེད་ཀྱི་དངོས་གཞི་བཞི་དང་གཟུགས་མེད་
ཕྱི་མ་གསུམ་གྱི་ཉེར་བསྡོགས་དང་བཅས་པ་ཆོས་ཅན། གཟུགས་ཀྱི་འདུ་ཤེས་རྣམ་
པར་བཤིག་པའམ་བྲལ་ཞེས་བྱ་སྟེ། དེའི་འདུ་ཤེས་རགས་པ་མི་རྒྱུ་བའི་ཕྱིར། ཕལ་
ཆེན་སྡེ་པ་སོགས་འགའ་ཞིག །གཟུགས་མེད་ཁམས་ན་གཟུགས་ཡོད་པར་འདོད་
ཀྱང་། གཞི་ཐམས་ཅད་ཡོད་པར་སྨྲ་བའི་བྱེ་སྨྲའི་ལུགས་ལ་གཟུགས་མེད་ཁམས་ན་
གཟུགས་མེད་དེ། དེ་མེད་ཀྱང་གང་ཟག་མི་ཏུང་བ་ནི་མིན་པའི་ཕྱིར། དེར་ཐལ།

དེའི་གང་ཟག་ནི་མིང་བཞིའི་ཕུང་པོ་ཙམ་གྱིས་ཕྱེ་བ་ཡིན་པའི་ཕྱིར། འོ་ན། གཟུགས་མེད་ནས་ཁམས་འོག་མ་གཉིས་སུ་སྐྱེས་པའི་ཚེ་གཟུགས་རྒྱུན་ཆད་པར་འགྱུར་སྙམ་ན། དེ་ལ་བྱེ་སྨྲ་ན་རེ། སྐྱོན་མེད་དེ། དེར་སྐྱེས་པའི་གཟུགས་དང་པོ་ནི་གཟུགས་མེད་པའི་འཆི་ཁའི་སེམས་ཀྱིས་ལྷན་ཅིག་བྱེད་རྐྱེན་བྱས་པ་ལས་སྐྱེ་བའི་ཕྱིར། དེར་ཐལ། དེའི་ཚེ་གཟུགས་ཅན་དང་མཐུན་པའི་སེམས་ཀྱི་རྒྱུན་དག་གིས་(༡༨༠བ)ལྷན་ཅིག་བྱེད་རྐྱེན་དང་རྣམ་སྨིན་གྱི་རྒྱུ་སྔར་འགགས་པ་ལས་གཟུགས་དེ་སྐྱེ་བར་འགྱུར་བའི་ཕྱིར་ཟེར། མདོ་སྡེ་པ་ན་རེ། སྐྱོན་མེད་དེ། གཟུགས་དང་པོ་དེ་ནི་གཟུགས་ཀྱི་རྣམ་སྨིན་གྱི་རྒྱུས་བསྒོས་པས་སེམས་ཀྱི་འཇུག་པ་རང་རྒྱུད་ལ་ཉེད་པ་དེ་ལས་སྐྱེ་བའི་ཕྱིར་ཟེར། སློབ་དཔོན་སོགས་ཤིང་རྟ་ཆེན་པོ་གཞན་དག་ན་རེ། སྐྱོན་མེད་དེ། གཟུགས་དང་པོ་དེ་རང་ཉིད་བསྐྱེད་པའི་བག་ཆགས་ལས་བྱུང་བས། བག་ཆགས་དེ་གཟུགས་དེའི་ཉེར་ལེན་དུ་འདོད་པའི་ཕྱིར། དེ་གཟུགས་མེད་ནའང་ཡོད་དེ། དེ་ལྡན་མིན་འདུ་བྱེད་ཡིན་པའི་ཕྱིར་ཏེ། དེ་ལྟར་ཐར་ལམ་གསལ་བྱེད་དང་སྡེ་བདུན་དགའ་འགྲེལ་ལས་ཀྱང་བཤད་པའི་ཕྱིར།

༡༩ སོ་སོའི་ངོ་བོ།

བཞི་པ་དམིགས་རྣམ་ནི། རྣམ་ཤེས་མཐའ་ཡས་མཁའ་མཐའ་ཡས། །ཅི་ཡང་མེད་ཅེས་བྱ་དེ་ལྟར། །སྦྱོར་ཕྱིར་དམན་ཕྱིར་འདུ་ཤེས་མེད། །འདུ་ཤེས་མེད་པའང་མ་ཡིན་པའོ། །ཞེས་བྱུང་། ནམ་མཁའ་མཐའ་ཡས་སོགས་བཞིར་བརྗོད་པའི་རྒྱུ་མཚན་ཅི་ཞེ་ན། ཡོད་དེ། སྦྱོར་བའི་དུས་སུ་རྣམ་ཤེས་མཐའ་ཡས་སོ་སྙམ་པ་དང་། ནམ་མཁའ་མཐའ་ཡས་སོ་སྙམ་པ་དང་། ཅི་ཡང་མེད་དོ་ཞེས་བྱ་བར་དེ་ལྟར་ཡིད་ལ་བྱེད་ཅིང་དེ་དག་ལ་རབ་ཏུ་སྦྱོར་བའི་ཕྱིར་ན་རྣམ་ཤེས་མཐའ་ཡས་སོགས་སུ་རིམ་པ་བཞིན་དུ་བརྗོད་པའི་ཕྱིར། འདུ་ཤེས་མེད་འདུ་ཤེས་མེད་པའང་

མིན་པའི་སྙོམས་འཇུག་ཆོས་ཅན། ཁྱོད་ཀྱི་སྦྲ་དོན་ཡོད་དེ། སྦྱོར་བའི་དུས་སུ་འདུ་ཤེས་ནི་ནད་དོ་འབྲས་སོ་ཟུག་རྔུའོ་སྙམ་དུ་འདུ་ཤེས་དམན་པའི་ཕྱིར་དང་དངོས་གཞིའི་ཚེ་འདུ་ཤེས་རགས་པ་ཡོད་པ་ཡང་མིན་ལ་ཕྲ་བ་མེད་པ་མིན་ནོ་སྙམ་པའི་སྙོམས་འཇུག་ཡིན་པས་དེ་ལྟར་འཛོག་པའི་ཕྱིར།

ཆ༢ ཐུན་མོང་དུ་བཤད་པ།

གཉིས་པ་ཐུན་མོང་དུ་བཤད་པ་ནི། དེ་ལྟར་སྙོམས་འཇུག་དངོས་གཞིའི་རྫས། །རྣམ་པ་བརྒྱད་བདུན་རྣམ་པ་གསུམ། །རོ་མྱང་ལྡན་དང་དག་པ་བ། །ཟག་མེད་བརྒྱད་པ་རྣམ་པ་གཉིས། །རོ་མྱང་མཚུངས་ལྡན་སྲིད་བཅས་སོ། །འཇིག་རྟེན་པ་ཡི་དགེ་བ་ནི། །དག་པ་དེ་ནི་དེས་མྱང་བྱ། །ཟག་མེད་འཇིག་རྟེན་འདས་པའོ། །ཞེས་བྱུང་། དེ་ལྟར་སྙོམས་འཇུག་དངོས་གཞིའི་རྫས་ཆོས་ཅན། རྣམ་པ་བརྒྱད་དུ་འདོད་དེ། བསམ་གཏན་དང་གཟུགས་མེད་ཀྱི་དངོས་གཞི་(༡༩༡ན)བཞི་བཞི་ཡོད་པའི་ཕྱིར། སྲིད་རྩེ་མ་གཏོགས་བདུན་པོ་ཆོས་ཅན། རྣམ་པ་གསུམ་གསུམ་ཡོད་དེ། རོ་མྱང་ལྡན་དང་དག་པ་བ་དང་ཟག་མེད་གསུམ་རེ་ཡོད་པའི་ཕྱིར། བརྒྱད་པ་སྲིད་རྩེ་ཆོས་ཅན། རྣམ་པ་གཉིས་ཡོད་དེ། རོ་མྱང་དང་མཚུངས་ལྡན་དང་དག་པ་བ་གཉིས་ཡོད་པའི་ཕྱིར། བསམ་གཏན་གྱི་སྙོམས་འཇུག་ཉོན་མོངས་ཅན་ཆོས་ཅན། ངོ་བོའི་ཁྱད་པར་ཡོད་དེ། སྙོམས་འཇུག་དག་པ་བའི་རྫས་རོ་མྱང་གི་སྲེད་པ་སོགས་གང་རུང་དང་བཅས་པ་ཞིག་དེ་ཡིན་པའི་ཕྱིར། དག་པ་བ་དེ་ཆོས་ཅན། ངོ་བོ་ཡོད་དེ། འཇིག་རྟེན་པའི་དགེ་བས་བསྡུས་པའི་སྙོམས་འཇུག་ཅིག་ལ་འཛོག་པའི་ཕྱིར། དག་པ་བ་འདི་ནི་ཆོས་ཅན། ཁྱོད་སྙོམས་འཇུག་ཉོན་མོངས་ཅན་དེས་མྱང་བར་བྱ་བ་ཡིན་ཏེ། དེ་ཁྱོད་ལ་ཞེན་ནས་ཉོན་མོངས་ཅན་དུ་སྐྱེས་པའི་ཕྱིར། བསམ་གཏན་གྱི་དངོས་གཞི་ཟག་མེད་ཆོས་ཅན། ཁྱོད་ཀྱི་ངོ་བོ་འཛོག་ཚུལ་ཡོད་དེ། འཇིག་རྟེན་ལས་འདས་

ཕོ་བྲང་པོ་ཏ་ལར་བཞུགས་པའི་དགེ་ལུགས་པའི་དཔེ་དཀོན་ཕྱོགས་བསྒྲིགས་འདོན་ཐེངས་དང་པོ། པའི་སློམས་འཇུག་ཟག་མེད་ཅིག་ལ་འཇོག་པའི་ཕྱིར།

ཆ༣ བསམ་གཏན་གྱི་ཡན་ལག་བྱེ་བྲག་ཏུ་བཤད་པ།

ཛ༡ དབྱེ་བ།

གསུམ་པ། ཡན་ལག་བྱེ་བྲག་ཏུ་བཤད་པ་ལ། དབྱེ་བ་དང་། བསྡུ་བ་དང་། ཉོན་མོངས་ཅན་ཡན་ལག་ལྡན་ཚུལ་དང་། ཞར་བྱུང་བཤད་པ་དང་བཞི། དང་པོ་ནི། དང་པོ་ལ་ལྔ་རྟོག་དཔྱོད་དང་། །དགའ་དང་བདེ་བ་ཏིང་འཛིན་རྣམས། །གཉིས་པ་ལ་ནི་ཡན་ལག་བཞི། །རབ་དང་དང་ནི་དགའ་ལ་སོགས། །གསུམ་པ་ལ་ལྔ་བཏང་སློམས་དང་། །དྲན་དང་ཤེས་བཞིན་བདེ་དང་གནས། །མཐའ་ན་བཞི་དྲན་བཏང་སློམས་དང་། །བདེ་མིན་སྡུག་མིན་ཏིང་འཛིན་རྣམས། །ཞེས་བྱུང་། བསམ་གཏན་དང་པོ་ཆོས་ཅན། ཁྱོད་ལ་ལྔ་ཡོད་དེ། རྟོག་དཔྱོད་གཉེན་པོའི་ཡན་ལག་དང་། དགའ་བ་དང་བདེ་བ་ཕན་ཡོན་གྱི་ཡན་ལག །ཏིང་ངེ་འཛིན་གནས་ཀྱི་ཡན་ལག་རྣམས་སུ་ཡོད་པའི་ཕྱིར། བསམ་གཏན་གཉིས་པ་ཆོས་ཅན། ཁྱོད་ལ་ཡན་ལག་བཞི་ཡོད་དེ། ནང་རབ་ཏུ་དང་བ་གཉེན་པོའི་དང་། དགའ་བ་དང་སོགས་ཀྱིས་བདེ་བ་ཕན་ཡོན་གྱི་དང་། རྩེ་གཅིག་པ་གནས་ཀྱི་ཡན་ལག་རྣམས་ཡོད་པའི་ཕྱིར། བསམ་གཏན་གསུམ་པ་ཆོས་ཅན། ཁྱོད་ལ་ཡན་ལག་ལྔ་ཡོད་དེ། བཏང་སློམས་(༡༦༡བ)དང་དྲན་པ་དང་ཤེས་བཞིན་གཉེན་པོའི་དང་། བདེ་བ་ཕན་ཡོན་གྱི་དང་། ཏིང་ངེ་འཛིན་གནས་ཀྱི་ཡན་ལག་རྣམས་ཡོད་པའི་ཕྱིར། བསམ་གཏན་གྱི་མཐའ་བཞི་པ་ཆོས་ཅན། ཁྱོད་ན་ཡན་ལག་བཞི་ཡོད་དེ། དྲན་པ་དང་བཏང་སློམས་གཉེན་པོའི་དང་། བདེ་མིན་སྡུག་བསྔལ་ཡང་མིན་པའི་ཚོར་བ་ཕན་ཡོན་གྱི་དང་། ཏིང་ངེ་འཛིན་གནས་ཀྱི་ཡན་ལག་རྣམས་དང་ལྡན་པའི་ཕྱིར། དེ་དག་གི་བྱེད་ལས་ཡོད་དེ། བསམ་གཏན་དང་པོའི་ཡན་ལག་རྟོག་དཔྱོད་གཉིས་ཀྱིས

འདོད་པའི་སྐྱོན་དང་བསམ་གཏན་གྱི་ཡོན་ཏན་ཆོལ། ཕན་ཡོན་ལ་དགའ་བདེ་འབྱུང་། དེ་དག་གི་རྗེན་ཉིང་དེ་འཛིན་གྱིས་བྱེད་པ། གཉིས་པའི་ཡན་ལག་ནང་རབ་ཏུ་དང་བས་རྟོག་དཔྱོད་ལ་སྐྱོན་དུ་ལྟ་ཞིང་། གཞན་སྔར་ལྟར་དང་། གསུམ་པའི་ཡན་ལག་འདུ་བྱེད་བཏང་སྙོམས་ཀྱིས་དགའ་བ་ལ་ཡིད་མི་གཏོད། དྲན་པས་རྒྱུ་མཚན་མི་བརྗེད། ཤེས་བཞིན་གྱིས་སྲུང་བར་བྱེད་པས་དགའ་བ་སྤོང་། གཞན་སྔར་ལྟར་དང་། བཞི་པའི་ཡན་ལག་དྲན་པ་དང་བཏང་སྙོམས་ཀྱིས་བསམ་གཏན་གྱི་བདེ་བ་སྤོང་ཞིང་། གཞན་སྔར་ལྟར་འདྲ་བའི་ཕྱིར། ཡན་ལག་བཅོ་བརྒྱད་པོ་དེ་དག་ཆོས་ཅན། ཁྱོད་ལ་ཡན་ལག་ཅེས་བརྗོད་པའི་རྒྱུ་མཚན་ཡོད་དེ། མཚོན་པར་བྱེད་པ་དང་རྗེས་སུ་མཐུན་པ་དང་ཚོགས་པས་ན་དེ་སྐད་ཅེས་བརྗོད་པའི་ཕྱིར།

ཛ༢ བསྡུ་བ།

༡༧ བསྡུ་བ་དངོས།

གཉིས་པ་ལ། དངོས་དང་། དོགས་གཅོད་གཉིས། དང་པོ་ནི། རྫས་སུ་བཅུ་གཅིག །ཅེས་བྱུང་། བསམ་གཏན་གྱི་ཡན་ལག་ཆོས་ཅན། ཁྱོད་ལ་མིང་གི་སྒོ་ནས་བཅོ་བརྒྱད་ཡོད་ཀྱང་རྫས་སུ་བཅུ་གཅིག་ཡིན་ཏེ། དང་པོའི་ལྔ་དང་གཉིས་པའི་ནང་རབ་ཏུ་དང་བ་དང་གསུམ་པའི་བཏང་སྙོམས་དྲན་པ་ཤེས་བཞིན་བཞི་དང་བཞི་པའི་བཏང་སྙོམས་རྣམས་སུ་འདུ་བའི་ཕྱིར།

༡༢ དོགས་གཅོད།

གཉིས་པ་དོགས་གཅོད་ནི། དང་པོ་ན། ཤིན་ཏུ་སྦྱངས་པ་བདེ་བ་ཡིན། །རབ་ཏུ་དང་བ་དང་བ་ཡིན། །ལུང་རྣམ་གཉིས་ཕྱིར་ཡིད་དགའ་བདེ། །ཞེས་བྱུང་། དེ་ལ་ཁོ་ན་རེ། བསམ་གཏན་གསུམ་པའི་བདེ་བ་དེ་དང་པོ་གཉིས་ཀྱི་བདེ་བ་ལས་

རྫས་གཞན་ཇི་ལྟར་ཡིན་ཞེ་ན། བྱེ་སྨྲ་ན་རེ། དེ་ལས་རྫས་གཞན་ཡིན་ཏེ། བསམ་གཏན་དང་པོ་གཉིས་ན་ཤིན་ཏུ་སྦྱངས་པའི་འབད་པ་ཡིན་གྱི་ཚོར་(༧༩༢ན)བ་དེ་མ་ཡིན་པའི་ཕྱིར། གཉིས་པའི་ནང་རབ་ཏུ་དད་པ་ཡོད་དེ། བསམ་གཏན་ལ་ཡིད་ཆེས་པའི་དད་པ་ཞིག་ལ་འཇོག་པའི་ཕྱིར། བསམ་གཏན་གསུམ་པའི་བདེ་བ་ནི་ཡིད་བདེ་ཡིན་ལ། དགའ་བ་ནི་ཡིད་བདེ་ལས་གཞན་པའི་ཚོར་བར་འདོད་པ་ནི་མི་འཐད་དེ། བསམ་གཏན་གྱི་ཡན་ལག་སྟོན་པའི་བཅོམ་ལྡན་འདས་ཀྱི་ལུང་རྣམ་པ་གཉིས་དང་འགལ་བར་འགྱུར་བའི་ཕྱིར།

༦༣ ཉོན་མོངས་ཅན་ཡན་ལག་ལྡན་ཚུལ།

གསུམ་པ་ནི། ཉོན་མོངས་ཅན་ལ་དགའ་བདེ་དང་། །རབ་དང་ཤེས་བཞིན་དྲན་པ་དང་། །བཏང་སྙོམས་དྲན་པ་དག་པ་མེད། །ཁ་ཅིག་ཤིན་ཏུ་སྦྱངས་བཏང་སྙོམས། །ཞེས་བྱུང་། ཉོན་མོངས་ཅན་གྱི་བསམ་གཏན་བཞི་ཆོས་ཅན། ཁྱོད་ལ་ཡན་ལག་གང་མེད་པའི་ཚུལ་ཡོད་དེ། ཁྱོད་ཀྱི་དང་པོ་ལ་དགའ་བདེ་མེད། གཉིས་པ་ལ་ནང་རབ་ཏུ་དང་བ་མེད། གསུམ་པ་ལ་ཤེས་བཞིན་དང་དྲན་པ་མེད། བཞི་པ་ལ་བཏང་སྙོམས་དང་དྲན་པ་དག་པ་བ་མེད་པའི་ཕྱིར། ཁ་ཅིག །དེའི་དང་པོ་གཉིས་ན་ཤིན་ཏུ་སྦྱངས་པ་མེད་ཅིང་གཞན་གཉིས་ན་བཏང་སྙོམས་མེད་དེ། དེ་གཉིས་དགེ་བའི་ས་མང་པོ་བ་ཡིན་པའི་ཕྱིར་ཟེར།

༦༨ ཞར་བྱུང་བཤད་པ།

༩༡ བསམ་གཏན་བཞི་པ་མི་གཡོ་བའི་རྒྱུ་མཚན།

བཞི་པ་ལ། བསམ་གཏན་བཞི་པ་མི་གཡོ་བའི་རྒྱུ་མཚན་དང་། འབྲས་བུ་སྐྱེ་བས་ཐོབ་པའི་བསམ་གཏན་ལ་ཚོར་བའི་ལྡན་ཚུལ། བསམ་གཏན་གཉིས་པར་འོག་མའི་སེམས་མངོན་དུ་བྱེད་ཚུལ་གསུམ། དང་པོ་ནི། སྐྱོན་བརྒྱད་ལས་ནི་གྲོལ་བའི་ཕྱིར། །བཞི་པ་གཡོ་བ་མེད་པ་ཡིན། །རྟོག་དང་དཔྱོད་དང་དབུགས་དག་དང་། །བདེ་བ་ལ་སོགས་བཞི་ཡིན་ནོ། །ཞེས་བྱུང་། བསམ་གཏན་བཞི་པའི་དངོས་གཞི་ཆོས་ཅན། ཁྱོད་ལ་གཡོ་བ་མེད་པ་ཡིན་ཏེ། བསམ་གཏན་གཡོ་བྱེད་ཀྱི་སྐྱོན་བརྒྱད་ལས་ནི་གྲོལ་བའི་ཕྱིར། གཡོ་བྱེད་ཀྱི་སྐྱོན་བརྒྱད་ཡོད་དེ། དེར་གྱུར་པའི་རྟོག་པ་དང་དཔྱོད་པ་དང་། དབུགས་འབྱུང་རྔུབ་དག་དང་། བདེ་བ་ལ་སོགས་ཏེ་སྡུག་བསྔལ་དང་ཡིད་བདེ་མི་བདེ་བཞི་དང་བཅས་པ་ཡིན་པའི་ཕྱིར། གཡོ་ཚུལ་ཡོད་དེ། དང་པོར་རྟོག་དཔྱོད་ཀྱིས་སེམས་གཡོ། གཉིས་པར་དགའ་བདེས་སེམས་ཡ་ཡ་བོར་བྱེད། གསུམ་པར་བདེ་བས་ཆ་མཐུན་ཙམ་ཞིག་མ་ཞི་བར་བྱེད་པ་སོགས་ཡོད་པས་གཡོ་ལ། (༡༩༢བ)བཞི་པ་ལ་ནི་དེ་དག་མེད་པས་མི་གཡོ་བའི་ཕྱིར་རོ། །

༩༢ འབྲས་བུ་སྐྱེ་བས་ཐོབ་པའི་བསམ་གཏན་ལ་ཚོར་བའི་ལྡན་ཚུལ།

གཉིས་པ་ནི། སྐྱེ་བའི་བསམ་གཏན་དག་ན་ནི། །ཡིད་བདེ་བདེ་དང་བཏང་སྙོམས་དང་། །བཏང་སྙོམས་ཡིད་བདེ་བདེ་བ་དང་། །བཏང་སྙོམས་བཏང་སྙོམས་ཚོར་བ་ཡོད། །ཅེས་བྱུང་། འབྲས་བུ་སྐྱེ་བའི་བསམ་གཏན་ཆོས་ཅན། ཁྱོད་དང་པོ་ན་ཚོར་བ་གསུམ་དང་། གཉིས་པ་དག་ན་གཉིས་ཡོད་དེ། དང་པོ་ན་ཡིད་བདེ་དང་ཚོར་བདེ་བཏང་སྙོམས་དང་གསུམ་ཡོད། གཉིས་པ་ན་བཏང་སྙོམས་དང་ཡིད་

བདེ་བ་གཉིས་ཡོད་པའི་ཕྱིར། དེའི་གསུམ་པ་ནའང་གཉིས་ཡོད་དེ། སེམས་ཚོར་བདེ་བ་དང་བཏང་སྙོམས་གཉིས་ཡོད་པའི་ཕྱིར། བཞི་པ་ན་གཅིག་པོ་ན་ཡོད་དེ། བཏང་སྙོམས་ཀྱི་ཚོར་བ་པོ་ན་ཡོད་པའི་ཕྱིར། དེར་ཐལ། དེའི་སས་བསྡུས་ཀྱི་ཚོར་བ་གཞན་མེད་པའི་ཕྱིར།

༡༣ བསམ་གཏན་གཉིས་པར་འོག་མའི་སེམས་མངོན་དུ་བྱེད་ཚུལ།

གསུམ་པ་ནི། གཉིས་པ་སོགས་ན་ལུས་མིག་དང་། །རྣ་བའི་རྣམ་ཤེས་རྣམ་རིག་བློ། །གང་ཡིན་དེ་ནི་དང་པོར་གཏོགས། །དེ་ལུང་མ་བསྟན་ཉོན་མོངས་མིན། །ཞེས་བྱུང་། འོ་ན་འབྲས་བུ་སྐྱེ་བའི་བསམ་གཏན་གཉིས་པ་སོགས་ཀྱི་གང་ཟག་ལ་མིག་རྣ་ལུས་ཀྱི་རྣམ་ཤེས་གསུམ་མེད་དམ་ཞེ་ན། དེའི་གང་ཟག་ལ་ནི་མིག་སོགས་གསུམ་ཡོད་ཅིང་དེ་དག་གི་རྣམ་ཤེས་ཀྱང་ཡོད་པ་ཡིན་ལ། དེའི་བསམ་གཏན་གཉིས་པ་སོགས་ན་ཡོད་པའི་ལུས་དང་མིག་དང་རྣ་བའི་རྣམ་པར་ཤེས་པ་རྣམས་དང་། དེ་དག་གི་རྣམ་རིག་གི་བློ་ཀུན་སློང་རྟོག་དཔྱོད་ཡོད་པ་གང་ཡིན་པ་དེ་ནི་རང་སས་མ་བསྡུས་ཀྱི། བསམ་གཏན་དང་པོར་གཏོགས་ཏེ་དེའི་སས་བསྡུས་པའི་ཕྱིར། གཉིས་པ་སོགས་ཀྱི་རྣམ་ཤེས་དེ་རྣམས་དང་ཀུན་སློང་ནི། ལུང་མ་བསྟན་ཡིན་ཏེ། དགོས་དབང་གིས་སྐྱེ་བ་ཙམ་ཡིན་པས་དགེ་བ་མིན་ལ། ས་འོག་མར་ཆགས་བྲལ་བྱས་པས་ཉོན་མོངས་ཅན་མིན་པའི་ཕྱིར་རོ། །

ཅ༢ སྙོམས་འཇུག་གི་ཁྱད་ཆོས།

ཆ༡ ཐོབ་ཚུལ།

ཇ༡ ཐོབ་ཚུལ་དངོས།

གཉིས་པ་དེ་དག་གི་ཁྱད་ཆོས་ལ། ཐོབ་ཚུལ། ཐོབ་ཟིན་མངོན་དུ་བྱེད་ཚུལ། དམིགས་པའི་ཁྱད་པར། སྤང་བྱ་སྤོང་ཚུལ་ཉེར་བསྡོགས་དང་བཅས་པ་བཞི། དང་པོ་ལ། དངོས་དང་། སྙོམས་འཇུག་གང་གི་མཇུག་ཏུ་སྙོམས་འཇུག་དུ་འབྱུང་ལ་དཔྱད་པ། དག་པ་བའི་དབྱེ་བ། (༡༠༣ན)ཞར་བྱུང་ཐོད་རྒལ་གྱི་རྣམ་གཞག་དང་བཞི། དང་པོ་ནི། དེ་དང་མི་ལྡན་འདོད་ཆགས་བྲལ། །སྐྱེ་བ་ལས་ནི་དག་པ་འཐོབ། །ཟག་མེད་འདོད་ཆགས་བྲལ་བ་ཡི། །ཉོན་མོངས་ཅན་ཉམས་སྐྱེ་བ་ཡིས། །ཞེས་བྱུང་། སྙོམས་འཇུག་དག་པ་བ་དང་ཟག་མེད་དང་ཉོན་མོངས་ཅན་གསུམ་ཆོས་ཅན། འཐོབ་ཚུལ་ཡོད་དེ། ཁྱད་ལས་དག་པ་བ་ནི་སྔར་དག་པ་བ་དེ་དང་མི་ལྡན་ན་འདོད་ཆགས་དང་བྲལ་བའི་ལམ་གྱིས་ཐོབ་ལ། ལྡན་པ་ནི་སྲིད་རྩེ་མ་གཏོགས་གོང་ས་ནས་འོག་མར་སྐྱེ་བ་ལས་ནི་ཐོབ་ཅིང་། ཟག་མེད་ཀྱང་དེ་དང་མི་ལྡན་པ་ནི་འདོད་ཆགས་དང་བྲལ་བ་ཡི་ལམ་གྱིས་ཐོབ་ལ། དེ་དང་ལྡན་པ་ནི་ཟད་ཤེས་སྐྱེས་པ་དང་དབང་པོ་འཕོ་བས་ཀྱང་ཐོབ། སྙོམས་འཇུག་ཉོན་མོངས་ཅན་ནི་ཡོངས་སུ་ཉམས་པ་དང་འོག་སར་སྐྱེ་བ་ཡིས་ཐོབ་པར་འགྱུར་བའི་ཕྱིར།

ཇ༢ སྙོམས་འཇུག་གང་གི་མཇུག་ཏུ་སྙོམས་འཇུག་དུ་འབྱུང་ལ་དཔྱད་པ།

གཉིས་པ་ནི། ཟག་པ་མེད་པའི་མཇུག་ཐོགས་སུ། །ལྟག་འོག་གསུམ་པའི་བར་དག་པ། །སྐྱེའོ་དག་པ་ལས་དེ་བཞིན། །རང་གི་ས་པའི་ཉོན་མོངས་ཀྱང་། །ཉོན་མོངས་ཅན་ལས་རང་དག་དང་། །ཉོན་མོངས་འོག་མའི་དག་གཅིག་ཀྱང་། །འཆི་

འཕོ་དག་ལས་ཉོན་མོངས་ཀུན། །ཉོན་མོངས་ཅན་ལས་གོང་མ་ཡིན། །ཞེས་བྱུང་། སློམས་འཇུག་ཆོས་ཅན། ཁྱོད་གང་གི་རྗེས་སུ་དུ་ཞིག་འབྱུང་བའི་ཚུལ་ཡོད་དེ། ཟག་པ་མེད་པའི་བསམ་གཏན་དང་པོའི་མཇུག་ཐོགས་སུ་མཚོན་ན་བསམ་གཏན་གསུམ་པ་ལས་རང་གི་ལྷག་གོང་མ་དང་། དེའི་འོག་མ་གསུམ་པ་ནས་དང་པོའི་བར་གྱི་དག་པ་བ་དང་ཟག་མེད་སྐྱེ་ལ། བསམ་གཏན་དག་པ་བ་ལས་སྔ་མ་དེ་བཞིན་དུ་རང་ས་སོགས་ཀྱི་དག་པ་བ་དང་། རང་གི་ས་པའི་ཉོན་མོངས་ཀྱང་སྐྱེ། ཉོན་མོངས་ཅན་གྱི་བསམ་གཏན་ལས་རང་སའི་དག་པ་བ་དང་ཉོན་མོངས་ཅན་དང་འོག་མའི་དག་པ་བ་གཅིག་ཀྱང་སྐྱེ། འཆི་འཕོ་བའི་དུས་ཀྱི་སྐྱེས་ཐོབ་ཀྱི་བསམ་གཏན་དག་པ་བ་ལས་རང་ས་གོང་ས་འོག་ས་གསུམ་གྱི་ཉོན་མོངས་ཅན་ཀུན་འབྱུང་། སློམས་འཇུག་ཉོན་མོངས་ཅན་གྱིས་འཆི་སེམས་བྱས་ན་རང་ས་དང་འོག་སར་སྐྱེའི། དེ་ལས་གོང་མའི་སར་སྐྱེ་བ་མ་ཡིན་པའི་ཕྱིར།(༧༨༣བ)

ཟ༣ དག་པ་བའི་དབྱེ་བ།

གསུམ་པ་ནི། དག་པ་ཉམས་པ་ཆ་མཐུན་སོགས། །རྣམ་བཞི་དེ་ནི་གོ་རིམ་བཞིན། །ཉོན་མོངས་སྐྱེ་དང་རང་ས་དང་། །གོང་དང་རྗེས་སུ་མཐུན་པའོ། །ཉམས་ཆ་མཐུན་སོགས་མཇུག་ཐོགས་སུ། །གཉིས་དང་གསུམ་དང་གསུམ་དང་གཅིག །ཅེས་བྱུང་། སློམས་འཇུག་དག་པ་བ་ཆོས་ཅན། ཁྱོད་ལ་དབྱེ་ན་རྣམ་པ་བཞི་ཡོད་དེ། ཉམས་པ་ཆ་མཐུན་སོགས་ཀྱིས་གནས་པ་ཆ་མཐུན་དང་ཁྱད་པར་ཆ་མཐུན་དང་ངེས་འབྱེད་ཆ་མཐུན་རྣམས་སུ་ཡོད་པའི་ཕྱིར། བཞི་པོ་དེ་ནི་ཆོས་ཅན། སོ་སོའི་ངོ་བོ་ཡོད་དེ། གོ་རིམ་བཞིན་དུ་རང་གི་མཇུག་དེ་མ་ཐག་རང་སའི་ཉོན་མོངས་སྐྱེ་བ་དང་། རང་གི་དེ་མ་ཐག་རང་སའི་དག་པ་སྐྱེ་བ་དང་། རང་གི་དེ་མ་ཐག་གོང་སའི་དག་པ་བ་སྐྱེ་བ་དང་། རང་གི་དེ་མ་ཐག་ཟག་མེད་སྐྱེ་བ་དང་རྗེས་སུ་མཐུན་

པའི་སྙོམས་འཇུག་རྣམས་དེ་དག་ཏུ་འཇོག་པའི་ཕྱིར། ཉམས་པ་ཆ་མཐུན་སོགས་ཆོས་ཅན། ཁྱོད་ཀྱི་མཇུག་ཐོགས་སུ་དེ་བཞིན་དུ་འབྱུང་བ་ཡོད་དེ། དང་པོའི་དེར་ཉམས་པ་གནས་པ་གཉིས་དང་། གཉིས་པའི་དེར་ངེས་འབྱེད་ཆ་མཐུན་མ་གཏོགས་གསུམ་དང་། གསུམ་པའི་དེར་ཉམས་པ་ཆ་མཐུན་མ་གཏོགས་གསུམ་དང་། བཞི་པའི་དེར་ངེས་འབྱེད་ཆ་མཐུན་གཅིག་པོ་སྐྱེ་བའི་ཕྱིར།

༦༩ ཞར་བྱུང་ཐོད་རྒལ་གྱི་རྣམ་གཞག །

བཞི་པ་ཐོད་རྒལ་ནི། ས་བརྒྱད་རྣམ་གཉིས་འབྲེལ་བ་དང་། །གཅིག་བརྒལ་སོང་ཞིང་འོངས་ནས་ནི། །རིམ་མི་མཐུན་པར་གསུམ་པར་འགྲོ། །ཐོད་རྒལ་གྱི་ནི་སྙོམས་འཇུག་ཡིན། །ཞེས་བྱུང་། འདི་ལ་ཐོད་རྒལ་གྱི་སྦྱོར་བ། དངོས་གཞི། སྒྲ་བཤད། རྟེན་དང་བཞི། དང་པོ་ལ། རིང་སྦྱོར་དང་། ཉེ་སྦྱོར་གཉིས་ལས། དང་པོ་རིང་སྦྱོར་ཡོད་དེ། བསམ་གཏན་བཞི་དང་གཟུགས་མེད་བཞིའི་ས་བརྒྱད་ལ་ཟག་བཅས་དང་ཟག་མེད་རྣམ་པ་གཉིས་ཀྱི་སྒོ་ནས་འབྲེལ་བ་སྟེ་གོ་རིམ་ལུགས་མཐུན་དུ་ཟག་བཅས་བརྒྱད་ལ་མར་སོང་ཞིང་། ལུགས་མི་མཐུན་དུ་མར་འོངས་པའི་ཟག་བཅས་རིང་སྦྱོར་དང་། སྲིད་རྩེ་མ་གཏོགས་པའི་ཟག་མེད་བདུན་ལ་ཡར་སོང་ཞིང་མར་འོང་བ་ནི་ཟག་མེད་རིང་སྦྱོར་ཡིན་པའི་ཕྱིར། ཉེ་སྦྱོར་ཡོད་དེ། དེའི་རྗེས་སུ་ཟག་བཅས་ཀྱི་བསམ་གཏན་དང་པོ་ལ་སྙོམས་པར་ཞུགས་ནས་བསམ་གཏན་གཉིས་པ་གཅིག་(༡༦༢ན)སྤུ་བརྒལ་བ་སྟེ་ཐོར་ནས་ཟག་བཅས་ཀྱི་བསམ་གཏན་གསུམ་པ་ལ་འཇུག །དེ་ནས་བཞི་པ་ཐོར་ནས་ནམ་མཁའ་མཐའ་ཡས་དང་། དེ་ནས་རྣམ་ཤེས་མཐའ་ཡས་ཐོར་ནས་ཅི་ཡང་མེད་ལ་འཇུག་ཅིང་། དེ་བཞིན་དུ་ལུགས་མི་མཐུན་དུ་འཇུག་པ་ཟག་བཅས་ཉེ་སྦྱོར་དང་། ཟག་མེད་ཀྱི་བསམ་གཏན་གྱི་བསམ་གཏན་དང་པོ་ནས་གཉིས་པ་གཅིག་སྤུ་བརྒལ་ནས་གསུམ་པ་དང་། དེ་ནས་བཞི་པ་བརྒལ་ནས་

ནམ་མཁའ་མཐའ་ཡས་དང་། དེ་ནས་རྣམ་ཤེས་མཐའ་ཡས་བརྒལ་ནས་ཅི་ཡང་མེད་ལ་འཇུག་ཅིང་། དེ་བཞིན་དུ་ལུགས་མི་མཐུན་དུ་འགྲོ་བ་ནི་ཟག་མེད་ཉེ་སྦྱོར་ཡིན་པའི་ཕྱིར་ཏེ། འདིར་སོང་བ་ནི་ལུགས་མཐུན་དང་འོང་བ་ནི་དེའི་ལུགས་མི་མཐུན་གྱི་དབང་དུ་མཛད་པ་ཡིན་པའི་ཕྱིར། ཐོད་རྒལ་གྱི་དངོས་གཞིའི་སྙོམས་འཇུག་ཆོས་ཅན། འཇུག་ཚུལ་ཡོད་དེ། སྦྱོར་བ་གཉིས་ཀྱི་རྗེས་སུ་ཟག་བཅས་ཀྱི་བསམ་གཏན་དང་པོ་ནས་ཟག་བཅས་དང་རིས་མི་མཐུན་པའི་ཟག་མེད་ཀྱི་བསམ་གཏན་གསུམ་པར་འགྲོ་བ་སྟེ་འཇུག །དེ་ནས་ཡང་ཟག་མེད་དང་རིས་མི་མཐུན་པའི་ཟག་བཅས་ནམ་མཁའ་མཐའ་ཡས་དང་། དེ་ནས་དེ་དང་རིས་མི་མཐུན་པའི་ཟག་མེད་ཅི་ཡང་མེད་པའི་སྐྱེ་མཆེད་ལ་སྙོམས་པར་འཇུག་ཅིང་། དེ་བཞིན་དུ་ལུགས་མི་མཐུན་དུའང་ཟག་བཅས་ཟག་མེད་སྤེལ་ནས་སྙོམས་པར་འཇུག་པ་ནི་ཐོད་རྒལ་གྱི་སྙོམས་འཇུག་ཡིན་པའི་ཕྱིར། སྒྲ་དོན་ཡོད་དེ། སྙོམས་འཇུག་གི་ས་བརྒྱད་ལ་མཐར་ཆགས་སུ་མིན་པར་རེ་རེ་ཐོར་བའམ་བརྒལ་ནས་སྙོམས་པར་འཇུག་པའི་རྒྱུ་མཚན་གྱིས་དེ་ལྟར་དུ་བརྗོད་པའི་ཕྱིར། དང་པོར་མངོན་དུ་བྱེད་པའི་རྟེན་ཡོད་དེ། གླིང་གསུམ་གང་རུང་དག་དགྲ་བཅོམ་མི་གཡོ་བའི་ཆོས་ཅན་གྱིས་མངོན་དུ་བྱེད་པའི་ཕྱིར་ཏེ། དེས་ཏིང་ངེ་འཛིན་ལ་དབང་ཐོབ་ཅིང་། དགྲ་བཅོམ་གཞན་གྱིས་དབང་མ་ཐོབ་པའི་ཕྱིར།

ཆ༢ ཐོབ་ཟིན་མངོན་དུ་བྱེད་ཚུལ།

གཉིས་པ་ཐོབ་ཟིན་མངོན་དུ་བྱེད་ཚུལ་ནི། བསམ་གཏན་གཟུགས་མེད་རང་དང་ནི། །འོག་སའི་རྟེན་ཅན་འོག་དགོས་མེད། །སྲིད་རྩེར་འཕགས་པས་ཅི་ཡང་མེད། །མངོན་དུ་བྱས་ནས་ཟག་པ་ཟད། །ཅེས་བྱུང་། བསམ་གཏན་ལ་གཟུགས་མེད་ཀྱི་སྙོམས་འཇུག་ཆོས་ཅན། རྟེན་ཡོད་དེ། (༡༢བ)རང་ས་དང་འོག་སའི་རྟེན་ཅན་ཡིན་པའི་ཕྱིར། སྤྱིར་གོང་སའི་རྟེན་ལ་འོག་སའི་སྙོམས་འཇུག་སྐྱེད་པའི་དགོས་

པ་མེད་དེ། འོག་ས་དམན་ཅིང་གོང་ས་ཁྱད་པར་དུ་འཕགས་པའི་ཕྱིར། དམིགས་བསལ་ཡོད་དེ། སྲིད་རྩེར་སྐྱེས་པའི་འཕགས་པ་སྲིད་པ་ཐ་མ་བས་ནི་ཅི་ཡང་མེད་ཀྱི་སྙོམས་འཇུག་མངོན་དུ་བྱས་ནས་ཟག་པ་ཟད་པའི་དགྲ་བཅོམ་ཐོབ་པར་བྱེད་པའི་ཕྱིར།

ཆ༣ དམིགས་པའི་ཁྱད་པར།

གསུམ་པ་དམིགས་པའི་ཁྱད་པར་ནི། སྲིད་བཅས་རང་གི་སྲིད་ལ་དམིགས། །བསམ་གཏན་དགེ་ཡུལ་ཡོད་དགུ་ཡིན། །གཟུགས་མེད་དངོས་གཞི་དགེ་རྣམས་ཀྱི། །སྤྱོད་ཡུལ་ཟག་བཅས་འོག་མ་མིན། །ཞེས་བྱུང་། སྲིད་པ་དང་བཅས་པའི་བསམ་གཏན་ཆོས་ཅན། དམིགས་པ་ཡོད་དེ། རང་གི་ས་པའི་སྲིད་པ་ལ་དམིགས་པའི་ཕྱིར། བསམ་གཏན་དགེ་བ་དག་པ་བ་དང་ཟག་མེད་ཆོས་ཅན། ཡུལ་ཡོད་དགུ་ལ་དམིགས་པ་ཡིན་ཏེ། ཆོས་ཐམས་ཅད་ལ་དམིགས་པའི་ཕྱིར། གཟུགས་མེད་ཀྱི་དངོས་གཞི་དགེ་བ་རྣམས་ཆོས་ཅན། ཁྱོད་ཀྱི་སྤྱོད་ཡུལ་ཡོད་དེ། རང་ས་དང་གོང་མའི་ཟག་བཅས་ལ་དམིགས་ཀྱི། འོག་མ་ལ་དམིགས་པ་མ་ཡིན་པའི་ཕྱིར།

ཆ༤ སྤང་བྱ་སྤོང་ཚུལ་ཉེར་བསྡོགས་དང་བཅས་པ།

ཇ༡ སྤང་བྱ་སྤོང་ཚུལ།

བཞི་པ་སྤང་བྱ་སྤོང་ཚུལ་ཉེར་བསྡོགས་དང་བཅས་པ་ལ། སྤང་བྱ་སྤོང་ཚུལ། ཉེར་བསྡོགས་ཀྱི་དབྱེ་བ། བསམ་གཏན་གྱི་སྙོམས་འཇུག་ཁྱད་པར་ཅན་བཤད་པ་དང་གསུམ། དང་པོ་ནི། ཟག་པ་མེད་པས་ཉོན་མོངས་རྣམས། །སྤོང་ངོ་ཉེར་བསྡོགས་དག་པས་ཀྱང་། །ཞེས་བྱུང་། ཕྱིར་སློབ་པའི་བསམ་གཏན་དང་གཟུགས་མེད་ཀུན་གྱིས་ཉོན་མོངས་སྤོང་མི་ནུས་ཏེ། དེ་ལས་བསམ་གཟུགས་ཟག་པ་མེད་པས་

ནི་ཉོན་མོངས་རྣམས་སྤོང་བར་བྱེད་པའི་ཕྱིར། ཉེར་བསྡོགས་དག་པ་བས་ཀྱང་ཉོན་མོངས་སྤོང་བ་ཡོད་དེ། དེའི་གཉེན་པོ་ཁྱད་པར་ཅན་དུ་འགྱུར་བ་ཡོད་པའི་ཕྱིར།

ཇ༢ ཉེར་བསྡོགས་ཀྱི་དབྱེ་བ།

གཉིས་པ་ནི། དེ་དག་ལས་ནི་ཉེར་བསྡོགས་བརྒྱད། །དག་པ་བདེ་མིན་སྡུག་བསྔལ་མིན། །དང་པོ་འཕགས་པ་ཁ་ཅིག་གསུམ། །ཞེས་བྱུང་། བསམ་གཟུགས་དེ་དག་གི་ཉེར་བསྡོགས་ཆོས་ཅན། ཁྱོད་ལ་བརྒྱད་ཡོད་དེ། བསམ་གཟུགས་བརྒྱད་ཀྱི་དངོས་གཞི་ལ་འཇུག་པའི་སྦྱོར་བའམ་སྔ་གོན་རེ་རེ་ཡིན་པའི་ཕྱིར། དེ་ཆོས་ཅན། ངོ་བོ་ཡོད་དེ། རང་གི་(༡༥ན)དངོས་གཞི་དང་མི་འདྲ་བར་དག་པ་བ་ཉིད་ཡིན་པའི་ཕྱིར། དེ་ཆོས་ཅན། ཚོར་བ་གང་དང་ལྡན་པ་ཡོད་དེ། བདེ་མིན་སྡུག་བསྔལ་མིན་པའི་བཏང་སྙོམས་དང་བཅས་པའི་ཕྱིར། བསམ་གཏན་དང་པོའི་ཉེར་བསྡོགས་ཆོས་ཅན། ཁྱོད་ལ་དག་པ་བ་ཁོ་ནར་མ་ཟད་དེ། དག་པ་བ་དང་འཕགས་པ་སྙེ་ཟག་མེད་གཉིས་ཡོད་པའི་ཕྱིར། གཅིག་དེ་ལ་གསུམ་ཡོད་ཅེས་འདོད་དེ། མི་ལྕོགས་མེད་དང་བཅས་པ་གསུམ་ཡོད་པའི་ཕྱིར་ཟེར་ན། རོ་མྱང་དང་བཅས་པ་གསུམ་ལ་འདོད་པའང་ཡོད་པའི་ཕྱིར།

ཇ༣ བསམ་གཏན་གྱི་སྙོམས་འཇུག་ཁྱད་པར་ཅན་བཤད་པ།

གསུམ་པ་ནི། རྟོག་མེད་བསམ་གཏན་ཁྱད་པར་ཅན། །རྣམ་གསུམ་བདེ་མིན་སྡུག་བསྔལ་མིན། །དེ་ནི་ཚངས་ཆེན་འབྲས་བུ་ཅན། །ཞེས་བྱུང་། བསམ་གཏན་དང་པོའི་དངོས་གཞི་ཁྱད་པར་ཅན་ཆོས་ཅན། ངོ་བོ་འཇོག་ཚུལ་ཡོད་དེ། རྟོག་པ་མེད་ཅིང་དཔྱོད་པ་དང་བཅས་པའི་བསམ་གཏན་གྱི་དངོས་གཞི་ཞིག་དེ་ཡིན་པའི་ཕྱིར། དེ་ཆོས་ཅན། ཟས་ཀྱི་སྒོ་ནས་རྣམ་པ་གསུམ་ཡོད་དེ། རོ་མྱང་དག་པ་

པ་ཟག་མེད་གསུམ་ཡོད་པའི་ཕྱིར། དེ་ཆོས་ཅན། ཚོར་བ་གང་དང་བཅས་པ་ཡོད་དེ། བདེ་མིན་སྡུག་བསྔལ་མིན་པའི་ཚོར་བ་བཏང་སྙོམས་དང་མཚུངས་ལྡན་ཡིན་པའི་ཕྱིར། དེའི་དག་པ་བ་དེ་ནི་ཆོས་ཅན། ཁྱོད་ཀྱི་འབྲས་བུ་ཡོད་དེ། ཚངས་པ་ཆེན་པོར་སྐྱེ་བའི་འབྲས་བུ་ཅན་ཡིན་པའི་ཕྱིར།

ཅ༣ ཏིང་ངེ་འཛིན་གསུམ་གྱི་དབྱེ་བ།

ཆ༡ ཁམས་གསུམ་གྱི་སྒོ་ནས་རྟོག་བཅས་སོགས་གསུམ།

གསུམ་པ་ཏིང་ངེ་འཛིན་གྱི་དབྱེ་བ་ལ། ཁམས་གསུམ་གྱི་སྒོ་ནས་རྟོག་བཅས་སོགས་གསུམ། ལམ་གྱི་སྒོ་ནས་རྣམ་ཐར་སྒོ་གསུམ། ལམ་སུན་པའི་སྒོ་ནས་གསུམ། བྱེད་པའི་སྒོ་ནས་བཞིར་བཤད་པ་དང་བཞི། དང་པོ་ནི། མན་ཆད་རྟོག་དཔྱོད་བཅས་པ་ཡི། །ཏིང་འཛིན་ཡན་ཆད་གཉིས་ཀ་མེད། །ཅེས་བྱུང་། རྟོག་པ་དང་བཅས་སོགས་གསུམ་གྱི་ཁྱད་པར་ཡོད་དེ། བསམ་གཏན་ཁྱད་པར་ཅན་མན་ཆད་ཀྱི་བསམ་གཏན་དང་པོའི་དངོས་གཞི་ཉེར་བསྡོགས་དང་བཅས་པ་དེ་རྟོག་དཔྱོད་གཉིས་དང་བཅས་པ་ཡིན། བསམ་གཏན་ཁྱད་པར་ཅན་ནི་རྟོག་པ་མང་ལ་དཔྱོད་པ་དང་བཅས་པ་ཡིན། ཁྱད་པར་ཅན་ཡན་ཆད་གཉིས་པའི་ཉེར་བསྡོགས་དངོས་གཞི་གཉིས་ནས་སྲིད་རྩེའི་བར་གྱི་སྙོམས་འཇུག་རྣམས་རྟོག་པ་དང་དཔྱོད་པ་གཉིས་ཀ་མེད་(༡༤༥བ)པའི་ཏིང་ངེ་འཛིན་ཡིན་པའི་ཕྱིར།

ཆ༢ ལམ་གྱི་སྒོ་ནས་རྣམ་ཐར་སྒོ་གསུམ།

གཉིས་པ་ནི། མཚན་མེད་བཞི་པའི་རྣམ་པ་དང་། །སྟོང་ཉིད་བདག་མེད་སྟོང་ཉིད་དུ། །འཇུག་པའོ་སྨོན་པ་མེད་པ་ནི། །དེ་ལས་གཞན་བདེན་རྣམ་པ་ཅན། །དག་དང་དྲི་མ་མེད་དེ་དག །དྲི་མེད་རྣམ་ཐར་སྒོ་གསུམ་མོ། །ཞེས་བྱུང་། རྣམ་ཐར་སྒོ

གསུམ་པོ་ཆོས་ཅན། ཁྱོད་ཀྱི་ངོ་བོ་བཞག་ཏུ་ཡོད་དེ། མཚན་མེད་ཀྱི་ཏིང་ངེ་འཛིན་ནི་འགོག་བདེན་གྱི་འགོག་པ་ཞི་བ་གྱ་ནོམ་པ་ངེས་འབྱུང་ལ་དམིགས་པའི་རྣམ་པ་ཅན་ཡིན་ལ། སྟོང་པ་ཉིད་ཀྱི་ཏིང་ངེ་འཛིན་ནི་སྡུག་བདེན་གྱི་བདག་མེད་པ་དང་སྟོང་པ་ཉིད་དུ་འཇུག་པའི་རྣམ་པ་ཅན་ཡིན། སྨོན་པ་མེད་པ་ནི་སྔར་བཤད་པའི་རྣམ་པ་དྲུག་པོ་དེ་ལས་གཞན་སྡུག་བདེན་གྱི་མི་རྟག་སྡུག་བསྔལ་གཉིས་དང་། ཀུན་འབྱུང་དང་ལམ་བདེན་གྱི་བཞི་རེ་སྟེ་རྣམ་པ་ཅན་གྱི་ཤེས་རབ་དང་མཚུངས་ལྡན་གྱི་ཏིང་ངེ་འཛིན་ལ་འཇོག་པའི་ཕྱིར། དེ་གསུམ་ཆོས་ཅན། སྒྲ་དོན་ཡོད་དེ། དྲི་མ་དག་པ་དང་། དྲི་མ་མེད་པའི་རྣམ་པར་ཐར་པ་ཐོབ་པའི་སྒོ་དང་འདྲ་བའི་ཕྱིར། དེ་དག་ཆོས་ཅན། དྲི་མ་མེད་པའི་རྣམ་ཐར་སྒོ་གསུམ་ཞེས་བྱ་སྟེ། རྒྱུ་མཚན་དེ་ཉིད་ཀྱི་ཕྱིར་རོ། །

ཚ༣ ལམ་སྲུན་པའི་སྒོ་ནས་གསུམ།

གསུམ་པ་ནི། སྟོང་ཉིད་སྟོང་ཉིད་ཅེས་ལ་སོགས། །གཞན་ཡང་ཏིང་ངེ་འཛིན་གསུམ་སྟེ། །གཉིས་ནི་སྟོང་དང་མི་རྟག་པར། །མི་སློབ་པའི་ལ་དམིགས་པ་ཡིན། །མཚན་མ་མེད་པ་མཚན་མེད་ནི། །ཞི་བར་མ་བརྟགས་ཟད་པ་ལ། །ཟག་བཅས་མི་ནང་མི་གཡོ་ལ། །ཉེར་བསྡོགས་བདུན་ནི་མ་གཏོགས་སོ། །ཞེས་བྱུང་། ཏིང་ངེ་འཛིན་གཞན་གསུམ་ཡང་ཡོད་དེ། སྟོང་པ་ཉིད་སྟོང་པ་ཉིད་ཅེས་བྱ་བའི་ཏིང་ངེ་འཛིན་ལ་སོགས་པས་སྨོན་པ་མེད་པ་སྨོན་པ་མེད་པ་དང་། མཚན་མ་མེད་པ་མཚན་མ་མེད་པའི་ཏིང་ངེ་འཛིན་གསུམ་ཡོད་པའི་ཕྱིར། དེ་དག་གི་ངོ་བོ་ཡོད་དེ། དང་པོ་གཉིས་ནི་རིམ་བཞིན་མི་སློབ་པའི་རྒྱུད་ཀྱི་སྟོང་པ་དེང་མི་རྟག་པ་ལ་དམིགས་པར་འཛོག་ཅིང་། མཚན་མ་མེད་པ་མཚན་མ་མེད་པའི་ཏིང་ངེ་འཛིན་ནི་མ་བརྟགས་ཟད་པ་སྟེ་སོ་སོར་བརྟགས་མིན་གྱི་འགོག་པ་ལ་དམིགས་ནས་འཇུག་པའི་ཞི་བའི་

རྣམ་པ་ཅན་ཡིན་པ་དང་། ཟག་བཅས་ཡིན་པའི་ཕྱིར། དེ་དག་ཆོས་ཅན། རྟེན་གང་ལ་མངོན་དུ་(༡༤༨ན)བྱེད་པ་ཡོད་དེ། མིའི་ནང་དུ་མངོན་དུ་བྱེད་པར་འགྱུར་བའི་ཕྱིར། གང་ཟག་གང་གིས་མངོན་དུ་བྱེད་པ་ཡོད་དེ། མི་གཡོ་བའི་ཆོས་ཅན་གྱིས་མངོན་དུ་བྱེད་པའི་ཕྱིར། གོང་གི་དེ་དག་ཆོས་ཅན། ས་བཅུ་གཅིག་གིས་བསྡུས་པ་ཡོད་དེ། ཉེར་བསྡོགས་ཐ་མ་བདུན་མ་གཏོགས་འདོད་པ་དང་བསམ་གཏན་ཁྱད་པར་ཅན་དང་བསམ་གཟུགས་ཀྱི་དངོས་གཞི་བརྒྱད་ཉེར་བསྡོགས་མི་ལྕོགས་མེད་ཅི་རིགས་ན་ཡོད་པའི་ཕྱིར།

ཆ༩ བྱེད་པའི་སྒོ་ནས་བཞིར་བཤད་པ།

བཞི་པ་ནི། དགེ་བའི་བསམ་གཏན་དང་པོ་ནི། །བདེ་འགྱུར་ཏིང་འཛིན་སྒོམ་པ་ཡིན། །མིག་གི་མངོན་ཤེས་མཐོང་འགྱུར་འདོད། །སྦྱོར་བ་ལས་བྱུང་བློ་དབྱེར་འགྱུར། །རྡོ་རྗེ་ལྟ་བུའི་བསམ་གཏན་མཐའི། །གང་ཡིན་དེ་ཟག་ཟད་པར་འགྱུར། །ཞེས་བྱུང་། གཞན་ཡང་མཐོང་ཆོས་ལ་བདེར་གནས་ཀྱི་ཏིང་ངེ་འཛིན་སོགས་བཞི་གསུངས་པ་དེ་དག་ཆོས་ཅན། འཇོག་ཚུལ་ཡོད་དེ། དགེ་བའི་བསམ་གཏན་དང་པོ་སྒོམ་པ་ནི་མཐོང་ཆོས་ལ་བདེ་འགྱུར་གྱི་ཏིང་ངེ་འཛིན་སྒོམ་པ་ཡིན་ལ། ལྷའི་མིག་གི་མངོན་ཤེས་དང་མཚུངས་ལྡན་གྱི་ཤེས་རབ་སྒོམ་པ་ནི་མཐོང་འགྱུར་གྱི་ཏིང་ངེ་འཛིན་སྒོམ་པ་དང་། དེའི་རྗེས་ཀྱི་ཡིད་ཤེས་དང་མཚུངས་ལྡན་གྱི་ཤེས་རབ་སྒོམ་པ་ནི་ཤེས་པར་འགྱུར་བའི་ཏིང་ངེ་འཛིན་སྒོམ་པ་ཡིན་པས་དེ་གཉིས་གཅིག་ཏུ་བྱས་པ་ལའང་དེར་འདོད་ལ། འབད་པའི་སྦྱོར་བ་ལས་བྱུང་བའི་ཟག་བཅས་ཟག་མེད་ཀྱི་ཡོན་ཏན་ཀུན་བློ་གྲོས་དབྱེ་བ་སྐྱེ་རྒྱུས་པར་འགྱུར་བའི་ཏིང་ངེ་འཛིན་སྒོམ་པ་ནི་བློ་རབ་ཏུ་དབྱེ་བར་འགྱུར་བ་དང་། རྡོ་རྗེ་ལྟ་བུའི་ཏིང་ངེ་འཛིན་གྱི་མཐའ་བཞི་པ་ལ་བརྟེན་པ་གང་ཡིན་པ་དེ་ནི་ཟག་པ་ཟད་པར་འགྱུར་བའི་ཏིང་ངེ་འཛིན

ཕོ་བྲང་པོ་ཏ་ལར་བཞུགས་པའི་དགེ་ལུགས་པའི་དཔེ་དཀོན་ཕྱོགས་བསྒྲིགས་འདོན་ཐེངས་དང་པོ།

ཡིན་པའི་ཕྱིར།

ཅ༩ དེ་ལ་བརྟེན་པའི་ཡོན་ཏན་བཤད་པ།

ཆ༡ ཚད་མེད་བཞི།

བཞི་པ་དེ་ལ་བརྟེན་པའི་ཡོན་ཏན་ལ། ཚད་མེད་དང་། རྣམ་ཐར་དང་། ཟིལ་གནོན་དང་། ཟད་པར་དང་། དེ་དག་གི་ཐོབ་ཚུལ་རྟེན་དང་བཅས་པ་ལྔ། དང་པོ་ནི། ཚད་མེད་པ་ནི་བཞི་ཡིན་ནོ། །གནོད་སེམས་ལ་སོགས་གཉེན་པོའི་ཕྱིར། །ཞེ་སྡང་མེད་བྱམས་སྙིང་རྗེ་ཡང་། །ཡིད་བདེ་བ་ནི་དགའ་བ་ཡིན། །བཏང་སྙོམས་མ་ཆགས་རྣམ་པ་ནི། །ཀྱེ་མ་བདེར་གྱུར་སྡུག་བསྔལ་དང་། །དགར་སེམས་སེམས་(༡༦༨བ)ཅན་རྣམས་སྙམ་པ། །སྤྱོད་ཡུལ་འདོད་པའི་སེམས་ཅན་རྣམས། །དགའ་བ་བསམ་གཏན་གཉིས་ན་ཡོད། །གཞན་ནི་དྲུག་ན་ཁ་ཅིག་ལྔ། །དེ་ཡིས་མི་སྤོང་མི་དག་གི། །ནང་དུ་སྐྱེད་དོ་ངེས་གསུམ་ལྡན། །ཞེས་བྱུང་། ཚད་མེད་པ་ནི་ཆོས་ཅན། དམིགས་པའི་སྒོ་ནས་བཞི་ཡིན་ཏེ། བྱམས་པ་དང་སྙིང་རྗེ་དང་དགའ་བ་དང་བཏང་སྙོམས་ཚད་མེད་བཞི་ཡོད་པའི་ཕྱིར། སྒྲ་དོན་ཀྱང་ཡོད་དེ། དམིགས་ཡུལ་སེམས་ཅན་ཚད་མེད་པ་ལ་དམིགས་ཤིང་། འབྲས་བུ་ཕན་ཡོན་ཡང་ཚད་མེད་པ་དང་ལྡན་པའི་ཕྱིར། དེ་ཆོས་ཅན། བཞིར་གྲངས་ངེས་པ་ཡིན་ཏེ། གནོད་སེམས་ལ་སོགས་ཏེ་རྣམ་པར་འཚེ་བ་དང་གཞན་གྱི་ཕུན་ཚོགས་ལ་མི་དགའ་བ་དང་འདོད་ཆགས་དང་གནོད་སེམས་མང་བའི་གཉེན་པོ་དེ་བཞིར་ངེས་པའི་ཕྱིར། ངོ་བོ་ཡོད་དེ། བྱམས་པ་དང་སྙིང་རྗེ་ཡང་ངོ་བོ་ཞེ་སྡང་མེད་པའི་དགེ་བ་ཡིན་ལ། དགའ་བ་ནི་ཡིད་བདེ་བ་ཡིན་ཞིང་། བཏང་སྙོམས་ནི་མ་ཆགས་པའི་རང་བཞིན་ཅན་ཡིན་པའི་ཕྱིར། དེ་བཞི་ཆོས་ཅན། ཁྱོད་ཀྱི་རྣམ་པ་ཡོད་དེ། ཀྱེ་མ་སེམས་ཅན་རྣམས་བདེ་བར་གྱུར་ཅིག་སྙམ་དུ་ཡིད་ལ་བྱེད་པ་ནི་བྱམས་པ་དང་། ཀྱེ་མ་སེམས་ཅན་

རྣམས་སྡུག་བསྔལ་དང་བྲལ་ན་སྙམ་པ་དེ་སྙིང་རྗེ་དང་། ཀྱི་མ་སེམས་ཅན་རྣམས་དགའ་བར་གྱུར་ཅིག་སྙམ་དུ་སེམས་པ་དགའ་བ་དང་། ཀྱི་མ་སེམས་ཅན་རྣམས་ཁྱད་པར་འདྲ་བའམ་བསྙམས་སོ་སྙམ་དུ་ཡིད་ལ་བྱེད་པ་ནི་བཏང་སྙོམས་ཡིན་པའི་ཕྱིར། དེ་བཞི་ཆོས་ཅན། སྤྱོད་ཡུལ་ཡོད་དེ། འདོད་པའི་སེམས་ཅན་རྣམས་ལ་དམིགས་པ་ཅན་ཡིན་པའི་ཕྱིར། དེ་ཆོས་ཅན། ས་གང་ན་ཡོད་མེད་ཀྱི་ཁྱད་པར་ཡོད་དེ། དགའ་བ་ཚད་མེད་བསམ་གཏན་དང་པོ་གཉིས་ན་ཡོད། ཚད་མེད་གཞན་གསུམ་ནི་བསམ་གཏན་ས་དྲུག་ན་ཡོད་པའི་ཕྱིར། ཁ་ཅིག་ལྔ་ན་ཡོད་པར་འདོད་དེ། བསམ་གཏན་གྱི་དངོས་གཞི་བཞི་དང་ཁྱད་པར་ཅན་དང་ལྔ་ན་ཡོད་ཅེས་འདོད་པའི་ཕྱིར། ཚད་མེད་དེ་བཞི་ཡིས་གནོད་སེམས་སོགས་རྩ་བ་ནས་སྤོང་མི་ནུས་ཀྱང་དེ་དག་གི་གཉེན་པོར་བཤད་པ་ལ་ཆོས་ཅན། དགོས་པ་ཡོད་དེ། དེ་དག་གི་འགལ་ཟླའི་གཉེན་པོ་ཡིན་པ་དང་། དེ་དག་(༡༠༧ན)ལ་གནོད་པ་དང་ཟིལ་གྱིས་གནོན་ནུས་པས་དེའི་གཉེན་པོར་བཞག་པ་ཡིན་པའི་ཕྱིར། དེ་ཆོས་ཅན། རྟེན་གང་གིས་སྐྱེད་པ་ཡོད་དེ། མི་དག་གི་ནང་དུ་སྐྱེད་པའི་ཕྱིར། དེ་ཆོས་ཅན། ལྡན་ཚུལ་ཡོད་དེ། དགའ་བ་མ་གཏོགས་པའི་ཁྱད་གཅིག་དང་ལྡན་ན་ངེས་པར་གསུམ་ག་དང་ལྡན་དགོས་པའི་ཕྱིར། དགའ་བ་ནི་དེ་ལྟར་མིན་ཏེ། བསམ་གཏན་གསུམ་པ་དང་བཞི་པ་ལ་མི་ལྡན་པའི་ཕྱིར།

ཆ༢ རྣམ་པར་ཐར་པ་བརྒྱད།

གཉིས་པ་རྣམ་ཐར་ནི། རྣམ་པར་ཐར་བརྒྱད་དང་པོ་གཉིས། །མི་སྡུག་བསམ་གཏན་གཉིས་ན་ཡོད། །གསུམ་པ་མཐའ་ན་དེ་མ་ཆགས། །གཟུགས་མེད་མཉམ་གཞག་དགེ་རྣམས་སོ། །འགོག་པའི་སྙོམས་པར་འཇུག་པའོ། །ཕྲ་བ་ཕྲ་བའི་མཇུག་ཐོགས་སུ། །རང་གི་དག་དང་འོག་མ་ཡི། །འཕགས་པའི་སེམས་ཀྱིས་དེ་ལས་

ལྡང་། །དང་པོ་འདོད་གཏོགས་སྣང་ཡུལ་ཅན། །གང་དག་གཟུགས་ཅན་མིན་དེ་དག །སྤྱོད་ཡུལ་གོང་དང་རང་གི་སའི། །སྡུག་བསྔལ་སོགས་དང་རྗེས་ཤེས་ཕྱོགས། །ཞེས་བྱུང་། རྣམ་པར་ཐར་པ་ཆོས་ཅན། ཁྱོད་ལ་བརྒྱད་ཡོད་དེ། གཟུགས་ཅན་གཟུགས་ལ་ལྟ་བའི་རྣམ་ཐར། གཟུགས་མེད་གཟུགས་ལ་ལྟ་བའི་རྣམ་ཐར། སྡུག་པའི་རྣམ་ཐར། གཟུགས་མེད་ཀྱི་རྣམ་ཐར་བཞི་དང་། འགོག་པའི་རྣམ་ཐར་གཅིག་སྟེ་བརྒྱད་ཡོད་པའི་ཕྱིར། རྣམ་ཐར་དང་པོ་གཉིས་ཆོས་ཅན། ཁྱད་ཆོས་གསུམ་དང་ལྡན་ཏེ། ངོ་བོ་ནི་རྣམ་པར་བསྒོམས་པ་སོགས་ཀྱི་མི་སྡུག་པའི་རྣམ་པ་ཅན་དང་། ཁ་དོག་ལ་ཆགས་པའི་གཉེན་པོ་མ་ཆགས་པ་དང་། ས་བསམ་གཏན་དང་པོ་གཉིས་ན་ཡོད་པའི་ཁྱད་པར་དང་ལྡན་པའི་ཕྱིར། རྣམ་ཐར་གསུམ་པ་དེ་ཆོས་ཅན། ཁྱད་པར་གསུམ་དང་ལྡན་ཏེ། སའི་ཁྱད་པར་བསམ་གཏན་མཐའ་བཞི་པ་ན་ཡོད། ངོ་བོ་མ་ཆགས་པ། རྣམ་པ་སྡུག་པའི་རྣམ་པ་ཅན་ཡིན་པའི་ཕྱིར། གཟུགས་མེད་བཞིའི་རྣམ་ཐར་ཆོས་ཅན། བཞག་ཏུ་ཡོད་དེ། གཟུགས་མེད་ཀྱི་མཉམ་གཞག་སས་བསྡུས་པའི་དངོས་གཞིའི་སྙོམས་འཇུག་དགེ་བ་དག་པ་བ་དང་། ཟག་མེད་དང་ཉེར་བསྡོགས་རྣམ་གྲོལ་ལམ་རྣམས་དེ་ཡིན་པའི་ཕྱིར། འགོག་པའི་སྙོམས་པར་འཇུག་པ་ཆོས་ཅན། བཞག་ཏུ་ཡོད་དེ། གནས་(༡༤༧བ)གཉིས་པར་བཤད་པའི་འགོག་པའི་སྙོམས་འཇུག་དེ་དེ་ཡིན་པའི་ཕྱིར། དེ་ཆོས་ཅན། ཁྱོད་ལ་འཇུག་ལྡང་གི་སེམས་ཀྱི་ཁྱད་པར་ཡོད་དེ། ཁམས་གསུམ་གྱི་སེམས་ཕྲ་བ་ནི་སྲིད་རྩེའི་སེམས་ཡིན་ལ། དེ་ལས་ཀྱང་ཕྲ་བར་བྱས་པའི་སེམས་ཀྱིས་སྙོམས་པར་འཇུག་ཅིང་། དེའི་མཇུག་ཐོགས་སུ་སྲིད་རྩེ་རང་གི་ས་པའི་དག་པ་བ་དང་། འོག་མའི་ཅི་ཡང་མེད་ཀྱི་ས་པའི་འཕགས་པའི་ཟག་མེད་ཀྱི་སེམས་ཀྱིས་ཁྱོད་ལས་ལྡང་བར་བྱེད་པའི་ཕྱིར། རྣམ་ཐར་དང་པོ་གསུམ་ཆོས་ཅན། ཁྱོད་ཀྱི་སྤྱོད་ཡུལ་གྱི་ཁྱད་པར་ཡོད་དེ། འདོད་པར་གཏོགས་པའི་གཟུགས་ཀྱི་སྣང་ཡུལ་ཅན་ཡིན་པའི་ཕྱིར། གང་དག་གཟུགས་

ཅན་མིན་པ་གཟུགས་མེད་ཀྱི་རྣམ་ཐར་དེ་དག་ཆོས་ཅན། སྤྱོད་ཡུལ་ཡོད་དེ། གོང་ས་དང་རང་གི་ས་པའི་སྡུག་བསྔལ་སོགས་ཀྱིས་ཀུན་འབྱུང་དང་འགོག་པ་དང་རྗེས་ཤེས་ཀྱི་ཕྱོགས་དང་མཐུན་པའི་ལམ་ཐམས་ཅད་ལ་དམིགས་པའི་ཕྱིར།

ཚ༣ ཟིལ་གནོན་གྱི་སྐྱེ་མཆེད་བརྒྱད།

གསུམ་པ་ནི། ཟིལ་གྱིས་གནོན་པའི་སྐྱེ་མཆེད་བརྒྱད། །གཉིས་ནི་རྣམ་ཐར་དང་པོ་བཞིན། །གཉིས་ནི་གཉིས་པ་བཞིན་ནོ་གཞན། །སྡུག་པའི་རྣམ་པར་ཐར་པ་བཞིན། །ཞེས་བྱུང་། ཟིལ་གྱིས་གནོན་པའི་སྐྱེ་མཆེད་ཆོས་ཅན། བརྒྱད་ཡོད་དེ། ནང་གཟུགས་སུ་འདུ་ཤེས་པས་ཕྱི་རོལ་གྱི་གཟུགས་ཆེ་ཆུང་ལ་ལྟ་བ་གཉིས་དང་། ནང་གཟུགས་མེད་པར་འདུ་ཤེས་པས་ཕྱི་རོལ་གྱི་གཟུགས་ཆེ་ཆུང་བཟང་ངན་སོགས་ལ་ལྟ་བ་གཉིས་ཏེ་དབྱེབས་ཟིལ་གནོན་བཞི་དང་། ནང་གཟུགས་མེད་པར་འདུ་ཤེས་པས་ཕྱི་རོལ་གྱི་གཟུགས་ཁ་དོག་སྔོན་པོ་སེར་པོ་དམར་པོ་དཀར་པོ་ལ་ལྟ་བ་སྟེ་ཁ་དོག་ཟིལ་གནོན་བཞི་ཡོད་པའི་ཕྱིར། ཟིལ་གནོན་དང་པོ་གཉིས་ནི་ཆོས་ཅན། རྣམ་ཐར་བཞིའི་དང་པོ་བཞིན་ཡིན་ཏེ། ངོ་བོ་མ་ཆགས་པའི་དགེ་བ་དང་། ས་བསམ་གཏན་དང་པོ་གཉིས་ན་ཡོད་པ་དང་། འདོད་པའི་གཟུགས་དང་ཁ་དོག་ལ་ཆགས་པའི་གཉེན་པོ་བྱེད་པ་དང་། དམིགས་པ་འདོད་པའི་གཟུགས་ཡིད་འོང་ལ་དམིགས་པའི་ཕྱིར། ཟིལ་གནོན་གསུམ་པ་དང་བཞི་པ་གཉིས་ནི་ཆོས་ཅན། རྣམ་ཐར་གཉིས་པ་བཞིན་ཡིན་ཏེ། ངོ་བོ་མ་ཆགས་པའི་དགེ་(༡༤༨ན)བ། ས་བསམ་གཏན་དང་པོ་གཉིས་ཁོ་ན་ན་ཡོད་པ། བསམ་གཏན་དང་པོའི་ཁ་དོག་ལ་ཆགས་པའི་གཉེན་པོ། འདོད་པའི་གཟུགས་ཡིད་དུ་འོང་མི་འོང་རྣམས་ཡུལ་དུ་བྱེད་པའི་ཕྱིར། གཞན་ཁ་དོག་ཟིལ་གནོན་བཞི་ཆོས་ཅན། སྡུག་པའི་རྣམ་པར་ཐར་པ་བཞིན་ཏེ། ངོ་བོ་མ་ཆགས་པ། ས་བསམ་གཏན་བཞི་པ་ན་ཡོད་པ། མཁས་པའི་

གཉེན་པོ་བྱེད་པ། འདོད་པའི་གཟུགས་སྡུག་མི་སྡུག་གཉིས་ཀ་ལ་དམིགས་ནས་འཇུག་པའི་ཕྱིར།

ཆ༩ ཟད་པར་བཅུ།

བཞི་པ་ནི། ཟད་པར་བཅུའོ་བརྒྱད་མ་ཆགས། །བསམ་གཏན་མཐའ་ན་སྤྱོད་ཡུལ་ནི། །འདོད་པ་གཉིས་ནི་གཟུགས་མེད་དག །སྤྱོད་ཡུལ་རང་གི་ཕུང་པོ་བཞི། །ཞེས་བྱུང་། ཟད་པར་གྱི་ཏིང་ངེ་འཛིན་ཆོས་ཅན། ཕྱེད་ལ་བཅུ་ཡོད་དེ། །ཟད་པར་ས་དང་ཆུ་དང་མེ་དང་རླུང་དང་སྔོ་སེར་དམར་དཀར་བ་དང་ནམ་མཁའ་དང་རྣམ་པར་ཤེས་པའི་སྐྱེ་མཆེད་ཀྱི་ཏིང་ངེ་འཛིན་དང་བཅུ་ཡོད་པའི་ཕྱིར། ཟད་པར་དང་པོ་བརྒྱད་ཆོས་ཅན། ཁྱད་པར་བཞི་དང་ལྡན་ཏེ། ངོ་བོ་མ་ཆགས་པའི་དགེ་བ། ཆགས་པའི་གཉེན་པོ་ཡིན་པ། ས་བསམ་གཏན་མཐའ་བཞི་པ་ན་ཡོད་པ། འདོད་པའི་གཟུགས་ཀྱི་སྐྱེ་མཆེད་ཀྱི་སྤྱོད་ཡུལ་ཅན་ཡིན་པའི་ཕྱིར། ཟད་པར་ཕྱི་མ་གཉིས་ནི་ཆོས་ཅན། ཁྱད་པར་གསུམ་དང་ལྡན་ཏེ། ངོ་བོ་ནི་རིམ་པ་བཞིན་གཟུགས་མེད་ཀྱི་སྙོམས་འཇུག་དག་པ་བ་དང་། སྤྱོད་ཡུལ་ནི་རང་གི་ས་པའི་ཕུང་པོ་བཞི་ལ་དམིགས་པའི་ཕྱིར། སྒྲ་དོན་ཡོད་དེ། རྣམ་ཐར་ནི་དམིགས་པ་ལ་རྒྱབ་ཀྱིས་ཕྱོགས་པའི་དོན་དང་། ཟིལ་གནོན་གྱིས་དམིགས་པ་ཟིལ་གྱིས་གནོན་ནུས་པ་དང་། ཟད་པར་གྱིས་དམིགས་པ་དེ་ཟད་ཟད་ཀྱི་བར་དུ་སྒྲོ་བར་འཇུག་པའི་རྒྱུ་མཚན་གྱིས་དེ་ལྟར་བརྗོད་པའི་ཕྱིར། རྣམ་ཐར་ཟིལ་གནོན་ཟད་པར་གསུམ་གྱི་གོ་རིམ་ཡང་བཤད་པའི་རིམ་པ་ལྟར་ཡིན་ཏེ། སྔ་མ་ལས་ཕྱི་མ་འབྱུང་བའི་རིམ་པ་ཅན་ཡིན་པའི་ཕྱིར།

ཚ༥ དེ་དག་གི་ཐོབ་ཚུལ་རྟེན་དང་བཅས་པ།

ལྔ་པ་ནི། འགོག་པ་བཤད་ཟིན་ལྷག་མ་ནི། །འདོད་ཆགས་དང་བྲལ་སྦྱོར་བས་ཐོབ། །གཟུགས་མེད་ཅེས་བྱ་ཁམས་གསུམ་གྱི། །རྟེན་བཅས་ལྷག་མ་མི་ལས་སྐྱེས། །ཁམས་གཉིས་དག་ཏུ་གཟུགས་མེད་པ། །རྒྱུ་དང་ལས་ཀྱི་སྟོབས་(༧༡༨བ)ཀྱིས་བསྐྱེད། །གཟུགས་ཀྱི་ཁམས་སུ་བསམ་གཏན་རྣམས། །དེ་དག་དང་ཆོས་ཉིད་ཀྱིས་ཀྱང་། །ཞེས་བྱུང་། ཡོན་ཏན་དེ་དག་ཆོས་ཅན། ཐོབ་ཚུལ་གྱི་ཁྱད་པར་ཡོད་དེ། འགོག་པའི་རྣམ་ཐར་ཐོབ་ཚུལ་ནི་གནས་གཉིས་པར་བཤད་ཟིན་ལ། ལྷག་མ་ཉེར་ལྔ་ནི་སྔར་འདྲིས་པས་འདོད་ཆགས་དང་བྲལ་པའི་སྒོ་ནས་ཐོབ་པ་དང་། མ་འདྲིས་ན་སྦྱོར་བས་ཐོབ་པར་བྱེད་པའི་ཕྱིར། རྟེན་གྱི་ཁྱད་པར་ཡོད་དེ། གཟུགས་མེད་ཅེས་བྱ་བའི་རྣམ་ཐར་བཞི་དང་ཟད་པར་གཉིས་དང་དྲུག་ནི་ཁམས་གསུམ་གྱི་རྟེན་ཅན་ལ་ཡོད། ལྷག་མ་བཅུ་དག་ནི་ལུང་ལ་རག་ལས་པས་མི་ལས་སྐྱེ་བའི་ཕྱིར། གལ་ཏེ། ཁམས་གོང་ན་ལུང་མེད་པས་མི་སྐྱོན་བསམ་གཟུགས་ཀྱང་དེར་མི་སྐྱེ་བར་ཐལ་ཏེ། ལུང་མེད་པས་སོ་ཞེ་ན། དེར་འཆད་ཉན་བྱེད་པའི་ལུང་མེད་ཀྱང་། བསམ་གཟུགས་གཉིས་མི་སྐྱེ་བའི་སྐྱོན་མེད་དེ། དེ་ཁམས་གོང་མ་གཉིས་དག་ཏུ་སྐྱེ་བ་མི་འགལ་བའི་ཕྱིར་ཏེ། གཟུགས་མེད་པ་ལ་སྔོན་གོམས་པའི་སྐལ་མཉམ་གྱི་རྒྱུ་དང་ལན་གྲངས་གཞན་ལ་སྨོང་བའི་ལས་ཀྱི་སྟོབས་ཀྱིས་སྐྱེད་ལ། གཟུགས་ཁམས་སུ་ནི་བསམ་གཏན་རྣམས་སྐྱེ་བའི་ཕྱིར་ཏེ། དེ་དག་དང་ཆོས་ཉིད་ཀྱིས་ཀྱང་སྐྱེ་བའི་ཕྱིར་རོ། །གནས་བརྒྱད་པའི་ཚིག་དོན་བཤད་ཟིན་ཏོ།། །།

ཀ༣ རྩོམ་པ་མཐར་ཕྱིན་པའི་བྱ་བ།

ཁ༡ བསྟན་པའི་གནས་ཚད།

གསུམ་པ་རྩོམ་པ་མཐར་ཕྱིན་པའི་བྱ་བ་ལ། བསྟན་པའི་གནས་ཚད་དང་། ཉོངས་པ་བཟོད་པར་གསོལ་བ་དང་། ཐར་པ་འདོད་པས་བག་ཡོད་བརྟེན་རིགས་པ་གསུམ། དང་པོ་ནི། སྟོན་པའི་དམ་ཆོས་རྣམ་གཉིས་ཏེ། །ལུང་དང་རྟོགས་པའི་བདག་ཉིད་དོ། །དེ་འཛིན་བྱེད་པ་སྨྲ་བྱེད་དང་། །སྒྲུབ་པར་བྱེད་པ་ཁོ་ན་ཡིན། །ཞེས་བྱུང་།

ག༡ ཚིག་དོན་བཤད་པ།

འདི་ལ་གཉིས། ཚིག་དོན་དང་། སྤྱི་དོན་གཉིས། དང་པོ་ནི། སྟོན་པའི་དམ་ཆོས་ཆོས་ཅན། ཁྱོད་ལ་རྣམ་པ་གཉིས་ཡོད་དེ། ལུང་གི་དམ་ཆོས་དང་། རྟོགས་པའི་བདག་ཉིད་ཅན་གྱི་དམ་ཆོས་གཉིས་ཡོད་པའི་ཕྱིར། རྟགས་གྲུབ་སྟེ། སྔ་མ་ནི་སྡེ་སྣོད་གསུམ་སྡེར་གཏོགས་དང་བཅས་པ་དང་། གཉིས་པ་ནི་བསླབ་པ་གསུམ་སྡེར་གཏོགས་དང་བཅས་པ་ལ་འཇོག་པའི་ཕྱིར། དམ་པའི་ཆོས་དེ་གཉིས་ཆོས་ཅན། ཁྱོད་འཛིན་པར་བྱེད་པའི་ཚུལ་(༧༩༩ན)ཡོད་དེ། སྡེ་སྣོད་གསུམ་གཞན་ལ་ཕྱིན་ཅི་མ་ལོག་པར་སྨྲ་བའི་སྒོ་ནས་སྟོན་པར་བྱེད་པ་དང་། བསླབ་གསུམ་ལྷ་དུ་སྒྲུབ་པ་ལག་ལེན་དུ་བྱས་པའི་ཚུལ་གྱིས་སྒྲུབ་པར་བྱེད་པ་ཁོ་ན་ཡིན་པའི་ཕྱིར།

ག༢ སྤྱི་དོན་བཤད་པ།

ང༡ བསྟན་པའི་གནས་ཚད་སྟོན་པས་གསུངས་ཚུལ།

གཉིས་པ་སྤྱི་དོན་ལ། བསྟན་པའི་གནས་ཚད་སྟོན་པས་གསུངས་ཚུལ། མཁས་པས་བཤད་ཚུལ། འཐད་པའི་ཕྱོགས་བཞག་པ་དང་གསུམ། དང་པོ་ནི། གསུངས་ཚུལ་བསྡུ་ན་འདི་ལྟར་ཡིན་ཏེ། མདོ་སྡེ་བསྐལ་བཟང་ནས་བསྟན་པ་ཡང་དག་ལོ་ལྔ་བརྒྱ་དང་། གཟུགས་བརྙན་ལོ་སྟོང་དང་ལྔ་བརྒྱ་གནས་པར་གསུངས་ལ། གསེར་འཕྲེང་ཅན་གྱི་རྟོགས་བརྗོད་ལས་ལོ་སྟོང་གནས་པར་གསུངས་ཤིང་། ཟླ་བའི་སྙིང་པོའི་མདོ་ལས་ཉིས་སྟོང་། སྙིང་རྗེ་པད་དཀར་དུ་སྟོང་དང་ལྔ་བརྒྱ། ལྷ་མོ་དྲི་མ་མེད་པས་ཞུས་པ་ལས། ལོ་ཉིས་སྟོང་ལྔ་བརྒྱ་ན་གདོང་དམར་ཅན་གྱི་ཡུལ་དུ་དམ་པའི་ཆོས་དར་བར་བཤད་པ་སོགས་ཡོད་པའི་ཕྱིར།

ང༢ མཁས་པས་བཤད་ཚུལ།

གཉིས་པ་ཡོད་དེ། མཛོད་རང་འགྲེལ་ལས་ལུང་ཐྲན་ཚེགས་ལྟར་བསྟན་པ་ལོ་སྟོང་དུ་གནས་པར་གསུངས་ཤིང་། རྗོར་གཙོད་ཀྱི་འགྲེལ་པར་ཀ་མ་ལ་ཤཱི་ལས་ལོ་ཕྱེད་དང་སུམ་སྟོང་གནས་པར་བཤད་ལ། ཐུབ་དགོངས་སུ་དེ་ལྟར་དང་། འབུམ་ཊཱིཀ་ཏུ་ལྔ་སྟོང་དང་། སློབ་དཔོན་འཇམ་དཔལ་གྲགས་པ་སོགས་ཀྱིས་ཀྱང་དེ་ལྟར་བཤད་པའི་ཕྱིར།

ང༣ འཐད་པའི་ཕྱོགས་བཞག་པ།

གསུམ་པ་ནི། རང་ལུགས་ལ་ལྔ་སྟོང་དུ་གནས་པར་བཤད་པ་ལྟར་ཡིན་ཏེ། དེ་ནི་ལུང་རིགས་གཉིས་ཀྱིས་འགྲུབ་ཅིང་། གཞན་ནི་དྲང་དོན་དགོངས་གཞི་ཅན་

དུ་ཤེས་པའི་ཕྱིར། དང་པོ་གྲུབ་སྟེ། དེ་ལ་ལུང་ནི་སྔར་ལྟར་དང་། ལྔ་བརྒྱ་པ་ཕྲག་བཅུར་གསུངས་པའི་དང་པོ་ལ་དགྲ་བཅོམ། གཉིས་པ་ལ་ཕྱིར་མི་འོང་། གསུམ་པ་ལ་རྒྱུན་ཞུགས་ཀྱི་འབྲས་བུ་ཐོབ་པ་མང་དུ་འབྱུང་བས་འབྲས་བུའི་ལེའུ་གསུམ་དང་། དེ་ནས་གསུམ་ལ་རིམ་པར་ཤེས་རབ་ཀྱི་བསླབ་པ་དང་། ཏིང་ངེ་འཛིན་གྱི་བསླབ་པ་དང་། ཚུལ་ཁྲིམས་ཀྱི་བསླབ་པ་འཛིན་པ་མང་དུ་འབྱུང་བས་སྒྲུབ་པའི་ལེའུ་གསུམ་དང་། དེ་ནས་གསུམ་ལ་རིམ་པར་མངོན་པ་དང་མདོ་སྡེ་དང་འདུལ་བ་འཛིན་པ་མེད་(༡༨༨བ)པས་ལུང་གི་ལེའུ་གསུམ་དང་། དེ་ནས་བཅུ་པ་ལ་ལྟ་སྤྱོད་རྣམ་དག་མེད་པས་རྟགས་ཙམ་འཛིན་པ་འབྱུང་བར་གསུངས་པའི་ལུང་དང་རིགས་པས་ཀྱང་འགྲུབ་པའི་ཕྱིར། རིགས་པ་གཞན་གྱིས་ཀྱང་གྲུབ་སྟེ། ད་ལྟ་ཡང་བསྟན་འཛིན་གྱི་སྐྱེས་བུ་དུ་མ་བྱོན་ནས་བསྟན་པ་ཡང་དག་གནས་པར་མཛད་པ་མངོན་སུམ་གྱིས་མཐོང་བའི་ཕྱིར། དེ་ལྟར་ཡིན་ཀྱང་མདོ་དང་དགོངས་འགྲེལ་གྱི་བསྟན་བཅོས་དག་ལས་མི་འདྲ་བར་བཤད་པ་དེ་རྣམས་དང་མི་འགལ་ཏེ། དེ་ནི་དགོངས་གཞི་དགོས་པ་དངོས་ལ་གནོད་བྱེད་གསུམ་ཡོད་པའི་སྒོ་ནས་དྲང་དོན་དུ་འགྲེལ་བའི་ཕྱིར། དགོངས་གཞི་ཡོད་དེ། སྒྲུབ་པ་ཁྱད་པར་ཅན་སྔོན་ལྟར་མེད་པ་ལ་དགོངས་པའི་ཕྱིར། དགོས་པ་ཡོད་དེ། གདུལ་བྱ་ལ་སྐྱོ་བ་བསྐྱེད་པའི་ཆེད་ཡིན་པའི་ཕྱིར། གནོད་བྱེད་ཡོད་དེ། ཤེར་ཕྱིན་གྱི་མདོ་ལས་བྱང་ཕྱོགས་ནས་བྱང་ཕྱོགས་ཀྱི་རྒྱུད་དུ་བསྟན་པ་རིམ་གྱིས་དར་བར་གསུངས་པ་ལྟ་བུ་དང་། ལྷ་མོ་དྲི་མ་མེད་པའི་མདོ་ལས་ང་མྱ་ངན་ལས་འདས་ནས་ལོ་ཉིས་སྟོང་ལྔ་བརྒྱ་ན་གདོང་དམར་ཅན་གྱི་ཡུལ་དུ་དམ་ཆོས་དར་བར་གསུངས་པ་དང་། སྔར་བཤད་པའི་རིགས་པས་ཀྱང་འགྲུབ་པའི་ཕྱིར། དེ་དག་ཀྱང་གླིང་འདི་ལྟ་བུའི་དབང་དུ་བྱས་ཀྱི་རྣམ་པ་ཐམས་ཅད་དུ་ངེས་པ་ནི་མིན་ཏེ། དུས་ཀྱི་འཁོར་ལོ་ལས་བསྟན་པའི་གནས་ཚད་མི་འདྲ་བ་ཞིག་གསུངས་པར་མ་ཟད། སངས་རྒྱས་གཞན་གྱི་བསྟན་པ་དང་། སྟོན་པ་ཉིད་ཀྱིས་

ཀྱང་ཞིང་གཞན་དག་ཏུ་ཆོས་བསྟན་པ་སོགས་ཀྱི་སྒོ་ནས་བསྟན་པ་གནས་ཤིང་སྤེལ་བ་སོགས་ཡོད་པའི་ཕྱིར། འོ་ན། ད་ལྟའི་བར་བསྟན་པའི་གནས་ཚད་ལས་ཅི་ཙམ་འདས་ཤེ་ན། ཕྱིར་རྟོགས་པའི་བསྟན་པ་ནི་འདི་ཙམ་ནས་བྱུང་བ་དང་འདི་ནས་མེད་པའི་ཚད་ཤིན་ཏུ་དཀའ་ཡང་། རང་རེའི་སྟོན་པའི་བསྟན་པ་ནི་རགས་རྩིས་གང་ནས་བྱུང་བའི་ཚད་ཡོད་དེ། སངས་རྒྱས་པའི་ཚུལ་བསྟན་པ་ནས་འཛོག་པའི་ཕྱིར། ཅི་ཙམ་འདས་པའི་ཚད་ཀྱང་ཡོད་དེ། མྱ་ངན་ལས་འདས་པའི་ཚུལ་བསྟན་པ་ནས་བཟུང་སྟེ་རང་རང་གི་བསྟན་རྩིས་མཛད་པའི་བར་གྱི་འདས་ལོ་ལ་མི་མཐུན་པ་དུ་མ་ཞིག་བཤད་པ་ལྟར་ཡོད་པའི་ཕྱིར། དེ་ལྟར་ཡོད་(༢༠༠ན)དེ། མངོན་པའི་རྗེས་སུ་འབྲང་བའི་ཡིག་ཆ་དུ་མ་དང་། དུས་ཀྱི་འཁོར་ལོ་ལུགས་ཀྱི་བསྟན་རྩིས་མཛད་པ་དང་། དེ་ལས་གཞན་གྱི་སྐབས་སུ་མཛད་པའི་བསྟན་རྩིས་རྣམས་ལ་ནི་མཐུན་མི་མཐུན་མང་པོ་ཞིག་མཐོང་བའི་ཕྱིར། འདིར་གང་གི་རྗེས་སུ་འབྲང་ཞེ་ན། སྔར་བཤད་པ་དེ་དག་ལས་རང་སྟོབས་ཀྱིས་འདི་འཐད་མི་འཐད་ཀྱི་ཁྱད་པར་དབྱེ་དཀའ་ཡང་རེ་ཞིག་ཕུག་པ་ཡབ་སྲས་ཀྱི་རྗེས་སུ་འབྲང་པར་བྱ་སྟེ། སྟོན་པ་དེ་ཉིད་ལྷུམས་སྤྲེལ་ལ་སྐུ་བལྟམས་པའི་ལུགས་ཀྱི་ཞི་བར་གཤེགས་ནས་ད་ལྟའི་ཤིང་ཡོས་འདིའི་བར་ལ་ལྔ་བརྒྱ་པ་ཕྲག་ལྔ་ཛོགས་ནས། དྲུག་པ་ཚུལ་ཁྲིམས་ཀྱི་ལེའུའི་སྟེང་ནས་ལོ་བརྒྱ་དང་བཅུ་དྲུག་འདས་ཤིང་ད་ལྟ་མེ་འབྲུག་གི་སྟེང་ན་གནས་པའི་ཕྱིར་རོ། །

ཁ༢ རྫོངས་པ་བཟྲོད་པར་གསོལ་བ།

གཉིས་པ་ནི། བདག་གིས་མངོན་པའི་ཆོས་འདི་ཕལ་ཆེར་ནི། །ཁ་ཆེ་བྱེ་བྲག་སྨྲ་བའི་ཚུལ་གྲུབ་བཤད། །ཉེས་པར་བཤད་གང་དེ་འདིར་བདག་གིས་ཉེས། །དམ་ཆོས་ཚུལ་ལ་ཐུབ་རྣམས་ཚད་མ་ཡིན། །ཞེས་བྱུང་། སློབ་དཔོན་དབྱིག་གཉེན་ཆོས་ཅན། ཁྱོད་ཀྱིས་མངོན་པ་མཛོད་ཀྱི་བསྟན་བཅོས་འདི་ལུགས་གང་དང་མཐུན་པར་

བཤད་ཚུལ་ཡོད་དེ། བདག་སྐྱེ་སློབ་དཔོན་ཁྱོད་ཀྱིས་མཛོན་པའི་ཆོས་འདི་ཕལ་ཆེར་ནི་ཁ་ཆེ་བྱེ་བྲག་སྨྲ་བའི་ཚུལ་གྲུབ་སྐྱེ་གྲུབ་མཐའི་ཚུལ་བཤད་ལ། མདོ་སྡེ་པ་དང་ཉི་འོག་པའི་འདོད་པ་ལྟར་ཡང་ཅུང་ཟད་རེ་བཤད་པའི་ཕྱིར། བསྟན་བཅོས་འདི་ལས་ཉེས་པར་བཤད་པའི་ཆ་མཆིས་པ་གང་ཡིན་པ་དེ་ཆོས་ཅན། འདིར་རྩོམ་པ་པོ་བདག་གིས་ཉེས་པར་བཤད་པ་ཡིན་གྱི། འདིའི་བཤད་གཞི་མདོ་དང་བསྟན་བཅོས་ཀྱི་ཚིག་དོན་གྱི་ཆ་ལ་སྐྱོན་ཡོད་ནས་མིན་ཏེ། ལུང་རྟོགས་ཀྱི་དམ་པའི་ཆོས་ཀྱི་ཚུལ་ལ་ནི་ཐུབ་པ་སངས་རྒྱས་བཅོམ་ལྡན་འདས་དང་། དགྲ་བཅོམ་མཁས་པ་རྣམས་ཚད་མ་ཡིན་གྱི། སོ་སྐྱེ་ལ་ནི་འཁྲུལ་བ་སྲིད་པའི་ཕྱིར་རོ། །

ཁ༣ ཐར་པ་འདོད་པས་བག་ཡོད་བརྟེན་རིགས་པ།

གསུམ་པ་ནི། སྟོན་པ་འཇིག་རྟེན་མིག་ནི་ཟུམ་གྱུར་ཅིང་། །དཔང་གྱུར་སྐྱེ་བོ་ཕལ་ཆེར་ཟད་པ་ན། །དེ་ཉིད་མ་མཐོང་རང་དགར་གྱུར་པ་ཡི། །ངན་རྟོག་རྣམས་ཀྱིས་བསྟན་པ་འདི་དཀྲུགས་སོ། །རང་བྱུང་(༢༠༠བ)རང་བྱུང་བསྟན་པ་གཅེས་འཛིན་རྣམས། །མཆོག་ཏུ་ཞིར་གཤེགས་འགྲོ་མགོན་མེད་པ་ན། །འདོམས་མེད་ཡོན་ཏན་འཇོམས་པར་བྱེད་པ་ཡི། །དྲི་མས་དགའ་མགུར་དེང་སང་འདི་ན་སྤྱོད། །དེ་ལྟར་ཐུབ་པ་དག་གི་བསྟན་པ་ནི། །སྙིག་མར་སྲོག་ཕྱིན་འདྲ་དང་དྲི་མ་རྣམས། །སྟོབས་དང་ལྡན་པའི་དུས་སུ་རིག་ནས་ནི། །ཐར་པ་འདོད་པ་དག་གིས་བག་ཡོད་མྱོས། །ཞེས་བྱུང་། སྟོན་པ་འཇིག་རྟེན་གྱི་མིག་ལྟ་བུ་ནི་ཟུམ་པ་སྟེ་མྱ་ངན་ལས་འདས་པར་གྱུར་ཅིང་། ཆོས་ཀྱི་ཚུལ་ལ་དཔང་དུ་གྱུར་པའི་སྐྱེ་བོ་སྐྱེ་འཕགས་ཕལ་ཆེར་ཟད་པས་མང་པོ་མེད་པའི་དུས་ན། ཆོས་ཀྱི་དེ་ཉིད་དེ་ཡིན་ཚུལ་མ་མཐོང་ཞིང་རང་དགར་འཇུག་པར་གྱུར་པ་ཡི་ངན་རྟོག་ཅན་རྣམས་ཆོས་ཅན། ཁྱོད་ཀྱིས་ཐུབ་པའི་ལུང་རྟོགས་ཀྱི་བསྟན་པ་འདི་དཀྲུགས་པར་བྱས་ཏེ། ཁྱེད་ཅག་གིས་ལུང་གི་བསྟན་པ

འདིའི་ཚིག་དོན་གྱི་ཆ་རྣམས་ལོག་པར་བཟུང་ནས་རང་དགར་འཇུག་པ་དང་། དེར་མ་ཟད་རང་བྱུང་སངས་རྒྱས་དང་རང་བྱུང་དེའི་བསྟན་པ་ལ་གཅེས་པར་འཛིན་པའི་འཕགས་པ་རྣམས་མཆོག་ཏུ་ཞི་བར་གཤེགས་ཤིང་། འགྲོ་བའི་མགོན་མེད་པ་ན་དེ་དག་ལ་གདམས་ངག་ལེགས་པར་འདོམས་པ་མེད་ཅིང་། བསླབ་གསུམ་གྱི་ཡོན་ཏན་འཛོམས་པར་བྱེད་པ་ཡི་དུག་གསུམ་གྱི་དྲི་མས་ཀྱང་དེང་སང་འདི་ན་དགའ་མགུར་སྤྱོད་པ་དེའི་ཕྱིར། དེ་ལྟར་ཐུབ་པ་དག་གི་བསྟན་པ་འདི་ནི་ལྐོག་མར་ཕྱིན་པའི་སྲོག་སྟེ་དབུགས་དང་འདྲ་བར་ཡུན་ཐུང་ཞིང་། སྡིགས་མའི་དྲི་མ་སྟེ་སྐྱོན་རྣམས་སྟོབས་དང་ལྡན་པའི་དུས་སུ་རིག་ནས་ནི་ཐར་པ་འདོད་པ་དག་གིས་བག་ཡོད་པར་བྱོས་ཤིག་ཅེས་སྨྲུལ་ཞིང་གདམས་པ་ལ་ཆོས་ཅན། དགོས་པ་ཡོད་དེ། བག་ཡོད་ནི་ཡོན་ཏན་ཀུན་གྱི་རྩ་བ་ཡིན་པའི་ཕྱིར་རོ། །

གསུམ་པ། མཇུག་གི་དོན་བཤད་པ།

ཀ༡ མཛད་པ་པོ་གང་ཡིན་པ།

གསུམ་པ་མཇུག་གི་དོན་ལ། མཛད་པ་པོ་གང་ཡིན་པ་དང་། ལོ་པཎ་གང་གིས་བསྒྱུར་བའོ། །དང་པོ་ནི། ཆོས་མངོན་པ་མཛོད་ཀྱི་ཚིག་ལེའུར་བྱས་པ་སློབ་དཔོན་ཨཱཙཱརྱའི་དགེ་སློང་དབྱིག་གཉེན་གྱིས་མཛད་པ་རྫོགས་སོ། །ཞེས་བྱུང་སྟེ་གོ་སླའོ། །སློབ་དཔོན་འདིའི་རྣམ་ཐར་ནི་རྒྱ་གར་ཆོས་འབྱུང་ལས་རྒྱས་པར་བཤད་པ་ལྟར་བསམ་(༢༠༡ན)གྱིས་མི་ཁྱབ་པ་ཞིག་སྟེ། ཁོ་བོའི་བསམ་ཚོད་ལྟར་ན་སློབ་དཔོན་འདི་དམ་ཆོས་འཛིན་པ་ལ་ཤིང་རྟ་ཆེན་པོ་ཐོགས་མེད་ཉིད་དང་ཀུན་ནས་མཚུངས་པའི་ཕྱིར་ན་འཕགས་པའི་གང་ཟག་ཆེན་པོ་ཞིག་ཡིན་པར་ངེས་པས་སོ་སྐྱེའི་མཁས་པ་ཙམ་དུ་འཛིན་མི་རུང་བར་སེམས་སོ། །དེས་ན་མདོ་སྡེ་པའམ་སེམས་ཙམ་པ་ཡིན་པས་སོ་སྐྱེའོ་སྙམ་དུ་མ་འཛིན་ཅིག །གལ་ཏེ་སློབ་དཔོན་འདིས་སྐུ་ཚེའི་སྟོད་

དུ་ཐེག་ཆེན་གྱི་གཞུང་ལ་སྐྱར་བ་བཏབ་པའི་ལོ་རྒྱུས་འདུག་པས་འཕགས་པར་ཇི་ལྟར་འགྱུར་ཞེ་ན། འགལ་བ་ཅུང་ཟད་ཀྱང་མེད་དེ། འཕགས་པ་ཡིན་ཡང་དགོས་པའི་དབང་གིས་མཛད་ཚུལ་སྣ་ཚོགས་སྟོན་པ་དུ་མ་ཞིག་མཐོང་བའི་ཕྱིར་རོ། །སློབ་དཔོན་འདིའི་ཐུགས་ལ་ནི་འབུམ་སྡེ་གོ་དགུའི་གཞུང་མངའ་བས་འཕགས་པའི་ཡུལ་དུ་ཕྱིས་བྱུང་བའི་མཁས་པ་རྣམས་སུ་མ་ཟད། སྔོན་གྱི་པཎ་ཆེན་མཁས་པ་དག་ལས་ཀྱང་མཁས་པ་ཆེན་པོར་གྱུར་པས་ན་སངས་རྒྱས་གཉིས་པ་ཞེས་གྲགས་པ་ལྟར་དོན་དང་མཐུན་པ་ཡིན་ནོ། །

ཀ༢ ལོ་པཎ་གང་གིས་བསྒྱུར་བ།

གཉིས་པ་ལོ་པཎ་གང་གིས་བསྒྱུར་བ་ནི། རྒྱ་གར་གྱི་མཁན་པོ་ཛི་ན་མི་ཏྲ་སྟེ་རྒྱལ་བའི་བཤེས་གཉེན་དང་། ཞུ་ཆེན་གྱི་ལོ་ཙྪ་བ་བནྡེ་སྟེ་བཙུན་པ་དཔལ་བརྩེགས་ཀྱིས་རྒྱ་སྐད་ལས་བོད་སྐད་དུ་བསྒྱུར་ཅིང་ཞུས་ཏེ་འཆད་ཉན་གྱིས་ལེགས་པར་གཏན་ལ་ཕབ་པའོ།། །།

མཇུག་བྱང་།

སྨྲས་པ། ཐུབ་དབང་གསུང་གི་རྒྱ་མཚོ་ལས་འོངས་ལེགས་བཤད་ཡན་ལག་བརྒྱད་ལྡན་ཆབ། །རྣམ་དཔྱོད་ཡངས་པའི་ཧུབ་གཅིག་གིས་བཞེས་སྐལ་ལྡན་གདུང་བ་སེལ་ཕྱིར་དུ། །སྐྱུགས་མཁས་སྟོན་མེད་དྲང་སྲོང་ཆེན་པོ་དབྱིག་གཉེན་ཞལ་སྒོ་ལས་འོངས་པའི། །ཆོས་མངོན་སྙིང་པོ་(༢༠༧བ)འཆི་མེད་བདུད་རྩི་ལྟར་བཅས་འགྲོ་འདིའི་བསོས་སུ་གྱུར། །བརྒྱད་ཁྲི་བཞི་སྟོང་ཆོས་ཀྱི་ཕུང་པོ་ཡིས། །ཐུན་མོང་ནང་དོན་རིག་པ་སྟོན་པའི་གཞུང་། །མང་ཡང་དོན་གྱི་སྙིང་པོ་ཀུན་བསྡུས་པ། །ཆོས་མངོན་གཞུང་གཞན་དག་ལས་འདི་ཉིད་འཕགས། །གང་འདིའི་དགོངས་པ་

འགྲེལ་པའི་བསྟན་བཅོས་ནི། །འཕགས་པའི་ཡུལ་དང་ཕྱོགས་འདིར་འགའ་མཆིས་ཀྱང་། །ལ་ལ་ཚིག་དོན་གཉིས་ཀ་ཧ་ཅང་བསྡུས། །འགའ་ཞིག་སྤྲོས་ཆེ་བློ་ཆུང་འཇུག་པར་དཀའ། །དེ་ཕྱིར་ཚིག་དོན་གཉིས་ཀ་འཚམས་པ་ཞིག །སྔོན་གྱི་མཁས་པའི་གཞུང་མང་དག་ལས་ནི། །མ་ནོར་བཤད་པའི་ཆ་རྣམས་ལེགས་བསྡུས་ཏེ། །རང་གཞན་འགའ་ལ་ཕན་སྲིད་སྙམ་ནས་བྲིས། །རྩ་བ་གར་སོང་འདིར་སོང་མེད་གྱུར་ན། །དེ་ཡི་དོན་ལ་ཕན་ཁྱད་ཆུང་མཐོང་ནས། །ངེས་པ་རྙེད་ཕྱིར་སངས་རྒྱས་གཉིས་པ་ཡི། །རྩ་བའི་གཞུང་རྣམས་རྫོགས་པར་དྲངས་ཏེ་བཀོད། །ཀྱཻ་ཡེ་གྲོགས་དག་འཇིག་རྟེན་ཁྱིམ་པ་དང་། །རྣམ་དབྱེ་མེད་པའི་ལྷུ་གོས་ཙམ་ཞིག་ལ། །འབད་ནས་མི་ཆེ་སྟོང་ཟད་མི་བྱེད་པར། །ཕན་བདེའི་འབྱུང་གནས་ལེགས་བཤད་དག་ལ་གཟིགས། །ཆོས་མངོན་རྒྱ་མཚོའི་དགོངས་དོན་དཔག་པར་དཀའ། །བདག་ནི་བློ་ཆུང་སྦྱངས་པའི་སྟོབས་ཀྱང་དམན། །དེ་ཕྱིར་འདི་ལ་མ་བཤད་ལོག་བཤད་དག །གང་ཞིག་མཆིས་པ་དེ་ནི་བདག་གིས་ནོངས། །ལེགས་པར་བཤད་ལས་ཐོབ་པའི་དགེ་དེས་བདག །ཚེ་རབས་ཀུན་ཏུ་དམ་ཆོས་འཛིན་པ་དང་། །གཞུང་བཤད་འདིས་ཀྱང་མངོན་པའི་ཆོས་ཚུལ་ཀུན། །དར་ཞིང་རྒྱས་ལ་ཡུན་རིང་གནས་གྱུར་ཅིག །(༢༠༢ན)

ཅེས་མངོན་པ་མཛོད་ཀྱི་ཊཱི་ཀཱ་རྒྱལ་སྲས་འཕགས་ཚོགས་ཐམས་ཅད་ཀྱི་དགོངས་དོན་གསལ་བྱེད་ཅེས་བྱ་བ་འདི་ནི། ཙོ་ནེའི་བསྟན་པའི་མངའ་བདག་ཀཽྃཙུ་ཤི་ནང་སོ་ཡེས་ཀྱིས་གནང་སྦྱིན་དང་བཅས་པས་བསྐུལ་ཞིང་། རང་ཉིད་ཀྱང་དད་པས་ཀུན་ནས་བསླངས་ཏེ་ཙོ་ནེའི་སློབ་དཔོན་པ་གྲགས་པ་བཤད་སྒྲུབ་ཅེས་བྱ་བས་རང་དགོན་དུ་ལེགས་པར་སྦྱར་བའི་སྤར་གྱི་ཡི་གེ་པ་ནི་དཀའ་བཅུ་པ་བློ་བཟང་བསམ་འགྲུབ་སྟེ། འདིས་ཀྱང་ཀུན་མཁྱེན་རྒྱལ་བའི་བསྟན་པ་དང་། གཞན་དག་ལ་ཕན་ཐོགས་པར་གྱུར་ཅིག། །།དགེའོ། །

༄༅། །ཕུང་པོ་ལྔའི་རྣམ་གཞག་ཆོས་མངོན་པའི་སྙིང་པོ་བསྡུས་པ་ཞེས་བྱ་བ་བཞུགས་སོ། །

༄༅། །ན་མོ་ཨཱརྱ་མཉྫུ་ཤྲཱི་ཡེ། ཆོས་ཀུན་མངོན་གཟིགས་སྟོན་པ་བཅོམ་ལྡན་འདས། །གང་དེའི་རྒྱལ་ཚབ་མི་ཕམ་ཆོས་ཀྱི་རྗེ། །ཤིང་རྟ་ཆེན་པོ་ཐོགས་མེད་སྐུ་མཆེད་སོགས། །འཇམ་མགྲིན་མཁས་པ་རྣམས་ལ་གུས་པས་འདུད། །འདིར་རྒྱལ་བས་ཆོས་མངོན་པའི་མདོ་ལས་བཤད་པའི་ཕུང་ཁམས་སྐྱེ་མཆེད་སོགས་ཀྱི་རྣམ་གཞག་རྒྱས་པར་ནི་ཐོགས་མེད་སྐུ་མཆེད་རྗེས་འབྲང་དང་བཅས་པས་མངོན་པ་ཀུན་བཏུས་དང་མཛོད་རྩ་འགྲེལ་སོགས་ལས་བཤད་ཅིང་། ཁྱད་པར་དུ་དབྱིག་གཉེན་ཞབས་ཀྱིས་བློ་དམན་པ་དང་བསྡུས་པ་ལ་དགའ་བའི་ངོ་བོར་ཕུང་པོ་ལྔའི་བཤད་པ་ཟུར་དུ་མཛད་དོ། །ཕུང་ཁམས་སོགས་ཀྱི་རྣམ་གཞག་མཛོད་ནས་བཤད་པའི་དོན་བདག་གིས་ཀྱང་དེའི་འགྲེལ་པར་བཤད་ཟིན་ལ། འདིར་ཕུང་པོ་ལྔའི་རབ་བྱེད་ཀྱི་དགོངས་པ་འགྲེལ་པའི་ཆེད་དུ་ཇི་ལྟར་འཚམས་པ་ཞིག་བཤད་པར་བྱ་སྟེ།

དང་པོ། གྲངས་ཀྱི་དབྱེ་བས་མདོར་བསྟན་པ།

འདི་ལ་གསུམ། གྲངས་ཀྱི་དབྱེ་བས་མདོར་བསྟན་པ་དང་། དེ་རྣམས་ཀྱི་དོན་ཅུང་ཟད་ཕྱེ་སྟེ་རྒྱས་པར་བཤད་པ་དང་། འཕྲོས་དོན་བཤད་པའོ། །དང་པོ་ལ་ཕུང་པོ་ནི་ལྔ་སྟེ། གཟུགས་ཀྱི་ཕུང་པོ་དང་། ཚོར་བ་དང་། འདུ་ཤེས་དང་། འདུ་བྱེད་དང་། རྣམ་པར་ཤེས་པའི་ཕུང་པོའོ། །གཟུགས་ཀྱི་ཕུང་པོ་ལ་དབྱེ་ན་བཅོ་ལྔ་སྟེ། འབྱུང་བ་བཞི་དང་། དེས་རྒྱུར་བྱས་པའི་གཟུགས་བཅུ་གཅིག་གོ། །འབྱུང་བ་བཞི་ནི། སའི་ཁམས་དང་ཆུ་དང་མེ་དང་རླུང་གི་ཁམས་བཞིའོ། །རྒྱུར་བྱས་པའི་གཟུགས་

བཅུ་གཅིག་ནི། མིག་གི་དབང་པོ་དང་རྣ་བ་དང་སྣ་དང་ལྕེ་དང་ལུས་ཀྱི་དབང་པོ་དང་། གཟུགས་དང་སྒྲ་དང་དྲི་དང་རོ་དང་རེག་བྱ་(༢༨)རྣམས་དང་། རྣམ་པར་རིག་བྱེད་མ་ཡིན་པའི་གཟུགས་སོ། །ཚོར་བའི་ཕུང་པོ་ནི་གསུམ་སྟེ། བདེ་བ་དང་སྡུག་བསྔལ་དང་བཏང་སྙོམས་ཀྱི་ཚོར་བའོ། །འདུ་ཤེས་ཀྱི་ཕུང་པོ་ཡང་གསུམ་སྟེ། ཆུང་ངུ་དང་ཆེན་པོ་དང་ཚད་མེད་པའི་འདུ་ཤེས་རྣམས་སོ། །འདུ་བྱེད་ཀྱི་ཕུང་པོ་ནི་གཉིས་ཏེ། མཚུངས་ལྡན་འདུ་བྱེད་དང་ལྡན་མིན་འདུ་བྱེད་དོ། །མཚུངས་ལྡན་འདུ་བྱེད་ལ་སེམས་བྱུང་ང་གཅིག་དང་། ལྡན་མིན་འདུ་བྱེད་ལ་བཅུ་བཞིའོ། །དང་པོ་ང་གཅིག་ནི་རེག་པ་དང་ཡིད་ལ་བྱེད་པ་དང་ཚོར་བ་དང་འདུ་ཤེས་དང་སེམས་པ་སྟེ་ཀུན་འགྲོ་ལྔའོ། །འདུན་པ་དང་མོས་པ་དང་དྲན་པ་དང་ཏིང་ངེ་འཛིན་དང་ཤེས་རབ་སྟེ་ཡུལ་ངེས་ལྔའོ། །དད་པ་དང་ངོ་ཚ་ཤེས་པ་དང་ཁྲེལ་ཡོད་པ་དང་མ་ཆགས་པ་དང་ཞེ་སྡང་མེད་པ་དང་གཏི་མུག་མེད་པའི་དགེ་རྩ་དང་། བརྩོན་འགྲུས་དང་ཤིན་ཏུ་སྦྱངས་པ་དང་བག་ཡོད་པ་དང་བཏང་སྙོམས་དང་རྣམ་པར་མི་འཚེ་བ་སྟེ་དགེ་བ་བཅུ་གཅིག་གོ། །འདོད་ཆགས་དང་ཁོང་ཁྲོ་དང་ང་རྒྱལ་དང་མ་རིག་པ་དང་ལྟ་བ་ཉོན་མོངས་ཅན་དང་ཐེ་ཚོམ་ཉོན་མོངས་ཅན་ཏེ་དྲུག་ནི་རྩ་བའི་ཉོན་མོངས་སོ། །ཁྲོ་བ་དང་འཁོན་དུ་འཛིན་པ་དང་འཆབ་པ་དང་འཚིག་པ་དང་ཕྲག་དོག་དང་སེར་སྣ་དང་གཡོ་དང་སྒྱུ་དང་། རྒྱགས་པ་དང་རྣམ་པར་མི་འཚེ་བ་དང་ངོ་ཚ་མེད་པ་དང་ཁྲེལ་མེད་པ་དང་རྨུགས་པ་དང་རྒོད་པ་དང་མ་དད་པ་དང་ལེ་ལོ་དང་། བག་མེད་དང་བརྗེད་ངས་པ་དང་རྣམ་གཡེང་དང་ཤེས་བཞིན་མ་ཡིན་པ་སྟེ་ཉི་ཤུ་ནི་ཉེ་བའི་ཉོན་མོངས་སོ། །འགྱོད་པ་དང་གཉིད་དང་རྟོག་པ་དང་དཔྱོད་པ་སྟེ་བཞི་ནི་གཞན་འགྱུར་ཞེས་བྱའོ། །གཉིས་པ་ལྡན་མིན་འདུ་བྱེད་ནི། ཐོབ་པ་རྣམས་དང་འདུ་ཤེས་མེད་པ་དང་འགོག་པའི་སྙོམས་འཇུག་དང་འདུ་ཤེས་མེད་པ་བ་དང་སྲོག་གི་དབང་པོ་དང་རིས་མཐུན་པ་དང་སྐྱེ་བ་དང་གནས་པ་དང་མི་རྟག་

པ་དང་ཡི་གེ་དང་མིང་དང་ཚིག་གི་ཚོགས་རྒྱུན་དང་སོ་སྐྱེ་དང་དེ་ལྟ་བུའི་ཆ་དང་མཐུན་(༢བ)པ་སྟེ་བཅུ་བཞི་ནི་ལྡན་མིན་འདུ་བྱེད་དོ། །རྣམ་ཤེས་ཀྱི་ཕུང་པོ་ནི་དྲུག་གམ་བརྒྱད་དེ། མིག་གི་རྣམ་པར་ཤེས་པ་དང་རྣ་བ་དང་སྣ་དང་ལྕེ་དང་ལུས་དང་ཡིད་ཀྱི་རྣམ་པར་ཤེས་པ་སྟེ་དྲུག་དང་། ཉོན་ཡིད་དང་ཀུན་གཞི་གཉིས་བསྣན་པས་བརྒྱད་དུ་འདོད་པའང་ཡོད་དོ། །གཞན་ཡང་། ཕུང་པོ་ལས་ཕྱེ་བའི་སྐྱེ་མཆེད་ནི་བཅུ་གཉིས་ཏེ། མིག་གི་སྐྱེ་མཆེད་དང་རྣ་བ་དང་སྣ་དང་ལྕེ་དང་ལུས་དང་ཡིད་ཀྱི་སྐྱེ་མཆེད་དྲུག་ནི་ཡུལ་ཅན་གྱི་སྐྱེ་མཆེད་དང་། གཟུགས་དང་སྒྲ་དང་དྲི་དང་རོ་དང་རེག་བྱའི་སྐྱེ་མཆེད་དེ་དྲུག་ནི་ཡུལ་གྱི་སྐྱེ་མཆེད་དོ། །ཁམས་ནི་བཅོ་བརྒྱད་ཡོད་དེ། མིག་དང་རྣ་བ་དང་སྣ་དང་ལྕེ་དང་ལུས་དང་ཡིད་ཀྱི་ཁམས་དྲུག་ནི་རྟེན་དབང་པོའི་ཁམས་དང་། གཟུགས་སྒྲ་དྲི་རོ་རེག་བྱ་ཚོས་ཀྱི་ཁམས་ནི་དམིགས་པ་ཡུལ་གྱི་ཁམས་སོ། །མིག་གི་རྣམ་པར་ཤེས་པ་ནས་ཡིད་ཀྱི་རྣམ་པར་ཤེས་པའི་བར་གྱི་ཁམས་དྲུག་ནི་བརྟེན་པ་རྣམ་ཤེས་ཀྱི་ཁམས་སོ། །

གཉིས་པ། དེ་རྣམས་ཀྱི་དོན་ཙུང་ཟད་ཕྱེ་སྟེ་རྒྱས་པར་བཤད་པ།

ཀ༡ གཟུགས་ཀྱི་ཕུང་པོ།

གཉིས་པ་ཙུང་ཟད་ཕྱེ་སྟེ་བཤད་པ་ལ་ལྔ། གཟུགས་ཀྱི་ཕུང་པོ་དང་ཚོར་བ་དང་འདུ་ཤེས་དང་འདུ་བྱེད་དང་རྣམ་ཤེས་ཀྱི་ཕུང་པོའོ། །དང་པོ་ལ། འབྱུང་བ་དང་འབྱུང་བ་ལས་གྱུར་པ་གཉིས་ཀྱི་དང་པོ་འབྱུང་བ་ལ་བཞི་སྟེ། ས་དང་ཆུ་དང་མེ་དང་རླུང་ངོ་། །དེ་ལ་སའི་ཁམས་གང་ཞེ་ན། སྲ་བ་ཉིད་དོ། །ཆུའི་ཁམས་གང་ཞེ་ན། གཤེར་བ་ཉིད་དོ། །མེའི་ཁམས་གང་ཞེ་ན། ཚ་བ་ཉིད་དོ། །རླུང་གི་ཁམས་གང་ཞེ་ན། ཡང་ཞིང་གཡོ་བ་ཉིད་དོ་ཞེས་གསུངས་ཏེ། འབྱུང་བཞི་སོ་སོའི་མཚན་ཉིད་དང་རང་བཞིན་ནོ། །དེ་བཞི་ལ་འབྱུང་བ་ཆེན་པོ་བཞི་ཞེས་བྱ་སྟེ། འབྱུང་བའི་

དོན་ལ་སྦྱོར་བཤད་ཚུལ་མང་ཡང་འདིར་རང་རང་གི་ངོ་བོ་དང་རིགས་དང་བྱེད་ལས་སྣ་ཚོགས་པའི་རྣམ་པར་འགྱུར་བའི་ཕྱིར་འབྱུང་བ་དང་ཁྱབ་ཆེ་ཞིང་རགས་པར་སྣང་བའི་ཕྱིར་ཆེན་པོའོ། །འབྱུང་བ་བཞིའི་སའི་ཁམས་ལ་ཕྱི་ནང་གཉིས་ལས། ཕྱི་ལ་ས་དང་ལྕགས་དང་ཤིང་དང་(ཤན)རྡོ་དང་གསེར་དངུལ་སོགས་ནི་སའི་ཁམས་དང་། ནང་ལ་ལུས་ཀྱི་ཤ་རུས་ཕྱི་ས་ལྟ་བུ་ནི་སའི་ཁམས་སོ། །ཆུའི་ཁམས་ལ་ཕྱི་ནང་གཉིས་ལས། ཕྱི་ལ་རྒྱ་མཚོ་དང་ཆུ་བོ་དང་ཆུ་ཕྲན་རྣམས་ནི་ཆུའི་ཁམས་དང་། ནང་ལ་ཁྲག་དང་ཆུ་སེར་དང་གཅིན་ལྟ་བུ་ནི་ཆུའི་ཁམས་སོ། །མེའི་ཁམས་ལ་ཕྱི་ནང་གཉིས་ལས། ཕྱི་ལ་ཤིང་དང་རྫ་ལས་བྱུང་བའི་མེ་དང་ཉི་མ་དང་ནོར་བུ་ལས་བྱུང་བའི་དྲོད་རྣམས་ནི་མེའི་ཁམས་དང་། ནང་དུ་ལུས་ཀྱི་དྲོད་རྣམས་ནི་མེའི་ཁམས་སོ། །རླུང་གི་ཁམས་ལ་ཕྱི་ནང་གཉིས་ལས། ཕྱི་ལ་ཡོངས་སུ་གྲགས་པའི་རླུང་དང་། ནང་དུ་དབུགས་ཕྱི་ནང་དུ་རྒྱུ་བ་རྣམས་དང་རྒྱུ་མ་རྩ་རྒྱུས་སོགས་ནས་རྒྱུ་བའི་རླུང་རྣམས་ནི་རླུང་གི་ཁམས་སོ། །ཁ་ཅིག་རྡོ་ལྕགས་ཤིང་སོགས་སའི་ཁམས་ཡིན་ཀྱང་ས་མིན། འོ་མ་ཁྲག་ཆུ་སེར་སོགས་ཆུའི་ཁམས་ཡིན་ཀྱང་ཆུ་མིན། ལུས་ཀྱི་དྲོད་མེའི་ཁམས་ཡིན་ཀྱང་མེ་མིན། ཞེས་གསུངས་ཏེ་བརྟག །སྦྱོར་འབྱུང་བ་བཞི་འགལ་ཡང་འབྱུང་བཞི་རེ་རེ་ལའང་དེ་བཞི་ཡོད་པ་མི་འགལ་ཏེ། སློབ་དཔོན་ཡོན་ཏན་འོད་ཀྱིས་མཛད་པའི་ཕུང་པོ་ལྔའི་རབ་བྱེད་ཀྱི་འགྲེལ་པ་ལས། ཇི་ལྟར་ཞེ་ན། ཤིང་དང་རྡོ་ལ་སོགས་པ་ལ་སྡུད་པ་དང་མེ་འབྱུང་བ་དང་འཕེལ་བ་དང་ལྡུང་བ་ཡོད་པས་ཆུ་དང་མེ་དང་རླུང་དང་ལྡན་པར་མངོན་ནོ། །ཆུ་ལ་ཡང་གྲུ་འཛིན་པ་དང་དྲོ་བ་དང་གཡོ་བ་དམིགས་པས་ས་དང་མེ་དང་རླུང་དང་ལྡན་པར་མངོན་ནོ། །མེ་ལྕེ་ལ་ཡང་འདེགས་པ་དང་སྡུད་པ་དང་གཡོ་བས་དམིགས་པས་ས་དང་ཆུ་དང་རླུང་དང་ལྡན་པར་མངོན་ནོ། །རླུང་ལ་ཡང་འདེགས་པ་དང་གྲང་བ་དང་ཚ་བའི་རེག་པ་དམིགས་པས་ས་དང་ཆུ་དང་མེ་ཉིད་དང་ལྡན་པར་མངོན་ནོ། །འདིར་

དཔེ་ནི་ཕྱེ་དང་ལན་ཚྭ་དང་ཕྱེ་མ་དང་སྙོམ་སྦྱར་བ་ལྟ་བུར་བལྟ་བར་བྱའོ། །(༣བ)
ཞེས་དང་། སློབ་དཔོན་སའི་རྩ་ལག་གི་འགྲེལ་པར་ལར་རིགས་པས་བརྟགས་ན་
ཡང་གཅིག་གང་ན་ཡོད་པ་ན་ཀུན་ཡོད་པར་མངོན་ཏེ། རྡོ་དང་ཤིང་ལ་སོགས་པ་
འབྱར་ཞིང་སོ་སོར་མ་གྱེས་པས་ན་སའི་ཁམས་ལ་ཆུའི་ཁམས་ཡོད་པར་མངོན་
ནོ། །རྡོ་དང་ཤིང་ལ་སོགས་པ་གཡོ་ཞིང་འགུལ་བས་ན་རླུང་གི་ཁམས་ཡོད་དོ། །རྡོ་
གཉིས་ཕན་ཚུན་ཕྲད་པ་ལས་མེ་སྟག་འབྱུང་བས་ན་མེའི་ཁམས་ཡོད་དོ། །ཆུའི་
ཁམས་ལ་ཡང་གྲུ་དང་འདབ་མ་ལ་སོགས་པ་འཛིན་ཅིང་རྟེན་བྱེད་པས་ན་ཆུའི་
ཁམས་ལ་ཡང་སའི་ཁམས་ཡོད་པར་མངོན་ནོ། །ཆུའི་ནང་དུ་ཤིང་གི་འདབ་མ་དང་
རྩྭ་ལྷུང་བ་འདྲུལ་ཞིང་ཆུ་དྲོན་པོ་དག་ཀྱང་དམིགས་པས་ཆུའི་ནང་ན་མེའི་ཁམས་
ཡོད་པར་མངོན་ནོ། །ཆུ་ཐུར་དུ་འབབ་ཅིང་གཡོ་བས་ན་རླུང་གི་ཁམས་ཡོད་པར་
མངོན་ནོ། །རླུང་གི་ཁམས་ལ་ཡང་འདབ་མ་དང་རྩྭ་འཛིན་ཅིང་འདེགས་པས་ན་
སའི་ཁམས་ཡོད་པར་མངོན་ནོ། །རླུང་དྲོ་བ་དག་ཀྱང་དམིགས་པ་ཇོས་བརྣན་པ་
རྣམས་རླུང་ལ་འབྱར་ན་བསྐམ་པར་འགྱུར་བས་ན་མེའི་ཁམས་ཡོད་པར་མངོན་
ནོ། །འཚུབ་མ་དང་རླུང་གཅིག་ཏུ་འདུས་པ། དེ་འགྱུར་ཞིང་འབྱུང་བས་ན་ཆུའི་
ཁམས་ཡོད་པར་མངོན་ནོ། །མེའི་ཁམས་ལ་ཡང་མེ་ལྕེ་གཅིག་གིས་གཅིག་འཛིན་
པ་དང་མེ་ལྕེས་འདབ་མ་དང་རྩྭ་ལ་སོགས་པ་འདེགས་ཤིང་འཛིན་པས་ན་སའི་
ཁམས་ཡོད་པར་མངོན་ནོ། །མེ་ལྕེ་རྣམས་ཀྱང་སོ་སོར་མི་འགྱེས་པར་གཅིག་ཏུ་
འབར་བས་ན་ཆུའི་ཁམས་ཡོད་པར་མངོན་ནོ། །འགུལ་ཞིང་གཡོ་བས་ན་རླུང་གི་
ཁམས་ཡོད་པར་མངོན་ནོ། །ཞེས་གསུངས་པ་ལྟར་རོ། །དེ་དག་ནི་འབྱུང་བཞིའི་
ས་བོན་དང་ངོ་བོ་ཉིད་ཀྱིས་ལྡན་པ་ཅི་རིགས་ཀྱི་དབང་དུ་བྱས་པའོ། །འབྱུང་བཞིའི་
བྱེད་ལས་ནི་སས་རྟེན་པར་བྱེད། ཆུས་སྡུད་པར་བྱེད། མེས་སྨིན་པར་བྱེད། (༤ན)
རླུང་གིས་འཕེལ་བར་བྱེད་དོ། །འབྱུང་བ་ལས་གྱུར་པའི་གཟུགས་ནི་འབྱུང་བཞི་རྒྱུར་

བྱས་ནས་བྱུང་བ་སྟེ། མིག་གི་དབང་པོ་ནས་ལུས་ཀྱི་དབང་པོའི་བར་ལྔ་དང་། གཟུགས་སྒྲ་དྲི་རོ་རེག་བྱ་སྟེ་ལྔ་དང་རྣམ་པར་རིག་བྱེད་མ་ཡིན་པའི་གཟུགས་ཏེ་བཅུ་གཅིག་གོ། །དེ་ལ་འབྱུང་བ་བཞིས་རང་གི་འབྱུང་འགྱུར་གྱི་གཟུགས་དེ་རྣམས་ནི་སྐྱེད་པར་བྱེད། རྟེན་པར་བྱེད། གནས་པར་བྱེད། རྟོན་པར་བྱེད། འཕེལ་བར་བྱེད་དོ། །འབྱུང་འགྱུར་ལས་མིག་གི་དབང་པོ་ནི། ཡུལ་ཁ་དོག་མཐོང་བའི་མིག་གི་རྣམ་ཤེས་སྐྱེད་པ་ལ་དབང་བྱེད་པའི་གཟུགས་ཅན་དང་བ་ཞིག་གོ། །དེ་ཡང་རང་འབྲས་མིག་གི་རྣམ་པར་ཤེས་པའི་ཐུན་མོང་མ་ཡིན་པའི་བདག་རྐྱེན་བྱེད་པ་ལ་དབང་བྱེད་པའི་གཟུགས་ཅན་དང་བ་སྟེ། མེ་ཏོག་ཟར་མའི་ནང་དུ་གཟུགས་བརྙན་འཆར་བ་ལྟར་ཁ་དོག་སོགས་ཀྱི་གཟུགས་བརྙན་སྣང་དུ་རུང་བའོ། །དེ་བཞིན་དུ་རྣ་བའི་དབང་པོ་ནི་ཡུལ་སྒྲ་འཛིན་པའི་རྣམ་ཤེས་སྐྱེད་པ་ལ་དབང་བྱེད་པའི་གཟུགས་ཅན་དང་བ་དང་། སྣའི་དབང་པོ་ནི་ཡུལ་དྲི་འཛིན་པའི་རྣམ་ཤེས་སྐྱེད་པ་དང་། ལྕེའི་དབང་པོ་ནི་ཡུལ་རོ་འཛིན་པ་དང་། ལུས་ཀྱི་དབང་པོ་ནི་ལུས་ཀྱི་རེག་བྱ་འཛིན་པའི་རྣམ་ཤེས་སྐྱེད་པ་སྟེ། རང་འབྲས་རྣ་བ་དང་སྣ་དང་ལྕེ་དང་ལུས་ཀྱི་རྣམ་པར་ཤེས་པའི་ཐུན་མོང་མ་ཡིན་པའི་བདག་རྐྱེན་བྱེད་པ་ལ་དབང་བྱེད་པའི་གཟུགས་ཅན་དང་བ་ཞེས་སྦྱར་ལྟར་སོ་སོར་སྦྱར་རོ། །མིག་སོགས་དབང་པོ་ལྔ་ནི་རང་རང་གི་ཐུན་མོང་མ་ཡིན་པའི་བདག་རྐྱེན་ཡིན་ལ། ཡིད་དབང་གིས་དེ་ལྔའི་རྣམ་ཤེས་ཀྱི་ཐུན་མོང་བའི་བདག་རྐྱེན་བྱེད་པ་ཡིན་ནོ། །བྱེ་བྲག་སྨྲ་བ་ཁ་ཅིག་མིག་གི་དབང་པོ་ནི་མིག་གི་དབུས་ཀྱི་ཟར་མའི་མེ་ཏོག་ལྟ་བུ་དང་། རྣ་བའི་དབང་(༥༨) པོ་ནི་རྣ་བར་གྲོ་ག་བཙུས་ནས་བཅད་པ་ལྟ་བུ་དང་། སྣ་དབང་ནི་སྣར་རྒྱ་ཁབ་བཤིབས་པ་ལྟ་བུ་དང་། ལྕེ་དབང་ནི་ལྕེར་ཟླ་བ་ཕྱེད་པ་ལྟ་བུ་དང་། ལུས་དབང་ནི་ལུས་ཀྱི་ཆ་རྣམས་སུ་རྟུལ་ཐྲན་ལྟར་ཁྱབ་པར་འདོད་ཀྱང་། འདིར་དེ་རྣམས་ནི་དབང་པོའི་རྟེན་དུ་ཁས་ལེན་གྱི་མིག་གི་དབང་པོ་སོགས་དངོས་མིན་ནོ། །མིག་དང་

མིག་དབང་དང་མིག་གི་ཁམས་དང་མིག་གི་སྐྱེ་མཆེད་རྣམས་འགལ་ལམ་མི་འགལ་ཞེ་ན། དེ་རྣམས་ནི་ངོ་བོ་གཅིག་ལ་ལྡོག་པ་ཐ་དད་པ་ཙམ་ཡིན་གྱི་མི་འགལ་ཏེ། མིག་གི་རང་འབྲས་རྣམ་ཤེས་སྐྱེད་པ་ལ་དབང་བྱེད་པས་དབང་པོ་དང་། དེ་འཛིན་པས་ན་ཁམས་དང་། སྐྱེད་པའི་ལྡོག་ཆ་ནས་སྐྱེ་མཆེད་དུ་བཞག་པ་ཙམ་ཡིན་པའི་ཕྱིར། དཔེར་ན། བྱས་པ་དང་མི་རྟག་པ་བཞིན་ནོ། །དེ་བཞིན་དུ་རྣ་བ་སོགས་ལའང་སྦྱོར། མིག་དབང་ལ་གཟུགས་སྣང་བ་ཙམ་གྱི་སྒོ་ནས་གཟུགས་མཐོང་བར་བཞག་ལ། མིག་ཤེས་ཀྱིས་གཟུགས་ཀྱི་ངོ་བོ་དང་ཁྱད་པར་ཅི་རིགས་འཛིན་པའི་སྒོ་ནས་དེ་མཐོང་བར་བཞག་སྟེ། རྣ་བ་སོགས་ལའང་སྦྱོར། མིག་སོགས་དབང་པོ་ལྔའི་ཡུལ་ནི་གཟུགས་སྒྲ་སོགས་ཡིན་གྱི། འབྱུང་བ་བཞི་ནི་རེག་བྱའི་སྐྱེ་མཆེད་ཡིན་པས་མིག་རྣ་སོགས་བཞིས་དངོས་སུ་མི་འཛིན་ནོ། །དེས་ན་གཟུགས་ཀྱི་སྐྱེ་མཆེད་ནི་མིག་ཤེས་ཀྱི་གཟུང་བྱ་སྟེ་ཁ་དོག་དང་དབྱིབས་རྣམས་སོ། །ཁ་དོག་ལ་དབྱེ་ན་རྩ་བའི་ཁ་དོག་བཞི་དང་། ཡན་ལག་གི་ཁ་དོག་བརྒྱད་དོ། །དཀར་པོ་དང་སེར་པོ་དང་དམར་པོ་དང་སྔོན་པོ་དང་བཞི་ནི་རྩ་བའི་ཁ་དོག་སྟེ། ལྗང་ཁུ་ནི་སྔོ་སེར་འདྲེས་པས་རྩ་བའི་ཁ་དོག་མིན་ནོ། །ཡན་ལག་གི་ཁ་དོག་ནི། སྤྲིན་དང་དུ་བ་དང་རྡུལ་དང་ཁུག་རྣ་དང་སྣང་བ་དང་མུན་པ་དང་གྲིབ་མ་དང་ཉི་འོད་ཀྱི་ཁ་དོག་གོ། །དབྱིབས་གཟུགས་ལ་བརྒྱད་ཡོད་དེ། རིང་པོ་དང་ཐུང་དུ་དང་ལྷམ་པ་དང་ཟླུམ་པ་དང་མཐོ་བ་དང་དམའ་བ་དང་ཕྱལ་ལེ་བ་དང་ཕྱལ་ལེ་བ་མ་(པན)ཡིན་པའི་དབྱིབས་སོ། །ལྷམ་པ་ནི་གྲུ་བཞིའོ། །ཟླུམ་པོ་ནི་རིལ་རིལ་ལོ། །ཕྱལ་ལེ་བ་ནི་མཉམ་པ་དང་དེ་མ་ཡིན་པ་ནི་མི་མཉམ་པ་སྟེ་ལེབ་ལེབ་ཡིན་མིན་ལྟ་བུའོ། །དེ་ཡང་ཐང་བདེ་བ་ལ་ངོས་མཉམ་པ་དང་། འབར་འབུར་ཅན་ལ་མི་མཉམ་པ་བརྗོད་པ་བཞིན་ནོ། ཁ་དོག་དང་དབྱིབས་ལ་མུ་བཞི་སྟེ། རྩ་བའི་ཁ་དོག་བཞི་དང་སྣང་བ་དང་ཉི་མའི་འོད་དང་མུན་པ་ནི་ཁ་དོག་ཏུ་ཡོད་ཀྱང་དབྱིབས་སུ་མེད། རིང་པོ་ཐུང་དུ་ལྷམ་པ་ཟླུམ་

པ་མཐོ་དམའ་ཕྱལ་ལེ་ཡིན་མིན་རྣམས་ནི་དབྱིབས་སུ་ཡོད་ཅིང་ཁ་དོག་ཏུ་མེད། སྤྲིན་དུ་བ་ཁུག་རྣ་རྣམས་ནི་དབྱིབས་དང་ཁ་དོག་གཉིས་ཀར་ཡོད་པར་བཤད་པས་སོ། །སྒྲའི་སྐྱེ་མཆེད་ནི་རྣ་དབང་རྣམ་ཤེས་ཀྱི་གཟུང་བྱ་སྟེ། སྒྲ་ལ་རྒྱ་བའི་སྒོ་ནས་ཟིན་པ་དང་མ་ཟིན་པའི་སྒྲ་གཉིས། ཡན་ལག་གི་སྒོ་ནས་དེ་རེ་རེ་ལའང་བཞི་བཞི། ཟིན་མ་ཟིན་ནི་དབང་པོས་ཟིན་མ་ཟིན་ལ་བྱེད་ཅིང་། དེ་ཡང་ལག་པ་བརྡབ་པའི་སྒྲ་དང་། ངག་གིས་བརྗོད་པའི་སྒྲ་རྣམས་ཟིན་པའི་སྒྲ་དང་། ཕྱི་རོལ་གྱི་ཆུ་དང་བྲག་རལ་པའི་སྒྲ་ལྟ་བུ་མ་ཟིན་པའོ། །ཟིན་མ་ཟིན་གཉིས་ལ་སེམས་ཅན་དུ་སྟོན་མི་སྟོན་པའི་སྒྲ་གཉིས་རེ་སྟེ། ངག་གིས་བརྗོད་པའི་སྒྲ་ལྟ་བུ་ནི་སེམས་ཅན་དུ་སྟོན་པའི་སྒྲ་ཡིན་ལ། ཆུའི་སྒྲ་སོགས་ནི་སེམས་ཅན་དུ་མི་སྟོན་པའོ། །ཟིན་པ་སེམས་ཅན་དུ་སྟོན་པ་དང་མི་སྟོན་པ་ལ་སྙན་མི་སྙན་གཉིས་ཏེ་བཞི་ནི། སྐྱེས་བུའི་གླུ་སྙན་ལེན་པ་དང་དེས་ཚིག་རྩུབ་སྨྲ་བ་དང་དེས་གླིང་བུ་འབུད་པ་དང་དེས་ཁུ་ཚུར་བརྡེགས་པའི་སྒྲ་ལྟ་བུའོ། །མ་ཟིན་པ་སེམས་ཅན་དུ་སྟོན་པ་དང་མི་སྟོན་པ་ལ་སྙན་མི་སྙན་གཉིས་རེ་སྟེ། བཞི་ནི། སྤྲུལ་པས་སྙན་པར་སྨྲ་བ་དང་དེས་ཚིག་རྩུབ་སྨྲ་བ་དང་ཕྱི་རོལ་གྱི་འབྱུང་བའི་སྒྲ་སྙན་པ་དང་མི་སྙན་པ་ལྟ་བུའོ། །དྲིའི་སྐྱེ་མཆེད་ནི་སྣ་དབང་རྣམ་ཤེས་ཀྱི་གཟུང་བྱ་སྟེ། རྒྱ་བའི་སྒོ(༥བ)ནས་ཞིམ་མི་ཞིམ་གཉིས། ཡན་ལག་གི་སྒོ་ནས་ཞིམ་པ་ལ་མཉམ་མི་མཉམ་གཉིས་དང་། མི་ཞིམ་པ་ལའང་དེ་གཉིས་སོ། །མཉམ་མི་མཉམ་ནི་དྲི་ཤས་ཆེ་མི་ཆེ་སྟེ། དྲི་གང་ཤས་ཆེ་བ་ནི་མི་མཉམ་པའོ། །དེ་ཡང་གཙོ་བོར་སྦྱར་བའི་དྲིའི་དབང་དུ་བྱས་སོ། །རོའི་སྐྱེ་མཆེད་ནི་ལྕེ་དབང་རྣམ་ཤེས་ཀྱི་གཟུང་བྱ་སྟེ། དེ་ལ་རྒྱ་བའི་སྒོ་ནས་མངར་བ་དང་སྐྱུར་བ་དང་ཁ་བ་དང་བསྐ་བ་དང་ཚྭ་བ་དང་ལན་ཚྭ་བ་དང་དྲུག་དང་། ཡན་ལག་གི་སྒོ་ནས་མངར་བའི་མངར་བ་སོགས་སོ་དྲུག་དང་། རེ་རེ་ལའང་ལྕེ་ཤེས་དང་ལུས་ཤེས་དང་ལུས་སེམས་ལ་ཕན་འདོགས་པའི་རོ་བརྒྱ་དང་བརྒྱད་དོ། །དེ་ལ་མངར་བ་ནི་སྦྲང་རྩི་དང་བུ་

རམ་དང་ཀ་ར་སོགས་ཀྱི་རོ་ལྔ་བུ་དང་། སྦྱར་བ་ནི་སྦྱར་རྫི་ལ་སོགས་པའོ། །ལན་ཚྭ་ནི། ཚྭ་སྣེ་ད་ལྔ་ཚར་གྲགས་པའོ། །ཚ་བ་ནི་ཚ་བ་གསུམ་མོ། །ཁ་བ་ནི་ཏིག་ཏ་ལ་སོགས་པའོ། །བསྐ་བ་ནི་ཨ་གར་སྦྱར་གསུམ་ལྔ་བུའི་རོའོ། །དེ་ཡང་ཨ་རུ་ར་ལྔ་བུ་ནི་སའི་ཁམས་ཡིན་ཞིང་། དེའི་ཁ་དོག་དང་དབྱིབས་ནི་གཟུགས་ཀྱི་སྐྱེ་མཆེད་ཡིན་ལ། དེའི་རོ་བསྐ་བ་ནི། རོའི་སྐྱེ་མཆེད་ཡིན་ཞེས་ཞིབ་ཆ་བྱེད་དགོས་སོ། །རེག་བྱའི་སྐྱེ་མཆེད་ནི་ལུས་ཤེས་ཀྱི་གཟུང་བྱ་སྟེ། དེ་ལ་འབྱུང་བཞི་དང་འབྱུང་འགྱུར་བདུན་ཏེ་བཅུ་གཅིག་གོ། །འབྱུང་གྱུར་བདུན་ནི་འཇམ་པ་དང་རྩུབ་པ་དང་ལྕི་བ་དང་ཡང་བ་དང་བཀྲེས་པ་དང་སྐོམ་པ་དང་གྲང་བའི་རེག་བྱའོ། །ལྕི་བ་དང་ཡང་བའི་ཁྱད་པར་སྲང་ལ་གཞལ་རྒྱུ་ཡོད་པ་ནི་ལྕི་བ་དང་དེ་མེད་པ་ནི་ཡང་བའོ། །བཀྲེས་པ་ནི་རླུང་སྟོབས་ཀྱིས་ཟས་ཟ་འདོད་པ་དང་། སྐོམ་པ་ནི་མེའི་ཁམས་ཀྱིས་འཐུང་འདོད་བསྐྱེད་པའི་རེག་བྱ་ཞིག་ལུས་ཀྱི་ནང་དུ་སྐྱེས་པའོ། །ཟས་འདོད་དང་འཐུང་འདོད་ནི་བཀྲེས་སྐོམ་མིན་ཏེ། འདོད་པ་གཉིས་ནི་ཤེས་པ་ཡིན་པས་རེག་བྱར་མི་རུང་བའི་ཕྱིར་རོ། །དེ་བཞིན་དུ་འཇམ་རྩུབ་གྲང་བ་རྣམས་(༥ན)རེག་བྱ་དང་དེ་རྣམས་མྱོང་བྱེད་ནི་ཤེས་པའོ། །ས་སོགས་ཁ་དོག་མིན་ཡང་ས་ཆུའི་ཁ་དོག་སོགས་མཐོང་བས་ས་ཆུ་སོགས་མཐོང་ཞེས་ཐ་སྙད་བྱར་རུང་སྟེ། མཛོད་ལས། འཇིག་རྟེན་གྱི་ནི་ཐ་སྙད་དུ། །ཁ་དོག་དབྱིབས་ལ་ས་ཞེས་བརྗོད། །ཞེས་གསུངས་པའི་ཕྱིར། གལ་ཏེ་དེ་དག་ས་སོགས་མིན་ན། དེ་དག་མཐོང་བས་ས་སོགས་མཐོང་བར་ཇི་ལྟར་བཞག་ཅེ་ན་མི་འགལ་ཏེ། དཔེར་ན། མིའི་མགོ་སོགས་མི་མིན་ཡང་དེ་དག་མཐོང་བས་མི་མཐོང་བར་བཞག་ཏུ་རུང་བ་བཞིན་ཡིན་པའི་ཕྱིར། དེས་ན་ས་དཀར་པོ་ས་དཀར་པོ་ཡིན་དཀར་པོ་མིན་ཞེས་སོགས་དང་རྟ་དཀར་པོ་རྟ་དཀར་པོ་ཡིན་ཡང་། དཀར་པོ་མིན་ཞེས་བྱ་བ་སོགས་གཞན་ཡང་མཚོན་ཞིང་། དེ་བཞིན་དུ་ས་གྲུ་བཞི་ནི་ས་གྲུ་བཞི་ཡིན་ཀྱང་གྲུ་བཞི་མིན་ཏེ། གྲུ་བཞི་ཡིན་ན། དབྱིབས་ཡིན་

དགོས་པས་འབྱུང་གྱུར་ཡིན་དགོས་ལ། ས་ཡིན་ན་འབྱུང་བ་ཡིན་དགོས་པའི་ཕྱིར། དེ་བཞིན་དུ་ཆུ་སོགས་ལའང་སྦྱོར། གཞན་ཡང་། མི་ནག་པོ་ནི་མི་ནག་པོ་ཡིན་ཡང་ནག་པོ་མ་ཡིན་ཏེ། ནག་པོ་ཡིན་ན་ཁ་དོག་ཡིན་དགོས་ལ། མི་ནག་པོ་མི་ཡིན་པས་གཟུགས་སུ་མི་རུང་བའི་ཕྱིར། ཞེས་ཁྱད་པར་ཕྱེ་བར་བྱའོ། ཁྱད་གཞི་ཁྱད་ཆོས་ཐམས་ཅད་དབྱེ་བ་མེད་པར་གཅིག་ཏུ་འཁྲུལ་བར་མི་བྱའོ། །ཁ་ཅིག་རྟ་དཀར་པོའི་སྐྱ་ཁ་དོག་ཟེར་བའང་མ་ཤེས་པ་ཡིན་ཏེ། སྐྱ་དང་སྐྱའི་ཁ་དོག་ལའང་ཁྱད་པར་དབྱེ་དགོས་པའི་ཕྱིར་ཏེ། སྐྱ་ནི་ཁ་དོག་ཅན་ཡིན་པའི་ཕྱིར་རོ། །དེས་ན་ཁ་དོག་དང་ཁ་དོག་ཅན་དང་དབྱིབས་དང་དབྱིབས་ཅན་རྣམས་སོ་སོར་ཕྱེ་བ་གལ་ཆེ་སྟེ། གཞན་དུ་ན་ཤེས་བྱ་ཐམས་ཅད་ལིབ་ལིབ་ཏུ་འགྲོའོ། །རྣམ་པར་རིག་བྱེད་མ་ཡིན་པའི་གཟུགས་ནི་ལུས་ངག་གི་རྣམ་པར་རིག་བྱེད་བཞིན་དུ་ཀུན་སློང་རྣམ་པར་རིག་པར་མི་བྱེད་པའི་གཟུགས་ཤིག་སྟེ། སོ་ཐར་གྱི་སྐད་(༨བ)ཅིག་གཉིས་པ་སོགས་དང་བསམ་གཏན་དང་ཟག་མེད་ཀྱི་སྡོམ་པ་རྣམས་སོ། །དེ་ལ་བསམས་བཞིན་དུ་ལུས་གཡོ་འགུལ་བྱེད་པ་སོགས་ལུས་ཀྱི་རྣམ་པར་རིག་བྱེད་དང་། ངག་གི་སྨྲ་བརྗོད་བྱེད་པ་ནི་ངག་གི་རིག་བྱེད་ཡིན་ལ། རྣམ་པར་རིག་བྱེད་མ་ཡིན་པའི་གཟུགས་ནི་རང་གི་ལུས་ངག་གིས་དངོས་སུ་མི་བྱེད་པར་ཡིད་ཀྱིས་དགེ་མི་དགེ་བྱེད་འདོད་ཀྱི་དབང་གིས་རྒྱུད་ལ་དགེ་མི་དགེའི་གཟུགས་ཤིག་སྐྱེས་པའོ། །གཞན་ཡང་། གཟུགས་དེ་ལ་བསྟན་ཡོད་ཐོགས་བཅས་དང་། བསྟན་མེད་ཐོགས་བཅས་དང་། བསྟན་མེད་ཐོགས་མེད་ཀྱི་གཟུགས་གསུམ་སྟེ། ཁ་དོག་དང་དབྱིབས་དང་རྣམ་པར་རིག་བྱེད་ཀྱི་གཟུགས་རྣམས་ནི་འདིའོ་ཞེས་མིག་གི་ཡུལ་དུ་བསྟན་དུ་ཡོད་པས་ན་བསྟན་ཡོད་དང་། གཟུགས་ཅན་གཞན་ལ་གོ་ཐོགས་པས་ཐོགས་བཅས་སོ། །མིག་སོགས་དབང་པོ་ལྔ་དང་སྒྲ་དང་དྲི་དང་རོ་དང་རེག་བྱ་བཞི་ནི་མིག་གི་ཡུལ་དུ་བསྟན་དུ་མེད་ཀྱང་། ཡུལ་དང་གོ་ས་སོགས་ལ་ཐོགས་པས་བསྟན་མེད་ཐོགས་བཅས་སོ། །རྣམ་

པར་རིག་བྱེད་མ་ཡིན་པའི་གཟུགས་སྡོམ་པ་ལྟ་བུ་ནི་སྔ་མ་ལྟར་མེད་པས་བསྟན་མེད་ཐོགས་མེད་དང་། ཡང་དེ་ལ་དགེ་སོགས་གསུམ་སྟེ། གཟུགས་སྒྲ་གཉིས་དང་རྣམ་ཤེས་ཀྱི་ཁམས་བདུན་དང་ཆོས་ཀྱི་ཁམས་བཅུ་ལ་དགེ་མི་དགེ་ལུང་མ་བསྟན་གསུམ་རེ་ཡོད་ལ། མིག་སོགས་དབང་པོ་ལྔ་དང་དྲི་རོ་རེག་བྱ་སྟེ་བརྒྱད་ནི་ལུང་མ་བསྟན་ཁོ་ནར་ངེས་ཀྱི་དགེ་མི་དགེ་གཉིས་མེད་དོ། །

ཀ༢ ཚོར་བའི་ཕུང་པོ།

གཉིས་པ་ཚོར་བའི་ཕུང་པོ་ནི། སིམ་གདུང་བར་མ་གསུམ་ཅི་རིགས་ཉམས་སུ་མྱོང་བའི་སེམས་བྱུང་གི་ཕུང་པོ་སྟེ། ངོ་བོའི་སྒོ་ནས་བདེ་སྡུག་བཏང་སྙོམས་ཀྱི་ཚོར་བ་གསུམ། བདག་རྐྱེན་གྱི་སྒོ་ནས་མིག་གི་འདུས་ཏེ་རེག་པའི་རྐྱེན་གྱི་ཚོར་བ་ནས་ཡིད་ཀྱི་འདུས་ཏེ་རེག་པའི་རྐྱེན་གྱི་ཚོར་བའི་བར་དྲུག །དེ་རེ་རེ་ལ་(༧ན)ཡང་བདེ་སྡུག་བར་མ་གསུམ་དུ་ཕྱེ་བས་བཅོ་བརྒྱད། བསྡུ་ན་གཉིས་སུ་འདུ་སྟེ་མིག་རྣ་བ་སྣ་ལྕེ་ལུས་ཀྱི་ཚོར་བ་རྣམས་ནི་ལུས་ཚོར་ཡིན་ལ། ཡིད་ཤེས་ཀྱི་འཁོར་གྱི་ཚོར་བ་རྣམས་ནི་སེམས་ཚོར་ཡིན་ནོ། །དེ་ཡང་ལུས་ཀྱི་ཚོར་བ་སྤྱི་ཙམ་ལ་ལུས་ཚོར་ཞེས་བརྗོད་ཀྱང་། མིག་རྣ་བ་སྣ་ལྕེའི་རྣམ་ཤེས་ཀྱི་འཁོར་གྱི་ཚོར་བ་བཞི་ནི་ལུས་ཚོར་བྱེ་བྲག་པ་ཡིན་ཏེ། མིག་སོགས་བཞི་ནི་ལུས་ཀྱི་ཆ་ཤས་ཡིན་པའི་ཕྱིར་རོ། །གང་གིས་མྱོང་ན་ཚོར་བས་མྱོང་ངོ་། །གང་མྱོང་ན་ཡུལ་གྱི་འགྱུར་བ་སྟེ་རྣམ་སྨིན་དངོས་བཏགས་ཅི་རིགས་མྱོང་ངོ་། །ཇི་ལྟར་མྱོང་ན་སིམ་གདུང་བར་མ་གསུམ་གྱི་ངོ་བོར་མྱོང་ངོ་། །ཞེས་བྱ་བྱེད་ལས་གསུམ་དང་སྦྱར་རོ། །འོན་ཀྱང་གང་མྱོང་བ་འདི་ཤིན་ཏུ་དཀའ་བས་འཕགས་བོད་ཀྱི་མཁས་པ་ཁ་ཅིག་རེག་པ་མྱོང་ཞེས་ཟེར་བ་དང་། ཡང་ཁ་ཅིག་ཚོར་བའི་མྱོང་བྱ་ཡིན་ན་ཤེས་པ་ཡིན་པས་ཁྱབ་ཟེར་བ་དང་། ཁ་ཅིག་ཟས་བཟང་པོའི་རོ་མྱོང་བ་དང་། སྔོན་འཛིན་ཚོར་བ་ལྟ་བུའི་མྱོང་བྱ་ལ་གཟུགས་ཀྱང་ཡོད་དེ།

སྔ་མའི་མྱང་བྱ་ལ་རོ་དང་། ཕྱི་མའི་མྱང་བྱ་ལ་སྟོན་པོའི་ཚ་ཤས་ཀྱང་ཡོད་པའི་ཕྱིར་ཞེས་ཟེར་ཏེ་དཔྱད་དགོས་པར་སྣང་ངོ་། །ཚོར་བ་བདེ་སྡུག་བཏང་སྙོམས་གསུམ་གྱིས་ནི་ཡུལ་སེམ་གདུང་བར་མ་གསུམ་མྱོང་བར་བཤད་པའི་ཕྱིར། བདེ་སྡུག་བར་མ་གསུམ་ཡང་མྱོང་བར་འདོད་དགོས་ལ། དེ་ལྟར་ན་མྱང་བྱའི་ཡུལ་ལ་བདེ་སྡུག་བར་མ་གསུམ་དང་། མྱོང་བྱེད་ཀྱི་ཡུལ་ཅན་ལའང་བདེ་སྡུག་བར་མ་གསུམ་ཁས་ལེན་དགོས་པར་མངོན་ཏེ། ཚོར་བ་མྱོང་བའི་ངོ་བོར་སྐྱེས་ཤིང་དེའི་མྱང་བྱ་ནི་ཡོད་ལ་ཚོར་བས་ཚོར་བ་མྱོང་ཞེས་བྱ་བར་ནི་མི་རུང་བའི་ཕྱིར་རོ། །

ཀ༣ འདུ་ཤེས་ཀྱི་ཕུང་པོ།

གསུམ་པ་འདུ་ཤེས་ཀྱི་ཕུང་པོ་ནི། རང་ཡུལ་གྱི་མཚན་མའམ་སྤྱི་རིས་མ་འདྲེས་པར་འཛིན་པར་བྱེད་པའི་སེམས་བྱུང་རྣམས་ཏེ། དབྱེ་ན་མིག་གི་འདུས་ཏེ་རེག་པ་ལས་བྱུང་བའི་འདུ(༧བ)ཤེས་ནས་ཡིད་ཀྱི་འདུས་ཏེ་རེག་པ་ལས་བྱུང་བའི་འདུ་ཤེས་ཀྱི་བར་དྲུག་དང་། རྟོག་བཅས་དང་རྟོག་མེད་ཀྱི་འདུ་ཤེས་གཉིས་ཡོད། དབང་ཤེས་སུ་གྱུར་པའི་འདུ་ཤེས་རྣམས་ནི་རྟོག་མེད་དང་། ཡིད་ཤེས་ཀྱི་འཁོར་དུ་གྱུར་པའི་འདུ་ཤེས་ལ་རྟོག་བཅས་གཙོ་ཆེའོ། །འོན་ཀྱང་ཡིད་ཤེས་ལ་རྟོག་མེད་ཀྱང་ཡོད་དེ། བྱིས་པའི་འདུ་ཤེས་ཕལ་ཆེར་དང་། མཚན་མེད་ཀྱི་དབྱིངས་སུ་ཞུགས་པ་དང་། སྲིད་རྩེ་དང་། འདུ་ཤེས་མེད་པ་དང་འགོག་པ་ལ་ཞུགས་པའི་འདུ་ཤེས་རྣམས་རྟོག་མེད་ཀྱི་འདུ་ཤེས་སོ། །དེ་རྣམས་ལ་འདུ་ཤེས་པ་ཙམ་ཡོད་ཀྱང་འདི་ནི་འདིའོ་ཞེས་མི་རྟོག་པས་རྟོག་མེད་ཀྱི་འདུ་ཤེས་སུ་བཞག་གོ། །བྱིས་པ་ཆུང་ངུའི་འདུ་ཤེས་ལ་འདི་ནི་ཕ་མའོ་སྙམ་པའི་རྟོག་བཅས་ཀྱི་འདུ་ཤེས་ཀྱང་ཡོད་ལ། བརྡ་ལེགས་པོ་མི་ཤེས་པས་འདི་ནི་འདི་དང་འདིའོ་མི་ངེས་པའི་འདུ་ཤེས་རྣམས་ནི་མཚན་མེད་རྟོག་མེད་ཀྱི་འདུ་ཤེས་སུ་བཞག་པ་ཡིན་ནོ། །གཞན་འདོད་ཁམས་ཀྱི་འདུ་ཤེས་

རྣམས་ནི་རྒྱ་ཆུང་ངུའི་འདུ་ཤེས་དང་། གཟུགས་ཁམས་ཀྱི་འདུ་ཤེས་ནི་རྒྱ་ཆེན་པོའི་འདུ་ཤེས་དང་། གཟུགས་མེད་དང་པོ་གཉིས་ཀྱི་འདུ་ཤེས་ནི་ཚད་མེད་པའི་འདུ་ཤེས་སོ། །མདོར་ན་མིག་གིས་མཐོང་བ་དང་། རྣ་བས་ཐོས་པ་དང་། སྣས་སྣོམ་པ་དང་། ལྕེས་མྱོང་བ་དང་། ལུས་ཀྱིས་རེག་པ་དང་། ཡིད་ཀྱིས་རྟོག་པ་གང་ཡིན་པའི་དོན་མཚན་མར་གཟུང་ནས་འདི་དང་འདིའོ་ཞེས་བྱེ་བྲག་འབྱེད་པ་དང་། ཐ་སྙད་འདོགས་པའི་སེམས་བྱུང་རྣམས་ནི་འདུ་ཤེས་སུ་འཇོག་གོ། །

ཀ༤ འདུ་བྱེད་ཀྱི་ཕུང་པོ།

བཞི་པ་འདུ་བྱེད་ཀྱི་ཕུང་པོ་ནི། གཟུགས་ཚོར་འདུ་ཤེས་རྣམ་ཤེས་ཀྱི་ཕུང་པོ་བཞི་ལས་གཞན་པའི་འདུས་བྱས་རྣམས་ཏེ། དེ་ལ་དབྱེ་ན་མཚུངས་ལྡན་འདུ་བྱེད་དང་། ལྡན་མིན་འདུ་བྱེད་དོ། །ཤེས་པར་གྱུར་པའི་འདུ་བྱེད་རྣམས་ནི་མཚུངས་ལྡན་འདུ་བྱེད་དང་། ཤེས་པ་མ་ཡིན་པའི་འདུ་བྱེད་རྣམས་ནི་ལྡན་མིན་འདུ་བྱེད་(༤ན)དོ། །མཚུངས་ལྡན་འདུ་བྱེད་ལ་ཞེ་དགུ་ཡོད་དེ། སེམས་བྱུང་ང་གཅིག་ལས་ཚོར་བ་དང་འདུ་ཤེས་གཉིས་མ་གཏོགས་པའི་ཞེ་དགུའོ། །ཚོར་འདུ་གཉིས་ནི་རྩོད་པའི་རྩ་བར་གྱུར་པ་དང་འཁོར་བའི་རྒྱུ་སོགས་ཀྱི་ཁྱད་པར་དུ་མ་དང་ལྡན་པས་ང་དགུ་ལས་ལོགས་སུ་བཤད་དེ། ཚོར་བ་བདེ་སྡུག་བར་མའི་དབང་གིས་ཆགས་སྡང་གཏི་མུག་གསུམ་བསྐྱེད་དེ། འདུ་ཤེས་ཕྱིན་ཅི་ལོག་ཏུ་གྱུར་ནས་འཁོར་བར་སྐྱེ་བའི་ཕྱིར་རོ། །སེམས་བྱུང་ང་གཅིག་པོ་གང་ཞེ་ན། ཚོར་བ་དང་འདུ་ཤེས་དང་སེམས་པ་དང་རེག་པ་དང་ཡིད་ལ་བྱེད་པ་ལྔ་ནི་ཀུན་འགྲོ་ལྔ་སྟེ། ཚོར་འདུ་གཉིས་ནི་བཤད་ཟིན་ལ། སེམས་པ་ནི། སེམས་དགེ་མི་དགེ་སོགས་ཀྱི་ཡུལ་ལ་གཡོ་བར་བྱེད་པའི་སེམས་བྱུང་ངོ་། །རེག་པ་ནི། ཡུལ་དབང་རྣམ་ཤེས་གསུམ་འདུས་པ་ལ་བརྟེན་ནས་ཡུལ་གྱི་འགྱུར་བ་ཡོངས་སུ་གཅོད་པའི་སེམས་བྱུང་ངོ་། །ཡིད་བྱེད་ནི། སེམས་ཀྱི་

འཇུག་པ་ངེས་པའི་སེམས་བྱུང་ཞིག་སྟེ་ཚུལ་བཞིན་ཡིད་ལ་བྱེད་པ་དང་ཚུལ་བཞིན་མ་ཡིན་པའི་ཡིད་ལ་བྱེད་པའི་སེམས་བྱུང་རྣམས་སོ། །འདི་ལྔ་ནི་སེམས་ཀུན་གྱི་འཁོར་དུ་འགྲོ་བས་ཀུན་འགྲོའོ། །འདུན་པ་དང་མོས་པ་དང་དྲན་པ་དང་ཏིང་ངེ་འཛིན་དང་ཤེས་རབ་ལྔ་ནི་ཡུལ་ངེས་ལྔ་སྟེ། འདུན་པ་ནི། ཡུལ་དེ་ཉིད་དོན་དུ་གཉེར་བའི་འདོད་པ་ཞིག་གོ། །དེ་ཡང་སངས་རྒྱས་འདོད་ནས་དོན་དུ་གཉེར་བ་ལྟ་བུ་འདོད་པ་དང་འདུན་པ་ཡིན་ཡང་སྲིད་པ་མིན། བུད་མེད་ལྟ་བུ་འདོད་པ་ནི་འདོད་འདུན་སྲིད་པ་གསུམ་ཀ་ཡིན་ནོ། །མོས་པ་ནི། ཇི་ལྟར་ངེས་པའི་དོན་འཛིན་འདོད་པ་སྟེ་དཀོན་མཆོག་གི་ཡོན་ཏན་དྲན་ནས་མོས་པ་ལྟ་བུའོ། །དྲན་པ་ནི། ཇི་ལྟར་ངེས་པའི་དོན་མི་བརྗེད་པར་འཛིན་པའི་སེམས་བྱུང་ངོ་། །ཏིང་ངེ་འཛིན་ནི། རིང་ཐུང་གང་ཡིན་ཡང་དགེ་བའི་དམིགས་པ་ལ་རྩེ་གཅིག་ཏུ་(༢བ) གནས་པའི་སེམས་བྱུང་སྟེ་མི་དགེ་བ་ལ་རྩེ་གཅིག་པ་རྣམས་དེ་མིན་ནོ། །ཤེས་རབ་ནི། དམིགས་པའི་ཆོས་རབ་ཏུ་ལེགས་པར་རྣམ་པར་འབྱེད་པའི་སེམས་བྱུང་སྟེ་ལོག་པའི་ཤེས་རབ་རྣམས་དེ་མིན་ནོ། །དེ་རྣམས་ནི་རང་རང་གི་ཡུལ་སོ་སོའམ་རེ་རེར་ངེས་པས་ཡུལ་ངེས་སོ། །དད་པ་ནས་ཤིན་ཏུ་སྦྱངས་པའི་བར་བཅུ་གཅིག་ནི་དགེ་བ་བཅུ་གཅིག་སྟེ། དང་པོ་ནི། ཡུལ་ཁྱད་པར་ཅན་དང་ལྷག་དོར་གྱི་གནས་སོགས་ལ་དགའ་བའི་སེམས་བྱུང་རྣམས་ཏེ། བླ་མ་དང་དཀོན་མཆོག་དང་ལས་རྒྱུ་འབྲས་དང་བདེན་བཞིའི་ལྷག་དོར་རྣམས་ལ་འཇུག་པར་འདོད་པ་རྣམས་སོ། །ངོ་ཚ་ཤེས་པ་ནི། བྱ་བ་འདི་ཆོས་དང་མི་མཐུན་པས་བྱར་མི་རུང་སྙམ་ནས་ཉེས་པ་ལ་འཛེམ་པའོ། །ཁྲེལ་ཡོད་ནི། འདི་ལྟར་བྱས་ན་གཞན་གྱིས་སྨད་དུ་འོང་སྙམ་དུ་ཉེས་པ་ལ་འཛེམ་པའོ། །བག་ཡོད་ནི། ཉེས་པའི་ཕྱོགས་ཀུན་ལ་སེམས་སྲུང་བའོ། །བཏང་སྙོམས་ནི། ཕྱོགས་རིས་སུ་མི་གཅོད་པར་བར་མར་གནས་པའོ། །མི་འཚེ་བ་ནི། གཞན་ལ་ཐོ་མི་འཚམས་པ་སྟེ་གནོད་པར་མི་སེམས་པའོ། །འདོད་ཆགས་མེད་པའི་

དགེ་བ་ནི། འདོད་པའི་ཡུལ་ལྔ་ལ་སོགས་པའི་ཟག་བཅས་ཀྱི་དངོས་པོ་ལ་མ་ཆགས་པའོ། །ཞེ་སྡང་མེད་པ་ནི། གཞན་ལ་མནར་སེམས་མེད་པའོ། །གཏི་མུག་མེད་པ་ནི། ལས་འབྲས་སོགས་བླང་དོར་རགས་པ་ལ་རྨོངས་པ་མེད་པའོ། །བརྩོན་འགྲུས་ནི། དགེ་བའི་བྱ་བ་ལ་སྤྲོ་བ་སྟེ་མི་དགེ་བ་ལ་སྤྲོ་བ་ནི་དེ་མིན་ནོ། །ཤིན་སྦྱངས་ནི། སེམས་ལས་རུང་དུ་བྱེད་པའོ། །འདི་རྣམས་ནི་དགེ་བར་ངེས་པས་ན་དགེ་བ་བཅུ་གཅིག་གོ། །འདོད་ཆགས་དང་ཁོང་ཁྲོ་དང་ང་རྒྱལ་དང་མ་རིག་པ་དང་ཐེ་ཚོམ་ཉོན་མོངས་ཅན་རྣམས་ནི་རྩ་ཉོན་དྲུག་གོ། །འདོད་ཆགས་ནི་ཟག་བཅས་ཀྱི་དངོས་པོ་ལ་སྲེད་པའི་སེམས་བྱུང་རྣམས་སོ། །དེ་ཡང་ཟག་(ན)བཅས་ཀྱི་གཟུགས་མཛེས་པ་དང་སྒྲ་སྙན་པ་དང་དྲི་ཞིམ་པ་དང་རེག་བྱ་འཇམ་པ་ལྟ་བུ་འདོད་པའི་ཡུལ་ལྔ་ལ་སྲེད་པ་སྟེ། སངས་རྒྱས་ཀྱི་སྐུ་མཛེས་པ་དང་གསུང་སྙན་པ་སོགས་འདོད་པ་ནི་དེ་མིན་ནོ། །ཁོང་ཁྲོ་ནི། གཞན་ལ་ཀུན་ནས་མནར་སེམས་དྲག་ཏུ་བྱེད་པའོ། །ང་རྒྱལ་ནི། སེམས་ཁེངས་པའི་རྣམ་པ་ཅན་ནོ། །མ་རིག་པ་ནི། ཡུལ་ཡང་དག་པའི་དོན་དང་ལས་འབྲས་སོགས་ལ་རྨོངས་པའོ། །ཐེ་ཚོམ་ཉོན་མོངས་ཅན་ནི། རང་ཡུལ་ལ་དོན་མི་འགྱུར་དུ་དོགས་པ་སྟེ། ལས་འབྲས་བདེན་ནམ་མི་བདེན་ཕལ་ཆེར་མི་བདེན་པ་འདྲའོ་སྙམ་པ་ལྟ་བུའོ། །འདི་དག་གིས་སྲིད་པའི་རྩ་བ་བྱེད་པས་རྩ་ཉོན་དུ་བཞག་གོ། །འཇིག་ལྟ་དང་ལོག་ལྟ་དང་མཐར་ལྟ་དང་ལྟ་བ་མཆོག་འཛིན་གྱི་ལྟ་བ་དང་ཚུལ་ཁྲིམས་དང་བརྟུལ་ཞུགས་མཆོག་འཛིན་གྱི་ལྟ་བ་རྣམས་ནི་ལྟ་བ་ལྔ་སྟེ། འཇིག་ལྟ་ནི། ཉེར་ལེན་གྱི་ཕུང་པོ་འདི་ལ་དམིགས་ནས་བདག་གམ་བདག་གིར་འཛིན་པའི་ཤེས་རབ་ཉོན་མོངས་ཅན་ནོ། །མཐར་ལྟ་ནི། འཇིག་ལྟས་བཟུང་བ་ལྟར་གྱི་བདག་དེ་རྟག་ཆད་གང་རུང་དུ་ལྟ་བའོ། །ལོག་ལྟ་ནི། དཀོན་མཆོག་དང་ལས་འབྲས་སོགས་ཡུལ་ཁྱད་པར་ཅན་ཡོད་པ་ལ་ནི་དེ་མེད་པར་ལྟ་བའོ། །ལྟ་བ་མཆོག་འཛིན་ནི། ལྟ་ངན་དེ་ལྟ་བུ་ལ་ལྟ་བ་མཆོག་ཡིན་ནོ་སྙམ་དུ་འཛིན་པའོ། །ཚུལ

ཞུགས་མཆོག་འཛིན་ནི། །ཚུལ་ཁྲིམས་དང་བརྟུལ་ཞུགས་ངན་པ་ལ་མཆོག་ཏུ་འཛིན་པའོ། །འདི་ལྔ་ནི་ལྟ་ངན་ལ་ལྟ་བ་ཞེས་བཏགས་པའོ། །ཁྲོ་བ་ནས་རྣམ་གཡེང་གི་བར་ཉི་ཤུ་ནི་ཉེ་ཉོན་ནོ། །ཁྲོ་བ་ནི། གནོད་བྱེད་ལ་ཡིད་འཁྲུགས་པའི་སེམས་བྱུང་སྟེ། འདི་ནི་ཁོང་ཁྲོ་ལས་བྱུང་བ་ཡིན་གྱི་ཁོང་ཁྲོ་དང་གཅིག་མིན་ནོ། །ཁོན་འཛིན་ནི། གནོད་བྱེད་ལ་ཤ་གཉེར་བ་མི་གཏོང་བའོ། །(༤བ)འཆབ་སེམས་ནི། ཉེས་པ་བྱས་པ་དགོས་མེད་དུ་སྲིད་པའོ། །འཚིག་པ་ནི། ཁྲོ་བས་ཀུན་ནས་བསླངས་པའི་སྨྲ་ནས་སེམས་འཚིག་པའོ། །ཕྲག་དོག་ནི། གཞན་གྱི་ཡོན་ཏན་དང་ཡོ་བྱད་སོགས་ཀྱི་ཕུན་ཚོགས་ལ་ཡིད་འཁྲུགས་པའོ། །སེར་སྣ་ནི། ཟག་བཅས་ཀྱི་ཡོ་བྱད་དམ་དུ་འཛིན་པའོ། །སྒྱུ་ནི། ཉེས་པ་འགག་ཅིང་ཟུར་གྱིས་གཞན་དུ་སྒྱུར་བའོ། །གཡོ་ནི། ཡོན་ཏན་དེ་མེད་བཞིན་དུ་ཡོད་པ་ལྟར་སྟོན་པའོ། །རྒྱགས་པ་ནི། རང་གི་ཡོ་བྱད་སོགས་ལ་ཆགས་ཤིང་དྲེགས་པའོ། །རྣམ་པར་འཚེ་བ་ནི། གཞན་ལ་ཐོ་འཚམས་པའོ། །ངོ་ཚ་མེད་པ་ནི། རང་དང་ཆོས་གང་རུང་རྒྱུ་མཚན་དུ་བྱས་ནས་ཉེས་པ་ལ་མི་འཛེམ་པའོ། །ཁྲེལ་མེད་ནི། གཞན་གྱིས་འཕྱ་བ་ལ་མི་འཛེམ་པའོ། །རྨུགས་པ་ནི། ལུས་སེམས་སྙོང་སྙོང་པོར་བྱེད་པའོ། །རྒོད་པ་ནི། སེམས་མ་ཞི་བར་བྱེད་པའོ། །མ་གུས་པ་ནི། ཡོན་ཏན་དང་ཡོན་ཏན་ཅན་དང་བླང་དོར་སོགས་ལ་མི་གུས་པའོ། །ལེ་ལོ་ནི། དགེ་བ་ལ་མི་སྤྲོ་བའོ། །བག་མེད་ནི། སྤྱོད་པ་ཕྱིན་ཅི་ལོག་ཏུ་བྱེད་པའོ། །བརྗེད་ངས་ནི། དགེ་བའི་དམིགས་རྣམ་ཤེས་ཟིན་བརྗེད་པའོ། །ཤེས་བཞིན་མ་ཡིན་པ་ནི། བྱ་བ་དེ་མི་ཤེས་པའམ་ཤེས་ཀྱང་དྲན་པ་ཡེངས་ནས་འཇུག་པའོ། །རྣམ་གཡེང་ནི། དགེ་བའི་དམིགས་པ་ལས་ཡིད་ཕྱིར་འཕྲོ་བར་བྱེད་པའི་སེམས་བྱུང་སྟེ། འདི་རྣམས་ནི་རྩ་ཉོན་ལས་བྱུང་ཞིང་དེ་དང་ཉེ་བས་ཉེ་ཉོན་ཞེས་བྱའོ། །གཉིད་ནི། སེམས་ཀུན་ནས་སྡུད་པར་བྱེད་པའི་ལས་ཅན་གྱི་སེམས་བྱུང་ངོ་། །འགྱོད་པ་ནི། བྱས་ཟིན་པའི་ཡུལ་ལ་ཡིད་བཅུག་པ་འམ་མི་དགའ་བའོ། །རྟོག་

པ་ནི། ཡུལ་ལ་རྩིང་བར་འཇུག་པར་བྱེད་པའོ། །དཔྱོད་པ་ནི། ཡུལ་ལ་ཞིབ་པའི་རྣམ་པར་འཇུག་པར་བྱེད་པ་སྟེ། དེ་བཞི་ནི་སྐབས་འགའ་ཞིག་ཏུ་དགེ་བར་འགྱུར་ལ། གཞན་གྱི་ཚེ་མི་(༧༠ན)དགེ་བར་ཡང་འགྱུར་ཞིང་། ལུང་མ་བསྟན་དུའང་འགྱུར་སྲིད་པས་གཞན་འགྱུར་ཞེས་བྱའོ། །དཔེར་ན་གཉིད་དུས་སུ་སངས་རྒྱས་མཐོང་བར་རྨིས་ནས་དད་པ་ནི་དགེ་བ་དང་། སྲོག་བཅད་པར་རྨིས་ནས་དགའ་བ་ནི་མི་དགེ་བ་དང་། དྲན་མེད་དུ་སོང་བ་ལྟ་བུ་ལུང་མ་བསྟན་དུ་འགྱུར་ཞིང་། མི་དགེ་བ་བྱས་པ་ལ་འགྱོད་པ་ནི་དགེ་བ་དང་། དགེ་བ་བྱས་པ་ལ་འགྱོད་པ་ནི་མི་དགེ་བ་དང་། བར་མ་ཞིག་ལ་འགྱོད་པ་ནི་ལུང་མ་བསྟན་དུ་འགྱུར་བ་བཞིན་ནོ། །སྤྱིར་འདུ་བྱེད་ཀྱི་གཙོ་བོ་ནི་ལས་དཀར་ནག་གཉིས་ཏེ། ལས་ལ་ནི་སེམས་བྱུང་དང་གཟུགས་ཅན་གཉིས་སུ་དབྱེའོ། །ལྡན་མིན་འདུ་བྱེད་ནི། གཟུགས་དང་སེམས་སེམས་བྱུང་གི་གནས་སྐབས་ལ་བཏགས་ཏེ། སྔར་བཤད་པ་དེ་རྣམས་སོ། །འོན་ཀྱང་མིང་ཚིག་ཡི་གེ་གསུམ་ལྡན་མིན་དུ་བཤད་པ་ནི་དེ་གསུམ་གྱི་ཚོགས་རྒྱུན་དང་སྒྲ་སྤྱིའི་འཕྲེང་བ་ལ་འདོད་པའི་དབང་དུ་མཛད་པ་སྟེ། ལུགས་གཞན་ཁ་ཅིག་ལ་སྒྲའི་ངོ་བོར་འདོད་དེ། དེ་ལྟར་ན་གཟུགས་ཀྱིས་བསྡུས་པར་འདོད་དགོས་སོ། །མདོར་ན་མི་རྟག་པ་ཡིན་ན། ཁྱོད་ཀྱི་མི་རྟག་པ་དང་སྐྱེ་འཇིག་སོགས་ལྡན་མིན་འདུ་བྱེད་ཡིན་པས་ཁྱབ་བོ། །ལྡན་མིན་འདུ་བྱེད་ཅེས་པའི་དོན་ནི། སེམས་བྱུང་རྣམས་སེམས་དང་མཚུངས་ལྡན་རྣམ་པ་ལྔས་མཚུངས་པར་ལྡན་པ་བཞིན་དུ། ལྡན་མིན་རྣམས་དེ་ལྟར་མི་ལྡན་པའི་དོན་ནོ། །

ཀ༥ རྣམ་ཤེས་ཀྱི་ཕུང་པོ།

ལྔ་པ་རྣམ་ཤེས་ཀྱི་ཕུང་པོ་ནི། རང་སྟོབས་ཀྱིས་ཡུལ་གྱི་ངོ་བོ་སོ་སོར་རྣམ་པར་རིག་པའི་གཙོ་སེམས་སོ། །དེ་ལ་མིག་གི་རྣམ་ཤེས་ནས་ཡིད་ཀྱི་རྣམ་ཤེས་ཀྱི་བར་

བྱུག་དང་། ཀུན་གཞི་དང་ཉོན་ཡིད་ཁས་ལེན་པའི་ངེས་པ་མེད་ཀྱང་འདོད་ན་དེ་གཉིས་བསྣན་པས་རྣམ་ཤེས་ཚོགས་བརྒྱད་དོ། །དབང་པོའི་རྣམ་ཤེས་ལྔའི་ཡུལ་ལྔ་ནི་བཤད་ཟིན་ལ། ཡིད་ཀྱི་རྣམ་ཤེས་ཀྱི་ཡུལ་ནི། ཆོས་ཁམས་ཏེ་(70བ)སེམས་དང་ཡིད་དང་རྣམ་ཤེས་དང་གཙོ་སེམས་རྣམས་ནི་དོན་གཅིག་མིང་གི་རྣམ་གྲངས་སོ། །སེམས་སེམས་བྱུང་རྣམས་ཡུལ་ལ་དམིགས་ཚུལ་ནི། སེམས་ནི་རང་གི་ཡུལ་དེ་དང་དེའི་ངོ་བོ་ལས་དམིགས་པ་ཙམ་གྱིས་འཛིན་ལ། སེམས་བྱུང་རྣམས་ཁྱད་པར་ལ་དམིགས་པའི་སྒོ་ནས་འཛིན་པ་ཡིན་ཏེ། དཔེར་ན། སྔོན་པོ་འཛིན་པའི་མིག་གི་རྣམ་ཤེས་དེ་སྔོན་པོ་ཉིད་འཛིན་པ་ཙམ་གྱིས་མཚན་ཉིད་རྫོགས་ལ། དེའི་འཁོར་གྱི་ཚོར་བ་སོགས་ནི་སྔོན་པོའི་ཁྱད་པར་ལ་དམིགས་པའི་སྒོ་ནས་འཛིན་གྱི། སྔོན་པོ་འཛིན་པ་ཙམ་གྱིས་མི་ཚོག་གོ། །ཤེས་པ་རྣམས་ནི་བློའི་ངོ་བོར་དུ་མར་སྤུངས་པ་ལྟར་སྣང་བས་ཕུང་པོ་ཞེས་བྱ་ཡི། གཟུགས་ལྟར་སྤུངས་པ་ནི་མ་ཡིན་ནོ། །

གསུམ་པ། འབྲེལ་དོན་བཤད་པ།

གསུམ་པ་འབྲེལ་དོན་ལ་གཉིས། གོ་རིམ་དང་། དགོས་པའོ། །དང་པོ་ནི། ཕུང་པོ་ལྔའི་གོ་རིམ་ལ་གཟུགས་དང་པོར་བྱས་ནས་བསྟན་པ་ནི། གཟུགས་ཤིན་ཏུ་རགས་པས་དང་པོར་བསྟན་ལ། དེ་ལས་ཚོར་བ་ཕྲ་ཙམ་ཕྲ། དེ་ལས་འདུ་ཤེས་ཕྲ། དེ་ལས་འདུ་བྱེད་ཕྲ། དེ་རྣམས་ལས་རྣམ་ཤེས་ཕྲ་བའི་རིམ་པའི་དབང་དུ་བྱས་པ་དང་། ཡང་དང་པོར་གཟུགས་མཐོང་ནས་ཉོན་མོངས་སྐྱེ། དེ་ནས་ཚོར་བ་བདེ་བ་འདོད། དེ་ནས་འདུ་ཤེས་ཕྱིན་ཅི་ལོག་ཏུ་འབྱུང་། དེ་ལས་འདུ་བྱེད་ཀྱི་ལས་གསོག །དེ་ལས་རྣམ་ཤེས་ཉོན་མོངས་ཅན་དུ་འགྱུར་བའི་རིམ་པ་དང་། ཡང་སྣོད་ཀྱིས་ཟས་ཀྱི་རྟེན་བྱེད་པ་ལྟར་གཟུགས་ཀྱིས་ཚོར་བའི་རྟེན་བྱེད། ཟས་ལོངས་སྤྱོད་བྱ་ཡིན་པ་ལྟར་ཚོར་བ་དེ་རྣམ་ཤེས་ཀྱི་སྤྱོད་བྱ། ཚོད་མ་དང་ཚྭས་ཟས་ཞིམ་པར་བྱེད་

པ་ལྟར་འདུ་ཤེས་ཀྱིས་བདེ་སྡུག་སོགས་ཀྱི་ཐ་སྙད་བྱེད། ལག་བདེས་ཟས་འདྲེན་པ་ལྟར་འདུ་བྱེད་ཀྱིས་བདེ་སྡུག་སྐྱེད་པར་བྱེད། སྐྱེས་བུས་ཟས་ཟ་བ་ལྟར་རྣམ་ཤེས་ཀྱིས་བདེ་སྡུག་ལ་ལོངས་སྤྱོད་པའི་གོ་རིམ་ལྟར་རོ། །ཡང་མིག་སོགས་དབང་པོ་ལྔའི་གོ་རིམ་ནི། (༧༧ན)མིག་གིས་ཐག་ཤིན་ཏུ་རིང་བའི་གཟུགས་མཐོང་། རྣ་བས་རིང་བའི་སྒྲ་ཐོས་ཀྱང་མིག་གིས་མཐོང་བ་ཙམ་མི་ཐོས། སྣས་ཐག་ཉེ་བའི་དྲི་ཚོར་བའི་རྗེས་སུ་ལྕེས་རོ་མྱོང་བ་འབྱུང་བའི་གོ་རིམ་མོ། །ཡང་མིག་ཐོག་མར་ཡོད་ཅིང་གཞན་གསུམ་འོག་ན་ཡོད་ལ་ལུས་དབང་ཕལ་ཆེར་འོག་ཏུ་གནས་པའི་གོ་རིམ་ལྟར་རོ། །གཉིས་པ་ཕུང་པོ་ལྔར་བསྟན་ཅིང་ཤེས་པ་ལ་དགོས་པ་ཁྱད་པར་ཅན་ཡོད་དེ། རང་རྒྱུད་ཀྱི་གང་ཟག་གི་བདག་ཏུ་འཁྲུལ་བ་སྐྱེ་བའི་གཞི་ནི་ཕུང་པོ་ལྔར་ངེས་ལ། ཕུང་པོ་ལྔའི་དབྱེ་བ་ལེགས་པར་ཤེས་ན་ཕུང་པོ་ལ་གང་ཟག་གི་བདག་ཏུ་འཁྲུལ་བའི་རྨོངས་པ་ལྡོག་པར་འགྱུར་བའི་ཕྱིར། ཕུང་པོ་ལྔ་སོ་སོ་ནས་ཀྱང་གང་ཟག་གི་བདག་ཏུ་འཁྲུལ་བ་སྐྱེ་བའི་གཞི་ཡིན་ཏེ། མིག་གིས་ལྟ་བ་ན་ལྟ་བ་པོའི་བདག་དང་། རྣ་བས་ཉན་པ་ན་ཉན་པ་པོའི་བདག་དང་། སྣས་སྣོམ་པ་ན་སྣོམ་པ་པོའི་བདག་དང་། ལྕེས་མྱོང་བ་ན་མྱོང་བ་པོའི་བདག་དང་། ལུས་ཀྱིས་རེག་པ་ན་རེག་པ་པོའི་གང་ཟག་གི་བདག་ཡོད་པར་འཁྲུལ། ཚོར་བ་བདེ་སྡུག་སོགས་ལ་སྲིད་པ་གསུམ་གྱིས་ལོངས་སྤྱོད་པ་ན་རྣམ་སྨིན་མྱོང་བ་པོའི་བདག་ཡོད་པར་འཁྲུལ། འདུ་ཤེས་ཀྱིས་མཐོང་ངོ་ཐོས་སོ་ཤེས་སོ། །ཞེས་པའི་བྱེ་བྲག་འབྱེད་པའི་སྒོ་ནས་ཐ་སྙད་འདོགས་པ་ན་ཐ་སྙད་བྱེད་པ་པོའི་རང་དབང་བའི་བདག་ཡོད་པར་འཁྲུལ། འདུ་བྱེད་ཀྱིས་ལས་དཀར་ནག་གསོག་ཅིང་སྐྱེ་རྒ་ན་འཆི་དང་འགྲོ་སྡོད་སོགས་བྱེད་པ་ན་དེ་ལྟར་བྱེད་པོའི་རང་དབང་བའི་བདག་ཡོད་པར་འཁྲུལ། སེམས་དང་སེམས་བྱུང་སྐྱེ་བ་ན་དེ་སྐྱེ་བའི་གཞི་རྣམ་ཤེས་ལ་རྟག་པའི་བདག་ཏུ་འཁྲུལ་བའི་བློ་སྐྱེ་བས་དེའི་དབང་གིས་འཁོར་བར་སྐྱེ་བར་འགྱུར་བའི་ཕྱིར་རོ། །བློ་དེ་རྣམས་ལྡོག་པར་བྱེད་པའི་ཚུལ་ཡོད་དེ། (༧༧བ)ཕུང་པོ་

ཕན་ཚུན་བརྟེན་ནས་བཞག་པ་དང་བརྟེན་ནས་འབྱུང་བའི་བཏགས་ཆོས་ཙམ་དུ་ཤེས་ན་དེ་ལྡོག་པར་འགྱུར་བའི་ཕྱིར་རོ། །གཞན་ཡང་། ཕུང་ཁམས་སྐྱེ་མཆེད་ཀྱི་རྣམ་གཞག་བསྟན་ཅིང་ཤེས་པ་ལ་དགོས་པ་ཡོད་དེ། གཟུགས་སེམས་གཉིས་དང་སེམས་དང་སེམས་བྱུང་རྣམས་ལ་རིལ་པོ་གཅིག་ཏུ་འཛིན་པའི་རྨོངས་པ་རྣམ་པར་བཟློག་པའི་ཆེད་དུ་ཕུང་པོ་ལྔ་བསྟན། གཟུགས་ལ་རིལ་འཛིན་གྱི་རྨོངས་པ་བཟློག་པའི་ཆེད་དུ་སྐྱེ་མཆེད་བཅུ་གཉིས་བསྟན། གཟུགས་སེམས་གཉིས་ཀ་རིལ་འཛིན་གྱི་རྨོངས་པ་བཟློག་པའི་ཆེད་དུ་ཁམས་བཅོ་བརྒྱད་བསྟན་ལ། གཞན་ཡང་། དབང་རྣོན་འགོ་སློམས་པས་གོ་ནུས་པའི་དོན་དུ་ཕུང་པོ་ལྔ་དང་། དབང་འབྲིང་ཙུང་ཟད་དབྱེ་དགོས་པའི་དོན་དུ་སྐྱེ་མཆེད་བཅུ་གཉིས་དང་། དབང་རྟུལ་གསལ་བར་དབྱེ་དགོས་པའི་དོན་དུ་ཁམས་བཅོ་བརྒྱད་བསྟན་ནས། རྨོངས་པ་དེ་རྣམས་བཟློག་པར་བྱེད་པའི་ཕྱིར། རྨོངས་པ་དེ་རྣམས་ངེས་པར་བཟློག་དགོས་ཏེ། མ་ལྡོག་ན་དེས་བཅིངས་ནས་འཁོར་བར་སྐྱེ་བ་ལེན་པར་འགྱུར་བའི་ཕྱིར་རོ། ། སྤྱིར་དངོས་པོ་དང་དངོས་མེད་ཀྱི་ཁྱད་པར་ལེགས་པར་ཤེས་དགོས་ཏེ། དེ་ལྟར་ཤེས་ན་མི་ཤེས་པ་བཟློག་ནས་འཁོར་བ་ལས་གྲོལ་བར་འགྱུར་ལ། ཁྱད་པར་དུ་ཕུང་ཁམས་སྐྱེ་མཆེད་ཀྱི་ཐ་སྙད་དང་དོན་དམ་པའི་གནས་ཚུལ་ལེགས་པར་ཤེས་ན་དེ་ལ་རྨོངས་པའི་ལོག་རྟོག་རྣམས་ལྡོག་པར་འགྱུར་བའི་ཕྱིར་དང་། དེ་ལྟར་བྱུང་བ་ནི་ཕུང་ཁམས་སོགས་ལེགས་པར་ཤེས་པའི་དགོས་པའང་ཡིན་ཏེ། མགོན་པོ་ཀླུ་སྒྲུབ་ཀྱིས། དངོས་དང་དངོས་མེད་ཡོངས་ཤེས་ན། །བདག་ཉིད་ཆེན་པོ་རྣམ་པར་གྲོལ། །ཅེས་དང་། དཔལ་ལྡན་ཟླ་བས་ཀྱང་། རྟོག་རྣམས་ལོག་(༧༢ན)པར་གྱུར་པ་གང་ཡིན་དེ། །རྣམ་པར་དཔྱོད་པའི་འབྲས་བུར་མཁས་རྣམས་གསུངས། །ཞེས་གསུངས་པའི་ཕྱིར་རོ། །

སྨྲས་པ། ཆོས་མངོན་རྒྱ་མཚོའི་ཆུ་ཐིགས་ཀྱིས། །བློ་མིག་དྲི་མ་མ་བཀྲུས་ན། །གསུང་རབ་དགོངས་ཟབ་བཞིན་རས་ལ། །ལྟ་འདོད་དམུས་ལོང་གཟུགས་ལ་

བཞིན། །དེ་ཕྱིར་ཐུབ་གསུང་མཁས་མང་གི། །ལེགས་བཤད་ཟབ་དོན་རྟོགས་འདོད་ན། །ཕུང་ཁམས་སྐྱེ་མཆེད་གསལ་སྟོན་པའི། །གཞུང་ལུགས་འདི་འདྲར་འཇུག་པར་རིགས། །ཞེས་པ་འདི་ཡང་ཤཱཀྱའི་དགེ་སློང་བཤད་སྒྲུབ་མིང་ཅན་གྱིས་དོན་གཉེར་ཅན་འགའ་ལ་ཕན་ཆེད་ཅོ་ནེ་དགོན་ཉིད་དུ་སྦྱར་བ་སྟེ་པར་གྱི་ཡི་གེ་པ་ནི་དཀའ་བཅུ་འཇམ་དབྱངས་དོན་ཡོད་དོ། །མངྒ་ལཾ།། །།

༄། །བཤེས་སྤྲིངས་ཀྱི་དགོངས་པ་གསལ་བར་བཤད་པའི་མཚན་འགྲེལ་བཞུགས་སོ། །

༄༅། །མགོན་པོ་བླ་སྤྲུལ་ཞབས་ལ་ཕྱག་འཚལ་ཞིང་སྐྱབས་སུ་མཆིའོ། །རྒྱ་གར་ན་སྐད་རིགས་བཞི་ཡོད་པ་ལས་སཾ་སྐྲི་ཏའི་སྐད་དུ། སུ་ཧྲི་ད་ལེ་ཁ། དེ་ཡང་བོད་སྐད་དུ་བསྒྱུར་ན། སུ་ཧྲི་ད་ནི་བཤེས་པའི་ལེ་ཁ་ནི་སྤྲིང་ཡིག་ཅེས་བྱའོ། །ཉོན་མོངས་པའི་རྒྱུད་རིག་དང་བྲལ་བས་ན་འཇམ་པ་དང་། ཡོན་ཏན་ཐམས་ཅད་ཀྱི་དཔལ་དང་ལྡན་པས་ན་དཔལ་ལོ་བཅུ་དྲུག་ལོན་པའི་ན་ཚོད་ལྟ་བུར་གནས་པས་ན་གཞོན་ནུར་གྱུར་པ་སྟེ་དེ་ལ་ཕྱག་འཚལ་བ་ནི་གུས་པས་འདུད་པའོ་ལོ། །རྒྱལ་པོ་བདེ་སྤྱོད་ལ་ཡོན་ཏན་གྱི་འདི་ནི་འགྲེལ་པར་དགེ་བ་དངོས་ལ་འཆད་ལུགས་གཅིག་བཤད་དོ། །རང་བཞིན་དགེར་ཏེ་དགེ་བའི་སྣོད་དུ་འོས་པ་འོས་ཁྱོད་ལ་བླ་སྤྲུལ་བདག་གིས་ནི། །རང་བཟོ་སྤྱངས་ཏེ་བདེ་བར་གཤེགས་པའི་གསུང་རབ་ལས་བསླད་པ་སྟེ་བཤད་པ་ལས་བྱུང་བའི། །བསོད་ནམས་དགེ་བ་ལ་འདུན་པ་སྟེ་དད་པར་བྱ་བའི་སླད་དུ་འཕགས་པའི་དབྱངས་སྟེ་ཚིགས་སུ་བཅད་པ་འདི་དག །རྒྱ་ཆེར་མི་སྤྲོ་བར་ཙུང་ཟད་ཅིག་བསྙེབས་པ་སྟེ་བསྡུས་ནས་བརྗོད་པར་བྱེད་ཀྱི་རྒྱལ་པོ་བ་ཁྱོད་ཀྱིས་གསན་པར་རིགས་སོ། །ཉན་མི་རུང་བ་ཞིག་གམ་སྙམ་ན་ཇི་ལྟར་དཔེ་བདེ་བར་གཤེགས་པའི་སྐུ་གཟུགས་རིན་པོ་ཆེ་ལས་བྱས་པ་ལྟ་ཅི་སྨོས་ཤིང་དང་རྗེ་སོགས་ལས་ཀྱང་། །བགྱིས་པ་བཟང་ངན་ཅི་འདྲ་ཞིག་ཡིན་པའང་རུང་སྟེ་མཁས་པས་མཆོད་འོས་པ་ལྟར། །དེ་བཞིན་དུ་བླ་སྤྲུལ་བདག་གི་སྙན་ངག་སྟེ་བརྗོད་པའི་ཚིག་འདི་དག་སྤེལ་སྦྱོར་སོགས་ངན་ཡང་། །བརྗོད་བྱ་དམ་པའི་ཆོས་བརྗོད་པའི་གཏམ་ལ་བརྟེན་པའི་སླད་དུ་ཁྱོད་ཀྱིས་སྨད་པར་མི་བགྱིའོ། །ངས་མང་པོ་ཤེས་པས་མི་

ཉན་སྐམ་ན་ཐུབ་པ་ཆེན་པོའི་སངས་རྒྱས་ཀྱི་བཀའ་ནི་སྙན་པ་སྟེ་ལེགས་པར་བཤད་པ་དགུ་སྟེ་དུ་མ་ཞིག །ཁྱོད་ཀྱི་(༢༨)ཐུགས་སུ་སྔར་ཐོས་བསམ་གྱིས་ལྷ་ཡང་ཆུད་པ་ཡིན་མོད་ཀྱི། །འོན་ཀྱང་། ཉན་ན་ཕན་པ་ནི་དཔེར་ན་རྡོ་ཐལ་དཀར་པོ་བྱུགས་པ་ལས་རྡོ་ཐལ་ལས་བགྱིས་ཞེས་པའི་སྨྲས་ཟིན་ལ་འགྲེལ་པ་ལྟར་ན་རང་བཞིན་གྱིས་དཀར་བ་ཞིག་འདྲའོ་བགྱིས་པའི་ཁང་བཟང་ལ་མཚན་མོ་དགུང་ཟླའི་འོད་ཀྱིས་ནི་ཕོག་པའི་ཚེ་སྔར་ལས་ལྷག་པར། །ཆེས་དཀར་བ་ཉིད་དུ་ཅི་སྟེ་མི་བགྱིད་དེ་བགྱིད་པ་བཞིན་དུ་ལྷག་པར་ཕན་པ་འགྱུར་བ་ལགས་སོ། །རྒྱལ་བས་ཏེ་མི་མཐུན་ཕྱོགས་མཐའ་དག་ལས་རྒྱལ་བའི་སངས་རྒྱས་དེ་ཉིད་ཀྱིས་སངས་རྒྱས་དང་ཆོས་དང་དགེ་འདུན་རྗེས་སུ་དྲན་པ་དང་། །སྦྱིན་པ་གཏོང་བ་དང་ཚུལ་ཁྲིམས་སྲུང་བ་དང་འདོད་ལྷ་རིགས་དྲུག་ཏུ་སྐྱེ་བ་ལེན་པའི་རྒྱུ་སོགས་དྲན་པ་རྗེས་བཅས་སུ་དྲན་པ་དྲུག །གསུང་རབ་ལས་རབ་ཏུ་བཀའ་སྩལ་བའི་རྗེས་དྲན་དྲུག་པོ་དེ་དག་རང་རང་སོ་སོ་ཡི། །ཡོན་ཏན་གྱི་ཚོགས་ཀྱི་སྒོ་ནས་རྗེས་སུ་དྲན་པར་བགྱིའོ། །དྲན་ཚུལ་ནི་སྦྱིན་པ་ལས་ལོངས་སྤྱོད་འབྱུང་བའི་ཚུལ་བསམ་པ་བཞིན་ནོ། །སྲོག་གཅོད་སྤོང་བ་སོགས་དགེ་བའི་ལས་ལམ་བཅུ་པོ་འདི་རྣམས་ཁྱོད་ཀྱིས་ལུས་སྟེ་ལུས་ཀྱི་ལས་གསུམ་དང་ནི། །ངག་དང་ངག་གི་བཞི་དག་དང་ཡིད་ཀྱི་གསུམ་དང་ཡིད་ཀྱིས་རྟག་ཏུ་སྟེ་རྒྱུན་དུ་བསྟེན་པར་བགྱི་ཞིང་། །འབྲུའི་ཆང་སོགས་ཆང་རྣམས་འཐུང་བ་ལས་བཟློག་སྟེ་མི་འཐུང་ཞིང་དེ་བཞིན་དུ་གཞན་ལ་མི་གནོད་པའི་དགེ་བ་ཡི། །འཚོ་བ་སྟེ་ལས་ལ་ཡང་མངོན་པར་དགྱེས་པར་མཛོད་ཅིག །ཟང་ཟིང་གི་ལོངས་སྤྱོད་གཡོ་བ་སྟེ་འཇིག་ཅིང་སྙིང་པོ་མེད་པར་མཁྱེན་ནས་སྙིང་པོ་ལེན་པའི་ཆེད་དུ། །ཡོན་ཏན་གྱི་གཞི་དགེ་སློང་གིས་མཚོན་ཏེ་རབ་བྱུང་རྣམས་དང་བྲམ་ཟེ་ལྟ་བུ་དང་སྙིང་རྗེའི་གནས་ཟས་གོས་སོགས་ཀྱིས་ཕོངས་པའི་བཀྲེན་པ་དང་དྲིན་ཆེ་བའི་གཞི་ཕ་མ་སོགས་མཛའ་བཤེས་རྣམས་ལ། །གཙོ་བོར་ཟང་ཟིང་གི་སྦྱིན་པ་ཚུལ་བཞིན་སྩལ་བ་སྟེ་སྦྱིན་

པར་བགྱི་སྟེ་རྒྱ་མཚན་ཡང་འཇིག་རྟེན་ཕ་རོལ་ཏུ། །སྦྱིན་པ་ལས་གཞན་ཕན་པའི་གཉེན་ནམ་གྲོགས་ཀྱི་མཆོག་གཞན་མ་མཆིས་པས་སོ། །རྒྱལ་པོ་ཁྱོད་ཀྱིས་རྩ་བཞི་བསྲུང་བ་ལྟ་བུ་ཚུལ་ཁྲིམས་མ་ཉམས་ཤིང་མོད་མི་དམའ་བ་ནི་སྐྱོན་མེད་པའོ་ཞེས་འགྲེལ་པར་བཤད། །(༢༥)མི་དགེ་བ་དང་མ་འདྲེས་པ་དང་ཡོག་པར་བསྔོས་པའི་འགྲེལ་པར་ཐར་འདོད་རྣམས་ཀྱིས་དགེ་བ་ལྷ་མིའི་གོ་འཕང་ཙམ་དང་ཡོངས་སྤྱོད་འབྱུང་བའི་ཆེད་དུ་བསྔོས་ན་ཡོག་པར་བསྔོས་པར་བཤད་དོ་དྲི་མས་མ་སྦགས་ཤིང་མ་གོས་པར་རང་རྒྱུད་ལ་བསྟེན་པར་མཛོད་ཅིག །རྒྱུ་མཚན་ནི། །ཚུལ་ཁྲིམས་དེ་ནི་དཔེར་ན་རྒྱུ་བའི་སེམས་ཅན་དང་མི་རྒྱུ་བའི་དངོས་པོ་གཞན་སྐྱེ་བ་དང་གནས་པའི་རྟེན་དང་གཞི་ནི་ས་ཡིན་པ་དེ་བཞིན་དུ། །ཏིང་ངེ་འཛིན་སོགས་ཡོན་ཏན་ཀུན་གྱི་གཞི་དང་རྟེན་ལགས་པར་སྟེ་ཡིན་པ་གསུངས་སོ། །ཆོས་དང་ཟང་ཟིང་གི་སྦྱིན་པ་དང་སོ་ཐར་སོགས་ཀྱི་ཚུལ་ཁྲིམས་གནོད་པ་ལ་ཇི་མི་སྙམ་པ་སོགས་ཀྱི་བཟོད་པ་དང་དགེ་བར་སྤྲོ་བའི་བརྩོན་འགྲུས་དང་། དམིགས་པ་ལ་མི་གཡེང་བའི་བསམ་གཏན་དང་། །དེ་བཞིན་དུ་དོན་དམ་དང་ཀུན་རྫོབ་ཇི་ལྟ་བ་བཞིན་དུ་ཤེས་པའི་ཤེས་རབ་སྟེ་དེ་དག་ནི། ཉན་ཐོས་དང་རང་རྒྱལ་སོགས་དམན་པ་ལ་མོས་པ་རྣམས་ལ་ཡོད་པས་ཤེས་རབ་ཁྱད་པར་ཅན་གཞལ་དུ་མེད་པའི་ཕ་རོལ་ཏུ་ཕྱིན་པ། །འདི་དག་གོང་འཕེལ་དུ་བསྒྲུབས་ནས་རྒྱས་པར་མཛོད་དེ་སྲིད་པ་སྟེ་འཁོར་བའི་རྒྱ་མཚོ་ཡི། །ཕ་རོལ་ཏུ་ཕྱིན་པར་འགྱུར་བའི་རྒྱལ་བའི་དབང་པོ་སངས་རྒྱས་སུ་འགྱུར་བར་མཛོད་ཅིག །མི་གང་གང་གི་རིགས་ལ་ཕ་དང་མ་དག་དང་རིགས་ཀྱི་རྒན་རིགས་ལྟ་བུ་ལ་མཆོད་པ་ཡི། །མིའི་རིགས་ཡོད་པ་དེ་ནི་ཚངས་པ་དང་བརྒྱ་བྱིན་སོགས་ལྷ་དང་བཅས་པས་བྱིན་གྱིས་རློབ་ཅིང་སྲུང་བ་དང་སློབ་དཔོན་གྱིས་རྗེས་སུ་བཟུང་ནས་ལེགས་པ་བརྗོད་པ་དང་། བཅས་པ་འདི་ལ་བཤད་ཚུལ་གཞན་ཞིག་ཀྱང་ཡོད་པར་མངོན་ལགས། །ཕ་དང་མ་སོགས་དེ་དག་ལ་མཆོད་པས་ཚེ་འདིར་ཡང་གྲགས་

པ་ཐོབ་པར་འགྱུར་བ་དང་། །ཚེ་སྨད་མ་ལ་ཡང་མཐོ་རིས་ཐོབ་པར་འགྱུར་བ་ལགས་སོ། །གཞན་གྱི་སྲོག་ལ་འཚེ་བ་དང་མ་བྱིན་པར་ལེན་པའི་ཆོམ་རྐུན་དང་གཞན་གྱི་བུད་མེད་ལ་ལོག་པར་ཞུགས་པ་སོགས་འཕྲིག་པ་དང་བརྫུན་སྨྲ་བ་སྟེ་རྩ་བ་བཞི་དང་ནི། །ཡན་ལག་ཆང་འཐུང་བ་དང་དུས་མིན་པའི་ཕྱི་དྲོའི་ཁ་ཟས་ལ་ཆགས་པ་སྟེ་སྲེད་ནས་ཟ་བ་དང་། །མལ་སྟན་ཆེ་མཐོ་ལ་དགའ་བ་དང་གླུ་དག་དང་། །གར་བྱེད་པ་དང་རྒྱན་དུ་བྱེད་པའི་ཕྲེང་བའི་ཁྱད་པར་(༣༤)རྣམས་སྤོང་ཞིང་། །སྟོན་འཕགས་པ་དགྲ་བཅོམ་པ་དེ་དག་གིས་ཚུལ་ཁྲིམས་ཇི་ལྟར་སྲུང་བ་དེའི་རྗེས་སུ་འཇུག་པར་བྱེད་པ་ཡི། །སྲོག་གཅོད་སྤོང་བ་སོགས་ཡན་ལག་བརྒྱད་པོ་འདི་དག་དང་ལྡན་ན། །གསོ་སྦྱོང་བྱས་པར་འགྱུར་བ་དང་དེའི་མཐུས་གསོ་སྦྱོང་འདོད་པ་ན་སྤྱོད་པའི་ལྷའི་ལུས་ཡིད་དུ་འོང་བ་དེ་ནི་ཐོབ་པར་འགྱུར་རོ། །དེས་ན་ཁྱོད་ཀྱིས་ཡན་ལག་བརྒྱད་པོ་འདི་སྐྱེས་པ་དང་བུད་མེད་དག་ལ་སྩོལ་བསྙེ་སྦྱིན་པར་བགྱིད་པར་མཛོད་ཅིག །དངོས་པོ་ལ་སེར་སྣ་ཆེ་བ་དང་གཡོ་དང་སྒྱུ་དང་གཞན་གྱི་ནོར་ལ་ཆགས་པའི་བརྣབ་སེམས་དང་སྙོམ་ལས་ཏེ་ལེ་ལོ་དང་། །ཡོན་ཏན་མེད་བཞིན་དུ་ཡོད་པར་རློམས་པ་མངོན་པའི་ང་རྒྱལ་དང་འདོད་ཆགས་དང་ཞེ་སྡང་དང་། །རིགས་མཐོ་བ་དང་གཟུགས་བཟང་བ་དང་ཐོས་པ་ཆེ་བ་དང་ལང་ཚོ་དར་བ་དང་། །བུ་དང་འཁོར་གཡོག་མང་བའི་དབང་ཐང་ཆེ་བ་རྣམས་ཀྱིས་རྒྱགས་པ་ཤིང་དྲེགས་པ་རྣམས་ནི་མཐོ་རིས་དང་ཐར་པའི་གེགས་ཡིན་པས་དགྲ་བཞིན་དུ་གཟིགས་ནས་སྤོང་ངོ་། །ངོ་ཚ་ཤེས་པ་དང་ཁྲེལ་ཡོད་པ་སོགས་བག་ཡོད་ནི་བདུད་རྩིའི་གནས་བདུད་རྩི་དང་འདྲ་ལ་ཏེ་ངོ་ཚ་མེད་པ་སོགས་བག་མེད་པ་ནི། །འཆི་བདུད་རྩིའི་སྐད་དོད་ཨ་མྲྀ་ཏ་ནི་མི་འཆི་བ་དང་མྲྀ་ཏ་ནི་འཆི་བའོ་བའི་གནས་ཏེ་དུག་དང་འདྲ་བའི་ཕྱོགས་སུ་ཐུབ་པས་བཀའ་སྩལ་ཏེ། །བག་ཡོད་བརྟེན་ན་མཐོ་རིས་ཐར་པ་དང་བག་མེད་ཀྱིས་འཁོར་བ་དང་ངན་སོང་དུ་ལྟུང་བར་བྱེད་པའི་ཕྱིར་རོ། །དེ་བས་རྒྱུ་

མཚན་ནི་རྒྱལ་པོ་ཁྱོད་ཀྱིས་དགེ་བའི་ཆོས་སྤེལ་བའི་སླད་དུ། །གུས་པས་རྟག་ཏུ་བག་ཡོད་དང་བཅས་པར་མཛོད་ཅིག །འོ་ན་སྔོན་བག་མེད་དུ་གྱུར་པས་ད་ཅི་བྱ་སྙམ་ན། མི་གང་ཞིག་སྔོན་ཆད་བག་མེད་དུ་གྱུར་པ་ལས། །དུས་ཕྱི་ནས་བག་ཡོད་དང་ལྡན་པར་གྱུར་པའི་མི་དེ་ཡང་། །ཟླ་བའི་དཀྱིལ་འཁོར་སྤྲིན་དང་བྲལ་བ་ལྟ་བུར་རྣམ་མཛེས་པར་འགྱུར་བ་ཡོད་པ་ཡིན་ཏེ། །དཔེར་ན་སྟོན་པའི་གཅུང་དགའ་བོ་དང་སོར་ཕྲེང་ཅན་དང་མཐོང་ལྡན་མ་སྐྱེས་དགྲ་དང་བདེ་བྱེད་བཞིན་ནོ། །དེ་ལ་གཅུང་དགའ་བོ་ཆུང་མ་ལ་ཆགས་པ་(༣བ)དང་། སོར་ཕྲེང་ཅན་གྱིས་རྒྱ་འགྲེལ་ལྟར་ན་མི་དགུ་བརྒྱ་གོ་དགུ་ཞེས་འབྱུང་བ་ལས་སྟོང་མི་གསལ་ལོ། །མི་སྟོང་དང་དགུ་བརྒྱ་གོ་དགུ་བསད། མ་སྐྱེས་དགྲས་རང་གི་ཕ་བསད། བདེ་བྱེད་ཀྱིས་མ་བསད་ཀྱང་ཕྱིས་སྟོན་པ་ལ་བརྟེན་ནས་ལེགས་པར་གྱུར་ཏོ། །གཞན་ཡང་འདི་ལྟར་བཟོད་པ་དང་མཚུངས་པའི་དཀའ་ཐུབ་གཞན་མ་མཆིས་པས། །རྒྱལ་པོ་ཁྱོད་ཀྱིས་ཐུགས་ཁྲོ་བའི་གོ་སྐབས་དབྱེ་བར་མི་བགྱིའོ། །ཁྲོ་བ་སྤངས་པའིདགེ་བས་ རྒྱལ་བའི་གོ་འཕང་ལས་ཕྱིར་མི་ལྡོག་པའི་ལམ་ཉིད། །འཐོབ་པར་འགྱུར་བར་སངས་རྒྱས་ཀྱིས་ཞལ་གྱིས་བཞེས་སོ། །ཡང་ཁོང་ཁྲོ་མ་ཟད་འདི་སྙམ་དུ་བདག་ནི་མི་འདིས་ངག་རྩུབ་མོས་སྨྲས་མི་འདིས་ལུས་ཀྱིས་བཏགས་ཏེ་བརྡུངས་ཤིང་ཕམ་པར་བྱས། །ཡང་མི་འདི་ཡིས་བདག་གི་ནོར་ཕྲོགས་པར་གྱུར་ཏོ་ཞེས། །ཁོན་དུ་འཛིན་པའི་བསམ་པ་དེའང་སྡུག་བསྔལ་གྱི་འཁྲུག་ལོང་རྣམ་པར་སྐྱེད་པར་བྱེད་དོ། །དེས་ན་ཁྱོད་ཀྱིས་འཁོན་དུ་འཛིན་པ་རྣམ་པར་སྤངས་ན་བདེ་བར་གཉིད་ཀྱིས་ལོག་པ་དང་བདེ་བར་སད་དོ། །རྒྱལ་པོ་ཁྱོད་ཀྱིས་གཞན་གྱི་སེམས་ནི་བརྟེན་མི་བརྟེན་ནི་དཔེར་ན་ཆུ་དང་ས་དང་རྡོ་བ་ལ། །རི་མོ་བྲིས་པ་དེ་འདྲ་བར་རིག་པར་བགྱི་སྟེ། །སེམས་དེ་གསུམ་པོའི་ནང་ནས་ཉོན་མོངས་ཅན་གྱི་སེམས་ལ་སེམས་དང་པོ་ཆུ་ལ་རི་མོ་བྲིས་པ་དེ་ནི། །མཆོག་སྟེ་དེ་ཕྱོགས་ལ་སེམས་མི་བརྟན་པ་དགོས་ཞིང་། དེས་ཆོས་འདོད་

པ་སྟེ་དོན་གཉེར་ཅན་རྣམས་ལ་ཆོས་ཀྱི་ཕྱོགས་སུ་སེམས་ཐ་མ་ཇོ་ལ་རི་མོ་བྲིས་པ་དེ་དང་འདྲ་བར་བརྟན་པ་ཉེ་བར་མཚོ་བ་ལགས་སོ། །དེའི་ཤུགས་ལ་བར་མའི་སེམས་ནི་ས་ལ་རི་མོ་བྲིས་པ་འདྲ་བར་བསྟན་ཏོ། །རྒྱལ་བས་འཇིག་རྟེན་ན་སྣན་པ་སྙིང་ལ་འབབ་པའི་ཚིག་དང་དང་བདེན་པར་སྨྲ་བའི་ཚིག་དང་། །ལོག་པར་སྨྲ་བ་དང་ལྡན་པའི་ཚིག་གསུམ་ཡོད་པར་བཀའ་སྩལ་ཏེ་དེ་ལ་ར་སྐྱེས་བུ་རྣམས་ཀྱིས་ནི། །རིམ་པ་བཞིན་དུ་སྦྲང་རྩི་ལྟ་བུའི་ཚིག་དང་མེ་ཏོག་ལྟ་བུ་དང་མི་གཙང་བ་ལྟ་བུའི་ཚིག་དང་། རྣམ་པ་གསུམ་བཀའ་སྩལ་བ་དེ་ལས་ཐ་མ་ལོག་པར་སྨྲ་བ་མི་གཙང་བ་ལྟ་བུའི་ཚིག་དེ་ནི་སྤང་ངོ་། །(༤ན)འཇིག་རྟེན་འདིར་སྣང་བ་བདེ་འགྲོ་ནས་སྣང་བའི་བདེ་འགྲོ་མཐར་ཐུག་པར་སྐྱེ་བ་དང་མུན་པ་ངན་འགྲོ་ནས། །མུན་པའི་ངན་འགྲོ་མཐའ་དང་ཡང་སྣང་བ་བདེ་འགྲོ་ནས་མུན་པ་ངན་འགྲོའི་མཐར་ཐུག་པར་སྐྱེ་བ་དང་། །ཡང་མུན་པ་ངན་འགྲོ་ནས་སྣང་བ་བདེ་འགྲོའི་མཐར་ཐུག་པར་འགྲོ་བའི་གང་ཟག་ནི། །བཞི་ཡོད་པ་སྟེ་བཞི་པོ་དེ་དག་རྣམས་ཀྱི་ནང་ནས་རྒྱལ་པོ་ཁྱོད་ཀྱིས་དང་པོ་སྣང་བ་བདེ་འགྲོ་ནས་བདེ་འགྲོར་སྐྱེ་བར་མཛོད་ཅིག །མི་ལ་ནི་ཤིང་ཏོག་ཨ་མྲའི་འབྲས་བུ་ནང་སྨིན་ལ་ཕྱི་མ་སྨིན་པ་སོགས་བཞི་ཡོད་པ་བཞིན་དུ་རང་གི་སེམས་མ་སྨིན་ལ། །ཕྱིའི་ལུས་ངག་སྨིན་པ་དང་འདྲ་བ་དང་ནང་གི་སེམས་སྨིན་ལ་ཕྱིའི་ལུས་ངག་མ་སྨིན་པ་དང་འདྲ་བ་དང་། །ཡང་ནང་གི་སེམས་ཡང་མ་སྨིན་ལ་ཕྱིའི་ལུས་ངག་ཀྱང་མ་སྨིན་པར་སྣང་བ་དང་ཡང་ནང་གི་སེམས་ཀྱང་སྨིན་ལ་ནི། །ཕྱིའི་ལུས་ངག་ཀྱང་སྨིན་པར་སྣང་བ་ཞེས་བགྱི་བ་བཞི་ཡོད་པར་དེ་དང་འདྲ་བར་རྟོགས་པར་མཛོད་ཅིག །ཁྱོད་ཀྱིས་མི་གཞན་གྱི་ཆུང་མ་ལ་འདོད་སེམས་ཀྱིས་མི་ལྟ་ཞིང་གལ་ཏེ་མཐོང་ན་ཡང་། །འདུ་ཤེས་འདི་ལྟར་བཞག་སྟེ་ན་ཚོད་རྒན་གཞོན་དང་མཐུན་པར་ རྒན་པ་ལ་རང་གི་མ་དང་གཞོན་པ་ལ་རང་གི་བུ་མོ་དང་། །མཉམ་པ་ལ་རང་གི་སྲིང་མོ་ཡིན་པའི་འདུ་ཤེས་བསྐྱེད་པར་བགྱི་ཞིང་གལ་

ཏེ་དེ་ལ་འདོད་ཆགས་སྐྱེ་བར་འགྱུར་ན། །བུད་མེད་དེའི་ལུས་ནི་ཤ་ཁྲག་རུས་གསུམ་དུ་མ་ཟད་རྣག་ཕྱི་ས་གཅིན་སོགས་ཀྱིས་གང་བ། མི་གཙང་བའི་རང་བཞིན་ཉིད་དུའང་ཡང་དག་པར་བསམ་པར་བགྱིའོ། །འོན་ཀྱང་ཆགས་པ་སྐྱེ་བར་འགྱུར་ན་རང་གི་གཡོ་བའི་སེམས་དེ་ནི་འདི་ལྟར་བསྲུང་བར་བྱ་སྟེ། ཐོས་པ་ལེགས་པར་སྲུང་བ་དང་མཚུངས་པ་དེ་བུ་ལྟ་བུར་བསྲུང་བར་བྱ་ཞིང་ཐོས་པ་མི་བརྗེད་པ་བྱེད་པ་བཞིན་དང་། །གཏེར་བཞིན་དུ་བསྲུང་བ་དང་སྲོག་དང་འདྲ་བར་བསྲུང་བར་བགྱི་སྟེ་བགྱིའོ། །སྟག་སེང་གདུག་པ་ཅན་དང་དུག་དང་མཚོན་ཆ་དང་དགྲ་བོ་དང་། །མེ་བཞིན་ཏེ་དེ་རྣམས་ཀྱིའང་རིམ་པ་བཞིན་དུ་གནོད་པ་ལྟར་(༤བ)འདོད་པའི་བདེ་བ་ལ་ཆགས་པའང་དེ་དང་འདྲ་བས་ཡིད་བྱུང་བར་མཛོད་ཅིག །རྒྱུ་མཚན་ཡང་འདོད་པ་ལ་ཆགས་པ་རྣམས་ནི་ཕུང་ཁྲོལ་སྡུག་བསྔལ་བསྐྱེད་པར་བྱེད་པ་སྟེ། །རྒྱལ་བའི་དབང་པོས་ཕྱི་མཇོས་ཀྱང་ནང་མི་ཞིམ་པ་ཀིམ་པའི་འབྲས་བུ་དང་འདྲ་བར་འཕྲལ་དུ་ཕན་པ་ལྟར་སྣང་ཡང་ཕུགས་སུ་གནོད་པར་གསུངས་པས། །འདོད་པ་དེ་དག་སྤངས་པར་བགྱིའོ་འདོད་པས་གཞན་ལ་མི་གནོད་སྙམ་ན་འདོད་པ་དེ་ཡི་ལྕགས་སྒྲོག་གིས། །འཁོར་བའི་བཙོན་ཁང་གི་ར་བར་འཇིག་རྟེན་གྱི་སེམས་ཅན་འདི་དག་ཐམས་ཅད་བཅིངས་པ་ཡིན་པས་སྐྱོན་ཡོད་དོ། །གང་དག་མིག་གི་དབང་པོ་སོགས་དབང་པོ་དྲུག་པོ་དེ་རྣམས་རིམ་པ་བཞིན་དུ་ཡུལ་གཟུགས་སྒྲ་དྲི་རོ་རེག་ཆོས་རྣམས་ལ་ནི། །ཏུས་རྟག་ཏུ་མི་བརྟན་པར་གཡོ་བ་ལས་རྒྱལ་ཏེ་དབང་པོ་དྲུག་ཡུལ་དུ་རང་དགར་མི་གཏོང་བ་དང་ཡང་མི་གང་དག་གཅིག །གཡུལ་ངོར་དམག་གི་དགྲ་ཚོགས་ལས་རྒྱལ་བ་དེ་དག་གཉིས་ལས་གང་དཔའ་བོར་འཇོག་ཞེ་ན། །དུད་འགྲོ་སྟོབས་ཆེན་དག་ཀྱང་གཡུལ་ལས་རྒྱལ་བ་ཡོད་པས་ན་མཁས་པ་རྣམས་ལ་དང་པོ་དབང་པོ་ཡུལ་ལ་རང་དགྲར་མི་གཏོང་བར་ནང་དུ་སྡུད་ནུས་པའི་སྐྱེས་བུ་དེ་ནི། དཔའ་བོ་རབ་ལགས་པ་སྟེ་ཡིན་པར་འཚལ་བ་སྟེ་ཞེས་དགོས་སོ། །སྔར་གྱི་འཕྲོས་དོན་ནི་

བུད་མེད་གཞོན་ནུའི་ལུས་ལ་ཆགས་པར་མི་བྱ་སྟེ་དེའི་ལུས་**ནི་**དཔྱད་ན་རྒྱན་མཛེས་པ་སོགས་ལས་**ལོགས་ཤིག་ཏུ།** **།དྲི་ང་བ་**སྟེ་དྲི་མ་ངན་པ་**དང་**ཁ་མིག་སོགས་**སྣ་དགུ་རྡོད་པ་**དང་། **།མི་གཙང་**བའི་རྫས་སོ་གཉིས་**ཀུན་**གྱི་**སྣོད་**དུ་**འདྲ་བ་**དང་ངོམས་མི་ཤེས་པའི་**དགང་དཀའ་དང་།** **།ཕྱི་ལྤགས་པས་གཡོགས་**པ་**དང་**འདྲ་བའི་གོས་བཟང་པོ་སོགས་ཀྱི་**རྒྱན་ཡང་ལོགས་ཤིག་**ན་ཡོད་པ་**གཟིགས་**དང་། །གང་ལ་ཆགས་པ་ཡང་འཁྲུལ་པ་ཡིན་པར་ཤེས་ནས་ཆགས་པ་དང་བྲལ་བར་འགྱུར་གྱི་རྒྱན་དང་ལྷན་གཅིག་ཏུ་མ་ཕྱེད་པར་གཅིག་ཏུ་བཟུང་སྟེ་བལྟས་ན་འདོད་པ་ཞི་བར་མི་འགྱུར་རོ། **།ཇི་ལྟར་**ན་མི་**མཛེ་ཅན་**འགའ་ཞིག་གི་ལུས་**སྲིན་བུས་ཉེན་པ་**སྟེ་ཟ་བ་**ན།** །མི་དེས་**བདེ་བའི་དོན་དུ་མེ་ལ་**ལུས་(ཡན)**ཀུན་**ཏུ་**བསྟེན་**ནས་དྲོས་པས་**ཀྱང་**ཕན་པ་ལྟར་སྣང་ཡང་། །དེའི་ནད་**ཞི་བར་མི་འགྱུར་**བར་མ་ཟད་འཕེལ་བར་འགྱུར་བའི་དཔེ་**དེ་ཉིད་**དང་**འདྲ་བར་ནི།** **།འདོད་པ་རྣམས་ལ་ཆགས་པ་**ནི་འདོད་པ་བརྟེན་ན་འདོད་པ་ལྷག་པར་འཕེལ་བ**འང་མཁྱེན་པར་མཛོད་**ཅིག །འོན་ཀྱང་མི་སྡུག་པ་སྒོམ་པའི་ཚུལ་དེ་ཙམ་གྱིས་གཏན་ནས་སྤོང་མི་ནུས་པས་**དོན་དམ་**སྟོང་པ་ཉིད་དེ་**གཟིགས་པར་བགྱི་**བའི་**སྣད་**གཟུགས་སོགས་ཀྱི་**དངོས་**པོའི་ཆོས་**རྣམས་ལ།** །དོན་དམ་དཔྱོད་བྱེད་ཀྱི་རིག་པས་ལེགས་པར་དཔྱད་དེ་སྟོང་ཉིད་ཀྱི་དོན་**ཚུལ་བཞིན་**དུ་དཔྱོད་པ་**ཡིད་ལ་བགྱིད་པ**འི་ཚུལ་**དེ་གོམས་**པར་**མཛོད་**ཅིག་དང་། །གོམས་པ་**དེ་དང་འདྲ་བར་**སྟེ་མཚུངས་པའི་**ཡོན་ཏན་**ནམ་ཕན་ཡོན་ཆེན་པོ་དང་**ལྡན་པ་ཡི།** **།ཆོས་གཞན་**མང་པོ་ལྟ་ཞོག་**འགའ་**ཞིག་ཙམ་ལའང་**མཆིས་པ་མ་ལགས་སོ་**ཞེས་བསྔགས་སོ། **།སྐྱེས་བུ་**འགའ་ཞིག་**རིགས་**མཐོ་བ་དང་**གཟུགས་**བཟང་དང་ཐུན་མོང་པའི་རིགས་བྱེད་མང་དུ་**ཐོས་**པ་**དང་ལྡན་**པ་**རྣམས་ཀྱང་།** །ནང་དོན་བྱེད་པའི་**ཤེས་རབ་**དང་བྲལ་བ་དང་**ཚུལ་ཁྲིམས་**དང་**བྲལ་བ་**ཞིག་ཡིན་ན་མཁས་པས་**བཀུར་**འོས་ཀྱི་གནས་**མ་ལགས་**སོ། །རྒྱུ་མཚན་**དེ་ལྟ་**བས་ན་མི་**གང་ལ་**གསུང་རབ་ཀྱི་དོན་

འབྱེད་ནུས་པའི་ཤེས་རབ་དང་ཚུལ་ཁྲིམས་ཀྱི་བསླབ་པའི་ཡོན་ཏན་འདི་གཉིས་དང་ལྡན་ན། །མི་དེ་ནི་རིགས་གཟུགས་སོགས་ཀྱི་ཡོན་ཏན་གཞན་དང་བྲལ་ཡང་མཆོད་པར་འོས་སོ། །འཇིག་རྟེན་མཁྱེན་པ་ཞེས་རྒྱལ་པོ་ལ་བོས་ནས་འདོད་པའི་དངོས་པོ་རྙེད་པ་དང་དེ་མི་རྙེད་པ་དང་། །སྒོ་གསུམ་གང་རུང་བདེ་བ་ཐོབ་པ་དང་མི་བདེ་བ་དང་སྙན་པ་ཐོས་པ་དང་མི་སྙན་པ་ཐོས་པ་དང་། །གཞན་གྱིས་བསྟོད་པ་དང་དེས་སྨད་དུ་འོང་ཅེས་བགྱི་བའི་འཇིག་རྟེན་གྱི་ཆོས་བརྒྱད་པོ་འདི་ལ་གནས་ན་འཁོར་བ་ལས་མི་འདའ་བ་ལ། །བདག་གི་ཡིད་ཀྱི་ཡུལ་དུ་འདོད་པ་དང་མི་འདོད་པའི་རྣམ་པར་རིས་སུ་བྱེད་པ་(༥བ)མིན་པར་མི་རྙེད་པ་མི་འདོད་པ་ལྟར་རྙེད་པའང་མི་འདོད་པར་མཚུངས་པ་དང་ཡང་རྙེད་པ་འདོད་པ་ལྟར་མི་རྙེད་པའང་འདོད་དགོས་པར་མཚུངས་པའི་མགོ་སྙོམས་སུ་མཁྱེན་པར་མཛོད་ཅིག །རྒྱལ་པོ་ཁྱོད་ཀྱིས་དགེ་སློང་དང་བྲམ་ཟེ་དང་ལྷ་ལ་མཆོད་པ་དང་ནི། །འགྲོན་པོ་དང་ཡབ་ཡུམ་སྲས་དང་བཙུན་མོ་དང་། །འཁོར་རྣམས་བསྐྱང་པའི་དོན་གྱི་སླད་དུའང་སྡིག་པ་མི་བགྱི་སྟེ། །གལ་ཏེ་བྱས་ན་རང་ཉིད་དམྱལ་བར་ལྷུང་ནས་སྡུག་བསྔལ་མྱོང་བའི་ཚེ། དམྱལ་བའི་མི་དགེ་བའི་རྣམ་སྨིན་སྡུག་བསྔལ་གྱི་སྐལ་བ་ནོད་པ་སྟེ་ལེན་པ་པོ་གཞན་འགའ་ཡང་མ་མཆིས། །དེ་རང་གཅིག་པུས་མྱོང་དགོས་པའི་ཕྱིར་རོ། །སྡིག་པའི་ལས་རྣམས་སྤྱད་པ་འགའ་ཡང་སྤྱད་མ་ཐག་ཏུ་ནི། །དེ་ཡི་མོད་ལ་རྣམ་སྨིན་མྱུར་དུ་སྨིན་ནས་མཚོན་གྱིས་བཙོད་པ་བཞིན་དུ་མི་གཙོད་ཀྱང་། །གང་ཟག་དེ་འཆི་བའི་དུས་ལ་བབ་ན་ཕྱི་མར་སྡིག་པ་དེ་ཡི། །ལས་ཀྱི་འབྲས་བུ་སྡུག་བསྔལ་གང་ལགས་པ་སྟེ་ཡིན་པ་མངོན་པ་སྟེ་ཤེས་པར་འགྱུར་རོ། །དཀོན་མཆོག་གསུམ་དང་ལས་འབྲས་ལ་དད་པ་དང་ཚུལ་ཁྲིམས་དང་ལྡན་པ་དང་སྦྱིན་པ་གཏོང་བ་དང་གསུང་རབ་མང་དུ་ཐོས་པ་དང་། །རང་གི་དྲི་མ་མེད་པའི་ངོ་ཚ་ཤེས་པ་དང་གཞན་གྱིས་ཁྲེལ་དོགས་པའི་ཁྲེལ་ཡོད་པ་དང་། །དོན་དང་དོན་མིན་འབྱེད་

ཉུས་པའི་ཤེས་རབ་དང་བདུན་ནི་འཕགས་པའི་ནོར་བདུན་ལགས་པར་ཐུབ་པའི་དབང་པོས་གསུངས་པས་མཁས་པས་ཡོངས་སུ་འཛིན་པར་བྱ་ཞིང་། །གསེར་དངུལ་ནོར་གཞན་སྒྱུ་མའི་ཕལ་པ་རྣམས་འཛིན་པ་ནི་འཇིགས་པའི་མཐའ་ཅན་དང་འཕོར་བ་དང་ངན་སོང་གི་རྒྱུ་བྱེད་པས་ན་དོན་མ་མཆིས་པར་རྟོགས་པར་མཛོད་ཅིག །ཅི་དགའི་རྒྱན་པོ་འགྲེད་པ་དང་མང་པོ་འདུས་པ་ལ་ལྟ་བ་དང་། །ལི་ཤོ་ཆེ་བ་དང་སྡིག་པའི་གྲོགས་པོ་ལ་བརྟེན་པ་དང་། །ཆང་འཐུང་བ་དང་མཚན་མོ་གྲོང་སོགས་སུ་འཁྱམས་ནས་(༥ན)རྒྱུ་བའི་བྱི་བོ་རྣམས་ནི་ངན་སོང་དུ་འགྲོ་བ་དང་། །ཚེ་འདིར་ཡང་གྲགས་པ་ཉམས་པར་འགྱུར་བ་ཡིན་པས་སྤྱོན་དེ་དྲུག་སྤོངས་ཤིག །ནོར་རྣམས་ཀུན་གྱི་ནང་ནས་གང་བྱུང་ཡང་ཆོག་ཤེས་པ་དེ། །ནོར་གྱི་རབ་དང་མཆོག་ཏུ་གྱུར་པ་ལགས་པ་སྟེ་ཡིན་པར་ལྷ་དང་མིའི་སྟོན་པ་སངས་རྒྱས་ཀྱིས་གསུངས་པས། །དེའི་ཕྱིར་རྣམ་པ་ཀུན་ཏུ་ཆོག་ཤེས་ཡོད་པར་མཛོད་ཅིག་གལ་ཏེ་ཆོག་ཤེས་མཁྱེན་ཅིང་ཡོད་ན། །ནོར་འགའ་མི་བདོག་པ་སྟེ་མེད་ཀྱང་མི་དེ་ནི་ཡང་དག་པར་འབྱོར་པ་དང་ལྡན་པ་ལགས་སྟེ་དེའི་ཚུལ་དབུས་པོ་དེས་པས་ཞུས་པའི་མདོ་ལས་ཤེས་སོ། །རང་བཞིན་འཛམ་པས་ན་དེས་པ་ཞེས་རྒྱལ་པོ་ལ་བོས་ནས་བདོག་པའི་དངོས་པོ་མང་པོ་ཡོད་ཀྱང་ཆོག་ཤེས་མེད་ན་ཇི་ལྟར་སྡུག་བསྔལ་དུ་འགྱུར་བ་ལྟར། །འདོད་པ་ཆུང་བ་དང་ཆོག་ཤེས་ཡོད་པའི་མི་རྣམས་དེ་ལྟ་བུའི་སྡུག་བསྔལ་བ་མ་ལགས་ཏེ། །དཔེར་ན་ཀླུ་ཡི་རྒྱལ་པོ་མཆོག་རྣམས་ལ་མགོ་བོ་དགུ་ལ་སོགས་པའི་མང་པོ་ཇི་སྙེད་ཡོད་པ་ནི། །དེའི་ཀླུ་བ་ལས་བྱུང་བའི་སྡུག་བསྔལ་ཆེ་བ་ཡང་དེ་སྙེད་ཡོད་དོ། །དེ་ནི་མགོ་མང་བའི་སྟོབས་ཀྱིས་སྡུག་བསྔལ་ཆེ་བ་ལྟར་ནོར་མང་པའི་རྐྱེན་གྱིས་སྡུག་བསྔལ་ལྷག་པར་ཆེ་བར་བསྟན་ཏོ། །བུད་མེད་ཀྱི་རིགས་འགའ་ཞིག་སྐྱེས་པ་དང་རང་བཞིན་གྱི་དགྲ་ལྟ་བུར་འབྲེལ་བའི་གཤེད་མ་ལྟ་བུ་དང་། །འགའ་ཞིག་ནི་ཁྱིམ་ཐབ་ལ་བརྙས་བཅོས་བགྱིད་པའི་རྗེ་མོ་སྟེ་གཙོ་མོ་ལྟ་བུ་དང་། །ཡང་འགའ་

ཞིག་ནི་རང་གི་ཁྲིམ་གྱི་ནོར་ཆེན་པོ་དང་ཆུང་ངུའང་ཕྱིར་ཀུ་བ་ཚོམ་ཀུན་ལྷ་བུ་ཡི། །ཆུང་མ་དང་གསུམ་ཡོད་པའི་གསུམ་པོ་འདི་དག་རྣམ་པར་སྤོང་ངོ་། །འོ་ན་གང་བསྟེན་ཅེ་ན། སྐྱེས་པའི་ངག་ཉན་པ་སོགས་ཀྱི་སྒོ་ནས་སྲིང་མོ་ལྟ་བུར་རྗེས་སུ་མཐུན་པར་བྱེད་པའི་ཆུང་མ་གང་ཡིན་དང་། །(༥བ)ཡིད་དུ་འཐད་པའི་མཛའ་མོ་བཞིན་དུ་སྙིང་ལ་འབབ་པའི་ཆུང་མ་དང་། །མ་བཞིན་དུ་ཁྱོ་ལ་ཕན་པར་འདོད་པའི་ཆུང་མ་དང་བྲན་མོ་བཞིན་དུ་ཚུལ་མཐུན་གྱི་སྐྱེས་པའི། །དབང་གྱུར་པའི་ཆུང་མ་བཞི་པོ་གང་ཡིན་པ་དེ་རིགས་ཀྱི་ལྷ་ཀུན་རིགས་བཞིན་དུ་རྒྱ་འགྲེལ་ལྟར་རིགས་མི་ཉམས་པའི་རྒྱུ་ལས་བཤད་དོ། །བཀུར་བར་འོས་སོ། །ཁ་ཟས་ཟ་བའི་ཚེ་སྨན་དང་འདྲ་བར་རིགས་པ་སྟེ་ཤེས་ལ་འདུ་ཤེས་བཞག་པ་ཡི་སྒོ་ནས། །ཞིམ་པ་ལ་ཆགས་པའི་འདོད་ཆགས་དང་མི་ཞིམ་པ་ལ་མི་འདོད་པའི་ཞེ་སྡང་མེད་པར་བསྟེན་པ་སྟེ་ཟ་བར་བགྱི་སྟེ། །རྒྱགས་པ་བསྐྱེད་པའི་ཕྱིར་ཟ་བ་མ་ལགས་ཤིང་སྙེམས་པ་དང་དྲེགས་པའི་ཕྱིར་ཡང་མ་ལགས་པ་དང་། །ལུས་བཀྲག་མདངས་ཆེ་བ་འཚོག་བཟང་བའི་ཕྱིར་ཡང་ཟ་བ་མ་ལགས་སོ། །འོ་ན་ཅིའི་ཕྱིར་ཟ་ན་ལུས་གནས་ནས་དགེ་བ་བསྒྲུབ་པ་འབའ་ཞིག་གི་ཕྱིར་དུ་བཟའོ། །དགེ་བ་ལ་སྤྱོད་པས་ན་རིགས་པའི་བདག་ཉིད་ཅན་ཞེས་རྒྱལ་པོ་ལ་བོས་ནས་ཁྱོད་ཀྱིས་ཉིན་པར་མཐའ་དག་དང་། །མཚན་མོ་ཐུན་གྱི་བར་ལ་ཉལ་ཏེ་དེའི་སྟོད་སྨད་ལ་དགེ་བ་ཡང་ནས་ཡང་དུ་བཟླས་པ་སྟེ་བསྒྱུར་ནས་ནི། །བྱ་ལ་དེ་ལྟར་བྱས་ན་མ་མནལ་བའི་དུས་སུ་དགེ་བ་འགྲུབ་པར་མ་ཟད། མནལ་བའི་ཚེའང་འབྲས་བུ་མེད་པར་མི་འགྱུར་བས། །དྲན་པ་དང་ལྡན་པར་སྲོད་དང་ཐོ་རེངས་ཀྱི་ཐུན་དེ་དག་གི་བར་དུ་མནོལ་ཞིག །སེམས་ཅན་གཞན་བདེ་བ་དང་ལྡན་ན་སྙམ་པའི་བྱམས་པ་དང་སྡུག་བསྔལ་དང་བྲལ་བར་འདོད་པའི་སྙིང་རྗེ་དག་དང་བདེ་བ་དང་ལྡན་ན་དགའ་བའི་དགའ་བ་དང་། །ཆགས་སྡང་དང་བྲལ་ན་སྙམ་པའི་བཏང་སྙོམས་ཏེ་ཚད་མེད་བཞི་ཐུན་ཟད་ཙམ་དུ་མ་ཟད་དུས་

 རྟག་ཏུ་ཡང་དག་པར་བསྒོམས་པར་མཛོད་ཅིག་དང་། །དེ་ལྟར་བསྒོམས་པའི་ཕན་
ཡོན་གྱི་འབྲས་བུ་གོང་མ་སངས་རྒྱས་ཀྱི་གོ་འཕང་རེ་ཞིག་བཞེས་པར་མ་གྱུར་པ་དེ་
ལྟ་ནའང་། །ལྷའི་རྒྱལ་པོ་ཚངས་པའི་(༧ན)འཇིག་རྟེན་གྱི་ལྷའི་བདེ་བ་ཐོབ་པར་འགྱུར་
རོ། །རང་གི་སྤྱང་བྱའི་འདོད་པ་དང་དཔྱོད་པ་དང་དགའ་བ་དང་བདེ་བ་དང་སྡུག་
བསྔལ་དག །འགྲེལ་པ་ལྟར་ན་རིམ་བཞིན་དང་པོས་འདོད་པ་དང་གཉིས་པས་
དཔྱོད་པ་གསུམ་པས་དགའ་བ་བཞི་པས་བདེ་སྡུག་གཉིས་རྣམ་པར་སྤངས་པའི་
བསམ་གཏན་དང་པོ་སོགས་བསམ་གཏན་བཞི་པོ་བསྒོམས་པ་ཡི་མཐུས། །རིམ་པ་
བཞིན་དུ་དང་པོས་ཚངས་རིས་ཚངས་ཆེན་ཚངས་པ་མདུན་ན་འདོན་གསུམ་དང་
གཉིས་པས་འོད་ཆུང་ཚད་མེད་འོད་འོད་གསལ་གསུམ་དང་། གསུམ་པས་དགེ་
ཆུང་ཚད་མེད་དགེ་དང་དགེ་རྒྱས་གསུམ་དང་། །བཞི་པས་སྤྲིན་མེད་བསོད་ནམས་
ཀྱི་འབྲས་བུ་ཆེ་བ་གསུམ་གྱི་ལྷ་རྣམས་དང་སྐལ་བ་མཉམ་པ་ཐོབ་བོ། །དགེ་མི་དགེ་
གང་ལ་ཡང་དུས་རྟག་ཏུ་བྱེད་པ་དང་ལྷག་པར་དགའ་བའི་མངོན་པར་ཞེན་པ་དང་
དེ་གཉིས་གང་ཡིན་འགོག་བྱེད་ཀྱི་གཉེན་པོ་འོན་ཀྱང་དགེ་བའི་མི་མཐུན་ཕྱོགས་
དང་མི་དགེ་བའི་གཉེན་པོ་ཞེས་བྱའོ་མེད་པ་དང་། །གང་ཟག་ཁྱད་པར་ཅན་ཡོན་
ཏན་ལྡན་པའི་གཞི་གཙོ་ལྡན་གྱི་རང་ལ་ཕན་འདོགས་པའི་གཞི་གང་ཟག་ལ་ཕན་
གནོད་བྱས་པའི་ལས་བྱུང་བའི་ལས་ནི། །དགེ་བ་དང་མི་དགེ་བ་གང་ཡིན་ཡང་
སྔར་གྱི་རྣམ་པ་ལྔ་པོ་དེ་དག་དང་ལྡན་ན་ཆེན་པོའི་ཆེན་པོ་ཡིན་ཏེ། །དེ་ལྔའི་ཕྱེད་
དང་འདྲེས་ན་ཆེན་པོའི་འབྲིང་། གཅིག་ཙམ་ལས་མ་འདྲེས་ན་ཆེན་པོའི་ཆུང་ངུ་
ཡིན་ལ་དེ་ཡང་དགེ་མི་དགེ་གཉིས་སོ་སོར་སྦྱར་ལུགས་ཤེས་པར་བྱའོ། །རྣམ་པ་ལྔ་
ཚན་པ་གཉིས་པོ་དེ་བས་ཏེ་དེའི་ནང་ནས་དགེ་བ་ལ་སྦྱོད་པའི་རྣམ་པ་ལྔ་དང་ལྡན་
པ་ལ་བརྩོན་པར་བགྱིའོ། །འོན་ཀྱང་དེ་བས་ཞེས་པ་ལྟར་ན་རྒྱུ་མཚན་དེས་ན་ཞེས་
པའོ། །དཔེར་ན་ལན་ཚྭ་སྲང་འགས་ནི་ཆུ་ནི་ཉུང་ངུ་ཞིག །རོ་བསྒྱུར་བར་བགྱིད་

ནུས་ཀྱི་གངྒཱའི་ཆུ་ཀླུང་སོགས་ཀྱི་རོ་བྲོ་བ་བསྒྱུར་ནུས་པ་མིན་པ་ལྟར། །དེ་བཞིན་དུ་སྡིག་པའི་ལས་ནི་ཆུང་ངུ་འགའ་ཞིག་ཡང་། །དགེ་བའི་རྩ་བ་ཡངས་ཞེས་འབྱུང་ཡང་དོན་འདྲའོ། །པ་ཆེན་པོས་ལ་ལར་ཡངས་ལ། ཟིལ་གྱིས་གནོན་ནུས་པའང་མཁྱེན་པར་(༧བ)བགྱིའོ། །དེ་བཞིན་དུ་ཡང་དགེ་བ་ཆུང་ངུ་ཞིག་གིས་མི་དགེ་བ་ཆེན་པོ་ཟིལ་གྱིས་གནོན་མི་ནུས་པ་དང་། མི་དགེ་བ་ཆུང་ངུས་དགེ་བ་ཆེན་པོ་ཟིལ་གྱིས་གནོན་མི་ནུས་པ་དང་ཆེན་པོས་ཆུང་ངུ་ཟིལ་གྱིས་གནོན་ནུས་པ་ཡོད་པར་བསྟན་ལ་ཡང་ལས་རང་གི་ནང་ཕན་ཚུན་ལ་དེ་ལྟར་སྦྱར་ཞིང་འོན་ཀྱང་ཆུང་ངུ་མང་པོ་ཞིག་གིས་ཆེན་པོ་གཅིག་རྒྱང་བསྲིང་བར་ཡོད་པར་གསུངས་སོ། །སེམས་རྒོད་པ་དང་སེམས་འགྱོད་དང་གནོད་སེམས་དང་སེམས་རྨུགས་པ་དང་། །གཉིད་དང་འདོད་ལ་འདུན་པའི་འདུན་པ་དང་དང་ཐེ་ཚོམ་ཉོན་མོངས་ཅན་སྟེ། །དེ་ཡང་འགྱོད་རྒོད་གཉིས་གཅིག་ཏུ་དང་བྱིང་རྨུགས་གཉིས་ཀྱང་གཅིག་ཏུ་བྱས་ནས་ལྔ་སྟེ་སྒྲིབ་པ་ལྔ་པོ་དེ་དག་དགེ་བའི་ནོར། །འཕྲོག་པའི་ཆོམ་རྐུན་དང་འདྲ་བ་ལགས་པར་མཁྱེན་པར་མཛོད་ཅིག །དཀོན་མཆོག་དང་ལས་འབྲས་དང་བདེན་བཞི་སོགས་ལ་དད་པ་དང་དགེ་བ་ལ་སྤྲོ་བའི་བརྩོན་འགྲུས་དག་དང་དགེ་བའི་དམིགས་རྣམ་དྲན་པའི་དྲན་པ་དང་། །དམིགས་པ་ལ་སེམས་གནས་པའི་ཏིང་ངེ་འཛིན་དང་ཆོས་རབ་ཏུ་རྣམ་པར་འབྱེད་པའི་ཤེས་རབ་སྟེ་ཆོས་ཀྱི་མཆོག་རྣམ་པ་ལྔ་ཉིད་དེ། །འདི་ལྔ་ལ་མངོན་པར་བརྩོན་པར་མཛོད་ཅིག་གོ། །ལྔ་པོ་འདི་དག་ནི། །ལམ་གྱི་གནས་སྐབས་སུ་རིམ་པ་བཞིན་དུ་མདངས་སོགས་ཟིལ་གྱིས་གནོན་པ་ལ་ལྷག་པར་སྟོབས་དང་ལྡན་པའི་སྒོ་ནས་སྟོབས་ལྔར་འཇོག་ལ་ཅུང་ཟད་གནོན་པ་ལ་དབང་བས་དབང་པོ་ལྔ་ཞེས་བགྱི་བ་དེ་དག་ནི་སྦྱོར་ལམ་དྲོད་དང་སྦྱོར་ལམ་རྩེ་མོར་གྱུར་པ་བའི་གནས་སྐབས་སུ་འཇོག་པའང་ལགས་སོ། །དེས་བཟོད་པ་དང་ཆོས་མཆོག་ཀྱང་མཚོན་ནོ། །འདི་ལྟར་ན་བ་དང་རྒ་བ་དང་འཆི་བ་དང་སྡུག་པ་དང་བྲལ་བ་དང་དེ་བཞིན་

དྲུ། །མི་སྡུག་པ་དང་ཕྲད་པ་སོགས་སྡུག་བསྔལ་ཅི་བྱུང་ཡང་འདིའི་**ལས་ནི་བདག་གིར་བྱ**་དགོས་པ་ནི་དང་དུ་ལེན་པ་**ལས་མ་འདས**་ཏེ་རྒྱུ་མི་དགེ་བ་རང་གིས་བྱས་པའི་སྟོབས་སོ་**ཞེས།** **།དེ་ལྟར་ཡང་དང་ཡང་དུ**་ཡིད་ལ་**སེམས་པ་ནི།** །མི་མཐུན་ཕྱོགས་**དེ་ཡི་གཉེན་པོ**་བསམ་པའི་**སྒོ་ནས་རྒྱགས**་ཤིང་དྲེགས་པར་**མི་འགྱུར**་རོ། །རྒྱལ་པོ་ཁྱོད་ཀྱིས་**གལ་ཏེ་མཐོ་རིས་དང་ཐར**་(འན)**པ་མངོན**་པར་ཐོབ་པར་**བཞེད**་པ་སྙིའདོད་པ་**ན།** །རྒྱུ་དགེ་བ་བྱས་པ་ལས་འབྲས་བུ་བདེ་བ་དང་རྒྱུ་མི་དགེ་བ་བྱས་པ་ལས་འབྲས་བུ་སྡུག་བསྔལ་འབྱུང་བའི་ཚུལ་བསམ་པ་སོགས་དང་བདག་མེད་རྟོགས་པའི་**ཡང་དག་པའི་ལྟ་བ་ལ་གོམས་པ་ཉིད་དུ་མཛོད**་ཅིག །ཡང་དག་པའི་ལྟ་བ་མེད་པའི་**གང་ཟག**་ལས་རྒྱུ་འབྲས་ལ་ཡིད་མི་ཆེས་པའི་**ལོག་པར་ལྟ་བས**་མི་དགེ་བ་བྱས་པ་ལྟ་ཞོག་**ལེགས་སྤྱད**་དགེ་བ་བྱས་**ཀྱང་།** །དེའི་འབྲས་བུ་**ཐམས་ཅད**་བདེ་བ་ཅུང་ཟད་དང་འདྲེས་ནའང་**རྣམ་པར་སྨིན་པ་མི་བཟད**་པ་དང་**ལྡན**་ཏེ་འབྲས་བུ་སྡུག་བསྔལ་འབྱུང་བའི་ཕྱོགས་སུ་གཏོགས་སོ། **།མི**་ལ་**ནི**་ཉེར་ལེན་གྱི་ཕུང་པོ་འདི་ཉིད་**ཡང་དག་པ་ཉིད་དུ་མི་བདེ་ཞིང**་སྡུག་བསྔལ་བ་དང་། །སེམས་སྐད་ཅིག་གིས་འཇིག་པས་**མི་རྟག**་ཅིང་ཕུང་པོ་ལ་ལྟོས་མེད་རང་རྐྱ་ཐུབ་པའི་**བདག་མེད**་པ་དང་ལུས་**མི་གཙང་བར་རིག་པར་བགྱི**་སྟེ་དེས་ནི་དྲན་པ་ཉེ་བར་གཞག་པ་འགྲུབ་བོ། །ལུས་སོགས་ལ་**དྲན་པ་ཉེ་བར་མ་གཞག**་པའི་སྐྱེས་བུ་**རྣམས་ཀྱིས་ནི།** །མི་བདེ་བ་ལ་བདེ་བར་བཟུང་དེ་བཞིན་དུ་མི་རྟག་པ་ལ་རྟག་པར་མི་གཙང་བ་ལ་གཙང་བར་བདག་མེད་པ་ལ་བདག་ཏུ་འདུ་ཤེས་པའི་**ཕྱིན་ཅི་ལོག་བཞིར་ལྟ་བ་ནི་ཕུང་ཁྲོལ་བ**་སྡུག་བསྔལ་བསྐྱེད་དོ། །བཅོམ་ལྡན་འདས་ཀྱིས་མདོ་ལས་**གཟུགས་ནི་བདག་མ་ཡིན་ཞེས་གསུངས་ཏེ**་བདག་གི་གཟུགས་དང་བདག་གཅིག་མ་ཡིན་ཞིང་ལྷས་སྦྱིན་ནོར་དང་ལྡན་པ་ལྟར་**བདག** **།གཟུགས་དང**་རག་མ་ལས་པར་ཐ་དད་དུ་**མི་ལྡན**་ལ་ལྷས་སྦྱིན་སྣན་ལ་འདུག་པ་ལྟར་**གཟུགས་ལ་བདག**་ལྟོས་མེད་དུ་**གནས**་པ་

མིན་པ་དང་། །འཕྲི་ཤིང་སོགས་ལ་བརྟེན་པ་ལྟར་བདག་ལ་ངོ་བོ་ཉིད་ཀྱི་ཐ་དད་དུ་གཟུགས་མི་གནས་ཏེ་ཡོད་པ་མ་ཡིན་པ་དེ་བཞིན་དུ། །ཚོར་བ་སོགས་ཕུང་པོ་ལྷག་མ་བཞི་ལ་ཡང་བདག་མ་ཡིན་ཞེས་དེ་ལྟར་སྦྱར་ཏེ་རང་བཞིན་གྱིས་སྟོང་པར་རྟོགས་པར་བགྱི་སྟེ་འཇིག་ཚོགས་ལ་ལྟ་བའི་རི་བོ་ཉི་ཤུ་པོ་གཞོམ་པར་བྱའོ། །རང་གི་ཕུང་པོས་མཚོན་པའི་རྒྱུ་འགྲེལ་ལས་ནམ་མཁའ་ལས་ཞེས་བཤད་དོ། །དངོས་པོ་རྣམས་ཚོགས་པ་མེད་པར་རང་དགར་(༤ན)འདོད་རྒྱལ་ལས་སྐྱེ་བ་མིན་ལ་ཕྱི་རོལ་པ་འགའ་ཞིག་འདོད་པ་ལྟར་རྟག་པ་གཅིག་པུ་ཁྱབ་པའི་དུས་ལས་བྱུང་བ་མིན་ཞིང་། །ཕྱི་རོལ་གྲངས་ཅན་པ་ལྟར་སྤྱི་གཙོའམ་རང་བཞིན་ལས་བྱུང་བ་མིན་པ་དང་རྒྱུ་ཡི་བདག་ཉིད་དུ་གྲུབ་ཟིན་པའི་ངོ་བོ་ཉིད་ལས་བྱུང་བ་མིན་ལ། །དབང་ཕྱུགས་ཆེན་པོ་ལས་བྱུང་བ་མིན་པ་དང་རྒྱུ་མེད་པ་ལས་བྱུང་བ་ཅན་མིན་ཏེ། །འོ་ན་གང་ལས་སྐྱེ་ན་གང་ཟག་དང་དེའི་ཕུང་པོ་ལྟ་བུ་ནི་མི་ཤེས་པ་མ་རིག་པ་དང་འདུ་བྱེད་དང་སྲིད་པའི་ལས་དགེ་མི་དགེ་རྣམས་དང་སྲེད་པ་ལས་བྱུང་བ་དང་དངོས་པོ་གཞན་རྣམས་ཀྱང་རང་གི་རྒྱུ་རྐྱེན་ཚོགས་པ་ལ་བརྟེན་ནས་སྐྱེ་བ་རིག་པར་མཛོད་ཅིག །སྐབས་འདིར་ཞིབ་པར་བཤད་ནུས་ནའང་མང་བར་དོགས་པས་མ་བྲིས་ལ་གཞན་ནས་ཤེས་པར་བྱའོ། །ཚུལ་ཁྲིམས་ངན་པ་དང་བརྟུལ་ཞུགས་ངན་པ་ལ་མཆོག་ཏུ་འཛིན་པ་དང་། རང་གི་ལུས་ལ། །བདག་དང་བདག་གིར་ཕྱིན་ཅི་ལོག་པར་ལྟ་བའི་འཇིག་ལྟ་དང་ཐར་ལམ་ལ་ཐེ་ཚོམ་ཟ་བའི་ཉོན་མོངས་ཅན་གསུམ་ལ་ཀུན་སྦྱོར་གསུམ་ཞེས་བྱ་སྟེ། །ཀུན་ཏུ་སྦྱོར་བ་འདི་གསུམ་པོ་ཐར་པ་ཡི། །གྲོང་ཁྱེར་དུ་འགྲོ་བ་ལ་གེགས་བྱེད་པའི་སྒོ་འགེགས་ལགས་པ་སྟེ་ཡིན་པར་མཁྱེན་པར་བགྱིའོ། །ཐར་པ་རང་གི་མ་འབད་ཀྱང་གཞན་གྱི་སྟོབས་ཁོ་ནས་ཐོབ་པར་བྱ་ནུས་སམ་སྙམ་ན་ཐར་པ་སྒྲུབ་པ་བདག་ཉིད་ལ་རག་ལས་པ་ཡིན་ཏེ་འདི་ལ་ནི། །མི་གཞན་གྱིས་ཐར་པ་བླངས་ནས་སྟེར་མི་ནུས་པས་གཞན་གྱི་གྲོགས་བགྱི་དགོས་པར་ཅི་ཡང་མ་མཆིས་

ཀྱིས། །འོན་ཀྱང་གསུང་རབ་མང་དུ་ཐོས་པ་དང་ཚུལ་ཁྲིམས་དང་བསམ་གཏན་དང་ལྡན་པ་ཡི་སྒོ་ནས། །སྡུག་བསྔལ་བདེན་པ་སོགས་འཕགས་པའི་བདེན་པ་རྣམ་པ་བཞི་ཉམས་སུ་ལེན་པ་ལ་འབད་པར་མཛོད་ཅིག་དང་ཐར་པ་འཐོབ་བོ། །དེར་མ་ཟད་ཕྱི་རོལ་པ་རྣམས་ཀྱི་ཚུལ་ཁྲིམས་སོགས་ལས་ལྷག་པའི་ཚུལ་ཁྲིམས་ཀྱི་བསླབ་པ་དང་ལྷག་པའི་ཤེས་རབ་ཀྱི་བསླབ་པ་དང་། །ལྷག་པའི་སེམས་ཏིང་ངེ་འཛིན་གྱི་བསླབ་པ་ལ་རྟག་ཏུ་བསླབ་པར་བགྱིའོ། །(༣)དགེ་སློང་གི་བསླབ་པའི་ཁྲིམས་བརྒྱ་རྩ་གཉིས་དང་ལྔ་བཅུའི་འོན་ཀྱང་འགྲེལ་པར་བསླབ་པ་བརྒྱ་ལྔ་བཅུ་ལྷག་ཅིག་ཞེས་པ་ལས་གང་གི་བསླབ་པ་ཡིན་མི་གསལ་ལོ་ལྷག་ཅིག་སྟེ་གསུམ་ཡོད་པ་རྣམས་ཀྱང་། །སྔར་བཤད་པའི་བསླབ་པ་གསུམ་པོ་འདིའི་ནང་དུ་ཡང་དག་པར་འདུ་བར་འགྱུར་རོ། །རྒྱལ་པོ་ལ་སའི་དབང་ཕྱུག་ཞེས་བོས་ནས་མདོར་ན་ལུས་སུ་གཏོགས་པའི་དྲན་པ་སྟེ་ལུས་མི་རྟག་པ་དང་མི་གཙང་བ་དང་མི་སྡུག་པར་བསྒོམ་པའི་ལུས་དྲན་པ་ཉེ་བར་གཞག་པ་འདི་ནི་བདེ་བར་གཤེགས་པ་རྣམས་ཀྱིས། །ཐར་པར་འགྲོ་བའི་ལམ་གཉིས་པ་གཞན་མེད་པས་དེར་འགྲོ་བའི་བགྲོད་པ་གཅིག་པའི་ལམ་དུ་ཉེ་བར་བསྟན་ཏོ་ཞེས་བསྔགས་སོ། །དྲན་པ་དེ་ནི་བསྒོམས་ནས་མངོན་པར་བསྲུང་བར་བགྱི་སྟེ། །དྲན་པ་ཉམས་པས་རྐྱེན་གྱིས་དགེ་བའི་ཆོས་ཀུན་འཇིག་པར་འགྱུར་རོ། །དྲན་པའི་ཚུལ་དེ་ནི་གང་ཞེ་ན་མི་རྣམས་ཀྱི་ཚེ་ནི་གནོད་པ་མང་བས་དཔེར་ན་རླུང་གིས་བཏབ་པ་སྟེ་བསྐྱོད་པ་ཡི། །ཆུ་ཡི་ཆུ་བུར་འབྱུང་ཞིང་མྱུར་དུ་འཇིག་པ་བས་ཀྱང་ལྷག་པར་མི་རྟག་ཅིང་འཇིག་པར་འགྱུར་ན། །དབུགས་ནང་དུ་རྔུབས་པ་དང་དབུགས་ཕྱིར་འབྱུང་བ་དང་གཉིད་ཀྱིས་ལོག་པའི་བར་དོ་ལས། །མ་ཤི་བར་སད་པར་ཁོམ་པ་གང་ལགས་པ་དེ་ནི་ངོ་མཚར་ཆེའོ། །མིའི་ལུས་ཀྱི་མཐའ་ནི་མེར་བསྲེགས་ནས་ཐལ་བ་དང་ཡང་ན་མཐར་ཉེ་མས་སྐམ་ཡང་ན་མཐར་འདྲུས་ཞིང་ཏེ་ཞིག་པར་འགྱུར་རམ་འགྲེལ་པར་ཆུར་བསྐུར་བའི་དོན་ལ་བཤད་དོ། །ཐ་མར་མི་

གཙང་བ་ནི་འགྲེལ་པར་སྲོག་ཆགས་ཀྱིས་ཟ་བ་ལ་བཤད་ལ་སྙིང་པོ་མ་མཆིས་པས་ནི་འདི་ལྟར། །སྔར་བཤད་པ་ལྟར་མེས་བུས་རྣམ་པར་འཇིག་ནས་འགྲོ་བས་དེངས་པ་དང་སྨྲུག་པ་ནི་ཆུ་ལྟ་བུས་རུལ་བར་(༤བ)འགྱུར་བ་སྟེ། །སོ་སོར་འཐྲེས་ཤིང་སྲོག་ཆགས་ཀྱིས་བཞིག་སྟེ་གཏོར་བའི་ཆོས་ཅན་དུ་འགྱུར་བར་མཁྱེན་པར་མཛོད་ཅིག །མ་འོངས་པ་ན་འཇིག་རྟེན་མེས་འཇིག་པའི་ཚེ་སྣོད་ཀྱི་འཇིག་རྟེན་ལས་ས་གཞི་དང་རི་རབ་ལྷུན་པོ་དང་རྒྱ་མཚོ་ཆེན་པོ་རྣམས་ཉི་མ་བདུན་གྱི་འོད། །འབར་བས་བསྲེགས་ཤིང་འཚིག་པར་གྱུར་པའི་ཚེ་ལུས་ཅན་གྱི་འགྲོ་བ་འདི་དག་ཀྱང་བསྲེགས་ནས་ལྷག་མ་གཞན་ལྟ་ཅི་སྨོས། །ཐལ་བ་ཙམ་ཡང་ནི་རྗེས་སུ་ལུས་པར་མི་འགྱུར་ན། །ཤིན་ཏུ་ཉམ་ཆུང་བའི་མི་རྣམས་འཇིག་པ་ལྟ་སྨོས་ཅི་འཚལ་སྟེ་འཇིག་པར་ངེས་སོ། །དེས་ཆུ་དང་རླུང་གིས་འཇིག་ཚུལ་ཡང་མཚོན་ནོ། །དེ་ལྟར་ན་འཁོར་བས་བསྡུས་པའི་དངོས་པོ་འདི་ཀུན་མི་རྟག་ཅིང་རང་དབང་བའི་བདག་མེད་དེ། །རྗེ་དཔོན་ལྟ་བུའི་སྐྱབས་མེད་གྲོགས་ལྟ་བུའི་མགོན་མེད་གཉེན་ལྟ་བུའི་གནས་རྣམས་མེད་ལ་དེ་རྣམས་ཀྱིས་སྐྱོབ་པར་མི་ནུས་སོ། །དེ་ནི་དཀོན་མཆོག་ལ་བརྟེན་ན་དེ་དག་གིས་སྐྱབས་བྱེད་མོད། སེམས་ཅན་སྤྱི་མཐུན་གྱི་ལས་དང་རང་རང་གི་ལས་ལ་དེ་རྣམས་ཀྱིས་རེ་ཞིག་སྤྱོད་དགོས་པར་བསྟན་ཏོ། །དེའི་སྐད་དུ། །འཁོར་བ་ཆུ་ཤིང་དང་འདྲ་བའི་སྙིང་པོ་མེད་པ་ལ། །མི་མཆོག་རྒྱལ་པོ་ཁྱོད་ཀྱིས་ཐུགས་ནི་དབྱུང་བར་མཛོད་ཅིག་དེ་ནི་འཁོར་བ་ལས་ཐར་འདོད་ཀྱི་ངེས་འབྱུང་སྐྱེ་དགོས་པའི་དོན་ཏོ། །མདོ་ལས་བཤད་པ་ལྟར་དཔེར་ན་ཕྱིའི་རྒྱ་མཚོ་གཅིག་གི་སྟེང་ནས་གཉའ་ཤིང་འཕྱོ་བའི་བུག་པ་དང་། །ལོ་བརྒྱ་ན་རུས་སྦལ་ལན་རེ་བྱུང་བ་གཉིས་ཕྲད་པ་ནི་སྲིད་ཀྱང་དཀོན་པ་དེ་བས་ཀྱང་དུད་འགྲོ་ལས་སྟེ་དུད་འགྲོ་ནས་ཤི་འཕོས་ཏེ། །དེས་འགྲོ་བ་གཞན་གཉིས་མཚོན་ནོ། །མི་ཉིད་དུ་སྐྱེ་བ་ཆེས་ཐོབ་དཀའ་བས་ན་མི་དབང་གིས། །དམ་པའི་ཆོས་ལ་སྤྱད་པས་མི་ལུས་ཐོབ་པ་དེ་འབྲས་བུ་དོན་

མཆིས་པར་མཛོད་ཅིག །(༧༠ན)དེ་ནི་ལུང་ལས་བདེ་འགྲོ་ནས་བདེ་འགྲོར་སྐྱེ་བ་སངས་རྒྱས་ཀྱི་ཕྱུག་སེན་རྩེ་མོས་རྡུལ་བླངས་པ་ལྟ་བུ་ཉུང་ལ་བདེ་འགྲོ་ནས་ངན་འགྲོར་སྐྱེ་བ་ས་ཆེན་པོའི་རྡུལ་དང་འདྲ་བ་མང་བར་གསུངས་པ་དང་འདྲའོ། །གང་ཟག་གང་ཞིག་གིས་གསེར་གྱི་སྣོད་རིན་ཆེན་མུ་ཏིག་སོགས་ཀྱིས་སྤྲས་པ་ཡི་ཞིག་གིས། །མི་གཙང་བའི་ངན་སྐྱུགས་འཕྱུག་པར་བགྱིད་པའི་མི་དེ་ནི་གླེན་པོ་ཡིན་མོད་དེ་བས་ཀྱང་ནི། །གང་ཟག་གང་ཞིག་མི་རུ་སྐྱེས་ནས་སྡིག་པའི་ལས་དག །བགྱིད་པའི་མི་དེ་ནི་ཆེས་རབ་ཏུ་བླུན་པ་ལགས་སོ། །དམ་པའི་ཆོས་སྤྱོད་པ་དང་མཐུན་པར་གྱུར་པའི་ཡུལ་ན་གནས་པ་དང་། །སྐྱེས་བུ་དམ་པ་དགེ་བའི་བཤེས་གཉེན་ལ་ནི་བརྟེན་པ་དང་། །ད་ལྟ་བདག་ཉིད་ཀྱིས་ལེགས་པར་སྨོན་ལམ་འདེབས་པ་དང་དེར་མ་ཟད་སྔོན་ཡང་བསོད་ནམས་ཀྱི་ལས་བགྱིས་པའི། །འཁོར་ལོ་སྟེ་ཚོགས་ཆེན་པོ་བཞི་ནི་རྒྱལ་པོ་ཁྱོད་ལ་མངའ་འོ། །འཁོར་ལོ་ནི་ཤིང་རྟ་འགྲོ་བའི་ཐབས་ཡིན་པ་ལྟར་འདི་བཞི་ནི་འཕགས་པའི་ལམ་དུ་འགྲོ་བའི་ཐབས་ཡིན་པར་གསུངས་སོ། །བློ་ལྡན་གང་ཞིག་དགེ་བའི་བཤེས་གཉེན་ལེགས་པར་བསྟེན་པ་དེ་ནི་ཚངས་པར་སྤྱོད་པ་ཐམས་ཅད་ཀྱི་ནང་ནས་ཕྱོགས་རེ་ཙམ་མ་ཡིན་པར་ཚངས་པར་སྤྱོད། །ཡོངས་སུ་རྫོགས་པ་ཡིན་པར་ཐུབ་པའི་དབང་པོས་གསུངས་པ་དེའི་ཕྱིར་ན། །ཁྱོད་ཀྱིས་སྐྱེས་བུ་དམ་པ་བརྟེན་པར་བགྱི་སྟེ་དཔེར་ན་སྟོན་གྱི་རྒྱལ་བ་ཉིད་ལ། །བརྟེན་ནས་ལྷ་མི་རབ་ཏུ་མང་པོས་ཞི་བ་མྱང་འདས་ཐོབ་པ་བཞིན་ནོ། །བདེན་བཞི་དང་དཀོན་མཆོག་དང་ལས་འབྲས་ལ་ཡིད་མི་ཆེས་པའི་ལོག་པར་ལྟ་བ་འཛིན་པ་དང་དུད་འགྲོ་ཉིད་དང་། །ཡི་དྭགས་ཉིད་དང་དམྱལ་བར་སྐྱེ་བ་དང་། །རྒྱལ་བའི་(༧༠བ)བཀའ་མེད་པ་དང་མཐའ་འཁོབ་ཏུ། །ཀླ་ཀློར་སྐྱེ་བ་དང་གླེན་ཞིང་ལྐུགས་པ་ཉིད་དུ་སྐྱེ་བ་དང་། །གཟུགས་མེད་སོགས་ཚེ་རིང་བའི་ལྷ་དང་གང་ཡང་རུང་བར་ནི། །སྐྱེ་བ་ཞེས་བགྱི་བ་དེ་ནི་མི་ཁོམ་པའི་གནས་བརྒྱད་ཡིན་ལ་སྐྱོན་བརྒྱད་པོ། །དེ་དག་དང་

བྲལ་དལ་ཞིང་ཆོས་བྱེད་པ་ལ་ཁོམ་པ་མི་ལུས་རིན་པོ་ཆེ་ད་ལྟ་རྙེད་ནས་ནི། །འཁོར་བའི་སྐྱེ་བ་བཟློག་པ་ཐར་པ་ཐོབ་པའི་སླད་དུ་འབད་པར་མཛོད་ཅིག །རྒྱལ་པོ་ལ་དེས་པ་ཞེས་པོས་ནས་འཇིག་རྟེན་འདིར་འདོད་པས་ཕོངས་པ་དང་འཆི་བ་དང་། །ན་བ་དང་རྒ་བ་སོགས་སྐྱེ་མྱ་ངན་དང་སྨྲེ་ངག་འདོན་པ་སོགས་སྡུག་བསྔལ་དུ་མ་ཡི། །འབྱུང་གནས་སུ་གྱུར་པའི་འཁོར་བ་ལ་ནི་ཡིད་སྐྱོ་བར་མཛོད་ཅིང་། །འཁོར་བ་འདི་ཡི་ཉེས་པ་དཔག་ཏུ་མེད་མོད་ཙུང་ཟད་དམ་ཆ་ཤས་ཞིག་ཀྱང་བཤད་ཀྱིས་གསན་པར་མཛོད་ཅིག །དེ་ཡང་སྔ་མའི་ཕ་ནི་དེ་ལྟ་བུ་ཉིད་དུ་གྱུར་པ་དང་སྔ་མའི་མ་ནི་ད་ལྟ་ཆུང་མ་ཉིད་དུ་གྱུར་སྲིད་པ་དང་། །སྔར་སྐྱེ་བོ་དགྲར་གྱུར་པ་དག་ད་ལྟ་རང་གི་མཛའ་བཤེས་ཉིད་དུ་གྱུར་སྲིད་ཅིང་འགྱུར་བའང་ཡོད་པ་དང་། །ཡང་སྔ་མའི་བུ་ཉིད་ད་ལྟའི་ཕར་གྱུར་པ་དང་འགྱུར་བ་སོགས་སྔ་མ་དེ་ལས་བཟློག་པ་ཉིད་དུ་ཡང་མཆིས་པ་སྲིད་པས་ན་དེའི་སླད་དུ། །འཁོར་བ་དག་ན་དགྲ་གཉེན་སོགས་ཀྱི་ཁྱད་པར་ངེས་ཅན་འདི་ཡིན་ཞེས་པའི་ངེས་པ་འགའ་ཡང་མ་མཆིས་སོ། །སེམས་ཅན་རེ་རེས་གཏྣ་སོགས་རྒྱ་མཚོ་བཞི་པས་ཀྱང་ལྷག་པ་ཡི། །མའི་འོ་མ་སྔར་འཐུངས་ཟིན་པ་ཡིན་ཏེ་དེར་མ་ཟད་ད་དུང་སོ་སོ་ཡི། །སྐྱེ་བོའི་རྗེས་སུ་འབྲང་བའི་འཁོར་བ་པའི་སེམས་ཅན་གྱིས། །འཁོར་བ་ལས་མ་གྲོལ་བྱིན་སྔ་མ་འཐུངས་པ་དེ་བས་ཚིགས་བཅད་འདིས་མཚོན་ཏེ་འགྲེལ་པར་དོན་མི་གསལ་བ་མང་པོ་སྣང་ངོ་། །ཡང་ཆེས་མང་པ་ཉིད་ཅིག་བཏུང་བ་སྟེ་འཐུང་དགོས་པར་(༧༧ན)འཚལ་ལོ་འཚལ་བ་ནི་ཡིན་པ་དང་བྱས་པ་དང་ཡོད་པ་སོགས་དོན་མང་པོ་ལ་སྐབས་ཐོབ་ཀྱིས་ཤེས་པར་བྱའོ། །སེམས་ཅན་རེ་རེ་ཤི་ནས་ལུས་དོར་བས་དེ་རྣམས་རང་རང་བདག་ཉིད་ཀྱི་རུས་པའི་ཕུང་པོ་ནི། །ཕྱོགས་གཅིག་ཏུ་སྤུངས་ནས་རི་རབ་ལྷུན་པོའི་ཚད་དང་མཉམ་པ་སླེད་ཅིག་སྟེར་འདས་གྱུར་ཏེ་དེར་མ་ཟད། །སེམས་ཅན་གཅིག་གི་མའི་མ་སོགས་མ་ཡི་ཐུག་མཐའ་སྟེ་མ་བརྒྱུད་པའི་གྲངས་ཀྱི་ཡ་མཐའ་ནི་ས་ཆེན་

པོ་འདི་**རྒྱ་ཤུག**་གི་**ཚི་གུ་ཙམ་དུ།** །**རི་ལུར**་བྱས་ནས་འདི་ནི་བདག་གི་མའོ་འདི་ནི་བདག་གི་མའི་ཡང་མའོ་ཞེས་**བགྲངས་ཀྱང་ས་ཡིས་ལང**་བར་**མི་འགྱུར**་ཏེ་ས་སྟོན་ལ་འཇོད་པར་འགྱུར་གྱི་མའི་ཐོག་མཐའ་བཟུང་བར་མི་ནུས་སོ། །མཐོ་དམན་དུ་གྱུར་པ་ཡང་མ་ངེས་ཏེ་ལྷའི་དབང་པོ་**བརྒྱ་བྱིན**་དུ་སྐྱེས་ནས་**འཇིག་རྟེན**་གྱི་**མཆོད་འོས**་སུ་**གྱུར་ནས་ནི།** །**ལས་ཀྱི་དབང་གིས་ཕྱིར**་སླར་**ཡང་ས་སྟེང་དུ་ལྷུང**་བར་འགྱུར་ལ། །གླིང་བཞི་ལ་དབང་བའི་**འཁོར་ལོས་སྒྱུར་བ**འི་རྒྱལ་པོ་**ཉིད་དུ་གྱུར་ནས་ཀྱང**། །སླར་**འཁོར་བ་དག་ཏུ**་བྲན་གྱི་**ཡང་བྲན་ཉིད་དུ་འགྱུར**་རོ། །གལ་ཏེ་ལྷའི་བུར་སྐྱེས་ཀྱང་**མཐོ་རིས**་ཏེ་སུམ་ཅུ་རྩ་གསུམ་པའི་ལྷའི་**བུ་མོའི་ནུ་མ**་དང་**རྐེད་པ་ལ།** །ལག་པས་འཇུ་བའི་**རེག་པ་ངེས**་ལུས་སེམས་ཀྱི་**བདེ་བ་ཡུན་རིང་དུ་སྤྱོད་ནས་སླར།** །**དམྱལ་བར**་ལྷུང་ནས་རང་འཐག་ལ་འཐག་པ་དང་གཏུན་ནང་བརྡུང་པ་སོགས་ཀྱིས་**འཐག**་མདུང་རལ་གྲི་སོགས་ཀྱིས་དུམ་བུར་**གཅོད**་པ་དང་སོག་ལེ་སོགས་ཀྱིས་**དབྲད་པའི་འཁྲུལ་འཁོར་གྱི།** །**རེག་པ**འི་སྡུག་བསྔལ་**ཤིན་ཏུ**་བཟོད་དཀའ་བ་**མི་བཟད་པ་བསྟེན**་པ་སྟེ་སྤྱོད་དགོས་པར་**འཚལ་ལོ།** །ལྷ་ཡུལ་གྱི་ས་གཞི་འཇམ་ཞིག་ལ་**རྐང་པའི་རེག་པས**་མནན་ན་**ནེམས**་ཞེས་པ་དང་ཡར་བཏེགས་ན་**པར**་ཞེས་པའི་སྒྲ་དང་ལྡན་པ་**བདེ**་བ་(༧༧བ)**བཟོད་པ།** །སྟེ་བདེ་བ་འབྱུང་བའི་**ལྷུན་པོའི་སྤོ་ལ**་ལོ་སྟོང་ཕྲག་དུ་མར་**ཡུན་རིང་དུ་གནས་ནས་ནི།** །དེ་དང་བྲལ་ཏེ་འདོད་པ་ལ་ཆགས་པའི་རྣམ་སྨིན་གྱིས། **སླར་ཡང་མེ་མུར**་གྱི་འོབས་དང་**རོ་མྱགས**་ཀྱི་འདམ་དུ་**རྒྱུ་བ**་བྱེད་དགོས་པ་**ཡིས།** །**སྡུག་བསྔལ**་བཟོད་དཀའ་བ་**མི་བཟད་པ་ཕོག**་པ་སྟེ་སྤྱོད་བར་འོང་**སྐམ་དུ་བཀྲི**་བར་**འཚལ་ལོ།** །ཡང་**མཐོ་རིས**་ལྷའི་**བུ་མོས་འཁྲིངས་ཤིང**་སྟེ་བསྟེན་ཅིང་བསྐོར་ནས་**དགའ་བ་དང**། །**རྣམ་པར་མཛེས**་པའི་སྐྱེད་མོས་**ཚལ་དུ་སོན་པ**་སྟེ་ཕྱིན་ནས་**རྩེད་མོ་རྩེས་ནས་སླར**་ཡང་། །དམྱལ་བར་ལྷུང་སྟེ་**འདབ་མ་རལ་གྲི**་དང་**འདྲ**་བའི་**ཚལ་གྱི་ནགས་རྣམས**་ཀླུང་གིས་བསྐྱོད་དེ་བྱུང་བ

རྣམས་ཀྱིས། །ཆང་པ་དང་ལག་པ་དང་རྣ་བ་དང་སྣ་རྣམས་གཅོད་པའི་སྡུག་བསྔལ་ཐོབ་པར་འགྱུར་རོ། །ཛིང་བུ་དལ་གྱིས་འབབ་པར་ཏེ་དེའི་ནང་དུ་ལྷའི་བུ་མོ་ནི། །གདོང་མཛེས་ཤིང་ལག་པ་དང་མགུལ་སོགས་ན་གསེར་གྱི་པདྨ་ལྡན་བཞིན་དུ་ཞུགས་ནས། །སླར་ཡང་དམྱལ་བའི་ཐལ་ཚན་གྱི་ཆུ་བོ་གཏིང་ཟབ་ཅིང་འགྲམ་ཡངས་པས་ན་རབ་མེད་པ། །ཚ་སྒོ་ཅན་གྱི་ཆུས་སྡུག་བསྔལ་བཟོད་གླག་སྟེ་བཟོད་ཐབས་མེད་པའི་ཆུ་ཚན་དེ་ལྟ་བུའི་ནང་དུ་འཇུག་པར་འཚལ་ལོ། །དེ་དག་ནི་གཙོ་བོར་རྒྱལ་ཆེན་རིགས་བཞི་དང་སུམ་ཅུ་རྩ་གསུམ་པའི་དབང་དུ་བྱས་སོ། །གཞན་འཕྲུལ་དབང་བྱེད་ལ་སོགས་པའི་ལྷ་ཡུལ་གོང་མ་འགའ་ཞིག་ན་འདོད་པའི་བདེ་བ་ཤིན་ཏུ་ཆེན་པོ་ཡོད་པ་དང་། །གཟུགས་ཁམས་ཀྱི་ཚངས་པ་ཉིད་འདོད་པའི་འདོད་ཆགས་དང་བྲལ་ཞིང་ཏིང་ངེ་འཛིན་གྱི་བདེ་བ་ཐོབ་ནས་དེ་དག་ཤི་འཕོས་ཏེ་སླར། །མནར་མེད་དུ་སྐྱེས་ནས་ལུས་དམྱལ་བའི་མེ་ཡི་བུད་ཤིང་དུ་གྱུར་པ་ཡིས། །(༧༢ན)སྡུག་བསྔལ་དྲག་པོ་རྒྱུན་མི་འཆད་པར་བསྙེན་པ་བར་འཚལ་ལོ། །ལྷའི་བུ་ཉི་མ་དང་ཟླ་བའི་ལུས་ཉིད་ཐོབ་ནས་རང་གི་ལུས་ཀྱི། །འོད་ཀྱིས་འཇིག་རྟེན་མཐའ་དག་སྣང་བར་བྱས་ཏེ། །དེ་གཉིས་སླར་ཡང་ཉི་ཟླ་སོགས་ཀྱི་སྣང་བ་མེད་པའི་མུན་པ་མུན་ནག་སླག་ཏུ་ཕྱིན་པ་སྟེ་སྐྱེས་པར་གྱུར་ནས། །གཞན་མཐོང་བ་ལྟ་ཅི་རང་གི་ལག་པ་བརྐྱང་བ་ཙམ་ཡང་འང་མི་མཐོང་བར་འགྱུར་རོ། །འོད་ནི་གཞལ་མེད་ཁང་གི་འོད་ཡིན་ཡང་འདིར་རྟེན་དང་བརྟེན་པ་མ་ཕྱེ་བར་གསུངས་སོ། །སྔར་བཤད་པ་དེ་ལྟར་ཉོངས་པ་སྟེ་འཆི་བའམ་སྡུག་བསྔལ་མྱོང་བར་འགྱུར་བར་འཚལ་བས་དེའི་ཕྱིར་རྒྱལ་པོ་ཁྱོད་ཀྱིས་ལུས་ངག་ཡིད་ཀྱི་སྦྱིན་པ་དང་ཚུལ་ཁྲིམས་དང་བསྒོམས་པ་ལས་བྱུང་བའི་བསོད་ནམས་ཀྱི་ནི། །ཕུང་པོ་དགེ་བ་རྣམ་པ་གསུམ་གྱི་མར་མེའི་སྣང་བ་རབ་ཏུ་བཞེས་ཤིག་སྟེ་དེ་གསུམ་གྱི་དགེ་བ་གྱིས་ཤིག་ཅེས་པའོ། །ཡང་ཚ་རྣམ་པ་གསུམ་ནི་སྦྱིན་པ་དང་ཚུལ་ཁྲིམས་དང་བསྒོམས་པ་ལས་བྱུང་

བའི་དགེ་བ་ལ་བཤད་པ་ལྟར་བྱའོ། །དེ་ལྟར་མ་བྱས་ན་**གཅིག་པུ**་གྲོགས་མེད་པ་**ཟླ་བ**་དང་**ཉི་མས**་ཟིལ་གྱིས་གནོན་པས་**མི་ཛི་བ**་སྟེ་དེ་གཉིས་ཀྱི་འོད་ཀྱི་སྣང་བར་བྱེད་མི་ནུས་**པའི**་མ་རིག་པའི་མུན་པ་སོགས། **།མུན་ནག་མཐའ་ཡས**་པའི་**ནང་དུ་འཇུག**་པར་འགྱུར་དུ་འོང་**འཚལ་ལོ**། །གཞུང་ལ་ལར་ཉི་མ་ཟླ་བས་ཞེས་འབྱུང་ལ། མུན་ནག་གི་གཙོ་བོ་མ་རིག་པའི་མུན་པ་དང་ཡན་ལག་ཉི་ཟླའི་སྣང་བ་མི་འཕོག་པའི་གླིང་གི་བར་སོགས་ཀྱི་མུན་པའོ། **།སེམས་ཅན་ཉེས་པར་སྤྱོད་པ**་ལུས་ངག་ཡིད་གསུམ་གྱིས་སྡིག་པའི་ལས་**སྤྱོད་པ་རྣམས་ལ**། །ཕྱི་མ་དམྱལ་བ་དེ་ནི་ཚིག་གི་གོ་རིམ་དང་བསྟུན་ནས་དེ་ལྟར་བཤད་ཀྱི་དམྱལ་བའི་གོ་རིམ་ནི་ཡང་སོས་ཐིག་ནག་བསྡུས་འཇོམས་ངུ་འབོད་ངུ་འབོད་ཆེན་པོ་ཚ་བ་རབ་ཏུ་ཚ་བ་མནར་མེད་ཞེས་བྱའོ། **།ཡང་སོས**་དང་**ཐིག་ནག**་དང་**རབ་ཏུ་ཚ་བ**་དང་། **།བསྡུས་འཇོམས**་དང་**ངུ་འབོད**་དང་**མནར་མེད**་དང་**ལ**་(༧༢བ)**སོགས**་སྟེ་ཚིག་གིས་མ་ཟིན་པ་ཚ་བ་དང་ངུ་འབོད་ཆེན་པོ་དང་གྲང་བའི་དམྱལ་བ་ཉེ་ཚེ་བ་བཅས་བསྡུས་**པའི**། **།དམྱལ་བ་དེ་རྣམས་སུ་སྐྱེས**་ནས་དུས་ཐུང་ངུ་ཙམ་མ་ཡིན་པར་དུས་**རྟག་ཏུ་སྡུག་བསྔལ**་བར་**འགྱུར**་རོ། །ཡང་ན་ཚ་བ་ནི་རབ་ཏུ་ཚ་བས་བསྟན་པ་དང་ངུ་འབོད་ཆེན་པོ་ནི་ངུ་འབོད་ཀྱིས་བསྡུས་ནས་བསྟན་པར་བྱས་ཀྱང་རུང་ངོ་། །དམྱལ་བའི་གནས་བསྡུས་འཇོམས་ན་དམྱལ་བ་པ་**ཁ་ཅིག་ཏིལ**་འཚེར་བ་**བཞིན་དུ་འཚེར་ཏེ་དེ་བཞིན་དུ་གཞན**་འགའ་ཞིག་བྲག་རི་དབྱིབས་སྣ་ཚོགས་ཀྱི་བར་དུ་བཙིར་ནས་འཚེར་བ་སོགས་ཀྱིས། **།ཕྱེ་མ་ཞིབ་མོ་བཞིན་དུ་ཕྱེ་མར་རློག**་པར་བྱེད་དོ། །དམྱལ་བ་**ཁ་ཅིག**་སྟེ་ཐིག་ནག་ན་སེམས་ཅན་དེའི་ལུས་ལ་ཐིག་ནག་པོ་དུ་མ་བཏབ་ནས་དེ་ལྟར་དུ་**སོག་ལེས་དྲས་ཏེ་དེ་བཞིན་དུ**་ངུ་འབོད་ན་**གཞན**་ཁ་ཅིག་ན། **།སྟ་རེ་མི་བཟད**་པ་**སོ་རྣོན**་པོ་དང་ལྡན་པ་**རྣམས་ཀྱིས་གཤེག**་པར་བྱེད་པ་དང་། **།དེ་བཞིན**་དུ་རབ་ཏུ་ཚ་བ་ན་དམྱལ་བ་པ་**གཞན་དག་ཁྲོ་ཆུ**་མེར་**བཞུས་པ་ཡི**། **།ཁྲུ་བ**་དམར་**འབར་བ**་མེ་མདག་**འཁྲིགས་པ**་སེམས་

ཅན་དེའི་ཁར་ལྷུད་པར་བགྱི་བ་དང་། །རབ་ཏུ་ཚ་བ་སོགས་ན་དམྱལ་བ་པ་ཁ་ཅིག་ལྕུགས་ཀྱི་གསལ་ཤིང་རབ་ཏུ་འབར་བ། །ཚེར་མ་ཅན་ལ་འཕོངས་དང་རྒྱབ་སོགས་ནས་བཙུགས་ཏེ་ཀུན་ཏུ་བརྒྱུད་པར་བགྱིད་དོ། །རལ་གྲིའི་ལོ་མའི་ནགས་ཚལ་ན་སེམས་ཅན་ཁ་ཅིག་ལྕུགས་ཀྱི་མཆེ་བ་རྣོན་པོ་དང་ལྡན་པའི་ཁྱི། །གཏུམ་པོས་ལུས་དབད་ཅིང་དམྱལ་བའི་སེམས་ཅན་དེ་ལག་པ་གནམ་དུ་སྒྲེང་ཞིང་ཨོ་དོད་འབོད་དོ། །ཡང་དེ་ན་རང་དབང་མེད་པར་སེམས་ཅན་གཞན་དག་གི་ཤ་རུས་རྣམས་ལྕུགས་ཀྱི་མཆུ་རྣོན་པོ་དང་། །སེན་མོ་མི་བཟད་པ་དང་ལྡན་པའི་ཁྭ་ཏ་དང་ཁྲ་རྣམས་ཀྱིས་འཐོག་པར་བྱེད་དོ། །དམྱལ་བ་པ་ཁ་ཅིག་ལུས་ལས་བྱུང་བའི་སྲིན་བུ་(༧༤ན)ལྕུགས་ཀྱི་མཆུ་ཅན་དང་གྲོག་མ་སོགས་སྦུར་པ་གཞན་སྣ་ཚོགས་དང་། །དེ་བཞིན་དུ་ཤ་སྦྲང་དང་སྦྲང་བུ་མཆུ་རིང་ཅན་ཁྲི་ཕྲག་དག་གིས་ལུས་ལ། །རིག་ན་མི་བཟད་པའི་སྡུག་བསྔལ་འབྱུང་བའི་རྨ་སྒྲོལ་ཆེར་འབྱིན་པས། །ཟ་བར་བགྱིད་ཅིང་སེམས་ཅན་དེ་འགྲེ་ལྡོག་དང་སྒྲེ་སྔགས་འདོན་པར་བྱེད་དོ། །ཚ་བ་ན་སེམས་ཅན་ཁ་ཅིག་མེའི་མདག་མ་མེ་དམར་འུར་གྱིས་འབར་བའི་ཚོགས་སུ་ནི། །རྒྱུན་མི་འཆད་པར་རབ་ཏུ་སྲེག་ནས་སྡུག་བསྔལ་གྱིས་སྐད་མི་འཐོན་པར་ཁ་ཡང་བགྲད་དོ། །རབ་ཏུ་ཚ་བ་ན་སེམས་ཅན་ཁ་ཅིག་ལྕུགས་ལས་བྱས་པའི་ཟངས་ཆེན་པོ་མེ་འབར་བ་འཁྱུར་བྱེད་ཀྱི་ཆུ་བསྐོལ་བའི་ནང་དུ། །སྤྱིའུ་ཚུགས་སུ་མགོ་མཇུག་ལྡོག་ནས་འདི་ནི་འགྲེལ་པ་ལྟར་བཤད་ཀྱི་འགའ་ཞིག་ཏུ་མི་འཛིག་ཞེས་ས་མཐའ་མེད་པ་ལྟར་ན་སྙིང་གས་ནས་ཞིག་འགྲོ་དགོས་པ་ལས་དེ་མ་ཞིག་པའི་དོན་ཡིན་ནོ། །འོན་ཀྱང་འགྲེལ་པ་ལྟར་བྱ་དགོས་སོ། ། འབྲས་ཀྱི་ཐུང་འཕྱེན་བཞིན་དུ་འཚེད་པར་བྱེད་དོ། །འདིར་ལ་ལར་ཟན་འཕྱེན་བཞིན་དུ་ཞེས་འབྱུང་ལ་དེའི་དོན་མི་གསལ་ཡང་འབྲས་ཀྱི་ཚག་ཚེ་ཡིན་པར་ཁ་ཅིག་བཞེད་དོ། །ཤིན་ཏུ་སྡིག་པ་ཅན་རྣམས་རང་གི་དབུགས་འབྱུང་བ་འགག་པ་ཙམ་ཞིག་གི། །དུས་ཀྱིས་དེ་ཙམ་གྱིས་བར་དུ་ཆོད་ཀྱིས་ཤི་མ་ཐག་དམྱལ་

བ་དེ་རྣམས་སུ་འགྲོ་བ་རྣམས་དམྱལ་བ་ཡི། །སྡུག་བསྔལ་གཞལ་ཡས་ཏེ་གཞལ་དུ་མེད་པའི་ཚུལ་དེ་ཐོས་ནས་རྣམ་པ་སྟོང་ཕྲག་ཏུ། །མི་འཇིགས་པ་གང་ལགས་པ་དེ་ནི་སྙིང་ཆེན་པོ་འཇིགས་མི་ཤེས་པ་ཞིག་སྟེ་དེའི་སྙིང་རྡོ་རྗེའི་རང་བཞིན་དང་འདྲ་བ་ཅན་ནོ། །འོན་ཀྱང་འགྲེལ་པ་ལྟར་བྱ་དགོས་སོ། །དམྱལ་བའི་གཟུགས་བརྙན་བྲིས་པ་མཐོང་བ་དང་དེའི་སྡུག་བསྔལ་གཞན་ལས་ཐོས་པ་དང་། །ཐོས་ནས་དྲན་པ་དང་དེ་སྟོན་པའི་གཞུང་བཀླགས(༡༣བ)པ་དང་ས་སོགས་ལ་དེའི་གཟུགས་སུ་བྲིས་པ་རྣམས་ཀྱིས་ཀྱང་། །ཡིད་ལ་འཇིགས་པ་སྐྱེད་པར་འགྱུར་ན་སྡུག་བསྔལ་མི་བཟད་པ་དང་ལྡན་པ་དམྱལ་བའི། །རྣམ་སྨིན་གྱི་སྡུག་བསྔལ་དངོས་སུ་ཉམས་སུ་མྱོང་ན་འཇིགས་པར་ལྟ་སྨོས་ཀྱང་ཅི་འཚལ་ལོ། །མི་མཐུན་པའི་དཔེ་ནི་དཔེར་ན་བདེ་བ་ཀུན་གྱི་ནང་ན་སྲིད་པ་ཟད་པ་སྟེ་ཉོན་མོངས་དང་འཁོར་བ་སྤངས་པའི་ཐར་པ་ཐོབ་པའི་བདེ་བ་དེ། །བདེ་བའི་བདག་པོ་སྟེ་བདེ་བ་མཐར་ཐུག་ཏུ་བགྱིད་པ་ཇི་ལྟ་བར། །དེ་བཞིན་དུ་སྡུག་བསྔལ་ཀུན་གྱི་ནང་ན་ནི། །མནར་མེད་དམྱལ་བའི་སྡུག་བསྔལ་དེ་སྡུག་བསྔལ་གྱི་མཐར་ཐུག་པ་རབ་ཏུ་མི་བཟད་པའོ། །དཔེར་ན་འཛམ་གླིང་འདི་ན་ཉིན་གཅིག་གི་དུས་ཀུན་ཏུ་མི་ཞིག་གིས་མདུང་ཐུང་སུམ་བརྒྱ་ཡིས་མི་གཞན་ཞིག་གི་ལུས་ལ་ཙུང་ཟད་མ་ཡིན་པར། །རབ་ཏུ་དྲག་ཏུ་བཏབ་པའི་སྡུག་བསྔལ་ཆེན་པོ་མྱོང་བ་གང་ལགས་པའི་སྡུག་བསྔལ། །དེས་ནི་དམྱལ་བའི་སྡུག་བསྔལ་ཆེན་པོ་ལ་འགྲན་པ་ལྟ་ཞོག་ཆུང་ངུ་ཙམ་ལའང་། །འོལ་ཡང་མི་འགྲོ་ཆར་ཡང་མི་ཕོད་དོ། །དེ་ནི་སྔར་གྱི་སྡུག་བསྔལ་དེ་དམྱལ་བའི་སྡུག་བསྔལ་ཆུང་ངུ་ལའང་ཆེ་ཆུང་ཚད་མི་ཐུབ་པའི་དོན་ནོ། །སྔར་བཤད་པ་དེ་ལྟར་སྡུག་བསྔལ་ཤིན་ཏུ་མི་བཟད་པ་དེ་ལྟ་བུ་མི་ལོ། །བྱེ་བ་ཕྲག་བརྒྱར་སྟེ་མི་ལོར་བརྩིས་ན་དུང་ཕྱུར་བཅུ་ཉམས་སུ་མྱོང་ཡང་ནི། །ཇི་སྲིད་དུ་དམྱལ་བའི་སྡུག་བསྔལ་མྱོང་འགྱུར་གྱི་ལས་མི་དགེ་བ་བྱས་པ་དེ་ཟད་པར་མ་གྱུར་པ། །དེ་སྲིད་དུ་དམྱལ་བའི་སེམས་ཅན་དེ་གལ་

ཏེ་དམྱལ་བར་ཤི་ནས་ཡང་དམྱལ་བར་སྐྱེ་བས་དམྱལ་བ་སྟོང་བ་མི་འགྱུར་བའི་ཕྱིར་དུ་སེམས་ཅན་དེའི་སྲོག་དང་འབྲལ་བར་མི་འགྱུར་རོ། །མི་དགེ་བའི་ལས་ཀྱི་འབྲས་བུ་འདི་རྣམས་ཀྱི་རྒྱུ་ས་བོན་ནི། །ལུས་(༧༤ན)ངག་ཡིད་གསུམ་གྱིས་ཉེས་པར་སྤྱར་བཤད་པ་སྤྱད་པ་དེ་རྣམས་ཡིན་པས་རྒྱལ་པོ་ཁྱོད་ཀྱིས་ནི། །ཅི་ནས་ཀྱང་ཉེས་པ་དེ་ཐམས་ཅད་ལྟ་ཞོག་དེ་རྡུལ་ཙམ་ཡང་མ་མཆིས་པ། །དེ་ལྟར་ཉིད་ཀྱི་བརྩོན་འགྲུས་དང་ཤེས་རབ་ཀྱི་རྩལ་གྱིས་འབད་པར་མཛོད་ཅིག །དམྱལ་བར་མ་ཟད་དུད་འགྲོའི་སྐྱེ་གནས་ན་ཡང་གཞན་གྱིས་གསོད་པ་དང་། །ཐག་པ་སོགས་ཀྱིས་བཅིངས་པ་དང་དབྱུག་པ་སོགས་ཀྱིས་བརྡེག་པ་སོགས་སྟེ་ཁལ་འགེལ་བ་སྣ་འབུག་པ་སོགས་སྡུག་བསྔལ་སྣ་ཚོགས་པ་ཡོད་པས། །ཞི་བ་ཐར་པ་ཐོབ་བྱེད་ཀྱི་ཐབས་སུ་འགྱུར་བའི་དགེ་བ་སྤངས་པ་ཤིན་ཏུ་བློན་ཞིང་རྨོངས་པ་རྣམས་ལ་ནི། །གཅིག་གི་ལུས་ལ་གཅིག་གིས་ཟ་བའི་སྡུག་བསྔལ་ཤིན་ཏུ་མི་བཟད་པ་དང་། །དུད་འགྲོ་ཁ་ཅིག་གི་ཁོག་པ་ན་མུ་ཏིག་ཡོད་པ་དེའི་དབང་གིས་འཆི་བ་དང་འགའ་ཞིག་བལ་ཏེ་སྤུའི་ཕྱིར་དང་གླང་པོ་ཆེ་ལྟ་བུ་རུས་པ་དང་། །དུད་འགྲོ་རི་དྭགས་འགའ་ཞིག་ཤ་དང་ལྤགས་པའི་ཆེད་དུ་གསོད་པར་འགྱུར་རོ། །ལ་ལར་འཆི་བར་འགྱུར་ཞེས་ཡོད་ཀྱང་འདྲའོ། །ཡང་རང་དབང་མེད་པར་རྟ་དང་བོང་བུ་སོགས་གཞན་དག་ཀྲང་པའི་རྡོག་པ་དང་ལག་པ་དང་། །ལྕག་དང་གླང་པོ་ཆེ་ལྟ་བུ་ལྕགས་ཀྱུ་བཏབ་པས་བཏབ་སྟེ་བཀོལ་བར་བྱེད་དོ། །དམྱལ་བ་དང་དུད་འགྲོར་མ་ཟད་ཡི་དྭགས་ཀྱི་གནས་དག་ནའང་སྤྱིར་ཟས་སྐོམ་སོགས་མི་རྙེད་པའི་འདོད་པས་ཕོངས་པ་ཡིས། །བསྐྱེད་པའི་སྡུག་བསྔལ་རྒྱུན་ཆགས་སུ་སྟེ་རྒྱུན་དུ་མི་འཚོས་པ་སྟེ་སྡུག་བསྔལ་མི་བཟད་པ་དང་། །བཀྲེས་པ་དང་སྐོམ་པ་དང་གྲང་བ་དང་ཚ་བ་སྟེ་ཚ་བ་དང་ཟས་ཀྱི་ཕྱིར་ངལ་བ་དང་གཤིན་རྗེས་བསྡིགས་པའི་འཇིགས་པ་ཡིས། །(༧༤བ)བསྐྱེད་པའི་སྡུག་བསྔལ་ཤིན་ཏུ་མི་བཟད་པ་དྲག་པོ་བསྟེན་པར་འཚལ་ལོ། །ཡི་དྭགས་ཁ་ཅིག་ཁ་ནི་ཆུང་ངུ་ཁབ་ཀྱི་མིག་ཙམ

ཞིག་ཡོད་ལ། །སྡིག་པ་ནི་ཆེན་པོ་རི་ཡི་གཏོས་ཏེ་ཁྱོན་ཙམ་དུ་ཡངས་པས་བཀྲེས་པའི་སྡུག་བསྔལ་གྱིས་ཉེན་ཅིང་སྡུག་བསྔལ་ཡང་ཟས་བཟང་པོ་ཟ་ནུས་པ་ལྟ་ཅི། །མི་གཙང་གི་ནར་ཏེ་རང་དགར་རམ་ཅི་བདེར་ཕོར་བ་ཙམ་ཟད་ཀྱང་། །འཚོལ་བ་སྟེ་ཟ་བའི་མཐུ་དང་ལྡན་པ་མ་ལགས་སོ། །ཡི་དྭགས་ཁ་ཅིག་ལུས་ལ་ཤ་མེད་པར་ལྷགས་པ་དང་རུས་པ་ཙམ་ལུས་ཤིང་ལུས་ལ་གོས་མེད་པར་གཅེར་བུ་སྟེ། །ཤིང་ཏ་ལའི་ཡ་ཏོག་སྟེ་རྩེ་བསྐམས་པ་ལྟ་བུ་ནག་པོར་གྱུར་པ་ལགས་སོ། །ཡི་དྭགས་ཁ་ཅིག་མཚན་ཞིང་སྟེ་མཚན་གྱི་དུས་སུ་རང་གི་ཁ་ནས་མེ་འབར་བ་སྟེ། །ཟས་སུ་མེ་འབར་བའི་ཁར་འབབ་པའི་བྱི་མ་འཚོལ་ཏེ་ཟ་བའོ། །འདི་འགྲེལ་པ་དང་བསྟུན་ན་དེ་ལྟར་སྣང་ལ་འོན་ཀྱང་འགའ་ཞིག་ཏུ་ཕྱེ་ལེབ་ཞེས་འབྱུང་བ་ནི་མ་དག་པར་གསལ་ལ་ལམ་རིམ་ཆེན་མོ་ལྟར་ན་བྱེད་ཅེས་པར་སྣང་ངོ་། །བསོད་ནམས་མ་བསགས་པའི་སྣོད་རིགས་ཀྱི་ཡི་དྭགས་འགས་ནི་ཟས་བཟང་པོ་ལྟ་ཅི་ངན་པ་རྣག་དང་ཕྱི་ས་དང་། །ཁྲག་སོགས་མི་གཙང་བ་ཡང་མི་རྙེད་དོ། །འོ་ན་ཅི་ཟ་ཞེ་ན་དེ་དག་ཁྲིམས་པའི་དབང་གིས་ཕན་ཚུན་གྱི་གདོང་དུ་འཚོག་པ་སྟེ་བརྗེག་ཅིང་དེའི་རྐྱེན་གྱིས་མགྲིན་པ་ནས། །ལྦ་བ་བྱུང་བ་ཕོང་དུ་སྨིན་པའི་རྣག་ལ་སྤྱོད་པར་འཚལ་ལོ། །ཡི་དྭགས་འགའ་ཞིག་རྣམས་ལ་དཔྱིད་དང་སོ་འདི་དཔྱིད་དུས་འབྱུང་ངོ་། །གའི་དུས་སུ་ནི། །ཟླ་བའི་འོད་འཕོག་ན་ཚ་བར་གྱུར་ལ་དགུན་གྱི་དུས་སུ་ནི་ཉི་མའི་འོད་ཟེར་གྱིས་གྲང་བའི་སྡུག་བསྔལ་མྱོང་བར་འགྱུར་བ་ཡོད་པ་དེ་ནི་ལས་ཀྱི་དབང་ཡིན་ནོ། །(༧༥ན)དེ་དག་གི་ལས་ངན་པའི་མཐུས་ལྗོན་ཤིང་འབྲས་བུ་ཅན་ལ་བལྟས་པའི་ཚེ་ལྗོན་ཤིང་དེའི་འབྲས་བུ་མེད་པར་འགྱུར་བ་སྟེ་སྤྱིར་ཡོད་ཀྱང་དེ་རྣམས་ཀྱི་མིག་གིས་མི་མཐོང་བ་དང་ཡི་དྭགས་འདི་དག་གིས། །ཆུ་བོ་གངྒཱ་སོགས་ལ་བལྟས་པ་ཙམ་གྱིས་ཆུ་ཀླུང་ཆེན་པོ་ཡང་སྐམ་པར་སྣང་བར་འགྱུར་རོ། །དེ་རྣམས་ཀྱི་སྡུག་བསྔལ་དེ་ལྟ་བུ་དུས་ཐུང་ཞིག་མྱོང་ངམ་ཞེ་ན། བར་ཆད་པ་མེད་པར་སྡུག་བསྔལ་བསྙེན་འདིར་འགའ་

ཞིག་རྟེན་ཞེས་འབྱུང་བ་ནི་མ་དག་གོ་བ་སྟེ་སྨྲོང་བར་གྱུར་པ། །དེ་རྣམས་ལས་ཉེས་པར་སྤྱོད་པའི་ལས་ངན་གྱི་ཞགས་པ་ནི་ཤིན་ཏུ། །སྲ་བ་དམ་པོས་བཅིངས་པའི་ལུས་ཅན་ཡི་དྭགས་ཁ་ཅིག་མི་ཡོ། །ལྷ་སྟོང་དག་དང་འགའ་ཞིག་མི་ལོ་ཁྲིར་ཡང་འཆི་བར་མི་འགྱུར་བ་ཡོད་དོ། །སྔར་བཤད་པ་དེ་ལྟར་ཡི་དྭགས་རྣམས་ཀྱིས་བཀྲེས་པ་དང་སྐོམ་པ་སོགས་སྣ་ཚོགས་པའི། །སྡུག་བསྔལ་འདིར་འགའ་ཞིག་རོ་གཅིག་པའི་དོན་ཉེ་ཚེ་བ་ལ་འཆད་པ་ནི་དོན་མིན་ནོ། །རོ་གཅིག་སྟེ་བར་ཆད་པ་མེད་པ་ཐོབ་པ་གང་ལགས་པའི་སྡུག་བསྔལ། །དེ་ཡི་རྒྱུ་ནི་སྐྱེ་བོ་འཇུངས་པ་ཡོ་བྱད་ལ་སེར་སྣ་ཆེ་ཞིང་གསོགས་པ་ལ་དགའ་བ། །སེར་སྣ་ཅན་ཡི་དྭགས་ཀྱི་རྒྱུ་ལ་སྤྱོད་པའི་གང་ཟག་དེ་ནི་འཕགས་ཏེ་དམ་པ་མིན་པའི་ངན་པ་ལགས་པར་སངས་རྒྱས་ཀྱིས་གསུངས་སོ། །ཁྱིམ་པ་ལ་ཡོ་བྱད་གསོག་པ་ཚུལ་དང་མཐུན་པར་གསུངས་ཀྱང་སེར་སྣའི་དབང་གིས་དེ་ལྟར་དུ་འགྱུར་ལ་རབ་ཏུ་བྱུང་བ་ཡོ་བྱད་ལ་ཆགས་ཤིང་སེར་སྣས་བཟུང་བ་རྣམས་དེ་བས་ཀྱང་ལྷག་པར་འགྱུར་སྙམ་མོ། །ངན་སོང་གསུམ་དུ་མ་ཟད་མཐོ་རིས་ལྷ་ཡུལ་ན་ཡང་འདོད་པའི་བདེ་བ་ཆེན་པོ་ཡོད་མོད་ལྷ་དེ་དག་གི། །འཆི་འཕོ་བའི་སྡུག་བསྔལ་ཉིད་ནི་སྔར་གྱི་བདེ་བ་(75བ)དེ་བས་ཀྱང་ཆེའོ། །ཚུལ་དེ་ལྟར་བསམས་ནས་སྐྱེ་བོ་ཡ་རབས་བཟང་པོ་རྣམས་ཀྱིས་ནི། །ཟད་པར་འགྱུར་བའི་མཐོ་རིས་ཀྱི་བདེ་བའི་སླད་དུ་སྲིད་པ་སྟེ་ཆགས་པར་མི་བགྱིའོ། །འཆི་འཕོ་བའི་སྡུག་བསྔལ་དེ་གང་ཡིན་ཞེ་ན། འདོད་ལྷ་འཆི་བའི་ཚེ་སྔོན་དུ་ལུས་ཀྱི་ཁ་དོག་མི་སྡུག་པར་འགྱུར་བ་དང་། །རང་གི་སྟན་ལ་མི་དགའ་བ་དང་རྒྱན་གྱི་མེ་ཏོག་དང་ཕྲེང་བ་རྙིངས་པར་འགྱུར་བ་དང་། །རང་གི་གོས་ལ་དྲི་མ་ཆགས་པ་དང་རང་གི་ལུས་ལ་ནི། །སྔོན་ཆད་མེད་པའི་རྡུལ་དྲི་མི་ཞིམ་པ་འབྱུང་བ་ཞེས་བགྱི་བ། །མཐོ་རིས་ཀྱི་འདོད་ལྷ་འཆི་འཕོ་བ་སྔོན་པར་བགྱིད་པའི་སྔ་ལྟས་རྣམ་པ་ལྔ་ནི། །ལྷ་ཡུལ་ན་གནས་པའི་འདོད་ལྷ་རྣམས་ལ་འབྱུང་སྟེ། །ས་སྟེང་གི་མི་རྣམས་འགའ་ཞིག་འཆི་

བར་འགྱུར་བ་དག །སྨྲོན་པར་བྱེད་པའི་འཆི་ལྟས་རྣམས་དང་འདྲའོ། །ལྷའི་འཇིག་རྟེན་དག་ནས་ཤི་འཕོས་པ་ལ། །སྔོན་བསགས་པའི་གལ་ཏེ་དགེ་བའི་ལྷག་མ་འགའ་ཡང་མེད་ན། །དེ་ནས་ལྷུང་སྟེ་རང་དབང་མེད་པར་དུད་འགྲོ་དང་ཡི་དྭགས་དང་། །དམྱལ་བར་གནས་པ་སྟེ་སྐྱེ་བ་གང་ཡང་རུང་བར་འགྱུར་རོ། །ལྷར་མ་ཟད་ལྷ་མིན་གྱི་གནས་དག་ནའང་རང་བཞིན་གྱིས་ང་རྒྱལ་ཡོད་པ་ལྷ་ཡི་ལོངས་སྤྱོད་ཀྱི། །དཔལ་ལ་ཕྲག་དོག་གི་ཡིད་སྨྲང་བའི་ཕྱིར་དེ་རྣམས་ཡིད་ཀྱི་སྡུག་བསྔལ་ཆེ་ལ། །ལྷ་མིན་དེ་དག་གི་ནང་ན་བློ་དང་ལྡན་པ་ཡོད་ནའང་ཕྲག་དོག་ཅན་དུ་གྱུར་པའི་འགྲོ་བ་ཡི། །རྣམ་སྨིན་གྱི་སྒྲིབ་པས་ཆོ་དེ་ལ་ཆོས་ཉིད་བདེན་པ་མངོན་སུམ་དུ་མཐོང་བ་མ་མཆིས་སོ། །(༧༨ན)འཁོར་བ་ནི་སྔར་བཤད་པ་དེ་འདྲ་བ་ལགས་པས་ན་ལྷ་མིན་དང་། །དམྱལ་བ་དང་དུད་འགྲོ་དང་ཡི་དྭགས་རྣམས་དག་ཏུ། །སྐྱེ་བ་དེ་ནི་བཟང་པོ་མ་ལགས་པས་དེར་སྐྱེ་བ་ནི། །གནོད་པ་དུ་མའི་སྣོད་དུ་གྱུར་པ་ལགས་པར་མཁྱེན་པར་མཛོད་ཅིག །དེས་ན་རང་གི་མགོའམ་ལུས་ཀྱི་གོས་ལ་གློ་བུར་དུ་མེ་ཤོར་བར་གྱུར་ན། །མེ་དེ་དག་འདིར་འགྲེལ་པ་དང་བསྟུན་ན་སྣར་བཟློག་ཞེས་པའི་དོན་དུ་སྣང་ངོ་། །བཟློག་པ་སྟེ་བསད་པར་བྱ་བའི་ཕྱིར་དུ་བགྱི་བ་སྟེ་བྱ་བ་རེ་ཞིག་བཏང་ནས་ཀྱང་། །ཡང་སྲིད་འཁོར་བ་མེད་པར་བགྱི་བའི་སླད་དུ་འབད་པར་འཚལ་ཏེ། །དེ་བས་ཀྱང་ཆེས་མཆོག་ཏུ་གྱུར་པའི་དགོས་པ་གཞན་མ་མཆིས་པས་སོ། །དེ་ཡང་ལུས་སྲོག་ལ་མི་ལྟ་བར་ཐར་པ་བསྒྲུབ་པར་བྱ་བའི་དོན་ནོ། །རྒྱལ་པོ་ཁྱོད་ཀྱིས་ཚུལ་ཁྲིམས་ཀྱི་བསླབ་པ་དག་དང་ཤེས་རབ་ཀྱི་བསླབ་པ་དང་བསམ་གཏན་འགྲེལ་པར་བསམ་གཏན་གྱི་མཇུག་ཏུ་ཡེ་ཤེས་ཞེས་འབྱུང་ཡང་དོན་འདྲའོ་ཏེ་ཏིང་ངེ་འཛིན་གྱི་བསླབ་པས། །སྡུག་བསྔལ་དང་ཀུན་འབྱུང་སྤངས་པའི་མྱ་ངན་ལས་འདས་པ་ཞི་བ་དུལ་བ་དྲི་མ་མེད་པའི། །འདིར་འགྲེལ་པ་ལྟར་ན་ཞི་བ་ནི་སྡུག་བསྔལ་སྤངས་པ་དང་དུལ་བ་ནི་དབང་པོ་དུལ་བ་དྲི་མ་མེད་པ་ནི་ཉོན་མོངས་སྤངས

པ་ལ་བྱའོ། །ཐར་པའི་གོ་འཕང་མི་ནུ་བ་དང་མི་འཆི་བ་དང་བས་མི་འཚལ་བ་སྟེ་ཟད་པ་མེད་པ་དེ་ཐོབ་པར་བྱ་སྟེ་དེ་ཡང་ཕྱི་རོལ་པ་འགའ་ཞིག་ས་དང་ཆུ་དང་མེ་དང་རླུང་སྟེ་འབྱུང་བ་བཞི་དང་ཉི་ཟླ་གཉིས་ཀྱང་ཐར་པ་བཟུང་ནས་ཐོབ་བྱར་བྱེད་ཀྱང་དེ་ལྟ་མ་ཡིན་པར། །ས་ཆུ་མེ་རླུང་ཉི་ཟླ་དང་བྲལ་བའི་ཐར་པ་ཐོབ་པར་མཛོད་ཅིག་ཅེས་པའོ། །དམིགས་པ་ལ་མི་བརྗེད་པའི་དྲན་པ་དང་ཆོས་རབ་ཏུ་རྣམ་པར་འབྱེད་པའི་ཤེས་རབ་དང་(78བ)དགེ་བ་ལ་སྤྲོ་བའི་བརྩོན་འགྲུས་དང་། །དེ་ལ་ཡིད་དགའ་བའི་དགའ་བ་དང་ལུས་སེམས་ཤིན་ཏུ་སྦྱངས་པ་དང་དམིགས་པ་རྩེ་གཅིག་པའི་ཏིང་ངེ་འཛིན་དང་། །རང་གི་ངང་གིས་འཇུག་པའི་བཏང་སྙོམས་ཏེ་འདི་བདུན་ལ་བྱང་ཆུབ་ཀྱི་ཡན་ལག་ཅེས་བྱ་སྟེ། །དེ་རྣམས་མྱ་ངན་ལས་འདས་པ་ཐོབ་པར་བགྱིད་པའི་དགེ་བའི་ཚོགས་ལགས་སོ། །གང་ལ་དོན་ཤེས་པའི་ཤེས་རབ་མེད་པ་དེ་ལ་བསམ་གཏན་འགྲུབ་པ་ཡོད་པ་མིན་ཏེ། །དེར་མ་ཟད་བསམ་གཏན་མེད་པར་ཡང་ནི་ཤེས་རབ་ཁྱད་པར་ཅན་ལྷག་མཐོང་ཐོབ་པ་མེད་ལ། །གང་ལ་ཞི་ལྷག་དེ་གཉིས་ཟུང་དུ་འབྲེལ་བ་ཡོད་པ་དེ་ལ་སྲིད་པ་འཁོར་བ་ཡི། །རྒྱ་མཚོ་ཆེན་པོ་དེ་གནག་སྟེ་བ་ལང་གི་རྗེས་ཀྱི་ཆུ་ལྟ་བུར་ཟད་པར་འཚལ་བར་བགྱིའོ། །གང་ཟག་གི་བདག་དང་འཇིག་རྟེན་རྟག་པ་དང་མི་རྟག་པ་དང་རྟག་པ་ཡང་ཡིན་ལ་མི་རྟག་པ་ཡང་ཡིན་པ་དང་རྟག་པ་ཡང་མ་ཡིན་ལ་མི་རྟག་པ་ཡང་མ་ཡིན་པར་ལྟ་བ་བཞི་དང་། དེ་མཐའ་དང་ལྡན་པ་དང་མི་ལྡན་པ་དང་གཉིས་ཀ་ཡིན་པ་དང་གཉིས་ཀ་མ་ཡིན་པར་ལྟ་བ་བཞི་དང་། དེ་བཞིན་གཤེགས་པ་ཤི་ཕན་ཆད་ཡོད་པ་དང་མེད་པ་དང་གཉིས་ཀ་དང་གཉིས་ཀ་མ་ཡིན་པར་ལྟ་བ་བཞི་དང་། ལུས་སྲོག་གཉིས་གཅིག་དང་ཐ་དད་དང་གཉིས་ཀ་ཡིན་པ་དང་གཉིས་ཀ་མ་ཡིན་པར་ལྟ་བའི་ཕྱི་རོལ་པའི་ལུང་མ་བསྟན་གྱི་ལྟ་བ་ངན་པ་བཅུ་བཞི་པོ་འཇིག་རྟེན་ན། །ཉི་མའི་གཉེན་སངས་རྒྱས་ཀྱིས་རབ་ཏུ་གསུངས་བ་གང་དག་ལགས་པ། །དེ་དག་རྣམས་སེམས་ལ་

བསམ་པར་མི་བགྱི་སྟེ། །ལྟ་ངན་དེ་ཡི་དབང་གིས་རང་གི་བློ་འདི་ཞི་བར་བགྱིད་པ་མ་ལགས་སོ། །དེ་ཡང་དེ་རྣམས་ཡོད་ཚུལ་ཤེས་མི་དགོས་པའི་དོན་མ་ཡིན་ཏེ་རང་རྒྱུད་ལ་ལྟ་བ་དེ་བསྐྱེད་པར་མི་བྱ་བའི་དོན་ནོ། །(༧༦ན)འོ་ན་ཅི་བསམ་པར་བྱ་ན་ཡན་ལག་བཅུ་གཉིས་ཀྱི་དང་པོ་གང་ཟག་གི་བདག་ཏུ་འཛིན་པའི་མ་རིག་པ་ལས་ཡན་ལག་གཉིས་པ་འདུ་བྱེད་ཀྱི་ལས་འབྱུང་ཏེ་ལས་དེ་ལས་ནི། །ཡན་ལག་གསུམ་པ་རྒྱུ་དུས་ཀྱི་རྣམ་པར་ཤེས་པ་སྐྱེ་ལ་རྣམ་ཤེས་དེ་ལས་ནི་ཡན་ལག་བཞི་པ་མིང་དང་གཟུགས་རབ་ཏུ་འབྱུང་ཞིང་། །མིང་གཟུགས་དེ་ལས་ནི་ཡན་ལག་ལྔ་པ་སྐྱེ་མཆེད་དྲུག་འབྱུང་ཏེ་སྐྱེ་མཆེད་དེ་ལས་ནི། །དྲུག་པ་རེག་པ་ཀུན་ཏུ་འབྱུང་བར་ཐུབ་པའི་དབང་པོས་གསུངས་སོ། །རེག་པ་དེ་ལས་ནི་བདུན་པ་ཚོར་བ་ཀུན་ཏུ་འབྱུང་སྟེ། །ཚོར་བའི་གཞི་ལས་བརྒྱད་པ་སྲེད་པ་འབྱུང་བར་འགྱུར་ཞིང་། །སྲེད་པ་དེ་ལས་དགུ་པ་ལེན་པ་སྐྱེ་བར་འགྱུར་བ་སྟེ། །ལེན་པ་དེ་ལས་བཅུ་པ་སྲིད་པའི་ལས་འབྱུང་བ་དང་སྲིད་ལས་དེ་ལས་བཅུ་གཅིག་པ་སྐྱེ་བ་འབྱུང་བ་ལགས་སོ། །སྐྱེ་བ་དེ་ཡོད་ན་མྱ་ངན་བྱེད་པ་དང་ན་ཆ་དང་། །འདོད་པས་ཕོངས་པ་དང་འཆི་དང་འཇིགས་པ་སོགས་ཀྱི་སྔགས་སྨྲེ་ངག་འདོན་པ་དང་ཡིད་མི་བདེ་བ་སོགས། །སྡུག་བསྔལ་གྱི་ཕུང་པོ་ཤིན་ཏུ་ཆེན་པོ་འདི་རྣམས་འབྱུང་སྟེ། །འདི་ནི་ཉོན་མོངས་པ་ཅན་གྱི་རྟེན་འབྲེལ་ལུགས་འབྱུང་དང་ཡང་དེ་ལུགས་བཟློག་གི་དབང་དུ་བྱས་ན་རྒ་ཤི་སྐྱེ་བ་ལས་འབྱུང་བ་སྐྱེ་བ་ཡང་སྲིད་པ་ལས་འབྱུང་བ་སོགས་སྦྱར་རོ། །དེ་ལྟར་ནའང་རྣམ་བྱང་ཕྱོགས་ཀྱི་དབང་དུ་བྱས་ན་མ་རིག་པ་འགགས་པས་སྔར་བཤད་པའི་རྒ་བ་དང་འཆི་བ་དང་མྱ་ངན་སོགས་འདི་ཀུན་འགག་པར་འགྱུར་རོ། །དེས་ནི་མ་རིག་པ་འགགས་པས་འདུ་བྱེད་འགགས་པ་སོགས་དང་ཡང་རྒ་ཤི་འགགས་(༧༦བ)པ་གང་ལ་རག་ལས་ན་སྐྱེ་བ་འགགས་པས་རྒ་ཤི་འགགས་པ་ཡང་སྲིད་པ་འགགས་པ་ལས་བྱུང་བ་སོགས་ཤེས་པར་བྱའོ། །སྔར་བཤད་པ་ལྟར་རྟེན་གཞན་དང་ལྡན་ཅིག་བཤད་

པ་དང་བཅུ་གཉིས་པ་ལ་ཀ་ཤེ་གཉིས་གཅིག་ཏུ་བྱ་བ་ཡིན་ཡང་ཀ་ཤེ་ཡན་ལག་ལྷག་མ་ནི། **ཅིང་འབྲེལ་བར་འབྱུང་**བ་ཡན་ལག་བཅུ་གཉིས་ཀྱི་ཚུལ་**འདི་རྒྱལ་བ་ཡི།** །དབང་པོ་སངས་རྒྱས་ཀྱི་**གསུང་གི་མཛོད་ཀྱི་**ནང་ནས་**གཙེས་པ་**སྐྱེ་སྙིང་པོ་དང་**ཟབ་མོ་སྐྱེ།** །རྟོགས་པར་དཀའ་བའི་གནས་ཡིན་པས་སོ། །གང་ཟག་**གང་གིས་**ཡན་ལག་བཅུ་གཉིས་ཀྱི་ཚུལ་**འདི་ནི་**རིགས་པས་**ཡང་དག་**པར་ཤེས་ཤིང་**མཐོང་བ་དེས་**ནི། **།སངས་རྒྱས་**ཀྱིས་བསྟན་པའི་**དེ་**ཁོ་ན་**ཉིད་**ཀྱི་དོན་ནི་**རིག་པ་**ཡིན་པ**ས་རྣམ་**པ་**མཆོག་**ཏུ་གྱུར་པ་**མཐོང་**བ་ཡིན་ནོ། །སྔར་རྟེན་འབྲེལ་ཡན་ལག་བཅུ་གཉིས་གོ་རིམ་དེ་ལྟར་བཤད་པ་ནི་མདོ་ལས་གསུངས་པའི་གོ་རིམ་ལྟར་རྟེན་འབྲེལ་ཚར་གཞན་གྱི་དབང་དུ་བྱས་པ་ཡིན་ལ་ཚར་གཅིག་གི་དབང་དུ་བྱས་པ་ནི་ལམ་རིམ་སོགས་ནས་བཤད་པ་ལྟར་རོ། **།ཡང་དག་**པའི་**ལྟ་**བ་**དང་**དེ་བཞིན་དུ་ཡང་དག་པའི་**འཚོ་**བ་**དང་རྩོལ་བ་དང་།** **།དྲན་**པ་**དང་ཏིང་**ངེ་**འཛིན་**དང་**ངག་དང་ལས་**ཀྱི་**མཐའ་དང་།** **།ཡང་དག་**པའི་**རྟོག་**པ་དང་བརྒྱད་པོ་འདི་**ཉིད་**ལ་འཕགས་པའི་**ལམ་གྱི་ཡན་ལག་བརྒྱད་**ཅེས་བྱའོ། །བརྒྱད་པོ་**འདི་ནི་**ཉོན་མོངས་**ཞི་བ**འི་ཐར་པ་ཐོབ་**པར་བགྱི་**བའི་**སླད་**དུ་**བསྒོམ་པར་བགྱིའོ།** །དེ་ཡང་ཡང་དག་པའི་ལྟ་བ་ནི་ཆོས་ཀྱི་དོན་ལེགས་པར་འབྱེད་པའི་ཤེས་རབ་དང་འཚོ་བ་ནི་ཁེ་བྱེད་པ་སོགས་ལོག་འཚོ་སྤངས་པའི་འཚོ་བ་དང་། རྩོལ་བ་ནི་ཆོས་ཀྱི་ཆེད་དུ་བརྩོན་འགྲུས་དང་ངག་ནི་རང་གིས་ལེགས་པར་རྟོགས་པ་གཞན་ལ་སྟོན་པ་དང་ལས་ཀྱི་མཐའ་ནི་མི་དགེ་བ་མི་བྱེད་པ་དང་། རྟོག་པ་ནི་ཆོས་ཀྱི་དོན་ལ་དཔྱོད་པ་དང་། དྲན་པ་ནི་དགེ་བའི་དམིགས་པ་རྣམས་དྲན་པ་དང་། ཏིང་ངེ་འཛིན་ནི་དམིགས་པ་ལས་སེམས་མི་གཡེང་བ་ཡིན་ཏེ་དེ་དག་ལ་ད་དུང་ཞིབ་ཆ་བྱེད་རྒྱུ་ཡོད་དོ། །(༧༨ན)**སྐྱེ**་བའི་སྡུག་བསྔལ་**འདིས་**མཚོན་ཏེ་ཉེར་ལེན་གྱི་ཕུང་པོ་ལྔ་པོ་ནི་**སྡུག་བསྔལ་**བདེན་པ་ཡིན་ལ་**སྲིད་པ་**སྐྱེ་འདོད་སྲིད་སོགས་ཉོན་མོངས་དང་ཟག་བཅས་ཀྱི་ལས་**ཞེས་བགྱི་བ།** **།འདི་**

ནི་སྡུག་བསྔལ་བདེན་པ་དེ་ཡི་ཀུན་འབྱུང་བདེན་པ་རྒྱུ་ཆེན་པོ་ཡིན་ཏེ་འདི་རྣམས་ལས་སྡུག་སྔལ་ཀུན་འབྱུང་བའི་ཕྱིར་རོ། །སྡུག་བསྔལ་དང་ཀུན་འབྱུང་འདི་རྣམས་འགོག་པ་སྟེ་སྤོང་བ་ལས་ནི་ཐར་པ་འགོག་པའི་བདེན་པར་འཇོག་པ་ལགས་ཏེ་ཐར་པ་དེ། །འཐོབ་པར་བགྱིད་པའི་ཐབས་འཕགས་ལམ་ཡན་ལག་སྔར་བཤད་པ་དེ་བརྒྱད་པོ་དེ་ལམ་གྱི་བདེན་པ་ལགས་སོ། །བདེན་བཞི་གོང་དུ་སྨོས་པ་དེ་ལྟར་ལགས་པས་ན་འཕགས་པའི་བདེན་པ་བཞི་པོ་དེ་རྣམས། མཐོང་བ་སྟེ་ཤེས་པ་དང་རྟོགས་པར་བགྱི་བའི་སླད་དུ་དུས་རྟག་ཏུ་བརྩོན་པར་བགྱིའོ། །འོ་ན་འཕགས་པའི་བདེན་པ་ཞེས་པའི་དོན་གང་ཞེ་ན་ཡོད་དེ་དེ་དག་འཕགས་པས་ཇི་ལྟར་གཟིགས་པ་ལྟར་བདེན་གྱི་བྱིས་པ་རྣམས་ནི་སྡུག་བསྔལ་ལ་བདེ་བར་འདུ་ཤེས་ནས་འཁྲུལ་པའི་ཕྱིར་རོ། །ཐར་པ་དེ་ཁྱིམ་པས་ཐོབ་མི་ནུས་སམ་སྙམ་ན། ནུས་པའི་ཚུལ་དགེ་སློང་དུ་མ་ཟད། སྔོན་རང་གི་པང་ན་ཕུན་ཚོགས་ཀྱི་དཔལ་གནས་པའི་ཁྱིམ་པ་སྟོན་པའི་ཡབ་སོགས་ཤཱཀྱ་མང་པོ་དང་གཟུགས་ཅན་སྙིང་པོ་སོགས་ཁྱིམ་པ་རྣམས་ཀྱིས་ཀྱང་། །བདེན་བཞིའི་གནས་ཚུལ་ཤེས་པའི་སྟོབས་ཀྱིས་ཉོན་མོངས་པའི་ཆུ་བོ་སྟེ་རྒྱ་མཚོ་ལས་བརྒལ་ནས་ཐར་པ་ཐོབ་པར་བགྱིས་སོ། །འོན་ཀྱང་རྒྱལ་པོ་གཟུགས་ཅན་སྙིང་པོ་ནི་རྒྱུན་ཞུགས་ཡིན་པར་མདོ་ལས་བཤད་དོ། །སྔོན་བྱོན་པའི་སངས་རྒྱས་སོགས་འཕགས་པ་གང་དག་ཐར་པའི་ཆོས་མངོན་དུ་བགྱིས་པ་མང་པོ་བྱུང་བ་དེ་དག་གིས་ཀྱང་། །(༧༨བ)ཐར་པ་སོགས་ཀྱི་ཡོན་ཏན་ཐོབ་པ་ཡང་རང་རང་གིས་བདེན་བཞི་སོགས་ཉམས་སུ་བླངས་ཏེ་ཐོབ་པ་ཡིན་གྱི་དེ་ལྟ་མ་ཡིན་པར་དེ་རྣམས་གནམ་ལས་ཆར་བབས་པ་ལྟ་བུ་མ་ལགས་ཤིང་ལོ་ཏོག་སྐྱེ་བ་བཞིན་དུ། །ས་ཅམ་ནས་ཀྱང་འཐོན་པ་མ་ལགས་ཏེ་དེ་དག་ནི་སྔོན་གྱི་དུས་སུ། །ཉོན་མོངས་ལ་རག་ལས་པ་སྟེ་ཉོན་མོངས་ཀྱི་གཞན་དབང་ཅན་སོ་སོའི་སྐྱེ་བོར་བས་པ་སྟེ་ཟད་དོ། །བསྙེངས་པ་དང་བྲལ་བ་ལ་འཇིགས་མེད་ཞེས་པོས་ནས་ཁྱོད་ལ་ཧ་ཅང་མང

ཏུ་གསོལ་བ་སྟེ་ཞུ་ཅི་འཚལ་ཏེ། །མདོར་ན་ཕན་པའི་གདམས་ངག་གི་དོན་གྱི་སྙིང་པོ་འདི་ལགས་ཏེ། །གང་ཞེ་ན་ཁྱོད་ཀྱིས་ཐུགས་ཏུལ་བར་མཛོད་ཅིག་གོ་དེ་ཅིའི་ཕྱིར་ཞེ་ན་བཅོམ་ལྡན་འདས་ཀྱིས། །མདོ་ལས་སེམས་ནི་དགེ་མི་དགེའི་ཆོས་ཐམས་ཅད་ཀྱི་འབྱུང་བ་དང་གནས་པའི་རྩ་བ་ལགས་པ་སྟེ་ཡིན་པར་གསུངས་པ་དེའི་ཕྱིར་རོ། །རྒྱལ་པོ་ཁྱོད་ལ་དེ་སྐད་ངག་གིས་གདམས་པ་གང་ལགས་པ་དེ། །བས་པ་སྟེ་མ་ལུས་པར་དགེ་སློང་གིས་ཀྱང་བགྱི་བར་དཀའ་ན་ཁྱིམ་པས་ལྟ་ཅི་སྨོས་སོ། །དེ་ལྟར་ནའང་འདི་ལས་ཆ་ཤས་ཙམ་གང་ཞིག་སྤྱོད་ནུས་པའི་ངོ་བོ་གང་ཡིན་པ་དེའི། །ཡོན་ཏན་བསྟེན་པ་སྟེ་བསྒྲུབས་ནས་ཁྱོད་ཀྱིས་སྐུ་ཚེ་འདི་དོན་ཡོད་པར་མཛོད་ཅིག །ཡང་ཁྱོད་ཀྱིས་རང་གཞན་ཀུན་གྱི་དགེ་བ་བྱས་པ་ཀུན་ལ་རྗེས་སུ་ཡི་རང་ཞིང་། །དེར་མ་ཟད་རང་ཉིད་ཀྱིས་(༡༨ན)ལུས་ངག་ཡིད་ཀྱི་ལེགས་པར་སྤྱད་པ་རྣམ་པ་གསུམ་ཡང་། །སངས་རྒྱས་ཉིད་ཐོབ་པར་བགྱི་བའི་སླད་དུ་ཡོངས་སུ་བསྔོས་ནས། །དེ་ནས་རྗེས་སུ་ཡི་རང་བ་དང་བསྔོས་པའི་དགེ་བའི་ཕུང་པོ་འདི་ཡིས་རྒྱལ་པོ་ཁྱོད། །སྐྱེ་བ་དཔག་ཏུ་མེད་པར་ལྷ་དང་མི་ཡི། །འཇིག་རྟེན་ཀུན་གྱི་དཔལ་དང་འདིར་འགྲེལ་པར་རྣལ་འབྱོར་ལ་དབང་མཛད་པའི་དོན་དུ་བཤད་ཅིང་རྩ་བ་གསུམ་དུ་དཔལ་འབྱོར་སྣང་བ་ལྟར་བྱས་སོ། །འབྱོར་པ་ལ་དབང་དུ་མཛད་ནས། །འཕགས་པ་སྤྱན་རས་གཟིགས་དབང་ཕྱུག་གི་སྤྱོད་པ་ཅི་འདྲ་བ་དེ་འདྲ་བ་ཡི་སྒོ་ནས། །སྐྱེ་བོ་སྡུག་བསྔལ་གྱིས་ཉམ་ཐག་པ་མང་པོ་རྗེས་སུ་བཟུང་སྟེ། །བྱང་སེམས་སྲིད་པ་ཐ་མ་བར་འཕྲུངས་པ་སྟེ་སྐྱེས་ནས་ན་བ་དང་རྒ་བ་དང་འདོད་ཆགས་དང་ཞེ་སྡང་དང་གཏི་མུག་རྣམས། །དོན་འདི་ནི་འགྲེལ་པ་དང་བསྟུན་ལ་ཁ་ཅིག་སངས་རྒྱས་ནས་ཟེར་བ་ནི་མ་འབྲེལ་ཏེ་སངས་རྒྱས་ཐོབ་ནས་འདོད་ཆགས་སོགས་སླར་སྤྱོང་མི་དགོས་པའི་ཕྱིར་རོ། །བསལ་ཏེ་སངས་རྒྱས་ཀྱི་ཞིང་དུ་སྟེ་ཞིང་དག་པར་སངས་རྒྱས་སྐུ་ཚེ་རིང་བ་ནི་དཔེར་ན་བདེ་བ་ཅན་གྱི་བཅོམ་ལྡན་འདས། །འོད་དཔག་མེད་

དང་འདྲ་བར་འཛིག་རྟེན་གྱི། །མགོན་པོ་སྐུ་ཚེ་དཔག་ཏུ་མེད་པ་ཞིག་ཏུ་འགྱུར་**བར་མཛོད**་ཅིག །དེ་ལྟ་བུའི་སངས་རྒྱས་ཐོབ་ནས་སངས་རྒྱས་དེའི་**ཤེས་རབ**་ཕུན་སུམ་ཚོགས་པ་དང་**ཚུལ་ཁྲིམས**་ཕུན་སུམ་ཚོགས་པ་དང་སྦྱིན་པ་**གཏོང**་བ་ཕུན་སུམ་ཚོགས་པ་ལས་**བྱུང**་བའི་**གྲགས**་པ་**ཆེན**་པོ་རྒྱས་པ་དང་སྐྱོན་དང་བྲལ་བ་(༡(བ)**དྲི་མ་མེད**་པའི་ཚུལ་ནི། །**ལྷ་ཡུལ**་མཐོ་རིས་དང་**ནམ་མཁའ**་བར་སྣང་**དང་ནི་ས་སྟེང**་མིའི་ཡུལ་དུ་**རྒྱས**་པར་**མཛད་ནས**། །**ས་ལ**་གནས་པའི་**མི**་འདོད་པ་ལ་ཆགས་པ་**དང་མཐོ་རིས**་ཀྱི་**ལྷ**འི་བུ་རྣམས་**ནི་ན་ཆུང**་ལྷའི་བུ་མོ་གཞོན་ནུ་**མཆོག**་རྣམས་དང་ལྷན་ཅིག་ཏུ་འདོད་ཡོན་ལ་ཆགས་པའི། །**བདེ་དགས་དགའ་བ**་རྣམས་ཀྱང་འདོད་པ་ལ་ཆགས་པའི་སྲིད་པ་**ངེས་པར་རབ་ཏུ་ཞི**་བར་**མཛད་དེ**། །སྡོད་དུ་རུང་བར་བྱས་ནས་འཕགས་པའི་ཚུལ་ཁྲིམས་སོགས་ལ་འགོད་པར་བྱ་ལ་གཞན་དོན་དུ་**ཉོན་མོངས**་པས་**ཉམ་ཐག**་པའི་**སེམས་ཅན**་གྱི་**ཚོགས**་རྣམས་**ཀྱི་འཇིགས**་པ་སྟེ་གང་ཞེ་ན་**སྐྱེ**་བ་**དང**། །**འཆི་བ**་ཐམས་ཅད་**ཞི**་བར་**མཛད**་ནུས་པ་**རྒྱལ་བའི་དབང་པོ**་གཟུགས་སྐུ་གཉིས་ཀྱི་གོ་འཕང་**ཉིད་བརྙེས**་པ་སྟེ་ཐོབ་དགོས་**ན**་ལས། །ནས་ཞེས་པ་ལྷག་མ་ཅན་ཡིན་ཡང་གཟུགས་སྐུ་ཐོབ་པའི་རྗེས་སུ་ཆོས་སྐུ་ཐོབ་དགོས་པའི་རིམ་པ་སྟོན་པ་མ་ཡིན་ཏེ་དེ་གཉིས་གཅིག་ཅར་དུ་ཐོབ་པའི་ཕྱིར་རོ། །རང་དོན་དུ་**འཇིག་རྟེན་ལས་འདས**་པའི་ཆོས་ཀྱི་སྐུ་ཞེས་**མིང་ཙམ**་ཙམ་སྒྲས་བདེན་གྲུབ་ཀྱི་སྤྲོས་པ་འགོག་གོ་ཀྱིས་བཞག་པ་དེ་ནི་སྤྲོས་པ་ཐམས་ཅད་**ཞི་ལ་མི་གཡོ་བ**་སྟེ་འདི་ལ་འགྲེལ་པར་མི་བགྲེས་པའི་དོན་དུ་བྱས་ནས་མི་ཟད་པར་བཤད་དོ། །**མ་བསྙེངས**་པ་ནི་མི་འཇིགས་པ་དང་འདི་ལ་འགའ་ཞིག་ཏུ་བསྒྲོངས་མི་མངའ་བར་སྣང་ཡང་དོན་འདྲའོ། །**ཉེངས་མི་མངའ་བ**་སྐྱེ་འཆི་བ་མེད་པའི་ཆོས་སྐུ**འི་གོ་འཕང་བརྙེས་པར་མཛོད**་ཅིག་ཅེས་པའོ། །ཚིགས་བཅད་འདི་ནི་ཅུང་གོ་དཀའ་ཡང་འགྲེལ་པར་དོན་བསྡུས་ཏེ་གཟུགས་སྐུ་དང་ཆོས་སྐུ་གཉིས་ཐོབ་པར་བྱས་ནས་སེམས་ཅན་གྱི་དོན་

བྱེད་དགོས་པ་ལ་བཤད་དོ། །དགེ་བཤེས་ཀླུ་ཡིས་གདམས་པའི་ཆར་རྒྱུན་འདིས། །མི་རྗེ་རྒྱལ་པོ་ཐུགས་ཀྱི་(༢༠ན)མཚོ་རྒྱས་ནས། །རྒྱལ་སྲིད་འཁོར་གྱི་ཉ་སྲོལ་མང་པོ་དག །སྐྱིབས་མཛད་རེ་བ་ཡིད་བཞིན་སྐོངས་པར་འདི་གཞུང་དངོས་མིན་ནོ་སྨོན། །མཛའ་བོ་བདེ་སྤྱོད་བཟང་པོ་ལ་སྤྲིངས་པས་ན་བཤེས་པའི་སྤྲིངས་ཡིག །སློབ་དཔོན་ཆེན་པོ་འཕགས་པ་ཀླུ་སྒྲུབ་ཀྱིས་མཛའ་བོ་བདེ་སྤྱོད་བཟང་པོ་ལ་བསྐུར་བ་རྫོགས་སོ།། །།

རྒྱ་གར་གྱི་མཁན་པོ་སརྦ་ནི་ཐམས་ཅད། ཛྙཱ་ཡེ་ཤེས། དེ་བ་ལྷའོ་དང་། ཞུ་ཆེན་གྱི་ལོ་ཙྪ་བ་བནྡེ་དཔལ་བརྩེགས་ཀྱིས་བསྒྱུར་ཅིང་ཞུས་ཏེ་གཏན་ལ་ཕབ་པའོ། །ཟུར་འགའ་ཞིག་ལ་འགྱུར་མི་འདྲ་བ་འདུག་ཙང་། དོན་རྒྱ་འགྲེལ་དང་བསྟུན་ནས་བཤད་པ་ཡིན་ཏེ། ཡིད་ཆེས་པའི་གནས་སུ་ཟུངས་ཤིག །

སྨྲས་པ། འཕགས་མཆོག་ཀླུ་སྒྲུབ་དགོངས་དོན་ཟབ་ཅིང་ཞིབ། །རྒྱ་འགྲེལ་དོན་འཁོར་སྟུད་པའི་མཐུ་མེད་ཀྱང་། །མཁས་པའི་གཞུང་མང་དབང་དུ་བཞག་བྱས་ཏེ། །བཤད་པས་བློ་གྲོས་ལྡན་ལ་ཕན་གྱུར་ཅིག །འོན་ཀྱང་ཉེས་པར་སྨྲས་པའི་ཆ། །ཡོད་ན་འཕགས་མཆོག་ཀླུ་སྒྲུབ་ལ། །བཟོད་པར་གསོལ་ལ་ལེགས་པའི་ཕྱོགས། །ལྷ་དང་བླ་མ་རྣམས་ལ་མཆོད། །ཅེས་བཤེས་སྤྲིངས་ཀྱི་དགོངས་པ་གསལ་བར་བཤད་པའི་མཆན་འགྲེལ་འདི་ནི་ཤཱཀྱའི་དགེ་སློང་ངག་དབང་རྒྱལ་མཚན་གྱིས་བསྐུལ་བ་ལྟར། རྒྱལ་བའི་གསུང་རབ་ལ་ཐོས་བསམ་ཙུང་ཟད་བགྱིས་པའི་རབ་འབྱམས་སྨྲ་བ་བཤད་སྒྲུབ་མིང་ཅན་གྱིས་བཤེས་སྤྲིངས་རྩ་བ་གསུམ་དང་རྒྱ་འགྲེལ་སོགས་མཁས་པའི་མན་ངག་རྣམས་བསྡུར་ནས་རང་བློས་ཇི་ལྟར་འོས་པ་བཞིན་ཅོ་ནེའི་མཚན་ཉིད་གྲྭ་ཚང་གི་བླ་མའི་གོ་སར་གནས་པ་དེའི་ཚེ་བགྱིས་པ་སྟེ། ཕྱིས་རང་ལོ་དོན་གཉིས་ཐོག་པར་དུ་བཀོས་པའི་ཡི་གེ་པ་ནི་ཊཱ་ལི་ལ་ལུང་བློ་བཟང་དོན་གྲུབ་བོ། །མངྒ་ལཾ།། །།

ཕོ་བྲང་པོ་ཏ་ལར་བཞུགས་པའི་དགེ་ལུགས་པའི་དཔེ་དཀོན་ཕྱོགས་བསྒྲིགས་འདོན་ཐེངས་དང་པོ།

༼༥༽

མངོན་པ་མཛོད་ཀྱི་སྐོར།

༄༅། །མངོན་པ་མཛོད་ཀྱི་ཊཱི་ཀཱ་དང་། ཕུང་པོ་ལྔའི་རྣམ་གཞག །བཤེས་སྤྲིངས་ཀྱི་མཆན་འགྲེལ།

རྩོམ་པ་པོ།	ཅོ་ནེ་གྲགས་པ་བཤད་སྒྲུབ།
རྩོམ་སྒྲིག་འགན་འཁུར་བ།	གཞོན་ནུ་ནོར་བཟང་།
མཐའ་ཞུས་པ།	ཡེ་ཤེས་ལམ་བཟང་།
ཁ་ཤོག་ཇུས་འགོད་པ།	སྐལ་ཚེ།
པར་སྒྲིག་པ།	སྔོན་བཟང་དཔེ་རྙིང་འཚོལ་བསྡུ་ཁང་།
	སེར་གཙུག་ནང་བསྟན་དཔེ་རྙིང་འཚོལ་བསྡུ་ཕྱོགས་སྒྲིག་ཁང་།
དཔེ་སྐྲུན་འགྲེམས་སྤེལ།	བོད་ལྗོངས་བོད་ཡིག་དཔེ་རྙིང་དཔེ་སྐྲུན་ཁང་།
པར་འདེབས་ཚན་པ།	ཁྲིན་ཏུའུ་ཤིན་ཁའི་ཅང་པར་འདེབས་ཚད་ཡོད་ཀུང་སི།
རེབ་ཚད།	787×1092 1/16
པར་ཤོག	38.25
ཡིག་གྲངས།	ཁྲི་54.6
པར་གྲངས།	01–2,000
པར་གཞི།	2024ལོའི་ཟླ་བཅུ་པར་པར་གཞི་དང་པོ་བསྒྲིགས།
པར་ཐེངས།	2024ལོའི་ཟླ་བཅུ་པར་པར་ཐེངས་དང་པོ་བཏབ།
དཔེ་རྟགས།	ISBN 978-7-5700-0940-4
རིན་གོང་།	སྒོར། 87.00